ALEXANDRE HARDY

ET LE THÉATRE FRANÇAIS

A LA FIN DU XVIe ET AU COMMENCEMENT DU XVIIe SIÈCLE

ALEXANDRE HARDY

ET LE THÉATRE FRANÇAIS

A LA FIN DU XVIe ET AU COMMENCEMENT DU XVIIe SIÈCLE

PAR

EUGÈNE RIGAL

MAITRE DE CONFÉRENCES A LA FACULTÉ DES LETTRES D'AIX
DOCTEUR ÈS LETTRES

PARIS
LIBRAIRIE HACHETTE ET Cie
79, BOULEVARD SAINT-GERMAIN, 79

1889

A

M. L. PETIT DE JULLEVILLE

PROFESSEUR A LA FACULTÉ DES LETTRES DE PARIS
AUTEUR DE L' « HISTOIRE DU THÉATRE EN FRANCE »

Hommage respectueux.

A

M. GASTON BIZOS

DOYEN DE LA FACULTÉ DES LETTRES D'AIX

Témoignage de reconnaissance et d'affection.

**Reliure serrée
Illisibilité partielle**

PRÉFACE

Ce livre, comme son titre l'indique, comprend à la fois une étude sur Hardy et une étude sur le théâtre français à la fin du xvi⁰ et au commencement du xvii⁰ siècle. Nous ne dirons rien de celle-ci, mais il nous faut peut-être excuser de l'étendue de celle-là.

Est-il admissible qu'on étudie une à une — et parfois avec force détails — les œuvres d'un dramaturge qui a joué un rôle important, mais qui n'en est pas moins un mauvais écrivain? — Cette objection ne saurait manquer de nous être faite; nous l'avons prévue, et voici pourquoi nous avons passé outre.

D'abord, nos analyses apportent quantité de petits faits mal connus à l'histoire du théâtre et des mœurs, et nous n'avons jamais oublié en les rédigeant que notre livre n'était pas consacré au seul Hardy. Ensuite, nous avons lu tant et de si grosses erreurs sur Hardy lui-même! L'un écrit que *Panthée* a pour sujet Penthée déchiré par les Bacchantes; l'autre qu'*Alexandre* ne paraît qu'à la fin d'une tragédie, où cependant il parle et agit sans cesse... Nous désirions bannir ces erreurs de l'histoire littéraire; nous désirions faire exactement connaître les œuvres de Hardy, et, comme ces œuvres sont peu lisibles, comme on ne les lira pas plus après qu'avant notre étude, nous les avons présentées au lecteur en raccourci, nous avons même indiqué les jugements qui ont été portés sur elles, nous avons fait et livré au public une enquête complète sur notre auteur. Ce faisant, nous savions ce que notre livre perdrait en rapidité, en vivacité et en intérêt littéraire; mais nous espérions qu'il le regagnerait en utilité.

BIBLIOGRAPHIE

I. — Index alphabétique

DES OUVRAGES LE PLUS SOUVENT CITÉS DANS LES TROIS PREMIERS LIVRES
ET DANS LA CONCLUSION

Ancien théâtre françois ou collection des ouvrages dramatiques les plus remarquables depuis les mystères jusqu'à Corneille... A Paris, chez P. Jannet, 1854-1857, 10 vol. in-16 (Bibl. elzévirienne).

Anecdotes dramatiques contenant... A Paris, chez la veuve Duchesne, 1775, 3 vol. 8° (par Clément et l'abbé de la Porte).

Arnaud Charles. — *Les Théories dramatiques au xviie siècle*. Étude sur la vie et les œuvres de l'abbé d'Aubignac. Paris, Picard, 1888, 8°.

Aubertin Charles. — *Histoire de la langue et de la littérature françaises au moyen âge* d'après les travaux les plus récents. Paris, Belin, 1876, 2 vol. 8°.

Aubignac (d'). — *La Pratique du Théâtre par l'abbé —*. Amsterdam, chez Jean Frédéric Bernard, 1715, 3 vol. 8°.

Bandello. — I. *La prima parte de le Novelle* del Bandello. In Lucca, per Vincentio Busdrago, 1554; e di nuovo in Londra, per S. Harding, MDCCXL. — II. *La seconda parte de le Novelle...* — III. *La terza parte de le Novelle...* — IV. *La quarta parte de le Novelle* del Bandello. In Lione, per Alessandro Marsilii, 1573; e di nuovo... — 4 vol. in-4°.

Baschet Armand. — *Les Comédiens italiens à la Cour de France* sous Charles IX, Henri III, Henri IV et Louis XIII, d'après les lettres royales, la correspondance originale des comédiens, les registres de la « Trésorerie de l'Épargne » et autres documents. Paris, Plon, 1882, pet. 8° anglais.

Beauchamps. — *Recherches sur les Théâtres de France* depuis l'année onze cens soixante-un, jusques à présent. Par M. de —. A Paris, chez Prault père, quay de Gèvres, au Paradis, M.DCC.XXXV, in-4° (3 parties avec pagination spéciale).

Becq de Fouquières L. — *L'Art de la mise en scène*, essai d'esthétique théâtrale. Paris, Charpentier, 1884, in-12.

Bellone. — *Chansons folastres et Prologues tant superlifiques que drolatiques* des comediens françois, revus et augmentés de nouveau, par

b

le sieur de —. A Rouen, chez Jean Petit, 1612. (Réimpression de A. Mertens et fils, Bruxelles, 1864, pet. 8°.)

BERNAGE. — *Étude sur Robert Garnier.* Paris, Delalain, 1880, 8° (thèse).

Bibliothèque universelle des Romans, ouvrage périodique, dans lequel on donne l'analyse raisonnée des Romans anciens et modernes, François ou traduits dans notre langue, avec des Anecdotes et des Notices historiques et critiques... Paris, juillet 1775 à juin 1789 (16 vol. par an), in-12.

BIZOS GASTON. — *Étude sur la vie et les œuvres de Jean de Mairet.* Paris, Thorin, 1877, 8° (thèse).

BLIGNIÈRES (AUGUSTE DE). — *Essai sur Amyot et les traducteurs français au XVIe siècle*, précédé d'un éloge d'Amyot... Paris, Durand, 1851, 8°.

BONAFOUS NORBERT. — *Études sur l'Astrée et sur Honoré d'Urfé.* Paris, Didot, 1846, 8° (thèse).

BOUQUET F. — *Points obscurs et nouveaux de la vie de Pierre Corneille*, étude historique et critique avec pièces justificatives. Paris, Hachette, 1888, 8°.

BOYSSE ERNEST. — *Le Théâtre des Jésuites.* Paris, Vaton, 1880, in-12.

BREITINGER H. — *Les unités d'Aristote avant le Cid de Corneille*, étude de littérature comparée. Genève, Georg, 1879, in-12.

BRICAULD DE VERNEUIL E. — *Molière à Poitiers en 1648 et les comédiens dans cette ville de 1646 à 1658.* Publié par Alfred Richard avec une notice biographique sur l'auteur. Paris, Lecène et Oudin, 1887, 8°.

BROUCHOUD C. — *Les Origines du théâtre de Lyon.* Mystères, farces et tragédies, troupes ambulantes, Molière. Avec fac-similé, notes et documents. Lyon, Scheuring, 1865, 8°.

BRUNET J.-CH. — *Manuel du libraire* et de l'amateur de livres... 5e édition. Paris, Didot, 1860-1864, 6 vol. 8°. — *Supplément* par Deschamps et G. Brunet, 1878 à 1880, 2 vol. 8°.

(BRUSCAMBILLE). — *Prologues non tant superlifiques que drolatiques*, nouvellement mis en veuë. Imprimé à Roüan. M.D.C.XVIII, in-12.

Réimpression de l'édition clandestine de 1609.

(BRUSCAMBILLE). — *Prologues tant serieux que facecieux.* Avec plusieurs galimatias par le Sr D. L. A Paris, chez Jean Millot sur les degré (sic) de la grande salle du Palais. Avec privilege du Roy, in-12 (privilège du 27 juillet 1610 au nom du sieur des Lauriers).

BRUSCAMBILLE. — *Les Fantaisies de —*, contenant plusieurs discours, paradoxes, harangues et prologues facecieux, revues et augmentées de nouveau par l'auteur. A Lyon, Jouxte la copie imprimée à Paris. MDCXVIII. (Réimpression A. Mertens, Bruxelles, 1853, pet. in-12.)

La première édition des *Fantaisies* est de 1612.

BRUSCAMBILLE. — *Facecieuses Paradoxes de —*, et autres discours comiques. Le tout nouvellement tiré de l'Escarcelle de ses imaginations. Jouxte la coppie imprimée. A Rouen, chez Thomas Maillard, demeurant en la cour du Palais. M.DC.XV, in-12.

« Ce troisième essai », lit-on au début de l'épitre de *L'Auteur aux lecteurs.*

BRUSCAMBILLE. — *Les Nouvelles et Plaisantes Imaginations de —*, en suitte de ses Fantaisies à Monseigneur le Prince par S. D. L. Champ. A

INDEX DES OUVRAGES LE PLUS SOUVENT CITÉS

Bergerac, chez Martin La Babille. M.DC.XV. (Réimpression A. Mertens. Bruxelles, 1864, pet. in-12.)

<small>Un exemplaire que nous avons consulté à la *Bibliothèque Méjanes* d'Aix, et dont le titre, la date, le lieu d'édition seraient absolument semblables si le nom de l'auteur n'y était écrit *Bruscambile*, diffère sur quelques points de la réimpression Mertens. On n'y trouve ni privilège ni achevé d'imprimer. Nous le citerons quelquefois avec l'indication : *édition originale*.</small>

BRUSCAMBILLE. — *Les Œuvres de* —, divisées en quatre livres. Contenant plusieurs Discours, Paradoxes, Harangues et Prologues facecieux. Reveu et augmenté par l'Auteur. Derniere edition. A Paris, chez Abraham du Chesne, au ooing (sic) de la ruë des Mathurins, au fer à cheval. M.DC.XIX, in-12.

BRUSCAMBILLE. — *Les Œuvres de* —, contenant ses Fantaisies, Imaginations, Paradoxes, et autres discours comiques. Le tout nouvellement tiré de l'Escarcelle de ses Imaginations. Reveu et augmenté par l'Autheur. A Lyon, Pour Claude Chastellard, 1634, in-12.

BRUSCAMBILLE. — *Pensées facétieuses et bons mots de* —, comédien original. A Cologne, chez Charles Savoret, ruë Brin d'Amour, au Cheval Volant, M.DCC.IX., pet. in-12.

Caquets de l'accouchée (Les). Nouvelle édition. Revue sur les pièces originales et annotée par M. Édouard Fournier avec une introduction par M. Le Roux de Lincy. Paris, Jannet, 1855, in-16 (Bibl. elzévirienne).

CELLER LUDOVIC. — *Les décors, les costumes et la mise en scène au* XVIIe *siècle*. 1615-1680. Paris, Liepmannshon et Dufour, 1869, in-12.

CERVANTÈS SAAVEDRA (MIGUEL DE). — *Les Nouvelles*, traduites et annotées par Louis Viardot. Nouvelle édition. Paris, Hachette, 1875, in-18.

(CHAPPUIS). — *Les facetieuses journees*, contenans cent certaines et agreables Nouvelles..., par G.C.D.T. (Gabriel Chappuis, de Tours). A Paris, Pour Jean Houzel, M.D.LXXXIIII, 8°.

(CHAPPUZEAU). — *Le Théatre françois* divisé en trois livres... A Lyon, chez Michel Mayer, 1674, in-12.

<small>Nous avons consulté aussi, et il nous arrive de citer les réimpressions données par Ed. Fournier et Paul Lacroix chez Mertens, 1867, et par M. Georges Monval chez Bonnassies, 1876.</small>

CHARDON HENRI. — *La troupe du Roman comique dévoilée et les Comédiens de campagne au* XVIIe *siècle*. Paris, Champion, 1875, 8°.

CHARDON HENRI. — *La Vie de Rotrou mieux connue*. Documents inédits sur la société polie de son temps et la querelle du Cid. Paris, Picard, 1884, 8°.

CHARDON HENRI. — *Nouveaux documents sur la vie de Molière*. M. de Modène, ses deux femmes et Madeleine Béjart. Paris, Picard, 1886, gr. 8°.

CORNEILLE P. — *Œuvres*. Nouvelle édition revue sur les plus anciennes impressions et les autographes..., par M. Ch. Marty-Laveaux. Paris, Hachette, 1862, 12 vol. 8° (collect. des Grands Écrivains).

COURVAL SONNET. — *Œuvres poétiques*, publiées par Prosper Blanchemain. Paris, librairie des Bibliophiles, 1876, 3 vol. pet. 8°.

COURVAL (THOMAS SONNET, SIEUR DE). — *Satyre contre les Charlatans*, et pseudomedecins empyriques. En laquelle sont amplement descouvertes les ruses et tromperies de tous Theriacleurs, Alchimistes, Chimistes, Paracelsistes, Distillateurs, Extracteurs de Quintescences, Fondeurs d'or potable, Maistres de l'elixir, et telle pernicieuse engeance d'imposteurs. En laquelle d'ailleurs sont refutees les erreurs, abus, et impietez des Iatromages, ou medecins magiciens, qui usent de charmes, billets, parolles, characteres, invocations de Demons, et autres detestables et diaboliques remedes, en la cure des maladies. Par M⁰ —, docteur en medecine, gentil-homme Virois. A Paris, chez Iean Millot, devant S. Barthelemy au trois Coronnes (sic): Et en sa boutique, sur les degrez de la grand'salle du Palais. M.DC.X. Avec privilege du Roy, 8°.

CURNIER LÉONCE. — *Étude sur Jean Rotrou.* Paris, Hennuyer, 1885, 8°.

DAMAS-HINARD. — *Du Théâtre espagnol au siècle d'or.* (3 articles du *Moniteur universel*, 1853 : 1° 27 octobre, p. 1193-1194 ; 2° 1er décembre, p. 1329-1330 ; 3° 8 décembre, p. 1357-1358.)

DEMOGEOT JACQUES. — *Tableau de la littérature française au XVIIe siècle avant Corneille et Descartes.* Paris, Hachette, 1859, 8°.

DESPOIS EUGÈNE. — *Le Théâtre français sous Louis XIV.* Paris, Hachette, 1874, in-18.

DULAURE J.-A. — *Histoire physique, civile et morale de Paris,* depuis les premiers temps historiques jusqu'à nos jours, contenant... Paris, Ledentu, 1834, 10 vol. 8°.

DU LORENS. — *Les satyres du sieur* — divisees en deux liures. A Paris, chez Iacques Villery, à l'entrée de la gallerie des Libraires. M.DC.XXIII. Auec Privilege du Roy, 8°.

(DURVAL). — *Panthée* Tragedie. A Paris, chez Gardin Besongne au Palais, à l'entrée de la petite gallerie des Prisonniers, aux Roses vermeilles. M.DC.XXXIX. Avec Privilege du Roy, 4°.

DU VERDIER. Voy. LA CROIX DU MAINE.

EBERT ADOLF. — *Entwicklungs-Geschichte der Französische Tragödie,* vornehmlich im XVI. Iahrhundert. Gotha, 1858, 8°.

FAURE ADOLPHE. — *Les Clercs du Palais.* Recherches historiques sur les Bazoches des Parlements et les Sociétés dramatiques des Bazochiens et des Enfants sans-souci. 2° édition, Lyon, Scheuring, 1875, 8°.

FAGUET ÉMILE. — *La Tragédie française au XVIe siècle (1550-1600).* Paris, Hachette, 8° (thèse).

FÉLIBIEN (D. MICHEL). — *Histoire de la ville de Paris,* composée par —. Reveue, augmentée et mise au jour par *D. Guy-Alexis Lobineau,* tous deux Prêtres Religieux Benedictins, de la congregation de Saint-Maur... Divisée en cinq volumes in-f°. A Paris, chez Guillaume Desprez... et Jean Desessartz... M.DCC.XXV.

FEUGÈRE LÉON. — *Les Femmes poètes au XVIe siècle,* étude suivie de Mademoiselle de Gournay, d'Urfé... 2° édition, Paris, Didier, 1860, in-12.

FLÉCHIER. — *Mémoires de* — *sur les Grands-Jours d'Auvergne* en 1665, annotés et augmentés d'un appendice par M. Chéruel et précédés d'une notice par M. Sainte-Beuve... Paris, Hachette, 1862, in-18.

FONTENELLE. — *Vie de P. Corneille* avec l'histoire du théâtre François jusqu'à lui. (T. IV des *Œuvres de Fontenelle.* Paris, Salmon, 1825, 5 vol. 8°.)

FOURNEL VICTOR. — *Curiosités théâtrales,* anciennes et modernes, françaises et étrangères. Paris, Delahays, 1859, in-16.

INDEX DES OUVRAGES LE PLUS SOUVENT CITÉS

FOURNEL VICTOR. — *La Littérature indépendante et les écrivains oubliés*, essais de critique et d'érudition sur le xvii° siècle. Paris, Didier, 1862, in-12.

FOURNEL VICTOR. — *Les Contemporains de Molière*, recueil de comédies rares ou peu connues, jouées de 1650 à 1680, avec l'histoire de chaque théâtre... Paris, Didot, 1863-1875, 3 vol. 8°.

FOURNEL VICTOR. — *Le Vieux Paris*, fêtes, jeux et spectacles. Tours, Mame, 1887, 4°.

FOURNEL VICTOR. — *La Tragédie française avant Corneille* (le Livre, n° d'octobre 1887).

FOURNIER ÉDOUARD. — *Le Théâtre français au xvi° et au xvii° siècle, ou choix des comédies les plus remarquables antérieures à Molière*... Paris, Laplace Sanchez, 2 vol. in-12.

FOURNIER ÉDOUARD. — *Variétés historiques et littéraires*. Recueil de pièces volantes rares et curieuses en prose et en vers. Revues et annotées. Paris, Jannet, 1855-1863, 10 vol. in-16 (Bibl. elzévirienne).

FOURNIER ÉDOUARD. — *La Farce et la Chanson au Théâtre avant 1660* (introduction des *Chansons de Gaultier Garguille*; voy. ce nom).

GARNIER ROBERT. — *Les Tragédies*. Treuer Abdruck der ersten Gesammtausgaben (Paris, 1585) mit den Varianten aller vorhergehenden Ausgaben und einem Glossar hgg. von Wendelin Fœrster. Heilbronn, Henninger, 1882-1883, 4 fasc. in-16.

GAULTIER GARGUILLE. — *Chansons de* —. Nouvelle édition suivie des pièces relatives à ce farceur, avec introduction et notes, par Édouard Fournier. Paris, Jannet, 1858, in-16 (Bibl. elzévirienne).

GERVINUS G.-G. — *Shakespeare*. 4te Aufl. mit ergänzenden Anmerkungen versehen von Rudolph Genée. Leipzig, Engelmann, 1872, 2 vol. 8°.

GINGUENÉ P.-L. — *Histoire littéraire d'Italie*. Paris, Michaud frères, 1811-1819, 9 vol. 8°.

GODEFROY FRÉDÉRIC. — *Histoire de la littérature française depuis le xvi° siècle jusqu'à nos jours*. — Poètes, t. I, xvi° et xvii° siècles. Paris, Gaume, 1867, 8°.

GOUGENOT. — *La Comédie des comédiens*, tragi-comédie, 1633. (Dans l'*Ancien Théâtre françois*, t. IX, p. 305-426, voy. ci-dessus).

GRÉVIN (IAQUES). — *Le Theatre de* — de Clermont en Beauvoisis. A Tresillustre et Treshaulte princesse Madame Claude de France, Duchesse de Lorraine. Ensemble, la seconde partie de l'Olimpe et de la Gelodacrye. A Paris, pour Vincent Sertenas, demeurant en la rue neuve Nostre Dame, à l'enseigne Sainct Iehan l'Evangeliste, et en sa boutique au Palais, en la gallerie par ou on va à la chancellerie. Et Pour Guillaume Barbé rue Sainct Iehan de Beauvais, devant le Bellerophon. M.D.LXII. avec priuilege, 8°.

GUARINI. — *Le Berger fidèle*. Traduit de l'italien de — en vers François. A Cologne chés Pierre du Marteau. MDCLXXVII, in-12 (Par l'abbé de Torche).

GUÉRET. — *Le Parnasse réformé et la Guerre des Auteurs*, par M. —, avocat au Parlement de Paris. A La Haye, chez Jean-François Neaulme, Libraire dans l'Agterom. M.DCC. XVI, pet. 8°.

Le *Parnasse réformé* est de 1669; la *Guerre des Auteurs* anciens et modernes de 1671.

Guizot. — *Corneille et son temps*, étude littéraire. Nouvelle édition, Paris, Didier, 1873, in-12.

Guizot. — *Shakespeare et son temps*, étude littéraire. Nouvelle édition, Paris, Didier, 1852, 8°.

Hardy (Alexandre). — *Le Théâtre d'* — Erster Neudruck der Dramen von Pierre Corneille's unmittelbarem Vorlaüfer nach den Exemplaren der Dresdener und der Wolfenbütteler Bibliothek von E. Stengel. Marburg, Elwert, et Paris, Le Soudier, 1883-1884, 5 vol. 8°.

Pour les éditions originales, voy. ci-dessous, liv. I, chap. III.

Héliodore. — *L'Histoire Æthiopique de Heliodorus*, contenant dix livres, traitant des loyales et pudiques amours de Theagenes Thessalien, et Chariclea Æthiopiene. Nouvellement traduite de Grec en Françoys... A Paris. De l'imprimerie d'Estienne Groulleau demourant en la rue Neuve Nostre Dame à l'enseigne Saint Jean Baptiste, 1547, in-12 (1re édition de la traduction d'Amyot).

Heroard (Jean). — *Journal de* — sur l'enfance et la jeunesse de Louis XIII (1601-1628) extrait des manuscrits originaux... par MM. Eud. Soulié et Éd. de Barthélemy. Paris, Didot, 1868, 2 vol. 8°.

Histoire du théâtre françois; voy. Parfait frères.

Jacob P.-L., Bibliophile. Voy. Lacroix Paul.

Jal A. — *Dictionnaire critique* de biographie et d'histoire, errata et supplément pour tous les dictionnaires historiques d'après des documents authentiques inédits. 2e édition, Paris, Plon, 1872, 8°.

Jarry J. — *Essai sur les œuvres dramatiques de Jean Rotrou*. Paris, Durand, 1868, 8° (thèse).

Ioyeusetez (les) facecies Et folastres Imaginacions de Caresme Prenant, Gauthier Garguille, Guillot Gorju, Roger Bontemps, Turlupin, Tabarin, Arlequin, Moulinet, etc. Et se vend chez Techener, libraire, tenant sa Boutique place du Louvre, w. 12. MDCCCXXXIV, 16 vol. pet. 8° (chaque pièce est paginée à part).

Kownatzky F.-A. — *Essai sur Hardy*. Königliches Gymnasium zu Tilsit. Programm-Abhandlung, ostern 1885, 4°.

Lacroix Paul (Bibliophile Jacob). — XVIIe siècle. *Lettres, sciences et arts*. France, 1590-1700.... 2e éd. Paris, Didot, 1882, gr. 8°.

Lacroix Paul (Bibliophile Jacob). — XVIIe siècle. *Institutions, usages et costumes*. France, 1590-1700.... 2e éd. Paris, Didot, 1880, gr. 8°.

(Lacroix Paul) P.-L. Jacob, bibliophile. — *L'Ancien Théâtre en France* (Introduction du *Recueil de farces, soties et moralités du xve siècle*, réunies pour la première fois et publiées avec des notices et des notes. Paris. Delahays, 1859, in-12).

(Lacroix Paul) P. L. Jacob, bibliophile. — *Bibliothèque dramatique de M. de Soleinne*; voy. Soleinne.

La Croix du Maine. — *Les bibliothèques françoises* de — et de Du Verdier sieur de Vauprivas; nouvelle éd. dédiée au roi...., par M. Rigoley de Juvigny... A Paris. M.DCC.LXXII. 6 vol. 4°.

La Mesnardière. — *La poétique* de Jules de —. A Paris, chez Antoine de Sommaville, au Palais, dans la Gallerie des merciers, à l'Escu de France. M.DC.XXXX. Avec Privilege du Roy, 4°.

La Taille (Jean de), seigneur de Bondaroy. — *Œuvres* publiées d'après des documents inédits par René de Maulde. T. IV, *comédies*. Paris, Willem, 1879, in-12.

La Taille (Jean de) de Bondaroy. — *De l'art de la Tragedie A treshaulte Princesse Henriette de Cleves, Duchesse de Nevers.* (En tête du volume *Saul le Furieux Tragedie prise de la Bible. Faicte selon l'art et à la mode des vieux Autheurs tragiques.* A Paris, chez Féd. Morel, Imprimeur ordinaire du Roy, ruë S. Jaques à l'enseigne de la Fontaine. M.D.IIC. 8°.)

La Vallière). — *Bibliothéque du Théâtre François depuis son origine, contenant un extrait de tous les ouvrages composés pour ce théâtre, depuis les mystères jusqu'aux Pièces de Pierre Corneille; une liste chronologique de celles composées depuis cette dernière époque jusqu'à présent; avec deux tables alphabétiques...* A Dresde, chez Michel Groell, libraire. M.DCC.LXVIII. 3 vol. 4°. (Par le duc de La Vallière, Marin et Mercier de Saint-Léger.)

Leber C. — *Plaisantes recherches d'un homme grave sur un farceur* ou prologue tabarinique pour servir à l'histoire littéraire et bouffonne de Tabarin. Paris, Techener, 1856, pet. 8°.

Lemazurier P.-D. — *Galerie historique des acteurs du théâtre français, depuis 1600 jusqu'à nos jours. Ouvrage recueilli des mémoires du temps et de la tradition...* Paris, Chaumerot, 1810, 2 vol. 8°.

Léris (de). — *Dictionnaire portatif historique et littéraire des théâtres contenant l'origine des différens théâtres de Paris, le nom de toutes les pièces qui y ont été représentées...*, 2e éd. Paris, 1763, 8°.

Lessing E.-G. — *Dramaturgie de Hambourg*, traduction de M. Ed. de Suckau, revue et annotée par M. L. Crouslé avec une introduction par M. Alfred Mézières. 2e éd. Paris, Didier, 1873, in-12.

Lestoile. — *Registre-Journal....* publié par MM. Champollion-Figeac et Aimé Champollion fils. (Dans la *Nouvelle collection de mémoires pour servir à l'histoire de France...*, par MM. Michaud et Poujoulat.) 1837, gr. 8°.

Lisle J.-A. — *Essai sur les théories dramatiques de Corneille*, d'après ses discours et ses examens. Paris, Durand, 1852, 8°. (Thèse.)

Lombard E. — *Étude sur Alexandre Hardy*. (Dans la *Zeitschrift für neufranzösische Sprache und Litteratur...* hgg. von Prof. Dr G. Körting und Dr E. Koschwitz. Oppeln und Leipzig, Maske, 8°. T. I, 1880, p. 161-185 et 348-397; t. II, 1881, p. 63-72. — Un tirage à part de 34 p., qui a paru chez le même éditeur en 1880, ne comprend pas l'analyse des pièces de Hardy, p. 348-397.)

Loret J. — *La muze historique* ou recueil des lettres en vers contenant les nouvelles du temps écrites à son altesse mademoiselle de Longueville, depuis duchesse de Nemours (1650-1665). Nouvelle éd..., par Ch.-L. Livet. Paris, Daffis, 1857-1878, 4 vol. 8°.

Lotheissen Ferd. — *Geschichte der französischen Literatur* im xvii. Jahrhundert. Wien, Gerold Sohn, 1877-1884, 4 vol. 8°.

Mairet. — *La Silvanire ou la Morte-vive du Sr —. Tragicomedie pastorale. Dediée à madame la duchesse de Montmorency. Avec les figures de Michel Lasne.* A Paris, chez François Targa au premier pillier de la grand'salle du Palais Au Soleil Dor. Avec privilege du Roy. 1631. 4°.

MALHERBE. — *Œuvres*, recueillies et annotées par M. Lalanne... Nouvelle éd. revue sur les autographes, les copies les plus authentiques et les plus anciennes impressions, et augmentée de notices, de variantes, de notes, d'un lexique des mots et locutions remarquables... Paris, Hachette, 1862, 5 vol. 8°. (Collection des Grands Écrivains.)

MARC-MONNIER. — *Histoire de la littérature moderne. La Réforme, de Luther à Shakespeare.* Paris, Didot, 1885, pet. 8°.

MAROLLES (MICHEL DE), abbé de Villeloin. — *Mémoires de* —. Amsterdam, 3 vol. in-12, 1755.

(MAUPOINT): — *Bibliothéque des théâtres*, contenant le catalogue alphabétique des pièces dramatiques... Paris, chez Pierre Prault, quay de Gêvres. M.DCC.XXXIII. 8°.

MÉZIÈRES A. — *Prédécesseurs et contemporains de Shakespeare.* 2ᵉ éd. Paris, Charpentier, 1863, in-12.

MÉZIÈRES A. — *Shakespeare, ses œuvres et ses critiques.* 3ᵉ éd. Paris, Hachette, 1882, in-18.

MÉZIÈRES A. — *Contemporains et successeurs de Shakespeare.* Paris, Charpentier, 1864, in-12.

MOLAND LOUIS. — *Molière, sa vie et ses ouvrages*, avec une notice sur le théâtre et la troupe de Molière. Paris, Garnier, 1887, gr. 8°.

MONTCHRESTIEN (ANTHOINE DE), SIEUR DE VASTEVILLE. — *Les Tragedies d'* —. A Monseigneur le prince de Condé. Edition nouvelle augmentée par l'Autheur. A Rouen, chez Pierre de la Motte, demeurant à la basse Vieil-Tour, près la halle au blé. M.DC.XXVII. 8°.

MOREL-FATIO ALFRED. — *La comédie espagnole au XVIIᵉ siècle.* Cours de langues et littératures méridionales au Collège de France. Leçon d'ouverture. Paris, Vieweg, 1885, 8°.

MOUHY (CHEVALIER DE). — *Abrégé de l'histoire du théâtre françois* depuis son origine jusqu'au premier juin de l'année 1780; précédé du Dictionnaire de toutes les Pièces de théâtre jouées et imprimées, du Dictionnaire des Auteurs Dramatiques, et du Dictionnaire des Acteurs et Actrices; dédié au Roi. A Paris... M.DCC.LXXX. 3 vol. 8°.

MUGNIER F. — *Le Théâtre en Savoie.* Les vieux spectacles, les comédiens de Mademoiselle et de S. A. R. le duc de Savoie, la comédie au collège, les troupes modernes (avec fac-similé). Paris, Champion, 1887, 8°.

NAGEL KURT. — *Alexandre Hardys Einfluss auf Pierre Corneille.* Inaugural-Dissertation... Marburg, Universitäts-Buchdruckerei, 1884, 8°, 36 p. (Se trouve aussi dans les *Ausgaben und Abhandlungen aus d. Geb. der roman. Philologie*, fasc. 28.)

(OGIER FRANÇOIS, PARISIEN). — *Préface* au lecteur par F. O. P., en tête de la 2ᵉ édition de *Tyr et Sidon*, tragi-comédie divisée en deux journées, par Jean de Schelandre. (*Ancien théâtre françois*, t. VIII.)

PARFAIT-FRÈRES. — *Histoire du théâtre françois*, depuis son origine jusqu'à présent avec la vie des plus célèbres Poëtes dramatiques, un catalogue exact de leurs Pièces, et des notes historiques et critiques. A Paris, chez P.-G. Le Mercier et Saillant, 1745 à 1749, 15 vol. in-12.

Paris ridicule et burlesque au XVIIᵉ siècle par Claude Le Petit, Berthod Scarron, François Colletet, Boileau, etc. Nouvelle éd. revue et corrigée avec des notes par P.-L. Jacob, bibliophile. Paris, Delahays, 1859, in-16.

...rnasse satyrique (Le) du sieur Théophile suivi du Nouveau Parnasse satyrique. Édition revue sur toutes les éditions du xvii° siècle, corrigée et annotée. L'an MCCCLXIV (sic), 2 vol. in-12.

La première édition du *Parnasse satyrique* est de 1622.

*...*ATIN. — *Études sur les tragiques grecs*. 5° édition. Paris, Hachette, 1877, 4 vol. in-18. (Eschyle, 1 vol., Sophocle, 1 vol., Euripide, 2 vol.)

*...*ERRAULT. — *Parallèle des anciens et des modernes* en ce qui regarde la poesie. Par M. — de l'Académie Françoise. Tome troisieme. A Paris, Coignard veuve et fils, MDCLXXXXII, in-12. (Le tome 1er est consacré aux arts et aux sciences, le tome II à l'éloquence; 1690.)

PERRIN ÉMILE. — *Étude sur la mise en scène*. (Préface des *Annales du théâtre et de la musique*, par MM. Éd. Noël et Edm. Stoullig, 8° année. Paris, Charpentier, 1883, in-12. — A aussi paru à part chez Quantin, 8°.)

PERSON LÉONCE. — *Histoire du Venceslas de Rotrou*, suivie de notes critiques et biographiques. Paris, Cerf, 1882, pet. 8°.

PETIT DE JULLEVILLE L. — *Histoire du théâtre en France*. — *Les Mystères*. Paris, Hachette, 1880. 2 vol. 8°.

PETIT DE JULLEVILLE L. — *Histoire...* — *Les Comédiens en France au moyen âge*. Paris, Cerf, 1885, in-18.

PETIT DE JULLEVILLE L. — *Histoire...* — *La Comédie et les mœurs en France au moyen âge*. Paris, Cerf, 1886, in-18.

PETIT DE JULLEVILLE L. — *Histoire...* — *Répertoire du théâtre comique en France au moyen âge*. Paris, Cerf, 1886, gr. 8°.

PHILOSTRATE. — *Les images ou tableaux de Platte peinture de* — Lemnien Sophiste Grec mis en François par Blaise de Vigenere Bourbonnois. Avec des arguments et annotations sur chacun d'iceux. En ceste derniere edition augmenté... A Tournon Par Claude Michel imprimeur de l'Université, 1611, 2 vol. 8°.

PLUTARQUE. — *Les Vies des hommes illustres* traduites du grec par Amyot, grand aumônier de France, avec des notes et des observations par MM. Brotier et Vauvilliers. Nouvelle édition revue, corrigée et augmentée par E. Clavier. A Paris, de l'imprimerie de Cussac, 1801-1802, 11 vol. 8°.

PLUTARQUE. — *Œuvres morales*, traduites du grec par Amyot... avec des notes et des observations par MM. Brotier, Vauvilliers et Clavier. Nouvelle édition... A Paris, chez Janet et Cotelle, 1819-1822, 7 vol. 8°.

POIRSON AUGUSTE. — *Histoire du règne de Henri IV*... 3° édition. Paris, Didier, 1865-1866, 4 vol. in-12.

POUGIN ARTHUR. — *Dictionnaire historique et pittoresque du théâtre et des arts qui s'y rattachent*... Paris, Didot, 1885, gr. 8°.

PUIBUSQUE (ADOLPHE DE). — *Histoire comparée des littératures espagnole et française*. Paris, Dentu, 1843, 2 vol. 8°.

RACAN. — *Œuvres complètes*. Nouvelle édition revue et annotée par M. Tenant de Latour avec une Notice biographique et littéraire par M. Antoine de Latour. Paris, Jannet, 1857, 2 vol. in-16. (Bibl. elzévirienne.)

RACINE. — *Œuvres complètes*, avec une vie de l'auteur et un examen de chacun de ses ouvrages par M. Saint-Marc Girardin. T. Ier. Paris, Garnier, 1879, 8°.

Recueil de piéces rares et facétieuses, anciennes et modernes, en vers et en prose, remises en lumière pour l'esbattement des Pantagruélistes avec le concours d'un bibliophile. Paris, Barraud, 1873, 4 vol. pet. 8°.

Recueil des principaux tiltres concernant l'acquisition de la proprieté des masure et place où a esté bastie la maison (appelée vulgairement l'Hostel de Bourgongne) sise en cette ville de Paris, és rües, de Mauconseil, et neufve S. François, faicte par les Doyen, Maistres et Gouverneurs de la Confrerie de la Passion et Resurrection de nostre Seigneur Jesus-Christ, Maison et Hostel de Bourgogne, dés le 30. et penultiesme Aoust 1548. (il y a cette année courahte 1632. quatre-vingt-quatre années) au profit de ladite Confrerie, pour eux et leurs successeurs Doyens, Maistres, Gouverneurs et Confreres d'icelle, Chartres et confirmations des Rois tres-chrestiens... Ensemble autres pieces y appartenans, le tout pour montrer que lesdits Doyen, Maistres, Gouverneurs et Confreres, sont esdits noms vrais et legitimes acquereurs, proprietaires et possesseurs dudit Hostel de Bourgogne... Alencontre des convices, et calomnies theatrales, de Robert Guérin, dict La Fleur, Hugues Gueru, dict Fleschelles, Henry Le Grand, dict Belle-Ville, Pierre Messier, dict Bellerose, et autres comediens leurs associez, soy disans comediens du Roy de l'Eslite royale : accusans tres-faussement (sauf correction) lesdicts Doyen, Maistres, Gouverneurs et Confreres, d'estre usurpateurs d'iceluy Hostel de Bourgogne... A Paris, M.DC.XXXII, 4°.

RICCOBONI LOUIS. — *Histoire du Théâtre Italien*, depuis la décadence de la comédie Latine, avec un catalogue des tragédies et comédies Italiennes imprimées depuis l'an 1500, jusqu'à l'an 1660. Et une Dissertation sur la Tragédie moderne. A Paris, chez André Cailleau, M.DCCXXXI, 8°.

RIGAL EUGÈNE. — *Hôtel de Bourgogne et Marais. Esquisse d'une histoire des théâtres de Paris de 1548 à 1635*. Paris, Dupret, 1887, pet. in-24.

ROBIOU FÉLIX. — *Essai sur l'histoire de la littérature et des mœurs pendant la première moitié du xviie siècle*. T. Ier. La France, de la paix de Vervins à l'avènement de Richelieu. Paris, Douniol, 1858, 8°. (Le t. 1er a seul paru.)

ROJAS (AGUSTIN DE). — *El viage entretenido de* —, natural de la villa de Madrid. Con una exposicion de los nombres Historicos y Poeticos, que no van declarados. A Don Martin Valero de Franqueza, cavallero del habito de Santiago, y gentil hombre de la boca de su Magestad. Con Privilegio de Castilla, y Aragon. En Madrid, en la Emprenta Real. M.DC.III. Vendese en casa de Francisco de Robles, 8°.

ROYER ALPHONSE. — *Histoire universelle du théâtre*. Paris, Franck, 1869-1870, 4 vol. 8°.

SAINT-AMANT. — *Œuvres complètes*. Nouvelle édition publiée sur les manuscrits inédits et les éditions anciennes, précédée d'une notice et accompagnée de notes par M. Ch.-L. Livet. Paris, Jannet, 1855, 2 vol. in-16 (bibl. elzévirienne).

SAINTE-BEUVE C.-A. — *Tableau historique et critique de la poésie française et du théâtre français au xvie siècle*. Édition revue et très augmentée suivie de portraits particuliers des principaux poètes. Paris, Charpentier, 1843, in-12.

> L'édition *définitive* publiée chez Lemerre par M. Jules Troubat (1876, 2 vol. pet. in-12) ne contient aucun changement important aux chapitres que nous avons dû consulter.

SAINTE-BEUVE. — *Portraits littéraires*. Paris, Garnier, 2 vol. gr. in-18 (T. Ier, art. CORNEILLE).

SAINT-MARC GIRARDIN. — *Cours de littérature dramatique* ou de l'usage des passions dans le drame. Nouvelle édition revue et corrigée. Paris, Charpentier, 1875, 5 vol. in-12.

SAINT-MARC GIRARDIN. — *Œuvres complètes de Racine*; voy. RACINE.

SARAZIN. — *Discours de la Tragedie*, ou Remarques sur *l'Amour tyrannique* de Monsieur de Scudery. A Messieurs de l'Academie Françoise. (Dans les *Œuvres de Monsieur Sarazin*. A Paris, chez Thomas Jolly, au palais, dans la salle des merciers, à la palme et aux armes de Hollande, M.DC.LXIII, in-12.)

> Publié d'abord en 1639, en tête de *l'Amour tyrannique* et sous le nom de Sillac d'Arbois.

SAUVAL (HENRI), avocat au Parlement. — *Histoire et recherches des antiquités de la ville de Paris* par M. —. A Paris, chez Charles Moette... et Jacques Chardon... 1724, 3 vol. 4°.

SCARRON. — *Le Roman comique*, nouvelle édition revue, annotée et précédée d'une introduction par M. Victor Fournel. Paris, Jannet, 1857, 2 vol. in-16 (bibl. elzévirienne).

SCHAK (ADOLPH FRIEDRICH VON). — *Geschichte der dramatischen Literatur und Kunst in Spanien*. Zweite, mit Nachträgen vermehrte Ausgabe. Frankfurt, Baer, 1854, 3 vol. 8°.

SCUDERY. — *La Comedie des comediens*, poeme de nouvelle invention par Monsieur de —. A Paris, chez Augustin Courbé au Palais, dans la petite salle, à la Palme. M.DC.XXXV, avec privilege du Roy, 4°.

SEGRAIS. — *Œuvres diverses* de M. —. Première partie. Qui contient ses mémoires anecdotes, où l'on trouve quantité de particularitez remarquables touchant les personnes de la cour, et les gens de lettres de son tems. A Amsterdam, chez François Changuion. MDCCXXIII, in-12.

SHAKESPEARE. — *Œuvres complètes*, traduites par Émile Montégut. Paris, Hachette, 1867, 10 vol. in-18.

SOLEINNE. — *Bibliothèque dramatique de monsieur de* —. *Catalogue* rédigé par P.-L. Jacob, bibliophile. Paris, administration de l'Alliance des arts, t. I et II et supplément du t. Ier, 1843-1844, 8°.

SOREL. — *La Bibliotheque françoise* de M. C. —. Premier historiographe de France. Seconde edition. Reveuë et augmentée. A Paris, par la compagnie des Libraires du Palais. M.DC.LXVII, 8°.

SOREL). — *La Maison des jeux*, où se trouvent les divertissemens d'une compagnie, par des narrations agreables, et par des jeux d'esprit, et autres entretiens d'une honneste conversation. Derniere edition reveuë, corrigée et augmentée. A Paris, chez Antoine de Sommaville, au Palais..... M.DC.LVII, 2 vol. 8° (le nom de Sorel figure dans le privilège).

> La 1re édition est de 1642.

(Sorel). — *Le Berger extravagant ou parmy des Fantaisies amoureuses on void les impertinences des Romans et de la Poësie.* A Rouen, chez Jean Berthelin, M.DC.XLVI, 3 vol. 8°.

   La 1re édition est de 1627.

(Sorel). — *La Vraie histoire comique de Francion* composée par Charles Sorel sieur de Souvigny. Nouvelle éd. avec avant-propos et notes par Émile Colombey. Paris, Delahays, 1858, in-16.

Soulié Eudore. — *Recherches sur Molière et sur sa famille.* Paris, Hachette, 1863, 8° (p. 151 à 165 : *Inventaire des titres et papiers de l'Hôtel de Bourgogne*).

Souriau Maurice. — *De la convention dans la tragédie classique et dans le drame romantique.* Paris, Hachette, 1885, 8° (thèse).

Stapfer Paul. — *Shakespeare et l'antiquité.* — *L'antiquité grecque et latine dans les œuvres de Shakespeare.* Paris, Sandoz et Fischbacher, 1879, 8°.

Suard J.-B.-A. — *Coup d'œil sur l'histoire de l'ancien théâtre français.* (Au t. IV des *Mélanges de littérature* publiés par J.-B.-A. Suard... Paris, Dentu, an XIII (1804) in-8°).

Tabarin. — *Les Œuvres de* —, avec les adventures du capitaine Rodomont, la farce des bossus et autres pièces tabariniques... Nouvelle édition, préface et notes par Georges d'Harmonville. Paris, Delahays, 1858, in-12.

Taine Henri. — *Histoire de la littérature anglaise.* Paris, Hachette, 1863, 4 vol. 8°.

Tallemant des Réaux. — *Les Historiettes.* Troisième édition entièrement revue sur le manuscrit original et disposée dans un nouvel ordre par MM. de Monmerqué et Paulin Paris. — Paris, Techener, 1854-1860, 9 vol. 8°.

Taschereau J. — *Histoire de la vie et des ouvrages de P. Corneille,* seconde édition, augmentée. Paris, Jannet, 1855, in-16 (bibl. elzévirienne).

Tasse. — *Nouvelle traduction françoise de l'Aminte* de —, avec le texte à côté. A Paris, chez Nyon fils... M.DCC.XXXIV, petit 4°.

Théophile. — *Œuvres complètes,* nouvelle édition revue, annotée et précédée d'une notice biographique par M. Alleaume. Paris, Jannet, 1856, 2 vol. in-16 (bibl. elzévirienne).

Ticknor G. — *Histoire de la littérature espagnole,* traduite par Magnabal. Paris, Hachette, 1870, 3 vol. 8°.

Titon du Tillet. — *Le Parnasse françois,* dédié au Roi, par M. —, commissaire provincial des guerres, ci-devant capitaine de dragons et maître d'hôtel de feue madame la Dauphine, mère du Roi. A Paris, de l'imprimerie de J.-B. Coignard fils. MDCCXXXII, 4°.

Traité de la disposition du poëme dramatique et de la prétendue regle de vingt-quatre heures. (*Examen de ce qui s'est fait pour et contre le Cid avec un Traité...* A Paris. Imprimé aux depens de l'auteur. M.DC.XXXVII.)

   Ce traité, publié en 1637 (et non en 1639, comme le dit M. Charles Arnaud), avait été écrit dès 1631 ou 1632 : « Il me souvient », dit l'auteur, p. 17, « d'avoir écrit quelque chose de cette matière, il y a cinq ou six ans, principalement de la disposition du poëme dramatique et de la prétendue règle des vingt-quatre heures. » C'est ce *quelque chose* qu'il publia sous le titre de *Discours à Cliton, avec un traité de la disposition du poëme dramatique.* — Ce curieux ouvrage a été attribué à Claveret (fr. Parfait, t. V, p. 257; Sainte-Beuve, *Tableau,* p. 257; Lombard, *Étude sur Al. Hardy,* Zeit-

INDEX DES OUVRAGES CONSULTÉS POUR LE LIVRE IV

schrift, p. 170, etc), mais Claveret ne se serait pas montré aussi impartial pour Corneille que l'auteur de l'*Examen*. — L'attribution à Mairet est encore moins acceptable (Niceron, *Mém*., XX, p. 92; cf. Arnaud, *les Théories dramatiques*, p. 159, n. 3). — Enfin M. Lisle l'a attribué à Durval (*Essai sur les théories dram. de Corneille*, p. 89, n.) et M. Arnaud penche vers la même opinion. Pour nous, nous avons peine à comprendre pourquoi Durval aurait gardé l'anonyme en publiant ce réquisitoire contre les règles; ne les avait-il pas attaquées, sous son nom, dans la préface d'*Agarite* (1636)? n'allait-il pas les attaquer encore dans la préface de *Panthée* (1639)? Les termes mêmes de cette dernière préface ne permettent guère de supposer que Durval ait publié un traité méthodique sur le sujet.

TRAUTMANN KARL. — *Französische Schauspieler am bayrischen Hofe* (p. 185 à 334 du *Jahrbuch für Münchener Geschichte*, begründet und hgg. von Karl von Reinhardstöttner und Karl Trautmann. Zweiter Jahrgang. München, J. Lindauer, 1888, 8°).

    Cette étude commence par un résumé de tous les travaux antérieurs sur les comédiens français en Allemagne avant 1648.

TRICOTEL ÉDOUARD. — *Variétés bibliographiques*. Paris, Gay, 1863, in-12.

TRISTAN L'HERMITE. — *Le Page disgracié ou l'on void de vifs caracteres d'hommes de tous temperamens, et de toutes professions, par M.* —, *gentilhomme ordinaire de la suite de feu monseigneur le duc d'Orleans.* 1re partie. A Paris chez André Boutonné, 1667, in-12.

    C'est la deuxième édition. La première a pour titre : *Le Page disgracié... par Mr de Tristan*. A Paris chez Toussaint Quinet au Palais, sous la montée de la cour des Aydes. M.DC.XLIII. Avec privilège du Roy, 8°. (Privilège du 2 juillet 1642, achevé d'imprimer du 28 octobre.)

VAUQUELIN (JEAN), SIEUR DE LA FRESNAIE. — *Les diverses poésies de* —, publiées et annotées par Julien Travers. Caen, Le Blanc-Hardel, 1869-1872, 3 vol. 8° (t. 1er, *l'Art poétique françois*).

VIEL-CASTEL (LOUIS DE). — *Essai sur le théâtre espagnol*. Paris, Charpentier, 1882, in-12.

VOLTAIRE. — *Commentaire sur Corneille* (t. XLVIII et XLIX des *Œuvres complètes*. Paris, Lequien, 1821-1826, 70 vol. 8°).

WEINBERG GUSTAV. — *Das französische Schäferspiel in den ersten Hälfte des siebzehnten Jahrhunderts*. Frankfurt, Knauer, 1884, 8°.

II. — INDEX MÉTHODIQUE

DES OUVRAGES CONSULTÉS POUR LA RÉDACTION DU LIVRE IV :

La langue, le style et la versification [1].

A. — Ouvrages généraux.

FRÉDÉRIC GODEFROY. — *Dictionnaire de l'ancienne langue française* et de tous ses dialectes du ixe au xve siècle... Paris, Vieweg, 1880-1889, 4° (fascicules 1 à 55, lettres A à PREUDON).

LACURNE DE SAINTE-PALAYE. — *Dictionnaire historique de l'ancien langage*

---

1. D'autres titres seront indiqués dans les notes.

françois ou *Glossaire de la langue françoise depuis son origine jusqu'au siècle de Louis XIV*... publié par les soins de L. Favre.... avec le concours de M. Pajot. Niort et Paris, 1875-1882, 10 vol. in-4°.

É. LITTRÉ. — *Dictionnaire de la langue française*.... Paris, Hachette, 1873-1874, 4 vol. in-4°. — *Supplément*, 1879.

JEAN NICOT. — *Thresor de la langue francoyse*, tant ancienne que moderne... A Paris, chez David Douceur, libraire juré, ruë Sainct Iaques, à l'enseigne du Mercure arresté M.DC.VI, in-4°.

— *Le grand dictionaire francois-latin*, Enrichy en cette derniere Edition plus exacte et correcte que toutes les precedentes, de plus de six mille dictions ou phrases francoises... Recueilly des observations de plusieurs hommes doctes de nostre siecle, entre autres de M. Nicot, conseiller du Roy, et de M. Guichard, Maistre des Requestes de son Altesse, et reduict à la forme et perfection des dictionaires Grecs et Latins. Par Pierre Marquis, estudiant ez lettres humaines au College du Dauphin à Vienne. A Lyon, par Iean Pillehotte, à l'enseigne du Nom de Iesus. M.DC.IX, 8°.

Ancien théâtre françois (voy. à l'*Index* I), tome X, *Glossaire*.

DARMESTETER ET HATZFELD. — *Le seizième siècle en France*, tableau de la littérature et de la langue... 3° éd. revue et corrigée. Paris, Delagrave, 1887, in-12.

C.-A. SAINTE-BEUVE. — *Tableau historique et critique de la poésie française et du théâtre français au xvi° siècle* (voy. à l'*Index* I).

ANTOINE BENOIST. — *De la syntaxe française entre Palsgrave et Vaugelas*. Paris, Thorin, 1877, 8° (thèse).

CARL LAHMEYER. — *Das Pronomen in der französischen Sprache des 16ten und 17ten Iahrhunderts*. Inaugural-Dissertation.... Göttingen, 1886, 8°.

LÉON FEUGÈRE. — *Les Femmes poètes au xvi° siècle*, étude suivie de *Mlle de Gournay*.... (voy. à l'*Index* I).

(LANOUE). — *Le Dictionaire des rimes francoises*, selon l'ordre des lettres de l'alphabeth. Auquel deux traitez sont ajoustez. L'un, des conjugaisons francoises. L'autre, de l'orthographe francoise. Plus un Amas d'Epithetes recueilli des œuvres de Guillaume de Salluste seigneur Du Bartas. Par les heritiers d'Eustache Vignon. M.D.XCVI, 8°. (Voy. Thurot, *De la prononciation française*, t. I, p. XLIII.)

> Une seconde édition, qui parait plus répandue, a été publiée en 1624 sous ce titre : *Le grand dictionnaire des rimes françoises, selon l'ordre alphabétique*....A Cologny, par Matthieu Berjon. Elle reproduit fidèlement la première dans tous les passages qui nous intéressent.

DE DEIMIER. — *L'Academie de l'art poetique*. Où par amples raisons, demonstrations, nouvelles recherches, examinations et authoritez d'exemples, sont vivement esclaircis et deduicts les moyens par où l'on peut parvenir à la vraye et parfaite connoissance de la Poësie françoise... Par le sieur de Deimier. A Paris, chez Jean de Bordeaulx, ruë S. Jean de Beauvais, vis à vis la porte de l'eglise. M.DC.X, p. 8°.

LÉON BELLANGER. — *Études historiques et philologiques sur la rime française*. Essai sur l'histoire de la rime, principalement depuis le xvi° siècle jusqu'à nos jours. Angers, 1876, 8° (thèse).

CHARLES THUROT. — *De la prononciation française depuis le commencement*

INDEX DES OUVRAGES CONSULTÉS POUR LE LIVRE IV

du xvi⁰ siècle, d'après les témoignages des grammairiens. Paris, Imprimerie nationale, 1881-1883, 2 vol. 8°.

Adolphe Tobler. — *Le Vers français ancien et moderne.* Traduit sur la deuxième édition allemande par Karl Breul et Léopold Sudre, avec une préface par M. Gaston Paris. Paris, Vieweg, 1885, 8°.

B. — Écrivains du xvi⁰ siècle.

Clément Marot. — *OEuvres complètes de Clément Marot* revues sur les éditions originales avec préface, notes et glossaire par M. Pierre Jannet. Paris, Lemerre, 1873-1876, 4 vol. p. in-16.

Rabelais. — *OEuvres de Rabelais.* Édition conforme aux derniers textes revus par l'auteur, avec les variantes de toutes les éditions originales, une notice, des notes et un glossaire par M. Pierre Jannet. Paris, Lemerre, 1873-1874, 7 vol. pet. in-16.

Bonaventure des Périers. — *B. des P., sa vie, ses poésies,* par Adolphe Chenevière. Paris, Plon, 1885, 8° (thèse).

— *Lexique de la langue de Bonaventure des Périers,* par Félix Franck et Adolphe Chenevière. Paris, Cerf, 1888, 8°.

P. de Ronsard. — *Les OEuvres de Pierre de Ronsard.* Gentilhomme vandomois. Reveues, et corrigees par l'autheur peu avant son trespas, et encores depuis augmentées de plusieurs commentaires. Redigees en X tomes. Au Roy. A Paris, chez la vefve de Gabriel Buon, au cloz Bruneau, à l'enseigne S. Claude, 1597, in-12 (t. III, *Préface de la Franciade*; t. X, *Abrégé de l'art poétique françois*).

La Pléiade. — *Syntactische Studien über die Plejade.* Inaugural-Dissertation.... von Karl Becker aus Michelstadt. Darmstadt, 1885, 8°.

Olivier de Magny. — *Olivier de Magny (1529?-1561). Étude biographique et littéraire* par Jules Favre. Paris, Garnier, 1885, 8° (thèse).

Jodelle. — *Der Versbau Etienne Jodelle's.* Abhandlung... von Adolf Herting. Kiel, 1884, 8°.

Robert Garnier. — *Robert Garnier. Les tragédies,* Treuer Abdruck... von W. Fœrster (voy. à l'*Index* I).

— *Syntactische Studien zu Robert Garnier.* Inaugural-Dissertation von Wilhelm Procop. Eichstätt, 1885, 8°.

— *Syntactische Studien zu Robert Garnier.* Abhandlung... von Arthur Jensen. Kiel, 1885, 8°.

— *Die Tropen und Figuren bei R. Garnier,* ihrem Inhalt nach untersucht und in den römischen Tragödien mit der lateinischen Vorlage verglichen. Inaugural-Dissertation... von Hans Raeder. Wansbeck, 1886, 8°.

Du Bartas. — *La Vie et les œuvres de Du Bartas,* par Georges Pellissier. Paris, Hachette, 1882, 8° (thèse).

Montaigne. — *Etude sur la langue de Montaigne* par Eugène Voizard. Paris, Cerf, 1885, 8° (thèse).

Jean Vauquelin, sieur de La Fresnaie. — *OEuvres* diverses en prose et en vers précédées d'un essai sur l'auteur et suivies d'un *Glossaire* par Julien Travers (t. III de l'éd. signalée dans l'*Index* I).

Brantôme. — *OEuvres complètes de Pierre de Bourdeille seigneur de Brantôme,* publiées d'après les manuscrits, avec variantes et fragments iné-

dits, pour la Société de l'histoire de France, par Ludovic Lalanne.
T. X, *Lexique.* Paris, Renouard, 1881, 8°.

ANTOINE DE MONTCHRESTIEN. — *Æsthetische und sprachliche Studien über
Antoine de Montchrestien in Vergleich zu seinen Zeitgenossen.* Inaugural-Dissertation... von Guido Wenzel. Weimar, 1885, 8°.

C. — Écrivains du XVII° siècle.

RÉGNIER. — *Œuvres complètes de Régnier* revues sur les anciennes éditions avec préface, notes et glossaire par M. Pierre Jannet, 2° éd, Paris, Picard, 1869, pet. in-16.

MALHERBE. — *Œuvres* (voy. à l'*Index* I), t. V, *Lexique* de la langue de Malherbe avec une introduction grammaticale par Ad. Régnier fils.

— *Mémoires pour la vie de Malherbe,* dans les œuvres de RACAN, t. I (voy. à l'*Index* I).

J. DE SCHELANDRE. — *Studien über die französische Sprache zu Anfang des XVII. Jahrhunderts* (im Anschluss an J. de Schelandre's Tyr et Sidon, tragi-comédie divisée en deux journées), von R. Dammholz. Dans la *Zeitschrift für neufranz. Sprache und Litteratur* (voy. à l'*Index* I), 1887, t. IX, p. 265 à 313.

JEAN ROTROU. — *Essai sur les œuvres dramatiques de Jean Rotrou,* par J. Jarry (voy. à l'*Index* I).

— *Notes sur la langue de Rotrou* par Antoine Benoist (*Annales de la Faculté des lettres de Bordeaux,* 1882, t. IV, p. 365 à 412).

— *Grammatische und lexikologische Studien über Jean Rotrou.* Inaugural-Dissertation... von Karl Sölter. Altona, 1882, 8°.

P. CORNEILLE. — *Œuvres* (voy. à l'*Index* I), t. XI et XII, *Lexique* de la langue de Pierre Corneille avec une introduction grammaticale par M. Ch. Marty-Laveaux.

— *Lexique comparé de la langue de Corneille et de la langue du XVII° siècle en général,* par M. Frédéric Godefroy. Paris, Didier, 1862, 2 vol. 8°.

— *Syntactische Studien über P. C.* Inaugural-Dissertation... von Philipp Jacobi. Giessen, 1887, 8°.

A consulter avec précaution.

CHAPELAIN. — *Lexique de la langue de Chapelain,* par M. l'abbé A. Fabre (*Bulletin du bibliophile et du bibliothécaire,* revue mensuelle publiée par Léon Techener... Juin à novembre 1888, p. 281-308, 361-384, 477-502).

VAUGELAS. — *Remarques sur la langue françoise.* Nouvelle édition... par A. Chassang. Versailles et Paris, Cerf, 1880, 2 vol. 8°.

SCARRON. — *Scarron et le genre burlesque* par Paul Morillot. Paris, Lecène et Oudin, 1888, 8° (chap. VII, *de la Langue et du style de Scarron*).

D. — Hardy.

Pour Hardy, voy. surtout à l'*Index* I les ouvrages de SUARD, ROBIOU, GODEFROY (*Hist. de la litt. fr.*, t. I), LOMBARD et NAGEL.

ALEXANDRE HARDY

LIVRE PREMIER

LA VIE

CHAPITRE I

VIE DE HARDY (1ʳᵉ partie).

LES COMÉDIENS DE CAMPAGNE ET LEURS POÈTES PENDANT LES DERNIÈRES ANNÉES DU XVIᵉ SIÈCLE

Hardy a joué un grand rôle dans l'histoire de notre théâtre moderne, et pourtant sa vie est fort mal connue. Ses contemporains parlent peu de lui, Colletet ne l'a pas compris dans sa galerie de poètes [1], et il faut arriver jusqu'à Fontenelle pour apprendre quelque chose sur ce dramaturge. « Il suivait une troupe errante de comédiens, qu'il fournissait de pièces », dit l'auteur de la *Vie de P. Corneille* [2]; et, après lui, les frères Parfait, réunissant quelques indications éparses dans divers auteurs ou dans les préfaces de Hardy lui-même, écrivent en quelques lignes la plus longue biographie que l'on eût encore écrite de lui [3].

---

1. On sait que les *Vies* de Colletet ont disparu dans l'incendie de la bibliothèque du Louvre; mais on peut voir la liste qu'en a donnée Titon du Tillet, le *Parnasse françois*, p. xxxix et xc, ainsi que les essais de restitution publiés par la *Revue critique*, 1870, t. I, p. 324-338 et 409 (article de M. Léopold Pannier); et par le *Cabinet historique*, t. XVII, 2ᵉ partie, p. 128-132.

2. *Vie de P. Corneille, avec l'histoire du théâtre jusqu'à lui. Œuvres de Fontenelle*, p. 198 du t. IV.

3. Voy. l'*Histoire du Théâtre François*, t. IV, p. 2-4.

C'est là la biographie traditionnelle, celle qui est passée depuis de livre en livre, parfois augmentée de quelque hypothèse ingénieuse, plus souvent défigurée par quelque nouvelle erreur. Dans une récente étude sur Hardy, M. E. Lombard [1], après avoir lu, avec plus de soin peut-être que les frères Parfait, les préfaces et les dédicaces de notre auteur, ainsi que les pièces liminaires qui les accompagnent, a réussi sur plusieurs points à redresser ou à compléter la tradition. Mais cette étude n'est pas un guide toujours sûr; tantôt M. Lombard accepte sans les discuter certaines assertions peu solides des frères Parfait, tantôt il émet lui-même des hypothèses contestables, qu'il regarde ensuite comme démontrées.

De documents authentiques, nul n'en a découvert. Le nom de Hardy n'est même pas prononcé dans le *Dictionnaire critique* de M. Jal; ni les manuscrits de la Bibliothèque nationale, ni les registres des Archives ne m'ont rien fourni sur son compte, et le hasard seul pourrait faire découvrir quelque chose, par exemple une trace de ses pérégrinations en province.

En attendant, nous devons essayer de nous faire une idée de l'existence de notre poète, car la vie éclaire les œuvres, et le jugement à porter sur elles devra varier selon le temps et les conditions où elles ont été écrites. Reprenons donc les indications éparses dans les auteurs du commencement du XVIIe siècle, celles qu'ont données Fontenelle et les frères Parfait, celles que nous fournit Hardy lui-même. Examinons-en la valeur et la portée; nous ne nous permettrons les conjectures que lorsqu'elles nous seront suggérées par des textes ou par des faits certains.

I

Alexandre Hardy [2] était de Paris : son nom est accompagné du titre de Parisien en tête de chacun de ses volumes. A quelle date

---

1. Voy. à l'*Index* 1.
2. Est-ce à un parent ou simplement à un homonyme qu'il faut attribuer les quatre distiques latins signés *I. Hardy Andegavensis*, en tête du tome II du *Théâtre*? D'autres *Hardy* se rencontrent encore au commencement du XVIIe siècle : *Sébastien Hardy, Parisien*, auteur de nombreuses traductions, et dont on trouve un quatrain « Sur le tombeau de Henry le Grand », à la page 37 du *Recueil de poésies*, par G. du Peyrat (1611); *Claude Hardy, Parisien*, qui, *âgé de douze ans*, publia en 1615 les *Distiques de Verin mis en françois* (à Paris, par Jean Sara, rue S. Jean de Beauvais, devant les Escholes de Decret, petit in-8º); et son père, M. *Hardy, receveur des aides et tailles du Mans*, à qui le

faut-il placer l'année de sa naissance? Les historiens de notre théâtre au XVIIIᵉ siècle évitent d'examiner ce point; mais depuis, et sans raison sérieuse, on s'est habitué à la placer vers 1560 [1].

Lisons l'importante dédicace de *Théagène et Cariclée*, publiée en 1623 et adressée à « M. Payen, conseiller du roi en sa cour de parlement de Paris et sieur des Landes ». Le passage est un peu long, mais il nous aidera à connaître notre poète, et nous aurons d'ailleurs plusieurs fois occasion de nous y référer. Voici comment s'exprime Hardy :

« Monsieur, encore que les premiers fruits n'atteignent pas cette perfection de bonté que leur apporte le temps, on les consacrait anciennement aux Dieux par une préférence d'honneur qui se rendait agréable, semblant la nouveauté suppléer à ce qui d'ailleurs était défectueux; ainsi cette inimitable histoire d'Héliodore à laquelle j'ai fait prendre le cothurne français, éclose pendant les bouillons d'une jeunesse, s'ose jeter en l'asile de votre protection, comme seul qui, dans la France, avez reçu ma pauvre muse à bras ouverts en son affliction, et vu de bon œil ce peu de fleurs qu'elle a pu produire entre les épines de toutes sortes d'incommodités.... Une présomptueuse vanité ne m'emportera pas aussi à dire qu'entre cinq cents poèmes dramatiques tout marche d'un pas égal; le cours de la vie humaine y contredit..... Il me suffit assez que, parmi ce nombre incroyable, le bien emporte le mal, et que cette telle vigueur de génie, après trente ans, ne reçoive aucune diminution, plus prêt que jamais de prêter le collet à ceux qui en douteront. »

Même en tenant compte de ce que les chiffres donnés peuvent avoir d'approximatif, le passage que nous venons de citer fournit de précieux renseignements. Ainsi les débuts de Hardy datent de 1593 environ, puisqu'en 1623 il se vante que la vigueur de son génie ne reçoit après trente ans aucune diminution [2]; il ne devait

---

petit prodige a dédié son ouvrage. Une attestation signée de *Matthæus Hardy*, préfet des études au collège des jésuites de Rouen, est inscrite sur un volume donné en prix à Corneille en 1620 (voy. Bouquet, *Points obscurs et nouveaux de la vie de P. Corneille*, p. 12). — Ajoutons que deux recueils satiriques : les *Épigrammes de M. de Mailliet, Dédiées à monseigneur le duc de Luynes* (Paris, 1620), et *les Satyres du sieur Du Lorens* (Paris, 1624; voy. à l'*Index* 1), sont accompagnés d'un privilège signé Hardy.

1. C'est la date indiquée par Lotheissen, *Geschichte der französ. Literatur*; Paul Lacroix, *Dix-septième siècle*; Ed. Tricotel, *Variétés bibliographiques*.

2. Cette date semble infirmée par l'avis au lecteur qui précède le tome V de son *Théâtre* (privilège du 24 juillet 1628, achevé d'imprimer du 18 août). Hardy

pas alors avoir moins de dix-huit ans, il n'en pouvait pas avoir plus de vingt-quatre. L'*Histoire éthiopique*, en effet, qui n'a pas été son œuvre de début, mais qui n'en était pas moins un de ces « premiers fruits » dont la nouveauté compense la défectuosité, a été produite « pendant les bouillons d'une jeunesse », c'est-à-dire de vingt à vingt-cinq ans. Nous pensons donc que la naissance de Hardy ne peut être placée plus bas que 1575 et ne saurait être placée plus haut que 1569 ou 1570 [1].

L'éducation de Hardy a-t-elle été soignée, sérieuse, vraiment classique? Ses contemporains semblent répondre oui, puisqu'ils le louent fréquemment de son savoir [2]; essayons de vérifier cette affirmation.

D'abord, les sujets mêmes de ses pièces ont été empruntés en grand nombre à l'antiquité classique. — Mais cela ne suffit pas à prouver qu'il ait connu le grec et le latin. Les sujets qu'il a portés à la scène, il les trouvait traduits en français de tous les côtés. Que d'auteurs autres que Hardy ont mis en œuvre des sujets grecs ou latins sans remonter aux originaux!

Son dialogue abonde en réminiscences de la poésie, de la fable et de l'histoire antiques. — Mais, après Ronsard et la Pléiade, l'imagination de tous les poètes était peuplée de souvenirs grecs et latins; Hardy peut avoir puisé son érudition à l'école de Ronsard.

Cependant voici une raison plus forte. Si l'on étudie le style de Hardy, on y trouve une multitude de latinismes — acceptions

---

parle de « ce que son faible jugement a reconnu depuis trente ans pour les secrets de l'art ». Si ce chiffre, tout approximatif d'ailleurs, était calculé depuis les débuts, ceux-ci se placeraient aux environs de 1598. Mais ne se peut-il pas que le poète ait commencé après quelques années seulement de production à reconnaître ce qu'il croyait être les secrets de l'art?

1. Ces conclusions sont à peu près celles de M. Lombard de Böy. *Zeitschrift für neufr. Spr.*, t. I, p. 164. — En 1624, un ami de Hardy nous dit qu'il commençait à vieillir :

Ingenium sublime tuum non contudit ætas,
Parsque senescenti nulla vigoris abest.

(Dubreton, *Ad clarissimum doctissimumque D. Alexandrum Hardy*, t. I du *Théâtre*.)

2. « Grave et docte Hardy », s'écrie son ami Guillebert (pièce liminaire du t. IV); « grand démon du savoir », lui dit Dubreton (*Th. et Car.*), ni plus ni moins que Dorante au puissant magicien de *l'Illusion comique* (acte I, sc. II. — La même appellation : *Vrai démon de savoir*, est appliquée par Nicolas Bezançon à Théophile; voy. la *Satyre du temps à Théophile*, dans les *Œuvres poétiques* de Courval Sonnet, t. II, p. 158). — Hardy « était plein... de doctrine », dit encore Scudéry dans la *Comédie des comédiens*, acte II, sc. I, p. 29.

de mots ou tournures — qui ne sont pas familiers à la langue française de son temps, qu'il semble donc y introduire lui-même. Ne peut-on pas en conclure que Hardy, familier avec le latin, a voulu faire passer dans son style quelques-unes des richesses de cette langue? On peut mettre au théâtre des fables anciennes connues par des traductions; on ne peut emprunter à une langue quelque chose de son vocabulaire et de sa syntaxe que si l'on possède bien cette langue même.

Hardy avait donc appris le latin, sinon le grec; il n'était pas un barbare, mais un disciple du docte Ronsard; et, quoique la misère l'ait forcé à vivre aux gages des comédiens, il n'était pas né parmi eux. Fils de comédien, il n'eût pas reçu l'instruction que nous venons de lui reconnaître. De plus, il fût sans doute resté comédien lui-même, et son nom se trouverait quelque part dans les listes d'acteurs que nous possédons; il eût signé quelqu'un des actes judiciaires qu'Eudore Soulié a publiés [1]; son nom eût figuré avec celui d'autres comédiens dans les contrats ou sur les registres qu'a dépouillés M. Jal; enfin les contemporains nous eussent plus souvent et plus longuement parlé de lui [2]. La légende, sinon l'histoire, de Gaultier-Garguille et de Gros-Guillaume nous a été racontée en prose et en vers, leurs traits nous ont été conservés par la gravure; il faut bien que Hardy n'ait été que poète pour être resté aussi obscur [3].

Qu'était-il donc avant de se livrer tout entier à la poésie dramatique? un pauvre diable vivant avec peine, et pour qui le métier d'auteur devint un gagne-pain comme un autre, plus mauvais, à vrai dire, que bien d'autres? ou bien un fils de famille aisée, que des revers imprévus, que la misère amenée par les vices, qu'une passion subite pour une princesse de tragédie poussèrent un jour à suivre « le chariot de Thespis » ? Comment le savoir?

Quoi qu'il en soit, nous avons fixé les débuts de Hardy à l'année 1593 environ, et, dès ces débuts, il lutte contre une misère qu'il

---

1. *Inventaire des titres et papiers de l'Hôtel de Bourgogne.* Voy. à l'*Index I.*
2. En Angleterre, la plupart des auteurs dramatiques étaient en même temps comédiens : Peel, Lodge, Marlowe, Jonson, Shakespeare, Heywood; aussi leur vie est-elle généralement mieux connue que celle de Hardy. Voy. Taine, *Histoire de la littérature anglaise*, t. I, p. 447-448; t. II, p. 75.; Mézières, *Prédécesseurs et contemporains de Shakespeare*, p. 40-41; Royer, *Histoire universelle du Théâtre*, t. II, p. 383.
3. On ne connaît aucun portrait de Hardy; il n'y en a pas au cabinet des Estampes de la Bibliothèque nationale.

ne parviendra jamais à vaincre. Nous l'avons entendu parler des « bouillons » de sa jeunesse; il l'appelle ailleurs « une jeunesse impétueuse, qui ne tâchait en ce temps-là qu'à se sauver à la nage des griffes de celle qui le plus souvent dévore les meilleurs esprits [1] ». C'est dire que ses premières œuvres dramatiques n'ont pas été écrites pour sa seule satisfaction, qu'elles n'étaient pas le produit d'un feu poétique plus ou moins ardent, comme celles d'un Jodelle ou d'un Jacques de la Taille, mais qu'elles étaient composées pour des comédiens qui les payaient, ou pour une troupe dramatique dont le poète faisait partie.

« Hardy suivait une troupe errante de comédiens qu'il fournissait de pièces, dit Fontenelle. Quand il leur en fallait une nouvelle, elle était prête au bout de huit jours, et le fertile Hardy suffisait à tous les besoins de son théâtre. »

Nous serions heureux que Fontenelle eût ajouté d'où lui venait ce renseignement? D'un document écrit? cela est peu probable, Fontenelle n'en citant pas et ne paraissant pas en avoir cherché. On a plutôt lieu de croire qu'il le tenait de Corneille, et l'autorité est sérieuse, Corneille ayant bien connu Hardy. D'ailleurs, tout en confirme l'exactitude. A Paris, les confrères de la Passion représentaient encore sur leur théâtre de l'hôtel de Bourgogne, et conservaient, en dépit des attaques de l'école soi-disant classique, en dépit même du goût public, les anciens genres dramatiques du moyen âge. Maîtres privilégiés du théâtre, ils empêchaient jalousement tous comédiens de s'établir à côté d'eux, et seules les représentations des collèges ou de la cour, rares en somme et improductives pour les poètes, pouvaient échapper à leur domination [2]. Puisque les pièces de Hardy, écrites en vue de la représentation, étaient pour le dramaturge un gagne-pain, puisqu'elles étaient dans le goût nouveau, tragiques ou tragi-comiques [3], elles ne peuvent avoir été faites que pour les provinces. C'est des provinces que nous verrons Hardy arriver à Paris; encore ne sera-ce pas sans peine et du premier coup qu'il parviendra à s'y établir définitivement.

---

1. T. Ier du *Théâtre*, au Lecteur.
2. Voy. notre *Esquisse d'une histoire des théâtres de Paris*, et, ci-dessous, le ch. Ier du l. II.
3. Outre *Théagène et Cariclée*, les pièces qui composent le 2e volume du *Théâtre* sont signalées par Hardy comme étant des œuvres de sa jeunesse. Voy., ci-dessous, le ch. III du l. I.

Ainsi la muse de Hardy fut vagabonde, comme devaient l'être bientôt celles de Beys, de Tristan sieur de Vauzelles, frère de l'auteur de *la Mariane*, de Ragueneau le pâtissier-poète, de Desfontaines, de Magnon, et du plus grand de nos poètes comiques, de Molière [1].

II

Nous ne savons rien sur les pérégrinations de Hardy; mais nous pouvons nous figurer ce que fut alors son existence, quelles épreuves il eut à subir, quelles ressources d'esprit il dut montrer. Une telle reconstruction nous sera utile, et les moyens de la faire ne nous manquent pas.

En 1603, un comédien espagnol, Rojas, publie à Madrid *el Viage entretenido* [2], « le voyage où l'on s'amuse », où nous trouvons des portraits d'acteurs peu flattés et de piquantes scènes de la vie comique. En 1651 et en 1657, Scarron donne à Paris les deux parties de son *Roman comique* [3]. En 1674 enfin, Chappuzeau consacre quelques lignes aux troupes de campagne dans son *Théâtre françois* et donne sur elles quelques renseignements précieux. En voilà assez sans doute, avec les détails authentiques — en trop petit nombre — que nous possédons sur quelques troupes nomades, notamment sur celles dont MM. Mentzel et Trautmann [4] ont signalé les voyages en Allemagne depuis 1572 jusqu'aux environs de 1630, pour nous donner une idée de l'existence de Hardy et de ses compagnons; et nous pouvons laisser de côté d'autres sources d'informations, plus tardives et plus suspectes, comme les diverses suites du *Roman comique* et le *Voyage de Guibray*, analysé par M. Chardon [5].

Ajouterai-je qu'il y a lieu de choisir entre les traits que nous

---

1. Voy. H. Chardon, *la Troupe du Roman comique dévoilée*, p. 124-126. M. Chardon ajoute même à tous ces noms celui de Rotrou et, pour la période antérieure à Hardy, celui de Gringore.
2. Voy. à l'*Index* I.
3. Nous les citerons d'après l'édition de la *Bibliothèque elzévirienne*, donnée par M. Fournel. Voy. à l'*Index* I.
4. Voy., à l'*Index* I, K. Trautmann, *Französische Schauspieler am bayrischen Hofe*.
5. *La Troupe du Roman comique*, p. 129 à 144. C'est une imitation de Scarron, mais fort romanesque, et où la part de la réalité est difficile à démêler; elle parut en 1704.

fournissent les originaux que nous avons nommés? Les comédiens du *Viage entretenido* sont des contemporains de Hardy, ou peu s'en faut; mais ce sont aussi des Espagnols, qui ont leur physionomie particulière et dont les mœurs et l'existence s'expliquent par le milieu où ils se meuvent. — Pour le *Roman comique*, il faut tenir compte de sa date et de son caractère d'œuvre d'imagination, en prenant garde toutefois de n'exagérer pas l'importance de l'une comme de l'autre. Certains portraits de ce livre sont évidemment fidèles, certains récits en sont véridiques, et nulle part Scarron n'a complètement perdu de vue ce qu'il avait observé, quand des troupes d'acteurs parcouraient le Maine. De plus, les événements qui forment l'action sont compris par M. Chardon dans une période allant de 1634 environ à 1641 au plus tard [1], ce qui les rapproche du temps qui nous occupe; et ceux que Scarron fait raconter par certains de ses héros remontent encore beaucoup plus haut : la Rancune et la Caverne ont joué des pièces de Hardy quand ils étaient jeunes et nous parlent volontiers de cet heureux temps. — Chappuzeau enfin est de beaucoup postérieur au temps de Hardy, mais il donne quelques renseignements rétrospectifs, et, de plus, dans les faits contemporains qu'il cite, comme dans ceux que nous savons d'autre part touchant certaines troupes de campagne, il en est qui sont de tous les temps, parce qu'ils résultent de la nature même des choses, et nous pouvons en faire notre profit.

Avouons-le, cependant, l'esquisse que nous allons tracer ne sera peut-être qu'à moitié ressemblante, car il y faudrait marquer avec netteté deux traits que nous ne trouvons dans aucun de nos modèles, et qui la modifieraient, — nous ne savons au juste jusqu'à quel point.

Au XVII° siècle, les troupes de campagne donnent des représentations, sinon identiques, du moins analogues à celles des comédiens de Paris; les genres qu'elles portent sur la scène sont depuis longtemps connus et acceptés de tous. Il en était autrement à la fin du XVI° siècle, surtout lorsqu'une troupe ambulante était pourvue d'un poète comme Hardy. Si elle donnait au public la farce qu'il aimait, et parfois peut-être quelque mystère ou quelque moralité, le fond de son répertoire n'en était pas moins nouveau, et les genres qu'elle cultivait, connus des lettrés, n'étaient encore

---

1. Chardon, *le Roman comique dévoilé*, p. 19-20.

ni bien acceptés ni peut-être bien compris par le peuple; ils différaient des genres en honneur à l'Hôtel de Bourgogne, et la province ici, fait rare et notable, était bon gré mal gré en avance sur Paris.

En second lieu, et ceci est plus important, les publics provinciaux du XVIIe siècle avaient souvent vu des comédiens; ils trouvaient naturel et fort agréable que des hommes, uniquement occupés à amuser les autres, transportassent de ville en ville leurs jeux plaisants ou sérieux. A peine se souvenaient-ils qu'il y avait eu un temps où l'on ne voyait pas de comédiens étrangers, mais où les représentations théâtrales étaient données par des Basochiens, des sociétés joyeuses, des bourgeois volontairement associés. Il n'en était pas ainsi vers 1593. Alors les mœurs du moyen âge subsistaient encore en partie, ou le souvenir du moins en était resté vivace. Alors il n'y avait guère plus de quarante ans que des troupes de comédiens avaient commencé à courir les provinces, et ce laps de temps n'avait pu suffire à changer tout à fait les sentiments fort peu sympathiques que leur apparition avait fait naître.

M. Petit de Julleville a très bien expliqué [1] « comment les autorités locales, longtemps si favorables ou du moins si indulgentes aux spectacles, étaient devenues tout à coup si hostiles aux mêmes représentations, depuis qu'elles étaient données par des comédiens. Tant que les joueurs de mystères ou de farces avaient été des gens du cru, bons bourgeois de la paroisse et du quartier, bien connus de leur maire, de leur curé, qui les hantaient familièrement, savaient leur vie et leurs habitudes, se mêlaient même à leurs plaisirs et assistaient à leurs jeux, tout alla bien, et l'autorité civile et religieuse ferma les yeux sur les petites incartades que se permettaient de si braves gens, de si bons compères. Mais il en fut tout autrement, quand le théâtre vint aux mains des comédiens de métier, ces vagabonds inconnus dont le passé était ignoré, la moralité douteuse et la personne à tous les points de vue suspecte. A quel signe distinguer ces passants des bateleurs, fameux de tout temps pour leurs mœurs effrontées et le désordre de leur vie? Tandis que jusque-là le personnage le plus grave d'une ville avait pu, dans un mystère ou même dans une farce,

---

1. Dans *les Comédiens en France au moyen âge*, p. 349-350. Voy. tout le chapitre x : *les Comédiens*.

tenir un rôle parfois licencieux, sans compromettre en rien sa considération, l'on vit tout à coup le mépris public s'attacher, d'une façon brutale et peut-être injuste, au comédien de métier, qui jouait le même rôle dans la même pièce. On affecta de mettre fort au-dessus de lui tels autres acteurs comiques, tels que les Basochiens qui jouaient les mêmes pièces, également en public, et faisaient le même métier, au moins à certains jours, mais qui n'en vivaient pas exclusivement. »

Telle fut l'hostilité qui accueillit les premières troupes d'acteurs nomades. Que ce sentiment se soit affaibli pendant la seconde partie du XVIe siècle, la chose est probable, sinon certaine, et les genres nouveaux qu'apportaient le plus souvent les comédiens, comme ils excitaient la curiosité des lettrés et l'étonnement naïf du vulgaire, durent contribuer à leur concilier plus de respect. Mais quelques pas à peine avaient été faits dans cette voie, et l'esprit public, quand parut Hardy, était toujours défavorable aux gens de théâtre, à ces hommes

> Qui n'ont métier autre que farcerie....
> Et bien souvent meurent ès hôpitaux,
> Après avoir gaudi par monts et par vaux,
> Par le défaut d'un petit de pécune [1].

Ces observations faites, et le lecteur voudra bien ne pas les oublier, étudions l'existence des troupes de campagne et de leurs poètes.

III

Les troupes de campagne se formaient généralement à Paris. C'est là que se réunissaient les acteurs disponibles, et il n'en manquait pas pendant le carême, alors que les représentations théâtrales étaient presque partout interdites et que la plupart des troupes de l'année précédente, forcées de chômer, s'étaient dissoutes, laissant à chacun de ses membres le soin de gagner sa vie [2]. A l'approche de Pâques, de nouvelles expéditions étaient résolues et de nouvelles bandes se formaient ; c'est dans une de

---

1. *Épîtres familières* de Jean Bouchet, ép. XXIII (cité dans Petit de Julleville, p. 350).
2. Chappuzeau, *le Théâtre françois*, p. 144. Voy. aussi p. 215.

ces bandes que Hardy a dû s'engager. Souvent un contrat dans les formes unissait les nouveaux camarades, donnant plus de solennité et de garantie à leur association. Les associés, dit un de ces contrats [1], « s'obligent à se rendre dans le jour et fête de Pâques prochain dans la ville d'Abbeville en Picardie, avec leurs hardes, bagages et paquets, pour commencer la représentation des pièces qui seront convenues entre eux du jour de Pâques prochain jusqu'au mercredi des Cendres aussi prochain ensuivant... et les voyages se feront dans les villes et lieux qui seront accordés entre eux à la pluralité des voix, pour y représenter la comédie [2]... »

Le nombre de membres que comprenaient les troupes était variable, mais ne dépassait guère 10 ou 11. Celle du *Roman comique* comprend 10 acteurs (encore comptons-nous Roquebrune), et Destin déclare fièrement qu'elle « est aussi complète que celle du prince d'Orange ou de Son Altesse d'Épernon [3] ». Celle de Filandre, dont M. Chardon s'est fait l'historien, comprenait aussi 11 comédiens, si l'on compte deux enfants; et celle de Molière comptait 10 acteurs et 1 gagiste, lorsqu'elle est rentrée à Paris en 1658 [4]; mais souvent ce chiffre n'était pas atteint, et nous voyons dans l'histoire de la Caverne que la troupe dont faisaient partie ses parents ne se composait que de six personnes [5].

On comprend qu'avec un personnel aussi restreint, les troupes ne disposaient guère des *hauts* ou *bas officiers de théâtre* que s'adjoignirent plus tard les comédiens de Paris. Un portier ou un

---

1. Du 5 avril 1664. Voy. Eud. Soulié, p. 210-212.
2. Les comédiens nomades ne se bornaient pas toujours à parcourir les provinces; on en trouve à Nancy dès 1572, à Francfort dès 1583, à Bâle dès 1604. Ils allaient ainsi en Hollande, en Allemagne, en Piémont; on en voit même aller plus loin, en Angleterre, en Espagne, en Danemark et en Suède. Voy. Trautmann, *Franz. Schausp.*, p. 199, 200, 204; Chappuzeau, *le Théâtre françois*, p. 215-224; Fr. Mugnier, *le Théâtre en Savoie*, p. 29 et 35; Scarron, *Roman comique*, 1re partie, ch. XVIII, t. I, p. 191; Chardon, p. 167, etc.
3. 1re partie, ch. VIII, et 1re partie, ch. II, p. 41 et 43 du t. Ier.
4. Chardon, p. 159. La troupe de Jean Floran (ou Florian), de Lyon, se composait d'abord de huit, puis de dix personnes, lorsqu'elle s'est présentée à Strasbourg en 1615. Voy. Trautmann, p. 206.
5. *Roman comique*, 2e partie, ch. III, p. 269 du t. Ier. La troupe même de Destin comprenait généralement moins de comédiens que nous n'en voyons dans le *Roman comique* : « ils n'étaient que sept ou huit quand leur troupe était bien forte ». 1re partie, ch. X, p. 82. — On peut voir dans Rojas ou dans Damas-Hinard, *Du Théâtre espagnol au siècle d'or*, § 3, p. 1357, une curieuse classification des troupes de campagne espagnoles selon le nombre d'acteurs qui les composaient. Cf. Ticknor, *Hist. de la litt. esp.*, t. II, p. 379.

décorateur spécial constituait un luxe [1], et c'était beaucoup que de disposer du nécessaire. On improvisait donc un portier dans chaque ville ou à chaque représentation, en ayant soin de le surveiller, puisqu'il avait la garde de la recette [2]; quant aux décorations indispensables, elles étaient confiées à quelque acteur qui s'en démêlait. « Le sieur Belleroche, porte l'un des contrats cités par Soulié, promet et s'oblige de jouer les rôles comiques et de travailler aux décorations des pièces pour les peintures qu'il y conviendra faire [3]. » Inutile d'ajouter qu'un poète spécial était pour le moins aussi rare qu'un décorateur spécial, et que la plupart des troupes se contentaient de jouer des pièces déjà imprimées, ou, manquant aux règles de la bonne confraternité, ainsi qu'à des traditions qui commençaient sans doute à s'établir, enlevaient à des troupes plus riches la propriété exclusive de nouveautés écrites pour elles [4]. Au temps de Hardy, ce dut être une rareté que la présence de ce poète dans une troupe de campagne, et celle-ci dut y gagner sur ses rivales une incontestable supériorité.

Chaque troupe, une fois formée, traçait son itinéraire et se mettait en route. Certaines régions étaient particulièrement riches, certaines villes particulièrement favorables à l'art comique, comme

---

1. Il est cependant parlé dans le *Roman comique* d'un homme « qui avait été, toute sa vie, tantôt portier et tantôt décorateur d'une troupe de comédiens ». 1re partie, ch. XVIII, t. I, p. 191. Ailleurs « le décorateur des comédiens et un menuisier » s'occupent à dresser un théâtre (1re partie, ch. XIX, t. I, p. 205), mais ce décorateur n'appartient pas à la troupe, il s'agit de quelque artiste manceau, décorateur par occasion. La troupe de Dorimond, représentant à Chambéry et à Turin, comprenait dix comédiens, plus un décorateur et un autre *bas-officier*, qui servait vraisemblablement de portier. Mais ceci se passait en 1659. Voy. Mugnier, *le Théâtre en Savoie*, p. 33-34.

2. La Rancune « était le surveillant du portier » dans la troupe du *Roman comique*. 1re partie, ch. V, t. Ier, p. 26.

3. Chappuzeau (p. 224) dira plus tard, après avoir parlé des nombreux *officiers* des théâtres de Paris : « Les comédiens de campagne, qui ne marchent pas avec grand train et qui n'ont à ouvrir ni loges ni amphithéâtre, réduisent toutes les charges à trois, et, usant d'épargne, se contentent de deux ou trois violons, d'un décorateur et d'un portier. » Une telle épargne eût paru bien luxueuse aux camarades de Hardy.

4. Voy., dans les *Papiers relatifs à la Comédie française*, 2 in-f° de la Bibl. nat., fds fr., 9236 et 9237, un édit royal du 7 janvier 1674 sur ce que « quelques comédiens de campagne ont surpris, après le décès du sieur Molière, une copie de sa comédie du *Malade imaginaire*, qu'ils se proposent de donner au public, *contre l'usage de tout temps observé entre tous les comédiens du royaume*, de n'entreprendre de jouer au préjudice les uns des autres les pièces qu'ils ont fait accommoder au théâtre à leurs frais particuliers pour se récompenser de leurs avances et en tirer les premiers avantages ». T. I, f° 11.

Lyon [1], Rouen ou Bordeaux : on se réservait d'y faire un plus long séjour. Et surtout on était heureux quand un riche bourgeois, mariant une fille ou une parente, profitait de la présence des acteurs pour offrir à ses voisins et amis le plaisir de la comédie [2]; quand un seigneur opulent les récompensait grassement de représentations données en son château, comme le duc de Longueville, qui, en 1641, s'il faut en croire Scarron, donnait à une troupe de campagne

> ..... Deux mille livres
> En argent, vêtements et vivres,
> Dont les pauvres comédiens,
> Gueux comme des Bohémiens,
> Devinrent gras comme des moines
> Et glorieux comme des chanoines [3].

Les foires et les réunions d'états provinciaux étaient aussi une bonne occasion de se produire, et les troupes nomades ne manquaient jamais d'en profiter [4].

Les seigneurs et dames qui avaient vu la comédie à la cour ou dans quelque collège de Paris, la revoyaient alors avec plaisir; les hobereaux et plus encore les bourgeois et bourgeoises, que l'on admettait à se rapprocher de la noblesse, en étaient fiers et heureux [5]; beaucoup allaient au spectacle « pour y trouver compagnie plutôt que pour entendre les comédiens, et il s'y passait

---

1. « On sait que les troupes ambulantes de comédiens français n'apparurent guère à Lyon que vers 1640 », dit M. Brouchoud (*les Origines du théâtre de Lyon*, Appendice); c'est-à-dire que M. Brouchoud n'a guère trouvé avant 1640 de traces de leur passage, mais ce n'est pas là un argument sans réplique. Nous trouvons l'acteur Valleran à Bordeaux dès 1592; et, l'année suivante, à Francfort, il déclarait avoir représenté à Rouen, à Strasbourg et à Angers (ou Langres?). Voy. Trautmann, p. 292 et 201.

2. *Roman comique*, 1re partie, ch. xix, t. I, p. 204.

3. *Ép. à Mme d'Hautefort*, citée dans Chardon, p. 17. Dans le *Roman comique*, 2e partie, ch. iii, t. I, p. 273 et 277, nous voyons des gentilshommes périgourdins se cotiser et retenir tout un mois une troupe de campagne au château de Sigognac. Voy. encore 2e partie, ch. xvii, t. II, p. 68, 69, 71 et 72.

4. En Allemagne, c'était surtout la foire de Francfort qui attirait les comédiens étrangers; des Français notamment, sûrs d'y être appréciés par les réfugiés, leurs compatriotes, s'y sont montrés en 1583, 1586, 1593, 1595, 1602, etc. En l'année 1613, une troupe dirigée par Pierre Gillet, de Paris, pousse jusqu'à Ratisbonne, où l'empereur Mathias préside la diète. Voy. Trautmann, p. 197-203 et 209. Voy. encore Chardon, *Nouveaux documents sur Molière*, p. 281-282.

5. *Roman comique*, 2e partie, ch. xvii, t. II, p. 71.

bien d'autres amours que ceux qu'on représentait sur le théâtre [1] ». Tant de motifs disposaient à la générosité, et les comédiens remplissaient leur escarcelle; ils ne manquaient pas ensuite, s'ils avaient joué devant un duc ou un prince, de s'intituler : comédiens de M. le Duc, ou comédiens de M. le Prince [2], et de se réclamer de lui en toute occasion.

A côté de ces tableaux riants [3], que d'autres sombres ou tristes dans la vie des comédiens! que d'occurrences où ils avaient besoin de faire appel à leur gaieté naturelle et de s'empresser de rire, afin de s'empêcher de pleurer! En Espagne, où les troupes nomades étaient nombreuses, Cervantès déclare que leur vie est plus dure que celle des bohémiens, et Rojas, que les galériens du roi de France ont une condition meilleure [4]. En France, A. Monteil dit d'eux, après avoir étudié quelques-uns des textes qui les concernent : « Je ne connais pas dans les provinces d'état plus malheureux que celui des comédiens [5] ».

C'est qu'en effet ils se heurtaient sans cesse contre des difficultés de tout ordre, et, quelque peu exigeants qu'ils fussent, ne trouvaient pas toujours à gagner leur vie. Nous avons vu qu'ils chômaient pendant le carême [6]; ils étaient souvent obligés de le

---

1. *Mémoire de Fléchier sur les Grands jours d'Auvergne en 1665.* Paris, Hachette, 1862; in-12, p. 133.

2. Rien ne se prenait plus facilement que ces titres, et Scudéry plaisante en 1635 sur cette habitude des comédiens : « M. DE BLANDIMARE (il lit l'affiche) : Les comédiens du roi. Ho! cela s'entend sans le dire; cette qualité et celle de gentilhomme de la chambre sont à bon marché maintenant; mais aussi les gages n'en sont pas grands. » *Comédie des comédiens*, acte I, sc. v, p. 19. Ajoutons, à ce propos, que M. Trautmann a sans doute eu tort de voir des pensionnaires de l'Hôtel de Bourgogne dans les « comédiens et tragédiens de S. M. le roi de France », qui représentent à Bâle, sous la direction de David Florice, en 1604 (voy. l'*Archiv für Litteraturgeschichte*, t. XV, p. 105-106 : *Die Schauspieler des Hôtel de Bourgogne in Basel*, 1604). Jean Floran aussi se parait à Strasbourg, en 1615, de ce titre de « comédien du roi de France »; et pourtant M. Trautmann n'ose pas avancer qu'il faisait partie de la troupe de l'Hôtel de Bourgogne. (Voy. *Franz. Schausp.*, p. 206.)

3. Qu'on ne songe pas cependant aux *jeux* et aux *festins*, parmi lesquels Molière et les Béjards vivaient à Lyon, d'après d'Assoucy. Peut-être celui-ci exagère-t-il. « les parasites sont enclins à voir tout en beau »; mais, surtout, quelle autre troupe nomade citerait-on, qui ait eu la fortune de l'*illustre théâtre*? Voy. *les Avantures de Monsieur d'Assoucy*, éd. Colombey, Delahays (*Bibliothèque gauloise*), ch. IX, p. 97; et cf. L. Moland, *Molière, sa vie et ses ouvrages*, p. 89-90.

4. Ticknor, t. II, p. 468; Damas-Hinard, § 2, p. 1329.

5. A. Monteil, XVIe siècle, station LXIV, t. III, p. 339. *Histoire des Français des divers états*, 4e éd., Paris, Lecou, 1853, 5 vol. in-12.

6. « Affamé comme un comédien de carême », dit d'une façon expressive

faire pendant l'Avent [1], et les chaleurs de la canicule, peu favorables aux représentations théâtrales, leur imposaient peut-être quelque relâche [2]. C'étaient autant de pertes à réparer. Puis, la troupe ou les pièces pouvaient déplaire, et, après avoir reçu plus de pierres que d'écus [3], on finissait par ne plus avoir de spectateurs. Il fallait partir au plus vite, non sans batailler avec l'hôtelier ou avec le propriétaire de la salle de spectacle, que l'on n'était pas en état de payer. On courait les routes en bizarre équipage [4], toujours exposés à être pris pour des bohémiens ou des malfaiteurs [5], et, en cette qualité, maltraités par les villageois et les paysans. On mangeait pauvrement dans quelque auberge amie du rire, où l'écot était remplacé par une comédie [6]. Enfin on arrivait aux portes d'une ville et on se remettait à espérer.

Tout, en effet, pouvait être réparé, et la fortune pouvait se décider à sourire. Mais que de fois aussi de nouvelles épreuves commençaient! C'était la crainte d'un incendie qui rendait impossible l'ouverture d'une salle de spectacle [7]; c'était la maladie d'un grand personnage qui obligeait les bourgeois au recueillement et les comédiens à la misère [8]; c'étaient les malheurs des temps qui faisaient que l'on avait « plus besoin de prières que de divertissements [9] »; c'étaient plus souvent des refus d'admission ou des

---

Bruscambille, *Fantaisies*, p. 55 (*prologue non moins sérieux que facétieux*); *Prologues* de 1610, p. 23, et *passim*.

1. En novembre 1650, une troupe, que recommandait pourtant « une personne d'autorité », ne put obtenir l'autorisation de jouer à Poitiers pendant l'Avent; elle dut attendre le lendemain de Noël pour ouvrir les portes de son théâtre ». Bricauld de Verneuil, *Molière à Poitiers*, p. 33 et 56.

2. Chardon, *Tr. du Roman comique*, p. 111.

3. « Tandis qu'elles dansaient (les Bohémiennes), la vieille demandait l'aumône aux spectateurs, et les *ochavos* et les *cuartos* pleuvaient sur elle comme des pierres sur un plancher de théâtre. » Cervantès, *la Bohémienne de Madrid*; *Nouvelles*, p. 130.

4. Voy. l'entrée des comédiens au Mans, au début du *Roman comique*.

5. *Roman comique*, 2º partie, ch. III, t. I, p. 269.

6. Rojas, p. 96.

7. En 1632, les jurats de Bordeaux s'opposent pour ce motif aux représentations de Charles Dufresne. Voy. Aug. Baluffe, *Un comédien de campagne au XVIIᵉ siècle, Charles Dufresne* (*Revue d'art dramatique*, 1ᵉʳ novembre 1887, p. 172).

8. En avril 1648, Molière va à Nantes et ne peut jouer de quelques jours, le maréchal de la Meilleraye étant malade. Voy. *Molière en province*, par Benjamin Pifteau. Paris, Willem, 1879. Moland, *Molière, sa vie et ses ouvrages*, p. 44-5.

9. Réponse à une requête de comédiens dans les registres municipaux de Dijon de 1676 (Chardon, *Tr. du R. c.*, p. 137). En 1558, le Parlement de Rouen

expulsions subites, que les autorités locales ne prenaient pas la peine de motiver [1]. Que de déboires de ce genre dut éprouver la pauvre troupe de Hardy, parcourant la France troublée de la fin du XVIᵉ siècle, au milieu des luttes civiles non encore terminées et des haines religieuses non encore éteintes!

Alors même que les municipalités daignaient autoriser les comédiens à jouer leurs pièces, ce n'était pas toujours sans leur imposer de lourdes conditions : examen préalable de leur répertoire, nombre très restreint de représentations par semaine, tarif peu rémunérateur pour le prix des places, prélèvement d'une certaine somme ou représentations spéciales au bénéfice des pauvres [2]. Quelques troupes résistaient; la plupart cédaient de bonne grâce, et, d'elles-mêmes, quelque pauvres qu'elles fussent, jouaient un jour leur plus belle pièce pour en consacrer la recette entière aux hôpitaux des lieux où elles se trouvaient [3].

---

avait absolument interdit à des comédiens de jouer, « parce que ces représentations entraînaient à de vaines et inutiles dépenses ». (Petit de Julleville, les Comédiens, p. 343.) Même refus est opposé par le Conseil de la ville de Poitiers à la demande du « sieur Morlière, comédien », le 8 novembre 1649, « attendu la misère du temps et la cherté des blés ». Bricauld de Verneuil, p. 55.

1. Trautmann, Franz. Schausp., p. 205, 206, 210; Chardon, Tr. du R. c., p. 44, note; Moland, p. 82. D'autres étaient d'autant plus longuement motivées dans la forme qu'elles l'étaient moins fortement au fond. C'est ainsi qu'en 1567 l'échevinage d'Amiens repoussait « Samuel Treslecat et ses compagnons pour obvier à toutes les noises et débats qui souvent se sont faits en pareilles assemblées, et aux maladies qui en peuvent advenir par les chaleurs où nous sommes, attendu mêmement les édits du roi, les arrêts de la cour, la cherté des vivres, la pauvreté du menu peuple qui y pourrait perdre du temps, les troubles et levées des gens de guerre, et pour plusieurs autres bonnes raisons et considérations ». Petit de Julleville, les Comédiens, p. 348.

2. Voy. Petit de Julleville, les Comédiens, p. 343-348. Les échevins d'Amiens accordent, le 3 août 1559, une permission à Roland Guibert et à ses compagnons, « à condition de jouer d'abord en la chambre du conseil devant Messieurs », moyen ingénieux de se procurer une représentation spéciale et gratuite (p. 346). Cf. Trautmann, p. 199, 201, 207; Bricauld de Verneuil, p. 56 sqq.; Chardon, Tr. du R. c., p. 66 et 71-73, et Nouveaux documents sur Molière, p. 283, 320, 335; L. Moland, p. 45 et 82; Aug. Baluffe, loc. cit., p. 173-174.

3. Voy. Chappuzeau, p. 134; Brouchoud, les Origines du théâtre de Lyon, Appendice : Des représentations données au profit des pauvres par les comédiens de passage à Lyon; J.-E. B. (Bouteillier), de Rouen : Histoire complète et méthodique des théâtres de Rouen depuis leur origine jusqu'à nos jours. Rouen, 1860-1880, 4 vol. in-8°, t. I, p. 4-5; Fr. Mugnier, le Théâtre en Savoie, p. 41; Vies de Molière, etc. — A Francfort, en 1615, une troupe française se trouva trop pauvre et trop endettée pour donner aux pauvres ce qui leur revenait; il fallut même que les autorités locales la dispensassent de rien verser dans le trésor public. Voy. Trautmann, p. 203-204.

Une fois en règle avec les exigences administratives, et même si la troupe était capable d'attirer et de retenir le public, elle n'était pas encore assurée du succès. Il fallait compter avec les représentations des collèges [1], avec celles des associations de bourgeois ou d'artisans, comme les *Connards* de Rouen et d'Evreux, comme la *Mère folle* de Dijon [2], et c'était là une concurrence redoutable, puisqu'elle avait pour elle l'esprit local et l'habitude. Les jeux de marionnettes [3] et les diverses exhibitions ordinaires en temps de réjouissance attiraient le public, qui trouvait là un spectacle moins cher. On ne payait même rien devant les tréteaux des charlatans et opérateurs, pour entendre leur musique et rire aux farces qu'ils faisaient jouer par des farceurs à leur solde [4]. Contre de pareils rivaux, la lutte était pénible, la victoire toujours incertaine.

1. On voit des représentations scolaires données à Lyon jusqu'en 1640 (Petit de Julleville, *les Comédiens*, p. 315, note 1). Cf., pour l'Allemagne, Trautmann, p. 200-201 et 207.

2. Voy. Petit de Julleville, *les Comédiens*, et notamment le ch. vii : *les Sociétés joyeuses*. Les *Connards* de Rouen et probablement ceux d'Évreux, l'*Infanterie dijonnaise*, les *Suppôts de la Coquille* de Lyon, les *Gaillardons* de Chalon-sur-Saône, les *Diables* de Chaumont, l'*Abbaye joyeuse* de Cambrai, et bien d'autres associations de ce genre existaient encore à la fin du xvi⁰ siècle. On peut voir dans *la Maison des jeux*, de Sorel (t. I, p. 456-462), le récit plaisant de diverses représentations données par « tous les garçons d'un village », celles de la tragédie du *Mauvais riche*, de l'*Histoire de l'enfant prodigue*, de *Nabuchodonosor*, des *Amours de Médor et d'Angélique*, et de la *Descente de Rodomont aux enfers*. L'ouvrage est de 1642, mais le narrateur observe lui-même que « le temps est passé » de ces plaisirs.

3. A Nantes, en 1648, des « jeux de marionnettes et représentations de machines » font grand tort à la troupe de Molière. B. Pifteau, *loc. cit.*; Moland, p. 45. M. Trautmann cite d'assez nombreux bateleurs et danseurs de corde français, qui ont parcouru l'Allemagne au commencement du xviie siècle. Combien ils devaient être plus nombreux en France ! Voy. *Franz. Schausp.*, p. 203, 207, 208.

4. En 1621, à Lyon, le charlatan François Braquette avait à sa solde la troupe italienne d'Isabelle Andreini (Éd. Fournier, *la Farce et la Chanson*, p. liv.). — En 1610, Courval Sonnet faisait des opérateurs nomades le portrait suivant, que nous citons à cause de la rareté de l'ouvrage qui le contient : « Ils ont de coutume d'aller en housse par les rues des villes, vêtus de superbes et magnifiques vêtements, portant au col des chaînes d'or, qu'ils auront peut-être louées de quelque orfèvre, et montés à l'avantage sur des genêts d'Espagne, coursiers de Naples ou courtauds d'Allemagne, accompagnés d'une grande suite et caravane d'escornifleurs, batteurs de pavés, bateleurs, comédiens, farceurs et arlequins, recherchant en ce superbe équipage les carrefours et places publiques des villes et bourgades, où ils font ériger des échafauds ou théâtres, sur lesquels leurs bouffons et maîtres Gonins amusent le peuple par mille singeries, bouffonneries et tours de passe-passe, pendant qu'ils étalent et qu'ils débitent leur marchandise ou plutôt charlatanerie au peuple. » *Satyre contre les charlatans*, p. 94-95.

Le pis de tout, c'était quand, malgré leurs précautions, deux troupes venaient à se rencontrer dans la même ville. Le fait, il est vrai, devait se produire rarement au temps de Hardy : les troupes ambulantes n'ont jamais pris en France l'extension qu'elles eurent en Espagne, où Pellicer en comptait environ 300 vers 1636 [1]; Chappuzeau n'en compte que 12 ou 15 en 1674 [2], et le nombre en devait être plus restreint à la fin du xvie siècle. On peut admettre cependant que cette rencontre se produisait quelquefois, et alors c'était une lutte acharnée [3], dont les deux troupes rivales pâtissaient également, à moins qu'elles n'eussent la sagesse de se « mêler ensemble et de ne faire qu'un théâtre », comme « cela fut pratiqué à Saumur en 1638 [4] ».

Arrêtons-nous dans cette énumération des ennuis qui assaillirent souvent les comédiens de campagne. Ne parlons ni du clergé, prêchant contre la comédie et lui enlevant une partie de sa clientèle [5]; ni des écoliers turbulents, troublant les représentations ou commettant des désordres plus graves encore [6]. Nous en avons assez dit pour faire comprendre les plaintes de Hardy sur sa

1. Dans son édition de *Don Quichotte*. Voy. Ticknor, t. II, p. 466.
2. Le *Théâtre françois*, p. 214 ; 18 ou 20 dans son *Europe vivante*, 3 vol. in-4°, 1667, t. I, p. 316 (cité par le bibl. Jacob dans sa notice sur le *Théâtre françois*, de Chappuzeau, réimpr. Mertens, Bruxelles, 1867).
3. Voy. les détails de la lutte que la troupe de Molière soutint à Pézenas en 1653 contre la troupe de Cormier. Moland, p. 58-59.
4. Chappuzeau, p. 160 à 162.
5. L'Estoile écrit au mois d'octobre 1607 : « Le mardi 2, M. du Pui m'a envoyé un écrit nouveau à la main, d'une feuille, qu'on lui venait d'envoyer de Bourges, intitulé : *Prologue de La Porte, comédien*, prononcé à Bourges le 9 septembre 1607 contre les jésuites, qui les voulaient empêcher de jouer, sur peine d'excommunication à tous ceux qui iraient. Le discours en est gauffé et mal fait, digne d'un bouffon et comédien, remarquable seulement par le sujet. » Édition de la collection Michaud et Poujoulat, p. 437-438. Au 25 février 1608 (p. 448), l'Estoile annonce qu'il a pris copie du prologue de La Porte, « étant cette pièce, toute mal polie qu'elle est, une des notables de notre temps sur ce sujet, et prononcée publiquement de la façon qu'elle est écrite (ce que je ne pensais pas) ». — Plus tard, en août 1673, l'évêque de Grenoble, Etienne Le Camus, se trouvant à Chambéry, prêche contre les comédiens ainsi que contre ceux qui fréquentent le théâtre, et met « si bien les dames en scrupule de la comédie, que la troupe en souffre ». Voy. Mugnier, p. 48. — Cependant le clergé n'était pas toujours hostile aux comédiens. Isabelle Andreini eut de solennelles obsèques à Lyon en 1604 (Chardon, *Tr. du R. c.*, p. 115); il est vrai qu'elle était pieuse et italienne.
6. Voy. Bricauld de Verneuil, p. 34. Dans le *Roman comique*, 2e partie, ch. v, t. I, p. 288, un valet de la troupe de Destin est tué à la porte de la comédie, à La Flèche, par des écoliers bretons. — Le 30 avril 1669, à Chambéry, une bagarre se produit à la porte du théâtre : le portier est blessé au bras et deux comédiens sont emprisonnés. Voy. Mugnier, p. 141.

vagabonde et misérable jeunesse, assez aussi sans doute pour nous faire apprécier avec indulgence son style si souvent obscur et négligé. Il fallait produire vite pour retenir, par la variété, un public peu artiste et peu nombreux ; et quelle appréciation éclairée pouvait-on attendre de spectateurs dont l'origine était si diverse et les goûts si différents, qui n'apportaient guère au spectacle que deux sentiments communs : de la curiosité pour les pièces, et de la défiance contre leurs interprètes !

Les encouragements que le public ne donnait pas au poète lui seraient-ils venus des comédiens? Ceux-ci ne pouvaient songer qu'à gagner leur vie et ne devaient demander au poète que de les y aider. Par quel prodige de désintéressement se seraient-ils attachés à l'art lui-même? Et quelle qualité avaient-ils le plus souvent pour cela?

Remarquons-le bien : les troupes qui nous sont le mieux connues, par l'histoire ou par le roman, couraient les provinces vers le milieu ou vers la fin du XVII° siècle, alors que le théâtre était en faveur, que Richelieu avait déjà protégé la comédie et ses interprètes, et que Louis XIII lui-même avait publié en leur faveur le fameux édit de 1641 ; le personnel en doit être d'origine plus relevée, de moralité moins contestable, d'instruction plus sérieuse que celui des troupes avec lesquelles vivait Hardy. Et pourtant combien il y aurait à dire encore! quelle bigarrure offrirait un tableau fidèle des troupes comiques de ce temps! A côté de fils de famille et de soi-disant gentilshommes, à qui l'amour [1] ou une disgrâce de la fortune [2] avaient donné tout à coup une vocation de comédiens, que d'hommes dont on ne savait d'où ils venaient, ou qui étaient nés et avaient grandi dans les tripots [3] ! — A la vérité, certaines troupes s'acquéraient une réputation d'honnêteté : dès 1618, Mlle de Rohan écrit à la duchesse de La Tremoille : « Nous avons vu *à Nantes* de fort bons comédiens qui se disent à M. votre frère. Ils sont très honnêtes, ne disant aucune mauvaise parole, non seulement devant nous, mais encore dans la ville, à

---

[1]. Comme à Léandre (*Roman comique*, 2° partie, ch. v, t. I, p. 289).

[2]. Comme à Destin et Léonore (*Roman comique*, 1re partie, ch. xviii, t. I. p. 198).

[3]. « Je suis née comédienne, dit la Caverne, fille d'un comédien, à qui je n'ai jamais ouï dire qu'il eût des parents d'autre profession que la sienne. » *Roman comique*, 2° partie, ch. III, t. I, p. 268. — Sur l'origine d'un certain nombre de comédiens du XVII° siècle, voy. Chardon, *Tr. du R. c.*, p. 26. Voy. encore, ci-dessous, notre l. II, ch. II.

ce que l'on m'a dit[1]. » Mais Tristan l'Hermite parle tout autrement des comédiens qu'il a fréquentés dans sa jeunesse[2], et nous savons par les chroniques locales ou provinciales que les troupes d'acteurs nomades avaient des démêlés fréquents avec la police[3]. Parlerons-nous du talent et du goût que les acteurs devaient montrer? Comment, si la nature les en eût pourvus, auraient-ils pu les cultiver, sinon par exception, dans des circonstances aussi peu favorables? Scarron loue fréquemment la troupe de Destin, et Mme de Sévigné parle de comédiens de campagne rencontrés à Vitré, qui lui tirèrent *plus de six larmes*[4]; mais Fléchier parle tout autrement des comédiens qui représentaient pendant les Grands jours d'Auvergne : « Ils disaient tout rôle du mieux qu'ils pouvaient, changeant l'ordre des vers et des scènes, et implorant de temps en temps le secours d'un des leurs, qui leur suggérait des vers entiers, et tâchait de soulager leur mémoire. Je vous avoue que j'avais pitié de Corneille, et que j'eusse mieux aimé, pour son honneur, que M. d'Aubignac eût fait des dissertations critiques contre ses tragédies que de le voir citer par des acteurs de cette façon[5]. »

Si tels sont les comédiens nomades après Hardy, que devaient-ils être de son temps? Scarron lui-même semble avoir noté cette différence. Destin, qui est jeune, est, sinon de bonne famille, du moins honnête et instruit; mais la Rancune, qui avait joué sous le masque les nourrices de Hardy[6], quel contraste ne fait-il pas avec son camarade! Méchant, jaloux, goinfre, voleur, de quels vices n'est-il pas pourvu[7]! Ne rappelle-t-il pas ces comédiens espagnols que nous peint Rojas : durs à la fatigue, insouciants, toujours sans argent, quoique peu scrupuleux sur les moyens d'en acquérir[8]? Oui, si l'on veut se représenter les compagnons de Hardy,

---

1. Cité par M. Chardon, *Tr. du R. c.*, p. 33. Louis le Tonnelier de Breteuil, intendant du Languedoc, disait de même de la troupe de Molière, en 1647 : « Cette troupe est remplie de fort honnêtes gens et de très bons artistes, qui méritent d'être récompensés de leurs peines ». Dans Moland, p. 42.
2. Voy. plus loin, § 4, p. 23.
3. Voy. une note de M. Fournel, *Roman comique*, t. I, p. 262.
4. Chardon, *Tr. du R. c.*, p. 44.
5. *Mémoire* de Fléchier, p. 132.
6. *Roman comique*, 1re partie, ch. v, t. I, p. 26.
7. Voir son portrait, 1re partie, ch. v, t. I, p. 25, 27, 28; voir aussi 2e partie, ch. II, et *passim*.
8. Voy. notamment dans le *Viage entretenido*, p. 91 à 101, les aventures de Rios et de Solano, traduites par de Puibusque, *Hist. comp. des litt. fr. et espag.*

c'est moins, semble-t-il, sous les traits de Destin et de Léandre que sous ceux de ces *chevaliers du miracle* [1] ou de leur historien lui-même, né il ne savait de qui, père d'enfants qu'il ne connaissait pas, échoué au théâtre après avoir fait vingt métiers. Notre devoir n'est-il pas d'être indulgent pour l'homme qui a fait dans une telle compagnie son difficile apprentissage d'écrivain et de dramaturge ?

IV

Quels étaient les rapports de Hardy avec les comédiens ? quelle était exactement la place qu'il tenait dans la troupe ?

On ne peut croire qu'il en était le directeur. Même à la tête d'une troupe peu nombreuse et peu habituée au luxe, un directeur a des responsabilités qui supposent des ressources ; c'est un financier, et Hardy ne pouvait l'être. Ajoutons qu'il n'en était pas de la France comme de l'Espagne, où chaque troupe un peu considérable avait à sa tête un *autor* ou directeur. En France, ce mode d'entreprise théâtrale exista aussi, mais surtout à l'origine, et disparut de plus en plus [2] ; dans la plupart des troupes, les acteurs ne voulaient pas de maître, et se contentaient d'accorder une influence plus grande à celui d'entre eux dont le talent paraissait le plus remarquable. Il en est ainsi dans la troupe du *Roman comique* [3], et Chappuzeau dit nettement : « Si le séjour des Républiques n'est pas le fait des comédiens, le gouvernement républicain leur plaît fort entre eux ; ils n'admettent point de supérieur, le nom seul les blesse, ils veulent tous être égaux et se nomment camarades... Ceux d'entre eux qui ont le plus de mérite ont aussi dans l'État le plus de crédit [4]. »

Mais si le poète des comédiens n'en était pas le directeur, on aimerait à penser tout au moins qu'il était traité par eux avec quelque respect ; illusion difficile à conserver, si l'on veut tenir compte des faits et des textes. Les comédiens de nos jours, plus éclairés que ceux du XVIᵉ siècle, ont la faiblesse de regarder de

---

t. II, p. 175 à 183. Cf. les articles de M. Damas-Hinard, § 3, p. 1357-1358. Malgré tout, les comédiens espagnols étaient en général mieux accueillis et plus fêtés que les comédiens français.

1. Comme on appelait Rojas.
2. Petit de Julleville, *les Comédiens*, p. 337-338.
3. Comme l'a remarqué M. Fournel, *Contemporains de Molière*, t. 1, p. 424.
4. *Le Théâtre françois*, p. 157.

haut les auteurs qui n'ont pas encore un nom; et ces auteurs cependant ne dépendent pas directement d'eux, ils ne tiennent pas d'eux leur salaire. Hardy, au contraire, était aux gages des comédiens; c'est à ses ouvrages qu'ils attribuaient leurs insuccès, à eux-mêmes qu'ils faisaient revenir le mérite des triomphes. Distinguaient-ils bien leur poète de leurs valets [1]?

Certes, il ne devait pas toujours faire bon vivre avec des comédiens malins, besogneux, à la fois aigris par l'infortune et enflés de leurs bruyants succès. Le Roquebrune de Scarron, qui n'est pas aux gages des comédiens, qui, au contraire, *libéral comme un poète, mange quelque argent avec eux* [2], est sans cesse en butte aux railleries cruelles de la Rancune; et Ragotin, qui paye toujours plus que son écot, n'en est pas moins récompensé de fréquenter la troupe par de pénibles et incessantes disgrâces. Il ne semble pas qu'un poète en titre ait dû être mieux traité. Cervantès nous en montre un qui lit sa pièce — une mauvaise pièce, à la vérité, — devant un *autor* et ses comédiens : « A la moitié de la première *journée*, les comédiens commencèrent à s'en aller un à un, deux à deux, et tous disparurent, excepté l'*autor* et moi [3], qui servions d'auditeurs.... Tous les comédiens, qui étaient plus de douze, revinrent bientôt, empoignèrent mon poète sans dire un seul mot, et si l'*autor*, priant et menaçant, n'eût interposé son autorité, sans nul doute ils le faisaient sauter sur la couverture. » Singulier traitement, va-t-on dire, et sans doute tout espagnol! Hélas! c'est à peu près celui que subissait Hardy, quand il mécontentait les comédiens, — au moins à ce que disent de nombreux auteurs, sur la foi de Tristan l'Hermite.

Voici en effet ce qu'on lit dans le *Page disgracié* [4], cette autobiographie de Tristan :

« Ma gentillesse m'acquit l'amitié de beaucoup de gens, et entre autres d'une troupe de comédiens, qui venaient représenter trois ou quatre fois la semaine devant toute cette cour, où mon

---

1. Il se peut que Hardy soit monté sur la scène, mais ce n'a dû être qu'exceptionnellement, et dans les moments difficiles pour sa troupe. Ainsi faisait Roquebrune.
2. *Roman comique*, 1re partie, ch. xv, t. I, p. 136; 1re partie, ch. viii, t. I, p. 42.
3. « L'*autor* et moi! » C'est le chien Berganza qui parle. Voy. le *Dialogue des chiens Scipion et Berganza* dans les *Nouvelles* de Cervantès..., p. 466. Sur la dureté et le dédain avec lesquels les comédiens espagnols traitaient leurs poètes, voy. Ticknor, t. II, p. 464-465.
4. Voy. à l'*Index I*.

maître [1] tenait un des premiers rangs. Il me souvient qu'entre ces acteurs, il y en avait un illustre pour l'expression des mouvements tristes et furieux : c'était le Roscius de cette saison, et tout le monde trouvait qu'il y avait un charme secret en son récit. Il était secondé d'un autre personnage excellent pour sa belle taille, sa bonne mine et sa forte voix, mais un peu moindre que le premier pour la majesté du visage et l'intelligence. J'aimais fort ces comédiens, et me sauvais quelquefois chez eux, lorsque j'avais quelque secrète terreur et que mon précepteur m'avait fait quelque mauvais signe...... Un jour que j'avais eu quelque démangeaison aux poings et que je les avais frottés un peu rudement contre le nez d'un jeune seigneur de mon âge et de ma force, mais non pas de mon adresse, je m'allai sauver parmi le cothurne. C'était un jour que les comédiens ne jouaient point, mais ils ne pouvaient toutefois l'appeler de repos : il y avait un si grand tumulte entre tous ces débauchés, qu'on ne s'y pouvait entendre. Ils étaient huit ou dix sous une treille en leur jardin, qui portaient par la tête et par les pieds un jeune homme enveloppé dans une robe de chambre ; ses pantoufles avaient été semées avec son bonnet de nuit dans tous les carrés du jardin, et la huée était si grande que l'on faisait autour de lui, que j'en fus tout épouvanté. Le patient n'était pas sans impatience, comme il témoignait par les injures qu'il leur disait d'un ton de voix fort plaisant, sur quoi ses persécuteurs faisaient de grands éclats de rire. Enfin je demandai à un de ceux qui étaient des moins occupés que voulait dire ce spectacle et qu'avait fait cet homme qu'on traitait ainsi. Il me répondit que c'était un poète qui était à leurs gages, et qui ne voulait pas jouer à la boule, à cause qu'il était en sa veine de faire des vers ; enfin, qu'ils avaient résolu de l'y contraindre.

« Là-dessus, je m'entremis d'apaiser ce différend, et priai ces messieurs de le laisser en paix pour l'amour de moi ; ainsi je le délivrai du supplice. Et lorsqu'on lui eut appris qui j'étais, et qu'on lui eut rendu son bonnet et ses mules, il me vint faire des compliments comme à son libérateur et à une personne dont on lui avait fait une grande estime. Tous ses termes étaient extraordinaires, ce n'étaient qu'hyperboles et traits d'esprit nouvelle-

---

[1]. Henri de Bourbon, duc de Verneuil, qui mourut fort jeune peu de temps après.

ment sorti des écoles et tout enflé de vanité. Cependant la hardiesse dont il débitait était agréable et marquait quelque chose d'excellent en son naturel. »

Ici les deux éditions du roman, qui ne se distinguaient précédemment que par des variantes peu importantes, se séparent d'une façon complète. Celle de 1667 termine le chapitre par un passage insignifiant et qui ne nous apprend rien sur les personnages en scène; celle de 1643 continue en ces termes : « Dès que nous fûmes entrés en conversation, après avoir gagné une allée où nous pouvions parler plus tranquillement, il me récita quelques vers qu'il avait composés pour le théâtre et d'autres ouvrages où je trouvais plus de force d'imagination que de politesse. Après l'avoir longtemps écouté, je lui en dis de la façon des plus grands écrivains du siècle, et je les fis sonner de façon que ce poète provincial les admira; mais il feignit d'admirer beaucoup davantage la gentillesse de mon esprit et flatta si bien ma vanité, que je fis dessein de lui rendre quelques bons offices auprès de mon maître, dès que je serais rentré en grâce. Je fus ému à m'employer en sa faveur par deux motifs, l'un par l'estime que je faisais de son humeur, l'autre par une compassion que j'avais de sa fortune, ayant appris d'abord qu'on lui donnait fort peu d'argent de beaucoup de vers[1]. »

Nous avons prolongé la citation; c'est que nous en avions besoin pour connaître le caractère du poète mis en scène par Tristan. Quant à son nom, nous le trouvons dans une note de la 2ᵉ édition : « *Le poète des comédiens*, Alexandre Hardy, lequel a mis au jour un grand nombre de pièces de théâtre, qu'il composait au prix de trois pistoles la pièce[2]. »

Nous retrouvons le même personnage dans un autre chapitre; et maintenant qu'on nous a dit son nom, il nous sera peut-être permis de citer encore :

« Le poète des comédiens, ayant appris que j'étais rentré en grâce auprès de mon maître, ne manqua pas de me venir voir, afin que je le lui fisse saluer, comme je le lui avais promis. Je le présentai de bonne grâce; il eut l'honneur d'entretenir une demi-heure ce jeune prince, et même il eut la satisfaction d'en rece-

---

1. *Le Page disgracié*, ch. ix : *La première connaissance que le page disgracié fit avec un écolier débauché qui faisait des vers*, p. 87 à 90 de la 1ʳᵉ éd., 54 à 60 de la 2ᵉ.

2. *Remarques et observations*, p. 349.

voir quelque libéralité, ayant fait sur le champ ces quatre vers
à sa gloire :

> Ma muse à ce prince si beau
> Consacre un monde de louanges,
> Qui volent au palais des anges
> Et sont exemptes du tombeau.

Quoique ces vers eussent des défauts, nous n'étions pas capables
de les pouvoir discerner, et nous trouvions seulement agréables
ces termes ampoulés qu'il avait recueillis vers les Pyrénées. Je
ne sais comment, en prenant congé de mon maître, ce poète
débauché dit inopinément quelque mot sale, et qu'il avait accoutumé d'entremêler en tous ses discours. Notre précepteur en fut
averti, qui prit ce prétexte pour se venger de l'affront qu'il avait
reçu pour mon sujet [1]. Il me vint surprendre le lendemain au
matin et me fit une grande remontrance sur la discrétion qu'il
fallait garder à faire connaître de nouveaux visages à un jeune
prince, et m'aggrava fort la hardiesse que j'avais prise de présenter à mon maître un homme inconnu et vicieux [2]..... »

Tel est le récit de Tristan. Déjà un assez grand nombre d'érudits l'ont reproduit ou y ont fait allusion [3], et aucun n'a fait de
réserves sur l'authenticité de l'anecdote ou n'a douté que le poète
qu'elle nous montre ne fût Hardy. Nous aimerions pouvoir faire
comme eux, les renseignements qu'il contient sur le caractère
du *poète débauché* étant les plus nombreux que l'on ait jamais
donnés sur Hardy. Mais la vérité nous force à le reconnaître :
ou l'anecdote tout entière est controuvée, ou le poète dont parle
Tristan est un autre que notre auteur.

Jugeons-en.

Tristan avait douze ans, lorsque se passaient les faits qu'il

---

1. Affront raconté dans le chapitre précédent.
2. *Le Page disgracié*, ch. xi, p. 67 à 69 de la 2ᵉ éd., p. 107 à 110 de la 1ʳᵉ.
3. Notamment M. Fournel dans plusieurs de ses ouvrages, et récemment encore dans un article de la revue *le Livre* : *la Tragédie française avant Corneille* (oct. 1887, p. 304); Alleaume, *Œuvres complètes de Théophile*, éd. de la *Bibl. elzévirienne*, t. I, p. cvj; Chardon, *la Vie de Rotrou mieux connue*, p. 42; Éd. Fournier, *la Farce et la Chanson au théâtre avant 1660*, p. xxxj, note 3. — Je trouve dans H. Kœrting, *Geschichte des Französischen Romans im XVII. Jahrhundert*, II, *Der realistische Roman*, Oppeln und Leipzig, 1887, 8°, p. 159, une hypothèse singulière. D'après M. Kœrting, Alexandre Hardy, auteur, directeur et acteur du théâtre du Marais, pourrait bien être l'un des tragédiens loués par Tristan, « le Roscius de cette saison ».

raconte [1], et, comme il était né en 1601, il faut placer ces faits en 1613; Hardy avait alors quarante ans environ. Est-ce un homme de cet âge que Tristan a pu appeler *un écolier débauché, un jeune homme... nouvellement sorti des écoles et tout enflé de vanité?* De plus, Hardy était de Paris et faisait toujours suivre son nom de l'épithète de « Parisien »; Tristan le savait mieux que personne, lui qui avait loué Hardy dans des pièces liminaires et qui avait imité deux de ses tragédies. Comment l'aurait-il pu appeler un « poète provincial »?

Observons-le bien vite : les *Remarques et observations* où Hardy se trouve nommé ne figurent que dans l'édition de 1667, parue après la mort de Tristan [2]. Elles sont donc l'œuvre de l'éditeur et ne méritent qu'une confiance très restreinte. Celle qui concerne Hardy prouve seulement que le souvenir de son existence et du lien qui l'attachait aux comédiens n'était pas encore effacé. Mais pour Tristan, s'il a voulu faire un portrait, c'est un autre que Hardy qu'il a visé. Hardy, en 1613, ne devait pas être le seul fournisseur attitré des comédiens parisiens, car c'est à Paris que la scène se passe, non en province, et, sur ce point, l'on s'est généralement trompé [3].

Après avoir combattu une erreur, j'hésite à hasarder une hypothèse; mais, s'il me fallait nommer le poète du *Page disgracié*, je songerais volontiers à Théophile.

Et tout d'abord, il est bon de constater que le récit de Tristan paraît véridique. A la fin de 1613, la troupe de l'Hôtel de Bourgogne avait été vraiment appelée à la Cour. « L'on a renvoyé quérir les comédiens français, écrit Malherbe à Peiresc, le 24

1. Ces faits, nous l'avons dit, sont le sujet du ch. IX; au ch. VIII, p. 49 de la 2ᵉ éd., l'auteur a dit qu'il « n'avait que onze ou douze ans »; au ch. XVI, p. 99, il écrit : « L'âge avait un peu mûri ma raison, sur la treizième de mes années. »
2. Tristan est mort en 1655. — L'édition de 1643 est de beaucoup la plus rare, et nous-même n'avons pu la consulter que longtemps après celle de 1667. Ainsi s'explique l'erreur commune. Il est d'ailleurs curieux de voir avec quelle conscience a été faite cette dernière édition; non seulement la *clef* n'en est pas sûre, mais il semble qu'on ait remanié le texte pour l'accommoder à la *clef*. D'après M. H. Chardon, les *Remarques et observations* seraient de Jean-Baptiste, sieur de Vauzelles, le frère même de Tristan l'Hermite (*Nouv. doc. sur Molière*, p. 74, 232, 298). Le sieur de Vauzelles avait été habitué à mentir par ses nombreux et *habiles* travaux généalogiques.
3. La Cour dont parle Tristan est celle du Louvre. Au chapitre XVI, page 101 de la 2ᵉ éd., le page disgracié se trouve à Fontainebleau, et il dit expressément : « Comme j'étais un jour en l'une des maisons royales. » Au chapitre XV, il s'enfuit pour échapper à son précepteur, et c'est bien d'une ville qu'il se sauve, c'est bien dans une ville qu'il revient ensuite.

novembre; le roi ne goûte point les Italiens, les Espagnols ne plaisent à personne [1]. » Or, en 1613, Théophile n'avait que vingt-trois ans et il y avait trois ans au plus qu'il était arrivé à Paris : on pouvait donc le regarder comme un *inconnu* et un *écolier*. — Aussi bien que celui de Hardy, son langage pouvait être extraordinaire, rempli de traits, d'hyperboles et de termes ampoulés. Le poète les avait recueillis vers les Pyrénées, nous dit Tristan? Pourquoi cette expression ne serait-elle pas prise à la lettre? Théophile était Gascon, son aïeul avait été secrétaire de la reine de Navarre; il venait vraiment des Pyrénées. — Comme Hardy, Théophile avait quelque chose d'excellent en son naturel. — Les épithètes de vicieux et de débauché, on les lui a prodiguées toute sa vie; lui-même reconnaît qu'il les méritait dans sa jeunesse. — Quant aux mots sales qu'il pouvait avoir à la bouche, ils nous sont trop connus par le *Parnasse satyrique* et par les œuvres mêmes que Théophile a avouées. — Reste à savoir si Théophile a pu être dramaturge aux gages des comédiens. Certes, je ne voudrais pas affirmer qu'il l'a été; mais, sans aucun doute, il a pu l'être, et à la date marquée par Tristan; en 1613, en effet, il était revenu depuis peu de temps de son voyage en Hollande; certainement il était pauvre et n'avait pas encore obtenu la protection du duc de Montmorency. — Dernier argument, et le meilleur : l'hypothèse que nous émettons éclaire un passage obscur, qui se trouve dans une de ses principales pièces. Voici ce qu'écrit Théophile :

> Autrefois, quand mes vers ont animé la scène,
> L'ordre où j'étais contraint m'a bien fait de la peine.
> Ce travail importun m'a longtemps martyré;
> Mais enfin, grâce aux Dieux, je m'en suis retiré.
> Peu, sans faire naufrage et sans perdre leur ourse,
> Se sont aventurés à cette longue course.
> Il y faut par miracle être fol sagement,
> Confondre la mémoire avec le jugement,
> Imaginer beaucoup, et d'une source pleine
> Puiser toujours des vers dans une même veine...
> Donnant à tels efforts ma première furie,

---

[1]. *OEuvres de Malherbe*, t., III p. 358. — Ajoutons que les deux acteurs loués par Tristan paraissent bien être, comme le disent — avec exactitude, cette fois — les *Remarques et observations*, Valleran Lecomte et Vautray. L'un et l'autre, en 1613, faisaient partie de la troupe de l'Hôtel de Bourgogne. (Voy., ci-dessous, l. II, ch. II, § 6.)

Jamais ma veine encor ne s'y trouva tarie...
Mais il me faut résoudre à ne la plus presser...
Je veux faire des vers qui ne soient pas contraints [1].

Sont-ce là les vers d'un homme qui n'a travaillé pour le théâtre qu'à ses heures, heures rares, puisqu'il n'a publié qu'une seule pièce et que l'attribution qu'on lui a faite d'une seconde, celle de *Pasiphaé*, est fort douteuse, pour ne pas dire plus [2]?

N'insistons pas; le récit de Tristan ne nous a déjà que trop occupé. Mais qu'il s'y agisse de Hardy ou de Théophile, qu'il soit vrai d'une vérité matérielle ou d'une vérité toute littéraire, nous en pouvons tout au moins conclure qu'un poète aux gages des comédiens était soumis à bien des humiliations et des avanies. Il l'était à Paris, il devait l'être plus encore dans les provinces.

V

Et quel travail n'exigeait-on pas de ce poète, si peu payé et si maltraité! C'était à lui de fournir sa troupe de pièces; mais là ne se bornait pas sa tâche. Les pièces du répertoire demandaient à être souvent remaniées, pour s'accommoder aux situations successives de troupes peu stables et éminemment sujettes aux changements. Non seulement, en effet, elles se dispersaient presque tous les carêmes; mais la concorde régnait rarement dans « l'ordre vagabond des comédiens de campagne [3] », et l'auteur du *Théatre françois* fait cette remarque : « Leurs troupes ont si

---

1. *Élégie à une dame. OEuvres complètes de Théophile*, 1re partie, éd. de la *Bibl. elzévirienne*, t. I, p. 219. — Pour les renseignements biographiques qui précèdent, voy. la notice de M. Alleaume et celle de M. Jules Andrieu, *Théophile de Viau, étude bio-bibliographique avec une pièce inédite du poète et un tableau généalogique*. Bordeaux et Paris, Picard, 1888, in-8°.

2. On voit aussi dans *le Testament de Gaultier Garguille* que Valleran, étant descendu dans l'autre monde, doit représenter devant le grand maître de la nature « plusieurs pièces nouvelles... et quelques-unes de M. Théophile ». *Le Testament de Gaultier Garguille*, 1634 (à la suite des *Chansons de Gaultier Garguille*, p. 150). — « Gaultier et Guillaume firent voir à Turlupin une grande quantité de pièces nouvelles faites par divers bons auteurs, entre autres Théophile, lesquelles il trouva excellentes. » *La rencontre de Turlupin en l'autre monde avec Gaultier Garguille et le Gros Guillaume*, 1637. (*Ibid.*, p. 240.) — Dans les *Révélations de l'ombre de Gaultier Garguille*, 1634, l'ombre apprend au Gros Guillaume que Théophile a promis de faire pour les grands monarques défunts une belle pièce dont il donne le sujet. (*Ibid.*, p. 173.)

3. Expression de Scarron, *Roman comique*, 2e partie, ch. XVI, t. II, p. 55.

peu de fermeté que, dès qu'il s'en fait une, elle parle en même temps de se désunir[1] ». Certains acteurs quittaient leurs camarades; d'autres, que l'on rencontrait, étaient enrôlés[2]. Quelquefois divers accidents contribuaient encore à l'instabilité de la compagnie, comme celui qui coupe tout à coup en deux tronçons la troupe du *Roman comique*[3]. Ainsi le poète voyait varier sans cesse le nombre de ses interprètes et remaniait ses pièces en conséquence; la chose ne pouvait être toujours facile. Si, dans une troupe « aussi complète que celle du prince d'Orange, ou de Son Altesse d'Épernon », on voyait « la Caverne représenter les reines et les mères et jouer à la farce[4], pendant que la Rancune était le surveillant du portier, jouait les rôles de confidents, ambassadeurs et recors, quand il fallait accompagner un roi, assassiner quelqu'un ou donner bataille..., chantait une méchante taille aux trios et se farinait à la farce[5] », quelle ingéniosité ne fallait-il pas montrer, quand la troupe, avec six comédiens, dont deux improvisés, jouait une pièce comme *Bradamante*, qui renferme douze rôles d'hommes sans compter les ambassadeurs[6]; ou, mieux encore, quand elle ne comprenait que trois acteurs, comme celle de Destin à son entrée au Mans, et jouait néanmoins une tragédie importante[7]. S'ils n'avaient pas de poètes, les acteurs eux-mêmes se chargeaient de retailler à leur mesure, et tant bien que mal, les pièces qu'ils devaient jouer : la Rancune en faisait bien d'autres, lui qui se chargeait de jouer des pièces tout seul[8]. Mais si un poète accompagnait la troupe, on profitait évidemment de sa présence; et il s'acquittait de la tâche, pour lui doublement pénible, de tronquer et de déformer ses œuvres.

Que de peine pour faire apprendre les pièces aux acteurs!

---

1. Page 144.
2. Voy. les divers changements subis par la troupe de Molière pendant ses pérégrinations, soit dans une biographie de Molière, soit dans Chardon, Tr. du R. c., p. 29.
3. 1ʳᵉ partie, ch. ɪɪ, t. I, p. 13.
4. 1ʳᵉ partie, ch. vɪɪɪ, t. I, p. 41.
5. 1ʳᵉ partie, ch. v, t. I, p. 27.
6. Voy. R. c., 2ᵉ partie, ch. ɪɪɪ, t. I, p. 273, et la note de M. Fournel.
7. *La Mariane* de Tristan, 1ʳᵉ partie, ch. ɪɪ, t. I, p. 15-16.
8. *Roman comique*, 1ʳᵉ partie, ch. ɪɪ, t. I, p. 15. — De même dans *Francion*, l. XII (édit. de la *Bibliothèque gauloise*, p. 476-477), le signor Bergamin joue plaisamment à lui seul des pièces à plusieurs personnages. Et Scarron ni Sorel n'ont rien inventé, car, le 7 février 1611, le roi Louis XIII, pendant son souper, s'amusait « à voir jouer un comédien qui représentait seul plusieurs personnages ». *Journal de Jean Héroard*, t. II, p. 52.

Que d'efforts pour obtenir une bonne distribution des rôles, et apaiser les querelles qui s'élevaient à ce sujet! Chappuzeau parle de ces querelles, fréquentes de tout temps parmi les comédiens, et surtout parmi les comédiennes; et il ajoute, comme on pouvait s'y attendre : « Les troupes de campagne sont plus sujettes à ces petites émulations [1]. »

On sait combien les ennuis de ce genre sont inhérents au dur métier d'auteur dramatique; mais, pour Hardy, ils étaient aggravés par la grossièreté de la plupart de ses interprètes et par l'état de dépendance où il se trouvait vis-à-vis d'eux.

VI

Quand prirent fin ces *années d'apprentissage et de voyage* [2] de Hardy? Rentré à Paris, y put-il rester définitivement? et de quel théâtre devint-il le fournisseur? Telles sont les premières questions qui se posent maintenant à son biographe. Aucun document précis n'y répond, et, réduits aux conjectures, les historiens littéraires y ont répondu de différentes manières. Tous s'accordent, il est vrai, pour considérer la rentrée de Hardy à Paris, une fois effectuée, comme définitive; ils ne varient guère que sur la date de cette rentrée, qu'ils placent de 1598 à 1600. Mais les opinions sont plus différentes, quand il s'agit de savoir à quel théâtre Hardy a prêté le puissant appui de sa fécondité. Les uns tiennent pour l'Hôtel de Bourgogne [3], les autres pour « le Marais » [4]; quelques-uns veulent que Hardy ait travaillé pour ces deux théâtres rivaux successivement ou simultanément [5]; il en est enfin qui font honneur au dramaturge de la fondation du second théâtre : d'après eux, le succès obtenu par les pièces de Hardy aurait forcé

---

1. *Le Théâtre françois*, p. 125 et 93.
2. Expression de M. Paul Lindau au sujet des pérégrinations de Molière.
3. Sainte-Beuve, *Tableau de la poésie fr.*, p. 243; Tivier, *Hist. de la litt. dr. en Fr.*, p. 571.
4. Nisard, *Hist. de la litt. fr.*, 1877, t. II, p. 95; Royer, t. II, p. 134; Fr. Godefroy, *Hist. de la litt. fr.*, t. I, p. 409 (mais il se contredit, p. 414, où il adopte à peu près l'opinion de Lemazurier); Ébert, *Entwicklungs-Gesch.*, p. 186. M. Lotheissen place Hardy tantôt à l'Hôtel de Bourgogne (t. I, p. 298), tantôt au Marais (t. I, p. 299). Enfin M. Lombard écrit, cf. ci-dessus, p. 25, n° 3 : « Quelques critiques ont prétendu qu'il était directeur du théâtre du Marais ». *Zeitschrift für neufr. Spr.*, t. I, p. 171.
5. P. Lacroix, xvii° *Siècle, Lettres*, p. 266 et 268; Bizos, *Étude sur Mairet*, p. 78; Moland, *Molière*, p. xi.

la troupe de l'Hôtel de Bourgogne à se dédoubler, et une partie de ses membres à se transporter à l'Hôtel d'Argent [1].

En dépit de cette diversité, il semble qu'une opinion domine et qu'une tradition se soit établie. Elle remonte à Suard, et Guizot en a été depuis le principal soutien. Une seconde troupe de comédiens, disait Suard, « moyennant des protections et une légère rétribution aux Confrères, obtint, en 1600, la permission de s'établir au Marais, à l'Hôtel d'Argent, et résolut de représenter trois fois par semaine. Pour effectuer ce projet, il fallait s'attacher un homme capable de le soutenir : cet homme fut Alexandre Hardy [2]. » Et le dernier biographe de Hardy écrit encore : « Ce n'est qu'en 1600 que la troupe de Hardy vint s'établir définitivement, d'abord à l'Hôtel d'Argent, puis rue Vieille-du-Temple, et fonda ainsi le théâtre du Marais, dont la vogue ne tarda pas à égaler celle de l'Hôtel de Bourgogne [3] ».

Cette tradition mérite-t-elle d'être adoptée? Nous avons déjà répondu implicitement, quand nous avons publié notre précédent ouvrage : *Esquisse d'une histoire des théâtres de Paris de 1548 à 1635*. En montrant que le théâtre dit « du Marais » n'a été fondé qu'en 1629 [4], nous avons rendu inacceptables toutes les hypothèses qui font de Hardy le fournisseur, exclusif ou non, de ce théâtre. A-t-il donc été celui de l'Hôtel de Bourgogne? C'est là une question qui reste moins facile à résoudre, et que nous espérons cependant ne pas aborder tout à fait en vain.

1. Lemazurier, *Galerie hist.*, t. I, p. 3 et 8. Ce nom était de bon augure, fait même observer Lemazurier.
2. Suard, *Coup d'œil sur l'histoire de l'ancien théâtre français*, p. 115. C'est, à peu de chose près, l'opinion de P. Lacroix, xvii° *Siècle, Institutions*, p. 497. Voy. encore Demogeot, *Tableau de la litt. fr. au* xvii° *siècle*, p. 429; Guizot, *Corneille et son temps*, p. 130; Géruzez, *Hist. de la litt. fr.*, t. II, p. 72.
3. Lombard, *Zeitschrift für neufr. Spr.*, t. I, p. 166; Kownatzki, *Essai sur Hardy*, p. 3.
4. Et non pas encore au Marais. Voy. *Esquisse*, p. 70.

CHAPITRE II

VIE DE HARDY (2ᵉ partie).

UN DRAMATURGE AUX GAGES DES COMÉDIENS PENDANT
LES TRENTE PREMIÈRES ANNÉES DU XVIIᵉ SIÈCLE

I

On nous permettra de rappeler ici quelques-unes des principales conclusions de notre *Esquisse*.

C'est après 1598 que les confrères de la Passion, lassés par l'indifférence du public et l'hostilité du Parlement pour les mystères, se résignèrent à renoncer pour toujours au métier de comédiens. « Dès lors, leur rôle se borna à louer leur salle, à percevoir un tribut de ceux qui représentaient en quelque autre endroit de Paris, et à poursuivre devant les juridictions compétentes ceux qui feignaient d'ignorer leurs privilèges.

« Maintes troupes, françaises ou étrangères, passèrent ainsi sur leur scène successivement ou simultanément. Mais, s'il n'y eut pas, comme on l'a dit, de troupe régulièrement et définitivement installée dès la fin du XVIᵉ siècle, nous voyons du moins certains acteurs y revenir à plusieurs reprises, y faire de longs séjours, et installer enfin à l'Hôtel de Bourgogne ce théâtre définitif qu'on avait voulu y voir trop tôt. Valleran Lecomte représente quelques mois rue Mauconseil en 1599; il y revient probablement l'année suivante avec Robert Guérin; nous l'y retrouvons en 1607, et cette fois pour longtemps. Sa troupe y semble même définitivement assise, lorsque nous la voyons quitter l'Hôtel en 1622 pour promener dans Paris ou dans les provinces ses représentations. Elle y revient en 1628, et cette fois pour n'en plus sortir. Depuis longtemps elle porte le titre de troupe royale, et prétendra même le mériter seule, alors que d'autres auront acquis le droit de le porter [1]. »

Dans ces conditions, peut-on dire que Hardy ait été le fournisseur en titre de l'Hôtel de Bourgogne? Non, au sens où on l'entend d'ordinaire : pour fournir sans interruption des pièces à ce théâtre, il eût fallu que Hardy se fût mis aux gages des Confrères, car seuls les propriétaires de l'Hôtel n'ont pas changé, tandis que les locataires, même les plus fidèles, l'ont quitté à plusieurs reprises. La vérité est que Hardy a été, à Paris comme en province, le poète d'une troupe de comédiens, et que cette troupe, dont Valleran était le chef, a représenté le plus souvent à l'Hôtel de Bourgogne.

Les preuves de ce que nous avançons ne manquent pas : énumérons-les rapidement.

Racan, né en 1589, était page et faisait déjà des vers tout au commencement du XVIIe siècle. Lui-même a déclaré « que les comédies de Hardy, qu'il voyait représenter à l'Hôtel de Bourgogne où il entrait sans payer, l'excitaient fort [2] ». Qui jouait alors à l'Hôtel de Bourgogne? La troupe de Robert Guérin et de Valleran [3]. — En 1613, la *clef* du *Page disgracié* fait de Hardy un poète aux gages de Valleran et de Vautray. Si cette *clef* n'a pas de valeur historique, elle nous donne au moins l'état de la tradition en 1667. — Le 8 octobre 1622, notre auteur est qualifié « poète de Sa Majesté » dans le privilège général de ses œuvres. *Poète de Sa Majesté*, cela ne signifie guère que *poète des comédiens de Sa Majesté*, Valleran, Guéru, Guérin et les autres [4]. — En 1634, une brochure facétieuse, sortie de l'Hôtel de Bourgogne, associe encore le souvenir de Hardy à celui de Valleran [5].

---

1. *Esquisse d'une histoire des th. de Paris*, p. 81 à 83.
2. *Les Historiettes de Tallemant des Réaux*, t. II, p. 355, n. (historiette de Racan). D'après Ant. de Latour (*Œuvres complètes de Racan*, t. I, p. xxvii), Racan n'aurait été nommé page qu'en 1605 par la protection de M. de Bellegarde, et en 1608 il était déjà revenu de faire ses premières armes à Calais. Mais Racan (*Mémoires pour la vie de Malherbe*, t. I, p. 256) dit seulement qu'en 1605, quand Malherbe fut introduit à la cour, il « était alors page de la chambre sous M. de Bellegarde », et qu'il « commençait à rimailler de méchants vers ».
3. Voy. *Esquisse*, p. 33.
4. Voy. ci-dessous, p. 43.
5. Voici ce qu'on y fait dire à Gaultier Garguille : « Notre vieux maître Valleran, depuis qu'il est en l'autre monde, désirant de faire valoir la comédie et

Enfin nous trouvons une dernière preuve [1] dans le manuscrit de la Bibliothèque nationale qui a pour titre : *Mémoire de plusieurs décorations qui serve* (sic) *aux pièces contenues en ce présent livre, commencé par Laurent Mahelot et continué par Michel Laurent en l'année 1673* [2]. La première partie de ce *Mémoire*, celle qu'a écrite Mahelot, ne peut avoir été commencée avant l'année 1631 [3]; il y avait alors deux théâtres à Paris; auquel des deux servait-elle? Question importante pour nous; en effet, quinze pièces de Hardy figurent sur le *Mémoire*, et si trois, publiées déjà par l'auteur, étaient tombées par ce fait dans le domaine public et ne peuvent nous donner d'indications certaines, les douze autres, en revanche, n'ont jamais été imprimées et ne pouvaient être jouées que par la troupe qui en avait eu la primeur, celle dont Hardy était le poète en titre. Quelle était cette troupe?

Celle de l'Hôtel de Bourgogne, répond Eug. Despois [4], et ce qui le lui fait croire, « c'est l'absence des premières pièces de Corneille, jouées presque toutes sur le théâtre du Marais ». La raison a sa valeur; mais l'histoire des premières pièces de Corneille est mal connue, et, d'ailleurs, l'*Illusion comique* figure dans le *Mémoire* [5]. Cherchons d'autres indices.

Tout d'abord, un certain nombre de pièces nommées par Mahelot ont sûrement été jouées à l'Hôtel de Bourgogne, la *Silvanire* de Mairet, par exemple, ou l'*Infidèle confidente* de Pichou, ou l'*Aminte* de Rayssiguier, ou l'*Esprit fort* de Claveret [6]; mais les

---

de l'y établir, comme il a fait en France durant sa vie, m'a fait divers commandements de l'aller trouver, disant pour toutes ses raisons que le grand maître de la nature me veut voir, qu'il doit représenter devant lui plusieurs pièces nouvelles et dans la sévérité des règles des anciens de feu M. Hardy et quelques-unes de M. Théophile, et qu'il a fait à ce grand prince des récits fort avantageux de moi. » *Testament de Gaultier Garguille*. (Nous avons déjà cité ce texte en partie, p. 28, et nous renvoyons à ce passage, qui expliquera la présence du nom de Théophile à côté de ceux de Hardy et de Valleran.)

1. Voy. pourtant ci-dessous, p. 52, 53, 55 et 46, n. 3, les passages sur Laffemas, Théophile et Tristan l'Hermite, ainsi que la note sur le duc d'Alvyn et sur Turlupin.
2. Fonds français, 24 330.
3. Nous le montrerons plus loin, dans la note 1 de l'Appendice.
4. *Le Théâtre franç. sous Louis XIV*, appendice, note 2, p. 411. Ém. Perrin, *Étude sur la mise en scène*, p. xxvii, et Lotheissen, t. II, p. 380, l'attribuent aussi à l'Hôtel de Bourgogne, mais sans donner aucun argument à l'appui de leur assertion.
5. Sous le titre erroné de *Mélite*; voy., ci-dessous, la note 1 de l'Appendice.
6. Citons Mairet : « L'ayant faite plutôt pour l'Hôtel de Montmorency que pour l'Hôtel de Bourgogne »; — Isnard, ami de Pichou : « Cette belle tragicomédie de l'*Infidèle confidente*, qu'on a vu si souvent représenter publique-

premières de ces pièces étaient certainement imprimées quand Mahelot écrivait, et la dernière pouvait l'être; elles ne fournissent donc pas une preuve irrécusable. — Voici qui est plus probant. La première pièce de Hardy que cite le *Mémoire*, est, à en juger par la décoration, une sorte de pastorale comique et porte ce titre : *la Folie de Turlupin*. Évidemment Turlupin, c'est-à-dire Henri Legrand, en jouait le principal rôle, et c'est lui qui donnait son nom à la pièce, comme il était déjà arrivé à Alizon et à Gros-Guillaume, comme il allait arriver si souvent à Jodelet. Or, Turlupin, nous le savons, jouait à l'Hôtel de Bourgogne, et y jouera jusqu'en 1637, date de sa mort [1]. — Mais la preuve la plus décisive nous est fournie par une brochure plaisante publiée en 1634, sorte de *réclame* en faveur de l'Hôtel de Bourgogne et de la Basoche, et où les farceurs de l'Hôtel doivent avoir mis la main. Elle a pour titre : *l'Ouverture des jours gras ou l'Entretien du carnaval* [2]. L'auteur ou les auteurs y conseillent au public d'aller s'amuser à l'Hôtel de Bourgogne. Il y verra, disent-ils, une amusante pièce déjà jouée, mais que l'on jouera encore, sur *la Foire de Saint-Germain;* en outre, « le *Clitophon* de M. du Ryer, auteur de l'*Alcymédon;*... le *Rossyléon* du même auteur [3], pièce que tout le monde juge être un des rares sujets de l'*Astrée;*... la *Dorise* ou *Doriste* de l'auteur de la *Cléonice*, et, pour la bonne bouche et clôture des jours gras, l'*Hercule mourant* ou *déifié* de Monsieur de Rotrou ». Le manuscrit de Mahelot porte la plupart de ces pièces : *Clitophon* de M. du Ryer, f° 47; *Alcimédon* de M. du Ryer, f° 70; *la Foire de Saint-Germain* de M. de la Pignerière, f° 71; *Hercule* de M. Rotrou, f° 74; *Cléonice*, pastorale de M. Passart, f° 76. *Clitophon* et *la Foire de Saint-Germain* n'ont jamais été imprimées [4]. — Les pièces de Hardy étaient donc jouées à l'Hôtel de Bour-

---

ment par les comédiens de l'Hôtel de Bourgogne »; — Rayssiguier : « Ceux qui portent le teston à l'Hôtel de Bourgogne veulent que l'on contente leurs yeux... » Préface de l'*Aminte*. Voy. les frères Parfait, t. IV, p. 386, 482, 534. — Claveret dit au lecteur de l'*Esprit fort* : « Cette pièce a été représentée beaucoup de fois sur le Théâtre royal sous le nom d'*Argélie* et l'*Esprit fort*. » Voy. fr. Parfait, t. IV, p. 450. Voy. aussi Tallemant, t. VII, p. 173 (Hist. de Mondory). L'*Esprit fort*, représenté en 1629, n'a été imprimé qu'en 1636 d'après les fr. Parfait, en 1637 d'après La Vallière (t. III, p. 4) et Brunet (t. II, p. 91).

1. Voy. Jal, p. 760, art. LEGRAND.
2. Reproduite par Éd. Fournier, *Variétés historiques*, t. II, 345-355.
3. Voy. sur ces pièces la note 1 de l'Appendice.
4. M. de Soleinne possédait un manuscrit de *Clitophon* (*Catalogue*, n° 1003); *la Foire de Saint-Germain* est inconnue de tous les historiens du théâtre et de tous les bibliographes.

gogne. Là, d'ailleurs, jouaient les seuls comédiens qui pussent se dire, sans autre désignation, « les comédiens du Roi, entretenus de Sa Majesté », et telle est l'appellation employée par Mahelot en tête de son registre [1].

Ainsi Hardy était dès le commencement du XVII° siècle le fournisseur ordinaire de la troupe de Valleran ; il l'était encore à la fin de sa vie ; et nous avons vu qu'il l'était à certaines dates intermédiaires. Avons-nous le droit de conclure que, pendant tout ce temps, il ne l'a pas quittée ? Non, sans doute, mais il est naturel de le supposer, et les séparations, s'il y en a eu, n'ont jamais été bien longues. Comment les comédiens se seraient-ils privés volontiers d'un collaborateur que personne ne pouvait remplacer ? Admettons donc que, depuis la fin du XVI° siècle, Hardy a toujours suivi Valleran, et nous nous ferons une juste idée de sa carrière. Figurons-nous-le, quittant la province en 1599 [2], arrivant à Paris plein d'espérances, et s'efforçant d'*établir* à l'Hôtel de Bourgogne les genres nouveaux qui avaient eu tant de peine à y pénétrer [3]. Cette tentative prématurée ne réussit pas. Au bout de quelques mois, Hardy retourne en province. Mais pour des comédiens ayant habité l'Hôtel de Bourgogne et joué devant le Roi, la province, c'était l'exil ; aussi se hâtent-ils de la quitter. Dès l'année suivante ils sont à Paris, et ils y séjournent environ trois ans. Vers 1604, les courses à travers la France recommencent, cependant la troupe est bien décidée à y renoncer. A la fin de 1606, elle est de nouveau à Paris, et donne quelques représentations rue Saint-Antoine sur une scène improvisée, comme en province, à l'enseigne du *Sabot d'or*. Mais, sur un petit comme sur un grand théâtre, on est toujours tributaire des Confrères ; ne vaudrait-il pas mieux jouer sur le seul vrai théâtre de Paris, où l'on pourrait attirer le public, plaire à Sa Majesté, et reprendre ce beau titre de « comédiens français ordinaires du Roi », déjà pris momentanément il y a sept ans ? La troupe se transporte donc rue Mauconseil, où elle restera de longues années. C'est là que Hardy prend le titre de poète de Sa Majesté, là que sa réputation se fait ou s'étend. Ses pérégrinations semblaient même terminées et sa vie devenue

---

1. F° 9, verso : *Mémoire pour la décoration des pièces qui se représentent par les comédiens du roi entretenus de Sa Majesté.*

2. Il se peut d'ailleurs qu'il ait fait à Paris quelques apparitions — mais très courtes — avant cette date, en mai 1596, par exemple, ou bien en avril 1597. Voy. *Esquisse*, p. 24 et 26.

3. Voy. le l. II, ch. 1er.

définitivement calme, lorsque survient la brouille entre les comédiens du Roi et les Confrères. Les comédiens quittent l'Hôtel de Bourgogne, remontent sur « le char de Thespis », et le promènent pendant six ans à travers Paris. La province même semble les avoir revus, car, en 1623 et en 1624, aucun document ne nous signale leur présence dans la capitale. Ils y sont en 1625 et en 1627, luttant contre les Confrères et attirant sur eux-mêmes les sévérités du Châtelet; mais, entre ces deux années orageuses, 1626 est calme; Hardy publie à Rouen, chez du Petit-Val, le tome quatrième de son *Théâtre*, et, dans l'épître qui le commence, il parle ainsi à Monseigneur le Prince : « *Ma pauvre muse, vagabonde et flottante sur un océan de misères*, n'a dans le ciel de la France vu d'astre favorable, qui la pût préserver de naufrage, que le vôtre, Monseigneur. » La pauvre muse vagabonde rentre enfin à l'Hôtel de Bourgogne dans les derniers mois de 1628, et y produit ses dernières œuvres [1].

II

En quelle année est mort Hardy? On ne le sait pas d'une façon précise; mais la plupart des auteurs ont adopté la date de 1630, à la suite des frères Parfait. « Nous conjecturons, disent ceux-ci, que *cette mort* peut être arrivée vers l'année 1630, car, en 1628, il était encore vivant et fit paraître le dernier tome de ses tragédies; et il n'était plus en 1632, puisqu'on trouve un plaidoyer composé cette année pour sa veuve, au sujet du procès qu'elle avait intenté contre les comédiens pour raison de cette société [2] » qui avait été formée entre le poète et ses acteurs.

Même avec ces garanties, la date de 1630 nous parait arbitrairement choisie, et ce n'est pas celle que nous adopterons. L'année suivante, en effet, quelques vers de Hardy paraissent encore en tête d'une tragi-comédie de Scudéry, *Ligdamon et Lydias*, dont le privilège est du 17 juin et l'achevé d'imprimer du 18 septembre [3]. Puisque ces vers ne sont pas signés *feu Hardy*, ce n'est

1. Pour les dates et les faits allégués dans ce paragraphe, voy. l'*Esquisse d'une histoire des théâtres de Paris*, passim.
2. *Histoire du th. fr.*, t. IV, p. 4. « Il mourut en 1630 », disent sans hésitation de Leris (p. 593), de Mouhy (*Journal*, t. V, f° 268), etc.
3. *Ligdamon et Lydias ou la Ressemblance, tragi-comedie par Mr Descudery* (M. de Scudery, au second titre). A Paris, chez François Targa, au premier

guère qu'après cette dernière date qu'a pu survenir la mort du poète. Jusqu'à quel moment de l'année 1632 pourrait-on encore la placer? Les frères Parfait ne nous apprenant rien à ce sujet [1], contentons-nous d'une indication curieuse que nous empruntons à M. Chardon.

On connaît la lettre que Chapelain écrivait à Godeau le 30 octobre 1632 : « Le comte de Fiesque m'a amené Rotrou et son Mécène. Je suis marri qu'un garçon de si beau naturel ait pris une servitude si honteuse; et il ne tiendra pas à moi que nous ne l'affranchissions bientôt. Il a employé votre nom, outre l'autorité de son introducteur, pour se rendre considérable, dit-il, auprès de ma personne. Mandez-moi si vous prenez part dans l'assistance et les offices qu'il attend de moi et à quoi je me suis résolu. » Ce texte frappa pour la première fois Guizot, qui en conclut que la *servitude si honteuse* de Rotrou devait être un engagement dans une troupe de comédiens en qualité d'auteur [2]; explication ingénieuse et très vraisemblable, acceptée depuis par la plupart des historiens de Rotrou, notamment par M. Jarry [3]. M. Chardon, à son tour, vient de la reprendre et de la rendre à la fois plus certaine et plus complète. Selon lui, le Mécène de Rotrou était Bellerose, la troupe qui se l'était attaché était celle de l'Hôtel de Bourgogne, et le jeune poète succédait comme fournisseur à Hardy [4]. Ainsi Hardy est mort entre le mois de septembre 1631 et celui d'octobre 1632, âgé d'un peu plus ou d'un peu moins de soixante ans.

pilier de la grande salle du Palais, devant les consultations au Soleil d'or, MDCXXXI, 8°. En tête du volume se trouvent des pièces liminaires signées Rotrou, Scarron, A. Hardy, Corneille, du Ryer, Belleville (Henri Legrand?), etc. Voici les vers plus que médiocres de Hardy :

> C'est peu de te louer en t'oyant discourir;
> Je mettrai tes écrits au nombre des merveilles,
> Car d'un art inconnu, sans me faire mourir,
> Tu m'as deux fois ravi l'âme par les oreilles.

1. J'ai vainement tenté de retrouver le plaidoyer dont ils nous ont parlé; une question posée à ce sujet aux lecteurs de *l'Intermédiaire des chercheurs et curieux* est aussi restée sans réponse.
2. *Corneille et son temps*, p. 366.
3. *Essai sur les œuvres dramatiques de J. Rotrou*, p. 11. Voy. Sainte-Beuve, *Tableau*, p. 254. M. Person ne se prononce pas (*Hist. du Venceslas*, p. 134).
4. Chardon, *la Vie de Rotrou mieux connue*, p. 39 sqq. Ces associations d'auteurs et d'acteurs étaient alors plus répandues qu'on ne l'a cru. D'après la *Bosco-Robertine*, Boisrobert, après la mort de son protecteur Richelieu, se serait associé au farceur Gilles le Niais (voy. Éd. Fournier, *le Th. fr. au XVIe et au XVIIe siècle*, t. II, p. 584).

III

Les deux tiers de sa vie avaient été employés à travailler pour le théâtre ; et quel travail que celui de Hardy, produisant sans relâche au milieu de difficultés de toutes sortes ! Le nombre de ses pièces lui échappait sans doute à lui-même, et ce que nous en savons nous effraye. Dans quelles conditions les mettait-il au jour ? quels étaient les engagements de Hardy avec les comédiens ? Fontenelle ne nous apprend pas grand'chose à ce sujet [1] ; mais, dès 1684, le *Mercure galant* avait donné des renseignements plus précis : on y lisait que Hardy était associé pour une part avec les comédiens, à qui il devait fournir six tragédies tous les ans [2]. La plupart des auteurs qui suivent se passent de l'un à l'autre les assertions du *Mercure*. « La pauvreté ne lui permettait pas de mettre la dernière main à ses ouvrages, écrit Beauchamps en 1735 [3] ; réduit pour subsister de fournir par an six tragédies aux comédiens qui l'avaient mis de part, avec quelle précipitation était-il obligé de les composer ! » — « Il en fournissait jusqu'à six par an », disent en 1775 les auteurs des *Anecdotes dramatiques* [4]. Et de Mouhy, vers la même époque, prend à peine le soin de changer les termes de Beauchamps : « Il était si pauvre qu'il n'avait pas le temps de mettre la dernière main à ses pièces. Il était réduit, pour avoir de quoi vivre, à composer six tragédies par an pour les comédiens qui l'avaient mis de part dans leurs représentations [5]. » Six tragédies par an (et les auteurs que nous venons de citer entendent par là six ouvrages dramatiques quelconques), voilà un chiffre qui n'a rien de vague et dont il paraît d'abord téméraire de douter ; mais si Hardy a fait de cinq à huit cents pièces, comme le dit Mouhy dans le même passage, pendant combien d'années a-t-il écrit [6] ? Laissons de côté ces inventions et louons la réserve

---

1. Voy. ci-dessus, ch. i, p. 6.
2. Voy. plus loin, p. 59.
3. 2ᵉ partie, p. 95.
4. T. II, p. 563. Même chiffre dans Dulaure, *Histoire physique, civile et morale de Paris*, 1834, t. V, p. 194.
5. *Journal du théâtre fr.*, t. V, f° 268. Ce manuscrit a été achevé vers 1773. Voy. l'Avertissement que le chevalier de Mouhy a mis en tête de son *Abrégé de l'histoire du théâtre français* (t. I, et notamment p. ix).
6. Cf. de Léris, p. 593, qui semble avoir vu la difficulté, mais n'avoir su comment la résoudre.

qu'observent ici les frères Parfait et le duc de La Vallière. Il contracta une société avec les comédiens, disent les auteurs de l'*Histoire du théâtre français*, et il s'engagea de leur fournir autant de pièces qu'ils en auraient besoin. Il remplit ses engagements jusqu'à sa mort [1]. »

Comment ces pièces étaient-elles payées? Nous ne pouvons, pour résoudre cette question, profiter des détails précis et intéressants que donne Chappuzeau sur les conditions faites aux auteurs dramatiques de son temps [2]; cette générosité des comédiens, que Chappuzeau fait sonner bien haut, était toute naturelle alors que le théâtre était très fréquenté et rapportait beaucoup. Mais les Valleran et les Vautray, s'ils en avaient eu le désir, auraient-ils eu le moyen d'être généreux? « Valleran était chef de troupe, nous dit Tallemant; il ne savait que donner à chacun de ses acteurs, et il recevait l'argent lui-même à la porte [3]. » Comment aurait-il été moins embarrassé pour payer son poète que pour payer ses acteurs? Certes, si les pièces de Hardy étaient payées comptant, leur prix n'a jamais approché des « 200 pistoles et au delà » que devaient rapporter celles de ses successeurs; s'il était de part dans les représentations, sa part était loin d'être aussi importante que celle des Boyer ou des Pradon [4].

D'après les frères Parfait [5], ce n'est qu'en 1653 que fut institué l'usage d'accorder à l'auteur d'une pièce une partie de la recette de chaque représentation « pendant le temps que cette pièce serait représentée dans sa nouveauté » Auparavant, « les comédiens, depuis leurs établissements à Paris, étaient dans l'usage d'acheter des auteurs les pièces de théâtre qu'on leur présentait, au cas que l'ouvrage leur convînt. Au moyen de quoi, le profit de la recette était en entier pour eux. » Hardy aurait donc été payé ainsi, et l'indication des historiens du *Théâtre français* est d'accord avec un passage souvent cité du *Segraisiana* : « La Beaupré, excellente comédienne de ce temps-là, qui a joué aussi dans les commencements de la grande réputation de M. Corneille, disait : « *Monsieur Corneille nous a fait un grand tort; nous avions ci-« devant des pièces de théâtre pour trois écus, que l'on nous faisait*

---

1. T. IV, p. 4. Cf. *Bibliothèque du th. fr.*, t. I, p. 333.
2. Pages 85 à 89. Cf. Despois, t. III, ch. II, p. 189 sqq.
3. T. VII, p. 170 (Historiette de Mondory).
4. Despois, p. 193.
5. T. VII, p. 428-430.

« *en une nuit;* on y était accoutumé et nous gagnions beaucoup ;
« présentement les pièces de Monsieur de Corneille nous coûtent
« bien de l'argent, et nous gagnons peu de chose [1]. »

Le chiffre de 3 écus est évidemment trop faible [2], et, à supposer
que le mot de La Beaupré ne soit pas une simple exagération, cette
somme ne peut avoir été acceptée que par des auteurs de hasard,
non par un poète en renom comme Hardy. Mais le mode même de
payement dont parlent le *Segraisiana* et les frères Parfait ne saurait avoir été employé par les comédiens que vers la fin de la carrière de Hardy. Au commencement de leur séjour à Paris, il en
était comme au temps de leurs voyages à travers les provinces.
Après la représentation, les membres de la troupe, portier et
poète compris, se réunissaient; l'argent était mis sur une table,
et chacun recevait sa part [3]. Tant que la troupe fut pauvre,
c'est ainsi que les choses se passèrent. Plus tard, Hardy fut
payé d'avance, mais toujours maigrement payé [4].

1. *Œuvres diverses de M. Segrais*, p. 155 et 156. Quelle devait être la misère d'un auteur dramatique avant Corneille, puisqu'après *le Cid*, Tristan dit encore avec amertume : « N'étaient les bienfaits du cardinal, et l'amour qu'il porte à la comédie, j'appliquerais peu de mon loisir sur les ouvrages de théâtre. C'est un labeur pénible, dont le succès est incertain. Et quand même on serait assuré d'en obtenir des applaudissements et des louanges, ce serait beaucoup se travailler pour ne rien acquérir que du bruit et de la fumée. » *Panthée, Avertissement à qui lit.*

2. En 1667, la *Clef* du *Page disgracié* disait que Hardy composait à 3 pistoles la pièce. — Le prétendu témoignage de Segrais est ordinairement accepté sans hésitation ; cependant, comment ne pas se défier d'un auteur, quel qu'il soit, qui, écrivant sur le théâtre, commence ainsi : « Autrefois, c'est-à-dire dans le siècle passé, les gens de lettres ne faisaient pas de comédies ou pièces de théâtre : il n'y eut que Jodelle qui fit la *Médée*. »

3. Voy. Corneille, *l'Illusion comique*, acte V, sc. v ; cf. Chappuzeau, p. 174. — La part du poète n'était certainement pas plus grosse que celle de ses camarades. En septembre 1659, des comédiens de campagne, qui représentaient à Chambéry et allaient se rendre à Turin, se partagent d'avance par un traité en bonne forme les cadeaux qu'ils espèrent recevoir et les profits qu'ils espèrent retirer des représentations. La troupe était composée de dix membres. Trois parts des cadeaux sur onze sont attribuées « à Dorimond, tant pour lui que pour la damoiselle sa femme, *et cette prérogative ne lui est accordée qu'en considération de sa poésie à laquelle il s'applique particulièrement* » ; mais « quant aux profits provenant du prix des places ou des récompenses qui seraient données par leurs Altesses Royales, ils seront partagés en dix lots à l'accoutumée, sans aucune prérogative des uns aux autres ». Ainsi Dorimond, à la fois poète et premier rôle, touche une part entière comme comédien, mais ne participe comme poète qu'à la distribution des cadeaux reçus. Voy. Mugnier, p. 23 et 32.

4. Les auteurs anglais l'étaient beaucoup mieux, et restaient pourtant fort misérables (voy. Taine, t. I, p. 447-448). Quant à Lope, quoiqu'il ait écrit que la nécessité et lui s'étaient associés pour le commerce des vers (voy. Marc-Mon-

Nous l'avons entendu se plaindre de sa misère. En 1623, après trente ans d'un travail opiniâtre, il dit mélancoliquement, pour excuser ses fautes : « Ma fortune se peut apparier l'emblème d'Alciat, où les fers de la pauvreté empêchent l'esprit de voler vers les cieux [1] » Trois ans après, en 1626, sa plainte a un accent plus profond encore [2], et, en 1632, nous entendrions celle de sa veuve, si les frères Parfait nous avaient conservé quelque chose du plaidoyer composé en son nom. Comme lui, ses amis se répandent en doléances. On comprend ton dépit, s'écrie l'un d'eux [3], quand on songe

> Que la France est ingrate à ta muse immortelle,
> Et qu'après avoir fait pour elle,
> Elle devait faire pour toi.

Et un autre [4] :

> Grand et docte Hardy, quand je lis tes beaux vers,
> Qui, comme autant de traits, ont la fortune en butte
> Pour l'injuste pouvoir qu'elle a sur l'univers;

nier, la Réforme, de Luther à Shak., p. 364), il n'en a pas moins reçu 500 réaux (130 fr.) environ par comédie et 80 000 ducats en tout, selon Montalvan.

1. Épître à M. Payen, en tête de Théagène et Cariclée. Voy. l'emblème CXX d'Alciat (Emblemata V. Cl. Andreæ Alciati cum imaginibus plerisque restitutis ad mentem Auctoris... Patavii, apud Petrum Paulum Tozzium, M.D.C.XIIX, p. 216) : « Paupertatem summis ingeniis obesse ne provehantur :

> Dextra tenet lapidem, manus altera sustinet alas :
> Ut me pluma levat, sic grave mergit onus.
> Ingenio poteram superas volitare per auras,
> Me nisi paupertas invida deprimeret. »

Et le dessin représente un homme prêt à s'envoler avec les ailes que porte son bras gauche, sa jambe gauche est soulevée, et il regarde la nue où apparaît un personnage nimbé, Dieu sans doute; mais une pierre que la main droite tient avec une corde l'empêche de quitter la terre. Scudéry semble s'être souvenu de cet emblème d'Alciat, ou plutôt encore avoir paraphrasé la plainte de Hardy, dans son Apologie du théâtre, p. 63-64. Dans son Pamphlet littéraire (à la suite des Nouvelles, trad. Viardot, p. 475), Cervantès déclare que, « chez le poète pauvre, la moitié de ses divins enfantements, de ses divines pensées, sont emportés par les soins qu'exige la recherche de l'ordinaire soutien de la vie ». Enfin M. Chardon fait cette constatation, importante pour un historien de Hardy, que tous les chefs-d'œuvre de Rotrou datent de la deuxième partie de sa vie, celle où, « moins pressé de produire, placé désormais dans une atmosphère plus calme, il ne faisait plus du métier. Dès lors il put écrire des œuvres plus fortes, plus durables, plus mûres, et songer moins au présent qu'à sa gloire future et à la postérité. Modo fami, modo famæ inserviebat. » (La Vie de Rotrou mieux connue, p. 148.) Hardy n'a jamais pu faire que du métier, il n'a en le temps que d'inservire fami, non famæ.

2. Voy. la dédicace du tome IV, et cf. ci-dessus, p. 37.
3. Nasse, stances en tête de Théagène et Cariclée.
4. Guillebert, en tête du tome IV.

Je ne m'étonne point qu'elle te persécute...
Si tes labeurs n'ont pas ce qu'ils ont mérité,
Tu laisses à juger à la postérité
Quelles gens on estime en ce siècle où nous sommes.

IV

On voit toute la portée de ces critiques; non seulement Hardy n'a pas été suffisamment payé par le théâtre de tout ce qu'il avait fait pour lui, mais encore le pouvoir et les grands l'ont oublié et il n'a pas trouvé de protecteurs. Rien de plus exact, semble-t-il, que ces allégations. Louis XIII était peu généreux pour les écrivains[1]; Richelieu ne voulut protéger que le Marais, et il avait ses écrivains favoris, dont Hardy ne fut jamais.

Négligé par les maîtres du royaume, Hardy n'a pas rencontré davantage d'appui sérieux parmi les grands seigneurs qui protégeaient les lettres. Nous en pouvons juger par ses dédicaces. La seule qui contienne des remerciements et témoigne d'obligations contractées est celle qui est adressée « A Monsieur Payen, conseiller du Roi en sa cour de Parlement de Paris et Sieur des Landes[2] ». Mon ouvrage, lui dit l'auteur, « s'ose jeter en l'asile de votre protection, comme seul qui dans la France avez reçu ma pauvre muse à bras ouverts en son affliction, et vu de bon œil ce peu de fleurs qu'elle a pu produire entre les épines de toutes sortes d'incommodités »; et il signe en terminant : « Votre plus humble, *redevable* et affectionné serviteur. »

Très versé dans la politique, homme d'affaires de M. le Prince, et, par conséquent, ennemi du Cardinal, qui lui fit payer cher ses intrigues, Pierre Payen des Landes[3] aimait les plaisirs. Il aimait

---

1. Voy. plus haut, p. 33, quelle signification modeste il faut donner aux titres de « poète royal » et de « poète de Sa Majesté » pris par Hardy. Ces qualifications, d'ailleurs, ne se trouvent que dans le privilège général, ainsi que dans les pièces liminaires qui précèdent *Théagène et Cariclée* et le 1ᵉʳ volume du *Théâtre*. Aurait-on empêché Hardy de les employer dans les quatre volumes qui ont suivi ? — Nous aurions voulu voir si le nom de Hardy figurait sur les *Comptes de l'Épargne*; mais, pour la période qui nous occupe, les *Archives nationales* ne possèdent que le seul registre de 1614, où ce nom ne se trouve pas.

2. En tête de *Théagène et Cariclée*.

3. Appelé aussi Deslandes-Payen, par exemple en tête de *la Pluie*, par Saint-Amant. — Voy. sur ce personnage Tallemant, t. VII, p. 169, et t. II, p. 189, avec la note de Monmerqué et Paulin Paris. Voy. aussi celle de M. Ch.-L. Livet dans les Œuvres complètes de Saint-Amant. Nouvelle édit. publiée sur les mss. inédits et les anciennes éd. A Paris, chez P. Jannet, MDCCCLV (Bibl. elzév.), 2 vol.; t. I, p. 92.

aussi les lettres et surtout les lettres agréables : c'est à lui que Saint-Amant avait dédié sa jolie pièce sur *la Pluie*, c'est pour lui que Scarron avait écrit en tête du 5ᵉ livre de son *Virgile travesti* une longue et louangeuse épître dédicatoire [1]. Quand avait-il fait du bien à Hardy ? Peu de temps sans doute avant 1623, date de l'épître à lui adressée. Tardivement obtenue, cette protection ne fut ni longue ni bien efficace, puisqu'en 1626 le pauvre Hardy, délaissé par Payen, fait un humble appel aux largesses de Monseigneur le Prince. Peut-être aussi que, ne pouvant faire assez de bien au poète, l'homme d'affaires de Monseigneur le Prince l'avait adressé lui-même à son maître, plus riche à la fois et plus puissant.

La détresse de Hardy était donc bien grande ; et cependant, trois fois depuis 1623, il avait essayé de se concilier la sympathie d'hommes haut placés. Mais déjà l'industrie des dédicaces était trop cultivée, les déconvenues des auteurs n'étaient pas rares [2].

Le premier personnage auquel Hardy s'était adressé était bien choisi. Henri II, duc de Montmorency, n'avait en effet que vingt-neuf ans et jouissait d'un crédit immense ; amiral de France et de Bretagne depuis 1612, il devait monter plus haut avant sa chute tragique et devenir maréchal de France en 1630. D'ailleurs, « brave, riche, galant, libéral », ami des lettres et des écrivains [3]. Il avait protégé Théophile [4] ; Jean de Mairet venait de s'attacher à sa personne [5] ; d'autres auteurs dramatiques étaient ou allaient être ses obligés : Rayssiguier d'Albi, Scudéry qui lui dédia son *Ligdamon et Lydias*, Simon du Cros qui lui dédia sa *Fillis de Scire!* « Où

---

1. On trouve des vers latins signés Deslandes en tête des *Premieres Œuvres poetiques du sieur Frenicle*. A Paris, chez Toussainct du Bray, ruë S. Jacques, aux Espics-murs, M.DC.XXV, 8°.
2. Quelques années auparavant, un écrivain s'en plaignait avec un amusant dépit. Il priait le lecteur de recevoir son ouvrage avec courtoisie, et de « ne ressembler point, disait-il, à quelques grands de ce royaume, qui m'honoraient de leurs regards avant que je les eusse honorés de mes écrits, et qui maintenant font semblant de ne me voir pas quand ils me regardent. Je ne veux point, continuait-il, chanter d'anti-palinodie, ni me démentir moi-même en leur ôtant les louanges que je leur ai données ; mais je veux bien que toute la France sache, et toute la postérité, si je puis, que je leur ai donné ce que je ne leur devais pas et qu'ils ne m'ont pas rendu ce qu'ils me devaient. » *Six nouvelles de Michel Cervantes*, par le sieur d'Audiguier, 1614 (voy. plus loin, l. III, ch. 1ᵉʳ, § 8), *Préface*. — Il paraît qu'en Angleterre aussi les dédicaces étaient devenues une piètre ressource. Elles « ne rapportaient plus que 30 à 40 shillings », dit M. Royer, t. II, p. 491.
3. Voy. Tallemant, t. II, p. 307. (Historiette XC.)
4. Voy. Alleaume, *Notice sur Théophile*, p. xj sqq.
5. Voy. Alleaume, p. xxxij ; Bizos, *Étude sur J. de Mairet*, p. 7 sqq.

trouvera-t-on, lui disait Mairet, où trouvera-t-on un seigneur après vous, qui, dans la corruption du siècle, ait conservé de l'amour pour les belles-lettres jusqu'au point de leur établir des pensions sur le plus clair de son revenu [1]? »

Tant de motifs encouragèrent Hardy, et, en 1624, il dédiait au duc de Montmorency le premier volume de son *Théâtre*. « Monseigneur, lui disait-il dans un style où la pompe, nécessaire à toute dédicace, est entachée de beaucoup de gaucherie, ce petit ouvrage se jette en la franchise de votre autel, comme au plus accessible et glorieux, où les muses françaises trouvent journellement une inviolable sûreté, où elles appendent chacune à l'envi de ces couronnes qui immortalisent leur protecteur. Au surplus, la vérité m'émancipera de dire, en faveur de ma profession, que le style tragique, toujours occupé par les actions les plus relevées de la vertu, ne saurait que plaire à celui qui en réduit en toutes occasions les paroles en effet, comme phénix perpétué de l'une des plus illustres et anciennes maisons de France, en laquelle depuis Charlemagne une infinité d'Achilles se célèbrent par l'oracle de l'histoire, et rallument en vous, Monseigneur, le flambeau d'une renommée qui ne saurait durer moins que le monde [2]. » Comment le duc répondit-il à ces éloges? Par une gratification, et ce fut tout; Hardy ne vint pas accroître le nombre des gens d'esprit qui formaient la cour de Chantilly, et, pour continuer sa métaphore, après avoir brûlé quelques grains d'encens devant l'autel de Montmorency, sa muse ne fut pas admise à s'en constituer la prêtresse.

L'année suivante, Hardy s'adressait au jeune Charles, duc d'Alvyn [3], qui fut plus tard duc de Schomberg [4], gouverneur général du Languedoc et enfin maréchal de France après sa victoire sur les Espagnols à Leucate (1636). « Monseigneur, lui disait-il, je ne doute point que la même perfection ne se trouvât empêchée, s'il lui fallait assortir quelque présent à l'infini de vos mérites; le mien passe avec l'humilité [5], comme le moindre hom-

---

1. *Épître dédicatoire de la Sylvie* (citée dans Bizos, p. 8).
2. T. Ier, *A Monseigneur de Montmorency, duc, pair et amiral de France*.
3. C'est ainsi que Hardy écrit son nom; on trouve aussi Alvin, Halluyn, Hallewin, etc.
4. Après la mort de son père, Henri, comte de Schomberg, en 1632. Lui-même était né en 1601.
5. C'est-à-dire : Vous accepterez le mien à cause de l'humilité avec laquelle je vous le présente.

mage que les muses doivent à vos héroïques et incomparables vertus. » Éloge magnifique, bien qu'il manque de précision. En terminant, l'auteur prend le duc pour arbitre, « arbitre trop capable », entre ses œuvres et les attaques de l'envie [1]. Ce dernier trait n'était pas une flatterie. Quoiqu'il eût « une conversation assez pesante », le duc « avait bien de l'esprit et écrivait bien [2] » ; il s'intéressait à la musique et aux lettres, et Tallemant nous le montre plus tard chantant dans les concerts du roi, lié avec Voiture, sollicitant pour Gomberville, enfin priant Louis XIII d'accepter la dédicace de *Polyeucte* [3]. Hardy, on le voit, pouvait espérer quelque chose du duc d'Alvyn : Alvyn ne fit pas plus que Montmorency.

Hardy ne se découragea pas, sa misère ne lui en laissait pas le loisir ; mais il eut soin d'emboucher plus fortement la trompette et de hausser encore le ton de sa louange. « Monseigneur, dit en 1626 sa quatrième dédicace, ainsi que le soleil ne choisit dans le ciel que douze signes pour en faire ses palais ordinaires, la prudence des rois ne disperse leurs faveurs qu'aux sujets qui le méritent plutôt par une excellence de vertu que par un bénéfice de fortune ; encore osé-je dire après toute la France, que ce grand soleil des monarques de l'Europe, qui s'est si justement acquis le titre de Juste, vous oblige plus, Monseigneur, aux [4] effets de sa justice qu'aux présents de sa faveur, comme celui qu'une singulière modération d'esprit, une connaissance de soi-même, une jeunesse mûre et vieille en ses sages actions, mettent au-dessus de

---

1. T. II, *A Monseigneur le duc d'Alvyn*.
2. Tallemant, t. III, p. 52.
3. Tallemant, t. IV, p. 209 ; t. III, p. 52 ; t. IV, p. 74 ; t. II, p. 248. — En 1632, Baro adresse « à Monseigneur le duc d'Alvyn, pair de France, gouverneur pour le Roi du haut et bas Languedoc... », une ode de 7 pages « sur la mort de Monseigneur le maréchal de Schomberg, son père ».
On lit dans Jal, au sujet de Turlupin : « Ce ne fut que deux ans après son mariage qu'il eut son premier enfant, *Charles*, baptisé le 12ᵉ de mai 1631, fils de H. Legrand, commissaire de l'artillerie de France », ayant pour parrain « noble adolescent Henri Duplessis, marquis de Montlaur, fils de M. le marquis de Liancourt », et pour marraine « Anne de Pienne, duchesse d'Haluyn ». *Dict. crit.*, p. 760, art. LEGRAND. Le titre de commissaire de l'artillerie de France donné à Turlupin paraît singulier, et l'on peut se demander si M. Jal n'a pas ici mérité le reproche, qu'on lui a quelquefois adressé, de conclure trop vite de l'identité des noms à l'identité des personnes. Il est cependant probable qu'il a raison ; le duc d'Alvyn et le marquis de Liancourt fréquentaient le théâtre, et tous deux ont reçu des dédicaces de Hardy, poète de l'Hôtel de Bourgogne (voy. plus bas, p. 49). Ils peuvent donc avoir favorisé dans une circonstance importante un acteur du même Hôtel, qui, pour leur faire honneur, n'a pas fait montre de son titre de comédien.
4. Par les.

la calomnie et de l'envie, comme celui qui ne pouvait plus espérer que ce qu'il a, ni plus avoir que ce qu'il mérite [1]. » A qui s'adressent ces éloges extraordinaires? A « Monseigneur le Premier », c'est-à-dire au premier écuyer de la petite écurie, à François de Barradas. Ils font un singulier contraste avec les témoignages contemporains. Pour Tallemant, Barradas « n'était qu'un brutal » et « un assez pauvre homme ». Malherbe en parle sans nulle estime; et Richelieu, son ennemi, il est vrai, l'appelle « un jeune homme de nul mérite, venu en une nuit comme un potiron, non élu, mais, par une bonne fortune, reçu du roi en l'honneur de sa bonne grâce [2] ». La calomnie s'était attaquée à sa faveur, si prompte et si étrange, et Louis le Juste n'avait pas été épargné. Ajoutons que, plus tard, sous la régence, Barradas se conduisit — dans des circonstances que nous retrace Tallemant — avec bien peu de noblesse et de générosité [3].

Tel était l'homme, peu digne d'un tel enthousiasme; mais il n'était pas maladroit de s'adresser à lui. A peine en faveur depuis quelques mois, il avait reçu du roi présents sur présents, semblait tout pouvoir sur son esprit et ne songeait à rien moins qu'à renverser le cardinal pour le remplacer. Qui pouvait savoir s'il ne réussirait pas? Les fins politiques sans doute? Peut-être aussi les vieux courtisans. Mais pas un pauvre auteur dramatique, pour qui la Cour était un pays étranger. Aussi voyez les termes dont se sert Hardy : est-ce à un premier ministre qu'il parle, ou à un premier écuyer? D'ailleurs, Barradas aimait-il les lettres? Ce n'est pas probable; mais un rival de Richelieu se devait à lui-même d'avoir ses poètes et ses écrivains favoris [4] : Hardy pouvait être un des principaux. Ainsi le calcul semblait juste; mais c'est en décembre 1625 qu'on imprimait les humbles protestations du poète [5] : « Il me suffit que ce simple présent découvre la sincérité du courage d'un pauvre esclave »; c'est en 1626 seulement qu'elles paraissaient au jour, et cette même année, le 2 décembre, Bar-

---

1. T. III, A Monseigneur le Premier.
2. Tallemant, t. II, p. 242; Malherbe à Peiresc, lettre du 19 décembre 1626, éd. Lalanne, t. III, p. 570; Mémoires de Richelieu, XVII, 1626, vers la fin (p. 425 à 429 dans la collection Michaud et Poujoulat).
3. Tallemant, t. VI, p. 43.
4. Aussi, à la même date de 1626, Charles Sorel dédiait-il à Barradas son roman de l'Orphise de Chrysante. (Voy. H. Kœrting, Gesch. des franz. Romans im XVII. Jahrh., II, p. 48.)
5. L'achevé d'imprimer du t. III est du 20 décembre.

radas tombait en disgrâce et Saint-Simon le remplaçait [1]. C'est vers le même temps à peu près que Hardy adressait le volume suivant de son *Théâtre* à Monseigneur le Prince [2]. Dans sa dédicace, après avoir énuméré, depuis Charlemagne jusqu'à Charles IX, tous les rois qui avaient protégé les lettres, il déclare vouloir se réfugier dans le *Parnasse* de Monseigneur le Prince.

Le *Parnasse* du Prince est mal connu, mais nous le connaissons mieux lui-même; il ne ressemble guère au portrait qu'en fait Hardy. L'histoire a raconté les intrigues et la vie accidentée de Henri II de Bourbon, prince de Condé. Selon Tallemant, qui exagère peut-être, il était pourvu de tous les vices, fort peu généreux et assez ignorant des choses de la littérature pour ne pas connaître même Chapelain [3]. Il est vrai que le prince aimait le théâtre, et que Bruscambille, en lui dédiant ses *Nouvelles et plaisantes imaginations* [4], le félicitait « de chérir la scène française par-dessus tous les autres princes ». Mais l'éloge même et les remerciements de Bruscambille nous font craindre que Henri ne goutât pas beaucoup les pièces sérieuses, et M. le duc d'Aumale confirme nos craintes : « Il se souciait peu, dit-il, d'entendre les tragédies ampoulées que parfois on lui dédiait; mais il s'amusait de la farce, la vieille farce un peu grossière des Tabarin et des Bruscambille, accordant volontiers son patronage à ces comiques, tout en protégeant les bouffons à la mode que l'Italie nous envoyait, les Arlequins, les Scaramouches. » L'historien ajoute que, tant que dura sa résidence à Bourges (1620-1621), il entretint deux troupes de comédiens français et italiens [5], et nous pouvons remarquer nous-

---

1. Voy., sur cette chute de Barradas et les raisons diverses qu'on lui a assignées, les passages cités plus haut et en outre Tallemant, t. II, p. 139, 243-245, 274. M. Éd. Fournier a publié un écrit satirique, intitulé : *le Musicien renversé*, qu'il croit inspiré par la disgrâce de Barradas. Voy. *Variétés historiques*, t. VIII, p. 93 sqq.

2. Le tome IV n'a pas d'achevé d'imprimer ; mais le privilège, daté de Blois, n'est que du 26 juin 1626. Le volume précédent, achevé d'imprimer le 20 décembre, avait un privilège en date du 28 mai.

3. Tallemant, Historiette de feu monsieur le prince Henri de Bourbon, t. II, p. 434-440.

4. Parues à Bergerac en 1615. Bruscambille le remerciait d'avoir ouï « le récit de quelques prologues tissus et bigarrés de diverses couleurs », et de lui avoir *porté depuis ce temps* une *bienveillance particulière*. — L'un des prologues ouïs par Condé se trouve dans le volume sous ce titre : *Prologue à Monsieur le Prince* (p. 162-164); quelques éloges des comédiens s'y mêlent à un vrai galimatias dithyrambique en l'honneur de leur illustre auditeur.

5. *Histoire des princes de Condé pendant les XVIe et XVIIe siècles*, par M. le duc d'Aumale. Paris, Calmann Lévy, in-8º, t. III, 1886, p. 148-149.

même qu'une troupe de comédiens portait son nom en 1614 [1]. Tout cela ne prouve pas qu'il fût bien disposé à la générosité envers un poète tragique. En 1631, Isnard écrit dans sa biographie de Pichou : « Monsieur le Prince, à qui le pauvre défunt avait consacré les premiers de ses travaux, lui fit l'honneur d'employer sa veine sur divers sujets, et de le récompenser d'une fort glorieuse approbation [2] » ; mais *approbation* est un peu vague, et ce n'est pas d'approbation qu'avait surtout besoin Hardy.

Sa dernière dédicace date de près de deux ans plus tard [3] ; elle est adressée « à Monseigneur de Liancourt, marquis de Montfort, comte de Beaumont, et premier gentilhomme de la chambre du Roi ». Le personnage était considérable, et ce n'étaient pas là tous ses titres [4]. Ce seigneur brillant, batailleur, et qu'on appelait « bigot » quand on voulait écrire une contre-vérité [5], tenait par alliance à la famille des Schomberg déjà sollicitée par Hardy [6]. Il aimait les lettres et le théâtre, et figurait dans tous les ballets du roi [7] ; Théophile, son protégé, lui adresse un assez grand nombre de lettres ; Saint-Amant lui dédie un volume de ses œuvres [8], et Corneille, qui lui adresse *Mélite*, attribue le succès de la pièce à son approbation [9].

D'après Corneille, M. de Liancourt fréquentait le théâtre [10], et

---

1. *Esquisse d'une histoire des théâtres de Paris*, p. 53. — En 1626, la *Mère folle* de Dijon le recevait au nombre des membres de l'*Infanterie Dijonnaise*, mais cela pouvait être utile à la politique du Prince. Voy. Petit de Julleville, *les Comédiens*, p. 214.
2. Cité dans les frères Parfait, t. IV, p. 421.
3. Achevé d'imprimer du t. V, 18 août 1628.
4. On en peut voir une plus longue énumération dans la dédicace des *Sosies* de Rotrou, 1638.
5. « Liancourt est bigot ». *Les contre-veritez de la Court*, 1620. (Dans Éd. Fournier, *Variétés*, t. IV, p. 344.)
6. Il avait épousé en 1620 Jeanne de Schomberg, sœur du duc d'Alvyn, séparée deux ans auparavant de François de Cossé, comte de Brissac. Voy. Tallemant, t. IV, p. 147.
7. Voici, par exemple, quelques mentions faites de lui par l'*Extraordinaire de l'argenterie* en 1625 : « Pour Monsieur de Liancourt, représentant Jacqueline Lentendue » ; — « pour Monsieur de Liancourt, représentant un Suisse » ; — « pour Messieurs de Liancourt et de Blainville, premiers gentilshommes de la chambre de Sa Majesté », etc. (*Archives nationales*.) — Cf. A. Baschet, *le Roi chez la reine*, ch. x : *les Divertissements de Louis XIII*.
8. *Suite des Œuvres du sieur de Saint-Amant*, in-12, 1649. Voy. l'éd. Livet, t. I. — On voit par une lettre de Mondory, publiée dans l'édition de Tallemant donnée par Monmerqué et P. Paris, que Liancourt s'intéressait au grand acteur. (T. VIII, p. 186-187.)
9. *Œuvres de P. Corneille*, t. I, p. 138.
10. Voy. plus haut, p. 46, n. 3.

ses jugements faisaient autorité; le témoignage de Hardy confirme ici celui de son successeur. Sans doute Hardy avait entendu Liancourt discutant, pendant les entr'actes, avec d'autres beaux esprits, et développant pour son compte les maximes favorites du dramaturge; il lui adresse donc son livre avec confiance : « Ainsi m'osé-je promettre une certaine victoire sur les calomnies de l'ignorance en ce dernier tome, qui passe au jour sous le soleil de votre protection, lorsqu'à faute de plus sérieuses occupations, il vous plaira confronter la plus grave des muses, vêtue à l'antique et en sa naturelle bienséance, avec un fantôme fabriqué par les rimeurs de ce siècle, qui ne peut venir aux yeux d'un si beau jugement que le vôtre sans horreur... Sur quoi, Monseigneur, je vous ai, sans flatterie, ouï prononcer des oracles, plutôt que faire des remarques, et vu asseoir des jugements si à propos, que vous pouvez à bon droit présider en l'aréopage des muses, qui sont les délices de la vraie noblesse. » Hardy proposait même à Liancourt d'être pour lui ce qu'Homère avait été pour Achille, « une trompette digne de ses exploits ». Liancourt fit semblant de ne pas entendre, et Hardy, découragé, ne publia plus rien. De ce moment jusqu'à sa mort, le plus grand silence se fait pour nous autour de son nom et de son œuvre [1].

V

Après avoir passé en revue les grands personnages dont Hardy aurait voulu se faire des protecteurs, jetons un coup d'œil sur la liste de ses amis, telle du moins qu'on peut la dresser, d'après les éloges qui, selon l'usage du temps, ont été imprimés en tête de ses volumes.

Le plus puissant de ces amis est Isaac de Laffemas, le fameux

---

1. Dubreton en 1624 (t. I, *ad clarissimum...*), et de S. Jacques en 1626 (t. III), avaient invité Hardy à chanter le Roi. S'il ne le fit pas, dit M. Lombard, *Zeitsch.*, t. I, p. 178, « c'est que Hardy n'avait pas l'étoffe d'un courtisan. Il était trop fier et se sentait trop d'esprit d'indépendance pour s'abaisser à célébrer la gloire et les mérites d'un prince qu'il ne trouvait pas suffisamment digne de ses éloges ». Explication flatteuse autant qu'invraisemblable. Le pauvre poëte ne chantait pas le roi, parce qu'il doutait à bon droit de sa générosité, et nous pouvons bien penser nous-mêmes que, si Louis eût accepté une dédicace de Hardy, c'eût été aux mêmes conditions qu'il devait accepter plus tard une dédicace de Corneille.

vir bonus, strangulandi peritus, qui rendit à Richelieu tant de sinistres services. Déjà, en 1624, il signait ses stances « à Monsieur Hardy [1] » d'un assez bon nombre de titres : « conseiller secrétaire du Roi et de ses finances, et lieutenant de Monsieur le duc de Sully, pair et grand voyer de France en la généralité de Paris »; mais il n'était pas au bout de ses honneurs, et devait encore être maître des requêtes, puis lieutenant civil. Où Hardy avait-il connu un si haut personnage? Évidemment au théâtre, que Laffemas aimait fort. « A Navarre, étant écolier, nous dit Tallemant, il fit une pastorale qui y fut jouée [2]. » Il la fit imprimer à Rouen en 1605 [3], et depuis ne cessa jamais de faire des vers. « Il avait de l'esprit », mais « il n'avait pas grand jugement ni grand savoir et ne se connaissait que médiocrement aux choses. Il s'avisa mal à propos d'aller faire des stances en 1650 pour montrer que la Fronde n'avait fait que du mal. On lui répondit avec ce titre : *au Mazarin enfariné* [4]. » Enfariné! c'était l'épithète accusatrice qu'on avait toujours lancée à Laffemas. « On mit en fait qu'il avait été comédien et qu'il avait fait le fariné. La vérité est qu'il faisait assez bien Gros-Guillaume, qu'il avait joué plusieurs fois, mais en particulier, comme tout le monde peut faire. — On disait encore qu'il avait joué de ses propres pièces dans une troupe de comédiens de campagne, et qu'il s'appelait *le berger Falemas*. Je doute même, comme quelques-uns ont soutenu, qu'il ait suivi une troupe, amoureux de quelque comédienne, et que par hasard il lui soit arrivé de monter sur le théâtre une ou deux fois pour l'amour d'elle. »

Tel est l'avis de Tallemant [5], partagé par le dernier biographe de Laffemas, M. Depping. Nous n'avons pas qualité pour le combattre. Il se peut, après tout, que les goûts dramatiques de Laffemas l'aient poussé quelquefois à jouer la comédie de société et à fréquenter des gens de théâtre, et que ce soit là le seul fonde-

1. *Théâtre*, t. I.
2. T. V, p. 66, n. 1 (Historiette de M. de Laffemas).
3. La Bibliothèque nationale en possède une copie sous ce titre : *l'Instabilité des Félicités amoureuses ou la tragi-pastorale des Amours infortunés de Phelamas et Gaillargeste. De l'invention de J. D. L., sieur de Blambausant.* Voy. une note de Monmerqué et Paris, t. V, p. 72. M. Depping, qui donne une idée de cette pièce dans un mémoire lu à l'*Académie des sc. mor. et pol.* le 6 septembre 1884 (voy. le *Temps* du 8 sept.), a aussi rectifié la date précédemment adoptée pour la naissance de Laffemas, et la fixe à 1584 environ.
4. Tallemant, t. V, p. 69-70.
5. T. V, p. 66.

ment des accusations sans cesse formulées contre lui ; il est invraisemblable, nous le reconnaissons, que, devenu fort jeune avocat au Parlement [1], puis avocat au conseil du roi, Laffemas ait eu le temps de courir les provinces ou de tenir sérieusement sa place dans une troupe de comédiens ; mais s'ensuit-il qu'il n'a pas pu monter sur le théâtre, ne fût-ce *qu'une ou deux fois pour l'amour d'une comédienne* — ou pour l'amour du théâtre lui-même ? Faisons seulement un rapprochement, et nous laisserons le lecteur conclure. En 1624, Laffemas adresse des stances à un pauvre diable de poète [2] : ce poète est aux gages de Valleran Lecomte et de ses compagnons [3]. — En 1627, Laffemas intente un procès à Marie Venier, « qui disait lui avoir vu jouer la comédie sous le nom de Beausemblant » : Marie Venier avait joué elle-même dans la troupe de Valleran Lecomte. — Enfin, dans le même procès, un « feinteur et artificieur des comédiens », nommé Buffequin, dépose qu' « il y a environ vingt ans, il aurait vu jouer des tragédies au *Sabot d'or*, rue Saint-Antoine, par Laffemas, lors de la compagnie de Valleran [4]. » Peut-être est-ce le hasard seul qui réunit ainsi trois fois les noms de Valleran et de Laffemas, mais alors le hasard fait bien les choses. Quoi qu'il en soit, Laffemas faisait un grand honneur au poète en lui adressant ses stances, et dérobait pour lui quelques instants à des occupations graves : en 1624, en effet, il faisait partie de la chambre de justice chargée de juger et de punir les prévarications des financiers.

Après Laffemas, le plus illustre des amis de Hardy est un poète, moins pauvre mais plus malheureux que lui, protégé par Montmorency mais persécuté par une cabale toute-puissante. Nous ne raconterons pas la vie de Théophile. L'auteur de *Pyrame et Thisbé* avait fait jouer plusieurs pièces à l'Hôtel de Bourgogne, et peut-être, nous l'avons dit plus haut, y avait-il exercé le même métier que Hardy, celui de poète aux gages des comédiens. C'est là évidemment qu'il avait connu notre auteur. Jusqu'où s'étendi-

---

1. Dès 1604, d'après M. Depping. Son premier mariage serait de 1608, ainsi que sa nomination d'avocat au conseil du roi.
2. Qu'il appelle amicalement « mon Hardy ».
3. On le voit aussi s'employer en faveur de Théophile pendant son exil et obtenir un instant son rétablissement. (Alleaume, p. lxxxviij.) Théophile faisait aussi des pièces pour Valleran.
4. Dans une autre déposition, Buffequin déclare qu'il s'est trompé, ayant pris Beausemblant pour Montluisant. La méprise peut paraître singulière et la rectification suspecte. Voy. Tallemant, note de Monmerqué et P. Paris, t. V, p. 71-72. Voy. aussi notre *Esquisse d'une hist. des th. de P.*, p. 34.

rent leurs relations? Pas bien loin sans doute [1]. Hardy ne suivit pas Théophile à la cour et dans les sociétés brillantes où il était reçu ; il n'entra pas non plus dans cette école d'esprits forts, de *jeunes veaux*, comme disait Garasse, où Saint-Pavin, des Barreaux, Vallot, Boissat, Mairet, recevaient la leçon de Théophile [2]. Celui-ci d'ailleurs avait bientôt quitté le théâtre, mais en conservant une grande admiration pour Hardy. Voici de quel ton il le célèbre :

> Hardy, dont les lauriers féconds
> Font ombre à tant de doctes têtes,
> Que les plus grands de nos poëtes
> S'honorent d'être tes seconds...
>
> Je marque entre les beaux esprits
> Malherbe, Bertaud et Porchères,
> Dont les louanges me sont chères
> Comme j'adore leurs écrits.
>
> Mais à l'air de tes tragédies
> On verrait faillir leur poumon,
> Et comme glaces du Strymon
> Seraient leurs veines refroidies.
>
> Tu parais sur ces arbrisseaux
> Tel qu'un grand pin de Silésie,
> Qu'un océan de poésie
> Parmi ces murmurants ruisseaux [3].

---

1. Du moins elles purent être continuées facilement ; en 1622, Théophile demeurait rue des Deux-Portes, près de l'Hôtel de Bourgogne. (Alleaume, p. cj.)
2. Alleaume, p. xxxij ; J. Andrieu, p. 12.
3. *Au Sieur Hardy*, en tête du t. I du *Théâtre*. Scudéry a compris cette pièce dans la première partie de l'édition de Théophile qu'il a publiée en 1632. (Rouen, J. de la Marre, in-8°.) Mais M. Alleaume ne l'a pas admise dans l'édition, d'ailleurs excellente, qu'il a publiée en 1856. Selon lui, l'édition de 1623 (*Œuvres revelles, corrigées et augmentées*. Paris, P. Billaine, 1623, in-8°) « doit être considérée comme l'édition originale. On y remarque l'ordre qui a été suivi depuis, mais elle ne contient que la première partie. L'*Ode au sieur Hardy* ne s'y trouve pas ; nous l'avons retranchée. Il est impossible d'attribuer cette pièce à notre poète. Hardy est comparé à *un grand pin de Silésie*. Nous aimons mieux le voir dans les *aventures* de Tristan, berné par les comédiens. » (T. I, p. cvj.) Ne disons rien de cette dernière raison ; mais si M. Alleaume avait vu le *Théâtre* de Hardy, il ne demanderait pas à une pièce liminaire, publiée pour la première fois en 1624, de figurer en 1623 parmi les œuvres de son auteur. Quant au *grand pin de Silésie*, l'image est audacieuse et l'éloge pompeux ; mais n'en faut-il pas dire autant de l'*eau d'Hippocrène*, dont on ne peut contester l'authenticité ? (Voy. p. 54.) Ajoutons, pour en finir avec l'*Ode au sieur Hardy*, qu'elle pourrait être de 1624, alors que Théophile, prisonnier et en grand danger, faisait publier par ses amis des pièces

Ces vers font partie d'une ode liminaire, et l'on sait que l'hyperbole était de mise dans ce genre. Mais nous avons un autre témoignage des sentiments de Théophile pour Hardy, et celui-ci est moins suspect. Il se trouve dans la *Prière aux poètes de ce temps* [1], écrit célèbre, où Théophile passe en revue les poètes contemporains, et où la place qu'il assigne à chacun d'eux, comme l'étendue de l'éloge qu'il lui consacre, montrent exactement l'estime qu'il en fait. Le premier nommé est en effet le poète le plus parfait du temps, Malherbe; après l'éloge de Malherbe vient celui de Hardy :

> Une autre veine violente,
> Toujours chaude et toujours sanglante
> De combats de guerre et d'amour,
> A tant d'éclat sur le théâtre,
> Qu'en dépit des frelons de cour
> Elle a fait mes sens idolâtres.
>
> Hardy, dont le plus grand volume
> N'a jamais su tarir la plume,
> Pousse un torrent de tant de vers,
> Qu'on dirait que l'eau d'Hippocrène
> Ne tient tous ses vaisseaux ouverts
> Qu'alors qu'il y remplit sa veine [2].

Ainsi Hardy, nommé le second, obtient deux strophes comme Malherbe; Porchères et Boisrobert n'en obtiennent qu'une chacun; Saint-Amant, Gombauld et Maynard s'en partagent une autre; la foule des autres poètes est louée pêle-mêle dans une dernière.

Nous avons déjà parlé de François Tristan l'Hermite. Issu d'une

apologétiques, et demandait pour ses œuvres la protection des poètes du temps. J'incline pourtant à la croire antérieure. Théophile y vante *Théagène*, qui avait paru en 1623, et une autre pièce qui ne fut jamais publiée. Ce ne sont pas là les habitudes du genre liminaire, consacré ou à l'éloge de l'auteur en général, ou à celui des œuvres qu'il publie présentement. Ne se pourrait-il pas que l'*Ode* fût de 1622, année où Hardy prenait un privilège général pour publier ses œuvres, sans savoir exactement par lesquelles il commencerait, et où Théophile n'avait pas encore été poursuivi pour la publication du *Parnasse satyrique*? Les poursuites commencèrent en 1623, et Hardy n'osa pas publier l'ode en tête de *Théagène et Cariclée*. Enfin, l'affaire traînant en longueur, il s'y décida en 1624. — Donnons quelques dates. L'arrêt qui condamna Théophile à être brûlé vif est du 19 août 1623; mais en mai 1625 Buckingham intercédait encore pour le poète, et ce n'est que le 1er septembre que l'arrêt définitif fut rendu. Théophile mourut le 25 septembre 1626.

1. Éd. Alleaume, t. II, p. 173-177.
2. Cette dernière strophe a été souvent citée, non la précédente; toutes deux sont cependant consacrées à l'éloge de Hardy.

très ancienne maison, accueilli par les plus grands personnages, ce gentilhomme vaniteux semblait peu fait pour connaître et pour fréquenter Hardy. Mais, si ses dons naturels lui valurent des protections et des amitiés, sa passion effrénée pour le jeu le perdit. Il lassa tous ses protecteurs, vécut besogneux, et mourut pauvre. Lui-même a écrit son épitaphe :

> Ébloui de l'éclat de la splendeur mondaine,
> Je me flattai toujours de l'espérance vaine,
> Faisant le chien couchant auprès d'un grand seigneur.
> Je me vis toujours pauvre, et tâchai de paraître.
> Je vécus dans la peine, attendant le bonheur,
> Et mourus sur un coffre en attendant mon maître [1].

Or, si Hardy n'avait pas fréquenté les grands seigneurs, lui aussi était esclave et misérable, lui aussi avait un esprit plein de ressources; enfin il vivait au théâtre, et le théâtre devait plaire à Tristan par tant de côtés, par le dérèglement qu'il favorise comme par les talents qu'il exige, par l'insouciante gaieté des comédiens aussi bien que par leurs travaux! Hardy et Tristan étaient donc faits pour se rencontrer, et le hasard amena de bonne heure cette rencontre. Dès 1613, Tristan se liait avec la troupe de Valleran et de Vautray, et par conséquent avec Hardy. Onze ans plus tard, il montait sa lyre au ton de l'enthousiasme le plus juvénile pour célébrer le dramaturge :

> C'est trop d'ingratitude à cet âge où nous sommes,
> Qu'on n'ait point élevé l'image en mille lieux
> D'un, qui, parlant si bien le langage des dieux,
> Le vint communiquer à la race des hommes.

Et, parlant du recueil que publiait Hardy, il s'écriait:

> Il faut à son aspect adorer et se taire [2].

Deux ans après, le ton n'a pas changé. Hardy est « le plus grand héritier d'Apollon », « un des dieux » de la poésie :

> Après ces travaux glorieux,
> Hardy, ne crains point l'envieux,
> Il ne peut mettre ici sa dent envenimée
> Sans un aveuglement qui n'a point de pareil;
> On ne saurait voir d'ombre en une renommée
> Aussi claire que le soleil [3].

1. Cité dans les frères Parfait, t. V, p. 200.
2. *Théâtre*, t. I. *Sur les tragédies de M. Hardy, stances*.
3. *Théâtre*, t. III. *Sur les tragédies de M. Hardy, stances*.

Éloge trop magnifique, et que la postérité n'a point entendu ; seul, le récit du *Page disgracié*, mal interprété, a été retenu par elle, et voilà tout l'avantage qu'a retiré le pauvre Hardy de la fréquentation du gentilhomme Tristan ; le gentilhomme lui doit davantage, puisqu'il lui a emprunté sa *Mariane*, et par conséquent le plus solide, le plus durable de sa gloire.

Après Tristan, nous ne trouvons plus de nom illustre parmi les amis de Hardy. Du moins Jean Baudouin [1] fut un écrivain utile et estimé en son temps. Ses nombreuses traductions, qui n'étaient pas toujours faites d'après les originaux, plaisaient, selon Pellisson, pour leur style « facile, naturel et français ». Il fut lecteur de la reine Marguerite, et fit partie de l'Académie dès sa fondation. On a dit de Baudouin qu'en produisant ses innombrables volumes, il travaillait *propter famem, non famam* [2] ; c'était un trait de ressemblance avec Hardy. Quelque peu poète lui-même, il avait recueilli en 1620 des vers des plus beaux esprits du temps [3] ; et il s'intéressait au théâtre, puisque c'est lui qui, en 1638, fut chargé par Richelieu de publier *la Comédie des Tuileries* et *l'Aveugle de Smyrne* [4], lui qui, en 1639, présentait aux lecteurs *les Rivaux amis* de Boisrobert [5].

Nasse [6] est l'auteur d'une traduction de l'*Art d'aimer* d'Ovide.

Citons encore un écrivain, mais dont nous ne pouvons dire qu'une chose, c'est qu'il n'était pas plus riche que Hardy : Civart. Son nom se lit au bas d'une épigramme, où Hardy est déifié et

1. Deux épigrammes qui se trouvent en tête des tomes I et II du *Théâtre* sont signées I. Baudouyn, I. Baudoin.
2. « Son style est facile, naturel et français. Que si dans plusieurs endroits il n'a peut-être pas porté les choses à leur dernière perfection, il s'en faut prendre à sa fortune, qui ne lui permettait pas d'employer à tous ses écrits tout le temps et tous les soins qu'ils demandaient. » Pellisson, *Histoire de l'Académie française*, édition Livet, 1858, in-8º, t. I, p. 240. Le *Sorberiana* dit : « J. Baudoin obiit ætatis anno 66 (en 1650) pæne fame et frigore confectus ». Note de M. Livet.
3. *Délices de la poesie françoise*, in-8º (voy. Brunet). — On trouve un sonnet et une épigramme latine de Baudouin en tête de *l'Amour triomphant, pastorale comique... par P. Troterel, escuyer, sieur d'Aves*, 1615 ; un sonnet encore dans les *Muses illustres* de Colletet, 1 vol. in-12, 1658, p. 129.
4. Voy. frères Parfait, t. V, p. 115 ; Beauchamps, 2ᵉ partie, p. 162.
5. Marolles le cite comme étant l'auteur même de cette tragi-comédie (*Mémoires*, t. II, p. 225) ; mais il est en désaccord avec tous les historiens du théâtre.
6. *Théagène et Cariclée*, 2 pièces. Voy. sur Nasse la *Satyre du temps à Théophile* (dans Courval-Sonnet, t. II, p. 164, ou dans Tricotel, *Variétés bibl.*, p. 266). Sa traduction, signalée par M. Tricotel, a paru à Lyon, Lautret, 1622, in-12.

confondu avec Apollon [1]; on le retrouve dans une *mazarinade* parue en 1650 [2].

Voici maintenant des avocats au Parlement de Paris : Aym. Monetus, pour lui conserver le nom sous lequel il célèbre en vers latins la gloire de Théagène et de Cariclée ; Lamy [3] et I.-H. de Saint-Jacques [4]. Ce dernier est probablement Joseph Harduin de Saint-Jacques, frère aîné de Bertrand Harduin de Saint-Jacques, c'est-à-dire de Guillot Gorju [5]. Bertrand était médecin, Joseph pouvait bien être avocat, et tous deux avaient un grand amour pour le théâtre, puisque l'un célébrait Hardy, tandis que l'autre devait succéder à Gaultier Garguille.

Quant à Gabriel Anisson [6], il était avocat au parlement de Grenoble et avait peut-être connu Hardy pendant ses voyages.

Maintenant, qu'était-ce que cet érudit qui signait Πέτρος Βέρτρανδος ὁ Μερίγονος τῆς γλώττης ἑλληνικῆς ἅμα τε καὶ ἑβραϊκῆς ἐξηγητής? Profitant de ce qu'il écrivait en grec, il adoptait la philosophie de Pythagore et assurait que l'âme du philosophe était venue habiter dans la poitrine de Hardy [7]. Qu'était-ce que I. Hardy, *Andegavensis*? Un parent ou un homonyme, fier de son nom [8]? Qu'était-ce que A. Dubreton, qui chantait notre auteur en vers français et dans une fort longue pièce de vers latins, parfois remarquables [9]? Et Claudius de la Place, *Parisiensis*, qui le chantait en grec et en latin [10]? et I. Jolius, autre latiniste [11]? Et de l'Atre [12]? et Guillebert [13]?

Tels sont donc les amis de Hardy : des inconnus; quelques avocats, jeunes sans doute et habitués du théâtre [14]; deux écri-

---

1. *Théâtre*, t. III.
2. *La Fourberie decouverte, ou le Renard attrapé*, 1650, in-4°, p. 7. (Cité par Ed. Fournier, *Variétés historiques*, t. VII, p. 90, n.)
3. *Théâtre*, t. II.
4. *Théâtre*, t. I et t. III.
5. D'après M. Jal (p. 649, art. Gorju), Bertrand Harduin est né en 1600 et Joseph en 1597. Celui-ci avait donc vingt-sept ans quand parut le premier volume du *Théâtre* de Hardy.
6. *Théagène et Cariclée*.
7. *Théâtre*, t. I. Autre pièce en tête de *Théagène et Cariclée*. Il appelle toujours Hardy la fleur des poètes tragiques : τῶν τραγῳδῶν ἄωτον.
8. *Théâtre*, t. II.
9. *Théagène et Cariclée*; *Théâtre*, t. I et II.
10. *Théâtre*, t. II.
11. *Théagène et Cariclée*.
12. *Théâtre*, t. IV.
13. *Théâtre*, t. IV.
14. Peut-être avaient-ils fait partie de la Basoche, qui jouissait d'une loge à

vains faméliques, dont l'un cependant est arrivé à une certaine notoriété; enfin trois hommes vraiment marquants : Tristan, le gentilhomme débauché qui cherchait au théâtre de bons compagnons; Théophile, le malheureux poète qui avait été à l'Hôtel de Bourgogne le collègue de notre auteur; Laffemas enfin, politique singulier, à la fois intègre, cruel et bouffon, qui jouait la comédie dans les salons et l'avait peut-être jouée sur un vrai théâtre avec la troupe même de Hardy. Malgré ces relations, peu suivies et peu intimes d'ailleurs, Hardy n'a jamais vécu dans une société plus relevée que la sienne, et le dédain injuste des courtisans pour le dramaturge est un des thèmes qu'il développe le plus volontiers lui-même ou que développent le plus souvent ses amis. Pas plus avec ces derniers qu'avec ses protecteurs, Hardy n'a réussi à sortir d'une situation humiliante et misérable; les liens dont les comédiens l'avaient attaché au théâtre étaient trop étroitement serrés et trop solides, il n'a jamais pu s'en dégager [1].

Il est cependant permis de penser que le temps les rendit moins lourds et moins blessants. A mesure qu'il vieillissait, que ses services devenaient plus nombreux et plus éclatants, que les hommages venus du dehors étaient plus honorables, les comédiens durent abandonner vis-à-vis de Hardy leurs allures despotiques et tracassières. Peu à peu, d'ailleurs, ils se trouvaient en rapport avec un plus grand nombre d'auteurs dramatiques, moins pauvres, plus indépendants, et conséquemment plus fiers que leur unique fournisseur d'autrefois; leur ton changeait, et ils s'acheminaient lentement vers cette urbanité dont les louera plus tard Chappuzeau : « Généralement, dit-il, ils usent d'une grande civilité envers tout le monde, et particulièrement envers les auteurs fameux dont ils ont besoin [2]. »

---

l'Hôtel de Bourgogne et qui vivait en bonne intelligence avec les comédiens. (Voy. plus haut, p. 35, et cf. t. II, ch. II, p. 105, n. 5.)

1. Scudéry, qui a loué si magnifiquement Hardy après sa mort (voy. ci-dessous, Conclusion, § 1), a dû le connaître pendant sa vie, mais jusqu'à quel point? L'abbé de Marolles, qui, né en 1600, fréquentait le théâtre vers 1616 (voy. Esquisse, p. 39), continua sans doute à s'y intéresser et se lia avec son poète. Il nous dit, en effet, après avoir nommé Cl. de l'Estoile : « De son temps, après Alexandre Hardy, que j'ai fort connu, Mairet, Rotrou, P. Corneille de Rouen, P. du Ryer Parisien, d'Alibrai, Pichou, et quelques autres dont le nombre fut grand, écrivirent des pièces de théâtre avec réputation ». T. III, p. 273, Dénombrement où se trouvent les noms de ceux qui m'ont donné de leurs livres.

2. P. 164.

VI

Nous avons tout dit sur la vie de Hardy, et l'on voit qu'elle reste fort obscure, quelques efforts qui soient faits pour l'éclairer. Cette obscurité même et la chute rapide de la réputation de notre auteur auraient dû empêcher la formation de toute légende sur son nom. Mais il vivait encore lorsque commença la réputation de Corneille, et celui-ci prononça son nom à propos de *Mélite*. C'en était assez pour que Hardy fût mêlé de quelque façon aux débuts de son illustre successeur. « On raconte, dit un critique, que Corneille, récemment arrivé de Rouen, alla présenter sa première œuvre à un vieux dramaturge, qui avait été sous Henri IV et était encore sous Louis XIII le grand maître de la scène française. » Ce vieux dramaturge était Hardy [1].

Légende tardive, renouvelée de l'histoire de Térence et qui ne s'appuie sur aucun document; elle est d'ailleurs peu répandue. Une autre au contraire est universellement acceptée, et la formation en est assez curieuse pour que nous nous y arrêtions un instant [2].

En octobre 1684, le *Mercure galant* disait, dans une courte notice nécrologique sur Corneille [3] : « L'heureux talent qu'il avait pour la poésie parut avec beaucoup d'avantage dès la première pièce qu'il donna sous le titre de *Mélite*. La nouveauté de ses incidents, qui commençaient à tirer la comédie de ce sérieux obscur où elle était enfoncée, y fit courir tout Paris, et Hardy, qui était alors l'auteur fameux du théâtre, et associé pour une part avec les comédiens, à qui il devait fournir six tragédies tous les ans, surpris des nombreuses assemblées que cette pièce attirait, disait chaque fois qu'elle était jouée : « Voilà une jolie bagatelle. » C'est ainsi qu'il appelait ce comique aisé qui avait si peu de rapport avec la rudesse de ses vers. »

---

1. Saint-René Taillandier, *le Théâtre avant Corneille*, dans la *Revue des cours litt.*, 19 mars 1864.
2. Sainte-Beuve les a combinées toutes deux d'une singulière façon dans un article sur Corneille : « Il fit *Mélite*, qu'il envoya au vieux dramaturge Hardy. Celui-ci la trouva une *assez jolie farce*, et le jeune avocat de vingt-trois ans partit de Rouen pour Paris, en 1629, pour assister au succès de sa pièce. » *Portraits littéraires*. Paris, Garnier, 2 vol. gr. in-18, t. I, p. 35. Voy. encore *Tableau de la poésie franç. au XVI° s.*, p. 253.
3. Citée par M. Marty-Laveaux dans sa notice sur *Mélite*, *Œuvres de Corneille*, t. I, p. 131.

Voici, d'autre part, comment Fontenelle terminait l'éloge qu'il faisait de *Mélite* : « Jusque-là on n'avait guère connu que le comique le plus bas, ou un tragique assez plat. On fut étonné d'entendre une autre langue. Mais Hardy, qui avait ses raisons pour vouloir confondre cette nouvelle espèce de comique avec l'ancienne, disait que *Mélite* était *une assez jolie farce*[1]. » Les deux versions étaient notablement différentes, mais les auteurs des *Anecdotes dramatiques* les confondirent, empruntant au *Mercure galant* son récit, à Fontenelle son mot de *farce*, et brodant encore un peu sur le tout : « Hardy, qui était l'auteur banal du théâtre et associé avec les comédiens pour une part, même dans les pièces dont il n'était pas l'auteur, répondait à ceux qui lui apportaient son contingent des représentations de *Mélite : bonne farce*, parce que cette part se trouvait bien augmentée par le succès de cette pièce, qui fut si grand, qu'il s'établit une nouvelle troupe de comédiens, le théâtre devant être désormais plus fréquenté qu'il ne l'avait été jusqu'alors[2]. »

Suard et Taschereau[3] racontent avec quelques changements la même anecdote; et tous deux donnent des explications fort ingénieuses pour amener le mot, indiscuté depuis Fontenelle, de *jolie* ou de *bonne farce*. Fontenelle l'interprétait plus simplement, comme une expression de dépit, et c'est encore ainsi que l'ont compris les frères Parfait et un bon nombre d'auteurs après eux[4]. M. Ebert l'entend autrement; selon lui, Hardy, en appelant *Mélite* une farce, ne montrait aucun dédain affecté; il employait le seul mot qui fût répandu pour désigner les pièces qui n'appartenaient pas au genre sérieux; ni lui ni Corneille ne connaissaient de genre spécial nommé comédie, et lorsque *Mélite* fut imprimée, elle ne fut intitulée que *pièce comique*[5].

Laquelle de ces interprétations adopterons-nous? Aucune, puisque le mot à interpréter n'est rien moins que certain, et puisqu'on peut lui opposer celui du *Mercure galant*, « jolie bagatelle ». Ce dernier est préféré par M. Marty-Laveaux. « Ainsi raconté, dit-il, le mot de Hardy paraît très vraisemblable; mais au siècle dernier il ne fut pas trouvé assez piquant, et l'on fit dire

---

1. *Vie de P. Corneille*, p. 203.
2. *Anecdotes dramatiques*, t. I, p. 539 (art. Mélite).
3. Voy. *Coup d'œil sur l'hist. de l'anc. th. fr.*, p. 118, et *Histoire de P. Corneille*, p. 8. Le récit le plus répandu est celui de Taschereau.
4. Voy. fr. Parfait, t. IV, p. 464, n.; Lombard, p. 175.
5. *Entwicklungs-Gesch.*, p. 207.

au vieil auteur : « *Mélite*, bonne farce. » C'est là bien évidemment de l'exagération. Même aux yeux de Hardy, *Mélite* ne pouvait passer pour une farce ; il y devait trouver au contraire quelque chose d'un peu trop délicat, d'un peu trop mesuré : c'est ce que le jugement que lui prête le *Mercure* exprime avec discrétion, mais de la façon la plus claire [1]. » Remarque ingénieuse mais non pas décisive, car l'explication si simple de M. Ebert n'est pas infirmée, et nous connaissons trop peu Hardy pour juger de ses sentiments et de son goût. Ce qu'il vaudrait mieux établir, c'est que le mot du *Mercure* est authentique ; mais comment le faire ? Le récit qui l'amène ne contient-il pas des erreurs manifestes [2] ? Et pourquoi devrions-nous plus de confiance au rédacteur inconnu du *Mercure* qu'au propre neveu de Corneille ? Il est donc probable que, *Mélite* ayant eu un grand succès, Hardy a prononcé sur elle un jugement, dont Corneille plus tard s'est entretenu avec ses amis. Quels étaient les termes de ce jugement ? La divergence des traditions nous empêche de le dire ; ils renfermaient un éloge et ne manifestaient pas trop d'enthousiasme ; telle est la conclusion — peu surprenante, en vérité — que nous pouvons seule admettre.

1. Notice sur *Mélite* (*Œuvres de Corneille*, t. I, p. 131).
2. « Associé pour une part avec les comédiens » qui jouaient *Mélite !* Et *Mélite* a été jouée par une troupe rivale de celle de Hardy ! — « A qui il devait fournir six tragédies tous les ans » !

CHAPITRE III

PUBLICATION DES ŒUVRES DE HARDY ; LEUR CHRONOLOGIE

I

La fécondité, que rendaient si nécessaire à Hardy les goûts et les exigences du public tant à Paris qu'en province, était l'essence même de son talent poétique : il n'aurait pu suffire autrement à une tâche accablante pour tout autre que lui. Cette fécondité est bien assez grande, pour qu'il ne soit pas nécessaire de l'exagérer. Laissons donc de côté, et pour n'y plus revenir, les exagérations manifestes de Guéret, du *Segraisiana*, de Fontenelle [1].

La facilité de Hardy étonnait déjà les contemporains, qui la célébraient à l'envi. Théophile s'écrie, dans un élan de naïve admiration, que Hardy est

> Coutumier de courre une plaine
> Qui s'étend par tout l'univers,
> J'entends à composer des vers
> Trois milliers tout d'une haleine [2].

Laffemas le loue d'avoir fait plus de vers à lui tout seul que tous les contemporains ensemble [3]. Et un autre ami, renchérissant

---

1. Guéret fait dire à Hardy : « Deux mille vers sont bientôt faits, et l'on sait que bien souvent ils ne me coûtaient que vingt-quatre heures. En trois jours je faisais une comédie, les comédiens l'apprenaient, et le public la voyait. » *Guerre des auteurs*, p. 57. Cf. Guizot, *Corneille*, p. 136; Godefroy, *Hist. de la litt. fr.*, t. I, p. 409. — Pour les passages du *Segraisiana* et de Fontenelle, voy. plus haut, p. 6 et 40.
2. *Théâtre*, t. I, *Au sieur Hardy*. « Théophile, contemporain de cet auteur, l'a loué ou peut-être raillé de cette fécondité », dit de Léris, p. 593. Il n'y a pas ombre de raillerie dans tout cela.
3. *Théâtre*, t. I, *A Monsieur Hardy*.

encore, dit qu'il a fait plus de tragédies que Sophocle, Eschyle et Euripide n'ont fait de vers [1].

Hardy était sensible à ces éloges, si outrés qu'ils fussent [2]. Il veut qu'on sache qu'il compose rapidement ses pièces, comme si leur grand nombre même ne l'attestait pas suffisamment, et il nous prévient, en parlant d'une de ses pastorales, que « quinze jours de passe-temps l'ont mise sur pied,... sans que la moindre douleur ait précédé son enfantement [3] ».

Hardy a donc composé un très grand nombre de pièces, et les chiffres qu'il nous cite sont imposants. Malheureusement, ce sont des chiffres écrits un peu au hasard et d'une très vague approximation ; lui-même savait-il le nombre exact de ses ouvrages ? Les épîtres qui ouvrent le volume de *Théagène et Cariclée* montrent combien peu Hardy s'inquiétait de préciser ou simplement de faire concorder ses renseignements. Il dit à Payen qu'il a déjà écrit *cinq cents poèmes dramatiques*, et au lecteur que *deux cents poèmes dramatiques sont coulés de sa plume depuis Théagène et Cariclée*. En faut-il conclure que cette œuvre avait été précédée de *trois cents* autres ? Cela paraît bien difficile, puisqu'elle était *éclose pendant les bouillons d'une jeunesse*.

Les épîtres que nous venons de citer sont du commencement de 1623. Vers la fin de 1625, Hardy parle encore du nombre de ses pièces, et ce nombre n'a pas changé. « Lorsque ces vénérables censeurs, dit-il de ses adversaires, auront pu mettre au jour cinq cents poèmes de ce genre, je crois qu'on y trouvera bien autrement à reprendre [4]. » Évidemment Hardy ne s'était pas reposé depuis 1623, mais il attendait sans doute pour changer son chiffre d'avoir atteint celui de six cents, et c'est ce qui était arrivé en 1628. « Six cents pièces et plus de ce genre », dit-il en tête de son tome V [5].

A cette date de 1628 s'arrêtent les renseignements donnés par Hardy : en tenant compte des réserves faites plus haut, nous

---

1. T. II, stances de Lamy, avocat au Parlement. Voy. encore celles de Tristan, t. I et III.
2. Il déclare quelque part que *la qualité est préférable à la quantité*, et que *le nombre lui déplait*. Simple précaution oratoire. Voy. t. III, *Au lecteur*.
3. Préface de *Corine*, t. III. Lemazurier renchérit : « Jamais il n'employait plus de huit jours à la fabrique d'une pièce », dit-il, t. I, p. 3. Cf. Lotheissen, t. I, p. 299.
4. T. III, *Au lecteur*.
5. *Au lecteur*.

n'avons pas de raison pour les contester. Il était facile aux contemporains d'en contrôler l'exactitude pendant une période assez longue : aurait-on cru à ses six cents poèmes, si l'on n'en avait vu jouer que six par an? Et ne savait-on pas s'il en avait fait une centaine de 1623 à 1628? Acceptons donc pour ces cinq années le chiffre de cent, nous obtenons une moyenne de 20 par an, et puisqu'en 1623 Hardy travaillait depuis trente ans pour le théâtre, il aurait pu avoir produit six cents pièces à cette date; il n'en accuse que cinq cents, avons-nous le droit de le taxer d'exagération?

Ses contemporains sont loin de lui adresser un pareil reproche; au contraire, ils l'encourent eux-mêmes, tant ils sont éblouis par sa fécondité. « Il faut donner cet aveu à la mémoire de cet auteur, fait dire Scudéry à l'un de ses personnages [1], qu'il avait un puissant génie et une veine prodigieusement abondante (comme huit cents poèmes de sa façon en font foi) »; et Marolles, qui l'avait *beaucoup connu*, répète que Hardy « avait composé plus de huit cents » pièces [2]. Huit cents! C'est pourtant là un bien gros chiffre! Après 1628, Hardy n'écrivit plus que pendant trois ans environ; porta-t-il à sept cents le nombre de ses poèmes, qui était déjà de *six cents et plus*? La chose est possible, mais on ne saurait guère dépasser un chiffre aussi respectable [3].

II

Toutes ces pièces étaient écrites pour être jouées, non pour être lues. Pourtant Hardy dut former et caresser de bonne heure le rêve d'une publication, au moins partielle, qui mettrait le sceau à sa renommée et perpétuerait son nom. Mais ce rêve, comment le réaliser? De quels loisirs disposait-il, lui qui ne cessait jamais d'écrire? et quelles ressources possédait-il pour des impressions

---

1. M. de Blandimare dans *la Comédie des Comédiens*, acte II, sc. 1re, p. 29.
2. *Mémoires* de Marolles, t. II, p. 223.
3. « Il n'en fit pas moins de douze cents », dit, je ne sais pourquoi, M. Nisard (*Hist. de la litt. franç.*, 6e éd., 1877, t. II, p. 95); mais le chiffre de 800 est généralement accepté, et La Vallière en prend texte pour appeler Hardy le poète « le plus fécond qu'il y ait jamais eu ». T. 1, p. 333. C'est oublier Lope de Vega, avec lequel Hardy peut à peine être comparé, et pour le nombre de ses pièces et pour la rapidité de sa composition. Voy. p. ex. Ticknor, t. II, p. 314 sqq.

qui coûteraient cher sans qu'on fût assuré de leur succès? D'ailleurs, imprimer ses pièces, c'était les faire tomber dans le domaine commun [1], partant léser la troupe dont il était le poète en titre et qui avait intérêt à les garder pour elle. Ces obstacles arrêtèrent longtemps Hardy, et, à l'âge de cinquante ans environ, il n'avait encore rien publié. Mais l'approche de la vieillesse dut le rendre plus désireux de ne pas mourir tout entier. Il se prit alors à réfléchir qu'il pourrait publier ses pièces sans retouches trop laborieuses. Chaque volume serait précédé d'une dédicace, qui, si elle ne valait pas à l'auteur une protection durable, produirait bien tout au moins de quoi alléger les charges de l'impression. Quant aux troupes de campagne, il était vrai que l'impression leur donnerait des droits sur un certain nombre de ses œuvres; mais avaient-elles attendu d'y avoir des droits pour les jouer, et pouvait-on les empêcher de faire des pièces du fécond dramaturge le fond même de leur répertoire [2]? Raison capitale pour Hardy, car elle seule pouvait faire accepter par les comédiens royaux l'idée de cette publication, et nul doute que le poète ne fût obligé d'obtenir leur agrément [3].

Une publication clandestine, comme il allait s'en faire tant au XVII° siècle, acheva de le décider et détermina en même temps le

---

1. Voy. le ch. 1ᵉʳ, p. 12, n. 4, et cf. les fr. Parfait, t. IX, p. 105.
2. La Rancune en avait certainement représenté avant leur impression : « Au temps qu'on était réduit aux pièces de Hardy, il jouait en fausset et sous le masque les rôles de nourrice; depuis qu'on commença à mieux faire la comédie, il était le surveillant du portier. » Scarron, l. I, ch. v; t. I, p. 26 (voy. ci-dessus, ch. I, p. 8). — En 1635, Rotrou dira au lecteur de la Bague de l'oubli : « Je ne l'aurais pas hasardée à ta censure, si je n'avais appris que tous les comédiens de campagne en ont des copies et que beaucoup se sont vantés qu'ils en obligeraient l'imprimeur. » (Dans Chardon, la Vie de Rotrou, p. 62.) — Les comédiens parisiens étaient quelquefois trahis par leurs bas officiers : « Et je défends purement et simplement », dit le Testament de feu Gaultier Garguille, p. 160, « à Bel-Air Jean-Jacques, quand on lui baillera les pièces nouvelles pour en écrire quelque rôle, d'en réserver des copies entières par devers lui pour s'en servir en cas qu'il voulût, ce carême prochain, faire troupe avec Banse et sa femme ».
3. Le poète des comédiens n'avait même pas le droit de faire lire ses pièces sans leur consentement, comme le prouve la lettre suivante de Chapelain à Balzac : « La comédie dont je vous ai parlé n'est mienne que de l'invention et de la disposition. Le vers en est de Rotrou, ce qui est cause qu'on n'en peut avoir de copie, pour ce que le poète *en gagne son pain*. » 17 fév. 1633. *Lettres de Jean Chapelain de l'Académie française*, publ. p. Ph. Tamizey de Larroque, Paris, 1880, t. I, p. 27. — En Espagne aussi, « lorsque des comédies étaient produites sur la scène, l'auteur perdait ordinairement ses droits sur elles, sinon entièrement, du moins pour ne pouvoir les publier sans le consentement des acteurs. » Ticknor, t. II, p. 247.

5

choix des premières œuvres à publier. C'était l'*Histoire éthiopique*, qui venait de paraître; c'est par l'*Histoire éthiopique* que l'édition authentique devait commencer. Le 8 octobre 1622, Hardy obtenait un privilège pour faire imprimer « toutes et chacune ses œuvres contenantes plusieurs poèmes, tragédies et pastorales, et spécialement *les Chastes et loyales amours de Théagène et Cariclée, réduites du grec de l'Histoire d'Héliodore en huit poèmes dramatiques ou théâtres consécutifs, par lui revues et corrigées pour cet effet* ». Et, pour imprimer cesdites œuvres, il faisait choix de Jacques Quesnel [1].

Les *Chastes et loyales amours...* parurent en 1623 [2], et Hardy en expliquait ainsi l'apparition au lecteur : « Ceux de ma profession qui commencent à faire sortir leur nom en public par quelque faible ouvrage, semblent donner eux-mêmes le coup mortel à leur réputation, et imitent ces mauvais pilotes qui, faute d'expérience, feront naufrage au sortir du port. Ainsi, lecteur, l'insupportable avarice de certains libraires, faisant passer ce poème de l'*Histoire éthiopique* sous la presse, à mon déçu, tout incorrect [3], force ma résolution, réduit à choisir de deux maux le moindre, s'entend à souffrir imprimer ce que je désirais plutôt supprimer, et, après quelque revue, te le donner un peu mieux poli. »

Le texte publié par Quesnel était-il en effet mieux poli que celui qui l'avait précédé? Cela se peut, encore qu'il y ait fort à dire; mais l'impression des *avares libraires* n'était probablement pas plus incorrecte que celle de l'imprimeur choisi par Hardy. Tous les genres de fautes y abondent : pages mal numérotées, orthographe vicieuse, vers faux, confusions dans les noms des personnages; les sommaires, qui précèdent chaque pièce et ont la prétention de l'éclaircir, sont d'une très grande obscurité. Hardy s'était aperçu de ces défectuosités; il disait au lecteur en tête du volume

---

1. *Théagène et Cariclée* contient un autre privilège accordé à Quesnel et spécial à cet ouvrage. Il est du 11 février 1623.

2. *Les Chastes et loyales amours de Theagene et Cariclée, Reduites du Grec de l'Histoire d'Heliodore en huict poëmes dragmatiques, ou Theatres consecutifs. Par Alexandre Hardy, Parisien.* A Paris, chez Jacques Quesnel, ruë Sainct Jacques aux Colombes près Sainct Benoist. M.DC.XXIII. Avec Privilege du Roy, 8°. La huitième journée est paginée à part.

3. Il est curieux qu'aucun bibliographe, à notre connaissance du moins, n'ait rencontré d'exemplaires de cette publication. Hardy avait-il fait faire une saisie chez l'imprimeur (ou les imprimeurs), comme fit Molière après la publication clandestine du *Cocu imaginaire?* Voy. Campardon, *Doc. inéd. sur Molière*, p. 3 à 8.

même : « Jouis de ce petit labeur, attendant mieux, sans t'offenser de ce presque inévitable malheur d'une infinité de fautes coulées sous la presse à cette première édition, et en l'orthographe et au vers, tant par l'insuffisance des correcteurs que pour le *peu de loisir qu'à mon plus grand regret j'ai eu d'y remédier à temps;* une seconde impression accompagnée de quelque meilleur ouvrage passera l'éponge sur tous les défauts précédents [1]. »

Cette seconde édition devint nécessaire, en effet, et fut donnée cinq ans plus tard, ce qui prouve que le livre avait obtenu un certain succès; mais *Théagène* ne laissa pas d'être fort attaqué par ces *esprits délicats*, que Hardy eut toujours à combattre, et son impression incorrecte contribua à ces attaques. Hardy s'en plaint encore en tête du premier volume de son *Théâtre* : « Je sais, lecteur, que mon *Histoire éthiopique*, toute monstrueuse des fautes survenues en sa première impression, fit faire une mauvaise conséquence de mes autres ouvrages à certains Aristarques, et nommément à ces frelons qui ne servent qu'à dévorer le miel des écrits d'autrui, ne pouvant d'eux-mêmes rien mettre dehors que l'aiguillon de la médisance [2]. »

Le volume qui contenait ces plaintes parut en 1624, un an après l'*Histoire éthiopique;* celle-ci avait été un prélude presque forcé au recueil que Hardy voulait publier, mais c'est le volume de 1624 qui était le vrai commencement de ce recueil. Incertain du succès, l'auteur ne lui fit porter aucune indication de tomaison; rien non plus dans le privilège, daté du 16 mars, n'indiquait qu'il fût le premier d'une série. Les pièces qu'il contenait étaient au nombre de huit : *Didon, Scédase, Panthée, Méléagre, Procris, Alceste, Ariadne* et *Alphée* [3].

[1]. Ces défauts étaient fréquents au XVII° siècle. Voy., par ex., les plaisanteries contre les fautes des imprimeurs dans les *Caquets de l'accouchée*, p. 50-51, et l'épître de Scarron « au lecteur scandalisé des fautes d'impression qui sont dans mon livre », en tête du *Roman comique*, p. 5 (avec la note de M. Fournel). Un ami de Hardy, Baudouin, prie aussi les lecteurs d'un de ses ouvrages de lui pardonner les fautes des imprimeurs, « de qui, dit-il, le travail, réglé comme celui des astres, ne m'a permis ni de revoir ma copie assez exactement, ni de lire les épreuves ». (I. Baudoin, *Histoire de la Rebellion des Rochelois, Et de leur reduction à l'obeyssance du Roy, Tirée du latin du Sieur de Sainte-Marthe l'aisné.* A Paris, chez François Pomeray, M.DC.XXIX, 8°.)

[2]. *Au lecteur.*

[3]. *Le Theatre d'Alexandre Hardy P. Contenant Didon, se sacrifiant. Scedase, ou l'Hospitalité violée. Panthée. Meleagre. Procris, ou la Jalousie infortunée. Alceste, ou la fidelité. Ariadne ravie. Alphée, Pastorale nouvelle.* A Paris, chez Jacques Quesnel, M.DC.XXIIII, avec Privilege du Roy. Ce titre est précédé d'un

Ce volume eut un grand succès : une contrefaçon en parut à Francfort l'année suivante [1], et, dès 1626, Quesnel était obligé d'en donner une seconde édition [2]. La renommée de Hardy grandissait donc, et une preuve plus forte encore, c'est que certains abusaient de son nom et qu'il était obligé de protester. « La vérité plus que la vanité, dit-il, m'oblige à t'avertir, ami lecteur, que l'avarice de certains libraires fait couler sous mon nom une rhapsodie de poëmes intitulés le *Théâtre français*, que je ne désavoue par mépris et ne puis avouer pour mon honneur : ton jugement susceptible de plus grandes difficultés en saura faire la distinction, et ce mot d'avis m'acquittera vers le public [3]. »

autre titre-vignette qui représente, dans sa partie supérieure, une reine assise sur un trône et tenant d'une main un sceptre, de l'autre la trompette de la Renommée; aux deux côtés, deux scènes de pastorale; au-dessous, une assemblée de spectateurs avec cette épigraphe :

> Aux charmes de sa voix, la grave Melpomène
> De l'obscur du tombeau les vertueux ramène ;

à la partie inférieure enfin, un guerrier et Hercule soutiennent un médaillon avec ce titre : *Le Theatre d'Alexandre Hardy Parisien. Dedié a Monseigneur le Duc de Montmorancy*. In-8°. Outre le privilège du 16 mars 1624, le t. I du *Théâtre*, que nous continuerons à appeler ainsi pour plus de commodité, contient le privilège général de 1622, à l'exception des mots qui concernent *Théagène et Cariclée*.

1. *Le Theatre d'Alexandre Hardi, Parisien, Contenant...* A Francfort, Par Herman et Kof Wormen, frères, nouvellement associez, M.DC.XXV, in-12. — Cette édition est extrêmement rare. M. de Soleinne en possédait un exemplaire sur parchemin, et on en trouve un semblable — le même peut-être — coté 28 fr. dans la *Description bibliographique des livres choisis en tous genres composant la librairie J. Techener*, t. II, Paris, 1858, in-8°, p. 318, col. 2, n° 10273. M. Brunet n'en a pas vu, MM. Nagel et Stengel n'en ont trouvé aucun, et je n'avais pas été plus heureux, malgré des recherches assez étendues, lorsque le hasard en a mis un exemplaire en ma possession.

2. Même titre et même physionomie que pour la première, qu'elle reproduit d'ailleurs page par page. Voy. Stengel, préface de sa réimpression du *Théâtre*, p. VIII. Mais il ne faudrait pas prendre à la lettre l'affirmation de M. Stengel, qu'il n'y a généralement pas de variantes importantes entre les deux éditions. En réalité, il n'y a pas de variantes provenant du fait de l'auteur, sauf l'insertion dans la deuxième édition d'un vers de *Procris* qui manque dans la première; mais chacune des deux contient des fautes grossières qui ne se trouvent pas toujours dans l'autre. De même, il ne me paraît pas exact que la deuxième édition soit préférable à la première : les variantes données par M. Stengel lui-même ne mènent pas à cette conclusion; or, le tableau de ces variantes n'est pas très complet, et les additions que nous y pourrions faire seraient encore plus en faveur de la première. L'orthographe, notamment, est en général plus simple et plus conforme à l'usage adopté depuis.

3. T. II, *Au lecteur*. Il s'agit très probablement ici du volume intitulé *le Theatre françois*, Paris, Paul Mansan, 1624, in-8° (privilège du 10 octobre 1623), qui contient les pièces suivantes : *le Trébuchement de Phaéton*, tragédie; *la Mort de Roger*, tragédie; *la Mort de Bradamante*, tragédie; *Andromède délivrée*

Hardy devait profiter de ces bonnes dispositions des lecteurs, et il le fit. Le 28 mai 1625, il faisait prendre à Quesnel un privilège pour « imprimer ou faire imprimer en telle forme et caractères que bon lui semblera un livre intitulé : *Le Théâtre d'Alexandre Hardy, Parisien*, tome 2, contenant *Achille, Coriolan, Cornélie, Arsacome, Mariamne, Alcée, le Ravissement de Proserpine, la Force du sang, la Gigantomachie, Félismène, Sidère et le Jugement d'Amour*. » C'étaient douze pièces à publier ; elles ne pouvaient évidemment entrer en un seul volume, et le tome II, qui parut en 1625, ne contient en effet que les six premières [1].

Les six dernières composèrent le tome III, qui fut achevé d'imprimer la même année (le 20 décembre) et parut avec la date de 1626. Seulement, la tragi-comédie de *Sidère* avait pris le nom de *Dorise*, autre personnage important de la pièce, et la pastorale du *Jugement d'Amour* était devenue *Corine ou le Silence* [2].

Le tome II fut encore réimprimé, mais seulement sept ans après son apparition, en 1632 ; le tome III ne le fut pas, évidemment le public se fatiguait. Hardy ne se découragea pas ; mais, regardant son imprimeur comme responsable en partie de la froideur du public, il se résolut à en changer. En 1626, nous l'avons dit, la troupe royale des comédiens a probablement couru les provinces. Rouen, si proche de Paris et si favorable aux représentations théâtrales, doit avoir reçu sa visite. Aussi est-ce à Rouen que

---

intermède en trois actes, et *la Folie de Silène*, pastorale. La préface, signée M., première lettre du nom de Mansan, annonçait l'intention de l'éditeur de rassembler en plusieurs volumes « tous les ouvrages dramatiques dont les auteurs ne voulaient pas se faire connaître, et qui n'avaient point encore été imprimés ». Il est probable que quelques libraires recommandaient ce livre à leurs clients comme contenant, exclusivement ou en grande partie, des œuvres de Hardy. La dédicace, signée I. H. en monogramme (peut-être Jean Heudon, d'après le bibliophile Jacob), donnait à leur dire une apparence de fondement. Voy. sur *le Theatre françois* les fr. Parfait, t. IV, p. 361-375, et le *Catalogue Soleinne*, t. I, p. 215, et supplément au t. I, p. 35. La Vallière analyse les pièces de ce recueil, t. I, p. 549-554, mais l'exemplaire qu'il a vu était édité par Guil. Loyson et portait la date de 1625. — P. Lacroix, dans son *XVIIe siècle, Lettres*, p. 267, conclut un raisonnement des plus singuliers en attribuant à Hardy les six pièces du *Theatre françois*.

1. *Le Theatre d'Alexandre Hardy Parisien. Tome second. Dedié à Monseigneur le duc d'Aleyn.* A Paris, chez Jacques Quesnel... M.DC.XXV. Avec Privilege du Roy, 8º.

2. *Le Theatre d'Alexandre Hardy Parisien. Tome troisiesme. Dedié à Monseigneur le Premier.* A Paris, chez Jacques Quesnel... M.DC.XXVI. Avec Privilege du Roy, 8º. — Même privilege que dans le volume précédent, sauf les changements indiqués ci-dessus et celui de « Tome 2, Tome second » en « Tome 3, Tome troisiesme ».

Hardy choisit son nouvel éditeur : David du Petit-Val, *imprimeur du roi*.

Sans être irréprochable, le tome IV est très supérieur aux précédents pour l'élégance et surtout pour la correction de l'impression. Hardy le proclame bien haut, et en même temps il s'exprime sur le compte de Quesnel avec tout l'amer dépit de l'auteur qui n'a pas obtenu le succès qu'il attendait : « Les précédents (volumes) me font rougir de la honte des imprimeurs, auxquels l'avarice fit trahir ma réputation, étant si pleins de fautes, tant à l'orthographe qu'aux vers, que je voudrais de bon cœur en pouvoir effacer jusques à la mémoire. Au regard du dernier, un imprimeur digne de sa profession te le rend, ami lecteur, outre qu'il consiste d'une élite de poèmes soigneusement élaborés, aussi correct que le peut souffrir la première presse [1] ; bref, que la diligence, contribuant à mon labeur, le donne au public capable de contenter les plus difficiles, sinon de l'esprit, au moins de la vue, ou possible de tous les deux. Car jaçoit que Paris excelle en nombre d'imprimeurs qui ne le cèdent à aucuns de l'Europe, cela n'empêche que beaucoup de passe-volants ne se rencontrent parmi leurs vieilles bandes. Et, de ma part, j'aime mieux que mon livre, sans autre circonspection, soit bien imprimé à Rouen que mal à Paris. » Ce tome IV renfermait sept pièces : *la Mort de Daire, la Mort d'Alexandre, Aristoclée, Frégonde, Gésippe, Phraarte,* et *le Triomphe d'Amour* [2]. Pas plus que le tome III, pas plus que le tome V, celui-ci ne devait être réimprimé.

Hardy, on l'a vu, avait publié à peu de distance l'un de l'autre le volume de *Théagène et Cariclée* et les quatre premiers de son *Théâtre*; un intervalle de deux ans sépare le tome IV du tome V. Le manque de fonds surtout devait être la cause de ce retard. Enfin, en 1628, le tome V parut avec une dédicace pressante au marquis de Liancourt et une préface « au lecteur », plus mélancolique que les précédentes, où le dramaturge luttait plus vivement que jamais contre ses détracteurs et ses rivaux. Il était imprimé

---

1. Que le permet une première édition.
2. *Le Theatre d'Alexandre Hardy Parisien. Dedié à Monseigneur le Prince. Tome quatriesme.* De l'imprimerie de David du Petit Val, imprimeur du Roy à Rouen. M.DC.XXVI. Avec Privilege du Roy, 8º. — Le privilège avait été donné à Blois, le 26 juin. — Le titre ci-dessus se lit dans un élégant titre-planche, dont la partie centrale, un Amour entre deux bergères, annonce la pastorale, et où six médaillons représentent les scènes principales des six autres pièces du volume.

à Paris, mais par François Targa, non par Quesnel, et il renfermait encore six pièces : *Timoclée, Elmire, la Belle Égyptienne, Lucrèce, Alcméon,* et *l'Amour victorieux ou vengé* [1].

Cette fois c'était bien fini, et Hardy ne publia plus rien. Il eut seulement, la même année, la satisfaction de voir reparaître *Théagène et Cariclée* dans une édition revue et beaucoup plus correcte que la première [2]; mais la seconde édition du tome II du *Théâtre* ne parut qu'en 1632, c'est-à-dire après sa mort [3]. A partir de 1632, deux siècles et demi s'écoulent sans qu'on songe à réimprimer un ouvrage de notre auteur [4].

1. *Le Theatre d'Alexandre Hardy Parisien. Tome cinquiesme. Contenant, Timoclec, ou la juste Vengeance. Elmire, ou l'heureuse Bigamie. La Belle Egyptienne. Lucrece, ou l'Adultere puny. Alcmeon, ou la Vegeance (Vengeance) feminine. L'Amour victorieux, ou vengé.* A Paris, chez François Targa, au premier pilier de la grand'Salle du Palais, devant les consultations. M.DC.XXVIII. Avec Privilège du Roy, 8º. — Privilège du 24 juillet, achevé d'imprimer du 18 août. Le titre ci-dessus est précédé d'un titre-planche représentant les neuf Muses agenouillées devant Apollon, et le dieu donnant la palme à l'une d'elles qui tient un caducée — la muse de la tragédie sans doute.

2. *Les Chastes et loyales amours de Theagene et Cariclée, Reduites du Grec de l'Histoire d'Heliodore, en huit Poëmes Dramatiques, où de Theatre consecutifs. Par Alexandre Hardy,* Parisien. Seconde Edition, Reveuë et corrigée sur le manuscript. A Paris, chez Jacques Quesnel... M.DC.XXVIII. Avec Privilege du Roy, 8º. — La huitième journée n'a plus ici de pagination spéciale. — M. Lombard dit que « Hardy revint à J. Quesnel pour la seconde impression de *Théagène et Cariclée* ». *Zeitschr.*, t. I, p. 182, n. Cela n'est pas fort exact : Quesnel réimprimait l'*Histoire éthiopique*, comme il allait, quatre ans plus tard, réimprimer le tome II du *Théâtre*, en vertu du droit exclusif que lui avait assuré son privilège pour « le temps et espace de dix ans entiers et consécutifs ». D'ailleurs, il avouait bien humblement ses torts et flattait Hardy avec un soin qui trahit peut-être le désir de le ramener à lui. « Ami lecteur, disait-il dans son avertissement, je te donne pour la seconde fois cette *Histoire éthiopique*, exactement revue et corrigée d'un grand nombre de fautes qui s'étaient glissées en la première édition. Elle est si pure et si nette que je m'assure que tu ne la trouveras pas indigne de ta curiosité, et que maintenant l'auteur l'avouera pour sienne. L'excellence de cet ouvrage méritait bien que je prisse ce soin extraordinaire, et comme les vertus et les visages de Théagène et de Cariclée sont sans défaut et sans imperfection, aussi était-il raisonnable et bienséant à moi que je te fisse voir imprimé sans tache le récit de leurs aventures. Jouis, cher lecteur, de ce petit travail, et reçois favorablement ce beau présent que je te fais. »

3. S'il n'est pas rarissime comme l'édition du tome I parue à Francfort, ce volume n'en est pas moins, semble-t-il, le plus rare des volumes de Hardy publiés en France. Le bibliophile Jacob dit la même chose de la 2ᵉ édition de *Théagène* (supplément au tome I du *Catalogue Soleinne*, p. 29), parce que M. de Soleinne n'en possédait qu'un exemplaire; mais il n'en possédait qu'un aussi de la 2ᵉ éd. du tome II.

4. De 1883 à 1884, les cinq volumes du *Théâtre* ont été réimprimés par M. Stengel. Voy. à l'*Index I*. — Nous avons parlé des pièces liminaires qui se trouvent en tête des volumes de Hardy. Il y a là des vers français et des vers

III

Nous avons cité sommairement les titres des pièces publiées par Hardy. Ce sont les seules que nous puissions lire, aucun manuscrit de leur auteur n'étant parvenu jusqu'à nous; mais ce ne sont pas les seules que l'on puisse faire figurer sur un catalogue de ses œuvres. Douze autres sont mentionnées dans le manuscrit de Mahelot. Comme elles se jouaient encore au temps où Mahelot écrivait son *Mémoire*, il en a noté le titre et la mise en scène, ainsi que celle de trois pièces publiées : *Félismène*, *Cornélie* et *la Belle Égyptienne*.

Voici les noms de ces douze pièces : *la Folie de Turlupin*; *Pandoste, 1re journée*; *Pandoste, 2e journée*; *Ozmin*; *La Cintie*; *Leucosie*; *la Folie de Clidamant*; *la Folie d'Isabelle*; *Parténie, 1re journée*; *Parténie, 2e journée*; *l'Inceste supposé*; *le Frère indiscret* [1].

Ce n'est pas tout. Dans ses stances du tome I, Théophile cite quelques héros de Hardy qui lui plaisent particulièrement; il nomme Didon, Scédase, et il ajoute :

> J'aime Renaud et Théagène.

latins; il y a même des vers grecs, et « l'on n'ignore pas qu'une louange en grec est d'une merveilleuse efficace à la tête d'un livre ». (Molière, préface des *Précieuses ridicules*.) Peut-être sera-t-on curieux de voir quel est le nombre de pièces qui accompagnent chaque volume. *Théagène et Cariclée* en a 9, écrites par 7 auteurs différents; le tome premier du *Théâtre* 7, écrites par 7 auteurs; le tome deux 6, de 5 auteurs; le tome trois 3, de 3 auteurs; le tome quatre 2, de 2 auteurs, et le tome cinq n'en contient pas. Cela veut-il dire que Hardy était abandonné de ses amis, ou plutôt que ces sortes de louanges, fort propres à recommander au public un auteur nouveau, devenaient moins utiles à mesure qu'augmentait le nombre de ses productions?

1. Ces douze titres avaient déjà été cités par Beauchamps avec l'indication de leur provenance (partie II, p. 95), et ils étaient passés de là, non sans erreurs, dans le *Dictionnaire* de Léris, dans les *Anecdotes dramatiques*, dans l'*Abrégé* du chevalier de Mouhy. Mais les frères Parfait et La Vallière les avaient rejetés, et, grâce à la confiance qu'ils inspiraient, les avaient fait rejeter de tous les historiens sérieux. Voici comment s'expriment les frères Parfait, t. IV, p. 22 : « L'auteur des *Recherches des théâtres* a voulu grossir ce catalogue de douze titres de pièces; mais il se trompe en y comprenant *Pandoste en deux journées*, que l'on sait être de Puget de la Serre (voy. le chapitre sur les *pièces perdues*), et d'ailleurs son renseignement est si vague et si peu exact, qu'on serait tenté de croire qu'il n'a jamais consulté l'original, dont il aurait dû tirer plus d'avantages ». Ces expressions sont injustes pour de Beauchamps. Cf. La Vallière, t. I, p. xix.

Renaud ne figure pas dans les pièces imprimées, et il ne semble pas qu'il ait pu jouer le principal rôle dans aucune de celles dont nous venons de donner les titres. C'est donc une nouvelle pièce à inscrire [1].

Celles qui ont été publiées sont au nombre de 41, si nous comptons à part chacune des huit tragi-comédies dont est formée l'*Histoire éthiopique*. Ainsi 54 ouvrages nous sont connus, 41 en entier, 13 seulement par leur titre et leur décoration. C'est peu, si l'on songe au nombre total des pièces de Hardy [2].

IV

A quelles dates ont été représentées ces diverses pièces?

Il est difficile de savoir quelque chose sur les dates des douze pièces qu'a enregistrées Mahelot. On les jouait encore après la mort de Hardy, mais depuis quand les jouait-on? Mahelot n'avait pas à nous le dire, et, à son défaut, qui nous le dira? *Ozmin* n'était pas antérieur à 1600, *Pandoste* à 1615, *le Frère indiscret* à 1621, puisque les sujets de ces trois pièces ont été tirés de livres publiés aux dates que nous indiquons [3]. Ce n'est pas non plus avant 1621 qu'on doit placer *la Folie de Turlupin*, possible seulement au temps où Turlupin était célèbre. Au contraire, nous ne pouvons assurer qu'une chose de la pièce qui avait Renaud pour principal personnage, c'est qu'elle était antérieure

---

1. M. Stengel suppose (préface de sa réimpression de Hardy, p. vi, n.) que cette pièce pourrait être *la Mort de Bradamante* publiée dans le *Theatre françois* par Paul Mansan. (Voy. ci-dessus, p. 68, n. 3.) Nous avons déjà répondu implicitement à cette hypothèse. Ajoutons que Renaud ne joue pas de rôle — au moins de rôle important — dans cette tragi-comédie, non plus que dans celle de *la Mort de Roger*, puisqu'il n'est même pas nommé dans les analyses des frères Parfait et de La Vallière (*Hist. du Th. fr.*, t. IV, p. 365; *Bibliothèque du th. fr.*, t. I, p. 551). — Une épigramme latine, signée Lamy, qui se lit en tête du t. II, loue la façon dont Hardy a peint *le tyran forcené, l'avare, l'ambitieux*. Fait-il allusion à des pièces que nous n'avons pas, ou seulement à *Mariamne* et à *Alcée*, qui sont comprises dans le t. II?

2. Il y en aurait d'autres encore, si nous en croyions certains compilateurs, qui font de nouvelles pièces avec des sous-titres ou des fautes d'orthographe; ainsi *Alemène ou la Vengeance féminine* (c.-à-d. *Alcméon*); — *la Bigamie* (*Elmire ou l'Heureuse bigamie*); — *le Jugement d'Amour* (*Corine ou le Silence*, appelée dans le privilège *le Jugement d'Amour*); — *Lidère* (*Dorise*, appelée *Sidère* dans le privilège); — *Alcæ*; — *Frédégonde*; — *Phraate*. On trouve ces titres dans Maupoint (*Bibliothèque des théâtres*), dans Léris et dans les *Anecdotes dramatiques*.

3. Voir le chapitre sur les *pièces perdues*.

à 1624, et peut-être faudrait-il dire à 1622 [1]. Voilà tout ce que nous savons au sujet des pièces perdues. Mais ce sont surtout les dates des pièces imprimées qui nous seraient profitables; ce sont elles qu'il faut chercher.

Cette recherche est difficile, et pourtant, chose curieuse, on s'est généralement figuré qu'elle n'était plus à faire. Les auteurs qui s'occupent de théâtre écrivent sans hésitation que *Théagène* est de 1601, *Didon* de 1603, ou *Mariamne* de 1610; et de ces dates, rapprochées de quelques autres tout aussi sûres, ils tirent des conséquences parfois importantes pour le sujet qui les occupe. Cependant d'où les tiennent-ils? Des compilations de La Vallière, de Léris, de Clément et de l'abbé de la Porte, du chevalier de Mouhy? Mais tous ces auteurs, dont le premier seul mérite quelque confiance, les empruntent eux-mêmes aux frères Parfait, et ceux-ci, qui, s'étant astreints à l'ordre chronologique, étaient obligés d'indiquer des dates, ne donnent celles qu'ils ont choisies que « sans les garantir et par conjecture » [2]. L'aveu était bon à retenir, car, s'il arrive aux frères Parfait de se tromper là où ils affirment [3], comment deviendraient-ils infaillibles alors qu'ils doutent?

En réalité, ils n'ont été rien moins qu'infaillibles, et les erreurs que renferme leur liste sont nombreuses. Il y a quelques années seulement que M. Lombard l'a dit le premier, et le principal mérite de sa dissertation a été de discuter enfin une autorité fort discutable, acceptée jusque-là aveuglément. Par malheur, les rectifications proposées par M. Lombard ne sont, à leur tour, ni suffisantes ni acceptables.

Voici les dates données par les frères Parfait [4] :

« *Les Amours de Théagène et Cariclée*, en huit poèmes dramatiques ou de théâtre consécutifs, 1601.

---

1. Voy. ci-dessus, ch. II, p. 55, n. 3.
2. T. IV, p. 19. La Vallière ne diffère des frères Parfait que par la date de *la Belle Égyptienne*, 1616 au lieu de 1615, et c'est sans doute là une erreur de transcription. — Mouhy, dans son *Abrégé*, adopte toutes les dates des frères Parfait, sauf à se contredire quelquefois : ainsi pour *Alceste*, qu'il place en 1606 et en 1605; pour *Alphée*, 1606 et 1607; pour *Alcée*, 1610 et 1611, etc. — Sur le *Journal du Théâtre français*, par le même auteur, voy. ci-dessous, l. II, ch. I, p. 87, et la note 2 de l'*Appendice*.
3. C'est ainsi qu'ils ont commis des erreurs en fixant les dates des pièces de Rotrou, pourtant moins difficiles à connaître. Voy. Chardon, *la Vie de Rotrou*, p. 18.
4. T. IV, p. 20-22.

Didon se sacrifiant, tragédie, 1603.
Scédase ou l'Hospitalité violée, tragédie, 1604.
Panthée, tragédie, 1604.
Méléagre, tragédie, 1604.
Procris ou la Jalousie infortunée, tragi-comédie, 1605.
Alceste ou la Fidélité, tragi-comédie, 1606.
Ariadne ravie, tragi-comédie, 1606.
Alphée ou la Justice d'Amour, pastorale, 1606.
La Mort d'Achille, tragédie, 1607.
Coriolan, tragédie, 1607.
Cornélie, tragi-comédie, 1609.
Arsacome ou l'Amitié des Scythes, tragi-comédie, 1609.
Mariamne, tragédie, 1610.
Alcée ou l'Infidélité, pastorale, 1610.
Le Ravissement de Proserpine par Pluton, poème dramatique, 1611.
La Force du sang, tragi-comédie, 1612.
La Gigantomachie ou le Combat des dieux avec les Géants, poème dramatique, 1612.
Félismène, tragi-comédie, 1613.
Dorise, tragi-comédie, 1613.
Corine ou le Silence, pastorale, 1614.
Timoclée ou la Juste vengeance, tragédie, 1615.
Elmire ou l'Heureuse bigamie, tragi-comédie, 1615.
La Belle Égyptienne, tragi-comédie, 1615.
Lucrèce ou l'Adultère puni, tragédie, 1616.
Alcméon, tragédie, 1618.
L'Amour victorieux ou vengé, pastorale, 1618.
La Mort de Daire, tragédie, 1619.
La mort d'Alexandre, tragédie, 1621.
Aristoclée ou le Mariage infortuné, tragi-comédie, 1621.
Frégonde ou le Chaste amour, tragi-comédie, 1621.
Gésippe ou les Deux Amis, tragi-comédie, 1622.
Phraarte ou le Triomphe des vrais amants, tragi-comédie, 1623.
Le Triomphe d'Amour, pastorale, 1623. »

Quels principes ont guidé les frères Parfait dans l'établissement de cette liste? Il est facile de le deviner. D'après eux, toutes les pièces publiées par Hardy ont été faites et jouées à Paris, et, comme « les comédiens, troublés par les confrères de la Passion, ne purent obtenir d'établissement solide dans cette capitale que vers 1600 [1] », la première œuvre publiée doit être placée vers 1600 ou 1601. — Toutes celles qui suivent ont été publiées dans l'ordre même de leur composition, à l'exception de celles qui forment le tome IV, puisque Hardy nous avertit lui-même qu'elles sont postérieures à celles qui forment le tome V [2]. Enfin, toutes sont antérieures au moment où Hardy a commencé sa publication. Il faut donc les répartir entre ces deux dates extrêmes : 1601 et 1623. — Mais comment opérer cette répartition? Le plus simple, semble-t-il, était de toujours supposer le même intervalle de temps entre deux pièces successives; mais cet arrangement offrait un inconvénient aux historiens du *Théâtre françois*, dont l'exposition affectait la forme chronologique : pour certaines années, ils n'avaient à inscrire que les pièces de Hardy, c'était peu; pour certaines autres, ils avaient une assez longue liste d'œuvres à examiner, celles de Hardy l'allongeaient encore. Ne valait-il pas mieux alléger celles-ci pour charger celles-là, et mettre partout plus de proportion? Ainsi s'explique sans doute, par des raisons tout à fait arbitraires, que les années 1604, 1606, 1615, 1621 aient chacune trois pièces de Hardy, tandis qu'il n'y en a aucune pour les années 1602, 1608, 1617 et 1620. C'est qu'il y avait déjà deux pièces pour 1602 et qu'il était juste de laisser reposer Hardy après son grand effort de 1601; c'est qu'il y en avait 5 pour 1608, 6 pour 1617, 4 pour 1620; tandis que nous ne voyons qu'une pièce étrangère à Hardy en 1604, 3 en 1606, une en 1615, une encore en 1621.

Ce dernier mode de classement n'a pas besoin d'être discuté; devons-nous au moins accepter les autres principes que les frères Parfait ont admis?

Tout d'abord, *Théagène et Cariclée* doit-il être placé en 1601? M. Lombard ne le pense pas et propose 1593. Aucune de ces deux dates n'est sûre, car, si rien ne prouve que cette œuvre est postérieure à l'arrivée de Hardy à Paris, rien non plus n'autorise à dire qu'elle est la première qu'il ait produite [3]. Cette dernière assertion serait même la plus éloignée de la vérité, s'il fallait prendre à la lettre les deux affirmations de Hardy, qu'il avait écrit 500 poèmes en 1623 et que deux cents étaient postérieurs à

---

1. T. IV, p. 3.
2. T. V, p. 21, n.
3. Lombard, p. 164.

Théagène. Ce poème aurait ainsi été précédé de 300 autres et ne pourrait guère dater que des environs de 1611. Mais, nous l'avons déjà dit, le chiffre de deux cents paraît écrit au hasard, tandis que l'auteur nous donne à quatre reprises l'*Histoire éthiopique* comme une œuvre de jeunesse, comme les prémices de son talent. Si cet ouvrage n'est pas de 1593, il est probablement antérieur à 1601.

Ainsi la date initiale donnée par les frères Parfait est contestable; la date finale ne l'est pas moins. Comment conclure, en effet, de ce que Hardy a commencé la publication de ses œuvres en 1623, qu'il s'est borné plus tard à imprimer des œuvres allant jusqu'à cette date et ne la dépassant pas? La publication a duré cinq ans; pourquoi le volume publié en 1628 ne renfermerait-il pas d'œuvre plus récente?

Entre les dates extrêmes qu'ils ont choisies, les frères Parfait rangent les pièces dans un ordre rigoureusement chronologique, et M. Lombard les approuve : « Nous pouvons affirmer, dit-il, que les six pièces du tome II sont postérieures à celles que l'on trouve dans le tome I, car il est évident qu'en 1622, quand Hardy songea à publier ses ouvrages, il commença naturellement par le commencement et fit un choix de ses pièces en suivant toujours l'ordre de leur composition [1]. » Cela est-il si évident? Le volume que nous appelons tome I ne portait pas d'indication de tomaison; Hardy, en le publiant, n'était pas bien sûr qu'il ne serait pas le dernier, et devait viser surtout à deux résultats : faire réussir son livre et donner de son talent l'idée la plus avantageuse. N'est-ce pas cette dernière intention qui ressort de la préface, où, après avoir avoué les « défectuosités » de *Théagène*, il ajoute : « Quant au choix de ces dernières fleurs que je donne à ta curiosité, l'envie y trouvera possible plus de résistance, ton goût plus d'appétit, et ma juste douleur quelque allégeance en ton contentement. Ma *Didon*, presque entièrement imitée du poète latin, au moins te prépare le plaisir de conférer sa version avec celle des autres. Et la diversité des sujets qui la suivent, comme du tout miens, montreront ce que j'ai pu seul [2]. » Ainsi, prouver qu'il était supérieur à Jodelle et aux autres auteurs de *Didon*, témoigner de son originalité féconde, telles étaient les préoccupations

---

1. Page 184.
2. T. I, *Au lecteur*.

avouées de Hardy lorsqu'il publiait les pièces de son premier volume; il ne nous dit rien de leur ancienneté. Ce n'est pas à dire que je conteste cette ancienneté, au moins pour le plus grand nombre : elle me paraît attestée par le style, ainsi que par le caractère antique des sujets traités [1]; mais rien n'empêche que quelques tragédies du tome I soient postérieures à quelques tragédies du tome II.

Je ne parle pas de la pastorale, pour laquelle je dois faire les réserves les plus formelles, et à laquelle ne saurait s'appliquer le raisonnement de M. Lombard. Supposons, en effet, que Hardy n'ait composé de pastorales que dans les dernières années de sa carrière; il n'en aurait pas moins mis une à la fin de chaque volume, parce que telle était la mode du temps, parce qu'ainsi avait fait Montchrestien, ainsi allaient faire l'éditeur du *Theatre françois* et Borée, ainsi avaient fait et allaient faire beaucoup d'autres [2]. Cette pastorale ne serait pas du même temps que les autres pièces du volume. Et, en dehors de cette hypothèse, n'est-il pas probable que le poète, forcé par l'usage de ne donner qu'un nombre très restreint de pastorales, a choisi celles que les suffrages du public lui désignaient comme les meilleures? C'eût été une coïncidence étrange, en vérité, que chaque période de sa vie qui lui fournissait un volume de tragédies ou de tragi-comédies, se fût régulièrement terminée par le succès de l'une de ces pastorales de choix, et que la verve pastorale de Hardy se fût montrée périodique à un tel degré. — Donc, admît-on le classement chronologique rigoureux des autres œuvres, on en devrait excepter les pastorales. Et celle qui termine le tome I nous en est une bonne preuve. Puisque le titre du volume la désigne sous le nom d'*Alphée, pastorale nouvelle*, cette pièce a été composée à une date plus proche de 1624 que de 1593, et si celles qu'elle accompagne sont anciennes, elle n'est pas du même temps.

Les œuvres que renferme le tome II sont datées d'une façon approximative par l'auteur. « Ce n'est, dit-il au duc d'Alvyn, qu'un bouquet bigarré de six fleurs vieillies depuis le temps d'une jeunesse qui les a produites; desquelles toutefois l'injure des ans n'a pu totalement effacer le teint et l'odeur. » Parler ainsi, c'est les

---

1. Voy. plus loin, l. II, ch. III, § 3.
2. Le recueil des tragédies de Montchrestien est terminé par sa *Bergerie*; le *Theatre françois* de Mansan par *la Folie de Silène*; le recueil de Borée par la *Justice d'amour*. Voy. les frères Parfait, t. IV, p. 54, 374, 395.

faire remonter jusqu'à l'année 1600 et au delà ; et si l'on considère le style d'*Achille* ou de *Mariamne*, l'on ne saurait douter de leur ancienneté. Et cependant, ici même, nous trouvons une preuve que Hardy ne s'astreignait pas à un ordre chronologique rigoureux et qu'il ne tenait même pas, ce qui est plus grave, à être exact dans ses renseignements. Une des six fleurs dont il parle est *Cornélie*, tragi-comédie tirée des nouvelles de Cervantès, et non pas même du texte espagnol, mais de la traduction française du sieur d'Audiguier [1]. Le texte espagnol n'avait paru qu'en 1613, la traduction française qu'en 1614 ; la tragi-comédie de Hardy ne peut être antérieure à cette date.

Les pièces du tome III semblent bien, en général, postérieures à celles du tome II ; mais sont-elles disposées dans un ordre chronologique ? Nous ne pouvons rien affirmer pour les tragédies et tragi-comédies ; nous pouvons répondre non pour la pastorale. « Quinze jours de passe-temps me l'ont mise sur pied, il y a plus de douze ans, » nous dit Hardy en 1625 [2] ; elle datait donc au plus tôt de 1612 ou 1613 [3], et c'est la dernière pièce du volume. La deuxième est *la Force du sang*, tirée des nouvelles de Cervantès par l'intermédiaire de la traduction française de François de Rosset, traduction parue en 1615. La cinquième est *Dorise*, tirée d'un livre de Rosset, l'*Histoire des amants volages de ce temps*, et ne peut être antérieure à 1619, date de l'apparition de cet ouvrage.

Les pièces qui composent le tome IV sont rejetées par les frères Parfait et par M. Lombart à la suite de celles qui composent le tome V [4] : « *La Mort de Daire* et les pièces suivantes qui forment le quatrième tome des œuvres de Hardy, devraient précéder *Timoclée* et les autres du tome V, si l'auteur n'avait eu le soin d'avertir qu'elles sont postérieures, en assurant « qu'on ne doit « trouver étrange si, à l'exemple d'un père qui semble naturelle- « ment obligé de quelque préférence d'affection vers les enfants qui « lui ressemblent le plus, il donne un droit de primogéniture, contre « l'ordre, à ce quatrième volume », ajoutant « qu'il consiste en l'élite « de poèmes soigneusement élaborés. » Ainsi s'expriment les frères

---

1. Voy. le chapitre sur les *sources*.
2. Préface de *Corine ou le Silence*. Voy. sur cette préface la note 3 de l'*Appendice*.
3. Et non de 1614, comme disent les frères Parfait et M. Lombard, oubliant que l'achevé d'imprimer du tome III est du 20 décembre 1625.
4. Frères Parfait, t. IV, p. 21, n. ; Lombard, p. 183, n. 2.

Parfait, commettant une méprise imputable à leur précipitation, et aussi au style peu clair de Hardy. Reprenons la citation interrompue ; Hardy fait à son lecteur la déclaration suivante : « Aucun ne doit trouver étrange si, à l'exemple d'un père, qui semble naturellement obligé de quelque préférence d'affection vers les enfants qui lui ressemblent le plus, je donne un droit de primogéniture, contre l'ordre, à ce dernier volume qui vient de sortir au jour, vu que les précédents me font rougir de la honte des imprimeurs, auxquels l'avarice fit trahir ma réputation, étant si pleins de fautes, tant à l'orthographe qu'aux vers, que je voudrais de bon cœur en pouvoir effacer jusques à la mémoire. Au regard du dernier, un imprimeur digne de sa profession te le rend, ami lecteur, outre qu'il consiste d'une élite de poèmes soigneusement élaborés, aussi correct que le peut souffrir la première presse..... Nulle transposition notable, nul sens perverti et nulles omissions d'importance ne démembrent le corps de l'ouvrage, me faisant souffrir la peine de la coulpe d'autrui. » Qu'est-ce à dire, sinon ceci : mes précédents ouvrages ont été tellement défigurés par les imprimeurs, que je les renie et voudrais en effacer jusqu'à la mémoire ; celui-ci au contraire est correct, l'auteur peut y reconnaître son œuvre et se reconnaître en elle, comme un père se reconnaît dans certains de ses enfants ; c'est donc le premier que j'avoue, le premier que j'aime, et je lui donne, contre l'ordre, un droit de primogéniture.

Les pièces qui composent le tome IV ne sont donc pas présentées par Hardy comme antérieures à celles du tome V. Voici d'ailleurs tout ce que nous avons à dire sur les œuvres qui entrent dans ces deux volumes. *Frégonde ou le Chaste amour* a été représentée entre 1621 et 1626, puisque le sujet en est pris à un recueil publié par Baudouin en 1621 ; *Elmire ou l'heureuse bigamie* ne peut dater d'avant 1610, l'histoire qu'elle met en scène n'ayant été intercalée qu'en 1610 par Goulart dans les *Méditations historiques* de Camerarius [1] ; *la Belle Égyptienne*, enfin, comme *la Force du sang*, et pour le même motif, ne peut être antérieure à 1615.

Nous avons discuté l'opinion des frères Parfait. Donnons rapidement, et en concluant, la nôtre.

Théagène et Cariclée n'est pas la première œuvre de Hardy, mais c'est une œuvre de sa jeunesse ; on ne peut la faire remonter jus-

---

1. Voy. le chapitre sur les *sources*.

qu'en 1593, mais il semble difficile de la faire descendre jusqu'en 1601. — Vers le même temps ou peu après, ont été composées les œuvres de sujet antique qui forment le tome II du *Théâtre* et peut-être aussi la pastorale d'*Alcée*. Quant à *Cornélie*, qui fait partie de ce volume, Hardy ne l'y a insérée que pour y mettre un peu de variété; elle n'est pas antérieure à 1614. — Les pièces qui composent le tome I sont anciennes, à l'exception de la pastorale; mais les dates n'en peuvent être déterminées, et plusieurs probablement sont postérieures à certaines pièces du tome II. Hardy, en les publiant, n'était pas guidé par des considérations chronologiques, et, s'il a choisi des œuvres anciennes, c'est qu'il se croyait surtout remarquable comme poète tragique, et que ses tragédies dataient surtout de la première partie de sa carrière. La pastorale est d'une autre époque et n'est guère antérieure à sa publication même. — A partir du tome II, il y a lieu de croire que Hardy, plus confiant dans le succès de son entreprise, s'est préoccupé davantage de suivre l'ordre chronologique de ses pièces; le tome III dans son ensemble est donc plus récent que les tomes II et I, le tome IV que le tome III, et le tome V que le tome IV. Mais ce qui est vrai de l'ensemble peut ne pas être vrai de telle ou telle pièce particulière, et le souci de la chronologie n'a pas toujours dû prévaloir contre le désir de publier une œuvre plus ancienne, mais que son auteur jugeait importante; une œuvre plus récente, mais dont la publication paraissait opportune. Sans quoi, *Frégonde* n'étant pas antérieure à 1620, et neuf pièces venant encore après celle-là dans le *Théâtre* de Hardy, ce serait un tiers du *Théâtre* qu'il faudrait placer de 1621 à 1628. Une pareille conclusion est-elle admissible? Et n'avons-nous pas montré, d'autre part, que les pastorales doivent être exceptées d'un ordre chronologique rigoureux : celle qui termine le tome III est antérieure à 1614, tandis que deux autres pièces de ce volume, *la Force du sang* et *Dorise*, sont au plus tôt de 1615 et de 1619. — Quelle est la date extrême jusqu'à laquelle on peut faire descendre les pièces publiées de Hardy? 1628 évidemment, puisque c'est en 1628 qu'a paru le tome V du *Théâtre*. Mais nous ne pensons pas que beaucoup de pièces publiées doivent être rapprochées de cette date, ni que Hardy ait choisi celles du tome V parmi les dernières qu'il eût écrites. Le tome V a été de fait, mais il n'était pas dans l'intention de l'auteur le dernier volume de son *Théâtre;* un ou plusieurs volumes auraient pu suivre encore; ils auraient sans doute dans leur ensemble présenté un caractère plus nouveau. Enfin n'oublions pas que Hardy publiait ses œuvres avec l'agrément des comédiens, que ceux-ci devaient renoncer malaisément à la possession exclusive d'œuvres récentes qui avaient eu du succès, et que des contemporains ont adressé à Corneille le reproche de publier ses œuvres trop tôt, ruinant ainsi les comédiens.

Telles sont nos conclusions, beaucoup moins précises, mais, nous l'espérons, plus justes que celles des frères Parfait.

LIVRE II

L'ÉTAT DU THÉATRE

CHAPITRE PREMIER

LE RÉPERTOIRE

CHANGEMENTS APPORTÉS PAR HARDY DANS LE RÉPERTOIRE DES REPRÉSENTATIONS PUBLIQUES

Nous avons vu, autant que la rareté et le vague des documents nous le permettaient, quelle a été la vie de Hardy, quelles fonctions il a remplies au théâtre, et quelles œuvres il a produites. Mais comprendrons-nous bien l'importance de ces œuvres, si nous ne disons d'abord un mot des pièces qu'on jouait sur les théâtres publics avant Hardy, de celles aussi qu'on jouait de son temps? En saisirons-nous le vrai caractère, si nous ne savons devant quel public, par quelles sortes d'acteurs, avec quels moyens scéniques elles ont été représentées? Remettons donc à plus tard l'étude des tragédies, des tragi-comédies et des pastorales de notre auteur; jetons d'abord un rapide coup d'œil sur l'histoire des genres dramatiques au XVIe siècle.

I

« Il y a parfois dans l'histoire, dit M. Petit de Julleville, des coïncidences si singulières qu'on a peine à ne les attribuer qu'au hasard : le 17 novembre 1548 avait été rendu l'arrêt du Parlement contre les Confrères. Justement à la même époque, on achevait d'imprimer la *Défense et Illustration de la langue française* de Joachim du Bellay, manifeste éclatant de la nouvelle école... Trois ans après, Jodelle faisait jouer sa *Cléopâtre* dans la cour du collège de Reims, et un peu après au collège de Boncourt, avec un immense succès [1]. » Ainsi le théâtre du moyen âge était frappé d'un coup terrible et que l'on pouvait croire mortel ; un nouvel art dramatique apparaissait, dont les débuts étaient éclatants et qui semblait ne devoir plus s'arrêter dans sa marche triomphante.

Ni l'un ni l'autre cependant n'étaient aussi près qu'on le pouvait penser, soit de la mort, soit de la victoire. Si, dans la plus importante de ses formes, le mystère, le théâtre du moyen âge avait contre lui les scrupules religieux, soutenus de l'autorité souveraine du Parlement ; si, dans ses autres manifestations, les moralités surtout, il provoquait le dédain ou les railleries de lettrés de plus en plus nombreux, il avait du moins pour lui les traditions, l'esprit populaire peu favorable à un art nouveau et érudit, et surtout le monopole des représentations publiques, assuré par le Parlement lui-même aux confrères de la Passion, représentants officiels des formes théâtrales du moyen âge. Le nouvel art dramatique, de son côté, avait pour lui la cour, l'Université, une élite lettrée que l'antiquité avait séduite ; mais il ne s'adressait pas à la foule et n'avait pas de scène qui lui fût propre. Il y avait donc lutte ouverte entre les deux systèmes ; et, quoique le résultat n'en parût pas douteux, cette lutte pouvait se prolonger longtemps, retardant l'avènement définitif du nouvel état de choses.

Ce que voulait la Pléiade, ce n'était pas dresser un nouveau théâtre en face de l'ancien, c'était détruire celui-ci pour bâtir celui-là sur ses ruines. « Quant aux comédies et aux tragédies, disait du Bellay en 1548, si les rois et les républiques les voulaient restituer en leur ancienne dignité qu'ont usurpée les farces et les moralités, je serais bien d'opinion que tu t'y employasses [2]. » Aussi Jodelle, dans le prologue de son *Eugène* [3], en 1552, et Grévin, dans l'*avant-jeu* de sa *Trésorière* [4], en 1558, ont-ils soin de déclarer que leurs pièces n'ont rien de commun avec celles de leurs grossiers prédécesseurs, et ils réclament, d'un ton hautain, pour leurs œuvres une pleine originalité.

---

1. L. Petit de Julleville, *les Mystères*, t. I, p. 442-443.
2. *Defense et illustration de la langue françoise*... édit. Person, p. 118. Du Bellay parle à son lecteur.
3. *Les Œuvres et meslanges poetiques d'Estienne Jodelle*, f° 189 v°.
4. *Le Theatre de Jaques Grevin*, p. 48.

Plus tard encore, en 1573, nous trouvons dans le prologue des *Corrivaux* de Jean de la Taille [1] les mêmes prétentions affirmées sur le même ton. Enfin, dans son *Art de la tragédie* [2], le même Jean de la Taille parle des vieux genres dramatiques avec un dédain qui, pour être moins éloquent que celui de du Bellay, n'en est pas moins profondément ressenti et vivement exprimé; il formule des souhaits menaçants contre les Confrères, et il laisse percer le profond dépit qu'inspiraient à la nouvelle école les seuls moyens scéniques à sa disposition.

On sait comment avaient été jouées la première tragédie et la première comédie *classiques*. Jodelle et ses amis s'étaient eux-mêmes chargés des rôles, et cette *distribution* piquante ne dut pas peu contribuer au succès. Mais une telle tentative n'était pas de celles qui se peuvent renouveler souvent; des poètes enthousiastes avaient pu un jour monter sur un théâtre comme dans une chaire retentissante, afin que leurs voix plus autorisées fissent entendre à un public choisi la bonne nouvelle de la Renaissance; ce n'était pas à dire qu'ils voulussent devenir comédiens. Aussi les successeurs de Jodelle durent-ils prendre comme acteurs des personnes de bonne volonté, plus ou moins *propres* à cet office [3], ou même, le plus souvent, des écoliers. Quelques-unes des pièces nouvelles furent jouées à la cour ou dans des maisons princières, comme la *Sophonisbe* de Mellin de Saint-Gelais, représentée à Blois devant Henri II en 1559; la *Lucrèce* et *les Ombres* de Nicolas Filleul, au château de Rouen en 1566; *le Brave* d'Antoine de Baïf, à l'hôtel de Guise devant le roi en 1567 [4]. Un plus grand nombre étaient données dans les collèges de Paris : la *Trésorière* de Grévin au collège de Beauvais en 1558, *la Mort de César* et *les Ébahis* du même auteur au collège de Beauvais en 1560, l'*Achille* de Nicolas Filleul au collège d'Harcourt en 1563 [5]. Quelques autres paraissaient dans des collèges hors de Paris; ainsi l'*Esther* et la *Clytemnestre* de Pierre Mathieu, jouées au collège de Verceil en

---

1. Voy. *Œuvres de Jean de la Taille, seigneur de Bondaroy*, publiées par René de Maulde. Paris, Léon Willem, 1879, p. in-12. T. IV, *Comédies*, p. v et vi.
2. *L'Art de la tragédie*, p. 4 (1re éd., 1562).
3. Mot de Jean de La Taille.
4. Voy. les fr. Parfait, t. III, p. 319, 349, 352. — M. Jal, p. 531, cite un mémoire de l'habillement d'Élisabeth et Claude, filles de Henri II et de Catherine de Médicis, « pour leur servir à la tragédie qui fut jouée à Blois » en 1556. De quelle tragédie s'agit-il?
5. Fr. Parfait, t. III, p. 311, 320, 323, 341.

Piémont en 1578, et sans doute aussi *le Jeune Cyrus* et *la Joyeuse* de Nicolas de Montreux, jouées à Poitiers en 1581 [1].

Il n'était guère possible que les acteurs de telles représentations, « par leurs gestes honnêtes, par leurs bons termes non tirés à force du latin, et par leur brave et hardie prononciation, ne sentissent aucunement ni l'écolier ni le pédant, ni le badinage des farces ». Plus d'un poète hésitait à leur confier ses œuvres, et plus d'un aussi, qui n'eût pas hésité, ne pouvait parvenir à organiser une représentation. Les écoliers, en effet, ne jouaient qu'à de rares intervalles, et ceux de leurs régents qui se mêlaient de poésie commençaient par mettre ces représentations au service de leur propre muse; quant à celles que les poètes organisaient à leurs frais et sans la participation des écoliers, elles coûtaient cher et n'étaient pas à la portée de tous. Aussi beaucoup de poètes se contentaient-ils de publier leurs pièces; d'autres les communiquaient manuscrites à leurs amis, et ceux-ci ne les publièrent que plus tard. Citons quelques-unes de ces œuvres qui ne furent pas représentées : *Médée* de Jean de la Péruse; *Daire* et *Alexandre* de Jacques de la Taille, *Didon* de Guillaume de la Grange, *les Contents* d'Odet de Tournebu, *Thyeste* et *Baptiste* de Roland Brisset [2]. Que d'autres dont on ignore le sort; et qui peut-être furent représentées sans éclat dans quelque collège, qui plus probablement ne virent le jour que par l'impression, celles de le Duchat, de Jean de la Taille, de Remi Belleau, de Robert Garnier, d'Adrien d'Amboise, etc.!

Ici se pose à nous cette question si souvent discutée : Est-il vrai que les œuvres des la Taille et des Garnier n'ont pas été jouées sur un théâtre régulier? qu'elles n'ont eu d'autre public — si elles en ont eu — qu'un public érudit de collège ou de château? qu'elles ont été écrites en vue de la lecture plutôt qu'en vue de la représentation? Selon que nous répondrons oui ou non, le rôle de Hardy prendra plus ou moins d'importance à nos yeux; ce sera celui d'un novateur, apportant enfin la tragédie à un public vraiment populaire, ou ce sera celui d'un auteur comme tant d'autres, sur certains points supérieur, inférieur sur certains autres aux Garnier et aux Montchrestien, se distinguant surtout d'eux par sa fécondité.

---

1. Voy. les fr. Parfait, t. III, p. 436, 453.
2. Voy. les fr. Parfait, t. III, p. 299; — Jean de la Taille, *Avis au lecteur*, en tête du *Saül furieux*, et épitaphe de Jacques de la Taille (cf. la n. 2 de l'Appendice); — fr. Parfait, t. III, p. 381, 434, 475.

La question serait résolue, si nous pouvions ajouter quelque foi aux assertions du chevalier de Mouhy. Son *Journal du Théâtre français* donne les dates [1] auxquelles toutes ou presque toutes les pièces du temps ont été, non seulement jouées d'original, mais reprises sur les théâtres publics; et de ces pièces, les unes sont attribuées par lui à l'Hôtel de Bourgogne, les autres aux Basochiens ou aux Enfants sans souci; à partir de 1599, l'Hôtel d'Argent en reçoit sa part. Nous ne nous arrêterons pas à discuter cet amas d'erreurs et de mensonges; contentons-nous de renvoyer à ce que nous avons dit ailleurs [2] de l'Hôtel d'Argent, et, pour les clercs de la Basoche, à faire observer qu'on ne trouve plus trace de leurs représentations scéniques après l'année 1582 [3].

Demandons-nous donc à nouveau si le XVIe siècle a pu voir les pièces classiques jouées sur un théâtre populaire.

II

La comédie nous fournira peu de données, car elle ne se distingue guère de la farce. Quoi qu'en pussent penser Jodelle ou Grévin, l'*Eugène* et les *Ébahis* convenaient parfaitement par le ton, par l'esprit, par la licence du fond et de la forme, au théâtre des *pois-pilés* [4], et n'avaient guère de nouveau qu'un style un peu plus soigné et la division en actes. D'ailleurs, la farce même, théoriquement proscrite par les nouveaux poètes, était, dans la pratique, acceptée par eux et leur attirait des spectateurs, même dans les collèges. La *Trésorière* et les *Ébahis* furent joués « après les jeux satiriques appelés communément les *veaux* », et les *veaux* « n'étaient autre chose qu'une façon de sottie, grossière et brève, analogue à ce que fut plus tard la parade [5] ». Puisque les représentations comiques des Ronsardisants ressemblaient à celles des acteurs publics, il serait difficile de montrer que ces acteurs n'ont pu servir à les donner. Laissons de côté la comédie et occupons-nous des œuvres tragiques.

---

1. Reproduites dans Faguet, *la Tragédie française au XVIe s.*
2. Dans notre *Esquisse d'une histoire des th. de Paris.*
3. De Mouhy leur fait reprendre en 1590 la *Clytemnestre* de Pierre Mathieu.
4. Nom donné au théâtre des Confrères, et dont l'étymologie est incertaine. Voy. Petit de Julleville, *les Comédiens*, p. 63 et 98.
5. Petit de Julleville, *les Comédiens*, p. 317. Cf. les fr. Parfait, t. III, p. 311 et 323.

On a déjà montré souvent combien ces œuvres convenaient peu à un théâtre populaire, et M. Ebert surtout [1] a insisté sur l'antagonisme profond qui existait et devait exister entre le théâtre populaire et le théâtre des collèges. Dès son début, la jeune école adopte une poétique et s'inspire de modèles qui ne convenaient guère à de vrais drames, faits pour être goûtés par un vrai public. Elle se prend d'enthousiasme pour Sénèque et imite sans se lasser des tragédies faites pour la lecture. En 1553, la *Médée* de la Péruse est traduite de Sénèque, et dès lors commence la longue domination du poète stoïcien ; Garnier, le meilleur représentant de l'école, la subit plus docilement et plus constamment que tout autre. Sous cette influence, les pièces sont ce qu'elles devaient être : des élégies à peine dialoguées. Les monologues abondent et forment des actes à eux seuls ; lors même que plusieurs personnages sont ensemble sur la scène, ils font des discours plutôt qu'ils ne conversent, ils sont plutôt avocats dans un débat qu'acteurs véritables dans une action. Quelle action, d'ailleurs, que celle de la plupart de ces tragédies ! Tout s'y passe dans les coulisses, et l'on ne nous donne sur la scène que de longs récits [2] ; les personnages en lutte ne s'y rencontrent pas et ne paraissent que successivement devant nous.

Aussi l'élément lyrique prend-il la place que devrait occuper et que n'occupe pas dans ces tragédies l'élément dramatique. Les chœurs, dont un écrivain irrévérencieux, mais bien d'accord avec le goût public, devait bientôt dire qu'ils « sont toujours désagréables, en quelque quantité ou qualité qu'ils paraissent [3] », les chœurs ont souvent plus d'étendue que les actes mêmes qu'ils terminent, et deviennent la partie la plus remarquable, la plus brillante de la pièce. Parlerons-nous de l'érudition, des noms et des souvenirs mythologiques dont le style est farci ? Étaient-ce là des œuvres qui pussent plaire au public turbulent et grossier des théâtres populaires ? Lui étaient-elles destinées ? Un historien de Garnier, M. Bernage, dit non, et doit être cru [4] ; M. Faguet répond

---

1. *Entwicklungs-Geschichte der franz. Trag.*
2. « Je dirai, en passant, que la moitié de la tragédie se joue derrière le théâtre, » déclare, non sans naïveté, P. Delaudun d'Aigaliers (*Art poétique*, cité par M. Ch. Arnaud, *les Théories dr... au XVIIᵉ s.*, p. 334). Cf. Faguet, p. 138 et 186-187.
3. Fr. Ogier, préface de *Tyr et Sidon*, dans l'*Ancien Théâtre françois*, t. VIII, p. 15.
4. *Ét. sur Robert Garnier*, p. 18.

oui [1], mais son témoignage ne peut être accepté, puisqu'il ne paraît guère s'appuyer que sur les assertions de Mouhy, dont la valeur historique nous est connue.

Essayons de prouver à notre tour que ces pièces n'étaient pas faites pour la représentation publique.

III

Sur quel théâtre public pouvaient être jouées les tragédies nouvelles?

Faut-il songer à la table de marbre où représentaient les Basochiens? Il est vrai que, le 12 et le 20 juin 1582, le Parlement permettait aux clercs de représenter *églogues, tragédies et comédies* [2]. Mais ce n'est pas là une preuve certaine que les Basochiens aient joué des pièces classiques : on trouve peu d'ouvrages dramatiques qui n'aient porté le nom de tragédie au XVIe siècle [3]. La chose fût-elle sûre, d'ailleurs, qu'elle n'en serait pas moins exceptionnelle, les deux arrêts de 1582 étant les premiers et les derniers qui fassent mention de tragédies données par des clercs.

Songerons-nous aux troupes de campagne qui s'installaient parfois à Paris? Nous lisons en effet dans tous les historiens du théâtre qu'en 1584 une troupe de comédiens, après avoir joué dans les provinces le répertoire des tragiques de la Pléiade, vint en donner des représentations à l'Hôtel de Cluny; certains ajoutent même qu'elle y obtint un grand succès [4]. Cela se peut, quoique rien ne prouve ni le succès de ces comédiens, ni même leur nationalité française, et qu'aucun document ne nous renseigne sur la nature de leurs représentations [5]; mais ils ne représentèrent

---

1. *La Trag. franç.*, p. 262 et 240-241; mais cf. p. 316.
2. Voy. Adolphe Fabre, *les Clercs du Palais*, p. 153, ou Petit de Julleville, *les Comédiens*, p. 123.
3. « Si on m'allègue qu'on joue ordinairement assez de jeux qui ont ce nom de comédies et tragédies, je leur redirai encore que ces beaux titres sont mal assortis à telles sottises, lesquelles ne retiennent rien de la façon ni du style des anciens. Au moyen de quoi, nous voudrions bien qu'on se désaccoutumât d'ouïr et de faire tels jeux et telles malplaisantes farces et moralités, qui sont de notre cru, et que cependant on prit la patience d'ouïr une comédie toute entière, naïve et faite à l'antique. » Jean de la Taille, prologue des *Corrivaux* (éd. René de Maulde, t. IV, p. VII).
4. Éd. Fournier, *la Farce et la Chanson*, p. XLVIIJ; fr. Parfait, t. III, p. 235.
5. Les assertions qui ont été émises sur ce sujet ont été inspirées par le lieu où ces comédiens représentaient, « au cœur même du quartier des écoles »; c'est là en effet une assez sérieuse présomption.

que quelques jours et ne purent jouer beaucoup de tragédies. Après eux, la première troupe française que nous voyons s'installer à Paris est celle de Courtin et Poteau en 1595. Cette date est bien tardive, et nous savons, d'ailleurs, que le répertoire de Courtin et Poteau se composait « de jeux et farces », ainsi que de « mystères profanes, licites et honnêtes ». Telles sont les deux seules troupes dont il soit fait une mention précise au XVIe siècle. Peut-être y en eut-il une en 1588 [1]; peut-être le souvenir d'une ou deux autres s'est-il perdu. Qu'importe! Les Confrères ne tardaient jamais à faire valoir leurs privilèges; ils savaient faire plier bagage à leurs concurrents dès leurs premières représentations, sinon avant qu'ils eussent paru sur la scène. Ce n'est pas par les troupes nomades qu'ont pu être jouées les tragédies du XVIe siècle [2].

Il ne reste qu'une chose à savoir : si elles ont paru à l'Hôtel de Bourgogne. Tout invite à répondre non.

Tout d'abord, on ne peut songer à les y faire paraître avant 1573. Nous savons qu'à cette date la Taille parlait en termes méprisants des confrères de la Passion et de leurs pièces; il n'y avait certes pas de rapports alors entre ces *bateleurs* et la nouvelle école. Et pourtant la carrière dramatique des Jodelle, des la Péruse, des Grévin, des la Taille était terminée; Garnier publiait sa seconde pièce [3].

Ces rapports s'établirent-ils aussitôt après 1573? La chose est invraisemblable; au moins faut-il attendre l'arrivée d'une troupe de vrais comédiens à l'Hôtel de Bourgogne, arrivée qui eut lieu cinq ans seulement après [4]. Ajoutons que, pendant ces cinq ans, on ne voit guère de tragédies nouvelles qui aient pu être représentées : la *Cornélie* de Robert Garnier a peut-être été imprimée en 1573; son *Marc-Antoine* et sa *Troade* sont de 1578 [5]. Est-ce

---

1. Voy. notre *Esquisse d'une hist. des th. de P.*, p. 20.
2. J'entends : à Paris. Dans les provinces, il est certain que quelques tragédies soi-disant classiques ont été jouées par des troupes de campagne (voy. plus bas, § 5); mais celles-ci les prenaient dans des textes imprimés. La date tardive à laquelle se sont formées les troupes nomades, leur petit nombre, leur peu de solidité, la rareté de leurs apparitions dans chaque ville, tout empêche qu'elles aient pu servir d'interprètes réguliers aux poètes de la nouvelle école.
3. *Porcie* est de 1568, *Hippolyte* de 1573, *Cornélie* de 1574 ou peut-être même de 1573. (Voy. l'éd. Fœrster, p. XII.)
4. Voy. notre *Esquisse*, p. 16 sqq.
5. Les fr. Parfait (t. III, p. 386) mentionnent aussi une *mauvaise et ennuyeuse pièce* de Guillaume Belliard : *les Délicieuses amours de Marc-Antoine et de Cléopâtre;* mais ce n'est qu'un poème sans personnages, et qui n'a absolument rien de dramatique. Voy. La Vallière, t. I, p. 223.

donc à partir de cette année 1578 qu'une ère nouvelle a commencé pour la tragédie? Est-ce Agnan Sarat qui a introduit ce genre à l'Hôtel de Bourgogne? Rien de moins probable, puisque Agnan « à la laide trogne », lorsqu'il ne s'enfarinait pas à la farce, représentait Amadis ou le roi de Troie. D'ailleurs, ou Agnan ne fit descendre que pour peu de temps les Confrères de leur scène, ou, ce qui est plus probable, il resta avec eux, jouant dans leurs propres pièces, rehaussant l'éclat de leurs jeux, ainsi que, de nos jours, un acteur en renom, qui appartient à tel théâtre, vient souvent prêter à tel autre l'appui de son talent et de sa renommée. En 1588, l'Hôtel de Bourgogne joue des mystères religieux [1]; en 1596, après une clôture forcée plus ou moins longue, il demande à en jouer encore, et reçoit du roi la permission et du Parlement la défense de s'y consacrer [2]. Mais ni les *moralités*, ni les *mystères profanes*, *histoires* ou *romans* n'étaient interdits, et les acteurs de l'Hôtel en jouaient évidemment [3]. Nous sommes ainsi conduits à l'année 1599, époque où Valleran, qu'accompagnait Hardy, devint locataire des Confrères.

Nous pensons avoir montré que les genres dramatiques du moyen âge se maintinrent à l'Hôtel de Bourgogne pendant tout le XVIe siècle, et que le genre nouveau de la tragédie n'y put paraître avant une date assez tardive. Ne se peut-il pas, tout au moins, qu'à partir de cette date des tragédies aient été jouées à côté de moralités ou de mystères? Les Confrères ne seraient-ils pas devenus un peu tard les représentants à la fois de l'art ancien et de l'art nouveau? — Mais quel goût ou quelle aptitude pouvaient montrer pour les pièces savantes ces confrères de la Passion, dont on nous a laissé de si amusants portraits? En 1542, le procureur général désignait ainsi les *joueurs* des *Actes des Apôtres* : « Tant les entrepreneurs que les joueurs sont gens ignares, artisans méca-

---

1. Voy. les *Humbles remontrances* (*Esquisse*, p. 20). Nous avons déjà dit (*Esquisse*, p. 23 et 27, et n. 25) combien était peu fondée l'assertion de la plupart des auteurs, établissant définitivement vers 1588 une troupe de comédiens de profession, et avec eux le répertoire classique, à l'Hôtel de Bourgogne.
2. *Esquisse*, p. 26-27.
3. Le souvenir des mystères se conserva longtemps. Saint-Amant dit encore (*le Poète crotté*, éd. Livet, t. I, p. 225-227) qu'à l'Hôtel de Bourgogne

Gaultier, Guillaume et Turlupin
Étaient leurs bourrus mystères;

ce que M. Petit de Julleville interprète fort justement ainsi : « Il semble que le poète parle ici au figuré : ces vers sont une allusion et un ressouvenir. » *Les Comédiens*, p. 82, n. 2.

niques, ne sachant ni A ni B, qui oncques ne furent instruits ni exercés en théâtres et lieux publics à faire tels actes, et davantage n'ont langue diserte, ni langage propre, ni les accents de prononciation décente, ni aucune intelligence de ce qu'ils disent; tellement que le plus souvent advient que d'un mot ils en font trois; font point où pause au milieu d'une proposition, sens ou oraison imparfaite; font d'un interrogatif un admirant, ou autre geste, prolation ou accent contraires à ce qu'ils disent, dont souvent advient dérision et clameur publique dedans le théâtre même. » Et il les appelait encore : « ces gens non lettrés ni entendus en telles affaires, de condition infâme, comme un menuisier, un sergent à verge, un tapissier, un vendeur de poisson [1] ». Les Confrères s'étaient-ils instruits depuis 1542? Certainement non, puisqu'en 1558 Grévin les appelait « les plus ignorants bateleurs », puisqu'au XVII° siècle encore on se souvient d'eux comme de « certains charretiers et crocheteurs qui, vêtus en apôtres, jouaient la Passion à l'Hôtel de Bourgogne ou la vie de sainte Catherine, auxquels on soufflait au cul tout ce qu'ils récitaient [2]. »; puisqu'en 1615 leurs locataires, les comédiens royaux, ne pouvant parler de la grossièreté et du ridicule de leur jeu, à une époque où ils ne jouaient plus, les représentent du moins comme de malheureux artisans qu'il faut retirer de la débauche, et qui, mendiant leur vie du ministère de leur main, ne sauraient avoir beaucoup d'honneur ni de civilité [3]. Singuliers acteurs en vérité pour *la Troade* ou pour *Antigone* [4]!

Remarquons-le, d'ailleurs, les textes ne manquent pas, où l'on fait mention des Confrères : on nous les représente toujours comme jouant des mystères ou des moralités. D'autre part, nous possédons des renseignements sur un assez grand nombre de pièces selon la poétique nouvelle : aucun ne se rapporte à une représentation de l'Hôtel de Bourgogne [5]. Si ce sont là des hasards, ils sont singuliers!

1. Cité par M. Petit de Julleville, *les Mystères*, t. I, p. 423 et 424.
2. *La Chasse au vieil grognard*, 1622, dans Fournier, *Variétés*, t. III, p. 53 (déjà cité par M. Petit de Julleville, *les Mystères*, t. I, p. 437).
3. Voy. fr. Parfait, t. III, p. 262-264.
4. Est-ce d'eux ou des camarades d'Agnan que Tallemant veut parler? Dans la seconde hypothèse, ceux-ci auraient valu ceux-là. « Agnan a été le premier, dit-il, qui ait eu de la réputation à Paris. En ce temps-là, les comédiens louaient des habits à la friperie; ils étaient vêtus infâmement et ne savaient ce qu'ils faisaient. » T. III, p. 170 (Hist. de Mondory).
5. Nous en avons cité quelques-uns, p. 85-86. Ajoutons que l'*Arimène*, pas-

Comment expliquer, par exemple, si les pièces de Garnier ont été représentées, que, parmi les éloges si nombreux et si enthousiastes qu'en ont faits les contemporains, aucun souvenir ne se soit glissé de ces représentations? Or, c'est de nos jours seulement qu'on a affirmé que les tragédies de Garnier avaient paru sur la scène de l'Hôtel de Bourgogne [1], et tout proteste contre une telle assertion : la nature même de ces pièces, dont la dernière, *les Juives*, renferme seule quelques traits dramatiques; l'absence absolue dans les préfaces et les dédicaces de renseignements concernant la représentation; le terme de *traités* par lequel l'auteur désigne ses œuvres [2], et qui semble mal convenir à des drames faits pour le public. Il est vrai que Garnier, en écrivant sa *Bradamante*, a pensé qu'elle pourrait être représentée, et que cette tragi-comédie a été représentée en effet tout au commencement du xvii⁰ siècle [3]. Quoi d'étonnant, puisque la *Bradamante*

torale de Nicolas de Montreux, fut jouée devant le duc de Mercœur en 1596; que *Polyxène*, *Hypsicratée*, *Ésaü* de Jean Behourt, furent jouées au collège des Bons-Enfants de Rouen en 1597 et 1598; que l'*Hercule furieux*, l'*Agamemnon*, l'*Octavie* et la *Diéromène*, pastorale de Roland Brisset, ne furent pas représentées. (Voy. fr. Parfait, t. III, p. 516, 530, 532, 538, 473, 491, 494.)

1. Voy. Faguet; voy. Viollet-le-Duc (*Ancien théâtre françois*, introduction du tome IV). — Nous nous trompons pourtant : Perrault faisait de même, à la fin du xvii⁰ siècle, dans son *Parallèle des anciens et des modernes*; mais il suffira de citer le passage pour faire voir ce qu'il mérite de confiance. *L'Abbé* vient de dire quelles étaient autrefois la structure et les décorations du « Théâtre de la Comédie de Paris »; il ajoute : « On jouait alors les pièces de Garnier et de Hardy, qui la plupart ne sont autre chose que les pièces de Sophocle et d'Euripide traduites ou imitées... Nos pères, à qui l'on faisait entendre que les tragédies qu'on leur donnait étaient les plus beaux ouvrages de l'antiquité, les écoutaient avec patience, et croyaient même être obligés de s'y divertir, parce qu'il leur aurait été honteux de n'être pas touchés de ce qui avait fait les délices de toute la Grèce et mérité l'admiration de tous les siècles. » Et plus loin : « *L'Abbé* : La preuve que je crois devoir résulter de mon histoire de la comédie est que les tragédies des anciens sont beaucoup moins belles et moins agréables que celles de notre siècle. — *Le Président :* Et cela, parce que la *Sylvie* de Mairet a plu davantage que les pièces de Garnier et de Hardy! — *L'Abbé* : Oui, puisque les pièces de Garnier et de Hardy ne sont presque autre chose que celles de Sophocle et d'Euripide! » *Parallèle*, t. III, p. 192-196.

2. Précisément en tête des *Juives*, et dans sa dédicace à Mgr de Joyeuse : « La prérogative que la vérité prend sur le mensonge, l'histoire sur la fable, un sujet et discours sacré sur un profane, m'induit à croire que ce *traité* pourra précéder les autres. »

3. Voy. *Roman comique*, 2⁰ partie, ch. III; t. I, p. 273. La Caverne, qui n'est plus jeune au temps où se passent les événements du roman, raconte une représentation qui a été donnée pendant son enfance. — On trouve dans les lettres de Malherbe à Peiresc quelques détails sur une représentation de *Bradamante*, qui fut donnée à Saint-Germain par les principaux personnages de

est la plus dramatique — je devrais dire la seule dramatique — des pièces de Garnier? Mais les expressions mêmes de l'auteur montrent que, s'il prévoit une représentation possible, lui-même n'a pas fait et ne songe pas à faire représenter son œuvre [1].

IV

Ainsi les tragédies du XVIe siècle n'ont point paru sur un théâtre public [2], et voici sans doute comment on peut résumer leur histoire. Les premières furent généralement composées pour être représentées, mais devant un public spécial, disposé d'avance à acclamer tout ce qui venait de la nouvelle école. Bientôt ces représentations perdirent l'attrait de la nouveauté et devinrent de plus en plus rares [3], et les poètes finirent par se persuader qu'il valait mieux publier leurs œuvres sans s'inquiéter de les faire jouer. Les représentations des tragiques ne cessèrent pourtant pas d'une

---

la cour le 2 août 1611. Voy. lettres du 1er et du 4 août, éd. Lalanne, t. III, p. 247-248. Cf. Héroard aux 27 avril 1609, 29 juillet et 2 août 1611 (t. I, p. 392; t. II, p. 71-72).

1. « Et parce qu'il n'y a point de chœurs, comme aux tragédies précédentes, pour la distinction des actes, *celui qui voudrait faire représenter cette Bradamante* sera, s'il lui plaît, averti d'user d'entremets et les interposer entre les actes pour ne les confondre, et ne mettre en continuation de propos ce qui requiert quelque distance de temps. » Argument de la *tragi-comédie de Bradamante*.

2. Voy. un autre argument, et qui ne paraît point sans valeur, dans notre l. II, ch. III, § 3, *sub fine*.

3. Voy. E. Cougny, *Des représentations dramatiques et particulièrement de la comédie politique dans les collèges*, in-8°, p. 50. Voy. aussi dans Petit de Julleville, *les Comédiens*, le chapitre sur le théâtre scolaire. — Le premier engouement pour la tragédie classique passé, les écoliers eux-mêmes semblent avoir préféré des pièces plus conformes au goût du temps et plus amusantes à représenter. Jacques Grévin se plaint des « lourdes fautes, lesquelles se commettent journellement ès jeux de l'Université de Paris, qui doit être comme un parangon de toute perfection de science, où nous voyons toutefois mille fautes commises en cet endroit... Contre le commandement du bon Horace, ils font à la manière des bateleurs un massacre sur un échafaud, ou un discours de deux ou trois mois, et semble qu'en cet endroit, ils aient conjuré pour mal faire; et telles autres badineries, que je laisse pour être plus bref. » Et il ajoute : « Je ne mets pourtant en ce nombre quelques-uns qui en ont fait leur devoir, mais plutôt je les prie, au nom de tous amateurs de bonnes lettres, de poursuivre et aider à chasser ce monstre d'entre une tant docte compagnie ». *Brief discours pour l'intelligence de ce theatre* (*sub fine*), en tête du *Theatre*.

façon absolue; mais elles devinrent l'exception, et ce fut l'impression qui devint la règle [1].

Pendant ce temps, que jouait l'Hôtel de Bourgogne? Parfois quelque ancien mystère, quand l'attention du Parlement semblait s'être relâchée; plus souvent des pièces de même nature, mais dont le caractère religieux se cachait sous des titres trompeurs : tragédies, tragi-comédies, pastorales [2], comme peut-être le poème d'Antoine de la Croix qui porte ce titre singulier : *Tragi-comédie, l'argument pris du troisième chapitre de Daniel avec le cantique des trois enfants dans la fournaise* [3] (1561), comme *la Machabée, tragédie du martyre des sept frères et de Solomone leur mère*, par Jean du Virey du Gravier, sans distinction d'actes ni de scènes [4] (1596). — Les moralités n'avaient jamais été proscrites, sinon

---

1. Jean de la Taille écrit déjà contre « je ne sais quelles tragédies ou comédies, qui n'ont que le titre seulement, sans le sujet ni la disposition, et une infinité de rimes sans art ni science, que font un tas d'ignorants qui, se mêlant aujourd'hui de mettre en lumière (à cause de *l'impression trop commune dont je me plains à bon droit*) tout ce que distille leur cerveau mal timbré, font des choses si fades et malplaisantes, qu'elles dussent faire rougir de honte les papiers mêmes ». *L'Art de la tragedie*, f° 5.

2. Cette hypothèse, déjà émise par Sainte-Beuve (*Tableau*, p. 218) — dans des termes, il est vrai, qui prêtent fort à la critique, — a été combattue par M. Ebert (p. 126-127). Elle paraît cependant fort naturelle, si l'on songe aux efforts faits par les Confrères pour revenir à l'ancien mystère. — Ce qui est vrai, c'est que les Confrères ont dû s'abstenir de jouer des mystères pendant un certain nombre d'années après l'arrêt fameux de 1548. Grévin parle encore de ce genre de pièces dans l'*avant-jeu* de *la Trésorière*, mais c'est peut-être un souvenir qu'il combat; la Taille n'attaque jamais que les farces et les moralités. En 1588, au contraire, les mystères avaient certainement reparu. Remarquons-le, d'ailleurs, *il semble que l'on ait exagéré l'opposition que le Parlement faisait aux mystères sacrés. Il ne s'est prononcé contre eux qu'à deux reprises : en 1648 et en 1698* (Voy. Recueil des principaux titres, p. 67), *tandis que, dans l'intervalle, quatre rois en avaient formellement permis la représentation. Toutes les lettres patentes que reproduit le Recueil des principaux titres, commencent, en effet, par rappeler que les feus rois ont donné licence aux Confrères* « *de faire et jouer quelque mystère que ce soit, de la passion ou résurrection de notre Seigneur ou autre quelconque, tant de Saints que de Saintes, qu'ils voudront élire et mettre sus, toutes et quantes fois qu'il leur plaira* »; *puis elles ajoutent la formule qui suit, ou une autre absolument équivalente : nous leur avons* « *donné et donnons autorité, congé et licence de faire et jouer les mystères dessusdits et autres jeux honnêtes et récréatifs* ». Voy. p. 38-39, 40, 48. Telle est exactement la formule de Henri IV en 1597 (Voy. Recueil, p. 49-50), *et, si le Parlement proteste après avoir longuement gardé le silence, n'est-ce pas plutôt au roi qu'aux mystères qu'il déclare ainsi son hostilité?*

3. Voy. Faguet, p. 102-103.

4. Voy. frères Parfait, t. III; p. 509-511. — Nous ne citons ces pièces et les suivantes que comme des spécimens, dont on pourrait fort augmenter le nombre, de ce que pouvaient être les pièces jouées par les Confrères; nous ne prétendons pas qu'elles l'aient été.

par les lettrés délicats; et les Confrères possédaient en ce genre un riche répertoire. Ils les remettaient à la scène, et parfois en donnaient de nouvelles sous un titre plus ou moins exact. C'est ainsi que l'on pourrait voir une de ces moralités déguisées dans une *Tragédie à huit personnages traitant de l'amour d'un serviteur envers sa maîtresse et de tout ce qui en advint*, par Me Jean Bretog (1561) : Vénus et Jalousie y jouent des rôles, et le valet, surpris avec la femme de son maître, est condamné à mort et pendu sur le théâtre [1]. — Un autre genre avait été recommandé aux Confrères par le Parlement lui-même, celui des « histoires et romans », pour lesquels notre littérature du moyen âge offrait tant et de si populaires sujets encore en vogue [2]. Les acteurs de l'Hôtel de Bourgogne entrèrent dans cette voie; en 1557 fut monté à grands frais *Huon de Bordeaux*, pièce en plusieurs journées [3], et nous avons vu que plus tard Agnan Sarat jouait Amadis. — Mais le genre préféré des Confrères était la farce, l'ancienne farce hardie et licencieuse [4]. C'était à elle sans doute que la confrérie devait d'avoir pu lutter contre des difficultés nombreuses, d'avoir retenu — en partie du moins — un public que la farce charmait toujours.

En 1599 seulement, elle renonça pour toujours à l'art dramatique et céda son théâtre à de vrais comédiens, que Hardy accompagnait. La nature des spectacles pouvait changer.

Ainsi, en 1552, Jodelle avait inauguré des représentations d'un genre nouveau; près de 50 ans après, Hardy reprenait son œuvre. Mais le premier, poète dramatique par occasion, s'était adressé à un public de passage par la voix d'acteurs improvisés; le second, vivant au théâtre et par le théâtre, faisait entendre à un public populaire des pièces qu'interprétaient des comédiens de profes-

1. Frères Parfait, t. III, p. 330. Cf. Suard, qui fait une analyse piquante de quelques pièces de ce temps, p. 78 sqq.
2. Les Lancelot du Lac, les Amadis, les Huon de Bordeaux faisaient encore l'amusement de la jeunesse. Voy. Montaigne, l. 1, ch. xxv, t. I, p. 247 de l'édition Louandre. La fin du xvie siècle vit encore paraître de nombreuses réimpressions de nos romans du moyen âge.
3. Les représentations en furent interrompues, on ne sait trop pourquoi, par ordre du prévôt; mais l'interdiction fut levée par le Parlement. Voy. Dulaure, t. IV, p. 341; *Revue rétrospective*, t. 1, p. 346; et cf. Ebert, p. 125.
4. Voy. dans les frères Parfait, t. III, quelques farces publiées dans la seconde partie du xvie siècle, celle des *Femmes salées*, p. 305; la *Farce joyeuse et profitable à un chacun, contenant la ruse, méchanceté et obstination d'aucunes femmes*. p. 525, etc. Cf. le *Répertoire du th. com. en Fr. au moy. âge*, par M. Petit de Julleville.

sion. La tentative de l'un avait été originale mais éphémère, celle de l'autre était plus opportune et devait produire des effets durables. Les différences fondamentales entre les œuvres des deux écrivains se devinent déjà d'après ce contraste.

V

Hardy et ses compagnons arrivaient de la province, et c'étaient les pièces qu'ils avaient fait applaudir en province, c'étaient surtout les genres qu'ils y avaient mis en œuvre, qu'ils apportaient aux Parisiens. Quels étaient ces genres et ces pièces [1]?

Nous pouvons nous en faire une idée, puisque c'est sans doute à cette période de la vie de Hardy qu'il faut attribuer les œuvres datées de sa jeunesse. Ce sont d'une part *Théagène et Cariclée*; de l'autre des tragédies : *la Mort d'Achille, Coriolan, Arsacome* [2], *Mariamne* : — *Théagène et Cariclée*, c'est-à-dire une « histoire » romanesque, comme on en jouait à l'Hôtel de Bourgogne, divisée en journées comme les mystères, mais empruntant à la nouvelle école et la subdivision en actes, et son sujet franchement antique, et bien des procédés de style et de versification; — *la Mort d'Achille, Coriolan, Arsacome, Mariamne*, c'est-à-dire des pièces dans le goût nouveau, mais mieux conçues, mieux coupées, mieux dialoguées en vue de la scène que les tragédies de collège ou celles que l'on publiait pour être lues. Les genres anciens, avec quelque chose de nouveau qui leur donnait plus de ragoût; les genres nouveaux, avec quelque chose de dramatique et de vivant que les érudits ne connaissaient pas, tel était le mélange habile que pratiquait Hardy et par lequel il se rendait possible le succès.

---

1. M. K. Trautmann a donné quelques renseignements sur le répertoire des troupes de campagne à la fin du XVIe siècle et au commencement du XVIIe. En 1572, le Français Nicolas Bource est signalé à Nancy comme « maître joueur d'histoires »; aux environs de 1583, des *Welches* représentent des « comédies bibliques » à Metz, à Strasbourg et à Francfort; en 1604, David Florice joue à Bâle des œuvres qui sont désignées sous le nom d' « histoires ». Ces comédiens étaient restés fidèles aux genres dramatiques du moyen âge. Mais, dès 1593, Valleran Lecomte, qui, sans doute, n'avait pas encore Hardy pour fournisseur, représente à Rouen, à Strasbourg, à Langres, à Metz..., à la fois des drames bibliques et les pièces de Jodelle; en 1595, Charles Chautron joue à Francfort *la Sultane*, de Gabriel Bounin. En 1615 encore, Jean Floran demande au conseil de ville de Strasbourg la permission de jouer des pièces religieuses et profanes. Voy. K. Trautmann, *Franz. Schaüsp.*, p. 199-207.

2. *Arsacome* porte le titre de tragi-comédie; je ne lui donne celui de tragédie qu'à un point de vue tout spécial, et pour l'opposer à *Théagène et Cariclée*.

Qu'importaient après cela les qualités de style que recherchaient surtout les Grévin, les la Taille et les Garnier? En quoi auraient-elles servi Hardy, qui n'écrivait pas pour être lu, et dont les publics changeants et peu homogènes n'auraient pas été sensibles à ces finesses? Lui était-il même loisible de les rechercher? Si les qualités dramatiques sont affaire d'instinct, les qualités littéraires sont plutôt affaire de travail et de temps : Hardy manquait de temps et ne manquait pas d'instinct.

Les « histoires » et les tragédies ou tragi-comédies n'étaient pas les seuls genres que Hardy cultivât en province. Une troupe qui voulait plaire ne pouvait s'en contenter, et devait exiger de son poète qu'il ne s'y bornât pas. Lui-même dit qu'*Alcée* est de sa jeunesse, et nous n'avons pas de raison de ne pas le croire : il composait donc des pastorales. Faisait-il aussi des comédies dans le goût de Jodelle et de Grévin? Cela se peut, bien qu'il n'en ait pas imprimé. Mais il n'y aurait rien d'étonnant à ce que la comédie eût été négligée par lui. Elle se distinguait trop peu de la farce pour constituer avec elle une représentation complète, où elle aurait été *la grande pièce* et la farce *la petite;* comme celle-ci, elle ne pouvait être que la partie plaisante et finale d'une représentation; à quoi bon dès lors ne pas s'en tenir à la farce, familière aux acteurs, chère au public?

La farce, telle était en effet la partie préférée du spectacle, en province comme à Paris, plus qu'à Paris même. Les parents de la Caverne en avaient joué une après *Bradamante,* dans le château de Sigognac, et voici ce qu'en disait la Caverne : « La farce divertit encore plus que la comédie, comme il arrive d'ordinaire partout ailleurs hors de Paris[1]. » Et d'Aubignac, sans distinguer Paris de la province, écrivait encore : « Nous voyons dans la cour de France les tragédies mieux reçues que les comédies, et que, parmi le petit peuple, les comédies et même les farces et vilaines bouffonneries de nos théâtres sont tenues plus divertissantes que les tragédies[2]. »

La troupe de Hardy jouait donc des farces, et sans doute Hardy en a composé, qu'il n'a pas jugées plus tard assez relevées pour figurer parmi ses œuvres. Il est probable cependant qu'il n'en a composé qu'un petit nombre; n'en restait-il pas une grande quan-

---

1. *Roman comique,* 2ᵉ partie, ch. III, t. I, p. 276.
2. *La Pratique du théâtre,* l. II, ch. I, t. I, p. 64.

tité, autrefois jouées par les *Enfants sans souci*, et qui étaient encore capables d'égayer les spectateurs? Il ne fallait que les rajeunir, modifier leur style, parfois mettre en prose celles qui étaient en vers; Hardy n'a certainement pu se soustraire à ce travail d'arrangeur, et ç'a été là une part de sa besogne comme poète de comédiens [1].

Tels étaient donc les genres que Hardy et sa troupe apportaient à l'Hôtel de Bourgogne en 1599 : la *farce*, que les spectateurs y voyaient et ne se lassaient pas d'y voir depuis 1548; l'*histoire par personnages*, un peu rajeunie sans doute, mais encore fort reconnaissable; la *pastorale*, dont les Confrères avaient peut-être essayé [2], mais sous une forme sans doute sensiblement différente; enfin la *tragi-comédie* et la *tragédie*, genres nouveaux en fait, quoique leurs noms eussent été employés par les Confrères. Au mystère et à la moralité, définitivement chassés du théâtre, succèdent la tragédie et la tragi-comédie; à des artisans ignorants et inexpérimentés succèdent des comédiens de profession. Voilà de bien grands changements. Notons encore la supériorité du nouveau répertoire, sans cesse alimenté, sans cesse renouvelé par un auteur fécond et infatigable, sur le répertoire à peu près fixe et difficilement rajeuni des Confrères; et nous comprendrons combien sont importants les traits qui distinguent l'état nouveau du théâtre parisien de son état antérieur. Une révolution vient de s'accomplir.

VI

Plaçons-nous à un point de vue où se sont rarement placés ceux qui ont jugé Hardy; songeons à l'histoire du théâtre même

---

1. « Cervantès disait... dans son *Persiles et Sigismonde*, l. III, ch. II, que certaines compagnies avaient des poètes expressément chargés de refondre les vieilles comédies. » Ticknor, t. II, p. 462. — En Angleterre, Shakespeare s'est certainement livré au même travail. Voy. p. ex. Mézières, *Shakespeare, ses œuvres et ses critiques*, p. 74, et Montégut, avertissement de *la Mégère domptée*. (Œuvres complètes de Shak., t. II, p. 233 sqq.) — M. Larroumet dit de Madeleine Béjart, qui se piquait de littérature : « Dans la troupe de Molière, on la voit « raccommoder » une vieille comédie que l'on veut remettre au répertoire ». *La Comédie de Molière. L'auteur et le milieu*. Paris, Hachette, 1887, gr. in-18, p. 65. — Hardy ne compte-t-il pas quelques-unes de ces pièces refondues, lorsqu'il donne le chiffre de ses œuvres? On peut se poser cette question, il serait plus malaisé de la résoudre.

2. Jacques de Fonteny, qui était le grand homme de la confrérie en 1629, en avait composé plusieurs : *la Chaste bergère, le Beau pasteur, la Galathée divinement délivrée*. Voy. la Vallière, t. I, p. 219-222.

plutôt qu'à l'histoire de la littérature; demandons-nous, non pas quel poète a écrit la première bonne tragédie, mais quel auteur a permis à la tragédie d'avoir sa scène, ses acteurs, son public; en un mot, quel auteur utile a rendu possibles les grands poètes; et nous n'hésiterons pas à regarder Hardy comme le créateur du théâtre moderne. Seul, il lui a permis de naître; seul, pendant de longues années, il lui a permis de vivre.

Citons quelques témoignages contemporains, qui confirmeront nos conclusions. Et d'abord, celui des camarades de Hardy, qui, dans une pièce facétieuse déjà citée, où les deux noms de Hardy et de Valleran sont rapprochés, attribue à celui-ci l'honneur d'avoir *établi en France la comédie* [1]. Un ami du poète décerne à Hardy le même éloge :

> Ex te nunc Gallis animata theatra resurgunt,
> Squalebant carie corruerantque situ...
>
> Hæc serva, soli quæ reparare fuit [2].

Et Sarazin, plus désintéressé dans la question, déclare que véritablement il a tiré l'art dramatique « du milieu des rues et des échafauds des carrefours [3] ».

Voilà pour Hardy restaurateur du théâtre; voyons comment il a continué à le soutenir.

« Il n'y a pas fort longtemps qu'il n'y avait à Paris et par toute la France qu'un seul homme qui travaillât pour de telles représentations, qui était le poète Hardy; et, lorsque les comédiens avaient une pièce nouvelle, ils mettaient seulement dans leur affiche : que leur poète avait travaillé sur un sujet excellent, ou chose semblable, sans le nommer, pour ce qu'il n'y avait que lui. » Ainsi parle, en 1642, un écrivain qui connaissait bien l'époque antérieure [4]. Nous avons déjà entendu La Rancune parler

---

1. *Le Testament de Gaultier Garguille.* Voy. ci-dessus, l. I, ch. II, p. 33, n. 5.
2. T. II du *Théâtre* : I. Hardy, Andegavensis « ad Alexandrum Hardy, poetam eximium ».
3. *Discours sur l'Amour tyrannique*, p. 321. — Nous avons substitué le mot d'*art dramatique* à celui de *tragédie*, qui prêtait à la confusion. Le sens, croyons-nous, n'a pas changé.
4. Sorel, dans *la Maison des jeux*, t. I, p. 409, par la bouche d'Hermogène. — La phrase n'est pas achevée; on y lit encore : « ou pour ce que, s'il y en avait d'autres, l'on ne les nommait pas non plus pour les distinguer ». Mais il ne faudrait pas s'exagérer l'importance de cette restriction; le même Sorel dit plus nettement dans sa *Bibliothèque française*, p. 204 : « Lorsque le divertissement de la comédie commença de plaire extraordinairement, on souhaita

d'un temps où les comédiens, même ceux de province, étaient réduits aux pièces de Hardy [1] ; et c'est à ces seules pièces que Racan rendait cet hommage, qu'il les *voyait représenter à l'Hôtel de Bourgogne et qu'elles l'excitaient fort* [2].

Ainsi, pendant de longues années, Hardy fut le seul fournisseur de l'Hôtel de Bourgogne; seules, ses pièces, accompagnées de farces pour la plupart anciennes, alimentèrent les représentations des comédiens, ou, si quelques exceptions se produisirent, elles furent peu nombreuses et peu éclatantes. Quant aux derniers représentants de l'école classique, aux disciples de Garnier, ce n'était pas au public de l'Hôtel qu'ils adressaient leurs œuvres; ce n'était pas pour la représentation qu'ils écrivaient, mais pour la lecture. Ainsi Montchrestien, qui d'ailleurs avait publié *Sophonisbe* en 1596, et dont les autres pièces, à l'exception d'*Hector*, furent imprimées en 1601 [3] ; ainsi Claude Billard, sieur de Courgenay, dont les tragédies parurent en 1610 [4] ; ainsi sans doute Nicolas Chrétien, sieur des Croix, Guérin Daronnière, et autres auteurs moins estimables [5]. Jusqu'en 1617, date probable de la représentation de *Pyrame et Thisbé*, les pièces imprimées sont en grand nombre, mais on n'en saurait citer aucune qui ait été représentée à l'Hôtel de Bourgogne, à l'exception de quelques

que, pour le rendre plus agréable, les comédiens eussent de belles pièces à représenter. Il s'était passé un long temps qu'ils n'avaient eu autre poète que le vieux Hardy, qui, à ce que l'on dit, avait fait cinq ou six cents pièces. »

1. *Roman comique*, l. I, ch. v; t. I, p. 26. (Voy. ci-dessus, l. I, ch. III, p. 65, n. 2.)
2. Tallemant, t. II, p. 355, n. (Voy. ci-dessus, l. I, ch. II, p. 33.)
3. *Hector* en 1604. (Voy. Brunet.)
4. Billard, qui fait son éloge et celui de ses pièces longuement et sans réticence, ne dit pas qu'elles aient été représentées. Ses amis, en le félicitant, selon l'usage, d'être « le vainqueur des poètes tragiques », parlent plusieurs fois de Garnier, jamais de Hardy. Ce dernier représentait le théâtre populaire et grossier, Garnier le théâtre savant, et c'était pour ce dernier seul que travaillait le sieur de Courgenay.
5. On sait de quelques pièces qu'elles ont été jouées sur des théâtres particuliers : ainsi *Dina ou le Ravissement*, *Josué ou le Sac de Jéricho*, *Débora ou la Délivrance*, tragédies sacrées de Pierre de Nancel, furent représentées dans l'amphithéâtre de MM. de Doué, en Anjou, en 1606 (fr. Parfait, t. IV, p. 88 sqq.); *Édipe*, *Turne*, *Hercule* et *Clotilde* de Jean Prévost furent représentées en province avant 1614, s'il faut en croire les frères Parfait (t. IV, p. 198 sqq.). Où et quand fut représentée une *Tragédie de Jeanne d'Arques, dite la Pucelle d'Orléans*, qui fut imprimée à Rouen en 1603? Un exemplaire appartenant à M. de Soleinne portait manuscrits des noms d'acteurs qui n'appartenaient certainement pas à l'Hôtel de Bourgogne : M. Guillon, Jehan et Claude Gobier, Langiboust, Lapallissade, messire de l'Emprin (ou le *maître de l'entreprise?*), etc. (*Cat. Soleinne*, suppl. au t. I, p. 30.)

farces et d'une tragédie de *Phalante*, dont l'auteur est inconnu [1]. Jusqu'à Théophile et Racan — on pourrait dire jusqu'à Mairet, Rotrou, Scudéry — on ne connaît au théâtre que les pièces de Hardy. Corneille nous l'atteste dans son Examen de *Mélite* [2], et joint son témoignage à bien d'autres. « Je n'avais pour guide, dit-il, qu'un peu de sens commun avec les exemples de feu Hardy [3], dont la veine était plus féconde que polie, et de *quelques modernes qui commençaient à se produire*, et qui n'étaient pas plus réguliers que lui. » Hardy avait sauvé le théâtre français. Grâce à lui, la voie était ouverte aux jeunes poètes ; ils vont s'y précipiter, et leur nombre grossira d'année en année.

Le premier poète connu qui vient diminuer la tâche et aussi la réputation de Hardy, c'est Théophile. On ne lui attribue qu'une

---

1. *Les nouvelles et plaisantes imaginations de Bruscambille* (édition originale) se terminent par un monologue *pour la tragédie de Phalante*, f°s 226 à 230. (Cf. frères Parfait, t. IV, p. 137.) Cette pièce a paru en 1610, in-8°, sans noms ni d'auteur, ni de ville, ni d'imprimeur. Ces caractères dénotent une publication clandestine : l'œuvre ne serait-elle pas de Hardy? La Calprenède l'a imitée dans une tragédie qui porte aussi le titre de *Phalante*. (Voy. l'analyse des fr. Parfait, t. VI, p. 145-146, et la comparer à l'analyse de la première *Phalante*, donnée par la Vallière, t. I, p. 440.) — P. Lacroix, qui fait de Hardy le fournisseur du Marais, se demande quels ouvrages étaient joués à l'Hôtel de Bourgogne. « Il est très probable, dit-il, que les tragédies de *Pyrrhe* et de *Saint Clouaud*, par Jean Heudon ; celle d'*Achab*, par Roland de Marcé, furent représentées à l'Hôtel de Bourgogne, de même que les huit tragédies de Claude Billard, sieur de Courgenay, et les pastorales de Pierre Trotterel, sieur d'Aves, qui composa en outre une spirituelle comédie facétieuse, intitulée *Gillette* (1619). Mais nous ne voyons, sous le règne de Henri IV, que trois pièces qui appartiennent incontestablement à l'Hôtel de Bourgogne : *Cléophon*, « tragédie conforme et semblable à celles que la France a vues durant les guerres civiles », imprimée à Paris en 1600 et dont l'auteur paraît être Jacques de Fonteny, confrère de la Passion ; *les Amours d'Alcméon et de Flore* (il faudrait dire : *de Dalcméon*), tragédie par Étienne Bellone, un des comédiens de l'Hôtel, imprimée en 1610, et la pastorale de *Sidère*, par Bouchet, sieur d'Ambillon, imprimée en 1609, laquelle offre des passages pleins de grâce et de charme. » (*XVIIe siècle, Lettres*, p. 568-569.) Observons que les tragédies de Heudon avaient paru dès 1598 et 1599 ; celle de Roland de Marcé, *sans distinction de scènes*, en 1601. Si elles avaient été jouées, elles l'auraient sans doute été avant l'arrivée de Hardy à Paris, de même que *Cléophon*. *Les Amours de Dalcméon* ne sont attribuées à l'Hôtel de Bourgogne que parce que P. Lacroix fait de son auteur, Bellone, un acteur de ce théâtre, ce qui est faux. (Voy. du même P. L. la notice bibliographique sur les *Chansons folastres et prologues tant superlifiques que drolatiques des comediens françois, revus et augmentés de nouveau, par le sieur de Bellone*. Rouen, 1612. Réimpression de Mertens, Bruxelles, 1864.) Enfin, pourquoi attribue-t-il aussi à l'Hôtel la pastorale de *Sidère*? Rien ne permet de le deviner.

2. *Œuvres de P. Corneille*, t. I, p. 137.

3. « De feu M. Hardy », dans les éditions de 1660 à 1664.

pièce ; nous pensons qu'il en a fait plusieurs, qu'il a travaillé trois ou quatre ans pour le théâtre, et qu'il s'en est retiré vers 1617, après le grand succès de *Pyrame et Thisbé*. L'année suivante paraît l'*Arténice* de Racan. En 1620, Mairet débute dans sa brillante carrière par *Chriséide et Arimand*, bientôt suivie de la *Sylvie*. On date de 1625 l'*Amaranthe* de Gombauld, de 1625 et de 1627 deux nouvelles œuvres de Mairet : la *Silvanire* et les *Galanteries du duc d'Ossonne*. Jusqu'en 1628, ce sont là les seules œuvres dont on puisse affirmer qu'elles ont été représentées, et le nombre, on le voit, n'en est pas grand. Qu'il y en ait eu d'autres, la chose est probable ; mais bien des pièces imprimées n'ont pas dû paraître sur le théâtre, par exemple celles de Boissin de Gallardon ou de Borée [1].

L'année 1628 est, d'après les frères Parfait, celle du début de Rotrou, qui fait jouer deux pièces : *l'Hypocondriaque ou le Mort amoureux* et *la Bague de l'oubli* ; joignons-y la *Virginie* de Mairet, et nous arrivons ainsi à 1629, une des dates les plus importantes de l'histoire de notre théâtre. C'est en 1629, en effet, que, d'après les frères Parfait, débutent Pichou avec *les Folies de Cardenio* et *les Aventures de Rosiléon*, Scudéry avec *Ligdamon et Lydias*, Claveret avec *l'Esprit fort*, peut-être Baro avec *Célinde*, Corneille enfin avec *Mélite* ; c'est en 1629 qu'est représentée la première tragédie conforme de parti pris aux règles classiques, la *Sophonisbe* de Mairet ; c'est en 1629 qu'un nouveau théâtre s'élève, qui doit égaler et même éclipser la gloire de son rival. Désormais aux poètes que nous avons nommés, un grand nombre d'autres vont se joindre. De la Marelle, Rayssiguier, Passart, P. du Ryer, Auvray, Maréchal, Durval, tous ces auteurs paraissent au théâtre avant la mort de Hardy. La fin du vieux dramaturge en fut sans doute attristée : tant d'aurores empêchaient de remarquer son couchant, et celui dont le nom avait si longtemps résumé tout notre théâtre allait pouvoir disparaître sans que nul songeât à noter la date de sa mort. Mais, si Hardy pouvait en être affligé, il avait aussi le droit d'en être fier. Ce champ, où tant de jeunes moissonneurs venaient récolter de la renommée ou de la gloire, c'était lui qui l'avait retourné et défriché, c'était lui qui, de sa main puissante, avait creusé les sillons pour la moisson future.

1. La nature de ces œuvres suffirait à le prouver, mais on a d'autres raisons encore de le croire : Mairet, Sorel, Marolles et d'autres nomment les auteurs qui ont travaillé en ce temps pour le théâtre, et leurs listes ne comprennent aucun de ces noms.

CHAPITRE II

LE THÉATRE, LES ACTEURS, LE PUBLIC, L'ORGANISATION DES SPECTACLES

COMBIEN PEU SONT ENCOURAGÉS LES INSTINCTS TRAGIQUES DE HARDY

Après avoir vu ce qu'était le répertoire de l'Hôtel de Bourgogne, nous voudrions jeter un coup d'œil sur la situation pécuniaire et sur la disposition de ce théâtre, sur le public qui le fréquentait, sur les acteurs qui y ont le plus souvent représenté; nous voudrions donner une idée de ce qu'était une représentation théâtrale au commencement du xviie siècle. Si, dans cette restitution historique, quelques traits paraissent peu utiles à la connaissance du théâtre de Hardy, ils aideront du moins à mieux comprendre l'histoire générale du théâtre à cette époque; nous sommes assurés d'ailleurs, qu'en replaçant ces pièces dans leur milieu, nous les aurons rendues plus intéressantes et plus facilement intelligibles pour le lecteur.

I

L'Hôtel de Bourgogne, on le sait, appartenait aux maîtres de la confrérie de la Passion, et les comédiens n'en étaient que les locataires. A quelles conditions? Il est difficile de le savoir exactement pour toute la période qui nous occupe, mais nous le savons au moins pour une partie. En 1629, les comédiens donnaient aux Confrères la somme de 2400 livres [1], et il n'est pas probable qu'ils

---

1. Voy. notre *Esquisse*, p. 77.

donnassent moins plus tôt. La troupe royale, en effet, devenait plus riche ; mais celle du Marais, sa nouvelle rivale, lui faisait une concurrence souvent heureuse ; et quant aux Confrères, toujours menacés dans leur possession de l'Hôtel, ils ne devaient pas avoir augmenté leurs prétentions. Ne voyons-nous pas qu'en 1639 les comédiens, pourtant « entretenus de Sa Majesté », obtiennent un rabais de 400 livres et ne payent plus que 2000 livres tournois par an [1] ?

Quel que fût avant 1629 le chiffre exact de la somme payée par Valleran et ses compagnons, elle était certainement importante. Et cependant elle n'assurait pas aux comédiens la jouissance de tout l'immeuble des Confrères : ceux-ci se réservaient les « magasins et autres lieux » qui en dépendaient [2], et même, ce qui est plus grave, une certaine partie de la salle de spectacle. En 1629, cette partie se composait seulement « de la loge des anciens maîtres [3] » ; mais cet état de choses était tout nouveau, et constituait un progrès sensible. Avant cette date, les Confrères se réservaient « plusieurs loges [4] », ou même « la meilleure partie des loges et galeries [5] ». Les comédiens se plaignaient — et leurs plaintes nous

1. Voy. le *Bail de l'Hôtel de Bourgogne*, en date du 18 janvier 1639, dans Soulié, p. 150-151, et la *Recette et dépense de la confrérie de la Passion*, du 10 mars 1640, *ibid.*, p. 171. — En 1614, les Confrères louaient leur salle aux comédiens italiens à raison de 400 livres tournois pour deux mois ; cela fait bien 2400 livres pour l'année. (Voy. Baschet, *les Com. ital.*, p. 251.)

2. Les quatre magasins qui étaient au-dessous du théâtre rapportaient, en 1640, quatre cent quarante livres tournois. Il est vrai que le loyer venait d'en être augmenté. Voy. *Recette et dépense de la confrérie de la Passion*, p. 166.

3. Le bail de 1639 ajoute : « et du lieu étant au-dessus de ladite loge, appelé le Paradis ». Cet article était-il sous-entendu dans l'arrêt rendu par le conseil le 29 décembre 1629 ? Voy. *Esquisse*, p. 77.

4. *Requête des comédiens*... Voy. *Recueil des principaux tiltres*, p. 57, et frères Parfait, t. III, p. 267. — En louant leur salle aux comédiens italiens, le 17 février 1608, les Confrères s'étaient réservé la jouissance de six loges ; encore le sieur de Fonteny, en sa qualité de contrôleur, prétendit-il avoir droit à une septième. (Baschet, p. 172.) Le bail du 8 avril 1614 fait réserve « de la loge de M. le lieutenant civil, des cinq loges des doyens et maîtres, de celle des anciens maîtres, de celle du Prince des Sots et de celle de M. Jacques de Fonteny ». (Baschet, p. 251.)

5. *Arrêt du conseil*... (*Recueil*, p. 61 ; fr. Parfait, t. III, p. 274.) L'une de ces loges était peut-être cédée par les Confrères au Prince des Sots et à ses suppôts. On sait comment un créancier de Nicolas Joubert, sieur d'Angoulevent, « Prince des Sots et premier chef de la Sottie en l'Ile de France et Hôtel de Bourgogne », ne pouvant se faire payer ce qui lui était dû, saisit la loge du Prince à l'Hôtel de Bourgogne et amena ainsi un long procès. (Voy. Ad. Fabre, *les Clercs du Palais*, p. 262-264 et 154.) — Les basochiens aussi jouissaient

semblent justifiées — de n'avoir aucun bénéfice et de ne travailler que pour des artisans débauchés [1] ; mais les Confrères ne se laissaient pas volontiers injurier, et parfois nos comédiens payaient cher leurs attaques. « Et d'autant, dit la *Recette et dépense de la confrérie*, que lesdits confrères sont continuellement attaqués tant par lesdits comédiens que par les clercs de la Basoche du Palais et autres particuliers, et que par ce moyen ils sont contraints d'être en procès, il se dépense au moins par chacun an, en frais de justice, la somme de 2 à 300 livres environ [2]. » Combien faut-il porter au compte des comédiens?

L'article suivant est aussi instructif : « De tout temps immémorial et depuis la fondation d'icelle confrérie, lesdits maîtres et gouverneurs, pour le respect qu'ils portent à messieurs de la justice, leur présentent annuellement les étrennes, bougies, brochets carreaux [3], ainsi qu'il ensuit, savoir : le premier jour de l'année, il est fait dépense en vin clairet, vin muscat ou d'Espagne, citrons et oranges, jusques à la somme de 170 ou 180 livres, selon le temps et prix desdites choses. Plus, le jeudi de la mi-carême, lesdits maîtres et gouverneurs présentent aussi à nosdits seigneurs de la justice des brochets carreaux et demi-carreaux, et pour ce se fait dépense de la somme de 110 ou 120 livres, selon le temps. » Suivent d'autres sommes assez rondes, tant pour les

---

depuis longtemps d'une loge gratuite, mais il ne semble pas qu'elle leur fût cédée par les Confrères à la fin de la période qui nous occupe; ni l'arrêt de 1629, ni le bail de 1639 n'en parlent, encore que le privilège des basochiens soit confirmé par un arrêt du Parlement le 16 septembre de cette dernière année. C'était donc des comédiens eux-mêmes qu'ils la tenaient, et nous ne devons pas trop nous en étonner; comédiens et basochiens semblent avoir vécu en bon accord, puisqu'une plaquette de 1634, *l'Ouverture des jours gras*, fait de la *réclame* à la fois pour les pièces des uns et pour la *cause grasse* des autres. (Voy. Éd. Fournier, *Variétés hist.*, t. II, p. 345-355.)

1. *Requête des comédiens...* (Recueil, p. 57; fr. Parfait, t. III, p. 267); *Remontrances au Roy* (fr. Parfait, t. III, p. 261). La confrérie, il est vrai, se chargeait de payer un certain nombre de redevances : pour les boues, pour les chandelles et lanternes, pour les pauvres; mais cela ne la ruinait guère et ne déchargeait pas beaucoup les comédiens. En 1640, l'Hôtel était taxé à cinquante-deux sols pour les pauvres. C'est bien peu, puisqu'en 1541 le Parlement n'avait autorisé la confrérie à jouer un mystère qu'à la condition qu'elle donnerait aux pauvres « la somme de mille livres, sauf à ordonner de plus grande somme ». (Petit de Julleville, *les Comédiens*, p. 70.) Peut-être cette redevance de cinquante-deux sols ne dispensait-elle pas les comédiens d'en payer une autre plus forte.

2. Soulié, p. 168.

3. « On nommait *brochets carreaux* de très gros brochets. » Note de M. Soulié.

droits d'assistance de quelques magistrats, au jour de l'élection des nouveaux maîtres de la confrérie, que pour la cire et les bouquets qui se présentent en certains jours de fête « à nosdits sieurs de la justice ». Alors que la confrérie faisait si bien les choses, on comprend que ses adversaires ne pouvaient rester beaucoup en arrière : combien donc coûtait aux comédiens le respect qu'ils portaient à messieurs de la justice?

Une autre cause importante de dépense, c'étaient les employés, ou, comme s'exprime Chappuzeau, les officiers du théâtre. Certes, on aurait tort, à propos de nos comédiens, de songer à l'armée d'employés qu'un théâtre met aujourd'hui en mouvement, et l'on ne peut même pas s'en tenir aux renseignements de Chappuzeau : « Chacun des deux Hôtels en est pourvu d'un beau nombre, dont les gages montent à plus de cinq mille écus payés très exactement [1] ». Mais il fallait toujours à la troupe des violons, un décorateur, un imprimeur, d'autres gens encore, dont les gages devaient lui paraître trop élevés.

Pour couvrir de tels frais et ceux que leur causaient les représentations, les comédiens auraient dû pouvoir compter, ou sur un public fidèle et nombreux, ou sur de libérales protections. Mais les confrères de la Passion ne leur avaient cédé ni l'un ni l'autre de ces avantages; c'était aux nouveaux venus à les acquérir, tâche longue et laborieuse, dans laquelle les gênaient encore de nombreuses et importantes concurrences.

II

La plus redoutable était celle des comédiens étrangers et surtout des Italiens [2]. De 1599 à 1624, il vint à Paris au moins huit troupes italiennes, dont la plupart y firent un long séjour. Appelés

---

1. P. 224. Chappuzeau distingue (p. 231-245) les hauts officiers, non payés parce qu'ils font partie de la troupe : trésorier, secrétaire, contrôleur; et les bas officiers ou gagistes : concierge, copiste, violons, receveur au bureau, contrôleurs des portes, portiers, décorateurs, assistants, ouvreurs de loges, de théâtre et d'amphithéâtre, chandelier, imprimeur, afficheur.

2. On ne sait rien d'une troupe anglaise signalée à Paris en 1604. (A. Baschet, *les Comédiens ital.*, p. 101, n.) Des Espagnols, qui débutèrent à la porte Saint-Germain, le 27 octobre 1613, ne réussirent point. (Voy. Malherbe, lettres des 27 oct. et 24 nov., t. III, p. 350 et 358.) Quant aux soi-disant Grecs qui jouaient dans l'île de la Cité en 1627, voy. notre *Esquisse*, p. 62.

par Henri IV, Marie de Médicis, Anne d'Autriche, qui négociaient leur arrivée avec le même soin que des affaires d'État, chèrement payés et énergiquement protégés par ces personnes royales [1], les Fritellino, les Arlequin, les Lelio s'installaient d'abord à la cour, où quiconque voulait plaire n'avait garde de ne pas les voir et de ne pas les admirer. Leur succès épuisé, ils se transportaient à l'Hôtel de Bourgogne, où la réputation que leur avait faite la cour, leur mérite propre et surtout l'originalité de leurs spectacles, attiraient la foule. Ce qui nous fait trouver leurs pièces meilleures que nos farces, dit un personnage de Sorel, « ce n'est que la grâce d'un langage étranger, et les actions naïves et ridicules de leurs personnages, qui, de vrai, savent mieux trouver le biais des choses qui peuvent émouvoir à rire, que tous les comédiens des autres nations; mais au reste, s'ils veulent jouer une pièce sérieuse, ils ne peuvent aussi s'empêcher d'y mêler leurs bouffonneries, qui leur sont trop naturelles pour s'en abstenir. Or, pour ce qu'ils sont fort gestueux, et qu'ils représentent beaucoup de choses par l'action, ceux même qui n'entendent pas leur langage comprennent un peu le sujet de la pièce; tellement que c'est la raison pourquoi il y en a beaucoup à Paris qui y prennent plaisir [2]. »

Nous avons vu comment le succès d'une troupe italienne, d'ailleurs inconnue, avait forcé Valleran à quitter l'Hôtel de Bourgogne en 1599 [3]. Quel tort ne durent pas lui faire par la suite des troupes fameuses comme les *Accesi* ou celles d'Arlequin [4] !

---

1. Voy. toutes sortes de détails piquants dans l'excellent livre d'A. Baschet. Qu'on nous permette seulement une citation, qui montrera la fatuité de ces bouffons italiens et permettra de comparer leur situation privilégiée à l'isolement des pauvres comédiens français. Tristano Martinelli, dit *Arlequin*, raconte dans une lettre du 4 octobre 1613 comment Marie de Médicis, *sa commère*, l'a reçu, lui et sa troupe : « Pour mon particulier, elle me donne secrètement quinze ducats par mois pour les dépenses de ma femme, qui, sous peu de jours, mettra au monde l'enfant dont le roi doit être le parrain, et sa sœur, la reine d'Espagne, la marraine. L'un et l'autre veulent le tenir sur les fonts, de leurs propres mains. Si c'est un garçon, le roi le veut pour lui; si c'est une fille, la reine la veut pour elle; si bien que me voilà fort intrigué pour les contenter tous les trois. J'ai pensé, pour lever tout embarras, de rendre ma femme grosse deux fois encore, et de donner les enfants un par un, comme on fait pour les chats. » (*Les Coméd. ital.*, p. 235.)

2. *La Maison des jeux*, t. I, p. 437-438.

3. *Esquisse*, p. 32.

4. Les Confrères avaient un contrôleur spécial des comédiens étrangers. (*Les Com. ital.*, p. 130. A. Baschet dit aussi : contrôleur des comédiens tant français qu'étrangers, p. 174.) Ce poste était occupé au commencement du xvii⁰ siècle

Enfin les Italiens partaient, et nos comédiens respiraient un peu. Mais ni la cour ni la ville ne se trouvaient pour cela réduites à leurs seules représentations. La cour avait les siennes, aussi luxueuses que celles des comédiens étaient simples et misérables; elle avait ses ballets, qui longtemps à l'avance occupaient tous les courtisans, et qui étaient dansés avec le plus grand apparat [1]. La ville avait les représentations que donnaient parfois d'autres comédiens français : Laporte en 1609 et 1610, Claude Husson en 1610 et 1614, Le Noir en 1625 et 1629, d'autres encore. Comme les Italiens, Husson et Le Noir, à deux reprises, jouèrent à l'Hôtel de Bourgogne à côté même des comédiens royaux; et l'on devine combien grand fut le dépit de ceux-ci, combien fut précaire leur situation, lorsque Le Noir, en 1625, occupa seul l'Hôtel de Bourgogne, pendant qu'eux-mêmes erraient à la recherche d'une salle. En 1629 enfin, un second théâtre s'établissait à Paris définitivement [2].

A côté de telles concurrences, celle des collèges était peu de chose. Le temps n'était plus, en effet, où les écoliers jouaient avec éclat, soit les pièces classiques de Jodelle et de ses successeurs, soit les comédies politiques et satiriques les plus hardies. En 1594, un régent du collège des Cappettes avait été emprisonné pour avoir voulu faire jouer une *tragédie du roi Chilpéric deuxième* [3]; en 1598, la réforme universitaire interdit le retour

---

par le sieur Jacques de Fonteny, sur lequel on peut voir des notes d'Éd. Fournier (*Variétés*, t. V, p. 59-62) et d'A. Baschet, p. 175-176.

1. Voy. le *Journal* d'Héroard et les lettres de Malherbe, *passim*; de Beauchamps, partie III, p. 21-46; A. Baschet, *le Roi chez la Reine*, ch. x : *les Divertissements de Louis XIII*; et les ouvrages spéciaux sur le théâtre à la cour, notamment : *Ballets et mascarades de cour sous Henri IV et Louis XIII (de 1581 à 1652)*, recueillis et publiés d'après les éditions originales la plupart introuvables aujourd'hui par M. Paul Lacroix. Genève, chez J. Gay et fils, éditeurs, 1868-1870, 6 vol. petit in-12.

2. On peut voir dans les prologues de Bruscambille (*Nouvelles et plaisantes imaginations*, p. 68; *Prologue des accidents comiques*) sur quel ton peu aimable les comédiens royaux parlent de leurs concurrents : « Qu'y a-t-il au monde d'inconnu aux comiques que l'oisiveté? Je n'entends comprendre ici un tas de petits bateleurs, qui usurpent la qualité de comédiens et qui n'ont pas si bonne provision de science que de rubans jaunes, blancs ou rouges, entrelardés de leurs moustaches et de bracelets, composés ou tissus de je ne sais quels vilains cheveux qu'ils auront pris au peigne crasseux de quelque pauvre chambrière de village. Au contraire, j'entends parler de ceux qui représentent en leurs actions le pur et vrai microcosme de la nature comique. Retournons donc à eux, et laissons là ces caméléons, qui ne se repaissent que de vent et de fumée. » Voy. encore un passage des *Facecieuses paradoxes*, qui sera cité ci-dessous, § 6.

3. Voy. *Revue rétrospective*, t. IV, p. 351.

des vieux excès. « Les écoliers s'amendèrent ; ils jouèrent encor mais sagement, des comédies sacrées, des à-propos flatteurs pour la bienvenue d'un grand, des comédies édifiantes [1]. » Ce ne pouvait plus être là l'affaire du public. Le ridicule s'attaqua à ce théâtre scolaire, autrefois si florissant, et Sorel ne fit que traduire librement le sentiment public, lorsqu'il écrivit dans son *Francio* la parodie d'une représentation de collège [2]. Seuls les jésuites rentrés vers 1603 [3], mais qui ne purent reprendre leur enseignement public à Paris qu'en 1618, allaient rendre leur prestige aux représentations scolaires : ils jouaient des tragédies et des comédies, ne dédaignaient pas la musique et les ballets, et faisaient payer à leurs spectateurs le même prix que les comédiens [4].

Mais si les comédiens n'avaient pas trop à souffrir des représentations des collèges, ils avaient à soutenir de la part des bateleurs des foires Saint-Germain et Saint-Laurent une sérieuse et rude concurrence. En 1596, les Confrères avaient argué de leurs privilèges pour les expulser [5]; mais les foires avaient également leurs privilèges, tout aussi respectables, et le Parlement avait donné tort aux Confrères ; le public lui-même avait témoigné par ses violences contre l'Hôtel de Bourgogne de l'intérêt qu'il portait aux bateleurs [6].

D'ailleurs, pourquoi ne parler que des foires Saint-Germain et Saint-Laurent ? Elles duraient longtemps, il est vrai ; mais en certains endroits de Paris, et surtout, à partir de 1609 environ, sur

---

1. Petit de Julleville, *les Comédiens*, p. 320.
2. Début de la 4º partie, p. 139-142 de l'éd. Delahays. (*Francion* est de 1622.)
3. Ils avaient été expulsés en 1594, après l'attentat de Jean Châtel.
4. Voy. Despois, *le Th. fr. sous Louis XIV*, p. 98 ; voy. Chappuzeau, l. I, ch. vi, « des spectacles qui se donnent au collège » ; et Ernest Boysse, *le Théâtre des jésuites*. Héroard signale un certain nombre de représentations données par des jésuites de province en l'honneur de Louis XIII, voy. t. II, p. 148, 149, 156, 181, 187, 219, 249, 264, 283.
5. Voy. *Esquisse*, p. 24 sqq.
6. Consulter Ém. Campardon, *les Spectacles de la foire*, et V. Fournel, *le Vieux Paris*. — En 1634, les comédiens, ne pouvant supprimer les foires, prirent le bon parti d'en tirer eux-mêmes quelque profit, en donnant au public une comédie de *la Foire de Saint-Germain*. (Voy. *l'Ouverture des jours gras*, brochure facétieuse de 1634, qui contient une *réclame* en faveur de cette pièce, Ed. Fournier, *Variétés*, t. II, p. 349.) La foire Saint-Germain avait déjà été mise en ballet, à la cour, en 1607 (voy. Beauchamps, III, p. 23, et V. Fournel, *le Vieux Paris*, p. 80, n. 3) ; elle devait être mise en comédie par Regnard et Dufresny, ainsi que par Dancourt.

le Pont-Neuf et sur la place Dauphine [1], s'en tenait une autre qui durait toujours. Là abondaient les charlatans accompagnés de farceurs de tout ordre; là se poussait et foulait « une multitude de petit peuple de toutes sortes d'états, qui avaient quitté leur boutique pour venir voir le charlatan; les uns y menaient leurs enfants plus soigneusement qu'au sermon, les autres étaient hués par leurs femmes qui se lamentaient de n'avoir point de pain à la maison, et néanmoins que leur méchant mari s'amusait à la farce plus qu'à sa besogne [2] ». Sur la place Dauphine trônait [3] le roi des charlatans, Mondor, assisté du roi des farceurs, Tabarin, et pendant que tous deux faisaient fortune, ils ne laissaient pas de porter tort à la troupe royale, quelque relevée qu'elle parût être au-dessus de ces bouffons de carrefour. « L'on a vu, disait un ami de Tabarin, l'on a vu nos comédiens et facétieux français, que je crois, à mon avis, qu'ils ont pris autant de peine que l'on se pourrait imaginer, de contenter de leurs rares comédies et fameux prologues ceux qui les ont assistés de leur présence; mais je puis dire que le chapeau à Tabarin, assisté de celui qui le porte, a plus fait rire de peuple en un jour, que les comédiens n'en sauraient avoir fait pleurer avec leurs feintes et regrets douloureux en six, quelque comédie, tragi-comédie, pastourelle ou autre sujet qu'ils puissent jouer dans l'Hôtel de Bourgogne ou autres lieux semblables [4]. » Et Tabarin, en effet, riche et influent sur le public, était une puissance. Hugues Guéru épousait sa fille, et, dans leurs prologues comme dans leurs brochures, les comédiens, à qui il faisait tort, n'en parlaient qu'avec amitié et avec respect [5].

1. Voy. Éd. Fournier, *Histoire du Pont-Neuf*. Paris, Dentu, 1862, 2 vol. in-12, t. I, ch. iv-vi et ch. ix.
2. *Les Caquets de l'accouchée* (de 1622), éd. elz., p. 10. « On quitte le sermon pour ouïr Tabarin », dit de son côté le satirique du Lorens, l. II, sat. ii, p. 14.
3. Depuis 1618. Voy. le *Tabarin de la Bibl. gaul.*, préface, p. xiv, et postface, p. 473. Voy. Leber, *Plaisantes recherches d'un homme grave sur un farceur*, p. 4.
4. Et encore : « L'on a vu Gaultier Garguille avec son loyal serviteur Guillaume, assisté de la dame Perrine, qui ont joué des plus fameuses facéties qu'on puisse désirer; mais je dirai qu'ils étaient trois personnes à représenter icelles; et Tabarin avec son chapeau en représente autant sans argent que les comédiens ne font à leurs assistants pour chacun cinq sous, et partant doit-il être plus aimé de ceux qui n'ont point d'argent et qui désirent de voir quelque chose de plaisant. » *Les Fantaisies plaisantes et facéties du chapeau à Tabarin*. (*Les Œuvres de Tabarin*, p. 297-298, et *Joyeusetez*.)
5. Sur Mondor et Tabarin, voy. Jal, *Dict. critiq.*, p. 878 et 1160-1165; *les Œuvres de Tabarin*, préface, et *Justes plaintes du sieur Tabarin sur les troubles*

Ne disons rien des autres charlatans ou farceurs, comme Desidério Descombes [1] et Grattelard [2]; des danseurs de corde, comme Jacques Fermier et André Sorelais [3]; des joueurs de marionnettes, comme Pierre Datelin, dit Brioché [4], le fondateur d'une dynastie. Nous avons vu contre quelles concurrences les comédiens royaux avaient à lutter; nous savons à quelles conditions onéreuses il leur était permis de représenter leurs pièces. Sur quelles ressources pouvaient-ils compter pour faire face à des difficultés si grandes?

III

La principale évidemment venait des recettes ordinaires de leur théâtre; mais, sans parler des relâches forcés qui les réduisaient [5], ces recettes étaient assez faibles. Combien la salle pouvait-elle contenir de personnes? On ne le sait [6]. Était-elle toujours pleine? On ne peut le croire; or, une partie était réservée aux Confrères, et

et divisions de ce temps, p. 393-398; Leber; Fournel, *le Vieux Paris*, p. 204-215. — Mondor n'a d'ailleurs pas voulu borner ses succès au seul Paris. Le 20 août 1627, c'est lui sans doute que nous trouvons à Cologne, sous le nom de *Franciscus Ferrar dictus Mondorus, medicus Parysiricus*: il demande la permission de distribuer ses médicaments sur la place publique et d'y donner la comédie. Voy. Trautmann, *Franz. Schausp.*, p. 207.

1. Ou de Combes. Voy. *Caquets de l'accouchée*, p. 102. — Voy. *Discours de l'origine, des mœurs, fraudes et impostures des ciarlatans, avec leur descouverte. Dedié à Tabarin et Desiderio de Combes par I.D.P.M.O.D.R.* A Paris, chez Denys Langlois, au mont Sainct-Hilaire, à l'enseigne du Pelican, M.DC.XXII; pet. 8°. A la dernière page, l'auteur fait un portrait de Mondor, qui « a de l'esprit », et de Desiderio, qui n'est qu'un « grossier et rustaud ».

2. *Œuvres de Tabarin*, p. 287. Voy. Fournel, *le Vieux Paris*, p. 219-223. Les *Rencontres, Fantaisies et coq-à-l'asnes facecieux du baron de Grattelard tenant sa classe ordinaire au bout du Pont-Neuf...* ont été réimprimées dans l'édition elzévirienne de *Tabarin*, t. II, p. 157-200. — Leber cite d'autres noms de charlatans et farceurs contemporains, p. 45. De même Fournel, *le Vieux Paris*, p. 196, 199, 224, 227.

3. Jal, p. 470.

4. Jal, p. 470-472. — En 1610, le dauphin Louis assiste plusieurs fois à des représentations de marionnettes. Voy. Héroard, t. I, p. 422.

5. Au temps de Chappuzeau, les comédiens fermaient le théâtre aux fêtes solennelles et dans les deux semaines de la Passion. Ils se donnaient alors particulièrement « aux exercices pieux ». Voy. le livre III, *de la Conduite des comédiens*.

6. Sur le nombre de personnes que pouvaient contenir les théâtres au temps de Louis XIV, voy. une intéressante note d'Eug. Despois, *le Th. fr. sous L. XIV*, p. 362-363; mais nous n'avons guère de données sur la capacité de l'Hôtel de Bourgogne au début du siècle.

le prix des places était bien peu élevé. En 1541, il avait été fixé à deux sous par le Parlement, et, s'il avait augmenté depuis, c'est surtout parce que la valeur des monnaies avait subi une diminution. En 1609, une ordonnance de police [1] défendait d'exiger plus de cinq sous au parterre et de dix aux loges; et ce tarif était encore en vigueur vers 1620 [2]. En 1634, il semble avoir été de neuf ou dix sous pour le parterre, de dix-neuf ou vingt pour les loges [3]. On approchait ainsi peu à peu du prix que nous trouvons fixé dès 1652, celui de quinze sous pour le parterre [4].

1. Du 12 novembre. (Félibien, *Histoire de la ville de Paris*, t. II, p. 1025.)
2. Comme le prouve la pièce, malheureusement sans date, mais qui ne peut guère être antérieure à 1620, des *Fantaisies plaisantes et facéties du chapeau à Tabarin*. (Voy. ci-dessus, p. 111, n. 4.)
3. Plusieurs écrits, dont les dates vont de 1631 à 1637, nomment le teston comme prix de la comédie à l'Hôtel de Bourgogne. Voy. Rayssiguier, avant-propos de *l'Aminte du Tasse* (dans Lotheissen, t. II, p. 90, n.); *Testament de feu Gaultier Garguille*, 1634 (dans *les Chansons de Gaultier Garguille*, p. 152); *la Rencontre de Turlupin*, 1637 (*id.*, p. 241). Éd. Fournier écrit à propos d'un de ces passages : « Le teston n'avait plus cours depuis Henri III. Le mot est pris ici pour une pièce de monnaie quelconque. » (*Chansons*, p. 152, n.) Mais, si on avait cessé sous Henri III de frapper de nouveaux testons, il en circulait certainement encore. D'ailleurs, il est facile de citer quelques passages (*les Nouvelles et plaisantes imaginations de Bruscambille* (de la Folie en général), p. 84; — *Songe arrivé à un homme d'importance*, p. 193; — *Tabarin*, p. 394-395), où le mot de teston ne peut s'entendre que d'une pièce de monnaie particulière, ayant une valeur précise. Quelle était donc cette valeur du teston? Environ 19 sous, puisque, après avoir valu 10 sous au temps de Louis XII, 15 au temps de Henri III, « lorsqu'il a cessé en France d'être reçu dans le commerce, il était monté à 19 sols six deniers, c'est-à-dire à peu près au tiers de l'écu de France ». (*Traité des monnaies et de la jurisprudence de la Cour des monnaies*, par M. Abot de Bazinghen, t. II, p. 624.) Le prix du parterre ne pouvant être de 19 sous, je suppose que tel était celui des loges et que le parterre coûtait moitié moins. Il pourrait se faire aussi qu'on employât le terme de teston pour désigner le demi-teston. — Un passage de Scudéry semble confirmer notre raisonnement. En 1635, les comédiens de campagne de sa *Comédie des comédiens* exigent huit sous par place de leurs spectateurs, quand ils en trouvent. (A. I, sc. v, p. 19.) — Avouons, en terminant, que le passage suivant est difficile à interpréter, quelque opinion que l'on adopte. L'ombre de Gaultier Garguille dit à Gros-Guillaume : « Si ces paroles que je te dis par la permission de Proserpine sont vues en public, fera aux sérieux qu'ils quitteront leurs plus pressantes affaires pour venir prendre place de bonne heure à l'Hôtel de Bourgogne et jouir du bien de te voir, tandis que l'âme te bat dans le corps, et au lieu de deux testons en donneront six. » (*Songe arrivé à un homme d'importance*, p. 210.) Pourquoi ce chiffre de deux testons? Faudrait-il entendre par là deux demi-testons, c'est-à-dire le prix des loges?
4. Il faut pourtant faire une restriction. « Pendant les premières représentations d'une pièce nouvelle, on doublait le prix des places; c'est ce qu'on appelait *jouer au double*, condition que l'on maintenait le plus longtemps possible. Le prix de 30 sous au parterre était considérable pour le temps. » (Despois, p. 106.) Cf. J. Bonnassies, *Histoire administrative de la Comédie-Française*.

De telles exigences étaient modestes; encore si tout le monde s'y était soumis ! Mais tout ce qui appartenait à la maison du roi s'arrogeait le droit d'entrer sans bourse délier, les mousquetaires faisaient de même, les laquais entraient gratis en suivant leurs maîtres, et quiconque pouvait les imitait [1]. Écoutons les doléances de Bruscambille :

« Le trésorier de nos menus plaisirs ne sera quelquefois payé à la porte que d'un branlement de tête, mêlé d'une gravité morfondue dans le cabinet de l'avarice... Quelque ignorant ignorantissime, filant sa moutache gauche et jetant nonchalamment ses yeux sur ce pauvre Cerbère ou Janitor, lui fera signe des doigts que sa qualité le fait passer sans flux. Un autre, un peu plus courtisan, payera d'un : « Mon ami, tu me prends sans vert, je te contenterai à « la première vue »; mais ce petit crédit lui défend l'entrée pour le jour suivant, si d'aventure quelqu'autre n'embrasse la recette, car en ce cas sa taquinerie lui permet d'y aller, à la charge de payer celui-ci de même monnaie, d'une révérence claustrale qu'il fera en passant. Bref, c'est proprement emplir nos bourses de vent. Je ne sais de quoi on doit entretenir ces gens-là qui nous font l'honneur de nous emplir le parterre de notre salle. Je proteste à tour de bras qu'ils méritent récompense, et qu'il est raisonnable qu'ils soient traités selon leur mérite [2]. »

---

1. Chappuzeau dit encore qu'avant la déclaration royale du 9 janvier 1673 « la moitié du parterre était souvent remplie de gens incommodes; il en entrait aux loges; on voyait beaucoup de monde et fort peu d'argent ». (L. III, ch. xxiv, p. 166.)

2. Les Fantaisies de Bruscambille, p. 167-168 (autre prologue facétieux contre l'avarice). Voy. encore dans les Exercices de ce temps, attribués à Courval-Sonnet, la satire IXe (le Débauché), t. II, p. 102-103. Le débauché voulant être comédien, on le place à la porte :

> A peine y suis-je mis qu'à rudes coups de poing
> Chacun frappe en entrant et ne m'épargne point,
> Car les plus fins, d'abord, s'aidaient de cette fourbe,
> Afin que sans payer ils entrassent en tourbe.....
> Lors tous mes compagnons viennent à mon secours,
> De cette populace on arrête le cours;
> On met l'épée au poing, on frappe, on se retire;
> Le monde, s'émouvant, s'en éclate de rire.....
> Moi, tout moulu de coups, aussi battu que plâtre,
> Je fais mon rendez-vous derrière le théâtre.

— Les mêmes manèges étaient pratiqués en Espagne, et M. Damas-Hinard, d'après les meilleures sources, en a tracé un tableau piquant. Voy. Moniteur universel, 1er déc. 1853, p. 1329. Il faut remarquer, d'ailleurs, que la vanité se joignait à l'avarice pour faire tort aux comédiens. On regardait comme une distinction d'avoir son entrée libre au théâtre, « et des personnes à qui le

Plaintes et menaces bien inutiles! Les amateurs de spectacles gratuits n'étaient pas pour s'en émouvoir; ils entraient par la force quand ils ne pouvaient entrer par la ruse, et les portiers, quoique armés d'une épée, couraient sans cesse les plus grands dangers [1].

Aussi n'oubliaient-ils pas de se dédommager; en *faisant la part à leurs compagnons*, ils avaient soin de *faire la leur bonne;* après avoir lutté contre les filous, ils continuaient leur œuvre. « Le titre de voleur, dit un personnage de Scudéry, est une qualité annexée à celle de portier de comédie, et un homme fidèle de cette profession est comme la pierre philosophale, le mouvement perpétuel ou la quadrature du cercle, c'est-à-dire une chose possible et non trouvée [2]. » Ajoutons du moins que, pendant un temps, les comédiens de l'Hôtel de Bourgogne ne furent pas volés par les portiers, n'étant pas assez riches pour en avoir, et que Valleran, quoique « chef de la troupe, recevait l'argent lui-même à la porte [3] ».

---

prix d'une entrée importait peu, faisaient de pénibles efforts pour l'obtenir gratuite ». Ticknor, t. II, p. 471, l'affirme pour l'Espagne; cela devait être vrai aussi pour la France.

1. Sur les blessures reçues par les portiers, et même sur les portiers tués jusqu'à une date tardive du xviie s., voy. Éd. Fournier, *les Chansons de Gaultier Garguille*, p. 242, n., et surtout V. Fournel, *Curiosités théâtrales*, p. 134-135, qui cite les principaux textes sur ce sujet. — On peut encore consulter Chappuzeau, l. III, ch. LVI, p. 253; Campardon, *Documents inédits sur J.-B. Poquelin Molière*, Paris, Plon, 1871, p. in-12, p. 34-48; Moland, *Molière, sa vie et ses œuvres*, p. 216-220.

2. Scudéry, *la Comédie des comédiens*, acte I, sc. 1, p. 7, et acte I, sc. v, p. 21. Gaultier Garguille lègue à ses camarades « le droit de se plaindre de la fidélité de leurs portiers ». (*Le Testament*, p. 183). En 1637, l'Hôtel de Bourgogne se louait pourtant de son dernier portier. Turlupin, descendu aux Champs-Élysées et voulant « faire preuve de son service à Pluton, lui fit offre sur le champ d'une tragi-comédie admirable, pourvu qu'il plût à Pluton lui faire la faveur, et à ses camarades, de leur donner quelqu'un qui empêchât les troubles et confusions qui ont accoutumé arriver en telles occasions. Ce qui lui fut accordé par Pluton, qui, à leur requête, fit venir aussitôt leur bon, loyal et fidèle portier, n'en jugeant point de plus capable, et qui ne les avait point abandonnés, étant assuré qu'en telles affaires il sait bien mettre la main à la rapière, comme il fit paraître à la rencontre de sept ou huit escrocs, et apprenait à telles manières de gens à ne plus venir à la comédie sans le teston. Bien leur prit qu'il avait oublié son espadon en l'autre monde, lequel il regrettait avec passion en une telle rencontre; je vous laisse à juger ce qu'il eût fait, s'il l'eût eu en sa possession. » *La Rencontre de Turlupin en l'autre monde avec Gaultier Garguille et le Gros Guillaume*, 1637. (Dans les *Chansons*, p. 241.) — Le frontispice de la *Comédie des comédiens* représente aussi Belle-Ombre, qui fait le portier, avec une énorme rapière.

3. Tallemant, t. VII, p. 170. — La Porte faisait de même. Voy. *les Exercices de ce temps*, attribués à Courval-Sonnet, sat. IX, *le Débauché*, t. II, p. 102.

Pauvres recettes, on le voit, que celles de nos comédiens! Encore les leur reprochait-on; encore injuriait-on ces bonnes gens parce qu'ils recueillaient assez mal le fruit de leurs peines [1]. Pour nous, nous ne faisons pas difficulté de les croire, lorsqu'ils affirment qu'ils « ne laissent guère de procès à leurs héritiers pour l'amas ou superflu des richesses », et nous en croirons aussi Tallemant, quand il dit que Valleran « ne savait que donner à chacun de ses acteurs ».

Seules, les libéralités des grands ou de la cour auraient pu procurer quelque aisance aux comédiens; mais nous avons lieu de douter que ces libéralités aient été bien grandes. Sous Louis XIV même, alors que la comédie était le plus en faveur, les grands seigneurs promettaient quelquefois, mais ne donnaient guère; les théâtres leur faisaient crédit pour leur entrée même, et n'arrivaient pas sans peine à être payés [2]. Pourquoi les choses se

---

[1]. Voy. les explications de Bruscambille, *Nouvelles et plaisantes imaginations*, p. 66 et 19-20. Voy. l'*Apologie de Guillot Gorju addressée à tous les Beaux Esprits*. A Paris, chez Michel Blageart, rue de la Calandre, à la Fleur de Lys, M.D.C.XXXIIII (*Joyeusetez*).

[2]. Voy. Despois, l. II, ch. ɪ et ɪɪ. On lit dans l'*Apologie de Guillot Gorju*, p. 22 : « Pour les grands, ils ne se contentent pas de payer au double des loges (c'est-à-dire de payer des loges à un prix double de celui du parterre?), mais ils leur font outre plus de très grands présents, estimant ne pouvoir trop récompenser un si agréable travail. » Mais cela doit-il être pris à la lettre? et n'est-ce pas pour se faire valoir que les comédiens se vantent d'être protégés par les grands? Une anecdote curieuse, rapportée par A. Baschet (*les Com. ital.*, p. 169-170), montre quelles avanies les comédiens pouvaient avoir à subir de la part des grands seigneurs. Elle est littéralement traduite d'une lettre écrite par l'ambassadeur du duc de Mantoue à son maître, protecteur des comédiens italiens : « Un gentilhomme français de grande maison, proche parent de M. le Grand Écuyer, allant à la comédie (le 19 mars 1608), donna à Battistino un soufflet au lieu de l'argent que celui-ci réclamait, puis, le bousculant, se rendit au rang des loges. Le comédien l'y suivit, se plaignant de ce qu'il l'avait frappé et lui réclamant le prix dû. A quoi le gentilhomme lui dit : « Je t'ai payé avec la monnaie que tu mérites »; sur ce, le Battistino tout en colère, s'avançant sur lui : « Puisqu'il en est ainsi, prenez ce qui vous revient »; et dans le même temps, il lui donna si fort du poing sur le nez que soudain le sang jaillit vivement. Le gentilhomme mit l'épée à la main; beaucoup firent comme lui; mais le comédien, appuyé de quelques Italiens qui se trouvaient là, se sauva. A deux soirs de là, ledit gentilhomme, avec une troupe bien armée, se rendit à la maison des comédiens pour tuer ce pauvre homme. » Ainsi étaient traités les *Accesi*, protégés par le roi, la reine, don Jean de Médicis! Comment devaient l'être les comédiens français! — Dans son *Testament*, 1634 (*Chansons*, p. 154), Gaultier Garguille recommande à ses camarades « la visite des princes et des seigneurs et le petit mot en passant pour leur faire souvenir que leurs garde-robes sont inutilement pleines d'habits, qui leur pourraient servir à faire voir leur humeur libérale en public ». Plus tard, en effet, il arriva aux grands de donner des vêtements, même neufs, même fort riches, aux comédiens.

seraient-elles mieux passées au commencement du siècle [1] ? Quant à la cour, nous savons qu'elle s'est transportée quelquefois à l'Hôtel de Bourgogne, et que, plus souvent, elle en appelait à elle les comédiens [2] ; ceux-ci sans doute y gagnaient quelque chose, mais pas autant qu'on pourrait d'abord se l'imaginer. Henri IV n'était pas homme à donner beaucoup d'argent à des comédiens ; Louis XIII ne se prit d'affection pour l'Hôtel de Bourgogne qu'après que Richelieu fut devenu le protecteur du Marais ; Marie de Médicis et Anne d'Autriche ne s'intéressaient qu'aux Italiens. Rien, jusqu'aux dernières années du règne de Louis XIII, ne nous fait connaître de libéralités royales accordées aux comédiens français, ni les écrits des contemporains, ni ceux des comédiens eux-mêmes, si intéressés à se dépeindre comme bien en cour, ni les documents officiels qu'on a publiés et qui sont si favorables aux Lélio et aux Arlequin. C'est en 1639 seulement que nous voyons la troupe royale se dire « entretenue de

---

1. On voit par *la Maison des jeux* de Sorel (t. I, p. 467), qu'en 1642 les comédiens allaient quelquefois donner la comédie dans des « maisons particulières ». Mais il est douteux que cet usage datât de longtemps. Héroard signale en 1618, 1619, 1620 un certain nombre de représentations données chez M. de Luynes ; mais l'étaient-elles par la troupe de l'Hôtel de Bourgogne ou par des comédiens improvisés ?

2. L'Estoile, au 26 janvier 1607. Voy. Tallemant, t. I, p. 38, pour une représentation du Gros-Guillaume devant Henri IV. Sous Louis XIII, le *Journal* d'Héroard mentionne souvent la présence du roi à des représentations et, quoiqu'il n'ajoute malheureusement pas quels étaient les acteurs qui les donnaient, nous pouvons le deviner quelquefois. En 1609, les représentations du 7 et du 14 février à l'Hôtel de Bourgogne étaient sans doute données par la troupe de Valleran (voy. notre *Esquisse*) ; il en est de même en 1611 pour celles des 11, 14, 18, 21 et 25 septembre, ainsi que du 30 novembre ; en 1614, pour celle du 21 décembre. Parmi les représentations données à la cour par des « comédiens français », et qu'il faut sans doute mettre au compte de Valleran et de ses camarades, citons celles des 20, 21, 22 juin et 26 septembre 1611 ; 9 novembre 1612 ; 5 janvier, 2 et 16 mars et 27 juillet 1613. Au 28 avril de cette année, les éditeurs d'Héroard écrivent : « Il ne se passe guère de jour où il (le roi) n'assiste à une comédie, soit française, soit italienne, presque toujours chez la Reine, quelquefois ailleurs... » (t. II, p. 121, n. 3) ; et nous avons appris de Malherbe que les comédiens français avaient été appelés à la cour au mois de novembre. Citons encore les représentations des 31 janvier, 4 et 26 février 1615 ; 19 octobre 1616 ; 6 janvier 1618 ; 13 août 1619. — A la fin de la période qui nous occupe, ou peu après, nous savons que des pièces de Scudéry, Rotrou, Durval et autres ont été jouées devant la cour. Voy. fr. Parfait, t. IV, p. 443 et *passim*. Enfin, citons le mot que les camarades de Gaultier Garguille lui faisaient adresser par Caron après sa mort : « Tu as eu l'honneur de donner du contentement au plus grand roi du monde. » *La rencontre de Gault. Garg. avec Turlupin* (*Chansons*, p. 179).

Sà Majesté », en 1641 que nous la voyons recevoir une pension de 12 000 livres [1].

Malgré tout, la présence de la cour à Paris n'était pas inutile aux comédiens. Elle leur procurait des spectateurs qui pouvaient au besoin les protéger, et qui, en attendant, louaient les places les meilleures et les plus chères.

Lorsque les recettes étaient par trop faibles, la troupe quittait Paris pour quelque temps et allait exploiter la curiosité de la province [2]. Ainsi avait déjà fait la confrérie de la Passion, lorsqu'elle s'était transportée à Rouen [3]; ainsi devait faire la troupe du Marais, se rendant presque tous les étés dans cette même ville, et ne bornant pas toujours là ses courses [4]; ainsi devaient faire, à ce qu'il semble, encore que plus rarement, même les *grands comédiens*, successeurs des nôtres [5]. A ces excursions la troupe trouvait deux avantages : elle ramassait quelque argent, tout en secouant les dures charges que lui imposait la confrérie. Celle-ci, il est vrai, ne l'entendait pas ainsi, et le cas était prévu dans les baux : « Et ne pourront iceux preneurs avoir, prétendre ou demander aucune diminution ou rabais dudit loyer pendant lesdites trois années, pour l'absence du Roi de cette ville de Paris, ou absence d'eux, ou qu'ils ne représentassent pas, si ce n'est qu'il

---

1. Voy. Soulié, p. 150 : *Bail de l'Hôtel de Bourgogne* en date du 18 janvier 1639; et E. Despois, *le Théâtre français sous Louis XIV*, p. 6. — Guizot (*Corneille et son temps*, p. 138) dit que les comédiens de l'Hôtel de Bourgogne « avaient obtenu dès 1612 le titre de comédiens du roi et une pension de 1200 livres », mais il ne cite et ne pouvait citer aucune preuve de cette assertion, qui n'en a pas moins été répétée.

2. C'était surtout à Rouen qu'elle se rendait, et Bruscambille va jusqu'à nommer cette ville l' « ordinaire séjour » de sa compagnie. (*Facecieuses paradoxes*, 1615, *En faveur de la scène*, prologue tout différent de celui qui porte le même titre dans les *Nouvelles et plaisantes imaginations*; les pages n'en sont pas numérotées.) Mais les comédiens royaux allaient aussi plus loin. La *Seconde harangue de Midas* (*Fantaisies*) semble avoir été prononcée à Poitiers, le *Prologue en faveur des écoliers de Toulouse* (*id.*), à Toulouse; et l'on ne peut pas dire que ces morceaux aient été composés avant l'entrée de Bruscambille à l'Hôtel de Bourgogne, puisqu'aucun ne figure dans les éditions de 1609 et de 1610, et puisque le prologue prononcé à Rouen désigne avec netteté les comédiens comme *servant ordinairement les Princes, et particulièrement Sa Majesté, qui les commandent*. — Ajoutons qu'un passage de Tallemant (t. I, p. 38) parle d'excursions faites en province, et notamment à Bordeaux, après l'assassinat de Henri IV.

3. Petit de Julleville, *les Comédiens*, p. 58.

4. Chappuzeau, l. III, ch. XXXVI, p. 191; Chardon, *la Troupe du Roman comique*, p. 36-37.

5. Despois, p. 94.

leur fût défendu par M. le lieutenant civil ou nos seigneurs du Parlement [1]. » Mais, le cas échéant, la clause en question devenait vite lettre morte, et les comédiens forçaient la main aux Confrères, qui ajoutaient en gémissant un nouvel article à leur état de dépense : « Et de plus, si les comédiens sont quelque quartier ou temps sans représenter comédies audit hôtel, ils font perdre le loyer dudit temps auxdits maîtres, ainsi que de fraîche mémoire il apparait par le bail daté au premier article de recette ci-devant [2]. »

IV

Nos comédiens étaient donc pauvres ; leur moralité n'était pas d'un niveau fort élevé. Tristan les appelle des débauchés [3]. « C'étaient presque tous filous, dit Tallemant, et leurs femmes vivaient dans la plus grande licence du monde ; c'étaient des femmes communes, et même aux comédiens de la troupe dont elles n'étaient pas [4]. » Tallemant exagère-t-il [5]? Peut-être, et d'ailleurs il ne parle ici que des premiers camarades de Valleran. Mais nous ne pouvons nous empêcher de faire observer qu'en 1639

---

1. Soulié, p. 151 : *Bail du 18 janvier 1639.*
2. Soulié, p. 171, *Recette et dépense de la confrérie de la Passion*, 10 mars 1640.
3. Les comédiens avaient souvent à se défendre contre de telles accusations. « Des libertins ! » s'écrie avec indignation Bruscambille, « hé ! quelle liberté d'être en une servitude perpétuelle pour pratiquer cette partie de rhétorique, savoir l'action tant vantée des Grecs et des Latins, pour laquelle Cicéron a tant peiné et Démosthène a tant sué. » (*Nouvelles et plaisantes imaginations*, p. 18, prologue des *Pitagoriens.*) Voilà certes une réfutation topique, et c'est bien là répondre à la Bruscambille. — Claude Le Petit parle encore fort irrévérencieusement des actrices de l'Hôtel de Bourgogne dans la *Chronique scandaleuse ou Paris ridicule*. (*Paris ridicule et burlesque*, p. 20.)
4. T. VII, p. 170. « Il y avait deux troupes alors à Paris », ce qui doit s'entendre de celles de Valleran et de La Porte pendant leur courte séparation, ou de celles de Valleran et de Longueval en 1614, ou de celle de Valleran et de quelque troupe italienne. En tout cas, on ne peut faire servir ce passage à prouver l'existence d'un théâtre du Marais, car, si ce théâtre avait existé, il y aurait eu souvent trois troupes à Paris, et non pas deux.
5. Scudéry semble répondre d'avance à Tallemant en faisant parler la Beausoleil contre les fâcheux des coulisses : « Ils pensent que la farce est l'image de notre vie, et que nous ne faisons que représenter ce que nous pratiquons en effet ; ils croient que la femme d'un de nous autres l'est indubitablement de toute la troupe, et, s'imaginant que nous sommes un bien commun, comme le soleil ou les éléments, il ne s'en trouve pas un qui ne croie avoir droit de nous faire souffrir l'importunité de ses demandes. » (*Comédie des comédiens*, acte I, sc. III, p. 12.)

encore, les comédiens, hommes et femmes, n'avaient pour s'habiller et se déshabiller au théâtre qu'une seule chambre [1]; encore y fallait-il recevoir les importuns, qu'il eût été imprudent d'éconduire [2]. Un pareil état de choses n'était pas pour développer beaucoup la moralité des comédiens. Tallemant lui-même ajoute : « Le premier qui commença à vivre un peu réglément, ce fut Gaultier Garguille »; et plus loin : « Turlupin, renchérissant sur la modestie de Gaultier Garguille, meubla une chambre proprement, car tous les autres étaient épars çà et là et n'avaient ni feu ni lieu. Il ne voulut point que sa femme jouât et lui fit visiter le voisinage; enfin, il vivait en bourgeois [3]. »

Vivre en bourgeois! Rien de plus commun aujourd'hui parmi les comédiens, rien de plus rare et de plus difficile alors. Il serait intéressant, mais bien long, de peindre la vie des acteurs du temps d'après ces acteurs eux-mêmes; contentons-nous de citer ici quelques lignes de Bruscambille :

« Nous sommes comédiens..., le moindre desquels est pourvu de trente-deux dents, lestes et affilées comme le rasoir d'un châtreux... A faute de munition de bourse, nos épaules courent fortune d'être démantelées et mises au clair de la lune; mais nous n'en sommes que plus légers et dispos pour mieux courir à la pelote...

« Après le travail du comique, succède le plaisir. L'on parle des sauces de Cléopâtre et d'Atilie, mais je soutiens qu'il n'est saupiquet plus friand que celui que le labeur ajoute aux comiques. Qu'ainsi ne soit, figurez-vous de nous voir en la rue d'Enfer, embourbés jusques au cul, battus des quatre vents, dont l'un nous souffle la grêle, l'autre le froid et l'autre la pluie, sans autre monnaie pour payer notre hôte que quelques fleurs de bien dire dans une bourse brodée à la rhétorique. Se peut-il imaginer,

---

1. Le bail du 18 janvier 1639 (Soulié, p. 150) stipule en effet pour « la grande salle, loges, théâtre et galeries dudit Hôtel de Bourgogne, avec la première chambre étant au-dessus de la grande porte dudit hôtel, pour eux s'y habiller et y enfermer leurs hardes ».
2. Voy. sur ces fâcheux Scarron, Roman comique, 1re partie, ch. VIII, p. 44-45, et le tableau fort piquant qui suit le passage de Scudéry cité plus haut : Comédie des comédiens, acte I, sc. III, p. 12-15. Cf. Rotrou, Saint-Genest, acte II, sc. III. — La situation était la même dans les théâtres espagnols. Voy. Damas-Hinard, § 2, p. 1630.
3. Tallemant, t. VII, p. 170-171. L'ombre même de Gaultier Garguille confirme le témoignage de Tallemant dans le Songe arrivé à un homme d'importance, 1634. (Chansons, p. 210.)

à notre arrivée à l'hôtellerie, une escarmouche plus furieuse? Quelles estocades franches entre l'épée et le poignard! On ne s'amuse point à prendre des lunettes pour choisir les bons morceaux; chacun a bon pied, bon œil; au diable l'un qui mettra ses mains dans ses pochettes, et, à la vérité, aussi personne n'est admis en cet exercice qui ne soit bon limier de taverne... *Qui laborat quiescit.*

« Après avoir relevé la moustache à quatre étages, chacun se met sur le mérite de sa qualité. L'un se dira fils du baron de Nullieu, l'autre fondera sa fortune sur le sable d'Olonne. Quelqu'un, engendré d'un pèlerin de Saint-Jacques à l'ombre d'un buisson, se fera appeler M. de l'Épine, M. de la Violette; quelques autres, fils des eaux, M. de la Seine, M. du Vivier, M. de l'Étang; les autres, engendrés en rase campagne, M. du Chemin, M. de la Route; les autres, trouvés en quelque marché, M. de la Potence, M. de l'Échelle [1]; et c'est alors que l'antilésine les fait chanter à cinq parties, le gobelet en main : *liberalitas optimum vectigal.* Puis, à l'issue du repas, et en se curant les dents, l'on discourt des circonstances de la braguette... Baste! la comédie est une vie sans souci et quelquefois sans six sous [2]. » Telle était la joyeuse devise de nos comédiens.

Quelle était leur valeur intellectuelle? quelle était leur instruction? Il est difficile de le savoir, la plupart des renseignements qui nous ont été transmis sur eux étant, ou peu précis, ou tout à fait indignes de créance. Le plus vraisemblable est que la troupe se composait d'éléments peu homogènes, réunis par un amour commun de la libre vie du théâtre. Bruscambille était certainement

---

1. Sur les *noms de guerre* des comédiens, voy. encore Scudéry, *Comédie des comédiens*, acte II, sc. I, p. 24-25 : « M. DE BLANDIMARE. Çà, donnez-moi la main, mademoiselle de Beau... — Mlle DE BEAUSOLEIL. De Beausoleil, à votre service, monsieur. — M. DE BLANDIMARE. La faute de ma mémoire est fort excusable, car toutes ces terres des comédiens ont tant de rapport aux noms, qu'il est bien difficile qu'on ne les prenne l'un pour l'autre. MM^{rs} de Bellerose, de Belleville, Beauchâteau, Belleroche, Beaulieu, Beaupré, Bellefleur, Belle-Épine, Beau-Séjour, Beau-Soleil, Belle-Ombre; enfin, eux seuls possèdent toutes les beautés de la nature. » — L'ombre de Gaultier Garguille dit aussi, dans le *Songe arrivé à un homme d'importance* : « Nous n'avons que des noms de seigneuries ou de choses les plus agréables dans la nature, comme de Prés, de Fontaines et de Fleurs »; et encore : « Toutes les femmes qui ont l'honneur de jouer la comédie sont demoiselles ». (*Les Chansons de Gaultier Garguille*, p. 210 et 211.)

2. *Nouvelles et plaisantes imaginations*, p. 69 à 71 (prologue des *Accidents comiques*).

instruit; ses prologues, bourrés de citations de l'Écriture, de Cicéron, d'Horace, d'Érasme, de vingt auteurs encore, rappellent, sous une forme parfois sérieuse, généralement bouffonne, presque toute la mythologie, presque toute l'histoire ancienne. On y trouve des termes de philosophie, de droit, d'anatomie, que sais-je encore? Mais combien, parmi ses camarades, étaient capables de les entendre?

Essayons de pénétrer davantage au sein de cette troupe; cherchons quels étaient les principaux acteurs qui la composaient; recueillons ce qu'on nous a appris de plus certain sur les genres où ils réussissaient et sur le mérite qu'ils montraient. Nous pourrons alors savoir ce que valaient les interprètes de Hardy, et s'il a été aidé ou gêné par eux dans la manifestation de son talent.

V

Le plus ancien peut-être des acteurs de Hardy est Valleran Lecomte : sa première apparition constatée à l'Hôtel de Bourgogne date de 1599 et, en 1628, il y jouait encore [1]. « C'était un grand homme de bonne mine [2] », dont les comédiens, qu'il avait dirigés, faisaient encore l'éloge plusieurs années après sa mort; les contemporains l'avaient surtout remarqué dans la farce, et l'on trouve accolées à son nom les épithètes de *bouffon* et de *bateleur* [3].

« Il avait avec lui un nommé Vautray, que Mondory a vu encore et dont il faisait grand cas. » Ainsi s'exprime Tallemant, avant de nommer Gros-Guillaume, Gaultier Garguille et Turlupin. On en peut sans doute conclure que Valleran est venu à Paris avec Vautray, ou du moins que les débuts de celui-ci remontent beaucoup plus haut que les autres documents ne le feraient croire :

---

1. Pour les dates et les faits que nous ne prouverons pas ici, voy. notre *Esquisse*. — Valleran (ou Valeran) était de Montdidier en Picardie, et M. L. Moland, qui d'ailleurs n'indique pas ses sources, parle des « piquantes balivernes de Valéran, dit le Picard ». (*Molière et la com. ital.*, p. 120.) Dès 1592, M. Monval nous apprend qu'il jouait à Bordeaux « les rôles d'amoureux dans une troupe dont le chef était Bourguignon et mari d'une comédienne, fille d'un avocat de Paris ». Voy. Trautmann, *Franz. Schausp.*, p. 201-202 et 292; cf. notre l. I, ch. I, p. 13, n. 1. — Valleran n'est plus nommé dans les actes de l'Hôtel de Bourgogne à partir du 30 septembre 1628; il doit être mort à la fin de cette année ou au commencement de la suivante.

2. Tallemant, t. VII, p. 170.

3. *Le Songe arrivé à un homme d'importance*, 1634 (*Chansons de Gault. Garg.*, p. 203), nomme ensemble « ces fameux Angoulevents, Vallerans ».

c'est en 1613 seulement que François Vautray est nommé dans l'*Inventaire* des titres de l'Hôtel de Bourgogne; il y paraît encore en 1620. Lui aussi était surtout regardé comme un bouffon [1]; mais Mondory, qui « n'a jamais joué à la farce [2] », se plaçait certainement à un autre point de vue pour le juger.

Le nom de Mathieu Lefebvre, dit Laporte, est souvent associé à celui de Valleran, dont il partage la réputation. Ce « bateleur » se montre à nous pour la première fois en 1607; en 1619, il jouait encore; en 1627, il était mort [3], et sa femme, remariée, avait abandonné le théâtre.

Celle-ci, Marie Venier, demoiselle Laporte, est une des premières femmes qui aient monté sur la scène [4]. Marolles l'appelle « cette fameuse comédienne », et dit qu'en 1616, « elle se faisait admirer de tout le monde avec Valleran ». Dans quel genre? il ne le dit pas, mais les noms de Perrine et de Gaultier, qu'il ajoute aussitôt, font supposer qu'il s'agit encore de la farce.

Nous avons attendu jusqu'ici pour parler de Robert Guérin, quoiqu'il fût à l'Hôtel de Bourgogne dès 1600 : c'est que nous n'avions pas le courage de le séparer d'Hugues Guéru, signalé seulement en 1615, et de Henri Legrand, dont nous ne trouvons pas le vrai nom avant l'année 1622 [5]. Ces trois acteurs ont si long-

---

1. Rectifions, à ce propos, une légère erreur d'Éd. Fournier. Comme il lisait dans *les Contre-veritez de la Court, avec le Dragon à trois testes*, 1620 (*Variétés*, t. IV, p. 337),

> Que Théophile va tout droit en Paradis.....
> Le président Du Vair est marchand de pourceaux;
> Vautray est chancelier, Marais garde des sceaux,

Éd. Fournier a écrit en note : « Nous ne savons quel est ce Vautray. Il faut peut-être lire Vautier... Il était alors médecin de la reine mère. » On voit qu'il faut bien lire Vautray; le *bateleur* de l'Hôtel de Bourgogne est parfaitement à sa place à côté du bouffon du roi. (Voy., sur Marais, Tallemant, t. I, *passim*.) Au lieu de Vautray, on trouve aussi dans les textes Veautrai, Vautret, quelquefois même Vantret, par suite d'une *coquille* sans doute.

2. Tallemant, t. VII, p. 173.

3. Il l'était sans doute déjà en 1626. A cette date, en effet, le *Débauché* de Courval-Sonnet, chargé par les comédiens de leur servir de portier, dit (t. II, p. 102) :

> Ainsi fit de son temps le renommé La Porte.

4. M. Fournel écrit dans son *Hist. de l'Hôtel de B.* (*Contemporains de Molière*, t. I, p. XXXVIII) : « On trouve, en 1604, La Fontaine... associé avec Gaultier Garguille et Marie *Vernier*. » Où trouve-t-on cela? Dans Lemazurier, t. I, p. 40; une telle autorité ne saurait suffire.

5. M. Fournel dit que Turlupin et Gros-Guillaume figurent ensemble dans les gravures de plusieurs farces antérieures à 1618, où Gaultier ne figure pas

temps joué côte à côte, ils formaient un groupe comique si étroitement uni dans l'imagination de leurs contemporains, ils sont morts à des dates si rapprochées [1], qu'il était naturel de ne point les séparer. Robert Guérin jouait dans les pièces sérieuses, et portait alors le nom de La Fleur. Mais de La Fleur aucun souvenir n'est resté tandis que mille témoignages nous parlent encore du Gros-Guillaume : c'est Gros-Guillaume qui amusait Henri IV [2], que le public venait voir à l'Hôtel, dont le dessin représenta souvent et la bouffonne personne et le costume [3]. Démesurément gros et, comme dit M. Jal, « coupé en deux hémisphères par une ceinture équatoriale [4] », il était vêtu de blanc et enfariné comme un meunier. C'était, dit en 1634 une brochure facétieuse, résumant sa gloire, c'était « le Gros Guillaume, Dodelu l'Enfariné, premier far-

lui-même. (*Contemporains de Molière*, t. I, p. xxxviii.) Cela se peut ; mais Tallemant dit positivement : « Belleville, dit Turlupin, vint un peu après Gaultier Garguille. » (T. VII, p. 171.) — Une plaquette facétieuse de 1618, qui porte pour titre : *le Tocsin des filles d'amour* (voy. Éd. Fournier, *Variétés*, t. II, p. 265-273), est signée Turlupin et Pierre Dupuis. Pierre Dupuis était un fou, peut-être aussi un acteur de l'Hôtel de Bourgogne (voy. la note 4 de l'*Appendice*) ; Turlupin est sans doute le bouffon du même hôtel, qui revenait de voyager avec une troupe comique : « Sachant bien qu'il était permis de mentir à ceux-là qui viennent de loin, j'ai tracé ces plaisantes nouvelles, » p. 265. — « Il est arrivé un grand miracle dans Monceaux, lorsque j'étais à la suite de la cour, » p. 266. — Plus loin, une querelle s'émeut dans une hôtellerie de Soissons, « querelle qui eût été de durée, si je ne fusse arrivé *avec mes compagnons, qui faisions en nombre douze ou treize écuyers*, sans le régiment de nos goujats », « et de ceci, *experto crede Roberto* ». Y aurait-il là une allusion plaisante à Robert Guérin ? Et le voyage aurait-il été fait par la troupe même de l'Hôtel de Bourgogne ? — De Soissons on se rend à Reims, et de Reims on rentre à Paris. — Disons enfin qu'il est question de Turlupin dans *les Plaisantes idées du sieur Mistanguet*, 1615 : « Bruscambille, Turlupin, Garguille et Mars », p. 39. — « Turlupin se peut vanter d'être à nous (Mistanguet et Bruscambille) ; Jean Farine, Goguelu, Guéridon, le Philour son premier frère, et Robinette, avec les enfants de Margoton, etc. ; et quant à Pierre Du Puys et Mathurine, ils sont nos alliés, mais d'une autre branche... ; Garguille, notre allié, » p. 58. Rien ne prouve péremptoirement que ce Turlupin soit un acteur de l'Hôtel de Bourgogne.

1. Pas autant cependant que le voudrait la légende. Hugues Guéru est mort en décembre 1633 (Éd. Fournier, *la Farce et la Chanson*, p. cvj), Robert Guérin l'année suivante, et Henri Legrand en 1636 ou 1637. (Voy. le bail du 10 septembre 1635, où il figure encore, dans Soulié, p. 165, et cf. *le Retour du brave Turlupin*, 1637.)

2. Tallemant, t. I, p. 38.

3. On peut voir plusieurs portraits de lui au cabinet des estampes de la Bibliothèque nationale.

Acteur n'eut jamais plus de presse,

dit un quatrain qui figure au bas d'un de ces portraits.

4. Jal, *Dic. crit.*, p. 722.

cœur de la comédie française, auteur de la réjouissance publique depuis quarante ans, et serviteur fidèle et sans reproche de feu l'admirable et inimitable Gaultier Garguille [1] ». Comme valet grotesque, comme gascon, comme ivrogne, il excellait [2]; mais peut-être n'avait-il pas grand mérite à jouer au naturel ce dernier rôle. Bruscambille et d'autres auteurs amis nous autorisent à suspecter sa sobriété; mais ils vantent en même temps son esprit.

> Il n'eut pas pour la raillerie
> L'esprit aussi gros que son corps,

lit-on au bas d'une estampe qui le représente. Sauval est moins aimable : « Ce fut toujours un gros ivrogne, avec les honnêtes gens une âme basse et rampante. Son entretien était grossier, et, pour être de belle humeur, il fallait qu'il grenouillât ou bût chopine avec son compère le savetier dans quelque cabaret borgne [3]. » C'est

---

1. *Le Testament du Gros Guillaume et sa rencontre avec Gaultier Garguille en l'autre monde*, 1634. (*Gaultier Garguille*, p. 216.) Éd. Fournier met en note : « Il faut lire Goguelu; c'était sans doute un des rôles que jouait Gros-Guillaume : de là pour lui une sorte de troisième surnom. Celui qui aspirait à sa survivance voulut le prendre... » Cela est fort peu naturel. Entre dodu et dodeliner, Dodelu semble un moyen terme fort pittoresque, et il n'y a pas de raison de changer ce nom. Quant aux passages où se trouve celui de Goguelu, ils sont généralement loin d'être clairs et je doute qu'il faille entendre par là un personnage particulier. Goguelu était un surnom fort employé, que l'on a interprété par gai, par replet (*Intermédiaire des chercheurs et curieux*, t. III, p. 596), et que Nicot définit ainsi : « Mot de mépris et de moquerie, dont le Français brocarde un petit compagnon qui se porte en superbe, comme quand il dit d'un glorieux qui se pavane et se veut par contenance hautaine faire valoir : c'est un goguelu, et par plus grand dédain encore, goguelureau, diminutif de goguelu. »

2. Voy. un passage des *Entretiens* de Balzac cité dans Tallemant, t. III, p. 368.

3. *Histoire et recherches des antiquités de la ville de Paris*, t. III, p. 38. (Cf. Lemazurier, t. I, p. 32-37.) — Tallemant paraît plus juste : « Gros-Guillaume autrefois ne disait quasi rien, mais il disait les choses naïvement, et avait une figure si plaisante, qu'on ne se pouvait empêcher de rire en la voyant. » T. VII, p. 177. — *Le Testament de feu Gaultier Garguille*, 1634 (*Chansons*, p. 155-156), porte : « Pour le bon et gros Guillaume, il gardera toujours sa naïveté risible, son inimitable galimatias; et quoique son âge le doive étonner, il vivra comme il a de coutume, c'est-à-dire qu'il n'épargnera point les bons vins ni les bonnes viandes... » — « Ses rencontres et naïves extravagances. » *Le Testament de Gros-Guillaume*, 1634 (*id.*, p. 217). — Ailleurs, l'ombre de Gaultier Garguille parle ainsi au Gros-Guillaume lui-même des Champs-Élysées : « On y voit comme par trochets de troupes de jeunes filles qui sont mortes de rire à la comédie, entre lesquelles il y en a deux ou trois qui t'accusent de leur mort, pour y être venues une fois seulement et avoir ouï la moindre de tes

entre ces deux extrêmes sans doute qu'il faudrait chercher la vérité.

Après Gros-Guillaume, Gaultier Garguille; car c'est sous ce nom seulement qu'Hugues Guéru est devenu célèbre [1]. Pour la tragédie, où il faisait les rois [2], il portait aussi le nom de Fléchelles; mais Fléchelles n'est pas plus connu que La Fleur, et l'on ne nous a dépeint que le vieillard Gaultier. « Toutes les parties de son corps lui obéissaient, dit Sauval, de sorte que c'était une vraie marionnette. Il avait le corps maigre, des jambes longues, droites et menues, et un gros visage; aussi ne jouait-il jamais sans masque, et pour lors, avec une longue barbe et pointue, une calotte noire et plate, des escarpins noirs, des manches de frise rouge, un pourpoint et des chausses de frise noire [3], il représentait toujours un vieillard de farce. Dans un si plaisant équipage, plusieurs ne le pouvaient regarder sans rire... Tout faisait rire en lui, et jamais homme de sa profession n'a été plus naïf ni plus

extravagances. Et de toutes en général le nombre est si grand qu'on ne peut presque les loger. » *Songe arrivé à un homme d'importance*, p. 205; c'est l'ombre de Gaultier Garguille qui parle à Gros-Guillaume.

1. Ces noms de *Gaultier* et de *Garguille* étaient anciens. Dans les *Facecieuses journées, contenant cent agreables Nouvelles...* par G. C. D. T. (Gabriel Chappuis, de Tours), Paris, 1584, in-8°, la 5ᵉ histoire de la 9ᵉ journée, imitée d'un fabliau, a pour personnages Gaultier et sa femme Garguille. Mais on a tout lieu de croire que le nom complexe de Gaultier Garguille avait déjà été porté par quelque farceur du xvıᵉ siècle. Voy. Petit de Julleville, *Répertoire du th. com.*, p. 122-123. — En 1614, on trouve deux fois le nom de Gaultier Garguille (sans doute sans qu'il s'agisse de notre comédien) dans la *Replique de Jacques Bonhomme, paysan de Beauvoisis, à son compere le crocheteur*. A Paris, chez Jean Brunet, rue Saint-Germain, aux Trois-Pigeons. — Dès 1615, un prologue de Bruscambille est adressé à Gaultier Garguille, son *mignon* et son *bon ami*. *Facecieuses Paradoxes*, fᵒˢ 1-11 (*Paradoxe sur la prison*).

2. Dans son *Testament*, 1634, p. 158, Gaultier Garguille fait ce legs à Mondor: « Ma belle robe dont je représentais les rois dans la comédie; et pour ma chaine et ma médaille en façon d'or, j'ordonne qu'on les lui délivrera à prix raisonnable, en cas qu'il en ait affaire. » — On lit dans Sauval : « Cet homme, si ridicule à la farce, ne laissait pas pourtant quelquefois de faire le roi dans les pièces sérieuses, et même ne représentait pas mal un personnage si grave et si majestueux, à l'aide d'un masque et de la robe de chambre que portaient alors tous les rois de comédie; car d'un côté le masque cachait son gros visage bourgeonné, et sa robe de chambre couvrait ses jambes et sa taille maigres. »

3. « Mon habit noir à manches rouges, ma cale noire, mon masque, ma chevelure blanche, ma ceinture, ma gibecière, ma dague et mes postures. » *Le Testament de Gaultier Garguille*, p. 152. — « Ses grandes lunettes à jour. » *La Rencontre du Gros Guillaume et de Gaultier Garguille en l'autre monde*, p. 221. C'est ainsi que le représentent ses portraits. Voy. au cabinet des estampes de la Bibliothèque nationale.

achevé. Que s'il ravissait quand Turlupin et Gros-Guillaume le secondaient, lorsqu'il venait à chanter, quoique la chanson ne valût rien pour l'ordinaire, c'était encore tout autre chose; il se surpassait lui-même, car, outre sa posture, il l'entonnait d'un air et d'un accent si burlesques que quantité de monde ne venait à l'Hôtel de Bourgogne que pour l'entendre, et la chanson de Gaultier Garguille a passé en proverbe [1]. » Gaultier, comme farceur, joignait l'art à la nature [2], et « Scapin, célèbre acteur italien, disait qu'on ne pouvait trouver un meilleur comédien. Il étudiait son métier assez souvent, et il est arrivé quelquefois que, comme un homme de qualité qui l'affectionnait l'envoyait prier à dîner, il répondait qu'il étudiait [3] ».

Henri Legrand, sous le nom de Turlupin, faisait le valet et le fourbe [4]. « Quoiqu'il fût rousseau, il ne laissait pas d'être bel homme, bien fait, et d'avoir bonne mine. L'habit qu'il portait à la farce était le même que celui de Briguelle, qu'on a tant de fois admiré sur le théâtre du Petit-Bourbon. Ils se ressemblaient en toutes choses, aussi bien ailleurs qu'à la farce, étaient de même taille, avaient le même visage; tous deux faisaient le Zani, portaient un même masque, et enfin on ne remarquait autre différence entre eux que celle que les curieux en matière de tableaux mettent entre un excellent original et une excellente copie. Jamais homme au reste n'a composé, joué, ni mieux conduit la farce que Turlupin; ses rencontres étaient pleines d'esprit, de feu et de

---

1. *Antiquités*, t. III, p. 37. (Lemazurier, t. I. p. 29-32.) Voy. sur ces chansons *le Songe arrivé à un homme d'importance*, 1634. (*Gaultier Garguille*, p. 200.) — P. 195, Gaultier Garguille s'appelle lui-même « cet imparagonnable Gaultier Garguille, la fleur de l'Hôtel de Bourgogne, l'honneur du théâtre et le bon père des bonnes chansons ». Lors de ma naissance, dit-il, « on vit, en plusieurs endroits, rire des pierres, des arbres, des citrouilles et des personnes qui n'avaient ri de plus de quarante ans. Ce qui fut interprété par Nostradamus, qui vivait pour lors, que ma naissance serait alors la mort de la mélancolie et la production d'un homme qui aurait un souverain remède contre le mal de rate. »

2. Expression employée dans des vers qui se trouvent au bas d'un de ses portraits.

3. Tallemant, t. VII, p. 170-171.

4. « Le valet », voy. la farce reproduite par les fr. Parfait, t. IV, p. 254-264; voy. *la Comédie des comédiens* de Gougenot (*Ancien théâtre fr.*, t. IX). — « Le fourbe », voy. Tallemant, t. VII, p. 171. Feu Gaultier Garguille, dans son *Testament* (*Chansons*, p. 153), cite « les fourbes de Turlupin et les cajoleries de Bellerose, lorsqu'à la farce ils en voudront à ma femme ». P. 156 : « Turlupin que la nature et l'art semblent avoir rendu inépuisable en rencontres et en fourbes... »

jugement. En un mot, il ne lui manquait rien qu'un peu de naïveté, et nonobstant cela, néanmoins chacun assure que jamais il n'a eu son pareil [1]. » Henri Legrand s'appelait aussi Belleville et jouait dans le sérieux; Sauval ajoute même : « Il était bon comédien; à la vérité, non pas tant que bon farceur, car, en ce genre-là, il y en avait qui le passaient. » Mais les témoignages et les dessins contemporains n'éclairent que Turlupin; ils laissent dans l'ombre Belleville.

Tel était le trio fameux, si souvent loué et représenté [2] au commencement du XVIIe siècle. On a dit et répété qu'il avait toujours voulu jouer sans femmes, et il peut y avoir dans cette opinion une certaine part de vérité. Mme La Fleur, femme de Robert Guérin, était au théâtre en 1633 et avait dû y paraître beaucoup plus tôt; mais elle n'a que quelques mots à dire dans l'unique pièce où nous la voyons paraître [3]. Mme Gaultier, femme d'Hugues Guéru et fille de Tabarin [4], aurait fait partie de l'Hôtel de Bourgogne jusqu'à la mort de son mari, s'il fallait en croire les historiens du théâtre; mais on ne trouve rien qui confirme ce dire, tandis que Tallemant affirme que son mari la tint éloignée du théâtre, et tandis que dans la pièce de Gougenot où figure la « femme de Gaultier », c'est « Mme Valliot » qui remplit ce rôle.

Il est pourtant un personnage de femme qui paraissait souvent dans la farce à côté de Gaultier Garguille : celui de dame Perine

---

1. Sauval, *Antiquités*, t. III, p. 36-37 (Lemazurier, t. I, p. 24-26). Voy. l'article de M. Jal, p. 759-760; mais j'ai bien peur que M. Jal n'ait donné à Turlupin une physionomie trop sérieuse.

2. Voy. les estampes de la Bibliothèque nationale. Des dessins représentant nos trois farceurs ont été reproduits par Pougin, *Dict. hist. et pitt. du théâtre*, p. 750-751. C'est à ce trio que songe le *poète crotté* de Saint-Amant en quittant Paris :

> Adieu, bel Hôtel de Bourgogne,
> Où, d'une joviale trogne,
> Gaultier, Guillaume et Turlupin
> Font la figue au plaisant Scapin.

(éd. Livet, t. I, p. 225). Marolles dit encore : « Legrand, surnommé de Belleville, était de mes amis et avait infiniment d'esprit. Il montait sur le théâtre sous un nom emprunté, avec Fléchelles et La Fleur, sous les noms de Gaultier et de Guillaume : admirables en leur genre du temps de Mondory, sous la protection de M. le cardinal de Richelieu, et devant même. » Ces dernières lignes sont singulières, mais les souvenirs chronologiques de Marolles ne sont rien moins que précis. A l'entendre, Bruscambille aurait paru après Legrand, peut-être même après Jodelet. (T. III, p. 290, *Dénombrement*.)

3. Voy. *la Comédie des comédiens* de Gougenot.

4. Voy. l'art. de M. Jal sur Gaultier Garguille, *Dict. crit.*, p. 664.

ou Perrine, femme du grotesque vieillard, et dont les démêlés avec son mari occupent souvent la littérature facétieuse du temps [1]. Qui jouait ce rôle? On a nommé sans preuves Mme Gaultier. Il est, au contraire, probable que c'était un homme : cette façon de procéder était bien dans le goût du temps et devait paraître beaucoup plus comique.

On sait en effet combien était récente, à l'époque qui nous occupe, l'introduction des femmes sur la scène. Jusque-là, leurs rôles avaient été tenus par des hommes, et il semblait qu'une femme, en paraissant sur le théâtre, eût prostitué son sexe [2]. De cette idée, fort raisonnable après tout, résultait pour les comédiens la nécessité de n'introduire les femmes sur la scène qu'avec précaution et surtout dans les rôles les plus sérieux; ceux de vieilles laides ou ridicules, ceux où on était particulièrement exposé à dire ou à entendre des paroles grossières devaient encore rester à des hommes et ne leur être enlevés que graduellement. Ainsi Perrine était sans doute un homme, et cet homme, dont nous ignorons le nom, jouait les nourrices dans la tragédie, les suivantes et les vieilles ridicules dans la farce [3]. Il ne manquait pas de talent, au

1. Voy. notamment : *la Farce de la querelle de Gaultier Garguille et de Perrine, sa femme, avec la sentence de séparation entre eux rendue* (Chansons, p. 119), et *les Bignets du Gros Guillaume envoyez à Turlupin et à Gaultier Garguille pour leur mardy-gras par le sieur Tripotin, Gentilhomme fariné de l'Hostel de Bourgongne.* (Dans les *Joyeusetez*, et à la suite des *Chansons de Gaultier Garguille*, p. 141, sqq.) — On s'est demandé ce qu'était le sieur Tripotin. Le titre même de la pièce, et le mot de Gentilhomme fariné pourraient faire croire que nous nous trouvons encore en face d'un surnom de Robert Guérin. — La façon plus que libre dont il est parlé de Perrine dans les facéties de l'Hôtel de Bourgogne (voy. par ex. *les Prédictions grotesques du docteur Bruscambille*, 1618) achève de prouver que Perrine n'était pas une femme.
2. Voy. sur ce sujet un passage intéressant de M. É. Zola, *le Naturalisme au théâtre*, p. 106-107. — Le même préjugé existait en Angleterre et y était tout-puissant. On peut voir dans Lotheissen, t. II, p. 379, quel scandale produisirent à Londres deux troupes françaises qui s'y étaient transportées en 1629 et 1633 et où figuraient des actrices.
3. « Le personnage de nourrice, qui est de la vieille comédie et que le manque d'actrices sur nos théâtres y avait conservé jusqu'alors, afin qu'un homme le pût représenter sous le masque, se trouve ici métamorphosé en celui de suivante, qu'une femme représente sur son visage. » Ainsi s'exprime Corneille, dans l'*Examen* de *la Galerie du Palais* (Œuvres, t. II, p. 14), et l'on voit par la *Gazette* du 15 déc. 1634 que, parmi les acteurs de l'Hôtel de Bourgogne, en figurait alors un du nom d'Alizon. Y était-il depuis peu de temps? Les termes mêmes de Corneille, la mention qui est faite d'une Alizon dans plusieurs des chansons de Gaultier Garguille (notamment p. 89), la présence d'une chambrière de ce nom dans la *Comédie des proverbes* d'Adrien de Montluc, et même dans les *Corrivaux* de Jean de la Taille, ont poussé plusieurs auteurs à répondre

moins pour ce dernier genre, puisque Marolles lui rend cet hommage, que « Perrine et Gaultier étaient des originaux qu'on n'a jamais depuis su imiter ».

On a fait beaucoup de suppositions, mais on a cité peu de faits sur Deslauriers, dit Bruscambille, l'auteur facétieux des prologues [1]. Qu'il ait d'abord couru la province avec l'opérateur Jean Farine, qu'il ait été comédien à Toulouse avant d'entrer à l'Hôtel de Bourgogne, et qu'il ait bientôt quitté ce dernier théâtre pour reprendre sa vie errante, rien de tout cela ne paraît exact. Il était à l'Hôtel avant 1609, puisqu'on publiait déjà des prologues de lui à cette date [2]; il y était en 1619, comme on le voit par l'*Espadon satyrique*, et a dû y rester encore longtemps après [3]. Il avait de l'instruction et de l'esprit, quoique volontiers grossier et obscène; le costume sous lequel on le représente est un costume de farce.

non. Mais remarquons-le : Alizon est un nom de chambrière ailleurs qu'au théâtre (voy., pour le xvi° s., le *Recueil de pièces rares et facétieuses* de Barraud, t. II, *passim*; pour le xvii° s., voy. Tabarin, p. 402, sqq); et il n'est pas question d'un acteur Alizon tant que l'on parle de Perrine, il n'est plus question de Perrine dès que l'on parle d'Alizon. C'est peut-être que le même *emploi* a été successivement désigné par le nom de Perrine, nom de farce, et par celui d'Alizon, nom de comédie. Peut-être aussi que les rôles de Perrine et d'Alizon existaient simultanément dans l'ancien théâtre, celui-ci étant beaucoup moins important que celui-là. Lorsque la mort d'un acteur fameux et l'élimination progressive des rôles féminins joués par des hommes eurent fait disparaître celui de Perrine, Alizon prit une importance particulière, mais qui devait être éphémère. — « Depuis (après le trio que nous avons étudié), entre les Français jouèrent la comédie le capitaine Matamore, Boniface, Jodelet, Bruscambille avec ses prologues, dont quelques-uns sont imprimés, et dame Gigogne, *depuis la mort de Perrine*, qui de son temps, sous Valleran et La Porte, fut un personnage incomparable. » (Marolles, t. III, p. 290, *Dénombrement*). — On sait que l'emploi dont nous parlons survécut à la *Galerie du Palais*. Il tient une grande place dans la comédie intitulée *Alizon* et signée L.-C. Discret, qui est de 1635 environ (voy. Éd. Fournier, *le Théâtre fr. au* xvi° *et au* xvii° *siècle*, t. II, p. 280-281); Molière le conservait encore, et un comédien de sa troupe, André Hubert, l'occupa jusqu'en 1685, date de sa retraite.

1. Nous ne connaissons même pas son vrai nom, car, si Bruscambille est un surnom de farce, Deslauriers aussi n'est qu'un nom de théâtre; si nous ne connaissions que Gros-Guillaume et La Fleur, il nous manquerait encore Robert Guérin.

2. Cette édition de 1609, qui comprenait 16 prologues, fut désavouée par l'auteur comme mise au jour « sous la faible conduite de quelque particulier », qui en avait « soustrait les copies ». Lui-même donna l'année suivante 33 prologues sous ce titre : *Prologues tant serieux que facecieux, avec plusieurs galimatias*, Paris, J. Millot (1610), in-12. (Voy. Brunet, supplément, p. 179, et les *Fantaisies de Bruscambille*, notice.)

3. Voy. ce qui est dit de lui, en 1634, dans les *Révélations de l'ombre de Gaultier Garguille* (*Chansons*, p. 175-176; cf. ci-dessous, p. 153). Voy. encore sur Bruscambille, Jean Farine et quelques autres acteurs de l'Hôtel de Bourgogne, la note 4 de l'*Appendice*.

Jean Farine avait-il été opérateur? Comment le savoir? Mais il entra de bonne heure à l'Hôtel de Bourgogne, puisqu'il est plusieurs fois nommé dans les *Fantaisies de Bruscambille*, publiées en 1612, et il y resta longtemps. Gros comme Gros-Guillaume, enfariné comme lui, on l'appelait ironiquement le « père de sobriété », ce qui complète la ressemblance [1]. Il jouait un rôle important dans les farces, et Bruscambille célèbre avec lyrisme les effets comiques de son bonnet, sans doute pour les opposer à la gloire du « chapeau de Tabarin ». Une certaine autorité lui était même dévolue « dans la maison comique de Bourgogne ».

Gringalet est encore un farceur. Il était à l'Hôtel en 1619; il y était peut-être en 1610, et aux environs de 1633; peut-être aussi plusieurs acteurs ont-ils successivement porté ce nom déjà célèbre.

Tandis, en effet, que nous connaissons plusieurs surnoms comiques sans pouvoir dire quels acteurs les portaient, nous possédons aussi les noms de plusieurs acteurs sans pouvoir dire quels étaient leurs rôles : ceux de Montluysant, qui accompagnait Valleran en 1607; de Jacques Resneau ou Rameau, qui était à l'Hôtel en 1608; de Nicolas Gasteau ou Gastrau, qui s'y trouvait en 1619, en même temps sans doute que Claude Husson, dit Longueval; de Jacques Mabille, 1619; d'Étienne Rufin, dit La Fontaine, 1618 et 1622 [2]. Certains de ces acteurs étaient peut-être les Perrine, les Jean Farine, les Gringalet, dont nous nous informions tout à l'heure; mais lesquels? et que représentaient les autres?

C'est en 1628 seulement qu'on voit paraître à l'Hôtel de Bourgogne Pierre le Messier, dit Bellerose, qui devait y représenter pendant de longues années et qui s'y fit rapidement une grande

---

1. On ne peut songer pourtant à confondre Gros-Guillaume et Jean Farine. Les *Debats et facecieuses rencontres de Gringalet et de Guillot Gorjeu son maistre* (*Joyeusetez*) sont dédiés à Jean Farine et approuvés par Gros-Guillaume et Gaultier Garguille. Une pièce du *Parnasse satyrique* compare un courtisan ambitieux, tout pâle, quand il badine, à Jean Farine ou à La Fleur, t. I, p. 73. Enfin Loret, faisant l'oraison funèbre de Jodelet (3 avril 1660; t. III, p. 186), dit qu'il

..... fut de même farine
Que Gros-Guillaume et Jean Farine,
Hormis qu'il parlait mieux du nez
Que lesdits deux enfarinés.

2. En 1618, les *Prédictions grotesques du docteur Bruscambille pour l'année 1619* (*Chansons*, p. 131) nomment « M. de La Fontaine, grand médecin et très fidèle scrutateur de la nature la plus occulte des femmes ».

place. Quoiqu'il jouât encore à la farce ¹, il était avant tout comédien sérieux ou tragédien, et les reproches mêmes qu'on lui a adressés prouvent combien il différait de ses camarades plus âgés, les Gros-Guillaume, les Gaultier et les Turlupin. « Trop affecté » pour La Rancune ², ayant « l'air trop fade » pour Mme de Chevreuse ³, il est plus maltraité encore par Tallemant ⁴ : « Bellerose était un comédien fardé, qui regardait où il jetterait son chapeau, de peur de gâter ses plumes. Ce n'est pas qu'il ne fît bien certains récits et certaines choses tendres, mais il n'entendait point ce qu'il disait. »

Tallemant est peut-être injuste, mais que nous importe? Détracteurs ou panégyristes, tous ceux qui parlent de Bellerose montrent qu'un élément nouveau est introduit par lui à l'Hôtel de Bourgogne. Avec la Bellerose, avec la Beaupré, avec la Valliotte, excellentes comédiennes ⁵, un important changement achève de s'opérer. Les farceurs mêmes de l'Hôtel de Bourgogne vont maintenant se recommander au public de « la mignardise et gentillesse d'un Bellerose, de Mlle Beaupré, de Mlle Valliot et des autres ⁶ ». Le nombre des actrices augmente, ainsi que leur influence sur le public ⁷. Il est bien temps que les farceurs meurent, et Guillot Gorju lui-même ne les remplacera ni complètement ni longtemps.

1. Tallemant, t. VII, p. 173.
2. *Roman comique*, 1ʳᵉ p., ch. v, t. I, p. 25.
3. *Mémoires* de Retz.
4. T. VII, p. 175.
5. Voy. Tallemant, t. VII, p. 171; et Segrais, *loc. cit.* — Le mariage de Bellerose et de « Nicole Gassot, comédienne, veuve de feu Mathias Meslier, aussi comédien, depuis peu arrivé de Calais », eut lieu le 9 février 1630. Voy. Jal, p. 190. — La Valiotte, comme dit Tallemant, c'est Mlle Valliot ou Vaillot.
6. *Apologie de Guillot Gorju addressée à tous les Beaux Esprits*, 1634, p. 13 (*Joyeusetez*). — « Je prie Bellerose de conserver toujours ses douceurs amoureuses, ses délicatesses de théâtre qui ne sont presque connues que de lui, la facilité de s'expliquer dans les amours, et la grâce qu'il a en louant ce qui lui plaît. » *Le Testament de feu Gaultier Garguille*, 1634. (*Chansons*, p. 154-155.) Bellerose gardait ce caractère même à la farce. Voy. plus haut, p. 127, n. 4. — Quant à Mlles Beaupré et Valliot, elles figurent dans la *Comédie des comédiens* de Gougenot, 1633, mais elles devaient être à l'Hôtel depuis quelque temps déjà; ce n'est qu'après avoir parlé d'elles que Tallemant ajoute : « Mondory commença à paraître en ce temps-là. »
7. *La Comédie des comédiens*, de Gougenot, acte II, sc. II. (*Ancien th. fr.*, t. IX, p. 342.) « TURLUPIN : Quelque peine que puisse prendre le meilleur acteur du monde, on donne toujours l'avantage aux femmes. — GUILLAUME : Il est vrai. J'étais l'autre jour à l'Hôtel de Bourgogne, où j'entendais mille voix, dont les unes disaient : Ha! que voilà une femme qui joue bien! et les autres : celle-là fait encore mieux. » — « Nos actrices, qui, à l'envi les unes des autres, font des

VI

On le voit, ce n'est guère avant 1630 que deux acteurs d'un grand talent mettent en pleine lumière et font rechercher par le public la comédie sérieuse et la tragédie. A cette date, Bellerose, c'est-à-dire la grâce et la tendresse, Mondory, c'est-à-dire l'énergie et la grandeur, prennent possession des deux théâtres de Paris : l'Hôtel de Bourgogne et le Marais. Mais, avant eux, c'est la farce qui était maîtresse ; c'est par la farce que les acteurs plaisaient au public et se faisaient une réputation [1]. Qu'est-ce à dire? Que ce changement produit par Bellerose et Mondory est entièrement dû à leur génie original? Il y aurait exagération à l'admettre. Qu'il n'y a eu ni comédies sérieuses ni tragédies avant 1629 ou 1630? Mais les *Bergeries* de Racan, mais *Pyrame et Thisbé* de Théophile valaient nombre de pièces qui furent applaudies plus tard, et nous espérons montrer qu'un tragédien ayant de la grandeur, du feu, de la passion, pouvait aussi bien déployer ces qualités dans la *Mariamne* de Hardy que dans celle de Tristan l'Hermite. Qu'est-ce donc qui a fait réussir aussi brillamment Bellerose et Mondory? Le goût du public. Qu'est-ce qui condamnait les Valleran, les Vautray, les Henri Legrand à être avant tout des bouffons? Le goût du public. C'était le goût du public qui avait changé, beaucoup plus que le génie des acteurs ou la nature des œuvres. Lentement d'abord, plus rapidement ensuite par l'effet

---

merveilles, continueront toujours leurs louables jalousies. » *Le Testament de feu Gaultier Garguille*, 1634, p. 158. — On lit encore dans *le Songe arrivé à un homme d'importance*, 1634 (*Gaultier Garguille*, p. 198) : « La belle Valliot, dont les yeux disputent fort et ferme avec Jupiter de la puissance du foudre, nous a servi pour faire venir plus de monde à l'Hôtel de Bourgogne que ne fera jamais Guillot Gorju ni un bouchon bien vert du meilleur cabaret de Paris. »

1. Citons encore un témoignage, parce qu'il ne semble pas avoir été bien compris :

>Déjà dans l'Hôtel de Bourgogne
>Les maîtres fous sont habillés
>Pour faire voir les pois pilés,

lit-on dans *le Réveil du chat qui dort*, Paris, 1616. (Petit de Julleville, *les Comédiens*, p. 190.) Ces maîtres fous ne sont autres que les bateleurs de Valleran et de La Porte. — Fournier, dans *la Farce et la Chanson*, p. xxiv, n., cite les mêmes vers, avec « barbouillés » pour « pois pilés » (barbouillés = enfarinés), comme se trouvant dans les coq-à-l'âne qui terminent les *Rapports faits des pucelages estropiés de la plupart des chambrières de Paris*, 1617.

même de la vitesse acquise, très vite enfin sous l'influence de Richelieu, il s'était modifié, abaissant la farce, élevant le drame à sa place.

En veut-on une preuve? Vautray est fort peu connu, Valleran l'est un peu davantage, mais tous deux ne le sont que comme farceurs; c'est toujours comme farceurs que les contemporains les vantent. Il y avait pourtant autre chose en eux, et trois témoignages nous l'ont appris. Mais ces témoignagnes, de qui viennent-ils? D'hommes qui avaient l'instinct tragique et ne partageaient pas le goût régnant. Deux d'entre eux devaient être applaudis plus tard par le public transformé du théâtre : c'étaient Mondory et Tristan, l'interprète et l'auteur de *Mariane*; le troisième, médiocre comme auteur dramatique, devait acquérir, comme législateur du théâtre, une immense autorité : c'était d'Aubignac.

Mondory avait vu Vautray, et il en faisait grand cas. Tristan avait fréquenté Valleran et Vautray dans sa jeunesse, et il disait encore beaucoup plus tard : « Il me souvient qu'entre ces acteurs, il y en avait un illustre pour l'expression des mouvements tristes et furieux; c'était le Roscius de cette saison et tout le monde trouvait [1] qu'il y avait un charme secret en son récit. » Voilà pour Vautray. « Il était secondé d'un autre personnage excellent par sa belle taille, sa bonne mine et sa forte voix, mais un peu moindre que le premier pour la majesté du visage et l'intelligence [2]. » Voilà pour Valleran. Et des bouffons pas un seul mot, Tristan ne se rappelle que les tragiques. Enfin d'Aubignac décerne à ces deux acteurs ce suprême éloge : il les met sur le même rang que Mondory [3].

Comment récitaient-ils les vers? On le devinerait facilement, si les expressions dont se sert Tristan ne le faisaient parfaitement entendre. Comme leur successeur immédiat Mondory, comme les *grands comédiens* du temps de Molière [4], ils usaient de cette décla-

1. Impression fugitive sans doute; d'ailleurs la scène se passe à la cour.
2. *Le Page disgracié*, ch. IX, p. 54 de la 2ᵉ éd., p. 87 à 88 de la 1ʳᵉ. Ici la clef de la 2ᵉ édition, qui nomme Vautray et Valleran (p. 348), a certainement raison. Le « Roscius de cette saison » devait plaire au « Roscius auvergnat » de 1636; quant au personnage « excellent pour sa belle taille, sa bonne mine et sa forte voix », ne nous rappelle-t-il pas aussitôt la phrase de Tallemant : « Valleran, qui était un grand homme de bonne mine »?
3. « On ne vit jamais tant de poèmes dramatiques, ni de plus agréables que depuis ce temps, encore que nous n'ayons plus de Vallerans, de Vautrays, ni de Mondorys pour acteurs. » *La Pratique du théâtre*, l. I, ch. IV; t. I, p. 19.
4. Voy. *l'Impromptu de Versailles*, sc. I; *les Précieuses ridicules*, sc. X. Cf. Voltaire, *Commentaire sur Horace*, acte III, sc. I, v. 1.

mation emphatique et chantante qui longtemps parut s'accorder seule avec la dignité tragique, de ces cris, de ces gestes violents qui causèrent la perte de plusieurs acteurs [1]. Tel était alors le genre adopté par toute l'Europe; Shakespeare le critiquait en vain chez les comédiens anglais, Cervantès chez les Espagnols [2]; Valleran et Vautray ne pouvaient en cultiver d'autre. Mais, s'il nous fallait indiquer par quels caractères ils se devaient distinguer de Mondory, nous répondrions : par ceux-là mêmes qui font différer les vers de Hardy de ceux de Tristan; leur déclamation était moins constamment ampoulée, mais aussi moins noble; leur interprétation moins raffinée [3], mais aussi moins ingénieuse et plus terre à terre.

Savaient-ils raisonner et composer un rôle? Grimarest dit non, et affirme que cet art ne commença qu'à partir de Corneille [4]. Les conseils qu'en 1639 encore Scudéry croit devoir donner aux comédiens semblent lui donner raison. Ils sauront, dit-il en montrant aux comédiens de son temps comment ceux de l'antiquité avaient acquis leur gloire, « ils sauront que ce n'était ni en riant quand il fallait pleurer, ni en se mettant en colère quand il faut rire, ni en se couvrant quand il faut avoir le chapeau à la main, ni en parlant au peuple quand il faut supposer qu'il n'y en a point, ni en n'écoutant pas l'acteur qui parle à eux, ni en faisant qu'Alphésibée songe bien plus à quelqu'un qui la regarde qu'au pauvre Alcméon qui parle à elle [5] ». De quelle Alphésibée s'agit-il et de quel Alcméon? Ne serait-ce pas de ceux de Hardy? Le passage acquerrait ainsi pour nous une importance particulière [6].

1. On sait l'histoire de la paralysie de Mondory. Guéret, dans son *Parnasse réformé*, fait ainsi parler Montfleury, répondant à une attaque de Tristan contre la comédie : « Je crois, dit-il d'un ton à faire peur à tout le Parnasse, que l'on parle ici de la comédie... Plût à Dieu qu'on n'eût jamais fait de tragédies, je serais encore en état de paraître sur le théâtre de l'Hôtel... J'ai usé tous mes poumons dans ces violents mouvements de jalousie, d'amour et d'ambition... Qui voudra savoir de quoi je suis mort, qu'il ne demande point si c'est de la fièvre, de l'hydropisie ou de la goutte, mais qu'il sache que c'est d'*Andromaque*. » P. 41-42.
2. Shakespeare, *Hamlet*, acte III, sc. ii; Damas-Hinard, § 2, p. 1630, et V. Fournel, *Curiosités théâtr.*, p. 212.
3. Voy. ce que dit Tallemant de Mondory : « Il pria des gens de bon sens, et qui s'y connaissaient, de voir quatre fois de suite la *Mariane*. Ils y remarquèrent toujours quelque chose de nouveau ». T. VII, p. 174.
4. *Vie de Molière* (dans Fournel, *Curiosités*, p. 209).
5. *Apologie du théâtre*, p. 84-85.
6. Ajoutons, pour être juste, que, dès 1615, Bruscambille parle tout autrement que nous de la déclamation et du *jeu* de ses camarades. Peut-être ses éloges

Ajoutons cependant qu'à la date où meurt Hardy, les comédiens de l'Hôtel de Bourgogne commençaient à s'attirer de grands éloges. Rotrou allait dire de sa tragi-comédie de *Cléagénor et Doristée* : « Elle doit les principales parties de sa beauté à ces incomparables acteurs, qui fardent si agréablement les plus laides choses, et qui ont mis la comédie à si haut point, qu'elle est aujourd'hui le plus doux divertissement du plus sage roi du monde et du plus grand esprit de la terre [1]. » Mais *Cléagénor et Doristée* avait été jouée vers 1630, et peut-être Bellerose et sa femme, peut-être Mlles Beaupré et Valliot avaient-elles joué dans cette pièce. Hardy avait été moins heureux. Si, pour faire jouer ses tragédies et ses tragi-comédies, il avait rencontré des acteurs ne manquant ni de dispositions ni de moyens, en revanche la cour seule avait paru les écouter avec quelque plaisir; le vrai public n'avait d'oreilles que pour la farce, et, pour les accents tragiques, la salle de l'Hôtel de Bourgogne n'avait pas d'écho.

VII

Parlons des représentations qui se donnaient dans cette salle; voyons comment elles étaient annoncées et préparées.

La plupart des auteurs avancent qu'il y avait trois représentations par semaine à l'Hôtel de Bourgogne [2], c'est-à-dire qu'ils

sont-ils tout relatifs. « Je m'ose promettre, dit-il, que vous ne verrez point *notre troupe* ombragée de ces comédiens de la nouvelle crue, qui, d'une voix croassante, et d'une action contrefaite et déréglée, offensent la vue et l'ouïe des assistants. Notre scène ne sera point profanée de ces dagues de plomb en fourreaux d'argent; car si les acteurs, ou par une bienséance qui leur est particulière, ou par une belle apparence, vous donnent quelque pointe d'appétit, leurs paroles vraiment françaises, qui suivront de près l'action, seront plus que suffisantes de vous rassasier l'esprit et chatouiller l'oreille. La naïveté, formée sur le patron même de la nature, sera fidèlement observée en nos représentations; ces graves enjambées à la castillane n'y trouveront point de place; une prolation à la pédantesque, dont la plupart de ces avortons de Roscie s'empêtrent la langue, sera retranchée et réduite à une douce prononciation et liaison de paroles, qui donnera une merveilleuse grâce au vers... Pour ce qui regarde *le récit des vers et le mérite d'iceux*, nous aurons pour critiques censeurs un tas de poétastres, plus propres à reprendre qu'à bien faire... » *Facécieuses paradoxes* (*En faveur de la scène*, prologue prononcé à Rouen).

1. Avertissement de *Cl. et D.*, 1635 (dans les fr. Parfait, t. IV, p. 486-487).
2. Fr. Parfait, t. IV, p. 2; V. Fournel, *les Contemporains de Molière*, t. I, p. XXVIII, etc.

acceptent comme exacts pour le commencement du siècle les renseignements donnés par Chappuzeau et d'autres pour une période postérieure. Rien ne prouve qu'ils aient raison. S'il fallait admettre que, dès lors, les représentations se donnaient toujours à jour fixe et en nombre fixe, il serait plus naturel de supposer que ce nombre était de deux : on aurait ainsi une transition entre l'usage de 1597, qui était de ne jouer d'ordinaire qu'une fois par semaine [1], et celui de 1660, qui était de jouer trois fois [2]. Mais j'ai bien peur qu'en demandant cette régularité aux Valleran et aux Robert Guérin, on n'oublie qu'ils étaient à plusieurs égards les vrais successeurs des Confrères et qu'ils étaient obligés de suivre en partie leurs errements.

Comme eux, ils jouaient parfois des pièces en plusieurs journées : *Théagène et Cariclée* en avait huit; *Pandoste*, *Parthénie*, qui se jouaient encore après 1630, en avaient deux. Comment représentaient-ils de telles œuvres? En ouvrant leur théâtre trois fois ou deux par semaine? Cela est-il possible? Et se figure-t-on aisément une représentation de *Théagène* qui ne se serait terminée qu'au bout de dix-sept jours ou de vingt-cinq? Évidemment non; des pièces construites à la façon des mystères étaient représentées comme des mystères, pendant plusieurs jours de suite; après quoi, le *jeu* fini, les acteurs se reposaient pendant un temps plus ou moins long, en rapport avec la durée de leurs fatigues, et laissaient se reposer les spectateurs. Telle est l'hypothèse que le bon sens paraît imposer; plusieurs passages de Bruscambille la confirment. Tandis, en effet, que la plupart de ses prologues forment un tout et ne nous apprennent rien sur le jour où ils ont été prononcés, quelques-uns sont intimement liés à un prologue voisin, et ont été prononcés un jour avant ou après lui; il y avait donc des prologues en deux journées, pour accompagner des pièces en deux journées, et nous en trouvons même un en trois journées, qui accompagnait quelque œuvre perdue. « Hier, messieurs, la conclusion de notre paradoxe fut... », tels sont les premiers mots de la seconde partie; et en voici les derniers : « A demain la conclusion et l'acquit de notre promesse [3]. »

---

1. Voy. notre *Esquisse*, p. 74 et 113.
2. En 1611, où les comédiens français étaient seuls à l'Hôtel de Bourgogne, Héroard cite six visites que leur a faites le roi; trois sont du mercredi, trois du dimanche.
3. P. 107 et 110 des *Fantaisies* de Bruscambille. Le lecteur nous permettra-t-il de citer les titres des trois *journées* : « *Paradoxe qu'un pet est quelque chose*

Si les jours de spectacle pouvaient beaucoup varier, il n'en était pas de même des heures. Le mauvais éclairage et le peu de sécurité des rues de Paris, d'autres raisons encore obligeaient les comédiens à commencer et à finir leurs représentations dans l'après-midi. Aussi les Confrères, au XVIe siècle, avaient-ils commencé les leurs à une heure, puis à trois heures, et, le 12 novembre 1609, une ordonnance de police enjoignit à leurs successeurs de commencer à deux heures afin de finir avant la nuit, c'est-à-dire à quatre heures et demie en hiver [1], un peu plus tard sans doute pendant l'été. Ce règlement resta officiellement en vigueur pendant tout le siècle, et les affiches annoncèrent toujours le spectacle pour deux heures précises; en réalité, il alla se retardant sans cesse, mais peu à peu et bien lentement, puisqu'on ne le commença vers cinq heures qu'à la fin du règne de Louis XIV [2]. Comment faisait-on à l'Hôtel de Bourgogne vers 1620 ou 1630? Sans doute comme faisaient les troupes de campagne, et comme font encore souvent nos théâtres provinciaux; on commençait à l'heure prescrite, si le nombre des spectateurs le permettait; sinon, l'on attendait jusqu'à ce que l'impatience des premiers venus, ou la peur d'encourir une amende pour avoir fini trop tard, obligeassent enfin à commencer [3].

---

de corporel, — Qu'un pet est spirituel, — Qu'un pet est une chose bonne. » — Voy. encore le prologue en deux *journées* qui porte ces titres : « *Autre paradoxe sur le cocuage, — Suite* », p. 120 et 124. On lit dans cette dernière : « Hier, nous fîmes preuve, en ligne tant directe que collatérale, que...; j'entends aujourd'hui vous montrer », p. 125. — Les *Fantaisies* contiennent aussi, p. 261-283, un *Discours de l'amour et de la vérité divisé en trois parties ou prologues;* encore ces trois parties ne sont-elles que le commencement d'une série plus longue, ainsi que le prouve cette fin de la troisième : « En dépit de tous ceux-là qui disent qu'*omnia vincit amor*, je vous commande de venir demain en classe pour écouter *attente* ce que je dirai *de contrario veritatis ejus*, et que l'on n'y faille point, sur peine de payer la bagarre. *Valete et plaudite.* » — Voy. *Nouvelles imaginations*, p. 62-65 : *Du loisir (apologie du théâtre)*; p. 65-71 : *Des accidents comiques (suite du discours précédent)*.

1. Félibien, t. II, p. 1025. — En Espagne, les représentations commençaient de même à deux heures en hiver, à trois heures en été. (Damas-Hinard, § 2, p. 1329.) En Angleterre, le spectacle commençait l'après-midi, à une heure, d'après Royer, *Hist. univ. du th.*, t. II, p. 414; à trois heures, d'après Gervinus, *Shakespeare*, t. I, p. 116.

2. Despois, p. 144-146.

3. Dans *la Comédie des comédiens* de Scudéry, acte I, sc. IV, p. 15, les comédiens attendent des spectateurs de bonne volonté, « bien que cinq heures aient sonné..., et bien qu'*ils aient* accoutumé ailleurs d'avoir achevé à cette heure ». Ajoutons que les spectateurs ne vinrent pas; cela n'arrivait-il jamais à l'Hôtel de Bourgogne?

Nous avons prononcé le mot d'affiches; c'était par les affiches en effet qu'étaient convoqués les spectateurs. Mais, si l'invention n'en était pas tout à fait récente [1], l'emploi du moins en était coûteux, et peut-être Valleran n'en avait-il pas toujours usé. Lui aussi avait sans doute agi à la façon des Confrères, « allant appeler le monde au son du tambour jusqu'au carrefour de Saint-Eustache [2] », ou à la façon des comédiens nomades, faisant visiter toutes les rues, comme s'il s'agissait de faire la patrouille, par un tambour et un arlequin [3]. Les affiches n'avaient pas supprimé d'un seul coup ces vieux usages [4]; mais peu à peu ils disparurent, et les affiches restèrent seules chargées d'annoncer au public les représentations. Elles le faisaient d'une façon pompeuse et avec force « menteries [5] », assurant que le poète des comédiens « avait travaillé sur un sujet excellent », ou encore que ceux-ci donneraient « une incomparable pastorale, des plus nouvelles de leur auteur, et une farce risible [6] ».

On voit que les poètes n'étaient pas nommés; ils ne commencèrent à l'être que vers 1625, s'il faut en croire Sorel, « depuis que Théophile eut fait jouer sa *Thisbé* et Mairet sa *Sylvie*, M. de Racan ses *Bergeries*, et M. Gombauld son *Amaranthe* [7] ». S'ils n'y figuraient pas auparavant, Sorel en donne deux raisons : c'est parce qu'il n'y avait alors « qu'un seul homme qui travaillât pour de telles représentations, qui était le poète Hardy..., ou parce que, s'il y en avait d'autres..., ils n'osaient se déclarer auteurs de quelques mauvaises pièces [8] ». Raisons de valeur fort inégale; car, si la

---

1. En 1556, une troupe ambulante qui représentait à Amiens, annonçait ses représentations par des affiches. (Petit de Julleville, *les Mystères*, t. I, p. 360.) — En Espagne aussi, les affiches avaient été employées dès le XVIe siècle. (Damas-Hinard, § 2, p. 1329.)
2. Sorel, *la Maison des jeux*, t. I, p. 408.
3. Scudéry, *la Comédie des comédiens*, prologue, et acte I, sc. I et II, p. 3 et 7-8.
4. Les comédiens de campagne avaient aussi leurs affiches (*la Com. des com.*, acte I, sc. 1, p. 7; voy. aussi le frontispice), mais rares sans doute et souvent écrites à la main.
5. *La Com. des com.*, voy. n. précéd. — Dans son *Apologie au Roy*, Théophile adresse à Garasse la critique suivante : « Dans cette *Doctrine curieuse des beaux esprits de ce temps*, il donne à son livre le titre des affiches de l'Hôtel de Bourgogne, où l'on invite les gens à ces divertissements par la curiosité. » *Œuvres*, t. II, p. 268.
6. *La Maison des jeux*, t. I, p. 409; *Le Berger extravagant*, 1re partie, l. III, p. 144 (la 1re éd. est de 1627).
7. Sorel, *Biblioth. fr.*, p. 204. Cf. Despois, p. 141.
8. *La Maison des jeux*, t. I, p. 409-410.

première est excellente, la seconde est inacceptable et suppose aux poètes une excessive modestie. Ne serait-il pas plus vrai de dire que les comédiens avaient intérêt à ne pas nommer leurs poètes, afin de ne leur pas donner trop d'importance et de les mieux garder sous leur domination; tandis que, d'autre part, le public se souciait fort peu de tels renseignements, et ne songeait pas à distinguer, dans le plaisir qu'il prenait, ce qui en était dû aux acteurs et ce qui en était dû aux poètes [1]?

Après les *menteries* de l'affiche venaient, au milieu du xvii° siècle, les *menteries* de la *harangue;* c'est ainsi qu'on appelait le petit discours par lequel l'*orateur* de la troupe annonçait au public la pièce qui se devait jouer la prochaine fois, et en faisait un éloge bien senti. On a tout lieu de croire que la harangue n'existait pas au commencement du siècle; mais le *prologue* la remplaçait : quoique n'étant pas consacré à l'annonce et à l'éloge des pièces, il faisait souvent l'une et l'autre, avec l'éloge des comédiens eux-mêmes et de leur talent [2].

Despois ajoute : « De nos jours, la réclame a remplacé l'orateur et ses séduisantes harangues, et la quatrième page des journaux ajoute à l'affiche une publicité qui n'existait pas alors [3]. » Cela n'est qu'en partie exact; car, si la réclame dont les comédiens disposaient n'avait ni la périodicité ni la puissance de celle d'aujourd'hui, on ne saurait méconnaître cependant qu'ils la cultivaient de leur mieux. Les innombrables plaquettes qu'ils répandaient sous le nom du Gros-Guillaume, ou de Turlupin, qu'était-ce autre

---

1. Encore aujourd'hui, le public vraiment populaire des théâtres de province, celui qui va entendre le dimanche *Lazare le Pâtre* ou *le Courrier de Lyon*, arrive à savoir une pièce par cœur avant de se demander qui l'a faite, et sait bon gré aux comédiens des choses amusantes ou pathétiques qu'ils lui débitent. Pourtant les noms des auteurs sont sur les affiches; que devait-ce être au temps où ils n'y figuraient pas?

2. Il est probable que le prologue fut consacré de plus en plus à ces fins et perdit de plus en plus son caractère facétieux jusqu'au moment où il lui fallut mourir de sa belle mort, ce qui arriva sans doute aux environs de 1635. En effet, Scudéry, dans sa *Comédie des comédiens*, fait paraître *le Prologue* et *l'Argument*, qui disputent de leur utilité, finissent par convenir qu'elle est nulle, et décident de se retirer tous deux. Selon *l'Argument*, le *Prologue* est une selle à tous chevaux que l'usage seul fait accepter par les spectateurs. C'est « un discours apprêté, où l'on cite deux cents auteurs sans les avoir lus, et où l'on fait des compliments à nombre de personnes que l'on ne connaît pas. Tout cela n'est pas digne du siècle. Quant à l'éloge de la troupe, il ne peut jamais servir de rien auprès de spectateurs qui doivent être des juges ». (P. 45-47, en tête de *l'Amour caché par l'Amour*.)

3. P. 141.

chose que de la réclame? Et n'était-ce pas une réclame bien comprise que cette *Ouverture des jours gras* dont nous avons parlé plus haut? Seulement, toute publication suppose de l'argent, et l'argent était ce qui manquait le plus à nos comédiens; aussi voyons-nous que la plupart de ces facéties sont postérieures à la période qui nous occupe, et c'est l'année 1634 qui en a produit le plus grand nombre.

Y avait-il encore d'autres moyens d'attirer *le monde*? Fit-on pendant un certain temps la *parade* devant la porte du théâtre [1]? Quoi qu'il en soit, on peut être sûr que tous les moyens à l'usage des comédiens avaient été employés, lorsque, les jours de représentation, une heure après midi étant sonnée, la porte cochère de l'Hôtel [2] s'ouvrait et laissait entrer les premiers spectateurs. Suivons-les jusque dans la salle.

VIII

Elle était fort peu commode, et l'on ne peut s'étonner assez que les Confrères l'aient ainsi construite. Qu'on se figure une salle longue et étroite; à l'une des extrémités, une estrade sur laquelle était posée la scène; le long des murs, deux rangs de galeries superposées formant les loges [3]; et, au-dessous, le parterre, un vaste espace où l'on se tient debout. Cette disposition avait été copiée par les Confrères sur quelque jeu de paume [4], ou plutôt encore sur cette salle de l'Hôpital de la Trinité, où ils avaient joué longtemps. Et pourtant, que d'inconvénients elle présentait! Un parterre trop vaste, et qui, n'étant pas incliné, ne permettait pas à tous ceux qui le remplissaient de voir la scène [5];

---

1. On l'a supposé avec vraisemblance. Voy., p. ex., Fournel, *le Vieux Paris*, p. 25.
2. *Songe arrivé à un homme d'importance.* (*Gaultier Garguille*, p. 210.)
3. C'est la disposition qui rend le mieux compte, semble-t-il, des termes des baux cités ci-dessus, page 105.
4. « Vieil jeu de paume déguisé », dit Claude Le Petit dans la *Chronique scandaleuse ou Paris ridicule*. (*Paris ridicule*, p. 21.)
5. « Le parterre n'ayant aucune élévation ni aucun siège... Le parterre doit être élevé en talus, et rempli de sièges immobiles. » (D'Aubignac, *Projet pour le rétablissement du th. fr.*, dans la *Prat. du th.*, t. I, p. 353 et 356.) — En 1726, le parterre était séparé de la scène par une grille, qui était à peu près à la hauteur de la tête des spectateurs du premier rang. (Despois, p. 129.) Cette grille, d'autant plus nécessaire que le parterre était plus tumultueux, existait

une scène étroite; des loges d'où on ne la voyait que de côté ou de trop loin ¹ ! Pour toute espèce de représentations, ces inconvénients étaient fâcheux, et Voltaire, plus d'un siècle après, s'en plaignait encore; mais combien ils l'étaient particulièrement pour celles des Confrères ou de leurs successeurs immédiats! Ici, en effet, on n'avait pas affaire à un public éclairé et relativement calme; il ne s'agissait pas de dialogues tragiques ou comiques, qui pussent être récités au milieu de la scène et dont tout le monde pût entendre ou même voir les interlocuteurs. Le public de 1548 était grossier et bruyant, et, sur les côtés de la scène où l'on représentait les mystères, se pressaient confusément des décorations qu'une bonne partie de la salle n'apercevait pas. Nous verrons combien peu, en 1610 ou en 1620, cette double situation avait changé ².

Disons enfin que la salle était fort mal éclairée. « Toute la lumière consistait d'abord en quelques chandelles dans des plaques de fer-blanc attachées aux tapisseries; mais, comme elles n'éclairaient les acteurs que par derrière et un peu par les côtés, ce qui les rendait presque tous noirs, on s'avisa de faire des chandeliers avec deux lattes mises en croix, portant chacun quatre chandelles, pour mettre au-devant du théâtre. Ces chandeliers, suspendus grossièrement avec des cordes et des poulies apparentes, se haussaient et se baissaient sans artifice et par main d'homme pour les allumer et les moucher³. » Ainsi s'exprime Perrault dans un passage souvent cité; si le témoignage n'est pas très sûr et si les informations de l'auteur sont souvent erronées, du moins n'a-t-il pas exagéré le dénuement de l'ancien théâtre; la pauvreté des *magnificences* qui suivirent en fait foi ⁴.

La salle était peu éclairée ⁵, les couloirs l'étaient moins encore ⁶;

---

certainement au commencement du xvıı⁰ siècle; elle datait de fort loin, c'était le *créneau* du moyen âge. (Royer, t. I, p. 219; Petit de Julleville, *les Mystères*, t. I, p. 388.)

1. Voy. *la Maison des jeux*, t. I, p. 406 et 464.
2. A ces inconvénients il faudrait ajouter, d'après quelques auteurs, cette « incommodité épouvantable » (Tallemant, t. VII, p. 178), que les deux côtés du théâtre étaient bordés de spectateurs. Mais c'est seulement plus tard que cet usage fut établi. (Voy. le chapitre sur *la mise en scène*.)
3. Perrault, *Parallèle*, t. III, p. 192.
4. Voy. Despois, p. 128.
5. Elle l'était d'ailleurs le plus tard possible; comme la cire coûtait cher et durait peu de temps, c'était au dernier moment qu'on allumait les chandelles. (Lud. Celler, *les Décors, les costumes et la mise en scène au* xvıı⁰ *s.*, p. 49.)
6. Le règlement du 12 novembre 1609 ordonnait d' « avoir de la lumière en

le lieu semblait propre à tous les désordres, et les désordres de toute espèce y étaient en effet fréquents.

On sait à quelles plaintes ardentes avait donné lieu au XVIe siècle l'immoralité des pièces jouées à l'Hôtel de Bourgogne [1]. Mais les remontrances de 1588 n'attaquaient pas moins le public que les acteurs. « En ce lieu, disaient-elles, se donnent mille assignations scandaleuses, au préjudice de l'honnêteté et pudicité des femmes, et à la ruine des familles des pauvres artisans, desquels la salle basse est toute pleine, et lesquels, plus de deux heures avant le jeu, passent leur temps en devis impudiques, en jeux de dés, en gourmandises et ivrogneries, tout publiquement, d'où deviennent plusieurs querelles et batteries. »

Le public s'était-il transformé au commencement du XVIIe siècle? Hélas! il était en butte aux mêmes attaques, et ce sont les comédiens eux-mêmes qui nous l'apprennent. « Je veux, s'écriait Bruscambille [2], faire toucher au doigt l'impudente posture et fausse accusation de nos haineurs, qui... osent effrontément vomir contre le ciel ce blasphème exécrable que notre théâtre est le cloaque de toutes impudicités, le réceptacle de tous vices, et le rendez-vous de toutes personnes qui ont fait banqueroute à l'honneur [3]. » Noble indignation, mais peu sincère, car Bruscambille lui-même, quand il ne songe pas à plaider *pro domo sua*, nous peint son public des mêmes traits qu'employaient les pires *haineurs!* Qu'on lise quelques lignes du *prologue contre les censeurs* — nous ne les pouvons citer — et l'on verra quels spectacles offrait à l'observateur la grossière immoralité d'un pareil public [4].

lanterne ou autrement, tant au parterre, montées et galeries, que dessous les portes à la sortie », mais il est douteux qu'il fût bien observé. (*Traité de police* de Delamare, cité par P.-L. Jacob, *l'Ancien théâtre en France*.)

1. Voy. notre *Esquisse*, p. 21.
2. *Nouvelles imaginations*, p. 140 (prologue *de la Colère*).
3. Ailleurs, Bruscambille plaide la cause des comédiens eux-mêmes contre « la lie du peuple, cet hydre à cent chefs qui ne se plaît qu'à son opiniâtre ignorance, foule les sciences sous le pied, abhorre la comédie et ses professeurs plus qu'une peste, qu'un basilic, et se l'imagine un précipice de toute la jeunesse ». (*Nouvelles imaginations*, p. 116. Cf. p. 116 à 121, prologue *en faveur de la comédie*; p. 183 à 186, *en faveur de la scène*; p. 18 à 28, *des Pitagoriens*.)
4. *Fantaisies*, p. 172. — En 1634, Guillot Gorju, louant le présent aux dépens du passé, laisse aussi échapper quelques aveux : « Autrefois les comédiens n'étaient pas si parfaits et excellents dans leur art, ils ne tenaient pas les yeux et les oreilles des spectateurs attachés, ce qui était cause qu'on se divertissait quelquefois à autre chose; mais la modestie est si grande à présent, et on est tellement ravi des bonnes pensées et des belles conceptions de la poésie, que chacun se tient dans sa loge comme des statues dans leur niche,

Et combien il était bruyant, agité, querelleur! La plus grande partie se trouvait au parterre [1], et là, debout, prédisposée à l'ennui quand il y avait du vide dans la salle, pressée et poussée quand il y avait affluence, mal à l'aise de toute façon, elle constituait pour les pièces et pour les acteurs le moins attentif et le plus irritable des juges [2]. Écoutez ces *écornifleurs d'honneur*, ces *magasins de sottises*, ces *balourds*, comme les appelle gracieusement Bruscambille, juger à tort et à travers du mérite des comédiens [3]; voyez comment ils occupent leur temps — alors qu'ils l'occupent honnêtement — en attendant que commence le spectacle:

« Comme je cherchais les occasions de tromper l'oisiveté, j'en ai découvert un, lequel, appuyé contre la muraille, se curait les dents avec un brin de paille nouvelle, pour ôter les os qui s'y étaient arrêtés en mangeant un quarteron de beurre. Quelques-uns, de peur des avives, se promenaient à grandes enjambées; les autres frisaient le pavé. Un autre, se sentant, comme je doute, importuné de quelques mistoudins qui dansaient les canaries sur ses épaules, faisant semblant de ne les connaître point, s'aida de la muraille pour les frotter tout de bon et leur faire peur, en attendant qu'il leur ferait une autre escarmouche à pourpoint dépouillé, sans préjudice toutefois de leurs droits de bourgeoisie [4]. »

et les dames y sont si retenues que c'est tout ce que peut faire le Gros-Guillaume que leur apprêter à rire. » *Apologie de Guillot Gorju*, p. 24-25 (*Joyeusetez*).

1. Despois, p. 363 et 370, montre que « sous Louis XIV, le parterre formait au moins la moitié du public ». Il en formait certainement plus de la moitié au temps de Hardy, alors qu'il n'y avait pas de places sur la scène, et que les loges, encore que d'un prix modeste, devaient paraître chères à un public peu relevé.

2. En 1596, le lieutenant civil était obligé de défendre de jeter des pierres sur la scène. (Voy. Arthur Desjardins, *le Sifflet au théâtre*, mémoire lu à la séance publique de l'Institut, 1887.) Et cependant, on ne voit pas que ce public ait été aussi constamment brutal que les *mosqueteros* espagnols, lançant aux pauvres comédiens des concombres, des trognons de pomme, ou des enveloppes d'orange, selon la saison; — ou que les spectateurs anglais, « tombant sur les acteurs et mettant le théâtre sens dessus dessous ». En revanche, on ne voit pas non plus qu'il ait jamais montré l'enthousiasme qu'affichaient Espagnols et Anglais pour les pièces à leur goût. — Voy., pour l'Espagne : Damas-Hinard, § 2, p. 1330; Puibusque, t. I, p. 247; Ticknor, t. II, ch. XXVI; Royer, Introd. au *Théâtre de Cervantès*, p. 19 et 20; — pour l'Angleterre : Taine, *Histoire de la litt. angl.*, t. I, p. 421-422; Jusserand, *le Théâtre en Angleterre*, p. 228-229; Guizot, *Shakesp.*, p. 118.

3. « Il me souvient », dit l'un, « d'un singe qui était en notre village; mais c'était bien autre chose, et si, on ne prenait que deux liards. » Voy. le *prologue contre les censeurs*. (*Fantaisies*, p. 173-175).

4. *Fantaisies*, p. 172 (*prologue contre les censeurs*).

Et cependant ce refrain connu se fait entendre : « Quelle heure est-il? Commenceront-ils bientôt?[1] » Une telle impatience irrite Bruscambille :

« Je vous dis que vous avez tort, mais grand tort, de venir depuis vos maisons jusques ici pour y montrer l'impatience accoutumée, c'est-à-dire pour n'être à peine entrés que, dès la porte, vous ne criiez à gorge dépaquetée : Commencez! commencez! Nous avons bien eu la patience de vous attendre de pied ferme et recevoir votre argent à la porte, d'aussi bon cœur pour le moins que vous l'avez présenté, de vous préparer un beau théâtre, une belle pièce qui sort de la forge et est encore toute chaude; mais vous, plus impatients que la même impatience, ne nous donnez pas le loisir de commencer.

« A-t-on commencé? C'est pis qu'antan. L'un tousse, l'autre crache, l'autre pète, l'autre rit, l'autre gratte son cul; il n'est pas jusqu'à messieurs les pages et laquais qui n'y veuillent mettre leur nez, tantôt faisant intervenir des gourmades réciproquées, maintenant à faire pleuvoir des pierres sur ceux qui n'en peuvent mais. Pour eux, je les réserve à leurs maîtres, qui peuvent au retour, avec une fomentation d'étrivières appliquées sur les parties postérieures, éteindre l'ardeur de leurs insolences.

« Je retourne à vous. Foin, j'ai quasi oublié ce que je voulais dire. Toutefois non; il est question de donner un coup de bec en passant à certains péripatétiques, qui se promènent pendant que l'on représente, chose aussi ridicule que de chanter au lit, ou siffler à la table. Toutes choses ont leur temps; toute action se doit conformer à ce pourquoi on l'entreprend; le lit pour dormir, la table pour boire, l'Hôtel de Bourgogne pour ouïr et voir, assis ou debout, sans se bouger non plus qu'une nouvelle mariée. Si vous avez envie de vous promener, il y a tant de lieux propres à ce faire, prenez vos pantoufles et vous allez ébattre jusqu'à Orléans, vous ne serez point sujets aux poussades dans le grand chemin, il est assez large et spacieux. C'est là, de par dieu, que vous aurez beau décliner *pedes*, parler aux nues, discourir aux corneilles, qui s'y trouveront désormais, sans nous interrompre[2]... »

Comment des spectateurs qui trouvaient plus de charmes aux désordres de la salle qu'au spectacle de la scène auraient-ils

1. *Fantaisies*, p. 173.
2. *Fantaisies*, p. 78-80 (*prologue facétieux de l'impatience*).

suivi de pareils conseils? « Le parterre est fort incommode », dit un contemporain ennemi de la comédie, « pour la presse qui s'y trouve de mille marauds mêlés parmi les honnêtes gens, auxquels ils veulent quelquefois faire des affronts, et, ayant fait des querelles pour un rien, mettent la main à l'épée et interrompent toute la comédie. Dans leur plus parfait repos, ils ne cessent aussi de parler, de siffler[1] et de crier[2], et pour ce qu'ils n'ont rien payé à l'entrée, et qu'ils ne viennent là qu'à faute d'autre occupation, ils ne se soucient guère d'entendre ce que disent les comédiens. C'est une preuve que la comédie est infâme, de ce qu'elle est fréquentée par de telles gens[3]. »

Elle était fréquentée par pis encore, et les filous avaient fait de l'Hôtel de Bourgogne une succursale du Pont-Neuf. Comme aucun règlement ne défendait encore d'entrer armé au théâtre[4],

---

1. Cf. *Pensées facétieuses et bons mots de Bruscambille*, p. 47 (toutefois ce recueil tardif abonde en interpolations). — On voit que l'origine du sifflet ne date pas de « l'*Aspar* du sieur de Fontenelle », et que l'on pourrait ajouter maints renseignements à ceux que donne la mémoire, cité ci-dessus, de M. Desjardins. On sifflait au commencement du xvie s.; voy. Petit de Julleville, *les Mystères*, t. I, p. 405. On sifflait à la fin de la République romaine; voy. Cicéron, *Lettres familières*, VIII, 2, 1, *Lettres à Atticus*, I, 16, 11.

2. « Floridor est fils d'un ministre; il s'appelle Josias. Autrefois, quand il paraissait, du temps de Mondory, les laquais criaient sans cesse : « Josias! Josias! » ils le faisaient enrager. » (Tallemant, t. VII, p. 176.) — Bruscambille recommande souvent le silence aux spectateurs. Voy. notamment le *prologue sérieux en faveur du silence*. (*Fantaisies*, p. 146.) Il dit encore : « S'il se remarque quelque faute en nos spectacles, elles arrivent ordinairement par l'insolence de quelques auditeurs, qui n'ont pas l'appétit disposé à goûter le fruit de nos labeurs, ou par l'impertinence de quelque veau de dîme, qui ne saura rendre raison, quand il sera de retour chez soi, que des gestes des acteurs. » (*Fantaisies*, p. 133-134.)

3. Ainsi parle Ariste dans *la Maison des jeux* de Sorel, t. I, p. 406-407. Le livre est de 1642, mais les plaintes d'Ariste, qui ne va plus guère au théâtre, portent sur une situation antérieure. La réponse d'Hermogène est intéressante : « L'on y trouve quelquefois (au parterre) de fort honnêtes gens; et même la plupart de nos poètes, qui sont les plus capables de juger les pièces, ne vont point ailleurs. Pour ce qui est des désordres des filous, ils ne sont plus si fréquents, maintenant que la guerre en a obligé plusieurs d'y aller, ou que la bonne justice des prévôts a fait casser la petite oie à quelques-uns des leurs qui volaient sur le grand chemin. Que si l'on se plaint qu'il ne laisse pas d'entrer beaucoup de gens à la comédie sans payer, l'on ne se doit point formaliser de cela, puisque ce n'est pas comme au cabaret, où plus il vient de gens, plus ils mangent de viande et boivent de vin; au lieu que la parole des comédiens se communique aux uns et aux autres sans diminution, pourvu que l'on ne soit point trop éloigné. » P. 465-466. Un tel témoin à décharge est précieux pour l'accusation.

4. Celui de 1641 ne fut d'ailleurs pas longtemps appliqué. Voy. Despois, p. 154.

ils y venaient avec leur épée ; comme aucun vestiaire n'était disposé pour recevoir les manteaux des spectateurs, il y avait des manteaux à prendre : on devine ce qui se passait. Les vauriens faisaient du désordre, causaient une bagarre, et en profitaient pour faire main basse sur tout ce qui pouvait être pris. Ceux qu'on avait volés criaient bien fort, ceux qui avaient eu peur ne criaient guère moins, et les pauvres comédiens, à qui on s'en prenait en définitive, donnaient aux brouillons et aux filous leur plus cordiale malédiction [1]. « Sache, si tu ne le sais déjà, dit l'ombre de Gaultier Garguille à Gros-Guillaume, que la comédie est bonne en soi ; que si elle est mauvaise, ce n'est que, par accident, c'est-à-dire quand il entre plusieurs passe-volants, escrocs et filous dans l'Hôtel de Bourgogne sans payer, si ce n'est de petites raisons ou de grosses injures ; et alors, crois-moi, que la comédie est fort mauvaise et préjudiciable [2]. »

Gaultier Garguille plaisante ; mais bien des gens paisibles prenaient les choses plus au tragique : ils se dégoûtaient de la comédie, et les farceurs eux-mêmes étaient obligés de prendre pour les retenir le ton le plus sérieux et le plus pressant. Écoutons plaider Guillot Gorju :

« Si le soleil attire à soi les vapeurs et exhalaisons de la terre, ce n'est à dessein de former des tonnerres et des tempêtes dans la moyenne région de l'air. Aussi l'intention des comédiens, vous attirant en ce lieu, c'est pour vous y donner un agréable divertissement, car ils sont les plus fâchés quand il se fait du bruit. Pour preuve de ceci, c'est que, si vous les vouliez croire, jamais vous n'y amèneriez vos laquais, et jamais il n'y entrerait de passe-volants. Est-ce à dire que si, dans le Heaume, la Grosse-Tête ou les Trois-Maillets, quelqu'un abuse du vin, que Paumier ou Gros-

---

[1]. Voici une des dernières volontés de Gaultier Garguille (*Songe arrivé à un homme d'importance. Chansons*, p. 202) : « Aux filous, en quelque pays, climat ou région qu'ils puissent être à l'heure que je parle, soit en l'un ou l'autre hémisphère, je donne et lègue irrévocablement ma malédiction, dès à présent comme toujours ; et veux et entends que, pour avoir souvent troublé la comédie, ils soient sans contredit déclarés, au son de la trompe, perturbateurs du repos public et ennemis du genre humain, et, en ce cas, elle leur tiendra nature de propre, à la charge qu'ils feront part de cette donation aux anciens maîtres de l'Hôtel de Bourgogne, qui nous ont suscité des procès. » Qu'on rapproche cette dernière accusation d'une accusation toute semblable formulée par les Confrères (p. 106) ; il est touchant de voir propriétaires et locataires se renvoyer la balle avec tant d'accord.

[2]. *Songe arrivé à un homme d'importance*, p. 211.

Guillaume n'en doive jamais boire? Que si quelque insolent se fait paraître durant la comédie, qu'on ne doive jamais venir à l'Hôtel de Bourgogne?

« Au reste, Guillot Gorju demande s'il y a lieu au monde d'où l'on sorte plus content. Aussi ceux qui tiennent l'affirmative n'ont pu persuader leur opinion qu'à quelques intéressés, qui dans la foule ou les brouilleries ont perdu le castor, et quelquefois la panne. Mais les comédiens en sont les plus fâchés; car ils savent bien que ces gens, après des pertes si sensibles, ne viennent de deux ans à la comédie ni à l'Hôtel de Bourgogne, dont l'approche leur a été si funeste; et il est aussi rare maintenant que les éclipses qu'on y laisse autre chose que l'argent qu'on demande à la porte [1]. » Cette dernière parole est bien d'un plaidoyer et nous ne sommes pas obligés d'y croire.

Telles étaient les scènes de désordre dont le théâtre était sans cesse témoin; telle était l'attitude du public qui le fréquentait. Quelles gens composaient ce public? Nous avons vu que les pages, les laquais, les filous y étaient en grand nombre; les jeunes gens sans occupation sérieuse, les étudiants, les écrivains [2], et surtout

---

1. *Apologie de Guillot Gorju*, 1634, p. 25-26 (*Joyeusetez*). Voy. le récit d'une bagarre où les filous jouent leur rôle, dans *le Berger extravagant*, de 1627, 1re p., l. III, p. 149-150. — L'insolence des laquais et des filous ne cessait même pas avec la représentation; l'arrêt rendu en 1633 au sujet des comédiens établis au jeu de paume de la Fontaine, rue Michel-le-Comte, constate qu'il y a eu des voleries « fort fréquentes à ladite rue, et plusieurs personnes battues et excédées, avec perte de leurs manteaux et chapeaux ». Les voisins du nouveau théâtre étaient, « tous les jours de comédie, en péril de voir voler et piller leurs maisons. » (Fr. Parfait, t. V, p. 51.) — Les désordres au théâtre deviennent moins ordinaires après la période qui nous occupe; mais ils ne cessent pas, et les plaintes continuent à se produire. Scarron demande qu'on purge la comédie « des filous, des pages et des laquais, et autres ordures du genre humain ». (*Roman com.*, 2e p., ch. VIII; t. I, p. 316-317.) D'Aubignac propose contre eux les mesures les plus rigoureuses, en même temps qu'il imagine une meilleure disposition des salles de spectacle, rendant impossibles les anciens excès. (*Pratique du th.*, l. I, ch. LVII; t. I, p. 3-7, et *Projet pour le rétablissement du théâtre français*, p. 353 et 356.) De Pure s'élève contre les entrées gratuites et le port des armes, cause de tant de troubles regrettables. (*Idée des spectacles*, p. 171-174.) Plaintes et propositions sont inutiles; les ordres mêmes du roi ne sont guère obéis. Voy. Fournel, *Curiosités théâtrales*, ch. x; Ém. Campardon, *Documents inédits*, p. 31-48 et 65-70; Despois, p. 154-158. Au XVIIIe siècle, les plaintes n'ont pas encore cessé.

2. D'après le père Garasse, les *bons esprits*, comme il les appelle ironiquement, c'est-à-dire les *athéistes*, ne débitaient pas leur doctrine partout, mais dans quelques endroits choisis, « les cabarets d'honneur, où on est reçu à deux pistoles par tête, les académies, et les loges de l'Hôtel de Bourgogne, attendant la farce ». *La Doctrine curieuse*, l. I, p. 4 (1624, priv. de 1623).

les écrivains besogneux comme le *poète crotté* de Saint-Amant, n'y devaient pas manquer non plus. Quant au vrai peuple, aux ouvriers, l'heure où se donnait la représentation les gênait sans doute, mais n'était pas un empêchement absolu pour ceux qui aimaient le théâtre. Les représentations en Espagne avaient aussi lieu de jour, et le parterre n'en était pas moins plébéien, et ce n'en était pas moins un cordonnier ou un savetier qui décidait souvent de la destinée des pièces [1]. Aux catégories d'auditeurs que nous venons de signaler, en faut-il joindre d'autres plus relevées? Sans doute, quelques seigneurs, quelques grands personnages se montraient parfois au théâtre; et leur présence n'était pas pour changer beaucoup la nature des spectacles, les grands, nous l'avons vu, n'aimant guère alors que les farceurs. Mais, en général, et pendant la plus grande partie de la carrière de Hardy, ce qu'on appelle la bonne compagnie ne fréquentait pas le spectacle. C'est peu à peu, c'est lentement que la bonne compagnie prit le chemin de l'Hôtel de Bourgogne [2], et les productions dramatiques d'hommes de bonne naissance, comme les Racan, les Mairet, les Scudéry, furent à la fois un résultat et une cause de ce changement. « La comédie n'a été en honneur que depuis que le cardinal de Richelieu en a pris soin », dit Tallemant [3], et il ajoute : « Avant cela les honnêtes femmes n'y allaient point [4]. »

1. Voy. Damas-Hinard, § 2, p. 1330. — Voy. quelques indications sur la composition du public dans Lotheissen, t. 1, p. 293-294.
2. D'ailleurs, sous Henri IV et Louis XIII, les nobles habitaient leurs châteaux et ne paraissaient guère à la ville. Louis XIV lui-même eut de la peine à changer ces mœurs. Voy. Suard, p. 135-137.
3. T. VII, p. 171.
4. « Il y a cinquante ans, écrivait aussi d'Aubignac vers 1666, une honnête femme n'osait pas aller au théâtre. » Ch. Arnaud, *les Théories dramat. au* xvii° *s.*, p. 191. — M. Arnaud met en note: « Je dois signaler un démenti à cette assertion, donné par Mairet dans son épître dédicatoire des *Galanteries du duc d'Ossonne.* Il dit que les plus honnêtes femmes fréquentaient l'Hôtel de Bourgogne « avec aussi peu de scrupule et de scandale que celui du Luxembourg ». Cité par M. Bizos dans son *Étude sur Mairet*, p. 157. » Mais il n'y a pas plus de démenti donné à d'Aubignac dans les paroles de Mairet, que de démenti donné à Tallemant dans les quelques lignes de l'*Ouverture des jours gras* citées par nous, p. 150. Les honnêtes femmes évitaient le théâtre en 1616 et le fréquentaient en 1634 ou 1636. Il semble même qu'elles aient commencé à s'y rendre plus tôt : « Nos plus délicates dames ne font point de difficulté de se trouver aux lieux où se représentent les tragédies », écrit, en 1630, l'évêque Camus en tête de son livre *les Spectacles d'horreur, où se decouvrent plusieurs tragiques effets de notre siecle*. A Paris, chez André Soubion, au Palais dans la gallerie des Prisonniers, à l'image Nostre Dame, 8° (le privilège porte : « par le sieur évêque de Bellay »). Voy. notre *Conclusion*, § 4.

Détail important et caractéristique, car on sait l'influence des femmes sur le théâtre, et qu'un théâtre où ne vont pas les femmes est presque nécessairement grossier et immoral. Or, les femmes ne manquaient pas complètement à l'Hôtel de Bourgogne, puisqu'il arrive à Bruscambille de leur adresser la parole; mais il ne le fait guère que pour leur dire des obscénités. C'étaient donc surtout des femmes perdues [1]. Ici encore, nous avons l'aveu des comédiens. Recommandant au public les pièces qu'ils se proposent de jouer en 1634, ils déclarent qu'elles « sont autant d'aimants attractifs pour y faire venir non seulement les plus graves d'entre les hommes, mais les femmes les plus chastes et modestes, qui ne veulent plus faire autre chose maintenant que d'y aller; ce qui fait qu'on ne s'étonne pas *si les maris, par un long temps, avaient défendu et interdit l'entrée de l'Hôtel de Bourgogne à leurs femmes*, qui y perdent presque la mémoire de leurs loges, quand elles ont vu représenter en ce lieu quelque pièce si belle, comme autrefois ceux qui avaient goûté une fois de lotes perdaient entièrement la mémoire de leur pays et de leur maison [2] ». Bien que le tour soit adroit et la raison donnée ingénieuse, le dire de Tallemant est confirmé. Les honnêtes femmes n'allaient point à l'Hôtel de Bourgogne et n'y pouvaient aller, effrayées par les insolents et par l'immoralité des spectacles; mais leur abstention même était un mal et laissait le champ libre à l'immoralité comme aux insolences [3].

---

1. Peut-être aussi dans les loges y avait-il quelques femmes honnêtes, mais trop curieuses, cachées sous le masque. On sait, en effet, que les dames ne sortaient jamais sans masque, sauf à le laisser attaché près de l'oreille, si elles ne le voulaient pas porter, « comme font de bonnes dames de Paris, qui encore qu'elles ne se masquent jamais dans la rue, craignant de s'échauffer ou pour quelque autre sujet, ont toujours le masque pendant, comme un volet près de la fenêtre, de peur que l'on n'ignore leur noblesse. » (*Maison de jeux*, t. I, p. 457.)
2. *L'Ouverture des jours gras.* (Éd. Fournier, *Variétés*, t. II, p. 351.)
3. En 1624 encore, le satirique du Lorens fait du mot Hôtel de Bourgogne un synonyme du mot b..... (*les Satyres du sieur du Lorens*, l. II, sat. x, p. 172); et, chose curieuse, le privilège des *Satyres* est signé : Hardy. Il est vrai qu'en 1624, Valleran et Hardy étaient éloignés de l'Hôtel depuis deux ans. — D'après Ed. Fournier, *la Farce et la Chanson*, p. civ, « les comédiens n'ignoraient pas que leur salle était fort mal commode et très mal fréquentée. Aussi promettaient-ils de remédier au premier inconvénient, dès 1631, si le roi voulait abolir le droit des Confrères et leur octroyer à eux-mêmes l'Hôtel de Bourgogne. « En cas qu'il leur fût adjugé, ils s'engageaient à le rebâtir à la façon des bâtiments qui sont en Italie, afin qu'en toute liberté les honnêtes gens, et principalement les dames, y pussent jouir des divertissements des comédies sans appréhensions

Ainsi, un public peu homogène, dont une partie ne manquait ni d'intelligence, ni d'instruction, mais en majorité turbulent, grossier et immoral, tel nous paraît avoir été le public de l'Hôtel de Bourgogne pendant les vingt ou trente premières années du XVIe siècle[1]. On comprend quels goûts pouvaient être les siens, et s'il était facile de les contenter. C'est souvent en vain que les comédiens lui réclamaient quelque attention :

« Vous répondrez peut-être que le jeu ne vous plaît pas. C'est là où je vous attendais; pourquoi y venez-vous donc? Que n'attendez-vous jusqu'à *amen* pour en dire votre râtelée? Ma foi, si tous les ânes mangeaient des chardons, je n'en voudrais pas fournir la compagnie pour cent écus. Vous vous plaignez le plus souvent de trop d'aise. Qu'ainsi ne soit, si l'on vous donne quelque excellente pastorale, où Mome ne trouverait que redire, cettui-ci la trouve trop longue, son voisin trop courte; eh quoi! se dit un autre, allongeant le col comme une grue d'antiquité, n'y devraient-ils pas mêler un intermède et des feintes?

« Mais comment appelez-vous lorsque un Pan, une Diane, un Cupidon s'insèrent dextrement au sujet? Quant aux feintes, je vous entends venir, vous avez des sabots chaussés; c'est qu'il faudrait faire voler quatre diables en l'air, vous infecter d'une puante fumée de foudre, et faire plus de bruit que tous les armuriers de la rue de la Heaumerie. Voilà vraiment bien débuté! Notre théâtre, sacré aux muses qui habitent les montagnes pour se reculer du bruit, deviendrait un banc de charlatans. Hélas! messieurs, c'est votre chemin, mais non pas le plus court; s'il nous arrive quelquefois de faire un tintamarre de fusées, ce n'est

---

des volontaires et des mauvais esprits qui se portent aux insolences. » (*Remontrances au roy en faveur de la trouppe royale des comédiens*, 1631, in-4, *ad finem.*)

1.   Adieu, bel Hôtel de Bourgogne,

dit avec regret le *Poète crotté* de Saint-Amant,

> Où maint garnement de filou,
> Coué d'un estoc au vieux lou,
> Pour n'aller jamais à la guerre,
> Se pennade dans un parterre
> Dont les horions sont les fleurs,
> Les divers habits les couleurs,
> Les feuilles les badauds qui tremblent,
> Et où tous ses suppôts s'assemblent,
> Ivres de bière et de petun,
> Pour faire un sabbat importun.

(Éd. Livet, t. I, p. 225-227.)

que pour nous accommoder à votre humeur. Apprenez la patience de moi, qui endurerais fort librement un fer chaud en votre cul sans crier ; ce que ne voudriez pas faire toutefois [1]. »

IX

C'est en ces termes, et en d'autres termes que je n'ose pas reproduire, qu'il fallait parler au public pour lui plaire ; on comprend que les pièces sérieuses ne fussent pas son idéal. S'il consentait à les entendre et à ne pas rire pendant deux heures, c'était à condition de se rattraper largement ; s'il ne repoussait pas un mets aussi fade, c'était à la condition qu'il serait accompagné d'autres, fort épicés. Le marché avait été accepté par les comédiens, et voici comment étaient composés les spectacles qu'ils servaient d'ordinaire à leur public.

Tout d'abord, il eût été imprudent de commencer les représentations par une vraie pièce. Avec un public aussi turbulent, elle eût couru risque d'être mal écoutée ; et si les acteurs, rarement prêts à l'heure, avaient tardé à paraître sur le théâtre, il y eût eu danger à laisser trop longtemps de tels spectateurs, dans une salle et dans des couloirs obscurs, à leur grossièreté et à leur immoralité. Le *prologue* obviait, en partie du moins, à ces inconvénients. Il occupait le public en attendant que les acteurs fussent préparés [2], et, mêlant les facéties aux recommandations sérieuses, les *imaginations superlifiques* aux plaidoyers pressants en faveur des comédiens, l'amenait à plus de calme et d'attention. La morale même était servie, encore qu'étrangement, par le prologue, car, si cet amas de grossièretés et d'obscénités était infâme, il empêchait des actions qui l'eussent été plus encore ; c'était un mal sans doute, mais qu'il fallait préférer à un plus grand. Aussi chaque représentation commençait-elle par un prologue que débitait un acteur de la troupe.

Quel acteur ? On a dit que tous s'acquittaient de cette fonction à tour de rôle [3] ; mais rien n'est moins probable, car on n'a jamais publié, cité, vanté, que des prologues de Bruscambille [4] ; car,

---

1. *Fantaisies*, p. 80-81 (*prologue facétieux de l'impatience*).
2. *Nouv. imaginations*, p. 116.
3. Éd. Fournier, *la Farce et la Chanson*, p. xcvj.
4. Les fr. Parfait, t. IV, p. 327, disent que Gaultier Garguille « est l'auteur

après la mort même de ce farceur, ses camarades supposaient qu'il faisait encore des harangues aux enfers, « n'ayant personne, disaient-ils, dans les Champs-Élysées, qui soit capable comme il est pour ce faire, et aussi que c'est une chose que de tout temps il a pratiquée parmi nous [1] ». Le prologue appartient donc surtout, sinon exclusivement, à Bruscambille, et il a sans doute disparu avec lui [2].

Nous n'avons pas à étudier longuement le style et le caractère de ces prologues; peut-être nos citations les ont-elles déjà trop fait connaître. Il y a là un mélange singulier d'esprit alerte et d'absurde galimatias, d'érudition indiscrète et d'obscénité grossière, qui fait invinciblement songer à Rabelais, là où Rabelais n'est pas excellent. Certains des sujets sont sérieux, sinon sérieusement traités : *de l'amitié, de la folie, de la misère* ou *de l'excellence de l'homme, de la colère, de l'honneur*; d'autres sont simplement plaisants : *nihil scientia pejus, en faveur du mensonge, des puces, à la louange des poltrons, harangue funèbre du bonnet de Jean Farine;* mais que de titres aussi se refusent à la citation et en disent long par cela même sur le public devant qui on les développait [3]! Tels quels, ces prologues, dont une mimique

---

de plusieurs prologues et d'un recueil de chansons »; mais, s'ils donnent le titre du recueil de chansons, ils n'indiquent pas où se trouvent les prologues. Celui même qu'ils citent, *sur le mensonge* (p. 327-329), n'est que la réunion, fort négligemment faite, de divers passages de Bruscambille. Il en est de même pour les fragments que cite Dulaure, t. VI, p. 65. Nous ne connaissons qu'un prologue dont Bruscambille ne soit pas l'auteur et dont il soit fait une mention authentique : celui que Laporte a prononcé à Bourges en 1607. Voy. ci-dessus, p. 18, n. 5.

1. *Révélations de l'ombre de Gaultier Garguille*, 1634. (*Chansons*, p. 176.)
2. Pour faire place aux harangues de l'*orateur*. Le premier orateur de la troupe royale fut sans doute Bellerose qui, avant l'arrivée de Floridor, s'acquitta de ces fonctions avec un grand succès. (Chappuzeau, l. III, ch. LVI, p. 276; Lemazurier, t. I, p. 149.) On voit quelle révolution s'était accomplie, puisque Bruscambille était remplacé par Bellerose, et le prologue facétieux débité au commencement du spectacle par la harangue sérieuse prononcée à la fin. — Il ne serait pas inutile, à ce propos, de dire quelques mots d'un ouvrage dont la lecture paraît infirmer nos conclusions, et qui porte pour titre : *Recueil des pièces du temps*. Nous renvoyons ce que nous avons à en dire à la note 5 de l'Appendice.
3. Cette diversité était rendue nécessaire par la diversité même du public, et Bruscambille ne laissait pas d'être quelquefois embarrassé pour savoir quels sujets et quel ton il devait adopter : « Je sais », dit-il en tête de ses *Facecieuses Paradoxes*; « je sais que les jugements en seront divers, les uns aimant le mol, les autres le dur; ceux-ci désireux d'une plus ample polissure, ceux-là blâmant l'auteur de n'avoir embrassé une matière plus sérieuse et de meilleur exemple... *Mais* tel peut agréer à plusieurs, qui ne saurait plaire à tous. Ceux

expressive devait faire comprendre même le latin, étaient devenus nécessaires au public, qui ne se lassait pas de demander à son orateur favori quelque « plat de son métier [1] »; et les pages de cour surtout ne savaient se passer des « imaginations de Bruscambille [2] ».

Pendant que le prologue se terminait, les comédiens avaient achevé de se préparer. Maintenant que le public était attentif, ils *trépignaient* d'entrer en scène ou même faisaient mine d'y entrer. L'orateur en profitait pour conclure, mais non sans recommander une fois de plus le silence et vanter la pièce qu'on allait jouer. Aussitôt commençait la vraie représentation [3].

De quoi se composait-elle? Bruscambille ne parle jamais que d'une seule pièce; mais c'est qu'il n'a à recommander aux spectateurs que celle qui va suivre son discours. Un passage que nous aurons à citer [4] suppose qu'une farce faisait partie de toute représentation, et le berger extravagant de Sorel assiste à la représentation d'une pastorale et d'une farce. Il est donc probable qu'on donnait toujours deux pièces, comme dans les anciens spectacles

---

qui le verront de bon œil ne seront pas les moins avisés, ce me semble. » — Nous n'osons citer le recueil suspect des *Pensées facécieuses* : il contient, p. 186-188, un curieux *prologue en forme de galimatias au sujet d'un reproche qu'on avait fait que Bruscambille devenait trop sérieux dans ses discours prologiques.*

1. Voy. *Fantaisies*, p. 226, *prologue facétieux de la folie; Nouv. imaginations*, p. 51, *des Allumettes.*

2. « Aux pages de cour les reliefs de leurs maîtres, la morgue de Rodomont, les idées de Platon, les atomes de Pythagore et les imaginations de Bruscambille ». *Les Estreines universelles de Tabarin pour l'an mil six cens vingt et un.* (*Tabarin*, p. 366; *Joycuselez*, p. 14.) — Les prologues de Bruscambille réussirent aussi bien auprès des lecteurs que des spectateurs. On peut voir dans Brunet combien d'éditions en furent faites jusqu'au xviiie siècle. Dès 1612, le sieur de Bellone en reproduisait un certain nombre dans ses *Chansons folastres...* En 1632, ils étaient imités dans les *Regrets facétieux et plaisantes harangues funebres du sieur Thomassin... Dedié au sieur Gaultier Garguille*, Rouen, David Ferrand, in-12 (Cf. *Gaultier Garguille*, p. liv), et il semble qu'on en fit encore des pastiches vers 1685. (Voy. la n. 5 de l'Appendice.)

3. *Fantaisies*, p. 65 (*de la Fortune et de l'Amour*); p. 180 (*en faveur des écoliers de Toulouse*); *Nouv. imaginations*, p. 186 (*en faveur de la scène*). Un prologue *en faveur du silence* se termine ainsi : « Chacun est en place, chacun écoute et nous donne tant d'arrhes de sa prudente discretion, que je ne feindrai point de dire à nos acteurs qu'ils sortent, qu'ils se jettent, dis-je, courageusement dans la lice pour recevoir de vous (leur course affranchie) un prix de louange plus riche que toutes les richesses périssables à quiconque fait profession de suivre le pénible sentier de la vertu. » *Prologues* de 1610, fo 53, vo; *Fantaisies*, p. 147.

4. Voy. ci-dessous, p. 156.

des *pois pilés* : la grande, c'est-à-dire une tragédie ou une comédie, et la petite, c'est-à-dire une farce [1]. Mais il n'y avait pas d'ordre immuable, et ce n'était pas toujours une pièce sérieuse qui suivait le prologue de Bruscambille [2].

Nous ne dirons rien de la tragédie et de la pastorale, puisque nous cherchons à comprendre ce qu'elles pouvaient être dans le milieu où elles se produisaient; mais il nous faut dire un mot de la farce. Dédaigné par les érudits, mais nullement oublié du public au xvie siècle, ce genre semble avoir été, au commencement du xviie, l'objet d'un engouement tout particulier. Ce n'est pas qu'on écrivît beaucoup de farces nouvelles, mais on en reprenait beaucoup d'anciennes, dont on rajeunissait le style, dont on renouvelait les allusions, dont on ravivait ainsi l'intérêt [3]. Des canevas pouvaient d'ailleurs suffire à la troupe, à laquelle les Italiens avaient sans doute appris l'improvisation; et que ne pouvait-on pas faire entrer dans ces canevas! le scandale du jour, le dernier bon tour d'Angoulevent [4], la mésaventure d'un spectateur que ses amis voulaient mystifier [5], des plaisanteries à propos de la tragédie nouvelle [6], que sais-je encore! La satire politique même

---

1. C'est la division qu'indique le passage suivant : « Vous transportant depuis votre logis jusques à notre théâtre, vous le trouverez disposé, tantôt à la représentation d'une tragédie, portrait véritable et animé de l'inconstance journalière des grandeurs, à la louange des sages, et, par conséquent, au vitupère des fols. Maintenant une comédie vous produira aux yeux..... » *Nouv. imaginations*, p. 65 (*du loisir*). La tragédie comprenait la tragi-comédie; la comédie semble avoir compris la pastorale et la grande farce en cinq actes.

2. Éd. Fournier dit le contraire (*la Farce et la Chanson*, p. xcvj). Mais Bruscambille annonce une tragédie dans les *Fantaisies*, p. 65, ainsi que dans les *Nouv. imaginations*, p. 203; une pastorale dans les *Nouv. imaginations*, p. 199; une farce dans les *Fantaisies*, p. 148, 175, 207; une petite farce gaillarde dans les *Nouv. imaginations*, p. 44.

3. On peut voir dans Éd. Fournier, *la Farce et la Chanson*, p. lix et lx, les titres de quelques farces anciennes, réimprimées et rajeunies en ce temps. Celles-là et bien d'autres ont pu paraître sur la scène.

4. Les bons tours d'Angoulevent
    Valleran emprunta souvent
    Pour faire la sauce à ses farces.

Le Banquet des Muses du sieur Auvray, 1636, p. 325 (*le Tombeau d'Angoulevent*).

5. La Fleur ferait une plaisante farce
    De ton courroux.....

lit-on dans les *Épigrammes de M. de Maillet*, 1620 (p. 71, ép. 238). L'usage des personnalités au théâtre se conserva longtemps encore. Voy. Despois, p. 165-166. — Sur tous ces points, cf. Éd. Fournier, *la Farce et la Chanson*, p. xj-xv.

6. Voy. Tallemant, t. III, p. 391.

se faisait sa place dans les farces, mais c'en était un élément bien dangereux. Était-on sûr que le roi commanderait toujours à ses commissaires et à ses sergents d'avoir de l'esprit, et de désarmer après avoir ri [1] ?

Mais ce qui se trouvait le plus constamment et le plus abondamment dans les farces, c'étaient les mots orduriers, les plaisanteries grossières, les situations scabreuses. D'aucuns s'en plaignaient [2], la plupart s'en réjouissaient ; que faire ? « Nos détracteurs, s'écrie Bruscambille, disent qu'encore, de deux maux élisant le moindre, nos représentations tragiques et comiques [3] sembleraient tolérables, mais qu'une farce garnie de mots de gueule gâte tout, que d'une pluie contagieuse elle pourrit nos plus belles fleurs. Ah ! vraiment, pour ce regard je passe condamnation. Mais à qui en est la faute ? A une folle superstition populaire, qui croit que le reste ne vaudrait rien sans elle et que l'on n'aurait pas de plaisir pour la moitié de son argent [4]. Dès à présent, nous y renonçons et protestons de l'ensevelir en une perpétuelle oubliance, si vous le voulez ; elle ne nous sert que d'un faix insupportable et préjudiciable à la renommée. En cas que je puisse dire avec vérité que la plus chaste comédie italienne soit cent fois plus dépravée de paroles et d'actions qu'aucune d'icelles, et que notre patrie nous soit beaucoup plus marâtre qu'aux étrangers par ce sinistre jugement [5]. »

1. Voy. dans l'Estoile, p. 412-413, le récit de la représentation donnée le 26 janvier 1607 et des incidents qui s'en sont suivis.
2. Voy. Petit de Julleville, la Comédie et les Mœurs, p. 344, n.
3. Les *représentations comiques* n'étaient déjà pas bien chastes, comme on peut le voir par l'esquisse que trace l'orateur d'une comédie destinée à rendre chacun « sage sans scandale aux dépens d'autrui ». *Nouv. imaginations*, p. 65 (*du loisir*). Ce qu'on appelle ici comédie n'est qu'une sorte de farce plus longue et plus relevée.
4. Au XVIe siècle déjà, l'auteur d'une moralité pieuse (*l'Homme justifié par Foi*) s'exprimait à peu près dans les mêmes termes : « Communément après tels dialogues (les moralités) on joue quelque farce dissolue, n'estimant rien le tout, si la farce joyeuse n'y est ajoutée. » (Petit de Julleville, *la Comédie et les Mœurs*, p. 47.)
5. *Nouv. imaginations*, p. 119-120 (*en faveur de la comédie*). Après Bruscambille, Guillot Gorju plaide de nouveau la cause de la farce, mais en avocat trop sûr de la connivence de son juge : « Si la comédie n'était assaisonnée de cet accessoire, ce serait une viande sans sauce, et un Gros-Guillaume sans farine... Ce qui suit la comédie peut être plus proprement appelé le tableau des actions humaines ; si par hasard on y représente quelque chose qui choque la modestie, combien les actions en effet sont-elles plus odieuses, dont les comédies ne sont que le tableau ? Et Guillot Gorju s'en rapporte à ses critiques, savoir s'ils tiendraient leur argent bien employé, s'ils n'étaient servis de ce

Comme le public ne pouvait nier la corruption du théâtre italien [1], et comme il n'avait garde d'accepter la peu sérieuse proposition de Bruscambille, la farce continuait à prospérer, et les comédiens continuaient à recommander aux spectateurs leurs petites pièces *gaillardes*, capables de faire *rire jusqu'aux larmes* et *pleurer en riant*, et de leur *fendre délicatement la bouche comme l'orifice d'un four banal* [2].

Ce n'était pas encore assez pour les spectateurs, et la mesure de la facétie ne leur paraissait pas comble. Il fallait encore terminer le spectacle par une chanson; Gaultier Garguille la chantait donc avec un succès immense, et ni les pages ni les laquais n'auraient permis qu'il y manquât [3]. Que valaient ces chansons de Gaultier Garguille? Il est facile de le constater en parcourant le recueil que ce farceur en a publié lui-même, et qu'Éd. Fournier a réimprimé [4]. Empruntées à des sources très diverses, elles sont souvent insipides, parfois lestement troussées; mais presque toutes sont obscènes et ne pourraient être chantées aujourd'hui dans

---

plat à la fin pour la bonne bouche, qui est proprement, après une ample collation, une boîte de dragées ou de confiture? » Ce qui suit est légèrement ironique, ou témoigne d'un changement fort important : « Que s'il y a quelque chose de licencieux dans son action, il se soumet à la censure des dames, dont il respectera toujours les yeux aussi bien que les oreilles. » *Apologie de Guillot Gorju*, p. 23-24 (*Joyeusetez*).

1. En 1577, le Parlement disait au sujet des pièces des *Gelosi*, qu'elles n'enseignaient « que paillardise et adultères et ne servaient que d'école de débauche à la jeunesse de tout sexe de la ville de Paris ». Arm. Baschet, *les Com. ital.*, p. 74.

2. *Fantaisies*, p. 148 et 207. Les frères Parfait ont reproduit une « farce plaisante et récréative » de l'Hôtel de Bourgogne, t. IV, p. 254-264. *La Rencontre de Turlupin en l'autre monde...*, 1637, nous donne les titres de trois autres : *la Malle de Gaultier; le Cadet de Champagne;* et *Tire la corde, j'ai la carpe.* (*Gaultier Garguille*, p. 240.)

3. Dans son *Testament...*, p. 153, Gaultier Garguille fait des legs plaisants en faveur de Guillot Gorju, « à la charge qu'il s'acquittera tous les jours de comédie d'une chanson que je dois à perpétuité aux pages et aux laquais, sauf le droit que Targa y peut prétendre ». Targa avait édité les chansons.

4. Ce recueil, publié en 1632, a eu, comme celui des prologues, un grand succès de lecture, et l'on peut voir, dans Brunet ou dans l'introduction d'Éd. Fournier, combien d'éditions en ont été faites. Les chansons de l'Hôtel de Bourgogne étaient d'ailleurs en vogue avant même que Gaultier Garguille en fût le chanteur en titre, et le sieur de Bellone, dès 1612, en avait réuni d'assez *gaillardes* dans le livre que nous avons mentionné plus haut. Après Gaultier Garguille, un nouveau recueil fut fait en 1637 : *les Chansons folastres des Comediens recueillies par un d'eux et mises au jour en faveur des Enfans de la Bande Joyeuse...* A Paris, chez Guillot Gorju, aux Halles, près le pont Alais, à l'enseigne des Trois Amys, 1637. (Voy. le t. Ier du *Recueil de pièces rares et facétieuses* de Barraud.)

nos *cafés-concerts* les plus mal famés. Les spectateurs de l'Hôtel de Bourgogne les acceptaient volontiers, et ils devaient même en accepter de plus risquées que celles que nous pouvons lire. Cette supposition n'est-elle pas autorisée par le ton réservé que prend Gaultier Garguille en publiant son recueil : « Il craint », fait-il dire de lui par le privilège du roi, « il craint qu'autres que lui, à qui il donnerait charge de l'imprimer, ne le contrefissent et n'ajoutassent quelques autres chansons plus dissolues que les siennes, s'il ne lui était sur ce par nous pourvu de nos lettres nécessaires ». Ne craignait-il pas plutôt qu'on ne publiât indistinctement toutes les siennes, tandis que lui-même faisait un choix [1]?

Pour avoir une idée complète des spectacles de ce temps, il ne nous reste plus qu'à mentionner la *symphonie*, qui se faisait entendre pendant les entr'actes [2]. Elle « était d'une flûte et d'un tambour, ou de deux méchants violons au plus », dit Perrault [3]; et Perrault n'exagère guère, car Molière n'avait d'abord que trois violons [4], et l'on n'arriva qu'assez tard à en avoir six. La place qu'occupaient ces musiciens n'est pas bien connue [5]; quelle qu'elle fût, l'effet de la *symphonie* ne pouvait être que médiocre.

Voilà ce qu'étaient les représentations au temps de Hardy; voilà ce que les comédiens appelaient pompeusement « une honnête récréation, un modeste passe-temps pour tromper l'oisiveté,

---

1. Ce qui est singulier, c'est que ces comédiens, si libres de langage et si verts d'allure, n'en étaient pas moins astreints à la censure préalable. (Voy. dans Félibien, t. II, p. 1025, l'ordonnance de police du 12 novembre 1609.) Certes, ou dame Censure n'était pas facile à scandaliser, ou elle savait fermer les yeux.
2. Le moyen âge employait déjà, et certains théâtres emploient encore la musique de la même façon, *pour faire prendre patience aux spectateurs*. Voy. Petit de Julleville, *les Mystères*, t. I, p. 251. — Dans un prologue de ses *Facecieuses Paradoxes* (f° 16-18), Bruscambille analyse une prétendue *Comédie du monde*; et à la fin de chaque acte revient ce commandement : *Sonnez, violons.*
3. *Parallèle*, t. III, p. 192.
4. Voy. une note de Fournier dans son édition de Chappuzeau, l. III, p. 52.
5. Les renseignements de Chappuzeau (l. III, ch. LII, p. 240) ne s'appliquent pas à une époque aussi éloignée : « Ci-devant, on les plaçait ou derrière le théâtre, ou sur les ailes, ou dans un retranchement entre le théâtre et le parterre, comme en une forme de parquet. Depuis peu, on les met dans une des loges du fond, d'où ils font plus de bruit que de tout autre lieu où on les pourrait placer. » Au temps de Hardy, il paraît difficile qu'on ait mis les musiciens, soit sur le théâtre où ils auraient été gênés par les décorations, soit entre le théâtre et le parterre où ils auraient eu à craindre la turbulence du public. Leur place naturelle paraît avoir été dans une de ces loges de côté d'où l'on voyait très mal la scène et qu'évitaient les spectateurs.

un exercice délectable qui invite les plus rustiques âmes à chérir et caresser la vertu [1] ». La pièce sérieuse, à laquelle seule, à la grande rigueur, pouvaient s'appliquer de tels éloges, ne passait qu'à la faveur de cet accompagnement grotesque et moins louable : un prologue, une farce, une chanson [2]. Quel déboire pour un poète tragique ! mais quelles circonstances atténuantes pour ses fautes, si nous tenons à être justes ! Qui lui savait gré, en effet, de faire effort vers le grand art ? Qu'aurait-il gagné à chercher longuement la vérité des caractères, la régularité et la vraisemblance de l'intrigue, la pureté et la poésie du style ? Ses pièces en auraient-elles été jouées plus longtemps ? Auraient-elles mieux fait vivre leurs interprètes et leur auteur ?

Des incidents multiples pouvaient seuls intéresser le public; la variété seule pouvait l'empêcher de fuir. Il fallait produire, et produire sans cesse. En Espagne même, où le public était moins inexpérimenté, où la tradition théâtrale était depuis longtemps établie, un directeur de troupe montait en dix-huit mois 54 comédies et 40 intermèdes [3]; il ne fallait pas moins faire à Paris. Mais le directeur espagnol avait à sa disposition de nombreux auteurs; les comédiens français ne comptaient guère que sur Hardy. Que pouvaient-ils donc exiger de lui en échange de la situation précaire qu'ils lui assuraient ? Qu'il fût fécond et intéressant. Or, de ces qualités, notre poète posséda largement la première et

---

1. *Nouv. imaginations*, p. 11; cf. p. 62 : « Un vertueux passe-temps »; p. 64 : « Un honnête loisir », et *passim*.

2. Une pareille disposition de spectacle est si naturelle, avec un public foncièrement populaire et grossier, qu'on la retrouve chez plusieurs nations. A Rome, quand Livius Andronicus introduit la pièce sérieuse et artistique, l'ancienne farce (satire, atellane, mime) devient exode et termine la représentation. La chanson accompagnée de la flûte ne disparaît pas non plus, mais sert d'entr'acte; le prologue latin lui-même rappelle quelquefois ceux de nos farceurs. (Voy. Teuffel, *Hist. de la litt. rom.*, trad. fr., t. I, p. 6, n. 3.) — En Espagne, une représentation commençait par la *loa*, sorte de prologue; puis « une demi-douzaine de musiciens exécutaient sur la guitare quelque air à la mode ». Enfin la *comédie*, morceau principal, était accompagnée d'*entremets* d'un caractère plaisant et burlesque. Il n'y avait qu'un *entremets* à la fin du temps de Lope, il y en avait trois avant et après lui. Il arrivait souvent qu'une danse voluptueuse couronnait le tout. (Damas-Hinard, § 2, p. 1330, et § 4, p. 1194.) — En Angleterre, à la fin du XVIᵉ siècle, la grande pièce était précédée d'un prologue et suivie de la farce ou du *jig*. (Royer, t. II, p. 414; Gervinus, *Shakespeare*, t. I, p. 116.) — Enfin en France, au moyen âge, il arrivait souvent qu'une farce suivait le mystère, et que, dans le mystère même, entre autres éléments plaisants, figuraient des chansons comiques.

3. Voy. Rojas, p. 48-55. Cf. Damas-Hinard, § 2, p. 1329.

suffisamment la seconde; il leur en joignit quelques autres par surcroît. Jamais, on peut le dire, service plus mal payé ne fut mieux rempli [1].

1. Pour que les œuvres dramatiques puissent fournir une assez longue série de représentations, il faut, ou un public nombreux et qui se renouvelle fréquemment, — mais il n'existait pas au temps de Hardy; — ou un public lettré, aimant à revoir des œuvres fortes et bien écrites, — mais on n'avait alors ni ces sortes d'œuvres pour le public, ni un public pour ces sortes d'œuvres. L'Hôtel de Bourgogne changeait donc sans cesse son affiche, comme nos théâtres de province, et sans avoir comme eux la ressource d'un vaste répertoire. Que de pièces ne fallait-il pas, puisqu'il en fallait encore tant en 1840? « Les choses ont bien changé depuis 46 ans! » écrivait récemment M. Abr. Dreyfus (*l'Auteur dramatique*, dans la *Revue d'art dram.*, 15 janv. 1887, p. 66). « Les théâtres livrés aux Parisiens et visités seulement par une petite troupe d'étrangers et de provinciaux devaient renouveler incessamment leur affiche. De là une consommation de pièces à laquelle Scribe lui-même, avec son armée de collaborateurs, ne pouvait suffire. Les auteurs naissaient sous les pas des directeurs..... » — Et Alexandre Hardy fut longtemps seul!

CHAPITRE III

LA MISE EN SCÈNE

HARDY POUSSÉ VERS LA TRAGI-COMÉDIE

I

Les œuvres dramatiques qui n'ont pas été faites pour être jouées, comme celles de Garnier et de son école, doivent manifestement n'être jugées qu'à la lecture. D'autres, bien que composées pour la scène, ne perdent guère à être jugées à la lecture seule : celles de Racine, par exemple, où les caractères sont si vrais, les sentiments exprimés si puissants, la forme presque absolument parfaite. Mais on s'exposerait à se tromper beaucoup, si l'on se plaçait au seul point de vue de la lecture pour juger les pièces de Hardy. Précipitamment composées et mal écrites, elles valent par le mouvement, par l'intrigue, par l'habileté avec laquelle y ont été utilisées toutes les ressources scéniques du temps; elles sont surtout curieuses, parce qu'elles nous montrent quelle forme dramatique s'adaptait alors exactement à l'état et aux habitudes du théâtre. Nous n'avons donc qu'un moyen de les bien comprendre, c'est de nous familiariser avec ces ressources et ces habitudes, et, pour cela, d'étudier la disposition et la décoration du théâtre, le cadre, en un mot, qui semble ici faire partie du tableau lui-même et n'en pouvoir être séparé.

Faut-il ajouter que ce n'est pas dans les récits de représentations données à la cour ou dans les châteaux que nous devons chercher des renseignements? Certes, tous les procédés qu'on employait dans ces théâtres de circonstance ne leur étaient pas spéciaux, plus d'un leur était commun avec le théâtre public. Mais on y déployait le luxe le plus extraordinaire, on y usait des machines les plus ingénieuses; le temps était proche où, sur une scène spécialement construite pour ses comédies, Richelieu allait faire « lever le soleil et la lune et paraître la mer dans l'éloignement, chargée de vaisseaux [1] ». Détournons nos yeux de ces splendeurs.

La misère des comédiens de campagne serait pour nous beaucoup plus instructive, si nous la pouvions bien connaître. Hardy n'a-t-il pas écrit pour eux une partie notable de son œuvre? Mais quels documents consulter, quels indices recueillir sur la mise en scène des troupes nomades? Leur décoration était sans doute fort sommaire, peut-être même était-elle nulle; et comme l'absence de décoration laisse plus de liberté au poète qu'un système décoratif immuable, c'est pendant la première partie de sa vie que Hardy a le mieux donné carrière à ses goûts et à son génie propre, c'est dans les œuvres préférées de sa jeunesse, dans ses tragédies, qu'il faut chercher l'expression la plus fidèle de son esprit et de ses tendances. Une fois à Paris, son talent s'appartint moins et dépendit davantage du milieu où se produisaient ses pièces. Faisons donc connaissance avec ce milieu; voyons ce qui se passait à l'Hôtel de Bourgogne.

II

Nous n'insisterons pas sur les costumes; ils n'étaient guère remarquables que par leur pauvreté. Au temps d'Agnan, les comédiens *les louaient à la friperie; ils étaient vêtus infâmement*[2];

---

1. Marolles, t. I, p. 236, à propos de *Mirame*. — Cf. ce que dit Jean Beaudouin de *la Comédie des Tuileries* (fr. Parfait, t. V, p. 116); cf. Lud. Celler, *les Décors, les Costumes...*, ch. I et II.

2. Tallemant, t. VII, p. 170. — Quant aux comédiens de campagne, leurs habits de théâtre étaient souvent « si piètres que ce n'était qu'une défroque de carême-prenant ». Ainsi, du moins, en parle Hermogène, le défenseur de la comédie, dans Sorel, *la Maison des jeux*, p. 448. Il dit encore (p. 445-447) : « J'ai vu quelquefois passer à Paris de ces gens-là, qui n'avaient chacun qu'un habit pour toute sorte de personnages, et ne se déguisaient que par de fausses barbes ou par quelque marque assez faible selon le personnage qu'ils représentaient. Apollon et Hercule y paraissaient en chausse et en pourpoint. Mais pourquoi ne les eût-on pas habillés à la française? N'y a-t-il pas eu un Hercule gaulois? Et Hercule, se voulant faire remarquer, avait seulement les bras retroussés comme un cuisinier qui est en faction, et tenait une petite bûche

Valleran et ses compagnons, dont nous connaissons la misère, durent pendant assez longtemps n'être pas plus somptueux; et, si cet état de choses se modifia, ce ne fut que lentement. Nul sans doute avant Bellerose et Mondory, objets de l'engouement et de la libéralité des grands, ne put songer à acquérir une riche garde-robe.

Mais qu'importe la richesse ou la pauvreté des costumes? Il n'y a, à leur sujet, qu'une question intéressante à examiner : étaient-ils dans une certaine mesure fidèles à la vérité historique? ou restaient-ils toujours les mêmes, quels que fussent le pays et l'antiquité des personnages qui les revêtaient? La réponse ne saurait être douteuse. Placé entre le théâtre du moyen âge, qui n'eut jamais aucun souci de la couleur locale [1], et celui de la période classique, qui s'en inquiéta médiocrement [2], il ne se peut pas que le théâtre de Hardy y ait attribué une grande importance; aucun théâtre étranger n'y en attribuait non plus. Si le Pilate des mystères avait été déguisé en grand seigneur français, le Polyeucte de Corneille allait porter un pourpoint espagnol, un haut-de-chausses à crevés et une toque à plumes [3]; et le Coriolan de Calderon allait être vêtu comme don Juan d'Autriche [4]. Que pouvaient donc être les Coriolan, les Darius, les comtes de Gleichen de Hardy? Plus pauvres évidemment, mais pas plus fidèles à la vérité historique. En ce temps-là, les héros de l'antiquité portaient perruque [5] et avaient « des chausses troussées à bas d'attache » [6]; capitaines d'Alexandre et marquis napolitains étaient également coiffés de chapeaux à plumes [7].

---

sur son épaule pour sa massue, de telle sorte qu'en cet équipage l'on l'eût pris pour un gagne-denier qui demande à fendre du bois. Pour Apollon, il avait derrière sa tête une grande plaque jaune prise de quelque armoirie pour contrefaire le soleil, et tous les autres dieux n'étaient pas mieux atournés. Jugez donc ce que ce pouvait être des mortels. » Suit, p. 448-453, l'amusant récit d'une représentation donnée dans l'obscurité par des comédiens de campagne, dont on ne voulait pas voir la mauvaise mine et l'accoutrement misérable.

1. Petit de Julleville, *les Mystères*, t. I, p. 379.
2. Sur les costumes dans le théâtre classique, voy. surtout Ad. Jullien, *Hist. du costume...*; Despois, p. 133-139; V. Fournel, *Curiosités*, ch. III; Perrin, p. XLIV-XLVII. Cf. Fr. Sarcey, *le Temps*, 20 août 1883 et *passim*.
3. Marty-Laveaux, *Œuvres de P. Corneille*, t. III, p. 468. Cf. Voltaire, *Commentaire*, t. I, p. 402 (*Polyeucte*, acte V, sc. dernière).
4. Ticknor, t. II, p. 482.
5. On dit que Mondory ne voulut point suivre cette mode et joua avec de petits cheveux coupés. Voy. Lemazurier, t. I, p. 420-423.
6. Scarron, *Rom. com.*, 1re partie, ch. 1; t. I, p. 9.
7. Voy., dans le frontispice du *Théâtre* de Hardy, t. IV, les cartouches con-

Parfois, cependant, il semble qu'on se préoccupât davantage de donner aux personnages un costume conforme à la vérité historique. Dans la *Sophonisbe* de Mairet, Masinissa reconnaît un Romain à son « costume », c'est-à-dire à quelque détail particulier de son costume [1]; et les soldats turcs portent des turbans [2]. Mais ceci n'était que l'exception, et c'est comme par hasard que le costume et le personnage se trouvaient en harmonie. D'ordinaire, auteurs et spectateurs étaient sur ce point d'une grande indifférence : « *Si l'on veut*, il faut des turbans pour des Turcs, » dit quelque part le registre de Mahelot [3]. Retenons ce mot caractéristique, il nous instruit à la fois sur le compte des poètes du temps et sur celui des comédiens. Ni les uns ni les autres ne tenaient beaucoup à donner à leurs personnages une physionomie exacte, à mettre des turbans aux Turcs [4].

sacrés à *Alexandre* et à *Frégonde*. — Donnons ici quelques renseignements sur les détails de costume qui distinguaient les rôles les plus particuliers. A côté des grands, dont le chapeau était orné de plumes, les rois de tous pays portaient une couronne, ou une façon de bourrelet qui en tenait lieu; avec cela une *belle robe*, une *chaîne* et une *médaille en façon d'or*. Les bourreaux avaient une barbe; les ermites une robe, un mantelet et un bourdon. On reconnaissait les bergers à leurs houlettes, les gueux à leurs manteaux et à leurs chapeaux, les cochers à leurs manteaux et à leurs fouets. Les différents dieux avaient aussi leurs signes distinctifs : aux *accessoires* figuraient un sceptre pour Pluton, des ailes pour Éole, un chapeau, un caducée et des talonnières pour Mercure, des peaux couvertes de poil pour Pan. (Voy. le frontispice déjà cité; Mahelot, *passim*; Scarron, *Roman comique*, 1re partie, ch. II; t. I, p. 15; *le Testament de Gaultier Garguille*, p. 158; Courval-Sonnet, *Exercices de ce temps*, sat. IX, t. II, p. 104. Voyez notamment ce dernier passage, où *le Débauché* examine « le meuble » des acteurs de l'Hôtel de Bourgogne et en dresse un inventaire.)

1. Fin du 4e acte. Voy. Lotheissen, t. II, p. 392.
2. Mahelot, f° 24, *Leucosie*.
3. F° 47, *Clitophon*.
4. Nous ferons deux observations au sujet du passage qui précède. La première est que les documents à consulter, datant pour la plupart des dernières années de Hardy, ou même leur étant un peu postérieurs, ne nous font connaître que la meilleure situation où notre poète ait pu voir le théâtre. La seconde est qu'il ne faut pas accepter sans contrôle les renseignements que semblent donner les gravures placées en tête des pièces du temps : tantôt en effet le dessinateur imite ce qu'il a vu à la scène, tantôt il s'inspire directement de l'histoire. Les personnages de *la Mort de César* de Scudéry (1636) se présentent à nous avec des costumes romains; *Didon* (1637) est « en robe décolletée, avec un collier de perles, des cheveux à la Marie de Médicis, et, sur le dos, un vaste manteau doublé d'hermine ». Laquelle des deux gravures nous donne l'idée la plus juste des représentations? (Voy. Lud. Celler, ch. IX.) — Si l'on voulait se faire une idée du costume tragique au temps de Rotrou, il faudrait plutôt regarder les *soudards* de Callot que les princes d'Abraham Bosse. Pour la période antérieure, peut-être conseillerions-nous de jeter un

III

La connaissance du système décoratif est beaucoup plus nécessaire que celle des costumes. Si celle-ci, en effet, peut nous donner quelques indications sur le souci que les poètes prenaient de l'exactitude historique, celle-là nous explique la forme même des pièces, les règles suivies par leurs auteurs, et jusqu'aux genres qu'ils ont adoptés. Faute de la posséder, on juge un auteur dramatique au nom de lois qu'il ignorait, et par conséquent avec injustice; et, tandis qu'on cherche dans ses pièces ce qu'il n'y pouvait mettre, on se scandalise d'y trouver ce qu'il était obligé d'y introduire.

Aussi, que de railleries, que d'anathèmes n'a-t-on pas lancés contre Hardy! Quelles responsabilités ne lui a-t-on pas fait porter! Les classiques lui auraient sans doute pardonné de n'avoir pas su fonder la tragédie régulière en empruntant à Aristote les indispensables unités. Mais les unités étaient généralement observées, mais la tragédie régulière était établie sur le théâtre, lorsque Hardy y a paru; c'est lui qui l'en a chassée, c'est à lui qu'est due la barbarie du théâtre avant Corneille! « Au siècle de Ronsard, écrit d'Aubignac [1], le théâtre commença à se remettre en sa première vigueur. Jodelle et Garnier, qui s'en rendirent les premiers restaurateurs, observèrent assez raisonnablement cette règle du temps. Muret, Scaliger et d'autres en firent de même en plusieurs poèmes latins; mais aussitôt le dérèglement se remit sur le théâtre par l'ignorance des poètes, qui tiraient vanité de faire beaucoup de pièces et qui peut-être en avaient besoin. Hardy fut celui qui fournit le plus abondamment à nos comédiens de quoi divertir le peuple; *et ce fut lui sans doute qui tout d'un coup arrêta le progrès du théâtre*, donnant le mauvais exemple des désordres que nous y avons vus régner en notre temps. »

Ainsi parlaient les classiques, pour qui les pièces de ce temps étaient des pièces monstrueuses et sans nom [2]. Mais ceux qui, depuis, les ont jugées beaucoup plus favorablement, ceux même qui leur ont su gré de leurs libertés et de leur irrégularité, n'ont

---

coup d'œil sur les *gueux*. (Voy. Emile Lamé, *le Costume au théâtre*, reproduit dans la *Revue d'art dramatique*, 1er octobre 1886, p. 16.)

1. L. II, ch. vii; t. I, p. 105.
2. Voy. même passage, suite.

pas compris différemment le rôle de Hardy. D'après eux aussi, notre poète aurait pu composer ses œuvres selon la poétique classique, déjà formée; mais il a mieux aimé se conformer à la pratique plus libre des Espagnols. Au théâtre classique qui régnait chez nous, il a substitué le théâtre romantique qui régnait en Angleterre et en Espagne. Alors que cette dernière nation exerçait une immense influence sur notre littérature comme sur nos mœurs, Hardy a subi plus que personne cette influence, et, plus que personne, il a contribué à la répandre, il l'a fait dominer sur notre scène.

Théorie spécieuse, et qui a même sa part de vérité. Oui, Hardy, ses rivaux, une partie des spectateurs ont été soumis, en quelque mesure, à l'influence espagnole, et le drame libre français, la tragi-comédie, lui a dû sans doute de résister plus longtemps aux attaques de la tragédie reparue. Mais ce n'est pas à la *comedia* que la tragi-comédie doit sa naissance et son succès. S'il en était ainsi, la tragi-comédie aurait emprunté tout à la fois à la *comedia* ses procédés de décoration et ses procédés de composition; à moins qu'en adoptant la forme de la *comedia* espagnole, elle n'eût gardé les procédés matériels de la tragédie française, à laquelle, dit-on, elle succédait. Or, ni l'une ni l'autre de ces hypothèses ne se vérifie par les faits. Généralement soumise à l'unité de lieu, la tragédie du xvi° siècle ne pouvait avoir qu'une décoration analogue à celle qui finit par prévaloir au siècle suivant. Quant à la *comedia*, à laquelle l'unité de lieu était inconnue, elle aurait pu se jouer dans une décoration toute différente et fort compliquée; mais la mise en scène était rudimentaire en Espagne comme en Angleterre, et l'imagination seule des spectateurs créait les différents lieux où se passait l'action, à moins que des tapisseries banales ne fussent chargées de les représenter [1]. Tout autre, nous allons le voir, était le système décoratif français au temps de Hardy. D'où venait-il donc? Du moyen âge et de ses mystères.

En usage chez les confrères de la Passion, il s'était installé avec eux à l'Hôtel de Bourgogne, et avec eux y était resté jusqu'à la fin du xvi° siècle. Le départ des Confrères ne l'en fit pas déloger,

---

1. Voy. von Schack, t. II, p. 118-124. — La théorie que nous reproduisons ici, et qui est universellement adoptée, a évidemment un fond exact; mais peut-être renferme-t-elle quelque exagération. Il ne nous paraît pas qu'on ait suffisamment fait la lumière sur cette importante question de la mise en scène au temps de Lope et de Shakespeare.

et ceux-ci le cédèrent, pour ainsi dire, avec ce qui leur restait de public, aux comédiens leurs successeurs; c'était comme un fonds de commerce et une clientèle; il fallait garder l'un pour conserver l'autre, et les comédiens n'y manquèrent pas. Aussi comprend-on que les pièces jouées par les comédiens fussent accommodées au système décoratif qui leur était imposé, et analogues en quelques parties aux anciens mystères des Confrères; elles gardèrent la liberté, l'irrégularité de ces mystères, et par là se trouvèrent ressembler aux pièces des Anglais ou des Espagnols.

« Cette liberté si vantée du théâtre anglais et espagnol, dit un historien [1], qu'est-ce autre chose que la liberté même des drames du moyen âge? Ici et là, avec plus ou moins d'habileté, de verve et de génie, on met sur la scène des romans entiers, compliqués d'incidents, mêlés de bouffonneries et de trivialités cyniques; en lisant les tragi-comédies que le poète Hardy empruntait à l'Espagne, de 1600 à 1620, on croit reculer de deux siècles et revenir aux *miracles* publiés par M. de Monmerqué! Quand donc ces compositions exotiques passèrent les Pyrénées, et firent fureur sous Henri IV et Louis XIII, c'était, à vrai dire, le moyen âge qui reparaissait, ce moyen âge tant moqué de la Pléiade, et tellement oublié et perdu de vue par les disciples de la Renaissance, qu'on ne le reconnaissait plus sous les couleurs espagnoles qui lui rendaient du piquant et de la nouveauté. » On voit ce qu'il faut changer à ce jugement. Non, l'art du moyen âge ne reparaissait pas; il se continuait avec tous les changements que le temps, les arrêts du Parlement et les souvenirs de la Renaissance y avaient apportés; il se continuait en se transformant. Si les écrivains du XVIIe siècle le méconnurent, c'est qu'absorbés dans l'admiration de leur propre civilisation et de la civilisation antique, ils fermaient obstinément les yeux sur tout ce qui séparait l'une de l'autre. Corneille, auteur de *Polyeucte*, cherchait les exemples qui l'autorisaient à mettre sur la scène un héros presque parfait, un saint, et ne songeait pas un instant à nos mystères [2].

Mais les spectateurs populaires de Hardy ne purent s'y tromper. Ils se rappelaient, eux, les mystères et les histoires; ils en avaient vu jouer par les Confrères; et, si la représentation constante des mêmes sujets, les hésitations de ces artisans-comédiens entre le

---

1. Ch. Aubertin, *Hist. de la langue et de la litt. fr. au moyen âge*, t. I, p. 480.
2. Petit de Julleville, *les Mystères*, t. I, p. 212.

genre sacré et le genre profane, la faiblesse extrême de ces acteurs, si toutes ces raisons et d'autres encore avaient ralenti leur zèle pour l'Hôtel de Bourgogne, ils n'étaient pas prêts cependant, quand finit le xvi° siècle, à renier le drame libre, dont l'action, s'étendant sur un long espace de temps et sur une grande étendue de pays, convenait à des esprits peu formés et peu réfléchis; ils n'étaient pas prêts à laisser se perdre une mise en scène qui les amusait et à laquelle ils étaient habitués de si longue date.

Aussi, lorsque Hardy leur apporta de province ses tragédies plus vivantes, plus fournies d'action, plus libres que celles des Jodelle et des Garnier, beaucoup plus concentrées cependant et plus régulières, beaucoup moins adaptées à leur mise en scène favorite que les mystères et les histoires, je me figure qu'ils restèrent froids, et que, s'ils applaudirent, ce fut d'un air étonné et embarrassé; l'insipide *Théagène* obtint plus de succès que *Mariamne* et que *Didon*. Hardy essaya-t-il longtemps de lutter contre le goût du public, ou reconnut-il vite qu'il lui fallait abandonner la tragédie pour la tragi-comédie? Nous ne le savons; mais, ce qui est certain, c'est que les préférences de Hardy étaient pour la tragédie, et que cependant la plupart de ses tragédies datent de sa jeunesse et de la province, la plupart de ses tragi-comédies de l'âge suivant et de Paris. Ce qui est également certain, c'est qu'après la mort de Hardy, le public tenait encore beaucoup à la tragi-comédie et à sa mise en scène particulière : sur 71 pièces, que nous savons avoir été jouées alors à l'Hôtel de Bourgogne, 2 seulement portent le titre de tragédie, et l'on peut se demander si elles le méritent : ce sont *Pyrame et Thisbé* et l'*Hercule mourant*[1].

Ainsi, et sans vouloir épuiser un sujet sur lequel nous aurons à revenir[2], l'art dramatique du moyen âge n'avait été, à aucune date, brusquement abandonné; jamais son système décoratif n'avait été rejeté comme grossier et suranné; mais l'un et l'autre, avec des modifications plus ou moins profondes, régnèrent pendant près de cent ans à l'Hôtel de Bourgogne, le seul théâtre public de Paris pendant la seconde moitié du xvi° siècle et les trente premières années du xvii°. Dès lors, que penser des prétendues représentations sur un théâtre public des tragédies du xvi° siècle? Peut-on admettre que les *Cléopâtre*, les *Porcie*, les

---

1. Voy. le manuscrit de Mahelot, ou la note 1 de notre Appendice.
2. Voy. l. III, ch. iv : *les Tragi-Comédies*.

Hippolyte aient été jouées avec une mise en scène empruntée au moyen âge et devant des spectateurs qui n'en admettaient pas d'autre? Ou bien est-il vraisemblable que cette mise en scène si singulière, qui ne pouvait être acceptée que par des spectateurs accoutumés à elle et aveuglés par là sur ses défauts, ait été d'abord abandonnée par les Confrères, ses défenseurs naturels, puis reprise par des comédiens? Évidemment non; la mise en scène du moyen âge a persisté à l'Hôtel de Bourgogne, et cette persistance même prouve que la tragédie des La Taille et des Garnier n'y a pas pénétré. Ajoutons donc cet argument à ceux que nous avons donnés dans un précédent chapitre : il n'en est pas de plus intéressant ni de plus fort.

IV

On sait, depuis les travaux de M. P. Paris, comment était disposée la scène des mystères. Elle « comprenait deux parties distinctes : les *mansions* et la *scène* proprement dite, autrement dit l'espace vague et libre qui s'étendait entre les mansions, comme la mer entre les îles d'un archipel. Les mansions (demeures ou simplement maisons), ce sont les édifices où l'action se transportait pendant le drame. Ainsi la maison de la Vierge à Nazareth, le temple de Jérusalem, le palais de Ponce-Pilate, formaient autant de mansions dans le mystère de la Passion. Toutes les fois que l'action ne se passait pas dans une mansion déterminée, elle occupait la scène proprement dite, à telle ou telle place entre les mansions : autrement dit, l'action se transportait sans cesse d'une mansion à l'autre, en traversant la scène. La scène et les mansions étaient de plain-pied et au même niveau, sauf certains cas déterminés : ainsi le Calvaire formait sans doute une éminence »[1]; ainsi le Paradis, où siégeaient Dieu et ses anges, s'élevait au-dessus de toutes les autres mansions, tandis que l'enfer était supposé placé sous la scène, et que, seule, son entrée horrible était figurée aux yeux des spectateurs.

C'est sur un théâtre de ce genre que la *Passion* fut représentée à Valenciennes en 1547, et l'on a pu faire, pour l'Exposition uni-

---

[1]. Petit de Julleville, *les Mystères*, t. I, p. 387. Voy. tout le chapitre XI, qui a pour titre : *la Mise en scène et les Spectateurs*.

verselle de 1878, une restitution très sûre de ce théâtre d'après la gouache qui se trouve en tête d'un manuscrit. Voici comment M. Petit de Julleville décrit cette restitution [1] : « Sur une scène supposée large de cinquante mètres et profonde environ de la moitié (ces dimensions n'ont rien d'exagéré), on voyait disposés de gauche à droite : un pavillon à colonnes, au-dessus duquel était le paradis où Dieu trônait dans une gloire, entouré d'anges et des quatre vertus. Une muraille percée d'une porte entre deux colonnes doriques : c'était Nazareth. Un second pavillon à colonnes entouré d'une balustrade et renfermant un autel et l'arche d'alliance : c'était le Temple. Une seconde muraille, également percée d'une porte, et derrière laquelle on voyait se dresser le sommet d'une tour et le faîte d'une maison : c'était Jérusalem. Au centre, un pavillon à quatre colonnes, surmonté d'un fronton, avec escalier à droite et à gauche, trône au milieu, figure de roi dans le fronton, représentait le Palais. Une nouvelle muraille, percée de deux portes, et derrière laquelle se dressait le toit d'une maison, s'appelait la « maison des évêques » et la « porte Dorée ». Devant ces deux portes, un bassin carré, portant bateau, figurait la *mer*, c'est-à-dire le lac de Tibériade. A droite, enfin, l'enfer et les limbes représentés par deux tours percées d'ouvertures grillées et par la gueule d'un énorme dragon. »

En somme, onze lieux différents étaient figurés sur la scène; « mais la représentation du mystère de Valenciennes exigeait bien d'autres mansions : l'auteur de la miniature a simplifié et comme résumé la réalité » [2].

Ajoutons, comme dernier trait, que les coulisses n'existaient pas ou ne servaient guère. Les personnages restaient sur la scène pendant toute la durée de la représentation et attendaient, à la place qui leur convenait le mieux, que leur tour vînt de prendre la parole. « Les personnages ne disparaissent jamais, disait Sca-

---

1. *Les Mystères*, t. I, p. 391-392. On peut voir la gouache du manuscrit de la Passion reproduite, ainsi que d'autres dessins tirés de ce manuscrit, dans le livre de V. Fournel, *le Vieux Paris*, p. 20 et p. 16-17.
2. Un théâtre allemand, dont le plan a été découvert par Mone, comprenait aussi douze lieux. (Voy. Royer, t. I, p. 153-154; Petit de Julleville, t. I, p. 392.) D'ailleurs, la disposition scénique des mystères s'était étendue aux autres genres de pièces : le théâtre de *Pathelin*, « figuré dans certaines éditions très anciennes, était divisé en trois compartiments : il représentait une boutique de drapier, une chambre à coucher, et une place publique où se tenait le juge ». Aubertin, *Hist. de la langue et de la litt. fr.*, t. I, p. 544, n. 1.

liger[1], ceux qui se taisent sont réputés absents ; mais certes il est bien ridicule que les spectateurs connaissent bien que tu entends et que tu vois, et que toi-même n'entendes pas ce qu'un autre dit de toi-même en ta présence, comme si tu n'étais pas où tu es. »

On voit ce qu'était le système décoratif du moyen âge et quelles modifications il dut subir, lorsqu'il passa des grands échafauds dressés en plein air aux scènes étroites des Confrères. Faisons effort par la pensée pour placer sur la scène de l'Hôtel de Bourgogne la moitié des mansions d'un mystère et la moitié de ses acteurs. S'ils y peuvent tenir, c'est que la confusion sera complète et qu'il ne restera plus nulle place, ni pour les mouvements des acteurs, ni pour les déplacements de l'action. Il fallait de la place à tout prix, et voici peut-être comment on en obtint.

On fit d'abord une concession forcée aux ennemis de l'art populaire : les personnages — au moins les personnages secondaires — disparurent de la scène, lorsque leur rôle ne les obligeait pas à s'y tenir ; et, comme la place n'était pas grande où ils pouvaient se retirer hors du théâtre, leur nombre fut réduit au strict nécessaire. — Ensuite, lorsque la représentation d'une pièce devait se dérouler durant plusieurs séances, on cessa de mettre sur la scène toutes les mansions qu'elle comportait ; seules, celles qui devaient servir pendant la séance y figurèrent, encore ces séances étaient-elles beaucoup plus courtes que celles des anciens jeux en plein vent. — On comprend que de telles réformes devaient singulièrement dégager la scène et réduire le nombre des décorations. Mais lorsqu'il se trouvait trop grand encore, un dernier moyen restait d'y porter remède : c'était de pratiquer quelques coupures dans le texte touffu et diffus des pièces, c'était de supprimer quelques parties d'une action toujours lâche et éparpillée. Pratiquée avec habileté, cette opération ne pouvait qu'être utile aux longues œuvres du moyen âge.

Ainsi, le plus souvent, il devait être possible de se contenter de cinq ou six mansions[2]. Or, cinq ou six mansions tenaient fort bien sur la scène étroite de l'Hôtel de Bourgogne ; en en plaçant deux sur chacun des côtés, une ou deux encore sur le dernier plan, on

---

1. *Poétique*, l. I, ch. xxi, traduit et cité par d'Aubignac, l. III, ch. ix ; t. I, p. 240. Cf. Petit de Julleville, t. I, p. 389.
2. Surtout dans les drames non religieux, dispensés de posséder un paradis et un enfer.

laissait vides tout le centre et l'avant-scène; les personnages pouvaient se mouvoir, et l'action évoluer librement.

C'est justement dans ces conditions que se trouvait le théâtre au commencement du XVIIe siècle.

Jusqu'à ces dernières années, des opinions très fausses avaient cours sur le système décoratif de cette époque. La plus répandue reposait sur une assertion hasardée de Perrault [1] : « La scène (de l'Hôtel de Bourgogne), formée comme aujourd'hui d'un plancher continu, n'avait point de coulisses; trois morceaux de tapisserie, dont deux tendus latéralement et le troisième dans le fond, décoraient et déterminaient l'espace occupé par les acteurs. Les pièces de Jodelle ne furent pas mieux traitées. La mécanique ne fit rien de plus pour le théâtre jusqu'à Corneille, dont le *Cid* fut d'abord représenté avec ce simple appareil [2]. »

Mais si telle était la disposition de la scène, comment le public était-il averti des changements de lieu, si fréquents alors dans les œuvres dramatiques? Sainte-Beuve pensait sans doute qu'il ne l'était pas du tout, et que les acteurs ne prenaient pas la peine de s'en inquiéter eux-mêmes. « C'est comme à l'aventure, dit-il à propos de Hardy [3], qu'il voyage dans l'espace et dans la durée. Bien souvent, si l'on avait permission de lui demander où il est, dans une chambre ou dans une rue, à la ville ou à la campagne, et à quel instant de l'action, il serait fort embarrassé de répondre. » Lemazurier, moins dédaigneux, résolvait la difficulté par cette explication : « Quand on voulait faire connaître au spectateur que le lieu de la scène allait changer, on levait ou on tirait une tapisserie; et cela se faisait jusqu'à dix ou douze fois dans la même pièce [4]. » D'autres, enfin, allaient jusqu'à admettre que le théâtre était « machiné pour les changements à vue et la variété attrayante des tableaux [5] ».

Rien de tout cela n'est exact; et pourtant la disposition réelle du théâtre au commencement du XVIIe siècle avait été nettement indiquée par des auteurs connus. « Il n'y a pas encore fort long-

---

1. *Parallèle*, t. III, p. 191.
2. Émile Morice, *la Mise en scène depuis les mystères jusqu'au Cid.* (Deux articles de la *Revue de Paris*, t. XXIII, 1835, p. 105-106.)
3. *Tableau*, p. 245.
4. *Galerie hist.*, t. I, p. 4.
5. Jarry, *Essai sur les œuvres dramatiques de J. Rotrou*, p. 42.

temps, écrivait Sarazin en 1640, que la fable était ce qui faisait le moins de peine *à nos poètes,...* et pourvu que dans leurs poèmes ils eussent mêlé confusément les amours, les jalousies, les duels, les déguisements, les prisons et les naufrages sur *une scène divisée en plusieurs régions*, ils croyaient avoir fait un excellent poème dramatique [1]. » Cette scène divisée en plusieurs régions, Sarazin la connaissait si bien qu'il l'attribuait même à la tragédie latine : « L'auteur tragique qui a mis sa mort (d'Hercule) sur la scène, et duquel l'ouvrage se lit parmi ceux de Sénèque, quoiqu'il n'en soit pas au sentiment d'Heinsius, est tombé dans la même faute; *sa scène est partagée en plusieurs lieux*, et son action dure plusieurs jours [2]. »

La Mesnardière écrit d'un style moins clair; il n'est pas cependant moins instructif. « La scène, dit-il [3], autrement le lieu où l'action a été faite, désignant pour l'ordinaire une ville tout entière, souvent un petit pays, et quelquefois une maison, il faut de nécessité *qu'elle change d'autant de faces qu'elle marque d'endroits divers*, qu'elle ne découvre pas un jardin, ni une forêt, pour la scène d'une action qui s'est passée dans le palais, et que, même en ce palais, elle ne fasse pas voir dans l'appartement du roi ce qui doit avoir été fait dans le cabinet de la reine. Si la chose a été faite à la côte de la mer, il faut nécessairement *que la scène soit maritime en quelqu'une de ses façades*, de peur que, s'il ne paraissait pas quelque trace manifeste du voisinage de la mer, le spectateur ne conçût, au désavantage du poète et contre son intention, que la mer est fort loin de là, puisqu'on n'en voit point le rivage. Si l'aventure s'est passée moitié dans le palais d'un roi en plusieurs appartements, et moitié hors de la maison en beaucoup d'endroits différents, il faut *que le grand du théâtre*, le προσκήνιον *des Grecs, je veux dire cette largeur qui limite le parterre, serve pour tous les dehors où ces choses ont été faites, et que les renfondrements soient divisés en plusieurs chambres par les divers frontispices, portaux, colonnes ou arcades...* ». Ailleurs, le législateur ordonne

---

1. *Discours sur l'amour tyrannique*, p. 311-312.
2. *Id.*, p. 314. Notons que ces lieux, supposés placés sur la même scène, sont l'Eubée, le promontoire Cénéen, le mont OEta, et que « du promontoire Cénéen jusque sur le mont OEta... il y a presque quatre journées de chemin ». — Le moyen âge faisait comme Sarazin et attribuait aux anciens son système décoratif. Voy. Royer, t. I, p. 220; Petit de Julleville, *les Mystères*, t. I, p. 392, n. 2.
3. P. 412-413.

au poète de ne jamais transporter sa scène « à des climats différents », mais de la borner, « pour sa plus grande étendue, par celle d'un petit pays, de qui les divers endroits communiquent en peu de temps [1] ».

On voit que, pour un classique et pour un partisan de l'unité de lieu, La Mesnardière n'est pas exigeant. Son ami d'Aubignac l'est davantage, bien qu'il accorde à l'auteur dramatique des facilités dont Racine n'aurait point voulu; mais lui aussi nous donne une idée du système décoratif qui avait longtemps régné sur le théâtre. Il recommande de ne « pas tellement rapprocher les lieux qui sont connus, contre leur véritable distance, que les spectateurs ne se puissent facilement accommoder à la pensée du poète; par exemple, si l'on mettait les Alpes et les Pyrénées en la place du mont Valérien »; et il ajoute que, si les anciens ont quelquefois fait « cette violence à la distance des lieux », les modernes surtout ont dépassé les bornes, « car chacun sait qu'il n'y a jamais eu rien de plus monstrueux en ce point que les poèmes que nous avons vus depuis le renouvellement du théâtre [2] ».

Enfin le témoignage le plus décisif nous est fourni, comme il est naturel, par un ami et un apologiste du drame irrégulier. « Il ne faut pas », recommande expressément l'auteur du *Traité de la disposition du poème dramatique*, « *il ne faut pas introduire ni approuver la règle qui ne représente qu'un lieu dans la scène...* Le théâtre ne diffère en rien d'une table d'attente, dont le ciel est la perspective, la terre et la mer en sont les confins, et ce qu'on fait en Orient et en Occident y peut être représenté. Par exemple, il se tient aujourd'hui, à même heure et en même temps, à Paris et à Constantinople, un conseil de guerre. C'est à savoir, le roi de France délibère d'aller mettre le siège devant quelque ville du Grand Seigneur, et le Grand Seigneur se prépare au contraire. Si des intelligences qui peuvent être de part et d'autre il doit réussir quelque belle action, pour en représenter le commencement, le progrès et la fin, et la bien imiter comme naturellement elle aura réussi, *il faudra pratiquer dessus le théâtre la ville de Paris et de Constantinople, et il ne sera pas inconvénient de faire sortir des Turcs d'un côté, des Français de l'autre* [3]. »

---

1. P. 419.
2. *La Pratique du théâtre*, l. II, ch. vi; t. I, p. 99.
3. *Traité de la disposition du poème dramatique*, 1637, p. 71 et 74. — Cf. Cor-

Si les passages que nous venons de citer sont précieux pour nous, ils ne peuvent pourtant entrer en parallèle avec ce registre de Mahelot dont nous avons plusieurs fois parlé. Là, en effet, se trouve indiquée ou même dessinée la mise en scène de nombreuses pièces ; là se trouvent réunis les renseignements les plus précis et les plus nombreux. Voyons donc quels étaient les caractères de la mise en scène que Mahelot nous a décrite.

V

Le principe en est encore celui de la mise en scène du moyen âge, c'est-à-dire que les lieux divers où doit se transporter l'action ne sont pas présentés successivement, comme cela se fait aujourd'hui, aux regards des spectateurs, mais juxtaposés et toujours présents sur le théâtre. Ainsi celui-ci peut représenter un palais, une prison et un campement de Bohémiens, comme dans la *Belle Égyptienne* ; ou un palais, une prison, un temple, une mer, comme dans la première journée de *Pandoste*. Citons une des décorations les plus compliquées du *Mémoire*, celle de l'*Agarite* de Durval : « Au milieu du théâtre, il faut une chambre garnie d'un superbe lit, lequel se ferme et ouvre quand il en est besoin. A un côté du théâtre, il faut une forteresse vieille, où se puisse mettre un petit bateau, laquelle forteresse doit avoir un antre à la hauteur de l'homme, d'où sort le bateau. Autour de ladite forteresse doit avoir une mer haute de deux pieds huit pouces ; et à côté de la forteresse, un cimetière garni d'une cloche, et de brique cassée et courbée. Trois tombeaux et un siège du même côté du cimetière. Une fenêtre d'où l'on voit la boutique du peintre, qui soit à l'autre côté du théâtre, garnie de tableaux et autres peintures, et, à côté de la boutique, il faut un jardin ou bois, où il y ait des pommes, des grignons, des ardans [1], un moulin... »

neille, *Examen de Mélite* (Œuvres, t. I, p. 137-138) : « Le sens commun, qui était toute ma règle..., m'avait donné assez d'aversion de cet horrible dérèglement *qui mettait Paris, Rome et Constantinople sur le même théâtre*, pour réduire le mien dans une seule ville. » Je n'ai pas voulu citer plus haut ce passage, parce qu'il se peut expliquer, à la rigueur, sans qu'on y voie une allusion à la décoration multiple ; mais on sent bien maintenant que telle en est la portée et qu'il le faut entendre complètement à la lettre.

1. C'est-à-dire des feux follets. (Voy. Nicot.) — Les grignons sont des sortes de poires.

Pour si compliqué que paraisse ce décor, et il n'en est guère de plus compliqué dans le *Mémoire*, il ne comprend en somme que cinq compartiments. Un au fond, la chambre; deux sur un des côtés, la forteresse baignée par la mer et le cimetière; enfin deux sur l'autre, la boutique du peintre et le bois. Or, ce décor peut servir à nous représenter la plupart des autres; le nombre de compartiments qu'il contient paraît avoir été souvent atteint, rarement dépassé, et, quant à la disposition symétrique qu'il présente, elle plaisait tellement au décorateur que, quel que fût le nombre des lieux où se transportait l'action d'une pièce, il s'efforçait le plus souvent de la reproduire [1].

Étudions, par exemple, les 15 pièces de Hardy qu'a enregistrées Mahelot. Une première remarque va nous frapper : c'est que, si les indications écrites sont toujours exactes, elles n'ont pas toujours la prétention d'être complètes; souvent elles supposent des détails connus — peut-être pour les pièces du répertoire — et ne rappellent que ceux dont le *metteur en scène* a jugé la mention le plus nécessaire. Ou encore, elles sont l'œuvre de l'auteur dramatique, qui n'avait donné par écrit à ses interprètes que ses recommandations les plus pressantes, et s'était réservé de les compléter par des explications orales [2]. En pareil cas, le dessin seul peut nous donner une idée juste de la décoration employée.

La Folie d'Isabelle en est une preuve. Voici en effet ce que porte la notice écrite : « Il faut que le théâtre soit beau, et à un des côtés une belle chambre, où il y ait un beau lit, des sièges pour s'asseoir. Ladite chambre s'ouvre et se ferme plusieurs fois. Vous

---

1. La symétrie est compromise dans *Agarite* par ce fait que, la chambre du fond ne pouvant être complètement isolée, le décorateur a placé à côté d'elle et sur la gauche un morceau de palais ou de maison. Mais ce morceau de palais est fort rapproché du cimetière, la boutique du peintre qui leur fait face est fort large, de sorte qu'au premier abord l'œil ne distingue dans le décor que cinq compartiments. Si donc *Agarite* est une exception, c'est une de ces exceptions qui confirment la règle.

2. Cette hypothèse semble autorisée par la présence fréquente d'expressions comme celles-ci : « Il faut un beau jardin; — il faut un beau palais; — il faut que le théâtre soit enrichi; — un palais bas, mais qui soit riche; — il faut que le théâtre soit en pastorale à la discrétion du feinteur; — un tombeau enrichi de l'invention du feinteur; — forme de palais rustique à la fantaisie du feinteur; — le feinteur doit faire paraître sur le théâtre la place Royale ou l'imiter à peu près, etc., etc. » Ne seraient-ce pas là des recommandations d'auteurs? Ajoutons qu'on trouve une *seule* fois dans le registre l'expression : « au *milan* du cinquième acte », et cela dans la notice d'*Iphis et Iante*, la *seule* pièce de Benserade qui y figure. Ne semble-t-il pas qu'on soit en face d'une expression particulière à ce poète?

la pouvez mettre au milieu du théâtre, si vous voulez. » — Mais si on la met « à un des côtés », qu'y aura-t-il sur le reste de la scène? — Le dessin répond nettement à cette question : il représente une sorte de cour intérieure d'un palais, sur laquelle s'ouvrent deux corps de logis de chaque côté, et la belle chambre au fond.

Il faut donc examiner les dessins, en même temps que les notices; heureusement nous en avons treize pour Hardy.

De ces treize dessins, un seul ne nous offre pas la disposition symétrique que nous avons signalée; c'est celui de *Pandoste, première journée*. Il représente un palais au fond, à gauche (pour le spectateur) un temple et une mer d'où s'avance *une pointe de vaisseau*, à droite une prison seulement; il est vrai que la prison est vaste et munie de deux larges fenêtres pour qu'on puisse bien voir le prisonnier. Pour les douze autres dessins, ils contiennent uniformément cinq lieux; et probablement tous les cinq n'étaient pas réellement nécessaires dans chaque pièce, mais, afin d'arriver à la symétrie, le décorateur n'en a pas moins eu soin de les représenter. D'après la notice, *la Folie de Turlupin* exigeait un bois représenté par des arcades de verdure : elles forment le fond; un antre et une fontaine surmontée d'un arbre fourchu : on les voit à droite; une montagne enfin : le décorateur en a mis deux à gauche, percées d'antres. Pour la *Cintie*, la notice demande des maisons : on en voit deux de chaque côté, et le fond représente une grande rue d'une ville. Pour *Cornélie*, un ermitage et une chambre : on voit de plus deux maisons et une grande rue formant le fond [1]. Pour la *deuxième journée de Pandoste*, deux palais, une maison de paysans, un bois : le fond est encore formé par une rue. Pour *Parthénie, première journée*, deux palais et une prison : la scène représentait une prison, une maison et deux palais, dont l'un occupe le fond et une partie du côté droit [2]. La *deuxième journée* diffère à peine de la première : une chambre y remplace la prison. Pour *l'Inceste supposé*, il n'est question dans la notice que d'une chambre funèbre et d'un ermitage : mais la chambre funèbre occupe le fond et la moitié des deux côtés; une maison complète la disposition ordinaire. Quatre autres

---

[1]. Voy. en tête du volume la reproduction du dessin consacré par Mahelot à la décoration de *Cornélie*.

[2]. Mais l'architecture en est bizarre; on pourrait aisément les prendre pour trois palais ou pour un seul.

pièces exigent trois lieux différents : *Ozmin,* un palais, un jardin, une maison champêtre; *la Folie de Clidamant,* un palais, une chambre et une mer portant vaisseau; *Félismène,* un palais, une chambre et une grotte; *la Belle Égyptienne,* un palais, une tente et une prison. Or, dans ces quatre pièces, le palais forme le fond et la moitié des deux côtés, de sorte que le théâtre paraît toujours avoir cinq compartiments [1]. Enfin, nous avons vu comment *la Folie d'Isabelle* est disposée de la même manière, quoique la notice ne mentionne qu'une chambre, et que toute l'action semble se passer dans le même palais.

On comprend, par ce que nous venons de dire, quelles peuvent être la valeur et l'exactitude de telles décorations. Si on ne peut les comparer aux chefs-d'œuvre dans lesquels se sont encadrées tant de pièces de nos jours, on ne saurait sans injustice les appeler rudimentaires et grossières. En réalité, l'ensemble de la décoration ne devait pas être désagréable aux yeux; mais les différentes parties en étaient de valeur très variable, selon qu'elles s'accommodaient plus ou moins de l'étroit espace qui leur était concédé. Si les palais qui occupaient un seul compartiment étaient bien exigus, ceux qui en occupaient trois avaient fort bon air; les maisons, les cabanes étaient présentables, les ermitages pittoresques, les prisons suffisamment terribles. En revanche, les bois n'étaient représentés que par un peu de feuillage; un campement était figuré par une moitié de tente; les mers et les montagnes manquaient absolument de majesté.

Plus le poète donnait carrière à son imagination, plus il éloignait son action des lieux ordinairement choisis pour être le théâtre des pièces, et plus les décorations devenaient imparfaites et confuses. Nous n'avons pas celles de la *Gigantomachie* et de l'*Enlèvement de Proserpine* : cela est regrettable; mais nous connaissons celle des *Travaux d'Ulysse* de Durval, elle peut nous en donner quelque idée : « Au milieu du théâtre, il faut un enfer caché et les mêmes tourments d'enfer; au-dessus de l'enfer le ciel d'Apollon, et au-dessus d'Apollon le ciel de Jupiter. A côté de l'enfer, la montagne de Sisyphe, et de l'autre côté le jardin d'Hespéride; à côté du jardin le pacage du vaisseau; à l'autre côté le palais de Circé; la sortie du vaisseau se fait entre le mont de Sisyphe et le palais

---

1. Il en faudrait six pour représenter convenablement *Félismène,* mais le moins nécessaire a été supprimé. Voy. l'analyse de cette pièce. — Voy. aussi l'analyse de *la Belle Égyptienne.*

d'Antiphate ; une mer, auprès du fleuve du Styx, où Caron paraît dans sa barque garnie d'un aviron. Le tout se cache et s'ouvre... » Quelle complication! Et comme le décorateur devait se travailler pour produire une œuvre qui nous paraîtrait ridicule! Mais alors on ne la jugeait pas ainsi, et les soleils entourés de nuages qui figuraient les ciels d'Apollon et de Jupiter excitaient l'admiration.

On vient de voir par plusieurs exemples que, si le principe fondamental de la mise en scène au temps de Hardy était la juxtaposition des lieux où se transportait l'action, le principe de leur apparition successive n'était pas complètement inconnu. Il ne l'était pas non plus au moyen âge, et nos décorateurs contemporains n'ont à son sujet qu'une innovation à revendiquer : son application constante et exclusive [1]. Quoique les mystères ne cherchassent guère à piquer la curiosité, ils avaient pourtant un enfer qui s'ouvrait et se fermait, comme celui des *Travaux d'Ulysse* ; leurs limbes étaient cachés par des rideaux, jusqu'à ce que la vue en fût nécessaire ; bien d'autres *mansions* aussi pouvaient paraître et disparaître [2]. Ainsi faisaient-elles encore au XVIIᵉ siècle. La chambre funèbre de *l'Inceste supposé* « s'ouvre et ferme au cinquième acte »; d'autres chambres s'ouvrent et ferment dans *la Folie de Clidamant*, dans *la Folie d'Isabelle*, dans *Cornélie*. *Leucosie* a un tombeau caché qui s'ouvre deux fois, *Cintie* un bûcher qui paraît au cinquième acte. Ailleurs, ce sont des échafauds tendus de noir, des bûchers, des tombeaux, des feux d'artifice dans une mer [3], qui attendent, couverts d'un rideau, le moment de se montrer aux spectateurs. Par là les coups de théâtre deviennent possibles, et les rideaux eux-mêmes, utilisés, ajoutent quelque partie à la décoration.

« Il faut », dit la notice de *Lisandre et Caliste*, « il faut au milieu

---

1. Le décor multiple est pourtant employé de nos jours, quand un auteur veut produire simultanément plusieurs actions particulières. « Dans *Guido et Ginevra*, dans *Aïda*, le théâtre est divisé en deux dans le sens de sa hauteur; dans *le Roi s'amuse*, la scène offre trois parties différentes, et elle est partagée en quatre dans les *Contes d'Hoffmann*. » (Pougin, p. 523.) Mais cette ressemblance avec la scène de Hardy est beaucoup plus apparente que réelle, car les compartiments que l'on représente comme contigus doivent l'être aussi dans la nature; les actions que l'on produit simultanément doivent être conçues comme réellement simultanées.

2. Voy. Petit de Julleville, *les Mystères*, t. I, p. 388, 389, 394.

3. *La Bague de l'oubli, la Moscovite, Silvanire, Poliarque et Argenis*. Voy. aussi *l'Hypocondriaque*, et *passim*.

du théâtre le petit Châtelet de la rue de Saint-Jacques, et faire paraître une rue où sont les bouchers... Il faut que cela soit caché durant le premier acte, et l'on ne fait paraître cela qu'au second acte et se referme au même acte. La fermeture sert de palais. » Ainsi ce procédé, qui nous paraît moderne et qui était déjà ancien, était alors fréquemment et judicieusement employé. Il aurait pu le devenir plus encore et remplacer complètement la décoration multiple [1]. Le succès de la tragédie classique s'y opposa [2].

Outre les décorations permanentes et celles qui ne paraissaient qu'à certains moments de la représentation, les comédiens usaient encore de machines plus ou moins ingénieuses. Tantôt ils faisaient « paraître l'aurore dans un char et sur un pivot traîné par des chevaux » [3]; tantôt la nuit venait, et la lune marchait au milieu des étoiles [4]; d'autres fois, l'Amour paraissait en l'air, annoncé par les éclairs et les tonnerres [5]. Que ces *trucs* fussent toujours réussis, c'est ce que nous nous garderions d'affirmer; rien n'est plus coûteux que la machinerie théâtrale, et maître Georges [6]

---

1. Nous serions même obligés de croire que les décorateurs étaient arrivés à appliquer notre système de la décoration successive, si nous prenions à la lettre ce qu'invoque Scudéry pour expliquer le succès de son *Prince déguisé*: « Le superbe appareil de la scène, la face du théâtre qui change cinq ou six fois *entièrement* à la représentation de ce poème. » Mais l'adverbe *entièrement* est trompeur, et il faudrait bien plus de cinq ou six changements pour représenter aujourd'hui la tragi-comédie de Scudéry. En fait, la décoration du *Prince déguisé* comporte une rue, un palais, un temple de la Vengeance, une maison de jardinier, un jardin fermé par une muraille et orné d'une fontaine de marbre, deux prisons, une place publique. Un certain nombre de ces lieux — probablement le palais, la maison, le jardin et les prisons — constituaient une décoration fixe et complexe, tandis que le temple, la place publique, peut-être la rue, n'étaient présentés aux yeux qu'en temps opportun et par le jeu traditionnel des rideaux. Et c'était ainsi que changeait la face du théâtre. (Voy. *le Prince déguisé, tragi-comédie, par Monsieur de Scudery*. A Paris, chez Augustin Courbé, imprimeur libraire de Monseigneur frere du Roy, dans la petite Salle du Palais, à la Palme. MDCXXXVI, avec Privilege du Roy, 8º.)

2. D'Aubignac met une vivacité particulière à condamner le système des rideaux, « car ces rideaux ne sont bons qu'à faire des couvertures pour berner ceux qui les ont inventés et ceux qui les approuvent ». L. II, ch. VI; t. I, p. 94.

3. *Amaranthe*.

4. *Les Occasions perdues*, *la Mélite* (c.-à-d. *l'Illusion comique*; voy. la note 1 de l'Appendice), *la Filis de Scire*.

5. *Astrée et Céladon*. Voy. plus bas l'analyse des pastorales de Hardy, l. III, ch. V.

6. Tel était le nom du décorateur de l'Hôtel de Bourgogne. Voy. la note 1 de l'Appendice.

pouvait toujours répondre à ses détracteurs à peu près ce que Rotrou faisait dire au décorateur de son *Saint-Genest :*

L'argent nous a manqué plutôt que l'industrie [1].

Encore en 1642, d'Aubignac se plaignait amèrement de ceux qui avaient mis à la scène sa tragédie de *la Pucelle d'Orléans* : « Au lieu de faire paraître un ange dans un grand ciel, dont l'ouverture eût fait celle du théâtre, ils l'ont fait venir quelquefois à pied et quelquefois dans une machine impertinemment conduite. Au lieu de faire voir dans le renfondrement l'image de la Pucelle, au milieu d'un feu allumé et environné d'un grand peuple, ils firent peindre un méchant tableau sans art, sans raison et tout contraire au sujet [2]. » Et cependant, en 1642, on approchait du temps où le *Marais* allait éblouir les yeux par la splendeur de ses décorations et de ses machines [3].

Mais, réussies ou non, il fallait des machines au public, il aimait le spectacle et le tintamarre, il réclamait des *feintes* [4]. Aussi les comédiens visaient-ils à un certain réalisme dans leur jeu et ne négligeaient-ils aucun moyen de faire impression sur leurs spectateurs. Les prisons, les bûchers et les tombeaux paraissaient souvent sur leur théâtre [5]; on s'y blessait, on s'y tuait, et, en pareil cas, il fallait que le sang coulât. Le registre de Mahelot

---

1. Le texte porte « le temps... », acte II, scène I.
2. Cité dans *Gaultier Garguille*, p. 159, n. — Cf. des plaintes moins intéressées dans *la Pratique du théâtre*, l. IV, ch. VIII; t. I, p. 321; cf., p. 353 et 356, *le Projet pour le rétablissement du théâtre françois*.
3. *L'Ulysse dans l'île de Circé*, par Boyer, est de 1648, mais les merveilles de *la Toison d'or* ne devaient paraître qu'en 1660. On peut voir l'indication de quelques machines remarquables dans du Tralage, *Notes et documents sur l'hist. des th. de Paris*, Paris, Jouaust, 1880. — Plus tard encore, Mme d'Aunoy déclarait les machines du théâtre espagnol absolument « pitoyables ». Voy. Damas-Hinard, § 2, p. 1330.
4. Voy. le passage de Bruscambille que nous avons cité au l. II, ch. II., p. 151.
5. Sur la représentation des prisons, voy. de curieuses observations de La Mesnardière, p. 413-414. Le critique veut qu'on les fasse *effroyables*, et que les prisonniers aient soin de s'y tenir. Corneille dit au contraire, dans son *Examen de Médée* (t. II, p. 337) : « J'oubliais à remarquer que la prison où je mets Égée est un spectacle désagréable, que je conseillerais d'éviter; ces grilles, qui éloignent l'acteur du spectateur et lui cachent toujours plus de la moitié de sa personne, ne manquent jamais de rendre son action fort languissante. Il arrive quelquefois des occasions indispensables de faire arrêter prisonniers sur nos théâtres quelques-uns de nos principaux acteurs; mais alors il vaut mieux se contenter de leur donner des gardes qui les suivent et n'affai

abonde en recommandations qui pourraient figurer dans un mystère du moyen âge. Ici il demande « du sang, des éponges, une petite peau, pour faire la feinte du coup du sacrificateur [1] »; là « un plastron feint, pour tirer du sang du corps d'une épée à dessein, et du sang pour la feinte [2] »; ailleurs enfin, « l'on tranche une tête, il faut un brancard de deuil où l'on porte une femme sans tête [3] »; il faut aussi « une tête feinte [4] ». Quelle curieuse liste on pourrait dresser des *accessoires* de l'Hôtel de Bourgogne! Contentons-nous de citer ceux qu'il fallait pour une seule pièce, une des plus exigeantes, à la vérité [5] : « Trois casques garnis de leurs visières, un porc, six queues de sirènes [6], six miroirs, des ailes pour Éole, une verge d'argent, une verge d'or, un pot de confiture, une serviette, une fourchette, un verre de vin, quatre chapeaux de cyprès, deux de fleurs, une fleur de moly, chapeau de Mercure, caducée et des talonnières, un foudre, un sceptre de Pluton, couronne, arbre doré dans le jardin (des Hespérides), vents, tonnerres, flammes et bruits, un caillou pour Sisyphe, un artifice dans l'antenne du vaisseau d'Ulysse [7]. »

---

blissent ni le spectacle ni l'action, comme dans *Polyeucte* et dans *Héraclius*. » Dans *Sophonisbe*, Syphax paraissait enchaîné; mais, comme ses chaînes offraient aussi « un spectacle désagréable », Lélius, au bout de trois scènes, se ravisait:

Détachez-lui ces fers, il suffit qu'on le garde.

(Voy. Marty-Laveaux, *Notice sur Sophonisbe*, t. VI, p. 454.)
1. *Clitophon*. Le texte porte : *du cou*.
2. *Le Roman de Paris*.
3. *Leucosie*.
4. *Parténie, seconde journée*. Contre les gibets, les roues, le sang, voy. les recommandations de La Mesnardière, p. 419. Sur les grottes, voy. p. 414-415. — Constatons, encore une fois, que le théâtre scolaire gardait fidèlement les traditions du moyen âge. L'auteur d'une tragédie que les frères Parfait datent de 1646, *le Turne de Virgile*, explique à son lecteur comment il a évité de mettre une bataille sur la scène. « J'ai placé ici cette observation, dit-il, afin de prévenir ta censure, qui m'aurait pu reprendre d'ensanglanter la scène et d'imiter hors de temps les rudes spectacles des collèges. » Voy. les frères Parfait, t. VII, p. 68.
5. *Les Travaux d'Ulysse*. Les lignes qui suivent complètent la notice que nous avons en partie citée p. 178-179.
6. De *sereins*, dit le texte.
7. Les animaux jouaient aussi leur rôle dans ce théâtre, comme dans le théâtre contemporain. Mahelot demande un *ours* pour *la Folie de Turlupin*, des *lions* pour *Ligdamon*, ainsi que pour *Pyrame et Thisbé*; pour *la Filis de Scire*, « un agneau qui soit en vie ». Dans *Chriséide et Arimant*, on ne sacrifie qu' « un mouton feint », mais on fait « jouer des rossignols »... Enfin Scarron nous donne, sur les animaux au théâtre, des renseignements analogues à ceux que fournit Shakespeare dans le *Songe d'une nuit d'été* : « J'ai fait autrefois le

Nous avons le jugement, naturellement flatteur, que les comédiens portaient eux-mêmes sur une de leurs mises en scène : « Si vous ne voulez aller si loin (que la foire), il ne faut qu'aller à l'Hôtel de Bourgogne, et eussiez eu envie d'y acheter quelque chose, tant les marchands avaient de grâce pour attirer le monde, vu qu'on représentait la foire de Saint-Germain ; et comme on commence par mettre les faubourgs dans la ville, Saint-Germain et la foire étaient en l'Hôtel de Bourgogne. Là vous eussiez vu et pouvez voir encore, si vous le voulez, une image parfaite et accomplie de cette dite foire, une décoration superbe, des acteurs vêtus à l'avantage, la naïveté des vers accommodés au sujet ; vous eussiez vu les plus exquises peintures de Flandre, où présidait Catin, noble fille de Guillot Gorju ; vous eussiez vu Guillaume le Gros, dans une boutique d'orfèvre, apprêter à rire à tout le monde, et dont vous ririez encore sans une fâcheuse réflexion que l'on faisait, voyant manger des dragées de Verdun à ceux qui étaient sur le théâtre sans en manger ; car il n'y avait rien de si triste que de voir manger les autres et ne pas manger soi-même, et être comme un Tantale dans les eaux[1]. »

Ne croyons pas trop à « la décoration superbe », non plus qu'aux « plus exquises peintures de Flandre » ; mais voyons avec plaisir dans ce *boniment* un indice de ce que le public cherchait au théâtre et de ce que les acteurs s'efforçaient de lui donner.

VI

Il est facile de comprendre quelles obligations résultaient pour l'auteur dramatique de ces habitudes et de ces goûts du public. Tout genre de drame simple, sévère, s'adressant à l'âme plutôt qu'aux yeux, et à la raison plutôt qu'à la curiosité, lui était à peu près interdit ; ce qu'on lui demandait avant tout, c'était du mouvement et de la variété. « La plus grande part de ceux qui portent le teston à l'Hôtel de Bourgogne, disait Rayssiguier[2],

chien de Tobie, dit La Rancune, et je le fis si bien, que toute l'assistance en fut ravie. Et pour moi, continua-t-il, si l'on doit juger des choses par l'effet qu'elles font dans l'esprit, toutes les fois que j'ai vu jouer *Pyrame et Thisbé*, je n'ai pas été tant touché de la mort de Pyrame qu'effrayé du lion. » 1re partie, ch. x ; t. I, p. 82.

1. *L'Ouverture des jours gras*, 1634 ; dans Éd. Fournier, *Variétés...*, t. II ; p. 349.

2. Préface de *l'Aminte du Tasse*, tragi-comédie, 1631 (fr. Parfait, t. IV, p. 534).

veulent que l'on contente leurs yeux par la diversité et le changement de la scène du théâtre, et que le grand nombre des accidents et aventures extraordinaires leur ôtent la connaissance du sujet. Ainsi ceux qui veulent faire le profit et l'avantage des messieurs qui récitent leurs vers, sont obligés d'écrire sans observer aucune règle [1]. » N'était-ce pas là justement la situation de Hardy, tenu dans une étroite dépendance par les comédiens, forcé de leur fournir le genre de pièces aimé du public. Certes, un poète de goûts irréguliers et, si l'on veut, romantiques, aurait pu s'en accommoder, mettre dans ses pièces des *mœurs* en même temps que du mouvement, satisfaire les sages aussi bien que les frivoles, et produire quand même des chefs-d'œuvre [2]. Mais Hardy avait des goûts classiques, Hardy regrettait la tragédie, et son génie n'était pas assez souple pour se plier aisément à un autre genre; il s'y sentait comme dépaysé, et n'y était plus en possession de tous ses moyens.

On a dit et répété que la muse de Hardy s'était trouvée dans une situation privilégiée, car elle était libre. Après ce que nous venons de voir, pouvons-nous admettre un tel jugement? Sans doute, Hardy était affranchi du joug des règles classiques; mais n'était-il pas astreint à une constante irrégularité? Est-ce être libre que d'être forcé d'adapter ses inventions au système décoratif le plus spécial, le plus contestable, et — nous pouvons ajouter — le plus combattu?

Nous avons vu quel était ce système décoratif. Parfaitement approprié aux conditions dans lesquelles se trouvait l'art dramatique du moyen âge, il convenait beaucoup moins à celles de l'art nouveau, et il était condamné à disparaître; seul, le gros du public y tenait encore, mais une élite de plus en plus nombreuse le jugeait grossier et suranné. Étaient-ce là des conditions favorables pour le dramaturge qui était obligé de s'en servir?

On sait quelle est la fin et l'utilité de la décoration théâtrale. En reproduisant sous les yeux des spectateurs le milieu dans lequel s'est passée ou aurait pu se passer l'action du drame, elle contribue à rendre cette action intelligible et vraisemblable, à

---

1. Comparez à ces plaintes les raisons par lesquelles M. Montégut explique le succès du *Périclès* de Shakespeare auprès du public anglais : « La pièce, tout absurde qu'elle nous paraisse, réunit toutes les conditions voulues pour plaire à un public illettré. » *Œuvres complètes de Shakesp.*, t. VIII, p. 141.

2. C'est justement ce qu'a fait Shakespeare dans maintes pièces postérieures au *Périclès*.

produire l'illusion. Mais une reproduction exacte est impossible, le théâtre ne pouvant lutter avec la nature; on se contente donc d'à peu près, de trompe-l'œil, ou même de signes qui rappellent, sans les figurer, les objets qu'ils représentent. Pourvu qu'il n'y ait pas de malentendu entre le décorateur et le spectateur, pourvu que celui-ci conçoive toujours les mêmes idées que celui-là veut évoquer en son esprit, la tâche de la décoration théâtrale est remplie. Seulement, le système décoratif ainsi créé se trouve dans un rapport plus ou moins visible, mais intime, avec les idées, les mœurs, les goûts d'un temps ou d'un pays; et, lorsque ces idées, ces mœurs, ces goûts se transforment, le système décoratif ne peut tarder à en faire autant. Alors les conventions les plus généralement admises, celles qui faisaient le mieux office de vérité, commencent à frapper les yeux clairvoyants par leur caractère de fausseté et d'étrangeté; une partie du public s'étonne qu'elles puissent être acceptées par l'autre [1]; une crise est commencée. Elle peut être plus ou moins longue; mais les conventions ébranlées finissent toujours par tomber, et de nouvelles les remplacent.

C'est une crise de ce genre que subissait le théâtre français au commencement du XVIIe siècle; Hardy s'y est trouvé mêlé et en a souffert.

En effet, les conventions établies entre le décorateur et le public intéressent à un haut degré l'auteur dramatique. Selon que le système adopté pour la mise en scène sera celui de la décoration simple et immuable, ou celui de la décoration changeante, ou celui de la décoration multiple, l'auteur coupera différemment sa pièce, choisira différemment les parties de l'action qui doivent paraître sur le théâtre, et celles qui doivent être dérobées aux yeux des spectateurs; il aura un art dramatique différent. Que le système décoratif change, ses œuvres paraîtront vieillies comme les conventions sur lesquelles elles reposaient; le discrédit qui frappe celles-ci s'attachera aussi à celles-là.

Pour nous, nous ne ferons point comme les critiques des deux derniers siècles; nous ne reprocherons point à Hardy d'avoir construit ses pièces comme il était obligé de les construire; et nous essayerons de nous placer, pour les juger, au même point de vue que ses contemporains. Pour cela, nous devons reconnaître et

---

1. Les idées et même quelques expressions de ce paragraphe ont été empruntées au judicieux critique du *Temps*, M. Sarcey. (Voy. notamment le feuilleton du 23 juillet 1883.)

passer en revue les principales conventions dont le public de Hardy était d'accord avec lui; nous verrons plus tard comment il en a usé.

VII

Tout d'abord, et pour prévenir une confusion possible, disons qu'en étudiant les décorations de Hardy, nous sommes amené à distinguer trois cas :

Tantôt, en effet, elles ressemblaient aux nôtres ou même à celles de l'époque classique : la scène était divisée en plusieurs compartiments, mais ces compartiments formaient un ensemble et n'avaient pas de valeur pris isolément. Qu'on se rappelle la pièce de *la Folie d'Isabelle*.

Tantôt le système décoratif était mixte, et trois compartiments, par exemple, formant un ensemble, il y en avait encore deux sur la scène, indépendants l'un de l'autre et des trois premiers.

Tantôt, enfin, la scène appartenait tout entière à la décoration multiple, à celle du moyen âge.

On conçoit que nous n'ayons rien à dire du premier cas; le second ne demande pas d'explication spéciale; c'est le troisième qui est le plus intéressant pour nous, et c'est le seul que nous ayons à étudier.

Or, dans ce cas, le public admettait que les divers lieux nécessaires à l'action fussent sommairement représentés, et isolés de tout ce qui les entoure dans la réalité : les mers, étendues de quelques pieds, commençaient et finissaient d'une façon brusque; les cavernes s'ouvraient dans des rochers isolés, poussés on ne sait comment; les prisons consistaient en une salle où se tenait le prisonnier, et le geôlier même n'y avait point de place; la plupart des chambres formaient un rez-de-chaussée modeste et ne faisaient partie d'aucune maison. Ainsi chaque compartiment était réduit au strict nécessaire, et, comme il était complètement indépendant des autres, le plus souvent des balustrades marquaient nettement aux yeux les séparations.

Les rôles des divers compartiments étaient aussi indépendants que leurs figurations. A chaque moment de la représentation, il n'y en avait qu'un qui fût utile — on pourrait presque dire : qui existât — pour les spectateurs, celui où se tenaient et parlaient les personnages. Les autres « étaient supprimés par convention », jusqu'à ce que leur tour vînt d'exciter l'intérêt et d'attirer les yeux. Mais on comprend que chaque compartiment offrait bien peu de place aux personnages. Comment se seraient-ils tenus dans un bois, qu'un arbre ou deux figuraient? dans un campement, qui se réduisait à la moitié d'une tente? Ils se montraient donc dans le bois ou sous la tente, peut-être à côté, puis s'avançaient sur la scène même; le public admettait qu'ils étaient toujours dans le campement ou dans le bois.

Pour les habitations, la nécessité d'une telle convention était plus grande encore, parce que la plupart des cabanes, des ermitages, des chambres, faisaient face, non au public, mais à la scène. Il était impossible d'y faire dialoguer les acteurs; tout un côté de la salle ne les eût point vus, et l'autre côté lui-même aurait eu de la peine à les entendre. Que faisait-on? Si la chambre renfermait « un lit bien paré [1] », un personnage pouvait se montrer d'abord sur ce lit, qui occupait le point le plus en vue du compartiment; mais il s'en levait bien vite, et venait parler hors de sa chambre. La plupart du temps, c'était sur le seuil même des chambres, des ermitages, des cabanes, que les personnages se montraient, et ils ne s'y tenaient même pas.

Sans doute, dira-t-on, ces procédés sont étranges; mais le théâtre contemporain lui-même n'en admet-il pas d'analogues? Est-ce que nos acteurs, pour être mieux entendus, ne se placent pas sans cesse sur l'avant-scène, en dehors du décor que limite le plan du rideau, et par conséquent en dehors du lieu où ils sont censés se trouver [2]? Est-ce que nous n'avons pas tous vu, dans des pièces où la scène représente deux chambres contiguës, dont les habitants ne se connaissent point [3], ces personnages s'avancer devant la rampe, sortir ainsi de leurs chambres, être parfaitement en vue l'un de l'autre, et pourtant ne pas se voir — par convention? Cela est-il moins extraordinaire?

En réalité, il existe une différence essentielle entre la convention d'aujourd'hui et celle de ce temps. Celle d'aujourd'hui n'est établie qu'entre les acteurs et les spectateurs, dans l'intérêt des uns et des autres; qu'on l'admette ou qu'on ne l'admette pas, on ne saurait s'en prendre au décorateur ni à l'auteur; tandis que, sur la scène de l'Hôtel de Bourgogne, l'acteur n'avait pas seule-

---

1. *La Folie de Clidamant.*
2. Sarcey, le *Temps*, 6 août 1883.
3. Dans *Bonsoir, voisin*, par exemple.

ment avantage à parler hors du décor, il était absolument obligé de le faire. Or, si rien n'avait paru plus naturel au xv° siècle, au temps où la foi dans la décoration multiple n'était pas ébranlée, rien ne devait être plus critiqué au xvii°, et le poète ne pouvait s'empêcher de tenir compte des sentiments d'une partie de son public. Il s'efforçait donc d'atténuer l'étrangeté de cet état de choses par des inventions plus ou moins plausibles, et même, lorsqu'un amant allait visiter sa maîtresse, il lui mettait souvent dans la bouche cette remarque que la belle sortait fort à propos ou qu'elle l'attendait sur le seuil. Cela, il est vrai, n'était guère ni vraisemblable, ni convenable; mais cela avait l'air d'une explication. Le poète assumait ainsi la responsabilité que le système décoratif seul aurait dû porter [1].

1. Dans *Théag. et Car.*, 1re journée, acte III, sc. III, après que les deux amants, poursuivis par Chariclé et qui ont le plus grand intérêt à se cacher, viennent de dialoguer longuement avec Calasire, celui-ci ajoute en les quittant : « Entrez dans la maison », p. 39 de la 1re édition. — 5° journée, acte III, sc. III, Arsace et Cibèle s'entretiennent de leurs honteux projets, et Cibèle termine la conversation en disant : « Allez dans le palais nous attendre seulette », p. 329. — Même journée, acte III, sc. VII, p. 331, Cibèle amène Théagène à Arsace : « Ta déesse t'attend à la porte seulette. » — Dans *Aristoclée*, acte II, sc. I et II, il semble que Straton et Calistène, demandant à Téophane la main de sa fille, soient devant la porte même de Téophane; la scène III seule se passerait dans l'intérieur de la maison. Dans *Phraarte*, acte I, sc. III et IV, après une conversation intime entre Cotys et Philagnie, et la présentation même de Phraarte, Cotys ajoute : « Mais entrons au palais », p. 395. — « Entrons dans le palais », dit aussi Philippe à la fin d'une délibération politique importante, acte II, sc. II, p. 413. — « Entrons », dit Philagnie, après une conversation dangereuse avec ses dames, acte III, scène I, p. 424. — Enfin il n'est pas jusqu'à la scène, si passionnée et si nécessaire à cacher, où Phraarte prend congé de Philagnie, qui ne soit terminée par le même mot (acte III, sc. V, p. 439). — Veut-on encore d'autres exemples? La sc. II, acte II, de *la Force du sang*, devrait être dérobée à tous les yeux et à toutes les oreilles; elle ne s'en termine pas moins par le mot : « Entrons dedans » (p. 137). — Dans *Dorise*, plusieurs scènes du caractère le plus intime se passent hors des habitations : acte I, sc. I (voy. p. 395 et 399); acte II (voy. p. 405); acte III, sc. II (voy. p. 427); acte IV, sc. II (voy. p. 499). — De même dans *Alcée*, acte II, sc. III, p. 542; dans le *Triomphe d'Amour*, acte I, sc. IV, p. 501 sqq.

Alors que la décoration multiple n'était même plus un souvenir, Corneille s'excusait de la façon suivante d'avoir autrefois tenu compte de la convention dont nous parlons : « Célidée et Hippolyte, dit-il,... ne sont pas d'une condition trop élevée pour souffrir que leurs amants les entretiennent à leur porte. Il est vrai que ce qu'elles y disent serait mieux dit dans une chambre ou dans une salle, et même ce n'est que pour se faire voir aux spectateurs qu'elles quittent cette porte où elles devraient être retranchées, et viennent parler au milieu de la scène; mais c'est un accommodement de théâtre qu'il faut souffrir pour trouver cette rigoureuse unité de lieu qu'exigent les grands réguliers. Il sort un peu de l'exacte vraisemblance et de la bienséance même; mais il est presque impossible d'en user autrement, et les spectateurs y sont si

Après tout, les conventions que nous venons d'analyser n'avaient qu'une importance secondaire et n'influaient que sur le détail des œuvres dramatiques[1]; on en trouverait d'ailleurs d'analogues, sinon d'aussi hardies, dans tous les théâtres. Mais voici la convention capitale, celle qui a imposé aux œuvres leur forme même : c'est en même temps celle qui résulte le plus naturellement et le plus évidemment du système de la décoration multiple.

Les diverses parties de la décoration étant indépendantes, le public était obligé d'admettre que ces parties étaient à des distances très variables les unes des autres, aussi bien à quelques toises qu'à des milliers de lieues, selon que l'auteur l'avait voulu et le lui indiquait. Ainsi l'action de *la Force du sang* se déroule en plusieurs endroits qui font partie de la ville de Tolède ou de ses promenades extérieures; un seul fait exception, et celui-là est en Italie. — *Gésippe ou les Deux Amis* se devait jouer au moyen de cinq compartiments : deux peuvent être rapprochés, puisqu'ils représentent une maison et un monument de Rome; un troisième n'a pas besoin d'être très éloigné, c'est une caverne dans un bois romain; mais les deux autres sont deux maisons d'Athènes. — Pour *Elmire*, on avait sans doute deux salles qui appartenaient au même palais, celui du sultan d'Égypte; les autres parties de la décoration transportaient le public à Rome, et à Erford en Allemagne. C'était bien là une « scène ambulatoire », comme l'appelle Sarazin, et l'on peut dire avec lui que le théâtre était « comme ces cartes de géographie, qui, dans leur petitesse, représentent néanmoins toute l'étendue de la terre[2] ». Seulement, ces cartes

---

accoutumés qu'ils n'y trouvent rien qui les blesse. Les anciens, sur les exemples desquels on a formé les règles, se donnaient cette liberté. Ils choisissaient pour le lieu de leurs comédies, et même de leurs tragédies, une place publique; mais je m'assure qu'à les bien examiner, il y a plus de la moitié de ce qu'ils font dire qui serait mieux dit dans la maison qu'en cette place. » *Examen* de la *Galerie du Palais*, t. II, p. 13.

1. Parfois cependant, l'exiguïté des compartiments mettait l'auteur dramatique dans un cruel embarras. Ainsi l'héroïne de *la Force du sang* de Cervantès, se trouvant seule dans la chambre où elle a été violée, ouvre une fenêtre et remarque la disposition de la pièce, ce qui lui permet plus tard de la reconnaître. Dans *la Force du sang* de Hardy, l'héroïne reste dans l'obscurité, s'aperçoit à peine, en tâtonnant, que le lit est brodé et le sol couvert de tapis, — et n'en reconnaît pas moins la chambre, lorsqu'elle y est introduite, sept ans après. (Cf. les sc. II, 1, et IV, 11.) La contradiction, nous pourrions dire l'absurdité, est flagrante; mais pouvait-on mieux imiter Cervantès? Après que le décorateur avait mis un lit dans la chambre, toute la place était prise, et il ne fallait pas songer à en trouver pour une fenêtre.

2. *Discours sur l'amour tyrannique*, p. 321. — La comparaison est si naturelle,

étaient fort incomplètes, et les lieux y étaient marqués en dépit de toutes les règles de la proportion.

De là des conséquences fort singulières. Tel personnage qui voulait passer d'un lieu dans un autre, traversait lentement la scène sans interrompre son monologue ou son dialogue, et changeait de compartiment : c'est que les deux lieux étaient rapprochés[1]. Tel autre, voulant se rendre dans un compartiment qui était devant lui et qu'il touchait presque, quittait la scène à la hâte[2] et n'y reparaissait qu'au bout d'un temps plus ou moins long, fatigué, mais satisfait d'avoir terminé son voyage : c'est que les deux lieux étaient éloignés[3].

Dans un pareil système dramatique, on comprend toute l'importance des changements de lieu. N'étant pas fortement accusés aux yeux, comme ils le sont aujourd'hui par la succession des *tableaux*, il fallait qu'ils fussent nettement indiqués aux spectateurs de quelque autre façon. Or, s'ils l'étaient surtout par les

---

que Cervantès déjà l'avait employée. Il fait dire à la comédie elle-même : « Je représente mille choses, non plus en récit comme autrefois, mais en actions; et ainsi, par force, il me faut changer de lieu. Et comme ces actions se passent dans différents pays, je vais où elles se passent; là est l'excuse de mon extravagance. Aujourd'hui la comédie est une mappemonde où, à moins d'un doigt de distance, tu verras Londres, Rome, Valladolid et Gand. Peu importe aux spectateurs que soudain j'aille d'Allemagne en Guinée sans bouger des planches du théâtre. La pensée a des ailes; ils peuvent bien m'accompagner où je veux les conduire, et cela sans perdre ma trace, et sans se fatiguer. » *Théâtre de Michel Cervantès*, traduit pour la 1ʳᵉ fois par Alph. Royer. Paris, Lévy, 1862, gr. in-18, p. 165-166. (*Cristoval de Lugo* [*El Rufian dichoso*], 2ᵉ j., début.)

1. Nous donnons d'ailleurs à ces termes de *rapprochés* et d'*éloignés* une valeur toute relative et très élastique. L'imagination du public, qui aujourd'hui encore est si complaisante, l'était infiniment plus à cette époque. Elle admettait fort bien que, sans sortir de la scène et avant d'avoir prononcé dix vers, on pût se transporter d'une maison d'une ville dans un ermitage écarté des environs (*Cornélie*, acte IV, sc. iv, p. 272). Elle admettait qu'à trois pas d'un chien qui aboie on pût s'écrier : « Mais j'oi là-bas, bien loin, un chien japper. » (*Le Triomphe d'Amour*, acte IV, sc. iv, p. 575.)

2. Ou même en courant; voy. *le Triomphe d'Amour*, acte I, sc. i et ii.

3. Voy. *Th. et Car.*, 3ᵉ journ., acte I, sc. i, et acte II, sc. ii. — Dans *la Belle Égyptienne*, don Sancho, blessé par les chiens, se trouve devant la tente de la soi-disant grand'mère de Précieuse. Les Égyptiens, qui s'offrent à l'y transporter, ne l'en emportent pas moins hors de la scène, et n'arrivent enfin dans la tente qu'après que divers personnages ont eu le temps de prononcer 16 vers. (Voy. acte III, sc. i et ii, p. 236-238.) — Voy. encore *Alphée*, I, i, et I, ii; *Alcée*, I, i, et I, ii; *le Triomphe d'Amour*, III, i, p. 529, et III, ii, p. 532. — Le moyen âge ne prenait pas toujours tant de précautions. Dans un des *miracles de Notre-Dame*, un messager va de France en Hongrie sans quitter la scène; il se contente d'indiquer toutes ses étapes en quelques vers. (Petit de Julleville, *les Mystères*, t. I, p. 148.)

mouvements des comédiens, très souvent aussi ils l'étaient par les paroles que l'auteur leur mettait à la bouche [1].

Cette importance des changements de lieu faisait encore que, lorsqu'il publiait ses pièces, l'auteur se servait d'eux pour diviser ses actes; autrement dit, qu'il comptait ses *scènes* par les changements de lieu. Mais il faut ajouter, pour être exact, qu'il ne le faisait pas toujours. Quand un personnage changeait de compartiment sans quitter le théâtre, Hardy ne marquait généralement pas de changement : à quel vers, en effet, à quel mot précis la scène nouvelle eût-elle commencé [2]? D'autre part, les éditions de Hardy indiquent souvent un changement de scène là où le lieu pourtant ne change pas. Quelle raison donner de cette contradiction? Est-elle l'effet d'une simple négligence? ou bien Hardy hésitait-il entre le procédé romantique et le procédé classique?

Non; mais Hardy, homme de théâtre jusqu'au bout, et qui n'oublie jamais le public de l'Hôtel de Bourgogne, même alors qu'il s'adresse à des lecteurs, Hardy connaissait dans un acte deux sortes de moments importants et utiles à noter : ceux où le

---

[1]. Ainsi Dorante désigne, au début de *l'Illusion comique* de Corneille, le premier lieu où va se passer l'action :

> Ce mage, qui d'un mot renverse la nature,
> N'a choisi pour palais que cette grotte obscure.

Ainsi *les Folies de Cardenio* de Pichou contiennent ces deux indications :

> J'approche du logis où ma belle captive
> Abandonne aux soupirs sa passion craintive.
> (Acte II, sc. i, v. 59.)

> J'ai choisi ce désert et l'horreur de ces lieux.
> (Acte III, sc. i, v. 9.)

(Lotheissen, t. II, p. 383 et 384.)

[2]. Dans *Th. et Car.*, 2ᵉ journée, la sc. III, ii, commence dans la tente de Gnémon et finit dans celle de Thiamis. — Dans *Cornélie*, la sc. I, iv, commence chez les deux cavaliers espagnols et se continue devant la maison de Bentivole; — sc. IV, iv, Alphonse d'Este sort de la maison des deux Espagnols, perdu dans ses pensées; puis, tout en marchant, et après avoir eu le temps de prononcer 9 vers seulement, il arrive à l'ermitage. — Dans *la Force du sang*, la sc. IV, i, commence chez Léocadie et finit à l'entrée de la maison de don Inigue. — Dans *Félismène*, la scène unique de l'acte III commence chez don Félix et se continue dans la rue, puis chez Célie. — La 1ʳᵉ scène de *Dorise* se joue successivement chez Salmacis, dans la rue, et chez Dorise. — Dans *Lucrèce*, sc. IV (ii), Everard et Myrhène se trouvent d'abord chez ce dernier, puis vont jusqu'à la porte de Lucrèce, et reviennent vers leur point de départ. — Dans *le Triomphe d'Amour*, la sc. III, iv, se transporte d'une grotte de satyre à une autre. — N. B. Nous mettons entre parenthèses les numéros des scènes qui ne sont pas numérotées dans le texte de Hardy. Voy. ci-dessous, p. 259, n. 1.

lieu change, d'abord; puis, ceux où l'entrée, la sortie d'un personnage vont faire faire un pas à l'action, où la curiosité du spectateur va trouver un aliment, où le public va faire entendre un « Ah! » d'impatience satisfaite. Ici, comme là, il marquait quelquefois un changement de scène. Ainsi a-t-il fait au second acte de *Gésippe*. Lorsque Tite, amoureux de la fiancée de son ami et torturé par le remords, est interrogé sur la nature du mal qu'il cache, il s'obstine à ne pas répondre; mais voilà que son confident se retire, et que Tite reste seul. Évidemment il va parler, et le public redouble d'attention. Hardy, qui le voit ou qui l'a prévu, écrit en tête du monologue : *scène* II.

Cette rectification faite à l'opinion traditionnelle [1], il n'en reste pas moins que Hardy attribuait une grande importance aux changements de lieu, et nous ne saurions mieux faire que de l'imiter en ce point. C'est par eux, en effet, c'est par cette conséquence nécessaire de la décoration multiple, que s'expliquent et se justifient toutes les bizarreries reprochées à notre auteur comme à ses émules.

On sait quelles moqueries l'âge classique leur a prodiguées. Desmarets l'avait devancé à cet égard, puisque, dès 1637, il traçait cette caricature du drame libre :

> On expose un enfant dans un bois écarté,
> Qui par une tigresse est un temps allaité.
> La tigresse s'éloigne; on la blesse à la chasse;
> Elle perd tout son sang; on la suit à la trace;
> On la trouve, et l'enfant, que l'on apporte au roi,
> Beau, d'un fixe regard, incapable d'effroi.
> Le roi l'aime, il l'élève, il en fait ses délices;
> On le voit réussir dans tous ses exercices.
> Voilà le premier acte; et, dans l'autre suivant,
> Il s'échappe et se met à la merci du vent.
> Il aborde en une île où l'on faisait la guerre;
> Au milieu du combat il vient comme un tonnerre,
> Prend le faible parti, relève son espoir.
> Un roi lui doit son sceptre et désire le voir.
> Il veut en sa faveur partager sa couronne.
> Sa fille, en le voyant, à l'amour s'abandonne.
> Un horrible géant du contraire parti
> Fait semer un cartel; il en est averti;
> Il se présente au champ, il se bat, il le tue.
> Voilà des ennemis la fortune abattue...

---

[1]. Laquelle a pour origine une note de Sainte-Beuve, *Tableau*, p. 245. — Voy. plus bas, p. 211.

L'exagération est évidente; mais on sent la vérité sous la charge. Oui, le drame de 1630 promène de divers côtés ses personnages, les fait grandir pendant la durée même d'un seul acte, multiplie les incidents, éparpille l'action. Il fait tout cela, et on peut l'en blâmer. Mais c'est en triompher trop facilement, et lui attribuer sans raison la plus grande part du ridicule sous lequel on l'accable, que de le juger d'après les règles classiques, et d'insinuer qu'il les avait connues et n'avait pas su les appliquer :

> Voyez si cet amas de grands événements,
> Capable d'employer les plus beaux ornements,
> Trois voyages sur mer, les combats d'une guerre,
> Un roi mort de regret, que l'on a mis en terre,
> Un retour au pays, l'appareil d'un tombeau,
> Les états assemblés pour faire un roi nouveau,
> Et la princesse en deuil qui les y vient surprendre,
> En un lieu, en un jour se pourraient bien étendre [1].

Non, ce drame ne respectait pas les unités; mais il ne pouvait le faire, puisque son système décoratif l'en empêchait.

Nous n'avons pas besoin de montrer comment la décoration multiple était un obstacle à l'unité de lieu [2]. Mais elle n'était guère moins opposée à ce qu'on appelle l'unité de temps, et peut-être ne sera-t-il pas inutile de donner sur ce sujet quelques explications. Tel qui comprend fort bien pourquoi la durée d'une pièce entière n'est pas bornée à douze heures ou à vingt-quatre, mais s'étend pendant des mois et des années, aura de la peine à voir la raison pour laquelle un dramaturge accorde à un seul acte une durée semblable, et, après nous avoir montré une femme enceinte à sa première scène, nous la montre à la scène IV mère d'un enfant qui a déjà sept ans [3]. Or, ce n'en est pas moins là une consé-

---

1. *Les Visionnaires.* (Cité par M. Demogeot, *Tableau*, p. 467 et 466.) — Voy. les mêmes reproches, faits au drame de ce temps ou spécialement à Hardy, dans *la Maison des jeux*, de Sorel, t. I, p. 415. Cf. Sarazin, p. 321; Guéret, *Guerre des auteurs*, p. 58 (c'est Tristan qui parle); l'abbé Mervesin, *Histoire de la Poësie Françoise*, à Paris, chez Pierre Giffart, MDCCVI, in-8°, p. 193-195.

2. L'obstacle pouvait être tourné quelquefois, comme le montre la mise en scène de *la Folie d'Isabelle*. Mais si on l'avait tourné toujours, on aurait, par le fait, supprimé la décoration multiple, et ni la majorité du public, ni les comédiens ne le permettaient.

3. Voy. *la Force du sang*, acte III.

quence, je ne dirai pas nécessaire, mais naturelle, de la décoration multiple.

Pour nous en convaincre, analysons les théories mises en avant, et par les partisans de l'*unité de temps*, et par leurs adversaires.

A vrai dire, le mot *unité de temps* est inexplicable, et, autant il est facile de comprendre ce qu'est pour une pièce une action unique ou un lieu unique, autant il est impossible de savoir ce qu'un temps unique peut bien être. Aussi ce mot ne se pourrait-il admettre, quoique impropre, que s'il désignait l'égalité de la durée de la représentation avec la durée de l'action même, et s'il marquait ainsi l'absence d'une convention spéciale au temps. Tel cependant n'est point le sens qu'on lui a donné, et ce terme trompeur d'*unité de temps* désigne au contraire une des conventions les plus fortes de l'art dramatique. « Leur folie va bien plus avant », dit un *prologue* de Scudéry, après avoir énuméré quelques conventions admises par les comédiens, « car la pièce qu'ils représentent ne saurait durer qu'une heure et demie, mais ces insensés assurent qu'elle en dure vingt et quatre ; et ces esprits déréglés appellent cela suivre les règles ! Mais s'ils étaient véritables, vous devriez envoyer quérir à dîner, à souper, et des lits ; jugez si vous ne seriez pas couchés bien chaudement, de dormir dans un jeu de paume [1]. » Scudéry plaisante, mais il a quelque peu raison, et nous voyons que les théoriciens classiques

1. *Comédie des Comédiens*, prologue, p. 3. — L'Hermogène de *la Maison des jeux* est favorable aux classiques, mais il analyse avec exactitude les arguments de Hardy et de ses contemporains : « Toute leur excuse, c'est de dire que l'on peut entendre le récit des comédies comme celui d'une histoire qui est écrite, laquelle en quatre ou cinq pages peut déclarer ce qui est advenu en une centaine d'années ; qu'ils n'ont point fait état de représenter les choses de la même sorte qu'elles sont arrivées et avec de semblables espaces, d'autant que cela serait impossible, ou trop malaisé et trop ennuyeux, et que, par la même raison, ce qui ne s'est passé qu'en vingt-quatre heures ne devrait pas être représenté en trois heures, comme l'on fait; que ce n'est que pour remédier à de tels inconvénients que la séparation des actes a été inventée, et que si l'on ne voulait représenter que ce qui est arrivé dans un terme pareil à celui que l'on prend, il ne faudrait aucune division à la pièce ; que, quand un acte est fini, l'on se peut imaginer que ce qui se jouera après sera pour un autre intervalle de temps. » *La Maison des jeux*, t. I, p. 416-417. — « En voyant représenter une pièce de théâtre », dit l'auteur du *Traité de la disposition du poëme dramatique*, p. 70, « il ne coûtera pas plus au spectateur de suppléer un an de temps qu'une journée ou une semaine »; et il ajoute : « ni de s'imaginer tout un royaume comme une province ou une île. » Les mêmes revendications, on le voit, valent pour le temps comme pour l'espace. — Cf. des arguments analogues, émis en 1624 par Tirso de Molina. (Breitinger, *les Unités d'Aristote avant le Cid de Corneille*, p. 29.)

ont été longs à s'entendre au sujet de la règle du temps. Ceux qui accordaient vingt-quatre heures à l'action étaient des *réguliers* pour Ménage, mais ils ne l'étaient pas pour d'Aubignac, qui eût lui-même paru trop libéral à Scaliger [1].

En réalité, dès qu'on accorde à l'action plus de durée qu'à la représentation même, on fait appel à la convention. Pourquoi donc ne le faire que d'une façon timide et insuffisante? Pourquoi supposer un entr'acte de quatre ou cinq heures, et jamais d'un jour, jamais d'un mois? Craint-on que l'imagination du spectateur ne marchande à celle du poète son concours? « Quand le rideau tombe, lit-on dans un *Essai d'esthétique théâtrale*, l'esprit du spectateur, dégagé de l'étreinte du poète, redevient immédiatement libre. Il y a dans cette chute du rideau, dans cette disparition absolue du spectacle, un signe manifeste de l'interruption de l'action dramatique. Une partie de cette action est dès lors accomplie, et l'esprit du spectateur est prêt à franchir l'espace de temps que voudra le poète... [2]. »

Si cet espace est court, le public a moins d'efforts à faire, après l'entr'acte, pour se transporter au temps que le poète a choisi pour y placer une nouvelle partie de l'action; l'intérêt a ainsi chance d'être plus concentré. Mais bien des sujets ne peuvent être traités de cette manière, et il serait fâcheux de les rejeter pour cela. Ce n'est pas au temps de l'action, après tout, que s'intéresse le public, mais à l'action même, et aux impressions qu'elle produit sur lui. Pourvu qu'au début de chaque acte, l'auteur fasse entendre clairement au public quel est le temps qui s'est écoulé, pourvu que les personnages principaux soient reconnaissables, pourvu que la chaîne des impressions n'ait point été rompue [3], aucune révolte, aucune résistance du public n'est à craindre. Rien de plus vrai, ces réserves faites, que la règle posée par Becq de Fouquières : « Dans un entr'acte, si court qu'il soit, le poète peut faire tenir un temps quelconque, si long qu'il soit. »

---

1. Voy. *la Pratique du théâtre*, l. II, ch. VII; et, dans les t. II et III du même ouvrage, les dissertations de d'Aubignac et de Ménage sur l'*Heautontimoroumenos*. Cf. Breitinger, *les Unités d'Aristote avant le Cid de Corneille*, et Ch. Arnaud, *les Théories dramatiques au XVII° siècle*, p. 240.

2. Becq de Fouquières, *l'Art de la mise en scène*, p. 176. — D'ailleurs, d'Aubignac lui-même avoue, non sans quelque naïveté, qu'il a « vu des gens, travaillant depuis longtemps au théâtre, lire ou voir un poème par plusieurs fois sans reconnaître la durée du temps ». Voy. Arnaud, *les Théories dram. au XVII° s.*, p. 233.

3. Voy. Guizot, *Shakespeare*, p. 155.

Voilà qui est parfaitement admis aujourd'hui, et l'était de même au temps de Hardy. Voyons ce qui se passe aujourd'hui dans le cours d'un seul et même acte.

Ou la scène change, ou elle ne change pas. Si elle ne change pas, nous avons une succession de paroles et de faits qui se tiennent et dans le temps et dans l'espace; c'est le système classique.

Si la scène change, on dit que l'acte renferme deux ou plusieurs *tableaux*, et nous nous trouvons encore en présence de deux cas. Tantôt, en effet, les événements se tiennent dans le temps, ou du moins l'intervalle qui sépare deux tableaux est très petit et inappréciable pour les spectateurs : les changements de pareils tableaux devraient toujours se faire *à vue*. Tantôt, au contraire, les tableaux sont séparés et par le lieu et par le temps : la pièce reste pourtant divisée en actes, mais chaque acte ne marque plus un moment indivisible de l'action, il en marque une période, une phase; et l'on comprend l'existence de temps d'arrêt, d'entr'actes entre les divers tableaux.

Ces entr'actes ont un inconvénient. Les tableaux étant courts, l'attention du public est à peine éveillée quand chaque tableau prend fin; la pièce est souvent coupée, et, si elle peut être une distraction pour les yeux, elle ne saurait captiver l'esprit. Aussi, dans beaucoup d'œuvres dramatiques, dont les tableaux se placent à des moments évidemment distincts, on n'en fait pas moins tous les changements de décors *à vue*. En a-t-on le droit? Sans doute; mais on admet alors une convention nouvelle, c'est qu'un changement de décor équivaut à un entr'acte, et nous avons vu que, « dans un entr'acte, si court qu'il soit, le poète peut faire tenir un temps quelconque, si long qu'il soit ».

La convention admise par les spectateurs de Hardy n'était pas autre que celle-là. Pour eux aussi, on peut dire qu'un changement de décor équivalait à un entr'acte, seulement *ce n'était pas le décor lui-même qui changeait, c'était l'action qui changeait de décor* en se transportant d'un compartiment du théâtre dans un autre. Lorsque ce transfert avait lieu, il était entendu qu'un temps venait de s'écouler. Quel temps? une heure ou un jour? un jour ou un mois? Peu importait au public, pourvu qu'il en fût informé par les premières paroles des personnages [1].

---

1. Parfois l'auteur profitait de la convention pour se donner plus de liberté encore; deux scènes qu'il nous présentait successivement devaient être con-

Une telle convention résultant naturellement de la décoration multiple, il est clair que le théâtre du xvii° siècle ne l'avait pas inventée; il l'avait reçue du moyen âge comme tant d'autres, et nous la retrouvons partout dans les mystères. A certains égards, elle nous y paraît plus à sa place, parce que les mystères ne sont pas divisés en actes, et que les journées en sont beaucoup trop longues pour ne pas admettre de coupures et de changements de temps. Mais il faut reconnaître aussi que la présence permanente de tous les acteurs sur la scène rendait ces changements singuliers. N'était-ce pas pour une raison analogue que le théâtre grec se les était interdits pendant si longtemps? Et, comme le théâtre de Hardy n'admettait la présence permanente sur la scène ni d'un chœur, ni des personnages, il paraît bien que, à tout prendre, il pouvait admettre cette convention du temps aussi bien que le théâtre des mystères. S'il nous en semble autrement, c'est que la coupe en cinq actes nous rappelle invinciblement le théâtre classique, et qu'ainsi des habitudes d'esprit et des préjugés, écartés quand nous étudions les mystères, viennent, alors que nous sommes en face d'œuvres moins étranges pour nous, troubler et fausser notre jugement.

A un autre point de vue encore, il faut, si l'on veut être juste, tenir compte au théâtre de Hardy de sa mise en scène, et le rapprocher de celui du moyen âge. On ne l'a pas fait à l'époque classique, et l'on a blâmé Hardy et ses contemporains d'avoir manqué sans cesse à l'unité d'action. Mais qu'est-ce que l'unité d'action, telle que la comprenaient nos classiques? C'est l'obligation de faire de la tragédie une *crise*, de ne mettre dans une pièce qu'un fait important, qui forme le dénouement, et que les préparations de ce fait, qui remplissent les premiers actes. Or, si une telle unité s'accorde admirablement avec celles du lieu et du temps, dont elle est la conséquence presque nécessaire [1], elle

---

sidérées comme simultanées, l'intervalle qui les séparait étant alors égal à zéro. (Voy. p. ex. *Th. et Car.*, *3° journ.*, sc. III, i, et sc. III, ii.) Rarement — et dans ce cas on peut dire qu'il abusait de la convention — il se permettait de revenir en arrière, comme un romancier. Ainsi, il est bien difficile d'admettre que la scène IV, ii, dans la *3° journée* de *Th. et Car.*, ne soit pas antérieure à la sc. IV, i. Quant à la sc. IV, iv, elle est certainement antérieure à la scène IV, iii; en effet « une heure » seulement sépare cette dernière du duel de l'acte V, et dans la scène IV, iv, Calasire et Cariclée, qui vont arriver à temps pour le duel, sont encore sur le champ de bataille de Bessa : la nuit commence.

1. Le mot peut paraître singulier, car logiquement c'est à l'unité d'action,

s'accorde peu, au contraire, avec la diversité des lieux, et avec la liberté du temps qui en résulte. Comment se contenter de résoudre une crise, quand on donne à l'action des mois et des années de durée? Comment ne faire agir qu'une fois ses personnages, quand on les fait paraître ou qu'on les promène en tant de lieux divers?

Le moyen âge n'y avait même pas songé. « Le théâtre classique noue une action restreinte, dit M. Petit de Julleville [1], et le théâtre des mystères déroule une action étendue. Dans l'un, les scènes s'appellent et pour ainsi dire s'engendrent l'une l'autre. Dans le théâtre du moyen âge, elles se succèdent. » Hardy avait d'autres goûts que les auteurs des mystères, et il l'a montré en composant quelques tragédies qui sont déjà dans le système classique; même lorsqu'il se fut donné presque tout entier à la tragi-comédie, il y porta quelque chose de ce désir de concentration, de resserrement de l'action, de simplicité, qui l'avait autrefois dominé; mais, malgré tout, il fallait tirer parti de la décoration multiple et, pour cela, éparpiller l'action, multiplier les faits : « C'était faire une comédie que de mettre une vie de Plutarque en vers [2] »; c'était en faire une encore que de mettre une histoire *par personnages*, comme on disait au XVe siècle, et de découper en actes et en scènes une nouvelle italienne ou espagnole.

Encore ici, le drame libre français se rencontrait avec le drame anglais ou espagnol [3]; et on ne pouvait pas plus exiger de lui que des autres une étroite unité d'action. Tout ce qu'on avait le droit de lui demander, c'était une réelle unité d'intérêt, une sérieuse unité d'impression, parce qu'il n'est pas sans cela d'art dramatique. Et c'est ce que nous lui demanderons.

la seule nécessaire, qu'il appartenait d'être le principe des autres. Mais je crois bien que l'ordre fut interverti chez nous. C'est surtout à propos du jour et du lieu que l'on bataillait au XVIIe siècle, et cela parce qu'on étudiait le drame du dehors, en se plaçant aux deux points de vue des textes anciens et de la mise en scène contemporaine.

1. *Les Mystères*, t. 1, p. 244.
2. Guéret, p. 58 (c'est Tristan qui parle). — Cf. le *Coriolan* de Shakespeare, et, dans notre l. III, ch. II, l'analyse de la tragédie de Hardy qui porte ce nom.
3. Dryden dira plus tard : « Un autre avantage des Français sur nous et sur les Espagnols, c'est qu'ils ne prennent d'une histoire que ce qui est nécessaire à l'action, sans l'embarrasser d'une foule d'incidents subalternes privés de liaison entre eux. » Mais les Français du temps de Hardy ne s'étaient pas encore distingués des Anglais et des Espagnols. (Voy. Dryden, *An Essay on dramatic Poetry*, dans Royer, t. IV, p. 8.)

VIII

Maintenant que nous avons étudié rapidement le système décoratif en vigueur au temps de Hardy, et l'influence qu'il exerçait naturellement sur l'art dramatique, on se demandera peut-être pourquoi ce système décoratif a si vite disparu, pourquoi l'art dramatique s'est si vite transformé. Qu'on nous permette de répondre à cette question et de raconter en quelques mots la fin de la décoration multiple.

On sait combien elle avait d'adversaires et de détracteurs. Après s'être tenus, pendant toute la seconde moitié du XVIe siècle, à l'écart du théâtre populaire et de ses grossières représentations, les lettrés y avaient été attirés au commencement du XVIIe par l'art relativement classique de Hardy. D'abord sans action sur le public, ils avaient peu à peu vu grossir leur nombre et s'augmenter leur influence. C'est pour plaire à cette élite raffinée que Théophile, Racan, Mairet s'étaient consacrés au théâtre ; d'autres poètes avaient imité ceux-là ; et maintenant les lettrés se croyaient assez forts pour lutter contre le public populaire, pour détrôner son poète ordinaire, Hardy, leur allié secret, mais impuissant, et pour abolir enfin un système décoratif suranné.

Que de reproches n'avaient-ils pas à lui adresser! Est-ce que la présence sur la même scène de lieux et d'objets si différents : palais, cabanes, forêts, rivages, n'offrait pas quelque chose de choquant, et ne répugnait pas à des goûts artistiques un peu délicats? Est-ce que, sur cette scène mal éclairée et de dimensions restreintes, auteurs et acteurs parvenaient toujours à faire comprendre en quel lieu se passait chaque partie de l'action? Est-ce que les libertés prises par les dramaturges : pérégrinations dans l'espace et dans le temps, décousu de l'action, pouvaient convenir à des esprits nourris de l'antiquité classique, et qui se souvenaient peut-être des Garnier et des Montchrestien? Il fallait donc reprendre, mais dans des conditions tout autres et bien plus favorables, la tentative de Jodelle et de la Pléiade : il fallait introniser définitivement sur le théâtre les règles classiques. Une telle œuvre ne devait être ni courte ni aisée, le gros du public étant contre elle; mais, avec de l'habileté et de la prudence, on devait arriver à l'accomplir.

Le premier qui travailla et contribua puissamment à cette

réforme, ce fut Mairet [1]. Mis par son état de fortune hors de la dépendance des comédiens, protégé presque dès ses débuts par des hommes haut placés, accueilli au théâtre par de brillants succès, Mairet était plus en position que personne de soutenir et de faire réussir sa cause; et cependant son histoire même montre combien cette cause était difficile à plaider auprès du public et combien il était impossible à Hardy de s'en charger.

Les deux premières pièces de Mairet, *Chriséide et Arimant* et la *Sylvie* [2], étaient de tout point irrégulières, ce qui leur avait permis d'être bruyamment et longuement applaudies. La troisième, en 1625, afficha la prétention d'être régulière; aussi l'auteur ne l'avait-il pas composée pour l'Hôtel de Bourgogne, mais pour l'Hôtel de Montmorency [3]. C'est de Chantilly, et après avoir obtenu les applaudissements de la cour, que la *Silvanire* passa au théâtre, peut-être par la protection de Montmorency. D'ailleurs, qu'y avait-il de si nouveau dans la *Silvanire*? et en quoi son triomphe pouvait-il passer pour celui des règles? Si celle des vingt-quatre heures était observée, c'était au prix de bien des invraisemblances; l'unité de lieu n'avait été obtenue que par un décor fort compliqué, où une campagne, ornée d'arbres et de rochers, était traversée par une rivière que les acteurs passaient dans une barque, et attristée par la construction soudaine d'un tombeau [4]; enfin l'unité d'action était compromise par un épisode parasite [5]. Ce qui rend la *Silvanire* importante pour l'histoire du théâtre, c'est surtout le discours-manifeste dont Mairet l'a fait précéder en la publiant; mais ce discours n'a paru qu'en 1631, et le public qui applaudissait la *Silvanire* ne l'avait pas lu.

En 1627, Mairet fait jouer *les Galanteries du duc d'Ossonne*. Cette fois l'œuvre n'a pas été faite pour Chantilly, elle s'adresse directement au public, et il y paraît. Unité de temps et unité de lieu y sont outrageusement violées; le théâtre est divisé en plusieurs compartiments dont deux « s'ouvrent et ferment » au

---

1. Voy. l'intéressante monographie de M. Bizos, *Étude sur Jean de Mairet*.
2. 1620 et 1621.
3. *Préface, en forme de discours poétique. A Monsieur le comte de Carmail*, fin; en tête de *la Silvanire ou la Morte-vive du S͏ͬ Mairet, tragicomedie pastorale, dediée à Mme la duchesse de Montmorency. Avec les figures de Michel Lasne. A Paris, chez François Targa, au premier pilier de la grand'salle du Palais, au Soleil-d'Or*, 1631, in-4º.
4. Expressions de M. Bizos, p. 136-137.
5. *Id.*, p. 135.

moyen de toiles [1], et, dans l'édition même de la pièce, la division des scènes est réglée par les changements de lieu [2]. Dirons-nous que les *Galanteries du duc d'Ossonne* sont une comédie, et que la réforme ne devait pas commencer par ce genre [3] ? Mais la *Virginie*, qui date de 1628, était une tragédie et fournissait une belle occasion d'assurer le triomphe d'Aristote. Mairet fait lui-même la déclaration suivante : « Je pense avoir tout fait selon les préceptes d'Aristote; je montre partout le vraisemblable et le merveilleux, le vice puni, la vertu récompensée... [4] »; tout cela est fort bien; mais les unités? Les unités ne sont pas plus respectées dans la tragédie que dans la comédie [5], et la mise en scène reste ce qu'elle était : la mise en scène multiple, celle du moyen âge. Mairet la sentait si solide encore qu'il n'osait l'attaquer de front. Et cependant plusieurs grands personnages l'y avaient poussé, d'Aubignac allait prêchant la doctrine aristotélique [6], et le tout-puissant Richelieu l'avait embrassée.

D'où venait donc la résistance? Du public, qui tenait au drame irrégulier, plus varié et plus amusant; et surtout des comédiens, qui, outre le désir bien naturel de plaire à leurs spectateurs, tenaient à mettre à profit tant de palais, tant de prisons, tant de cabanes et d'ermitages autrefois brossés par leur décorateur. C'est parce qu'elles devaient lui faire perdre tout un magasin de décors que les règles aristotéliques déplaisaient surtout à l'Hôtel de Bourgogne et, si ce théâtre avait été moins ancien, il se serait certainement montré de meilleure composition. Aussi, que voyons-nous dès 1629, un an seulement après *Virginie*? La troupe de Mondory fonde un nouveau théâtre, et la première tragédie classique paraît enfin.

Citons le récit du *Segraisiana*, déjà tant cité [7] : « Ce fut M. Chapelain qui fut cause que l'on commença à observer la règle de vingt-quatre heures dans les pièces de théâtre; et parce qu'il fallait

---

1. Voy. Royer, t. III, p. 33.
2. Bizos, p. 156.
3. Un passage du *Traité de la disposition du poème dramatique* (p. 23) montre au contraire que les classiques étaient plus rigoureux pour l'unité de lieu dans la comédie que dans la tragi-comédie. Voy. notre l. III, ch. v, vers la fin.
4. *Avis au lecteur*, 1635 (dans Bizos, p. 166).
5. Bizos, p. 174.
6. Voy. d'Aubignac, l. I, ch. iv; t. I, p. 19; l. II, ch. vii; t. I, p. 106. Cf. Arnaud, *les Théories dram. au xvii° siècle*, p. 177, et dans le même ouvrage, p. 139 sqq., la dissertation de Chapelain en faveur des règles (29 nov. 1630).
7. *Mémoires anecdotes*, p. 116.

premièrement la faire agréer aux comédiens, qui imposaient alors la loi aux auteurs, sachant que Monsieur le Comte de Fiesque, qui avait infiniment de l'esprit, avait du crédit auprès d'eux, il le pria de leur en parler, comme il fit : il communiqua la chose à M. Mairet, qui fit la *Sophonisbe*, qui est la première pièce où cette règle est observée. » Nous n'insisterons pas sur ce passage : il est trop évident que ce n'est pas aux vingt-quatre heures que les comédiens étaient le plus opposés. Mais ce qu'on a surtout négligé de voir, et ce qu'il était nécessaire d'établir, c'est que la *Sophonisbe* n'a pas été faite pour l'Hôtel de Bourgogne : Mondory la représentait en 1634, alors que la pièce, non imprimée encore, n'était pas tombée dans le domaine commun [1]; et on sait d'autre part que le comte de Fiesque fut un des bienfaiteurs de Mondory [2].

Avec la *Sophonisbe*, les classiques avaient leur modèle ; avec la préface de la *Silvanire*, ils allaient avoir bientôt leur poétique. Est-ce à dire qu'ils se retrouvaient dans la même situation où ils s'étaient trouvés plus d'un demi-siècle auparavant ?

Au premier coup d'œil, ils paraissent même beaucoup moins avancés qu'autrefois. Au XVI° siècle, Jean de La Taille écrivait résolument : « Il faut toujours représenter l'histoire ou le jeu en un même jour, en un même temps et en un même lieu [3]. » En 1631, Mairet ne présentait les mêmes idées qu'avec réserve, et il ajoutait : « Ce n'est pas que je veuille condamner ou que je n'estime beaucoup quantité de belles pièces de théâtre, de qui les sujets ne se trouvent pas dans les bornes de cette règle. » — Au XVI° siècle, l'action de la plupart des tragédies se passait dans un lieu nettement et réellement unique [4]. En 1629, celle de *Sophonisbe* se pas-

---

[1]. *Sophonisbe* ne fut imprimée qu'en 1635 ; or, on lit dans la *Gazette* du 23 décembre 1634, p. 584 : « Monsieur ouït le soir du même jour (du 18) la comédie chez le duc de Puylaurent (qui fut la *Sophonisbe* de Mairet, représentée par Mondory et son ancienne troupe, encore ralliée pour cette fois). » — L'auteur d'un *Essai sur les théories dramatiques de Corneille* s'est autrefois efforcé, mais en vain, de démontrer que la *Sophonisbe* n'avait pas été jouée avant 1635. (Voy. A. Lisle, *Essai...*, p. 91-92.)

[2]. Bizos, p. 286. — Cette aide prêtée aux classiques par Mondory fut sans doute une des raisons pour lesquelles Richelieu protégea le théâtre dit du *Marais*, au détriment des *comédiens royaux*, réfractaires à la loi nouvelle.

[3]. *L'Art de la tragédie*, f° 3, r°. Il est vrai que Jean de La Taille était moins rigoureux dans la pratique que dans la théorie. (Voy. Faguet, *la Tragédie fr. au XVI° s.*, p. 142.)

[4]. Voy. pourtant quelques restrictions nécessaires dans Ebert, *Entwicklungs-Gesch.*, p. 130, 155, 156, et dans Breitinger, *les Unités d'Aristote avant le Cid*, p. 41.

sait tout entière dans le palais de Syphax, mais en se transportant
« d'une chambre dans une autre, du vestibule dans l'appartement
de la reine [1] ». — Enfin, au xvi° siècle, l'autorité des règles était
si bien établie, que l'auteur d'un *Régulus* publié en 1582 s'excusait
« d'avoir dû s'affranchir de la règle superstitieuse des unités »,
impossible à observer dans un tel sujet [2]. Vers 1630, au contraire,
les règles rencontraient encore beaucoup plus de détracteurs que
de partisans.

Mais ce ne sont là que des apparences, par lesquelles il ne faudrait
pas se laisser tromper. Les classiques du xvi° siècle n'avaient
pas de théâtre, et par conséquent leurs œuvres pouvaient posséder
toutes sortes de qualités : il leur manquait la vie; ceux du
xvii° venaient de mettre la main sur un des deux théâtres publics,
et le second ne pouvait manquer de se soumettre tôt ou tard à
eux.

Pour le moment, il s'obstinait dans sa résistance, et Mairet le
constate très clairement. « Il faut avouer, dit-il à propos des vingt-quatre
heures, que cette règle est de très bonne grâce et de très
difficile observation tout ensemble, à cause de la stérilité des
beaux effets qui rarement se peuvent rencontrer dans un si petit
espace de temps. *C'est la raison de l'Hôtel de Bourgogne*, que mettent
en avant quelques-uns de nos poètes qui ne s'y veulent pas
assujettir [3]. » Ainsi, l'Hôtel de Bourgogne appartenant encore aux
irréguliers, et le théâtre de Mondory étant ouvert aux deux partis,
commence une longue période de transition et de lutte, où les uns
attaquent les règles [4], où les autres les défendent, où d'autres
enfin s'en servent ou les négligent selon les cas.

1. Bizos, p. 214; V. Fournel, *la Litt. indépendante*, p. 24.
2. Faguet, p. 317. (Cet auteur est Jean de Baubreuil.)
3. Préface de la *Silvanire*, 1631. — Pourquoi Mairet ne parle-t-il ici que de
la règle du temps? Sans doute parce que celle du lieu n'avait pas pour elle
l'autorité expresse d'Aristote (Voy. d'Aubignac, l. II, ch. vi; t. I, p. 87); mais
on peut ajouter que la règle de l'unité de lieu était la plus difficile à faire
accepter — et l'on pourrait presque dire : à faire comprendre — à des spectateurs
familiers avec la décoration multiple. En Italie, en Espagne, en France,
les classiques ne s'avisent de réclamer l'unité de lieu qu'après avoir longuement
réclamé l'unité de temps; chez nous, en 1629, Corneille assure que la
règle des vingt-quatre heures était la seule que l'on connût, et, si c'est une
erreur, elle est significative. Quoi qu'en pense M. Breitinger, il y a autre
chose ici que la seule influence d'Aristote. (Voy. Breitinger, *les Unités d'Aristote
avant le Cid*, p. 12, 22, 32; et cf. Arnaud, *les Théories dram. au xvii° s.*,
p. 124, n. (Voy. Corneille, *Examen de Clitandre*.)
4. Contre les règles, voy. la préface mise par d'Isnard au-devant de *la Filis*

« J'ai cru, dit Corneille en tête de *la Veuve*, rendre assez de respect à l'antiquité de lui partager mes ouvrages, et, de six pièces de théâtre qui me sont échappées, en ayant réduit trois dans la contrainte qu'elle nous a prescrite, je n'ai point fait de conscience d'allonger un peu les vingt-quatre heures aux trois autres [1]. » Et Scudéry se montre parfaitement d'accord avec Corneille, tout en étant plus instructif encore pour nous, lorsqu'il écrit en tête de sa *Didon* : « Cette pièce est un peu hors de la sévérité des règles, bien que je ne les ignore pas ; mais souvenez-vous (je vous prie) qu'ayant satisfait les savants par elle, il faut parfois *contenter le peuple par la diversité des spectacles et par les différentes faces du théâtre.* » Et Scudéry ne s'en faisait pas faute : dans *le Trompeur puni* (1631), il mettait sur la même scène l'Allemagne et le Danemark [2] ; dans *le Fils supposé* (1635), l'action se transportait de Paris en Bretagne dans le même acte [3] ; *le Prince déguisé* séduisait les spectateurs par « le superbe appareil de la scène, et la face du théâtre qui changeait cinq ou six fois entièrement à la représentation de ce poème [4] ». Que d'autres ne sont pas plus réguliers ! Il est inutile de citer de nombreux exemples, le registre de Mahelot nous en fournissant de fort intéressants ; mais nous ne pouvons nous empêcher de rappeler une tragi-comédie de Sallebray, qui porte pour titre *le Jugement de Pâris et le ravissement d'Hélène*. L'action s'y passe dans l'Olympe, sur le mont Ida, dans le palais de Priam,

---

de Scire de Pichou (fr. Parfait, t. IV, p. 424); l'avertissement « à qui lit » en tête du *Ligdamon et Lydias* de Scudéry, 1631 ; les préfaces de l'*Agarite*, 1636, et de la *Panthée*, 1639, par Durval, etc.; et surtout *le Traité de la disposition du poème dramatique*, 1637 (voy. à l'Index I). C'est sans doute là qu'on trouve la formule la plus nette et la plus complète de la poétique fondée sur la décoration multiple : « C'est à l'esprit du poète à disposer la scène en telle sorte qu'il y puisse représenter *plusieurs actions aussi bien comme une*, et qu'on y puisse voir et discerner *autant de pays séparés ou contigus, voisins ou éloignés* que l'argument de la pièce en pourra toucher, parcourir ou comprendre, et tout cela dans *un temps raisonnable* que le jugement de l'auteur saura prescrire, étendre ou raccourcir, non suivant la naturelle dimension, mais *proportionnément, ayant égard à la contenance et capacité du théâtre.* » P. 78.

1. Cf. la préface de *Clitandre*.
2. Bizos, p. 310.
3. Fr. Parfait, t. V, p. 113.
4. Scudéry, *le Prince déguisé*, *tragi-comédie*, au lecteur. (Voy. ci-dessus, p. 180, n. 1.) Rotrou fait dérouler l'action de *l'Heureuse constance* (1631, d'après les fr. Parfait), tantôt en Dalmatie, tantôt en Hongrie. Dans *la Belle Alphrède* (1634, Parfait), on passe, au milieu du 3ᵉ acte, de la prison d'Oran en un bois près de Londres. (Jarry, p. 29.)

à Lacédémone et sur un vaisseau ; les unités de temps et d'action ne sont pas plus respectées que celle de lieu ; et cette pièce a été cependant jouée vers 1639 [1].

En dépit de ces hardiesses, la préoccupation des règles est désormais partout [2], et, si quelques-uns de ceux qui les violent s'en font gloire, la plupart s'en excusent et hasardent d'étranges justifications. « Ici la scène est à Salerne, dit le sieur d'Ouville, et sur la fin à Naples, ville du même royaume, où l'on peut aller en trois heures [3]. »

Mais — et c'est le point le plus important à noter — ceux même qui veulent être classiques comprennent ces unités, et surtout l'unité de lieu, d'une façon très large et avec beaucoup de *libertinage* [4]. « Ma scène est en un château d'un roi, proche d'une forêt », dit Corneille en tête de *Clitandre*, et cette adroite façon de parler signifie que la scène représente à la fois un palais et une forêt, tout en prétendant au mérite de l'unité. Scudéry paraît de même à son apologiste Sarazin avoir parfaitement observé l'unité de lieu dans *l'Amour tyrannique* : « Jamais on n'a vu de théâtre si bien entendu, ni si bien débrouillé que le sien ; et pour ce grand nombre d'aventures qui s'y représentent, il ne faut point de lieu que celui de la pointe d'un bastion de la ville d'Amasie, et les pavillons de Tyridate, qui en sont si proches qu'Ormène dit :

> Et Tyridate alors, favorisé de Mars,
> Plante ses pavillons au pied de ses remparts [5]. »

C'est dans *la Mort de César* surtout que Scudéry a trouvé une façon ingénieuse d'appliquer les règles. Sa scène comprend autant de salles ou chambres différentes qu'on en aurait pu admettre au beau temps de la décoration multiple ; mais ces salles communiquent les unes avec les autres, sans qu'il soit facile de comprendre pourquoi, et restent cachées jusqu'à ce que la vue en soit nécessaire. De temps en temps, une porte s'ouvre, et on voit le lit de Calpurnie ou les sièges des sénateurs ; ainsi le lieu de la scène ne s'est qu'agrandi, il n'a pas changé [6].

---

1. Fr. Parfait, t. VI, p. 54-57.
2. Voy. Lisle, *Essai sur les théories dramatiques de Corneille*, p. 88 sqq.
3. *Les Trahisons d'Arbiran*, tragi-comédie, 1637, prologue. (Fr. Parfait, t. V, p. 354.)
4. Expression de Corneille dans l'*Examen de Clitandre*.
5. *Discours sur l'amour tyr.*, p. 320.
6. Voy. Royer, t. III, p. 23 ; Bizos, p. 316. *La Mort de César* est de 1636.

Une dernière façon d'être classique — et c'est celle dont on usait peut-être le plus fréquemment — consistait à construire une pièce comme si elle devait user de la décoration multiple; à mettre en effet sur le théâtre une sorte de décoration multiple, mais timide, et sans que les compartiments en fussent nettement distincts; après quoi, les acteurs ne tenaient nul compte de ces compartiments et donnaient par là à la scène l'unité qu'elle n'avait pas. Ainsi seulement se peut comprendre le reproche adressé au *Cid* par Scudéry : « Disons encore que le théâtre en est si mal entendu, qu'un même lieu représentant l'appartement du roi, celui de l'infante, la maison de Chimène et la rue, *presque sans changer de face*, le spectateur ne sait le plus souvent où sont les acteurs [1]. » Ainsi encore s'explique ce passage de Sarazin : « Maintenant », dit-il après avoir parlé du système décoratif de Hardy, « quoique cette licence ne soit plus supportable et que cette hérésie n'ait plus de fauteurs, il en est pourtant demeuré quelques restes, et nos poètes n'ont pas été assez diligents à s'en prendre garde exactement; leur scène est bien en une seule ville, mais non pas en un seul lieu; on ne sait si les acteurs parlent dans les maisons ou dans les rues; et le théâtre est comme une salle du commun, qui n'est affectée à personne et où chacun pourtant peut faire ce que bon lui semble [2]. » On comprend enfin qu'en face d'un tel manque de netteté, un ami du drame irrégulier ait pu s'écrier, non sans quelque emphase : « Disons, sans faire tort aux nouveaux venus, qu'*un seul Hardy entendait mieux que tous les autres la disposition du théâtre*. Si les pièces qu'il a produites,

---

1. *Observations sur le Cid*. (Œuvres de P. Corneille, t. XII, p. 455.) Cf. les *Sentiments de l'Académie françoise sur la tragi-comédie du Cid* (t. XII, p. 482). — Ém. Perrin explique autrement le passage de Scudéry, et se figure la scène du *Cid* comme un de ces « palais à volonté » dont on usa tant plus tard; mais il supprime les mots si importants : « presque sans changer de face » (p. x). De son côté, Lotheissen croit que la décoration multiple a servi, non seulement au *Cid*, mais encore plus tard à *Cinna* (t. II, p. 380, 386, 388); je crois que c'est là une autre erreur. M. Sarcey, qui a touché cette question dans un de ses feuilletons (6 août 1883), a négligé d'examiner le texte de Scudéry; il hésite donc, mais n'en donne pas moins quelques indications judicieuses. Observons, pour notre part, que, vers la fin du XVIIe siècle, le théâtre du *Cid* était « une chambre à quatre portes ». (« Le Cid. Théâtre est une chambre à quatre portes, il faut un fauteuil pour le roi. » *Mémoire des décorations*, 2e partie, f° 82.) On peut croire que ces quatre portes étaient censées donner sur l'appartement de Chimène, dans celui du roi, dans celui de l'infante, sur la place publique. C'était là un souvenir de la mise en scène — sans doute un peu plus claire, mais encore insuffisamment précise — de 1636.

2. P. 322.

et dont il nous reste tant de volumes, avaient dû être ajustées sur le cadran de vingt-quatre heures, il n'a jamais eu si mauvaise oreille qu'il n'eût bien ouï sonner l'horloge du temps passé... Ceux qui le méprisent ont peut-être plus de vanité que de suffisance, et plus d'ineptie que de bon sens. Et on ne voit en la plupart d'eux que des paroles oiseuses et de mauvaises pensées, dont ils répondront au jour du jugement [1]. »

Ainsi, peu à peu, l'ancien système décoratif se mourait ; ce fut une circonstance, en apparence futile, qui vint lui porter le dernier coup. Lorsque *la merveille du Cid* attira au Marais la cour et la ville [2], les comédiens, ne trouvant pas assez de places dans leur théâtre pour un si nombreux public, en mirent un certain nombre sur la scène même ; des deux côtés s'assirent de brillants seigneurs ou de riches bourgeois, qui cachèrent aux autres spectateurs les décorations latérales. Si Corneille avait compté sur elles, sa déconvenue eût été grande, et il fut heureux pour lui ce jour-là que son théâtre fût « mal entendu ». Quant aux comédiens, ils comprirent vite tout le parti qu'ils pouvaient tirer de leur innovation : être placés sur la scène flattait la vanité des jeunes seigneurs, et une telle satisfaction ne pouvait être payée trop cher. On prit donc l'habitude, dans les deux théâtres parisiens, de placer des sièges sur la scène ; la décoration ne disposa guère plus que de la toile de fond, qui pouvait changer au cours de la représentation ou rester la même ; et le plus souvent elle ne changea pas.

Dès lors commença la seconde période de l'histoire de la mise en scène au XVII° siècle. La décoration multiple ne fut plus admise, et l'unité de lieu devint la loi de notre théâtre [3] ; mais cette unité fut souvent plus apparente et plus nominale que réelle. On sait

---

1. *Traité de la disposition du poème dramatique*, p. 100-101.
2. On ne pourrait affirmer que l'usage de placer des spectateurs sur le théâtre ait commencé pour la première fois aux représentations du *Cid*. Du moins est-ce à une représentation du *Cid* que se rapporte la première mention de cet usage.
3. La résistance de la mise en scène multiple avait été longue, puisque d'Aubignac écrivait en 1657 : « Cette règle de l'unité de lieu commence maintenant à passer pour certaine. » (L. II, ch. VI ; t. I, p. 86.) Celle des vingt-quatre heures semble avoir eu un triomphe plus facile, puisque Durval écrit en 1639, dans la préface de sa *Panthée* (voy. à l'Index I) : « Il m'est plus séant de faire place aux maîtres qui l'enseignent que de les choquer. A la vérité, s'ils n'étaient en jouissance de plus de trois ans..., il me serait aisé de mettre ici tout le plaidoyer de partie adverse, et d'appuyer de raisons l'opinion contraire que je soutiens. »

toutes les indécisions, les obscurités, les impossibilités de la mise en scène dans les tragédies de Corneille; on sait aussi toutes les subtilités dont s'arme le poète théoricien, quand il veut concilier les règles avec les besoins de l'invention dramatique [1]. Combien on sent qu'il serait plus à son aise s'il pouvait disposer sa scène à la façon de celle de Hardy!

C'est à Racine le premier que doit revenir le mérite d'avoir accepté sans arrière-pensée et d'avoir employé avec aisance le nouveau système décoratif. A ce titre, on pourrait l'appeler le premier classique, et avec lui commence la troisième période de l'histoire de la mise en scène [2].

IX

Revenons sur nos pas et concluons.

Si Hardy avait contribué en quelque manière à l'établissement de la décoration multiple, ou si seulement il avait été en son pouvoir de la renverser, nous devrions le rendre responsable du système lui-même, et il serait utile d'en apprécier la valeur artistique

---

1. Elles sont spirituellement résumées et examinées dans Souriau, *De la convention dans la tragédie classique et dans le drame romantique*, p. 22-24. Cf. l'étude plus étendue de M. J. Lemaitre, *Corneille et la Poétique d'Aristote*. Paris, Lecène et Oudin, 1888, in-12. — D'Aubignac lui-même ne sait pas s'accommoder de l'unité de lieu, qu'il prêche pourtant d'un ton si convaincu, et imagine les moyens les plus singuliers de varier la scène sans la changer. (Voy. l. II, ch. vi; t. I, p. 89-91.) C'est que toute cette génération avait été formée à l'école de Hardy, et qu'elle avait beau y faire effort, elle ne pouvait se défaire des habitudes d'esprit qu'elle y avait contractées.

2. Le théâtre est revenu à la diversité et à la multiplicité de la mise en scène par une marche inverse à celle que nous venons d'étudier. Après Racine, qui pratique l'unité de lieu de la plus nette et, si l'on peut dire, de la plus loyale façon, nos tragiques du xviii° siècle mettent sur la scène, à la place d'un lieu unique, un lieu indéterminé qu'on puisse prendre tantôt pour ceci, tantôt pour cela (Lessing, *Dramaturgie*, p. 224); ils ressemblent par là à Corneille. — Voltaire, qui proclame la règle des trois unités admirable (*Comm. sur Corneille*, t. I, p. 59), n'en contribue pas moins fortement à la renverser. Il demande que les théâtres parisiens soient décorés à la façon de celui de Vicence, et représentent à la fois une place, un temple, un palais, un vestibule, un cabinet : « L'unité de lieu, dit-il, est tout le spectacle que l'œil peut embrasser sans peine. » (Voy. *Commentaire*, t. I, p. 55, remarques sur le *3° discours*; p. 276, à propos de *Cinna*, sc. II, 1; p. 502, à propos du *Menteur*, II, 1; voy. *Dissertation sur la tragédie ancienne et moderne* en tête de *Sémiramis*, etc. Le théâtre de Vicence est représenté et décrit par Riccoboni, *Hist. du th. ital.*, t. I, p. 115 et 116. Cf. la mise en scène des *Gelosi* à l'Hôtel de Bourgogne dans Moland, *Molière et la comédie italienne...*, fron-

ou dramatique. Mais puisque Hardy a trouvé le système en vigueur, et qu'il a dû continuer à le subir, nous aurons à voir seulement quel parti il en a tiré. Il n'est pas d'institution qui n'ait ses avantages et ses inconvénients : a-t-il profité des premiers, a-t-il le plus possible atténué les seconds? Indiquons rapidement les uns et les autres; nous serons ainsi mieux préparés à juger équitablement.

Le drame auquel a donné naissance le système décoratif multiple mérite bien de porter le titre de drame libre. Il est libre en effet dans l'espace, à condition de ne pas se transporter en plus de lieux que la scène n'en peut contenir, et il est libre encore dans le temps. Ainsi son champ est beaucoup plus vaste que celui de la tragédie classique, un nombre plus grand de sujets lui est accessible, et il lui est facile de les traiter sans manquer à la vraisemblance. Il n'a pas besoin d'accumuler les suppositions et les prétextes pour amener en un même lieu des hommes qui ne s'y peuvent raisonnablement rencontrer; il n'est pas obligé de surmener tous ses personnages pour leur faire accomplir en vingt-quatre heures ce qui demande plus de temps dans la vie [1]. Il peut

---

tispice et p. 62.) *La Mort de César* est composée d'après ces idées et par là rappelle celle de Scudéry. — Enfin, les places sur la scène ayant disparu, *Tancrède* ouvre timidement la voie où le théâtre moderne est entré si résolument. Désormais, l'action pourra se passer dans les lieux les plus divers et — conséquence naturelle — pourra durer aussi longtemps qu'on le voudra. Mais ce résultat n'est plus obtenu par la juxtaposition des décorations; il l'est maintenant par leur apparition successive. *Le Cid*, qui au temps de Hardy aurait exigé cinq compartiments, comprend maintenant cinq tableaux distincts, et, si tous les changements se faisaient à vue, on peut dire que l'impression produite par le nouveau système décoratif serait artistiquement supérieure, mais dramatiquement semblable à celle que l'ancien aurait produite.

1. Citons encore le *Traité*, si curieux et si peu connu, *de la disposition du poème dramatique* (p. 40-42) : « Ceux qui ne veulent qu'une action, un temps précis de vingt-quatre heures et une scène en un seul lieu, n'embrassent qu'une petite partie de l'objet de leur art... Par l'unité d'action, ils n'accommodent le théâtre qu'à une sorte d'histoires, au lieu d'accommoder toutes sortes d'histoires au théâtre; par l'espace de vingt-quatre heures, ils restreignent la puissance de l'imagination et de la mémoire...; et par la scène qu'ils assignent en un seul lieu, ils ôtent tous les cas fortuits qui sont en la nature, et imposent une nécessité aux choses de se rencontrer ici ou là, en quoi ils détruisent la vraisemblance, règle fondamentale de la poésie... La nature ne fait rien que l'art ne puisse imiter : toute action et tout effet possible et naturel peut être imité par l'art de la poésie. La difficulté est de bien imiter et de bien prendre les mesures et proportions des choses représentées à celles qu'on représente... Comme il est besoin aux peintres pour faire de belles perspectives de savoir l'optique, il n'est pas moins nécessaire aux poètes pour bien réussir en leurs desseins d'être clairvoyants au théâtre. »

laisser se développer librement les passions, et, peignant les mêmes âmes à des moments bien distincts, obtenir des contrastes plus dramatiques [1].

En revanche, les facilités mêmes que donne au poète le drame libre constituent pour lui de sérieux dangers. En multipliant les lieux de l'action, il peut amuser les yeux des spectateurs; en distribuant cette action sur un long espace de temps, il peut accumuler les incidents, changer à plusieurs reprises la situation des personnages et satisfaire ainsi la curiosité. A ce prix, le succès est assuré auprès d'un public naïf, qui ne demande pas autre chose [2]. Ne faut-il pas beaucoup de fermeté et de désintéressement au poète pour se retenir sur une pente où tout l'attire? pour resserrer son action dans le plus petit nombre de lieux et dans le plus court espace de temps qu'il est possible? pour éviter les changements trop brusques? pour préparer et faire souhaiter par les spectateurs tous ceux qu'il se permet? Or, tout cela est nécessaire, si l'on ne

---

1. Ainsi, pour prendre un exemple qui nous paraît caractéristique, « Corneille n'a point montré Rodrigue et Chimène ensemble avant la querelle de leurs pères ». Pourquoi cela? — Guizot répond : « Parce qu'il n'a point voulu nous trop habituer à l'idée de leur bonheur avant de le renverser » (Shakespeare, p. 158); mais s'il n'y a eu là qu'un scrupule de délicatesse, si le poète a voulu ménager notre sensibilité, il est allé contre le but même de son art et il a affaibli l'importance de sa *crise*. Pourquoi donc Corneille n'a-t-il pas commencé sa pièce par une entrevue, qui eût été elle-même si intéressante et qui surtout eût donné tant d'intérêt à toute la suite? Parce qu'il n'avait déjà que trop de choses à mettre dans les vingt-quatre heures accordées par Aristote; parce qu'entre le duo amoureux de Rodrigue avec Chimène et le duel de Rodrigue avec le père de sa bien-aimée, il y aurait eu un revirement trop brusque pour un public qui comptait les heures ou à qui on donnait le droit de les compter. Hardy dispose de plus de temps; aussi ne manque-t-il jamais de faire le contraire de Corneille : il montre toujours les amoureux ensemble avant de les désunir.

2. Voy. les plaintes de Rayssiguier, ci-dessus, p. 183-184. — Même le public instruit des collèges sympathisait sur ce point avec le public grossier de l'Hôtel de Bourgogne; dans les collèges comme à l'Hôtel, les drames étaient construits sur le même plan. Nous avons entendu Grévin s'en plaindre au xvie siècle (voy. l. II, ch. I, p. 94, n. 3); voyons ce qui se passait au xviie d'après un historien du *Théâtre des Jésuites* : « Bien que les Pères, qui avaient mission d'alimenter les théâtres des collèges, connussent mieux que personne les modèles anciens, cependant ils n'ont pas laissé tout d'abord de s'en éloigner sensiblement. Ils ont pris avec les règles les plus grandes libertés, et certains de leurs ouvrages, sous le rapport de la contexture, ont une allure qui les rapproche beaucoup plus de Shakespeare que de Sophocle ou de Sénèque. Ces poètes, au commencement du xviie siècle, ne craignaient pas de changer plusieurs fois dans un même acte le lieu de la scène. Ils faisaient voyager leurs personnages de l'Inde en Europe, en passant par l'Afrique. » Boysse, p. 25. — Sur la richesse de la figuration et du spectacle dans les comédies de collège, voy. le *Roman comique*, 1re partie, ch. x; t. I, p. 81.

veut pas que le plan des pièces soit décousu, le sujet malaisément saisissable dans son ensemble, les détails eux-mêmes dépourvus de clarté.

S'il fallait en croire d'Aubignac, ce serait justement à ce résultat qu'aurait abouti le drame libre : « Il ne fallait point demander combien de temps durait une action que l'on représentait, en quel lieu se passaient toutes les choses que l'on voyait, ni combien la comédie avait d'actes. Car on répondait hardiment qu'elle avait duré trois heures, que tout s'était fait sur le théâtre, et que les violons en avaient marqué les intervalles des actes. Enfin, c'était assez pour plaire qu'un grand nombre de vers récités sur un théâtre portât le nom de comédie [1]. » Ces paroles sont instructives, mais le jugement est trop sommaire et d'une impertinente sévérité.

Il est seulement un reproche que nous avons à cœur de relever, parce qu'il a été de nouveau adressé à Hardy par Sainte-Beuve : « Bien souvent, si on avait permission de lui demander où il est, dans une chambre ou dans une rue, à la ville ou à la campagne,... il serait fort embarrassé de répondre [2]. » Et pourquoi formule-t-on ce reproche? Parce qu'une lecture rapide ne permet pas toujours d'indiquer le lieu particulier de chaque scène; et parce qu'on admet implicitement le principe de d'Aubignac, que le poète doit faire connaître par les paroles des acteurs, et le lieu de la scène, et sa décoration. N'est-ce pas oublier que Hardy composait ses pièces pour être jouées, non pour être lues? que, la décoration existant sur le théâtre, il ne lui était pas toujours nécessaire de l'indiquer dans ses vers? que lui-même enfin présidait à la mise en scène de ses pièces, et que nous sommes mauvais juges des obscurités qui s'y pouvaient rencontrer. Là où le texte ne dit pas si les acteurs sont « dans une chambre ou dans une rue, à la ville ou à la campagne », les acteurs eux-mêmes le montraient en se tenant, soit à l'intérieur, soit auprès de tel ou tel compartiment de la scène. Si l'un de ces compartiments représentait une ville, il fallait, il est vrai, que le nom de la ville fût indiqué par le dialogue ou restât inconnu des spectateurs. Posons qu'il leur est parfois resté inconnu; on peut se demander où est le mal, et si Hardy n'avait pas le droit de parler ici comme Corneille : « Je laisse le lieu de ma scène au choix du lecteur, bien

---

1. *La Pratique du théâtre*, l. I, ch. IV, t. I, p. 18.
2. *Tableau*, p. 245. — M. Jarry dit presque la même chose de Rotrou, p. 30.

qu'il ne me coûtât qu'à nommer. Si mon sujet est véritable, j'ai raison de le taire; si c'est une fiction, quelle apparence, pour suivre je ne sais quelle chorographie, de donner un soufflet à l'histoire, d'attribuer à un pays des princes imaginaires, et d'en rapporter des aventures qui ne se lisent point dans les chroniques de leur royaume? Ma scène est donc en un château d'un roi, proche d'une forêt; je n'en détermine ni la province ni le royaume; où vous l'aurez une fois placée, elle s'y tiendra [1]. »

La critique de d'Aubignac et de Sainte-Beuve ne porte donc pas contre le théâtre de Hardy; nous pourrions même ajouter qu'elle se retourne contre le théâtre classique.

Chose curieuse, en effet, on a presque retrouvé, pour critiquer la tragédie française, les termes qu'employait d'Aubignac contre le drame : « De toute façon, le lieu de la scène est souvent désigné d'une manière si indécise et si contradictoire, qu'un écrivain allemand (Joh.-Elias Schlegel) a dit, avec beaucoup de justesse, que dans la plupart des pièces on pourrait substituer à l'indication ordinaire ces mots plus simples : *la scène est sur le théâtre* [2]. »

Des libertés de lieu et de temps résulte naturellement pour le poète une plus grande liberté dans le choix et dans la disposition de son action. Il n'est pas réduit à faire de sa pièce une longue préparation d'un fait, qui lui-même se passe le plus souvent hors du théâtre : il peut y mettre du mouvement, et non pas seulement des conversations et des discours. Enfin, tandis que la tragédie classique concentre l'action au point de lui enlever parfois toute apparence de réalité, tandis qu'elle enchaîne les faits et les causes

---

1. Préface de *Clitandre*.
2. A.-W. Schlegel, *Cours de litt. dramatique*, t. II, p. 11. — Si d'Aubignac n'a pas fait les réflexions qui précèdent, c'est qu'il en était empêché par son parti pris. Quant à Sainte-Beuve, il peut avoir été trompé par la façon dont sont divisés les actes et numérotées les *scènes* de Hardy. Persuadé qu'à chaque changement de scène correspondait un changement de lieu, il peut avoir cherché à se rendre compte de certains déplacements et n'y pas être arrivé, parce que ces déplacements étaient tout imaginaires et n'existaient que dans son esprit abusé par une fausse conception. Nous le répétons donc : le mot *scène* est pris chez Hardy dans deux sens très différents. (Voy. plus haut, p. 191, et, ci-dessous, la note 5 de l'*Appendice*.) Mais, quoique les changements de lieu ne soient pas désignés dans les publications de Hardy par des titres au sens immuable et par des paroles toujours explicites, le lecteur parvient toujours à les reconnaître, si sa lecture est attentive. C'est ce que nous essayerons de prouver en indiquant pour chaque pièce de notre auteur la mise en scène avec laquelle elle semble avoir été jouée. Si une telle entreprise est périlleuse et peut-être téméraire, elle ne saurait être inutile, et la lecture de Hardy s'en trouvera facilitée.

d'une façon rigoureuse et étroite que la vie ne connaît pas, le drame libre peut laisser prendre à l'action un développement plus aisé et plus conforme à la nature des choses; il peut l'engager sur plusieurs points différents avant de lui faire prendre une direction déterminée, de même qu'un fleuve se forme en plusieurs endroits avant de se creuser un lit unique.

Ainsi faisait le moyen âge. Mais ce rapprochement même nous montre vers quels écueils court le drame libre, et combien il risque de s'y briser. Si les mystères recherchaient le mouvement, ils n'étudiaient ni les caractères ni les passions; s'ils n'enchaînaient pas les événements d'après une logique rigide et abstraite, ils les laissaient trop se succéder dans l'incohérence; s'ils avaient plusieurs points de départ pour leur action, ils n'arrivaient pas toujours à lui imprimer ensuite une direction nette et régulière. En un mot, ils ne constituaient pas un théâtre artistique, et le drame libre doit toujours craindre qu'on ne puisse porter de lui un tel jugement.

Au moins la *Passion*, le grand drame religieux du moyen âge, était-elle assurée par son sujet même d'une vague, mais puissante unité d'intérêt. Mais celle-là même n'est pas assurée au drame profane; on ne sait parfois quel fil suivre de préférence parmi ceux qui s'entre-croisent dans une pièce de Rotrou [1]; on ne sait à quel personnage s'intéresser de préférence parmi tous ceux qui y jouent un rôle important. Or, là où manque cette unité en quelque sorte matérielle, que les classiques appellent l'unité d'action, il faut une unité morale tout aussi forte, celle de l'ensemble, celle de l'impression, celle de l'intérêt; là où manque l'unité propre à la tragédie, il faut au moins l'unité propre à l'épopée.

Qu'on le remarque, en effet, le drame libre ressemble à la tragédie en ce que tout s'y fait ou s'y dit sous les yeux des spectateurs, en ce que l'auteur y disparaît complètement derrière ses personnages; mais il touche à l'épopée par des caractères importants : par la diversité des lieux où il peut transporter l'action, par le temps indéfini dont il dispose, et surtout par la complexité de sa composition. On peut lui appliquer les termes qu'emploie Aristote pour l'épopée : « Elle peut traiter plusieurs événements arrivés en même temps, et qui, s'ils tiennent au sujet, augmentent les proportions du poème : ainsi elle peut l'embellir

---

[1]. Jarry, p. 32.

par de grands effets, changer les émotions des auditeurs, et varier les épisodes, car l'uniformité rassasie vite, et elle fait tomber les tragédies [1]. » Analogue à l'épopée, le drame libre se trouve encore par là analogue au roman, à la nouvelle ; ainsi s'expliquent tant de sujets de Hardy et de ses émules [2].

Tout ce que nous venons de dire s'applique au drame libre, quel que soit son mode de décoration ; et, pour ne prendre qu'un exemple, à celui de Shakespeare aussi bien qu'à celui de Hardy. Est-ce à dire que la différence des moyens d'expression n'ait pas créé à ces poètes une situation différente? Et, toute proportion gardée entre eux, que nous puissions espérer trouver chez celui-ci tout ce qui nous frappe chez celui-là? Nous ne le pensons pas, et nous n'hésitons pas à déclarer que le système décoratif de Hardy était moins favorable que celui de Shakespeare aux manifestations puissantes et variées, aux créations poétiques et vivantes du génie dramatique.

Comme le théâtre français, le théâtre anglais avait été soumis autrefois au système de la décoration multiple, mais il s'en était dégagé peu à peu et n'en avait gardé que des traces insignifiantes [3]. Seulement, c'est en vain qu'une école classique avait essayé d'en profiter pour établir le règne des unités [4] : les plus

---

1. *Poétique,* ch. xxiv, trad. Egger.
2. Ainsi s'expliquent encore des ressemblances avec le théâtre espagnol, que l'on a voulu attribuer à une imitation directe. « Le drame de Lope est une nouvelle mise sur le théâtre, un roman devenu visible », dit M. Demogeot; et ailleurs : les *Nouvelles* de Cervantès, « c'est le drame espagnol avec ses péripéties inattendues et bizarres ». (Demogeot, *Hist. des litt. étrangères,* p. 267 et 284.) Voilà bien cette ressemblance du drame et de la nouvelle que nous signalions. Qu'y a-t-il d'étonnant, dès lors, à ce que Hardy mît en drames les traductions des *Nouvelles* de Cervantès, comme les dramaturges espagnols mettaient en drames les originaux? N'est-ce pas pour les mêmes motifs que nos dramaturges contemporains — auteurs de drames libres, eux aussi — découpent en actes leurs romans ou ceux des autres, sauf à faire parfois l'inverse, et à transformer des drames en romans?
3. « Certaines pièces anglaises du temps de Shakespeare montrent que la scène était habituellement divisée dans sa largeur, au moyen d'un *praticable,* où les personnages placés sur la partie supérieure sont censés au dehors, et voient, sans être vus, ce qui se passe sur le plan inférieur qui est le théâtre. Ainsi, dans *le Portrait* (*the Picture*) de Philip Massinger, on lit à tout instant : *Ubaldo appears above* (Ubaldo paraît en haut); *Re-enter Corisca below* (Corisca rentre en bas); *Re-enter Ladislaus and others below,* etc... » Royer, t. I, p. 219.
4. Sidney les préconisait, ainsi que la séparation des deux éléments comique et tragique, dans sa *Défense de la poésie* (1583). En même temps, il attaquait le drame libre anglais, et sa diatribe montre bien quelles étaient les ressemblances et les différences principales entre ce drame et le drame libre de

importantes d'entre les conventions que la décoration multiple avait fait naître survécurent à cette décoration et persistèrent. Par suite, l'action put continuer à se transporter dans les lieux les plus divers, un rideau qui se lève ou s'abaisse, un écriteau [1], quelques paroles des acteurs suffisant à informer le public des changements de lieu. Elle put continuer à avoir une durée indéfinie, un changement arbitraire du temps correspondant à chaque changement du lieu. Elle put continuer enfin à faire de l'unité d'impression ou d'intérêt le lien unique de ses diverses parties. Mais combien l'imagination créatrice du poète se trouva plus libre! Quelle splendeur il put donner à ses palais, quelle horreur à ses tempêtes, quelle féerique beauté à ses paysages! Dans nos théâtres contemporains, amoureux d'exactitude, les descriptions de Shakespeare font le désespoir des décorateurs et la ruine des directeurs; sur le théâtre français de 1630, elles eussent fait paraître plus mesquins encore, souvent même ridicules, les compartiments qui se partageaient la scène; mais sur le théâtre anglais, où toute décoration proprement dite manquait, elles y suppléaient magnifiquement, grâce à l'imagination toujours agissante des spectateurs. Le poète était stimulé par la nécessité de ne compter que sur lui-même, le public par la nécessité d'entrer en communication immédiate avec la fiction. Heureux public! car il n'avait pas à *subir l'action;* il y collaborait, *il la conduisait*

---

l'Hôtel de Bourgogne : « Dans les pièces nouvelles, vous avez l'Asie d'un côté et l'Afrique de l'autre, et tant d'autres sous-royaumes, que l'acteur, lorsqu'il y arrive, doit toujours commencer par dire où il est, car autrement le sujet ne serait pas compris. Ensuite, vous aurez trois dames qui se promènent pour cueillir des fleurs, et vous devez croire que le théâtre est un jardin. Tout à coup vous entendez parler d'un naufrage dans le même lieu, et vous avez tort si vous ne le prenez pas pour un rocher. Par là-dessus arrive un monstre hideux, au milieu de la flamme et de la fumée, et les malheureux spectateurs sont tenus de croire qu'ils ont devant eux une caverne. Un instant après, ce sont deux armées qui s'élancent, représentées par quatre épées et quatre boucliers, et quel cœur serait assez dur pour ne pas se figurer qu'il y a là une bataille rangée? Quant au temps, nos auteurs en sont encore plus libéraux : chez eux, d'ordinaire, un jeune prince et une jeune princesse tombent amoureux l'un de l'autre; après beaucoup d'épreuves, la princesse devient grosse et accouche d'un gros garçon; elle le perd, il devient un homme, il tombe amoureux et il est tout prêt à faire lui aussi un enfant; et tout cela dans l'espace de deux heures. » (Mézières, *Prédécesseurs et contemp. de Shakespeare*, p. 53-55.) Cf. des idées analogues dans Whetstone, 1578 (*ibid.*, p. 55); dans Ben Jonson (*ibid.*, p. 198-199).

1. Les écriteaux servaient déjà dans l'ancien système décoratif pour suppléer à l'insuffisance de désignation des lieux figurés. Voy. Petit de Julleville, *les Mystères*, t. I, p. 397.

lui-même, et l'idéal devenait le réel sans plus d'efforts qu'il n'en coûte à la volonté pour créer une illusion [1].

Que de beautés ne devons-nous pas à cette étroite collaboration de l'auteur et du spectateur anglais ! Que d'inventions hardies, que de tableaux vivants et animés auraient été impossibles sans le vide et la pauvreté de la scène anglaise ! Là, rien n'empêchait les personnages de se multiplier, les armées de se heurter, et les foules de jouer un rôle important dans l'action. La scène, précisément parce qu'elle ne changeait pas, pouvait être supposée changée aussi souvent qu'on le désirait, et toujours elle appartenait tout entière à l'action [2]. Mais la scène de Hardy ne pouvait être supposée changée qu'autant de fois que le nombre de ses compartiments le lui permettait ; et ces compartiments, encombrants et fixes, étaient un insurmontable obstacle aux mouvements rapides et tumultueux. Comment remplir la scène d'une foule, dont le public n'aurait su dire si elle était à Rome ou à Athènes, à Thèbes ou en Macédoine ? Comment faire aller, venir, fuir, triompher des armées ennemies, sans qu'elles eussent l'air de se transporter de compartiment en compartiment, et de faire les plus extravagants voyages ? Comment, enfin, réclamer une imagination puissante à un public dont jamais on n'avait exercé l'imagination ?

Ainsi la décoration multiple, telle qu'elle était installée à l'Hôtel de Bourgogne [3], était presque aussi défavorable au mouvement que les banquettes sur la scène le devaient être, et que l'avaient déjà été les théories et les procédés d'imitation des tragiques du XVIᵉ siècle. A cet égard, tout au moins, les nécessités de la mise en scène servirent les secrètes tendances de Hardy, et l'empêchèrent de rompre complètement le fil de la tradition classique. « La tragédie française, dit Saint-Marc Girardin [4],... aura toujours une

---

1. Expressions du général Tcheng-ki-tong, *le Théâtre des Chinois*, p. 11. — Cf. Taine, *Hist. de la litt. angl.*, t. 1, p. 423-424 ; Sarcey, *le Temps*, 23 juillet 1883, etc.

2. Ce mot appelle pourtant une réserve. En Angleterre, comme plus tard en France, de jeunes seigneurs étaient installés sur la scène ; mais leur présence n'y nuisait pas à l'action et au mouvement comme elle le devait faire chez nous, parce que le public était habitué à se passer de décoration, et à supposer une foule là où on ne voyait que quatre ou cinq figurants. Les poètes anglais avaient exercé l'imagination de leur public, les poètes français avaient toujours parlé aux yeux du leur.

3. La restriction est nécessaire, rien n'étant plus tumultueux que le théâtre du moyen âge.

Cours de litt. dramatique, t. III, p. 305.

sorte de répugnance instinctive pour le mouvement tumultueux de la scène; elle aimera mieux le récit et le discours, quoique un peu froids, que l'action turbulente et désordonnée. Cette répugnance est déjà visible dans Hardy et ses successeurs..... Corneille et Racine ont perfectionné la tragédie française, mais ils n'en ont pas changé le caractère. »

Nous venons de voir pourquoi ces paroles sont vraies. Classique par goût, romantique par nécessité, Hardy était encore obligé par sa mise en scène elle-même de servir de transition entre l'art du moyen âge, qui avait été si longtemps le seul maître du théâtre, et l'art classique, qui allait bientôt l'y remplacer. Mais il ne se tint pas partout et toujours à égale distance des deux rivaux. Si nulle part il n'est exclusivement classique ou romantique, du moins est-il plus particulièrement classique dans ses tragédies, plus particulièrement romantique dans ses tragi-comédies. C'est ce que nous constaterons en étudiant les unes et les autres, et, pour cette double étude, nul doute que la connaissance de la mise en scène ne nous soit d'un grand secours.

LIVRE III

LES ŒUVRES

CHAPITRE PREMIER

DIVISIONS ET SOURCES

I

D'après Chappuzeau [1], le poème dramatique peut se représenter sous la forme d'un arbre. « Le poème dramatique est la tige,... ses deux branches principales sont le poème héroïque et le poème comique. Le poème héroïque fait deux rameaux, la tragédie et la tragi-comédie ; le poème comique en fait deux autres, la comédie et la pastorale. » On pourrait indiquer d'autres divisions, et, notamment, faire sortir du rameau comique deux pousses : la comédie proprement dite et la farce ; mais la comparaison n'en est pas moins juste, et n'en rend pas moins un compte exact de l'art dramatique, tel qu'on le comprenait au XVIIe siècle.

Rend-elle également compte de l'œuvre de Hardy, et peut-on dire que cet auteur a poussé dans toutes les directions alors possibles son abondante sève dramatique ?

Hardy n'a peut-être pas écrit de comédies, ce genre ayant été presque inconnu au XVIIe siècle avant Mairet et Corneille ; mais il paraît difficile qu'il n'ait pas écrit de farces [2]. Les comédiens de campagne en jouaient beaucoup, ceux de l'Hôtel de Bourgogne faisaient de même ; comment leur poète en titre ne leur en

---

1. L. I, ch. IV, p. 11.
2. Tous les auteurs admettent au contraire qu'il n'a pas cultivé le genre comique. Voy., p. ex., Lombard, p. 175 ; Lotheissen, t. I, p. 301.

aurait-il pas fourni¹? La question sera définitivement résolue, si l'on veut bien admettre avec nous qu'une des pièces mentionnées par Mahelot était une farce; et quel autre nom pourrions-nous lui donner que celui de farce, ou de farce pastorale? Le théâtre y était garni de verdure, et l'on y remarquait des montagnes, des antres, une fontaine, un arbre fourchu, sur lequel paraissait une nymphe. Comme la pièce portait le nom de *Folie de Turlupin*, c'était sans doute le célèbre bouffon qui menait l'action, lui qui cajolait ou effrayait les nymphes. Mahelot ajoute que, d'un antre, l'on tirait « une flèche à un ours de l'autre côté »; c'était encore Turlupin qui accomplissait ses exploits, tout en se cachant. On devine, enfin, quel usage plaisant il devait faire de tout cet attirail champêtre : « un bâton à piquer des bœufs, deux carquois, deux arcs et une calebasse, une petite bouteille, des houlettes, un bâton à battre »².

Nous ne dirons rien ici des autres pièces perdues mentionnées par Mahelot : toutes semblent mériter le nom de tragi-comédies. Quant à celles qui ont été publiées, elles portent des titres divers, et il n'est pas facile de les ramener à un petit nombre de classes déterminées.

Une classe seulement n'est pas sujette à contestation, celle des pastorales. Elle se compose de cinq pièces qui portent ce titre; car Hardy, quoi qu'on en ait dit parfois³, n'a pas employé ces titres complexes de comédies ou de tragi-comédies pastorales, si fort à la mode chez ses successeurs.

Restent trente-six pièces, qu'il est beaucoup plus difficile de répartir. Si douze, en effet, portent indubitablement le titre de tragédies et onze autres celui de tragi-comédies, trois sont accompagnées tantôt de l'un, tantôt de l'autre⁴; une est intitulée *poème dramatique*⁵, une autre enfin ne porte aucune désignation

---

1. Voy., p. h., l. II, ch. I, p. 98.
2. Voici le passage de Mahelot, f° 18, v. : « Il faut que le théâtre soit en pastorale, et au milieu des arcades de verdure, et à un des côtés une montagne. Un antre, d'où l'on tire une flèche à un ours de l'autre côté. Une fontaine. Au-dessus de la fontaine un arbre fourchu où l'on fait paraître une nymphe, et le tout garni de verdure. Il faut un bâton... »
3. Voy. notamment Lotheissen, t. I, p. 301.
4. *Procris* est appelée tragi-comédie sur le titre et en tête de l'argument; mais le titre courant porte : tragédie. — *Alceste* et *Ariadne* sont des tragi-comédies sur le titre, des tragédies en tête de l'argument et sur le titre courant.
5. *La Gigantomachie*.

de genre [1]. Quant aux huit pièces qui racontent les chastes et loyales amours de Théagène et de Cariclée, l'auteur les a appelées *poèmes dramatiques ou de théâtre consécutifs* [2]; mais chacune d'elles est pourvue, dans l'intérieur du volume, du titre plus simple de tragi-comédie.

Dès lors, que faire? rapprocher ces treize dernières pièces des onze tragi-comédies, et, en dehors des pastorales, n'admettre que deux classes, celle des tragédies et celle des tragi-comédies? Tel semble être le parti le plus simple, et tel est celui qu'on a généralement suivi. Malheureusement, les caractères qui distinguent la tragi-comédie de la tragédie sont loin d'être nets et sûrs; le XVI° et le XVII° siècle ont toujours hésité sur la valeur relative de ces deux termes, et Hardy ne paraît pas, pour sa part, avoir montré moins d'indécision.

II

On sait que la raison d'être de la tragi-comédie, c'étaient les nombreuses et sévères restrictions apportées aux libertés du poème proprement tragique. Plus on multipliait ces restrictions, plus le domaine de la tragédie se rétrécissait, au grand avantage de sa rivale. Mais, à son tour, celle-ci ne pouvait manquer de se voir imposer par les critiques des lois et des limitations. Limitations indécises, lois contradictoires. Il y eut donc, non pas un, mais plusieurs types, non pas une, mais plusieurs définitions de la tragi-comédie; encore beaucoup de pièces qui portaient ce nom n'étaient-elles conformes à aucun de ces types et ne pouvaient-elles être caractérisées par aucune de ces définitions.

Selon Scaliger, la tragédie ne pouvait avoir qu'un dénouement malheureux [3]; dès lors, un sujet tragique qui *se fermait* par un mariage, « une aventure de théâtre où les malheurs sont effacés par quelque bon événement », constituait une tragi-comédie, et pour beaucoup de théoriciens, comme pour beaucoup d'auteurs,

---

1. *Le Ravissement de Proserpine par Pluton*. Le titre courant, singulier du reste, est : *le Ravissement de Pluton*.
2. Tel est le texte, évidemment préférable, de la 2° édition. La première porte, au titre et au privilège : *poèmes dramatiques ou théâtres consécutifs*.
3. Voy. Faguet, *la Tragédie fr. au* XVI° *s.*, p. 45. Cf. Jean de La Taille, *l'Art de la tragédie*, f° 3

la tragi-comédie n'était que cela[1]. Mais d'autres n'admettaient pas cette distinction. Ils faisaient observer qu'Euripide avait regardé *Ion*, *Iphigénie*, *Alceste* comme des tragédies au même titre qu'*Hécube*, *Médée* ou *Hippolyte*[2]; ils remarquaient que, si tragi-comédie veut dire tragédie au dénouement heureux, ce titre empêche le spectateur de prendre au sérieux les événements tragiques qu'on lui présente[3]; ils proclamaient enfin que la tragédie pouvait, sans perdre son nom, admettre indifféremment une issue heureuse ou malheureuse.

Tout au moins ne pouvait-elle pas admettre de scènes ou de situations comiques; et pourtant la nature mêle sans cesse le comique au tragique, et il était naturel que le théâtre pût faire de même. Il le faisait donc, et, selon une autre définition, la tragi-comédie n'était pas autre chose qu'un « composé de la tragédie et de la comédie ». Ainsi l'avait entendu Guarini; ainsi l'entendaient Mairet, Scudéry et d'autres encore[4]. A ceux-là non plus les contradicteurs ne manquaient pas. Ils objectaient que le comique doit être réservé à la seule comédie, qu'en fait les tragi-comédies n'en renfermaient guère, et que, comme dans les tragédies, « tout y était grave et merveilleux, rien de populaire ni de bouffon[5] ».

Que de définitions encore, à la vérité moins répandues! Si, au lieu de ne considérer dans la tragédie et la comédie que les situations et l'intrigue, on tenait compte aussi du rang et de la qualité des personnages, la tragi-comédie pouvait de nouveau être regardée comme un composé de l'un et de l'autre genre. Ou bien

---

1. Voy. La Mesnardière, p. 71 (c'est à lui que la citation est empruntée); Chappuzeau, p. 12; Mlle Anne Le Fèvre, *Traduction de Plaute*, dédiée à Colbert, t. I, p. 219, Paris, 1683; préf. d'*Amphitryon* (citée dans Horion, *Explication du théâtre classique*, 2º éd., Paris, Belin, 1878, in-12, p. 13).

2. Vauquelin, *l'Art poétique fr.*, liv. III, t. I, p. 87.

3. D'Aubignac, l. II, ch. x; t. I, p. 129 et 133. Cf. Sarazin (p. 338-339), qui appelle toujours *l'Amour tyrannique* une tragédie. Mais l'opinion traditionnelle était si forte, que Scudéry avait intitulé sa pièce tragi-comédie, et que Desmarets, vers 1639, n'osait, quelque envie qu'il en eût, appeler son *Scipion* une tragédie, parce que le dénouement en était heureux. (Fr. Parfait, t. VI, p. 46.)

4. Guarini, *Compendio della poesia tragi-comica* (voy. Royer, t. II, p. 88); Scudéry, *Observations sur le Cid* (d'où est tirée la citation ci-dessus); Mairet, *Préface de la Silvanire*; François Ogier, *Préface au lecteur de Tyr et Sidon* (*Anc. théâtre franç.*, t. VIII, p. 20).

5. D'Aubignac, l. II, ch. x; t. I, p. 133. — Tout au plus y trouvait-on par endroits un ton familier et quelque peu plaisant; mais cela n'a pas manqué non plus dans les premières tragédies qui se prétendaient régulières, et, par exemple, dans la *Sophonisbe*. Voy. Fournel, *la Litt. indépendante*, p. 23.

elle empruntait à l'un ses grands personnages, princes ou rois, et à l'autre son intrigue tranquille et son dénouement heureux, le plus souvent formé par un mariage : c'était une comédie héroïque; ou bien elle prenait à celui-ci ses personnages communs, bourgeois ou peuple, à celui-là son intrigue sérieuse, émouvante, attendrissante, et son dénouement funeste : c'était une tragédie bourgeoise. Cette dernière existait avant Diderot, comme la comédie héroïque avant Corneille [1].

Si l'on considérait les sources où étaient puisés les sujets des pièces, on donnait surtout le nom de tragédies aux œuvres qui s'inspiraient de l'histoire, légendaire ou positive; celui de tragi-comédies aux œuvres qui traitaient des sujets romanesques, empruntés aux livres des poètes et des romanciers, ou imaginés par l'auteur lui-même.

Souvent, enfin, ce n'était par aucun de ces motifs; ce n'était même par aucun motif précis qu'on se déterminait pour le titre de tragi-comédie. Mais si un amour tranquille jouait un trop grand rôle dans une pièce, si le ton et le style en étaient trop familiers, si l'action en était trop éparpillée ou voyageait trop dans l'espace et le temps pour que l'auteur osât adopter le titre pompeux de tragédie, il se rejetait sur celui de tragi-comédie, moins imposant et moins significatif. La tragi-comédie était donc « comme un asile légal ouvert à ceux que gênaient les lois naissantes, une sorte de compromis politique avec les actes d'indiscipline qu'on ne pouvait empêcher, et auxquels on voulait du moins enlever les apparences de la révolte »; la tragi-comédie satisfaisait « le besoin de la variété, et le désir de tirer parti d'un grand nombre de sujets curieux qui se dérobaient aux classifications exclusives »; la tragi-comédie, enfin, c'était notre drame [2]. Faut-il s'étonner qu'elle ne soit pas aisée à définir?

Mais les mots les plus vagues vont se précisant, restreignant leur sens peu à peu, et force est à d'autres de les remplacer dans un certain nombre de leurs emplois. Notre dénomination de *drame*, pourtant si commode, a déjà perdu une bonne partie de son domaine, et nos auteurs en sont réduits à appeler *pièces* celles de leurs œuvres qui ne rentrent pas dans les genres nombreux dont

---

1. On peut consulter Horion, *Explication du th. class.*, p. 18 sqq., et Fournel, *la Litt. indép.*, I, des *Origines nationales du drame français, en particulier au xvii° siècle.*
2. Fournel, *la Litt. indépendante*, p. 13 sqq.

se compose notre art dramatique. De même la tragi-comédie n'avait pu rester longtemps le seul intermédiaire entre la tragédie, la comédie et la pastorale. A mesure qu'on légiférait à son sujet, à mesure qu'on précisait le sens du terme lui-même, d'autres surgissaient pour rendre aux poètes la liberté qu'on leur enlevait. De là les *poèmes dramatiques*, les *tragi-comédies pastorales*, les *comédies* ou *tragi-comédies héroïques*, que l'on trouve en si grand nombre pendant la première moitié du XVII° siècle[1]. De là déjà les hésitations, les contradictions, les dénominations multiples de Hardy.

III

Qu'était-ce en effet pour lui que la tragi-comédie? — Peut-on dire qu'il appelait de ce nom tout ce qui n'était ni tragédie, ni comédie, ni pastorale? Évidemment non, puisqu'une de ses œuvres est intitulée poème dramatique, et puisqu'une autre n'a pas de titre. — En faisait-il un genre particulier, rival de la tragédie, et qui se pût caractériser par une des définitions mentionnées plus haut? Non encore, puisque trois pièces flottent entre les deux genres, se réclamant tantôt de l'un, tantôt de l'autre, et puisque aucune définition ne convient à toutes ses tragi-comédies. — Sa théorie, s'il en avait une, était donc moins simple, et nous n'avons chance de la saisir, que si nous passons rapidement en revue toutes les pièces autres que les pastorales, pour en noter les caractères distinctifs et nous en expliquer les titres.

Nous avons dit que les tragédies étaient au nombre de douze. Cinq sont empruntées à l'histoire ancienne, les personnages en sont de rang élevé, et le dénouement funeste; ce sont *Panthée, Coriolan, Mariamne, la Mort de Daire* et *la Mort d'Alexandre*. — Dans *Scédase*, les principaux personnages sont de simples particuliers; mais un roi paraît sur la scène, le sujet est historique et terrible; cette œuvre doit être rapprochée des précédentes. — A rapprocher encore, *Didon se sacrifiant, Méléagre, la Mort d'Achille, Alcméon*. Les personnages sont princes ou rois, les dénouements funestes, et, si les sujets appartiennent plutôt à la mythologie qu'à l'histoire, du moins le merveilleux n'y a-t-il que peu de part. C'est le merveilleux qui rend le dénouement possible

---

1. Voy. Beauchamps, part. II, p. 105, 116, 149, 205.

dans *Méléagre*, mais il ne joue pas dans la pièce de rôle particulier ; il ne paraît qu'un instant dans *Didon* sous la figure de Mercure, encore la pièce s'en pourrait-elle aisément passer. On pourrait dire que de tels sujets sont encore historiques, puisqu'ils sont fournis par l'histoire, telle que l'ont faite, sinon les historiens, du moins les poètes. — Nous aurons peu à dire pour justifier la qualification de *Timoclée*. Le dénouement, il est vrai, en est heureux ; mais la pièce fait revivre un moment de la vie d'Alexandre ; elle est pleine de pleurs, de sang, de luttes, de catastrophes politiques ; elle forme une sorte de trilogie avec les *Morts de Daire* et d'*Alexandre*, et l'on ne peut songer à l'en séparer [1]. — Quant à *Lucrèce ou l'Adultère puni*, on comprend moins en quoi elle mérite le nom de tragédie. Le sujet en est romanesque et moderne, les personnages en sont de basse condition, et ne se relèvent pas, tant s'en faut, par leur vertu. Le dénouement seul semble avoir été considéré par le poète, et il est vrai de dire qu'il est lugubre : la scène s'y couvre de trois cadavres [2].

On voit que, sauf cette dernière, toutes les tragédies sont empruntées à l'histoire ancienne, positive ou poétique. *Procris*, *Alceste*, *Ariadne* appartiennent nettement à la mythologie ; le merveilleux y joue un grand rôle, des divinités y parlent longuement, le ton en est plaisant par endroits. Dès lors, qu'en devait-on faire ? *Procris* se termine par une mort, fallait-il l'appeler tragédie ? *Alceste*, *Ariadne* « finissent bien », fallait-il les appeler tragi-comédies ? Et n'est-il pas vrai que les trois pièces ont trop d'affinités pour ne pas figurer dans une même classe et ne pas porter un même titre ? Si Hardy s'est posé ces questions, il n'a pas su se déterminer, et nous savons comment s'est traduite son indécision. *Procris*, *Alceste*, *Ariadne* sont pour lui tantôt des tragédies, tantôt des tragi-comédies ; aussi bien se composent-elles de deux éléments bien différents, d'une partie humaine et d'une partie divine.

Il n'y a plus que du divin et du merveilleux dans la *Gigantomachie* et dans le *Ravissement de Proserpine*, qui rompent ainsi complètement avec les traditions classiques. L'action en est gran-

---

1. Elle est, avec la *Didon*, la seule pièce de Hardy qui ait des chœurs à la façon de Jodelle ou de Garnier. Raison de plus pour lui conserver le nom de tragédie.

2. *Lucrèce* mériterait on ne peut mieux son titre, si on la comparait aux *Aventures de Policandre et de Basalie*, par le sieur du Vieuget, 1632, pièce bourgeoise et non historique, qui se termine par deux mariages et qui ne s'en appelle pas moins tragédie.

dieuse et le dénouement heureux ; le ton est tantôt des plus élevés, tantôt des plus familiers; enfin la mise en scène la plus variée, les *feintes* les plus audacieuses ont été prodiguées à la représentation. Quel titre donner à de telles œuvres? Celui de tragédies? On n'y pouvait pas songer; et celui de tragi-comédies était trop humble : Hardy a fait de l'une un poème dramatique et s'est prudemment dispensé de dénommer l'autre.

L'examen des tragi-comédies nous amène à des constatations analogues à celles que nous avons faites pour les tragédies. Sur 11 pièces qui portent ce titre, 6 l'ont reçu de la manière la plus légitime et n'auraient pu en recevoir d'autre : l'action en est romanesque et se passe dans les temps modernes; les personnages, souvent distingués, ne sont pourtant pas du premier rang; le dénouement est formé par un mariage. Ce sont *Cornélie, la Force du sang, Félismène, Dorise, Frégonde, la Belle Égyptienne*. — Nous pouvons y joindre *Elmire*, dont le sujet, bien que Hardy le déclare « autant véritable que mémorable », n'a certainement rien d'historique. — *Gésippe* et *Phraarte*, dont la scène est placée dans les temps antiques, n'en sont pas moins des romans modernes complètement dépourvus d'authenticité. C'est sans doute à cette origine et à son dénouement heureux que *Phraarte* doit d'être une tragi-comédie, en dépit des rois et des enfants de rois qui mènent l'action. — *Arsacome* est directement emprunté à un auteur antique, mais cet auteur est un romancier; on y entend de grands personnages et on y voit des luttes sanglantes, mais le dénouement en est heureux. Passe encore pour cette tragi-comédie. — Quant à *Aristoclée*, le titre en est plus malaisé à justifier [1]; si le sujet a une couleur romanesque, du moins est-il emprunté à Plutarque; si les personnages en sont bas, du moins le dénouement en est-il terrible; pourquoi *Lucrèce* est-elle une tragédie, si *Aristoclée* n'a pas droit de l'être?

Nous n'avons rien dit de *Théagène et Cariclée*. Comme les huit poèmes qui le composent sont étroitement liés les uns aux autres, comme aucun d'eux ne forme un tout indépendant et complet,

---

1. M. Lombard (p. 367) écrit, au sujet d'*Aristoclée*, qu'elle « n'est marquée ni comme tragédie, ni comme tragi-comédie ». C'est une erreur; elle est au contraire désignée comme tragi-comédie, et sur son titre, et sur son titre courant. Si Hardy parle, dans l'argument, de cette « tragédie conduite à sa perfection », c'est que la tragi-comédie est une subdivision de la tragédie, et on ne lit jamais que ce dernier mot dans les privilèges. (Voy. le privilège général et celui du tome IV.)

l'auteur ne pouvait trouver de titre qui leur convînt parfaitement. Il a cependant choisi celui de tragi-comédie, et c'est certainement le moins inexact, puisque l'*Histoire éthiopique* est, dans son ensemble, un roman, dont les principaux personnages sont ou paraissent être de condition médiocre, et dont la conclusion est un mariage.

En résumé, l'origine historique, mythologique ou romanesque des sujets, le caractère heureux ou triste des dénouements, telles semblent être les deux principales marques d'après lesquelles Hardy classait ses pièces; mais aucune des deux n'est décisive, et on ose à peine dire que leur réunion le soit. Aussi les groupes entre lesquels Hardy a réparti ses œuvres sont-ils nettement distincts dans leur ensemble [1], mais certains détails de la répartition sont contestables, et quelques changements y pourraient être apportés sans inconvénient. Si Hardy avait une théorie des genres, elle était quelque peu vague et flottante.

IV

Ici Fontenelle, Suard, d'autres critiques encore se récrieraient. Comment supposer que Hardy s'inquiétât de théories et de règles? qu'il fût guidé par autre chose que le hasard, l'instinct, les besoins de son théâtre? Est-ce que *son code poétique* n'était pas *de remplir la salle*? est-ce que le caissier n'était pas *son Aristote* [2]?

Nous ne songeons pas à nier l'influence du public sur notre auteur, puisque nous avons déjà montré nous-même combien profondément il l'avait subie. Mais il y aurait exagération et injustice à ne pas reconnaître qu'il s'inquiétait aussi de l'art, de ses exigences et de ses lois; Hardy professait le plus grand respect pour ses modèles, et on pourrait même reprocher à ses admirations un peu d'aveuglement, à ses jugements trop peu de liberté.

---

1. Ajoutons encore une observation à celles que nous avons faites ci-dessus. 9 tragi-comédies sur 11 aboutissent à un mariage; *Elmire* finit par l'acceptation générale de l'*heureuse bigamie*, ce qui constitue un dénouement du même genre; seul, le principal personnage d'*Aristoclée* meurt en se mariant, et il serait curieux que l'auteur eût vu dans ce *mariage infortuné* un dénouement tragi-comique. — Aucune tragédie ne finit par un mariage, et plusieurs même se passent d'amour.

2. Demogeot, *Tableau*, p. 430. Cf. Fontenelle, p. 195; Suard, p. 129; Sainte-Beuve, *Tableau*, p. 248; V. Fournel, *la Tragédie franç. avant Corneille* (*le Livre*, oct. 1887, p. 305), etc.

Nous n'en voulons pas d'autre preuve que le passage même dont on a le plus abusé contre lui. « Je sais bien », dit-il à propos de *Théagène et Cariclée* [1], « je sais bien que beaucoup de ces frelons qui ne servent qu'à manger le miel, incapables d'en faire, trouveront à censurer sur ce qu'autres devant moi n'ont enchaîné tels poèmes à une suite directement contraire aux lois qu'Horace prescrit en son *Art poétique;* mais que ceux-là se représentent que tout ce qu'approuve l'usage et qui plaît au public devient plus que légitime, car qu'est-ce aussi que l'*Énéide*, qu'un poème continué, où les personnages s'introduisent tour à tour?... » On a voulu faire une maxime générale, et comme la devise propre de l'auteur, de ces mots : « tout ce qu'approuve l'usage et qui plaît au public devient plus que légitime [2] ». Mais, outre qu'une telle pensée n'a rien de bien révolutionnaire, puisqu'on la retrouve exprimée par Corneille, par Molière, par Racine même [3], elle n'a évidemment été placée ici que pour excuser une œuvre, d'ailleurs condamnée par Hardy lui-même. Celui-ci ne rejette pas l'autorité d'Horace, et il aime mieux établir une comparaison bizarre entre son *Histoire éthiopique* et l'*Énéide* que de rappeler les drames du moyen âge et de se référer à une tradition que les classiques répudiaient. Sont-ce là les allures d'un homme qui méprise les règles ou qui leur est indifférent?

Qu'on parcoure les autres préfaces; toutes témoignent des préoccupations artistiques de leur auteur. Il ne se contente pas d'y plaider les circonstances atténuantes pour ses fautes, de lutter contre ses détracteurs, de reconnaître les services qu'il a rendus au théâtre français. Il exprime encore quelques jugements intéressants sur les grands poètes dont il s'inspire de préférence; il insiste à maintes reprises sur les qualités les plus nécessaires au poème tragique et sur les difficultés nombreuses qu'il présente; les questions de langue, de style, de versification sont sans cesse abordées et traitées; une préface presque entière est consacrée à la théorie de la pastorale [4]. Enfin Hardy est si loin de vouloir

---

1. Épître à Monsieur Payen.
2. Demogeot, p. 431; Sainte-Beuve, p. 249; Ebert, p. 190; Moland, *Molière*, p. XLIII; Ch. Arnaud, *les Théories dram.*, p. 133.
3. Corneille, t. I, p. 13 et 16 (*Discours du poème dramatique*); — *Ibid.*, t. II, p. 119 (*Dédicace de la Suivante*); — Molière (éd. des *Grands écrivains*, t. III, p. 358, *Critique de l'École des femmes*, sc. VI); — Racine (même collection, t. II, p. 368). — D'Aubignac lui-même ne prend-il pas pour devise : « tout pour les spectateurs »? (Ch. Arnaud, p. 221.)
4. Nous reviendrons ailleurs sur ces derniers points.

laisser tout pouvoir à l'instinct du poète et au caprice du public, qu'il proclame hautement la nécessité de la science : « Quiconque s'imagine que la simple inclination dépourvue de science puisse faire un bon poète, il a le jugement de travers, et croirait à un besoin que le corps pût subsister sans âme, attendu que la poésie s'anime des plus rares secrets de toutes les sciences, comme les œuvres d'Homère et Virgile en font foi, esquelles plus on admire, plus on trouve à admirer [1]. » Et ailleurs, il se plaint que, les nouveaux auteurs se complaisant dans leur ignorance, il soit le seul représentant de la vraie tragédie [2].

V

Mais enfin, qu'est-ce au juste que cette tragédie dont il parle? qu'est-ce, à son tour, que la tragi-comédie? En quoi ces genres diffèrent-ils? Plus Hardy prend soin de nous exposer ses idées sur l'art dramatique, plus nous avons le droit de nous étonner qu'il ne s'explique pas sur un point aussi important. En 1628, date de la publication de son dernier volume, la lutte était déjà engagée entre les réguliers et les indépendants : la *Silvanire* avait été jouée, le premier manifeste de la tragi-comédie paraissait ou allait paraître [3]. Depuis longtemps, d'ailleurs, Hardy était en butte à des attaques dont il se fait lui-même l'écho; à quel titre l'attaquait-on? Comme trop régulier, ou comme trop libre? Comme tenant de la tragédie, ou comme champion de la tragi-comédie? Pourquoi ne nous le laisse-t-il pas entendre? et pourquoi ses réponses manquent-elles tant de netteté?

N'est-ce pas parce que sa situation était fausse, et qu'il lui était difficile d'exprimer toute sa pensée?

Tant que Hardy ne publia pas ses œuvres, il est probable qu'il s'inquiéta peu de les répartir par genres et de leur donner les titres qui leur convenaient; qu'importait au public, pourvu qu'une pièce l'intéressât, que ce fût une tragi-comédie ou une tragédie? La distinction, si on la lui eût faite, n'eût pas manqué de lui paraître subtile. Pour lui, toute pièce comique était une

---

1. T. III. *Au lecteur*.
2. T. V. *Au lecteur*.
3. L'achevé d'imprimer du tome V est du 18 août, le privilège de *Tyr et Sidon* (2ᵉ édition) du 8; il est donc probable que la préface d'Ogier a paru quelques jours après le dernier volume de Hardy.

comédie ou une farce, toute pièce bocagère une pastorale, toute pièce sérieuse une tragédie. Ce sont là les seuls termes qu'on trouve employés par Bruscambille, et celui de tragi-comédie semble lui être resté inconnu [1]. — Une telle indifférence ne pouvait convenir aux lecteurs lettrés, pour lesquels, de 1623 à 1628, Hardy publia une partie de ses œuvres. Il lui fallut choisir ses titres, en même temps que ses pièces mêmes; et ni l'une ni l'autre tâche ne durent aller toujours sans ennuis. Fier de ses études antiques, mais applaudi surtout pour ses drames romanesques [2], il dut se demander avec embarras dans quelle proportion il mêlerait les deux genres, et, de même, s'il fallait multiplier le beau nom de tragédie, auquel il tenait par-dessus tous, ou au contraire le restreindre, pour ne pas confondre le meilleur avec le moins bon. Dès lors, on comprend ses indécisions, ses contradictions même; on comprend la réserve de ses préfaces [3]. Pouvait-il publier avant Ogier le manifeste du drame libre, lui qui l'avait subi plutôt que choisi? Pouvait-il se faire avant Mairet l'apôtre de théories classiques, lui qui n'avait réussi qu'en les violant? Il se contenta donc de répondre à ses détracteurs en les critiquant ou en faisant lui-même son apologie, sans rien préciser. Mais tout ce qu'il dit de la tragédie, de ses difficultés, de son style, s'entend beaucoup mieux de la tragédie proprement dite que de la tragi-comédie.

Dans ces conditions, est-il utile de conserver soigneusement

1. Bruscambille appelle la tragédie : un tableau de l'inconstance de la fortune (*Fantaisies*, p. 65), un « portrait véritable et animé de l'inconstance journalière des grandeurs, à la louange des sages et, par conséquent, au vitupère des fols » (*Nouvelles imaginations*, p. 65). — Pour lui, le théâtre tragique est utile par « tant de beaux enseignements, de vertueux exemples, qui ne nous ont été laissés qu'en peinture, et qui ne profitent qu'à mesure qu'ils sont représentés et mis au jour » (*Ibid.*, p. 18). — « Outre la connaissance qu'il nous donne des choses passées, il fait mieux goûter la prospérité aux prospères, et peut encore modérer la tristesse des affligés » (*Ibid.*, p. 83). Toutes ces formules banales s'appliquent aux différentes espèces que comprend le genre tragédie.

2. N'oublions pas que les trois seules pièces imprimées qui figurent dans Mahelot sont *Cornélie* et *la Force du sang*, tirées de Cervantès, *Félismène*, empruntée à Montemayor.

3. Après avoir parlé des préfaces de Hardy, l'auteur de l'*Essai sur les théories dramatiques de Corneille* (p. 86) ajoute avec étonnement : « Il est à remarquer que, dans ces vives sorties contre l'esprit nouveau, il n'est pas question des unités. Il est néanmoins certain qu'on en parlait dès 1626. » Et M. Lisle note le fait sans en donner d'explication. Il est difficile d'en donner, en effet, lorsque l'on fait de Hardy la personnification même du théâtre irrégulier.

les dénominations de Hardy, et de suivre, pour étudier les pièces, l'ordre qu'elles semblent nous indiquer? Cela est douteux. D'autre part, l'ordre chronologique est impossible. Nous adopterons donc une classification mixte, qui, à l'avantage de mettre plus d'ordre dans notre étude, joindra celui de mieux rendre — nous le pensons — les intentions secrètes de l'auteur. Nous étudierons d'abord les œuvres historiques, en leur réservant le nom de tragédies; puis, comme transition, les œuvres mythologiques; puis les œuvres romanesques, que nous appellerons tragi-comédies, et enfin les pastorales.

VI

Ce n'est point ici le lieu d'émettre des considérations sur ces œuvres et d'en étudier les caractères. Mais il en est un dont nous pouvons dire un mot, parce qu'il est tout extérieur et qu'on l'aperçoit même avant d'avoir lu : toutes les pièces de Hardy sont divisées en cinq actes, et se rattachent par là à une tradition bien déterminée.

On sait à quel point la notion de la division en actes était étrangère au moyen âge, et même, après qu'elle se fut répandue au XVIᵉ siècle, combien d'auteurs n'en tinrent nul compte. D'autres, pendant cette période d'anarchie qui caractérise la fin du XVIᵉ siècle, donnèrent à leurs pièces un nombre d'actes très variable : il n'y en avait qu'un à *la Macchabée* de Jean de Virey; Jean de Hays en accordait sept à son *Cammate*[1]. C'était là le théâtre irrégulier, celui auquel on rattache sans cesse notre dramaturge.

Au contraire, l'école classique se souvenait trop d'Horace[2] pour désobéir ainsi à un de ses commandements les plus exprès; toutes ses poétiques le répétaient religieusement[3], et tous ses poètes eussent « renoncé à écrire une tragédie, si belle qu'elle pût être, plutôt que de ne la point écrire en cinq actes[4] ». Mais Hardy n'était pas de ceux qui renoncent volontiers à un sujet de pièce : il trouvait toujours moyen de remplir ses cinq actes, raccourcissant les épisodes, si la pièce était trop chargée de matière,

---

1. Sainte-Beuve, *Tableau*, p. 239 et 241.
2. *Épître aux Pisons*, v. 189.
3. Vauquelin, *l'Art poétique*, l. II, t. I, p. 57; Jean de La Taille, *l'Art de la tragédie*, f° 3, v.
4. Faguet, p. 338.

délayant au contraire en 220 vers ce qu'il eût pu dire en quelques mots, si le sujet n'offrait pas un développement suffisant. Tant pis pour le spectateur si le premier acte d'*Ariadne* donnait des suivants une idée fausse! et s'il y avait deux pièces distinctes dans *Timoclée!*

Pourquoi donc ces fautes, dont la représentation devait souffrir, et que Hardy comprenait sans doute tout le premier? Il se peut qu'il eût une raison personnelle pour les commettre : si la coupe en cinq actes s'accordait avec la durée du spectacle, peut-être les acteurs y tenaient-ils et l'exigeaient-ils de leur fournisseur [1]; ou encore ils donnaient un prix spécial pour les pièces ainsi coupées, et ce prix, déjà si modique, Hardy ne pouvait consentir à le voir réduire [2]. Mais, que ce motif existât ou non, il y en avait certainement un autre : Hardy tenait à la coupe en cinq actes, parce qu'elle était celle des Grévin et des Garnier, parce que cet admirateur de Ronsard ne voulait répudier de l'héritage classique que ce que le public, les acteurs, la mise en scène le forçaient à en rejeter [3].

C'était aussi à l'imitation de ses devanciers qu'il faisait précéder ses pièces imprimées d'un argument qui en exposait le sujet; et ce n'était pas pour rendre leurs pièces intelligibles que Hardy et ses émules avaient adopté cet usage [4]. Si un fil conducteur avait été nécessaire pour se retrouver dans l'intrigue de plus en plus compliquée des pièces, c'eût été surtout aux spectateurs assis au théâtre, et qui ne pouvaient se faire répéter par les acteurs les passages importants qu'ils n'avaient pas compris; et ce qu'il eût fallu, ce n'était pas un argument en prose destiné seulement à être lu, c'était un prologue en vers comme ceux que l'on décla-

---

1. Voy. Voltaire, *Commentaire*, t. II, p. 411-412 (*Sertorius*, acte V, sc. I) et 328 (*Œdipe*, acte III, sc. III).
2. N'est-ce pas une cause de ce genre qui fait disparaître aujourd'hui les pièces en deux actes? Deux actes n'étant pas plus payés qu'un, et les pièces en trois étant beaucoup mieux traitées, les auteurs étirent leurs sujets un peu étriqués jusqu'à ce qu'ils aient atteint cette mesure. Voy. les plaintes de M. Sarcey à ce sujet (chroniques du *Temps*, 13 juillet 1885 et *passim*).
3. Il est curieux de voir le théâtre scolaire moins fidèle aux traditions classiques que le théâtre public. Chez les jésuites, dit M. Boysse (p. 28-29), « il y avait deux sortes de tragédie, la grande en cinq actes, jouée par les élèves de rhétorique à la distribution des prix et accompagnée du ballet; la petite, en trois actes, jouée par les élèves de seconde pendant les vacances du carnaval... » N'est-ce pas à cette habitude des jésuites que Racine doit d'avoir osé mettre *Esther* en trois actes?
4. Fontenelle, *Vie de P. Corneille*, p. 207; Suard, p. 170.

mait au commencement des mystères du moyen âge [1]. Mais le public était devenu impatient, et ne supportait pas plus les prologues que les chœurs [2], j'entends les prologues sérieux et qui ne sortaient pas du cerveau fantasque d'un Bruscambille. Tout ce que les auteurs voulaient lui faire entendre pour l'éclairer, ils devaient le dire dans la pièce même et le mêler à l'action; ainsi le prologue se dissimulait plutôt qu'il ne disparaissait, et c'étaient les apparitions, les songes, les récits faits aux confidents qui s'acquittaient de son office.

Pour en revenir aux arguments, Hardy, qui peut-être avait rédigé longtemps les affiches des comédiens, semble avoir conservé en les écrivant les habitudes que cet exercice lui avait données. Les *menteries* n'y manquent pas. A l'en croire, presque tous ses sujets sont *riches, beaux, jolis, mémorables, dignes du cothurne, et ne devant rien aux plus excellents* [3]; même quand ils lui appartiennent tout entiers, comme celui de *Corine*, ils ne laissent pas d'être *beaux* et *bigarrés de jolis incidents*; la Gigantomachie est en grande partie de son invention, et pourtant *il y a de l'apparence qu'elle contentera les experts au métier des Muses* [4].

---

1. Voy., sur les prologues des *mystères*, Petit de Julleville, t. I, p. 97 et 246.
2. C'est ce que dit Desmarets dans la préface de son *Scipion*. (Fr. Parfait, t. VI, p. 46.)
3. Voy. les arguments d'*Alceste* et du *Triomphe d'Amour*, d'*Achille* et de la *Belle Égyptienne*, de *l'Amour victorieux*, d'*Elmire*, de *Coriolan* et du *Ravissement de Proserpine*, de *Félismène*.
4. L'argument a été battu en brèche vers le même temps que le prologue, non l'espèce de prologue dont nous venons de parler tout à l'heure, mais celui que nous avons étudié au l. II, ch. II. Aussi, dans la scène curieuse de Scudéry (voy. ci-dessus, p. 140, n. 2), où le prologue et l'argument se démontrent réciproquement leur inutilité, le prologue reproche-t-il à son interlocuteur d'empêcher toute incertitude et par suite toute curiosité. Après quoi, il continue : « Que si tu me dis que tu sers à faciliter l'intelligence du poème, j'ai à te répondre que les premiers broyeurs d'ocre qui furent au monde imitaient si mal toutes choses, qu'ils étaient forcés d'écrire sous leurs tableaux : ceci est un homme, et cela est un cheval ; mais comme les arts se perfectionnent par la suite des siècles, les peintres se sont tirés bien loin de cette ignorance grossière, et maintenant leur travail ne donne pas sitôt dans la vue, que l'imagination conçoit ce que la leur a voulu représenter. Je veux dire par là que tout poème qui ne se rend intelligible de soi-même, et qui a besoin de ton secours pour l'être, manque toujours de jugement en sa conduite... Je conclus que le babil inutile de l'argument doit être condamné au silence. » *Comédie des comédiens*, en tête de l'*Amour caché par l'amour*, p. 48-49. — Déjà, en 1631, Baro avait supprimé l'argument en tête de sa pastorale de *Clorise*, attendu (disait-il dans sa préface) « qu'il n'est pas seulement inutile, mais même qu'on le devrait absolument condamner. Ma raison est

Des renseignements plus utiles nous sont quelquefois fournis par les arguments : nous y apprenons à quels auteurs Hardy a emprunté ses sujets, et rien ne peut nous être plus agréable que de telles indications. Malheureusement, Hardy est loin de satisfaire toujours notre curiosité ; et, pour un trop grand nombre de pièces, le critique est obligé de chercher lui-même les sources, sans être assuré de les découvrir [1].

VII

Du moins, nous nous dispenserons de ce soin pour les pastorales. Deux nous sont présentées comme originales : *Alphée* et *Corine* [2], et les autres ne paraissent pas l'être moins, car elles ont été construites avec les mêmes matériaux diversement ordonnés. Mais il importe d'ajouter que cette disposition seule est *de l'invention* de l'auteur ; les matériaux étaient fournis par le Tasse et par Guarini, ces « sublimes » créateurs du genre pastoral.

D'autres pièces aussi pourraient être dites originales presque au même titre que les pastorales. Ce sont celles dont le sujet était fourni par la tradition poétique ou mythologique, sans que le dramaturge l'eût trouvé traité nulle part. L'histoire d'*Alcméon* est brièvement racontée par Apollodore, plus brièvement encore

---

(continue-t-il) qu'on ne doit pas traiter d'autre sorte celui qui lit que celui qui écoute. Et jamais on n'a vu qu'au récit d'un poème, on ait préoccupé les spectateurs par la connaissance du sujet : autrement, il serait impossible qu'ils ressentissent les passions qu'on veut leur inspirer... Je ne prétends pas toutefois que mon sentiment passe pour une loi, je sais trop bien qu'il y a de la difficulté à étouffer une mauvaise habitude ; je suis fâché seulement de quoi ceux qui ont eu la même pensée que j'ai, n'ont pas eu assez de résolution pour la suivre, et ont mieux aimé se laisser emporter à la coutume qu'à la raison. » Cité par les fr. Parfait, t. IV, p. 516-517.

1. Voici la liste des œuvres en tête desquelles ne se trouve aucune indication de sources. Tragédies : *Méléagre, la Mort de Daire, Timoclée, Alcméon*. — Pièces mythologiques : *Procris, Ariadne*. — Tragi-comédies de sujet antique : *Gésippe, Phraarte*. — Tragi-comédies de sujet moderne : *Frégonde, Lucrèce*. — Pastorales : *Alcée, le Triomphe d'Amour, l'Amour victorieux*. Soit 13 sur 34. — Les indications qui se trouvent en tête des autres pièces n'ont pas toujours la précision désirable, et nous verrons que quelques-unes manquent même d'exactitude.

2. *Alphée ou la Justice d'Amour. Pastorale de l'invention d'Alexandre Hardy, Parisien* (titre). — « Elle n'a mendié son invention de personne. » Préface de *Corine*. (Voy. sur cette préface la note 4 de l'Appendice.) — *Alcée ou l'Infidélité*, quoique ayant pour personnages des pêcheurs, n'a aucun rapport avec *Alceo, favola pescatoria di Antonio Ongaro, 1582*.

par Ovide [1] ; c'étaient là de maigres ressources, et il est douteux que Hardy s'en soit servi; mais il devait connaître le sujet de longue date, ou il l'avait pris dans un traité de mythologie [2], et la mise en œuvre lui appartient complètement. De même pour *Ariadne*, dont le quatrième acte seul renferme quelques traits inspirés par Ovide [3]. Plusieurs pièces, il est vrai, avaient déjà paru en Italie sous ces titres; mais Hardy n'en a rien tiré, et probablement ne les a pas connues [4].

C'est donc avec les autres œuvres que nous apprendrons où Hardy cherchait ses modèles et comment il les imitait. Mais ces œuvres ne constituent qu'une minime partie de celles qu'il avait produites; il importera donc de ne pas oublier ce que nos conclusions auront d'hypothétique et d'incertain. Nous pourrons dire : voilà ce qu'a fait Hardy dans ses pièces imprimées, il est probable qu'il a fait de même ailleurs; mais aller plus loin serait commettre un abus de raisonnement et tomber dans une faute grave dont on ne s'est pas assez gardé.

Que d'affirmations gratuites, en effet, ont été émises au sujet des sources de Hardy! que de modèles n'a-t-on pas attribués à

---

[1]. Apollodore, III, 7, 5 (Brunet en cite des traductions latines); Ovide, *Métamorphoses*, l. IX, v. 407-412; Hygin, *Fab.* LXXI, LXXIII, CCXLV. — D'après les fr. Parfait, t. IV, p. 280; La Vallière, t. I, p. 349; Mouhy, etc., le sujet d'*Alcméon* est tiré de Plutarque et de Pausanias, « et Hardy a suivi exactement ce qu'en disent ces deux auteurs ». Mais Pausanias en dit bien peu de chose (VIII, 24, 4), et Plutarque n'en dit rien du tout.

[2]. Citons, d'après Brunet, le titre d'une des nombreuses *mythologies* dont les poètes pouvaient se servir : *Les histoires des poëtes, comprises au grand Olympe, et en ensuyvant la metamorphose d'Ovide et autres additions et histoires poétiques propres pour la poësie, par Christofle Deffrans, seigneur de la Jalouziere et de la Chasloniere*. Niort, 1594, in-4°.

[3]. Ovide, *Héroïde* X, 9-124. Hardy n'a pas imité Catulle, et un tableau de Philostrate qui a pour titre *Ariadne* n'a pu lui être utile (I, 14).

[4]. Nous pouvons au moins l'affirmer pour l'*Almeone* de Vicenzo Giusti, qui raconte la mort d'Éryphile et ne traite par conséquent pas le même sujet que celui de Hardy (*Almeone tragedia nova di M. Vicenzo Giusti da Udine Academico Uranico. Con Privilegio. In Venetia.* MDLXXXVIII. Appresso Gio.-Battista Somasco, 8°), ainsi que pour l'*Arianna* de Rinuccini, drame lyrique tout différent de la pièce de Hardy et qui est probablement postérieur à sa première représentation (*L'Arianna tragedia de Sig. Ottavio Rinuccini gentil'homo della camera del re cristianissimo. Rappresentata in musica nelle reali nozze de serenissimo principe di Mantoua, e della serenissima Infanta di Savoia. In Firenze nella stamperia Giunti,* MDCIIX. *Con licenzia de' superiori*). Je n'ai pu trouver l'*Arianna* de Vicenzo Giusti (voy. Ginguené, t. VI, p. 127), ni savoir quel est l'*Alcméon* anglais qui fut joué devant la reine Élisabeth entre 1561 et 1580 (voy. Marc-Monnier, *la Réforme de Luther à Shaks.*, p. 419).

ses œuvres, lesquels ne ressemblent guère à leurs prétendues copies! C'est ainsi que l'on chercherait en vain quels sujets Hardy doit à Homère [1], à Lucain, et à tant d'auteurs espagnols dont on l'a voulu faire le débiteur. Chose plus extraordinaire! on ne trouverait même pas les traces du « ravage » qu'il est censé avoir fait pendant si longtemps sur « les terres de Lope de Vega ».

D'où proviennent tant d'erreurs? De quelques confusions, sans doute, mais surtout d'une idée préconçue, que nul n'a pris la peine de vérifier [2]. Hardy, a-t-on pensé, connaissait plusieurs langues, comme le prouvent les sujets divers qu'il a empruntés, et l'espagnole surtout lui devait être familière. Dès lors, pourquoi n'aurait-il pas puisé à pleines mains dans le répertoire des Lope et des Calderon, qui convenait si bien à son irrégularité? pourquoi n'aurait-il pas pris là ces nouvelles versifiées qu'il appelait tragi-comédies, et dont le public d'alors était friand? N'en doutons pas, il l'a fait; et, non content de dépouiller Lope de Vega, ce *routier dramatique* « s'est jeté sur la plupart des productions de la même époque, sans distinction d'école ni de mérite » [3]. Raisonnement spécieux, mais auquel tout manque pour être solide.

Hardy a pris des sujets chez des écrivains grecs, latins, italiens, espagnols, voilà qui est sûr; mais il n'en suit pas sûrement qu'il connût leurs langues. La race des traducteurs était déjà ancienne en France, elle s'était multipliée au XVIe siècle, et pullulait au début du XVIIe; pourquoi le dramaturge n'eût-il pas profité de leurs travaux?

Un premier fait nous frappe, quand nous songeons aux rapports littéraires de Hardy avec l'Italie et avec l'Espagne : c'est qu'aucun de ces sujets romanesques, qu'il était en effet naturel d'emprun-

---

1. Pour l'histoire de *Méléagre*, Hardy n'a pas adopté la version d'Homère (*Iliade*, l. IX, v. 533-600), mais celle, toute différente, qu'ont établie les poètes postérieurs. — Pour les caractères et, si on peut dire, pour les antécédents de *la Mort d'Achille*, Hardy s'est beaucoup inspiré de l'*Iliade*; mais le sujet lui-même et les faits sont empruntés à Dictys et à Darès.
2. Voy. pourtant une réserve de von Schak, t. II, p. 682, et de Lombard, p. 176.
3. De Puibusque, *Hist. comp. des litt. esp. et fr.*, t. II, p. 67. Ailleurs, le même auteur dit que Hardy, comme Scudéry, Boisrobert, Douville, et « cent autres copistes serviles », ont *traduit littéralement* sur notre scène les dramaturges castillans (t. II, p. 345). — Voy. encore Godefroy, p. 408; Ticknor, t. II, p. 464; Demogeot, *Litt. étrangères*, p. 367, et *Tableau*, p. 429; Lotheissen, t. I, p. 302; L. Curnier, *Étude sur Jean Rotrou*, p. 16, etc.

ter à la *comedia* espagnole, n'en est tiré. Et ce fait, nous le prouverons en indiquant les sources de presque tous les sujets : un seul ne nous a pas encore révélé la sienne, mais nous avons tout lieu de croire qu'on ne trouverait pas parmi les *comedias* le modèle de *Lucrèce ou l'Adultère puni*.

L'examen des pièces classiques nous amène à une constatation presque aussi importante : Hardy n'a pas imité et, sans doute, il n'a pas connu les tragédies que l'Italie, l'Espagne, l'Angleterre avaient publiées sur les sujets traités par lui. Nous l'avons déjà vu pour *Alcméon* et pour *Ariadne*, nous pouvons le redire pour d'autres œuvres. *Didon* avait été mise sur la scène italienne par le Dolce et le Cinthio [1] : leurs tragédies n'ont de commun avec celle de Hardy qui porte ce titre que quelques réminiscences inévitables de Virgile ; la tragédie anglaise de Marlowe et Nash traite tout autrement un sujet beaucoup plus vaste [2] ; celle de l'Espagnol Viruès nous présente une Didon sensiblement différente de celle de Virgile, mêlée à une intrigue que Virgile ne connaissait pas [3]. — *La Mort d'Achille* ne doit rien à l'*Achilléide*, d'ailleurs écrite en latin, de Mussato. — La *Mariamne* diffère trop de celle de Dolce, pour que les rapports qu'on peut signaler entre les deux pièces ne soient pas dus à leur modèle commun, l'historien Josèphe. — Nous doutons fort, sans pouvoir rien affirmer pourtant, que l'*Alceste* ait quelque rapport avec celle de Giulio Salinero [4]. — Mais, ce qui est certain, c'est qu'il faut se garder de faire de Hardy l'imitateur de Calderon, lequel n'a traité qu'après lui — et combien différemment ! — les sujets de *Coriolan*, de *Mariamne*, de *Procris* et de l'*Histoire éthiopique*.

1. *Didone tragedia di M. Lodovico Dolce Nuovamente dal medesimo riveduta e ricorretta*. In Vinegia. Appresso Gabriel Giolito de Ferrari. MDLX, in-12 (la première édition est de 1547). — *Didone tragedia di M. Gio. Battista Giraldi Cinthio nobile Ferrarese. Con privilegi*. In Venetia. Appresso Giulio Cesare Cagnacini. MDLXXXIII, in-8°. — Une autre *Didon* avait été composée par Alexandre de Pazzi qui florissait vers 1510, mais ne fut jamais imprimée.

2. *The tragedy of Dido, queen of Carthage* (publiée par Tho. Nash à Londres en 1594), dans *The Works of Christopher Marlowe with some account of the author and notes, by the Rev. Alexander Dyce. A new ed. revised and corrected*. London, Routledge and sons, 1876, in-8°.

3. Voy. von Schak, t. I, p. 298, et Ticknor, t. II, p. 420-421.

4. Genova, 1593, in-4°. Cette pièce est fort peu connue ; Ginguené n'en donne que le titre (t. VI, p. 113), et nous ne l'avons pu trouver. — Ginguené cite encore une *favola* ou pastorale dramatique de Nicolas de Correggio intitulée *Céphale ou l'Aurore*, et représentée à Ferrare en 1487. L'œuvre est divisée en cinq actes et écrite en octaves, quelquefois entremêlées de tercets. Son caractère même semble rendre inutile tout rapprochement avec *Procris*.

Irrégulières ou classiques, toutes les pièces que nous venons de citer n'avaient pas été traduites dans notre langue, et qui les eût imitées ou copiées eût eu chance de faire passer ses œuvres pour originales. Hardy avait donc un grand intérêt à les consulter. Comment expliquer qu'il ne l'ait pas fait ? On pourrait parler d'abord de scrupule littéraire et supposer que notre auteur tenait à être, aussi bien qu'à paraître original ; mais ce serait faire beaucoup d'honneur à Hardy et lui attribuer des idées qui n'existaient même pas de son temps. Invoquer la cherté des livres étrangers serait plus naturel, à propos d'un homme qui n'a jamais pu se débarrasser des entraves de la pauvreté ; mais les ouvrages italiens ou espagnols n'étaient pas rares en France au XVIIe siècle, et, par ses amis, par les comédiens étrangers qui venaient jouer dans la capitale, il lui eût été facile d'en obtenir communication. Si donc Hardy n'a pas mis à profit les théâtres étrangers, c'est probablement parce qu'il n'était pas de force ou d'humeur à le faire, parce qu'il n'avait pas coutume de consulter les textes italiens ou espagnols.

Quelques exemples suffiront pour montrer que Hardy ne lisait les ouvrages antiques ou étrangers que dans des traductions, et, chose plus caractéristique encore, qu'il confondait — volontairement ou non — les traductions avec les textes.

Que peut signifier le titre de *Théagène et Cariclée* : « Les chastes et loyales amours *réduites du grec* de l'histoire d'Héliodore », sinon que Hardy a composé d'après le grec directement ses huit poèmes dramatiques ? Or, Hardy ne s'est pas mis en peine du grec, et n'a consulté que la traduction si répandue d'Amyot [1]. Au livre I, chapitre X, Gnémon raconte que son père alla dîner au prytanée d'Athènes ; le prytanée est devenu un « hôtel de ville » chez Amyot, et resté un « hôtel de ville » chez Hardy [2]. — Au livre VII, paraît un *gardien du temple* d'Isis ; Amyot et Hardy en ont également fait un « sacristain [3] ». — Mais le rapprochement le plus curieux nous est fourni par le passage du livre II où Calasiris cite un oracle de la Pythie : « Chantez, ô Delphes, celle qui commence par la grâce et finit par la gloire ; chantez le fils d'une

---

1. 1re éd., 1547 ; c'est la première œuvre d'Amyot ; une réimpression améliorée parut dès 1559.
2. Amyot, l. I, f° 6 recto (Voy. à l'*Index* I) ; Hardy, 2e *journée*, acte II, sc. II, p. 92.
3. Hardy, 5e *journée*, acte II ; Amyot disait : secretain.

déesse; au sortir de mon temple, ils sillonneront les flots..... [1] »
Voilà bien du style d'oracle ; la Pythie joue sur l'étymologie des
deux noms Chari-clée et Théa-gène, et, si ses énigmes sont faciles
à deviner, on pourrait aussi ne pas les comprendre. Amyot traduit maladroitement :

> Celle de qui par *Charis* se commence
> Le nom, et fine en *cleos*, et aussi
> Cil dont le nom signifie *en substance*
> *Né de déesse, en peu de jours* d'ici,
> Se partiront (*Delphiens*, oyez ci)
> De mon saint temple.....

Et Hardy d'écrire à son tour :

> Voici qu'il contenait à peu près *en substance :*
> Celle de qui le nom par *Charis* se commence,
> En *clée* se termine, et l'autre qui comprend
> *Fils de déesse* en soi, *Delphienne* vous apprend
> Que *dedans peu de jours* quittant mon sanctuaire... [2]

L'histoire de la tragi-comédie d'*Elmire* est également fort instructive. « Ce sujet est choisi dans les méditations du docte Camerarius », dit l'argument; et plus loin : « Ce sont les propres termes de Camerarius, qui ajoute... [3] » Comment douter qu'il s'agisse de l'ouvrage latin de Philippe Camerarius : *Operæ horarum subcisivarum, sive meditationes historicæ*? Nous y avons donc cherché longuement l'anecdote du comte de Gleichen : Camerarius n'en a pas parlé. C'est Simon Goulart, le traducteur des *Méditations historiques*, qui, pour la première fois en 1610, l'a tirée du *Théâtre d'exemples* de André Honsdorf pour l'intercaler au t. II, l. II, ch. XIV (p. 152) de son auteur. Mais, ce faisant, il a eu la précaution de distinguer ses additions du texte primitif, et il a fallu beaucoup de négligence ou de bonne volonté à Hardy pour s'y tromper [4]. Pour d'autres œuvres encore, nous pourrions citer des

---

1. *Romans grecs, traduits en français par M. Ch. Zevort*... 2º série. Paris, Charpentier, 1856, p. 76.
2. Amyot, f. 40 rº; Hardy, *1re journée*, acte II, sc. I, p. 14.
3. T. V, p. 115.
4. Indiquons rapidement nos pièces justificatives. Goulart nous apprend lui-même en tête de sa traduction que le 1er volume de l'original latin avait paru en 1591, le 2e en 1601, le 3e en 1609; quant à la traduction française, deux volumes en avaient paru en 1603, et l'œuvre complète fut publiée en 1610. Je n'ai pas vu l'édition de 1603, mais l'anecdote du comte de Gleichen n'y figurait pas, car on ne la trouve pas encore dans une réimpression qui en

preuves que notre auteur se sert de traductions. Bien des mots, bien des tournures remarquables des tragédies sur Alexandre se trouvent textuellement dans Amyot [1]. L'histoire de la *Jitanilla de Madrid* a pris dans Hardy, comme dans de Rosset, ce titre assez différent : *la Belle Égyptienne*, et le dramaturge, comme le traducteur, fait du corrégidor de Séville un « sénéchal ».

On comprend que nous ne puissions poursuivre ces rapprochements. Il est des cas où la disposition particulière donnée au sujet par Hardy empêche de voir si c'est un texte original ou une traduction qui le lui a fourni ; il en est d'autres où, une œuvre ayant été plusieurs fois traduite, on ne sait quelle traduction conférer de préférence avec l'imitation dramatique donnée par lui. Mais nous en avons dit assez pour avoir le droit de chercher dans des traductions plutôt que dans des textes antiques ou étrangers les modèles qu'il a imités, et pour conclure, partout où nous en trouverons, qu'elles ont été consultées de préférence aux textes.

Or, il n'y a guère d'œuvre imitée par Hardy pour laquelle nous n'en trouvions pas. Brunet, il est vrai, et les autres bibliographes que nous avons consultés [2], n'en indiquent aucune pour les deux

---

fut donnée en 1608, à l'insu de son auteur (*les Meditations historiques de M. Philippe Camerarius, docte jurisconsulte... comprinses en deux volumes, reduits en dix livres et nouvellement tournez du latin en françois par S. G. S. A Paris, chez Iean Gesselin, ruë S. Iaques, à l'enseigne S. Martin et à sa boutique au Palais, en la gallerie des prisonniers. MDCVIII. Avec Privilege du Roy, 8°*). Ainsi la date de 1610 est certaine. — D'autre part, Goulart prévient ses lecteurs que toutes les additions faites par lui sont distinguées du texte primitif par des crochets ; l'histoire de l'*Heureuse bigamie* est dans ce cas et, de plus, elle est accompagnée à la marge de l'indication suivante : « Histoire d'Allemagne, répétée par André Housdorf en son *Théâtre d'exemples*. » La phrase que Hardy prétend écrite avec « les propres termes de Camerarius » est en effet empruntée textuellement à Goulart : « De retour en sa maison, la comtesse et la princesse entrèrent en très affectueuse amitié, partageant de prudence merveilleuse leur affection et révérence conjugale envers le comte. » Voy. le *Deuxiesme volume des Meditations historiques de M. Philippe Camerarius, docte jurisconsulte, et conseiller du senat de Nuremberg, ville Imperiale. Contenant cent chapitres, compris en cinq livres, tournez de latin en françois par S. G. S. Nouvelle edition, reveuë et enrichie d'un tiers par le Translateur. A Lyon, pour la vefve d'Antoine de Harsy, à l'enseigne de l'Escu de Cologne. MDCX, avec Privilege du Roy, in-4°*. — Voy. aussi le 1er volume (même date) pour les renseignements chronologiques.

1. Voy. ci-dessous, l. III, ch. II, p. 364, n. 3 ; 376, n. 2 ; 388, n. 1 ; 390, n. 2.
2. Brunet, 5e éd., et supplément ; — Auguste de Blignières, *Essai sur Amyot et les traducteurs français au XVIe siècle*... Paris, Durand, 1851, 8° ; — Baillet, *Jugemens des Savans*, 3e vol. ; — Sorel, *Biblioth. fr.*, p. 216 ; — les histoires littéraires, et les notices placées en tête d'éditions ou de traductions d'auteurs grecs et latins.

poèmes de Claudien : *le Ravissement de Proserpine* et *la Gigantomachie;* mais nous avons nous-même découvert une traduction du *Ravissement*[1], et nous serions étonné qu'il n'en existât pas pour *la Gigantomachie,* tout aussi connue et vantée. On n'en cite pas non plus pour l'*Alceste* d'Euripide, mais les versions latines ne manquaient pas. Buchanan en avait publié une en 1556; Paul Estienne en donnait une autre en 1602. Si donc — et il est permis d'en douter — il n'existait pas d'*Alceste* française, c'est à une *Alceste* latine que Hardy aurait eu recours.

Quant aux autres modèles imités par lui, tous avaient certainement été mis en français, les anciens aussi bien que les modernes, les grecs et les latins comme les italiens et les espagnols. Passons-les rapidement en revue, et nous nous ferons une idée de leur variété et de leur nombre.

VIII

L'auteur qui a surtout inspiré Hardy, comme il a surtout inspiré Shakespeare, c'est le plus dramatique des historiens et des moralistes grecs, c'est Plutarque. A lui sont dus les matériaux de *Scédase,* de *Coriolan,* d'*Aristoclée,* de *Timoclée,* et, en grande partie du moins, ceux de *la Mort de Daire* et de *la Mort d'Alexandre;* le plus grand nombre a été pris aux *Vies parallèles,* le reste aux *Narrations d'amour* et aux *Vertueux faits des femmes.* Or, non seulement Amyot avait traduit tout Plutarque, mais les deux opuscules dont nous venons de parler avaient beaucoup plu au XVIe siècle, et plusieurs traductions spéciales en avaient paru[2]. — *Panthée* est imitée de la *Cyropédie* de Xénophon et des *Tableaux* de Philostrate. Or, la *Cyropédie* avait été mise en français dès 1547, par J. des Comtes de Vintemille[3], et les *Tableaux* de

---

[1]. *Le Ravissement de Proserpine de Cl. Claudian, traduit en prose françoise, avec un quatriesme livre. Ensemble la mythologie ou Explication naturelle de la Fable. Par G. A. advocat en Parlement.* A Toulouse, chez Dominique et Pierre Bosc, in-12, MDCXXI. — Cette date est trop tardive pour que la traduction de G. A. ait servi à Hardy; nous ne l'avons citée que pour constater une omission des bibliographes.

[2]. De Blignières, p. 174. Peut-être est-ce dans une traduction autre que celle d'Amyot que Hardy a lu l'histoire de Coriolan. Il donne le nom d'Amfidie au chef des Volsques, nommé par Plutarque Ἀμφίδιος; Amyot l'appelait Aufidius.

[3]. Loys le Roy en avait aussi donné plusieurs fragments en 1553, 1560, 1568, 1575 (de Blignières, p. 225). Nul doute que l'histoire de *Panthée* n'y figurât.

plate peinture en 1578, par Blaise de Vigenère [1]. Celui-ci d'ailleurs ne s'était pas borné à Philostrate l'Ancien ; Philostrate le Jeune figurait dans son beau travail, et il est probable que du 16º *tableau* de ce critique, ainsi que des annotations de Vigenère, Hardy a pris quelque chose pour son *Méléagre*. — Josèphe, auquel est dû le sujet de *Mariamne*, avait de bonne heure attiré l'attention des traducteurs par les documents qu'il fournit à l'histoire des Juifs et de l'Église. On l'avait traduit en 1492, et de nouveau en 1534 [2]. — Lucien avait été traduit par Filbert Bretin en 1582. Est-ce à cette traduction, ou à celle que publia son ami J. Baudouin en 1613 que Hardy emprunta le fond de son *Arsacome* [3] ? Il serait utile de le savoir pour fixer la date de cette pièce ; mais le moyen d'y parvenir ? — Homère avait été traduit plusieurs fois, et son récit rapproché de celui de Darès et de Dictys [4]. — Ajoutons à ces noms ceux d'Euripide et d'Héliodore, dont nous n'avons plus rien à dire ici, et nous aurons la liste complète des écrivains grecs dont les ouvrages imprimés de Hardy sont imités.

Les sources latines sont moins nombreuses. Ce sont, avec Claudien, Virgile, auquel est due la tragédie de *Didon ;* Ovide, dont les *Métamorphoses* et les *Héroïdes* ont servi pour *Méléagre, Procris, Ariadne* et *le Ravissement de Proserpine ;* le faux Darès et le faux Dictys, auxquels a été emprunté le récit de *la Mort d'Achille ;* enfin Quinte-Curce, qui a collaboré avec Plutarque aux *Morts de Daire* et *d'Alexandre*. Aucun de ces écrivains, de valeur si diverse, n'avait manqué de traducteur. Virgile et Ovide en avaient eu plusieurs, tant en vers qu'en prose [5]. — Darès et Dictys, si

---

1. De Blignières, p. 225.
2. La traduction de 1492, « imprimée par Vérard », est mentionnée dans l'*Intermédiaire des chercheurs et curieux*, t. V, p. 51. Celle de 1534 a été faite par Guill. Michel, d'après le latin de Ruffin Aquilleian (voy. Brunet).
3. Brunet ne cite que des traductions partielles, parmi lesquelles ne figure pas celle du *Toxaris*. Les éditions complètes de Bretin (Abel l'Angelier, Paris, in-fº) et de J. Baudouin (in-4º) sont citées par M. Talbot, Œuvres complètes de Lucien de Samosate, trad. nouvelle. Paris, Hachette, 1857, in-18 ; t. I, Introd., p. xxi, n. 3.
4. *Les iliades d'Homere, poete grec et grant hystoriographe... avec les additions et sequences de Dares Phrigius et de Dictys de Crète... par maistre Jehan Samson licentie en Loys...* 1530. (Voy. Brunet, t. III, p. 289.)
5. Traduction de l'*Énéide* en vers par Octavian de Saint-Gelais, Paris, 1509 ; en prose, par Loys des Mazures, Lyon, 1560 (le 3º et le 4º livre avaient été publiés à Paris vers 1547). Beaucoup d'autres encore sont citées par Brunet. — Même abondance pour Ovide, dont les *Métamorphoses* sont souvent *translatées* en vers et en prose depuis 1484, et les *xxj épîtres* depuis 1500, date de la version d'Octavien de Saint-Gelais.

souvent imités au moyen âge, avaient encore été « fidèlement traduits » en 1553 et 1556, depuis encore [1]. — Quinte-Curce avait été l'objet de deux traductions au moins au XVIe siècle, et l'était d'une troisième en 1613 [2].

Nous arrivons aux sources modernes. C'est aux Italiens Sannazar, le Tasse, Guarini, que Hardy doit les éléments avec lesquels il a composé ses pastorales, comme c'est aux Italiens Boccace et Giraldi Cinthio qu'il doit le fond de *Gésippe* et de *Phraarte*. Mais tous ces Italiens avaient été traduits en français. L'*Arcadie* de Sannazar était passée dans notre langue en 1544, l'*Aminte* du Tasse en 1585, le *Pastor fido* de Guarini en 1598 [3]. Le *Décaméron* de Boccace les avait de beaucoup précédés, puisqu'il avait été mis en français par Laurent du Premierfait en 1485, mais c'est surtout à l'excellente traduction de Le Maçon (1545) qu'il dut toute sa popularité chez nous [4]. Enfin les *Cent nouvelles nouvelles* de Giraldi Cinthien avaient été données au public français par Gabriel Chappuis en 1584.

Des huit tragi-comédies qui restent, deux ont été inspirées par des livres français : *Dorise*, par les *Histoires des amants volages de ce temps*, publiées en 1619 par de Rosset ; *Emire*, par les *Méditations* de Camerarius revues par Goulart. Si nous réservons la question de *Lucrèce* [5], il ne reste donc plus que cinq sujets, et

---

1. Pour Darès, Brunet cite des traductions de Mathurin Hézet ou Hérest, Paris, 1553, et de Charles de Bourgueville, Caen, 1572. — Pour Dictys, Brunet et Joly (*Benoît de Sainte-More et le roman de Troie*, p. 176) en citent une de Jean de La Lande, Paris, 1556.

2. Traductions de Vasquez de Lucène, Paris, 1503 ; de Jacques le Messier, Paris, 1530 ; de Nicolas Séguier, 1613 (*Œuvres complètes de Quinte-Curce avec la traduct. fr. de la coll. Panckoucke... Nouvelle édition*, revue par M. E. Pessonneaux. Paris, Garnier, 1865, in-18. — *Notice*, p. xi).

3. *L'Arcadie de Sannazar, mise d'Italien en François par Jehan Martin...* Paris, Vascosan, 1544, in-8°. — *Aminte, fable bocagere, prise de l'italien de Torquato Tasso ; plus l'Olympe, imitation de l'Arioste, par P. de Brach*, etc. Bourdeaux, Millange, et Paris, Abel l'Angelier, 1585, in-4°. Une autre traduction de G. Belliard paraissait à Rouen en 1609. — *Le Berger fidele, pastorale, de l'italien du seigneur Baptiste Guarini, chevalier*. Paris, P. Mettayer, 1598, in-12. (Brunet, *suppl.*, t. I, p. 572.) Une autre traduction, par Ant. de Giraud, parut en 1623.

4. *Bocace des cent nouvelles, traduit en françois par Laurens du Premierfait*. Paris, 1485 ; plusieurs réimpressions. — *Decameron de Jean Bocace, traduit d'italien en françois par Ant. Le Maçon*. Paris, 1545. Ce dernier ouvrage fut souvent réimprimé au XVIe siècle, et l'est encore de nos jours.

5. Et on aurait mieux fait de la réserver toujours, que de faire de *Lucrèce* et de *Frédégonde* (sic) des nouvelles de Cervantès. (Demogeot, *Litt. étr.*, p. 367.) — S'il faut dire toute notre pensée, le sujet de *Lucrèce* nous paraît emprunté à quelque nouvelle italienne.

les Espagnols n'en peuvent revendiquer un plus grand nombre; encore trois sont-ils empruntés au même ouvrage.

Hardy ne s'est donc servi que de trois ouvrages espagnols; et voilà à quoi se réduit cette incessante, cette effroyable consommation de littérature espagnole dont on a tant parlé! voilà de quelle façon brillante « l'Espagne, en 1600, s'empare de notre littérature dramatique par l'intermédiaire de Hardy [1] »! Et ces trois ouvrages, Hardy ne les a même pas lus dans leur langue originale. Les nouvelles de Cervantès ayant été traduites en 1614 et 1615 par d'Audiguier et de Rosset, c'est à cette traduction, nous l'avons prouvé, que Hardy emprunta les sujets de *Cornélie*, de *la Force du sang* et de *la Belle Égyptienne* [2]. — C'est dans une traduction publiée par son ami Baudouin en 1621 qu'il prit le sujet de *Frégonde*; la source première était un recueil de nouvelles publiées l'année précédente par don Diego Agreda y Vargas. — Enfin n'est-il pas naturel de croire que c'est à une traduction de la *Diane* de Montemayor, à celle de Nicolas Colin, 1578, de Gabriel Chappuis, 1582, ou de Pavillon, 1603 [3], qu'il emprunta le sujet de *Felisméne*?

A ces renseignements sur les sources des pièces publiées, nous en voudrions joindre d'autres sur les sources des pièces perdues; mais la recherche en est difficile, et les moyens d'investigation nous ont trop manqué. Disons toutefois que la pièce vantée par Théophile, et où Renaud jouait un rôle, devait être imitée du Tasse ou de l'Arioste, plus probablement de ce dernier [4]. Or, le *Roland furieux*, comme la *Jérusalem*, avait été souvent traduit, tant en vers qu'en prose. — L'histoire du *Frère indiscret* avait été racontée par don Diego Agreda et traduite par Baudouin, tout comme celle de *Frégonde* [5]. — Le roman d'*Ozmin*, qui avait été

---

1. E. Chasles, *la Com. en France au* XVIe *s.* Paris, Didier, 1862, in-8°, p. 169 et 200. Voy. surtout de Puibusque, t. II, p. 66 à 71.
2. On voit combien Ticknor a tort de prétendre que la première traduction française des *Nouvelles morales* est de 1768 (t. II, p. 171). Brunet n'en cite aucune du XVIIe siècle.
3. Voy. Bonafous, *Études sur l'Astrée*, p. 131, et Brunet.
4. De nombreuses pièces avaient été et allaient être encore tirées de l'Arioste : l'*Isabelle* de Mathieu de Laval, 1576; la *Bradamante* de Garnier, 1582; l'*Isabelle* de Nicolas de Montreux, 1595; la *Rodomontade* et *la Mort de Roger* de Méliglosse, 1605; *la Mort de Roger* et *la Mort de Bradamante*, d'un anonyme, 1625; la *Bradamante* de la Calprenède, 1636, etc. — De nombreux romans se donnaient comme des imitations ou des suites du *Roland furieux*, et Hardy peut encore avoir imité une de ces imitations.
5. Voy. le chapitre sur les *pièces perdues*.

intercalé par l'Espagnol Mateo Aleman dans la première partie de son *Guzman d'Alfarache*, avait été traduit par Chappuis en 1600 [1].
— Quant à *Pandoste*, le sujet en avait été imaginé par Robert Greene ; mais la nouvelle de l'auteur anglais avait été traduite par un certain L. Regnault en 1615, et c'est à cet inconnu que Hardy a certainement dû ses deux *journées* [2]. L'étude des pièces perdues, on le voit, confirme les conclusions auxquelles l'étude des pièces imprimées nous avait conduit.

IX

Quelles sont ces conclusions ?

Nous l'avons déjà dit et le répétons volontiers, les œuvres connues de Hardy sont trop inférieures en nombre aux œuvres perdues pour que nous prétendions appliquer à celles-ci tout ce que nous croyons vrai de celles-là. Mais, ou nous nous trompons fort, ou nous pouvons tirer de notre étude quelques présomptions qui ne sont pas sans valeur. Hardy ne dédaigne point le mérite de l'invention, puisqu'il le revendique pour *Alphée*, pour *Corine*, pour la *Gigantomachie*, et même, à ce qu'il semble, pour plusieurs pièces du premier volume, auxquelles nous avons peine à l'accorder [3]. Pourquoi n'aurait-il pas publié de tragi-comédies originales, s'il avait coutume d'en produire [4] ? — D'autre part, Hardy n'est pas fâché de faire montre de son savoir, comme le prouvent ses assertions inexactes sur le prétendu grec d'Héliodore et le prétendu

---

1. *Mateo Aleman : primera parte de Guzman de Alfarache*. Madrid, 1599 ; in-4°. — *Gabriel Chappuis : Guzman d'Alfarache...* Paris, 1600 ; in-12. — En 1632 allait paraître une nouvelle traduction par Chapelain, sous le titre de *les Gueux ou la vie de Guzman d'Alfarache* (voy. Brunet).

2. *Histoire tragique de Pandosto Roi de Bohème et de Bellaria sa femme ; ensemble les amours de Dorastus et de Favina, traduite de l'anglois en françois par L. Regnault*, in-12. Paris, 1615 (*Bibliothèque des Romans... par M. le C. Gordon de Percel*, t. II [*De l'usage des Romans*, par l'abbé Lenglet-Dufresnoy, t. II], Amsterdam, 1734, in-12, p. 44. Cette traduction est signalée aussi dans la *Biblioth. universelle des Romans*, oct. 1776, 1er vol., p. 8). — Dans la même *Bibliothèque universelle*, 2e vol. d'avril 1779, p. 101 à 153, se trouve l'analyse d'un *Roman d'Albanie et de Sicile, par le sieur du Bail, Gentilhomme*. Paris, 1626, 1 vol. in-18, qui n'est qu'une imitation de la nouvelle de Robert Greene. (Cf. Gordon de Percel, p. 49.)

3. Après avoir parlé de *Didon*, la préface « au lecteur » ajoute : « Et la diversité des sujets qui la suivent, comme du tout miens, montreront ce que j'ai pu seul. »

4. Et si *Lucrèce* l'était, pourquoi ne l'aurait-il pas dit ?

latin de Camerarius ; comment se fait-il donc qu'il n'ait pas prouvé ses lectures espagnoles ou italiennes, s'il en faisait, en publiant des pièces auxquelles on ne pût assigner pour sources que des textes étrangers, non des traductions?

Il semble donc que, pressé par le temps, Hardy ne prenait guère la peine d'inventer des sujets, sinon pour les pastorales. Il les prenait dans les ouvrages qui lui tombaient sous la main, quels qu'en fussent la provenance ou le genre, dans les *Histoires des Amants volages* aussi bien que dans les *Vies* de Plutarque, dans les *Antiquités judaïques* aussi bien que dans le *Décaméron*. Mais, que les ouvrages fussent grecs ou latins, italiens ou espagnols, c'était en français qu'il les lisait [1]; il connaissait les traductions antérieurement publiées, et lisait curieusement les nouvelles; il s'informait des compilations, pour lui précieuses, des Baudouin, des Rosset, des d'Audiguier et des Goulart. Partout son œil exercé distinguait sans effort les sujets de drame, et, grâce à sa verve, il avait bientôt fait de les traiter. Comment, dans ces conditions, les sujets lui auraient-ils manqué? Combien il en peut avoir pris dans Plutarque, outre ceux que nous connaissons! Combien dans Boccace, dans Giraldi, dans Camerarius-Goulart, dans tous les auteurs que nous avons nommés, dans tant d'autres dont nous n'avions rien à dire! Nous connaissons de lui trois imitations de Cervantès; mais qui sait s'il n'a pas mis à la scène *l'Amant libéral* avant Scudéry, *les Deux Pucelles* avant Rotrou! Pour ces emprunts faits à toutes les littératures alors connues, rien ne prouve qu'il accordât une préférence à l'espagnole [2] ni aux modernes. Le contraire même serait certain, si la répartition que nous avons faite de ses œuvres choisies donnait une idée exacte de la répartition de ses œuvres complètes; mais il n'y a pas lieu de croire à une telle similitude. Nous avons vu dans quel esprit et avec quels tâtonnements Hardy publia ses œuvres : les sujets antiques étaient plus conformes à ses goûts, les sujets modernes à ceux du public. C'était surtout au début de sa carrière qu'il avait traité les premiers, c'était surtout à la fin qu'il traitait les autres. Tenons-nous-en à cette constatation.

1. S'il y avait une exception à faire, ce serait sans doute pour les latins.
2. Voy. au contraire Fournel, *la Litt. indép.*, p. 16; Lotheissen, t. I, p. 302; Moland, *Molière*, p. XL; etc....

CHAPITRE II

LES TRAGÉDIES

PRÉLIMINAIRES

La tragédie de Garnier et celle de Hardy.

« Pour juger de la beauté d'un ouvrage, il suffit de le considérer en lui-même ; mais, pour juger du mérite de l'auteur, il faut le comparer à son siècle. » Ainsi s'exprime Fontenelle au début de son étude sur Corneille [1], et, en effet, les œuvres de notre grand poète tragique peuvent être étudiées soit en elles-mêmes, soit par comparaison avec celles de ses devanciers. Il n'en saurait être de même des œuvres de Hardy : d'un mérite tout relatif, elles ne peuvent être appréciées équitablement que par comparaison avec le théâtre du xvi° siècle.

Heureusement, l'histoire de la tragédie au xvi° siècle a été assez souvent et assez sérieusement faite, pour que nous puissions la supposer connue, et nous dispenser même de la résumer ici [2]. Il nous suffira de dire en quel état se trouvait la tragédie au moment où Hardy a commencé de la cultiver, et ce qu'en avaient fait les tragiques antérieurs. Or, après Jodelle, auquel appartient l'honneur de l'avoir inaugurée en France, après Grévin et Jean de La

---

1. P. 202.
2. Contentons-nous de renvoyer au *Tableau* de Sainte-Beuve, à l'*Entwicklungs-Geschichte* de M. Ebert, au *Garnier* de M. Bernage, et à *la Tragédie fr. au xvi° siècle* de M. Faguet, si contestable dans sa partie historique, si remarquable dans sa partie critique. — Pour Montchrestien, on peut encore consulter une dissertation de M. Guido Wenzel, *Æsthetische und sprachliche Studien über Antoine de Montchrétien...* 1885, et l'art. de M. Fournel sur *la Tragédie française avant Corneille*, p. 302-303.

Taille qui l'avaient illustrée, Garnier l'avait portée à un point qu'elle ne devait pas dépasser pendant ce siècle. C'est à Garnier que Daurat et Ronsard, Pasquier et de Thou, d'autres encore [1], avaient adjugé le sceptre de la tragédie, et nul n'avait songé à le lui ravir. C'est donc aux œuvres de Garnier qu'il faut demander quelles étaient les qualités, quels étaient les défauts de la tragédie; un coup d'œil jeté sur celles de Montchrestien nous permettra de justifier et de compléter leur réponse.

I

Lisons Garnier comme nous lirions un poète épique ou lyrique, et, en dépit des longueurs, des déclamations, d'une recherche parfois malheureuse dans la versification et dans le style, nous serons charmés par mille sérieuses et éminentes qualités. Ne voyons plus maintenant que le poète dramatique; supposons-nous au théâtre, regardant, écoutant : l'harmonie et la poésie du style, la pompe et l'éloquence des discours ne nous touchent plus guère; nous trouvons la scène vide, les personnages peu vivants, l'action traînante; notre curiosité n'est pas éveillée, nous nous ennuyons.

C'est que, parmi tous les genres littéraires, pas un peut-être ne se passe aussi facilement que l'art dramatique des qualités communes à tout l'art d'écrire, pas un n'exige plus impérieusement les qualités qui lui sont propres. Il ne suffit pas à l'auteur dramatique d'être un artiste; il faut, avant tout, qu'il sache son métier. Et comment Garnier eût-il pu l'apprendre?

D'abord récitée devant des lettrés, plus amoureux de belles expressions que d'effets dramatiques, plus avides de souvenirs classiques que d'action, la tragédie n'était pas dans des conditions normales pour vivre et se développer; elle s'y trouva moins encore, quand elle fut descendue de ses théâtres improvisés pour se renfermer dans des livres et s'adresser aux seuls lecteurs. En vain le poète s'efforça-t-il de ne pas oublier qu'une tragédie n'est pas un poème épique; en vain s'informa-t-il de la différence des deux genres auprès d'Aristote et de ses commentateurs, auprès des tragiques anciens et modernes; les leçons qu'il en recevait pouvaient-elles valoir celles — autrement précises et impérieuses —

---

1. Voy. leurs témoignages d'admiration dans Bernage, p. 10-11; voy. encore Vauquelin, *l'Art poétique*, l. II, t. I, p. 76.

qu'il eût reçues d'un public attentif ou distrait, favorable ou hostile, prompt à l'attendrissement ou à la raillerie. Quand il aurait eu ce qu'il n'avait pas, l'instinct dramatique le plus puissant, Garnier, dans des circonstances aussi défavorables, n'eût pas pu frayer à la tragédie sa vraie voie : il fit la tragédie plus belle, il ne la fit pas plus vivante.

Après avoir, comme la plupart de ses prédécesseurs, traité quelques sujets trop minces dans des œuvres trop vides, Garnier comprit qu'une telle tragédie n'offrait pas assez d'intérêt. Mais il ne sut s'attacher ni à la peinture d'une âme tourmentée par des passions contraires, tour à tour vaincues et victorieuses, ni au développement savant d'une intrigue fortement nouée, dénouée avec adresse. Incapable d'agrandir un sujet, il se contenta d'en réunir plusieurs dans chaque pièce, et c'est ainsi que la *Troade* et *Antigone* furent moins des drames que des collections de drames. La tentative était manquée. Garnier le comprit encore, et revint à son premier système dans la dernière et en même temps la meilleure de ses tragédies, *les Juives*. Ici un sujet trop simple, et qui ne comportait ni lutte psychologique ni intrigue, fut du moins relevé par une grande idée religieuse, animé par de dramatiques tableaux; la pièce n'avait pas l'allure et le mouvement du théâtre, mais elle en pouvait donner l'illusion; c'était une élégie, mais qui semblait vivre comme un drame.

Ici, pour la première fois, les scènes se suivaient dans un ordre assez régulier et logique; les personnages en lutte se rencontraient, le dénouement venait à son heure. Qualités insuffisantes, si l'on songe à ce que peut et doit être la composition d'un drame; exceptionnelles et précieuses, si l'on se rappelle les plans où Garnier jusque-là s'était complu. *Porcie* commence par deux actes d'exposition, finit par deux actes de dénouement, et ne consacre même pas le troisième à l'action. *Cornélie* semble nous promettre successivement trois pièces, dont l'aristocratie romaine, Cornélie, César seraient les héros, et finalement ne nous en donne aucune. Le titre de *Marc-Antoine* devrait être complété par l'addition du nom de Cléopâtre; mais ce n'est pas à dire que le poète ait intimement uni les histoires de ces personnages et en ait fait une intrigue unique, une action : non, Cléopâtre et Marc-Antoine sont les centres de deux tragédies à peine différentes et pourtant distinctes.

Dans des pièces composées de la sorte, on comprend que l'action ne soit pas pressée de commencer. Le premier acte de *Porcie* n'est formé que par un monologue de Mégère. Celui de *Cornélie* est rempli par un monologue, où Cicéron se plaint de l'état de Rome, déclame sur l'ambition et sur la fortune, et ne prononce même pas le nom de Cornélie. Celui des *Juives* appartient tout entier aux lamentations de Jérémie le prophète. Ce sont proprement là des prologues, et dont les deux premiers au moins pourraient être mieux conçus. D'autres débuts n'offrent pas tout à fait ce caractère; mais, à l'exception d'*Antigone*, c'est toujours par des monologues que commencent les tragédies [1].

C'est par des récits que sont formés les dénouements, et notre poète, même au cinquième acte, préfère l'éloquence des paroles à celle des faits. Cassius et Brutus, Porcie, Scipion, Antoine, toutes les victimes des fatalités tragiques périssent hors de la scène. Seule [2], Cléopâtre meurt sous nos yeux, pour empêcher que le cinquième acte de *Marc-Antoine* ne soit une répétition du quatrième [3] : il n'a pas fallu moins qu'un tel motif pour faire se départir le poète de sa réserve. Nous ne la lui reprocherons pas trop amèrement. Nous savons qu'un récit n'est pas toujours froid, qu'une mort exposée aux yeux n'est pas toujours émouvante, et que le goût répugne à certaines brutalités. Au moins faudrait-il que le récit final ne nous apprît pas des faits trop connus. C'est la mort de Scipion qui fait le dénouement de *Cornélie*; mais ce dénouement était survenu entre le troisième et le quatrième acte; dès le commencement du quatrième [4], nous savions tout ce que le messager a la prétention de nous apprendre [5]. De telles maladresses ne sont pas rares chez Garnier.

Entre l'exposition et le dénouement, que de monologues encore et que de récits! Dans ces singuliers drames, ce sont les discours suivis qui sont l'ordinaire, les dialogues sont l'exception. Phèdre ne cause pas avec sa nourrice, elle lui adresse un long discours, auquel la nourrice répond par un autre [6]. Ou bien le poète tombe

---

1. Le monologue d'Antoine forme, à lui seul, le premier acte de *Marc-Antoine*.
2. Je ne compte pas la mort de la nourrice de Porcie, le personnage étant trop peu important. Voy. à ce sujet Faguet, p. 184.
3. Faguet, p. 198.
4. Dialogue entre Cassie et Décime Brute.
5. Ogier a un joli mot sur les messagers, si chers aux classiques : « Il est plus commode à une bonne hôtellerie qu'il n'est convenable à une excellente tragédie, d'y voir arriver incessamment des messagers. » (*Anc. th. fr.*, t. VIII, p. 12-13.)
6. *Hippolyte*, acte III.

dans une extrémité contraire : son dialogue est haché, symétrique, antithétique, aussi peu naturel que les longs discours. Chaque personnage a deux vers à dire, ou un vers, ou un demi-vers; disposition chère aux poètes grecs, et dont Corneille tirera de puissants effets, mais qui demande des situations tendues et une grande force de style. Garnier ne l'emploie pas toujours avec à-propos ni sûreté.

Ce ne sont pas là les seules manifestations de sa rhétorique. Les ombres, les songes, les présages, tous ces *accessoires* de la poésie tragique, sont souvent employés par lui, même quand ils ne servent en rien au drame [1]. Qu'importe le drame à qui n'écrit que pour être lu! Les meilleures parties de la tragédie ne sont pas celles qui font le mieux avancer l'action, mais celles qui se prêtent le mieux à la pompe ou à l'élégance du langage, à l'éclat ou à la grâce des pensées, à la richesse et à la variété du rythme. A vrai dire, les plus importantes parties de la tragédie, ce sont les chœurs.

Ainsi pensaient les tragiques du XVIᵉ siècle. D'eux-mêmes et par un effet naturel de leur situation comme de leurs aptitudes, ils eussent sans doute donné à la tragédie la forme que nous venons de voir; mais ils n'avaient pas eu besoin de l'inventer. Sénèque s'était déjà chargé de ce soin, et il n'offrait pas moins de dix modèles à leur pieuse imitation.

On sait l'influence de Sénèque sur la tragédie moderne; ce fait est capital et son importance ne peut être exagérée. Après l'Italie, où la tragédie relève des déclamations dramatiques du philosophe, l'Angleterre [2] et la France y avaient également puisé leurs inspirations. Mais l'école classique anglaise devait être combattue et éclipsée par des auteurs plus libres et plus populaires, tandis qu'en France la tragédie oratoire devait jouer plus longtemps un rôle plus éclatant. Ici tous les poètes, à la suite de Scaliger [3], pré-

---

1. Nous avons cité quatre premiers actes qui n'étaient formés que d'un monologue. Voici la composition d'un autre, où la rhétorique n'a pas moins de part : sc. I, l'*ombre* d'Égée rappelle longuement le passé et annonce longuement l'avenir; sc. II, Hippolyte raconte un *songe* et des *présages*.

2. De 1559 à 1566, *les Troyennes*, *Thyeste* et l'*Hercule furieux* sont traduites par Jasper Heywood; *Œdipe*, par Alex. Nevyle; *Médée* et *Agamemnon*, par John Studley; *Octavie*, par Thomas Nuce. Voy. Royer, t. II, p. 381; Mézières, *Prédécesseurs et contemporains de Shakespeare*, p. 48, et *Shakespeare, ses œuvres et ses critiques*, p. 45.

3. *Poétique*, VI, 6. Cf. Giraldi Cinthio, dans Royer, t. II, p. 22.

féraient Sénèque à Euripide; tous traduisaient, paraphrasaient, imitaient de cent manières l'auteur latin. Nul ne le faisait aussi résolument et aussi régulièrement que Garnier. « Comme la façon d'écrire de Sénèque lui semblait plus juste et plus réglée que celle des Grecs, dit un contemporain [1], il tâcha d'imiter cet excellent auteur, en quoi il réussit parfaitement. » Sur sept tragédies de Garnier, trois sont directement imitées de tragédies de Sénèque, où les mêmes sujets étaient traités [2]; les quatre autres empruntent à des pièces latines la plus grande partie de leur plan, ainsi que des discours, des chœurs, des fragments de dialogue; les *Juives* même, la plus originale et la moins déclamatoire de ces œuvres, suivent souvent la marche de *Thyeste* et doivent quelque chose aux *Troades* et à *Octavie* [3]. Que sont, auprès de cette imitation systématique, les quelques emprunts faits à Sophocle et à Euripide [4]? Ces poètes ne servent qu'à combler des vides laissés par Sénèque, et ce n'est jamais eux qu'on prend pour guides quand ils traitent les mêmes sujets que l'auteur latin.

II

Telles étaient les sources et tel était le caractère de la tragédie de Robert Garnier; celle de ses successeurs n'en fut qu'une image décolorée et parfois grossière, mais ressemblante. Pas plus d'action, pas plus d'habileté dramatique; la déclamation seule s'était développée, et le mauvais goût. On imitait moins Sénèque; mais, comme on copiait Garnier, le philosophe latin régnait toujours sur notre théâtre.

Il faut excepter de ce jugement Montchrestien, qui a son mérite propre et ses qualités, parfois remarquables. Mais Montchrestien n'est pas un prédécesseur, c'est un contemporain de Hardy. Celui-ci avait probablement débuté dans la tragédie, quand parut *Sophonisbe*, en 1596; et peut-être avait-il écrit ses meilleures œuvres, quand parurent *Aman* et *l'Écossaise* en 1601, *Hector*

---

1. *Eloges des hommes illustres qui depuis un siecle ont fleury en France dans la profession des Lettres. Composez en latin par Scevole de Sainte-Marthe, et mis en françois par G. Colletet*; 1644.
2. *Hippolyte, la Troade* et *Antigone*, à comparer avec *Hippolyte, les Troades* et les *Phéniciennes*. Dans le détail, imitations d'*Agamemnon*, de *Médée*, de *l'Hercule mourant*. (Voy. Bernage.)
3. Voy. Bernage, p. 110.
4. A Sophocle, dans *Antigone*; à Euripide, dans *Antigone* et *la Troade*.

en 1604. Hardy et Montchrestien n'ont exercé aucune influence l'un sur l'autre, et Montchrestien est resté fidèle au système de Garnier.

Peut-être même n'en tire-t-il pas tous les avantages qu'il peut fournir. Deux ou trois intentions dramatiques ne suffisent pas à faire reconnaître en lui l'instinct de la scène. Et, si on doit lui savoir gré d'avoir étendu le domaine de la tragédie en empruntant à l'histoire contemporaine le sujet de l'*Écossaise* Marie Stuart, encore faut-il ne pas oublier que, par une œuvre de ce genre, l'auteur cherchait à gagner les bonnes grâces de Jacques Ier plutôt qu'à élargir le domaine de la tragédie. Disons-le nettement : Montchrestien n'a qu'une supériorité sur Garnier, c'est de ne traiter qu'un sujet par pièce; encore ce sujet n'est-il pas toujours heureux. On sait le défaut de celui de *Sophonisbe*, celui de *David ou l'Adultère* est répugnant, celui des *Lacènes* ne pouvait fournir à une tragédie. Même sagesse et mêmes erreurs dans la composition, qui est régulière, mais sans force: les scènes s'y suivent, mais sans qu'un nœud dramatique, à proprement dire, y soit ni formé ni dénoué. Dans l'*Adultère*, le véritable intérêt du drame est méconnu, David et Bethsabée ne nous sont montrés face à face ni pour nous apprendre leur passion, ni pour nous confesser leur crime et leur remords. L'action d'*Aman* commence au troisième acte, celle des *Lacènes* finit au premier; on ne saurait dire où commence et où finit celle d'*Hector*. Quant à l'*Écossaise*, c'est le chef-d'œuvre de Montchrestien; et pourtant aucun ressort dramatique n'y est mis en jeu, les scènes les plus attendues se dérobent, les plus graves résolutions sont prises pendant les entr'actes : l'*Écossaise* n'est qu'une élégie [1].

Ajouterons-nous que Montchrestien possède de très estimables qualités de style et de versification? Mais, pas plus que Garnier, il n'est un homme de théâtre; et après lui, comme après son prédécesseur, la tragédie *dramatique, vivante, jouable*, était à créer. Noble tâche, à laquelle Hardy s'est essayé, et où nous verrons bientôt s'il a réussi.

III

Les difficultés n'étaient pas petites. Écrivant pour être représenté, et sur de vrais théâtres, Hardy ne pouvait évidemment con-

---

1. Voy. Faguet, *la Trag. fr.*, p. 340.

tinuer les errements de ses devanciers; mais, d'autre part, ses habitudes d'esprit, son éducation littéraire, ses goûts, l'empêchaient de rompre avec eux complètement. Dans quelle mesure fallait-il modifier le système classique? Dans quelle voie entrer pour accroître l'intérêt du drame ?

La plus tentante était celle où Garnier déjà s'était engagé quand il composait la *Troade* et *Antigone*. En multipliant, sans souci de l'unité, les faits, les incidents et jusqu'aux sujets des pièces, on avait chance d'amuser le public; mais l'instinct tragique de Hardy répugnait à cette facile complication. Inaugurer la tragédie psychologique, faire naître l'intérêt de la lutte des passions, devancer par là le grand siècle, exigeait une force de génie et de réflexion dont Hardy n'était pas capable ; l'eût-il été, qu'un public ignorant et grossier se fût mal prêté à l'innovation. Restait à user d'un système mixte et mal défini, où une action plus animée, un commencement d'intrigue, quelque étude des caractères et des passions vinssent renforcer ceux des éléments traditionnels de la tragédie qui se pouvaient maintenir encore. C'est à peu près ce que fit Hardy.

Tout d'abord, il supprima les chœurs. Élément principal de la tragédie au temps où celle-ci n'était qu'une cantate dont l'action renouvelait de temps en temps les motifs épuisés [1], les chœurs étaient devenus un accessoire chez les Grecs, à mesure que la tragédie devenait un drame. Mais les poètes latins de l'empire, poètes de salon et de lectures publiques, leur avaient rendu toute leur importance : quel moyen plus commode eût trouvé un Sénèque pour exposer longuement et brillamment ses théories morales ou philosophiques? Dès lors, les chœurs étaient sacrés pour nos classiques du XVI° siècle, et ils ne songèrent pas qu'on en pût priver la tragédie. « Il faut qu'il y ait un chœur, disait Jean de la Taille [2], c'est-à-dire une assemblée d'hommes et de femmes qui, à la fin de l'acte, discourent sur ce qui aura été dit devant. » Tant pis, si la présence de cette assemblée nuit à la vraisemblance! si elle rend plus qu'indiscrète l'insistance avec laquelle la nourrice de Phèdre demande à sa maîtresse son secret, plus qu'imprudent l'aveu que fait celle-ci de sa flamme incestueuse [3]! Les sujets modernes ne

---

1. Expression de Patin, dans ses *Études sur les tragiques grecs*.
2. *L'Art de la tragédie*, f° 3, v.
3. *Hippolyte* de Garnier, 2° acte. Le chœur est présent, en effet, puisqu'il discourt à la fin de l'acte sur la tyrannie de l'amour.

s'en passent pas plus que les anciens ; tous les projets de Marie Stuart ou d'Élisabeth sont connus d'un chœur de demoiselles [1], le drame de la mort de Henri IV se déroule au milieu d'un concert étrange de jeunes seigneurs et de Parisiens [2].

Je me figure que le public eût ri d'un lyrisme aussi opportun ; celui des sujets classiques l'ennuyait, et les acteurs avaient soin de le supprimer. « Je n'ai point accompagné mes œuvres de chœurs, disait un auteur en 1617, attendu qu'on les retranche le plus souvent en représentant les histoires [3]. » Troterel, sieur d'Aves, affirmait en 1615 avoir « vu représenter plus de mille tragédies en divers lieux, auxquelles *il n'avait* jamais vu déclamer les chœurs [4] » ; et, plus tard, Desmarets constatait encore que le public ne les pouvait souffrir [5].

Hardy supprima donc les chœurs ; mais, il importe de le constater, ce disciple de Ronsard et de Garnier en avait d'abord mêlé à ses pièces. « Les chœurs y sont omis », dit-il au lecteur de son premier volume, « comme superflus à la représentation et de trop de fatigue à refondre. » Que signifie ce passage, sinon qu'en composant ses premières tragédies, Hardy y avait inséré des chœurs ; qu'il les avait supprimés d'abord à la représentation, puis définitivement dans l'édition partielle de ses œuvres [6] ? Deux pièces seulement furent exceptées de cette réforme : *Didon se sacrifiant* et *Timoclée*. Partout ailleurs, le lyrisme n'obtient qu'accidentellement une médiocre place. On trouve un chœur de Leuctriens au cinquième acte de *Scédase* ; un chœur de peuple déclame quelques quatrains dans *Méléagre* [7] ; un chœur d'Argyras-

---

1. *L'Écossaise* de Montchrestien.
2. *Henry le Grand*, de Claude Billard. Il y a quelque injustice à plaisanter, comme on le fait depuis Sainte-Beuve (*Tableau*, p. 250), sur le *chœur de Seigneurs*, le *chœur du Parlement* et le *chœur de MM. les Maréchaux et Officiers*, qui figurent dans cette tragédie. Ces *chœurs* ne chantent pas, et Billard, en les faisant parler, a sans doute imité l'exemple de Hardy (voy. p. 256). Mais c'est beaucoup, dans un pareil sujet, que neuf *chœurs chantés* et des stances. *Gaston de Foix*, *Mérovée*, *Alboin* ont aussi des chœurs chantés. M. Faguet (p. 382) en signale dans *Akoubar ou la Loyauté trahie*, par Jacques du Hamel, tragédie dont l'action est fort romanesque et nous transporte au Canada.
3. Boissin de Gallardon, Avis au lecteur en tête de *la Perséene ou la Délivrance d'Andromède*. (Parfait, t. IV, p. 247.)
4. Troterel, sieur d'Aves, en tête de la tragédie de *Sainte Agnès* (Sainte-Beuve, p. 248).
5. Desmarets, préface de *Scipion*, 1639 (Cf. Parfait, t. VI, p. 46).
6. Ainsi l'a compris Aug. Poirson, dont je conserve en partie les termes. (*Hist. du règne de Henri IV*, t. VI, p. 421, n.)
7. Acte III, sc. 1, p. 234-235.

pides en fait autant dans *la Mort de Daire*, puis se permet quelques strophes dans *Alexandre* [1].

Derniers et faibles vestiges de ce qui fut au XVIe siècle la plus brillante partie de la tragédie! Ces *chœurs*, et surtout ceux, nullement lyriques, qui figurent dans *la Mort d'Achille* et dans *Coriolan*, n'ont plus rien de commun avec ceux de l'antiquité; ils parlent, contribuent à l'action, remplissent des rôles de personnages. Ce sont des paysans qui supplient Méléagre de les délivrer du sanglier fatal; des soldats grecs et troyens qui se battent sur le corps d'Achille; des plébéiens ou des sénateurs de Rome qui injurient ou défendent Coriolan [2]; c'est la *foule*, telle que Shakespeare la mettait sur la scène, telle que le drame romantique l'y devait faire reparaître. Mais Shakespeare et les romantiques la font parler par ses mille voix et tirent de son sein mille paroles discordantes; Hardy n'a pas osé ou n'a pas pu en venir là : chez lui, la foule n'a qu'une opinion et qu'une voix, et c'est un coryphée qui les fait entendre [3]. Dans les pièces qui n'ont que des chœurs de cette sorte, la suppression de l'élément lyrique est complète, aussi complète que dans *Panthée*, *Mariamne* et *Alcméon*, où le mot même de chœur n'est pas prononcé.

L'action dramatique y gagnait d'être plus rapide et plus saisissante. Une autre réforme compléta celle-là.

---

[1]. *La Mort de Daire*, acte II, sc. II, p. 20; *la Mort d'Alexandre*, acte V, sc. I, p. 128.

[2]. *Méléagre*, acte I, p. 216 sqq.; *la Mort d'Achille*, acte V, sc. I, p. 90; *Coriolan*, acte I, sc. II, p. 121.

[3]. Nous avons sur ce point le témoignage — naïvement formulé — de Hardy lui-même. Dans la *huitième journée* de *Théagène et Cariclée* (acte V, sc. II, p. 58), le roi Hydaspe, à qui on demande la grâce de Théagène, déclare qu'il fera ce que voudra *le peuple* et ne se réglera que « par son suffrage »; et aussitôt il donne la parole au *chœur* par cette invitation :

> Qu'un opine pour tous sans tarder davantage.

De même dans *Alcée*, acte V, sc. II, p. 598 :

> Au nom de tous un porte le suffrage.

— On ne peut dire que Hardy ait créé chez nous ces personnages complexes, qu'il appelle des *chœurs* ou des *troupes*; déjà « les Reines » prononçaient de longues suites de vers dans *les Juives* de Robert Garnier (de même le *chœur des États* fait un long discours dans *l'Écossaise* de Montchrestien); mais il a été le premier à les employer fréquemment et méthodiquement. — Quant aux chœurs chantés, Mairet les ressuscita dans sa *Silvanire*, afin d'être plus fidèle à la formule classique; mais la *Silvanire* même dut les perdre, en passant de l'Hôtel de Montmorency à l'Hôtel de Bourgogne, et Mairet ne récidiva pas. (Voy. Bizos, p. 132.)

On sait à quel point les tragiques du XVIe siècle évitaient de répandre le sang sous les yeux des spectateurs. Forts des conseils d'Horace et de l'exemple des tragiques grecs [1], ils pensaient qu'il ne faut mettre sur la scène que ce qui s'y peut « commodément et honnêtement faire », et qu'ainsi les meurtres en doivent être bannis [2]. Passe encore, si la représentation des *catastrophes* eût été remplacée par des récits courts, animés et exempts de toute rhétorique. Malheureusement, la rhétorique ne pouvait trouver nulle part un terrain plus favorable; les récits tragiques de Garnier sont écrits d'après un procédé uniforme, et la théorie en serait facile à faire. Le messager commence par se lamenter, en regrettant d'apporter de tristes nouvelles; aussitôt les personnages en scène manifestent une affliction égale, ce qui ne les empêche pas de demander un récit *complet* de tout ce qui s'est passé. Le messager consent avec empressement, et s'applique si bien à ne rien omettre, qu'il fait souvent un long discours avant de dire quel personnage a perdu la vie. Une telle lenteur a peut-être quelque chose d'impatientant; mais, en revanche, quelle narration pompeuse! que de figures de langage! que de comparaisons! On pourrait en citer une dont le premier terme se déroule majestueusement en onze vers [3].

Hardy ne pouvait faire bâiller d'ennui ses spectateurs; aussi n'imite-t-il guère ces dénouements. Si Méléagre ne meurt pas sur la scène, il s'en faut de peu, et Idmon n'a que quelques mots à dire pour nous apprendre la fin de son maître. Celle de Mariamne nous est racontée dans un long discours; mais il était aussi difficile qu'inutile de représenter l'exécution publique de la reine, et le récit traditionnel est rendu singulièrement dramatique ici par les fureurs d'Hérode qui l'interrompent et le suivent. Tous les autres héros des tragédies de Hardy meurent sur la scène; c'est là que se tuent Didon, Scédase, Panthée; là qu'Achille, Coriolan, Alcméon sont égorgés; là qu'expirent Daire criblé de blessures et

---

[1]. Citons une judicieuse remarque de d'Aubignac. Selon lui, si les tragiques anciens font rarement mourir leurs personnages sur la scène, c'est que le chœur était là, qui aurait dû les secourir. Dans *Ajax*, le chœur se retire, et Sophocle en profite pour faire prononcer au héros un monologue après lequel il se tue (*La Prat. du th.*, l. III, ch. IV; t. I, p. 190).

[2]. Jean de La Taille, *l'Art de la tragédie*, f° 3, r.; Vauquelin paraphrase Horace, *l'Art poétique*, l. II; t. I, p. 54.

[3]. Voy., au quatrième acte de *Porcie*, le récit de la mort de Brute et notamment les vers 1548 à 1558.

Alexandre empoisonné; là enfin que Timoclée lapide l'infâ[me qui]
l'a outragée. Des spectacles plus horribles encore s'étalaie[nt sous]
les yeux des spectateurs; ils nous répugnent aujourd'hui, [ils]
ont dû plaire alors à des hommes qui se souvenaient des my[stères;]
ils nous font l'effet de déshonorer la tragédie, mais ils ont [contri-]
bué à la faire supporter et applaudir. N'oublions jama[is que]
Hardy avait à compter avec un public que Garnier et Mon[tchré-]
tien eussent méprisé. Il se mettait donc en règle avec lui, [tout en]
ne rompant que le moins possible avec les traditions litté[raires.]
Après avoir mis un dénouement en action, il lui arrivait d[e conser-]
ver des remords et de le mettre encore en récit; super[fétation]
curieuse, qui marque une date et caractérise une situation.

Tout, d'ailleurs, dans la forme nouvelle de la tragédie, [marque]
à la fois la persistance des traditions et l'influence d'[un nouveau]
public. Les tragédies au XVIe siècle étaient en cinq acte[s, et le]
public ne lui imposant pas d'autre division, nous avons [vu que]
Hardy a tenu à conserver celle-là. Mais le public eût diffic[ilement]
supporté que les actes fussent de dimensions par trop va[riables]
et parfois ne durassent que quelques minutes; il eût trou[vé]
languissants des actes d'une seule scène, surtout si cett[e scène]
était un monologue; là il fallait des réformes, et Hard[y les a]
faites. Parmi les 205 actes que nous pouvons lire de lu[i, aucun]
ne descend jusqu'au chiffre de 200 vers [2]. 34 ne renfer[ment]
qu'une scène, s'il fallait en croire les indications de l'a[uteur;]
mais on sait combien ces indications diffèrent de celles de[s]
classiques; en réalité, 2 actes seulement, dont aucun n'ap[partient]
à une tragédie, eussent été composés d'une scène aux [yeux]

---

1. Voy. *Coriolan*, acte V, sc. II, et acte V, sc. III; *la Mort de Dair[e]*
sc. I, et acte V, sc. II; et *Alcméon*, acte IV, sc. (III), et acte V.

2. Le premier acte de *Porcie* (abstraction faite du chœur final)
150 vers, celui de *Cornélie* 150, celui de *Marc-Antoine* 148, celui des
Le 4e acte d'*Aman* contient 164 vers, le 3e de *David* 144, le 5e de *P[...]*
Guersens n'en a que 36. — Après Hardy, la régularité devient beau[coup plus]
grande. Corneille, ayant donné 340 vers exactement à chacun des a[ctes de la]
Suivante, reconnaît que c'est là « une affectation qui ne donne aucun[e grâce »,]
et il ajoute : « Il faut à la vérité les rendre le plus égaux qu'il se [peut, mais]
il n'est pas besoin de cette exactitude. Il suffit qu'il n'y ait point [de diffé-]
notable qui fatigue l'attention de l'auditeur en quelques-uns, et [ne s'em-]
plisse pas dans les autres. » (*Examen de la Suivante*, fin.) — D'Au[bignac veut]
qu'un acte « consiste pour nous en 300 vers ou environ ». L. III
t. I, p. 195.

3. Nous ne comptons pas le 5e acte de *Scédase*, où, quoique le [didascalie ne]
dise rien, il y a un changement de lieu évident; voy. l'analyse d[e la pièce,]
p. 285, et la note 5 de l'Appendice.

Garnier [1]. Encore est-il possible que le troisième acte d'*Aristoclée* doive être coupé en deux par l'arrivée de l'héroïne; et, quant au 4ᵉ acte d'*Ariadne*, s'il ne renferme qu'un monologue, fort pathétique d'ailleurs, il n'en produit pas moins une impression de variété à cause des déplacements d'Ariadne, qui se montre d'abord étendue sur sa couche, puis se transporte sur le rivage, puis revient à son point de départ, puis court encore sur le rivage pour s'y donner la mort. Nous voilà loin de Garnier, dont 4 actes sur 40 sont formés par des monologues, dont 11 sont formés d'une seule scène [2]. Nous voilà loin du théâtre de Sénèque.

C'est que Hardy n'emprunte à Sénèque ni l'ensemble ni les parties d'aucune de ses œuvres [3]; il se dérobe à l'influence de ce

---

1. Garnier ne numérote pas ses scènes; mais il les distingue en les faisant précéder du nom des personnages qui y figurent, comme a fait d'ailleurs Hardy pour toutes ses pièces du tome V, à l'exception de *la Belle Égyptienne* et de *l'Amour victorieux*. Quant à Montchrestien, il ne distingue généralement pas ses scènes; lorsqu'il lui arrive de le faire par le procédé même de Garnier, c'est, semble-t-il, qu'il s'est produit un changement de lieu. Par là Montchrestien se rapproche de Hardy.

2. La réforme de Hardy devait être durable, et d'Aubignac en proclame implicitement la légitimité : « Les Anciens ont fait quelquefois des actes d'une seule scène; mais ils ne me semblent pas assez variés, et encore moins ceux qui se font par une seule personne, comme dans Sénèque; car je crois que dans la tragédie l'acte doit être au moins de trois scènes, et qu'il ne saurait être agréable s'il en a plus de sept ou huit; l'expérience autorisera mon sentiment... » L. III, ch. vii; t. I, p. 226. — Quant au nombre de vers que doit comprendre chaque tragédie, d'Aubignac le fixe à environ 1500, sans vouloir qu'il aille jusqu'à 1800 ou se réduise à 1200 (l. I, ch. vii; t. I, p. 103). Corneille trouve ces limites un peu étroites, et déclare qu'il a, pour l'ordinaire, donné 2000 vers aux comédies, « et un peu plus de 1800 aux tragédies, sans avoir sujet de se plaindre que son auditoire ait montré trop de chagrin pour cette longueur ». (*Discours de l'utilité et des parties du poème dramatique*, t. I, p. 30.) Ici encore, Hardy, sans avoir de règle fixe, a préparé l'usage classique; si nous faisons abstraction de ses pastorales, écrites en vers de dix syllabes, et si nous ne comptons pas les chœurs, nous trouvons deux pièces qui ont un peu moins de 1200 vers, trois qui en ont plus de 1800; mais dix-huit en ont de 1200 à 1500 et treize de 1500 à 1800.

3. Nous ne pouvons l'affirmer que pour les œuvres conservées, mais n'avons-nous pas le droit de le supposer pour les œuvres perdues?
Une exception apparente nous est fournie par un certain nombre de sentences, qui se trouvent à la fois dans Sénèque et dans Hardy; mais Hardy n'a imité l'auteur latin que par l'intermédiaire de Garnier. Voy. Paul Kahnt, *Gedankenkreis der Sentenzen in Jodelle's u. Garnier's Tragödien und Seneca's Einfluss auf denselben. Inaugural-dissertation*. Marburg, 1885, in-8. Les exemples cités sont décisifs :
— Sénèque, *Œdipe*, v. 153 :
  Mille ad hanc aditus patent.
Garnier, *Antigone*, v. 153-154 :
  Mille et mille chemins au creux Achéron tendent,
  Et tous hommes mortels, quand leur plaît, y descendent.

dangereux modèle et rompt un charme trop longtemps subi. Cette révolte eut des conséquences heureuses. Grâce à elle, les réformes nécessaires furent faites, et, lorsqu'elles eurent été assez longtemps acceptées, restèrent définitivement acquises à l'art dramatique. Plus tard, Rotrou et Corneille s'inspirèrent de Sénèque, mais ils ne purent ni ne voulurent revenir à la tragédie qu'il avait d'abord inspirée; le nouveau pouvoir du poète philosophe fut infiniment moins tyrannique que n'avait été l'ancien.

Tels sont les plus généraux et les plus facilement saisissables des changements apportés par Hardy à la tragédie. Certes, l'on ne saurait dire qu'ils furent le résultat de théories savantes et de desseins bien arrêtés; mais tous s'expliquent par des raisons sérieuses et positives, tous ont pour but de rendre la tragédie plus vivante et plus intéressante. Si Hardy manquait de vues larges et hautes, il avait du moins l'instinct dramatique. S'il n'imaginait pas de type tragique original, il sentait du moins les défauts du type consacré, et profitait des leçons plus ou moins cruelles que donnent au dramaturge la colère, l'ennui, la froideur de son public. Là étaient les causes déterminantes de ses réformes, et nul doute qu'il n'en comprît la valeur et la portée.

Pourquoi faut-il que nous n'ayons pas là-dessus ses propres déclarations? Mais ses préfaces ne sont que des apologies ou des ripostes; c'est sur la question du style que porte son plus grand effort. Quelques mots seulement sont employés çà et là à définir l'art tragique, et ils ne nous peuvent être ici que d'un faible secours. Selon Hardy [1], la tragédie, « qui tient rang du plus grave, laborieux et important de tous les autres poèmes..., est une peinture laborieuse, pleine de raccourcissements et capable

---

Hardy, *Panthée*, V, II, p. 202 :
    Mille et mille chemins en l'Achéron nous rendent,
    Et, malgré leur vouloir, tous les hommes y tendent.

— Sénèque, *Troades*, v. 879 :
    Optanda mors est sine metu mortis mori.

Garnier, *Cornélie*, v. 1453 :
    La mort qu'on ne prévoit...
    Me semble la plus douce.

Hardy, *Alexandre*, I, II, p. 90 :
    La plus heureuse mort est la mort moins prévue.
Etc. (P. 4.)

1. T. V, *Au lecteur* (et IV, *Au lecteur*); *Théag. et Car.*, *Au lecteur*; t. III, *Au lecteur*; t. I, dédicace.

d'épuiser les plus féconds esprits ». Beaucoup la voudraient réduire à la politesse et à la douceur d'une ode ou d'une élégie; comme s'il ne fallait pas des qualités plus hautes pour atteindre la perfection de la tragédie! « Le sujet de tel poème, faisant comme l'âme de ce corps, doit fuir des extravagances fabuleuses, qui ne disent rien et détruisent plutôt qu'elles n'édifient les bonnes mœurs;... la disposition, ignorée de tous nos rimailleurs, règle l'ordre de ce superbe palais, qui n'est autrement qu'un labyrinthe de confusion, sans issue pour ces monstres d'auteurs. » Ajoutez qu'il faut une égale bienséance observée et adaptée aux discours des personnages, un grave mélange de belles sentences qui tonnent en la bouche de l'acteur et résonnent jusqu'en l'âme du spectateur. C'est parce que son « faible jugement » a si longtemps cherché « les secrets de l'art », que Hardy peut présenter à ses lecteurs « la plus grave des Muses vêtue à l'antique et en sa naturelle bienséance ».

On voit ce que la plupart de ces formules ont de vague; les plus précises même ne nous font pas connaître les innovations de Hardy, mais prétendent seulement à définir la tragédie classique. Jodelle et Garnier semblaient n'avoir plus de partisans [1]; c'est contre une foule d'auteurs raffinés et romanesques que le vieux dramaturge doit se défendre, et voilà pourquoi il ne sépare pas sa cause de celle de ses devanciers. Retenons deux de ses déclarations : c'est qu'il aime que la muse tragique soit *vêtue à l'antique*, et qu'il tient à l'effet moral de son théâtre.

> Aux charmes de sa voix, la grave Melpomène
> De l'obscur du tombeau les vertueux ramène.

Cette épigraphe du tome Ier résume les aspirations et les prétentions de Hardy. On voit qu'elle s'applique surtout aux tragédies proprement dites.

IV

Les onze pièces que nous appellerons de ce nom se rattachent à l'histoire ancienne, telle que l'ont racontée les historiens, ou

---

[1]. De 1600 à 1612, on avait publié plus de 15 éditions du théâtre de Garnier; il en avait encore paru 5 ou 6 de 1615 à 1619; à partir de ce moment, les réimpressions s'arrêtent, et l'on n'en connaît pas de certaine avant 1686. Voy., dans le Garnier de M. Fœrster, la *Bibliographische Notiz* et les *Nachträge und Verbesserungen zu der Bib. Notiz.* Cf. notre *Conclusion*, § 8.

telle que l'ont faite les poètes. *Méléagre* et *Alcméon* se rattachent à la période fabuleuse de l'histoire grecque; *la Mort d'Achille*, à la période homérique; *Scédase*, *Timoclée*, *la Mort de Daire* et *la Mort d'Alexandre*, à la période historique. Les amours de *Didon* intéressent l'histoire romaine, puisqu'ainsi l'a voulu Virgile, et c'est à une histoire romaine un peu plus positive qu'est emprunté le récit des malheurs de *Coriolan*. Enfin les personnages de *Panthée* appartiennent à l'histoire des monarchies orientales, ceux de *Mariamne* à l'histoire juive.

On voit que, parmi les tragédies publiées de Hardy, ne figure aucun sujet sacré, aucun non plus qui soit emprunté à l'histoire moderne, et nous n'en trouvons pas davantage parmi les tragi-comédies. Est-ce à dire qu'il n'en ait jamais traité? Toute affirmation serait hasardée, mais j'ai peine à croire qu'un auteur auquel il fallait tant de sujets, se soit interdit de puiser à deux sources aussi fécondes. La tragédie sacrée [1] pouvait intéresser quantité de spectateurs, et les foudres dont le Parlement avait frappé les mystères n'effrayaient plus personne. D'autre part, les historiens modernes racontaient beaucoup d'intrigues et d'événements, qui se pouvaient mettre en drame, et qui eussent piqué la curiosité du public plus que des événements anciens, trop connus ou indifférents. Il est donc possible que Hardy ait fait des tragédies sacrées et des tragédies modernes, mais leur faiblesse ou quelque préjugé littéraire l'aura empêché de les publier [2].

Parmi celles qui nous ont été conservées, la plupart avaient été déjà traitées par des classiques français ou italiens : nous aurons donc soin de comparer les œuvres de Hardy à celles de

---

1. Voy., dans Sainte-Beuve, *Tableau*, p. 251; dans Faguet, p. 363, etc..., les titres de pièces sacrées publiées à la fin du XVIe siècle. Vauquelin de La Fresnaye, quoique classique, recommande chaleureusement aux poètes de mettre en honneur la tragédie chrétienne. (*La poét. fr.*, l. III, t. I, p. 110-111.)

2. En tout cas, je ne crois pas qu'il faille songer à des sujets trop récents, comme *Marie Stuart* ou *la Mort d'Henri IV*; ni à des pièces politiques, comme le *Coligny* de Chantelouve, la *Guisiade* de Pierre Mathieu, ou le *Chilpéric second du nom* de Louis Léger. Les premières de ces pièces n'ont pas été représentées; quant à celle de Louis Léger, elle allait l'être dans un collège, quand la représentation fut interdite, et l'auteur emprisonné. Croit-on que la censure se fût montrée plus clémente, si l'œuvre avait été destinée au grand public? On répond que l'Estoile a parlé d'une farce qui avait une portée politique, et dont Henri IV a beaucoup ri; mais l'Estoile n'ajoute-t-il pas que, si Henri ne se fût trouvé là, les farceurs auraient payé cher leur audace? D'ailleurs une farce n'est pas une tragédie : les rois permettaient volontiers à des bouffons ce qu'ils n'eussent pas permis à d'honnêtes gens, et le tragédien La Fleur n'eût peut-être pas parlé sans danger comme cet enfariné de Gros-Guillaume.

ses devanciers. Même alors que Hardy n'a ni imité ni connu ses prédécesseurs, il y aura intérêt, croyons-nous, à montrer qu'il traite ses sujets avec plus d'habileté, qu'il y introduit plus d'action et de vie dramatique ; Fontenelle n'a-t-il pas osé dire de ses tragédies : « il y a plus de mouvement parce que les sujets en fournissent davantage, mais ordinairement le poète n'y met pas plus du sien [1] » ? En montrant la fausseté de ce jugement, peut-être amènerons-nous nos lecteurs à avoir plus d'estime pour le vieux dramaturge, que la comparaison avec nos grands tragiques écrase, mais qui sort grandi d'une comparaison avec ceux qui l'ont précédé.

Après Hardy, un certain nombre de ses sujets ont été repris encore ; nous étudierons les pièces les plus rapprochées chronologiquement de celles de notre auteur, et saurons par là si ses successeurs l'ont imité et s'ils ont toujours été en progrès sur lui.

Un seul ordre serait satisfaisant pour cette étude, celui qui nous permettrait de connaître la marche et de décrire l'évolution du talent de l'auteur ; mais la chronologie de ses œuvres nous est inconnue. Nous nous contenterons donc de suivre l'ordre dans lequel elles ont été publiées ; après tout, Hardy a eu ses raisons pour le choisir [2].

ANALYSES

I. — Didon se sacrifiant.
(T. I, p. 1 à 84.)

I

Neuf tragédies au moins avant celle de Hardy, et, après, un nombre peut-être égal de tragédies et d'opéras, voilà ce qu'a valu au théâtre le quatrième livre de l'*Énéide*. Le simple et pathétique drame qu'il renferme ne pouvait manquer de séduire beaucoup d'auteurs dramatiques, et Racine lui-même y trouvait un excellent sujet qu'il comparait à celui de *Bérénice* [3].

Parmi les poètes qui ont imité Virgile, — et nous laisserons de côté ceux qui n'acceptent pas la tradition suivie dans l'*Énéide* et,

---

[1]. *Vie de P. Corneille avec l'histoire du théâtre français jusqu'à lui*, p. 108.
[2]. Voy. ci-dessus, l. I, ch. III, p. 77-78.
[3]. Préface de *Bérénice* (éd. des *Grands écrivains*, t. II, p. 365).

ne donnant aucun rôle à Énée, font de Didon une veuve inconsolable, qui se tue plutôt que de contracter un nouvel hymen [1], — les uns ont complaisamment déroulé l'histoire entière des amours d'Énée et de Didon, en commençant leur récit à l'arrivée d'Énée en Afrique; les autres nous montrent au début de leur pièce les deux amants jouissant de leur bonheur, aussitôt ils amènent la crise qui va les séparer, et l'on court au dénouement fatal [2].

Parmi les premiers, celui qui a le plus singulièrement coupé sa pièce est l'Anglais Marlowe [3]. Deux actes sont consacrés à l'arrivée des Troyens, au festin, au récit des malheurs d'Énée. Le troisième renferme la scène de la chasse et consomme l'union d'Énée et de Didon. Au quatrième, le prince veut partir pour l'Italie; mais la reine lui enlève ses rames et ses voiles. Nous n'avons plus qu'un acte, et la vraie tragédie n'est pas commencée; mais Marlowe la mène vivement et n'en termine pas moins la pièce par trois morts.

La *Didon* de Giraldi [4] se divise aussi en deux parties, dont l'une nous conduit à la chute, l'autre au suicide de Didon. Seulement, elles se partagent mieux la pièce, et, au lieu que les deux dénouements soient mis sur la scène, le poète n'en présente au spectateur que les préparations. Les deux premiers actes font naître et grandir l'amour de Didon, après quoi la chasse a lieu pendant l'entr'acte; les trois derniers réduisent la reine au désespoir, mais elle se frappe dans la coulisse et ne paraît sur le théâtre qu'après le récit du messager, pour nous faire entendre un long hélas [5]! Tout cela est sage, mais bien timide. De même Giraldi est embarrassé pour mettre en présence ses personnages. Énée et Didon

---

1. Voy. l'analyse de l'*Élisa Dido* par Cristobal de Virues (1581) dans Von Schack, t. I, p. 298, et Ticknor, t. II, p. 120. Cf., dans La Vallière, t. II, p. 395-398, l'analyse de *la Vraie Didon ou Didon la Chaste* de Boisrobert, jouée en 1642 d'après les frères Parfait, publiée en 1643.

2. Racine dit que « ce qui a pu fournir assez de matière pour tout un chant d'un poème héroïque » suffit évidemment « pour le sujet d'une tragédie ». Il semble donc être favorable à la première façon de traiter le sujet. Mais ce n'est là qu'une illusion, et il suffit, pour s'en convaincre, de constater que Racine appelle ce sujet, non « les amours », mais « la séparation d'Énée et de Didon », qu'il en restreint l'action à une durée « de quelques heures », et enfin qu'il le compare au sujet de sa *Bérénice*. Or, nous ne voyons pas, dans cette tragédie, naître et grandir l'amour des deux souverains; la pièce commence alors que leur hymen va se consommer ou se rompre. Ainsi Racine eût fait une *Didon* analogue à celles de Dolce et de Hardy.

3. *The tragedy of Dido, queen of Carthage*, composée par Marlowe, achevée et publiée par Nash en 1594. Voy. plus haut, p. 237, n. 2.

4. Voy. plus haut, p. 237, n. 1.

5. Acte V, sc. IV, p. 125.

devraient se rencontrer au moins deux fois, puisqu'ils participent
à deux actions; on ne les voit pourtant l'un avec l'autre que dans
la première scène du quatrième acte, et le poète tient tellement à
éviter le renouvellement d'un pénible débat, qu'il ne fait plus
reparaître Énée.

Avec la *Didon* du Dolce [1], nous nous trouvons en face d'une
nouvelle façon de comprendre et de mettre en œuvre ce sujet tragique. Lorsque la pièce commence, il y a « un an entier » que les
Troyens ont débarqué en Afrique [2]; la reine est heureuse, mais
un pressentiment la trouble et son bonheur va se briser. Énée,
en effet, conseillé par Achate, s'efforce de quitter l'Afrique secrètement et sans prévenir Didon; puis, lorsque les Carthaginois
ont percé le mystère dont les Troyens enveloppaient leur départ,
il se résout à voir la reine et, après cette entrevue, — la seule
que nous montre la tragédie, — ne reparaît plus. Anna se rend
sur le rivage pour le supplier de la part de sa sœur, mais elle
nous apprend elle-même qu'elle s'est contentée d'entendre les
cris et les signaux des Troyens prêts à prendre le large, et qu'elle
n'a pas tenté d'inutiles efforts [3].

Malgré tout, l'Énée du Dolce est moins insensible que celui de
Giraldi. Quant à Didon, qui, pendant un an, avait peut-être oublié
Sichée, elle se souvient de lui dans le malheur et ce souvenir
l'accable; mais pourquoi faut-il que le goût du merveilleux gâte
une idée qui pouvait être féconde? Une veuve coupable, obsédée
par le remords au point de se créer dans son trouble un effrayant
fantôme de son premier époux, exciterait au plus haut point notre
intérêt et notre pitié, tandis que nous restons froids devant une
ombre authentique, tirée des enfers par Cupidon.

Malgré l'abus du merveilleux, le manque d'action, les nombreux récits du cinquième acte, la *Didon* du Dolce semble bien être
la meilleure de celles qui ont paru hors de France au XVI° siècle [4].
Celles qu'on a composées chez nous dans le même temps ne sauraient lui être préférées.

---

1. Voy. plus haut p. 237, n. 1.
2. Acte I, f° 4, v.
3. Acte IV, f° 28, v.
4. Nous pensons avoir parlé de toutes celles qui sont connues. Ginguené en
cite une autre qui n'a jamais été imprimée. Elle était l'œuvre d'un poète « bizarre », Alessandro de Pazzi, qui florissait vers 1510. Voy. Ginguené, t. VI,
p. 73.

II

La première est celle de Jodelle, dont la composition est postérieure à la représentation de *Cléopâtre*, c'est-à-dire à 1552. Jacques de La Taille, mort dix ans plus tard, avait aussi écrit une *Didon*, mais qui était perdue déjà quand Jean de La Taille entreprit de publier les œuvres de son frère [1]. En 1582, parut à Lyon une *Didon* de Guillaume de La Grange, natif de Sarlat en Périgord [2]. Enfin Du Verdier cite [3] une *Didon* non imprimée de Gabriel Le Breton, qui a publié un *Adonis* en 1579.

Telles sont, sur ce sujet, les œuvres françaises dont on fait mention avant Hardy. Deux ont été imprimées, mais nous n'avons pu trouver celle de La Grange [4]. L'ombre de Sichée y faisait le prologue, Didon racontait ensuite à Barce un songe affreux; les autres personnages étaient Énée, Achate, le messager et le chœur. Tout cela pourrait bien être inspiré du Dolce et n'offre sans doute aucun rapport avec la pièce de notre auteur.

Après Hardy, c'est Scudéry, le premier, qui remet à la scène l'héroïne de Virgile, et sa tragédie, jouée en 1636, est publiée en 1637. Comparons donc à la pièce de Hardy celle de son plus fameux prédécesseur, Jodelle, et celle de Scudéry.

Jodelle [5] avait le choix entre deux plans, celui de Giraldi et celui du Dolce. Il n'a usé ni de l'un ni de l'autre, et sa tragédie n'en est pas une. Quand elle commence, la décision d'Énée est prise et les Troyens vont s'embarquer; la décision de Didon fournit au poète quarante vers, ceux dans lesquels Barce raconte la mort de sa maîtresse; ainsi toute la pièce n'est qu'une préparation de ce court récit. Didon, Énée, Anne, Barce, le chœur, y font

---

1. Jean de La Taille de Bondaroy au lecteur, dans le vol. qui a pour titre: *Saül le Furieux*, f° 72, r. et v.

2. Du Verdier, t. II, t. IV. des *Bibliothèques françoises de La Croix du Maine et de Du Verdier*, p. 84; fr. Parfait, t. III, p. 380-385.

3. Même vol., p. 2.

4. M. Faguet n'a pas été plus heureux que nous; voy. *la Trag. fr.*, p. 312. Le *Catalogue Soleinne* (t. I, p. 167) dit que la pièce de La Grange fut réimprimée à Paris en 1594, in-12, mais qu'elle « n'en est pas moins fort rare ».

5. *Les œuvres et meslanges poétiques d'Estienne Jodelle, sieur du Lymodin. Premier volume*. A Paris, chez Nicolas Chesneau, rue Sainct Iacques, à l'enseigne du Chesne verd; et Mamert Patisson, rue Sainct Iean de Beauvais, devant les Escholes de Decret, MDLXXIIII, in-4°. (Le 2° vol. n'a jamais paru.) — On peut voir une analyse très élogieuse de la *Didon* de Jodelle dans La Vallière, t. I, p. 135-138.

longuement entendre leurs plaintes; c'est une interminable élégie, où tout ne pouvait être pris de Virgile, et où par conséquent tout n'est point touchant.

Il semble tout au moins qu'un développement aussi étendu d'un thème unique suppose beaucoup d'imagination et de fécondité. Beaucoup moins qu'on ne croirait, car Jodelle, qui borne son œuvre à mettre en action une petite partie du quatrième livre de l'*Énéide*, remplit ensuite ses cinq actes en mettant dans la bouche de ses personnages maints passages empruntés ou abrégés d'autres livres de ce poème et jusqu'à des traductions de divers auteurs [1].

Reproduisons une spirituelle analyse de M. Demogeot [2]; elle nous montrera comment le poète a disposé la matière insuffisante qu'il avait choisie.

« Le premier acte nous apprend que les Troyens vont sortir de Carthage. Énée nous confesse même qu'il lui en coûte beaucoup d'apprendre cette nouvelle à Didon. Cet aveu lui donne l'occasion de nous initier à ses aventures antérieures.

> Je ne m'effrayai point quand la Grèce outragée
> Fit ramer ses vaisseaux jusques au bord Sigée...

Quatre-vingt-dix vers nous instruisent en détail des circonstances diverses où Énée ne *s'effraya point ;* après quoi il ajoute :

> Toutefois maintenant, hors quasi de tout trouble,
> Je pâlis, je me perds...

Cela compris, un chœur de Troyens termine le premier acte.

« Le deuxième est plus animé. Didon, à qui Énée n'a rien dit encore de son départ, s'en doute néanmoins, et emploie par précaution deux cents alexandrins pour en détourner le présumé infidèle. Et, à la fin de sa tirade, elle s'écrie, par un remords bien placé : « Mais pourquoi tant de mots? » Et, pour inviter son interlocuteur à se dédommager de sa longue patience, elle lui adresse cette question fort naturelle :

> Qu'en dis-tu?

---

[1]. Par exemple, l'invocation à Vénus, qui ouvre si magnifiquement le poème de Lucrèce, a trouvé place dans l'œuvre de ce dramaturge érudit. (Acte III, f° 274.) — Est-il utile d'ajouter que toutes ces réminiscences ne sont pas heureuses? « Le courroux fait la langue », dit assez singulièrement Énée d'après Juvénal. (Acte II, f° 268 v.)

[2]. *Tableau*, p. 433-434.

Le Troyen *en dit* tout ce qu'en dit Virgile, et même beaucoup plus, et tout cela d'une seule haleine, pendant deux cents vers. Didon en réplique cent, et rentre chez elle. Énée et le chœur se chargent de finir l'acte second.

« Le troisième est moins plein. La reine engage sa sœur à transmettre ses prières au fugitif. Anne s'acquitte en vain de ce message. Énée a ensuite une petite conversation avec son fidèle Achate. Le chœur final est court.

« Au quatrième acte, Anne plaint sa sœur, Didon se plaint et commande le prétendu sacrifice magique. Le chœur se dédommage de la brièveté de l'acte précédent.

« Le cinquième contient un monologue où Didon fait ses adieux à la vie et ses imprécations contre les Troyens :

> Quant à vous, Tyriens, d'une éternelle haine
> Suivez à sang, à feu, cette race inhumaine ;
> Les armes soient toujours aux armes adversaires ;
> Les flots toujours aux flots, les ports aux ports contraires.
> Que de ma cendre même un brave vengeur sorte,
> Qui le foudre et l'horreur sur cette race porte.
> Voilà ce que je dis, voilà ce que je prie,
> Voilà ce qu'à vous, dieux, ô justes dieux, je crie !

Suit le récit de sa mort et les lamentations lyriques du chœur. »

Sauf quelques vers assez bien traduits, le style de Jodelle est traînant et lâche, la versification molle et sans éclat. Les personnages parlant beaucoup plus longuement que dans l'*Énéide*, force leur est d'interrompre sans cesse les développements du poète latin pour y intercaler des morceaux étrangers. Ainsi des vers qui, rapprochés, produisent chez Virgile et produiraient encore ici un grand effet, se trouvent séparés par d'autres beaucoup plus froids et qui nous sont indifférents, à peu près comme se trouvent séparés dans une dissertation d'écolier les phrases et les arguments fournis par la *matière*. Concluons : tout cela était hors d'état de frapper l'esprit d'un spectateur ; on dirait aujourd'hui que tout cela ne pouvait *passer la rampe*.

III

Plan, physionomie des personnages, allure du dialogue, des vers et du style, comme tout paraît plus dramatique quand on passe de l'œuvre de Jodelle à celle de Hardy! Celle-ci est loin d'être un chef-d'œuvre, elle est même fort mal écrite, mais c'est une vraie pièce, composée par un homme qui sait son théâtre et qui a l'instinct de la tragédie [1].

Tout d'abord, Hardy s'est bien gardé de faire commencer sa pièce alors qu'Énée est résolu au départ et que les vaisseaux troyens sont prêts à prendre le large. Rien encore n'a gravement troublé le bonheur dont jouit Didon. Mais, après un court égarement, Énée s'est repris à songer à sa mission, et les remords l'assaillent. Didon s'est aperçue de ses ennuis, et elle s'inquiète. L'amante a peur du départ de l'amant, et l'amant se décide à le préparer, sans savoir s'il aura le courage de l'accomplir. Voilà bien un premier acte, un acte de préparation. Et, remarquons-le, ce ne sont pas les ordres de Jupiter qui déterminent le départ d'Énée, ils achèveront seulement de le rendre nécessaire. La crise ne vient pas du dehors, elle commence dans l'âme des principaux personnages : n'est-ce pas déjà là de la tragédie classique?

Le second acte n'est pas inutile, puisqu'Énée s'affermit de plus en plus dans son dessein : tout le pousse, et les conseils de ses compagnons, et l'état des cieux, et la généreuse colère d'Ascagne; des ordres plus précis sont donnés par lui à ses compagnons. — L'ensemble cependant est un peu vide, et la pièce n'aurait pu que gagner à être resserrée en quatre actes.

En pareil cas, Hardy remplit le vide le mieux qu'il peut et en consultant les goûts de ses spectateurs. De là le hors-d'œuvre qui forme la scène première : Iarbe, roi des Maurusiens, s'entretient avec un de ses guerriers; il s'indigne de ce que Didon, qui lui doit la vie et son nouvel état, lui ait refusé sa main pour la donner à un Troyen efféminé; il jure de tirer vengeance de cet affront; et ses accents énergiques, ses airs de matamore, devaient faire la joie du public. Mais Iarbe ne joue plus aucun rôle dans la pièce, et cette scène n'aura de suite qu'après le suicide de Didon; c'est alors seulement qu'un messager viendra, chargé de déclarer la guerre à Carthage :

1. *Mise en scène supposée :* Au fond, le palais de Didon (trois compartiments, parmi lesquels une chambre d'où se voit la mer (acte IV, sc. III); c'est au milieu, dans l'espace découvert, que se passe le cinquième acte). — Sur les côtés, le palais d'Iarbe, — et le port de Carthage avec un vaisseau (acte IV, sc. I). Les scènes I, I, et II, II, se passent dans un lieu indéterminé et se jouaient sans doute au milieu de l'avant-scène.
  La *durée de l'action* ne dépasse peut-être pas vingt-quatre heures.

> Iarbe préféré, tu ne fusses pas morte [1],

s'écriera-t-il, déconcerté, à la vue du cadavre; et il semblera que ce soit là la conclusion, conclusion singulière, de la tragédie.

Le vide comblé, la pièce va suivre maintenant une marche régulière, et dont les étapes seront nettement marquées.

L'acte III renferme la scène d'explication entre Didon et Énée, scène capitale, où Énée montre assez d'énergie pour résister aux reproches et aux prières, à la colère comme aux larmes, mais dont il sort brisé et sans force. Achate essaye de lui rendre son énergie :

> Allons, fils de déesse, allons, ne te replonge
> Dans le gouffre inhumain du remords qui te ronge;
> La flotte nous attend.
>
> ÉNÉE
> Las! que ne sommes-nous
> En pleine mer, des flots éprouvant le courroux [2]!

Didon ne veut pas désespérer encore, ou du moins elle veut faire une dernière tentative pour retenir l'infidèle, et elle charge Anne d'aller le supplier. Qu'il consente, non à rester toujours auprès de Didon, mais à attendre auprès d'elle le retour d'une saison plus favorable : elle s'habituera cependant à l'idée de son malheur.

Ainsi finit le troisième acte, et nous pouvons nous demander si Énée, que nous avons vu si triste et si découragé, saura résister à des prières aussi pressantes et, en apparence, aussi modestes. Tout est remis en question et le dénouement de la crise est redevenu douteux. C'est alors que Mercure apparaît à Énée et lui inspire l'énergie dont il a besoin; n'est-ce pas là combiner heureusement les événements merveilleux que le sujet fournissait avec la lutte psychologique que la tragédie demande [3]? Énée, plus fort, repousse victorieusement toutes les attaques d'Anne; Didon se désole en apprenant que toute espérance est perdue. Maintenant, sa sombre résolution est prise, mais elle feint de vouloir vivre et guérir ses tourments : elle ordonne de préparer le sacrifice magique.

1. Acte V, p. 84.
2. Acte III, sc. 1, p. 39.
3. Dans la grande scène de l'acte III (acte III, sc. 1, p. 36), Énée a déjà parlé à Didon d'une apparition de Mercure. C'est celle que l'on trouve dans Virgile et dans tous ses imitateurs. Mais Hardy a eu le mérite d'y attacher peu d'importance, tandis qu'il inventait et mettait en pleine lumière une seconde apparition, plus tragique et plus utile à la marche de l'action.

L'acte V est consacré tout entier au dénouement. La mort de Didon ne nous y est pas racontée en quelques vers plus ou moins pathétiques; elle est mise sur la scène même. De plus, Hardy ne s'est pas contenté de mettre dans la bouche de la reine un long discours avant de lui faire donner le coup fatal. Le coup de poignard est fort habilement préparé, et fort habilement l'émotion des spectateurs est accrue jusqu'à l'événement qui y met le comble. Ce sont d'abord les préparatifs du sacrifice qui s'achèvent; puis Barce à qui la vue de sa maîtresse hors d'elle-même inspire des soupçons tardifs; ce sont des paroles et des imprécations de Didon, inquiétantes pour les autres acteurs de la scène, à qui leur éloignement n'en laisse arriver que des lambeaux, d'une clarté terrible pour les spectateurs; ce sont surtout les mouvements du chœur, qui s'afflige, qui se repent d'avoir laissé une arme aux mains de la malheureuse, qui s'approche peu à peu pour la protéger contre elle-même. Et malgré tout, la reine se frappe.

BARCE
Au meurtre! elle se tue.

CHŒUR
O prodige effroyable!
Courons pour retenir sa dextre impitoyable.

BARCE
Hélas! il n'est plus temps; ce beau sein traversé,
L'âme fuit dans le sang à gros bouillons versé.

CHŒUR
O ville désolée!

BARCE
O chétive vieillesse [1]!

La pièce pourrait être finie, et il reste encore 150 vers. Peut-être que l'acte eût été trop court.

Ce qui vaut le mieux dans la pièce de Hardy, c'est le développement de l'action, l'habile succession des scènes, en un mot la composition; le style est le plus souvent très faible, et les caractères sont médiocrement étudiés. Nous ne laisserons pas d'en dire un mot. S'ils ne sont pas assez vigoureusement tracés, l'originalité ne leur fait pas toujours défaut; s'ils ne sont pas assez soutenus, ils ont pourtant des traits assez distinctifs pour qu'on ne puisse les confondre.

1. Acte V, p. 77.

Didon est constamment animée par deux sentiments : le violent amour qu'Énée lui inspire, et le repentir qu'elle éprouve d'avoir été infidèle à Sichée. L'*image* de son *loyal* époux se représente à ses yeux, plaintive ; et cette image n'est pas une ombre échappée à Pluton, c'est un fantôme créé par ses scrupules et par sa peur. Ah ! si Énée restait toujours auprès d'elle, le nouvel époux ferait sans doute oublier l'ancien. Mais la reine ne s'est pas méprise sur les préoccupations du Troyen ; voici que « ses mâts sont couronnés » et que ses vaisseaux sont prêts à partir ; alors Didon exhale ses plaintes avec un mélange vraiment tragique de colère, de regret, de sombre résignation :

> Las ! hélas ! que ferai-je ? Hélas ! à quel remède
> Courra dorénavant l'erreur qui me possède ?
> Demandes-tu, Didon, quel remède ? la mort ;
> La mort, si peu de chose à un courage fort.
> La mort, ô misérable ! ô dure récompense,
> Alors qu'à son motif désastreuse je pense !
> Un que j'ai naufrageux de la Parque recous... [1]

Énée se présente, et alors commence une grande scène, sublime dans Virgile, fort tragique ici, malgré la rudesse, l'obscurité ou les fausses élégances de certains vers. Hardy a su rendre le mélange de fureur et de tendresse que Virgile a mis dans la bouche de son héroïne :

> Ah ! traître, à ce visage éperdument confus
> Je lis l'intention de ta sinistre envie...
> Me fuis-tu ? Par ces pleurs, par cette main loyale,
> Puisque plus rien ne reste à ma grandeur royale,
> Que je t'ai tout donné, tout mon plus précieux,
> Par l'hymen commencé, si jamais à tes yeux
> Chose de moi provint et désirable et douce [2],
> Dépouille ce désir, et ma voix ne repousse...
> Vois, vois qu'à ton sujet un monde m'est contraire,
> Les peuples lybiens ne s'en peuvent plus taire,
> Les rois de Numidie ont juré mon trépas,
> Voire, hélas ! et pour toi les miens ne m'aiment pas [3].

Elle s'irrite contre les raisons alléguées par Énée, — raisons misérables pour une amante ; — puis, par un touchant retour, la voilà

---

1. Acte III, sc. I, p. 28.
2. Texte de la première édition.
3. Acte III, sc. I, p. 28 et 29.

qui descend aux supplications et demande presque pardon de ses violences :

> Un reproche sans doute a suivi la colère [1] !
> Tu n'en ferais pas moins, en ma place réduit...
> Tu me vois à tes pieds, tienne plus que jamais,
> T'adorer comme un dieu ; je jure désormais
> D'esclave te servir, je me répute heureuse,
> Et ne m'éloigne point de ta face amoureuse...
> Me le promets-tu pas [2] ?

N'est-ce pas là, comme observe M. Demogeot qui cite ces vers, « n'est-ce pas là comprendre et traduire l'indication du maître : *preces descendere ad imas* » ? Les imprécations qui suivent sont énergiques ; mais la reine est épuisée par ce dernier effort, le chœur vient la soutenir et l'emmène.

Hardy a eu soin de ne pas terminer là son acte [3] ; un entr'acte aurait l'air d'un temps de repos pour Didon, et Didon peut-elle prendre du repos, quand l'infidèle va peut-être mettre à la voile ? Après un court chant lyrique, la reine reparaît donc, faible et se traînant à peine : elle supplie Anne d'attendrir Énée, mais c'est en vain que sa sœur espère, c'est en vain qu'elle-même invoque Junon, une triste horreur l'a saisie.

Nous ne pouvons parcourir ainsi tout le rôle de Didon ; si le style y est souvent barbare, la pensée et le sentiment se maintiennent presque partout à la même hauteur, le mouvement et la vie sont presque partout aussi intenses. Quel tableau, lorsque, après une nuit horrible, où elle a souffert de mille tortures, la reine apparaît, désespérée, regarde le port, et voit les vaisseaux troyens sillonnant les flots ! Ce tableau était déjà dans Virgile, mais il n'était pas dans les dramaturges ses imitateurs [4]. Quel apaisement se fait dans l'âme de Didon, lorsqu'elle espère en mourant laver sa souillure et obtenir le pardon de son Sichée ! Enfin, parmi ses dernières pensées, il en est de terribles et de touchantes ; elle songe à sa sœur,

---

1. *Sans doute!* elle n'en est pas sûre, tant est grand son égarement.
2. Acte III, sc. I, p. 34.
3. Il avait déjà 282 vers, chœur non compris, et ce ne peut être pour lui donner une étendue raisonnable que l'auteur l'a encore prolongé.
4. Voy. les actes IV de Giraldi et de Dolce ; voy. le début du 5ᵉ acte de Jodelle. A l'Hôtel de Bourgogne, Énée montait sur son vaisseau à la fin de l'acte IV, sc. II, et le vaisseau rentrait dans la coulisse. C'est alors que la reine paraissait (sc. III) et constatait que les vaisseaux n'étaient plus dans le port. Hardy parlait aux yeux en même temps qu'à l'esprit de ses spectateurs.

dont la mort suivra peut-être la sienne ; elle songe à Carthage, que la fin de sa fondatrice va affaiblir :

> Combien des envieux de ta grandeur prospère
> Tu auras à souffrir, orpheline étrangère !...
> Je l'appréhende plus que mon propre méchef [1].

On comprend qu'en face d'un tel caractère, celui d'Énée était difficile à concevoir et à soutenir ; quelques efforts qu'un auteur y pût faire, le rôle d'un amant infidèle et pieux ne pouvait être qu'un rôle *ingrat*. Celui qu'a écrit Hardy n'est pas autre chose ; mais, si nous faisons abstraction du style, c'est encore le plus intéressant, ou, pour mieux dire, le moins désagréable de ceux qu'on avait écrits jusqu'alors. Énée n'a plus « cette rigidité passive, qui en fait dans l'*Énéide* l'homme du destin [2] » ; il n'est pas non plus capable de cette dissimulation et de ces compromis de conscience, qui le rendent presque méprisable dans les pièces de Dolce et de Giraldi.

Comme il voit que le bonheur ou la perte d'un peuple dépendent de la résolution qu'il prendra, il consulte, avant de la prendre, ses fidèles compagnons Achate et Palinure ; mais, s'il veut bien écouter leurs conseils et leurs remontrances, il entend qu'on respecte la tristesse que lui cause l'idée de son départ, et qu'on ne taxe pas de lâcheté la crainte qu'il éprouve de désoler ou de *meurtrir* Didon :

> Ma constance, éprouvée en choses plus ardues,...
> Me purge du soupçon de telle lâcheté ;
> La gloire au plus haut prix j'ai toujours acheté,
> Ennemi du repos, ennemi des délices ;
> Mais quand nous nous sentons de cruautés complices,
> Quand il est question de rompre une amitié
> Envers nos bienfaiteurs plus dignes de pitié,
> Ah ! cieux ! ah ! justes cieux ! alors la conscience [3]
> Jette un trouble dans l'âme...
> Nous portons contre nous de terribles témoins,
> Et les plus généreux alors le sont le moins [4]

Énée tremble donc de paraître devant une femme, lui qui a montré tant de fermeté et de courage pendant la nuit sinistre où

---

1. Acte V, p. 72.
2. Demogeot, *Tableau*, p. 436.
3. Texte de la première édition.
4. Act I, sc. I, p. 6.

succombait Troie[1] ; mais il ne veut être ni ingrat ni traître, et, quoi qu'il lui en puisse coûter, il résiste aux conseils d'Achate, il ira faire à la reine ses adieux.

Devant Didon, Énée prononce trop de paroles embarrassées et de sentences froides ; il se permet même, ce qui est plus grave, quelques pointes fort déplacées ; pourtant sa loyauté, sa sincérité, sa tendresse sont évidentes :

> Plût au ciel te pouvoir par ma mort secourir,
> Et la haine des dieux rebelle n'encourir...
> S'éclate un foudre horrible, et apaise sa rage
> Sur la tête d'Énée, avant qu'il vous outrage[2] !

Et, lorsque Didon est tombée évanouie, Énée lui adresse encore quelques paroles touchantes, et lui fait cette solennelle promesse :

> Cruelle, m'envier l'heur de te dire adieu !
> Soit ; un jour la raison dans ton âme aura lieu ;
> Tu jugeras, Didon, du courage d'Énée,
> Aussitôt qu'il verra stable sa destinée,
> Et qu'il aura franchi ce dédale d'erreurs :
> Je jure que Neptune et toutes ses horreurs,
> Que péril, quel qu'il soit, n'empêchera ma barque
> De te rendre un devoir où la foi se remarque,
> De revoir le soleil de tes yeux adorés,
> Pour un moment de corps, non de cœurs, séparés[3].

C'est après avoir fait la même promesse à Anne, c'est après avoir témoigné de la même tendresse, qu'Énée monte sur ses vaisseaux et part :

> Cesse de me vouloir accroître la pitié ;
> Je ne manque, non plus qu'elle fait, d'amitié ;
> Sa douleur est la mienne, hélas ! je la déplore,
> Et la dextre des cieux à son aide j'implore[4].

---

1. Acte II, sc. II, p. 16-17. L'idée de cette antithèse est empruntée à Jodelle ; mais le développement est ici beaucoup plus court et, au lieu de faire un historique froid de toutes les circonstances où il n'a pas eu peur, Énée se contente de retracer le tableau, qu'il doit toujours avoir devant les yeux, de la dernière nuit de Troie.
2. Acte III, sc. I, p. 33 et 35.
3. Acte III, sc. I, p. 38.
4. Acte IV, sc. II, p. 50. Voy. aussi p. 51. — Constatons pourtant que l'apparition de Mercure donne un peu trop d'énergie à Énée, puisqu'il dit à Anne d'un ton presque cavalier :

> Or n'ai-je plus loisir de retarder, adieu ;
> Adieu, vivez toujours heureuses et contentes (p. 55).

Nous n'insisterons pas sur les personnages secondaires. Anne témoigne pour sa sœur d'une affection profonde et d'un dévouement aveugle. Elle se reproche, trop longtemps, mais avec force, d'être la vraie cause de sa mort :

> Pardonne-moi, ma sœur, avant que trépasser ;
> Ne me saurais-tu plus mutuelle embrasser ?
> Me dire un long adieu, lâcher une parole
> Qui de mon désespoir l'extrémité console ?
> Au défaut de la voix, pardonne-moi des yeux [1].

Achate et Palinure, qui se trouvaient déjà dans la pièce de Jodelle et y faisaient l'exposition, ont été employés bien plus heureusement par Hardy [2]. Palinure, « en vrai pilote, montre à son maître la bonne route de la gloire [3] » ; il comprend que le vulgaire soit excusable de céder à ses passions ; mais peut-on se montrer aussi indulgent pour « un fils de déesse, un héros indompté, un qui sait des destins la sacre volonté » ? Celui-là n'est-il pas autrement coupable ?

> Sa vertu, disparue à l'approche du vice,
> Montre qu'il a péché de certaine malice,
> Qu'avant que de combattre il se rend au vainqueur,
> Et qu'il ne manque tant de force que de cœur [4].

Ces reproches sont d'un honnête homme, et Palinure en est un en effet : s'il accuse Énée devant Énée lui-même, il a soin de le défendre devant son fils.

Achate fait avec lui un intéressant contraste. Pour plaire à Énée, il consentirait volontiers à rester à Carthage ; mais, dès que le prince paraît favorable au départ, il lui conseille de ne plus s'occuper de Didon :

> De plein gré dans tes rets elle s'est attrapée,
> Tu as payé d'amour ce que tu lui devais [5].

Il faut enfin dire un mot d'Ascagne, « un fier petit page, qui ne comprend pas trop encore pourquoi l'on reste si longtemps à Carthage, mais qui sait déjà fort bien qu'il y a en *Itale* de grands

---

1. Acte V, p. 78.
2. Leurs caractères étaient beaucoup moins nets dans Jodelle, et l'exposition, faite en dehors d'Énée, était beaucoup moins intéressante.
3. Demogeot, p. 435.
4. Acte I, sc. 1, p. 6.
5. Acte I, sc. 1, p. 7.

coups d'épée à donner, un royaume à conquérir, et s'impatiente du repos¹ ». La colère et l'ironie se succèdent dans son langage, et il presse Palinure de questions gênantes :

ASCAGNE
Des hommes doivent-ils nous renforcer encore?

PALINURE
Ne soldats, ne nochers notre flotte n'implore.

ASCAGNE
Manquons-nous ou de vent ou de munitions?

PALINURE
Ils secondent ensemble à nos intentions.

ASCAGNE
Possible quelque signe observé dans les astres,
Quelque proche tourmente augure nos désastres.

PALINURE
L'air serein ne prédit tourmente de longtemps,
Ni le moindre péril sur les sillons flottants.

ASCAGNE
Donc la reine défend ²?

Que répondre à un trait aussi bien amené et aussi mordant?

Telle est la *Didon* de Hardy. Ses qualités auraient dû frapper les esprits lettrés; mais, lorsque la tragédie fut imprimée, on s'était habitué à une littérature romanesque et galante; ce qu'on dut le plus remarquer en elle, ce fut la rudesse et parfois la grossièreté du style, l'absence presque complète des pointes, et je ne sais quel air répandu partout de simplicité grave et forte. C'est de cette gravité que Théophile louait Hardy ³, et nous nous hâterons de l'en louer nous-même, quand nous aurons vu ce qu'a fait du sujet un de ses successeurs.

1. Demogeot, p. 438.
2. Acte II, sc. III, p. 23.
3. *Au sieur Hardy*, pièce liminaire du t. I :

Que c'est peu d'ouïr Cupidon
En sonnet mollement s'ébattre,
Au prix de voir sur le théâtre
Le désespoir de ta Didon!

IV

Comme Hardy avait voulu rivaliser avec Jodelle, Scudéry, en 1636, a voulu rivaliser avec Hardy [1]. Son *avertissement* nous le fait entendre : « J'ai tâché de toutes les forces de mon esprit d'élever, en cette occasion, la poésie française à la magnificence de la latine ; j'ai cherché la pompe et la majesté des vers ; j'ai suivi les pensées de mon auteur (*et peut-être aussi heureusement qu'aucun de mon temps ait pu faire*). » Puis, après un hommage rendu à Virgile : « Comme le pays latin est trop loin de la France pour y faire voyager les dames, c'est ici qu'elles pourront voir au moins une légère idée de tant d'excellentes choses qui ne sont plus que dans les livres. »

Ainsi Scudéry a voulu rendre fidèlement son auteur, et ses traductions en effet sont satisfaisantes, quoiqu'il remplace souvent la grandeur par l'emphase, et le sublime par le pompeux. — Il a cherché un ton plus majestueux et plus grandiose, et c'est pour cela que Didon a *deux gardes* près de son *trône*, qu'elle est entourée de *ses filles* et de *ses courtisans*, et qu'elle dit *vous* à sa sœur et à sa *dame d'honneur* Barce, lesquelles répondent *Madame* respectueusement. — Enfin il a voulu plaire aux dames, et nous verrons quelles étranges inventions ce désir lui a suggérées [2].

Scudéry a mis à la scène tout le roman d'Énée et de Didon. Le premier acte nous fait assister à la naissance de leur passion ; le deuxième est celui de la chasse : Didon s'abandonne à l'amour d'Énée ; le troisième commence à rompre le lien formé et prépare le départ d'Énée ; le quatrième est l'acte des adieux et des explications ; le cinquième celui du départ d'Énée et de la mort de son amante.

L'action ne commence pas d'une façon bien nette. A moins de montrer les Troyens débarquant et arrivant pleins de crainte au palais de Didon, ce qui était long et plus propre à un poème épique qu'à une tragédie, il fallait, semble-t-il, commencer la pièce alors qu'Énée a conté ses aventures et que le charme de sa parole,

---

1. G. de Scudéry : *Didon, tragédie*. Paris, chez Auguste Courbé, MDCXXXVII, in-4°.
2. Nous avons mentionné ailleurs une quatrième prétention de Scudéry, celle de « contenter le peuple par la diversité du spectacle et par les différentes faces du théâtre ». Voy. l. II, ch. III, p. 204.

l'intérêt qui s'attache à la vertu malheureuse ont complété l'effet produit par sa beauté. Mais Scudéry voulait traduire les passages les plus saillants du deuxième livre. De sorte que, lorsque s'ouvre le premier acte, Énée n'a pas encore fait le récit de ses malheurs, et que Didon commence à l'aimer sans qu'on s'explique trop pourquoi. C'est à sa sœur qu'elle confie le sentiment qui naît en son âme, mais elle proteste solennellement qu'elle ne s'y livrera pas. Anne l'engage à y céder, au contraire, et Didon est heureuse de se laisser persuader. Elle *prend* donc *les armes*, c'est-à-dire qu'elle se pare pour plaire au Troyen. Celui-ci, appelé, fait un récit à la fois écourté et trop long du siège de Troie.

L'acte II est peu virgilien. Peut-être est-ce l'acte que Scudéry dédiait plus spécialement aux dames : on le croirait aux fleurs de langage qui y sont semées; mais encore fallait-il que Scudéry s'adressât à des dames peu pudibondes. La chasse vient de commencer, et déjà Didon et Énée sont séparés du reste des chasseurs; Anne est inquiète, mais Barce la rassure :

> Le prince qui la suit (Madame), sans mentir,
> Suffit pour la défendre et pour la divertir;
> Avec cet entretien elle n'est pas à plaindre.

Elle n'est pas à plaindre, en effet, car jamais habitant du pays de Tendre ne s'est montré flatteur plus raffiné et plus précieux. Quel éloge il fait des « traits divins » de la Reine !

> On ne saurait parler de tant de belles choses :
> Les lys sont trop communs, aussi bien que les roses;
> Le soleil tout de même...

La reine se récrie avec une modestie coquette qui ne manque pas son effet :

> Ah ! Madame,
> Que ne m'est-il permis de vous ouvrir mon âme?
> Que n'a mis la nature un cristal à ce cœur,
> Pour montrer à travers le portrait du vainqueur?
> Ah ! que vous y verriez un visage adorable !
> Étant comme le vôtre, il est incomparable.

Didon ne veut pas être en reste d'amabilité :

> Véritable ou flatteur, je vous suis obligée;
> Mais l'estime entre nous est fort bien partagée;
> Et croyez, grand guerrier, que vos rares vertus
> Ont déjà fait ici des maux qu'on vous a tus.

L'orage éclate à propos, plus à propos encore une caverne se rencontre, où nos chasseurs se réfugient.

Lorsque Énée et Didon peuvent paraître : « Madame », dit Énée,

> Madame, il ne pleut plus, Votre Majesté sorte.
>
> DIDON
> Antres, toujours privés de la clarté du jour,
> Seuls et sacrés témoins de nos serments d'amour,
> Si l'on peut trop aimer, que la faute en soit grande,
> N'ayez jamais d'écho si l'on vous le demande.

On voit que ni l'orage, ni l'entretien d'Énée n'ont fait perdre l'esprit à la reine. — La fin de cette scène paraissait-elle à Scudéry avoir « de la pompe et de la majesté » ?

> DIDON
> Mais la nuit nous surprend, il faut trouver ma sœur ;
> Pour appeler quelqu'un, montons sur cette roche.
>
> ÉNÉE
> Holà ! hé ! l'on répond ; la voix est déjà proche ;
> Holà ! hé ! la voici.
>
> DIDON
> Quoi, vous est-il permis,
> Quand le péril est grand, de quitter vos amis ?

Au début de l'acte III, Énée a reçu l'ordre de Mercure et, dans un monologue antithétique qui rappelle les stances du *Cid*, il se demande s'il désobéira aux Dieux ou trahira sa belle, s'il sera impie ou inconstant. Mieux vaudrait mourir :

> En mourant de douleur, je mourrai de plaisir.

Cependant Achate s'est rendu au *lever* du prince, afin de lui exprimer les désirs de ses compagnons. Énée accuse ses amis de conspirer sa ruine avec les dieux ; puis il consent, et en termes émus, à ce qu'on prépare les vaisseaux pour le départ.

Au moment donc où Didon, agitée par de mystérieux pressentiments, était occupée à les confier à sa sœur, le prince arrive, le visage couvert de tristesse, et cet étonnant dialogue s'engage :

> ÉNÉE
> Plût aux Dieux...
>
> DIDON
> Partagez avec moi sa rigueur (!)

ÉNÉE

Si le ciel permettait...

DIDON

Quoi, Seigneur?

ÉNÉE

Que mon âme...

DIDON

Eh! de grâce, achevez.

ÉNÉE

Pût...

DIDON

Faire voir sa flamme.

ÉNÉE

Mais, mais hélas!...

DIDON

O Dieux, son déplaisir s'aigrit!
Tâchons de découvrir ce qu'il a dans l'esprit,
Allons apprendre ailleurs la cause de sa peine.

Resté seul dans des circonstances aussi bizarres, Énée se demande s'il se taira, s'il parlera.

Acte IV. Didon n'ayant pas voulu tout à l'heure écouter Énée, perd maintenant son temps à se demander s'il va partir. Il arrive, et Didon lui adresse ses prières, assez touchantes puisqu'elles sont traduites de Virgile. C'est aussi en traduisant Virgile qu'Énée répond et justifie son départ; malheureusement il traduit moins et mêle son discours d'élégances toutes nouvelles [1]. Didon réplique par des imprécations, puis se pâme, et reprend possession d'elle-même brusquement :

ANNA

Le perfide est parti, revenez à vous-même.

DIDON

Ah! ma sœur, en lui seul est parti ce que j'aime.
Il est vrai qu'il s'en va; mais, emportant mon cœur,
Innocent et coupable il est toujours vainqueur...
Va trouver de ma part cet aimable perfide.

Dans la scène suivante, Énée rend compte à ses compagnons de la constance qu'il a montrée. Êtes-vous satisfaits? demande-t-il amèrement :

---

1. Notons cependant ici un bon vers :
Je cache ma douleur pour n'irriter la vôtre.

> Commandez, joignez-vous au destin qui me brave ;
> Vous êtes souverains, et je suis votre esclave.
> C'est à vous à régner, c'est à moi d'obéir ;
> Faut-il perdre Didon, au lieu de la trahir ?
> Si vous le désirez, sa mort est légitime ;
> Servez-vous d'un captif pour faire un nouveau crime.

Singulière proposition, et qu'il fait suivre immédiatement d'une autre, non moins bizarre :

> Au nom de l'amitié que ce cœur a pour vous,
> Accordez-lui le bien de mourir de vos coups.

C'est un accès de folie sans doute, mais il est contagieux. Achate veut mourir, Ilionée veut mourir, Cloanthe veut mourir, Sergeste veut mourir, et aussi le reste des Troyens. La conclusion était prévue. « Obéissons aux Dieux », dit Énée,

> Et que ce noble sang demeure dans vos veines.

Tous rengainent leurs épées, et, Anne se présentant, Énée lui adresse un petit discours ferme et presque cavalier, sans même lui laisser prononcer une parole. Puis il s'embarque, et Anne, embarrassée, vient rendre compte à la reine de sa mission.

Lorsque commence l'acte V, les Troyens ne sont pas encore partis, et Mercure vient d'ordonner à Énée de presser son départ. Cela permet au héros d'exhaler de piquantes et spirituelles plaintes et de prononcer contre lui-même des imprécations qui ne peuvent nous intéresser.

Didon arrive au moment où le départ s'effectue. Elle s'irrite, appelle les Tyriens contre les coupables, regrette de ne s'être pas vengée par quelque horrible crime. Et toujours les pointes !

> J'eusse porté le feu jusque dans son navire,
> Embrasé ses vaisseaux par celui de mon ire.

Les scènes qui précèdent le dénouement sont assez animées. Pendant que Barce et Hircan préparent le bûcher du sacrifice, Hermon, Arbase, d'autres courtisans encore, qui veulent poursuivre et punir les Troyens, viennent en demander la permission à la reine. Didon les remercie, promet de se servir d'eux au besoin et leur ordonne de se retirer. Puis, après avoir éloigné Barce et défendu à ses demoiselles d'honneur de la regarder, la reine prononce une paraphrase des dernières paroles que Virgile a mises dans sa bouche ; et tout à coup :

THECNIS
O malheur ! ô prodige !

ZERTINE
O ciel, la reine est morte !

Voilà ce qu'a fait Scudéry de cette mort, si pathétique chez son devancier.

On voit que, de Hardy à Scudéry, la tragédie a fait quelques pas de plus sur la voie où Hardy l'avait engagée. Les actes sont plus pleins et plus souvent coupés, le nombre des personnages s'est accru, la scène est animée par plus de mouvement et plus de spectacle ; la tragi-comédie a marqué son empreinte sur la tragédie.

Faut-il s'en féliciter ? Sans doute, si les qualités propres de la tragédie se sont conservées, si elle est restée le genre grave et sérieux que nous connaissons. Il n'en est rien, malheureusement, et les progrès de la forme sont ici largement compensés par l'infériorité du fond. Un sujet trop vaste et mal conçu, des scènes et des personnages multipliés qui satisfont une curiosité frivole, plutôt qu'ils n'excitent un réel intérêt, un mouvement trop souvent stérile et qui ne sert pas à mieux mettre sous nos yeux les points les plus importants de l'action, voilà ce qu'on n'a pas de peine à remarquer dans la *Didon* nouvelle. Quant au langage, si souvent bas et grossier chez Hardy, il avait besoin d'une réforme ; mais nous regrettons presque de la trouver ici accomplie : la bassesse a fait place à l'emphase, et la grossièreté au précieux ridicule.

Je me reprocherais de ne pas signaler un mérite de Scudéry : comme Jodelle, il a supprimé Iarbas. A cela près, je préfère à son élégance molle et maniérée la force un peu raide et la rude simplicité du vieux Hardy.

II. — Scédase ou l'hospitalité violée.
(T. I, p. 85 à 149.)

Nous n'insisterons pas longtemps sur *Scédase*[1] : comment, en effet, analyser une tragédie, qui dépasse en horreur et en réa-

---

1. *Mise en scène supposée* : 1° la ville de Sparte au fond ; 2° palais à deux compartiments latéraux pour le jugement du 5° acte ; 3° maison de Scédase à Leuctres, avec un puits à côté de la maison ; 4° habitation du voisin Évandre ;

lisme brutal les plus sombres d'entre nos drames? Deux Lacédémoniens, Euribiade et Charilas, reçus comme hôtes par les filles du Leuctrien Scédase, profitent de l'absence du père pour les outrager. En vain elles résistent, les deux jeunes gens les entraînent. « Viens », dit Charilas à Évexippe,

> Viens, mauvaise, je veux (gouvernée à l'écart)
> D'un important secret ores te faire part.

On entend les cris de la jeune fille, et le misérable rentre bientôt sur le théâtre en s'écriant :

> Mienne, tu ne peux plus t'en dédire, ma belle [1]...

Et dire qu'une telle scène est en partie double! Que les deux jeunes filles sont jetées dans un puits sous les yeux du public! que, sous les yeux du public, on retire du puits les deux cadavres!

Hardy, connaissant les goûts des spectateurs, n'a rien fait pour dissimuler l'horreur de son sujet. Tandis que, dans Plutarque [2], les Spartiates s'arrêtent chez Scédase en revenant de Delphes, et commettent leur forfait sans préméditation, ici ils n'entreprennent leur voyage que pour satisfaire leur passion, renvoient un bon et honnête serviteur qui entraverait leurs desseins, et sont résolus d'avance au meurtre, afin de ne pouvoir jamais être convaincus du viol. Ajoutons que, si de tels crimes pouvaient être aggravés, ils le seraient par les galanteries et les fadeurs qui les précèdent, comme par le cynisme qui les suit [3].

— 5° pour la seconde partie du 5° acte, rideau de fond qui représente un tombeau.

La *durée de l'action* est assez étendue, puisqu'elle comprend, outre quelques jours qui s'écoulent entre les actes II et III et les actes III et IV, le temps nécessaire à trois voyages de Sparte à Leuctres, ou de Leuctres à Sparte.

1. Acte III, p. 123 et 124. « Ainsi, dit M. Fournel, Hardy a eu le triste mérite d'oser plus encore que ne devait le faire M. A. Dumas dans un de ses drames les plus connus, où l'on trouve une situation analogue, dont il ne paraissait pas possible de dépasser l'audace. » *La littérature indépendante*, p. 17.

2. Hardy renvoie à la *Vie de Pélopidas* (ch. xxxvii), mais c'est surtout dans les *Amatoriæ narrationes*, ou, comme dit Amyot, dans les *Étranges événements survenus pour l'amour* (Œuvres mêlées, t. II, ch. III, p. 64-7) qu'on trouve cette histoire racontée avec quelque détail.

3. Acte III, p. 125. Cf. Robiou, *Essai sur l'hist. de la litt. et des mœurs*, p. 280. Mais il n'est pas exact de dire, comme l'avait déjà fait Guizot (*Corneille et son temps*, p. 134), que les violences, « d'après le dialogue, sembleraient exercées sur la scène même ».

Scédase va à Sparte pour demander justice, les éphores insultent à son malheur. Le pauvre père revient donc à Leuctres [1], se tue sur la tombe de ses filles, et un de ses amis termine la pièce en faisant l'apologie de ce suicide.

Faut-il crier à l'immoralité? Hardy se serait sans doute étonné d'une pareille accusation. N'a-t-il pas fait prédire à Scédase mourant que tout ce sang et tous ces forfaits seraient expiés à Leuctres même? N'a-t-il pas fait précéder sa tragédie d'un prologue, où un Spartiate honnête craint pour sa patrie la décadence et la ruine, si le vice continue à s'y étendre? Et peut-on dire que le crime soit ici peint de couleurs séduisantes? Non, la pièce est grossière plutôt qu'immorale; elle est conforme au goût du temps.

Aussi les contemporains de Hardy n'ont-ils pas songé à se scandaliser; la pièce a été imprimée et réimprimée, Théophile déclare la préférer à un livre d'Ilion [2], et Corneille, s'il n'ose pas la citer pour se justifier, paraît du moins s'en souvenir en plusieurs endroits. Écoutons-le parler de la tragédie bourgeoise, le passage est pour nous doublement important : « Ce n'est pas une nécessité de ne mettre que les infortunes des rois sur le théâtre. Celles des autres hommes y trouveraient place, s'il leur en arrivait d'assez illustres et d'assez extraordinaires pour la mériter, et que l'histoire prît assez de soin d'eux pour nous les apprendre. *Scédase* n'était qu'un paysan de Leuctres; et je ne tiendrais pas la sienne indigne d'y paraître, si la pureté de notre scène pouvait souffrir qu'on y parlât du violement effectif de ses deux filles, après que l'idée de la prostitution n'y a pu être soufferte dans la personne d'une sainte qui en fut garantie [3]. »

Même à ne considérer en elle que l'agencement dramatique, la tragédie de *Scédase* ne méritait pas partout d'inspirer un souvenir à Corneille. L'exposition est longue; il y a abus des frayeurs subites et des présages [4]; les filles de Scédase sont bien imprudentes, et leur père même nous semble désespérer trop vite d'obtenir justice, ce qui n'arriverait pas si, profitant d'une indication de Plutarque [5], le poète nous eût fait connaître d'autres

---

1. Voy. ci-dessus, p. 258, n. 3, et, plus bas, la note 5 de l'Appendice.
2. *Au Sieur Hardy* (t. I).
3. Corneille, 2ᵉ *Discours de la tragédie*, t. I, p. 55; cf. *Épître à M. de Zuilichem*, en tête de *Don Sanche*, t. V, p. 406.
4. Acte II, sc. I, fin, et acte IV, début.
5. *Étranges événements*, p. 66.

dénis de justice des Spartiates. En revanche, les actes s'annoncent les uns les autres, l'action marche d'une façon rapide et logique, le dénouement est fort habilement mis en scène. La triste et loyale figure de Scédase est intéressante, et parmi les autres même l'auteur a essayé de jeter quelque variété : Charilas est un peu moins mauvais qu'Euribiade, leur vieux serviteur Iphicrate est sympathique, et, pendant que les éphores répondent à l'indignation des Leuctriens par l'ironie, le roi Agésilas se montre plus humain ou plus digne.

III. — Panthée.
(T. I, p. 151 à 207.)

I

Immorale ou grossière, la tragédie de *Scédase* n'en forme pas moins avec celle de *Panthée* un éclatant contraste. Ici pas d'action honteuse, étalée presque sur le théâtre; une tentative de séduction tourne vite à la confusion de son auteur, et la pièce entière est un hommage à l'affection conjugale la plus pure et la plus profonde.

Le sujet est tiré d'un des épisodes les plus touchants de la *Cyropédie* de Xénophon [1]. Panthée, femme d'Abradate, ayant été faite prisonnière par les troupes de Cyrus, le monarque évite sa vue, de peur d'être troublé par sa merveilleuse beauté; mais son favori Araspe a plus de confiance en lui-même : il jure que, s'il ne veut pas aimer Panthée, il ne l'aimera pas, « quand bien même il aurait les yeux toujours attachés sur elle ». Cyrus met donc la fermeté de son ami à l'épreuve, et lui confie la garde de la captive. Mais bientôt Araspe, égaré par la passion, emploie prières et menaces pour triompher de la vertu de Panthée. Force

---

1. *Cyropédie*, l. V, ch. i; l. VI, ch. i, iii et iv; l. VII, ch. i et iii. Hardy renvoie aussi à Philostrate, dont un tableau (II, ix, p. 906-911) représente Panthée se tuant auprès du corps d'Abradate; mais il n'a retenu de ce tableau qu'une description trop élégante et trop mignarde de l'héroïne. Peut-être doit-il davantage aux *annotations* du traducteur Vigenère (p. 915-922) : les principaux passages de l'épisode de Xénophon y sont cités. — Le roman de Panthée, plus ou moins modifié, a fourni à Bandello la 9ᵉ nouvelle de sa 3ᵉ partie; à Belleforest sa 71ᵉ histoire tragique (*le quatriesme tome des Histoires tragiques,... par François de Belleforest*; à Lyon, par Benoist Rigaud, MDXCI); à Gabriel Chappuis la 6ᵉ nouvelle de sa dixième *journée facétieuse* (Voy. à l'*Index* I).

est à celle-ci de se plaindre; Cyrus blâme sévèrement le coupable, et délivre la captive sans rançon. Tant de générosité la touche; elle attire Abradate dans le parti de Cyrus, et l'exhorte à exposer sa vie, s'il le faut, pour témoigner au roi sa reconnaissance; elle n'ajoute pas, mais nous comprenons qu'elle n'engage pas la vie de son époux sans engager la sienne, et qu'elle mourra s'il meurt. Abradate tombe sur un champ de bataille, et Panthée se tue sur son corps.

Un aussi beau roman ne pouvait manquer d'attirer l'attention des poètes dramatiques, et, dans un court espace de temps, de 1571 à 1638, nous trouvons jusqu'à six tragédies françaises qui portent le titre de *Panthée*. Deux sont postérieures à la publication de celle de Hardy : ce sont celles de Tristan et de Durval, représentées, dit-on, en 1637 et 1638, imprimées en 1639. Deux sont postérieures à sa composition et à sa représentation : ce sont celles de Guérin Daronnière et de Claude Billard de Courgenay, parues en 1608 et 1610. Une seule enfin a réellement précédé l'œuvre de Hardy : c'est celle de Catherine des Roches ou de Gaye Jules de Guersens [1].

Rien de plus faible que cette tragédie, rien de plus indigne d'un tel sujet.

Au premier acte, Balthazar, roi de Babylone, se sent mourir d'amour pour Panthée, et se plaint en stances de ses mépris; son fidèle Achate essaye de lui donner du courage. — Panthée se vante de se commander à elle-même.

A l'acte II, Panthée, prisonnière d'Araspez, se désole. Araspez vient la presser de satisfaire sa passion avec une telle brutalité, qu'elle appelle ses eunuques; puis elle charge l'un deux, Demartez, de demander pour elle la protection de Cyrus.

---

1. *Panthée, tragedie prise du Grec de Xenophon, mise en ordre par Gaye Iules de Guersens*; à Poitiers, par les Boucholz, 1571, in-4°. — On a dit que Guersens avait publié cette tragédie sous le nom de Mlle des Roches (Du Verdier, t. I; t. III des *Bibl. franç.*, p. 280-281); c'est plutôt le contraire qui est la vérité. Dans sa dédicace « à Monsieur de Coutances », Guersens déclare qu'il a mis en ordre cette tragédie et ajoute : « Je dis que je mettais en ordre; car, de peur que je semble vouloir rapporter le triomphe de la victoire d'autrui, je proteste devant Dieu, que cet œuvre n'est jamais sorti de la boutique de mon esprit, mais d'un Jupiter, du cerveau duquel la Pallas de notre France (qui, comme en quelques secondes Athènes, se fait adorer des plus gentils esprits en ce Poitiers) l'a fait naître. » Mais toutes les pièces liminaires, parmi lesquelles un quatrain signé de Madeleine Neveu, mère de Catherine, supposent la pièce de Guersens.

Acte III. Cyrus célèbre ses victoires, tout en déclarant qu'il n'en est pas « plus fier ». Demartez s'acquitte de son message, et le roi envoie Artabaze intimer à Araspez l'ordre de contenir mieux ses passions. Après quoi, il charge l'eunuque de « présenter le bon jour à sa dame en son nom ». — Araspez était occupé à exhaler son affliction dans les termes les plus galants du monde, lorsqu'Artabaze le trouve « dans une mer de pleurs » et lui transmet l'ordre de Cyrus.

Acte IV. Abradate, dont on n'avait peut-être pas encore prononcé le nom, est mort, et Panthée se plaint en vers ridicules, dont quelques-uns sont cités partout :

> Non, je ne puis plus vivre; ayant perdu mon bien,
> Pourrais-je vivre bien?
> Non, je ne puis plus vivre; ayant perdu ma vie,
> De vivre aurais-je envie?

Elle a saisi un « coutelas » et veut se tuer; Demartez arrive trop tard pour l'en empêcher et se tue; les eunuques Aratis et Osonoris en font autant.

Le cinquième acte est consacré au récit de ce que nous avons vu dans le quatrième; mais s'il n'est pas utile, au moins n'est-il pas long. Comment se plaindre d'un acte qui se borne modestement à trente-six vers?

II

Peut-être Hardy n'a-t-il pas connu cette œuvre; s'il l'avait lue, il faudrait le féliciter de n'en avoir tenu nul compte et d'avoir compris qu'après comme avant Guersens, le seul guide à suivre était Xénophon. Mais Xénophon lui-même pouvait-il être suivi aveuglément? et suffisait-il de dialoguer son récit pour en faire un drame?

Saint-Marc Girardin a bien montré [1] quelle couleur socratique avait le début de ce récit. Araspe y joue vis-à-vis de Cyrus « le rôle des sophistes dans les entretiens de Socrate »; et Cyrus lui-même est un « moraliste couronné », pour qui l'amour d'Araspe n'est « que le texte d'une bonne leçon de morale contre l'amour ».

---

1. *Cours de litt. dram.*, t. IV, p. 217-231.

Ainsi le roi, comme il était naturel dans la *Cyropédie*, joue ici le premier rôle d'une petite comédie philosophique; Araspe lui donne la réplique et a une importance moindre; Panthée n'est pour le moment qu'un personnage accessoire, utile à la conclusion de l'action et à la démonstration de la thèse. C'est seulement plus tard que Xénophon s'intéresse à Panthée même et, laissant quelque peu de côté Cyrus, s'attache à elle comme au principal personnage d'un drame touchant. L'intérêt est déplacé, ce qui n'a pas d'inconvénient dans un livre d'histoire, mais ce qui est un défaut grave pour le théâtre. Un auteur dramatique devait choisir un des trois personnages, lui maintenir pendant toute la pièce le premier rang, projeter sur lui seul la plus grande partie de la lumière et de l'intérêt. Cyrus était trop peu agissant pour devenir ainsi protagoniste; restaient Panthée et Araspe. En prenant ce dernier, on cédait « au penchant que la tragédie française a pour les sujets amoureux », on obtenait une pièce agréable et banale; en « s'occupant plus de la tendresse et de la fidélité conjugale de Panthée que de l'amour d'Araspe [1] », on pouvait faire une œuvre forte, noble, originale.

Ce changement en entraînait d'autres. Par exemple, Cyrus refusant de voir Panthée faisait agréablement ressortir, dans Xénophon, l'imprudence et la présomption de son favori. Mais devait-il, dans une tragédie, continuer à observer cette réserve? A quoi servirait-elle, puisque la petite comédie philosophique s'effaçait devant le drame? Et quel embarras, quelles longueurs n'apporterait-elle pas dans l'action, en empêchant toute explication directe et rapide entre le vainqueur et sa captive! Hardy a compris la nécessité de ces modifications. Analysons avec quelque détail sa pièce [2].

Lorsqu'elle commence, Cyrus vient de vaincre les Assyriens. Il parle en termes emphatiques de sa victoire, remercie ses troupes, et veut qu'elles complètent leur œuvre en attaquant sans retard les Lydiens. Ce peuple efféminé, « cerfs que con-

---

1. Saint-Marc Girardin, t. IV, p. 227.
2. *Mise en scène supposée*: Les derniers vers de l'acte Ier semblent indiquer que le lieu de la scène se déplace; mais il se peut qu'il n'en soit rien, puisqu'Abradate seul va combattre contre l'armée lydienne. Quoi qu'il en soit, le théâtre ne change pas de décoration; il représente toujours un camp, avec plusieurs tentes ou habitations, celles de Cyrus, d'Araspe, de Panthée et d'Abradate.
La *durée de l'action* est de plusieurs mois.

duit un cerf nourri dans les délices », ne leur saurait résister longtemps,

> Car toute nation du luxe dominée [1]
> Court, aveugle et peu caute, au naufrage certain
> De ses prospérités [2].

Et Cyrus ajoute (remarquons l'intention dramatique : elle prépare le changement de parti d'Abradate) :

> Aussi, pour mon regard, je tiens qu'un populaire
> Peut légitimement, ains qu'il se doit distraire
> Du servage importun d'un inique seigneur.

Araspe reprend et confirme toutes les pensées de son souverain. Celui-ci ajoute qu'il faut mériter sa fortune par sa clémence; aussi se montrera-t-il humain pour la « dame » qui a été faite prisonnière, et que l'on dit femme d'un grand du pays, envoyé comme ambassadeur vers les Bactres. Il la soustraira aux offenses des soldats et la rendra pure à son mari, qui peut-être en témoignera quelque reconnaissance.

Panthée est mandée, et, dès le début, son caractère nous paraît noble et sympathique. Trois sentiments occupent son âme. Le patriotisme d'abord : elle déclare franchement au vainqueur combien elle pleure la liberté de son pays et combien volontiers elle mourrait avec elle;

> La plus cruelle mort vaut mieux que le servage [3].

Si le roi vaincu était un tyran, c'était du moins le « prince naturel », et sa cruauté paraissait encore préférable à la douceur d'un étranger [4]. — Son second sentiment est l'estime et l'amour de son mari, car, dès que Cyrus lui dit qu'Abradate a été sauvé par l'ambassade qu'on lui avait fort à propos confiée, elle répond :

> L'ambassade commis t'apporte la victoire,
> Ou plus de sang au moins t'en coûterait la gloire;
> Mon Abradate armé pour notre liberté
> Eût la presse des tiens, combattant, écarté,

---

1. Texte de la 1re édition.
2. Acte I, p. 156 et 158.
3. Acte I, p. 160.
4. Ici nouvelle intention dramatique. Vous êtes, répond Cyrus, comme le patient à qui on scie un membre pourri; il maudit son médecin, mais en attendant de le bénir. « Vous en serez ainsi. » Acte I, p. 161.

> Ni plus ni moins que l'aigle, en fondant de la nue,
> Écarte de pigeons une troupe menue...
> Ou mort, je lui serais en l'Érèbe compagne [1].

— Enfin elle a un vif souci de son honneur. Lorsque Cyrus la confie à Araspe, lorsqu'il ordonne que personne n'ose l'offenser, elle laisse échapper sa première parole de joie, et elle remercie le roi sans humilité ni bassesse, en prévoyant que de telles vertus lui acquerront un grand pouvoir et lui soumettront la fortune.

On voit comment, dans ce premier acte, tout contribue à préparer la suite de l'action ou à peindre le personnage de Panthée. Celui de Cyrus semble déjà lui être subordonné; celui d'Araspe est jusqu'à présent insignifiant.

L'acte suivant ne fait qu'augmenter l'importance de Panthée. La charge confiée à Araspe était trop lourde pour lui : il est devenu amoureux de sa captive. Sans cesse il se représente ses traits et sa beauté; puis il songe aux ordres de Cyrus, voudrait leur obéir et ne peut retenir un mouvement de révolte. Il y a du sentiment et de l'émotion dans ces alternatives que réclame le monologue. Parfois Araspe se figure qu'il attendrira Panthée; aussitôt après il désespère : ne sait-il pas quelle est la chasteté de sa captive et sa fidélité pour son époux?

> Abradate est l'objet de ses chastes désirs,
> Abradate revient en sa bouche à toute heure,
> Que ne suis-je Abradate?....

Ainsi le monologue même d'Araspe sert à l'éloge de Panthée; c'est précisément alors qu'entre l'héroïne.

S'il fallait en croire Saint-Marc Girardin, la scène qui suit serait blâmable. « Telle qu'est Panthée dans Xénophon, dit-il, et ne devant être que le type le plus vrai et le plus élevé de la douleur conjugale, elle ne peut pas plus être courtisée devant nous par Araspe que soupçonnée par Abradate. Les deux scènes sont une égale invraisemblance dramatique et troublent également toutes deux l'harmonie morale du personnage de Panthée [2]. » Le scrupule est fort délicat, et j'approuve qu'un romancier, plus libre de choisir ce qu'il veut dire ou taire, imite sur ce point la réserve de Xénophon; mais le théâtre vit d'action et de lutte, et puisqu'on ne peut laisser

---

1. Acte I, p. 161-162.
2. *Cours de litt. dram.*, t. IV, p. 231.

ignorer au spectateur qu'Araspe s'est efforcé de séduire Panthée, le spectateur ne demandera-t-il pas pourquoi on lui a caché la scène même? La pudeur aime à triompher discrètement; mais le théâtre a besoin d'éclat. Aussi Hardy a-t-il mis Panthée en présence d'Araspe, qui ne résiste plus au désir de lui exposer ses sentiments. Il lui reproche d'abord doucement l'excès de sa douleur.

> Pour des maux infinis la plainte est infinie,

répond-elle [1], et elle parle encore des maux de son pays, elle gémit de l'absence de la personne qui lui est la plus chère au monde. Avec l'hypocrisie de l'homme qui veut arriver à ses fins, Araspe feint de compatir à ses maux, mais lui offre ses consolations et ses services. Tout ce dialogue est curieux par un mélange de force et de faiblesse de style :

> Use de ton pouvoir sur un esclave acquis;
> Tu obtiens tout sur moi, paravant que requis.
>
> PANTHÉE
> Le but de ma requête est facile à permettre;
> Qu'aucun de mes regrets ne vienne s'entremettre.
>
> ARASPE
> Je souffre en ta souffrance, et la puis alléger,
> Si de l'humanité tu ne veux t'étranger.
>
> PANTHÉE
> Et que fait le vouloir d'une pauvre captive?
> En quoi te puis-je aider, à l'extrême chétive?
>
> ARASPE
> D'un céleste secours qui ranime les morts,
> Et que je nommerais sans un petit remords.
>
> PANTHÉE
> Le remords est l'éclair avant-coureur du vice [2].

Poussé à bout, Araspe ne cache plus ses intentions. Panthée s'indigne; elle rappelle les lois divines, les ordres de Cyrus. Le dialogue devient vif et rapide. Araspe en arrive à la menace :

> L'orgueil de ce mépris contrarie à ton sort.
>
> PANTHÉE
> Qu'ai-je à faire de toi, qui désire la mort [3]?

1. Acte II, sc. 1, p. 167.
2. Acte II, sc. 1, p. 167-168.
3. Acte II, sc. 1, p. 171.

Cette réponse n'est-elle pas belle, et la situation n'est-elle pas dramatique?

Restée seule, Panthée pousse des sanglots qui attirent sa nourrice; mais elle ne se décide qu'avec peine à conter ce qui la fait rougir. La nourrice s'offre à aller tout révéler au roi, et, tout en craignant que Cyrus ne refuse de prêter l'oreille à sa plainte, Panthée consent à la seule chose qui puisse être faite; elle adresse à sa nourrice des recommandations pleines de chaleur et de prudence; puis l'acte se termine par un mot d'espoir.

Quand commence le suivant, Cyrus vient d'apprendre la faute d'Araspe, et se demande s'il doit le punir sévèrement, ou se contenter de le « châtier en discours ». Fidèle aux intentions de sa maîtresse, la nourrice intercède en faveur du coupable : une faute ne peut faire oublier de longs services, et Panthée désire seulement n'avoir rien à craindre pour son honneur. Cyrus fait venir Araspe, qu'il réprimande vertement; puis, afin de prouver à Panthée combien il est fâché de ce qui s'est passé, il la laisse libre sur parole, promet de la défendre énergiquement contre toute offense, et lui annonce qu'il a donné un sauf-conduit à Abradate pour qu'il la puisse venir trouver.

L'héroïne est touchée du soin que Cyrus prend de son honneur; déjà elle laisse entendre qu'Abradate et elle ne seront pas ingrats, et voici que de son cœur comme de ses lèvres s'échappent ses premiers vœux en faveur du vainqueur de son pays :

> Dieux rémunérateurs d'un acte de vertu,
> Pourvu que mon pays se relève, abattu,
> Donnez à ce héros, à ce pieux Alcide,
> Que l'univers dompté ne reçoive autre bride,
> Que sa gloire s'accroisse autant comme ses jours,
> Et qu'en tous ses exploits il prospère toujours [1].

« Pourvu que mon pays se relève », dit-elle; et comment se relèverait-il? N'est-ce pas là un vain mot, dont elle calme son patriotisme tout à l'heure si vivace? Oui, et c'est là un trait de vérité. Cette âme chaste et noble croit devoir témoigner sa reconnaissance à Cyrus; elle ne le peut qu'en abandonnant son pays, et peu à peu le patriotisme est vaincu en elle, jusqu'à ce qu'il se réveille pour lui suggérer les remords du dénouement.

---

[1]. Acte III, sc. I, p. 177.

Un héraut annonce l'arrivée d'Abradate, qui vient traiter de la rançon de sa femme, et qui est prêt à laisser plutôt

> Son cœur, son sang, sa vie et sa foi pour otage,
> Qu'en des fers vergogneux elle soit davantage [1].

Cette injurieuse expression révolte Panthée, toute pénétrée de reconnaissance, et lui fait prononcer sa première flatterie. Cyrus déclare alors qu'il la rendra sans rançon à Abradate; c'en est trop, et Panthée est décidément conquise :

> Grand roi, je m'emploierai de ma force à te faire
> Un fidèle sujet d'un mortel adversaire;
> Mes prières n'auront vers lui plus de pouvoir,
> Si tes commandements il ne vient recevoir [2].

Au début de la scène suivante, Abradate, seul d'abord, puis dans un dialogue avec sa femme, se montre plein d'amour, mais profondément troublé par la jalousie; Saint-Marc Girardin a raison de s'en plaindre : « Nous sommes habitués à voir dans Panthée le type de l'affection conjugale : c'est la femme ardemment dévouée à son mari et prête à mourir pour lui et avec lui. Tout autre sentiment la dépare : je ne parle pas seulement des sentiments qu'elle ressent, je parle de ceux qu'elle inspire. Abradate ne doit pas plus soupçonner Panthée, qu'Admète ne peut soupçonner Alceste [3]. »

Enfin, Panthée a appris à son époux que Cyrus a défendu son honneur, loin de le menacer; qu'il l'a délivrée de ses fers, et qu'il la renvoie sans rançon. Abradate est saisi d'admiration, et elle en profite pour le pousser dans le parti de Cyrus. Tout ce qui suit est plein d'une éloquence passionnée, les beaux vers y abondent. Deux sentiments animent Panthée : l'entêtement de sa reconnaissance, et peut-être aussi une ambition, non pour elle, mais pour son mari, que son amour pour Abradate lui inspire :

> On doit, je le confesse, au pays un amour
> Charitable et pieux jusques au dernier jour...
> Aucun n'est toutefois tenu à l'impossible,
> Ni lutter du destin la puissance invincible;
> La volonté suffit ès affaires ardus,
> Et par trop s'obstiner plusieurs se sont perdus.

---

1. Acte III, sc. 1, p. 178.
2. Acte III, sc. 1, p. 179.
3. *Cours de litt. dram.*, t. IV, p. 229-230.

> A quoi profitera désormais, je vous prie,
> Cette inclination dévote à la patrie,
> Dénués du pouvoir de lui donner secours?
> Les empires mortels ont un certain décours,
> Changent de l'un à l'autre, et la cause ignorée
> Est au sacré vouloir du destin référée ;
> Gardons d'y résister, son courroux irrité
> Foudroie tôt ou tard une témérité.
>
> ABRADATE
>
> L'affection t'inspire un conseil, ma Panthée,
> Propre à se relever, — son infamie ôtée !
> Il est selon le temps, non selon la raison.
> Cuiderais-tu Cyrus aimer la trahison,
> N'était pour établir sa neuve tyrannie?
> Sa générosité ce pouvoir lui dénie.
> Aux traîtres on promet, mais que doit-on tenir
> A ceux desquels on craint autant à l'avenir?
> A ces roseaux pliés à tous vents d'espérance?...
>
> PANTHÉE
>
> Appelles-tu trahir un État accablé
> Sous le faix des malheurs !...
> Si c'était trahison, du moins tu ne trahis,
> Qu'après les cieux cruels, ton désolé pays.
> Premiers ils ont quitté son antique tutelle,
> Ils l'ont laissé tomber d'une chute mortelle,
> Que vaillance, devoir, courage, piété,
> Ne saurait relever [1]...

Abrégeons, il le faut. C'est par des supplications que Panthée vient à bout des résistances d'Abradate :

> Mon heur, par le saint nœud qui joint notre destin,
> Par la première ardeur de nos jugales flammes,
> Par l'immuable amour qui vit dedans nos âmes,
> Par la compassion des travaux endurés,
> Par ma juste prière et ces yeux éplorés,
> Laisse-toi, laisse-toi fléchir à ma poursuite,
> Embrasse une fortune égale à ton mérite ;
> C'est elle qui te prie, elle qui te semond,
> Qui te veut établir d'un grand roi le second.
> Ce faisant, mon espoir, tu gagnes en ta perte [2]...

Panthée se calomnie ; elle semble donner des conseils de prudence et d'intérêt, mais la tristesse éloquente avec laquelle elle

---

1. Acte III, sc. II, p. 182-184.
2. Acte III, sc. II, p. 185-186.

parle des malheurs de son pays, les nobles paroles qu'elle a adressées à Abradate prouvent qu'elle se trompe elle-même et que c'est sa générosité qui lui fait commettre une faute. C'est l'amour qui fait céder Abradate, mais il ne cède qu'à contre-cœur et avec tristesse.

> J'appréhende des Dieux la colère future,

dit-il ; et Panthée, qui ne croit pas commettre un crime, répond sans deviner toute la portée de ses paroles :

> Sans crainte dessur moi je chargerai leur haine [1].

Déjà le spectateur pressent le dénouement.

Il y a dans Xénophon une belle et touchante scène, où Panthée arme elle-même son mari, partant pour combattre les Lydiens, et lui exprime d'une noble manière toute la tendresse qu'elle a pour lui [2]. Hardy ne l'a pas reproduite, et on a le droit de le regretter ; s'il était presque impossible à un poète classique de lier aux scènes précédentes ou aux suivantes une scène qui n'en pouvait être que fort éloignée chronologiquement, peut-être Hardy pouvait-il mieux profiter des libertés que lui accordait sa mise en scène. L'auteur qui écrivait le cinquième acte de *Scédase* n'avait pas à compter avec le temps.

Ici, c'est dans l'intervalle du troisième au quatrième acte qu'Abradate, comblé d'honneurs par Cyrus et mis à la tête d'une armée, est parti pour combattre les Lydiens. Tout le monde s'attend à le voir revenir vainqueur ; seule, Panthée se désole et craint pour la vie de son époux. Elle sait qu'Abradate est parti troublé par le remords ; elle rappelle la dernière nuit qu'ils ont passée ensemble, nuit d'amour et pourtant nuit lugubre, après laquelle Abradate lui a laissé cet adieu :

> Quelque accident nouveau le ciel nous appareille ;
> Je n'espère jamais, mon âme, te revoir [3].

Et, comme la nourrice la presse de calmer ses angoisses :

> Attendez constamment ce qui doit advenir ;

---

1. Acte III, sc. II, p. 186. Texte de la 1re édition.
2. *Cyropédie*, VII, IV. Cf. Saint-Marc Girardin, t. IV, p. 222-224 et 238.
3. Acte IV, sc. I, p. 190.

elle reprend vivement et d'une voix ferme :

> Oui, oui, je l'attendrai; je proteste d'attendre
> Le succès de ton sort, Abradate, et le prendre.
> Toi vivant, je vivrai; ou, butin du trépas,
> L'univers de mourir ne m'empêcherait pas [1].

Nous ne tardons pas à voir combien Panthée avait raison de craindre, car l'action se transporte dans l'habitation royale, où Cyrus apprend avec tristesse la mort d'Abradate, en même temps que la victoire qu'il a remportée sur les Lydiens. Le récit du messager, quoique assez long, est intéressant, plein de vers nerveux et pittoresques. Hardy ne l'a pas imité de Xénophon, car, ayant fait combattre Abradate seul et loin de Cyrus pour attirer davantage l'attention sur lui, il a conçu et disposé dans la même intention toute sa bataille. C'est par les ordres d'Abradate que les Perses passent un fleuve [2] sous les traits de l'ennemi; c'est à son exemple qu'ils font un grand carnage des ennemis. Mais Abradate est renversé de son char et criblé de traits; ses soldats s'irritent, veulent le venger, et se livrent à une effroyable tuerie :

> La faim du loup a plus de pitié de sa proie
> Que nous des Lydiens, et, n'eût été la nuit,
> Jusques à un leur camp était à plat détruit [3].

Cela ne donne-t-il pas une haute idée de l'estime que tous faisaient d'Abradate? Les regrets de Cyrus aussi sont bien faits pour glorifier le mort : le roi songeait à se reposer de plus en plus sur lui du lourd fardeau de sa puissance. Déçu dans son espoir, il songe encore avec une nouvelle amertume à la douleur que va ressentir Panthée.

Au cinquième acte, en effet, le corps d'Abradate n'a pas encore été amené, et déjà Panthée s'adresse à son époux. Ce ne sont pas des larmes qu'elle donnera à sa perte :

> Aux communes douleurs des larmes on répand.

Ici les pleurs ne suffiraient pas :

> Ains, mon trépas j'estime une amende petite,
> Comparant le forfait qu'horrible j'ai commis,
> Moi, moi, qui te rendis les destins ennemis,
> Moi qui te fis parjure envers notre patrie...

---

[1]. Acte IV, sc. I, p. 191.
[2]. Le texte l'appelle *le Tage;* ce doit être le Pactole.
[3]. Acte IV, sc. II, p. 196.

> Pardonne-moi, ma vie, hélas! hélas! pardonne
> Au malheureux effet d'une volonté bonne ;
> Les animaux souvent étouffent leurs petits,
> Qu'encore à peine au jour ils ne sont pas sortis,
> Pour les idolâtrer et trop fort les étreindre.
> Lors un pipeur espoir me défendait de craindre,
> Lors j'étais obligée à Cyrus de l'honneur [1].

La nourrice essaye de la calmer ; elle répond comme la Panthée de Xénophon, par des mots à double sens :

> Mes regrets tariront avant qu'il soit longtemps,...
> Puisque les pleurs aux morts ne rendent la lumière [2].

Alors s'avance la pompe funèbre, en tête de laquelle marche Cyrus. Le roi s'efforce de consoler Panthée, en lui montrant la part que l'armée et lui-même prennent à sa douleur et en lui promettant son appui. Mais elle remercie le roi de ses offres, et refuse d'en profiter :

> Je ne veux, et ne puis, et ne le dois pas faire [3].

Il ne lui « chaut plus maintenant des accidents du sort » ;

> Mon vaisseau sans timon, sans antennes, sans proue,
> Ne sert plus que de proie à l'ennui qui s'en joue.

Elle demande seulement et obtient, avant que s'achève la cérémonie des funérailles, qu'on la laisse se plaindre sur le corps et l'embrasser. Araspe a peur de quelque funeste résolution ; Cyrus, moins clairvoyant, espère que les pleurs la soulageront. « O cieux ! » s'écrie Araspe,

> O cieux ! Quelle pitié ! la voilà contre terre,
> Qui ce corps trépassé de ses deux bras enserre ;
> De douleur immobile, elle tâche à parler,
> Sans pouvoir un sanglot par la voix exhaler [4].

Enfin elle recouvre la parole, et c'est pour demander pardon à son époux de son « crime imprudent », c'est pour lui demander s'il daignera là-bas la recevoir.

> En douté-je, craintive ?...
> En deux corps nous n'étions qu'une âme, une pensée ;
> Il perdra le regret de sa vie laissée,

---

1. Acte V, sc. i, p. 198-199.
2. Acte V, sc. i, p. 200.
3. Acte V, sc. ii, p. 203.
4. Acte V, sc. ii, p. 205.

> Pourvu que je lui sois compagne en ces bas lieux.
> Adieu, clarté du jour ennuyeuse à mes yeux ;
> Adieu, plaisirs amers que le monde nous donne ;
> Adieu, frêles grandeurs [1].

Et Panthée se frappe de son poignard. La nourrice pousse un cri. Cyrus laisse échapper un mot de blâme pour cet acte magnanime ; puis, se ravisant :

> ... Ah ! la vertu, qui sa trame fila,
> Tous ses gestes passés couronne en cettui-là.
> Miroir de chasteté, d'amour et de constance,
> Pour elle l'univers n'a point de récompense.
> La contraindre de vivre était la torturer [2].

Et Cyrus continue par des vers gracieux, convenables en effet à des âmes tendres dont la mort vient de terminer les tourments :

> Allez vous réunir ensemble, belles ombres,
> Loin de soucis mortels, de misères, d'encombres,
> Sous les myrtes sacrés aux mânes bienheureux ;
> Récompensez vos maux de baisers amoureux [3].

Cependant les funérailles sont remises au lendemain, pour être célébrées avec une pompe toute nouvelle.

Telle est la pièce dont Saint-Marc Girardin a écrit : « La tragédie de *Panthée* du vieil Hardy n'a ni action ni intérêt [4] ». Si je ne me trompe, l'intrigue y est au contraire plus forte et plus dramatique que dans Xénophon. Là, en effet, ni Abradate ni Panthée n'éprouvaient de scrupule à passer dans le parti de Cyrus ; la mort d'Abradate était un simple accident qui ne tenait aux faits précédents par aucun lien logique ; Panthée se tuait pour un motif fort noble, mais qu'un public de théâtre risquait de ne pas trop entendre ; et, si tout cela donnait lieu à de beaux tableaux, le lien était faible, qui rattachait ces tableaux entre eux. En donnant à Panthée et à son mari un patriotisme que leur temps ne comportait peut-être pas, mais que le sien exigeait, Hardy a renouvelé et dramatisé son sujet. Il a rendu plus éclatante la reconnaissance témoignée à Cyrus par les deux époux, plus nécessaire la mort d'Abradate, plus déchirante la douleur de Panthée. Celle-

---

1. Acte V, sc. II, p. 205.
2. Acte V, sc. II, p. 206-207.
3. Acte V, sc. II, p. 207.
4. *Cours de litt. dram.*, t. IV, p. 227.

ci, il est vrai, se trouve ainsi commettre une faute; mais cette faute n'altère pas son caractère essentiel et distinctif; elle en fait seulement un de ces personnages « pas tout à fait bons » qu'Aristote demandait pour la tragédie [1].

Si un tel arrangement ne donne pas de l'intérêt à la pièce, le personnage de Panthée doit suffire à lui en donner. Tous s'effacent devant lui. Celui de Cyrus est à peine esquissé : ce n'est pas Cyrus qui gagne la bataille du quatrième acte, et il a une conduite peu brillante à l'acte III. — Araspe ne joue plus aucun rôle après la réprimande que lui a infligée son roi; s'il dit quelques mots au cinquième acte avant que Panthée se tue, celle-ci morte, la tentation devait être grande pour Hardy de lui faire exprimer ses regrets; il y a résisté. Qu'il y ait un peu de négligence et de manque d'art dans ces arrangements, nous en convenons volontiers; mais combien cela nous plaît mieux que l'importance excessive donnée par d'autres à Araspe et la transformation de la tragédie en pièce banale, où la galanterie occupe le premier plan ! — Abradate seul, s'il paraît peu, paraît du moins noblement et donne encore du relief au personnage de Panthée. La scène où il discute avec sa femme est, au moins dans sa seconde partie, une des plus belles de la pièce; il joue un rôle magnifique dans la bataille, et le remords persistant qui le ronge excite encore notre sympathie [2].

III

Suis-je trop élogieux pour Hardy? Cela est possible, mais la faute en est à ses successeurs. Chez aucun de ceux qui ont, après

---

1. Voy. la *Poétique*, ch. XIII.
2. On trouve à la page 423 du *Dictionnaire historique et pittoresque du théâtre* par M. Pougin un dessin qui a pour titre : « Scène de *Panthée*, tragédie d'Alexandre Hardy, jouée à l'Hôtel de Bourgogne en 1604. » Il représente un jardin; un homme coiffé d'un turban semble y faire une déclaration à une femme, qui, adossée à un arbre et s'appuyant sur un banc, s'incline loin de lui en le repoussant de la main; le costume de celle-ci ne consiste qu'en une tunique lâche, attachée par des cordons au-dessous des seins, et qui laisse encore une partie des jambes visible; la physionomie est très triste. En arrière, un buste de femme semble sortir de terre, et on ne comprend pas fort bien la position du personnage. Je ne sais d'où M. Pougin a tiré ce dessin, mais il représente sans doute, au lieu d'une scène de Hardy, la scène III de l'acte II dans la *Panthée* de Tristan l'Hermite. Les personnages en sont Araspe, Panthée et Charis.

lui, traité le sujet de *Panthée*, je n'ai retrouvé cette simplicité forte et cette logique dramatique, qui m'ont rendu indulgent pour ses défauts.

Il y avait pourtant une bonne intention dans la tragédie de Guérin Daronnière : l'auteur avait choisi Panthée comme personnage principal, et il l'avait fait entendre par son titre même [1]. Mais ce personnage ne se soutient pas; captive, Panthée aborde Cyrus avec trop d'humilité [2]; son époux mort, elle se répand en imprécations inutiles, et n'en sent pas moins sa main qui tremble alors qu'il s'agit de se frapper [3]. Cyrus et Araspe gardent au début de la pièce les rôles respectifs que leur avait donnés Xénophon; mais pourquoi Cyrus remplit-il d'un long monologue un premier acte absolument inutile, et pourquoi le chœur lui donne-t-il de honteux conseils [4]? Pourquoi Araspe, qui devait être un personnage secondaire, nous est-il montré par deux fois essayant de séduire ou d'effrayer Panthée [5]? Pourquoi surtout, la pièce finie, Guérin Daronnière nous a-t-il donné *700 vers, 50 « sonnets d'Araspe en sa passion amoureuse »*?

Sauf ce dernier détail, la pièce, qu'on ne peut dire raisonnablement écrite, est du moins raisonnable dans sa conception et dans sa marche. Nous n'en dirons pas autant de la *Panthée* de Claude Billard [6].

Fidèle au principe classique, qu'il faut commencer une tragédie « vers le milieu ou à la fin » du sujet [7], le sieur de Courgenay a commencé la sienne alors qu'Abradate est déjà passé dans le parti de Cyrus; c'était ne se laisser de matière que pour deux actes. Mais un autre principe, non moins respectable, veut que la tragédie en compte cinq. Panthée et Abradate nous donnent donc

---

1. *La Panthee ou l'Amour conjugal, tragedie nouvelle composée par C. Guerin Daronniere d'Angers.* A Angers, chez Anthoine Hesnault, imprimeur ordinaire du Roy, MDCVIII, in-8°. Peu de noms ont été aussi maltraités que celui de cet auteur; les frères Parfait le transforment en Guérin de la Borouvière. Voy. t. IV, p. 199 sqq.
2. Acte II, sc. I.
3. Acte V, sc. I et II.
4. Acte II, sc. I.
5. Acte III, sc. I et II.
6. *Panthée tragedie françoise...*, dans le volume qui a pour titre : *Tragedies Françoises de Claude Billard sieur de Courgenay, Bourbonnois. Au tres-chrestien, tres-grand, et tres-victorieux Roy de France et de Navarre.* A Paris, chez Denys Langlois, rue Saint Jacques, pres l'image Saint Jean. MDCX. Avec privilege du Roy. 8°.
7. Jean de La Taille, *l'Art de la tragédie,* f° 4, r°.

chacun de son côté le récit des événements qui ont précédé l'action : cela fait deux actes ; comme un second acte est généralement plus long qu'un premier, le second récit est escorté d'une histoire de Cyrus et d'une discussion inutile entre Astyage et « son lieutenant ». Pour les deux actes suivants, Xénophon ne fournissait qu'une seule scène, celle de la séparation d'Abradate et de Panthée. Billard la lui a donc empruntée, en ayant soin de mêler à sa grandeur et à sa tendresse beaucoup d'affectation et de galanterie ; puis, ayant rempli la moitié d'un acte, il en a rempli un et demi avec les préparatifs de la bataille. Nous arrivons ainsi au dénouement, où nous pouvons enfin louer le manque de hors-d'œuvre et une animation du meilleur effet. Panthée est sur la scène ; des soldats fuient ; elle leur adresse de violents reproches et demande des nouvelles de son époux. Il n'est plus, hélas ! et, après s'être lamentée, Panthée s'élance vers le champ de bataille ; elle veut retrouver Abradate parmi les morts. Lorsqu'elle revient, c'est qu'on porte derrière elle le cadavre. Sa douleur s'exhale en plaintes, dont les pointes et le mauvais goût n'excluent pas toujours une émotion vraie ; puis elle se tue.

Voilà un estimable cinquième acte, et qui peut rendre moins sévère pour les inutilités des quatre premiers. Mais comment être indulgent pour les inventions bizarres de Durval ? Où trouver une circonstance atténuante, quand on veut juger tant de folies [1] ?

Nous n'analyserons pas cette nouvelle tragédie de *Panthée* : l'intrigue en est trop touffue et la marche trop capricieuse. Outre l'histoire complète de l'héroïne, on y trouve un nouveau roman, celui de la princesse Arménide et de Tygrane, ainsi que la partie la plus dramatique de l'histoire de Crésus. On y voit un déguisement, que Crésus découvre en *visitant* Arménide ; un duel, qui se termine par un chassé-croisé des témoins ; une princesse qui, du

---

1. *Panthée Tragedie*. A Paris, chez Gardin Besongne au Palais, à l'entrée de la petite Gallerie des Prisonniers, aux Roses Vermeilles. MDCXXXIX. Avec Privilege du Roy, in-4°. (Le nom de Durval se lit au bas de la dédicace.) — Les frères Parfait donnent cette tragédie comme postérieure à celle de Tristan (voy. t. V, p. 412 et 413), mais Durval semble dire qu'elle a été composée antérieurement : « Vous savez, Monseigneur », dit-il de son ouvrage à très haut et très puissant prince Louis de Savoie, « l'âge qu'il peut avoir depuis qu'il est dans votre maison.... Si quelque autre de même substance, portant le même nom, lui dispute son rang et son mérite, vous saurez, s'il vous plait, conserver le droit d'ainesse à qui légitimement il appartiendra. » Ailleurs, Durval vise sans doute Hardy, quand il dit que son sujet a déjà passé « par les mains d'un ancien maitre » (préface).

haut d'une tour, salue son amant *à coups de chapeau* et lui lance une flèche à laquelle sont attachés de ses cheveux ; des eunuques qui meurent debout après avoir *entrelacé leurs sceptres* et s'être mis *en telle posture, qu'étant appuyés les uns sur les autres ils ne pouvaient tomber* [1]. Panthée s'éclipse un peu au milieu de toutes ces belles choses ; mais quand elle peut paraître en scène, elle sait bien forcer l'attention ; c'est elle qui la première « caresse » Araspe, alors qu'il revient d'espionner l'ennemi ; c'est de sa bouche que sortent les pointes les plus raffinées et les expressions les plus galantes ; quand elle se frappe, elle a soin de le faire remarquer à sa « dame d'honneur », puis prononce un long discours, puis tombe, puis se relève ; elle meurt enfin. Abradate, Araspe, Cyrus sont bien dignes d'elle. Celui-ci « l'embrasse » pour la féliciter de sa vertu ; Araspe veut prendre Sardes à lui tout seul ; Abradate fait un doigt de cour à Arménide, quoiqu'il la prenne pour Corylas. « Les accidents et circonstances de mon invention, dit Durval [2], pourront être observés pour des fictions de l'art qui n'altèrent aucunement la matière et rehaussent l'ouvrage. » On voit comment Durval s'entend à perfectionner du Xénophon.

Tristan est plus modeste [3], et d'ailleurs c'est moins de Xénophon qu'il s'inspire que de Hardy. Il suit celui-ci presque scène par scène, remaniant, ajoutant, cherchant à donner à l'action comme aux personnages plus de pompe et de majesté. Mais, si la plupart de ses vers sont incomparablement plus nets et plus beaux que ceux de son prédécesseur [4], on y trouve beaucoup plus de

---

1. Voy. sur cette « étrange posture » une non moins étrange note de l'auteur, que les fr. Parfait ont reproduite (t. V, p. 413). La mort des trois eunuques est indiquée dans la *Cyropédie* (l. VII, ch. III), où elle a peut-être une réelle importance comme preuve d'authenticité (voy. un article de M. H. Weil dans la *Revue critique*, 1876, t. II, p. 242) ; mais à quoi peut-elle servir dans une tragédie, sinon à détourner l'attention du suicide de Panthée ? Hardy, Billard et Tristan ont donc fort bien fait de n'en point parler.
2. *Sommaire.*
3. Voy. l' « avertissement à qui lit » en tête de *Panthée tragedie de monsieur de Tristan. A Paris, chez Augustin Courbé, Imprimeur et Libraire de Monseigneur Frere du Roy, dans la petite salle du Palais, à la Palme, MDCXXXIX. Avec Privilege du Roy, in-12.*
4. Il est d'ailleurs facile d'y remarquer des souvenirs précis de Hardy. Les vers :

> Ce ne sont que des *cerfs* qu'affrontent des lions ;
> Ces lâches Lydiens *nourris dans l'abondance* (acte IV, sc. II),

rappellent ceux de Cyrus au 1ᵉʳ acte. La réminiscence classique du messager :

> Et tant de traits lancés pleuvent tout à l'entour
> Que, sous cette ombre épaisse, il fait nuit en plein jour (acte V, sc. I),

pointes et de préciosité; le sujet est moins bien conçu, l'intrigue moins suivie, le personnage de Panthée moins intéressant. On nous permettra sans doute d'insister, en raison du nom, autrefois fameux, de Tristan l'Hermite.

Le premier acte commence d'une façon analogue à celui de Hardy, mais c'est Panthée, reine de la Susienne, qui vient d'elle-même trouver Cyrus. « Que fait votre empereur? Ne peut-on pas le voir? » dit-elle au garde, et l'*empereur* s'avance au-devant d'elle en lui disant :

> Ne vous affligez pas, belle et chaste Panthée;
> C'est en femme de roi que vous serez traitée.

Pourquoi, dès le premier vers, cette épithète de *chaste?* Peut-elle être autre chose ici qu'un compliment banal? Dès le début aussi, Panthée abuse des flatteries et ne se pique pas beaucoup de dignité. Déjà elle a écrit à Abradate pour le gagner au parti de son vainqueur, et, chose curieuse! tandis qu'elle n'éprouve aucun scrupule à le faire changer de parti, c'est Cyrus qui lui fait une leçon d'honneur et de fidélité :

> Madame, je n'ai point mérité cette grâce;
> Mais pourrait-il quitter le parti qu'il embrasse,
> Et laisser des voisins pour suivre un étranger?
> Sa réputation y courrait du danger [1].

En vain s'excuse-t-elle en médisant du roi d'Assyrie [2]; elle ne convainc pas Cyrus, qui persiste à juger sévèrement la conduite future d'Abradate [3].

La scène suivante nous montre Panthée écoutant avec complaisance les galants compliments d'Araspe; elle minaude, le remercie vivement de son amitié et lui promet les bons offices d'Abradate. Mais ce nom frappe au cœur l'amoureux jaloux; il tombe en syncope, et Panthée, qui croit à une rechute après une grave maladie, ne l'en laisse pas moins dans sa défaillance. — Resté seul avec une « fille d'honneur », Charis, Araspe fait l'aimable; elle lui répond avec coquetterie. Une nouvelle intrigue se préparerait-elle?

lui a été suggérée par le messager de Hardy :

> La nuit semble en plein jour sur nos yeux dévaler...
> Animés, nous marchons sous leurs flèches à l'ombre (acte IV, sc. II).

1. Acte I, sc. IV.
2. Il semble qu'ici Tristan se soit souvenu de Guersens.
3. Voy. acte I, sc. v.

Nous pourrions être d'autant plus tentés de le croire, que nous voici à la fin de l'acte premier, l'acte consacré aux préparations.

Le deuxième commence par des stances d'Araspe. Le malheureux prend à témoin de ses souffrances les arbres sur lesquels il écrit le nom de Panthée; il loue avec force pointes la beauté de celle qu'il aime. La reine arrive, et Araspe, qui cherche « un secret pour lui plaire et pour se contenter », prend des tablettes et s'assied au pied d'un arbre. Panthée fait connaître à Charis combien il lui tarde de revoir son époux :

> Ah! tu ne penses pas
> De combien cette absence avance mon trépas,
> Et qu'infailliblement il faudra que je meure,
> Si pour me consoler il ne vient dans une heure [1].

Voilà certes une impatience qui n'est pas médiocre! un songe funeste l'a déterminée, mais à quoi peut servir un songe en un pareil moment? Ne va-t-il pas être complètement oublié au milieu de la joie que causera l'arrivée d'Abradate?

Cependant Panthée va se retirer, quand elle voit Araspe au pied de l'arbre :

> Qu'est-ce qu'écrit Araspe en cette solitude?
>
> ARASPE
> Madame, c'est un lieu dont je fais mon étude;
> J'y viens de composer en faveur d'un amant
> De qui la passion me touche tendrement [2].

Le piège n'est peut-être pas fort bien tendu; mais Panthée ne laisse pas d'y tomber :

> Je vous ai vu tantôt écrire en ces tablettes;
> Je ne veux pas pourtant demander à les voir.
>
> ARASPE
> Madame, commandez, vous avez tout pouvoir.

Et aussitôt, sous prétexte que ses tablettes sont peu lisibles, Araspe propose de réciter lui-même sa pièce, et adresse à celle qu'il aime une brûlante déclaration. La tirade est longue. Panthée ne se lève et ne s'irrite qu'à la fin, ayant pris, dit-elle, tout le reste pour une raillerie; elle déclare en se retirant qu'elle va faire prévenir Cyrus.

1. Acte II, sc. II.
2. Acte II, sc. III.

Resté seul, Araspe s'afflige et se soumet à tout ce que voudra Panthée avec une exagération qui nous fait invinciblement songer à Tartuffe. Enfin il semble se résoudre à mourir.

Ce n'est pas la faute de Panthée, s'il ne meurt pas. En vain, au troisième acte, Charis, qui s'intéresse à Araspe, implore-t-elle pour lui sa maîtresse. La reine n'est pas clémente; un long et galant plaidoyer ne la calme pas; les arguments sérieux échouent auprès d'elle, aussi bien que les flatteries. De son côté, Araspe est inébranlable dans sa passion, et déclare à Cyrus qu'il ne regrette rien :

> Je n'ai pu refuser mon cœur à cette belle,
> Et, si j'en avais mille, ils seraient tous pour elle...
> Si le crime est si grand d'aimer en lieu si beau,
> Je serai criminel jusque dans le tombeau...
> Commandez sur le champ qu'on termine mon sort [1].

Cyrus ne commande rien; il ne dit mot, et c'est seulement après qu'on a emmené Araspe qu'il s'écrie :

> Il a perdu le sens, voyez quelle manie [2] !

et qu'il hésite entre le soin de sa réputation et les conseils de l'amitié. Sévira-t-il? pardonnera-t-il? Heureusement, Panthée vient annoncer qu'Abradate, convaincu par elle, va arriver dans deux heures, « accompagné de deux mille chevaux »; lui-même lui en a écrit la nouvelle en trois quatrains galamment tournés. Cyrus remercie en termes aimables, et Panthée, subitement convertie à la douceur, demande la grâce d'Araspe, qui est accordée.

L'acte IV débute par une conversation entre Abradate et Panthée. Comme sa femme, Abradate se résigne aisément à abandonner son ancien parti. Si Cyrus a les qualités qu'on lui attribue, dit-il,

> Je puis trahir pour lui les hommes et les Dieux [3].

Mais tout ce qu'on en dit est-il vrai? Panthée n'exagère-t-elle pas son mérite par reconnaissance? Non, car elle peut montrer d'un mot combien sa discrétion est incomparable :

> Il m'a parlé trois fois; mais ce prince est si sage,
> Qu'il n'a jamais porté les yeux sur mon visage.

---

1. Acte III, sc. vi.
2. Acte III, sc. vii.
3. Acte IV, sc. i.

Quelle attitude extraordinaire! Et comme ce roi, toujours les yeux à terre, devait paraître intéressant aux spectateurs! Aussi Abradate ne peut-il croire à ce rapport de sa femme, et se livre-t-il à la jalousie.

Nous n'insisterons pas sur cette jalousie malencontreuse; Tristan en a emprunté l'idée à Hardy. Mais pourquoi a-t-il aggravé sa faute, en nous présentant Abradate comme un jaloux dès le troisième acte?

> Que peut dire Abradate arrivant dans l'armée,
> S'il sait qu'Araspe meurt pour vous avoir aimée?
> Je connais son humeur, et que, pour votre bien,
> Il est avantageux qu'il n'en apprenne rien.

Ainsi s'exprimait Charis, plaidant pour Araspe par-devant Panthée. — La scène de la jalousie est longue; mais enfin Panthée pleure, Abradate s'excuse et obtient sans peine son pardon.

Les scènes suivantes, où il serait facile de relever de nombreux hors-d'œuvre, sont surtout consacrées aux préparatifs de la bataille prochaine. Abradate y paraît aussi devant Cyrus, qu'il remercie de ses bienfaits et accable de flatteries; il lui demande la faveur de combattre au premier rang et promet de se conduire glorieusement ou de mourir à son service.

Dans l'intervalle de l'acte IV à l'acte V, Abradate a tenu sa promesse. Il est mort, et nous entendons Araspe en témoigner une joie fort déplaisante. On se prend à regretter que de superbes vers soient mêlés à des sentiments aussi bas :

> Selon mes vœux secrets il a perdu la vie,
> Ce glorieux objet de ma jalouse envie;
> Cet amant fortuné, ce prodige en bonheur,
> Pour dernier avantage est mort au lit d'honneur...
> Comme il s'est vu lassé de mille actes guerriers,
> Il a rendu l'esprit, accablé de lauriers;
> Et, lorsqu'il est tombé sanglant sur la poussière,
> Les mains de la victoire ont fermé sa paupière...
> Mais ce n'est rien qu'un bruit; peux-tu bien m'assurer
> Qu'Abradate soit mort [1]?

Son « confident » Oronte est obligé de le rassurer, et, lorsqu'il a fini, Araspe ne se contient plus :

> Il faut que je t'embrasse, et que je te conjure
> De me conter au long toute cette aventure.

---

1. Acte V, sc. 1.

Le récit de la bataille est beaucoup plus fidèle que celui de Hardy au récit de Xénophon; mais Abradate est habilement mis au premier plan. En terminant, Oronte annonce que Panthée a enlevé le corps et qu'elle est avec lui sur les bords du Pactole, pleurant sans cesse et se meurtrissant de coups, à tel point qu'il semble qu'on les doive mettre tous deux « dans le même cercueil ». Ces mots plongent Araspe dans une douleur qu'il n'exhale pas sans l'accompagner de pointes; puis, comme Cyrus se dirige vers la malheureuse veuve, Araspe l'accompagne, pour « s'affliger de *son* propre bien ».

La scène suivante nous transporte auprès de Panthée; elle déplore son sort dans des stances, où des sentiments profonds et noblement exprimés sont mêlés à des concetti. Cyrus arrive, et le début de la scène est intéressant par la beauté du langage comme par le spectacle qui nous est offert :

> Madame, avec vos pleurs je viens mêler mes larmes
> Sur votre cher époux et sur mon frère d'armes,
> Qui fut bien le plus noble et le plus vaillant roi
> Qui jamais témoigna son courage et sa foi.
> Quelle perte, ô grands Dieux! quel accident funeste
> Nous le ravit si tôt!
>
> PANTHÉE, *découvrant le corps d'Abradate :*
> Voilà ce qu'il en reste.
>
> CYRUS
> Ah! Madame.
>
> PANTHÉE
> Ah! seigneur, voyez un peu les coups
> Qu'avec tant de courage il a reçus pour vous;
> En ce corps tout sanglant chaque atteinte mortelle
> Montre s'il vous aimait, et s'il vous fut fidèle [1].

Cyrus fait l'éloge du mort, et Panthée imite avec quelque maladresse les réponses à double entente de la Panthée de Xénophon. Puis elle fait retirer tout le monde, même ses femmes, même Araspe, qui avait eu le mauvais goût de demeurer. Sa douleur est fort apprêtée :

> Ton visage changé n'a point changé mon âme,
> Tu n'es plus rien que glace, et je suis toute en flamme;
> Mon cœur est tout ouvert des coups qui t'ont blessé;
> Bien que tu sois parti, je ne t'ai point laissé...

---

1. Acte V, sc. v.

Mais tu verses du sang, quand je te viens baiser;
Par là de ton malheur veux-tu point m'accuser?
Ah! Cet indice seul donne assez de lumière
Pour montrer clairement que je suis ta meurtrière [1].

Et alors seulement, éclairée par « cet indice », elle s'accuse de la mort de son mari.

La reine se frappe d'un poignard. Roxane et Charis accourent et, à la vue de Panthée morte, s'évanouissent. Araspe, accouru aussi, se désole, et veut montrer « que la mort est impuissante contre son amour » : « *Il se frappe d'un poignard et se précipite du rocher en bas* »; on ne saurait prendre trop de précautions [2]. Enfin arrivent des soldats, et Hydaspe termine la pièce par quelques paroles assez froides. Cyrus manque à ce dénouement.

Nous n'ajouterons rien à cette analyse; à quoi bon redire pour la *Panthée* ce que nous avons déjà dit pour la *Didon*? Mais si, de Hardy à Tristan, des progrès divers ont été accomplis, n'est-il pas vrai que le sens de la simplicité et de la logique dramatique, celui de la vraie force et de la vraie grandeur sont allés en s'affaiblissant?

---

1. Acte V, sc. viii.
2. Ce dénouement, qui semble être celui de toutes les éditions, n'est pas du tout conforme à celui qui a d'abord paru au théâtre. C'est ce qu'il est facile de constater en consultant un curieux opuscule de d'Aubignac : *Jugement de la Tragédie intitulée Panthée, écrit sur le champ et envoyé à Monseigneur le Cardinal de Richelieu par son ordre exprès* (à la fin de la *Pratique du Théâtre*, t. I, p. 341-347). On y lit en effet (p. 346) : « Aussi ne puis-je consentir qu'Araspe demeure sans action après sa mort, et qu'elle ne soit plainte, ni de Cyrus, ni de pas un des siens; cela me semble bien dur, et l'adoucissement y est si nécessaire, que les spectateurs demandent, en voyant tomber Panthée, si c'est la fin de la pièce. » Et, dans la *Pratique du Théâtre* (l. II, ch. xix, p. 126), nous lisons encore, au sujet de la catastrophe : « Il faut que les spectateurs soient si bien éclairés, qu'ils n'aient pas lieu de se demander « qu'est devenu quelque personnage intéressé dans les intrigues du théâtre », ou « quels sont les sentiments de quelqu'un des principaux acteurs après le dernier événement qui fait cette catastrophe ». C'est une faute notable de la *Panthée*, qui, par sa mort, laisse un raisonnable désir aux spectateurs de savoir ce que pense et ce que devient Araspe, qu'on a vu si passionnément amoureux. » — Ainsi Tristan, oubliant quelle importance il avait donnée au rôle d'Araspe, avait imité le silence que lui avait fait observer Hardy. L'étonnement du public, ou peut-être les observations de Richelieu, le firent se raviser, et nous avons vu avec quel luxe de précautions il régla désormais la mort de cet amant.

IV. — **Méléagre.**

(T. I, p. 209 à 271.)

I

Un roi qui, ayant tué un sanglier effroyable, fléau de son pays, attribue l'honneur de cette victoire à la belle qu'il aime, et, lorsque celle-ci a été insultée par ses oncles, n'hésite pas à les mettre à mort tous les deux ; la mère de ce roi qui, ayant en sa possession un tison d'où dépend la vie de son fils, le consume pour venger la mort de ses frères, et répond ainsi à un crime par un autre plus abominable : tel est le sujet de *Méléagre*.

Les critiques ne se sont pas mis d'accord sur sa valeur. Aristote le cite comme un de ceux qui fournissent tout ce qui est requis à la structure du poëme dramatique ; Castelvetro le trouve mauvais ; et La Mesnardière, qui l'examine longuement, conclut en ces termes enthousiastes : « Il faut confesser que ce sujet est admirable ; qu'il ne fournit à l'écrivain que des images pompeuses et des idées magnifiques ; et que, s'il ne triomphe pas de cette merveilleuse fable, c'est qu'il n'a pas assez d'adresse pour donner une belle forme à une si riche matière [1]. » Qui a raison, de Castelvetro ou d'Aristote et de La Mesnardière ? Si ce sont ces derniers, *il faut confesser* que Méléagre n'a pas été plus heureux au théâtre que dans son palais, car aucun poète antique n'a composé un chef-d'œuvre avec son histoire, et tous les auteurs modernes qui s'en sont servis l'ont fait avec une déplorable médiocrité.

Nous ne les excuserons pas, mais nous avons peine à concevoir comment on pourrait composer une belle tragédie sur Méléagre. Le dénouement pourrait-il n'en pas être répugnant ? L'ensemble pourrait-il présenter quelque unité ? « Bien que le poëme, dit La Mesnardière [2], finisse chez les dramatiques par la mort de Méléagre, ce n'est pas sur cet incident que subsiste la tragédie. Le meurtre de ses deux oncles est l'action principale de l'aventure de ce prince. Il ne meurt dans la catastrophe, qu'à cause qu'il les a tués au commencement de la pièce. » Voilà qui est fort bien dit, et un *Méléagre*, qui commencerait par la mort des oncles du roi pour se terminer par la mort du roi lui-même, aurait une indiscutable unité ; mais il lui manquerait trois actes.

---

1. *La Poëtique*, p. 178 et 184-198.
2. P. 187.

Le *Méléagre* de Hardy en a cinq; aussi lui manque-t-il une véritable unité, et beaucoup d'autres qualités encore : les vices du sujet n'expliquent qu'une partie de ceux de l'œuvre [1].

Même si l'on comprend dans l'action la chasse faite au sanglier et la victoire de Méléagre et d'Atalante, l'exposition est à la fois démesurée et insuffisante. Elle forme deux actes. Dans le premier, les plaintes du peuple et des paysans décident Méléagre à demander l'appui des Argonautes : ni le nom d'Atalante ni celui des oncles du roi, Plexipe et Toxée, ne sont prononcés. Dans le second, les héros se réunissent, Atalante se joint à eux; tout se prépare pour la chasse; on voit que Méléagre commence à être séduit par la beauté d'Atalante; mais Plexipe et Toxée parlent peu, et ce ne sont pas eux, mais Thésée, Pirithoüs, Lincée, qui plaisantent la jeune fille sur ses prétentions guerrières.

L'acte III commence brillamment. Un chœur de peuple,

> .....le sein mouillé de larmes,
> Les genoux contre terre et l'âme dans les cieux,

supplie avec force Diane d'accorder la victoire à ses défenseurs; un messager arrive et fait le récit, court mais énergique, de la chasse qui vient de sauver le pays. Le reste est moins bon. Méléagre confie à Thésée le soin de décerner le prix de la valeur, et celui-ci le donne au roi, qui a porté au monstre le coup mortel; à son tour, le roi, qui est amoureux, en déclare Atalante la plus digne : n'est-ce pas par elle que la première blessure a été faite? Ici nous constatons avec plaisir que Plexipe et Toxée s'irritent; mais nous avons peine à admettre qu'Atalante ne soit pas là. — Elle était trop fatiguée! — Prétexte! Hardy n'a évidemment fait retirer Atalante qu'afin de se garder de la matière pour le quatrième acte.

Si la chasseresse eût été là, elle eût accepté le présent, Plexipe et Toxée le lui eussent arraché, et Méléagre les eût punis. Grâce

---

1. *Mise en scène supposée* : palais de Méléagre au fond; — palais d'Altée; — palais d'Atalante. — Le chœur du peuple, à la scène III, I, se tient dans un lieu indéterminé; de même Plexipe et Toxée, à la scène IV, I, à moins qu'ils n'aient un palais spécial ou ne soient dans celui d'Altée.

Durée de l'action : Les quatre derniers actes se suivent à peu d'intervalle; mais, entre les deux premiers, s'écoule le temps nécessaire pour aller trouver et pour amener à Calydon Thésée, Lincée et Pirithoüs. Je ne parle pas d'Atalante, que Hardy semble faire vivre, non en Arcadie ou en Béotie, mais dans le voisinage de Méléagre.

à son absence, Plexipe et Toxée délibèrent : première scène. Atalante reçoit la hure du sanglier et les deux princes la lui viennent ravir : deuxième scène; dans une troisième, Méléagre s'entretient de son amour, reçoit les plaintes d'Atalante, mande ses oncles, et, comme ils insultent sa belle, les tue. L'acte est habilement rempli, mais fort inutile.

La pièce semble finie, car Méléagre va se marier avec Atalante, et nul ne nous a jamais parlé d'Altée ni de son tison. Cependant il reste un acte, et c'est Altée qui va le remplir. Elle renvoie sa nourrice, qui la dissuadait de son funeste projet, et, restée seule, elle met au feu le tison auquel les jours de son fils étaient attachés. Aussitôt l'auteur nous transporte chez Méléagre, que le mal saisit au milieu de son ivresse amoureuse; Atalante gémit et souhaite de mourir avec son époux. Pendant qu'on emporte sur un lit le moribond, nous revenons auprès d'Altée qui achève son œuvre sinistre; la nourrice reparaît et se trompe à l'air d'apaisement qui est répandu sur son visage, mais tout s'explique pour elle quand on vient apporter la nouvelle de la mort de Méléagre, et qu'Altée la reçoit avec une abominable joie.

Voilà encore un acte habilement coupé et rempli, sinon amené [1]; mais que dire du monstre qui y joue le principal rôle? Est-ce pour plaire à ses spectateurs, ou est-ce pour simplifier sa tâche, que Hardy lui a enlevé tout sentiment maternel, et n'a rien gardé de la douleur, rien de la lutte de sentiments qu'Ovide avait mise en elle [2]? A qui s'intéresser dans un tel drame? Atalante est trop peu connue et ne semble même pas répondre à l'amour du roi. Méléagre était sympathique au premier acte, quand il suppliait les dieux de le frapper lui-même et d'épargner son malheureux pays [3]; mais son amour s'exprime bien grossièrement [4]. Tous deux enfin nous paraissent cyniques, alors qu'ils décident leur mariage auprès des cadavres fumants des frères d'Altée [5].

1. Notons pourtant, au début de la scène II, un songe inutile d'Atalante.
2. Voy. *Métamorphoses*, l. VIII, v. 445-515.
3. Acte I, p. 214.
4. Acte IV, sc. III, p. 254; acte V, sc. II, p. 266.
5. Acte IV, sc. III, p. 260.

II

De 1582 à 1641, trois autres tragédies ont traité la fable de Méléagre ; aucune ne s'est élevée au-dessus de celle de notre auteur.

Nous ne connaissons que quelques vers de celle de Pierre de Bousy ; mais l'obscur jargon dans lequel ils sont écrits, et le peu de notoriété de l'œuvre, nous font mal augurer de sa valeur [1].

La langue de Boissin de Gallardon n'est pas meilleure [2], toutefois son Méléagre est d'une surprenante érudition : il connaît les Césars, Plutarque, Cicéron, Démosthène, et fait l'éloge de leur vertu [3]. Le premier acte nous mène jusqu'au début de la chasse, le second jusqu'après la mort de Plexipe et de Toxée. Dans le troisième, l'auteur se dédommage de la rapidité des précédents, et Althée se contente d'y délibérer sur ce qu'elle doit faire. Dans le quatrième, Méléagre, sentant quelque chose d'étrange en lui, se demande si c'est « le petit Cupidon » ou une « pleurésie » ; il meurt, et son père Œneus remplit le palais de ses plaintes. Au dernier acte, Althée se punit de sa cruauté, et les sœurs de Méléagre se lamentent longuement. Nous ne chercherons pas quel est exactement le sujet de cette tragédie, puisque l'auteur n'a pas l'air de le savoir, et prend pour titre, tantôt : *la Conquête du sanglier de Calydon*, tantôt *la Fatalité de Méléager et le Désespoir d'Althée sa mère*. Il sera plus intéressant de constater que, dans cette œuvre où les interminables discours abondent, la chasse pourtant est mise en action.

Le *Méléagre* de Benserade comprend à peu près les mêmes événements que celui de Boissin de Gallardon [4] ; mais l'horreur

---

1. Je n'ai pu trouver nulle part cette tragédie. La Croix du Maine la mentionne (*Bibl. fr.*, t. II, p. 258) ; Beauchamps et les frères Parfait en font autant (partie II, p. 53 ; t. III, p. 465), évidemment sur la foi de leur devancier. La Vallière et Mouhy n'en disent rien, et l'on pourrait douter de son existence, sans un article du *Catal. Soleinne*, t. I, p. 168-169.

2. *La Fatalle ou la conqueste du sanglier de Calidon*, dans le volume intitulé : *les Tragedies et histoires sainctes de Jean Boissin de Gallardon. La I. contenant la delivrance d'Andromede et les malheurs de Phinee. La II. La fatalité de Meleager et le desespoir d'Althee sa mere....* A Lyon, de l'Imprimerie de Simon Rigaud, marchand Libraire en rue Merciere. MDCXVIII. Avec Privilege du Roy, in-12.

3. Acte I.

4. *Meleagre Tragedie. De M. de Bensserade*. A Paris, chez Anthoine de Sommaville, au Palais dans la Gallerie des Merciers, à l'Escu de France. MDCXLI. Avec Privilege du Roy. In-4°.

du fond y est largement rachetée par les gentillesses de la forme. Avant, pendant et après la chasse, Méléagre et Atalante nous occupent sans cesse de leur galanterie; la douleur d'Althée au quatrième acte est divertie par une série de quiproquos; au dernier acte même, qui veut être terrible, nous ne pouvons nous empêcher de sourire en voyant Althée allumer, éteindre, rallumer son tison, et faire mourir son fils à petit feu. D'ailleurs elle ne manque pas, avant de mourir, de prononcer des stances antithétiques et précieuses. Qu'il y ait çà et là de bonnes intentions dramatiques [1], nous ne le nions pas. Mais le dialogue et les inventions *tragiques* de Benserade éveillent trop souvent l'idée d'une parodie; à tout le moins, cela paraît sérieux comme de l'*Ovide en rondeaux* [2].

V. — La Mort d'Achille.

(T. II, p. 1 à 102.)

I

Hardy termine ainsi l'argument de sa tragédie de *la Mort d'Achille* : « Darès Phrygien et Dictys de Crète, avec plus de vraisemblance qu'Homère, ont servi de phare à l'auteur en ce beau sujet. » Que veut-il dire? que les événements se sont produits comme les racontent Dictys et Darès? Peut-être; il se peut que Hardy crût encore à l'authenticité de leurs histoires [3]. Cependant il n'a pas dans ces auteurs la foi aveugle qu'on professait au moyen âge, et si c'est à eux qu'il emprunte les principaux événements, c'est à Homère qu'il demande la connaissance des caractères, bien des faits particuliers, bien des pensées même. La vraisemblance dont parle Hardy est donc surtout la vraisemblance drama-

---

1. Ainsi, lorsque Plexipe et Toxée vont aller à la chasse, Althée les invite tendrement à veiller sur eux, et explique, en racontant l'histoire du tison, pourquoi elle ne craint pas pour Méléagre (acte I, sc. III, IV et V).
2. Voy. surtout, à l'acte I, sc. I, les quiproquos entre Déjanire et Atalante: à l'acte II, sc. I, la scène où Atalante est obligée d'encourager l'amour du roi, sans quoi celui-ci lui fausserait compagnie et se jetterait dans un cours d'eau; à l'acte III, sc. II, « Plexipe arrache la hure à Atalante et s'enfuit, son frère le suit, et Méléagre après »; etc., etc.
3. Benserade semble commenter en ce sens la phrase de Hardy : « Le sujet de cette tragédie, dit-il, est assez fameux pour n'être pas ignoré de ceux qui la liront, puisque les plus beaux gestes de celui qui en est le héros sont écrits d'un style si merveilleux par le divin Homère. Quelques auteurs, comme Darès Phrygius et Dictys Cretensis, en parlent historiquement et *avec plus de vraisemblance.* » *La Mort d'Achille et la dispute de ses armes.* Au lecteur.

tique, et en ce sens il a parfaitement raison. Les traditions homériques ne permettent pas de faire de la mort d'Achille un sujet de tragédie; Darès et Dictys fournissent au contraire un excellent sujet, et le poète a le droit de prendre son bien où il le trouve.

On sait de quelle réputation incontestée les livres de Dictys et de Darès ont joui au moyen âge; l'œuvre du pseudo-Darès surtout, si décharnée, si barbare, avait alors pris une importance extraordinaire. Tous les peuples d'Occident prétendaient descendre des Troyens; et pour les Français notamment, l'origine troyenne était un dogme politique, déjà formulé par Dagobert au VIIe siècle et qui, au XVIIe, n'avait pas encore perdu tous ses fidèles [1]. Avec quelle vénération ne devaient-ils pas lire et reproduire ce livre d'un ancêtre, où leurs lettres de noblesse étaient contenues! Les reproductions et les imitations de Darès se multiplièrent, et si Dictys n'était pas oublié, c'est surtout parce que ses récits complétaient ceux de son adversaire. Vers 1160, Benoît de Sainte-More écrivait son grand poème du *Roman de Troie*, la plus remarquable des œuvres inspirées par la légende troyenne, et celle qui, à son tour, contribua le plus à la populariser. En 1450, « maistre Jacques Milet, étudiant ès loix en la ville d'Orléans », composait un grand mystère de vingt-huit mille vers (27 984), l'*Istoire de la destruction de Troye la Grant translatée de latin en francoys mise par personnages*. En réalité, le mystère de Jacques Milet est beaucoup moins imité du latin que du *Roman de Troie*, qu'il reproduit presque entièrement [2], et qu'il suit généralement pas à pas.

On devine quelle place tient dans ces œuvres l'épisode de la mort d'Achille. Tandis que l'histoire qui porte le nom de Darès, et

---

1. Voy. A. Joly, *Benoît de Sainte-More et le Roman de Troie, ou les Métamorphoses d'Homère et de l'épopée gréco-latine au moyen âge*. Paris, Vieweg, 1871, 2 vol. in-4°; ch. III et ch. VIII. — A la fin du XVIe siècle, Garnier se servait de ce dogme politique pour donner à ses lecteurs de patriotiques espérances : « Les exemples anciens nous devront dorénavant servir de consolation en nos particuliers et domestiques encombres, voyant nos ancêtres Troyens avoir, par l'ire du grand Dieu, ou par l'inévitable malignité d'une secrète influence des astres, souffert jadis toutes extrêmes calamités, et que toutefois du reste de si misérables et dernières ruines s'est pu bâtir, après le décès de l'orgueilleux empire romain, cette très florissante monarchie. » *La Troade, Tragédie*. A Monseigneur l'archevêque de Bourges.

2. « L'imitation comprend du vers 2810 au vers 27 000, c'est-à-dire les quatre cinquièmes au moins du poème de Benoît. » (Joly, p. 437.) — L'édition de Milet que nous avons consultée est celle qu'a donnée M. Stengel : *l'Istoire de la destruction de Troye la Grant... Autographische Vervielfältigung... veranstaltet von E. Stengel*. Marburg und Leipzig, 1883. Elwert.

qui paraît dater du v⁰ siècle sous la forme où nous la lisons et où la lisait déjà le moyen âge, n'est sans doute qu'un très sec et très mauvais abrégé d'un ouvrage antérieur; deux passages y offrent des développements inusités, grâce à « un caprice de l'abréviateur, qui s'est laissé aller à reproduire avec plus de détail deux scènes dramatiques. C'est la dernière entrevue entre Hector et Andromaque, et la mort d'Achille, victime de sa passion pour Polyxène. Ce dernier récit est la partie la plus intéressante de l'ouvrage du faux Darès [1]. » Un hasard aussi heureux eût suffi à faire la fortune de la légende d'Achille. Dans l'*Histoire de la destruction de Troie*, qui est divisée en quatre journées, la troisième presque tout entière y est consacrée.

Hardy connaissait-il Benoît de Sainte-More? La chose est possible; mais surtout il est probable qu'il connaissait le mystère de Jacques Milet. Outre que les éditions en étaient fort nombreuses [2], il avait pu le voir jouer sur le théâtre des Confrères. Quel mystère, en effet, au xvi⁰ siècle, offrait plus de chances de succès que celui-là, à la fois populaire et savant, traitant à la façon de l'ancienne poésie un sujet cher à la nouvelle! Aussi avons-nous vu qu'Agnan avait souvent paru rue Mauconseil dans le costume du roi de Troie; il y jouait sans doute l'*Histoire* de Jacques Milet [3]. Il est vrai qu'on ne la pouvait guère représenter en entier, mais quelques fragments pouvaient parfaitement être détachés. L'épisode de la mort d'Achille, avec tous les incidents que le poète y avait fait entrer, ne comprenait que 5000 vers (5270 du v. 14280 au vers 19550), qu'il était facile de débiter en deux soirées; en abrégeant certains de ces incidents, en supprimant quelques scènes de combats, les plus difficiles à représenter, on obtenait même une pièce plus intéressante et pour laquelle deux ou trois heures

---

1. A. Chassang, *Histoire du Roman et de ses rapports avec l'histoire dans l'antiquité grecque et latine*. Paris, Didier, 1862, in-12, p. 361. — Sur Dictys et Darès, voy. A. Joly, *Benoît de Sainte-More*, t. II, p. 159-214. — Sur la date du *Dictys*, voy. un art. de M. L. Havet (*Revue de philologie*, 1878, p. 238-240). — Sur Darès, voy. deux art. de M. G. Paris (*Revue critique*, 1874, t. I, p. 289-292, et *Romania*, 1874, p. 130-134).

2. Voy. Brunet.

3. Au tome I⁰ʳ de ses *Mystères*, p. 241, M. Petit de Julleville doute qu'elle ait jamais été représentée; mais il est moins sceptique au t. II, p. 573 : « Cet immense mystère, ou plutôt cette vaste *histoire*, ne dut pas souvent être jouée dans son entier. Mais on put en détacher des fragments pour les représenter. » Si cela est vrai pour le xv⁰ siècle, pourquoi n'en serait-il pas de même pour le xvi⁰?

suffisaient. Le style n'était pas non plus un obstacle : un anonyme n'avait-il pas remanié le mystère de Milet en 1544, et ne l'avait-il pas, « selon sa petite capacité, réduit en langue française peu plus élégante selon son primitif et propre original [1] »? Tout contribue donc à nous faire supposer que la légende de la mort d'Achille avait été représentée à la fin du XVIe siècle, et que Hardy avait pu assister à cette représentation.

Mais, s'il en est ainsi, si Hardy a continué sciemment la tradition du moyen âge, avec quelle indépendance ne l'a-t-il pas fait! Quelles différences dans la marche de son œuvre et de celle de Milet! dans les caractères des personnages! dans l'intérêt que le poète répand sur eux [2]! Milet, comme Benoît de Sainte-More, comme Darès lui-même, est Troyen et s'intéresse avant tout aux Troyens : dans son œuvre, Achille périt victime d'une trahison, mais lui-même venait d'en commettre une autre, et toutes ses victoires n'avaient guère été obtenues par d'autres moyens [3]. Chez Hardy, Achille concentre sur lui tout l'intérêt; ses intentions sont pures; on ne peut l'accuser que de faiblesses, tandis que les Troyens sont coupables d'énormes crimes. La pièce n'est plus troyenne, elle est grecque, et, en même temps, elle est plus dramatique, ce qui avait sans doute décidé Hardy. A qui, en effet, pouvait-on s'intéresser dans Milet? Aux traîtres Pâris et Déiphobe? Au trompeur Achille? A Priam, complice d'un crime? A Polyxène, qui regarde le meurtrier de son frère avec une complaisance parfois cynique? Tout au plus à Hécube, qui poursuit comme une furie la vengeance de son fils Hector; mais Hécube n'est qu'un personnage secondaire. Et, justement, ce personnage a disparu de la pièce de Hardy.

Entre ces deux œuvres, d'esprit si différent, nous en pouvons

---

[1]. Voy. Joly, p. 585.

[2]. Nos conclusions seraient à peu près les mêmes, si nous avions le loisir de comparer la pièce de Hardy aux récits de Darès et de Dictys. Voy. Darès, ch. XXVII à XXXV; et Dictys, l. III, ch. II à III; l. IV, ch. X à XIV.

[3]. Jean le Maire de Belges, racontant la mort du « duc Achilles », avoue de même qu'il « fut trompé par fausse et vilaine trahison », mais ainsi en avait-il usé vis-à-vis d'Hector, et le récit de la mort de ce héros finissait par cette parole : « Quand donc le très déloyal Achilles eut occis traîtreusement la fleur des nobles hommes de tout le monde... » *Les Illustrations de Gaule et singularitez de Troye par maistre Jean le Maire de Belges...* A Lyon, par Jean de Tournes. MDXLIX, in-4°; l. II, ch. XX, p. 241-244. — Shakespeare est tout aussi favorable à Hector et tout aussi hostile à Achille dans sa pièce de *Troïlus et Cressida*.

citer une qui servira de transition : c'est la tragédie latine qu'a écrite le Padouan Albertino Mussato (1261 à 1329), sous le titre de l'*Achilléide* [1].

Le premier acte se passe à Troie. Hécube déplore les malheurs de la ville, et pleure ceux de ses fils qui ont déjà succombé; un songe vient encore d'accroître son épouvante. Pâris essaye de la consoler, mais elle s'emporte contre lui, qui joint la lâcheté à l'adultère. Elle-même se charge de faire périr Achille : il aime Polyxène; il ne sortira pas vivant du temple où il sera venu pour l'épouser. Pâris essaye en vain de dissuader sa mère de ce projet funeste; ne vaudrait-il pas mieux accepter franchement une alliance qui pourrait être le salut de Troie?

L'acte II nous transporte au camp grec. Achille « s'entretient de son amour ». Il voit venir à lui le messager de Pâris; au lieu de le suivre aussitôt, il discute avec lui sur l'opportunité d'un tel hymen ; mais il ne tarde pas à « se repentir de son retard ». C'est tout ce que contient cet acte.

Le troisième est rempli presque tout entier par une conversation d'Hécube et de Priam; la joie féroce d'Hécube, au moment de triompher de son ennemi et de faire pleurer Thétis comme elle-même a pleuré, donne quelque intérêt à cette conversation, peu utile pour la marche de la pièce. L'acte est terminé par une obscure prédiction de Cassandre, qu'Hécube et Priam ne comprennent pas, et dont l'utilité est aussi fort contestable.

L'acte IV, qui se passe dans le camp grec, ne comprend, outre le chœur, que le récit de la mort d'Achille fait par un messager.

---

[1]. Nous ne citerons pas l'*Achille* de Nicolas Filleul, qui fut représenté publiquement au collège d'Harcourt, à Paris, le 21 décembre 1563. Cette tragédie commence après la mort de Patrocle et comprend la mort d'Hector, la vengeance qu'exerce Achille sur son cadavre, l'entrevue dans laquelle Priam obtient le corps de son fils, les fiançailles et la mort d'Achille, enfin les sentiments que cette mort fait naître dans le palais de Priam. Hécube, Andromaque, Cassandre y jouent un rôle. Ainsi cette tragédie ressemble à un mystère du moyen âge par l'étendue et le peu d'unité de son sujet, mais elle se passe toute en récits. Elle diffère donc à tous égards de la pièce de notre poète. (Sur cet ouvrage très rare et que je n'ai pu trouver, voy. La Vallière, t. I, p. 175-176. — L'*Achille* que cite Du Verdier (t. 1; t. III des *Biblioth. franç.*, p. 186), sans date et sans noms d'auteur ni d'imprimeur, doit, à en juger par la liste des personnages, se confondre avec celui de Filleul. — En 1610, Claude Billard publia une tragédie française de *Polyxène;* mais elle a pour sujet la mort de cette princesse, et Achille n'est plus quand elle commence. Elle n'offre donc pas de rapport avec celle de Hardy. — Il en est de même de l'*Achille victorieux* de Borée, qui parut à Lyon en 1627. Borée arrête l'histoire d'Achille à sa victoire sur Memnon.

Ainsi l'événement qui fait le sujet de la pièce est complètement dérobé à la vue du spectateur.

A l'acte V, nous sommes dans la tente d'Agamemnon. Agamemnon et Ménélas discutent longuement. Calchas annonce qu'Achille doit être remplacé par son fils, qui seul viendra à bout de la résistance de Troie. M. Chassang, d'après qui nous analysons la pièce [1], a raison de dire que ce cinquième acte « n'est pas étranger à l'action »; il n'est pas indifférent au lecteur ou au spectateur de savoir qu'Achille sera vengé. Mais peut-être aimerait-il voir déjà quelque chose de cette vengeance, et sentir, par la vue des honneurs accordés au mort, ou des préparatifs guerriers faits par les Grecs, combien cette vengeance sera terrible.

L'auteur de cette tragédie, on le voit, n'a pas su choisir un centre d'intérêt. Est-il pour les Grecs? On le dirait, puisque le dernier acte est consacré à préparer leur victoire; mais deux actes entiers se passent à Troie, et les deux caractères les plus intéressants sont ceux des Troyens Pâris et Hécube. Malgré tout, l'œuvre a été louée. « On y trouve une action, un nœud et une péripétie », dit M. Chassang; et plus loin : « Le sujet est bien exposé et assez bien mené... La conception de l'ensemble est heureuse, mais elle manque de développement; il semble que le souffle de Sénèque ait desséché l'imagination du poète. En des temps meilleurs et sous une influence plus féconde, peut-être aussi avec un pinceau plus habile, n'y avait-il pas là un beau tableau à exécuter? [2] »

II

C'est ce tableau que Hardy a entrepris, sans connaître — tout porte à le croire — l'esquisse de son devancier. Il ne l'a pas réussi, cela va sans dire : son pinceau était trop hâtif et trop incorrect; mais peut-être en a-t-il peint quelques parties, et il a dessiné l'ensemble d'un crayon beaucoup moins sec et beaucoup plus vigoureux que celui du poète italien [3].

---

1. Voy. son livre des *Essais dramatiques imités de l'antiquité au XIVᵉ et au XVᵉ siècle*. Paris, Durand, 1852, in-8°, p. 51-57.
2. *Des Essais dramatiques*, p. 51 et 56.
3. Déclarons encore une fois que nous ne jugeons pas la langue; car pour qui a souci de la netteté et de la noblesse du style, l'*Achille* de Hardy, surtout en ses premiers actes, est illisible. Peut-être cette pièce, qui ouvre le

La pièce [1] débute par une sorte de prologue. L'ombre de Patrocle apparaît à Achille endormi, lui annonce, avec les détails les plus précis, qu'il périra vaincu par l'amour [2], mais qu'une gloire immortelle est réservée à son nom sur la terre, à son ombre aux Champs-Élysées. Patrocle disparaît, et Achille, qui voudrait le retenir, ne fait plus nulle part allusion à ses paroles, ne craint nulle part le piège qui lui a été dévoilé si nettement. C'est donc bien au public que l'ombre s'adressait; les apparitions et les songes ont remplacé dans le nouveau théâtre les prologues de l'ancien.

Ce début, singulier pour nous, a du moins l'avantage de fixer dès l'abord notre attention sur Achille. Un court monologue du héros nous montre ensuite combien l'amour s'est emparé de son âme; une conversation avec Nestor, combien les Grecs ont besoin de son aide et quelle crainte ils éprouvent de la perdre. Au conseil qui suit, Agamemnon déclare que, depuis dix ans, les Grecs n'ont pas commis de faute aussi grave que celle d'accorder aux Troyens la trêve pendant laquelle Achille est devenu amoureux de Polyxène; il voudrait forcer Achille à renoncer à ses projets; mais Nestor fait adopter par les chefs la résolution d'user plutôt de conseils et de prières. A la fin de ce premier acte, nous connaissons bien l'état des esprits dans le camp grec : Achille ne rêve que de s'unir à Polyxène tout en restant fidèle à la cause grecque, et pour cela il voudrait réconcilier les deux peuples; le plus sage des chefs, Nestor, se méfie de la foi troyenne.

---

tome II du *Théâtre*, est-elle antérieure à celles que nous avons déjà analysées; elle est à coup sûr plus mal écrite et, pour comble de malheur, le texte en est obscurci par de nombreuses et monstrueuses fautes d'impression. Veut-on quelques exemples? *se seiche* (pour *se sçache?*), p. 17, v. 13; *las* (pour *ha?*), p. 33, v. 5; *Que* (pour *One?*), p. 34, v. 1; *abbatus, batus* (pour *abbatue, batue?*), p. 45, v. 4 et 5; *cesser : presser* (pour *cessez, pressez?*) p. 47, v. 10 et 11; *Cieux, Benine* (pour *Cieux benins?*), p. 48, v. 5; *tul* (pour *toy?*), p. 81, v. 1; *d'une aveugle* (pour *d'un courage?*), p. 84, v. 7; *Nous alloüer seulement pour battre des assassins* (pour *Nous allons seulement battre...?*), p. 91, dernière ligne; etc., etc., etc.

1. *Mise en scène supposée* : Le camp grec avec deux tentes ou habitations distinctes : celle d'Achille et celle d'Agamemnon; — le palais de Priam à Troie; — le temple d'Apollon Thymbréan. — A l'acte V, sc. 1, Pâris exhorte ses troupes près de Troie, puis elles quittent la scène pour se rendre au temple. Les Grecs sont déjà près du temple quand Ajax leur adresse son discours. La scène II se passe ou est censée se passer dans le temple même, près du cadavre d'Achille.

La *durée de l'action* est de quelques jours.

2. « Je vis Hélène, cause de tant d'années cruelles, et je vis le grand Achille, qui périt vaincu par l'amour. » Dante, *Enfer*, ch. v., traduc. Fiorentino.

Le début du second acte nous montre l'état des esprits dans la cité ennemie, et, en même temps, il fait faire à l'action un premier pas. Un envoyé d'Achille, Nirée, est venu faire part à Priam des intentions de son maître. Priam, tout courbé sous le poids de ses malheurs encore plus que de son âge, veut accepter le moyen de salut qui s'offre aux Troyens; mais Pâris et Déiphobe s'indignent de cette faiblesse. S'unir « à l'homicide d'Hector, la peste de l'Asie! » non, il faut feindre d'accepter cette union, mais profiter de l'imprudence d'Achille pour le tuer et priver ainsi les Grecs du seul homme qui assurât leur triomphe. En vain Priam répugne-t-il à cette trahison; en vain rappelle-t-il cet oracle de Cassandre, qu' « un vengeur sortirait de la cendre » d'Achille; il finit par céder à ses fils, et déclare qu'il consent à l'hymen proposé.

On devine avec quelle joie Achille reçoit cette nouvelle; il ne peut d'abord croire à son bonheur, mais n'est-il pas naturel que les Troyens épuisés acceptent la paix qu'il leur offre? Et d'ailleurs Nirée l'assure que Polyxène a rougi chaque fois qu'on a prononcé devant elle le nom d'Achille. Impatient, il charge son serviteur de demander pour lui une entrevue au temple d'Apollon. — C'est alors que Nestor vient le chercher pour le conduire au conseil. Aux questions qu'on lui adresse sur ses projets, il se contente de répondre qu'il est incapable de manquer à l'honneur; mais dès qu'on parle de rompre la trêve, il s'irrite contre cette violation de la parole donnée, et se retire, les yeux étincelants de colère.

Au troisième acte, Pâris et Déiphobe, près de se rendre au temple avec Polyxène, la prient d'entretenir, de redoubler par sa feinte sympathie l'aveugle passion d'Achille. La sœur d'Hector ne consent pas sans peine à ce mensonge; mais peut-elle refuser de délivrer sa patrie? — Lors donc qu'Achille vient d'arriver, tout ému, devant le temple d'Apollon, Pâris et Déiphobe s'approchent, lui présentent Polyxène, et, après s'être entretenus quelques instants avec lui du mariage prochain, se retirent discrètement. Le dialogue qui suit serait beau, si le style y répondait à l'habileté dramatique. Le vaillant Achille tremble presque en parlant à celle qu'il aime, il regrette tout le mal qu'il a fait à la famille de Polyxène, et s'engage à le réparer autant qu'il sera en lui. Un soupçon qu'elle feint de concevoir contre sa bonne foi lui permet de montrer toute la pureté de ses intentions; la tristesse et le découragement qu'elle laisse paraître lui permettent de montrer aussi toute sa délicatesse : il « ne demande pas une amitié forcée », il ne veut pas du corps sans le cœur. Polyxène sent qu'elle est allée trop loin et se ravise ; si elle lui refuse encore un baiser, elle affirme du moins qu'elle l'a déjà secrètement aimé :

> Hé ! cieux, combien de fois, du haut de nos remparts,
> Alors que ta fureur foudroyait nos soldars,
> Qu'en la forme d'un Dieu, sous des armes brillantes,
> Tu jonchais de Troyens les campagnes dolentes,
> Combien ai-je versé de regrets douloureux...!
> De ta claire vertu dès lors énamourée [1].

Ces paroles transportent Achille, et c'est avec une véritable allégresse qu'il prie Pâris et Déiphobe de hâter son hymen. Pour éviter les bruits et la calomnie, Pâris lui recommande de venir peu accompagné au temple. — La séparation paraît cordiale ;

> Apollon te regarde
> D'un œil bénin toujours, et te tienne en sa garde !

dit Pâris, et aussitôt Polyxène :

> Ah ! monstre, que ta vie exécrable me nuit !
> Que n'erres-tu déjà dans l'infernale nuit [2] !

Ainsi tout est préparé pour le crime ; mais un court incident va en faire ressortir tout l'odieux. Priam regrette la faute qu'il a commise ; plus le moment de la trahison approche, plus il est torturé par la honte et la douleur. Au moment où ses fils vont partir pour le temple, il les supplie de renoncer à un acte exécrable, qui attirera tôt ou tard la vengeance du ciel :

> La foi sur les vertus pare une royauté ;
> Sans elle, l'univers serait un brigandage ;
> Nous la devons tenir, fût-ce à notre dommage...
> Massacrer qui se donne à nous de son plein gré !...
> Qui, clément, s'humilie à rechercher vainqueur
> Ceux qui n'ont tantôt plus ni d'espoir ni de cœur !
> Abstenez-vous, mes fils, ma chère géniture,
> De telle impiété, notre perte future [3].

Pâris et Déiphobe reprochent à leur père de manquer de courage, lui rappellent les morts d'Hector et de Troïle, attaquent la

---

1. Acte III, sc. II, p. 60-61.
2. Acte III, sc. II, p. 64-65.
3. Acte IV, sc. I, p. 67.

bonne foi d'Achille, et prennent par la tendresse le vieillard tant de fois frappé dans ses affections :

> Sire, conservez donc ce serpent avec vous ;
> Prenez-le successeur, nous lui céderons tous.
> Peuple, soldats, enfants, nouvelle colonie,
> Nous irons habiter les déserts d'Hyrcanie,
> Fonder une demeure ès antres Caspiens,
> Avant que de tomber captifs en ses liens [1].

Le grand coup est frappé, Déiphobe profite de l'émotion du roi :

> L'heure passe qu'il faut mettre la main à l'œuvre...
> Sire, au nom de nos Dieux, au nom de la patrie,
> De ne plus résister je vous prie et reprie [2].

Alors Priam :

> Allez, contre mon gré un meurtre je permets
> Qui saignera, vengé, dessus nous à jamais ;
> Remuez les enfers, le ciel, la terre et l'onde,
> Seul je vais dévorer mon angoisse profonde.

Nous avons insisté sur cette courte scène, parce qu'elle nous paraît fort dramatique. Dans la suivante, Hardy a pris soin de nous montrer encore une fois la noblesse d'âme d'Achille, avant de le sacrifier. Le héros s'approche du temple, et met son hymen sous la protection de Phébus, ami des Troyens :

> Père, tu sais très bien que ma licite flamme
> Rien de déloyauté ne souffre dedans l'âme ;
> L'un ne l'autre parti trahir je ne prétends,
> Ains d'un horrible hiver éclore un gai printemps,
> Sécher ces gros torrents de sang humain qui coulent [3].

Le plan des traîtres est habilement conçu. Achille soupçonnerait un piège, s'il voyait venir à lui les deux frères, sans qu'ils fussent suivis de Polyxène, d'Hécube, de Priam. C'est donc le plus sympathique à Achille, c'est Déiphobe seul qui vient à sa rencontre : le reste du cortège est, dit-il, retardé par la toilette de la fiancée. Achille le croit, parle de son amour, puis s'inquiète du retard, s'informe, et c'est le coup de dague de Pâris qui lui répond. D'ailleurs, Pâris se montre bien digne de sa réputation ; pendant que

---

1. Acte IV, sc. i, p. 70.
2. Acte IV, sc. i, p. 70-71.
3. Acte IV, sc. ii, p. 73.

Déiphobe empêche toute résistance d'Achille, il s'acharne après le mourant, en criant que lui-même a bien outragé un mort. Ils s'enfuient; mais les cris d'Achille attirent un soldat grec, puis Ajax. A ce dernier, son intime ami, Achille trouve la force de raconter quels étaient ses desseins et quelle a été sa fin; il l'embrasse et lui recommande son fils et sa vengeance.

La pièce pourrait finir là; mais on comprend qu'elle se poursuive, pour nous montrer les souhaits d'Achille mourant en partie exaucés, et l'horrible trahison de Pâris vengée.

Les Troyens veulent s'emparer du corps d'Achille; Ajax jure d'empêcher cette profanation, et le cinquième acte commence par une bataille. C'est en rappelant le mal qu'Achille a fait à Troie, c'est en représentant sa mort comme la perte des Grecs, que Pâris anime ses troupes; c'est aussi en parlant d'Achille l'invincible qu'Ajax irrite et lance les siennes :

> Vous ne le verrez plus, armé à claires armes,
> Le visage brillant, repousser les alarmes;
> Vous ne le verrez plus d'un large coutelas
> Fendre les ennemis...
> Que dis-je? vous n'avez qu'Achille qui vous guide,
> Au rang des demi-dieux enrôlé comme Alcide,
> De l'Olympe à présent hôte déifié...
> Marchons [1].

La lutte n'est pas longue; Pâris donne le signal de la fuite, et c'est encore à Achille qu'Ajax attribue l'honneur de la victoire. Les principaux chefs grecs font, à tour de rôle, l'éloge du héros mort [2]; tous désignent Pyrrhus pour lui succéder.

Telle est cette tragédie de *la Mort d'Achille*, un peu trop simple et lente [3], mais non sans grandeur. Achille l'emplit tout entière, sinon de sa présence, du moins de sa gloire, et Hardy n'a emprunté à Darès ou à Dictys aucun des nombreux traits qui pouvaient le rendre moins sympathique. Les autres personnages ressemblent à la pièce même, trop simples, trop raides, mais généralement

---

1. Acte V, sc. i, p. 92-93.
2. Citons seulement ces vers d'Agamemnon :

> En ton bras nous perdons une puissante armée,
> Quelle armée eût valu ta simple renommée !
>
> (Acte V, sc. ii, p. 96.)

3. Il eût été bon notamment de resserrer les deux premiers actes, et de ne faire qu'un demi-acte avec ce qui constitue le cinquième tout entier.

vrais et bien conçus. Les chefs grecs se distinguent les uns des autres par quelques traits essentiels empruntés à Homère. Du côté des Troyens, je regrette l'absence d'Hécube, dont la douleur passionnée, si elle n'eût pas entraîné l'auteur à des hors-d'œuvre, eût heureusement animé quelques parties de l'action; Pâris et Déiphobe se ressemblent trop; mais le personnage de Polyxène, quoique peu aimable, est assez habilement composé [1]. Enfin, celui de Priam serait tout entier touchant, si Hardy ne l'avait gâté par un manque de mesure trop fréquent chez lui, comme chez tous les auteurs qui ne sont pas maîtres de leur langue. Ce roi « vénérable et chenu [2] », dont le caractère faible, mais noble, se marquait dans ses premières paroles, et à qui l'idée d'une trahison était si étrangère qu'il avait mis quelque temps à la comprendre quand ses fils la lui exposaient [3]; ce roi parle ensuite trop bien à Nirée le langage que ses fils voulaient lui voir tenir, et nous avons peine à l'entendre s'écrier, alors qu'il attire Achille dans un guet-apens :

> L'univers branlerait plutôt que ma parole. [4]

Les nobles paroles qu'il prononce plus tard, les prières par lesquelles il essaye d'empêcher un crime, ne suffisent pas à nous faire oublier une telle faute.

III

De Hardy à Benserade [5], la tragédie de *la Mort d'Achille* s'est compliquée, et, pour cela, elle n'a eu qu'à suivre plus fidèlement le récit de Darès. Ici donc, l'idée du complot ne germe pas tout

---

1. Hardy lui a fait exprimer par feinte les sentiments que Benoît et Milet avaient réellement mis dans son cœur :

> Il est bel homme et bien faitis,
> Et moult plaisant à regarder...
> Certes il m'est moult gracioux
> Et a bien la chère hardie.

(*L'istoire de la destruction de Troye la grant*, 3ᵉ journée, v. 14491 et 14507.)
2. Acte II, sc. II, p. 29.
3. Acte II, sc. I, p. 21-23.
4. Acte II, sc. I, p. 27.
5. *La Mort d'Achille et la Dispute de ses armes. Tragedie.* A Paris, chez Anthoine de Sommaville, au Palais, dans la petite salle, à l'Escu de France. MDCXXXVII. Avec Privilege du Roy, in-4º. La dédicace au roi est signée : De Bensseradde.

d'abord dans l'esprit de Pâris et de Déiphobe ; l'hymen d'Achille est accepté par la cour troyenne ; Hécube prie Polyxène d'aimer son futur époux. Mais Troïle, qui ignorait tout, a l'imprudence de provoquer Achille ; celui-ci accepte le défi et le tue. De là le complot et le guet-apens. Ainsi présentée, l'action est plus animée et peut-être plus naturelle ; malheureusement l'Achille de Benserade est infiniment moins noble que celui de Hardy, dont il n'a pas les généreux desseins. Il commence par se donner à Priam et par présenter son épée à Polyxène : c'est trahir les Grecs ; accepté par Polyxène, il lui tue son frère : c'est trahir son amour ; deux crimes bien graves pour un chevalier noble et galant. Aussi Achille, qui le sent, voudrait-il mourir des mains de sa maîtresse, et même quand il est tombé sous des coups moins aimables, proclame-t-il qu'il a mérité son sort.

Les événements dont nous parlons n'occupent que trois actes dans la tragédie de Benserade. Ils sont précédés par l'entrevue de Priam et d'Achille, que dis-je ? par une entrevue d'Achille avec Priam, Hécube et Polyxène, où le héros accorde aux beaux yeux de Polyxène le cadavre d'Hector qu'il a refusé au père brisé par la douleur. Ils sont suivis par la dispute des armes d'Achille et la mort d'Ajax. Avons-nous à parler de ces deux actes ? N'est-il pas évident que le dernier ne tient en rien à l'action [1], tandis que le premier ne constitue pas moins qu'un sacrilège contre la divine poésie d'Homère ?

Nous n'avons rien dit de Briséis, qui paraît dans la pièce, mais sans y jouer un grand rôle. Elle devient bien autrement importante dans *la Mort d'Achille* de Thomas Corneille [2], dont le jeune Pyrrhus aussi est un des personnages principaux. L'action de cette tragédie est romanesque sans être intéressante, Achille y est fort déchu de son ancienne noblesse. De Hardy à Thomas Corneille le sujet est allé gagnant en complexité et perdant en vraie grandeur.

VI. — Coriolan.

(T. II, p. 103 à 188.)

Si Shakespeare n'avait pas fait un *Coriolan*, il pourrait être utile d'analyser avec quelque détail celui de Hardy [3]. Nous

---

1. Quoi qu'en puisse dire Benserade. Voy. son Avertissement « au lecteur ».
2. Cette pièce est de 1673.
3. *Mise en scène supposée* : La maison de Coriolan et le forum à Rome ; — le

verrions que, si l'œuvre est parfois lente et froide, si elle est mal dégagée des faux ornements du xvi° siècle, la marche, du moins, en est nette et sage, et les personnages assez bien conçus; nous constaterions que Hardy a su choisir dans Plutarque [1] les incidents qui pouvaient former une tragédie, négliger tout le reste et ne pas ajouter d'intrigue vulgaire à celle que lui fournissait l'historien. Et ce mérite paraît appréciable à qui jette un coup d'œil sur les *Coriolans* qui ont succédé à celui de notre poète. En 1638, Chevreau fait « du fier et rancuneux patricien un mari sentimental et romanesque [2] »; en 1676, l'abbé Abeille lui donne deux maîtresses; en 1748, Richer le gratifie d'une fille, laquelle est amoureuse d'un Romain, pendant que son père la veut marier au Volsque Tullus; en 1776, Balze le marie lui-même à une fille du chef volsque. Que d'autres transformations encore! que d'autres travestissements [3] !

Le héros de Hardy est certainement inférieur à celui de Plutarque; c'est un Coriolan affaibli; mais c'est toujours un Coriolan. S'il nous étonne, lorsqu'il essaye de se prendre pour un instrument de la divinité courroucée contre Rome [4]; s'il nous scandalise quand il tremble de succomber sous la jalousie d'Amfidie, et laisse paraître une faiblesse que lui-même se reproche [5]; partout ailleurs, les traits distinctifs de son caractère sont bien ce qu'ils doivent être : l'orgueil, le mépris du peuple, l'amour filial [6]. On

---

camp volsque (tente de Coriolan) près de Rome; — la maison d'Amfidie, la maison de Coriolan et la salle du conseil à Antium. La salle du conseil, utile seulement au cinquième acte, était peut-être représentée par une toile de fond qui remplaçait le camp volsque ou le forum romain. Le monologue de Coriolan à l'acte II, sc. I, est prononcé dans un lieu vague hors de Rome.

La durée de l'action ne peut guère être inférieure à un an.

1. Comme Shakespeare, Hardy n'a rien emprunté à Tite-Live, qu'il ne semble pas connaître.
2. Saint-Marc Girardin, *Cours de litt. dram.*, t. II, p. 55.
3. Voy. une *Dissertation sur les différentes tragédies de Coriolan qui ont paru jusqu'à ce jour*, en tête de *Caïus Marcius Coriolan, ou le danger d'offenser un grand homme*. Tragédie par M. Gudin de la Brunellerie. A Paris, chez Ruault, libraire, rue de la Harpe, 1776, in-8°. — Cf. un *Catalogue des tragédies qui ont paru sous le titre de Coriolan*, en tête de *Coriolan, tragédie en cinq actes et en vers*, par M. de la Harpe, de l'Académie Françoise. A Paris, au bureau de la Petite Bibliothèque des Théâtres... MDCCLXXXIV, p. in-12.
4. Acte III, sc. II.
5. Acte V, sc. I.
6. Pour ce dernier caractère, voy., outre la grande scène du 4° acte, acte I, sc. I, p. 109, et acte IV, sc. III, p. 161. Cf. Saint-Marc Girardin, t. II, p. 50 et 51.

est touché du trouble qu'il éprouve, quand il voit entrer dans son camp sa mère Volomnie.

Celle-ci hésite peut-être un peu trop à aller au camp volsque supplier son fils, mais elle le supplie du moins avec force [1]. C'est une patriote et une mère pleine de tendresse. Aussi, lorsque Coriolan va comparaître devant le peuple irrité, la voyons-nous agir comme la Volomnie même de Shakespeare; elle prie instamment son fils de cacher son orgueil et de ne pas donner raison à ses accusateurs :

> Derechef, mon enfant, mon unique support,
> Par les mânes sacrés de ton géniteur mort,
> Par ces mains que j'enlace en ta face guerrière,
> Par une piété qui te fut familière,
> Par ces cheveux grisons, ces mamelles qui t'ont
> Autrefois allaité, par ce souci profond
> Qui dévore pour toi mon âme intimidée,
> Refrène en ce péril ton ire débordée...
> Repense que l'orgueil demeure solitaire [2].

Nous n'avons garde de comparer ces personnages avec ceux de Shakespeare; mais, envisagés en eux-mêmes ou comparés à ceux qui portent les mêmes noms dans tant d'autres tragédies françaises, peut-être méritent-ils quelques louanges.

Il est un autre personnage, que Shakespeare a peint d'un pinceau puissant, et qu'il a mis partout au premier plan en face de Coriolan lui-même, personnage changeant et multiple, orgueilleux et bas, contradictoire quoique ayant sa physionomie propre : la foule, le peuple. Ni les traditions de la tragédie française, ni la mise en scène de notre théâtre ne permettaient à Hardy de le faire vivre devant les spectateurs, et de faire entendre ses mille voix; il n'en a donné qu'un crayon bien imparfait, mais qui ne laisse pas d'être curieux. Le parti populaire romain, qui s'exprime dans Shakespeare par les voix de Brutus, de Sicinius et de maints citoyens inconnus, n'est représenté ici que par Sicinius [3] et le *chœur des Romains*; le parti patricien, qui s'exprimait par les voix de Cominius, de Ménénius et d'autres sénateurs, se résume ici dans *le Sénat*. Ainsi la masse des plébéiens était représentée par trois ou quatre figurants, dont un seul prenait la parole, et ce

---

1. Acte IV, sc. III et IV, p. 160-163 et 168-170.
2. Acte I, sc. I, p. 113.
3. Dont une négligence étrange a fait partout Licinie.

coryphée énonçait en un discours suivi, plus invraisemblable, plus froid, moins dramatique, les mille et une réflexions de la foule. Il en était de même du Sénat. Et pourtant Hardy, par une intention digne de Shakespeare, montrait ce Sénat s'excitant à défendre Coriolan, le laissant bannir sans oser bouger, puis, resté seul sur le forum après le départ des forcenés proscripteurs, s'accusant de sa faiblesse et de son ingratitude.

Puisque nous avons dit un mot des personnages, parlons du plan : nous verrons quelle position Hardy a prise dans ses tragédies entre l'art étroitement classique et le drame libre.

Depuis Chevreau, tous les poètes français qui ont écrit des *Coriolans* se sont astreints d'une façon complète à observer les unités de temps et de lieu. Le sujet ne s'y prêtait guère, mais on resserrait ou on arrangeait le sujet. Ainsi, Coriolan est déjà exilé, lorsque commence la tragédie de Chevreau [1]; l'action se passe au camp volsque, près de Rome, et c'est là que le héros meurt. Il en est de même dans presque toutes les pièces qui ont suivi, avec cette différence que Chevreau avait encore pris la liberté grande de faire mourir Coriolan sur la scène, tandis que ses successeurs y ont renoncé [2]. On voit tout ce que faisait perdre à la tragédie ce respect superstitieux des règles. Dès le premier tiers du XVIII° siècle, il excitait les protestations de La Motte-Houdard.

« Je ne serais pas étonné, dit-il, qu'un peuple sensé, mais moins ami des règles, s'accommodât de voir l'histoire de Coriolan distribuée en plusieurs actes. Dans le premier, ce sénateur, accusé par les tribuns, défendu par les consuls et les citoyens qu'il a sauvés, et enfin condamné par le peuple à un exil perpétuel; dans le second, le désespoir de sa famille, et la douleur sombre et effrayante avec laquelle il s'en sépare; dans le troisième, l'audace magnanime qu'il a de se présenter au général des Volsques, qu'il a vaincu tant de fois, et de lui abandonner sa vie, s'il ne veut s'associer à sa vengeance; dans le quatrième, ce héros

---

1. *Coriolan Tragedie par Monsieur Chevreau.* A Paris, chez Augustin Courbé, Libraire et Imprimeur de Monsieur frere du Roy, dans la petite salle du Palais, à la Palme. MDCXXXVIII. Avec Privilege du Roy, in-4°.

2. En 1784, La Harpe place la scène de son Coriolan : à Rome, dans la maison du héros, pendant les deux premiers actes, et au camp des Volsques devant Rome, pendant les trois derniers. Audace bien timide, puisqu'elle ne va pas jusqu'à mettre sous les yeux la scène de l'exil de Coriolan et celle de son assassinat!

aux portes de Rome qu'il assiège, les députations des consuls et des prêtres, et les larmes d'une mère qui obtient grâce pour Rome, etc. [1]. » « La Motte s'arrête là, dit Villemain, et j'ignore pourquoi il ne montre pas, dans un cinquième acte, Coriolan condamné dans Antium par ceux dont il a trahi la vengeance. Il ne savait pas, au reste, que le cadre si naturel, copié par lui sur l'histoire, était rempli dès longtemps par un grand poète, dans un pays à quelques lieues du nôtre. »

Oui, La Motte ne connaissait pas Shakespeare; mais s'il l'eût connu, il n'eût sans doute pas retrouvé dans son *Coriolan* le *Coriolan* qu'il avait rêvé. Laissons encore la parole à Villemain : « A la vérité, il y eût vu les unités de temps et de lieu encore mieux enfreintes qu'il n'osait le souhaiter. Coriolan haï du peuple, battant les Volsques au premier acte; vainqueur et plus envié que jamais au second; accusé, jugé, condamné au troisième; puis, au quatrième acte, son départ de Rome, son arrivée au foyer d'Aufidius, les inquiétudes de Rome menacée; au cinquième, le forum et le camp des Volsques, Coriolan d'abord inflexible, puis vaincu par sa mère, son retour dans Antium et sa mort par la jalousie d'Aufidius... »

Ce plan ne ressemble pas à celui de La Motte. Pourquoi? parce que La Motte, dans ses plus grandes audaces, garde quelque chose de l'esprit classique, parce qu'en renonçant aux unités de temps et de lieu, il entend conserver l'unité d'action. Son premier acte ouvre une *crise*, car l'orgueilleux patricien condamné déclare à Rome une guerre qui doit finir par la ruine de sa patrie ou la sienne propre; son cinquième acte la termine par la mort même de Coriolan. Shakespeare, qui est un romantique, et qui, même dans ses œuvres les plus sévèrement composées [2], se contente de l'unité de caractère, Shakespeare n'avait pas besoin de former un tel plan; Hardy, qui est un classique d'instinct et de tradition, devait le suivre.

Tel est, en effet, le plan de sa tragédie. A la fin du premier acte, la crise est nettement indiquée par une menace de Coriolan. « Avise d'obéir à la sentence du peuple, » lui disait Sicinius; —

---

1. La Motte, préface des *Macchabées*, dans Villemain, *Tableau de la littérature au XVIII° siècle*, t. I, p. 62.
2. Et *Coriolan* est au premier rang de ces œuvres. Voy. Mézières, *Shakespeare, ses œuvres et ses critiques*, p. 425.

Je lui obéirai ; oui, oui, je mettrai soin
De quitter ces ingrats *plus tôt qu'ils n'ont besoin* [1].

— L'acte second résume les actes II et III de La Motte ; il nous montre Coriolan sortant de Rome et allant se présenter à Amfidie [2], au moment où celui-ci désespère presque de la grandeur volsque. — L'acte III répond à la moitié du quatrième : la terreur règne à Rome, et la joie dans le camp des Volsques ; l'acte se termine par un hommage sans réserve que rendent ces derniers à la valeur et à la fortune de leur chef. — Mais, dès le début de l'acte IV, des nuages menaçants se forment. Profitant des libertés de sa mise en scène, Hardy nous montre, presque en même temps, les dames romaines qui se préparent à amener Volomnie près de son fils, et Amfidie, plein de jalousie, qui veut profiter de toutes les fautes de Coriolan pour le perdre [3]. Volomnie arrive, Coriolan se laisse fléchir, mais sans cacher à sa mère désolée que cet acte de piété filiale causera sa perte. — Le cinquième acte est celui qu'a implicitement indiqué La Motte, et peut-être nous est-il permis de deviner pourquoi il n'en a pas parlé plus expressément. C'est que cet acte, ainsi conçu, ne renferme pas assez de matière. Aussi, à la scène du meurtre, Hardy a-t-il eu la bonne pensée d'ajouter l'impression que la mort de Coriolan produit sur sa mère. Mais cela ne suffisait pas encore ; ainsi s'expliquent quelques longueurs, et les présages absurdes autant qu'inutiles dont s'effraye Coriolan [4].

Ce plan, inauguré par Hardy, a été fidèlement suivi par Chapoton [5] ; seulement, celui-ci a fait deux actes de ce qui constituait

---

1. Acte I, sc. II, p. 122.
2. M. Robiou, *Essai sur l'histoire de la littérature et des mœurs*, p. 283, note ici une bonne intention de Hardy. Amfidie aide Coriolan dans une pensée intéressée, pour que le peuple volsque apprenne, en voyant châtier Rome, à n'être pas ingrat envers ses chefs. (Acte II, sc. III, p. 134.)
3. Dans Shakespeare, à peine venons-nous de voir Rome effrayée par le succès de celui qu'elle a banni, que nous sommes transportés dans le camp volsque, où Aufidius trame la perte de Coriolan ; et le quatrième acte se termine sur ces deux notes discordantes. Il y a là une intention dramatique différente de celle de Hardy, mais qu'ont rendue possible les mêmes conventions scéniques. — Sur les deux noms d'Aufidius et d'Amfidie, voy. ci-dessus l. III, ch. I, p. 241, n. 2.
4. Acte V, sc. I, p. 173.
5. *Le veritable Coriolan Tragedie. Representée par la Troupe Royale. Par le S*r* de Chapoton. A Paris, chez Toussainct Quinet, au Palais, dans la petite Salle, sous la montée de la Cour des Aydes. M.DC.XXXVIII. Avec privilege du Roy. In-4º.

le second, et il n'en a fait qu'un de ce qui constituait les actes III et IV, répondant ainsi, plus encore que son devancier, aux désirs de La Motte-Houdard. On voit facilement que Hardy a été son modèle, et il n'a eu garde d'omettre ses inventions les plus contestables, par exemple les songes et les présages; mais il a aussi introduit dans le sujet sa part de nouveautés. La femme du héros joue ici un grand rôle, et de même sa sœur Porcie. Au IV° acte, Coriolan subit trois *harangues*, une de Volomnie, une de Virginie, une de Porcie; on comprendrait donc qu'il fût vaincu, quand même il n'eût pas déclaré à l'avance qu'il le serait. Au cinquième acte, Chapoton a supprimé la douleur de Volomnie, Amfidie nous montre sa jalousie — un peu tard — et attire son rival au sénat des Volsques par de perfides promesses. La mort de Coriolan est marquée par un détail que l'auteur a évidemment cru piquant :

> Avant que le trépas me prive de la vue,
> Sachez que votre chef, par cette cruauté,
> Fait mourir avec moi ma bonne volonté.
> Car si j'eusse vécu..., mais je meurs sans le dire.

Nous avons déjà fait allusion au grand nombre des *Coriolans*. En 1776, Gudin de la Brunellerie en citait dix-huit, sans compter le sien, et en oubliait [1]. Depuis, Coriolan n'a pas chômé [2]. Or, de toutes ces tragédies, il n'est peut-être pas inutile de remarquer que la première est celle de Hardy. La façon dont en parle son auteur, sa marche, plus fidèle que celle d'aucune autre pièce peut-être aux procédés de Jodelle et de Garnier [3]; son style, analogue à celui d'Achille, tout en doit faire remonter la composition aux dernières années du XVI° siècle, tandis que la tragédie de Shakespeare « ne semble pas avoir été écrite avant 1608 [4] ». Ainsi Hardy

---

1. *Dissertation*, p. 60. Gudin de La Brunellerie oubliait l'étrange pièce de Caldéron : *les Armes de la beauté*. (Voy. Royer, t. III, p. 397-398; Vieil-Castel, *Essai sur le th. espagnol*, t. I, p. 395-396.) Il ne citait qu'une pièce latine imprimée en 1608; mais est-ce la même qui avait été jouée au collège Louis-le-Grand par les élèves de seconde le 1ᵉʳ mars 1683? (Voy. Ernest Boysse, *le Théâtre des Jésuites*, p. 21 et 185.)
2. Déjà La Harpe compte 23 *Coriolans* en 1784; le *Catalogue Soleinne* en signale encore un en 1822, *Coriolan devant Rome*, par M. Levacher de la Feutrie, t. II, p. 304.
3. Signalons-y, par exemple, un grand nombre de monologues.
4. P. Stapfer, *Shakespeare et l'Antiquité*, p. 278. — M. Royer adopte comme date probable 1610 (t. II, p. 424); M. Montégut place la composition de *Coriolan* entre les années 1605 et 1609 (*Œuvres complètes de Shakesp.*, t. II, p. 249); Fr.-V. Hugo, sans préciser, la place dans les dernières années de la vie de

est le premier à s'être aperçu que « peu de sujets se trouveront dans l'histoire romaine qui soient plus dignes du théâtre » que celui-là [1].

VII. — Mariamne.

(T. II, p. 393 à 490.)

I

Hardy n'est pas le premier qui ait songé à prendre dans Josèphe, pour la mettre à la scène, l'émouvante histoire de Mariamne. Dolce l'avait fait avant lui [2]. Mais Hardy ne connaissait pas l'œuvre du Dolce : aucune des scènes originales, aucun des détails nouveaux qu'elle renfermait n'a été reproduit par lui.

Fille des rois légitimes de Judée, Mariamne [3] n'avait pu pardonner à Hérode, son époux, d'avoir fait périr, pour s'emparer du trône, son grand-père Hyrcan et son frère Aristobule [4]; elle n'avait pu pardonner aux parents de son époux la bassesse de leur origine. Ainsi, chaste et courageuse, elle irritait par sa froideur et son évidente aversion un homme cruel à qui sa beauté inspirait la passion la plus violente; fière et hautaine, elle poussait à conjurer sa perte

---

Shakespeare. (*Œuvres complètes de Shakesp.*, 2º éd. Paris, Pagnerre, 1868, in-8º, t. IX, p. 385.) Ces dates empêchent de répéter à propos de Hardy l'importante question posée par Eudore Soulié : « Quelle influence les représentations de comédiens anglais à Paris ont-elles pu exercer sur le théâtre français? » (Voy. *Intermédiaire des chercheurs et curieux*, t. I, p. 85, et t. II, p. 106; cf. A. Baschet, *les Comédiens italiens*, p. 104, n.)

1. Argument.
2. La *Marianna* de Lodovico Dolce, après avoir été jouée plusieurs fois avec un grand succès à Ferrare, fut imprimée à Venise en 1565. Nous nous sommes servi de la réimpression donnée dans le *Teatro Italiano Antico*. Milano, 1809, in-8º, t. V.
3. L'histoire complète de Mariamne s'étend dans les *Antiquités judaïques* du l. XIV, ch. XII, au l. XV, ch. VII (chiffres de l'édition grecque-latine Didot), ou du l. XIV, ch. XXI, au l. XV, ch. XI (chiffres de la traduction d'Arnauld d'Andilly); mais le sujet traité par Dolce et Hardy est tout entier compris dans ce dernier chapitre. Voy. l'*Histoire des Juifs, écrite par Flavius Joseph sous le titre des Antiquitez Judaïques. Traduite sur l'original Grec revu sur divers manuscrits par M. Arnauld d'Andilly*. A Paris, chez Pierre Le Petit, rue S. Jacques, à la Croix d'Or, M.DC.LXXXVIII, 3 vol. pet. in-12. T. III, p. 42-49. — Cf. Ginguené, t. VI, p. 78-82.
4. Dans Josèphe, Mariamne reproche à Hérode le meurtre de son père et de son frère; mais par ce mot de « père » elle entend en réalité son grand-père Hyrcan. Dolce l'a bien compris, tandis que Hardy, ayant lu trop rapidement ce qui précédait sa *matière*, fait d'Hyrcan le vrai *géniteur* de Mariamne et d'Aristobule. (Voy. Dolce, acte I, sc. I, p. 209; acte II, sc. III, p. 240; et Hardy, acte I, sc. I, p. 398; acte III, p. 452.)

les âmes méchantes et viles de Cypros, de Phérore et de Salomé[1], la mère, le frère et la sœur du roi. Une catastrophe était inévitable, et la jalousie d'Hérode l'amena. A deux reprises, forcé de quitter la Judée sans être certain d'y revenir, il chargea un homme de confiance de tuer, en cas de malheur, celle qu'il ne voulait abandonner à personne, même après sa mort; à deux reprises, Mariamne eut connaissance de cet ordre, et se sentit révoltée contre la tyrannie qui pesait sur elle. Dès lors, les refus qu'elle opposa à l'amour d'Hérode et la fureur qu'en conçut le roi enhardirent ses ennemis. Accusée d'adultère et de tentative d'empoisonnement, elle fut aisément condamnée, et elle mourut ferme et digne, non sans avoir subi la plus triste épreuve : sa mère Alexandra, jusqu'alors plus fière et plus hautaine qu'elle-même, subitement égarée par la crainte de la mort, vint se placer sur son passage pour lui reprocher son prétendu crime.

Mais la mort d'une épouse qui le haïssait ne rendit pas le calme à Hérode. « Après qu'elle ne fut plus au monde, il crut que Dieu lui redemandait son sang; on l'entendait à toute heure prononcer le nom de Mariamne; il faisait des plaintes indignes de la majesté d'un roi, et cherchait en vain dans les festins et dans les autres divertissements quelque soulagement à sa douleur. Elle passa jusqu'à un tel excès qu'il abandonna même le soin de son royaume, et commandait aux siens d'appeler Mariamne, comme si elle eût été encore vivante[2]. »

Hardy a compris qu'une telle histoire offrait un excellent cadre pour une action tragique, et il ne s'est proposé que de le remplir de la façon la plus intéressante possible. Dolce, au contraire, ayant négligé quelques-unes des parties essentielles de son action, a fait de fâcheux efforts pour la compliquer. Il nous montre, dans un prologue, Pluton envoyant la jalousie dans le cœur d'Hérode, et organisant pour son bon plaisir la terrible représentation qui va suivre! C'est donc à un caprice du « roi des damnés » que nous allons assister, et non au jeu régulier de passions violentes et de caractères exceptionnels! Voyons, du moins, comment sera amenée la perte de Mariamne.

Outre les causes générales et lointaines, deux causes immé-

---

[1]. Nous appellerons ainsi la sœur d'Hérode, parce que tel est le nom qu'elle porte dans les pièces de Hardy et de Tristan; mais elle est Salomé chez Josèphe et Solome dans le Dolce.

[2]. *Histoire des Juifs...*, l. XV, ch. IX, t. III, p. 49.

diates produisaient dans Josèphe la catastrophe : les soupçons qu'inspire au roi l'indiscrétion de son homme de confiance Soème, et l'accusation d'empoisonnement que formule un échanson gagné par Salome. La première fournissait au poëte dramatique l'occasion d'opposer l'amour et la jalousie du roi aux dédains et à l'innocence de Mariamne ; la seconde, d'opposer à la franchise et au courage de la reine la perfide lâcheté de ses ennemis. Toutes deux s'étayaient et se fortifiaient mutuellement. Dolce paraît ne l'avoir pas compris ; ou peut-être n'a-t-il pas su les lier l'une à l'autre et leur faire leur juste part.

Le premier acte presque tout entier est consacré à nous faire comprendre la gravité de la révélation de Soème : Mariamne s'en entretient avec sa nourrice ; Soème supplie la reine de ne répéter rien à son époux, et, malgré la promesse qu'elle lui en donne, regrette de n'avoir pas tu un pareil secret. Nous voilà préparés à voir Hérode instruit de tout par une imprudence de Mariamne ; or, ce n'est justement pas là ce que nous réserve la suite de l'action.

Au second acte, Hérode vient d'apprendre de sa sœur que Mariamne a sollicité l'échanson au crime. Il mande cet officier, se fait raconter les prétendues tentatives de corruption auxquelles se serait livrée la reine, et trouve lui-même assez d'invraisemblances dans son récit pour y faire de fort judicieuses objections. Néanmoins il appelle Mariamne, lui adresse des reproches auxquels elle n'a pas de peine à répondre, et la confronte avec l'échanson, qui se trouble, se rétracte et avoue par quelles sollicitations il a été amené à accuser une innocente. Voilà sans doute Salome bien compromise, et c'est contre elle que la fureur d'Hérode va se retourner ! Pas du tout. Salome, que nous n'avions pas vue avant la scène de la dénonciation, ne paraît plus après ; Hérode ne lui reproche pas son odieuse machination ; elle n'assiste pas à la chute de son ennemie. A quoi donc ce personnage peut-il servir ?

Il sert cependant, tant la logique de ce drame est singulière. Hérode, qui devrait maintenant reconnaître l'innocence de sa femme, n'en veut pas moins faire avouer à un eunuque de Mariamne un crime imaginaire. Menacé du supplice, l'esclave ne dit pas ce que demandait son maître, mais lui apprend que Soème a trahi le fatal secret. Dès lors, la jalousie fait son œuvre dans le cœur d'Hérode, qui croit que l'honneur de Mariamne a été le prix d'une telle révélation. Le second acte se relie enfin au premier ; les trois scènes qui précèdent n'étaient guère qu'une énorme transition. A quoi bon, en effet, parler encore de l'échanson qui, en prison, revient sur son aveu et recommence à accuser la reine? Personne ne le croit, pas même Hérode, et il n'est plus sérieusement question de la prétendue tentative d'empoisonnement.

Le troisième acte est froid et un peu vide; mais le quatrième est beaucoup plus animé. Hérode s'y réjouit devant les restes sanglants de Soême, sa tête, son cœur, ses mains, qu'un messager vient d'apporter. Il offre cet horrible spectacle à Mariamne, qui demande la mort pour échapper à une odieuse tyrannie. Rien n'est plus dans les vues du roi que de la satisfaire. Aussi est-ce en vain que la vieille nourrice vient le supplier, en vain que les deux fils qu'il a eus de Mariamne se jettent à ses pieds : « Vous n'êtes pas mes fils, » leur crie-t-il, et il ordonne de livrer au supplice Alexandra, les enfants et Mariamne. A la bonne heure! Voilà qui est curieux et dramatique. Malheureusement, trois nouvelles victimes distraient quelque peu notre attention de Mariamne; l'intérêt se disperse, et nous le verrons bien au cinquième acte.

C'est l'acte des récits. Hérode, revenu de sa fureur, a essayé d'empêcher les exécutions qu'il avait ordonnées; mais le contre-ordre est arrivé trop tard; un messager vient raconter devant le roi, la nourrice et le chœur, les quatre morts que tous maintenant sont d'accord pour déplorer. Sa narration n'est pas sans art, elle est même assez fréquemment et assez habilement coupée par des exclamations douloureuses échappées au chœur ou au roi. Cependant elle paraît monotone, et Mariamne n'y occupe pas assez de place. La conclusion est faible. Hérode « exprime assez froidement son repentir; le chœur moralise plus froidement encore. Cela est bien au-dessous des énergiques fureurs de l'Hérode français. » Ainsi parle Ginguené [1], pour qui « l'Hérode français » est celui de Voltaire; disons « les Hérodes français », nous serons plus complets, et du même coup plus justes pour Hardy, à qui l'on a trop oublié de rendre ce qui lui était dû.

II

Chose curieuse, en effet! Lorsque l'on parle de Hardy, on répète volontiers, sur la foi de Suard, que « la plus passable de ses tragédies » est la *Mariamne* [2]; d'autre part, on sait très bien ce que

---

1. T. VI, p. 81.
2. *Coup d'œil sur l'hist. de l'ancien th. fr.*, p. 127

les *Mariamnes* de Voltaire et de Nadal doivent à la *Mariane* célèbre de Tristan l'Hermite; mais quels rapports existent entre la tragédie de Hardy et celle de Tristan, publiées à si peu d'années d'intervalle [1], c'est ce que nul n'a pris la peine d'éclaircir. Les frères Parfait [2], la Vallière [3], Suard [4], donnent sur ce point quelques indications insuffisantes. Mais J.-B. Rousseau, qui fait de la *Mariane* de Tristan un si grand éloge [5]; mais Serret, un habile et enthousiaste critique qui l'appelle « une œuvre de génie » [6], la croient tous deux originale. Ginguené la rattache à celle du Dolce, à laquelle elle ne doit rien. Von Schack, de Puibusque, d'autres encore, la présentent comme une imitation d'un drame fort différent et postérieur de Calderon [7]. La vérité avait pourtant été dite par Corneille : « Feu M. Tristan a renouvelé *Mariamne* et *Panthée* sur les pas du défunt sieur Hardy [8]. »

Il ne saurait être inutile de montrer combien Corneille avait raison. Si, plus heureux que dans sa *Panthée*, Tristan a ici fort amélioré l'œuvre qu'il imitait, il n'en est pas moins vrai qu'il l'a suivie de fort près, de si près que nous n'osons, crainte de monotonie, examiner l'une après l'autre les deux pièces et que nous en mêlerons intimement les analyses.

La pièce de Hardy [9] commence par un prologue, où l'ombre

1. Le *Théâtre* de Hardy, t. II, est de 1625 et 1632; la *Mariane* de Tristan a paru en 1637 et avait été représentée l'année précédente. — L'édition que nous avons généralement suivie pour cette dernière œuvre est celle du *Théâtre François ou recueil des meilleures pièces de Théâtre*. A Paris, chez P. Gandouin, 12 vol. in-8º, t. II, 1737; mais nous avons aussi examiné plusieurs des éditions originales.
2. T. IV, p. 132.
3. T. I, p. 342.
4. Répété par Poirson, *Hist. du règne de Henri IV*, t. IX, ch. vi, t. IV, p. 422.
5. Voy. l'*Avertissement* en tête de *Mariane, Tragédie du sieur Tristan-l'Hermite. Remise au Théâtre.* (*Pièces Dramatiques choisies, et restituées par Monsieur ****. A Amsterdam, chez François Changuion. M.DCC.XXXIV, in-12.) 1re éd. 1733.
6. Voy. l'art. *Un précurseur de Racine, Tristan l'Hermite*, par *Ernest Serret*, dans *le Correspondant* du 25 avril 1870, p. 334-354. — De même Lotheissen, t. II, p. 120-122.
7. *El mayor monstruo los celos y tetrarcha de Jerusalem*. Voy. Von Schack, t. III, p. 104; de Puibusque, t. II, p. 412; Demogeot, *Tableau*, p. 373. D'ailleurs Von Schack est en contradiction avec lui-même, puisqu'il donne à la *Mariane* de Tristan sa date exacte de 1636, et qu'il présente (dans un autre passage, il est vrai : t. III, p. 288) le *Tétrarque de Jérusalem* comme étant le remaniement d'un autre drame : *El mayor monstruo del mundo*, imprimé pour la première fois en 1637.
8. *Au lecteur*, en tête de *Sophonisbe*; édit. des *Grands Écrivains*, t. VI, p. 462.
9. *Mise en scène supposée :* Le palais d'Hérode. Au fond, salle d'honneur où

d'Aristobule reproche à Hérode ses crimes et prédit les malheurs qui vont arriver. Tristan a supprimé le prologue, mais en montrant bien qu'il s'en souvenait. Cette ombre que le spectateur ne voit plus, Hérode vient de la voir en songe lorsque la toile se lève, et il s'éveille « en sursaut ». Comme chez Hardy, il répond à l'ombre qu'il sait régner et ne craint pas ses menaces, mais il est beaucoup plus court, ce qui est une supériorité. Le seul avantage que l'on doive reconnaître à Hardy est de faire expliquer beaucoup plus tôt son personnage sur le vrai sujet de la pièce :

> O Mariamne ingrate ! O farouche rebelle !
> Que n'es-tu plus bénigne, ou moins chaste, ou moins belle !...
> Les yeux clos, furieuse à ta perte tu cours [1].

Dans la tragédie de Hardy, Phérore accourt à la voix d'Hérode ; plus tard vient Salome. L'un et l'autre parlent contre Mariamne, insistent sur ses torts, noircissent ses intentions, et blâment le roi de sa longanimité ; mais le premier le fait avec modération, la seconde avec une violence qui éclate dès ses premières paroles. Hérode est bien posé, confiant dans sa force vis-à-vis du peuple, faible vis-à-vis de celle qu'il aime, et prenant jusqu'à un certain point sa défense contre son frère et sa sœur :

> Captive, je voudrais en sa place me mettre,

dit-il, et quant à la tuer :

> Avant que consentir tel énorme délit,
> Je me déposerais du sceptre et de la vie ;
> Mon pouvoir ne se règle au compas de l'envie [2].

Nobles paroles, mais qui ne nous rassurent guère, car Salome, restée un instant seule avec Phérore, lui promet de sauver le roi malgré lui et d'écraser Mariamne sous ses propres fraudes. Sorties

---

a lieu le jugement. Sur les côtés, chambres d'Hérode, de Mariamne et de Salome ; prison.

La *durée de l'action* peut ne pas excéder vingt-quatre heures.

Donnons ici la mise en scène de la *Mariane* de Tristan, telle qu'elle est indiquée dans le *Mémoire des décorations*, f° 83 : « Mariane. Théâtre est un palais. Au premier acte, il faut un lit de repos, un fauteuil, deux chaises ; au second acte (ici un petit mot illisible), une chambre ; au troisième, il faut un trône, un fauteuil, un tapis sur le trône, deux bancs ; au quatrième acte, il faut la prison ; au cinquième, le palais et un fauteuil ; et abaissez le rideau pour la fin. »

1. Acte I, sc. II, p. 403.
2. Acte I, sc. II, p. 406 et 411.

d'une telle bouche, ces menaces ne sauraient être vaines; déjà Salome a préparé la suite de la pièce en supposant que la reine pourrait vouloir soudoyer un domestique et empoisonner traîtreusement son mari.

La fin de l'acte de Tristan renferme à peu près les mêmes choses, mais elle est plus froide. C'est aussi Phérore qui arrive le premier, et il engage avec Hérode une trop longue discussion sur la portée des songes [1]. Salome survient au moment où Hérode va enfin commencer son récit; il le fait, et le songe qu'il raconte ne nous apprend rien, sinon qu'Aristobule a adressé au roi de sanglants reproches et a même levé le bras pour le frapper. Hérode est inquiet, mais que pourrait-il craindre? Dans des vers assez forts, il rappelle tout ce qu'il a fait et la sécurité dont il jouit; pourquoi donc faut-il qu'il aime et ne soit point aimé?

> Aveugles déités, égalez mieux les choses,
> Mêlez moins de lauriers avecque plus de roses,
> Faites qu'avec plus d'heur je sois moins renommé,
> Et, n'étant point si craint, que je sois plus aimé...
> Faut-il que deux moitiés soient si mal assorties!
> Qu'un tout soit composé de contraires parties!
> Que je sois si sensible, elle l'étant si peu!
> Que son cœur soit de glace, et le mien soit de feu!

On voit que l'Hérode de Tristan est animé des mêmes sentiments que celui de Hardy, qu'il les exprime parfois avec plus de force,

---

[1]. On a longtemps discuté au XVIIᵉ siècle sur le mérite de cette scène. Scudéry la loue beaucoup. (Voy. les *Observations sur le Cid* dans le Corneille de M. Marty-Laveaux, t. XII, p. 450-451, et cf. le *Commentaire* de Voltaire sur ce passage, t. I, p. 159.) Mais d'Aubignac, qui trouve le réveil d'Hérode « une belle ouverture de la *Mariane* » (l. III, ch. v; t. I, p. 214), dit plus justement de *ce grand discours qui se fait de la nature des songes* : « Il est fort savant, les vers en sont bien tournés, la doctrine bien expliquée, mais il est froid et fait relâcher le plaisir aussi bien que l'attention du spectateur, parce qu'il interrompt une agitation du théâtre, et un mouvement qui avait commencé par le trouble d'Hérode à son réveil; on en veut savoir la cause, on veut apprendre son songe, au lieu duquel on entend un long entretien de la nature des songes; de sorte que le spectateur est dans l'impatience, et tout ce beau discours lui déplaît, parce que c'est retarder la satisfaction qu'il attend. » (L. IV, ch. v, t. I, p. 292-293.) — Qu'on nous pardonne cette digression : les entretiens de la nature des songes sont si fréquents dans la tragédie classique! On en trouve dans Garnier (*Cornélie*, acte III, v. 663), Hardy en abuse, et plus encore ses successeurs. Dans les poétiques, mêmes dissertations que dans les tragédies. (Voy. déjà Jean de La Taille, *Art de la Tragédie*, f° 6.) C'était surtout l'exemple des dramaturges italiens qui avait causé cette contagion (voy., p. ex., Guarini, *le Berger fidèle*, acte I, sc. IV, p. 83).

mais qu'il est aussi plus ami des pointes. Quant à Salome, elle hasarde « quelques insinuations malveillantes contre sa belle-sœur... Phérore se joint à elle. Le silence d'Hérode les enhardit, et ils lui répètent à l'oreille certains propos tenus par des valets [1]. » Cette Salome n'est pas celle de Hardy : l'autre était beaucoup plus violente ; et son attitude n'était pas moins naturelle, car est-ce la première fois, au moment où l'action commence, qu'Hérode se plaint de Mariamne ? et est-ce la première fois que Salome montre sa haine pour elle ? Le procédé de Hardy avait l'avantage de bien distinguer les deux personnages de Salome et de Phérore, tout à fait ressemblants ici.

L'acte Ier laisse l'action au même point chez les deux poètes ; tous deux ont pris soin de préparer l'acte suivant, mais Hardy d'une façon plus vague à la fois et plus terrible.

L'acte II commence par nous faire connaître Mariamne, comme le précédent nous avait fait connaître Hérode. Chez Hardy, la reine s'entretient avec sa nourrice, qui s'efforce de la calmer, lui objecte que les crimes d'Hérode sont déjà anciens, qu'il l'aime, qu'il est tout-puissant, et que Dieu sans doute veut qu'il règne, puisqu'il le laisse toujours régner. Mais Mariamne ne veut pas renoncer à sa haine : Hérode est de basse extraction, il a tué ses parents, il a commandé de la tuer elle-même, si quelque malheur lui survenait ; pourquoi réprimerait-elle ses plaintes ?

> Tu crains qu'il les entende, et moi je le désire,
> Lasse de plus languir ès liens du martyre [2] ;

elle ne demande que la mort, mais elle voudrait bien causer aussi celle du tyran [3].

Dans Tristan, Dina, « dame d'honneur et confidente », joue le rôle de la nourrice, et Mariamne a la même fierté, le même souvenir des crimes commis, la même colère contre l'ordre donné par le roi à Soême, que dans la première tragédie. Ici comme là, la confidente parle d'espions qui les surveillent ; ici comme là, Mariamne termine la scène en déclarant qu'elle va trouver Hérode comme il le demande, mais qu'elle ne lui cachera pas ses vrais sentiments. Le seul changement sérieux est la suppression de cette idée mal-

---

[1]. Voy. l'article de Serret, que nous aurons encore lieu de citer plusieurs fois dans cette analyse.
[2]. Acte III, sc. I, p. 418.
[3]. Voy. p. 416 et 424 ; cf. acte IV, sc. II, p. 474, et acte I, sc. I, p. 400.

heureuse, que Mariamne veut la mort d'Hérode ; le personnage ne peut que gagner à cet adoucissement.

Le système dramatique de Hardy lui permettait de placer ici la scène, complètement détachée de la précédente, entre Salome et l'échanson. Gêné par le système classique, Tristan a dû la faire précéder d'une scène de transition ; mais la contrainte lui a été utile, car cette scène est heureuse et intéressante. Salome *se montre à l'entrée de la chambre*, pendant que Mariamne parle à Dina ;

> Approchez-vous plus près, vous nous entendrez mieux [1],

lui dit Mariamne fièrement, et un dialogue s'engage, rapide, où quelques vers, il est vrai, sont un peu ternes, mais où l'opposition est curieuse entre Mariamne hautaine et trop franche, et Salome ironique quelquefois, toujours hypocrite. « Elle écoute sans s'émouvoir les dures vérités que ne lui ménage pas Mariamne et, quand celle-ci lui annonce qu'elle se rend auprès du roi, elle lui répond d'un ton ironique :

> Vous ne lui direz rien qui lui puisse déplaire ;
> Il aime tout de vous, jusqu'à votre colère.

Et elles se séparent. Salome, restée seule, voit qu'elle n'a plus rien à ménager. »

La scène entre Salome et l'échanson est, chez les deux poètes, également triste et répugnante ; les serments et les protestations de Salome sont un spectacle peu plaisant. Mais l'échanson est curieusement peint par Hardy. D'abord il croit qu'on lui tend un piège et proteste de sa vertu ; puis il veut s'assurer que Salome ne l'abandonnera pas dans le péril ; enfin qu'Hérode est assez guéri de son amour pour consentir à la perte de Mariamne. C'est un misérable, mais prudent et avisé, trop naturel en somme. Chez Tristan, l'échanson a déjà promis de dénoncer la reine et, quoiqu'il semble trembler un peu, il ne retire pas sa parole ; il se contente de demander que Salome lui fasse sa leçon. Présentée de la sorte, la scène est tout aussi pénible ; mais elle est moins utile et intéresse moins. Mieux valait certainement la supprimer.

Ici finit le second acte de Hardy ; celui de Tristan renferme encore plusieurs scènes, mais qui correspondent exactement au

---

[1]. Acte II, sc. II.

début du troisième acte de notre auteur [1]. De part et d'autre, Hérode paraît, chassant de sa chambre Mariamne, et courroucé « contre sa moitié, pour certain refus qui se lit dans Josèphe, plus honnête à taire qu'utile à révéler ». Ainsi s'exprime Hardy dans son *argument;* mais ses vers sont moins réservés que sa prose, et Tristan en a atténué la crudité. Chez le premier de ces poètes, Salome accourt, et, apprenant du roi la cause de son trouble, feint adroitement de ne pas vouloir se mêler d'une querelle domestique. Comment se contenir pourtant ! et ne pas s'étonner d'une perversité que les bienfaits n'affaiblissent point ! Phérore vient, au bon moment, exaspérer encore la douleur d'Hérode; mais lui, c'est à la vanité du roi qu'il fait appel : il oppose ses hauts faits à sa faiblesse vis-à-vis de Mariamne. — La scène est habilement menée. Tristan l'a fort abrégée cependant, et s'est hâté d'amener la révélation de l'échanson.

Dans les deux tragédies [2], Hérode apprend à part ce que l'échanson vient lui dire, puis il exhale ouvertement sa colère ; mais nous trouvons chez Hardy un détail intéressant. Salome et Phérore détestent également Mariamne; seulement Salome est plus perverse, et elle n'a pas mis son frère dans la confidence de ses machinations; celui-ci donc, pour mieux confondre la reine, propose de la confronter avec le délateur; Salome combat vivement cet avis, auquel Hérode finit cependant par se rallier. — Dans Tristan, Phérore, qui paraît à la fin, ne joue aucun rôle; Hérode est plus sobre de paroles et paraît interdit; il ordonne seulement que l'on mande la reine devant le *conseil.*

Ainsi finit l'acte II de Tristan, qui s'arrête à propos, puisque l'action a fait un pas, et que nous attendons avidement ce qui va suivre ; mais celui de Hardy n'était pas mal conçu non plus, puisqu'il finissait après le complot formé contre Mariamne.

« C'est au troisième acte, dit Serret, que commencent à éclater les grandes beautés de l'ouvrage. » On pourrait, si ce mot n'était

---

1. Ce troisième acte n'est pas divisé en scènes, parce qu'il n'y a pas de changements de lieu. — Remarquons en passant que le second acte de Tristan, quoique renfermant plus de matière, ne comprend pas plus de vers que celui de Hardy (396 contre 404); la cause en est en partie à la scène entre Salome et l'échanson, qui est plus importante chez Hardy, en partie aussi à la scène entre Mariamne et sa nourrice, laquelle aurait gagné à être raccourcie.

2. Un indice, entre bien d'autres, des changements qui s'étaient produits dans la situation du théâtre : en 1636, l'échanson était introduit par un *huissier;* antérieurement, on économisait ce personnage.

pas trop élogieux, l'appliquer à la tragédie de Hardy ; mais c'est de la seconde moitié de l'acte qu'il faudrait l'entendre.

Arrivée devant Hérode, Mariamne apprend ce dont on l'accuse et se contente de sourire : pourquoi tant d'impostures pour perdre celle qui verra venir la mort avec bonheur ? N'est-elle pas préparée à la recevoir depuis longtemps ? Et ne devait-elle pas mourir, si Antoine n'eût pardonné à Hérode ? On le voit, c'est Mariamne qui révèle imprudemment le secret confié à Soème ; c'est elle qui, de la façon la plus naturelle et la plus dramatique à la fois, fait se dresser contre elle-même une seconde accusation, plus formidable que la première ; c'est elle qui soude intimement les deux parties d'une action, dont la conclusion sera sa perte. Combien ce simple artifice vaut mieux que les intrigues embarrassées du Dolce [1] !

Hérode ordonne de saisir Soème et de faire venir l'eunuque qui est le plus au courant de ses affaires et de ses secrets. Et cependant le dialogue continue, avec de beaux traits parfois ; la reine reproche à Hérode ses crimes, le roi s'irrite :

> Je te ferai cracher
> Cette langue impudente, ou tels mots retrancher.

MARIAMNE
> Libre je veux mourir, ainsi que je suis née.

HÉRODE
> Hé ! quelle liberté ne t'ai-je pas donnée,
> Maîtresse de mon âme et de mes volontés [2] ?

L'eunuque arrive, tremblant. Il ne veut d'abord rien confesser, puis il déclare que Soème a troublé la paix du ménage royal en trahissant le secret du roi, mais que la reine est innocente. Hérode commande qu'on le livre, pour le faire parler, aux plus cruelles tortures ; le *prévôt* fait sa cour au tyran en promettant d'em-

---

1. Ici Hardy a fort habilement combiné les deux récits parallèles de Josèphe. Une première fois, nous l'avons dit, Mariamne avait appris quel ordre cruel Hérode avait donné en la quittant ; lorsqu'il revint et donna à sa femme mille témoignages de tendresse, elle ne put s'empêcher de lui répondre : « Est-ce donc une si grande marque d'amitié, que d'avoir commandé de me faire mourir en cas qu'Antoine vous ôtât la vie ? » La seconde fois, ce fut un eunuque de Mariamne qui révéla le fatal secret (voy. le *Josèphe* d'Arnaud d'Andilly, l. XV, ch. IV et ch. XI, t. III, p. 20 et 47). — Ajoutons qu'avec sa négligence ordinaire pour tout ce qui ne sert pas à l'action dramatique, Hardy a confondu les deux époques : sa Mariamne devrait parler d'Auguste et non pas d'Antoine.
2. Acte III, p. 452.

ployer « l'artifice et l'effort » pour arracher la vérité au pauvre esclave, et Mariamne déplore son sort. — Après cet épisode intéressant, le dialogue reprend avec plus de violence. Puis c'est Soème qu'on amène; il explique comment, doutant du succès d'Hérode, il a voulu se concilier les bonnes grâces de la reine; mais celle-ci est restée pure et fidèle. — Ainsi Hérode n'a rien appris, mais sa fureur n'est nullement calmée : Soème va périr dans les supplices, et Mariamne mourra le lendemain. Telle est la fin de ce troisième acte, assurément plein de mouvement, d'intérêt et de pathétique.

L'acte IV est court. Dans la première scène, Mariamne est en prison et appelle la mort. Le prévôt vient la chercher, mais ce n'est pas, hélas! pour la mener au supplice [1]. — La scène II nous montre Hérode retombé dans ses irrésolutions; il ne peut pardonner à une reine coupable, qui abuserait de ce pardon, et il sent qu'il ne peut vivre sans elle. Qu'elle se repente seulement, et il consentira à tout oublier. Aussi va-t-il procéder à la confrontation que les graves incidents du troisième acte avaient fait oublier; aussi va-t-on juger Mariamne.

Les juges prennent place [2]; l'échanson et Mariamne sont introduits devant eux. Mais l'échanson est troublé par le remords ou par la peur, il évite de répéter ce qu'il a dit à Hérode; on le presse, il se contente de répondre aux questions du roi : « Oui, sire », et il ajoute bien vite :

> Mais veuillez au courroux pardonner
> Qui la transportait lors [3];

si bien que Mariamne ne sait si elle doit maudire ce malheureux ou le plaindre :

> O déloyale bouche!
> Volontiers la pitié du désastre te touche
> Où tu cuides plonger une qui ne te craint!
> Je t'excuse pourtant, comme d'ailleurs contraint.

---

1. Tout à l'heure le prévôt flattait la cruauté d'Hérode; maintenant qu'il ne peut être vu de lui, il est aimable envers une prisonnière qui peut redevenir toute-puissante.

2. Ces juges ne sont représentés que par des figurants, et Hardy continue à économiser ses acteurs. Qui sait même si, lorsque la pièce fut jouée en province, la pauvre reine n'était pas uniquement jugée par Phérore et Salome, ses deux ennemis?

3. Acte IV, sc. II, p. 468.

Mais elle refuse de s'expliquer devant ses bourreaux :

> Destinée à mourir nonobstant ma défense,
> J'aime autant confesser que dénier l'offense;
> Il m'est indifférent. Sur charges inventez
> D'autres assassinats, et pires, attentés;
> Je m'attribuerai tout, le poison, l'adultère,
> La conspiration du meurtre de ma mère,
> Tant le jour me déplaît, tant un désir m'époint
> De sortir de vos mains et de ne languir point [1].

Hérode a promis d'être neutre dans ce débat; c'est pourtant lui qui discute contre Mariamne et c'est lui qui prononcera; mais il voudrait l'amener à exprimer son repentir : elle n'exprime au contraire que sa soif de la mort. Il fait donc retirer les juges et reste seul avec elle, à la grande terreur de Phérore et de Salomé. — Alors le tyran devient presque humble; il demande un aveu et promet le pardon : Mariamne répond par de sanglants reproches. Un instant, il est vrai, une allusion à ses enfants l'attendrit, mais elle reprend bientôt toute sa hauteur :

> Sus donc, fais-moi mourir, il semble que tu n'oses [2].

C'en est fait. Hérode ordonne qu'on achève rapidement le procès, ce qui s'entend de reste, et qu'on exécute la sentence le lendemain. Cet acte d'énergie lui vaut les félicitations de Phérore; Salomé, enfin satisfaite, se tait.

Si nous avons analysé sans interruption toutes ces scènes de Hardy, c'est parce que Tristan en a changé l'ordre; mais l'influence de son prédécesseur ne cesse de se faire sentir partout.

Dans le nouvel acte III, la scène du jugement n'est précédée que d'un court monologue d'Hérode. Peut-être Hardy avait-il mieux fait de mettre auparavant une scène entre le roi et sa victime. — Les juges arrivent [3]; Hérode accuse Mariamne, la confronte avec l'échanson, et celui-ci, moins naturel que l'échanson de Hardy, répète sans hésitation l'accusation qu'il a portée contre la reine. La réponse de Mariamne est belle, mais l'inspiration de Hardy y est bien visible :

---

1. Acte IV, sc. ii, p. 469.
2. Acte IV, sc. ii, p. 474.
3. Personnages de la scène : « Hérode, Mariamne, l'échanson, Phérore, Salomé, juges, le grand prévôt, et le capitaine des gardes. »

> Ce témoignage faux est digne du supplice,
> Mais pour t'en garantir mon juge est ton complice [1].
> De bon cœur je pardonne à ta mauvaise foi,
> Tu sers par intérêt de plus méchants que toi.
> Cette injure est *contrainte*, et n'a rien qui me fâche ;
> De tous mes ennemis tu n'es pas le plus lâche.

Enfin les voix sont recueillies. Phérore et Salome se prononcent pour la mort ; un premier juge est moins net ; un second va jusqu'à émettre un doute sur la culpabilité de l'accusée ; le roi « le regarde avec colère » et le reprend vertement. « Poursuis, poursuis, barbare », s'écrie alors Mariamne ; et, à peu près comme dans Hardy :

> Ici ta passion répond à mon envie.
> Tu flattes mon désir, en menaçant ma vie...
> Si je me plains encor d'un arrêt si sévère,
> C'est à cause que j'ai des sentiments de mère ;
> Je laisse des enfants et m'afflige pour eux...

Comme dans Hardy, Hérode est prêt à pardonner si la reine se repent, et « il fait signe à ceux qui sont du conseil qu'ils se retirent ».

Les imitations continuent. Hérode, en effet, essaye d'obtenir de Mariamne un aveu et un mouvement de repentir ; celle-ci reste fière et inébranlable, mais se laisse entraîner à révéler le secret de Soème.

HÉRODE
> Bien que tu sois de glace et que je sois de flamme,
> Les cieux ont attaché mon esprit à ton âme.
> Le beau fil de tes jours ne peut être accourci,
> Sans que du même temps le mien le soit aussi.

MARIAMNE
> Lorsque ta vie au moins finira sa durée,
> La mienne, il est certain, sera mal assurée,
> Car les précautions de ta soigneuse amour
> Me feront, s'il se peut, partir le même jour.

Certes ce sont des traits d'une amitié bien tendre.

Cet arrangement est adroit, mais celui de Hardy ne l'était pas moins ; pourquoi d'ailleurs Mariamne, après s'être trahie, essaye-t-elle inutilement de se tirer d'affaire par un mensonge [2] ?

---

1. Quiconque est juge ensemble et partie on récuse.
(Hardy, acte IV, sc. II, p. 469.)

2. HÉRODE
Soème t'en a fait un secret entretien.
MARIAMNE
Il ne m'en a rien dit, mais je le sais fort bien.
(Acte III, sc. III.)

Hérode ordonne au grand prévôt de lui amener Soème et « l'eunuque de la reine », et de torturer ceux qui pourraient être de leur cabale.

> Sire, j'accomplirai le tout de point en point [1],

répond le grand prévôt, moins intéressant que celui de Hardy dans son obséquiosité. Mariamne proteste fièrement contre les accusations de son époux :

> Tu peux m'ôter la vie, et non pas l'innocence [2];

mais, lorsque Soème arrive, le capitaine des gardes emmène la reine dans « la tour ».

La scène entre Hérode et Soème est dans Tristan à peu près ce qu'elle était dans Hardy; la liberté de langage y est la même, et cette liberté devient plus choquante encore quand paraît l'eunuque [3]. Mais ici l'eunuque n'a aucune physionomie. Il ne dit que trois vers; et on l'entraîne aussitôt pour le torturer.

Au début de l'acte IV, Salome et Phérore félicitent Hérode d'avoir échappé au plus grand péril, et le supplient de rester ferme. Mais, comme à l'acte IV, scène II, de Hardy, Hérode est hésitant; il sent que son sort est lié à celui de la reine :

> Mon âme en tous endroits portera son supplice;
> A toute heure un remords me viendra tourmenter...
> O cieux! pourquoi faut-il qu'elle soit infidèle?
> Vous deviez la former moins perfide ou moins belle...
> Je suis à la punir justement animé :
> Mais quoi! faire périr ce que j'ai tant aimé ! [4]

Phérore et Salome feignent de le plaindre : mais Mariamne offensée et vivante ne serait-elle pas plus dangereuse encore qu'auparavant [5]? Même une prison perpétuelle ne saurait suffire, car ce pourrait être là, si Auguste mourait, le prétexte d'une dangereuse sédition. Comme dernier argument, Salome « fait semblant de pleurer » : Hérode se décide pour la rigueur.

---

1. Acte III, sc. III.
2. Acte III, sc. IV.
3. Voy. acte III, sc. V, et acte III, sc. VI. La suppression du personnage de l'eunuque est une des principales corrections faites à la *Mariane* par J.-B. Rousseau.
4. Acte IV, sc. I.
5. Idée de Hardy.

L'action se transporte alors sur autre point de la scène, et nous passons à la prison de Mariamne. Tristan a placé ici le monologue par lequel Hardy avait commencé son quatrième acte, mais il l'a récrit en stances qui ne manquent ni de force ni de poésie :

> Il est temps désormais que le ciel me sépare
>   D'avecque ce barbare,
> Son humeur et la mienne ont trop peu de rapport;
> La vertu respirant parmi l'odeur du vice
>   Éprouve le supplice
> Du vivant bouche à bouche attaché contre un mort [1].

Cependant « le concierge » vient chercher Mariamne; il pleure, et annonce que le peuple aussi pleure et crie au dehors.

La fin de l'acte est réservée, non à la peinture du supplice, — cela ne se pouvait guère, — mais à l'épisode de la lâcheté d'Alexandra, que Hardy s'était contenté de faire raconter brièvement dans son cinquième acte. L'idée était bonne, mais a-t-elle été bien mise en œuvre ? Nous ne connaissons pas Alexandra, dont le nom même n'a pas encore été prononcé. Elle vient se poster sur le passage de la victime avec son « chevalier d'honneur », et, tout bas, elle gémit sur le sort de sa fille, la déclare innocente, espère que Dieu punira le tyran, « car c'est pour ses pareils qu'il a bâti l'enfer ». Puis, tout à coup, sans transition aucune :

> O grand Dieu ! je t'invoque au fort de ma misère,
> Veuille prendre la fille et conserver la mère [2].

Cela est brutal et soulève le cœur. Le cortège s'approche, comme elle achève de recommander à son compagnon de ne point trahir ses vrais sentiments. Mariamne est pleine d'assurance, mais (comme dans Hardy, quoique d'une façon plus touchante) elle donne un regret ému à ses enfants. Elle les recommande, non à Hérode, mais à Dieu; le passage fait songer à Racine, et il est étonnant que Serret ne l'ait point cité :

> Ta haute providence ouvrira l'œil sur eux.
> Imprime dans leur cœur ton amour et ta crainte,
> Fais qu'ils brûlent toujours d'une ardeur toute sainte,
> Qu'ils conçoivent sans cesse un résolu penser
> De mourir mille fois plutôt que t'offenser [3].

---

1. Acte IV, sc. II.
2. Acte IV, sc. IV.
3. Acte IV, sc. V.

Elle va laisser son sang au « monstre cruel » qui la tue, mais elle tient à son honneur, et elle affirme son innocence que le temps prouvera. — En somme, la Mariamne de Hardy était, au moment de mourir, plus radoucie et plus prête à pardonner. —

> Mais j'aperçois ma mère; elle attend en ce lieu
> Afin de m'honorer d'un éternel adieu;
> Je voudrais que son cœur pût borner sa tristesse,
> Et que pour mon sujet elle eût moins de tendresse.
> Souffre que je lui donne, en l'allant apaiser,
> Et la dernière larme et le dernier baiser;
> Ce sera bientôt fait.
>
> LE CAPITAINE DES GARDES
> Dépêchez donc, madame.

Ces vers sont touchants et forment un heureux contraste avec ce qui va suivre. Mariamne, en effet, s'avance vers sa mère, prononce quelques paroles pour la consoler et veut l'embrasser. Alexandra lui répond par des injures :

> Cette mort pour ton crime est trop peu rigoureuse...
> Je ne te connais pas, tu ne viens pas de moi,
> Car de ces trahisons je ne suis pas capable.
>
> MARIAMNE
> Vous vivrez innocente, et je mourrai coupable.
>
> LE CAPITAINE DES GARDES
> Allons, madame, allons.
>
> MARIAMNE
> Par où?
>
> LE CAPITAINE DES GARDES
> De ce côté.
>
> DINA
> O cieux, quelle constance et quelle cruauté!

Cela est sobre et beau. Mais Alexandra est saisie par le repentir, et prononce quelques paroles dont voici les dernières :

> Je vais me mettre au lit, ou plutôt au cercueil.

Ce personnage répugnant termine mal l'acte. Ne valait-il pas mieux finir sur le vers de Dina?

L'acte V commence, chez Tristan, par une courte scène qu'on ne trouve pas dans la pièce de Hardy, et qui n'est pas heureuse. Hérode, seul, maudit sa jalousie. Doit-il pardonner à Mariamne?

Doit-il la laisser périr? Mais que dit-il? elle est déjà morte sans doute : n'a-t-il pas prononcé l'arrêt de son trépas? Nous avons déjà entendu tout cela; ce monologue fait longueur, et tant d'hésitations rendent Hérode presque ridicule. Mieux valait commencer par l'arrivée du messager, comme a fait Hardy.

Le messager de Hardy est anonyme. Il entre en scène en déplorant la mort de la reine, et en exprimant la crainte que le roi ne reçoive de cette mort autant « de douleur que de blâme ». Hérode l'aperçoit et comprend tout :

> O malheur, c'en est fait, c'en est fait, elle est morte [1] !

Et quand le messager a confirmé ses pressentiments :

> Qu'à ton chef-d'œuvre, ô ciel, n'as-tu prêté secours!
> Que n'as-tu retardé l'effet de ma colère!
> Ainsi donc, Mariamne a perdu la lumière?...
> Ah! je pâme, je meurs, bourrelé de remords.

Et le messager commence son récit.

Dans Tristan, Hérode s'écrie, en voyant arriver Narbal :

> ... Je vois ses malheurs
> Tracés sur son visage avec l'eau de ses pleurs [2].

Puis aux premiers mots de ce messager :

> Quoi, Mariamne est morte!

Le premier Hérode disait : « Je pâme », le second tombe en effet « en faiblesse »; puis il revient à lui, malheureusement pour débiter une longue série de pointes et de traits, dont l'idée seule est empruntée à Hardy. Non, Mariamne n'est pas morte, disait l'Hérode de Hardy,

> Phébus, à qui ses yeux fournissaient de lumière,
> Dormirait pour toujours sous l'onde marinière;

et celui de Tristan de renchérir :

> Ce qui fut mon soleil n'est donc plus rien qu'une ombre?...
> Tu dis que *Mariamne a perdu la lumière*,
> Et le flambeau du monde achève sa carrière!
> On le vit autrefois retourner sur ses pas

---

1. Acte V, p. 476.
2. Acte V, sc. I.

> A l'objet seulement d'un funeste repas;
> Et d'une horreur pareille il se trouve incapable,
> Quand on vient devant lui d'éteindre son semblable [1]!

L'Hérode de Hardy parlait un langage rude et souvent incorrect; au moins avait-il le bon goût de ne pas appeler Mariamne « un recueil de miracles », « la retraite d'amour et le séjour des grâces », et de ne nous vanter ni les « astres de ses yeux », ni les « lis de son teint ».

Le récit de Narbal suit fidèlement le récit du *messager* : constance de Mariamne dans sa prison, lorsqu'elle a appris l'arrêt rendu contre elle; fermeté avec laquelle elle a marché à l'échafaud; rencontre de sa mère; ses dernières paroles pour protester de son innocence et recommander à Hérode ses enfants [2]. Dans le style aussi, les imitations continuent.

> Venue à l'échafaud, de qui la morne face
> Semble à regret souffrir que sur lui se défasse
> Un miracle du ciel, de nature et d'amour,

disait le messager; et Narbal :

> Elle tourna ses pas, et plus gaie et plus belle,
> Où l'échafaud dressé prenait le deuil pour elle.

Tristan a retranché quelques comparaisons déplacées, mais il a ajouté quelques pointes qui le sont plus encore; cependant les beaux vers ne manquent pas :

> Le funeste récit de sa triste sentence
> Ebranla tous les cœurs, mais non pas sa constance;
> On lisait sur son front le mépris du cercueil...
> Puis elle offrit sa gorge et cessa de parler.

Chez l'un comme chez l'autre poète, l'égarement et les fureurs d'Hérode terminent la pièce. L'idée en avait été fournie par Josèphe, mais Hardy avait su placer immédiatement après la mort de Mariamne ce que l'historien en avait plus ou moins éloigné. Conception éminemment dramatique, et qui n'était sans doute

---

1. Acte V, sc. II.
2. La Mariamne de Hardy se déclare innocente de la tentative d'empoisonnement et ne songe même pas à l'accusation d'adultère. — Tant qu'elle a désiré la mort, elle a écarté la pensée de ses enfants, qui aurait pu affaiblir son courage; maintenant, sûre de mourir, nous l'entendons en parler avec émotion. — Ne sont-ce pas là des intentions délicates et dramatiques? Rien de tout cela ne se trouve dans Josèphe.

pas aussi facile à trouver qu'on le pourrait croire, puisque le Dolce ne l'avait point eue! On sait quel effet saisissant produisait Mondory en 1636 dans ces fureurs d'Hérode [1]; malgré la faiblesse du style de Hardy, un acteur qui eût eu le pathétique de Mondory aurait pu produire un effet semblable avec la pièce de notre auteur; il n'aurait eu qu'à ressembler au portrait quelque peu réaliste qu'avait tracé du héros le poète même :

> Immobile, sinon des paupières ouvertes,
> Qu'il contourne, d'horreur et de flammes couvertes;
> Sourd, étrangé de soi, stupide, forcené,
> D'une brutalité maniaque mené,
> Sa poitrine de coups l'homicide guerroie [2].

Mais reprenons après le récit du messager. Hérode pousse un cri de douleur vraiment éloquent :

> Mariamne défaite! ô astres incléments!
> O ciel, injuste ciel, perfides éléments!
> Eh! ne pouviez-vous pas résister à ma haine?
> Eh! ne deviez-vous pas me répandre sa peine?
> Mariamne défaite! Ah! je ne le crois pas,
> L'univers tout en deuil pleurerait son trépas [3]...

Et, songeant que lui-même a donné l'ordre barbare, il appelle ses peuples mêmes à le punir et, trait remarquable, à se venger à la fois de son usurpation et de ses crimes :

> Venez, peuples, vengez sur les auteurs du crime
> Celle qui vous restait de reine légitime...
> Égorgez, égorgez ces meurtriers sur sa tombe,
> Et que moi le premier, plus coupable, je tombe...
> Vous me délivrerez d'un déluge d'ennuis;
> Le ciel vous saura gré d'une telle justice.

Une sorte de folie s'empare de lui. Il doute de la mort de Mariamne :

> Que ne me puis-je perdre en te sauvant la vie!
> La vie! Hé! cieux, comment? qui te l'aurait ravie?

---

1. « Quand Mondory jouait la *Mariane* de Tristan au Marais, dit le P. Rapin dans un passage souvent cité, le peuple n'en sortait jamais que rêveur et pensif, faisant réflexion à ce qu'il venait de voir, et pénétré à même temps d'un grand plaisir. » (*Réflexions sur la poétique*, 2º p., ch. XIX, dans le *Corneille* de M. Marty-Laveaux, t. I, p. 49.) — Nous avons déjà dit comment le grand acteur fut victime de l'énergie avec laquelle il exprimait les fureurs d'Hérode. (Cf. J.-Auguste Soulié, *le Comédien Mondory; Revue de Paris*, décembre 1838, p. 347-355; cf. Tallemant, t. VII, p. 173-174.)

2. Acte V, p. 486. C'est Phérore qui parle.

3. Acte V, p. 482-483.

> Divine de l'esprit et divine du corps,
> Quel accident aurait rompu leurs saints accords?...
> Hélas! je ne repais mes douleurs que d'un songe,
> Je me console en vain d'un frauduleux mensonge,
> Mariamne n'est plus...

Et il se frappe la poitrine, et il pousse des cris furieux. Phérore et Salome accourent et essayent de le consoler; Salome va même jusqu'à dire qu'il réparera facilement sa perte; Hérode tonne contre ces misérables :

> Perfides envieux qui me la tollissez,...
> Organes de sa mort, qui me saignez dans l'âme,
> Qui, déçu, me chargez de remords et de blâme,
> Fuyez vite d'ici, à peine de sentir
> Du conseil frauduleux le proche repentir,
> A peine d'alléger ma torture immortelle.

Ils se dérobent, en effet, et le roi, dont la fureur commence à faire place à une douleur plus calme, mais profonde, commande qu'on dresse à Mariamne dans le palais un tombeau et un autel. C'est là qu'il passera sa vie à pleurer, là qu'il implorera le pardon de sa victime, et, si jamais il croit l'avoir obtenu, avec quelle joie il quittera sa vie de tourments! avec quelle joie il ira retrouver celle qu'il a aimée!

Voilà certes un acte fort remarquable. Tristan n'a guère fait que développer les indications données par son prédécesseur, et il l'a fait parfois excellemment, parfois en employant plus de rhétorique que de pathétique véritable.

Voici une bonne imitation. Hérode disait, dans Hardy :

> O terre, engloutis-moi dans tes caves boyaux,
> Ouvre le plus profond de tes gouffreux abîmes,
> Et y plonge ce corps chargé de tant de crimes.

Il s'écrie, dans Tristan :

> Trouverai-je un refuge au centre de la terre,
> Où mon crime se trouve à couvert du tonnerre?
> Où je me puisse voir sans peine et sans effroi?
> Où je ne traîne pas mon enfer après moi?...
> Comment! je vis encore, et Mariamne est morte!

Il veut la suivre, et à deux reprises se jette sur l'épée de Narbal, qui réussit pourtant à l'arrêter.

Ce qui suit est d'un goût bien subtil; Hérode s'adresse à sa bouche, qui a prononcé l'arrêt, l'injurie, et veut qu'elle expie sa faute en appelant les Juifs à le punir :

> Vous, *peuples* oppressés, spectateurs de mes crimes,
> Qui portez tant d'amour à vos *rois légitimes*,
> Montrez de cette ardeur un véritable effet,
> Employant votre zèle à punir mon forfait;
> Venez, *venez venger*...

Ici, du moins, l'imitation est heureuse, et la suite, qui est originale, est plus passionnée encore :

> Mais vous n'en ferez rien, timide nation,
> Qui n'osez entreprendre une belle action;
> Vous avez trop de peur d'acquérir de la gloire...
> Cieux, qui voyez le tort que souffre l'innocence,
> Versez sur ce climat un malheur infini,
> Punissez ces ingrats qui ne m'ont point puni.

« Ingrats envers Mariamne », observe Serret [1], « la passion se trahit dans chaque mot. » Oui, mais il fallait s'arrêter là. L'imprécation qu'Hérode lance ensuite contre les Juifs sent trop la rhétorique; la scène finit par un trait on ne peut plus mauvais.

Phérore et Salome arrivent, comme dans Hardy, apprennent l'état du roi, et se disposent à lui prodiguer leurs trompeuses consolations; mais déjà le délire s'est emparé d'Hérode. Tristan ici a bien profité des indications de son prédécesseur et de Josèphe; Serret a raison de dire que le calme d'Hérode est effrayant.

> PHÉRORE
> Il a le teint tout pâle et les yeux égarés,
> Observez sa démarche et le considérez.
>
> SALOME
> Seigneur, vos sentiments sont bien mélancoliques.
>
> HÉRODE
> C'est que j'ai trop de soin des affaires publiques,
> Mais je veux aujourd'hui prendre un peu de repos.
>
> SALOME
> Ce serait fort bien fait.
>
> PHÉRORE
> Il ferait à propos.
>
> HÉRODE
> A parler librement, ce qui me tient en peine,
> C'est que depuis hier je n'ai point vu la reine;
> Commandez de ma part qu'on la fasse venir.

---

1. P. 350.

SALOME
Son jugement s'égare, il perd le souvenir.
HÉRODE
Envoyez-la quérir, faites-moi cette grâce.
PHÉRORE
Hé ! Seigneur, le moyen que l'on vous satisfasse ?
HÉRODE
Qu'on aille l'avertir que je veux lui parler.
Est-il si mal aisé ? N'y veut-on pas aller ?
SALOME
Vous peut-elle parler, et vous peut-elle entendre ?
C'est un corps sans chaleur qui se réduit en cendre.
HÉRODE
Quoi, Mariamne est morte ?... [1]

Et, comme dans Hardy, le tyran se frappe, se meurtrit. Phérore et Salome s'efforcent de le calmer.

HÉRODE
Ministres de mes maux, à me nuire obstinés,
Vous m'osez consoler, vous qui m'assassinez ?...
Vous m'avez fait entrer des bourreaux dans le sein.
Allez, couple infernal ; sortez, race maudite.

Ils sortent, en effet, et, comme dans Hardy, Hérode ordonne qu'on élève un temple à sa victime, et que tout le monde ait soin de l'honorer :

Oui, je veux que sa fête en ces lieux s'établisse,
Et qu'on la solennise, ou bien que l'on périsse.

Paroles en situation, et où le tyran se retrouve.

Mais ici finissait la pièce de Hardy, et il semble qu'il soit trop tard pour nous présenter encore Hérode dans son trouble, redemandant Mariamne. C'est pourtant ce qu'il fait ici, et son insistance tient trop visiblement du procédé [2]. Serret, qui admire ce passage, admire aussi beaucoup le passage suivant, où Hérode évoque Mariamne et croit la voir dans le ciel ; mais il nous paraît que cette apothéose d'opéra ne convient guère à ce sujet tragique, non plus que les vers, d'une douceur affectée, au caractère

---

1. Acte V, sc. III.
2. Quelques traits en deviennent presque puérils :
Quoi ! pour me faire entendre ai-je parlé trop bas ?

du tyran. Hérode s'évanouit, et Narbal termine la pièce en en tirant la moralité.

Telle est cette tragédie, imitée de celle de Hardy, avec habileté souvent, mais de trop près [1]. Serret n'hésitait pas à l'appeler une « œuvre de génie »; c'est qu'il la croyait originale. Nous nous garderons d'appliquer à l'œuvre de Hardy ce jugement trop favorable; mais si la pièce de Tristan témoigne de beaucoup de poésie et de force, l'autre témoigne de beaucoup de sens dramatique, et d'une grandeur rude qui a son prix.

Le cinquième acte de Tristan a été fort attaqué, et, d'autre part, il a été une des causes du grand succès de la pièce. On lui a reproché de s'ajouter à une action déjà complète, puisque Mariamne meurt à la fin du quatrième acte. Nous pouvons répondre que les spectateurs ne s'inquiètent pas seulement de Mariamne; « le mari inspire presque autant d'intérêt que la femme, un autre genre d'intérêt assurément, mais enfin un intérêt qui a sa source dans le cœur humain, dans nos passions et nos faiblesses [2] ». De plus, les spectateurs veulent voir quel profit Phérore et Salome retireront de leur crime. Ces réserves faites, il faut avouer qu'il serait meilleur que le sort du principal personnage de la tragédie n'eût pas été complètement réglé avant le dernier acte, et, à cet égard, la pièce de Hardy est mieux coupée que celle de Tristan : nous n'y avons pas vu l'héroïne conduite au supplice dans le quatrième

---

1. Nous n'avons d'ailleurs pas indiqué tous les emprunts faits par Tristan; donnons encore quelques imitations de détail :

HARDY	TRISTAN
Toutes ses actions suspectes ci-après. (Acte III, p. 440.)	Désormais de ta part tout me sera suspect. (Acte II, sc. v.)
Sa grâce lui serait bientôt entérinée. (Acte IV, sc. II, p. 466.)	Ne crains point pour ta grâce, elle est entérinée. (Acte III, sc. III.)
En la couche royale il sème le divorce. (Acte III, p. 455.)	... Semer le divorce en la maison royale. (Acte III, sc. v.)
Miroir de chasteté qui n'eut onc son égale. (Acte III, p. 456.)	Une reine... et si chaste et si sage, Qu'elle sert de miroir à celles de cet âge. (Acte III, sc. v.)
Tu t'abuses, Cloton sur elle ne peut rien. (Acte V, p. 483.)	La mort n'a point d'empire où règnent ses appas. (Acte V, sc. II.)
Qu'à ton chef-d'œuvre, ô ciel, n'as-tu prêté secours? (Acte V, p. 477.)	Dis-tu qu'on a détruit ce chef-d'œuvre des cieux? (Acte V, sc. II.)

Outre ces imitations si nombreuses, on trouve encore dans le 5e acte de la *Mariane* quelques réminiscences de la *Sophonisbe* de Mairet, signalées par M. Bizos, p. 327.

2. Serret, p. 349.

acte, et nous pouvons nous demander, au début du cinquième, si on a exécuté la sentence ou si Hérode s'est ravisé [1].

Un autre reproche adressé au cinquième acte et à la tragédie tout entière, c'est que le succès en était dû au talent de Mondory [2]. Mais, si on peut expliquer ainsi que le succès de la *Mariane* ait balancé celui du *Cid*, expliquera-t-on de même les nombreuses éditions qui ont été faites de cette œuvre, sa présence au répertoire courant de la Comédie-Française jusqu'en 1704 [3], et le sérieux espoir de l'y faire reparaître que nourrissait encore Rousseau trente ans plus tard [4]. Une fortune aussi durable ne s'explique que par de réels mérites, et presque tous ces mérites — au point de vue dramatique, s'entend — c'était la *Mariamne* de Hardy qui les avait transmis à celle de Tristan l'Hermite. Tristan a négligé de le reconnaître; ce n'était pas une raison pour nous empêcher de le constater [5].

1. D'ailleurs, les fureurs d'Hérode étaient moins développées dans Hardy, et formaient, par suite, un épisode d'une étendue moins disproportionnée.
2. Nous trouvons les deux objections formulées par Corneille (T. I, p. 48 et 49, *Discours de l'utilité et des parties du poème dramatique*) : « Il faut, s'il se peut, réserver au cinquième acte toute la catastrophe, et même la reculer vers la fin, autant qu'il est possible... L'auditeur qui la sait trop tôt n'a plus de curiosité; et son attention languit durant tout le reste, qui ne lui apprend rien de nouveau. Le contraire s'est vu dans la *Mariane*, dont la mort, bien qu'arrivée dans l'intervalle qui sépare le 4° acte du 5°, n'a pas empêché que les déplaisirs d'Hérode, qui occupent tout ce dernier, n'aient plu extraordinairement; mais je ne conseillerais à personne de s'assurer sur cet exemple. Il ne se fait pas des miracles tous les jours; et, quoique son auteur eût bien mérité ce beau succès par le grand effort d'esprit qu'il avait fait à peindre les désespoirs de ce monarque, peut-être que l'excellence de l'acteur qui en soutenait le personnage y contribuait beaucoup. » Corneille oubliait sans doute qu'une pareille observation avait été faite à propos du *Cid*, et qu'on peut dire la même chose de toutes les œuvres dramatiques qui réussissent. Cf., par ex., L. Person, *Histoire du Venceslas*, p. 69 et 81.
3. Voy. fr. Parfait, t. V, p. v; Voltaire, *Commentaire sur les observations de M. de Scudéry*, t. I, p. 156; Fontenelle, *Vie de P. Corneille*, p. 214.
4. Voy. l'*avertissement* déjà cité. Pour rendre la pièce de nouveau propre au théâtre, Rousseau croyait n'avoir besoin que de retrancher, de corriger ou d'ajouter « 150 ou 160 vers tout au plus ».
5. Le nom de Hardy ne se trouve pas dans l'*avertissement* de la *Mariane*, mais on y lit ceux de Josèphe, de Zonare, d'Hégésippe, du R. P. Caussin. Tristan dit longuement ce qu'il a *voulu*, ce qu'il s'est *proposé*, ce qu'il s'est *efforcé de faire*. Il ajoute qu'il a « dépeint tout cela de la manière qu'*il a cru* pouvoir mieux réussir dans la perspective du théâtre ». (Voy. les anciennes éditions.) Comment pourrait-on supposer qu'un auteur qui s'exprime ainsi doive quelque chose à ses devanciers? — A son tour, Voltaire, qui a fait représenter une *Mariamne*, plusieurs fois remaniée, en 1724, 1725, 1762, a négligé d'avouer ce qu'il devait à Tristan. D'ailleurs, sa tragédie contient plus de matière que celle de ses prédécesseurs, et elle est plus conforme au type accepté

VIII, IX, X. — **La trilogie sur Alexandre.**

La Mort de Daire. — La Mort d'Alexandre. — Timoclée
ou la Juste Vengeance.

Les deux derniers volumes publiés par Hardy comprennent trois tragédies sur Alexandre ; l'une des œuvres perdues dont nous avons conservé les titres avait peut-être le même conquérant pour héros [1] ; et qui sait si plusieurs n'étaient pas dans le même cas, parmi celles, en si grand nombre, dont le titre même nous est inconnu ? Évidemment l'histoire ou, pour mieux dire, la légende d'Alexandre avait séduit notre dramaturge : il y trouvait de quoi satisfaire ce goût de grandeur que nous avons remarqué en lui ; il y trouvait encore ce dont il avait le plus besoin, des sujets tout indiqués et comme des esquisses de tragédies [2]. Aussi s'empara-t-il de ces sujets et chercha-t-il à compléter ces esquisses ; un autre poète l'avait d'ailleurs précédé dans cette voie.

Quoique ennemi des vers rimés, Jacques de La Taille, en effet, s'en était servi « jusques à y parfaire des comédies, tragédies et autres œuvres poétiques », qui même, assurait-il, « ont bien eu cet heur (pour n'en dire autre chose) de plaire aux grands seigneurs et dames de ce temps » [3]. Les meilleures étaient *la Mort de Daire* et *la Mort d'Alexandre* : Jean de la Taille les publia

de la tragédie classique ; mais elle est plus banale et le vrai sujet y disparaît sous des accessoires plus ou moins brillants. (Voy. la préface de la tragédie de Voltaire ; La Harpe, t. VIII, p. 256-284, Paris, 1817, 16 vol. pet. in-12 ; l'abbé Nadal (auteur d'une autre *Mariamne*), *Remarques sur la tragédie d'Hérode et Mariamne de M. de Voltaire*, Œuvres mêlées de monsieur l'abbé Nadal, t. Ier, Paris, 1738, in-8°, p. 256.) — Après celles que nous venons de nommer, la principale des pièces écrites sur Mariamne est celle de Calderon, où la jalousie d'Hérode est supérieurement peinte, où le caractère de Mariamne attire la sympathie, mais dont l'intrigue est tout à fait romanesque et bizarre. On en peut voir l'analyse dans Ticknor, t. II, p. 413-417 ; dans Royer, t. III, p. 411-416 ; dans Vieil-Castel, *Essai sur le théâtre espagnol*, t. I, p. 384-391.

1. Cette hypothèse, assez vraisemblable, mais impossible à vérifier, est suggérée par l'identité de titre entre la *Parthénie* de Baro et celle de Hardy. (Voy. ci-dessous le début du chapitre sur les *pièces perdues*.)

2. Plutarque lui-même, à propos des traditions sur l'empoisonnement d'Alexandre, fait remarquer ce caractère de son récit. « Ce sont toutes choses controuvées à plaisir, dit-il, et faussement écrites par aucuns qui ont voulu rendre l'issue de *cette grande tragédie*, par manière de dire, plus lamentable et plus pitoyable. » Amyot, c. CXXI ; *les Vies des hommes illustres*, t. VII, p. 152.

3. *La maniere de faire des vers en François comme en Grec et en Latin par Feu Jacques de La Taille, du pays de Beauce*. A Paris, de l'Imprimerie de Federic Morel, Imprimeur du Roy, MDLXXIII, in-8°. — *Au lecteur.*

en 1573, alors que son frère Jacques était mort dès 1562, âgé de vingt ans. Œuvres d'écolier, à coup sûr ! Mais l'écolier n'était pas vulgaire, et l'on oublie trop, en jugeant ces essais, que l'auteur de *Saül* et des *Gabaonites* les a revus [1].

Nous parlerons d'abord de *la Mort de Daire*.

VIII. — LA MORT DE DAIRE.

(T. IV, p. 15 à 73.)

I

La pièce de La Taille [2] commence par un monologue; mais la scène s'anime un peu, quand Artabase, « prince de Perse », vient dialoguer avec son roi. Au monarque, tant de fois vaincu, dont la femme vient de mourir au pouvoir d'Alexandre, et dont les offres les plus humiliantes sont dédaignées par le vainqueur, Artabase conseille de ne pas désespérer et de lutter encore. Daire s'y résout.

Mais le second acte introduit les « conspirateurs » Besse et Nabarzane. Besse, qui veut régner à tout prix, est décidé à tuer son roi. Nabarzane, qui, on ne sait trop pourquoi, est dévoué corps et âme au prince de Bactriane, voudrait cependant épargner le sang royal; il proposera à Daire d'abdiquer. Comment Besse peut-il être assez naïf pour trouver une telle idée admirable et ne pas douter de sa réussite? Nous ne le comprenons guère; mais à peine Daire, « en présence de ses princes, capitaines et gendarmes », vient-il de prononcer un long discours belliqueux, où il a fait appel aux plus généreux sentiments de ses sujets, que Nabarzane

---

1. Dans une *épître au lecteur*, qui fait suite à son *Saül*, Jean de La Taille annonce qu'il publie des vers de son frère, « pour te mieux préparer, lecteur, à voir ses autres œuvres de plus grande étoffe, comme son *Alexandre* et *Daire*, que je dois bientôt après faire marcher en public, pour me sembler de meilleure vue pour soutenir la lumière, après toutefois leur avoir servi (en y mettant la dernière main) de curateur ou de parrain, comme à pauvres orphelins ou posthumes, comme disent les légistes. Il avait encore fait quelques autres poèmes, mais je n'en empêcherai les presses des imprimeurs, pour être faits en son premier et jeune feu ». *Daire* et *Alexandre*, en effet, n'ont pas été composés si tôt qu'on le croit, et Jean de La Taille dit expressément que son frère a fait *Daire* à l'âge de dix-neuf ans (ép. à François de Dangènes, en tête de *Daire*, f° 2, verso).

2. Édition consultée : *Daire, Tragedie de Jacques de La Taille, du pays de Beauce.* A Paris, chez Fed. Morel, Imprimeur ordinaire du Roy, ruë S. Jaques à l'enseigne de la Fontaine. MDIIC, in-8°.

conseille au roi d'apaiser la fortune irritée, en abdiquant provisoirement en faveur de Besse. Daire est saisi de colère et veut frapper le traître de son poignard; les deux conspirateurs s'enfuient. Mais, hélas! un vaincu ne peut écouter ses ressentiments, même les plus légitimes, et pousser lui-même une bonne partie de ses troupes à le combattre. C'est ce qu'Artabase fait comprendre à Daire, et il le décide à se prêter à une réconciliation avec les deux princes qui l'ont offensé.

Rien ne pouvait être plus agréable à ces derniers, car Nabarzane, de plus en plus dévoué aux intérêts de Besse, avait formé le projet de reconquérir l'amitié de Daire, et d'en profiter aussitôt pour l'enchaîner. Le roi paraît; Nabarzane se jette à ses pieds, et, de la façon la plus écœurante, proteste de son repentir et de son dévouement. En le voyant pleurer, le roi pleure et pardonne tout. Le champ paraît donc ouvert à la trahison, lorsque Besse, aussi excessif dans sa scélératesse que Daire dans sa bonté, vient dénoncer Nabarzane au roi comme ayant été soudoyé par Alexandre; il jure qu'il le punira de lui avoir attribué de honteux projets, et nous assistons ainsi au spectacle étrange de Daire défendant Nabarzane contre son complice. Cette scène, au moins inutile, appartient en propre à La Taille. La suivante est empruntée à Quinte Curce. Patron, chef des mercenaires grecs, a découvert les menées des conspirateurs et supplie le roi de se mettre à l'abri parmi ses troupes. Celui-ci, d'abord méfiant, finit par croire à la fidélité et à la sagesse de Patron; mais quoi? peut-il abandonner ses propres soldats, dont une partie au moins lui doit être restée fidèle? Peut-il espérer, surtout, qu'il échappera à son destin? En vain Artabase lui annonce-t-il que les Bactriens sont en armes, et le presse-t-il de se réfugier au milieu des Grecs; il se heurte à la résignation fataliste de son maître, auquel, comme plus tard à Brutus, son mauvais génie a prédit sa perte.

Maintenant, Daire n'aspire plus qu'à mourir, et il se tuerait, si son eunuque Bubace ne lui parlait contre le suicide. Dissuadé d'attenter à ses jours, le roi rentre sous sa tente, les conjurés arrivent, et, pendant que Besse pénètre jusqu'à Daire, Nabarzane excite à la défection le chœur, qui ne se laisse pas convaincre, mais ne fait rien non plus pour secourir l'opprimé. Aussitôt après, un eunuque annonce que le roi a été jeté, presque nu, sur un chariot; qu'une partie de l'armée s'est jointe aux Bactriens; qu'une autre va se livrer à Alexandre; qu'Artabase et Patron fuient vers la Parthie. Puis un « gendarme », fort ému, vient raconter au chœur comment l'armée a été attaquée par Alexandre; comment Besse s'est enfui des premiers, et quel effroyable carnage a suivi, sans qu'on sache rien du roi. Tout cela s'est passé en quelques instants, puisque le chœur est toujours resté sur la scène, sous nos yeux. Et, au fait, que faisait-il là?

C'est à l'acte V que paraît pour la première fois Alexandre. Désolé d'avoir laissé échapper Besse, le conquérant fait un long discours à ses soldats pour les dissuader de revenir dans leur patrie : leur conquête n'est pas affermie encore, et quel honneur ce sera pour eux s'ils vengent la mort de leur ennemi! D'ailleurs, Alexandre jure de ne manger ni boire avant d'avoir appris le sort de Daire; serment imprudent, mais dont la fortune ne lui laisse pas le temps de se repentir. Le Perse Polistrate vient lui apprendre qu'il a vu Daire mourant sur son chariot, et qu'il a recueilli ses dernières paroles : le malheureux remerciait Alexandre de ses nobles procédés vis-à-vis des reines captives et le suppliait de punir un infâme meurtrier. Alexandre promet de poursuivre une aussi juste vengeance, et le chœur termine la pièce par quelques vers à rimes batelées, auxquels ce sujet tragique ne nous permettait pas de nous attendre [1].

Telle est la tragédie de La Taille. Ne parlons ni de la versification, qui est d'un système étrange [2], ni du style, qui est diffus et peu expressif, avec pourtant de la clarté, de la facilité et quelque chose de naïf et de jeune qui intéresse [3]. Pour nous en tenir au fond,

---

1.
  O Alexandre, auras-tu *maintenant*
 Le nom du *Grand*, et puisque Daire est *mort*.
 Toi sans *consort* seras *dorénavant*
 Roi du *Levant*, aussi mérites-*tu*
 Par ta *vertu* de régir l'*univers*.
  Pleurez, mes *vers*....

2. Ainsi la première scène est écrite en alexandrins, la seconde en vers de 10 syllabes; seul le 5e acte est écrit tout entier en alexandrins. — Faut-il ajouter que la succession des rimes n'est pas encore observée?

3. Parfois la naïveté va trop loin, comme dans les vers qu'ont cités les fr. Parfait (t. III, p. 338 sqq.) et tant d'autres auteurs. Mais ne pourrait-on pas invoquer quelques circonstances atténuantes pour le vers le plus ridiculement célèbre du jeune poète. S'il a osé écrire (acte V, sc. II) :

 « Ma femme et mes enfants aie en recommanda... »
 Il n'en dit pas plus long, car la mort l'en garda,

ne pouvons-nous pas rappeler que le Brandimart de l'Arioste était mort, comme Daire, avant d'avoir achevé le nom de Fleur-de-Lys (ch. LXII, st. 14. Cf. Ginguené, t. IV, p. 417) :

 « Ne men ti raccomando la mie Fiordi... »
 Ma non poté dir, ligi, e qui finio ;.

l'action a un caractère sérieusement historique, mais elle est trop simple et se dérobe trop à nos regards; le plan est régulier et bien suivi, mais gâté par quelques arrangements puérils. Les caractères sont à l'avenant. Si la figure de Daire est seulement esquissée, elle l'est du moins d'une façon estimable : prompt au découragement avec des retours subits d'énergie, crédule jusqu'à la sottise et méfiant sans raison, s'attendrissant comme une femme et terrible dans ses très courts accès de colère, enfin croyant à la fatalité contre laquelle toute lutte lui paraît inutile, ce n'est peut-être pas là un personnage vraiment tragique, mais, à coup sûr, c'est un despote oriental. Patron et Artabase ne sont chargés que de rôles insignifiants. Besse et Nabarzane sont des personnages de convention.

Signalons enfin un des plus graves défauts de la pièce. Les chœurs qui terminent les deux derniers actes, une longue partie du discours d'Alexandre au cinquième, l'absence de Daire pendant tout le dénouement semblent faire changer la pièce d'objet et lui donner Alexandre comme personnage principal.

II

Que cette tragédie, telle quelle, ait été utile à Hardy, nous n'aurons garde de le nier; mais il ne faudrait pas non plus exagérer ce que Hardy doit à La Taille. La plupart des situations, des scènes, des idées communes aux deux poètes, se trouvent également dans les historiens dont ils se sont inspirés [1], et l'examen le plus rapide suffit à montrer entre les deux pièces sur *la Mort de Daire* des différences capitales.

Nous ne citerons que pour mémoire la suppression faite par

---

et qu'un des personnages de d'Urfé devait être victime du même accident (*le Sireine;* voy. L. Feugère, *les Femmes poètes au XVIᵉ s.*, p. 248) :

« Ce papier pour qui j'ai pleuré,
Tu donneras à Siré... »
Et le reste du mot s'arrête,
Pris au palais...

Il est vrai que l'Arioste s'est arrogé le droit de s'amuser aux moments les plus graves, et que le *Sireine* n'est pas une tragédie.

1. Voy. Plutarque, *Alexandre*, ch. LVI à LXXVII, et Quinte Curce, l. IV, ch. X, à l. V, ch. XIII. — Il est bon de noter que, pour ses trois pièces sur Alexandre, Hardy ne doit rien à la littérature du moyen âge. On peut s'en assurer en parcourant les deux ouvrages de M. Eugène Talbot (*Essai sur la légende d'Alexandre le Grand dans les romans français du XIIᵉ siècle*. Paris, Franck, 1850) et de M. Paul Meyer (*Alexandre le Grand dans la littérature française du moyen âge*. Paris, Vieweg, 1886, t. II, *Histoire de la légende*).

Hardy des chœurs qui terminaient les actes et le changement complet du système de versification [1]. Ce qui est plus digne de remarque, c'est qu'Alexandre joue maintenant un rôle aussi important que celui de Daire, et que le sujet même de la tragédie est changé. Là où La Taille s'était uniquement proposé de nous montrer Daire trahi, puis chargé de chaînes, et réduit, avant de mourir, à confier le soin de sa vengeance à ses ennemis, Hardy a voulu de plus nous montrer l'ancien maître de l'Orient battu et poursuivi par Alexandre, lui cédant, de gré presque autant que de force, l'empire de l'univers. Pour lui, ce n'est plus Daire qui est le principal personnage, c'est Alexandre; ou plutôt, l'intérêt de la pièce est tout entier dans la lutte de deux puissances, dont l'une doit être si infortunée et l'autre si extraordinairement heureuse. Le titre, la Mort de Daire, ne résume plus avec exactitude le sujet : il ne sert qu'à désigner, de la façon la plus courte et la plus expressive possible, un épisode de l'histoire d'Alexandre et du monde.

Aussi, voyez quels changements a introduits dans la marche de la tragédie cette modification de l'idée première. Besse et Nabarzane ne paraissent plus qu'au troisième acte, les deux premiers étant destinés à opposer les Perses vaincus aux Macédoniens vainqueurs. De plus, chaque acte commence dans le camp de Daire et se continue dans celui d'Alexandre; le Macédonien paraît toujours après le Perse, de sorte que, dans la tragédie comme dans l'histoire, le conquérant poursuit sans relâche le fugitif [2].

Lorsque l'action commence [3], les deux armées se préparent à une nouvelle bataille, qui sera celle d'Arbèles. Daire, en présence d'Artabase, supplie les Dieux, et particulièrement le Soleil, qui

---

[1]. La pièce de Hardy est écrite d'un bout à l'autre en alexandrins, et la règle de la succession des rimes y est observée.

[2]. En dépit de ces différences, on a parfois confondu les deux tragédies de La Taille et de Hardy, et je regrette de trouver une pareille erreur dans Saint-Marc Girardin lui-même. « Alexandre n'intervient qu'au dernier acte », dit-il à propos de la Mort de Daire de Hardy. Voy. son éd. des Œuvres complètes de Racine, t. I, p. 375.

[3]. Mise en scène supposée. Il semble qu'il faille admettre deux plantations distinctes : l'une pour les quatre premiers actes, l'autre pour le cinquième. Pendant les quatre premiers actes, l'action se passe en trois régions différentes, mais la scène ne change pas et continue à représenter : d'un côté, le camp de Daire avec la tente du roi, celle de Besse et peut-être celle de Patron; de l'autre, le camp d'Alexandre avec une tente spéciale pour le conquérant. Au cinquième acte, bois avec fontaine, camp d'Alexandre, tente ou demeure de Sisigambe.

La durée de l'action est sans doute de plusieurs mois.

« maintint si longtemps les Perses valeureux », de mettre enfin un terme aux malheurs de l'empire et de le préserver d'un joug étranger. Ni le désir de régner, ni celui de vivre n'inspirent ses belles et mélancoliques paroles; mais il voudrait, avant de mourir, rendre la liberté à sa famille captive et remettre aux mains d'un successeur un empire « aussi ample, aussi sûr » qu'il l'a reçu. Hélas! Alexandre a refusé les offres les plus séduisantes, en même temps qu'il se montrait digne de son bonheur par sa généreuse conduite vis-à-vis de la reine de Perse, vivante et morte; Daire lui-même, tout en prenant les meilleures mesures pour le combattre, en est réduit à l'estimer hautement :

> Dieux, qui tenez le frein des affaires du monde,
> Dessus qui l'homme droit ses espérances fonde,
> Souverains de qui sont nos empires bornés,
> Qui les pouvez ôter comme vous les donnez,
> Faites, ou que, fléchis, ma guerrière conduite
> Mette les ennemis et les malheurs en fuite,
> Qu'elle rende la Perse à sa prospérité;
> Ou, si telle faveur je n'ai pas mérité,
> Si de vous ma prière au besoin se méprise,
> Si la force succombe au faix de l'entreprise,
> Qu'à l'insigne vertu de ce preux Macédon
> Mon trône désormais demeure de guerdon,
> Qu'il y soit seul assis, successeur, en ma place [1].

Alexandre se prépare à réaliser ce dernier souhait. Prêt à poursuivre ses conquêtes, il consulte sur le temps, le terrain et l'ordre les plus favorables pour vaincre, ses lieutenants, « invincibles guerriers », qu'il appelle d'une façon expressive :

> Astres de qui ma gloire emprunte sa clarté [2].

Parménion, dont l'âge et l'expérience ont rendu la bravoure prudente, tient pour la temporisation ou pour la ruse; mais Héphestion et Perdice méprisent le nombre infini de leurs adversaires et ne veulent combattre qu'en plein jour. Le jeune roi est aussi bouillant :

> N'advienne que jamais Alexandre vainqueur
> Dérobe la victoire [3], acte d'un lâche cœur;

---

1. Acte I, sc. I, p. 6.
2. Acte I, sc. II, p. 7.
3. « Je ne veux point, dit-il, dérober la victoire ». Plutarque-Amyot, ch. LIX.

Qu'autrement qu'en lion sa vaillance procède.
La fraude présuppose une crainte qui cède...
Je ne veux l'Orient subjuguer en ténèbres [1].

Ces fières paroles mettent fin au conseil. Mais un incident vient préparer plus fortement encore le second acte. L'éclaireur Ménide annonce que les Perses sont déjà tout près et se préparent à la bataille; elle aura décidément lieu le lendemain.

Ce premier acte nous paraît fort remarquable, et, des deux côtés, les caractères y sont nettement marqués. Daire inspire la sympathie par sa tristesse noble et sans abattement, par cette défiance de l'avenir qui ne l'empêchera pas de faire jusqu'au bout son métier de roi. Près de lui, Artabase personnifie la fidélité et le dévouement, mais le poète l'a fait paraître seul à côté de Daire, et le malheureux roi semble déjà abandonné. Combien la situation et l'attitude d'Alexandre sont différentes! Ses ennemis sont forcés de faire son éloge, et notre esprit est déjà prévenu pour lui avant qu'il paraisse. La seconde scène achève de nous le peindre, ne respirant que la lutte, ardent, quelque peu aventureux, ne souffrant pas l'idée d'une tache à sa gloire. Autour de lui, se remarquent deux partis distincts : celui des anciens, aux sages et habiles conseils, qui n'ont que le tort de ne pas compter assez sur l'étoile d'Alexandre et d'oublier qu'elle fait réussir les plus téméraires entreprises; puis le parti des jeunes, des affamés de hardiesse et de gloire, qui ont pour eux le nombre et surtout l'appui du roi.

Une nuit seulement sépare le second acte du premier : la bataille n'a donc pas été livrée. Au moment de l'engager, Daire exhorte ses soldats par un discours qui est imité de Quinte Curce [2], avec plus de brièveté, de simplicité et, par endroits, de force. Masée, qui lui répond en quelques mots, essaye de lui promettre la victoire; mais comme ce camp de Daire paraît froid et découragé, quand on le compare au camp macédonien! Là, Parménion, chez qui la prudence, une fois les décisions prises, fait place à la plus bouillante ardeur, se scandalise du sommeil prolongé d'Alexandre. Là, le héros s'éveille souriant, exempt de souci depuis que Daire a renoncé à fuir en affamant ses adversaires, sûr d'ailleurs de la victoire, que ses mesures ont préparée. Là, les soldats réclament à grands cris la lutte et sont pleins de confiance dans leur chef :

---

[1]. Acte I, sc. II, p. 11.
[2]. L. IV, ch. XIV.

> Qui peut donc retenir un lion magnanime,
> Les taureaux affrontés, qui beuglent de fureur?
> Pourvu, bons dieux, pourvu qu'aucun mal ne l'opprime,
> L'Olympe s'éclatant nous trouve sans terreur [1].

Alexandre explique à ses lieutenants le plan qu'il entend suivre; il exhorte les Macédoniens à écraser définitivement des vaincus réduits au désespoir.

> La gloire me suffit, ayez tout le butin,

leur dit-il. Un dernier incident retarde cependant la bataille, mais un incident propre à porter au comble l'entrain de l'armée. Le prêtre qui a été chargé par Alexandre de consulter les présages, vient annoncer qu'ils promettent tous la victoire, et que les Dieux sont impatients d'assister au triomphe des Macédoniens.

Depuis le premier acte, on le voit, l'action n'a pas fait un pas; mais on peut excuser jusqu'à un certain point Hardy, en rappelant que la défaite de Daire n'a pas moins d'importance pour lui que sa mort même : il la fallait donc bien préparer.

Lorsque commence le troisième acte, Daire a reculé jusqu'à Ectabane, et sa nouvelle défaite, sa situation précaire ont détaché de lui les âmes ambitieuses et criminelles de Besse et de Nabarzane. Nous avons donc ici la scène des *conspirateurs*, par laquelle La Taille avait commencé son second acte, mais notablement transformée et améliorée. Nabarzane n'est plus le criminel désintéressé, Besse le scélérat naïf que nous avons vus plus haut. Tous deux conçoivent à la fois l'idée de la trahison, parce que tous deux espèrent également en tirer parti. Seulement, Besse est moins timoré et mieux dégagé de tous scrupules : c'est donc lui qui s'ouvre — avec précaution, d'abord — de son projet à Nabarzane, c'est lui qui propose les résolutions les plus hardies et les plus criminelles. Lorsque Nabarzane s'avise de conseiller à Daire une abdication, il n'a garde de fonder la moindre espérance sur cette démarche, sentant trop bien par son ambition même quelle affection doit attacher au diadème ceux qui le portent; mais il ne veut pas s'aliéner dès l'abord son complice, et se résigne à lui laisser subir un échec, qui le livrera, plus docile et plus souple, entre ses mains. — La scène suivante lui donne raison. Là encore

---

1. Acte II, ch. II, p. 21 (*Chœur d'Argyraspides*).

les deux conspirateurs sont plus habiles et plus naturels que dans La Taille ; et si, malgré tout, la scène de Hardy, quoiqu'elle se passe dans le *conseil* du roi, et non à la face de l'armée, ressemble beaucoup à celle de son devancier, c'est parce que l'une et l'autre étaient empruntées à Quinte Curce [1]. La conclusion en est la même : Daire, trahi, ne peut s'empêcher de faire bon visage aux traîtres.

Mais Hardy ne finit pas son acte, comme La Taille, sur ce navrant spectacle ; il nous transporte aussitôt au camp d'Alexandre et dans le sein de son conseil. Quel contraste ! Alexandre, enivré de gloire, trouve que Jupiter se montre clairement son père en lui accordant d'aussi merveilleux succès ; il ne s'inquiète pas des armes de l'ennemi, il ne craint que sa fuite. Et déjà le conquérant, auquel le repos ne peut convenir, forme d'autres projets pour étendre plus loin sa gloire.

Ainsi Daire est toujours sympathique, mais sur quelle impression de pitié nous laisse cet acte ! Poursuivi par Alexandre, le malheureux roi est trahi par ses sujets. Dans le camp macédonien, on le compare à une bête fauve, de toutes parts traquée par les chasseurs et qui sera bientôt forcée ; mais elle n'aura même pas cette consolation de lutter, avant de mourir, contre ceux qui la traquent et de les menacer encore de l'œil en expirant ; un piège est dressé sous ses pas, dans lequel elle va tomber. La mort qui l'attend, c'est la mort vile et solitaire des animaux méprisés.

Le quatrième acte est uniquement consacré aux malheurs de Daire, mais Hardy a pris soin d'y intéresser Alexandre et de préparer par là le dénouement. Et ce n'est pas le seul changement heureux qu'il ait fait subir aux actes III et IV de La Taille.

Tout d'abord, il a supprimé la conversation entre Besse et Nabarzane : nous ne comprendrons que trop par leurs actes mêmes quelles sont les intentions de ces misérables. Puis, il a avancé le moment où se produit l'intervention de Patron ; c'est dès le début de l'acte que ce soldat fidèle, et « tel en l'adversité que paravant l'orage », supplie Daire d'accepter son appui. Daire refuse, mais sans douter de sa bonne foi, et Patron le regarde avec tristesse s'éloigner pour marcher à sa perte :

> Ainsi marche l'agneau volontaire à l'autel,
> Où ce triste animal prévoit le coup mortel [2].

[1]. L. V, ch. viii et ix.
[2]. Acte IV, sc. i, p. 47.

Besse, caché, a vu de loin cet entretien et en a deviné le sujet; il maudit le chef grec, mais compte sur « une hypocrite feinte » pour séduire « le naturel simple » du roi. Nabarzane et lui viennent donc se jeter aux pieds de Daire, qui n'est pas dupe de leurs protestations exagérées, mais qui, cédant à la fois à la nécessité et à sa douceur naturelle, leur pardonne avec de nobles paroles. Besse le remercie en pleurant et, pour le pouvoir mieux protéger contre ses ennemis, promet de faire approcher de la tente royale ses propres soldats et ceux de Nabarzane. Ainsi la trahison se resserre autour du roi, bientôt il ne pourra plus lui échapper. C'est alors qu'Artabase le supplie d'accepter les offres de Patron; mais Daire est accablé sous le poids de ses malheurs; son esprit, « en cent parts contraires divisé », ne sait plus que résoudre,

> Et son meilleur, hélas! serait de ne plus être [1].

Il pleure et, voulant cacher ses larmes, se fait emporter dans sa tente. Artabase reste seul, saisi de crainte et de pitié.

Cependant, au camp macédonien, Alexandre s'entretient avec ses lieutenants de la fuite précipitée des Perses, quand un transfuge vient lui annoncer que Daire est trahi, abandonné des siens, qu'il va être enchaîné ou tué, s'il ne l'est déjà. Alexandre, Héphestion, Cratère n'en expriment qu'avec plus d'ardeur leur intention d'atteindre l'ennemi et de terminer la guerre.

Un nouveau changement de lieu nous fait alors assister à la scène que le transfuge a annoncée. Daire, seul avec son eunuque Bubace, l'invite à ne plus accompagner « celui que tout heur a quitté ». Que chacun de ceux qui lui sont restés fidèles cherche une meilleure fortune; lui-même pourrait se tuer, mais il aime mieux « mourir par le forfait d'autrui que par le sien ». Les traîtres entrent en ce moment, et Bubace s'enfuit, éperdu, tout en suppliant son maître de le suivre. Les soldats, auxquels le diadème en impose encore, hésitent à garrotter leur souverain; mais Besse a eu soin de respecter jusqu'à un certain point leurs scrupules, et c'est avec des fers dorés qu'on enchaîne le grand roi.

> Sacrilèges bourreaux, que libre au moins je meure [2]!

s'écrie Daire noblement; mais Nabarzane ne lui répond qu'en lui reprochant de n'avoir pas abdiqué sur son conseil.

---

1. Acte IV, sc. II, p. 53.
2. Acte IV, sc. IV, p. 58.

Après avoir mis sur la scène l'humiliation de Daire, le dramaturge a eu soin d'y mettre sa mort. Le cinquième acte nous montre le Macédonien Polistrate [1] qui, tout en cherchant une source pour étancher sa soif, exprime sa joie du triomphe qu'Alexandre vient de remporter sur Besse; les images se pressent sur ses lèvres pour rendre cet étonnant et « plaisant spectacle ». Tout à coup, il entend de faibles gémissements et voit sur le sol

> Un corps humain cerné de flèches, tout ainsi
> Que l'on voit en courroux un hérisson grossi;
> Pauvre corps renversé par les bêtes errantes.

Il s'approche du moribond et l'examine :

> Ce front, malgré le sang qui l'aveugle, retient
> Une majesté grave [2].

C'est Daire, qui raconte en quelques mots le dernier crime des traîtres, charge Polistrate de ses prières pour Alexandre, implore un verre d'eau, et meurt. — Polistrate alors revient vers son maître, qu'il instruit de ce qu'il vient de voir et qu'il conduit jusqu'au cadavre. Alexandre, ému, rend hommage à son ennemi et jure de le venger.

Une dernière scène complète la pièce. Par l'ordre d'Alexandre, Héphestion apporte le cadavre à Sisigambe, en l'autorisant à faire les plus solennelles funérailles. La vieille reine regarde celui qui fut son fils et s'évanouit; ses demoiselles s'empressent autour d'elle; elle ne revient à la vie qu'avec regret, et pour reprendre ses plaintes. Tout cela est assez touchant, mais serait mieux à sa place à la fin de la tragédie de La Taille; celle de Hardy semblerait être mieux conclue par le cri, à la fois triste et joyeux, des avènements : Daire est mort, vive Alexandre !

On a vu, par notre analyse, combien la seconde tragédie sur *la Mort de Daire* se distingue de la première. Nous ne reviendrons plus que sur une différence : Daire a changé de caractère; il est maintenant plus constant, plus noble, moins vrai peut-être et moins intéressant à la lecture, mais incontestablement plus tragique. Son premier peintre avait fait une étude historique, le second *faisait du théâtre.*

---

1. La Taille avait fait de Polistrate un Perse, mais Hardy s'en est tenu avec raison à l'indication de Plutarque et de Quinte Curce (Plut., ch. LXXVI; Quinte Curce, l. V, ch. XIII). N'est-il pas plus dramatique que Daire meure loin de tous les siens?
2. Acte V, sc. I, p. 60 et 61.

IX. — LA MORT D'ALEXANDRE.

(T. IV, p. 75 à 141.)

I

Devant le cadavre de Daire, Alexandre s'était demandé avec anxiété s'il ne serait pas, lui aussi, trahi quelque jour par la fortune, et, s'adressant à l'aveugle déesse, il s'était écrié :

> Plutôt que tes faveurs trompassent mon courage,
> Me butine la Parque en l'avril de mon âge [1].

On sait comment ce souhait fut exaucé, et que la mort du conquérant n'en fut pas moins misérable. Cette fin tragique d'une vie si extraordinaire a fourni deux nouvelles tragédies à La Taille et à Hardy.

La Mort d'Alexandre de La Taille passe généralement pour supérieure à sa *Mort de Daire* [2]. Pour moi, la peinture du principal personnage me paraît sensiblement moins intéressante, et je ne vois pas que rien, dans le reste de la pièce, compense cette infériorité.

Alexandre vient d'arriver à Babylone ; mais, après tant d'exploits, il n'est pas encore disposé à se reposer, et le déclare en termes emphatiques :

> Je poursuivrai mes faits et ne serai oisif,
> Dussé-je aller plutôt ès parts plus vagabondes
> De l'univers, chercher hors du monde des mondes ;
> Dussé-je aller aux cieux, ou descendre en enfer,
> Et là, maugré Pluton, des Mânes triompher.

Le Sicilien Cléon, « courtisan », lui conseille au contraire le repos et en profite pour raconter longuement et par ordre tous les exploits du roi. — Alors, dit Alexandre, que les dieux m'enlèvent à eux, puisque je suis leur égal comme Bacchus et Alcide !
— Faites-vous adorer, reprend Cléon ; je vais, si vous le voulez, vous le proposer à la tête de tous vos sujets,

> Car je vous ai voué tellement mon service,
> Que mon père pour vous je voudrais égorger.

---

1. *La Mort de Daire*, de Hardy, acte V, sc. ii, p. 68.
2. Voy. p. ex. Godefroy, *Hist. de la litt. fr.*, t. 1, p. 315. — Édition consultée : *Alexandre, Tragedie de feu Jaques de La Taille, du pays de Beauce*. A Paris, chez Fed. Morel... MDIIC, in-8°.

Là-dessus, ils vont recevoir les ambassadeurs qui arrivent de tous les points du monde.

Au second acte, un « prophète chaldéen » conjure Alexandre de fuir Babylone, où l'attendent la trahison et la mort. Le roi repousse vivement ce conseil, qui lui paraît déshonorant, — puis cède tout à coup. Le « philosophe » Aristarque reproche à Alexandre sa faiblesse, et une longue discussion s'engage. Le philosophe dit qu'il ne faut pas craindre la mort, que nul ne peut rien savoir de l'avenir, et que, si Alexandre devait mourir, mille signes célestes l'eussent annoncé. Contre cette belle logique, le prophète défend sa science en énumérant les avertissements que le roi a reçus du ciel. Alexandre, qui a tout écouté patiemment, change de nouveau d'avis et se décide à mourir, s'il le faut. C'est alors que « Thessalle, Babylonien », vient offrir les hommages de sa ville à Alexandre et l'invite à un festin. Celui-ci accepte sans hésitation, et, pendant qu'il va sacrifier à son « père d'en haut », Thessalle prononce les vers célèbres :

> Va, va, ô fier tyran, ta fière tyrannie
> Sera par des gens fiers bien fièrement punie.

L'acte suivant est donc l'acte de la conspiration. Cassandre fait de longs discours à ses frères Iollas et Philippe qui hésitent, et leur énumère toutes les raisons qui les doivent engager à tuer Alexandre : ses voluptés, ses cruautés, l'imposture par laquelle il s'est fait dieu [1], les honneurs qu'il prodigue aux Perses, les mauvais desseins qu'il a conçus contre leur père Antipatre et contre eux-mêmes. Iollas et Philippe une fois décidés, Cassandre leur livre le poison que lui a confié Aristote, et Iollas se charge de le verser au tyran pendant le festin que va lui donner Thessalle. Justement celui-ci vient chercher les conspirateurs et les encourager : un présage a montré que le roi périra.

Au début de l'acte IV, le poison est versé ; Iollas et Philippe se réjouissent d'avance de la chute de leur ennemi. Il y a là quelques vers intéressants :

> IOLLAS
> ... Jà la poison profonde
> Épie les secrets de ses pauvres entrailles,
> Pour les pincer tantôt de mille et mill' tenailles.

---

[1].   Qu'on le fasse mourir,
Nous verrons si Ammon le viendra secourir.
(Acte III, sc. I.)

PHILIPPE

Le venin lui fera souffrir un tourment tel,
Que lui, qui se voulait estimer immortel,
Sentira vivement que c'est que de la mort...

IOLLAS

Qu'il voise conquêter d'autres mondes là-bas,
Puisque ce monde ici ne lui suffisait pas...

On entend déjà les cris d'Alexandre ; les deux frères vont monter à cheval et courir en Macédoine pour avertir leur père de saisir la couronne. — Sc. II. « Alexandre empoisonné » prononce un fort long monologue, plein de pointes et de bizarreries. Il apostrophe son mal, prie le soleil de faire périr le jour où il périt, regrette de n'être pas mort sur un champ de bataille, et se demande si lui, qui meurt ainsi misérablement, est vraiment le fils de Jupiter. Il veut se percer de son épée, mais les Argyraspides la lui ont enlevée. Ce n'est qu'après ce long monologue qu'il songe à ses meurtriers et ordonne de les poursuivre. — Sc. III. « Sigambre, mère de Daire, et Saptine, sa nièce et femme d'Alexandre », viennent réconforter le roi. La scène aurait pu être émouvante ; mais elles ne disent que quelques mots insignifiants ; et quant à Alexandre, qui montre d'ailleurs peu d'énergie, voici quelques-uns des vers qu'il prononce :

C'est un tour d'Antipatre et de sa digne race,
Iollas et Philippe. Oh ! si c'était la grâce
Des hauts dieux que je pusse, avec mes dents grinçantes,
Antipatre, ronger les entrailles sanglantes !
Est-ce ici le guerdon que tu me réservais ?
Est-ce la trahison que pièça tu rêvais ?
Et toi, qui t'es toujours montré blanc au dehors,
As-tu le cœur de pourpre au dedans de ton corps ?

Au début de l'acte V, Perdice demande si le roi est mort ; au contraire, il se réveille, mais un songe lui a appris qu'il va mourir. La nouvelle ne l'effraye pas, car il prévoit sa gloire, bien qu'il prévoie aussi — et avec une précision beaucoup trop grande — les malheurs qui suivront sa mort. Bientôt il se pâme et on l'emporte. — « Sigambre désespérée » raconte tous les maux qu'elle a soufferts et regrette de ne pas mourir à la place d'Alexandre. — Perdice, qui vient d'assister à la mort du conquérant, fait quelques réflexions judicieuses :

> Voilà, voilà que c'est de l'honneur de ce monde,
> Qui plus vite s'enfuit que le branle d'une onde ;
> Puis on veut être roi ! puis on veut être grand !
> O pauvre genre humain, de ton heur ignorant,
> Contente-toi de peu, et considère en somme,
> Par cet exemple ici, la vanité de l'homme.

Saptine gémit sur Alexandre, et surtout — le tour n'est pas adroit — sur Sigambre qui s'est étranglée aux pieds du cadavre. Perdice met fin à ses lamentations et l'emmène pour les funérailles de Sigambre. Mais, avant de partir, Saptine a soin de dire au chœur :

> Allons, et cependant, ô valeureux gendarmes,
> Poursuivez nos regrets avec soupirs et larmes.

II

Nous dirons de cette seconde pièce de La Taille [1] ce que nous avons dit de la première : Hardy l'a imitée, mais moins qu'on ne l'a cru parfois [2], et, en tout cas, l'imitation est fort supérieure au modèle.

La moralité de l'œuvre [3] est indiquée dans une sorte de prologue que prononce l'ombre de Parménion : Alexandre a renié son père Philippe et adopté les mœurs des barbares ; ses cruautés ont coûté la vie à Clitus, à Callisthène et à Parménion lui-même ; aussi va-t-il mourir à la fleur de l'âge, misérablement empoisonné. — Alexandre se réveille et tâche de repousser ces fâcheuses pensées, lorsque Perdice et Antigone viennent, fort à propos, l'aider à dissiper ses soucis. Le roi se félicite avec eux d'approcher de Babylone, où ils pourront se reposer de leurs fatigues. Un seul regret tourmente

---

1. La règle de la succession des rimes n'y est pas appliquée ; mais, en l'honneur d'*Alexandre le Grand*, La Taille l'a écrite tout entière en *alexandrins*.
2. Voy. par ex. le *Théâtre complet de Jean Racine*, édition nouvelle par N. M. *Bernardin*; Paris, Delagrave, 1882, 4 vol. in-12, t. I, p. 154, n. 1. — Pour les sources, voy. Plutarque, *Alexandre*, ch. cxvii à cxxiv, et Quinte Curce, l. X, ch. v à x. Par suite d'une lacune importante, le récit de Quinte Curce commence alors qu'Alexandre est déjà sur son lit de mort.
3. *Mise en scène supposée :* Tente ou demeure d'Alexandre hors de Babylone (1er acte) ; — à Babylone, maison d'Antipatre ; — une salle de la maison de Médie ; — une salle du palais royal, au fond de laquelle une porte s'ouvre pour laisser voir le trône et le bain d'Alexandre ; — une chambre avec le lit du roi. Il se pourrait que la chambre et la salle du palais ne fissent qu'un seul et même compartiment, placé au fond du théâtre.
La *durée de l'action* est de quelques jours.

son âme, celui de n'avoir pas porté plus loin ses armes, alors que Porus était vaincu, et

> Que le reste du monde ébranlé pâlissait [1] ;

mais les soldats se sont plaints, et le conquérant a renoncé à achever ses conquêtes. Fâcheux contretemps, qu'il faut sans doute attribuer

> A la vieille rancœur du demi-dieu thébain
> Pour sa belle cité que foudroya la main
> D'un vainqueur irrité.

Le souvenir du sac de Thèbes éveille toujours le même repentir dans l'âme d'Alexandre; mais Perdice, qui représente ici le parti de la force et de la violence, alors qu'Antigone représente celui de la douceur, calme les scrupules de son roi : ne fallait-il pas faire un exemple, et effrayer la Grèce prête à la révolte? Alexandre alors se rend cet hommage, en partie mérité peut-être, en partie trop indulgent :

> J'atteste, Jupiter, ta puissance infinie,
> Mes desseins ne buter qu'à faire une harmonie
> Des peuples de la terre unis sous mêmes lois [2],
> Et qu'onc la cruauté n'inspira mes exploits,
> Vainqueur aussi clément comme âpre à la victoire.

De simples erreurs causées par une fureur légitime, voilà ce que sont aux yeux du roi les meurtres de Clitus et de Callisthène, tous les crimes que l'ombre de Parménion lui reprochait! Tel est l'aveuglement que cause le pouvoir absolu! Car l'âme d'Alexandre est foncièrement bonne, et c'est avec une sincère émotion qu'il se félicite d'avoir des amis comme ceux qui l'entourent.

Maintenant, il veut « rejeter ces graves pensées, et noyer les

---

1. Acte I, sc. II, p. 84.
2. Après avoir fait sur *la Mort d'Alexandre* quelques remarques que nous aurons lieu de citer plus loin, Saint-Marc Girardin écrivait en 1866 : « Enfin, comme si Hardy avait voulu nous montrer dans sa tragédie qu'il comprenait tous les grands sentiments et toutes les grandes idées prêtées à Alexandre par la postérité, mais qu'il ne savait pas donner à ces idées le mouvement et la vie dramatiques, son héros parle avec une sorte de grandeur du projet de conquérir le monde pour lui donner l'unité de lois et de gouvernement; pompeuse et, selon moi, funeste chimère, mais qui plaît à notre siècle, lequel est en train de sacrifier toutes les libertés de l'individu, c'est-à-dire les seuls dignes motifs que nous ayons de vivre, au plaisir de créer de grandes et tyranniques unités de gouvernement. » *Œuvres complètes de Racine*, t. I, p. 377.

fatigues passées dans l'heur présent ». Impossible ! Après l'ombre de Parménion, voici qu'un vieux mage lui apporte des idées funèbres : il le supplie de ne pas entrer dans Babylone. Le dialogue qui suit ne manque pas de vigueur. Alexandre s'y retrouve, avec son courage voisin de la témérité, avec son ardent désir de gloire ; il y a dans son langage quelque chose de celui d'Achille, préférant à « beaucoup d'ans sans gloire » une immortelle renommée ; on y sent aussi cet aveuglement que Jupiter envoie à ceux qu'il veut perdre.

MAGE
Qui peut fuir son malheur et ne le daigne faire,
N'est pas tant courageux comme il est téméraire.

ALEXANDRE
Craignent, craignent la mort ceux de qui le tombeau
La mémoire engloutit, ne laissant rien de beau !
Mes gestes, immortels chez la race future,
N'ont plus qu'appréhender de pareille aventure.

MAGE
Tes ans à ta louange ajoutent, prolongés...

ALEXANDRE
Tu dis vrai, moyennant que rien ne dégénère,
Que la peur ne me donne une atteinte première [1].

Perdice est plus troublé que le roi et lui fait remarquer que les menaces du mage concordent avec les paroles mystérieuses prononcées par l'Indien Calane sur son bûcher. Rien ne peut ébranler le héros, et, comme Antigone espère qu'il vivra longtemps et discute sur les présages qui ne manqueraient pas d'annoncer une telle mort :

Chacun sur le futur juge à perte de vue ;
La plus heureuse mort est la mort moins prévue.
Or ne la devons-nous craindre ni désirer,
Ains au vouloir des dieux le nôtre mesurer.

Ce sont là de nobles paroles, mais l'assurance d'Alexandre est évidemment ébranlée ; s'il croit se devoir à lui-même d'entrer à Babylone, il déclare en même temps qu'il n'y fera qu'un court séjour.

Il vient d'y entrer, lorsque commence l'acte suivant ; et déjà les

---

1. Acte I, sc. II, p. 88.

traîtres sont à l'œuvre. Jacques de La Taille, qui ne les avait fait paraître qu'au troisième acte, avait mis souvent dans leur bouche le nom d'Antipatre ; Hardy a supposé qu'Antipatre, dépouillé de son gouvernement de Macédoine, était lui-même auprès de ses fils Iolas et Cassandre, et lui-même dirigeait la conspiration. Ainsi présentée, la situation est plus nette et plus dramatique ; d'autre part, on ne comprend guère qu'Alexandre ne se méfie pas de ce mécontent. Cassandre et Iolas partagent la haine de leur père contre le tyran, et se disputent à qui exposera sa vie pour le tuer ; mais Antipatre ne voudrait jeter ses fils dans aucun péril, et le moyen qu'il a conçu de se venger [1] est à la fois infaillible et peu compromettant. Le soir même, Alexandre doit assister à un banquet chez Médie : puisque Iolas est un de ses échansons,

> Qu'il mêle avec son vin cette froide liqueur
> Qu'auprès de Nonacris une roche distille ;
> Sa nature à l'instant perce tout, si subtile,
> Qu'aucun vaisseau, hormis la crampe d'un mulet,
> Captive ne la tient, en lui seul on la met ;
> Trois gouttes de cette eau mortelle à qui l'avale
> Eteignent peu à peu la faculté vitale [2].

Rien n'est à craindre, si l'on ne se trahit soi-même en déployant une inopportune joie.

Nous devinons le dénouement, et pourtant nous ne sommes qu'au second acte. Mais c'est que l'intrigue a ici fort peu d'impor-

---

1. Hardy a eu le bon esprit de ne pas faire intervenir ici Aristote.
2. Acte II, sc. I, p. 95. M. Bernardin (*Racine*, t. I, p. 152, n.) fait observer que ces vers sont un développement de ceux de Jacques de La Taille (acte III) :

> C'est une eau qui procède
> D'une pierre qui rend une sueur si froide
> Qu'elle ne peut entrer dans un vaisseau quelconque,
> Qu'elle ne brise et casse...
> ... (ce poison) souffre seulement
> La crampe d'un mulet ou de quelque jument.

Mais il en est de cette imitation comme de bien d'autres : Hardy est encore plus près de Plutarque et de Quinte Curce que de La Taille. On lit dans le Plutarque d'Amyot (*Alexandre*, ch. CXXIII) : « Et fut le poison, à ce qu'ils disent, une *eau froide* comme glace, *qui distille d'une roche* étant au *territoire de Nonacris*, et la recueille l'on ne plus ne moins qu'une rosée dedans la corne du pied d'un âne, pour ce qu'il n'y a *autre sorte de vaisseau qui la puisse contenir*, tant elle est extrêmement froide et *perçante*. » Et dans Quinte Curce (X, 10) « ... *ungulæ jumenti duntaxat patiens... pestiferum virus.* » Le mot *crampe* lui-même ne viendrait-il pas d'une ancienne traduction de Quinte Curce ?

tance; tout l'intérêt de la tragédie est dans la peinture d'Alexandre. Or, Alexandre, que nous avons vu se raidir contre la fortune, va être de plus en plus menacé par les présages, et s'assombrira de plus en plus. Dès le même acte, il s'irrite contre Apollodore, vice-roi de Babylone, qui, espérant gagner à la mort de son souverain, a osé demander aux entrailles des victimes le secret du destin royal. Voilà comment le récompensent des hommes qu'il a élevés pour de faibles services rendus, et qu'il a faits tout ce qu'ils sont! Antigone essaye de le calmer et d'expliquer la conduite d'Apollodore; mais déjà le roi a mandé le mage auquel le coupable s'était adressé. Il arrive, conduit par les gardes, tremblant, les yeux baissés, un peu comparable par sa situation au vieillard de l'*Œdipe roi*, plus semblable par l'effet que produisent son embarras et sa crainte au messager de l'*Antigone*. Il se tait d'abord, puis balbutie, essaye de se défendre sans attaquer Apollodore, enfin révèle l'affreux présage qu'il a pu lire dans les entrailles de la victime. La scène, quoique mal écrite, est pleine d'intérêt et de vérité [1].

Alexandre est ému et pardonne au mage, pour qu'il puisse

... Importuner les cieux
De préserver ce chef qui leur fut précieux [2].

Certes, la Parque ne l'épouvante pas, mais un bon prince ne doit-il pas s'inquiéter des désordres qui suivront sa mort? Ne doit-il pas désirer vivre assez pour les prévenir? Et sa dernière parole est encore pour se rendre propices les dieux.

Qui du salut des rois se daignent soucier [3].

On voit que, malgré lui, l'audacieux conquérant se trouble; l'émotion, peut-être la crainte, l'empêchent de s'occuper encore d'Apollodore.

Cependant les présages se multiplient. Au début du troisième acte, un page accourt, effrayé, raconter au roi un prodige étrange : sur le trône est assis un fantôme à forme humaine, « hâve, défiguré », qui semble nouvellement sorti des enfers et « qui attache contre terre ses fixes regards ». Qu'Alexandre n'entre pas avant

---

1. Il y faut partout substituer le nom du *Mage* à celui de *Perdice*; peut-être ce dernier y assistait-il comme personnage muet, ce qui a causé l'inadvertance de Hardy.
2. Acte II, sc. II, p. 102.
3. Acte II, sc. II, p. 103.

d'avoir fait « exorciser » cette ombre! — Le roi fait ouvrir une porte, et l'on voit le spectre, toujours impassible, portant sur la tête le diadème royal; nul cependant ne sait d'où il vient, nul ne l'a vu entrer au palais. Alexandre, troublé, mande le devin Aristandre, devant qui l'être mystérieux consent enfin à s'expliquer. Il raconte que, condamné pour ses crimes à une prison perpétuelle, il attendait du trépas la guérison de ses maux, lorsque Sérapis lui est apparu, a rompu ses fers et lui a ordonné d'aller prendre le costume et la place même du roi. Sur le conseil d'Aristandre, l'homme est voué aux mânes comme victime expiatoire, et il sort en prononçant de menaçantes paroles. Alexandre en est frappé; il prie Jupiter de détourner sur ses ennemis de pareilles imprécations. « Si tu ne veux reculer le terme de ma vie », dit-il,

> Ote, Père, du moins, ces paniques terreurs,
> Ces signes coup à coup tristes avant-coureurs
> D'un trépas attendu, que mille autres précèdent;
> Réprime ces assauts qui mes forces excèdent,
> Qui font que le courage abattu se dément,
> Sous la crainte, sans plus, d'expirer lâchement,
> De ne pouvoir venger ma perte inopinée,
> Et languir dans un lit (honteuse destinée) [1].

Aristandre raffermit le courage de son roi par de sérieuses et consolantes paroles; mais le ciel semble s'attacher à les rendre vaines : voici qu'on annonce un nouveau prodige. « Un monde curieux contemplait sur les lices les lions » que le roi fait nourrir dans son parc, lorsque s'est élancé contre eux

> L'animal ridicule et stupide entre tous,
> Que Priape s'élut d'agréable victime [2];

et d'un coup il a terrassé celui qui paraissait le plus terrible. Quel nouvel assaut pour Alexandre! Mourir n'est rien! Mais devra-t-il, comme l'indique un tel présage, emporter au tombeau ce double regret,

> De souffrir impourvu, par quelque lâche main
> Jalouse de ma gloire, un trépas inhumain,
> Et qu'après mon départ (malheur qui serait pire)
> Un successeur indigne usurpe cet empire,
> Un qui fasse mourir de honte vos lauriers,
> Ma mémoire ternie, ô Macédons guerriers [3].

---

1. Acte III, sc. I, p. 108-109.
2. Acte III, sc. I, p. 110.
3. Acte III, sc. I, p. 111.

Ces plaintes sont touchantes, et Aristandre en est réduit à parler contre son art, et à prier le roi de ne plus « craindre de vaines apparences ». L'orgueil d'Alexandre est encore si vivace que nul n'ose aller plus loin et lui conseiller de se dérober à son destin.

Enfin Roxane ose supplier son époux de quitter au plus vite Babylone. C'est trop, lui dit-elle, mépriser de célestes avertissements ; Alexandre se doit à ses peuples, et de plus, en s'éloignant, il conservera à Roxane « un père, un prince et un époux ». Alexandre promet de faire pour elle plus qu'il ne ferait pour Jupiter même ; mais cette promesse est accompagnée de tant de réserves dictées par une fausse honte, que les gémissements de Roxane reprennent : pourquoi a-t-elle été appelée à une grandeur qui devait être si courte ? que deviendra ce fruit de leur union qu'elle porte dans son sein ? Le roi la calme et l'embrasse ; il veut lui prouver « que l'empereur du monde est serf de son empire » ; dans peu de jours il partira. — Dans peu de jours ! Comme le spectateur sait bien à quoi aboutira cette promesse, alors qu'il voit entrer Médie venant chercher Alexandre pour le banquet fatal ! Et Alexandre le suit : il veut noyer ses soucis dans sa coupe, et sa dernière parole est une maxime de sagesse banale, qui, à ce moment, prend dans sa bouche un accent sinistre :

> Nul ne sait de tous ceux du frêle genre humain,
> Si sa joie le peut conduire au lendemain.

Hélas ! celle d'Alexandre ne l'aura pas mené aussi loin : dès le début du quatrième acte, nous assistons à l'allégresse féroce de ses meurtriers. C'est dans une salle de la maison de Médie. Cassandre a vu Iolas accomplir sa tâche, et le tyran « engloutir » le breuvage qui doit le rendre la « pâture des vers ». Alors il a craint de se trahir, et il s'est retiré dans un lieu solitaire où il puisse livrer carrière à ses sentiments, « où *sa* voix » même — l'observation est curieuse — « contribue à *sa* béatitude ». Un page paraît, « triste, morne, éperdu, sans poumon, sans couleur », qui précède le roi demi-mort et va chercher les médecins. Devant lui, Cassandre exhale des plaintes hypocrites ; mais, le page sorti, il s'écrie :

> O spectacle attendu ! contente mon désir ;
> Ne lui retarde plus le souverain plaisir
> De voir un qui tenait le monde en sa puissance,

> Qui, rogue, à Jupiter impute sa naissance,
> Qui se fait adorer, et ne présume pas
> La terre soutenir assez digne ses pas,
> De le voir, prosterné de force et de courage,
> Souffrir, en ce venin, la fureur d'une rage [1]...

Tel, en effet, nous paraît Alexandre, quand il entre, entouré de ses amis, de Perdice, d'Antigone, d'Antipatre même, qui se tait. Le conquérant sent les approches de la mort, et tantôt il s'irrite, il s'adresse à cet « invisible ennemi », à ce « serpent » qui le ronge; il voudrait ne pas périr sans lutter et sans avoir devant lui qui combattre :

> Traitre, prends quelque forme et, sorti de mon sein,
> Sans me pouvoir venger ne m'étouffe, assassin [2];

tantôt il se tourne vers la fortune et la prie de prolonger ses jours :

> O fortune, jadis propice à tant d'exploits
> Qu'ils réduisent quasi le monde sous mes lois,
> Ajoute à tes faveurs encor quelques années,
> Prolonge, hélas! prolonge au moins nos destinées
> Jusqu'à ce peu qui reste à couronner, heureux,
> De qui te reconnaît les actes valeureux.

« Regrets touchants et naturels, dit Saint-Marc Girardin : car enfin, quand la mort vient frapper quelqu'un de ces hommes extraordinaires, qui ne grandissent en face du monde que pour tomber de plus haut et avec plus de bruit, ne nous surprenons-nous pas nous-mêmes, hommes obscurs, à regretter la chute de la colonne avant qu'elle eût atteint son faîte? Nous nous faisions un spectacle, que dis-je? nous faisions notre idéal de leur grandeur toujours croissante : nous nous plaisions à mettre dans leur destinée toute la puissance et toute la gloire que Dieu peut accorder à l'humanité. Beau roman qu'interrompt tout à coup la mort du héros, et alors notre imagination regrette, dans la mort de ces hommes extraordinaires, les dieux qu'elle était en train de se faire. Si nous pleurons nos romans détruits, que ne doivent pas ressentir les héros mêmes de ces romans? Quelles larmes intérieures ne doivent-ils pas verser sur l'avenir qu'ils se voient

---

1. Acte IV, sc. I, p. 119-120.
2. Acte IV, sc. II, p. 120. Ce passage est une imitation de La Taille, mais Hardy a fort abrégé son modèle; ici Alexandre revient vite de son égarement :

> O cartel insensé, ridicule menace!

enlever ? Ce sont ces larmes intérieures que le vieil Hardy a surprises dans Alexandre mourant, et qu'il a su exprimer sans abaisser le héros par la peur de la mort [1]. »

Et en effet, ce n'est pas la mort qu'Alexandre redoute : il la voudrait plutôt hâter, pour mettre fin à des plaintes qui le déshonorent et que la force du mal l'empêche de retenir. O humiliation du héros et comme à présent il se sent humain! Antigone l'appelle encore fils de Jupiter. — « Absurde vanité, répond-il, impieuse folie! »

> Les Dieux n'ont avec nous aucune parentèle,
> Impassibles, exempts de toute infirmité,
> Sans un terme de jours qui vienne limité [2]...

Mais après s'être ainsi abaissé, Alexandre se rend un éclatant hommage. En quel prince trouvera-t-on plus de désintéressement et de clémence? Cependant ses bienfaits ont été payés par des révoltes et des conspirations! Cependant il meurt par un parricide! Tandis que ses amis approuvent en pleurant ces paroles, le médecin Philippe arrive, l'interroge, le prie de se coucher. —

> Un empereur ne doit expirer que debout [3],

répond Alexandre fièrement; mais, dès les premiers mots, son discours accuse la fièvre la plus ardente :

> Sus, sus, que derechef j'endosse le harnois,
> Que cent mille clairons résonnent à la fois,
> Assemblez ces guerriers...
> Faites tôt... La douleur me prévient, abattu;
> O prouesse, ô vigueur de jadis, où es-tu?

et il tombe évanoui.

Au cinquième acte, pendant que, « les larmes aux yeux, les sanglots dans la bouche », les plus fidèles soldats d'Alexandre, les Argyraspides, expriment leur ardent désir de voir leur roi, mou-

---

1. Œuvres complètes de Racine, t. I, p. 376.
2. Acte IV, sc. II, p. 122-123. — Citons encore Saint-Marc Girardin (Racine, t. I, p. 376) : « Je sais gré aussi au poète d'avoir fait abjurer par Alexandre mourant les prétentions qu'il avait à la divinité, et qui ont peut-être causé sa mort. En se faisant dieu pour régner sur les Orientaux, il cessait trop d'être Macédonien pour régner sur les Macédoniens. La mort le refait homme et Macédonien. » L'Alexandre de Hardy prétend même n'avoir jamais regardé sa divinisation que comme une mesure politique.
3. Acte IV, sc. II, p. 127.

rant ou mort, celui-ci s'entretient avec ses amis Perdice et Antigone. L'approche de la mort l'a changé, et sa physionomie s'est adoucie; ce n'est plus l'Alexandre ardent et colère des premiers actes, ce n'est plus l'Alexandre craintif et troublé des suivants; quelques regrets lui restent de son existence vite brisée, mais il est résigné, calme, presque souriant :

> Mes jours s'en vont finis, non pas ma renommée,
> Parmi les nations de la terre semée;
> Sans regret d'expirer pendant l'âge plus beau,
> Car ma meilleure part survivra le tombeau [1].

La fortune inconstante aurait pu se tourner contre lui; ne vaut-il pas mieux qu'il « trépasse en la fleur de ses prospérités »? Ces doux accents émeuvent Perdice, qui ne peut s'empêcher de les comparer à ceux du cygne, chantant mélodieusement avant sa mort. Pressé de se choisir un successeur, le roi refuse, de peur que sa préférence n'augmente encore la discorde. D'ailleurs Roxane peut mettre au monde un fils, et Alexandre promet de désigner avant de mourir, par une évidente marque, celui qu'il charge d'être son tuteur. A ce moment, les « boucliers argentés », les Argyraspides, se présentent en sanglotant, et Alexandre les fait introduire, tout en se plaignant doucement qu'un roi ne puisse « trépasser en repos ». Venez, leur dit-il,

> Venez, chers compagnons, dire l'adieu suprême
> A qui ne vous aima jadis moins que soi-même,
> A qui vous recommande une ferme union [2].

Il les prie de ne pas troubler le silence, mais leur douleur est trop forte : ils regrettent de ne pouvoir mourir à la place de leur chef; ils demandent le nom du monstre qu'il croit coupable de sa perte. Hélas! pendant qu'ils parlent, un lourd sommeil s'est déjà emparé d'Alexandre; ils baisent à tour de rôle sa main, cette main « qui a épuisé la terre de lauriers », et ils se retirent. Alexandre se réveille, regrettant de voir encore le jour, et, comme se parlant à lui-même, il rappelle ses principaux exploits, exprime l'éternel regret de s'être arrêté à l'entrée des Indes, et accuse Antipatre ou sa race de cette mort honteuse qu'il souffre, de cette mort dans un lit.

---

1. Acte V, sc. i, p. 130.
2. Acte V, sc. i, p. 133.

Après ses amis et ses soldats, voici maintenant Roxane auprès d'Alexandre. L'idée de cette seconde entrevue était dramatique et heureuse; elle nous vaut quelques vers touchants; elle nous permet d'être éclairés complètement — trop complètement peut-être — sur le sort de la famille d'Alexandre et sur les conséquences de sa mort. Roxane voudrait mourir avec son époux; celui-ci est obligé de le lui défendre. Il l'embrasse une dernière fois; puis, comme ses amis sont rentrés dans la chambre : « Retire-toi, lui dit-il, chère âme de mon âme »;

> Perdice, je la donne à ta protection...
> Prends ce cachet aussi, comme enseigne royale
> Que la mienne résigne à ta dextre loyale [1].

A tous il recommande, avec une insistance qui marque un pressentiment, de maintenir la paix et une « concorde sainte que ne viole pas l'ambition ». « Adieu, dit-il pour dernière parole, vivez contents et heureux après moi. » Roxane s'évanouit, Perdice reproche à la mort son attentat sacrilège sur un tel héros, et Antigone émet quelques réflexions mélancoliques. Enfin Perdice, sur qui retombe le fardeau du pouvoir, secoue le premier le poids de sa tristesse : « Tels regrets superflus déshonorent sa cendre », dit-il [2]; faisons plutôt effort pour suivre la volonté de notre souverain, pour maintenir l'union, et détourner l'orage que l'on entend gronder déjà. Ainsi Perdice ressent les mêmes craintes qu'Alexandre, et ses paroles, qui finissent la tragédie, découvrent à nos yeux tout un avenir de luttes et de guerres intestines.

Faut-il montrer par quelles nouveautés heureuses la pièce que nous venons d'analyser se distingue de celle de La Taille [3]? Non, sans doute, le lecteur en aura été frappé. La netteté avec laquelle le sujet est posé dès le début, la façon dramatique avec laquelle

---

1. Acte V, sc. II, p. 38.
2. Cf. La Taille, acte V, sc. V :

> Cessez, Reine, cessez, votre époux ne veut pas
> Qu'on honnisse de pleurs et larmes son trépas.

Il y a ainsi quelques réminiscences dans ce dénouement.

3. Hardy ne nous a pas montré, comme son devancier, la mère de Daire pleurant Alexandre. Peut-être cela est-il fâcheux. Mais n'oublions pas que les trois pièces dont se compose ce que nous avons appelé la *trilogie sur Alexandre* n'avaient pas de lien entre elles; les spectateurs qui voyaient jouer *la Mort d'Alexandre* pouvaient ne pas connaître *la Mort de Daire*, et la douleur de « Sigambre » leur eût peut-être été fort indifférente.

sont présentés et encadrés les divers présages, l'opposition entre la joie des assassins et la tristesse de leur victime, les deux entrevues d'Alexandre et de Roxane, l'agonie du héros mise tout entière sur la scène, et surtout les intéressantes modifications qu'éprouvent les sentiments et la physionomie d'Alexandre, tout cela est bien de Hardy et tout cela ne saurait être l'œuvre d'un dramaturge sans talent ni grandeur [1]. L'intrigue, il est vrai, est des plus simples, et nulle péripétie n'y pique la curiosité ; c'est moins un drame qu'un immobile bas-relief, dit Saint-Marc Girardin [2]. Soit, acceptons ce jugement, encore qu'entaché de quelque exagération, et doutons qu'une pareille pièce ait été goûtée par le public ; mais ne refusons pas à l'œuvre l'estime qu'elle mérite. « Il y a là quelques traits d'une véritable grandeur et quelques scènes d'une saveur étrange », dit un critique ; et encore : « Telle est cette tragédie sans intrigue, sans incidents, sans péripéties, sans amours combattus, qui, devançant les théories de Corneille, se soutient par la seule admiration. Malgré la faiblesse du style, cette lecture nous donne pour le héros un certain respect que n'inspire pas toujours l'*Alexandre* de Racine et que fera perdre complètement la *Parthénie* de Baro [3]. » Nous n'ajouterons rien à ce jugement.

X. — TIMOCLÉE OU LA JUSTE VENGEANCE.
(T. V, p. 1 à 112.)

I

Le sujet de *Timoclée* nous ramène en arrière, au temps de l'avènement et des premières conquêtes d'Alexandre. Hardy, qui cette fois n'a pas eu de devancier, a voulu nous y montrer Alexandre vainqueur de la Grèce, comme il l'avait montré [4] vainqueur de

---

1. Saint-Marc Girardin juge très sévèrement *la Mort de Daire* et *la Mort d'Alexandre*; mais, pour m'inscrire en faux contre ce jugement, j'invoquerai certaines observations citées plus haut de cet auteur même, et surtout la rapidité, attestée par plusieurs erreurs, avec laquelle son analyse a été faite. (Voy. les *Œuvres complètes de Jean Racine*, t. I, p. 375 sqq.)

2. *Racine*, I, 377.

3. Bernardin, *Théâtre complet de Racine*, t. I, p. 152 et 154.

4. Nous n'employons ce plus-que-parfait qu'en songeant aux dates de publication ; mais, s'il s'agissait de la composition même et de la représentation, nous croirions volontiers que *Timoclée*, avec ses chœurs et son langage archaïque, est antérieure à *la Mort de Daire* et à *la Mort d'Alexandre*; les

l'Asie et vaincu par la trahison ; il a voulu raconter cette heure décisive de l'histoire grecque, où les Phénix et les Démosthène, c'est-à-dire le passé, ont livré leur dernier combat au Macédonien, c'est-à-dire à l'avenir ; où la liberté des cités helléniques a dû succomber pour mieux assurer le triomphe de l'hellénisme. Un tel sujet était beau, mais ne fournissait qu'à des scènes dramatiques, et non pas même à un drame très simple, comme *la Mort de Daire* ou *la Mort d'Alexandre* ; il était bien sévère pour un public frivole et ignorant ; enfin il était trop restreint pour prendre la forme réglementaire des cinq actes. Il fallait évidemment le *dramatiser*, l'allonger au moyen de quelque épisode, et celui de Timoclée, plusieurs fois raconté par Plutarque [1], parut à Hardy le plus propre à remplir un tel dessein. Malheureusement, Hardy obtint ainsi deux pièces, dont l'une mérite le titre de *Timoclée ou la Juste Vengeance*, mais dont l'autre serait mieux nommée *le Sac de Thèbes ou la Première Étape d'Alexandre* [2].

La première de ces pièces, *Timoclée ou la Juste Vengeance*, commence par un prologue, où l'ombre de Théagène, frère de l'héroïne, prédit à celle-ci ses malheurs et ceux de Thèbes. Réveillée en sursaut, Timoclée s'entretient de la prédiction avec sa confidente Phœnisse ; elle nous fait aussi connaître ses craintes, et en même temps l'héroïsme qu'elle est prête à déployer. Oh ! combien ces craintes sont légitimes ! Maintenant que son frère est mort, deux soucis seulement occupent le cœur de Timoclée : celui de son honneur et celui du salut public ; or Thèbes va succomber sous les coups d'Alexandre, et un brutal officier thrace, Hypparque, va attenter à l'honneur de la jeune fille. En vain le supplie-t-elle et lui demande-t-elle la mort : il ne répond que par d'odieuses plaisanteries ; puis il l'entraîne, et on entend les cris de la malheureuse.

---

allusions au sac de Thèbes, qui se trouvent surtout dans cette dernière tragédie, seraient chargées de rappeler *Timoclée* aux spectateurs.

1. Plutarque parle quatre fois de Timoclée dans ses *Œuvres morales*, mais ne raconte assez longuement son histoire que dans son traité *De mulierum virtutibus*, xxvii (Amyot : *Les vertueux faits des femmes*, xxvii : *Timoclea*). Le récit de la *Vie d'Alexandre*, ch. xx, est moins étendu.

2. *Mise en scène supposée* : L'agora d'Athènes ; — le camp d'Alexandre hors des murs de Thèbes (tente du roi et un autre endroit du camp) ; — une place publique de Thèbes ; — maison de Timoclée (une chambre et, à côté, une cour avec un puits) ; — la Cadmée. Pour le premier acte, qui paraît se passer en Macédoine, peut-être usait-on d'une toile de fond.

La *durée de l'action*, à cause de ce même premier acte, est assez difficile à déterminer.

Désormais, les consolations de Phœnisse sont inutiles, et Timoclée ne consentirait même pas à vivre, si elle n'était résolue à se venger. Mais, pour se venger, elle consent à tout, même à dissimuler son horreur pour Hypparque, même à lui témoigner une mensongère résignation. Elle endort la méfiance du grossier soldat en feignant de vouloir réparer par un mariage la perte de son honneur; elle éveille sa cupidité en lui promettant de l'or et des joyaux. C'est un puits presque tari qui les renferme, et pendant qu'Hypparque y descend, Timoclée l'assomme à coups de pierres, jusqu'à ce que l'infâme ait « éteint dans l'eau sa vie et sa luxure ». Après quoi, satisfaite, elle attend la mort avec joie. Les soldats d'Hypparque la tueraient, en effet; mais, l'ordre ayant été publié de cesser partout le carnage, ils ne peuvent que la conduire à Alexandre. Elle paraît devant lui,

> Grave, majestueuse, et de port si modeste,
> Que, parmi les liens, sa franchise lui reste [1],

et répond à ses questions avec une noble fermeté. Cette fois, elle espère obtenir la mort, mais elle ne reçoit du vainqueur qu'un témoignage d'admiration.

On voit quelle curiosité pouvait exciter ce drame violent et par endroits grossier, alourdi par quelques longueurs, mais auquel donnait une certaine dignité la fière et expressive figure de l'héroïne [2]. La pièce historique et *militaire* à laquelle Hardy l'a mêlée offre un caractère tout différent [3].

Le premier acte, quoique trop long, est intéressant. Alexandre, qui vient de succéder à Philippe, ne rêve que de venger sur les Perses humiliés les anciens griefs de la Grèce, et d'étendre ses conquêtes le plus loin possible vers l'Orient. Aussi est-il vivement irrité contre Thèbes et Athènes, dont la révolte entrave ses généreux desseins. Quelle conduite tenir vis-à-vis de ces deux cités? — Consulté sur ce sujet, le conseil du roi se divise. Antipatre et Perdice tiennent pour la douceur. Cratère et Parménion préfèrent la violence, ou plutôt ces deux chefs veulent plaire à Alexandre, qui, bouillant, emporté, furieux de différer des con-

---

1. Acte V, sc. (IV), p. 109.
2. Voy. notamment quelques beaux vers, p. 47, 51, 98.
3. Ici les sources sont trois *Vies* de Plutarque, celles d'*Alexandre* (ch. XIX), de *Démosthène* (notamment XXVIII et XXXIII) et de *Phocion* (not. XXIV et XXX); mais Hardy n'a guère fait que s'en inspirer, et les imitations directes sont peu de chose.

quêtes dont il se tenait déjà assuré, veut faire sentir aux rebelles tout son pouvoir. Il sait, dit-il, à quoi a servi la clémence de son père, et que de tels feux doivent s'éteindre dans les larmes et le sang; on lui a refusé le titre de capitaine des Grecs, dont il voulait bien se contenter; on l'a même traité d'*enfant* : une telle offense ne peut sortir de son esprit, et un attentat sur sa vie lui serait plus facile à pardonner.

Le conseil est interrompu par l'arrivée d'ambassadeurs athéniens : ils viennent présenter à Alexandre les hommages de leur patrie, mais à condition que la liberté lui sera laissée et que Thèbes n'aura pas à souffrir de siège. Alexandre s'indigne de ces propositions hautaines et prend Jupiter à témoin de l'ingratitude des Grecs. En termes obscurs, c'est la guerre qu'Athènes demande ! Elle l'aura donc, à moins qu'elle ne se résigne à laisser punir Thèbes et à livrer au supplice les principaux coupables,

> Des harangueurs, qui font gloire de me déplaire,
> Que le peuple crédule écoute à son malheur [1].

— De telles conditions sont inacceptables, répondent les ambassadeurs; Athènes a lié sa fortune à celle de Thèbes et ne saurait l'en séparer. — Eh bien, soit, s'écrie Alexandre,

> Deux superbes cités, compagnes de malheur,
> Feront à l'univers publier ma valeur...
> Le courage et l'honneur m'obligent de prouver
> Qu'un aigle ne saurait la colombe couver,
> Que Philippe, phénix des vaillants, de sa cendre
> Ne pouvait au trépas laisser qu'un Alexandre [2].

Un chœur de soldats, qui termine l'acte, nous montre avec quelle impatience le sac de Thèbes est désiré par l'armée macédonienne.

Nous nous attendons à être transportés à Thèbes. Mais Hardy nous fait tourner, en quelque façon, autour de cette malheureuse ville avant d'oser l'aborder; c'est sur l'agora d'Athènes que se passe le second acte. En attendant le retour des ambassadeurs envoyés à Alexandre et la réponse trop prévue qu'ils apporteront, les orateurs exhortent le peuple. C'est Démosthène et Phocion qui ont été choisis par Hardy pour représenter les deux partis en pré-

---

1. Acte I, p. 16.
2. Acte I, p. 17-18.

sence, celui de la guerre et celui de la paix. Démosthène avoue combien la situation est critique, mais Athènes serait déshonorée si elle laissait une alliée périr sans essayer de la défendre. Il faut, sans perdre de temps, arrêter l'élan d'un téméraire et porter secours à Thèbes menacée. Phocion fait ressortir ce qu'il y a de vain et de dangereux dans ces propositions, et, fort de son honnêteté, il ne craint pas de faire l'éloge de l'ennemi d'Athènes. « Laisser courir le flux de ses prospérités » et attendre qu'un revirement de la fortune permette à Athènes de se relever, tel est, selon lui, le devoir de patriotes prudents.

Ainsi Démosthène s'indigne que l'on compromette l'honneur d'Athènes, Phocion que l'on compromette son salut; l'un accuse son adversaire de parler un langage favorable aux tyrans, l'autre de flatter le peuple et de le conduire à sa perte. En vain Léonide intervient-il pour calmer la dispute qui s'échauffe entre les deux orateurs. A chaque fois qu'il donne ses sages conseils, la discussion redevient purement politique, mais, à chaque fois, elle retombe vite aux personnalités. Tout ce dialogue, un peu long, ne manque ni d'énergie ni de couleur. Nous estimons la prudence et le patriotisme sincère de Phocion :

> Ou soyons les plus forts, ou du moins tâchons d'être
> Amis d'un que la Grèce a reconnu pour maître [1].

D'autre part, nous sommes gagnés par les sentiments ardents et généreux de Démosthène :

> La Grèce devenir esclave dessous lui!
> Prendre loi d'un enfant! désirer son appui!
> Le croire capitaine au sortir d'une école!...
> O cieux! que tels propos sentent leur perfidie!

>> PHOCION
> Nos dangers trop certains ne te peuvent surprendre,
> Car ta fuite les sait prévenir, sans attendre.

>> DÉMOSTHÈNE
> L'accident qui me fit une fois malheureux
> Arrive d'ordinaire, et aux plus valeureux.

>> PHOCION
> Ta valeur pend au bout d'une langue dorée [2]...

---

1. Acte II, p. 29. « Je suis d'avis ou que vous donniez ordre à *être les plus forts* en armes, ou que vous *tâchiez d'être amis* de ceux qui le sont. » Plutarque-Amyot, *Phocion*, ch. xxx.

2. Acte II, p. 30.

Maintenant la scène languit; mais que dire, en effet, et que conclure? Démosthène et Phocion ne pourraient s'entendre que si l'on trouvait quelque ruse utile,

> Quelque mine secrète à saper sourdement
> De pareille grandeur le nouveau fondement [1];

s'il s'agit d'une lutte ouverte, l'armée macédonienne, que Démosthène juge affaiblie et impuissante, paraît à Phocion plus forte que jamais et sans cesse grossie par l'espoir du butin [2]. Démosthène compte pour Thèbes sur la protection de Bacchus, sur l'énergie d'un peuple « qui saura toujours mieux mourir qu'endurer la tyrannie »; mais que pourra faire, contre une armée qui déjà occupe sa citadelle, une ville

> Où les assiégés n'ont nul espoir de secours,
> Où tout est en désordre, où les vivres sont courts?...

DÉMOSTHÈNE
> Que doivent espérer ceux que bat la tourmente,
> Depuis qu'au gouvernail un patron se lamente,
> Depuis que, sans courage, il ne résiste plus...

PHOCION
> N'impute, malheureux, qu'à ta langue effrénée,
> Qu'à ta langue, d'un miel amer empoisonnée,
> Le déplorable état où nous sommes réduits;
> Ta faconde nous a ces désastres produits,
> Ta faconde alluma le flambeau de la guerre,
> Elle irrite le ciel en dépeuplant la terre [3].

La dispute, qui va reprendre plus vive, est arrêtée par l'arrivée des ambassadeurs. Ils disent l'effroi que leur a causé l'armée d'Alexandre; ils rapportent, en les abrégeant, les paroles du roi. Démosthène dissuade brièvement les Athéniens de livrer leurs orateurs, mais le chœur reste « immobile et confus ». Autrefois, certes, on eût fièrement répondu au défi de la Macédoine; maintenant que faire, après que « Chéronée a emporté la fleur des soldats »? O signe des temps! C'est vers Phocion maintenant, et non plus vers Démosthène, que se tournent les yeux du peuple:

> O sage Phocion, qui seul avais prédit,
> Tel que chacun le voit, ce désastre maudit,

---

1. Acte II, p. 33.
2.
> ..... Comme la charogne attire les corbeaux,
> Affluent ces soldats que nourrit l'espérance.
>   (Acte II, p. 34.)
3. Acte II, p. 35.

> Qui seul, en tes façons louablement sévères,
> A poursuivre le bien du public persévères,
> Qui seul ne flattes point nos folles passions,...
> Dispose souverain selon ta prud'homie,
> Que même les vainqueurs se conservent amie,...
> D'un peuple qui se fie à ton affection [1].

Et Phocion rappelle que déjà leurs ancêtres ont enduré les outrages du sort pour mieux garantir le vaisseau de l'État :

> La Grèce doit tenir à meilleure fortune,
> Au lieu de deux cités, de n'en lamenter qu'une [2].

Le chœur termine l'acte par des réflexions désolées sur les fautes et sur les malheurs de la Grèce; son appel aux Dieux lui-même est triste et sans espoir.

Il est donc temps pour le poète de nous transporter à Thèbes, dont la ruine est inévitable. Les Thébains s'excitent à espérer, Phœnix et Prothyre les exhortent à rester unis et à faire vaillamment leur devoir; tous répondent dans un langage empreint de la plus énergique résolution. Cependant, un héraut se présente de la part d'Alexandre et annonce que, « comme lassé de vaincre en Grèce », le roi propose de tout oublier, si Phœnix et Prothyre sont immédiatement livrés entre ses mains. La réponse des Thébains est fière et hautaine : eux aussi accorderont la paix au roi, s'il leur livre deux de ses conseillers. Le héraut se retire en les menaçant, et, sans tarder, Phœnix donne ses ordres pour le combat : « Aux remparts! aux machines! » Cette fin d'acte a du mouvement, mais il reste encore un chœur, vrai chœur d'opéra-comique, qui chante longuement et prosaïquement tout en se reprochant de parler au lieu d'agir.

Après ce troisième acte où nous n'avons presque rien appris de nouveau, voici enfin l'acte de la lutte. Nous voyons encore Alexandre dans son conseil; mais cette fois tout le monde est d'accord avec lui pour demander la ruine de Thèbes; Antipatre, qui avait intercédé pour elle, est maintenant indigné de « l'insupportable orgueil d'une canaille vile » et ne demande que l'assaut. Parménion vient de disposer les troupes, et le jeune roi lui adresse la parole avec une vivacité respectueuse :

---

1. Acte II, p. 39-40.
2. Acte II, p. 41. « Il vaut mieux que les Grecs *lamentent* la perte d'une seule ville que de deux. » Plutarque-Amyot, *Phocion*, ch. XXIV.

> Que dites-vous, mon père ? Est-il temps de cueillir
> Un laurier que le temps ne fasse point vieillir [1] ?

Oui, répond le vieux capitaine, les soldats sont pleins d'énergie et ne demandent plus qu'à voir leur maître. — Nous les entendons, en effet, sur un autre point du camp, exprimer leur confiance dans leur roi, leur dédain pour les ennemis et leur impatience de combattre. Alexandre s'empresse de les haranguer. « Forcer des villes est votre profession », leur dit-il, et je sais que je puis compter sur vous. « Cette ville qui n'a d'arme que l'insolence », cette « place débile où commande l'effroi », je vous la livre sans réserve et je saurai encore récompenser les actes de valeur.

Pendant que les Macédoniens accueillent avec enthousiasme ces paroles, dans la ville, perdue d'avance, Phœnix et Prothyre excitent les combattants et leur font espérer la protection divine. La résolution paraît sur tous les visages :

> Allons, allons mourir, ou rendre à la patrie
> L'ancienne splendeur de sa gloire flétrie [2].

Surtout Prothyre conseille de veiller sur la Cadmée, d'où les Macédoniens s'efforceront de descendre dès que le combat sera engagé. — Conseil excellent, mais mal suivi ! Le « capitaine de la Cadmée » anime ses soldats :

> Enfants, il ne faut pas attendre davantage ;
> Les premiers au butin ont toujours l'avantage...
> Donnons, mes compagnons ! il est temps ou jamais [3].

Et les soldats s'élancent à la suite de leur capitaine. — Ailleurs le « chœur des Thébains » paraît, effaré, reculant devant l'ennemi :

> Bons dieux ! tout est perdu ; l'ennemi, pêle-mêle,
> Sans craindre de nos traits l'impétueuse grêle,
> S'élance dans la ville et, les brèches forçant,
> Assouvit ses fureurs sur un peuple innocent [4].

Bacchus n'a rien fait pour sa cité ; bien des points déjà sont en flammes. De toutes parts, les Thébains fuient, et Antipatre s'élance avec ses soldats :

> Victoire, compagnons, tout cède, tout recule...
> Que chacun de butin se gorge hardiment [5].

---

1. Acte IV, sc. (i), p. 72.
2. Acte IV, sc. (iii), p. 80.
3. Acte IV, sc. (iv), p. 81 et 82.
4. Acte IV, sc. (v), p. 82.
5. Acte IV, sc. (v), p. 83.

L'ordre est reçu avec des cris de joie, et le moment est propice pour mettre sous nos yeux la hideuse scène du viol de Timoclée. — Après quoi, un dramatique changement de lieu nous fait voir combien la chute de Thèbes ébranle Athènes. Un chœur d'Athéniens se demande ce qui va advenir des deux villes alliées : elles deviendront esclaves; elles formeront les deux « piliers » sur lesquels Alexandre « affermira sa tyrannie ». Et, pendant que le chœur se lamente, il voit arriver un messager que la foule entoure en gémissant. La dernière strophe résume exactement la situation, et caractérise le triomphe des Macédoniens.

Dans *la Mort d'Alexandre*, nous avons vu combien le héros regrettait amèrement sa trop sanglante victoire sur Thèbes, et comment il se croyait en butte au juste ressentiment de Bacchus. Ici, de même, la lutte est à peine terminée, que le vainqueur est en proie au repentir, supplie Bacchus de lui pardonner et promet aux survivants sa bienveillance. Perdice s'emploie à le rassurer, presque à la façon du renard de La Fontaine :

> Vos scrupules font voir trop de délicatesse.

Parménion demande qu'on ne s'en tienne pas là, et

> qu'ensuite d'Athènes,
> Qui tend déjà le col, on exige des peines [1].

Mais Alexandre est las de verser le sang grec; maintenant qu'il a fait un exemple, il ne veut plus se souvenir de l'outrage qu'il a reçu; il lui tarde d'aller combattre ses vrais ennemis, qui sont en même temps ceux de la Grèce, et de rassasier, aux dépens des barbares, ses soldats de biens et d'honneurs. Qu'Athènes demeure paisible, on ne lui demande pas davantage. Dans ces dispositions, on comprend qu'Alexandre soit heureux de pardonner et de féliciter Timoclée. « Nous, rentrons au conseil », dit-il en terminant : il s'agit déjà de délibérer sur les moyens de préparer la défaite des barbares.

On voit à quel point *le Sac de Thèbes* est une pièce distincte de *Timoclée*. Si Hardy avait voulu les fondre et les réduire à l'unité, il eût pu conserver la scène du viol, conserver encore, en les abrégeant, celles de la mort d'Hypparque et de la clémence d'Alexandre, mais il eût fallu supprimer le discours de Théagène — un pro-

---

1. Acte V, sc. (iv), p. 108.

logue placé au troisième acte! — et les conversations de Timoclée et de Phœnisse [1]. Faute d'avoir ainsi procédé, Hardy a certainement écrit deux pièces, dont la moins dramatique est en même temps la plus estimable, avec son interminable exposition, ses longueurs, son manque d'intrigue, mais aussi sa peinture assez vivante des chefs macédoniens, sa lutte piquante entre Phocion et Démosthène, son tableau animé d'une défaite.

II

On ne dit pas que le sujet de *la Mort de Daire* ait été repris après La Taille et Hardy. Celui de *la Mort d'Alexandre* a reparu sur la scène de la Comédie-Française en 1684; mais l'auteur, Louvet, n'a jamais publié sa tragédie [2]. Celui de *Timoclée* a fourni à Morel le sujet d'une tragi-comédie, qui a paru en 1658 [3].

Nous n'avons pas à parler longuement de cette pièce. L'histoire de Timoclée la remplit tout entière; mais c'est que Timoclée est « honorée comme souveraine » à Thèbes et dirige elle-même la défense de sa patrie. Sous elle commandent Prothite et Phœnix, tous deux ses « amants », mais le premier aimé, le second haï. Aminte, général d'Alexandre, est également fort épris; et Trasile, capitaine thrace, est jaloux d'Aminte. C'est le Thrace qui est, sinon le plus ardent, du moins le plus audacieux; il ne jouit pas de Timoclée (les convenances ne le pouvaient permettre), mais il n'en périt pas moins au fond d'un puits. Aussitôt Prothite et Phœnix se déclarent coupables du meurtre, dont Timoclée est pourtant convaincue sans difficulté. Alexandre se montre un instant sévère, puis pardonne tout; Prothite épouse l'héroïne, et la nièce de celle-ci, Dorite, est chargée de consoler Phœnix; l'excellent Aminte se sacrifie.

1. Dans la tragédie complexe, telle que Hardy l'a écrite, le sujet particulier de *Timoclée* occupe la moitié de l'acte III, une petite partie de l'acte IV et les deux tiers de l'acte V. S'il donne son titre à la tragédie, ce n'est donc pas à cause de la place qu'il occupe, mais de l'intérêt plus vif qu'il excitait chez les spectateurs.
2. Voy. *Anecdotes dramatiques*, t. I, p. 574. — Les frères Parfait ignorent le nom de l'auteur, t. XII, p. 440; mais on lit dans la deuxième partie du *Mémoire des décorations*, f° 89 : « *La Mort d'Alexandre*, par M. Louvait : Théâtre est un palais; un fauteuil, un tabouret; au deuxième acte, un billet. »
3. *Timoclee ou la generosité d'Alexandre. Tragi-comedie. A Paris chez Charles De Sercy, au Palais, dans la Sale Dauphine, à la Bonne-foy couronnee*. M.DC.LVIII, in-12. Le nom de Morel se lit dans les pièces liminaires.

Nous pourrions nommer d'autres personnages de ce drame : Doulon, « serviteur de Phœnix, faisant le bouffon »; « l'espion » Rasé; Téaclée, mère de l'héroïne. Nous pourrions surtout signaler des situations curieuses, d'amusantes bizarreries, d'innombrables pointes débitées fort mal à propos. A quoi bon! Dire que cette pièce, inspirée peut-être par Hardy [1], est une, décente, soumise à l'unité de temps, et parfaitement absurde, c'est rendre inutile tout rapprochement.

XI. — Alcméon ou la Vengeance féminine.
(T. V, p. 367 à 451.)

« La tragédie est vraiment bien favorisée! disait Antiphane [2], les sujets qu'elle traite sont connus de tous les spectateurs avant qu'un personnage ait parlé; le poète n'a qu'à rappeler des souvenirs... Au seul nom d'Alcméon, on entendra les enfants eux-mêmes s'écrier : Il a tué sa mère! » En effet, Alcméon, dont l'histoire fournissait au moins deux sujets tragiques : la mort qu'il donne à sa mère Éryphile, et la mort qu'il reçoit pour avoir trompé sa femme Alphésibée; Alcméon, dis-je, était un des héros ordinaires de la tragédie antique. Sophocle, Euripide, Astydamas, Théodecte, Nicomaque, Agathon, Achœus [3], l'avaient mis sur la scène grecque; Ennius et Attius, sur la scène latine. Mais toutes ces tragédies sont perdues, et les modernes sont loin d'avoir montré pour Alcméon la même prédilection que les anciens. Seuls, Vicenzo Giusti et Hardy paraissent s'être occupés de ce personnage, mais le premier a mis en action la mort d'Éryphile [4], tandis que le second nous a voulu montrer Alcméon cherchant dans sa passion pour Callirhoé un remède à ses remords, reprenant pour elle à Alphésibée le collier précieux qu'il lui avait autrefois donné, enfin tombant victime d'une naturelle, mais trop violente jalousie.

En traitant un pareil sujet, Hardy avait donc ses coudées fran-

---

1. L'avertissement « au lecteur », qui indique les sources, ne mentionne pas la pièce de Hardy; mais ce ne peut être là une preuve que Morel ne la connaissait point.
2. Cité dans Stapfer, *Shakespeare et l'antiquité* (2ᵉ partie). *Shakespeare et les tragiques grecs, suivi de Molière, Shakespeare et la critique allemande*. Paris, Fischbacher, nouvelle éd., 1882; in-8°, p. 119.
3. Voy. Patin, *Études sur les tragiques grecs*, Paris, Hachette, 8ᵉ éd., 1887, t. I, p. 31 et 101; t. II, p. 320; t. III, p. 254.
4. Voy. ci-dessus, p. 235, n. 4.

ches, et il est d'autant plus intéressant de voir ce qu'il en a fait. Or, s'il n'est peut-être pas, dans son théâtre tragique, de pièce dont la lecture soit aussi rebutante, il n'en est pas non plus qui montre aussi nettement ses procédés, et la curieuse position qu'il avait prise entre le drame populaire et la tragédie savante. On y trouve une apparition d'ombre [1], un songe [2], des présages, un récit final [3]; chaque personnage important est flanqué d'une « nourrice » ou d'un vieux serviteur; les monologues sont longs et nombreux [4], tandis que le dialogue prend volontiers une allure symétrique et sentencieuse [5]; enfin les souvenirs et les noms de la mythologie abondent. Tout cela est du Garnier. — Mais voici qui ne rappelle en rien les traditions de la tragédie savante. La fable antique ne fournissait guère que les renseignements résumés par nous tout à l'heure [6]; Hardy a puisé dans l'*Hercule furieux* et dans la *Médée* d'Euripide de quoi augmenter l'horreur de son sujet; puis il a prodigué à ses spectateurs les scènes les plus terribles aussi bien que les détails les plus scabreux.

Citerons-nous des exemples? Alcméon vante à Callirhoé les charmes d'un amour illégitime et « se pâme » en l'embrassant; plus loin, il prie Alphésibée elle-même de se faire la complice de son adultère, sous prétexte que sa luxure ne sera pas longue à satisfaire, et qu'il reviendra bientôt à ses légitimes amours; enfin Alphésibée appelle à plusieurs reprises sa rivale des noms les plus grossièrement expressifs. Voilà pour le scabreux. Veut-on du terrible? Alcméon, rendu furieux par le collier qu'Alphésibée vient d'empoisonner, crie, écume, se tord les bras, s'élance contre son fidèle Eudème, et chasse à coups redoublés des ombres imaginaires. Alphésibée arrive, tenant ses enfants, et, malgré les supplications de sa nourrice, les jette devant leur père égaré, qui les tue. C'est sur cet affreux tableau que se ferme le troisième acte. Dans le suivant, Alcméon est attaqué par ses deux beaux-frères, Axion et Thémon. Eudème s'efforce en vain de séparer les combattants, qui se frappent, se frappent encore et meurent tous trois. Au cinquième acte, Hardy, n'ayant pas de nouveaux cadavres à offrir au public, en a fait reparaître d'anciens : on apporte à Alphésibée

---

1. Acte I, sc. (I).
2. Acte IV, sc. (II).
3. Acte V.
4. Acte I, sc. (II); acte II, sc. (I); acte III, sc. (I); acte IV, sc. (II).
5. Acte I, sc. (II), p. 378, 381; acte III, sc. (I), p. 406; acte IV, sc. (I), p. 425-426.
6. Voy. Apollodore, III, 7, 5; Pausanias, VIII, 24, 4; etc.

ceux de ses frères et de son mari; elle pleure sur les premiers, et renouvelle devant celui d'Alcméon l'expression de sa haine inassouvie [1].

Nous ne pouvons analyser de tels caractères: celui d'Alcméon dépasse en bassesse et en corruption tout ce qu'on peut concevoir de pire; mais Eudème et la nourrice sont parfois sympathiques et intéressants; enfin il y a quelque sobriété et quelque énergie dans la peinture de Callirhoé, qui, ambitieuse et sans scrupules, sûre de sa puissance, enflamme la passion d'Alcméon par sa froideur, dompte sa volonté par une fermeté exigeante, et sait ne lui accorder que ce qui est nécessaire pour affermir encore son propre empire.

Au milieu de l'obscurité, de l'incorrection, de la platitude du style, il ne serait pas impossible non plus de signaler quelques beaux traits. Les remords d'Alcméon parricide s'expriment parfois en bons termes [2]; il y a quelque chose de vraiment tragique dans les reproches qu'Alphésibée adresse à son époux ou dans le contraste qu'offre sa criminelle résolution avec l'honnête timidité de sa nourrice [3]; enfin le dialogue est, en plus d'un endroit, savamment coupé. Voici, par exemple, comment sont accueillies les affreuses nouvelles que porte Eudème :

ALPHÉSIBÉE
Double, double le pas, Eudème, que je sache
Quel désastre advenu ton silence nous cache.

EUDÈME
Rendez grâces au ciel de vos vœux accomplis :
Alcméon a passé le fleuve aux neuf replis.

ALPHÉSIBÉE
O justice des Dieux!

NOURRICE
O exécrable joie!...

---

1. La *mise en scène* est aussi irrégulière que l'action. Voici comment nous nous la figurons : au fond, la maison d'Alphésibée et d'Alcméon (deux pièces : la scène III (IV) commence dans l'une et finit dans l'autre); — sur l'un des côtés, la maison d'Achéloüs avec deux pièces encore, l'une pour Alcméon, l'autre pour Callirhoé; — de l'autre côté, la maison de Thémon et d'Axion; — un chemin.
La *durée de l'action* est assez longue, mais impossible à déterminer.
2. Acte I, sc. (II), p. 377 et 378.
3. Acte III, sc. (II), p. 407; acte III, sc. (IV), p. 418.

ALPHÉSIBÉE

Doncques cet arrogant, ce barbare infidèle
Va chercher dans l'Averne une épouse nouvelle ?

EUDÈME

Le misérable y est, de deux accompagné,
Qui n'ont à vous venger leurs vies épargné.

ALPHÉSIBÉE

Ah! je pâme, soutiens, nourrice [1]...

Les passages de ce genre ne sont pas trop rares; mais, en général, quelles broussailles de style ne faut-il pas écarter, pour arriver jusqu'aux mérites du fond, du drame?

Le hasard, qui nous a fait terminer par une œuvre aussi faible qu'*Alcméon* notre étude sur les tragédies de Hardy, a du moins ceci d'excellent, qu'il nous a montré une dernière fois combien ces tragédies ressemblaient à celles de ses prédécesseurs et combien elles en différaient. Nous ne nous attarderons donc pas à le démontrer encore. Disons seulement que, si les ressemblances sont frappantes, les différences ont, à notre sens, une importance plus grande, parce qu'elles portent sur les parties capitales, sur les œuvres vives de la tragédie. Sans doute il est fâcheux que Hardy ne se soit pas débarrassé des ombres, des songes, des présages et de tous les autres procédés de l'école savante; mais Corneille ne s'en est pas débarrassé beaucoup plus, et on ne l'en a pas moins appelé *le Père de notre théâtre*. Pourquoi? Parce que, si Corneille a eu le tort de croire que des songes savamment obscurs, des monologues sonores, des cliquetis de sentences étaient une beauté nécessaire de la tragédie, il n'a pas cru que ce fût là la tragédie même. Ces ornements n'avaient pas l'utilité qu'il leur supposait, soit; du moins, il ne les donnait que comme des ornements et c'était un corps bien vivant qu'il en revêtait : les Jodelle et les

---

[1]. Acte V, p. 442-443. Signalons encore deux bons vers. Alphésibée excite ses frères contre Alcméon, mais craint cependant d'exposer leur vie (acte IV, sc. (1), p. 426) :

THÉMON
Et vainqueurs et vaincus nous courons à la gloire.

ALPHÉSIBÉE
Dieux! donnez-moi la mort, ou à eux la victoire.

Garnier s'en étaient fait une idée tout autre et, trop souvent, s'étaient contentés d'en revêtir un mannequin. Or, Hardy, toutes proportions gardées, procède déjà comme Corneille : il conserve les conventions anciennes, mais le corps de sa tragédie est bien nouveau; sous les oripeaux on sent le drame. N'est-ce pas dans ses pièces, en effet, qu'on trouve pour la première fois, d'une façon suivie et systématique, une action soutenue, du spectacle, des actes et des scènes bien enchaînés? N'est-ce pas la première fois que les intérêts en jeu sont débattus sur la scène même? que les personnages en lutte se rencontrent et se mesurent devant nous? que les *scènes à faire* sont faites? Nous avons cité et nous pourrions citer encore d'autres réformes : suppression des chœurs, multiplication des scènes, monologues abrégés, dialogue plus coupé, nombre des personnages accru [1]; tout cela n'a qu'une moindre importance, ou plutôt tout cela n'est qu'une conséquence du changement que nous venons de signaler, et qu'un mot, en apparence paradoxal, résumera : la tragédie devient enfin du théâtre.

Qu'eût fait Hardy, s'il eût continué à cultiver la tragédie? si le public et les comédiens ne lui eussent pas imposé prématurément l'abandon du genre qu'il préférait? Pas davantage, peut-être. Mais peut-être aussi qu'il eût renforcé ses intrigues, encore un peu maigres, et pressé sa marche, encore un peu lente. Ce faisant, il eût donné à la tragédie française un cadre plus large, plus commode et non moins convenable au génie national que celui que le XVII° siècle a adopté; la tragédie française eût toujours été une crise, mais une crise que n'eussent pas resserrée outre mesure d'excessives exigences de temps et de lieu; l'unité d'action fût restée le trait caractéristique qui la distingue des théâtres étrangers, mais elle n'eût borné sa durée à vingt-quatre heures et sa scène à un lieu unique que lorsque le sujet s'y fût naturellement prêté.

Insistons sur ce point, puisqu'il n'a pas été assez remarqué; rectifions et complétons le jugement, sans cesse et partout cité, de Sainte-Beuve sur les tragédies de notre auteur. « La durée, dit-il, n'y dépasse pas les bornes d'un ou de deux jours, et l'action s'y poursuit sans relâche et, pour ainsi dire, séance tenante. Enfin, la scène n'y change que dans un rayon très limité, du camp des Perses à celui des Macédoniens, par exemple, ou bien d'un appartement

---

1. La moyenne du nombre des personnages n'atteint pas le chiffre de 10 dans Garnier, et dépasse celui de 13 dans Hardy.

à un autre, sans sortir du palais d'Hérode. Ce ne sont point des tragédies romantiques : l'ombre infernale qui débute par un monologue, la nourrice qui sert de confidente, et le messager qui termine par un récit, le disent suffisamment. Ce n'est plus pourtant la tragédie de Garnier; on le sent aussitôt à l'absence des chœurs lyriques, au nombre plus grand des personnages, au développement plus prolongé des situations. Quand un ou deux traités aristotéliques auront passé dessus, que l'horloge sera mieux réglée et la scène mieux toisée, on aura précisément cette forme tragique dans laquelle Corneille paraît si à l'étroit, et Racine si à l'aise. Le bon Hardy l'a introduite le premier, comme au hasard [1]. »

Est-il vrai qu'il ne manquât à la tragédie de Hardy, pour rentrer dans les bornes des vingt-quatre heures, que de calculer le temps d'après une horloge mieux réglée? L'action de *Mariamne* se passe en vingt-quatre heures, et peut-être aussi celle de *Didon*; cela fait deux pièces sur onze que les aristotéliciens eussent approuvées; mais deux ou trois autres ont besoin de plusieurs jours, et la plupart de plusieurs mois. — Toisons la scène de Hardy : nous n'arriverons pas davantage à lui donner ce que les aristotéliciens auraient appelé une juste et régulière grandeur. Si on ne sort pas d'un même palais dans *Mariamne*, ni peut-être d'un même camp dans *Panthée*, la scène de *la Mort de Daire* change dans un rayon beaucoup moins limité que Sainte-Beuve ne l'a cru, puisqu'il s'étend d'Arbèles à Ecbatane; dans *Didon*, dans *la Mort d'Alexandre*, où il eût été facile de laisser l'action à Carthage et à Babylone, Hardy semble avoir pris plaisir à la déplacer. Ailleurs, on court de Sparte à Leuctres, de Rome à Antium, de la Macédoine à Thèbes et à Athènes; de sorte qu'aucune des onze tragédies de Hardy n'est soumise à l'unité de lieu telle que la comprendra Racine, et que neuf n'ont aucune espèce d'unité de lieu. — Mais si, au lieu des unités de lieu et de temps, nous cherchons l'unité d'action, brusquement les proportions changent. *Timoclée* renferme deux pièces, et nous avons expliqué pourquoi; il y a deux *crises* qui s'engendrent l'une l'autre dans *Méléagre*, comme il y en aura deux dans *Horace*; mais l'unité d'action est parfaite dans les neuf autres pièces [2]; Hardy *fait* même *une crise*

---

1. *Tableau*, p. 247-248. M. Ebert, p. 193, reprend à son compte les assertions de Sainte-Beuve.
2. Faut-il faire une réserve pour *la Mort d'Achille*, à cause de son 5ᵉ acte? Réflexion faite, nous ne le pensons pas.

de *Coriolan*, qui devient une *histoire* dans Shakespeare ; il *fait une crise* de *Didon*, qui devient un roman dans Scudéry. Enfin Hardy est, sur ce point, beaucoup plus régulier que Garnier.

Que faut-il conclure? Que les tragédies de Hardy sont foncièrement classiques, mais que leur forme, même retouchée par d'Aubignac, ne pouvait devenir celle d'*Andromaque* et d'*Iphigénie*. Or, si cette forme ne résulte pas de théories savantes, il est sans doute injuste d'en attribuer l'origine au hasard, et nous y verrions plutôt le produit d'un instinct et d'une éducation classiques, combinés avec des nécessités et des traditions théâtrales qui ne l'étaient pas.

CHAPITRE III

LES PIÈCES MYTHOLOGIQUES

Nous réunissons dans ce chapitre cinq pièces que Hardy n'a classées nettement ni parmi ses tragédies ni parmi ses tragi-comédies et qui nous serviront de transition entre les deux genres. Elles tiennent au premier par le caractère antique et traditionnel de leur sujet; au second, par la familiarité ou même par le comique de certains passages; assez différentes d'ailleurs, elles ont encore entre elles ces ressemblances, que le spectacle y tient une assez grande place et qu'un rôle important y est joué par des divinités.

I. — **Procris ou la Jalousie infortunée.**
(T. I, p. 273-327.)

C'est l'Aurore qui, avec les mortels Céphale et Procris, fournit la matière de la première pièce. D'après les mythographes anciens et d'après Ovide [1], l'Aurore, amoureuse de Céphale, avait poussé celui-ci à éprouver la vertu de sa femme Procris; Céphale avait eu la faiblesse d'y consentir, et Procris celle de se laisser éblouir par les présents qu'on lui offrait pour la séduire; néanmoins tous deux s'étaient pardonné et avaient repris leur ancienne et heureuse vie. Plus tard, Céphale, ardent chasseur, lorsque le soleil et la course l'avaient échauffé, appelait souvent dans les bois la douce *Aura*, la brise qui devait le ranimer; Procris est avertie que son époux aime Aura, quelque nymphe sans doute; elle se cache dans les bois pour le surprendre, soupire au nom de sa prétendue rivale,

---

[1]. Ovide, *Métamorphoses*, l. VII, vers 685-862; *Art d'aimer*, l. III, vers 687-746. Cf. l'art. CEPHALUS dans le *Dictionnaire des antiquités grecques et romaines* de Daremberg et Saglio.

et Céphale, qui l'entend et croit à la présence de quelque bête sauvage, la perce d'un de ses traits. On voit qu'il y avait là deux incidents distincts, dont le dernier reposait sur un quiproquo bizarre, dont le premier prêtait à une situation dramatique [1]. Hardy les a réunis, en modifiant habilement la fable [2].

Dans sa pièce [3], Céphale, chasseur matinal, appelle de ses vœux l'Aurore, qui, éprise du beau mortel, s'empresse d'accourir et de lui faire une déclaration d'amour. Ses offres sont nettes et pressantes : Céphale y résiste et refuse de trahir sa chaste Procris, jusqu'à ce que l'Aurore ait fait naître en lui la jalousie.

Chaste qu'aucun ne prie ! Hé ! qui ne le serait [4] ?

lui dit-elle ; qu'il se déguise en marchand étranger et tente Procris par l'appât de l'or : il verra quel fonds il peut faire sur sa vertu. Céphale promet d'en faire l'épreuve, et, si Procris succombe, de répondre à l'amour de sa céleste amante.

Et en effet, après qu'une puissance divine l'a rendu méconnaissable, il se présente à Procris, vante sa beauté, la plaint de son abandon, offre de l'or : elle chancelle, il se découvre, et ne consent à lui pardonner qu'en menaçant d'être, lui aussi, infidèle.

Céphale ne tarde pas à mettre sa menace à exécution. Dès le lendemain, il va retrouver l'Aurore, donne et reçoit sur la scène quelques baisers brûlants, puis s'éloigne avec la déesse « sous les ormes ombreux entourés de fleurs ». Arrive un berger, qui cherche deux bœufs égarés. Un spectacle étrange le frappe, dont il s'empresse de nous faire part, et, comme il a reconnu Céphale, il va en faire part aussi à Procris. L'Aurore et Céphale revien-

---

1. Aussi a-t-il été souvent imité. Voy. notamment le ch. xxxxiii du *Roland furieux*.
2. Hardy est peut-être le seul qui ait essayé de faire un drame sérieux avec l'histoire de Céphale et de Procris ; elle prêtait plutôt à des opéras ou à des comédies. Citons en effet *Celos aun del aire matan, fiesta cantada* de Calderon, et la parodie qu'en a faite Calderon lui-même : *Cefalo y Procris, comedia burlesca* (édit. Hartzenbusch, t. III de la *Biblioteca de autores españoles*) ; — *Céphale et Procris*, tragédie-opéra de Duché, 1694 ; — *Céphale et Procris*, comédie en vers libres et en 3 actes, avec 3 intermèdes, précédée d'un prologue, par Dancourt, 1711 ; — *Céphale et Procris*, tragédie lyrique de Marmontel, 1773.
3. *Mise en scène supposée* : Au fond et sur les côtés : un bois ; — sur un des côtés, la maison de Procris ; — sur l'autre, peut-être la maison de Tithon. (Acte II, sc. 1.)
4. Acte I, p. 282.

nent; celui-ci reçoit en présent de la déesse un dard qui ne saurait manquer son but, et les deux amants conviennent d'un nouveau rendez-vous pour le lendemain.

Au quatrième acte, Procris reçoit la dénonciation du berger. La douleur, la colère, le doute se partagent son âme, et Céphale, à son retour, la trouve pénétrée d'une visible tristesse. Il le remarque, et elle en profite pour essayer de le ramener à elle; elle parle de ses remords et des craintes qu'elle éprouve d'avoir perdu l'amour de son époux; elle se plaint d' « une chasse obstinée » pour laquelle il la délaisse; peu s'en faut qu'elle ne dise tout ce qui la torture. Mais Céphale ne veut ni se trahir ni rassurer la tendresse alarmée de son épouse :

De la chasse recru, j'ai besoin de repos [1],

conclut-il. Il faut bien que Procris se décide à l'épier et à le surprendre.

Quelques heures après, Céphale s'arrache au sommeil; il *s'échappe* du lit de Procris; mais celle-ci le suit de près. On arrive dans le bois; l'Aurore n'y est pas descendue encore et Céphale est impatient de la revoir, lorsqu'il entend un bruit dans un buisson; il tire, et son dard, trop infaillible, perce Procris d'un coup mortel. Aussitôt l'amour de celle-ci éclate; elle embrasse l'infidèle, ne veut même pas qu'il s'excuse et ne maudit que sa propre jalousie. Puis elle meurt et Céphale veut mourir aussi, lorsque l'Aurore paraît, le retient et lui dit de vivre pour elle.

Il suffit de lire l'argument de *Procris*, dit un critique, pour comprendre que cette pièce, « où Procris est un instant coupable d'intention et Céphale infidèle, est parfaitement mal conçue [2] ». Au point de vue dramatique, la lecture de la pièce même fait paraître ce jugement sévère, car la faiblesse de Procris y est expliquée par son abandon, que le faux marchand lui-même rappelle; l'action est conçue, présentée, coupée d'une façon habile; il y a du mouvement et du pittoresque dans le cinquième acte; une scène seule mériterait d'être supprimée, celle où Tithon se plaint de l'Aurore et se résout à surveiller sa conduite [3], sans qu'il doive rien résulter, ni de cette résolution, ni de ces plaintes.

1. Acte IV, p. 317.
2. F. Robiou, *Essai sur l'histoire de la littérature et des mœurs*, p. 283.
3. Acte II, sc. I.

Mais, si une telle pièce peut paraître intéressante et assez bien faite, c'est uniquement, hâtons-nous de le dire, pour un public peu scrupuleux en fait de décence et de moralité; de nos jours, on serait rebuté, je ne dis pas seulement par un grand nombre de gros mots et de pensées grossières [1], mais par le manque de sens moral qui éclate chez les personnages de l'Aurore, de Céphale, de Procris même; par l'indifférence morale qui règne dans la pièce et qu'on devine chez son auteur. Pour nous donc, la pièce serait mal conçue; mais l'était-elle pour les spectateurs de la fin du XVI° siècle? L'était-elle pour ceux de l'Hôtel de Bourgogne? On les flatterait sans doute, en le prétendant.

II. — Alceste ou la Fidélité.
(T. 1, p. 329-488.)

Alceste est une pièce plus morale, mais c'est une pièce fort mal composée : on y trouve deux actions qui se mêlent, et la plus importante n'est pas celle qui fournit le titre de l'œuvre. Ainsi « ce riche sujet » n'est qu' « en partie » — et pour une faible partie — imité d'Euripide. Désespérant d'intéresser les spectateurs aux longues plaintes d'Admète et de ses serviteurs, aux adieux pourtant si touchants d'Alceste, à la noble obstination avec laquelle le malheureux roi tient à pratiquer l'hospitalité, Hardy a supprimé la plus grande partie du drame grec, et c'est par des incidents nouveaux qu'il a donné au sien l'étendue qui lui convenait [2].

Le premier acte est l'exposition d'une pièce dont le sujet serait Hercule. Junon, dont la haine contre le héros thébain s'exaspère à chaque fois qu'il accomplit un nouvel exploit, suppose qu'elle le perdra enfin en l'envoyant lutter contre l'enfer. Par son ordre et malgré sa propre répugnance, Eurysthée charge donc Hercule d'aller enchaîner et ravir Cerbère :

Ce labeur te mérite, et de lui tu es digne [3],

---

1. Voy. notamment acte I, p. 279; acte III, sc. I, p. 300 et 302; acte III, sc. II, p. 304; acte III, sc. III, p. 305 et 307; acte V, p. 311.
2. *Mise en scène supposée*: Le palais d'Eurysthée à Sparte; — le palais d'Admète en Thessalie; — aux Enfers : le palais de Pluton et les bords du Styx.
La *durée de l'action* est sans doute de quelques mois.
3. Acte I, sc. II, p. 341.

lui dit-il, en feignant de s'intéresser à sa gloire. Mais le héros ne se laisse pas tromper par ces hypocrites paroles :

> Ministre des rancœurs iniques d'une femme,...
> Va, contre ton espoir, je reviendrai plus fort,
> Et, si Cerbère est peu, j'enchaînerai la mort [1].

Ce dernier mot est le seul qui annonce — bien obscurément — ce qui va suivre.

Le second acte nous transporte chez Admète. Mais, pour compenser les suppressions que Hardy allait faire subir à l'*Alceste* grecque, il ne lui suffisait pas d'ajouter à son action celle d'un *Hercule vainqueur de Cerbère*; il fallait encore la faire commencer plus tôt, ce qui, par la même occasion, mettrait plus facilement au courant un public mal instruit de la fable antique. Lors donc que l'acte commence, Alceste n'est pas mourante et son sacrifice n'a pas été accepté de son époux, comme au début de la tragédie d'Euripide; Hardy a voulu mettre en relief ce sacrifice, mais, tout en grandissant la reine, ne pas abaisser le roi. Admète veut donc mourir et ne veut rien faire pour éviter son sort. S'il a dû, cédant aux supplications des siens, envoyer consulter l'oracle d'Apollon, il ne fonde aucune espérance sur sa réponse; ne la connaît-il pas d'avance? et n'a-t-il pas pris soin de taire à quel prix sa vie pourrait être sauvée? L'effet de ce silence est piquant. Le père et la mère d'Admète se répandent en protestations vaines : Que ne puis-je mourir à ta place! s'écrie la mère; et le père de renchérir :

> Mais moi [2], qui désormais inutile ne sers
> Que de poids à la terre, et qui frustre les vers,
> Qui frustre le cercueil de leur dépouille due,
> Qui ne fais que languir de ma peine attendue [3] !

Alceste est beaucoup plus sobre de paroles et déclare seulement qu'elle est décidée à suivre son époux. Mais Euripile arrive avec la réponse de l'oracle, et aussitôt la scène change : maintenant qu'ils peuvent véritablement mourir pour leur fils, ni le père ni la mère ne le veulent plus faire, et tous deux résistent aux ardentes supplications de la nation thessalienne, représentée ici par Euripile. On voit avec quelle liberté l'auteur français a imité le

---

1. Acte I, sc. II, p. 340 et 342.
2. C'est-à-dire : ou plutôt moi.
3. Acte II, p. 345.

poète grec ; et, s'il est vrai qu'il ait « chargé le rôle des parents d'Admète [1] », il a fort ennobli celui du roi. Ni lui ni Alceste ne répondent à la lâcheté des deux vieillards ; celle-ci déclare qu'elle rachètera la vie de son époux, celui-là refuse de profiter d'un tel dévouement ; un combat de générosité s'engage, et, pendant qu'Alceste « va au temple » offrir une victime volontaire, Admète supplie Apollon de ne pas l'accepter.

Comment sortir de cette situation? Hardy a tourné la difficulté, et, lorsque s'ouvre le troisième acte, Alceste est morte depuis deux jours : les dieux ont sans doute montré leur préférence pour ce sacrifice. Déjà aussi, Hercule a reçu l'hospitalité dans le palais, et il a appris quelle douleur Admète avait surmontée en l'accueillant. Le héros, ému, se fait raconter par Admète l'histoire de son bonheur conjugal et de la catastrophe qui l'a suivi ; il promet d'intervenir et d'arracher Alceste des enfers.

Ainsi les deux actions, qui s'étaient d'abord développées séparément, se sont rencontrées ; elles vont maintenant se confondre. La scène est aux Enfers, où Pluton vient de triompher de l'audacieuse tentative de Pirithoüs et de Thésée pour ravir Proserpine. Pirithoüs est mort, et le conseil infernal est occupé à délibérer sur le sort de Thésée, lorsque Atrope d'abord, Charon ensuite, accourent, effrayés et tout hors d'haleine, raconter qu'Hercule a enchaîné Cerbère et délivré Thésée ; qu'il prétend garder l'un et l'autre et se faire encore délivrer Alceste ; que les ombres s'agitent et paraissent sur le point de se révolter. Pluton serait volontiers belliqueux, s'il était sûr de vaincre et de ne pas recevoir de coups ; dans le doute, il charge Charon de parlementer avec le vainqueur et d'en obtenir les meilleures conditions possible. Mais Hercule et Thésée sont peu faits pour parlementer, et Charon est forcé de les reconduire jusqu'à la porte des Enfers.

Après ce singulier épisode [2], Hercule ramène Alceste à son

1. Robiou, p. 403.
2. Lotheissen, qui l'analyse rapidement, ajoute (*Gesch. der franz. Litt.*, t. I, p. 304) : « Tout cet acte est remarquable par le ton qui y règne. Nous pourrions aujourd'hui, sans y changer un mot, le jouer comme parodie ; mais Hardy parlait le plus sérieusement du monde. » Autant dire que Hardy manquait de bon sens, mais il n'en est rien, et nombre de passages ne peuvent laisser de doute sur ses intentions. (Voy. p. 369 : « un géant...

Cerbère l'enlevant de pareille façon
Qu'un pêcheur de sa ligne enlève le poisson » ;

et p. 370, 373, 375, 376.) Il n'y a pas là de parodie proprement dite, mais ce n'est

époux qui, déjà, désespérant de la revoir, parlait de *mêler en un même tombeau* sa propre cendre et celle de son épouse. Hercule, pressé d'aller rendre compte de ses travaux à Eurysthée, quitte le palais. Au dénouement, Hardy nous fait entendre les plaintes d'Alceste ressuscitée [1] et qui reproche à son époux sa froideur ; il nous offre le spectacle de leurs embrassements et de leur tendresse. Nous sommes loin des beautés d'Euripide et de ce mystérieux et dramatique silence de l'héroïne grecque.

Cette pièce, où notre auteur s'égare si souvent loin de son modèle, n'a pas une grande valeur, et nous nous garderons bien de la défendre. Le deuxième acte seul offre un intérêt tragique, mais ce n'était pas au tragique seulement que visait ici Hardy ; il voulait amuser ses spectateurs, et je ne doute pas qu'avec sa Junon s'enlevant dans un nuage [2], avec la terreur et les tribulations des puissances infernales, avec l'accoutrement et la singulière escorte d'Hercule [3], avec « les ébats amoureux [4] » qui terminent sa pièce, il n'ait réussi autant qu'il le désirait.

---

pas non plus contre son dessein que l'auteur manque à la dignité de la tragédie : ce noble genre n'est plus ici en cause, et, dès lors, tous les moyens ne sont-ils pas bons pour amuser des spectateurs qui ne demandent qu'à être amusés ?

1. La plupart des auteurs qui, dans les deux derniers siècles, ont traité le sujet d'*Alceste*, ont été d'accord avec Hardy pour faire périr Alceste malgré Admète et pour rendre la parole à la reine ressuscitée. Voy. Patin, *Études sur les tragiques grecs, Euripide*, t. I, p. 221-240, et Saint-Marc Girardin, *Cours de litt. dramatique*, t. IV, p. 190-194 et 207-208. Sur l'*Alceste* d'Hippolyte Lucas, voy. Deschanel, *Revue des Deux Mondes*, 1ᵉʳ avril 1847, p. 160. — Aucun de ces auteurs ne cite une tragédie italienne de Giulio Salinero, que Riccoboni (t. I, p. 104) date de 1593, et que je n'ai pu trouver.
2. Acte I, p. 339.
3. A l'acte IV, Hercule porte « une grande peau rousse de lion », l'arc, « la trousse », et « un gros tronc ébranché » comme massue. Voy. acte IV, sc. I, p. 371. — A l'acte V, le chien Cerbère l'accompagne. Voy. p. 385.
4. Nous empruntons ce mot à Vauquelin, qui ne semble pas avoir plus compris que Hardy la poétique grandeur du dénouement d'Euripide :

> Car on peut bien encor par un succès heureux
> Finir la tragédie en ébats amoureux :
> Tel était d'Euripide et l'*Ion* et l'*Oreste*,
> L'*Iphigénie*, *Hélène* et la fidèle *Alceste*.
> (*L'Art poétique*, l. II.)

III. — **Ariadne ravie.**

(T. I, p. 389-445.)

Ariadne [1] est conçue dans le même système et construite avec la même imperfection qu'*Alceste*. Elle commence par un ennuyeux hors-d'œuvre, où Minos, délibérant avec ses principaux conseillers, décide de venger son honneur et de reprendre ses deux filles que Thésée vient de lui ravir. Le dénouement se produit dans une scène de plaisante et grossière mythologie, analogue au quatrième acte d'*Alceste*. Entre deux, se développe une tragédie, dont le sujet ne tient pas du tout les promesses du premier acte, et dont le ton ne fait pas prévoir celui du dernier.

Cette tragédie elle-même est loin d'être bonne. Le premier acte [2] n'est formé que par un monologue de Thésée et par une conversation entre Thésée et son confident Phalare. Au second acte, Thésée, qui est devenu infidèle à sa bienfaitrice Ariadne et qui veut l'abandonner pour Phèdre, sa jeune sœur, est mis en présence d'Ariadne, mais non de Phèdre; c'est par l'intermédiaire d'un confident qu'il essaye d'ébranler la vertu de celle qu'il aime; et, même lorsque le vaisseau les emportera tous deux, nous ignorerons encore — chose étrange — si Phèdre est revenue de son indignation contre les offres du ravisseur. Enfin le troisième acte n'est formé que par un monologue — fort intéressant, à la vérité — d'Ariadne [3]. Les deux sœurs ne paraissent jamais ensemble sur la scène; le confident de Thésée est par trop vil; les idées et les expressions grossières abondent.

Après tant de critiques adressées à la pièce, il ne sera que juste de lui reconnaître aussi quelques mérites.

Thésée paraît souvent aussi vil que son confident, mais il en faut en partie accuser le style de Hardy, ce style sans nuances ni délicatesse et qui oscille sans cesse entre la fadeur et la grossièreté. Au fond, ce caractère a tout ce qu'il faut pour être moralement vrai et sérieusement tragique. Si Thésée aime Phèdre, ce n'est

---

1. *Mise en scène supposée :* Le palais de Minos en Crète; — plusieurs points de l'île de Naxos, notamment la tente d'Ariadne avec son lit (voy. acte III, p. 415, et acte V, p. 433), et le rivage avec un monticule (voy. acte IV, p. 427). *La durée de l'action*, dans les quatre derniers actes, ne dépasse pas vingt-quatre heures; le premier ne doit pas beaucoup l'étendre.
2. Le second de la pièce.
3. Cf. ci-dessus, l. III, ch. II, p. 259.

point par simple libertinage; lui-même s'efforce de combattre sa passion, en se rappelant tout ce qu'a fait pour lui Ariadne, et quel crime ce serait de la trahir; mais, pendant qu'il plaide ainsi pour elle, il se sent de plus en plus enflammer pour une autre :

> Ce que la raison veut, amour ne le veut pas [1].

Il cède donc à l'amour; mais, avant même qu'il ait essayé de séduire Phèdre, de violents remords l'assaillent, et ils le déchirent plus violemment, quand il s'est résolu à quitter Naxos [2]. En vain Phalare, qui joue auprès de lui le rôle qu'Œnone joue auprès de la Phèdre de Racine [3], blâme-t-il ses hésitations et ses scrupules; il ne peut lui faire perdre, ni sa pitié pour sa victime, ni son timide respect pour son amante.

Le caractère de Phèdre est tout aussi dramatique et plus ingénieusement conçu. De la sœur d'Ariadne et de la fille de Pasiphaé, Hardy n'a pas fait une naïve jeune fille, que son honnêteté seule défend contre de coupables entreprises. Phèdre est ardente et passionnée, et elle s'entretient sans cesse d'Hippolyte, qu'elle n'a pas vu, mais que Thésée lui avait promis pour son époux; Thésée doit donc, pour se faire aimer de Phèdre, bannir du cœur de la jeune fille l'amour naissant qu'elle éprouve pour Hippolyte.

Enfin Ariadne est plus d'une fois attendrissante. Elle l'est lorsque, sans soupçonner toute l'étendue de son malheur, elle cherche cependant à ranimer l'amour visiblement éteint de son mari [4]. Elle l'est surtout lorsque, abandonnée seule dans une île sauvage, elle supplie de revenir à elle celui qu'elle voit au loin fendre les ondes; lorsqu'elle a pitié de Phèdre qui la trahit, mais qu'un parjure ne peut manquer d'outrager bientôt et de meurtrir; lorsqu'elle songe trop tard au père vénérable qu'elle a quitté, ou

---

1. Acte II, p. 412.
2. Voy. acte II, p. 411, 412 et 414; acte III, p. 425.
3. Ce n'est pas là le seul rapprochement qu'on puisse établir entre Hardy et Racine, à propos d'*Ariadne*. Lorsque l'héroïne veut mourir, elle a peur de rencontrer aux enfers son père Minos :

> Dieux! hé! comment là-bas souffrirai-je ta face
> De colère enflammée, horrible de menace?...
> Tisiphone me suit brandissant une flamme,
> Ses sœurs de fouets sanglants me viennent investir.

(acte IV, p. 431). Cf. Racine, *Phèdre*, acte IV, sc. vi, vers 1278, et *Andromaque*, acte V, sc. vi, vers 1636.

4. Acte III, p. 424.

qu'elle apostrophe son lit nuptial, témoin de sa honte et de son bonheur [1].

Donnons maintenant une idée du dénouement, qui est la partie mythologique de la pièce.

Ariadne s'est précipitée du haut d'un rocher, et nous pourrions croire la pièce finie, si un mot placé bien en relief tout à la fin du troisième acte n'avait déjà fait pressentir l'heureuse intervention d'un Dieu [2]. Au début du cinquième acte, l'ombre d'Androgée nous l'annonce encore; après quoi, la « langoureuse » abandonnée reparaît, des buissons l'ont retenue dans sa chute et l'ont sauvée [3]. Déjà elle commençait à s'en plaindre, quand paraît à nos yeux un vaisseau qu'une douce harmonie enveloppe et autour duquel sautent de joyeux dauphins. Il aborde, et une troupe étrange en débarque : un enfant couronné de pampre, un homme-bouc au regard railleur et cynique, « un vieillard sur son âne assis en majesté [4] ». Bacchus — car c'est lui, qui revient de conquérir les Indes — Bacchus offre son amour et sa main à Ariadne; Pan donne un libre cours à sa verve grossière et indécente; le brave Silène s'indigne et s'attire sa bonne part de quolibets. Enfin Silène est dépêché — sur son âne? — pour inviter les dieux au banquet nuptial, et Bacchus prend la peine de rassurer sa fiancée, à laquelle son air de « jeune garçon » pourrait inspirer quelque inquiétude.

Après un pareil dénouement, on ne peut songer à rapprocher longuement de l'*Ariadne* de Hardy celle que fit jouer Thomas

---

1. Acte IV, p. 427, 431, 433. La première moitié de cet acte est imitée de très près de la 10ᵉ *héroïde* d'Ovide (cf. Ovide, vers 9-12, et Hardy, vers 739-741; O., 17-18, et H., 753-754; O., 25, 29-30, et H., 763-764; O., 34-36, et H., 769-775; O., 83-87, et H., 801-804; O., 124, et H., 772; O., 51 et 58, et H., 901 sqq.); mais quelques indications du poète latin ont été habilement mises en œuvre, et Hardy, qui n'est pas exempt de pointes, en a cependant beaucoup laissé dans Ovide, dont il a remplacé, autant qu'il l'a pu, le ton galant par un ton tragique. — Puisque nous parlons des sources, ajoutons que l'acte V est inspiré très librement de l'*Art d'aimer*, l. I, vers 525-564, et qu'une allusion à la couronne d'Ariadne (acte V, sc. (I), p. 436) rappelle peut-être les *Métamorphoses*, l. VIII, vers 176-180. Mais Hardy ne doit rien, ni à Catulle, ni à Philostrate (voy. Philostrate, I, xiv, p. 334-337 de la trad. Vigenère).
2. Acte III, p. 425. Thésée dit qu'Ariadne mourra

.....par la faim consommée,
Si de quelqu'un des Dieux le secours ne survient.

3. Il y a ici un souvenir de l'*Aminta*, comme l'a vu M. Robiou, p. 405.
4. Acte V, sc. (II), p. 438 et suiv.

Corneille en 1672 [1] : cette comparaison serait trop fâcheuse pour notre auteur. Jamais le frère du grand Corneille n'a été mieux inspiré qu'en écrivant cette tragédie émouvante, qu'anime tout entière une passion, d'abord confiante et tendre, puis indignement trahie et terrible ; où le style lui-même a plus de naturel et de chaleur vraie, moins de prosaïsme et d'élégances convenues que dans ses autres ouvrages. D'ailleurs, l'intrigue de cette *Ariane* ressemble si peu à celle que nous venons de voir ! Ici Minos ne paraît point au début, ni Bacchus au dénouement ; Ariane se jette sur une épée et s'en perce. Phèdre aime Thésée, mais avec remords et sans abandonner sa tendresse pour Ariane ; elle trahit sa sœur, mais après avoir essayé trop tard de lui ramener son parjure amant. Que de changements encore ! Les personnages secondaires, ceux de Pirithoüs et d'Œnarus surtout, ont été vivement critiqués ; mais Ariane seule est vraiment importante, et Ariane seule, représentée par la Champmeslé, a déterminé le vif et durable succès de la tragédie. Nous n'avons pas à analyser ce rôle inspiré par Racine et en grande partie digne de lui. Saint-Marc Girardin l'a fait avec sa finesse et sa pénétration ordinaires ; nous renvoyons donc le lecteur à son analyse [2].

IV. — Le Ravissement de Proserpine par Pluton.

(T. III, p. 1 à 106.)

Le Ravissement de Proserpine par Pluton est une pièce autrement curieuse et intéressante que celles que nous venons d'analyser. Hardy s'y est inspiré de Claudien et d'Ovide [3], de Claudien surtout, dont il traduit, paraphrase ou abrège souvent les vers, et

---

1. *Poëmes dramatiques de T. Corneille. Nouvelle édition.* A Paris, chez David l'aîné... M.DCC.XXXVIII ; 5 vol. in-12. T. IV, *Ariane.*
2. *Œuvres complètes de Racine*, t. I, Introduction, p. 68-81. — Outre quelques imitations de la 10e *héroïde*, comme les plaintes d'Armide au ch. XVI de la *Jérusalem délivrée* et surtout celles d'Olympe au ch. X du *Roland furieux* (st. XIX à XXX), l'Italie a produit quelques œuvres dramatiques sur Ariane, toutes postérieures, semble-t-il, à la pièce que nous venons d'étudier. Celle de Rinuccini, 1608, n'a pas de rapport avec l'*Ariadne* de Hardy. (Voy. l. III, ch. I, p. 235, n. 4.) Je n'ai pu trouver celle de Vicenzo Giusti, qui est de la même année (Riccoboni, t. I, p. 104). Quant à celle de Clearco Rò, également signalée — mais sans indication de date — par Riccoboni (t. I, p. 104), elle ne figure même pas dans les bibliographies italiennes et l'on peut se demander si elle a jamais existé.
3. Claudien, *de Raptu Proserpinæ* ; Ovide, *Métamorphoses*, l. V, vers 362-571.

qu'il suit du plus près possible, mais sans oublier que c'est un drame et non un poème épique qu'il veut écrire [1].

Tout d'abord, un prologue prépare l'esprit des spectateurs et leur rend le sujet acceptable [2]. Cupidon, après avoir vaincu la Terre et le Ciel, n'a pas voulu qu'on le soupçonnât de ne rien pouvoir contre l'Enfer; il y est descendu, au grand émoi de ceux que l'amour avait torturés autrefois, et il a frappé Pluton d'un de ses traits les plus pénétrants. Lui-même publie ensuite sa victoire et annonce de quelle passion le roi des ombres est enflammé. — Aussitôt l'action s'engage. Pluton veut exiger par la force que Jupiter, son frère, lui donne une épouse; Tisiphone l'excite, Lachèse le calme, et Mercure lui assure que la justice de sa cause suffira à lui faire obtenir satisfaction. — Puis, nous sommes transportés en Sicile, où Cérès, effrayée par la corruption de l'Olympe, vient cacher sa chaste Proserpine. Celle-ci remercie sa mère avec effusion, car elle aimerait mieux vivre dans un antre sauvage

Que traîner immortelle une immortelle honte [3];

mais c'est dans un lieu charmant que Cérès laisse sa fille, et elle compte sur la terre de Sicile pour la protéger. Malgré tout, la séparation est triste et l'acte finit sur un pressentiment.

Au second acte, Jupiter prie Vénus de l'aider dans ses projets et d'amener Proserpine à la porte des Enfers; Vénus promet de le faire, et, pour y mieux réussir, elle prend avec elle deux déesses qui inspireront pleine confiance à la timide jeune fille, les deux déesses vierges, Diane et Pallas [4]. — Après cela, nous entendons

---

1. *Mise en scène supposée :* Le palais de Jupiter, peut-être sur une élévation au fond; — sur les côtés : le palais de Pluton aux Enfers; plusieurs lieux en Sicile, notamment le palais de Proserpine, entouré de fleurs et de pins, et un commencement de forêt; « un pin chevelu, environné d'herbage », en Phrygie (voy. acte III, sc. I, p. 42). — Pas de lieu pour le prologue, qui s'adresse directement aux spectateurs.

La *durée de l'action* est difficile à déterminer; mais elle ne peut être moindre de quelques jours.

2. L'idée, sinon la mise en œuvre de ce prologue, a été suggérée par Ovide, *Métamorphoses*, l. V, vers 362-384.

3. Acte I, sc. III, p. 13.

4. D'après le texte (acte II, sc. I, p. 18), Jupiter prierait lui-même Diane d'accompagner Vénus :

N'obéiras-tu pas, ma Diane chérie?
C'est moi, c'est Jupiter, ton père, qui t'en prie.

Mais ce trait est en contradiction formelle, et avec l'action entière de la scène III, et avec l'ordre des personnages qui sont inscrits en tête de l'acte. Au lieu de « ma Diane chérie », il faut sans doute lire « ma Déesse ».

Mercure — dans une scène que Claudien n'avait pas faite — conseiller à Pluton de ravir sa femme. Pluton s'étonne qu'on lui impose pareille « procédure », mais finit par écouter les singulières raisons que lui donne l'envoyé de Jupiter :

> ..... La majesté de ton front redoutable
> A ce sexe te rend un peu moins acceptable ;
> Senti plutôt que vu, tu l'apprivoiseras [1] ;

il se laisse donc convaincre, demande ses coursiers, et montre bientôt une telle ardeur qu'il arrache à Mercure cette exclamation :

> Hé ! cieux, que tu auras, pauvre vierge, à souffrir [2] !

Les trois déesses arrivent dans la délicieuse campagne qui sert de retraite à Proserpine. Pallas et Diane sont bien un peu effarouchées du langage de leur terrible sœur ; mais elles consentent à rester, tant ce coin de terre est beau et tant elles sont désireuses de voir la chaste jeune fille qui a fui loin des immortels la corruption de l'Olympe. Bientôt arrive Proserpine, qui sort d'une grotte en murmurant ces vers :

> Aimable solitude, ah ! qu'ores je te doi !
> Que ta coutume passe en une douce loi !
> Premier que te goûter, tu m'étais ennemie,
> Maintenant je n'ai point de plus fidèle amie ;
> Maintenant je reçois, loin des trompeurs appas
> Par qui la volupté met l'honneur au trépas,
> Les fruits de ta pieuse et sage prévoyance,
> Ma mère, mon bonheur, ma solide fiance [3]...

Après quelques paroles, les déesses se séparent pour cueillir un « chapelet de fleurs » ; et tout à coup la terre se fend, des flammes s'en échappent, et Pluton enlève la jeune fille, séparée de ses divines compagnes. Pallas et Diane accourent, désolées et pleines de colère ; Vénus sourit et se réjouit de ses ruses et de son triomphe.

Le troisième acte nous conduit d'abord en Phrygie, où Cérès, poursuivie par les présages funestes, s'endort et voit apparaître sa fille, à la fois plaintive et irritée. — Puis, l'auteur nous trans-

---

1. Acte II, sc. II, p. 22.
2. Acte II, sc. II, p. 25.
3. Acte II, sc. III, p. 30.

porte aux Enfers, et nous entendons Pluton essayant de consoler Proserpine, qui ne veut pas être consolée :

> Parlez-vous de plaisirs, où je n'ai vu qu'horreur?...
> De lumière, où je sens les ténèbres palpables?
> De liesse, où l'on n'oit que des plaintes coupables?
> D'hyménée, où Cérès n'a jamais consenti?

Elle parle sans cesse de sa mère, quelquefois en termes touchants :

> Loin des yeux maternels ne me parlez de joie;
> Pour tarir mes regrets, faites que je les voie [1].

Pour toute réponse, Pluton parle en termes enflammés de son amour et de ses désirs; il n'écoute pas les plaintes de la jeune fille; il veut que tout l'enfer prenne part à sa joie, et, après avoir accordé quelque repos aux condamnés Ixion, Tytie, Sysiphe, il ajoute :

> Bref, que tout participe au miel de mes douceurs,
> Que tous en sachent gré à leur nouvelle reine;
> Viens, mon cœur [2]...

Cependant Cérès arrive en Sicile, entre dans le palais maintenant désert, écoute le récit et les pleurs de la nourrice de Proserpine, maudit Vénus, n'épargne pas même Diane et Pallas, puis, séchant ses larmes, se résout à parcourir le monde à la recherche de sa fille.

Au début de l'acte IV, Jupiter fait jurer aux Dieux de ne pas révéler le nom du ravisseur [3]. Cette scène est le dernier emprunt fait à Claudien, dont le poème incomplet s'arrête là où commencent les recherches de Cérès. Nous n'aurons plus à noter qu'une ou deux idées prises à Ovide.

Celle de la scène suivante n'est pas de ce nombre, et elle est

---

1. Acte III, sc. II, p. 46.
2. Acte III, sc. II, p. 49.
3. *De Raptu Pros.*, III, 1-66. — Notons un contresens curieux. Celui qui révélera le secret à Cérès, dit le Jupiter de Claudien,

> Sentiet iratum, procul ægide, sentiet ictum
> Fulminis...
> (Vers 60);

ce que le Jupiter de Hardy traduit ainsi :

> A l'instant de l'égide un coup il sentira.
> (Page 59.)

PIÈCES MYTHOLOGIQUES : LE RAVISSEMENT DE PROSERPINE

charmante. Deux paysans ont reçu la visite de Cérès, qui leur a fait un modeste, mais précieux cadeau, celui du blé; ils se sont intéressés à sa douleur, se sont promis de la soulager, s'ils le pouvaient, et se rencontrent, occupés chacun de son côté à chercher la jeune fille disparue. Les voilà donc qui s'arrêtent et s'entretiennent avec naïveté de la pauvre mère, et de la responsabilité des parents qui gardent trop longtemps auprès d'eux leurs filles.

> Place faible n'eut onc tant besoin de défense

que l'honneur d'une fille, dit l'un d'eux, et un père « ne saurait trop tôt se pourvoir de gendre ». Ainsi a-t-il fait lui-même pour sa fille unique :

> Elle n'avait qu'à peine atteint sa puberté,
> Quand je la mis et moi d'un coup en liberté,
> Lui donnant d'un mari la tutelle assurée [1].

Après cette scène, nous voyons Cérès arriver à la lisière d'une forêt. Elle exhale sa douleur. Mais le moment est venu de lui révéler le fatal secret. Hardy, comme Ovide [2], a chargé de ce rôle Aréthuse, tout en ayant soin d'amener la révélation d'une manière autrement piquante et dramatique. Aréthuse, en effet, a vu le rapt et reconnu le ravisseur; mais les menaces de Jupiter retiennent les paroles dans sa bouche. Parle, lui dit la mère suppliante, parle :

> Qui cèle un méchant acte a mérité sa peine.
> — Qui décèle les Dieux a mérité leur haine.
> — Les Dieux ne sont plus Dieux, non plus à respecter,
> Quand le mors de Thémis ils veulent rejeter,
> Qu'ils confondent l'injuste avecque l'équitable...
> Au pis, les miens et moi seront tes défenseurs,
> Tu auras mes germains, monarques des trois mondes [3].

Cette aveugle confiance touche Aréthuse : « O pauvre mère », dit-elle, et elle se laisse aller à prononcer le nom du coupable, tremblante et priant Cérès de la protéger. Celle-ci, restée seule, s'emporte contre Jupiter et contre Pluton; mais elle veut en appeler du tort à la cour céleste et prendre pour juges tous les Dieux.

1. Acte IV, sc. II, p. 65-66.
2. *Métamorphoses*, l. V, vers 487-508.
3. Acte IV, sc. III, p. 73.

C'est ce jugement qui occupe la plus grande partie du cinquième acte. Mais il ne peut avoir lieu qu'après que Pluton y a consenti, et Mercure a fort à lutter contre sa jalouse méfiance avant de lui arracher ce consentement! Déjà le tribunal céleste s'est réuni, et Hardy a rendu la scène doublement curieuse, soit par la partie comique qu'il y a insérée, soit par l'imitation qu'il y a faite des termes mêmes du palais. Jupiter, suspect à Cérès, se déclare neutre et se contente de présider le tribunal; les juges sont les autres Dieux, mais c'est surtout Thémis qui est consultée et chargée de prononcer. Mome, qui joue ici le même rôle que Pan dans *Ariadne*, fait suivre chaque discours ou même chaque question de réflexions grossières et licencieuses. Les débats s'engagent en l'absence de Pluton. Cérès, qui est demanderesse, commence par réclamer la restitution de sa fille et la déposition du roi des Enfers. Déjà même elle demande qu'on juge son adversaire par défaut, quand il comparait devant l'assemblée, et voici comment le décrit le bouffon divin :

> C'est doncques le galant qui a fait le dommage !
> O le bel amoureux, et de bonne façon !...
> Plus noir que son enfer, une paupière épaisse
> Dont le poil hérissé comme d'un ours se dresse ;
> Ses regards de travers feraient peur à la mort ;
> Que ce gendre, Cérès, t'apporte un grand confort [1] !

Ce gendre, Cérès l'accueille par un torrent d'injures, qu'elle est même sur le point de faire suivre de voies de fait :

> Réponds, que tardes-tu ? Dépêche de la rendre,
> Ou je vais de ces mains à la gorge te prendre.
>   MOME
> Il tremble dans le ventre, et voudrait de bon cœur
> Être encore à venir [2]...

Cependant Pluton répond avec calme, et Jupiter, toujours pressé de clore les débats, voudrait bien déclarer la cause entendue. Mais ce n'est pas là ce que veut Cérès :

> Ma fille demeurer esclave en son manoir !
> Il ne me sera plus permis de la revoir !
> Ma fille traînera, dans les nuits éternelles,
> Sa vie entre les cris des ombres criminelles !
> Que l'eussé-je plutôt suffoquée au berceau !... [3]

---

1. Acte V, sc. II, p. 90.
2. Acte V, sc. II, p. 92.
3. Acte V, sc. II, p. 93-94.

PIÈCES MYTHOLOGIQUES : LE RAVISSEMENT DE PROSERPINE

On se décide donc à faire comparaître et à consulter Proserpine. Aussitôt Cérès la supplie en termes émus, quoique déclamatoires, de ne pas l'abandonner; Pluton réclame, et Jupiter ordonne que la jeune déesse ne soit pas influencée par des pleurs et des supplications. Et Proserpine, encore éblouie d'une lumière que ses yeux ne connaissaient plus, se trouve fort embarrassée. « Faites mieux, fendons-la par le milieu du corps », propose Mome; mais Proserpine :

> Hé! cieux, ma volonté semble un vaisseau flottant
> Qui penche çà et là sur Neptune inconstant.
> L'honneur à un mari m'oblige, la nature
> S'incline où je reçus l'être et la nourriture;
> L'hyménée accompli me presse sous sa loi,
> La piété d'ailleurs se représente à moi;
> Si je suis mon époux, j'abandonne ma mère;
> Je lui cause cent morts en cette absence amère;
> Règle-nous, Jupiter [1].

Comme diversion, Cérès, que tous ces délais irritent, manque de se jeter sur Vénus, « l'autrice du méchef », puis sur cet exécrable moqueur qui s'appelle Mome; mais celui-ci a « trop d'adresse et de courage aux talons » pour se laisser surprendre par l'orage. Pour en finir, Jupiter s'avise d'un moyen juridique singulier : si Proserpine n'a rien mangé ni bu chez son nouvel époux, le mariage peut se rompre; sinon Cérès n'a plus qu'à se résigner. Hélas! Proserpine a mangé « trois grains » d'une grenade [2], et Pluton, qui commençait à menacer Mercure pour l'avoir amené, Pluton se la voit adjugée définitivement. Toutefois Jupiter apporte un adoucissement à cette sentence : Proserpine passera six mois auprès de Cérès, six mois auprès de son infernal époux [3]. Aussitôt Cérès, Pluton, Proserpine acceptent ce jugement. Vénus, qui, selon la remarque de Mome, ne pouvait s'attendre qu'à des coups si la fête s'était troublée, Vénus est comblée de joie. Mome et Jupiter concluent dignement cette longue scène tragi-comique :

> MOME
> ..... Jupiter, au surplus,
> Ordonne que le jour Cérès aura sa fille,
> Pluton par chaque nuit.

1. Acte V, sc. II, p. 98.
2. Ovide dit sept; voy. *Métamorphoses*, l. V, vers 537.
3. *Métamorphoses*, IV, vers 564-571.

JUPITER
La rencontre est gentille ;
Mais avant que partir, en faveur de l'époux,
Au banquet préparé je vous invite tous [1].

Telle est cette pièce, de laquelle Hardy n'a pas su dire à quel genre elle appartenait. Intéressante, nettement coupée, assez habilement mêlée de pathétique et d'un comique un peu grossier, enfin égayée par une mise en scène curieuse, elle devait plaire et elle a certainement plu aux spectateurs de l'Hôtel de Bourgogne ; en 1634 encore, il semble qu'elle ne fût pas oubliée [2]. Cependant le goût public se modifiait peu à peu ; en 1639, Claveret [3] publiait

---

1. Acte V, sc. II, p. 106.
2. A en juger par le style, la pièce paraît fort ancienne ; et cependant il y est sans doute fait allusion dans *le Berger extravagant* de Sorel, qui est de 1627, et dans *la Rencontre du Gros Guillaume et de Gaultier Garguille en l'autre monde*, qui est de 1634. Dans *le Berger extravagant* (l. IX, p. 176), Lysis et ses amis décident de représenter dans les bois quelques pièces de théâtre dont ils improviseront les paroles. « Les uns proposèrent le ravissement de Proserpine et celui de Psyché, et les autres la descente d'Orphée aux enfers, les amours de Pyrame et de Thisbé, la conquête de la Toison d'or et le violement de Philomèle. Enfin Hircan dit que, dès le lendemain, on représenterait le ravissement de Proserpine par Pluton, pour ce que c'était *une pièce fort commune et que l'on avait vu souvent représenter*, si bien qu'elle serait très aisée. » — Dans *la Rencontre du Gros Guillaume et de Gaultier Garguille*, on lit (*Variétés* d'Éd. Fournier, p. 228) : « Ils jouèrent quelques comédies. Le bruit vint jusqu'aux oreilles de Pluton qu'il était arrivé une troupe de comédiens des meilleurs de France. La curiosité de Proserpine la porte à les vouloir voir ; mais, ô malheur pour eux ! ils y furent par son commandement. Gaultier, *pensant encore être sur le théâtre de l'Hôtel de Bourgogne*, pensait jouer la comédie de *Cérès*, Guillaume pensait que Proserpine fût encore Simonette feinte de Proserpine, et, mettant un doigt à sa bouche, l'ayant effrontément mis sur le sein de Proserpine, l'ayant frappée d'un coup de son bonnet le bas du ventre avec un ris amoureux, mit si fort Proserpine en colère et Pluton en jalousie, qu'il commanda incontinent à ses gardes de se saisir de leurs personnes. Aussitôt une légion de diables les entourent... »
3. On ne peut guère donner un autre nom à la tragédie de Claveret (*le Ravissement de Proserpine. Tragédie de Claveret.* A Paris, chez Antoine de Sommaville, au Palais, dans la Gallerie des Merciers, à l'Escu de France. M.DC.XXXIX. Avec Privilège du Roy, in-4°. Privilège du 8 février, achevé d'imprimer du 12). Les changements peu importants que Claveret a introduits dans la marche de la pièce s'expliquent tous par les trois désirs de faire disparaître les indécences, de supprimer les longueurs et de se rapprocher davantage de Claudien et d'Ovide ; mais tous ces changements sont loin d'être également heureux. La mise en scène de Hardy a été presque complètement conservée. Cependant Claveret veut bien faire aux partisans des unités une concession : « La scène, dit-il, est au ciel, en la Sicile et aux enfers, où l'imagination du lecteur se peut représenter une certaine unité de lieu, les consi-

V. — La Gigantomachie ou Combat des Dieux avec les géants.
(T. III, p. 204-283.)

sous son nom une nouvelle édition, revue et expurgée, du *Ravissement de Proserpine*; après Claveret, le sujet ne parut plus bon que pour l'opéra [1].

Si *le Ravissement de Proserpine* était assez irrégulier pour que son auteur n'osât le classer dans aucun des genres reçus, le *Combat*

dérant comme une ligne perpendiculaire du ciel aux enfers. » Enfin un grand nombre de vers de Hardy sont presque textuellement reproduits; nous ne citerons que quelques exemples :

L'aimable douceur doit première marcher. (Hardy, acte I, sc. II, p. 8.)	Oui, toujours la douceur doit marcher la première. (Claveret, acte I.)
D'épouse dès longtemps les destins ont choisie... (Acte II, sc. I, p. 17.)	Les destins dès longtemps aux enfers ont donnée.... (Acte II, sc. I.)
Mandez là force esprits, que mon char on attelle.	Sus, esprits, tenez prêt mon chariot de flamme,
Amenez mes coursiers des bords de Phlégéton,	Que l'on m'aille quérir aux bords de Phlégéton
Orphnée avec Nyctée, Alastor et Éthon. (Acte II, sc. II, p. 24.)	Alastor et Nyctée, Orphnée avec Éthon. (Acte II, sc. III.)
Loin des yeux maternels ne me parlez de joie. (Acte III, sc. II, p. 46.)	Quel plaisir puis-je prendre où ma mère n'est pas? (Acte III, sc. III.)
Qu'il n'y ait plus chez nous d'apparence de nuits...,	Que l'horreur de la nuit quitte la place au jour,
Qu'Ixion délié ne traîne son tourment,	Qu'on arrache Tytie à son gourmand vautour,
Que l'on ôte Tytie à son hôte gourmand ;	Qu'on détache Ixion, que l'altéré Tantale
Permettez que les eaux désaltèrent Tantale,	S'enivre à la santé de la reine infernale,
Que Sysiphe son roc pour ce jour ne dévale,	Que Sysiphe à présent ne se puisse fâcher,
Que le tonneau rempli des homicides sœurs...,	Ne sentant plus sur lui retomber son rocher ;
Que tous en sachent gré à leur nouvelle reine. (Acte III, sc. II, p. 49.)	Que dans ces jours heureux la troupe Danaïde
	Quitte le soin d'emplir un tonneau toujours vide. (Acte III, sc. III.)
Si, parmi les lions, les serpents et les ours.... (Acte IV, sc. III, p. 68.)	... Les léopards, les lions et les ours. (Acte IV, sc. II.)
Comment, si vous m'aimez, m'usez-vous de refus? (Acte III, sc. II, p. 47.)	Si vous m'aimiez, grands Dieux, mes pleurs vous toucheraient. (Acte V, sc. I.)

1. *Proserpine*, tragédie-opéra avec prologue, de Quinault et Lully, 1680. — On peut voir dans Chassang (*Des essais dramatiques imités de l'antiquité au XIVe et au XVe siècle*, Paris, Durand, 1852; in-8º, p. 124, 125) l'indication de « deux tragédies héroïques, chacune en trois actes, qu'un érudit allemand de la fin du XVe siècle a découpées dans le poème de Claudien ». Ces prétendues tragédies avaient à peine la forme dramatique.

des Dieux contre les géants l'était trop pour qu'il ne lui parût pas plus habile d'en proclamer l'irrégularité lui-même. Aussi a-t-il fait précéder sa pièce d'une déclaration nette et peu modeste [1], et lui a-t-il donné le titre de *poème dramatique* de son *invention*. Ce titre, nul ne pouvait le lui contester. En 1596, il est vrai, Nicolas de Montreux faisait représenter chez le duc de Mercœur une *Escalade du ciel par les géants*, mais ce n'était qu'un court intermède glissé dans l'entr'acte d'une pastorale [2]. A une date antérieure, Beauchamps cite une *Moralité de la bataille des Dieux contre les géants*, dont un manuscrit s'est conservé à la Bibliothèque nationale [3]; mais, au dire d'un bon juge, cette prétendue moralité n'est autre chose qu'un « fragment épique et lyrique du

---

1. « Beaucoup de Momes courtisans, qui veulent soustraire la plus riche couleur à cette peinture parlante que l'on nomme poésie, à peine goûteront semblable poème, bien que tout moral et mythologique; mais, pourvu qu'il contente les experts au métier des Muses (comme il y a de l'apparence), je les laisse librement croupir en leur erreur. » *Argument*, t. III, p. 205-206.

2. Cet intermède (le 1ᵉʳ de l'*Arimène*) n'a que 92 vers. Jupiter seul y combat contre les géants, car tous les autres Dieux ont fui, à l'exception de Pallas, qui est elle-même très effrayée. « Cet intermède fut représenté de cette sorte. Les pentagones changèrent de face, la portant toutes de rochers en bosse. Les géants parurent sur le théâtre armés d'armes à l'antique, qui prirent les rochers, les entassant les uns sur les autres. A ce bruit, Jupiter parut en une nue assis dans un globe tournant, et, le ciel s'étant ouvert, il était vêtu d'une robe de toile d'or, la couronne sur la tête et le sceptre au poing; à ses côtés Minerve et Mercure, qu'il envoya quérir la foudre à Vulcain, qui se représenta avec plusieurs feux artificiels et bruits de tambours dessus le ciel. Jupiter après la lança sur les géants montés en haut des rochers, qui en un moment furent renversés et abîmés avec les rochers au fond des enfers. Ainsi finit cet acte. » — Voy. *Arimene pastorale de Nicolas de Montreux autrement dit Ollenix du Mont-Sacré, gentilhomme du Maine*. A Paris, chez Abraham Saugrain et Guillaume des Rues, Rue Saint-Jean de Beauvais, 1597.

3. F. fr., nº 25 468; f. La Vallière, nº 183, pet. in-4º. Ce ne peut guère être là le manuscrit que Beauchamps attribuait à l'an 1575 (part. I, p. 106), car celui-ci est moderne et M. Petit de Julleville le date du XVIIIᵉ siècle (voy. *Répertoire du théâtre comique*, p. 406); mais c'en doit être une copie, car le titre et le format sont semblables. L'œuvre ne se compose que de 700 vers et s'arrête aussitôt après la défaite des géants. Les personnages en sont *la Terre, Typhée, Encelade, Briarée, Iris, Pallas, Jupiter, Mercure, Vulcain. Iris* ne se retrouve pas dans la pièce de Hardy, qui renferme pourtant jusqu'à 20 personnages parlants. D'ailleurs, nous ne pensons pas que Hardy ait eu connaissance de ce morceau : nous n'avons rien trouvé qui pût faire supposer une imitation, sinon le voyage de Mercure, chargé par Jupiter d'aller demander ses foudres à Vulcain; cette idée, qui n'appartient pas à Claudien, se retrouve aussi dans l'intermède de Nicolas de Montreux, et dans l'intermède d'anciens ballets dont il est question ci-dessous, mais elle était si naturelle, et presque si nécessaire, qu'on ne peut vraiment rien conclure de ce qu'elle se trouve dans les quatre ouvrages.

temps de la Pléiade¹ ». Enfin, on trouve dans un manuscrit de la bibliothèque de l'Arsenal un intermède d'ancien ballet qui a pour titre : *Intermède des Géants foudroyés par Jupiter;* mais cette œuvre n'offre avec celle de Hardy que les rapports inévitables nés de l'identité du sujet traité ². Ainsi Hardy n'a marché sur les traces d'aucun devancier et il ne s'est inspiré que de Claudien.

Mais la *Gigantomachie* même de ce poète ne pouvait fournir qu'un petit nombre d'idées au dramaturge, puisque, sur les 129 vers qui la composent, la moitié au moins est consacrée à raconter des épisodes de combat qu'on ne pouvait faire paraître sur la scène. Dans la pièce de Hardy, la lutte n'occupe même pas la moitié d'un acte. Avant, trois actes et demi la préparent; après, les vainqueurs passent un acte à se réjouir. On voit que l'action est ici peu de chose; elle est remplacée par des *tableaux* : premier *tableau*, la Terre et les Géants; deuxième *tableau*, l'Olympe et les Dieux; troisième *tableau*, les forges de l'Etna... Du spectacle, des *feintes*, un bruit d'enfer, et, pour atténuer le grandiose du sujet, des parties comiques comme nous en avons déjà rencontré dans les pièces précédentes, voilà sur quoi comptait Hardy pour assurer le succès de sa tentative. Ce n'était ni la pitié, ni la terreur, ni la sympathie, ni aucun des sentiments proprement tragiques qu'il voulait exciter chez les spectateurs, mais plutôt la curiosité, l'étonnement et comme une naïve admiration ³.

N'était le style, le premier acte ne manquerait pas de grandeur. Résolue à venger ses affronts, ceux de Saturne, de Prométhée,

---

1. Naturellement, le *Journal du théâtre français*, par le chevalier de Mouhy, donne des renseignements sur la représentation de cette pseudo-moralité. Voy. à l'année 1574, t. I, p. 200. Cf. la note 2 de notre Appendice.

2. *Intermèdes d'anciens ballets*, ms. n° 3089 de l'Arsenal. Ce manuscrit, qui paraît dater du xvi° siècle, renferme quatre intermèdes : *les Centaures, les Géants foudroyés par Jupiter, Athamas, Andromède ou la Jalousie de Phinée.* L'intermède des *Géants* (f° 9 à 16) comprend 460 vers et se divise en 4 actes. Voici les noms des personnages : *Acte I*, Mégère, Tysiphone, Alecton ; — *acte II*, Typhon, Encelade, Ote, Éphialte, Alcionnée, Polibète ; — *acte III*, Jupiter, Mars, Mercure, Apollon, Hercule, Diane, Minerve ; — *acte IV*, Géants et Dieux, Neptune. On remarquera l'absence des personnages de la Terre, de Vulcain, de Mome, de Ganymède, d'Hébé, qui jouent un rôle si caractéristique dans la pièce de Hardy.

3. *Mise en scène supposée* : Au fond, l'Olympe sur un *praticable ;* — le devant de la scène, orné de collines et d'arbres, représente la terre. — A l'acte III, sc. 1, une toile qui tombe en avant de l'Olympe représente les forges de l'Etna. — A l'acte IV, une toile placée en arrière représente peut-être la triple montagne dressée par les géants.

La *durée de l'action* est courte, mais difficile à déterminer.

des Titans, la Terre fait appel à sa propre fécondité, et aussitôt des géants surgissent. Grossiers, orgueilleux, ardents, ne respirant que la bataille, toujours prêts à lutter entre frères : avant même que de s'attaquer aux Dieux, ils inquiètent et réjouissent à la fois le cœur de leur mère. D'avance, elle répartit entre eux les pouvoirs divins; d'avance, elle leur distribue les « femelles » de l'Olympe; puis, lorsqu'elle se croit sûre de leur obéissance et de leur zèle, elle s'écrie :

> L'indicible soulas, qui mon âme contente !
> Réjouis-toi, Saturne, en ce monde écarté...
> Console-toi d'espoir, désastreux Prométhée [1];

et, à sa voix, une nouvelle troupe de géants sort de son « ventre » : les nouveaux venus seront les soldats, leurs aînés seront les chefs [2].

Après les géants, les Dieux; mais l'Olympe est moins imposant que la Terre. Si Jupiter s'y montre aussi prudent que résolu, si Pallas partage sa sagesse, si Bacchus parle un langage simple et ferme, en revanche Mars est plus vaniteux encore que bouillant, Apollon n'a pas l'air fort rassuré, Mercure tremble, et Vénus, qui demande une retraite sûre, fait entendre ses cris de jolie femme effrayée. On discute, et, malgré les insultes de Mars, malgré les admonestations sévères de Jupiter, Mome ne cesse de lancer à droite et à gauche les traits de sa licencieuse satire. Il s'attaque volontiers à Mars, « menteur, vanteur et querelleur »,

> Mâtin qui ne veut pas mordre ni laisser mordre,
> Mille fois plus rempli de vent que de valeur [3].

Vénus lui paraît fort propre à opposer aux géants, dont elle ne peut manquer de détourner l'ardeur :

---

1. Acte I, p. 219.
2. Mercure dépeint quelque part ces géants (acte II, p. 230) « prodigieux et de stature énorme;

> Tel a cent bras qu'il peut déplier à la fois...
> Beaucoup heurtent du chef la machine étoilée. »

Ces traits sont confirmés par beaucoup d'autres passages, et Briarée parle à plusieurs reprises de ses cent bras (acte I, p. 219; acte IV, sc. II, p. 265). Comment ces géants pouvaient-ils paraître ainsi sur le théâtre? Évidemment les metteurs en scène étaient habitués à compter sur l'imagination complaisante des spectateurs.
3. Acte II, p. 228.

> Ta rare piété empêche notre perte ;
> Remettons tout au pis : ils ne te feront rien,
> Que, duite à ce métier, tu ne l'endures bien [1].

Jupiter même n'est pas à l'abri de ses boutades, et, lorsque le roi des Dieux confie à Mercure des messages pour Vulcain, Neptune et Pluton : « Demeure encore un peu », s'empresse d'ajouter l'obstiné railleur,

> On va te députer le soin d'une maîtresse,
> Mais garde que Junon la découvre, traîtresse [2].

Junon d'ailleurs n'assiste pas au conseil, et cette absence permet à Pallas de proposer aux Dieux les secours d'Hercule. Tu as raison, répond avec empressement Jupiter,

> Sa valeur l'ennoblit, mon sang le déifie [3];

et, malgré l'indignation plaisante de Mars, la proposition de Pallas est acceptée.

Après la terre et le ciel, Hardy nous eût volontiers montré les enfers; mais quel rôle donner aux enfers dans une *Gigantomachie*? C'est donc aux forges de l'Etna que nous descendons : Vulcain y travaille et gémit tout à la fois. Quelle condition misérable que la sienne! Difforme, exclu du ciel, il n'a pu obtenir Pallas qu'il aimait, et Vénus, qu'on lui a donnée pour femme, le trompe « chaque jour mille fois », surtout avec Mars. Mais il ne supportera pas longtemps tous ces outrages, et, puisque Jupiter ne fait pas justice à son actif serviteur, il refusera de travailler. Telle est la résolution qu'il annonce à Mercure, lorsque celui-ci vient lui *commander* de nombreux et excellents foudres pour le roi des Dieux. Et cependant, le divin bonhomme se calme; il accepte les ordres donnés et repasse même le glaive de Mercure; en revanche, le céleste valet [4] se moque de lui, donne des nouvelles de Mars au mari qui lui en demande de Vénus, et le quitte en riant et en l'appelant jaloux. — Après Mercure, Pallas vient prier Vulcain de donner un coup d'œil à son épée, et voilà le pauvre amoureux

---

1. Acte II, p. 227.
2. Acte II, p. 235.
3. Acte II, p. 229.
4. Vrai type de valet, en effet. Comme Jupiter lui a défendu de dire à quoi serviront ses foudres, il commence par refuser de le révéler, et petit à petit lâche son secret.

qui se trouble, essuie précipitamment la sueur et la poussière qui le souillent, se confond en offres et en protestations. Mais Pallas joue la prude et feint de ne rien savoir de ses malheurs conjugaux. — Mars, qui vient ensuite, les proclame : « Boiteux, fais vitement », dit-il en profitant de la peur qu'il fait à Vulcain ; puis, il l'empêche de confier à un de ses ouvriers une tâche qui évidemment lui répugne, et se moque de lui brutalement :

> Tu abuses, infâme,
> De l'antique amitié que l'on porte à ta femme.

« O honte ! ô désespoir ! » s'écrie assez plaisamment le Dandin de l'Etna,

> Au cas que Jupiter la vengeance ne fasse,
> *Ces foudres achevés*, je proteste quitter
> L'Etnéane demeure et l'Averne habiter [1].

Cette conclusion, comme tout ce qui la précède, du reste, n'importe guère au vrai sujet ; mais la scène est curieuse et amusante. Celle qui suit est plus utile : Jupiter y accueille avec honneur Hercule ; les Parques viennent promettre leur aide et la victoire.

Le quatrième acte est enfin celui de la bataille. Mais comme le théâtre français diffère de celui de Shakespeare ! Comme il en coûte à Hardy pour mettre ses personnages en mouvement ! Les longueurs et les discours recommencent. La Terre excite ses enfants, et apaise en termes pathétiques leurs discordes :

> Puisque l'égalité vous doit mettre d'accord,
> Faites de front ensemble une charge d'abord...
> Ainsi qu'un tourbillon traverse furieux,
> Qu'on emporte d'assaut le ciel, victorieux ;
> Qu'on brise, qu'on terrasse, unis de violence ;
> Que mille dards à coup réveillent le silence
> De ces Dieux que la peur assoupit, endormis ;
> Qu'on trébuche aux enfers les communs ennemis [2].

Sur l'Olympe aussi, Jupiter donne ses ordres, et les disputes reprennent quand il s'agit de fixer les rangs du combat. Mais Mercure vient mettre fin à ces vains propos : du haut des trois montagnes qu'ils ont dressées l'une sur l'autre, les ennemis ont

---

1. Acte III, sc. I, p. 248.
2. Acte IV, sc. I, p. 258.

atteint l'Olympe; déjà les Parques ont de la peine à leur résister, et ils vont forcer la « porte aimantine »,

> Armés de feux, de traits, d'arbres et de cailloux.
> O stupides! Eh quoi! Ne les entendez-vous,
> Qui de leur bruit confus surpassent le tonnerre,
> Sous qui le pôle tremble et résonne la terre [1]!

Aux armes! aux armes! Les dieux se rangent en bon ordre; Jupiter commence à lancer ses foudres, que le fidèle Mercure lui tend, et, sur les pentes accessibles de l'Olympe, les géants s'élancent avec furie.

COMBAT

ALCIONÉE, *transpercé d'un coup de flèche par Hercule.*
Courage, saisissons la première avenue
Au travers de ces feux éclatés de la nue.
O désastre, une flèche en trahison m'atteint,
Me trébuche du ciel et sa lampe m'éteint!

JUNON, *pressée par Porphyrion.*
Jupiter, au secours! Un sacrilège infâme
S'adresse violent à l'honneur de ta femme.

PORPHYRION
Ta vaine résistance augmente mon ardeur.

JUPITER, *parlant à Hercule.*
Tire, mon fils. O coup adextre et de grand heur!
Le nôtre achèvera de le réduire en cendre;
Il va, ce ravissseur, dedans l'Orque descendre.

LA TERRE
Poursuivez, courageux, l'épouvante les tient;
A un léger effort la victoire appartient.
Mes fils, plutôt mourir que rebrousser arrière,
Que, venus au milieu, n'affranchir la carrière,
Que ne vaincre du tout! O trop inique sort!
Briarée bronchant, mon principal support,
Las, hélas! désormais ce dessein fait naufrage.

BRIARÉE, *atteint du foudre.*
Ma mère, apaise-moi la douleur d'une rage
Que ce feu déloyal allume dans mes os,
Ou en ce large sein me trouve du repos,
Me coupe ces cent bras inutiles aux armes.
Ah! qui pensait avoir à combattre des charmes?

---

1. Acte IV, sc. III, p. 263.

TIPHŒE, *aussi atteint* [1].
Secours ; verse, marâtre, un fleuve sur ce corps,
Qui brûle misérable et dedans et dehors ;
Marâtre, d'envoyer ta race magnanime
A la Parque certaine infernale victime ;
Couvre, Terre, ma honte, ou finis le tourment
De l'invisible feu qui me ronge gourmand.

LA TERRE
O suprême désastre ! Hélas ! mon Encelade
Tombe, dernier surpris de la même embuscade,
Mimante l'a suivi, et nul des miens là-haut
N'ose plus que de loin continuer l'assaut,
Ne pense, intimidé, sinon de sa retraite ;
Bref, mon œil ne voit moins qu'une entière défaite ;
Les chefs occis, que doit le surplus espérer ?
Commence, pauvre mère, à te défigurer [2]...

Le cinquième acte est celui des félicitations ; chacun raconte ses exploits, et Mome, qui, le combat fini, vient de reparaître ainsi que Vénus, n'oublie pas de faire sa partie dans le concert. Cependant les Parques prennent congé du roi des Dieux ; Junon, tout émue encore du péril qu'elle a couru, déclare qu'elle se réconcilie avec Hercule, son sauveur, le reconnaît « digne bourgeois des cieux » et lui donne Hébé en mariage. Hébé arrive, éblouit le héros par sa beauté et accepte avec reconnaissance l'époux que lui destine Junon. Mercure annonce alors que le festin est prêt. Le roi des Dieux se lave les mains, et Junon place en face l'un de l'autre les deux fiancés. C'est Ganymède qui verse à boire ; Hercule porte un toast à sa belle, et Mome exprime la satisfaction de tous en reconnaissant « qu'il fait meilleur ici qu'en la presse des coups ». Un instant seulement le silence semble « obscurcir la joie », mais c'est « à cause que chacun s'emploie des mâchoires ». Après quoi, Apollon chante un péan harmonieux, et Jupiter prie Junon de conduire « au lit nocier » les nouveaux époux.

C'est par cette singulière pièce de *la Gigantomachie* que se termine la série des œuvres mythologiques. Du merveilleux, du spectacle, un mélange de comique et de grandiose, tels sont les

---

[1]. Le texte porte Alcionée.
[2]. Acte IV, sc. II, p. 264-266.

caractères essentiels qui les distinguent, et qui, de *Procris* au *Combat des Dieux avec les géants*, sont allés s'accentuant par une régulière progression. *Procris* ressemble encore à une tragédie ; *Alceste* et *Ariadne* y ressembleraient, si l'auteur n'avait introduit dans ces œuvres des épisodes dont le ton n'est rien moins que tragique ; mais *le Ravissement de Proserpine* est tout autre chose, et il n'y a même pas de drame au fond de *la Gigantomachie*. A quoi donc ressemblent — à des degrés divers — ces pièces? A des opéras. N'y a-t-il pas quelque chose de l'opéra dans ces successions de tableaux, ces machines, ces cris de guerre si souvent poussés et que la guerre tarde tant à suivre, ce festin, ces chants de joie, qui remplissent toute *la Gigantomachie*? N'est-ce pas surtout à des opéras qu'ont servi les sujets traités par Hardy?

Oui, à des opéras et à des œuvres burlesques. Après Hardy, *la Gigantomachie* devient *le Typhon ;* mais il y avait déjà du *Typhon* dans *la Gigantomachie*. Mome, Vulcain, Mars, Vénus, d'autres divinités encore y jouent un rôle purement comique, comme Mome, Vénus, Mercure dans *le Ravissement de Proserpine*, comme Silène et Pan dans *Ariadne*, comme Pluton et Charon dans *Alceste*. Dans les parties sérieuses même et dans les passages les plus grandioses, le ton a quelque chose de familier et d'ironique, que la faiblesse du style ne suffit pas à expliquer ; là encore on peut croire que Hardy s'amuse. N'est-ce pas ainsi qu'un grand écrivain, maître de son style sinon de son imagination, fait parler un géant sur ce ton familièrement puissant et étrange :

> Que les Olympiens ne soient pas importuns !
> Car il se pourrait bien qu'on vît de quelle sorte
> On les chasse, et comment, pour leur fermer sa porte,
> Un ténébreux s'y prend avec les radieux,
> Si vous venez ici m'ennuyer, tas de Dieux [1] !

[1]. Victor Hugo, *la Légende des siècles*. Nouvelle série, *le Géant aux Dieux*.

CHAPITRE IV

LES TRAGI-COMÉDIES

PRÉLIMINAIRES

I

On fait généralement commencer l'histoire de la tragi-comédie française à la *Bradamante* de Robert Garnier, et ce n'est pas sans raison : outre que la *Bradamante* porte le titre de *tragecomédie*, elle a déjà tous les caractères qui distingueront plus tard — lorsque le genre sera définitivement constitué — les tragi-comédies des tragédies. Mais, si Robert Garnier a donné le premier modèle de ce genre de pièces, il n'en faudrait pas conclure que ni le nom ni la chose fussent entièrement inconnus avant lui.

Le nom, d'abord, existe bien avant 1582, et, sans remonter à l'*Amphitryon* de Plaute [1], nous citerons sans peine un certain nombre de pièces qui le portent, bien qu'elles eussent mieux mérité un tout autre titre. Le *Fernandus servatus*, de Carlo Verardi (1493), fait l'effet d'un mystère et n'est même pas divisé en actes [2]; l'*Homme justifié par Foy*, d'Henry de Barran (1554), n'est qu'une moralité [3]; les *Enfants dans la fournaise*, d'Antoine de La Croix (1561), ne sont qu'un mystère [4]; ces œuvres sont pourtant appelées tragi-comédies [5].

---

1. Comme l'ont fait si souvent les théoriciens. Voy., p. ex., les observations de d'Aubignac, *Pratique du Théâtre*, l. II, ch. x, et de Lessing, *Dramaturgie*, p. 226-227.
2. Voy. Ginguené, t. VI, p. 16-17.
3. Voy. Petit de Julleville, *Répertoire*, p. 69; La Vallière, t. I, p. 142-143.
4. Voy. Faguet, *la Tragédie fr. au XVIe siècle*, p. 102-103. — Nous n'avons rien dit des tragi-comédies espagnoles antérieures à la *Bradamante*; ni Garnier ni Hardy ne les ont connues.
5. Lorsque Brantôme raconte la représentation donnée à Lyon devant

Si, maintenant, laissant de côté les titres, nous regardons les sujets et la nature véritable des œuvres, nous trouverons un nombre plus grand de pièces analogues, sinon à la *Bradamante*, du moins à quelques-unes des tragi-comédies que Hardy écrira plus tard. C'est de ce côté, on le sent, que se dirige, inconsciemment et au milieu d'une anarchie profonde, l'art dramatique de la fin du XVI° siècle. Le *mystère* devenu « profane » et savant, la *moralité* dépouillée de son appareil didactique, la *tragédie* livrée, après la dispersion de l'école classique, à des hommes d'imagination romanesque et d'humeur indépendante, tous ces genres tendent à se venir fondre dans la tragi-comédie, parce que la tragi-comédie, entendue en un sens large, c'est à la fois la tragédie romanesque et la comédie historique, la tragédie bourgeoise et la comédie larmoyante; c'est le produit, peut-être bâtard, de la tragédie classique et du drame du moyen âge, rivaux dégénérés et tardivement unis [1].

Mais, malgré la *Bradamante* elle-même, on ne peut dire que Garnier ait absolument opéré cette fusion et fondé le genre nou-

---

Henri II le 28 septembre 1548, il désigne de même *la Calandria*, qui est cependant une œuvre purement comique. Voy. Petit de Julleville, *les Comédiens*, p. 1. — Il serait plus facile de voir une tragi-comédie dans la *Lucelle* de Louis le Jars (1576); mais cette œuvre est écrite en prose et porte le titre de tragédie. (M. Faguet, p. 373-381, appelle la *Lucelle* une « tragi-comédie en prose française », mais il est en contradiction avec Beauchamps, part. II, p. 45; La Vallière, t. I, p. 213, et Brunet.)

1. Dès le milieu du XVI° siècle, la tragédie à dénouement heureux et le drame bourgeois tendaient à se former. « La moralité française, dit Thomas Sibilet, en 1548, représente en quelque sorte la tragédie grecque et latine, singulièrement en ce qu'elle traite faits graves et principaux,... magnanimes et vertueux, et vrais ou au moins vraisemblables...; et, si le Français s'était rangé à ce que la fin de la moralité fût toujours triste et douloureuse, la moralité serait tragédie. » Et M. Petit de Julleville, qui cite ce passage, ajoute : Les moralités sont « quelquefois de véritables drames, où un événement public ou privé, d'un caractère émouvant, est mis en scène pour toucher ou intéresser les spectateurs, plutôt que pour moraliser. Ce dernier genre, en se développant, en se perfectionnant, aurait pu donner des œuvres originales; mais il parut trop tard, car il venait de naître quand la Renaissance l'étouffa en germe. » La remarque est exacte et fine, mais le mot « l'étouffa » nous paraît trop fort. M. Petit de Julleville cite ailleurs, comme exemple d'un petit drame pathétique et familier, la *Tragedie françoise à huict personnages traictant de l'amour d'un serviteur envers sa maistresse et de tout ce qui en advint*; composée par M°. Jean Bretog « en 1571, ce qui explique le titre de tragédie ». On pourrait citer aussi la *Nouvelle moralité* (jouée, dit-on, vers 1540) *d'une pauvre fille villageoise laquelle ayma mieux avoir la teste couppée par son pere que d'estre violée par son Seigneur*. (Voy. Petit de Julleville, *la Comédie et les mœurs*, p. 49-50 et 107-108. — La *Nouvelle moralité* a été reproduite dans le *Recueil des pièces rares et facétieuses* de Barraud, t. I.)

veau. Ce genre, en effet, ne pouvait être constitué qu'après avoir reçu l'approbation du public ; or Hardy le premier a porté la tragi-comédie devant le parterre, c'est lui qui définitivement lui a donné sa forme, c'est de lui qu'elle tient toute son importance.

En veut-on des preuves? De 1582 à 1609 environ, les pièces, en très petit nombre, qui s'intitulent tragi-comédies, ne méritent guère plus ce titre que celles qui le portaient avant *Bradamante* [1] ; et même la *Polyxène* de Behourt admet deux personnages allégoriques qui eussent mieux convenu à une moralité [2]. A partir de 1609 seulement, les tragi-comédies, rares encore, sont du moins plus dignes de leur nom ; mais déjà l'influence de Hardy commence à être prépondérante sur les auteurs dramatiques, et c'est par une pièce sur Théagène et Cariclée que s'ouvre la liste des tragi-comédies publiées au xvii° siècle [3]. — Voyez encore l'histoire de *Tyr et Sidon*, la curieuse et caractéristique pièce de Jean de Schelandre. Elle paraît une première fois en 1608 [4], et, comme il est probable qu'en 1608 la tragi-comédie florissait déjà, mais sans avoir reçu ses lettres de noblesse, elle paraît sous le titre de tragédie ; en 1628, au contraire, la tragi-comédie domine et règne : *Tyr et Sidon* reparaît sous ce nouveau titre, et la préface qui la précède est le manifeste du genre en faveur [5].

1. Voy. dans La Vallière, *Jokebed, miroir des vrayes mères, tragi-comédie de l'enfance de Moïse, en 5 actes, en prose...* par Pierre Heyns, 1597 (t. I, p. 243 sqq.); *l'Ombre de Garnier Stoffacher, tragi-comédie en 3 actes...* par Joseph Duchesne, 1584 (t. I, p. 255); *Thobie, tragi-comédie en 5 actes... sans distinction de scènes,...* par J. Ouyn, privilège de 1597 (t. I, p. 315-316 ; cf. Faguet, p. 322-325); *l'Amour divin, tragi-comédie en 5 actes... contenant un bref discours des saints et sacrés mystères de la Rédemption...*, par Jean Gauché, 1601 (t. I, p. 358).
2. 1597. Voy. La Vallière, t. I, p. 317-318.
3. *L'Éthiopique ou les chastes amours de Théagène et de Cariclée*, par Octave-César Genetay, 1609.
4. M. Ch. Arnaud (*les Théories dramatiques au xvii° s.*, p. 156, n.) doute que cette édition de 1608, « dont tout le monde parle sans que personne l'ait vue, ait jamais existé ». Mais il est faux, précisément, que personne ne l'ait vue, et son existence est attestée par les notices du *Catalogue Soleinne* et de Brunet. Voy. le *Manuel du Libraire*, t. V, p. 195.
5. En faveur auprès du public, mais non pas auprès des « doctes » qui commencent à relever la tête ; de là les précautions oratoires par lesquelles débute la préface d'Ogier. Voy. *Tyr et Sidon* et la *Préface au lecteur par F. O. P.* (François Ogier, Parisien), au t. VIII de l'*Ancien Théâtre français*. — Il est peut-être piquant de constater qu'Ogier, le farouche romantique de 1628, devait plus tard consacrer un distique latin à recommander le très classique *Térence justifié* de d'Aubignac. Voy. la *Pratique du Théâtre*, t. II. Dans son *Discours sur l'Heautontimoroumenos de Térence* (*Pratique*, t. II, p. 24), Ménage faisait déjà allusion à cette volte-face : « Votre ami, M. Ogier, dans la préface qu'il a faite sur le poème de *Tyr et Sidon...* »

II

Avant de commencer l'étude des tragédies, nous avons marqué exactement quel était l'état du genre avant notre auteur ; ici, une pareille étude n'est pas possible, puisque Hardy est, malgré la *Bradamante,* le vrai créateur du genre tragi-comique [1]. Mais si, avant lui, la tragi-comédie n'existait pas à l'état de genre, les éléments qui devaient constituer ce genre étaient en quelque sorte épars dans les pièces du théâtre irrégulier ; nous avons là, si on peut dire, la *matière diffuse* de la tragi-comédie ; indiquons les principaux de ces éléments.

C'est d'abord celui qui donne son nom au genre : le mélange, si naturel et si difficile à la fois, du tragique et du comique. Guarini l'avait préconisé [2], mais sans dire que ce mélange venait des mystères, des moralités et des « histoires », où il était constant [3] ; en Angleterre, en Espagne, le drame avait pourtant reçu du moyen âge le même legs [4]. — C'est encore le mélange dans la même pièce de personnages de conditions sociales différentes ; c'est l'intervention de personnages « médiocres » dans une action pathétique, ou de personnages « illustres » dans une action médiocre [5]. —

---

1. La *Bradamante* elle-même ne représenterait qu'une variété du genre : la comédie historique, et c'est justement celle dont Hardy, à notre connaissance, semble avoir fait le moins usage. L'œuvre est d'ailleurs fort bien analysée dans Bernage, p. 124-141, et dans Faguet, p. 212-236. Nous renvoyons le lecteur à ces analyses.
2. Voy. ci-dessus, p. 222, n. 4, et cf. de Scudéry, *Andromire,* Paris, chez Antoine de Sommaville, M.DC.XLI, gr. in-8°. *Au lecteur.*
3. Voy. Petit de Julleville, *les Mystères,* t. I, p. 243.
4. « Tous les auteurs espagnols qui ont disserté au XVII° siècle sur la forme de leur art dramatique, s'accordent pour insister sur le caractère essentiellement *mixte* de la *comedia ;* c'est l'expression qui revient partout. « Aujourd'hui la *comedia* (ou, comme d'autres disent, la *représentation*) consiste en une certaine *miscellanée* où il y a de tout », écrit en 1617 un contemporain de Lope, Cristobal Suarez de Figueroa. L'année d'avant, en 1616, certain poète de Valence, qui s'est caché sous le pseudonyme de Ricardo de Turia, déclare qu' « aucune des *comedias* qu'on représente en Espagne n'est, à proprement parler, comédie, mais bien tragi-comédie, c'est-à-dire un mélange de comique et de tragique, qui emprunte au dernier genre ses personnes illustres, l'action grande, la terreur et la pitié, et au premier le sujet particulier (*il negocio particular*), le rire et les plaisanteries... » Morel-Fatio, *la Comedia esp. au XVII° s.,* p. 11.
5. Nous avons déjà rencontré ce mélange dans la « tragédie » de *Scédase* (voy. ci-dessus, p. 285, et comparez à la théorie de Corneille sur l'entrée « des simples citoyens » dans la tragédie, Voltaire, *Commentaires,* t. I, p. 41 et t. II,

Ce sont les dénouements heureux, élément nullement indispensable, au début du moins, des tragi-comédies [1], mais qui s'y rencontre si fréquemment, « en vertu précisément de *leur* caractère mixte, en vertu de la rencontre en une même action de personnes de toutes les catégories sociales [2] ». — C'est surtout le caractère romanesque des sujets et la façon plus ou moins libre de les traiter. « Les nouvelles ont les même règles que les comédies », déclare Lope de Vega [3]; « mon conte », « mon histoire », dit Shakespeare d'une de ses pièces [4]. Plus d'un dramaturge, au XVIe siècle, aurait pu parler comme Lope et comme Shakespeare. Quant à Hardy, poète tragi-comique, il ne s'agit plus pour lui de rivaliser avec les tragiques de la Pléiade, de peindre quelque grand caractère et de rester plus ou moins fidèle à l'histoire et à la poésie antique; maintenant ses modèles sont Héliodore, Giraldi, Cervantès, Agreda; exciter et satisfaire la curiosité, telle est sa règle; et sa méthode est, en usant le plus librement possible du temps et de l'espace, tantôt de faire se suivre les faits comme dans une histoire, tantôt de les disposer d'une façon piquante comme dans un roman.

III

Empruntons à un partisan du théâtre irrégulier, à l'auteur anonyme du *Traité de la disposition du poème dramatique*, quelques indications succinctes sur les sujets propres à la tragi-comédie.

Aristote, dit-il, a divisé les poèmes dramatiques en simples et en composés; mais les simples n'ont guère chance de plaire que s'ils sont purement tragiques ou purement comiques; seuls, les composés, qui peuvent être faits « de deux ou trois fils, ou de quatre au plus », conviennent parfaitement à la tragi-comédie [5].

---

p. 215; cf. Chappuzeau, p. 12); mais Hardy en use plus volontiers dans ses tragi-comédies que dans ses tragédies.

1. *Aristoclée* et la première journée de *Tyr et Sidon* finissent d'une manière funeste. La deuxième journée, où est représenté « l'heureux succès des amours de Belcar et de Méliane », n'en finit pas moins par deux morts.
2. Morel-Fatio, p. 12. L'auteur parle de la *comedia* espagnole; mais son raisonnement s'applique aussi bien à la tragi-comédie.
3. Dans Ticknor, t. II, p. 305; cf. p. 404.
4. Par la bouche du *Temps*. Voy. le *Conte d'hiver*, début du 4e acte (trad. Montégut, t. III, p. 294-295).
5. *Traité*, p. 43.

« J'appelle *fil* un sujet entier, commencé au premier acte, continué dans les autres et conclu au cinquième par quelque grand et principal effet remarquable sur tous les autres..... Et j'entends qu'un poème est composé, quand il est fait de deux ou plusieurs fils commencés, poursuivis et conclus ensemble par autant de *principaux effets* remarquables en une pièce..... Il y a une autre sorte de poème composé, qui est fait de deux ou plusieurs *sujets non entiers*, c'est-à-dire de deux ou plusieurs *principales actions* dépendantes les unes des autres [1]..... »

Nous avons déjà rencontré parmi les tragédies un poème composé de chacune de ces deux sortes : *Timoclée*, où deux fils se déroulent parallèlement; *Méléagre*, où une seconde action succède à la première et en dépend. Nous allons voir bientôt un nombre beaucoup plus grand de ces poèmes : c'étaient ceux que ne cessaient de réclamer les spectateurs [2]. On comprend que les nombreux faits dont ils se composaient ne pussent que très malaisément s'accomplir en un lieu et en un jour, et que les unités aristotéliques se trouvassent rarement observées dans la tragi-comédie. Mais ces libertés même ne suffisaient pas toujours aux auteurs. Parfois il leur fallait mettre sous les yeux tant d'épisodes, les répartir sur un si long temps, les faire se produire en tant de lieux, qu'une pièce ordinaire ne paraissait pas suffire à cette tâche, et que la tragi-comédie se divisait en deux ou plusieurs *journées*. *Tyr et Sidon*, *Parthénie*, *Pandoste*, en comprenaient deux; *Théagène et Cariclée* en comprenaient huit [3], et les trois œuvres de Hardy que nous venons de citer ne sont certes pas les seules qu'il eût composées de cette manière. Outre le témoignage indirect que nous ont déjà fourni les prologues de Bruscambille [4], nous pouvons citer ici la formelle et très précieuse déclaration de l'auteur anonyme : « *Hardy a fait beaucoup de*

---

1. *Traité*, p. 83-84.
2. Voy. *Traité de la disp. du poème dram.*, p. 96-97.
3. Huit journées de 5 actes. — Guizot s'étant imaginé que *Théagène et Cariclée* était construit sans distinction d'actes ni de scènes, son erreur a été souvent répétée. Voy. Guizot, *Corneille et son temps*, p. 132 ; Demogeot, *Tableau*, p. 430 ; Lotheissen, t. I, p. 300, etc. — M. Fournel, qui a pourtant lu Hardy, a laissé échapper une autre erreur, que je relève uniquement à cause de la légitime autorité de ce critique : « Il ne connaît pas la division en scènes », dit-il de Hardy, « et se borne, comme ses prédécesseurs du siècle précédent, à diviser ses pièces en cinq actes. » *La Trag. franç. avant Corneille* (le Livre, oct. 1887 p. 305).
4. Voy. ci-dessus, l. II, ch. II, p. 137.

poèmes de plusieurs pièces, à cause de la fécondité d'autres matières qu'il a traitées, ayant pris garde que non seulement elles étaient en dehors des vingt-quatre heures, mais qu'elles excédaient encore la journée ordinaire du théâtre, bien qu'en icelle puisse être compris un notable espace de temps... » Et, comme la réputation de Hardy, aussi bien que la poétique à lui imposée par les circonstances, commençaient à être fort battues en brèche, le théoricien irrégulier ajoute : « Or, que telle méthode ne soit pas bonne pour ce que Hardy l'a suivie, ce n'est pas bien raisonner; il faut prouver que de soi elle ne vaut rien, ce que vous ne pouvez, la raison et l'usage faisant voir le contraire, joint que l'exemple de cet auteur peut servir de règle; car, encore que sa façon d'écrire soit un peu surannée, on ne peut douter de son jugement et de sa conduite en la disposition de l'œuvre dramatique [1]. »

Je n'ai pas besoin sans doute de faire remarquer combien cette coupe en deux ou plusieurs journées rappelle les procédés dramatiques du moyen âge; mais savait-on suffisamment que cette coupe a été très usitée pendant les trente premières années du XVIIe siècle [2], et qu'en 1637 encore un théoricien dramatique la défendait au nom et de la raison et de l'usage? Avec quelle lenteur succombait donc ce moyen âge, dont nul ne croyait relever pourtant [3] !

---

1. *Traité*, p. 190-191
2. En 1631, Puget de la Serre publiait son *Pandoste* en deux journées; en 1632, Nicolas de Grouchy dédiait à Richelieu *la Béatitude ou les inimitables amours de Theoys et de Carite, en dix poèmes dramatiques de cinq actes*, ouvrage allégorique qui, à la vérité, n'a pu paraître sur le théâtre. (Voy. La Vallière, t. II, p. 331-356.) — Enfin, en 1651, Scarron ne dédaigne pas de se moquer encore des pièces en plusieurs journées : « Quand le Destin et ses compagnons entrèrent dans la chambre, il (Ragotin) s'offrit de leur dire, sans leur donner le temps de se reconnaître, une pièce de sa façon intitulée : *les Faits et les gestes de Charlemagne, en vingt-quatre journées*. Cela fit dresser les cheveux sur la tête à tous les assistants. » Scarron, 1re p., ch. VIII; t. I, p. 46.
Je me suis abstenu de citer, parmi les tragi-comédies en deux ou plusieurs journées, celles dont les différentes parties n'avaient été composées et publiées que successivement, comme par exemple l'*Argénis et Poliarque*, de du Ryer. (Voy. fr. Parfait, t. IV, p. 488 et 508.)
3. Même chose en Italie et en Espagne. Ainsi « la *Fiera* (la foire) du trop célèbre *Michelangelo Buonarotti*, neveu du grand artiste florentin... n'a pas moins de cinq journées, chacune en cinq actes... sans compter cinq introductions, de plusieurs scènes chacune. » Royer, t. III, p. 491. — En Espagne, en 1633, on joue devant le roi et la reine un drame sur la mort du roi de Suède, Gustave-Adolphe, dont la représentation dure douze jours. (*Gazette de France* du 12 février 1633, citée par M. Fournel, *Scarron*, t. I, p. 46.)

Si Hardy avait publié un certain nombre de tragi-comédies en plusieurs journées, nous aurions consacré un chapitre spécial à leur étude ; mais nous ne possédons en ce genre que *Théagène et Cariclée*, « faible ouvrage », et qu'il eût mieux aimé supprimer qu'imprimer, dit-il lui-même ; nous en parlerons donc ici tout d'abord et brièvement. Aussi bien, *l'Histoire éthiopique* étant de rédaction ancienne, et le sujet en ayant été pris dans un auteur grec, il est naturel de l'examiner après les pièces tragiques et mythologiques. Ensuite viendront les tragi-comédies de sujet antique : *Arsacome, Aristoclée, Gésippe, Phraarte* ; et, en dernier lieu, celles de sujet moderne : *Cornélie, la Force du sang, Félismène, Dorise, Frégonde, Elmire, la Belle Égyptienne*. Nous avons dit pourquoi nous joignons à cette liste *Lucrèce*, bien qu'elle porte le titre de tragédie.

ANALYSES

SECTION I

TRAGI-COMÉDIES EN PLUSIEURS JOURNÉES

Les chastes et loyales amours de Théagène et Cariclée.

I

Après avoir reconnu à l'auteur grec de *Théagène et Cariclée*, à Héliodore, des qualités de composition, de style, et surtout de moralité, les critiques récents ne laissent pas de dire que son livre appartient au genre ennuyeux [1] ; mais cette opinion est toute nouvelle et eût fort scandalisé les lecteurs instruits des XVIᵉ et XVIIᵉ siècles. Avides de romanesque et n'ayant pas encore le goût affiné — ou, si l'on veut, fatigué — par trois siècles de romans, ils suivaient avec une admiration attendrie la longue et monotone série des aventures qu'avait imaginées Héliodore, et que, dans son style naïf et charmant, Amyot venait de leur répéter [2]. Ils n'étaient pas fâchés de les retrouver, à peine transformées, dans

---

1. Chassang, *Histoire du roman et de ses rapports avec l'histoire dans l'antiquité grecque et latine*, Paris, Didier, 1862, in-12, p. 419 ; Villemain, *Essai sur les romans grecs* (dans les *Études de littérature ancienne et étrangère*, nouvelle édition, Paris, Didier, 1870, in-12, p. 180-182). Mérimée qualifie l'œuvre d'Héliodore d'*insipide* (la *Vie et l'œuvre de Cervantes, Revue des Deux Mondes*, du 15 décembre 1877, p. 762). — On peut comparer Huet, *de l'Origine des romans* (cité par Schœll, *Histoire de la littérature grecque*, t. VI, p. 228-229).

2. 1ʳᵉ édition, 1547 ; réimpression améliorée, 1559.

les œuvres soi-disant originales des romanciers modernes, et ceux-ci ne se lassaient pas d'imiter Héliodore, puisqu'en le faisant ils étaient sûrs de flatter le goût public [1]. Aussi ne se faut-il pas étonner si, malgré ses innombrables défauts, l'adaptation dramatique de Hardy fut favorablement accueillie; notre auteur était le premier qui eût l'idée de faire paraître sur la scène des héros connus et aimés, et, après lui, d'autres auteurs de théâtre : Genetay, Calderon, Montalvan, Gilbert, Duché, Dorat, Racine même, devaient, sciemment ou non, marcher sur ses traces [2].

Le roman d'Héliodore se divisait en dix livres : Hardy en a tiré huit *poèmes dramatiques* ou *tragi-comédies*. C'est beaucoup, et, si Hardy a supprimé bien des conversations et des discours, voire quelques aventures, il aurait dû en supprimer un bien plus grand nombre et nous faire grâce de quinze ou vingt actes. D'ailleurs, sa part d'invention est presque nulle et, s'il n'a pas suivi son modèle pas à pas, comme on le répète, il ne s'est du moins écarté que le moins possible de la disposition adoptée par lui.

On sait combien cette disposition a été louée. Héliodore, s'écriait Amyot avec enthousiasme [3], « commence au milieu de son histoire, comme font les poètes héroïques, ce qui cause de prime face un grand ébahissement aux lecteurs et leur engendre un passionné désir d'entendre le commencement; et toutefois il les tire si bien par l'ingénieuse liaison de son conte, que l'on n'est point résolu de ce que l'on trouve au commencement du premier livre jusqu'à ce que l'on ait lu la fin du cinquième. Et quand on en est là venu, encore a l'on plus grande envie de voir la fin, que l'on n'avait aupa-

---

1. Ces imitations étaient si nombreuses, que, lorsque Boisrobert, en 1619, publia l'*Histoire indienne d'Anaxandre et d'Orasie*, Balzac mit en tête une préface dans laquelle il dit que cet ouvrage « est un chef-d'œuvre plein de violentes émotions et écrit de la vraie langue de cour, tandis que la plupart des autres romans ne sont que des Héliodores déguisés, des enfants dégénérés de la lignée de Théagène ». (Dans Ch. Labitte, *Études littéraires*, Paris, Durand, s. d., 2 vol. in-8°, t. I, p. 388. *Boisrobert*.) Voy. sur quelques-unes de ces imitations de Blignières, *Essai sur Amyot*, ch. i.

2. Octave-César Genetay : *l'Éthiopique ou les chastes amours de Théagène et Cariclée*, tragi-comédie, 1609 (voy. p. 445, n. 2); — Calderon : *los Hijos de la fortuna, Teagenes y Cariclea* (t. III des œuvres, dans la *Biblioteca de autores españoles*, p. 87); — Perez de Montalvan, *id.*; — Gilbert, *Théagène*, tragédie, jouée devant Monsieur et Madame en 1662, et non imprimée (Loret, la *Muze historique* du 15 juillet 1662, t. III, p. 527); — Duché, *Théagène et Cariclée*, tragédie lyrique avec un prologue, 1695; — Dorat, *id.*, 1765, non imprimée; — enfin, sur la tragédie que Racine avait commencée et dont rien n'est venu jusqu'à nous, voy. le témoignage de L. Racine dans l'éd. Mesnard, t. I, p. 220.

3. *Le Proësme du translateur*.

ravant d'en voir le commencement. De sorte que toujours l'entendement demeure suspendu, jusqu'à ce que l'on vienne à la conclusion, laquelle laisse le lecteur satisfait, de la sorte que le sont ceux qui, à la fin, viennent à jouir d'un bien ardemment désiré et longuement attendu. » Cet ordre ingénieux, bien que d'une ingéniosité un peu forcée, ne pouvait être suivi sur le théâtre, où un ordre chronologique est nécessaire. Aussi Hardy, profitant d'une indication d'Héliodore lui-même, a-t-il commencé par mettre en action le récit de Calasiris.

« Et pour ce, disait Gnémon à Calasiris, est-il temps que vous commenciez à disposer de paroles votre comédie, comme si vous entriez sur un échafaud ou en un théâtre pour la jouer [1]. » C'est ce que l'auteur dramatique n'a pas manqué de faire, et sa première

---

1. L. II, ch. XXIII, f° 32, r. — La *mise en scène* de l'*Histoire éthiopique* est assez difficile à déterminer. Hardy, en effet, conserve souvent dans son texte les descriptions qu'il trouvait dans le roman, et que son metteur en scène ne pouvait songer à réaliser; et, d'autre part, ses personnages conversent, plus étrangement que partout ailleurs, sur le seuil des maisons, dans l'intervalle qui sépare deux habitations, en un mot, en dehors des compartiments où ils devraient être. Ce double caractère nous révèle une décoration rudimentaire, telle que les camarades de Hardy pouvaient se la permettre pendant leurs courses en province, et nous renoncerions à la deviner, si l'œuvre de Hardy n'avait été plus tard reprise à Paris et sa décoration rendue plus précise et plus conforme à la tradition. C'est cette dernière décoration que nous allons essayer de déterminer.

1re *journée*. A Delphes : maison de Chariclé au fond (deux pièces, dont une chambre avec lit et rideaux); — maisons de Calasire et de Théagène sur un des côtés. — L'autre côté représente l'île, avec la cabane de Tyrrhène à côté de laquelle est un rocher, et le campement des pirates où un vaisseau est à l'ancre pendant le cinquième acte. — A la fin du quatrième acte, une toile de fond représente un vaisseau.

2e *journée*. Une partie de la scène, couverte de cadavres pendant le premier acte, est séparée du reste par un coteau; — tente de Gnémon; — tente de Thiamis; — une caverne dans une colline; — c'est peut-être derrière cette colline que les assaillants, supposés placés hors de l'île de Thiamis, paraissent à la fin de l'acte III.

3e *journée*. Une caverne et un point hors de l'île de Thiamis, comme ci-dessus; — un bois et un coteau; — une route près de Chemmis; — à Chemmis, maison de Nausicle. (Quand Gnémon et Théagène sont hors de l'île de Thiamis, Gnémon en montre à son compagnon l'extrémité opposée, avec la mer, des buissons, des fondrières, des rochers; au milieu se trouve la caverne. Tout cela ne pouvait évidemment être représenté sur la scène. D'ailleurs, Gnémon et Théagène sont séparés de l'île par un bras du Nil qu'ils vont passer, et le Nil n'était pas représenté davantage; mais la convention permettait de représenter deux points distincts, celui où sont les deux personnages, et la caverne, sans représenter les points intermédiaires. « Nous allons ici près trouver quelque nacelle », dit Gnémon, et ils quittent la scène, et le passage est effectué à l'acte suivant. Plus loin (acte II, sc. 1), Thermutis dit : « Je vais ce bras du Nil traverser à la nage »; immédiatement l'auteur donne la parole à Gnémon et

journée répond aux deux parties du récit : l'une, qui va du livre II, ch. XXIII, à la fin du livre IV, a fourni la matière des trois premiers actes, et l'autre, qui va de V, XVII, à V, XXXIII, a fourni celle des deux derniers. Et pourtant, Hardy aussi a voulu prendre son sujet *in medias res* autant que les lois du théâtre le lui permettaient ; lorsque sa pièce commence, les fêtes Pythiques ont eu lieu, l'amour de Théagène et de Cariclée s'est déclaré, et nous sommes au milieu du livre III d'Héliodore ; ce qui précède, nous n'en serons informés que par des allusions ou par de petits récits assez habilement disposés.

A la fin de l'acte III, Théagène et Cariclée quittent la Grèce sous la conduite de Calasire, et les derniers actes se passent, soit dans une île où l'hiver les a forcés de relâcher, soit sur la mer, où Trachin et ses pirates les font prisonniers. Nous n'y signalerons qu'une scène intéressante, celle où le pêcheur Tyrrhène, monté sur un coteau, regarde avec anxiété partir ses hôtes, puis les voit arrêtés par le vent et atteints par leurs ennemis. Les pirates reviennent dans l'île [1], se brouillent, s'égorgent, et la

à Théagène qui sont dans l'île, et Thermutis, que nous oublions, se trouve lui-même dans l'île à la fin de l'acte.)

4º *journée*. Maison de Nausicle à Chemmis ; — une route ; — une plaine, qui, à l'acte IV, est couverte de cadavres ; — camp de Mitrane ; — au fond, les remparts de Memphis.

5º *journée*. Le temple d'Isis, dont on voit une salle ouverte au premier acte, et le portail tendu de noir au second ; — le palais d'Arsace, avec les deux appartements d'Arsace et de Cibèle.

6º *journée*. Le palais d'Arsace, avec les deux appartements d'Arsace et de Cibèle ; — prison ; — un lieu ombragé entre Memphis et le camp d'Orondate ; — camp d'Orondate avec sa tente. A l'acte IV, le milieu de la scène servait de place publique, et une toile de fond représentait peut-être Cariclée sur son bûcher. A l'acte I, sc. III, Thiamis parle sans doute sur la voie publique ; sans quoi, il faudrait ajouter à la décoration le temple d'Isis.

7º *journée*. Le palais d'Orondate à Syène ; — près de Syène, le camp d'Hydaspe avec sa tente et celle de Théagène et Cariclée ; — le palais de la reine Persine à Méroé. La plaine où se livre la bataille du IIº acte est sans doute représentée par le milieu de la scène.

8º *journée*. Toile de fond représentant la ville de Méroé : au-devant, des trônes, des sièges, un autel pour les scènes du sacrifice ; — d'un côté de la scène un palais, — de l'autre la chambre de Théagène.

La *durée de l'action* pour toute l'*Histoire éthiopique* est de plus de deux ans. (Voy. 8º journ., acte IV, p. 46.) Mais il est difficile et passablement inutile de l'établir pour chaque journée. Les plus courtes sont la 2ᵉ et la 3ᵉ qui durent deux jours, la 8ᵉ qui en dure trois ou quatre ; la plus longue est la première qui s'étend pendant plusieurs mois.

1. Comme le prouve le dernier vers de l'acte IV (p. 55) :

Et que chacun habile
Prête son industrie à regagner notre île.

scène se couvre de cadavres; c'est ainsi que finit la première journée.

Lorsque la seconde commence, les mêmes cadavres sont toujours là, et pourtant nous n'en sommes pas moins en Égypte, tout près du Nil. Mais qu'importent à Hardy ces contradictions? Maintenant, les combats vont succéder aux combats, des brigands vaincre les brigands, et nos amoureux changer à plusieurs reprises de maîtres. C'est tout le premier livre d'Héliodore qui défile devant nous, sans en excepter le récit, bien long et bien languissant au théâtre, que le Grec Gnémon fait à Théagène et à Cariclée de ses malheurs.

La troisième journée met en œuvre les 22 premiers chapitres du livre II, ainsi que les 9 premiers chapitres du livre V. Théagène y retrouve Cariclée, qu'avait séparée de lui le dernier combat, mais la perd aussitôt et pour plus longtemps. Pendant que l'un est emmené par les soldats du satrape Orondate, l'autre suit en pleurant le marchand Nausicle. Mais chez Nausicle se trouve celui qui a si longtemps servi de père à Cariclée, Calasire, et la jeune fille pourra se joindre au vieillard pour chercher celui qui est toute sa vie et tout son amour.

Tous deux, en effet, se mettent en route dans la quatrième journée, après avoir marié la fille de Nausicle à Gnémon; tous deux arrivent devant les remparts de Memphis, et y sont frappés par un étonnant spectacle. Le prêtre-brigand Thiamis dispute dans un combat singulier la sacrificature d'Isis à son frère. Or, Thiamis, qui avait déjà eu nos amants en sa possession, et qui a repris Théagène sur les soldats, a précisément pour père Calasire. Le vieillard s'élance et réconcilie ses enfants, Cariclée tombe dans les bras de Théagène. Mais l'impudique Arsace a vu le beau Thessalien du haut des remparts; elle le désire; elle est femme du satrape, et le satrape est absent : les épreuves de Théagène et de Cariclée ne sont pas finies.

La quatrième journée avait emprunté au roman les chapitres 10 et 11 du livre V, puis le livre VI et les huit premiers chapitres du livre VII. La cinquième journée termine ce livre, et la sixième répond aux 15 premiers chapitres du livre VIII. Ainsi dix actes sont consacrés à l'amour d'Arsace, à la vertueuse résistance de Théagène, aux périls qu'elle fait courir à Cariclée, enfin à la mort de l'impudique. Cinq actes eussent largement suffi. Arsace morte, nos héros se trouvent délivrés du plus grand danger, mais non pas encore au bout de leurs peines : un eunuque les mène vers Orondate.

La septième journée répond aux deux derniers chapitres du livre VIII, au livre IX tout entier et aux 5 premiers chapitres du dernier livre. La pièce étant assez courte [1], on voit que Hardy a considérablement réduit son modèle; mais comme il aurait dû le réduire encore! Tout ce qui concerne nos amants se borne à ceci, qu'ils tombent entre les mains du père de Cariclée, le roi d'Éthiopie Hydaspe; qu'ils sont destinés à être offerts comme victimes au dieu Soleil, mais que Cariclée a par devers elle les moyens de se faire reconnaître par ses parents, et que la reine Persine regrette d'avoir autrefois exposé sa fille. Pas un instant, nous n'éprouvons de crainte, de pitié ou d'admiration pour nos héros; tout cela n'est qu'une préparation et ne fournirait qu'un acte à une œuvre dramatique bien faite. Le reste de la journée, Hardy l'a rempli avec les péripéties d'un siège et d'une bataille qui nous sont fort indifférents. L'acte le plus long est le cinquième. Persine y pleure la mort presque certaine de sa fille, et cela était utile à nous montrer pour que nous attendissions volontiers la reconnaissance; mais quelques vers auraient suffi, au lieu que Persine fait de longs raisonnements, auxquels répondent de non moins longs raisonnements de sa nourrice. Comment pourrions-nous nous y intéresser, nous qui savons Cariclée vivante? Le sujet épuisé, la reine et la nourrice se mettent à discuter les chances de défaite et de mort du roi. Comment nous y intéresser encore, puisque nous avons assisté à sa victoire? Ce bel acte se termine par un récit de messager, et, ce que ce messager raconte, c'est ce que quatre actes mortellement longs nous ont déjà trop appris.

La huitième journée est traînante aussi, en dépit des suppressions assez nombreuses que Hardy a faites dans le roman; mais elle est disposée avec habileté. Tandis, en effet, que, dans Héliodore, les préparatifs du sacrifice, la reconnaissance de Cariclée, les victoires de Théagène sur un taureau et sur un géant, l'arrivée de l'Athénien Charicle, beaucoup d'autres incidents encore se suivent sans interruption et ne forment qu'une longue scène, Hardy, qui avait besoin de cinq actes, a trouvé d'ingénieuses raisons pour les séparer. Lorsque Hydaspe a reconnu sa fille, il s'émeut, la

---

1. 1300 vers; la 2ᵉ journée seule en a un peu moins : 1270, mais on en compte 1462 dans la quatrième.

veut longuement voir et embrasser, et remet la suite du sacrifice au lendemain. Plus loin, Hardy a supprimé la lutte de Théagène avec le taureau, et mis en récit — il le fallait bien — son étonnante victoire sur le géant. Mais ce récit ne pouvait être fait qu'à l'amante du héros, et comment admettre que Cariclée eût quitté Théagène dans le danger? Elle ne l'a pu, que si le sacrifice a été encore remis. Aussi Hardy a-t-il déplacé l'arrivée de Charicle; elle se produit, chez lui, avant les exploits de Théagène, et c'est cette arrivée, c'est le désir fort naturel qu'éprouve Hydaspe de conférer avec le vieillard qui fait encore différer la cérémonie. Avec une seule scène, Hardy a donc fait trois actes. Il en a obtenu un quatrième en faisant précéder le tout par une conversation, quelque peu ennuyeuse, mais utile, entre Théagène et Cariclée, et par une apparition de Calasire, qui, bien qu'étrange, a l'avantage de ramener sous nos yeux un des principaux personnages des premières journées. Restait à trouver un cinquième acte, et celui-là est bien un pur remplissage : Charicle nous y instruit et s'y fait instruire en 220 vers de ce que quelques mots nous auraient appris [1].

On voit, par cette courte analyse, comment Hardy a découpé le roman d'Héliodore et comment se suivent ses huit journées. Quelques-unes, encore qu'étroitement liées au reste de l'*Histoire éthiopique*, se terminent par un dénouement provisoire et forment un tout dramatique incontestable. Ce sont : la première, où Théagène et Cariclée voient avorter les projets hostiles de Charicle, du marchand phénicien et du pirate; la quatrième, qui marie Gnémon et réunit Théagène à Cariclée, Calasire à ses enfants; la sixième, à la fin de laquelle Arsace meurt et nos amoureux quittent Memphis; la huitième, enfin, qui récompense les loyales amours de nos héros. Mais les quatre autres ne concluent rien, et leur cinquième acte ne mérite pas le titre de dénouement.

Toutes ces pièces sont écrites dans un style abominable, à la fois incorrect, obscur et prétentieux [2] : toutes sont remplies de contradictions et de négligences sans nombre [3]. En un mot, toutes sont mauvaises, mais elles ne le sont pas également, et c'est

---

1. Acte III, 224 vers.
2. Nous pourrions citer çà et là quelques vers simples ou énergiques, mais ce ne sont, hélas! que de trop rares exceptions. Voy. 1re journée, acte IV, sc. II; acte V, sc. III; 2e journée, acte V, sc. I; 3e journée, acte IV, sc. I, p. 179-180; 4e journée, acte II, sc. II; acte III, sc. I; acte IV, sc. I, p. 259 ; 7e journée, acte III, sc. I; 8e journée, acte IV, p. 39; acte V, sc. I, p. 53 fin à 54.
3. Nous avons déjà indiqué une de ces négligences ; nous n'en citerons que

peut-être la quatrième qu'on pourrait déclarer la plus supportable ; le second acte, où se conclut le mariage de Gnémon, renferme d'assez bons vers et offre un intérêt assez soutenu.

Analyserons-nous les caractères ? La plupart valent moins que dans le roman. Théagène et Cariclée sont de *loyaux* amants, mais leur *chasteté* n'est pas accompagnée d'une suffisante réserve, et leurs baisers sont aussi nombreux que passionnés. Un moment même, Théagène se montre fort peu chaste, aussi bien de langage que d'intention : retrouvant Cariclée après une série d'épreuves, et redoutant, non sans motif, de la perdre encore, il la presse d'oublier ses serments et de se prêter à ses désirs [1]. Mouvement auquel n'avait pas songé Héliodore, mais qui est vraiment dramatique ; malheureusement la scène est longue, par endroits écœurante, et si mal écrite ! — Calasire est un prêtre qu'Héliodore a voulu faire respectable et qui ment cependant beaucoup ; Hardy l'a fait mentir plus effrontément, plus cyniquement. — Arsace est ici plus vivante que dans Héliodore, mais comment pourrait-on s'en féliciter ? N'est-ce pas une impudique absolument répugnante, dont les sens beaucoup plus que le cœur demandent satisfaction ? Et quel grave inconvénient offre au point de vue dramatique ce personnage ! C'est Arsace seule qui agit, c'est elle qui supplie, menace, pleure, et pendant ce temps, Théagène joue un de ces rôles de jeune homme chaste et embarrassé qui, au théâtre, sont si ingrats !

Ne poursuivons pas cette revue, peu intéressante en somme ; et, sans insister sur le faible Charicle, l'ignoble Cibèle ou l'insignifiant Gnémon, voyons plutôt quel est le caractère général de l'œuvre, et si elle tient légitimement sa place parmi les tragi-comédies.

---

deux autres. L'île où se passe une partie de la première journée est peuplée d'insulaires et néanmoins déserte. (Voy. le sommaire et cf. IV, ıı, p. 48 ; IV, ııı, p. 49.) — Le IIIe acte de la 4e journée est formé par un monologue d'un personnage puissant qui vient d'envoyer au roi de Perse Théagène captif. Quel est ce personnage ? La 1re édition dit partout Orondate, la 2e dit Orondate dans la liste des acteurs et Mitrane en tête du monologue ; hésitations fort naturelles, car ni à l'un ni à l'autre ce monologue ne convient réellement. Et les difficultés sont les mêmes pour savoir à qui Théagène est envoyé : trois passages disent au roi, trois à Orondate, un à Hydaspe !

1. 3e journée, acte III, sc. ıı, p. 170-176.

II

Le sujet même offre un incessant mélange de tristesses et de joies qui lui donne un caractère mixte assez remarquable. « Voilà la guerre qu'elle nous mène », dit Théagène de la destinée, « en se jouant et faisant de nous une comédie ou plutôt une tragédie [1]. » Entre ces deux mots de tragédie et de comédie Héliodore hésite ainsi plusieurs fois [2], et quelque part même il les réunit : « La guerre abominable des deux frères fut apaisée, et le combat, que les assistants s'attendaient de voir vider par la mort sanglante de l'un ou de l'autre des combattants, d'un commencement tragique se termina en une issue comique [3]. » La succession des différents incidents et les changements nombreux du ton accusent ce caractère mixte du sujet. Or, Hardy n'a rien fait pour atténuer ces contrastes, il les a augmentés plutôt : ici, il donne plus de noblesse à Nausicle, qui délivre Cariclée sa captive sans avoir reçu d'elle aucun présent [4]; là, il insiste avec une lourdeur grossière sur le stratagème scatologique de Gnémon [5]; ici, Orondate combat héroïquement, tandis qu'il fuyait dans Héliodore [6]; là, Charicle ému et désespéré nous fait cependant sourire par une plaisante rodomontade [7].

Le système dramatique est mixte comme le fond même, parce que Hardy, à cette heure, suit deux modèles : Robert Garnier et Héliodore. Pour imiter le dernier, il entasse les événements, multiplie les allées et venues, fait se poursuivre sur la scène des com-

---

1. L. V, f° 68, verso.
2. L. II, f° 32, recto (passage cité plus haut, p. 437), et l. VI, f° 88, recto.
3. L. VII, f° 99, verso.
4. 4ᵉ journée, actes I et II.
5. 3ᵉ journée, acte III, sc. I.
6. 7ᵉ journée, acte II, sc. IV.
7. 1ʳᵉ journée, acte III, sc. III, p. 34 :

            CHARICLE
Va quérir mon épée, apporte et reviens vite,
Un seul n'échappera de mon juste courroux;
Je les enferrerai, je les occirai tous.
. . . .
            SOSIE
Mon maître, la voici, aucunement rouillée.

On reconnaît dans ce trait une assez originale imitation de *Bradamante* (acte II, sc. II). De même, c'est à l'imitation de l'arrivée des ambassadeurs bulgares, au dénouement de *Bradamante*, qu'il faut rapporter l'arrivée des ambassadeurs thessaliens au dénouement de la 8ᵉ journée.

battants ; pour rester fidèle à Garnier, il a soin de faire discourir et monologuer sans cesse ses personnages, à moins qu'ils ne se répondent symétriquement et par antithèses. Ainsi, nulle part on ne s'agite et nulle part on ne bavarde davantage. Aucun acte n'est formé par une scène unique [1] et plusieurs même en comprennent un assez grand nombre, mais il n'y en a pas moins de 29 sur 40 qui commencent par des monologues, et quelques autres encore commencent par des discours.

Malgré tout, dans ces pièces d'écolier, l'instinct dramatique apparaît déjà, et nous en avons donné une ou deux preuves. Nous pourrions montrer encore avec quelle habileté le dramaturge fait connaître Thisbé aux spectateurs, alors qu'il l'introduit dans cette caverne où Thiamis la prendra pour Cariclée [2] ; comment il avance la date du mariage de Gnémon, afin de représenter avec plus de suite les aventures de ses deux principaux héros [3] ; quelle situation dramatique termine la cinquième journée, et quel mouvement puissant entraîne la scène où se tue Arsace [4]. Mais nous aimons mieux montrer avec quelle décision Hardy imprime çà et là à ses pièces l'allure qui convient à la mise en scène complexe et au drame libre.

Étant donné le sujet de la sixième journée, où Arsace essaye vainement de briser la résistance de Théagène et de Cariclée, où Thiamis s'efforce de sauver ses deux protégés, où la jalousie d'Orondate se déchaîne contre l'adultère Arsace, un poète tragique du XVII° siècle eût placé sa scène soit à Memphis, soit dans le camp d'Orondate, et, prenant pour *motif* principal de son action, soit le crime de la femme, soit la jalousie du mari, il l'eût développé régulièrement et sans interruption jusqu'au dénouement. — Garnier se fût sans doute occupé de l'un et de l'autre, et nous eût présenté Arsace, Orondate, Thiamis, mais sans s'inquiéter de les mettre aux prises ou même de nous les montrer en temps opportun. — Quant à Hardy, il nous transporte successivement au camp, où Orondate apprend les désordres de sa femme ; près de Thiamis, qui décide de redemander Théagène et Cariclée ; au palais enfin, où Arsace espère vaincre par la violence celui qu'elle n'a pu

---

1. En entendant le mot scène au sens classique. Autrement, on trouve six actes sans distinction de scènes : les actes IV et V de la 7° journée ; I, II, III et IV de la 8°.
2. Voy. surtout 2° journée, acte IV, sc. v.
3. 4° journée, acte II, sc. ii.
4. 6° journée, acte V, sc. iii.

séduire par la douceur. L'action s'engage sur trois points différents et continue à les occuper tous trois. Cependant, Thiamis est entré en lutte avec Arsace, Orondate la surveille et la combat par l'intermédiaire d'un homme sûr, Théagène et Cariclée continuent contre elle leur résistance, et c'est sur un seul point, c'est d'un seul coup que les intérêts de tous les personnages se trouvent réglés au dénouement [1].

N'est-ce pas ainsi justement que procède Shakespeare? N'est-ce pas ainsi que, dans *Tout est bien qui finit bien*, l'action se transporte sans cesse et successivement en Navarre, à Paris et en Italie, jusqu'à ce qu'en Navarre, et dans une scène unique, tout s'explique et *finisse bien* [2]?

SECTION II

TRAGI-COMÉDIES DE SUJET ANTIQUE

I. — Arsacome ou l'amitié des Scythes.
(T. II, p. 295 à 392.)

« Cela est vraiment tragique, Toxaris; cela a tout à fait l'air d'une fable. » Ainsi parle le Mnésippe de Lucien à son interlocuteur scythe, après avoir entendu l'histoire d'Arsacome et de ses amis [3]. Un pareil jugement était fait pour frapper Hardy et pour l'encourager à porter cette histoire sur la scène, car, si elle manquait quelque peu de vraisemblance, ce défaut ne pouvait choquer un public naïf, et si elle avait une allure et un ton vraiment dramatiques, elle devait forcer et retenir son attention. Aussi Hardy trouve-t-il que « ce beau sujet... s'accommode des mieux à la scène française [4] »; aussi sa tragi-comédie offre-t-elle les mêmes caractères que le roman grec.

Analysons-la rapidement [5].

---

1. Nous mettons à part la dernière scène, qui est surtout destinée à relier les 6ᵉ et 7ᵉ journées.
2. Il ne saurait être bien utile de comparer aux huit pièces de notre auteur quelqu'une de celles, en trois ou cinq actes, que Théagène et Cariclée ont inspirées. Aussi n'aurions-nous dit qu'un mot de la première en date, celle que Genetay a consacrée en 1609 à la fin de l'*Histoire éthiopique*; mais la pièce est fort rare et nous n'avons pu la rencontrer. Renvoyons aux 14 vers qu'en citent les frères Parfait, t. IV, p. 124; La Vallière n'en parle pas.
3. Voy. Lucien, *Toxaris ou l'amitié*, ch. XLIV-LVI.
4. Argument.
5. *Mise en scène supposée.* Le fond et la moitié des côtés appartiennent à la

Arsacome, chargé par les Scythes d'aller recevoir le tribut dû par Leucanor, roi du Bosphore, est devenu amoureux de Masée, fille de ce roi ; mais il désespère d'obtenir sa main. En dépit de son titre d'ambassadeur, Arsacome, en effet, est pauvre comme tous les Scythes, tandis que Masée, entourée de riches et puissants prétendants, va être fiancée dans une « assemblée publique » à celui que Leucanor jugera le plus riche et le plus puissant. L'amoureux s'abandonnerait donc à la douleur, si la princesse n'était éprise de lui, et ne lui envoyait une de ses suivantes pour l'encourager à lutter contre ses rivaux : Ne crains pas, lui dit-elle, de faire sonner bien haut des richesses imaginaires. Arsacome est enivré de joie, mais il ne saurait mentir : il ne dira au roi que la vérité. — Début net et intéressant dont il nous faut faire honneur à Hardy, car Lucien avait oublié de dire si l'amour d'Arsacome était partagé !

Cependant l'assemblée fatale se réunit, et deux chefs de peuples, Tigrapate et Adimache, exaltent à l'envi leur noblesse, leurs forces et leurs trésors. Arsacome, sans s'émouvoir, prétend l'emporter encore sur eux par ses richesses. On s'étonne, et voici comment s'explique cet habitant d'un pays stérile et désert « où campe éternellement la rigueur du froid » :

> Nous, à la vérité, que régit la prudence,
> N'estimons pas richesse une large abondance
> De ce jaune métal qui vous est précieux,
> Le poison des mortels le plus pernicieux ;
> N'advienne que jamais notre cœur s'y attache,
> Que le Scythique los en la sorte se tache ;
> Je n'ai ni chariots, ni villes, ni palais ;
> Je ne traîne à ma suite un scadron de valets,
> Ma richesse du sort ne craint la violence,
> Tous les trésors du monde elle emporte en balance,
> Sans plus de deux amis intimes consistant.
> A peine en l'univers qu'il s'en retrouve autant,
> Car ce sont deux phénix, sire, ce sont deux hommes
> La gloire et l'ornement de ce siècle où nous sommes ;
> En eux il n'y a rien que de perfection [1].

capitale du Bosphore : au fond, le palais de Leucanor ; sur les côtés, maison d'Arsacome et extérieur d'un temple de Mars. — Sur l'un des côtés, on voit encore la demeure d'Arsacome en Scythie ; sur l'autre, l'extérieur du palais d'Adimache chez les Malliens. — A l'acte IV, sc. III, le milieu de la scène représente une route sur les frontières de la Scythie.

La *durée de l'action* est d'environ trois mois (voy. acte III, sc. II, les derniers vers de la p. 350 et le premier de la p. 351).

1. Acte I, sc. II, p. 309-310.

Si Leucanor accepte Arsacome pour gendre, il s'assurera l'appui de ces deux amis et du peuple scythe, et il n'aura rien à craindre des nations voisines :

> Pauvre d'or, je suis riche en fer pour te défendre [1].

Belles paroles, fières déclarations! Mais Leucanor rit, Tigrapate et Adimache s'indignent, et Arsacome, qui reçoit l'ordre de quitter au plus vite le pays, s'élance hors du palais en s'écriant :

> Inflexible tyran, je jure le soleil
> De ne dormir jamais tranquille un bon sommeil
> Que l'écorne reçu dessus toi ne retombe,
> Que ta perte ne soit ma propice hécatombe;
> J'ai trop à ton malheur de courage et d'amis
> Pour tirer ma raison de l'outrage commis

Ces menaces sont de mauvais augure, et la tristesse de Masée, qui est fiancée à Adimache, ne l'est pas moins. C'est ainsi que finit le premier acte.

Le second nous transporte en Scythie, où Arsacome fait part à ses amis Loncate et Macente de l'injure qu'il a reçue. Macente est plus violent et Loncate plus confiant dans la ruse, mais tous deux sont également persuadés que l'injure les touche autant qu'Arsacome, tous deux sont également prêts à venger leur ami ou à périr :

> Je dépite la mort, du devoir acquitté [2].

Aussi décident-ils que Loncate s'efforcera de tuer le tyran, et Macente de ravir Masée à Adimache, pendant qu'Arsacome, assis sur le cuir de bœuf, à la mode scythe, rassemblera une armée autour de lui. Arsacome réclame en vain contre le rôle trop facile qu'on lui attribue, il se heurte à de spécieuses raisons et surtout à des volontés inébranlables, et le voilà réduit à prier Jupiter pour ses défenseurs :

> Toi donc, père Tonnant, qui punis les pervers,
> A qui sont nos desseins équitables ouverts,
> Veuille les assister d'une prospère issue;
> Fais que notre espérance, heureusement conçue,
> Parvienne à son attente, ou, si quelque méchef
> Nous menace à tomber, que ce soit sur mon chef [3].

---

1 P. 311. « Le vers est digne de Corneille », dit Saint-Marc Girardin dans son *Cours de litt. dram.*, t. III, p. 317, note 2.

2. Acte II, sc. 1, p. 320.

3. Acte II, sc. 1, p. 322.

Revenons à Masée, que Hardy n'a eu garde de laisser de côté, comme Lucien. Ici, nous l'entendons, la veille de ses noces, se plaindre dans les termes les plus énergiques du mariage auquel on la condamne, et nous voyons qu'au seul souvenir d'Arsacome, son cœur bat avec plus de force que jamais. Adimache paraît devant elle, la figure aimable et souriante ; —

> Ah! monstre, que tu m'es effroyable d'abord!

s'écrie la fiancée,

> Que ne vois-je en ton lieu l'image de la mort [1]!

puis, elle déclare au fiancé confus qu'en un grand péril elle a fait vœu de rester vierge pendant un an ; s'il ne la respecte encore trois mois, il faudra qu'elle soit parjure. Adimache soupçonne une feinte, mais il est amoureux et respectueux, et il se résigne à faire la promesse qu'on lui demande. La scène est curieuse et doublement utile, puisque Masée y fait éclater sa haine pour Adimache et se réserve pure pour Arsacome. Lucien aussi avait dit, en un autre endroit de son récit, que Masée était restée vierge ; mais de toutes les invraisemblances que comportait le sujet, celle-ci était peut-être la seule que le public de 1600 n'eût pas acceptée. Hardy avait donc pris soin de l'atténuer, ainsi que d'en tirer le parti le plus dramatique.

Au troisième acte, Leucanor apprend d'un messager qu'Arsacome a soulevé les Scythes, ramassé une armée, préparé la guerre :

> Regardons d'opposer à l'orage grondant
> Les effets d'un conseil salutaire et prudent ;
> Prévenons l'ennemi avant qu'il nous prévienne.
> Ah! si je recouvrais la vigueur ancienne!
> Prompt à exécuter le dessein pourpensé [2]...

Mais le pauvre roi ne songe à se défendre que contre la force, et c'est par la ruse qu'il périra. Loncate s'avance, amené par des soldats, confirme le récit du messager et promet de tuer Arsacome, son ennemi, si le roi lui accorde sa seconde fille en mariage. Leucanor y consent, et Loncate le prie de venir jurer dans un temple de Mars, qui est là tout proche, afin que leur double

---

1. Acte II, sc. II, p. 327.
2. Acte III, p. 338.

serment soit à la fois plus secret et plus solennel. — Toute la fin de cette scène est aussi dramatique qu'invraisemblable : Leucanor est saisi d'une horreur subite; cependant il entre dans le temple, et le *chœur* des soldats nous fait part de ses appréhensions :

> Souvent l'extrême confiance
> Aux grands rois la vie a coûté;
> Qui de tous se voit redouté
> De tous doit être en défiance,
> Vu qu'à mille aguets ennemis
> Un diadème l'a soumis [1].

Enfin Loncate reparaît, ayant tué le roi et cachant sa tête sous son manteau. « Enfants », crie-t-il aux soldats,

> Enfants, le roi par moi derechef vous commande
> Que l'abord à chacun du temple se défende
> Jusqu'à perfection de ses vœux proposés...
> L'infracteur subira la peine capitale.
> — Courage, une frayeur de puissance royale
> Leur impose silence et leur glace le sein...
> Fuyons..... [2]

Tout à l'heure, un sacrificateur viendra dire aux soldats, en gémissant, que le cadavre de Leucanor est baigné dans son sang au milieu du temple; mais, entre les deux scènes, Hardy n'a pas craint de nous transporter chez les Malliens pour nous faire entendre un court monologue de Masée. Elle hait toujours Adimache, elle adore toujours son Arsacome, et, si on ne veut ou ne peut la délivrer, elle se tuera plutôt que d'appartenir à son mari.

L'acte III nous a montré Loncate acquittant sa promesse; nous allons voir à l'acte IV Macente remplir la sienne. Celui-ci, en effet, se donnant comme un proche parent de Leucanor, annonce à Adimache la mort du roi et lui offre la couronne du Bosphore; mais il faut qu'Adimache se hâte de la venir prendre, et se fasse suivre de sa femme qui lui conciliera l'affection de ses sujets. L'héritier prétendu tombe bien vite dans le piège et ne confie à nul autre qu'à Macente le soin important d'escorter Masée. — Ainsi, pendant qu'Arsacome, dans une scène indispensable à plusieurs titres, s'inquiète du sort de ses deux amis, puis revoit

---

1. Acte III, sc. i, p. 347.
2. Acte III, sc. i, p. 349-350.

Loncate porteur de la tête de Leucanor, et lui apprend qu'il a disposé des troupes sur les frontières du pays des Malliens ; pendant ce temps, Macente conduit la princesse, et nous devinons sans peine de quel côté. Lorsque nous les retrouvons, le Scythe console Masée de la mort de son père et parvient à obtenir de sa bouche l'aveu de son amour. Eh quoi ! ajoute-t-il, si le hasard nous faisait trouver Arsacome ! — Pourquoi repaître mon esprit de chimères ? répond Masée ; ce miel, hélas ! « ne fait qu'aigrir mes secrètes douleurs ». Mais, à ce moment, des soldats s'élancent au devant du cortège, et, au nom d'Arsacome qui les envoie, l'effroi de Masée fait place à la plus évidente satisfaction. Toute cette scène dramatique, et que n'indiquait même pas Lucien, a eu pour témoin un page scandalisé qui rapportera tout à Adimache.

Ainsi le cinquième acte se relie nettement aux précédents, mais il est un peu vide et, si Arsacome eût paru à la fin du quatrième, s'il nous eût parlé avec confiance de la victoire des Scythes sur Adimache, la pièce eût gagné à se borner là. Pour former encore un acte, Hardy fait paraître l'ombre de Leucanor, Adimache disserte sur la foi que méritent les apparitions, le page raconte ce que nous avons vu, une guerre sans merci est décidée. Puis, nous nous transportons en Scythie, où Arsacome et Loncate discutent peu utilement sur le sort de leur ami Macente ; celui-ci et Masée paraissent enfin. La joie des amants est alors complète, mais l'annonce d'une invasion des Malliens l'interrompt. La victoire sera facile, disent les trois amis, et Loncate et Macente voudraient même éloigner Arsacome de la bataille, afin de le laisser tout entier à ses amours. Arsacome rejette vivement une telle proposition ; il brûle au contraire de montrer à *sa dame* sa vaillance en terrassant un impuissant rival :

> Allons, braves guerriers, allons donc, je vous prie,
> Mon bon droit maintenu, libérer la patrie [1].

La courte analyse qui précède montre quelles sont les principales modifications apportées à l'histoire d'Arsacome par Hardy : le rôle tout entier de Masée, le rapprochement constant et systématique entre la conduite de l'amante et celle de l'amant, la distinction des deux caractères de Loncate et de Macente, la

---

[1]. Acte V, sc. II, p. 392.

physionomie passablement grotesque donnée à Tigrapate et, au début même, à Adimache, toutes ces innovations et quelques autres sont caractéristiques de l'œuvre dramatique ou, plus précisément encore, de la tragi-comédie. Mais remarquons-le, c'est aux événements, non aux caractères, que l'auteur a cherché à nous intéresser. Arsacome nous attacherait davantage, s'il sacrifiait quelque peu sa vengeance à son amour, et s'il ne préludait à ses effusions du dénouement par cette expression assez malsonnante :

> Pour l'accident frivole
> D'un amour passager qui ne vaut la parole [1].

D'ailleurs, ce héros est, presque partout, éclipsé par ses amis. — Masée est passionnée, constante, énergique; mais Scudéry, qui nommait Chimène une *parricide*, aurait eu beau jeu à lancer contre Masée cette accusation : alors que son père vivait encore, elle se plaint de ce qu'Arsacome ne s'est pas vengé de son affront; et lorsque son père est mort, elle accepte avec une bien grande facilité les mauvaises raisons par lesquelles il s'excuse de ce crime [2]. Avec qui donc sympathiserons-nous? Avec Macente et Loncate? Mais ce sont des personnages secondaires, et, de plus, peut-on dire de leurs victimes qu'elles ont mérité leur sort? Non, Hardy n'a pas cherché ici, comme l'eût fait un poète de l'époque classique, à diriger toute l'attention sur un personnage principal, tous les vœux vers un événement désirable. C'est à l'ensemble des événements et des personnages, c'est au roman même dramatisé qu'il a voulu et su attacher ses spectateurs.

II. — Aristoclée ou le mariage infortuné.

(T. IV, p. 143 à 223.)

Deux prétendants [3] aspirent avec la même ardeur à la main de la belle Aristoclée, fille de Téophane : Straton, qui est noble et

---

1. Acte III, sc. II, p. 365.
2. Voy. acte III, sc. II, p. 351 (et notez que Masée assistait aux menaces de l'acte I, sc. II, p. 314-315); acte IV, sc. III, p. 371-372; acte V, sc. II, p. 387-388.
3. *Mise en scène supposée.* Maison de Straton à Orchomène; — maison de Téophane à Aliarte; — le temple de Junon; — la fontaine de Siloesse, un tertre, un bois. — Peut-être le temple de Junon est-il représenté par une toile de fond.
   La *durée de l'action* est de quelques jours.

riche, et habite la puissante cité d'Orchomène; Calistène, qui n'est qu'un pauvre et obscur citoyen de la modeste ville d'Aliarte, mais qui a pour lui d'être le compatriote et le parent d'Aristoclée. C'est à nous faire connaître ces deux prétendants et à nous informer des préférences de la belle pour ce dernier qu'est consacré le premier acte.

Dès le début, Straton nous montre son caractère hautain, passionné, violent, excessif en tout. Depuis qu'un heureux hasard lui a montré Aristoclée se baignant, il la désire, il la veut, il s'irrite qu'un téméraire ose entrer en concurrence avec lui :

> Tu me vois, au refus, épouser une tombe,
> Au mortel désespoir la constance succombe,
> Il faudra que ma main guérisse ma douleur
> Ou qu'elle aille égorger de ce pas un voleur [1].

A-t-il, au moins, avant de songer à « égorger un voleur », consulté le père de sa maîtresse? Son orgueil l'en a empêché, et il s'est contenté de faire à Téophane d'insuffisantes avances, auxquelles il a été répondu fort mollement. C'est le père qui a eu raison, dit avec beaucoup de sens le fidèle domestique de Straton, Aristide :

> Bien que telle offre tourne à son grand avantage,
> L'honneur ne permettait d'en dire davantage ;
> Une froide poursuite appelle un froid accueil,
> Jupiter amoureux dépose son orgueil.
> Un père veut ouïr, en demande pareille,
> Par les soumissions chatouiller son oreille,
> Fût-il inférieur et mille et mille fois,
> Dût-il, simple bouvier, être allié des rois [2].

Mettez de côté tout mépris et, avant de recourir à la violence, faites connaître votre amour ainsi que vos loyales intentions.

Si l'orgueil et la colère ont empêché Straton de demander Aristoclée en mariage, Calistène a été arrêté par des sentiments tout opposés, la timidité, l'humilité, la crainte. Certes il est brave et ne se laisserait pas ébranler par des menaces ; d'autre part, il sait combien son amour est partagé :

> Son chaste objet en tout favorise ma flamme,
> Et nos deux corps ne sont régis que par une âme,
> Et nos désirs ensemble aspirent à un port,
> Voire presque déjà s'égaient sur le bord [3].

1. Acte I, sc. I, p. 148.
2. P. 152-153.
3. Acte I, sc. II, p. 154.

Mais le père ne sera-t-il pas séduit par la richesse et par la puissance d'un tel rival? Et il faut qu'Aristoclée ranime la confiance de son ami : Armez-vous de courage, lui dit-elle, allez trouver mon père,

> Et que l'âme, en un mot, s'exprime par la bouche [1].

Au second acte, nous voyons Téophane s'attendre à la double demande en mariage et n'en être pas peu embarrassé; car, autant la démarche de Straton le flatte, autant il hésite à contraindre sa fille et à l'exposer aux périls d'une union contractée à contre-cœur. Il ne répond donc à l'orgueilleux jeune homme que par de vains remerciements :

> Où l'inégalité se trouve entièrement,
> Un mariage heureux résulte rarement...
> Ma fille, de l'enfance à grand'peine sortie,
> Avec le mariage a quelque antipathie [2].

Mais Straton n'a garde de prendre le change; il accuse aussitôt Calistène, et jure que, si ses soupçons sont fondés, il saura punir son outrecuidant rival. — C'est maintenant au tour de Calistène de formuler sa demande, et il le fait avec une franchise, une émotion, une fermeté bien faites pour lui concilier les sympathies.

> Pauvre en biens fortuits, mais en zèle abondant [3],

il sollicite l'agrément du père après celui de la fille et, l'ayant obtenu, il exposera volontiers sa vie pour les défendre tous deux contre un arrogant.

Il nous manque une scène encore pour achever cette longue, mais intéressante exposition. Nous n'avons pas vu Straton en face d'Aristoclée; Hardy les met en présence à la fin de l'acte. Straton s'y montre tel que nous l'avons vu jusqu'à présent, et Aristoclée, qui a peur de sa violence, en est réduite à nier son amour pour Calistène et à conclure l'entrevue par quelques paroles vagues, auxquelles la vanité de Straton se laisse tromper. Le lendemain, d'ailleurs — telle a été la conclusion de chacune des scènes de cet acte — Téophane réunira ses concitoyens dans le temple de Junon,

---

1. P. 159.
2. Acte II, sc. I, p. 163.
3. Acte II, sc. II, p. 167.

et là, conformément à une ancienne coutume, sera choisi le mari d'Aristoclée.

C'est au temple de Junon que se passe le troisième acte. Téophane y veut confier à ses concitoyens une décision qu'il n'ose prendre lui-même, mais le *chœur* se récuse fort prudemment :

> Toi-même, plus expert aux affaires du monde,
> Dessus qui le péril davantage redonde,
> Qui lis dans le passé ce qui doit advenir,
> Qui sais à qui ton sang se peut le mieux unir,
> Prononce hardiment la sentence fatale... [1]

Le pauvre bonhomme se désole; Straton commence à être exaspéré par ces lenteurs.

> Dieux, la juste fureur m'emporte, impatient [2],

s'écrie-t-il, et, comme Calistène proteste, scandalisé, contre ses violences :

> Quelle présomption t'enivre, misérable,
> Toi qu'un monde présent me sait incomparable,
> Toi que dessous ses pieds terrasse le malheur,
> Que ne relève point le sang ou la valeur,
> Qui ne te trouverais place entre mes esclaves,
> Que l'âpre pauvreté retient dans ses entraves,
> D'oser venir au pair, d'oser te prendre à moi,
> D'oser ma volonté ne recevoir de loi [3].

Les deux prétendants étaient sur le point d'en venir aux mains, mais on les arrête; alors, repoussant les moyens dilatoires de Téophane, Straton prie — avec le ton même dont on menace — il prie Aristoclée de désigner elle-même son époux. Toutes les voix approuvent, tous les cœurs battent, et tous les regards se tournent vers Aristoclée.

ARISTOCLÉE
Ma langue n'oserait le courage exprimer,
De crainte du malheur qui nous doit opprimer.

STRATON
Mon choix te garantit.

CALISTÈNE
Le mien t'ôte de peine.

1. Acte III, p. 177.
2. P. 178.
3. P. 179.

STRATON

Regarde que Straton...

CALISTÈNE

Surpasse Calistène
En pompeuse apparence, et cède en loyauté
De pure affection vers ta chaste beauté.

STRATON

Pense que, tôt ou tard, ma vengeresse lame
Te fait rentrer, menteur, ces paroles en l'âme.

CALISTÈNE

Lors comme alors. Ne laisse, ô soleil de mon jour,
Ne laisse d'adjuger le prix à mon amour.

TÉOPHANE

Plus tu différeras, plus leur jalouse rage
Menace d'éclater quelque sanglant orage.
Dépêche, Aristoclée, et veuille prévenir
Un esclandre mortel, si proche d'advenir.

ARISTOCLÉE

Hé! bons Dieux, que ne peut mon âme, séparable,
Faire à deux à la fois un secours mémorable,
Rendre à deux à la fois témoignage, combien
J'honore leur poursuite et désire leur bien !
Mais l'impossible, hélas! me contraint de méprendre,
Et d'époux désormais un Calistène prendre
Plus compatible avec ma basse qualité;
Car l'heur d'un mariage est dans l'égalité [1].

On devine l'effet de ces paroles. Le chœur et Téophane tremblent; Calistène, ferme et digne, rassure Aristoclée; Straton déverse sur tous un torrent d'injures et de menaces :

O sordide, impudente, exécrable canaille...,
Tu verras ma vengeance allumer le flambeau
Qui fera d'Aliarte un ruineux tombeau [2].

C'est pendant le quatrième acte que l'orage annoncé se forme. Les amis de Straton s'indignent de l'affront qu'il vient de recevoir et l'excitent encore à la vengeance; mais, comme un Calistène, un *roturier*, ne mérite pas de *mesurer son épée* à celle d'un *gentilhomme*, nos jeunes gens se décident pour la ruse. Ainsi, Straton feindra de se réconcilier avec ceux qui l'ont offensé, afin de pouvoir arracher à son rival

Le beau corps impollu d'une fière maîtresse [3].

1. Acte III, p. 186-187.
2. P. 188.
3. Acte IV, sc. I, p. 194.

— A peine avons-nous assisté à ce sinistre conseil que nous entendons Téophane exprimer aux siens ses craintes et leur proposer d'adoucir, s'il se peut, la colère de Straton ; Aristoclée jure de mourir avant de voir un désastre causé par elle ;

> On ne me pourra que morte reprocher [1],

s'écrie-t-elle ; quant à Calistène, qui seul a gardé son courage et son sang-froid, il ne veut pas d'une réconciliation hâtive, et croit que le mieux est de célébrer le mariage dès le lendemain : les époux une fois unis, Straton n'aura rien à espérer. Tout à coup Straton lui-même se présente, souriant : la nuit lui a porté conseil, dit-il, et lui a inspiré des remords ; il vient s'excuser de ses violences. — Tout ce qui suit est d'une invraisemblance parfaite, et l'on ne peut que dire, avec Straton, que tous ses adversaires « ont les yeux du jugement éblouis ». Que Téophane s'attendrisse, cela passe encore ; mais que Calistène se répande en offres de service et se montre presque honteux de l'emporter sur un aussi noble rival ; qu'Aristoclée prétende avoir été touchée par ses perfections au point de n'oser pas s'unir à lui,

> (Le sang plus que l'amour préféra Calistène [2])

et déclare que le comble de sa gloire

> Sera de conserver et chérir sa mémoire,
> De lui permettre tout ce que permet l'honneur,
> En réputant sa vue un suprême bonheur ;

voilà sans doute qui dépasse la mesure. Quoi qu'il en soit, Straton est pressé d'assister au mariage et accepte de bon cœur cette invitation. Que dis-je, il accepte ? il amènera avec lui quelques amis qui prendront part à l'allégresse générale. — Tout est préparé pour le coup de main final.

Le dernier acte est brutal, mais dramatique et habilement coupé, et la mise en scène en est curieuse. Nous sommes d'abord chez Aristoclée, où se font les préparatifs du mariage : tristes préparatifs, car la fiancée n'a pu obtenir que d'effrayants présages, et Calistène, qui s'efforce à lui donner du courage, a été tourmenté lui-même par le plus menaçant des songes. Seul, l'aveugle et

---

1. Acte IV, sc. ii, p. 197.
2. Acte IV, sc. iii, p. 203.

légèrement grotesque Téophane est en veine de gaieté et les gronde de leur retard : le moment est venu de se rendre à la fontaine de Siloesse pour y sacrifier aux nymphes, et tout un peuple est là qui attend pour les y conduire. — Hardy nous y transporte avant le cortège; derrière un « tertre » et « dans un bocage épais proche de la fontaine », Straton poste des hommes armés et quelques amis. — Puis, devant la porte d'Aristoclée, un chœur de peuple souhaite le plus grand bonheur aux amants et s'inquiète de leur retard; les rangs se forment; Straton prend la main d'Aristoclée. — Maintenant le cortège a disparu; mais, près de la fontaine de Siloesse, un ami de Straton prête l'oreille; il l'entend qui s'approche, il le voit du haut du tertre, et ordonne à ses soldats de se tenir prêts. — Enfin, nos personnages arrivent et Aristoclée veut se séparer de Straton pour aller commencer le sacrifice. Straton la serre plus fort et l'entraîne; elle appelle au secours; Calistène et Téophane s'élancent d'un côté, les amis du ravisseur de l'autre; une horrible mêlée s'engage.

> Barbares, elle va mourir entre vos mains,

s'écrie le père, et le chœur, sans armes et sans force, ajoute :

> O spectacle piteux, la déplorable expire,
> Faible biche aux abois qu'une meute déchire [1].

Elle expire, en effet, en prononçant une dernière fois le nom chéri de Calistène, et le lâche meurtrier s'enfuit dans le bois avec ces épouvantables paroles :

> Faisons retraite, amis, car plus d'attente nuit,
> Et ce contentement pour le moins me demeure,
> Qu'à mes yeux le sujet de la querelle meure,
> Qu'un corrival n'a plus de quoi se prévaloir.
> S'éclate orcs le ciel, il ne m'en peut chaloir.

Impuissant à venger Aristoclée, Calistène s'attache longuement à ses lèvres et ne se relève que pour se frapper mortellement. Téophane aussi veut périr, et le chœur a peine à l'en empêcher.

Tel est ce mélodrame, où l'on peut reprendre quelques longueurs et quelques invraisemblances, mais où il faut louer une composition simple et habile, de bons traits de comédie, un pathétique puissant, quoique un peu grossier. Le sujet en est emprunté

---

[1]. Acte V, sc. v, p. 219.

à Plutarque, et le dramaturge a eu soin de conserver du récit du moraliste tous les noms et tous les événements. Mais veut-on savoir ce qu'il y a ajouté? Les caractères de tous les personnages (Plutarque n'ayant fait que les nommer), la scène du temple, la disposition du cinquième acte, la mort de Calistène, la fuite de Straton : n'est-ce pas là justement tout ce que nous avons trouvé d'intéressant et de dramatique [1]?

III. — Gésippe ou les Deux Amis.
(T. IV, p. 299 à 379.)

C'est à l'une des plus intéressantes nouvelles de Boccace qu'a été emprunté le sujet de *Gésippe ou les Deux Amis* [2]. Ainsi Hardy, lorsqu'il a composé cette tragi-comédie, avait sous les yeux un modèle

---

1. Voy. Plutarque, *Amatoriæ narrationes*, I, ou, comme traduit Amyot, *Étranges événements advenus pour l'amour*. — Voici la fin du récit, d'ailleurs très court, de Plutarque : « ... et ne sut-on que Callisthènes devint sur le champ, s'il se tua lui-même ou s'il s'en alla en exil hors du pays de la Béoce; tant y a que l'on ne sut jamais depuis ce qu'il devint. Mais Straton, à la vue d'un chacun, se tua lui-même sur le corps de la pucelle ». (T. II des *Œuvres mêlées de Plutarque*, t. XX des *Œuvres*, Paris, chez Janet et Cotelle, 1820, in-8°.)

2. Voy. *Le decameron de maistre Jean Bocace Florentin. Traduict d'italien en françois, par M. Antoine Le Maçon, conseiller du roy et tresorier de l'extraordinaire de ses guerres*. 10° journée, nouvelle 8. (J'ai consulté l'édition de Paris, chez Jacques Langlois au mont Sainct Hylaire. M.DC.XXIX, in-8°, p. 991 à 1012.) — Le double trait d'amitié qui fait le sujet de la nouvelle de Boccace avait été souvent raconté avant lui, et sa nouvelle même a été souvent imitée depuis. Voy. sur ce sujet une longue note dans *le Violier des histoires Romaines, ancienne traduction françoise des Gesta Romanorum. Nouvelle édition, revue et annotée par M. G. Brunet*. A Paris, chez P. Jannet, libraire (*Bibliothèque elzévirienne*), MDCCCLVIII, ch. cxxxix, p. 392-393. Mais on peut ajouter quelques indications à celles de Brunet. En 1509, Matteo Bandello publiait à Milan une traduction latine de la nouvelle du Décaméron. (Voy. Ginguené, t. VIII, p. 480.) — Dans *le Grand Parangon des Nouvelles recueillies par Nicolas de Troyes* (années 1535 et suivantes), *publié pour la première fois et précédé d'une introduction par Émile Mabille*. A Bruxelles chez Jules Gay, et à Paris, chez Ernest Gouin, 1866; la 46° nouvelle (p. 214 à 227) est intitulée : « D'un compaignon Athenois qui pour l'amour qu'il avait a ung sien compaignon lui donna et livra sa propre femme pour espouser. » Les principaux personnages s'appellent Gisipe, Citon et Soforine. — Citons encore une imitation de la nouvelle italienne, qui figure dans *le Petit Œuvre d'amour, ou gaige d'amitié, contenant plusieurs dits amoureux...* Paris, par Jean Barbe d'Orge, 1537, in-8° (voy. le *Manuel du libraire*), et *l'Histoire de Titus et Gesippus et autres petitz œuvres de Beroalde latin. Interpretés en rime francoyse par François Habert d'Yssouldun en Berry*. Paris, Michel Fezandat, 1551, pet. 8°. Le poème d'Habert n'offre pas de différences importantes avec la nouvelle de Boccace.

remarquable et étendu, et, s'il y a fait des changements — nous en constaterons d'importants et de nombreux — leur étude peut nous montrer de quelle façon Hardy comprenait l'art tragi-comique [1].

Au début de sa nouvelle, Boccace raconte comment s'était formée l'amitié de Tite et de Gésippe. Il y avait plus de trois ans que cette amitié durait et que le Romain Tite étudiait à Athènes, lorsque les parents de Gésippe déterminèrent celui-ci à se marier avec « une jeune damoiselle d'excellente beauté, de très noble maison et citoyenne d'Athènes, laquelle avait nom Sophronie, de l'âge par aventure de quinze ans ». Tite lui-même avait poussé son ami à ce mariage, avant de connaître la jeune fille. Mais, lorsque le jour de la cérémonie approcha, Gésippe le voulut présenter à sa fiancée; le Romain la regarda attentivement, « et tant lui plut chacune partie d'elle », qu'il en devint éperdument amoureux. Telle est la matière du premier acte; toutefois Hardy a eu soin de la resserrer pour frapper davantage ses spectateurs.

Lorsque la pièce commence, Tite est occupé à gémir du prochain mariage de son ami; et l'idée qu'il va perdre ce confident, ce « compagnon des lettres et des armes », va presque jusqu'à faire couler ses pleurs. Gésippe, qui survient, le rassure :

> Mon amitié vers vous dure autant que ma vie,
> Une femme jamais ne me l'affaiblira [2].

Quelque peine qu'il en doive ressentir, il propose même de rompre entièrement son mariage et de manquer à sa parole, s'il doit ainsi calmer les appréhensions de son ami. Tite s'empresse de se récrier et de répondre par les vœux les plus ardents pour le bonheur « d'un couple si rare ». — C'est ainsi que sont remplacés les premiers renseignements donnés par Boccace, ainsi sont préparés les héroïques traits d'amitié qui formeront l'action.

Il s'agit maintenant de préparer le nouvel amour de Tite et de faire sentir d'avance à quel immense sacrifice Gésippe consentira.

---

1. *Mise en scène supposée.* Sur un des côtés : Athènes, la maison de Tite, — et la chambre de Sophronie, avec un lit. — Au fond : le sénat de Rome. — Sur le second côté, la maison de Tite à Rome; — un bois et une caverne près de cette ville. — Acte IV, sc. I, le monologue de Gésippe était prononcé au milieu du théâtre, mais Gésippe y disait expressément qu'il se trouvait à Rome. Peut-être aussi le fond du théâtre représentait-il successivement la ville de Rome et le Sénat.

La *durée de l'action* est sans doute de plusieurs années.

2. Acte I, sc. I, p. 305.

Celui-ci donc invite son ami à le suivre chez sa fiancée, et, tout en souriant, le prie de ne pas lui nuire auprès d'elle :

> Toutefois, approchant de ce soleil d'amour,
> Gardez que ses rayons, contagieux aux âmes,
> Ne captivent la vôtre avec leurs douces flammes [1].

Pendant que les deux amis se dirigent vers la demeure de Sophronie, le dramaturge nous y transporte immédiatement nous-mêmes, pour nous montrer avec quelle impatience elle attend Gésippe ; sa passion s'exprime avec une violence extraordinaire :

> Ma lèvre après la sienne amoureuse béant [2].

Gésippe arrive devant la maison avec son ami, entre un instant seul pour s'excuser de son retard et pour annoncer la visite de Tite ; enfin celui-ci est introduit, et sa confusion, son ravissement, ses compliments enthousiastes montrent suffisamment qu'un trait de l'amour l'a frappé.

> Abrégeons des discours si pleins de courtoisie
> Qu'ils ont déjà chez moi logé la jalousie [3],

dit en badinant Gésippe. Cette fois, Hardy pouvait espérer que ses spectateurs avaient compris.

L'acte II se passe tout entier chez Tite et répond aux pages de Boccace sur la tristesse et la honte du jeune Romain, la façon dont Gésippe lui arrache son secret, la proposition qu'il lui fait et qu'il l'oblige d'accepter, de l'unir clandestinement à sa maîtresse. Les indications du nouvelliste ont été longuement et heureusement développées. Dès le début même, le judicieux emploi d'un confident rend plus saisissante la torture de l'amoureux. En effet, un vieux et fidèle domestique, Straton, que les maux de son maître affligent, s'efforce de provoquer ses confidences ; mais elles coûteraient trop à Tite et il se refuse obstinément à les faire.

> Rien que la solitude à mon malheur ne plaît [4],

répond-il, et c'est seulement lorsqu'il est seul qu'il ose s'entretenir et s'accuser de son abominable amour :

---

1. Acte I, sc. i, p. 307.
2. Acte I, sc. ii, p. 309.
3. Acte I, sc. iv, p. 315.
4. Acte II, sc. i, p. 319.

> Sacrilèges pensers, ne me revenez plus
> Prolonger des regrets et des vœux superflus [1].

Tout à coup sa méditation est interrompue par l'arrivée de Gésippe :

> Ah ! silence, voici
> Le meilleur des humains qui s'achemine ici ;
> Repousse-toi du front la tristesse dans l'âme,
> Et garde qu'à ses yeux n'étincelle ta flamme.

Mais les yeux d'un ami ne se trompent pas, et Gésippe voit bien que son ami souffre ; il le conjure de lui faire connaître sa souffrance ; il invoque les droits de l'amitié. — Mais ce dont je gémis est précisément un attentat à l'amitié !

> — Le plus ferme lutteur chancelle maintes fois,

remarque noblement Gésippe, et un outrage de vous ne me choquera pas, même s'il me doit coûter la vie.

> — Beaucoup moins tolérable, il s'attaque à l'honneur ;
> Il me fait, du désir, perfide suborneur.
> — Ma maîtresse plutôt vous suborne à vous-même [2].

Quel mot délicat et touchant! Maintenant Gésippe sait ce qu'il voulait savoir, et il ne songe plus qu'à prouver à son ami, en lui abandonnant sa maîtresse, toute la profondeur de son affection.

Ici, une grave difficulté se présente. Si Gésippe n'aime pas celle qu'il va épouser, nous n'admirerons pas son abnégation ; s'il montre trop qu'il l'aime, Tite sera vraiment trop vil et trop lâche d'accepter. Boccace avait échappé à ces deux dangers d'une assez ingénieuse façon ; il avait remarqué que Tite désirait « plus ferventement » Sophronie, tandis que Gésippe « se sentait pris de la jeune damoiselle, combien que ce fût tempérément » ; mais Hardy a sans doute eu peur que la scène, comprise ainsi, ne fût peu dramatique, et il est quelque peu tombé dans le second des défauts que nous signalons. Certes, son Tite repousse d'abord énergiquement les offres qui lui sont faites ; il trouve qu'il serait lâche de fonder son bonheur sur le malheur d'un ami trop généreux ; il songe, et nous ne comprenons pas que Gésippe n'y songe pas aussi, à l'affront qu'une pure et chaste jeune fille va recevoir. Mais

---

1. Acte II, sc. II, p. 321.
2. Acte II, sc. II, p. 323-324.

Gésippe ne veut rien entendre, il est entêté dans son dévouement. Il avoue que tous deux sont enchaînés par une même passion, mais il ajoute :

> Je m'estimerai libre en rompant vos liens [1],

et il s'engage à aider le soir même son ami à se substituer à lui dans le lit nuptial.

Si la fin de cet acte est parfois scabreuse, l'acte entier qui suit l'est bien davantage, et ce n'est certes pas pour y introduire plus de décence que Hardy a modifié le récit de son devancier : il ne l'a voulu rendre que plus dramatique et plus vraisemblable. Dans la nouvelle de Boccace, en effet, Sophronie se croit la véritable épouse de Gésippe, jusqu'à ce que Tite, obligé de revenir à Rome, juge enfin à propos de la détromper; alors elle pleure et se plaint amèrement; sa famille et celle de Gésippe murmurent. Tite, « ennuyé », rassemble les deux familles, et dans un discours subtil, sophistique, arrogant surtout, leur conseille de se tenir « contents de ce qui s'est fait », sous peine de « sentir combien a de puissance la juste indignation des Romains ». On ne saurait blâmer Hardy d'avoir voulu changer tout cela, mais on ne saurait non plus le féliciter de ce qu'il a mis à la place. Dans sa pièce, la scène d'explication a lieu au lendemain même du mariage. Sophronie, s'éveillant, cherche du regard son époux et se trouve en face de Tite; Gésippe qui survient s'efforce de lui persuader qu'elle « fait un signalé profit » en changeant d'époux. Enfin son père, Aristide, accourt aux cris, et une *troupe de parents* qu'on a vite mandée reconnaît que l'outrage commis ne saurait être réparé par un procès, et que Sophronie fera mieux de se résigner et de suivre à Rome son véritable époux.

Dans ces scènes singulières, il est juste de signaler quelques beautés. Gésippe, en plaidant bravement la cause de son ami, met le comble à son dévouement; Sophronie a parfois la douleur éloquente, par exemple lorsqu'elle répond à Tite qui offre de mourir :

> Ta mort, lâche abuseur, ne me rend impollue [2];

Aristide, création de Hardy, s'exprime à peu près comme il le devait faire. Pour tout dire, enfin, je crains que tout cet acte, sauf

---

1. Acte II, sc. II, p. 328.
2. Acte III, sc. I, p. 336.

quelques longueurs, n'ait été bon en son temps, et fort dramatique. Mais quel document sur les mœurs et sur les idées au temps de Hardy! Comment une situation qui, si elle n'était pas rejetée avec dégoût, ne pourrait être placée chez nous que dans une comédie licencieuse, se trouve-t-elle ici au milieu d'une pièce grave et pathétique? De quel œil le public pouvait-il voir Gésippe essayant longuement de prouver à ceux qui auraient dû être sa femme et son beau-père qu'il leur avait rendu service en les trompant? De quel œil surtout pouvait-il voir Tite *deminu* [1], pâle, si embarrassé de sa victoire, et laissant Gésippe s'expliquer pour lui? Auteur et public étaient bien grossiers; mais n'y avait-il pas vraiment dans leur fait beaucoup plus de naïveté que de corruption?

Avec ce troisième acte et la consommation du sacrifice de Gésippe finit la première partie du drame; la seconde va en être comme le pendant. Pourvue, elle aussi, d'une exposition, d'un nœud, d'un dénouement, elle sera consacrée à la glorification et, pour ainsi dire, à la noble revanche de Tite; et ainsi l'ensemble, dont le titre le plus exact est : *les Deux Amis*, se compose de deux pièces distinctes, mais qui se font suite et qu'une unité d'impression relie.

Disons rapidement ce que fournissait Boccace.

Sophronie suivit son mari à Rome et *tourna en peu de temps vers lui l'amour qu'elle portait à Gésippe*. Celui-ci, mal vu des Athéniens et bientôt exilé par eux, vint à Rome, pauvre et en mendiant, mais « ne s'osa manifester » à son ancien ami, « ne lui sonner mot, pour la pauvreté et misère en quoi il était ». Seulement, posté sur le passage de Tite, il vit celui-ci passer sans le regarder, et, se croyant méprisé, il se retira dans une caverne où il s'endormit. « Advint que deux hommes, qui la nuit avaient été jouer ensemble, vinrent sur le matin en icelle caverne avec leur butin, pour lequel étant en différend, l'un qui était le plus fort tua l'autre, puis s'en alla. » Resté seul avec le cadavre et satisfait d' « avoir trouvé, sans se tuer soi-même, un chemin pour aller à la mort qui était tant désirée de lui », Gésippe fut bientôt pris par les « sergents de la cour » et condamné à la croix par le préteur Marcus Varron. Mais Tite s'était par hasard rendu « au prétoire »; il reconnaît Gésippe et s'accuse de son prétendu

---

1. P. 333.

crime; un débat généreux s'engage, et le véritable coupable, ému, finit par révéler toute la vérité. Alors Octavian César mande les trois hommes et les délivre, Sophronie reçoit son ancien amant « comme frère et avec pitoyables larmes »; Tite lui donne une part de ses trésors et lui fait épouser sa sœur Fulvie.

La première scène du quatrième acte de Hardy est une exposition très nette des infortunes et des sentiments de Gésippe : aigri par le malheur, il n'ose faire fonds sur l'amitié. Mais Hardy nous montre aussitôt à quel point il se trompe, car de la rue l'action se transporte chez Tite, où nous voyons vite que, dans leur bonheur, les époux n'oublient pas celui qui l'a causé; ils s'inquiètent de son sort et, s'ils ne peuvent davantage pour lui, ils honorent toujours sa mémoire. Cette modification au récit de Boccace est heureuse; celle qui suit et qui est plus importante ne l'est pas moins. Le dramaturge s'est dit que Gésippe dormant pendant que des voleurs se battent formerait un spectacle peu naturel et peu plaisant; il a senti qu'une peinture vivante et pittoresque de ces vauriens serait bien accueillie de ses spectateurs. Aussi nous transporte-t-il dans un bois où les deux voleurs arrivent; comme un bruit suspect les inquiète, l'un deux se dirige vers leur retraite ordinaire pour y mettre en sûreté leur butin; l'autre, après avoir fait une courte ronde, viendra l'y rejoindre sans retard. C'est à ce moment que paraît Gésippe. Abattu par l'injure qu'il a soufferte, résolu à mourir de faim, il aperçoit une caverne et s'y introduit :

> O caverne profonde, à mon secours offerte!
> Fais que ce malheureux trouve en toi du repos,
> Et, l'esprit libéré, sers de tombe à mes os [1].

C'est évidemment la caverne où se réfugient d'ordinaire les voleurs. Le porteur du butin arrive et s'empresse de mettre à part les objets les plus précieux :

> C'est moi qui me les donne à moi seul sans partage [2],

dit-il en choisissant de beaux colliers, de l'argent pour ses « menus plaisirs » et

> Ce bracelet tout propre à faire une maîtresse.

---

1. Acte IV, sc. iii, p. 359.
2. Acte IV, sc. iv, p. 360.

Quant à son compagnon, « rustre novice aux affaires du monde », il sera tout heureux de partager le reste et, comme d'habitude, se laissera tromper par des serments. Le *rustre* arrive, hors d'haleine et suivi de près par le « prévôt »; il faut partager et se séparer. L'autre approuve, étale le butin, fait le conciliant; mais cette fois la fourbe a été comprise; on lui crie de restituer, il répond avec ironie. Une courte lutte s'engage et il tombe mort. A ce moment, Gésippe attiré par le bruit paraît, et le meurtrier épouvanté, le prenant pour un fantôme, s'enfuit. Si de pareilles scènes sont vives et amusantes, les deux silhouettes de voleurs sont aussi suffisamment nettes et distinctes. Le *rustre*, celui qui s'offre à faire une dangereuse ronde, est courageux, hardi, et prononce sur la mort qu'il lui faudra subir quelque jour des vers que Villon n'aurait peut-être pas désavoués :

> Qu'importent pour tombeaux
> Le ventre de la terre ou celui des corbeaux?
> A tout homme d'honneur l'air est plus honorable,
> Comme plus élevé je le tiens préférable [1].

S'il est colère, il est franc aussi, et, plus loin, nous verrons que, dans son âme, tout bon sentiment n'est pas éteint. Son compagnon abonde en paroles douceureuses et hypocrites, il est à la fois querelleur et couard [2]. On devine la fin de l'acte. Le prévôt arrive avec ses hommes, et ils vont pénétrer dans la caverne, quand ils voient le cadavre, et auprès Gésippe; l'empressement avec lequel celui-ci s'accuse inspire des doutes au prévôt; mais quoi? Les preuves de sa culpabilité ne sont que trop évidentes, et on l'emmène pour l'emprisonner.

Hardy a modifié le dénouement d'une assez dramatique façon : au lieu des deux scènes au prétoire et chez Octavian César, il n'en a fait qu'une; au lieu d'amener Tite au prétoire *par hasard*, il lui a donné un rôle important dans le jugement même de son ami. Pour cela, il a transporté l'action à la fin de la République, et il a supposé que Gésippe, dont la condamnation a déjà été prononcée, mais dont la culpabilité paraît douteuse à Antoine, est jugé en appel par le Sénat. Tite, étant sénateur, assiste nécessairement à la séance, et l'accusation qu'il porte contre lui-même frappe de stupeur des collègues qui l'aiment et qui l'estiment. La séance

---

1. Acte IV, sc. III, p. 357.
2. Voy. p. 375.

est publique et le véritable auteur du meurtre y assiste ; aussi, lorsqu'un généreux débat s'engage entre les deux amis, des remords, dont un *a parte* nous fait la confidence, torturent son âme et le poussent à tout révéler. Il se tait encore ; mais le débat devient plus animé et plus touchant, et il n'y tient plus :

> Le cœur à cette fois me saigne de pitié ;
> Conservons aux humains un couple où l'amitié
> Ses merveilles produit...

Tout s'explique, et la pièce finit au milieu de la joie universelle.

Peu de décence et une faible étude des caractères ; mais de l'intérêt, des scènes curieuses, une grande habileté dramatique, voilà donc ce qui frappe dans cette tragi-comédie. Nous ne parlons pas du style, souvent obscur, ni des négligences, qui ne manquent jamais dans notre auteur [1].

Après lui, Chevreau, qui s'était déjà inspiré de Hardy pour son *Coriolan*, a repris le même sujet dans ses *Deux Amis* [2] ; mais son imitation est beaucoup plus exacte et beaucoup plus complète cette fois que l'autre. Il a emprunté à Hardy tous ses personnages : Straton, Aristide, les deux voleurs, le prévôt, Antoine, Luculle ; il a aussi suivi le même plan, en n'y introduisant qu'un petit nombre de modifications généralement malheureuses. Signalons seulement deux innovations. Straton, qui n'est plus un domestique, mais un confident, aime ardemment Fulvie, laquelle aime ardemment Gésippe, et ces amours contrariés se mêlent sans relâche et malencontreusement à l'action. En second lieu, la pièce tout entière se passe à Rome, et on n'a pas de peine à voir que d'invraisemblances, que d'impossibilités même, résultent de ce triomphe partiel des unités. La tragi-comédie de Chevreau, que remplissent d'ailleurs d'innombrables pointes, ne peut donc servir qu'à faire valoir et à faire estimer celle de Hardy.

---

1. Acte I, sc. I, Gésippe prétend à Tite que Sophronie demande sans cesse à le voir ; acte I, sc. III, il s'excuse auprès de Sophronie de lui amener Tite sur ce que celui-ci l'importune sans cesse pour la connaître. A quoi ce mensonge peut-il servir ?

2. *Les Deux Amis Tragi-comedie. Par monsieur Chevreau.* A Paris, chez Augustin Courbé, libraire et imprimeur de Monsieur frere du Roy, dans la petite salle du Palais, à la Palme. M.DC.XXXVIII. Avec privilege du Roy ; in-4°.

IV. — **Phraarte ou le triomphe des vrais amants.**

(T. IV, p. 381 à 477.)

Phraarte paraît moins soigné que *Gésippe*, et le style en est à la fois beaucoup plus précieux et plus incorrect; mais le système dramatique est celui que nous avons déjà étudié, et la pièce entière témoigne du même dédain des convenances, de la même complaisance pour les invraisemblances ou les fautes contre les *mœurs*, de la même sûreté de main en ce qui concerne les préparations et les effets.

Un roi de Thrace puissant, raconte Giraldi [1], avait une fille aussi froide que belle et qui semblait incapable de sentir jamais les feux de l'amour. Il ne cessait pas de s'en désoler, quand arriva à sa cour le fils du roi de Macédoine, Égério, qui courait le monde sous le nom de Philarque d'Arménie. « Gaillard et gentil, fort amateur de la beauté des femmes », celui-ci devint amoureux de Philagnie, s'en fit aimer et l'eût aussitôt demandée en mariage, si entre son père et le roi de Thrace n'avait existé une mortelle inimitié. Du moins voulut-il l'amener à s'unir à lui clandestinement et profita-t-il de la première occasion pour lui donner une preuve de son amour. Deux dames nobles de Thrace venaient justement d'être emprisonnées en Macédoine, « accusées d'avoir secrètement conjuré contre le roi avec aucuns autres de l'État, pour le tuer et délivrer leur roi d'un si grand ennemi ». Philarque, sachant que le père de sa bien-aimée avait voulu commettre ces dames à la garde de sa fille, et qu'il était d'ailleurs affligé de les voir en péril à cause de lui, partit pour la Macédoine et les délivra, à la condition qu'elles favoriseraient ses projets et révèleraient à Philagnie seule la vraie condition de son amant. L'entreprise ayant réussi, Philarque revint en Thrace et devint le mari secret de Philagnie; malheureusement, leur bonheur fut de courte durée et, le roi de Thrace ayant attaqué celui de Macédoine, le jeune homme dut partir encore pour défendre son père.

---

1. *Premier volume des cent excellentes nouvelles de M. Jean Baptiste Giraldy Cynthien, gentilhomme Ferrarois. Contenant plusieurs beaux exemples et notables histoires, partie tragiques, partie plaisantes et agréables, qui tendent à blasmer les vices, et former les mœurs d'un chascun. Mis d'Italien en François par Gabriel Chappuys Tourangeau. A madame la duchesse de Rets. A Paris, Pour Abel l'Angelier libraire juré, au premier pilier de la grand'salle du Palais. M.D.LXXXIV. Avec privilege du Roy.* 8º. 2ᵉ dixaine, nouv. 10; fº 264 r. à 271 r. Le second volume est dédié *A Monseigneur le duc d'Espernon*.

Deux mois après, la princesse sentit qu'elle était enceinte et voulut en prévenir son époux; mais son messager fut pris en chemin et conduit au roi, dont le dépit et la colère furent grands. Privée de conseils — car ses dames se trouvaient alors dans la Chersonèse, — Philagnie sortit du palais vêtue en paysanne, et après avoir erré longtemps, fut enfin recueillie par un berger. Quant à Philarque, apprenant la colère et les ordres barbares du roi de Thrace, il fut enflammé de courroux, battit partout son beau-père et le fit prisonnier; il l'eût même fait égorger, s'il n'avait appris que Philagnie avait fui et sans doute vivait encore. Celle-ci donc, ayant accouché d'un garçon de toute beauté, résolut d'aller retrouver Philarque et de lui demander le pardon de son père. Mais, craignant que les succès n'eussent changé le cœur de son époux, elle se déguisa en pèlerine, et, conduite par le berger, vint demander l'aumône à Philarque, un jour qu'il était au temple dans sa majesté. Le prince, préoccupé, la fit repousser rudement : elle se résolut à mourir. A l'hôtellerie, elle plaça son enfant sur son lit, l'embrassa, pleura sur son sort et eût voulu le tuer pour le sauver des maux qui l'attendaient; mais, n'en ayant pas le courage, elle allait du moins se tuer elle-même, lorsque le paysan, entendant ses plaintes, entra et lui arracha le couteau des mains. Comme elle insistait et donnait ses bijoux au paysan afin qu'il eût soin de son fils, celui-ci comprit qu'elle était de plus haut lignage qu'il ne l'avait cru et finit par lui faire avouer son nom et son histoire. Il la consola, informa le prince, et Philarque, rempli de joie, accourut auprès de Philagnie, embrassa son fils avec amour, présenta sa femme à tout le peuple; puis ils se rendirent en Macédoine, où le père de Philarque les reçut avec joie et délivra le père de Philagnie; ce dernier « donna le royaume de Thrace à son gendre pour dot, et néanmoins en demeura seigneur toute sa vie ».

Cette histoire romanesque était dramatique et pouvait fournir à une intéressante tragi-comédie [1]. Aussi Hardy s'en est-il

---

1. *Mise en scène supposée* : Au fond, le palais de Cotys en Thrace, avec une porte pour l'appartement du roi, une autre pour l'appartement de sa fille; — sur l'un des côtés : une cabane de paysan et le camp macédonien; — sur l'autre côté : le palais de Philippe et une prison (à deux étages?) en Macédoine. — Les sc. I et II de l'acte I se passent devant le palais de Cotys. A la sc. I de l'acte V, le milieu du théâtre représente une partie de la ville de Cotys comme cela ressort de la scène précédente.

La *durée de l'action* est de plus d'un an.

emparé, après avoir changé ou ajouté certains noms : les rois de Thrace et de Macédoine ont reçu ceux de Cotys et de Philippe, les dames de Philagnie ceux de Philoclée et de Bérénice, le principal agent d'Égério celui de Calistène. Quant au prince lui-même, Hardy, qui ne lui donne nulle part son vrai nom, a aussi jugé à propos de changer son nom d'emprunt; ce n'est plus Philarque d'Arménie, c'est Phraarte de Corinthe.

A côté de ces modifications et de quelques autres aussi peu importantes [1], il en faut signaler qui le sont davantage. Ainsi Giraldi avait expliqué les premières relations de Philarque et de Philagnie en disant que « le roi qui, pour essayer de changer le cœur de sa fille, avait l'habitude d'introduire auprès d'elle les étrangers de distinction, fît la même chose pour Phraarte ». Mais Hardy n'a pas tenu compte de cette intention : dès la première entrevue de Cotys et de Phraarte, celui-ci reçoit la mission de divertir et d'apprivoiser la princesse; et il jure qu'il la respectera, par toutes sortes de serments qu'il ne va pas tarder à enfreindre. — Les dames thraces de Giraldi n'ont organisé qu'une conspiration contre le roi de Macédoine, et elles l'ont fait de leur propre mouvement : mais la Philoclée et la Bérénice de Hardy ont essayé de faire traîtreusement empoisonner Philippe, et c'est Cotys lui-même qui les y a poussées. — Ce roi, dans la nouvelle italienne, ne nous est montré cruel contre sa fille que lorsqu'il vient d'apprendre sa faute et son déshonneur : mais il s'exprime encore d'une façon barbare au dernier acte de notre tragi-comédie. — Enfin, dans la nouvelle, c'est le roi de Macédoine qui délivre son adversaire et qui règle le mariage de son fils : mais celui-ci agit seul au dénouement de la tragi-comédie, et c'est sans consulter son père qu'il rend le royaume de Thrace au roi vaincu. Autant de changements, on le voit, autant de fautes contre la vraisemblance ou contre les mœurs; mais le public n'était sans doute pas choqué de ces fautes, pas plus que de l'excessive liberté de langage des personnages; l'intérêt dramatique seul lui importait. Faisons un instant comme lui et ne nous préoccupons que de l'intérêt : le rôle étrange et les protestations mêmes de Phraarte nous feront deviner que l'amour va l'unir à Philagnie; — la culpabilité des dames thraces et de Cotys mettra en relief la passion

---

1. Ainsi c'est le roi de Thrace qui commence la guerre dans Giraldi, le roi de Macédoine dans notre auteur. Ce dernier arrangement est plus naturel, puisque Philippe a une grosse injure à venger sur Cotys.

de Phraarte, qui n'hésite pas à leur rendre service pour être aimé ; — la cruauté du père fera ressortir la tendresse de l'amant ; — la suppression du rôle de Philippe, au cinquième acte, empêchera toute dispersion de l'intérêt.

Deux améliorations sont moins contestables. D'abord, Hardy n'a pas éloigné Philoclée et Bérénice de Philagnie à l'heure critique où Cotys apprend le secret fatal. Ce sont elles qui annoncent à la princesse la fureur du roi, mais elles le font à la hâte et s'enfuient, sans écouter les supplications de la malheureuse : « Vous êtes la fille du roi et il vous épargnera, s'écrient-elles ; mais nous, qu'est-ce qui nous protégerait ? » La scène est vraie et fort dramatique. Ensuite et surtout, Hardy a complètement changé la marche du dénouement et, au lieu de l'éparpiller en plusieurs lieux, en plusieurs moments, il l'a resserré, fortifié, mis en pleine lumière.

Le procédé dramatique d'après lequel est construite la pièce est celui auquel nous sommes habitués : étude parallèle des diverses situations et des divers personnages jusqu'à l'aboutissement final des unes, jusqu'à la réunion définitive des autres. Ainsi le premier acte nous fait d'abord connaître Phraarte, puis Cotys et Philagnie ; puis, ces personnages sont à peine mis en présence, que le dramaturge nous transporte en Macédoine et que la criminelle entreprise contre Philippe trouble le calme roman qui commençait. Au troisième acte, Philoclée et Bérénice viennent à peine de faire parler le cœur de Philagnie en faveur de Phraarte, quand nous voyons le père de celui-ci préparer la guerre contre le père de celle-là. Le roman reprend, et Philagnie se livre à Phraarte ; aussitôt Cotys, lui aussi, nous parle de guerre, et les hostilités sont engagées. Une dernière scène montre Phraarte prenant congé de Philagnie et le bonheur des enfants définitivement ruiné par la politique des pères.

Abrégeons cette analyse [1], et insistons seulement sur le dernier acte.

Cotys, à qui il ne reste plus que sa capitale, exhorte ceux qui l'entourent à la bien défendre ; mais la défection, la trahison même, combattent contre lui autant que Phraarte. On entend un

---

[1]. Comparez cependant la marche du IV⁰ acte : sc. I, le camp macédonien ; sc. II, l'appartement de Philagnie ; sc. III, le conseil du roi Cotys ; sc. IV, l'appartement de Philagnie ; sc. V, le camp macédonien ; sc. VI, Philagnie chez le paysan.

grand bruit, une foule se précipite ; l'ennemi vient de pénétrer dans la ville, et le roi s'élance au-devant de lui en criant :

> Me suive qui voudra compagnon du trépas !
> Mille morts ne feront que je recule un pas ;
> Le monarque ne doit survivre son empire,
> Une fin glorieuse est l'heur seul où j'aspire [1].

— Sur un autre point de la ville, Phraarte triomphe, mais c'est surtout de Cotys qu'il veut s'emparer. On le lui amène, et le mari tout-puissant réclame au père prisonnier sa femme :

> Fais-la paraître vive, ou la confesse morte.
> — Vive ou non, désormais la chose ne m'importe.
> — Plus que tu ne le crois [2].

Et, en effet, Phraarte, qui craint que Philagnie ne soit morte, fait jeter Cotys au fond d'un cachot. — Maintenant, nous nous transportons devant cette cabane de paysan où la princesse fugitive a été recueillie et où elle a mis au monde un fils. Elle le contemple et pleure, lorsque le paysan accourt alarmé, annonçant la prise de la ville et l'emprisonnement du roi. « Et comment se nomme le vainqueur ? — Phraarte. — Partons », s'écrie-t-elle réconfortée. — Revenons auprès du vainqueur, dont les recherches ont encore été infructueuses, mais qui sait maintenant que Philagnie n'a pas été tuée par son père, qu'elle s'est enfuie. Apaisé, Phraarte redemande Cotys, dont il veut faire cesser la captivité : Cotys sera là pour le dénouement. C'est alors que le paysan et Philagnie se présentent ; Phraarte les repousse sans les regarder, mais la voix de celle qu'il aime le frappe ; il la rappelle, la reconnaît, embrasse son fils ; Cotys arrive au moment où l'attendrissement est général, et ne peut que s'incliner sous les bienfaits et devant la grandeur d'âme de son gendre.

Nous ne dirons plus qu'un mot des deux principaux caractères, qui se tiennent et sont intéressants. Le prince est naturellement vaillant et hardi, mais ses fautes comme ses belles actions, ses conquêtes comme l'abandon qu'il en fait, s'expliquent surtout par sa passion. La princesse est naturellement timide et craintive, mais elle devient brave aussi lorsque son amour est en jeu, et, mère tendre, fille respectueuse, elle n'en est pas moins incapable

---

1. Acte V, sc. i, p. 463.
2. Acte V, sc. ii, p. 467.

de vivre autrement que pour son amour. L'un est tout en dehors, l'autre est plus réservée et paraît froide, mais tous deux sont également des passionnés.

SECTION III

TRAGI-COMÉDIES DE SUJET MODERNE

I. — **Cornélie.**
(T. II, p. 189 à 294.)

C'est à la fin de l'année 1613 que Cervantès publia le recueil de ses *Nouvelles exemplaires*, et aussitôt les éditions s'en multiplièrent, des traductions en parurent dans toutes les langues de l'Europe [1], et les dramaturges s'emparèrent de ces sujets ingénieux, compliqués, piquants, et qui s'adaptaient si heureusement à la scène tragi-comique [2]. Lope de Vega, Montalvan, Cuello, Moreto, Figueroa, Solis, Tirso de Molina pour l'Espagne [3]; Hardy, Rotrou, Scudéry, Guérin de Bouscal et Beys, Sallebray, Scarron, Quinault pour la France, ont également puisé à cette source féconde. Le premier de tous peut-être, le premier des Français à coup sûr, ç'a été Hardy. Pour lui les *Nouvelles exemplaires* étaient tout à fait « dignes de remarque et d'admiration », et leur auteur, « l'incomparable Cervantès », était un « esprit net, poli, judicieux et inventif entre tous ceux de sa nation [4] ». Sur huit tragi-comédies de sujet moderne, trois sont empruntées aux *Nouvelles* du grand romancier espagnol.

Nous n'insisterons pas sur *Cornélie* [5]. Nulle part, notre auteur

---

1. Voy. Pr. Mérimée, *la Vie et l'œuvre de Cervantès* (*Revue des Deux Mondes*, 15 déc. 1877, p. 751).
2. Cervantès lui-même semble avoir indiqué ce caractère de ses récits. L'héroïne de *la Force du sang* parle du « théâtre où s'était jouée la *tragédie* de son infortune ». L'un des héros de Cornélie demande à « faire un personnage dans cette *tragi-comédie* ». Trad. Viardot, p. 31 et 384.
3. Voy. les *Nouvelles* de Cervantès, trad. Viardot, préface, p. I et II; Viel-Castel, *Essai sur le théâtre espagnol*, t. II, p. 162, 171, 329.
4. Arguments de *Cornélie* et de *la Belle Égyptienne*. Cf. l'épître à la Reine, en tête de *l'Amant libéral* de Scudéry. Chez Augustin Courbé, M.DC.XXXVIII, gr. 8°.
5. M. Robiou l'a fait dans son *Essai sur l'hist. de la littérat. et des mœurs pendant la 1re moitié du XVIIe s.*, t. I (seul paru), p. 265-270.

Mise en scène. Mahelot dit (f° 29 v°) : « Il faut à un des bouts du théâtre un ermitage, et de l'autre côté une chambre qui s'ouvre et ferme; des fleurets et des rondaches. » Mais ces indications sont incomplètes, comme on peut s'en assurer en regardant le dessin reproduit en tête de notre volume. Dans la

n'a suivi son modèle avec moins d'indépendance ; les modifications qu'il y a apportées sont aussi rares qu'insignifiantes [1]. — La pièce est coupée comme celles que nous avons déjà étudiées, mais le parallélisme des diverses parties de l'action y est moins savant, la succession des scènes moins nécessaire. — Le mouvement y est rapide et amusant, mais non sans quelque confusion : après toutes les allées et venues de son premier acte, Hardy a senti le besoin d'éclaircir et de résumer l'action au début du second. — Les caractères sont les mêmes que dans la nouvelle, mais moins bons, mais gâtés par quelqu'un des défauts auxquels le public et les traditions avaient habitué Hardy : Cornélie moins pure et d'une tendresse moins délicate [2]; Alphonse d'Este et Laurent Bentibolle moins nobles, moins fiers, moins gentilshommes [3]; les deux Espagnols plus accessibles à de vilaines pensées [4]; la servante même abandonnant pour des paroles plates ou prétentieuses son langage imagé et son amusant bon sens [5]; seul, l'ermite par lequel Hardy a remplacé le curé de Cervantès parle quelquefois avec une fermeté et une grandeur que celui-ci ne nous montrait pas. — Devons-nous parler de la licence dans les actes et dans le langage? Hardy n'a eu garde de supprimer le rôle de courtisane que Cervantès avait introduit dans son œuvre, et

---

chambre « qui s'ouvre et ferme » se trouve un lit (voy. acte II, sc. III, p. 221); au-dessus, une terrasse bordée d'une balustrade figure le 1er étage, où est couchée la courtisane du IVe acte. — Il y a deux autres maisons, l'une pour les Bentibolle, l'autre pour Alphonse d'Este. (Voy. acte IV, p. 255.) — Au fond, une toile représente la ville de Bologne.

La *durée de l'action* est de quelques jours.

1. Signalons-en quelques-unes, que M. Robiou n'a pas mentionnées. Avant que l'action s'engage, don Juan nous fait entendre — fort peu clairement, il est vrai — qu'il est amoureux de Cornélie; mais il n'est plus question de cet amour dans la suite et il n'a pu servir qu'à lancer les spectateurs sur une fausse piste. — A l'acte IV, la rencontre de Bentibolle et d'Alphonse d'Este ne se fait pas sur une route, mais à Bologne même, devant la maison du duc : le lieu de la scène était ainsi plus facile à représenter. — La cure de village où se dénouait l'action est remplacée par un ermitage près de Bologne. Les ermitages sont fréquents dans la mise en scène de l'Hôtel de Bourgogne, et Hardy a peut-être introduit celui-ci dans sa pièce pour faire plaisir au décorateur.

2. Voy. page suiv.; voy. acte V, sc. III, p. 281 et *passim*. M. Robiou remarque avec raison que Hardy a réduit le rôle maternel de Cornélie; il y a pourtant introduit un ou deux beaux accents. Voy. acte III, sc. II, p. 238.

3. Voy. notamment l'étrange vers de l'acte IV, sc. I, p. 260 :

> Prenez, je le consens, pour le port un baiser.

4. Acte II, sc. I, p. 215-216.

5. Cf. Cervantès, p. 25-26, et Hardy, acte III, sc. IV, p. 250-252.

bien des paroles libres qui choquent dans la tragi-comédie lui sont dues exclusivement. Citons un détail caractéristique : la Cornélie de Cervantès attend deux ans avant de se livrer à celui qu'elle aime; celle de Hardy n'attend pas un jour [1]. — Ne disons rien du style : il est abominable, tout embarrassé de termes mythologiques, rempli de déclamations, et parfois d'une impénétrable obscurité.

Ainsi *Cornélie* est une fort mauvaise pièce, où tout témoigne de la négligence et de la rapidité avec laquelle elle a été écrite. Et cependant elle avait eu assez de succès pour que Hardy l'insérât dans le recueil de ses œuvres en 1625; elle en eut assez dans la suite pour figurer encore au répertoire vers 1632. Telle était la puissance sur le public d'une action animée, d'une intrigue touffue et romanesque.

II. — La Force du sang.

(T. III, p. 107 à 203.)

La Force du sang, qui est aussi tirée de Cervantès, vaut certainement mieux que *Cornélie*. La composition en est plus nette, les intentions dramatiques plus nombreuses et mieux marquées, le mouvement tout aussi rapide [2].

Après un récit de songe qui constitue un véritable prologue, le premier acte commence à nouer l'action. Léocadie et ses parents se promènent le soir, non loin de Tolède et aux bords du Tage, tandis qu'un jeune gentilhomme, nommé Alphonse [3], cherche, avec deux de ses amis, quelle distraction nouvelle il pourra se procurer. Le mieux n'est-il pas d'aviser une fraîche et pudique beauté, et de l'enlever, afin de satisfaire sur elle son caprice? Cette belle résolution prise, nos mauvais sujets, qui cachent leurs traits, remarquent Léocadie; les deux amis s'élancent sur le père et la mère qu'ils contiennent en les menaçant; Alphonse bâillonne la jeune fille et l'emporte.

---

1. Cf. Cervantès, p. 16, et Hardy, acte II, sc. III, p. 230.
2. *Mise en scène supposée* : Toile de fond représentant les dernières maisons de Tolède et une promenade sur les bords du Tage; — sur l'un des côtés, la maison d'Alphonse, comprenant deux pièces, dont une chambre avec lit brodé et tapis; — sur l'autre, la maison de Léocadie et un endroit quelconque en Italie.
La *durée de l'action* est d'un peu plus de sept ans. (Voy. notre chapitre sur *la mise en scène*, p. 193 sqq.)
3. Rodolphe dans Cervantès.

Le second acte commence dans la chambre où Alphonse a consommé son crime. Léocadie, qui s'était évanouie pendant le rapt, revient à elle et gémit douloureusement. Puis, comme son attitude énergique est faite pour décourager le débauché, il lui bande les yeux et l'emmène : elle sera délivrée, mais ne saura pas dans quels lieux elle a perdu l'honneur. — En effet, la scène suivante nous la montre arrivant chez ses parents désolés et ne leur pouvant rien apprendre qui leur fasse connaître le nom du coupable : même une statuette d'Hercule [1], qu'elle a dérobée, ne paraît pas être un moyen de reconnaissance. C'est donc en vain que la mère a prononcé le nom de mariage; sur quoi Léocadie pourrait-elle compter pour retrouver le jeune homme et se faire rendre son honneur? Sur le hasard d'une rencontre? Mais voici que le père d'Alphonse, don Inigue, éloigne son fils et lui ordonne d'aller s'instruire en voyageant [2].

C'est au troisième acte surtout que Hardy a fait preuve de sens dramatique et d'originalité. Alphonse parti, Cervantès ne nous parle plus de lui jusqu'aux dernières pages de sa nouvelle, et se contente de poursuivre l'histoire de Léocadie. La disposition adoptée par Hardy est autrement habile et prépare bien mieux le dénouement. Léocadie, tout en larmes, annonce à sa mère qu'elle est enceinte. Sa maternité sera-t-elle un malheur de plus? Amènera-t-elle son bonheur final? Le public est encore occupé à se le demander, quand il voit sortir de la maison d'Alphonse son vieux mais vigoureux père Inigue, prêt à prendre part à un tournoi. Quelque incident se prépare donc, où Léocadie et son enfant sont intéressés. Mais qu'importe, après tout, ce qui peut se produire, si Alphonse est toujours le débauché que nous avons connu, et s'il est aussi incapable de donner le bonheur qu'indigne lui-même de le recevoir? — Brusquement, la scène se transporte

---

1. Un crucifix dans Cervantès. Hardy a-t-il éprouvé quelque scrupule de mêler un crucifix à des scènes aussi scabreuses? A-t-il simplement eu peur de la censure?
2. Signalons un éloge de la Gaule (acte II, sc. III, p. 141-142), ajouté par Hardy à l'éloge de l'Italie :

> Des Alpes au retour les hauts monts traversés,
> La Gaule se présente, en peuples plus féconde
> Que l'Espagne beaucoup; qui semble un autre monde ;
> Peuples civilisés, conversables, courtois,
> Qui n'ont rien d'arrogant comme nos Ibérois,
> Qui aiment une humeur ouverte et familière,
> Non la nôtre, de soi cauteleuse et altière.
> Vois de l'accommoder selon les nations.

en Italie. Alphonse, qui voyage depuis plusieurs années déjà, n'a pu cependant oublier la nuit terrible où il a brisé la vie d'une pure jeune fille, et il donnerait la sienne pour réparer le mal qu'il a causé. Les voyages, d'ailleurs, ont mûri son esprit, et ses amis constatent quel important changement s'est produit en lui.

— L'incident prévu peut maintenant survenir. Au milieu des rues de Tolède, un cavalier, préoccupé du tournoi, a jeté par terre un petit enfant de sept ans. Le blessé crie; don Inigue s'élance pour le relever, et, touché par sa gentillesse, par ses traits surtout qui lui rappellent ceux d'un fils chéri, il le fait transporter dans sa demeure qui est proche. L'enfant accepte ses soins, mais en demandant sa mère Léocadie.

On entrevoit maintenant comment la reconnaissance et le dénouement se pourront produire. Au quatrième acte, la mère, envahie par la douleur et par la crainte, se rend chez don Inigue, reconnaît la chambre où elle a perdu l'honneur [1], et révèle à la mère d'Alphonse quels liens étroits les unissent toutes deux depuis longtemps. Voilà Léocadie et son fils acceptés par don Inigue et par Léonore. Ceux-ci rappellent bien vite Alphonse, et le cinquième acte réunit l'épouse à l'époux. Les dernières scènes, curieuses et animées, sont exactement imitées de Cervantès; nous n'y remarquerons qu'une innovation : c'est une solennelle demande en mariage qui a l'avantage de relever tout à fait Léocadie; qu'un détail curieux : c'est la présence d'une *troupe de parents*, qui parle d'une façon suivie et assez longuement.

Telle est cette tragi-comédie de *la Force du sang*, dont le sujet, s'il fallait en croire Hardy, est ici « représenté avec les mêmes paroles de Cervantès, son premier auteur [2] ». Pour une fois, notre dramaturge se calomnie, car il y a mis par endroits et assez heureusement du sien. Un seul personnage est sacrifié, celui du père de Léocadie, Pizare [3]; mais Léocadie même est souvent touchante, sa mère Estéfanie trouve de cordiales et consolantes paroles dans la scène — nullement traitée par Cervantès — où elle apprend la grossesse de sa fille; Léonore et don Inigue sont

---

1. Voy. notre chapitre sur *la mise en scène*, p. 189, n. 1.
2. *Argument*.
3. Voy. les dures paroles qu'il adresse à sa femme, acte I, sc. I, p. 112, et ses plats remerciements à don Inigue, acte V, sc. I, p. 182 (cf. acte II, sc. II, p. 131). Mettons pourtant à son actif quelques paroles vraiment paternelles (acte II, sc. II, p. 138).

de nobles et braves cœurs [1]. Le petit Ludovic a quelques reparties gentilles et naturelles [2]; le rôle d'Alphonse enfin, plus chargé au début que dans la nouvelle espagnole, est amélioré grandement par ses remords.

III. — Félismène.

(T. III, p. 284 à 384.)

Félismène a été analysée par Sainte-Beuve [3], et nous renvoyons volontiers à cette analyse, qui rend un compte exact de la succession des scènes et du mouvement même de l'action. Nous ne dirons qu'un mot du sujet et de la façon dont Hardy a imité son modèle Montemayor [4].

Le sujet fourmille d'invraisemblances [5], et, de plus, comporte une scène des plus scabreuses, celle où la belle Félismène, déguisée en homme, est l'objet des sollicitations amoureuses de Célie. Mais peut-on reprocher à Hardy de l'avoir traité? Le maintien de sa pièce au répertoire, le succès immense de la *Diane* de Montemayor, déjà tant de fois traduite et imitée [6], la présence de situations semblables à celle qui nous choque ici dans tant d'œuvres antérieures ou contemporaines [7], tout cela ne prouve-t-il pas

---

1. Voy. notamment quelques vers de don Inigne, acte V, sc. I, p. 182.
2. Voy. acte III, sc. IV, p. 161, et acte IV, sc. II, p. 165.
3. *Tableau*, p. 245-247.
4. *Mise en scène*. Mahelot dit (f° 27 v°) : « Il faut au milieu du théâtre un palais, et à un des côtés une grotte et rocher, et à l'autre côté une belle chambre. Il faut aussi du papier, des plumes et de l'encre, deux sièges, des houlettes et un flageolet. » Le palais, qui forme trois compartiments, comprend en réalité trois demeures distinctes, celle de Célie au fond, celles de don Félix et d'Adolphe sur les côtés. La « grotte et rocher » est entourée de verdure et représente le bois de l'acte V, sc. II. La « belle chambre » est celle de Félismène à Tolède (acte I, sc. II). La scène I, I, en dépit de son caractère intime, est supposée se passer sur une voie publique de Tolède qui conduit de chez don Anthoine à la cour; elle se jouait au milieu de l'avant-scène. Enfin le papier, les plumes, l'encre et les sièges semblent être destinés à l'appartement de Célie (acte III, fin et acte IV, sc. II); les houlettes et le flageolet servent à l'acte V, sc. II.

La *durée de l'action* est de quelques mois.

5. M. Lombard les fait ressortir et les exagère encore; voy. *Zeitschrift*, t. I, p. 361.
6. Pour les traductions françaises, voy. notre chapitre sur les *sources*, p. 244. Parmi les principales imitations, nous pouvons citer le *Sireine* d'Honoré d'Urfé, dont on possède une copie datée de 1596 (Bonafous, *Études sur l'Astrée*, p. 130), et l'histoire de Protée et de Julia dans *les Deux Gentilshommes de Vérone* de Shakespeare.
7. Dans l'*Amadis de Gaule*, Carmelle, amoureuse d'Esplandian, se fait son

que Hardy n'a fait que se conformer au goût du temps et qu'il ne l'a ni gâté ni perverti?

Le sujet admis, nous avons au moins le droit de demander au dramaturge s'il a fait quelque chose pour le rendre plus intéressant, plus touchant, plus dramatique. Comparons la tragi-comédie avec le roman; la réponse sera aussi nette que satisfaisante [1].

Et d'abord, Hardy a changé les lieux de l'action, afin de dépayser moins ses spectateurs. Il l'a fait commencer à Tolède et non à Soldine dans la grande Vandalie; il l'a transportée ensuite à la cour de l'empereur et non dans celle de la princesse Auguste Césarine. Quantité de digressions, de descriptions, de discussions subtiles, de lettres écrites avec une galanterie savante et dans un style alambiqué, ont disparu. Il y a encore ici trop de pointes et de fadeurs, infiniment moins cependant que dans l'original. Le mal est que Montemayor y avait mêlé quelques observations naïves et délicates sur le cœur humain, et qu'elles ont disparu avec tout le reste.

Le premier acte de la tragi-comédie constitue une exposition nette et intéressante, dont il n'y avait presque rien dans le roman. Montemayor, en effet, racontait longuement les premières amours de Félix et de Félismène, mais arrivé au point d'où Hardy — avec grande raison — a voulu partir, il se contentait de dire que le père de don Félix l'avait obligé au départ, et que celui-ci, accablé, n'avait même pas osé prendre congé de sa maîtresse. Un monologue du père, qui nous fait connaître son orgueil et pressentir sa rigueur; une scène où il apprend que son fils est sur le point de se mésallier et qui nous met au courant des amours des deux principaux personnages; l'explication vive et rapide entre le père et le fils; une scène d'adieux, enfin, entre deux amants pour qui la

---

page et porte ses lettres d'amour à Léonorine. Dans l'*Arcadie* de Sidney, Zelmane se déguise en page et se met au service de Pyrocle qu'elle aime. Dans *Comme il vous plaira* de Shakespeare, Rosalinde étant déguisée en homme, la bergère Phœbé en devient amoureuse. Dans *le Soir des rois ou ce que vous voudrez* (dont le sujet est emprunté à Bandello, partie II, nouv. 36), Viola, amoureuse du duc Orsino, entre à son service comme page, porte ses messages à la comtesse Olivia et est aussi par elle pressée d'amour. Cf. Hardy, acte III et acte IV, sc. II, et Shakespeare, acte II, sc. IV; acte II, sc. II, acte III, sc. I. A son tour, la Viola de Shakespeare a été imitée par Beaumont et Fletcher dans le Bellario de leur *Philaster*.

1. L'édition que nous avons consultée a pour titre : *La Diane de Georges de Montemayor, nouvellement traduite en François, dédiée à mademoiselle de Villemontée, Philippe de la Barre*. A Paris, chez Robert Foüet, ruë St-Jacques, au Temps et à l'Occasion, 1631, 8º. (Privilège de 1623.) — 1re partie.

séparation est si pénible et doit être si dangereuse, voilà par quoi Hardy a remplacé les brèves et peu dramatiques indications de Montemayor.

Dès le second acte, don Félix a oublié les serments qu'il a prodigués à Félismène, et fait le siège en règle du cœur de Célie. Nous ne dirons rien de la scène entre don Félix et cette princesse, de l'arrivée de Félismène et du rôle que joue le prétendu page au milieu des nouvelles intrigues de son amant; si Hardy n'a pas suivi aveuglément son modèle, il ne s'en est pas non plus écarté beaucoup. Mais il a mieux compris la difficulté qu'il y avait à mettre Félismène en face de don Félix sans que celui-ci la reconnût, et de même l'intérêt dramatique et moral qu'il y avait à donner au perfide quelques remords. Dans la pièce donc, et tout au contraire de ce qui se passait dans le roman, la figure et la voix du page rappellent au coupable celles de Félismène; il fait l'éloge de celle qu'il a abandonnée, il l'aime encore, il s'accuse; mais quoi? une nouvelle passion l'emporte, et, avec une hypocrisie fort naturelle, il cherche à se persuader qu'à le perdre, Félismène gagnera plutôt qu'elle ne sera lésée :

Ses mérites divins sont pour gagner au change [1].

Une autre innovation importante est la création du personnage d'Adolphe, « amoureux transi » qui fait aussi la cour à la princesse et, Allemand, voue une véritable haine à son rival Espagnol, plus heureux que lui. Son rôle n'a pas grande importance au second acte, et il est nul pendant le suivant; mais, à la fin du quatrième et au cinquième acte surtout, on voit combien il était utile et nécessaire. Tout ce dénouement d'ailleurs est beaucoup plus dramatiquement composé que dans la *Diane*.

Là, Célie étant morte dans la syncope où les refus du beau page l'avaient fait tomber, don Félix s'afflige et quitte sa demeure; Félismène, restée seule, se retire dans un désert. Elle y devient bergère, protège des nymphes, est mêlée à l'histoire d'un bon nombre d'entre elles. Enfin, un jour, elle voit trois bandits qui attaquent ensemble un seul cavalier, s'élance contre eux, délivre don Félix — car c'était lui — et il en résulte un heureux mariage. Tout cela se tient mal et le hasard y paraît trop souvent; son

---

[1.] Acte III, p. 330.

intervention est plus discrète et les incidents se lient mieux dans la tragi-comédie.

Ici, lorsque Célie est morte, la cour s'étonne, s'inquiète, et, voyant la lettre de don Félix aux pieds de la princesse, attribue cette fin soudaine à un poison subtil. Don Félix, averti, s'irrite il veut braver ses calomniateurs et montrer à ces Allemands « la vertu espagnole »; surtout, il perd la tête et s'élance; va-t-il chercher le danger? va-t-il le fuir? Mais, avant de quitter la scène, il fait un retour naturel et fort dramatique sur le passé : le superstitieux Espagnol attribue ses malheurs à son parjure [1]. A ce mot, Félismène est frappée au cœur; pourquoi ne voudrait-elle pas le suivre, lui révéler qui elle est, le sauver enfin en le ramenant à elle? Mais, hélas! c'est Félismène qui a porté la lettre à Célie; don Félix pourrait soupçonner d'un crime une rivale. Cette réflexion l'arrête [2], et voilà pourquoi Félismène paraît plus loin en habit de bergère, jugeant des débats amoureux entre des bergers. — Cependant Adolphe s'est empressé de croire à la culpabilité de don Félix et il a juré de venger son crime; deux de ses amis se sont joints à lui. Ce sont eux, et non des brigands trop inattendus, qui ont poursuivi don Félix et qui l'attaquent d'une façon peu chevaleresque; ce sont eux dont la mort « occasionne la reconnaissance et ensuite l'heureux mariage » de nos héros.

Nous n'avons rien à dire des personnages, qui sont à peu près ce qu'ils doivent être, en dépit des pointes, des obscurités et, par endroits même, des contradictions [3]. Les remords qu'éprouve don Félix le rendent plus intéressant, et Célie, du moins avant la crise physiologique qui la jette aux pieds du prétendu page,

---

1. Acte IV, sc. III, p. 363 fin.
2. M. Lombard n'a pas assez tenu compte de cette perplexité — naturelle, pourtant — de Félismène, lorsqu'il a écrit : « Il faut croire que l'amour de notre héroïne pour don Félix n'a rien de si violent, puisqu'elle le laisse tranquillement partir quand il lui dit qu'il va mourir, et qu'elle-même s'en va chercher quelque retraite champêtre, alors qu'un seul mot pouvait rendre à la vie celui qu'elle aime et faire leur bonheur à tous deux. » (P. 361.) — Plus loin aussi, M. Lombard est injuste pour le Ve acte : « L'unité de l'action même est ici violée, car on nous entretient de récits amoureux qui n'ont aucun rapport avec l'intrigue qui fait le fond de la pièce. » (P. 362.) Ces récits sont courts, rappellent le roman même de Félismène et font pressentir le dénouement. On pourrait plutôt remarquer que l'arrivée de don Félix empêche Félismène de prononcer entre les bergers; mais ne leur prêche-t-elle pas d'exemple? et, alors qu'elle oublie les torts de celui qu'elle aime, n'est-il pas évident que tous les couples divisés vont se réconcilier?
3. Tantôt don Félix veut abuser Célie, tantôt il assure que son amour est pur et bien intentionné.

nous plaît parfois par sa coquetterie, son bon sens et son esprit même [1].

IV. — Dorise.
(T. III, p. 385 à 459.)

Dans la tragi-comédie qui suit, dans *Dorise* [2], nous trouverions encore quelques traces de l'habileté dramatique de Hardy : l'exposition nous met dans la main tous les fils de l'intrigue; la pièce est bien coupée. Mais le dénouement en est trop long, et Hardy a suivi de beaucoup trop près l'immorale et bizarre histoire qu'il lui avait plu de prendre pour modèle [3].

Salmacis, gentilhomme perse amoureux de Doris, a choisi pour confident un parent et ami du nom de Licanor; mais celui-ci est son rival et profite de son absence pour le calomnier et le supplanter auprès de Dorise. Une amie de Dorise, Sidère, a pris aussi sa part de cette trahison, afin de réserver pour elle le cœur et la main de Salmacis : elle vient à bout de ses projets. Ainsi deux mariages concluent le roman et prouvent que ce n'est pas toujours la vertu qui est récompensée.

Le premier auteur de cette histoire, de Rosset, n'a garde de se scandaliser de la conduite de ses héros [4]. « Quelqu'un, dit-il, trou-

---

1.   Nul ne doit s'offenser de ce qui ne m'offense,

dit-elle à Adolphe qu'indignent les assiduités de don Félix, a. II, sc. II, p. 315.
2. Le privilège appelait cette pièce *Sidère*. Hardy aurait-il changé ce titre parce qu'il existait une *Sidère, Pastorelle en 5 actes, prose et vers, le prologue et les chœurs en vers... par René Bouchet, Sr d'Ambillon*, Paris, Robert, Estienne, 1609? Voy. La Vallière, t. I, p. 432.
3. *Mise en scène supposée* : La maison de Salmacis; — la maison de Dorise; — la maison de Sidère; — un ermitage et, auprès, un petit ruisseau avec « saules épais » et « fleurage » (p. 439). Il se pourrait que ce paysage formât le fond.
La *durée de l'action*, qui est d'environ un an dans de Rosset, a peut-être été réduite à une dizaine de jours par Hardy.
4. *Histoires des Amants volages de ce temps, ou sous des noms empruntés sont contenus les Amours de plusieurs Princes, Seigneurs, Gentilshommes et autres personnages de marque, qui ont trompé leurs maîtresses ou qui ont esté trompés d'elles. Dédiées au Roy par François de Rosset.* A Paris chez la vefve Iacques du Clou, et Denis Moreau, rue St-Iaques, à la Salamandre, 1619. Avec Privilège du Roy, 8º. — L'histoire XI : « Les amours de Salmacis et de Dorize » s'étend de la page 539 à la page 592, mais rien n'est plus fantaisiste que la pagination de ce volume. — L'auteur des *Remarques* sur le *Berger extravagant*, c'est-à-dire Sorel lui-même sans doute (*Remarques sur le XIIIᵉ L.*, t. III, p. 500), porte sur un autre recueil de F. de Rosset, sur les *Histoires tragiques*, le sévère mais juste jugement qui suit : « Encore qu'elles soient véritables,

vera peut-être étrange toute la procédure de Licanor, et l'accusera de premier abord de trahison envers son cousin Salmacis; mais, s'il considère la violence de l'amour, et la pitié que ce cavalier avait de Sidère, la plus rare et la plus accomplie beauté de la Perse, et qui surpassait en toutes sortes de mérites la belle Dorise, il m'accordera facilement que Salmacis lui est beaucoup plus obligé qu'il n'a sujet de se plaindre de lui. » Hardy, en effet, lui *accorde facilement* ce point contestable et, par la bouche même de Salmacis, paraphrase la conclusion de son devancier [1]. Mais laissons encore à celui-ci la parole : « Salmacis n'a jamais depuis vu Licanor de mauvais œil; au contraire, il se publie partout son obligé. Ces deux grandes dames seulement se sont toujours regardées de côté : car Dorise, qui a su depuis de la bouche de son époux l'artifice dont il avait usé pour l'avoir en mariage et l'assistance que la belle Sidère lui avait donnée en son invention, a trouvé fort mauvaise la procédure de Sidère. Mais l'autre, qui ne se soucie du courroux qu'elle pourrait garder dans son âme extrêmement vindicative, vit avec son époux en toutes sortes de contentements. Il possède maintenant une des grandes charges de la Perse, et son nom, qui est ici déguisé comme tous les autres qui sont insérés en ces histoires, n'est inconnu que de ceux qui n'ont pas de connaissance. »

Ce dernier mot ne serait-il pas pour nous un trait de lumière? Et Hardy n'aurait-il pas cherché un succès d'actualité et de scandale en reproduisant, sans y changer que le moins possible, l'anecdote de de Rosset? On s'expliquerait ainsi — d'une manière fâcheuse — pourquoi notre auteur a pris un pareil sujet; pourquoi il ne l'a pas traité de la seule façon qui paraisse raisonnable, c'est-à-dire en comédie; pourquoi enfin, au lieu de faire se développer l'intrigue sous la seule impulsion des passions, il a conservé à la magie le rôle absurde que lui avait donné Rosset. Lorsque Salmacis, repoussé par Dorise et tout pénétré de douleur, s'est retiré dans un ermitage, une magicienne apprend à Sidère que celui qu'elle aime porte à l'oreille un charme, lequel l'a toujours empêché de répondre à son amour. Elles vont donc le

---

ainsi que chacun croit, elles ne sont pas écrites d'un style coulant et naïf, comme doit être une vraie histoire; elles sont comme des romans les plus sots du monde, et l'on y voit des lettres et des compliments amoureux remplis de galimatias. »

1. Acte IV, sc. II, p. 464.

trouver dans sa retraite et lui enlèvent le charme pendant son sommeil. C'en est fait : Salmacis dédaigne Dorise, et c'est maintenant Sidère qui est l'unique maîtresse de son cœur.

Au milieu de ces scènes choquantes ou puériles et dont un style étrange ne permet même pas de comprendre tous les détails, nous ne signalerons que celles où paraît l'ermite [1]; ce personnage, dont Rosset n'avait prononcé le nom qu'à la hâte, n'a pas seulement la physionomie noble et douce que Hardy a coutume de donner à ses pareils; il a encore quelques traits qui le distinguent. Il a connu et aimé le monde, et maintenant, échappé aux orages qui l'agitent, il en a peur encore et remercie Dieu de l'en tenir éloigné. Aussi est-ce avec joie qu'il accueille Salmacis, désabusé de l'amour; c'est avec tristesse qu'il le voit partir, plus que jamais repris par la passion; mais il avait deviné sa chute :

> Tu ne me trompes pas, jeune homme, à rechercher
> Parmi le monde infect les plaisirs de la chair.
> Il faut, il faut que l'âme ait sa trempe plus forte,
> Qui veut persévérer à vivre de la sorte;
> Persévérer, Seigneur, qu'à ta grâce je doi,
> Qui me daigne remplir de courage et de foi [2].

V. — Frégonde ou le Chaste Amour.

(T. IV, p. 225 à 298.)

La lecture de *Frégonde ou le Chaste Amour* montre bien à quel point la tragi-comédie préfère l'intrigue aux caractères et les événements aux *mœurs*. Une femme vertueuse qui, après avoir lontemps repoussé avec horreur toutes les sollicitations adultères d'un amant, se sent enfin touchée par sa générosité et devient presque coupable par reconnaissance; et inversement, un homme plein de passion qui, du jour où il a rendu service à celle qu'il aime et à son mari, rougit d'avoir voulu troubler leur bonheur; voilà certes un sujet qui, en même temps qu'il contenait un revirement fort dramatique, se prêtait à une étude psychologique délicate et brillante. Si l'auteur du récit qu'imitait Hardy, Diego Agreda [3],

---

1. Acte III, sc. III, et acte IV, sc. I.
2. Acte IV, sc. I, p. 445.
3. *Doce Novelas morales y ejemplares*, 1620. — Voy. *Nouvelles morales en suite de celles de Cervantes dont les sujets sont... Tirées de l'espagnol de don Diego Agreda et mises en notre langue par J. Baudoin.* A Paris, chez Toussaint du Bray et Jean Levesque, rue St-Jacques, M.DC.XXI. Avec privilège du

n'avait pas assez mis en lumière ce qu'il renfermait de neuf et de vraiment intéressant, il s'était du moins attaché à décrire les sentiments de ses personnages, et il avait conclu leurs histoires par des réflexions morales qui l'*illustraient*. Mais Hardy n'a pas plus tôt fait un pas dans la voie de l'analyse psychologique, qu'il se rejette bien vite en arrière et se remet à faire du drame romanesque, tout d'intrigue, tout pour la curiosité [1].

Selon son habitude d'aborder l'action *in medias res*, Hardy n'a point montré comment le marquis de Cotron était devenu amoureux de Frégonde [2], avec quelle persévérance il l'avait poursuivie de ses hommages, comment elle s'était retirée de toutes les fêtes et avait même cessé de « paraître aux fenêtres » pour ne plus le voir. Lorsque la pièce commence, il y a déjà deux ans que le pauvre marquis aime « la dame dédaigneuse », et, ni les reproches de sa conscience, ni les prières de son vertueux ami, le comte de Célane, n'ont pu faire perdre la moindre énergie à sa passion. Il fait donc une suprême tentative et cherche à gagner la vieille nourrice de Frégonde. Celle-ci se récrie, puis se laisse corrompre par la cupidité, et, faisant assaut d'hypocrisie avec le galant, elle promet enfin de lui procurer la vue, rien que la vue, de sa maîtresse. En dépit des faiblesses et des exagérations de style, la scène est curieuse et habilement menée.

Frégonde paraît sur le théâtre, triste, affligée par des assiduités qui l'obsèdent, mais qu'elle n'a pas voulu révéler à son mari pour

---

Roy, 8°. 7° Nouvelle, *la Résistance récompensée*. — Le sujet traité par Agreda avait déjà fourni une *nouvelle* à Bandello et une *histoire tragique* à Belleforest. Voici le titre adopté par Belleforest : il fera comprendre les principaux changements apportés par Agreda à la nouvelle de Bandello : « Le marquis de Cotron aime sans être aimé Léonore Macédonie Néapolitaine, et puis la quitte pour en aimer une autre. Léonore devient amoureuse de lui, lequel ne veut plus l'aimer, d'où s'ensuit la mort de la damoiselle. » Voy. *Le troisiesme tome des Histoires tragiques, extraittes des œuvres italiennes du Bandel, contenant dix-huict Histoires, traduites et enrichies outre l'invention de l'Autheur*. Par François de Belle-Forest Comingeois. A Lyon, par Benoist Rigaud, 1594, p. in-8°. Hist. 16, f°s 409 à 448. Cf. Bandello, II° partie, nouvelle 22.

1. *Mise en scène supposée :* Au fond, le palais du roi Alphonse ; — sur les côtés : maisons de Frégonde et du marquis à Naples ; — maison champêtre de Frégonde près de cette ville ; — un rivage avec une « pointe de vaisseau » en Calabre (acte III, sc. III). — La sc. V, 1, qui devrait se passer en Calabre, a été transportée à Naples pour ne pas multiplier les compartiments et ne pas dépayser les spectateurs.
La *durée de l'action* ne saurait être inférieure à un mois.

2. Le nouvelliste espagnol lui donne le nom de Gracia Carrafa, et à son mari celui de Juan Thomas.

ne pas troubler sa tranquillité; et aussitôt la nourrice lui donne de perfides conseils : ne pourrait-elle parler une fois au marquis pour le décourager? Ne serait-il pas prudent de s'assurer son amitié tout en repoussant son amour? Frégonde la réfute avec les égards qu'elle croit devoir à son âge et à son affection; mais, quand le marquis s'avance et que la nourrice ajoute :

> Bon Dieu! je l'aperçois, chez qui nature a mis
> Tout ce qui nous peut rendre aimable une personne,
> Ecoutons-le parler [1];

alors Frégonde comprend tout, et se retire après avoir accablé les deux complices de sa colère et de son mépris.

Mais colère et mépris vont encore tourner à sa confusion. Don Yvan, son mari, est ruiné par des procès où le bon droit est de son côté, l'astuce et le succès du côté de ses adversaires. Ses anciens amis l'ont abandonné, et il n'a plus d'espoir qu'en un seul, auquel il est bien résolu de recourir. — « Son nom? » demande Frégonde avec angoisse. Mais elle n'avait que trop deviné qu'il s'agissait du marquis, et alors, sans faire de révélation tardive, elle essaye de dissuader don Yvan, elle exprime des pressentiments et des craintes, elle va même jusqu'à prononcer ce mot menaçant :

> Vous vous repentirez de trop de confiance [2].

Mais don Yvan est d'un optimisme naïf [3], et « la misère, conseillère infidèle », l'a aveuglé. Il sort, laissant Frégonde dans une affliction profonde, encore que décidée à veiller sur l'honneur de son époux plus que son époux même. Cette fin d'acte est suffisamment étudiée et intéressante; mais nous voilà lancés sur une fausse piste : sans prévoir encore le dénouement, nous pensons que Frégonde va succomber.

Puisqu'elle ne le doit pas faire, en dépit des sentiments nouveaux que le désintéressement et la générosité du marquis [4] font naître en elle, tout l'effort du poète devait porter sur la peinture de ces deux âmes : celle de Frégonde agitée, envahie par un nou-

1. Acte II, sc. I, p. 245.
2. Acte II, sc. II, p. 253.
3. Voy. notamment acte III, sc. II, p. 263.
4. D'après Agreda, le service du marquis aurait consisté à briguer les juges; Hardy a trouvé le détail choquant et a évité de s'expliquer avec netteté; il semble seulement, d'après un passage de la sc. IV, I, p. 275, que le roi Alphonse ait rendu ses biens à don Yvan.

vel amour qui est déjà une faute, mais assez attachée encore au devoir pour n'en pas commettre une autre plus grave; celle du marquis toujours aussi aimante, mais épurée, ennoblie par son propre bienfait, incapable désormais de persévérer dans ses fourbes et dans ses mauvais désirs. Agreda n'avait pas donné cette peinture, mais il avait nettement indiqué que ni Frégonde ne renonçait à son honneur, ni le marquis à son amour; Hardy a complètement négligé ces indications. Chez lui, Frégonde ne « *tâche* dès lors qu'à récompenser l'amoureuse persévérance du marquis [1] »; le marquis, à plusieurs reprises, se vante de ne plus aimer [2]. Les anciens rôles sont désormais intervertis; et celle qui fuyait l'amour devenue passionnée, celui qu'animait la passion devenu insensible, tel est maintenant l'intérêt du drame. Comme le voilà rapetissé! Il est descendu au niveau de la pastorale.

Malgré tout, les scènes où s'accuse le changement de Frégonde sont intéressantes. Celle-ci a voulu se retirer à la campagne; elle exprime à don Yvan le regret qu'il doive son salut au marquis; son honnêteté se trouble, on le sent, et elle a peur d'aimer celui qu'elle a jusqu'alors haï. C'est alors que le hasard d'une chasse l'amène; elle tremble et pâlit affreusement; à quelle scène curieuse et difficile nous nous attendons!

Mais Hardy l'a trouvée trop difficile, et son public ne l'eût peut-être pas trouvée curieuse. Sur un point de la scène, qui représente la Calabre, un chef turc vient de débarquer des troupes et les exhorte à battre les Chrétiens surpris. Voilà les spectateurs que le drame intime ennuyait dûment rassurés : il se produira des complications.

Nous pouvons maintenant revenir chez Frégonde, dont la nourrice, plus heureuse que nous, a vu les héros du drame en présence, et nous les dépeint : lui, simple et froid, elle, embarrassée et trahissant une ardente passion malgré ses efforts; on dirait :

> Que ce sont maintenant corps métamorphosés,
> La passion de l'un à l'autre transportée [3].

Enfin ils paraissent devant nous. Frégonde est émue, incapable de garder aucune mesure, excessive dans son amabilité comme dans ses remerciements; le marquis n'a ni trouble ni affectation; il

---

1. Ce sont les termes mêmes de l'argument.
2. Voy. acte II, sc. I, p. 247, et acte III, sc. I, p. 255.
3. Acte III, sc. IV, p. 266.

oublie le passé et ne désire voir que l'harmonie là où il avait tant cherché à jeter la désunion.

> Adieu, beau couple heureux animé par une âme [1].

C'est sur ces paroles, louables, mais désormais inexactes, qu'il prend congé des deux époux.

L'acte suivant appartient encore en partie à l'étude intime. Le roi offre au marquis le gouvernement de la Calabre; mais celui-ci, désireux de servir encore don Yvan et, par excès de précaution, d'éloigner de Naples Frégonde, fait donner cette charge à son obligé. Don Yvan, mandé, accepte en termes nobles et fermes. Frégonde apprend qu'il faut quitter Naples, à la fin d'une scène piquante où elle a voulu amener sa nourrice à prononcer l'éloge du marquis [2], et où celle-ci n'a cessé de se dérober, moitié par malice, moitié par ressentiment. La pauvre amoureuse pâlit à cette nouvelle, et cherche des prétextes pour cacher à don Yvan la cause de son émotion.

L'acte V appartient tout entier au romanesque. Don Yvan est mort dans sa lutte contre les Turcs, et son ombre apparaît à Frégonde dans son sommeil. Aussi perspicace que le mari vivant l'était peu, elle connaît les sentiments de Frégonde et lui recommande instamment d'épouser le marquis; et, comme la passion de celui-ci n'était pas bien morte, dès que le roi lui offre la succession de don Yvan comme gouverneur, il demande à lui succéder aussi comme époux. Frégonde, qui était déjà dans un cloître [3], en sort sans retard et sans déplaisir :

> Sire, ma volonté, que la vôtre captive,
> A tel commandement ne s'oppose rétive....
> Sire, que seulement premier on me permette
> De rendre les honneurs à la cendre muette
> Du défunt, que sitôt je ne puis oublier,
> De qui je ne puis trop les honneurs publier [4].

---

1. Acte III, sc. v, p. 270.
2. Notons ce mot charmant, et si plein de sous-entendus, d'une amante inquiète :

> La prudence chez lui pèse chaque parole,...
> Qui sait sa passion, s'il en a, retenir.

3. On peut comparer la fin de la sc. V, I, avec l'une des plus jolies fables de La Fontaine. Frégonde parle moins bien, mais elle émet les mêmes idées que la jeune veuve, et, si elle ne demande pas de second mari, c'est peut-être parce qu'elle est sûre de le voir venir.
4. Acte V, sc. III, p. 296.

Ce n'est vraiment pas là se montrer trop exigeante; la requête, comme l'on pense, est accordée.

Agreda avait appelé ce roman *la Résistance récompensée*, et cela pouvait s'entendre de la résistance des deux héros à leur passion. Hardy lui a donné celui de *Frégonde ou le Chaste Amour*; mais duquel des deux amours le faut-il entendre? Celui du marquis n'est guère chaste, — tant qu'il existe; celui de Frégonde ne paraît l'être que parce qu'il ne trouve pas d'occasion de ne l'être pas. Est-ce que *chaste* signifierait : qui n'aboutit pas à ses fins? C'est à peu près ainsi que l'amour de Théagène restait *chaste*. Ce mot exprime un fait plus qu'un sentiment; nous sommes bien toujours dans la tragi-comédie.

VI. — Elmire ou l'heureuse Bigamie.
(T. V, p. 113 à 196.)

I

Si l'œuvre entière de Hardy l'a souvent fait accuser d'être le plus irrégulier des dramaturges, ce n'en est pas moins à *la Force du sang* que l'on a surtout reproché son *libertinage* dans le temps, à *Elmire ou l'heureuse Bigamie*, son *libertinage* dans l'espace. Hardy « ne pouvait tenir sa scène en un même lieu », dit Sarazin; « il changeait de région et passait les mers sans scrupule, et l'on demeurait souvent surpris de voir qu'un personnage, qui venait de parler dans Naples, se transportait à Cracovie pendant que les autres acteurs avaient récité quelques vers, ou que les violons avaient joué quelque chose. Mais, quoique presque tous ses poèmes soient sujets à ce manquement, il n'y en a pas un où il soit si remarquable que dans celui qu'il intitule *la Bigamie* : il ne s'est jamais vu une aussi longue pérégrination que celle que cet ouvrage contient; l'auteur s'y est servi aussi hardiment du Pégase, que l'Arioste de l'Hippogriphe, et le comte de Gleichen du poète français ne fait pas moins de chemin que l'Astolphe du poète italien[1]. »

La boutade de Sarazin ne saurait être prise à la lettre, mais elle n'est pas non plus complètement dépourvue de vérité : un des personnages du drame[2] est à Erford en Allemagne pendant

---

1. *Discours de la tragédie*, p. 321.
2. *Mise en scène supposée* : Au fond, le palais du sultan d'Égypte, avec un appartement pour le sultan lui-même et un autre pour sa fille Elmire; —

le deuxième acte, à Rome pendant le quatrième; un autre en Égypte pendant le troisième acte, à Rome pendant le quatrième, à Erford pendant le dernier. L'ensemble de la pièce, d'ailleurs, est construit d'après ce système des *fils parallèles* qui s'accordait si bien avec la mise en scène complexe de l'Hôtel de Bourgogne.

On connaît le sujet étrange que Hardy a jugé à propos de mettre en œuvre [1]. Un seigneur allemand, le comte de Gleichen, ayant été fait prisonnier par les infidèles dans une croisade, la fille d'un de leurs princes en devient amoureuse, et s'offre à le délivrer et à le suivre, s'il promet d'être son époux. Le comte, qui était déjà marié, accepte. Il débarque à Venise où un messager lui apprend des nouvelles de la comtesse et de ses enfants; puis il vient à Rome, où il « obtient du pape dispense de garder cette seconde femme avec la première. De retour en sa maison, la comtesse et la princesse entrent en très affectueuse amitié, partageant de prudence merveilleuse leur affection et révérence conjugale envers le comte. » Ainsi s'exprime Goulart, qui ne s'efforce nullement d'atténuer tout ce que son très court et très sec récit renferme d'invraisemblable.

Comment la princesse musulmane a-t-elle assez aimé le comte pour lui sacrifier son pays, ses parents, ses honneurs, sa religion? Pourquoi le pape a-t-il autorisé une bigamie? Se peut-il que l'amour de la comtesse ait été assez profond et désintéressé pour céder sans regret quelque chose de ses droits à une rivale? Se peut-il surtout qu'autour d'elle ni amis ni parents n'aient protesté? Autant de questions qu'un public pouvait poser et auxquelles un auteur dramatique devait répondre; c'est en le faisant de son mieux que Hardy a trouvé le moyen de remplir cinq actes. Montrons en quelques lignes de quelle façon il a procédé.

---

sur les côtés : le palais de la comtesse de Gleichen, à Erford; — une hôtellerie aux portes de Rome. — La scène IV (ıı) se passe près de l'hôtellerie, la sc. IV (ııı) dans l'hôtellerie même.

La *durée de l'action* ne saurait être moindre d'une année.

1. *Le deuxiesme volume des Meditations historiques de M. Philippe Camerarius*,... p. 152. (Voy. ci-dessus, l. III, ch. ı, p. 239, n. 4.) — Pour plus de détails sur la légende du comte de Gleichen, voy. le *Dictionnaire* de Bayle, *cinquième édition, revue, corrigée et augmentée....* A Amsterdam, Leide, La Haye, Antrecht. MDCCXL., t. II, p. 555; et surtout l'article étendu de J. Haseman dans l'*Allgemeine Encyklopædie der Wissenschaften und Künste... hgg. von J. S. Ersch und J. G. Gruber*, Leipzig, 1859, 1ʳᵉ section, 69ᵉ partie, p. 310-315. Voy. aussi le mémoire de M. G. Paris, *la Légende du mari aux deux femmes* (*Revue bleue* du 19 novembre 1887).

Le premier acte est une exposition longue, mais nette. Il commence en Égypte, où, après mille exploits, le comte vient de tomber au pouvoir de Salaroc. Le sultan voudrait se l'attacher à tout prix, soit en le convertissant à l'islamisme et en lui donnant sa fille, soit en lui laissant sa religion et en le comblant pourtant d'honneurs et de commandements. Le prisonnier refuse et préfère l'esclavage à la trahison. — Maintenant que nous le savons noble et digne d'être aimé, le dramaturge nous transporte à Erford, où sa femme le pleure et n'ose plus espérer de le revoir. Elle aussi est un noble caractère, et le marquis de Bade, qui l'aime, n'ose guère lui faire part de sa passion. — Enfin la princesse Elmire paraît en scène. Les hautes qualités du comte ont gagné son cœur, les projets du sultan ont calmé ses scrupules, ses préjugés même contre le christianisme sont vaincus par l'admiration passionnée qu'elle porte à un chrétien. Tous les fils de l'intrigue sont déjà posés.

Le second acte les brouille. Elmire confesse son amour au comte, qui y voit un moyen providentiel de se délivrer, mais qui déclare loyalement tout ce qui s'oppose aux désirs d'Elmire. — La comtesse envoie à la recherche de son époux un gentilhomme dévoué, Rodolphe. — Le marquis de Bade, enhardi par l'absence de nouvelles, laisse mieux paraître son amour.

A l'acte III, Elmire, ne pouvant faire céder le comte, se décide à céder elle-même. Elle embrassera le christianisme, puisqu'elle ne peut autrement aspirer à la possession de celui qu'elle aime :

> Moyennant que la foi d'un mariage tienne,
> Je ne le serai pas, je suis déjà chrétienne [1].

Le comte, il est vrai, ne peut lui assurer le consentement du pape et n'a que des promesses bien vagues à lui faire, au cas où Rome serait inflexible. Mais la passion d'Elmire est trop violente; il faut qu'elle délivre son idole et qu'elle le suive : contre toute espérance, elle serait sans doute capable d'espérer. — Et cependant, à Erford, la comtesse songe toujours à celui qui est loin d'elle; elle conjecture ce qu'a fait son envoyé Rodolphe, et, dans une scène dont l'idée au moins est touchante, elle essaye de distraire sa douleur par la vue et les embrassements de ses enfants. — Le marquis de Bade l'interrompt, et, après des protestations embarrassées, il travaille à la fois à lui faire perdre toute confiance et à

---

1. Acte III, sc. (I), p. 151.

lui faire entendre sa passion. La comtesse l'entend, en effet, et s'indigne; elle le quitte avec mépris, pendant qu'il essaye vainement de revenir sur des paroles imprudentes. Le marquis paraîtra encore au dénouement, mais son rôle, à vrai dire, est terminé; il a servi à faire connaître la comtesse et à faire tout attendre de sa noble et ardente fidélité.

Au quatrième acte, Salaroc apprend la fuite du comte et d'Elmire; après quoi, l'action quitte définitivement l'Égypte, et c'est aux portes mêmes de Rome que nous retrouvons les fugitifs. — La comtesse ne figure pas dans cet acte, mais elle y est représentée par Rodolphe, dont la rencontre avec le comte a été transportée de Venise à Rome, fort sagement. — Elmire, dont les craintes sont devenues très vives, reçoit les meilleures assurances sur les dispositions de la comtesse, et le pape autorise une bigamie en faveur de celle qui vient d'embrasser le christianisme et qui a conservé au Christ un de ses défenseurs les plus vaillants.

Tout est prêt pour le dénouement dont Erford va être le théâtre. En apprenant de Rodolphe quelle est la nouvelle situation de son époux, la comtesse se sent prête à faire jusqu'au bout son devoir, mais n'en craint pas moins d'être délaissée pour une plus belle et plus jeune amante. Rodolphe la rassure. — Cet obstacle levé, le comte de Salm, père de la comtesse, déclare qu'il ne tolérera pas une pareille offense, et il faut que la résolution, la joie même de sa fille fassent tomber sa colère et ses projets de vengeance. — L'entrée du comte et d'Elmire décide de la réconciliation générale. A la vue de celui qu'elle a si longtemps attendu et qui lui revient enfin avec des sentiments qu'elle ignore, la comtesse n'ose s'avancer vers lui et se pâme; il s'élance aussitôt, en lui adressant des paroles pleines de tendresse. Elmire, de son côté, est timide, modeste, aimante, digne de désarmer toutes les colères. Le comte de Salm se calme donc, après avoir convenu avec son gendre d'arrangements que nous ne voudrions pas entendre au théâtre, mais que le public de Hardy acceptait fort bien. La pièce se termine au milieu de l'allégresse générale.

C'est là « un très grand triomphe de l'amour [1] », mais que Hardy a rendu à peu près vraisemblable par une peinture habile des deux femmes. Le mérite est réel, et il était bon de le recon-

---

1. « Si cette histoire est véritable, nous avons là un très grand triomphe de l'amour ». Bayle, *loc. cit.*

naître. Que, maintenant, certaines scènes soient trop longues, que le marquis de Bade soit ennuyeux, que le langage manque partout de délicatesse, un coup d'œil jeté sur le drame peut en convaincre, et nous ne nous attarderons pas à le démontrer. Nous n'avons tenu qu'à dire, tout en étudiant une fois de plus le système des *fils parallèles*, comment un cadre difficile avait été rempli.

II

Malgré tout, l'idée de faire jouer et de publier une pièce sérieuse sur un cas de bigamie ne laisse pas de nous paraître une idée étrange ; mais que dire de la même idée, reprise en 1650, après les chefs-d'œuvre de Corneille, après la réforme de notre théâtre[1]? C'est pourtant le sujet traité par Hardy que nous retrouvons dans une tragi-comédie de cette date : *Adolphe ou le Bigame généreux*[2].

L'auteur, Le Bigre, a certainement connu la pièce de Hardy, puisqu'il lui a emprunté les deux personnages de l'amoureux, le marquis de Bade, et du père, le comte de Salm ; mais il a voulu soumettre la sienne aux règles des unités, et il a voulu aboutir à un dénouement qui ne choquât en rien les lois ni les convenances. Il a fait ainsi une œuvre fort différente de celle qui l'avait inspirée, pleine de scènes de jalousie et de disputes, et que l'auteur, par crainte évidemment de manquer de matière, a étrangement compliquée aux dépens de la noblesse et de la gravité de ses personnages.

L'action tout entière se déroule à Erford, où, dès le début de la pièce, Adolphe (le comte de Gleichen) arrive avec Irène (la princesse Elmire). Eugénie (la comtesse) vient de refuser la main d'Albert (le marquis de Bade), le favori même de l'empereur. Si les personnages de Le Bigre étaient dans les mêmes sentiments que ceux de Hardy, la pièce serait aussitôt finie que commencée ; mais Adolphe n'a pas dit à Irène qu'il était marié, et lui-même

---

1. « Le théâtre ne peut faire appel qu'à des sentiments plus ou moins généraux ; il comporte une franchise et une soudaineté d'effets qui ne conviendraient nullement ici. Peut-être un poète ou un romancier psychologue pourrait-il nous amener peu à peu, dans l'ombre d'une lecture solitaire, à sympathiser avec les héros de cette histoire de bigamie, mais on ne saurait, avec quelque espoir de succès, l'exposer au plein jour de la scène. » Gœthe lui-même y a échoué, alors qu'il a écrit son drame de *Stella*. — Gaston Paris, *la Légende du mari aux deux femmes*, sub fine.

2. *Adolphe ou le Bigame genereux, Tragi-comedie*. A Paris, chez Pierre Lamy, au Palais, au second pillier de la grande salle, 1650 ; in-4°.

s'est figuré — quelque peu à la légère — que sa première femme devait être morte. Son embarras est donc grand et sa joie médiocre, quand il apprend qu'Eugénie est toujours vivante :

> Perdre une femme alors ne m'était qu'un malheur,
> Mais, pour en avoir deux, j'ai plus d'une douleur [1].

Léon (le comte de Salm) accable son gendre de reproches, Irène le traite de lâche et de perfide, et les deux femmes, mises en présence, se lancent des regards peu rassurants. Adolphe, piteusement, s'efforce de se tirer d'affaire par des madrigaux :

> Laquelle a de vous deux plus de grâce et de foi?
> Quand je vous vois, c'est vous; c'est vous, quand je vous voi

mais il ne réussit qu'à tourner contre lui la colère et l'indignation de ses deux épouses.

Cependant Eugénie l'aime toujours et, quand Albert, pour se faire valoir, veut lui faire accroire qu'il l'a débarrassée de son infidèle, elle repousse le malencontreux prétendant et l'accable de ses malédictions. Irène est, au fond, tout aussi aimante et vient réclamer Adolphe à sa rivale. Les têtes se montent de plus en plus. Irène menace Eugénie d'un poignard; Adolphe, qui survient, le lui arrache, mais se laisse entraîner à faire « un geste véhément vers Eugénie [2] »; Albert entre et tire son épée; Léon ne tarde pas à le rejoindre et en fait autant; Adolphe tire la sienne contre son beau-père; Eugénie n'arrive pas sans peine à empêcher l'effusion du sang.

L'affaire est portée devant l'empereur à qui Léon et Eugénie réclament le bannissement d'Irène, à qui Irène réclame la main de son époux. Mais une nouvelle complication se produit. Albert enlève la fille d'Eugénie, afin de pouvoir accuser Adolphe de ce rapt; Adolphe la délivre et blesse le ravisseur; l'empereur, furieux, condamne Adolphe, dont Irène et Eugénie s'unissent maintenant pour demander la grâce.

Elles s'excitaient même à aller frapper Albert, lorsque celui-ci les surprend, fait une dernière tentative pour corrompre Eugénie, et, tout d'un coup, touché par la constance des deux femmes, sollicite la grâce d'Adolphe, renonce à Eugénie, demande la main

1. Acte I, sc. v.
2. Acte II, sc. iii.
3. Acte III, sc. vii.

d'Irène. — Léon veut mourir pour le gendre qu'il menaçait tout à l'heure. — L'empereur pardonne à tout le monde et réconcilie Adolphe avec sa première femme. — Irène refuse la main d'Albert pour le moment, mais ne laisse pas de le reconnaître aimable et de lui permettre quelque espoir pour l'avenir [1]. — L'empereur attendri conclut alors la pièce par ces vers :

> Vivez tous satisfaits jusqu'à me faire envie ;
> Vous, Adolphe, à jamais célébrez ce beau jour,
> Où tant d'heureux accords marquent votre retour [2].

La pièce, on le voit, est au moins bizarre, et cet Adolphe, qui a trompé Irène, qui hésite sans cesse entre ses deux femmes, qui va jusqu'à menacer la première, paraît médiocrement tragique et estimable. Mais ce n'est point là l'avis de l'auteur. Si sa pièce n'a point réussi, c'est qu'un public ignorant a pris le mot *bigame* pour un mot arabe, et, quant au principal personnage, « je ne crois point, dit-il, flatter ce bigame de le nommer généreux, puisqu'il ne peut être accusé de la vertu que d'avoir trop fait pour elle [3] ».

VII. — La Belle Égyptienne.

(T. V, p. 197 à 290.)

La Belle Égyptienne est la troisième des pièces conservées de Hardy dont le sujet est emprunté à Cervantès ; c'est la troisième aussi dont la mise en scène figure dans Mahelot [4]. On ne saurait

---

1. « Un favori de l'empereur, qui en est amoureux, l'épouse », disent inexactement les frères Parfait (t. VII, p. 273) ; Le Bigre a évidemment songé au dénouement du *Cid*.
2. Acte V, sc. vii.
3. *Au lecteur*.
4. Voici cette *mise en scène* : « Au milieu du théâtre il faut un palais. A un des côtés, une tente avec de la paille, du sang, des linges, un plat, un réchaud et du feu dedans. De l'autre côté, une prison. » La prison sert à la scène V, iv ; la paille et tous les accessoires qui suivent, à la scène III, i, p. 238-239. La tente, qui est celle de Précieuse, résume à elle seule tout le camp des bohémiens, et, chose remarquable, bien que ce camp reste immuable aux yeux des spectateurs, il n'en est pas moins placé, durant le cours de l'action, dans quatre régions différentes de l'Espagne (près de Madrid, aux actes I et II ; dans l'Estramadure, à l'acte III ; près d'un village de la banlieue de Séville, à l'acte IV ; à Séville même, dans la scène V, iii). Quant aux trois compartiments du fond, en dépit de leur architecture qui ne paraît en faire qu'*un palais* et donner ainsi raison à Mahelot, il semble nécessaire d'admettre qu'ils forment trois demeures distinctes : celles de Jean de Carcame et de don Sancho à Madrid, celle du sénéchal à Séville. — Les scènes I, i, et III, i, se passent devant le camp des bohémiens. A l'acte III, sc. i et iv, il semble qu'une toile

douter qu'elle n'ait eu du succès, mais il est permis de douter qu'elle en fût digne. Le style en est fort obscur, les négligences y sont nombreuses et grossières; nous l'allons résumer très rapidement.

L'action commence à Madrid, s'il faut en croire une indication, à Séville, s'il en faut croire une autre [1]; mais le mot de Séville n'est que pour la rime, et c'est bien à Madrid que le noble Jean de Carcame devient amoureux de Précieuse. Celle-ci n'est qu'une égyptienne et une diseuse de bonne aventure, mais elle est belle [2], spirituelle, parfaitement vertueuse, et son noble amoureux, dont les intentions n'étaient pas fort pures, n'en est pas seulement réduit à solliciter sa main : il faut encore qu'il entre dans la *bohème* et subisse un *noviciat* de deux années sous le nom d'Andrès. — Un autre jeune seigneur, nommé don Sancho, s'était aussi épris — quoique moins profondément — de la belle créature; pour elle il avait composé des romances, et il les lui avait données avec quelques écus.

Un beau jour, il tombe au milieu de la troupe, où sa présence excite la jalousie d'Andrès. Mais cette jalousie était mal fondée; on s'explique, et don Sancho reste avec les bohémiens sous le nom de Clément. Hardy a pris avec ce personnage deux libertés : il l'a appelé Clément longtemps avant son entrée dans la troupe; il l'a fait disparaître après le début du quatrième acte, sans songer à dire comment et pourquoi il a disparu. — Cependant, on arrive dans un village, où une jeune fille inflammable offre sa main et son cœur au bel Andrès. Il les refuse, elle s'irrite et le fait arrêter sous une fausse accusation; puis, comme un soldat l'insulte et le frappe, le bohémien gentilhomme le tue. Crime irrémissible, on le pense bien! Mais le sénéchal de Séville [3], qui le

---

de fond devait représenter le village de la Carduche; sinon, ce personnage et ses compatriotes paraissaient au milieu de l'avant-scène et c'était le texte seul qui faisait connaître en quel lieu ils se trouvaient.

La *durée de l'action* est de plusieurs mois.

1. Voy. p. 283, vers 5, et 233, vers 1.
2. Les égyptiennes avaient en France une réputation de laideur incontestée. « Leurs femmes *sont* très laides », disait Pasquier, *Recherches*, l. IV, ch. xix. « C'était... les plus noires et les plus laides femmes qu'on ait jamais vues en France », répète Sauval, l. V, t. I, p. 518. C'est sans doute parce que telle était l'opinion du public, que Rosset d'abord et Hardy ensuite ont caractérisé par l'appellation exceptionnelle de *la Belle Égyptienne* celle que Cervantès avait appelée plus simplement *la Jitanilla de Madrid*, et qui n'était d'ailleurs égyptienne que de nom.
3. Le corrégidor de Murcie, dans Cervantès.

condamne, retrouve dans Précieuse une fille que les bohémiens lui avaient ravie. Celle-ci obtient de ses parents la grâce d'un amant fidèle. On fait quelque peur à Andrès, puis on le marie.

Tel est le roman, plus ou moins vraisemblable, que Cervantès avait fourni à Hardy. Mais, pour Cervantès, il n'avait été qu'un prétexte à peindre d'une façon poétique et fidèle à la fois la vie et les mœurs des bohémiens. Chez lui, tous les bohémiens volent; une vieille égyptienne guérit les blessures et cache des écus d'or dans l'ourlet de son jupon; Précieuse chante, danse, dit la bonne aventure, est entourée d'un monde d'adorateurs; Andrès joue à la paume et remporte les prix dans toutes les fêtes de village; don Sancho lui-même sert moins à exciter la jalousie de don Jean de Carcame qu'à nous montrer un page galant et quelque peu poète, prodigue de son inspiration comme de son or, et qui fournit de chansons une chanteuse ambulante. Hardy aurait pu reproduire quelques-uns de ces traits; il en aurait pu lui-même signaler d'autres; que de fois, dans ses pérégrinations à travers la France, il avait dû rencontrer des troupes comme celle de Précieuse, sans Précieuse, il est vrai, comme sans Andrès [1] ! Mais ni le public ne s'inquiétait de peinture de mœurs et de pittoresque au théâtre, ni Hardy sans doute ne se sentait capable de lui en donner [2]. Des allusions nombreuses à l'avidité des bohémiens sont presque tout ce qu'il s'est permis en ce genre; toutes étaient faciles, quelques-unes sont plaisantes :

Nous ne refusons rien que les coups, grand merci [3],

s'empresse de dire un égyptien à qui on offre de l'argent. Partout ailleurs, Hardy s'est contenté de suivre d'assez près le récit de Cervantès, en supprimant les scènes qui ne lui paraissaient pas servir à l'action; par malheur, un certain nombre d'autres ont cessé par là d'être intéressantes.

1. En 1560, les États de Blois leur avaient ordonné de sortir du royaume; mais, si cet arrêt avait été efficace, le Parlement n'eût pas eu besoin de le renouveler en 1612. Voy. Sauval, *loc. cit.*
2. Comparer le discours étriqué et obscur avec lequel un *capitaine égyptien* reçoit son nouveau confrère Andrès dans la troupe (acte II, sc. vi, p. 226-228) avec les pages charmantes de Cervantès, si pleines de saveur et de poésie (tr. Viardot, p. 155-157).
3. Acte II, sc. ii, p. 222. Un autre (acte III, sc. i, p. 236) se prépare à rendre un service, à condition qu'on lui donnera *la croix*, c'est-à-dire de l'argent :

Mais pense que la croix toujours devant chemine.

Les caractères sont faibles. Andrès n'accepte pas sans une arrière-pensée honteuse les conditions sévères de sa bien-aimée [1]. Sa jalousie aussi est mal peinte [2]. Du coup, le personnage de Sancho devient inutile et encombrant. — Il n'est pas jusqu'à Précieuse qui ne soit fort déchue du charme qu'elle possédait dans la nouvelle espagnole. Esprit affiné, mais cœur pur, Preciosa acceptait d'abord, sans le partager, l'amour si discret de don Juan; c'est peu à peu que l'amour de l'un éveillait l'amour de l'autre; nous voyions la passion naître et grandir dans l'âme de la jeune fille; elle n'éclatait enfin qu'alors que don Juan était en danger. Cette savante progression, ces nuances n'ont pas été reproduites par Hardy. Dans Cervantès, Preciosa laissait toujours don Juan libre de revenir sur ses pas; habituée depuis longtemps à sa vie de bohème, elle ne brûlait pas d'en sortir et n'avait garde d'implorer son amoureux afin de le retenir par la pitié. C'est pourtant ce que fait la Précieuse de Hardy. Dès le début de la pièce, elle est assez lasse de son sort pour implorer le ciel; elle espère que don Jean l'en délivrera; « nouvelle Andromède », elle invoque cet « invincible Persée ». Pourquoi donc en a-t-elle voulu faire un égyptien? — Et je ne dis rien de son attitude coquette vis-à-vis de don Sancho [3], de la maladresse ou de la malice avec laquelle elle excite la jalousie d'Andrès [4], des soupçons injurieux dont elle récompense sa fidélité [5]. Son langage est parfois d'une liberté qui nous étonne, et l'on ne s'attend pas que Hardy ait complètement évité ses grossièretés habituelles par la raison — sérieuse, à la vérité — que Cervantès en était tout à fait exempt.

Pour n'être pas injuste envers Hardy, nous signalerons le plaidoyer ému de Précieuse en faveur d'Andrès [6], ainsi que l'attitude ferme de ce dernier, répondant aux injures et aux menaces du sénéchal par ces simples paroles :

> La passion messied à qui rend la justice [7].

---

1. Voy. acte II, sc. II, p. 231.
2. Voy. surtout acte II, sc. IV, p. 232-233, et cf. Cervantès, tr. Viardot, p. 151-153.
3. Acte II, sc. I.
4. Acte III, sc. II, p. 241.
5. Acte IV, sc. V, p. 265.
6. Acte V, sc. II, p. 273-276.
7. Acte V, sc. V, p. 287.

Un songe inutile de Précieuse [1] est une curiosité à noter dans une tragi-comédie. Enfin, nous ferons remarquer avec quel soin — qui ne laisserait pas aujourd'hui de paraître excessif — le dramaturge profite de sa mise en scène pour faire pressentir au public le dénouement. A peine don Jean s'est-il décidé à suivre Précieuse dans sa vie errante et misérable, avant même qu'il soit officiellement admis dans la troupe des bohémiens, voici qu'au fond du théâtre un palais s'ouvre; un noble et puissant gentilhomme reproche à sa femme une douleur par trop durable : n'y a-t-il pas déjà de trop longues années que leur fille chérie a disparu, probablement ravie par des bohémiens? Ainsi le public entrevoit déjà le port vers lequel se dirigent sans le savoir nos voyageurs.

La Belle Égyptienne de Hardy a été bientôt suivie par une nouvelle pièce française sur le même sujet [2]. L'auteur, Sallebray, a montré qu'il se souvenait de son devancier : dans les deux tragi-comédies — et non pas du tout dans la nouvelle de Cervantès — le père de Précieuse se trouve être un grand ami du père d'Andrès, ce qui contribue à augmenter l'allégresse du dénouement. De son côté, Sallebray a francisé quelques noms de personnages, fixé la scène à Tolède, mieux marqué la jalousie d'Andrès contre « le poète », et fait donner aux égyptiens quelques petits spécimens de leurs talents; le style, plus riche en pointes, se tient parfois moins loin de la poésie pénétrante de Cervantès. La marche des deux pièces est généralement la même; mais déjà Hardy s'était si peu éloigné du récit espagnol!

VIII. — Lucrèce ou l'Adultère puni.

(T. V, p. 291 à 366.)

Lucrèce, qui porte le titre de tragédie, n'est qu'un drame vulgaire et passablement répugnant, traité avec autant de cynisme

---

1. Acte IV, sc. II, p. 259.
2. *La Belle Egyptienne: Tragi-comedie de monsieur Sallebray.* A Paris, chez Antoine de Sommaville... et Augustin Courbé... M.DC.XXXII. Avec privilege du Roy, in-4°. A cette pièce sans doute se rapporte un sonnet qui porte le même titre et qui figure dans les *Poesies diverses du Sr de Scudery*, p. 59. — En dehors de la France, la nouvelle de Cervantès a encore donné naissance à quelques œuvres dramatiques : les *Jitanillas* de Montalvan et de Solis, la *Spanish Gypsey* de Rowley et Middleton, la *Preciosa* allemande de Wolff.

que d'habileté [1]. Le public de Hardy s'amusait sans doute, en voyant défiler ces scènes réalistes et généralement animées : l'amant, au milieu de la nuit, montant par une échelle chez sa maîtresse, l'embrassant goulûment et passant ensuite avec elle dans la chambre voisine; puis la descente [2] malencontreuse et bruyante; le mari qui se précipite et dont on endort les soupçons et la vigilance au moyen des contes usités en pareil cas; une courtisane effrontée qui arrache le plus d'argent possible à ceux qui la désirent et qui, voulant se venger de la perte d'un amant préféré, arrive peu à peu à dénoncer à un mari l'adultère de sa femme; enfin, au cinquième acte, les amants qui se caressent en toute sécurité, le mari qui les observe et qui bout de rage, jusqu'à ce qu'il s'élance contre eux, les frappe, soit frappé à son tour, et que le théâtre se remplisse de gens, de lumières, de cris et de bruits d'armes.

On ne peut songer à analyser une pareille œuvre, et il faut aujourd'hui quelque courage pour la lire, avec ses caractères effroyablement bas et son style exactement à la hauteur des caractères. Un seul personnage représente ici la moralité et la vertu, c'est Éverard, le sage ami du débauché Myrhène; mais les représente-t-il encore au dénouement, quand il ne craint pas de venger sur le mari outragé la mort de son ami coupable? Certes les trois morts du dénouement ne nous laissent aucun regret; Myrhène et la peu chaste Lucrèce méritaient de périr, et le mari Télémaque aussi était adultère. Mais Éverard ne connaissait pas ce dernier détail quand il a frappé, et, s'il fallait à l'impartiale justice des cinquièmes actes que tous les coupables périssent, pourquoi la nourrice et confidente de Lucrèce, pourquoi cette ignoble vieille s'est-elle sauvée?

Ainsi le voulait sans doute le nouvelliste dont Hardy s'était ins-

---

1. *Mise en scène supposée* : Au fond, un *palais* (peut-être à trois compartiments), donnant à la fois sur la rue et sur un jardin : au rez-de-chaussée, une chambre; au premier étage, un cabinet qui donne sur le jardin, et où l'on monte avec une échelle au IIe acte. — Sur le côté gauche, la maison de la courtisane Éryphile (acte IV, sc. (III), p. 344). — Sur le côté droit, la maison de Myrhène.
La *durée de l'action* est de quelques jours.

2. Je n'ose comparer la séparation de Lucrèce et de Myrhène avec celle de Juliette et de Roméo. Des deux parts, la situation est analogue; des deux parts, nous avons sous les yeux un balcon et une échelle et nous entendons un duo d'amour; mais celui des amants de Vérone est touchant et chanté par des voix pures, celui de Lucrèce et de Myrhène est grossier, chanté par des voix crapuleuses, interrompu par d'impurs baisers.

piré, et s'il y avait un intérêt moral — ce qui était peu important — il n'y avait pas d'intérêt dramatique à ce que Hardy changeât sur ce point quelque chose à son modèle.

———

Si, quand on passe des tragédies de Hardy à ses tragi-comédies, on ne sent point qu'on pénètre dans un monde absolument nouveau, on ne saurait dire non plus que rien n'est changé : les détails étaient connus d'avance, l'ensemble certes ne l'était pas.

A l'exception des chœurs à la fin des actes, il n'est peut-être pas un des procédés proprement tragiques qui ne se retrouve dans les tragi-comédies; à l'exception de la coupe en *journées* successives, il n'est peut-être pas une des libertés tragi-comiques qui ne se soit déjà montrée à nous dans les tragédies. Mais combien différentes sont les proportions dans lesquelles se mêlent ces caractères!

Sur onze tragédies, deux seulement ont des chœurs [1], mais quatre autres renferment des chants lyriques jetés au milieu des scènes et de l'action [2], tandis qu'on ne trouve des traces — et des traces bien faibles — de lyrisme que dans quatre tragi-comédies sur vingt : encore est-il bon de remarquer que ce sont des tragi-comédies de sujet antique : *Arsacome*, *Aristoclée* et les journées I et V de *Théagène*.

Les ombres, les songes, les présages se retrouvent encore dans les tragi-comédies, mais ont diminué de nombre et d'importance. On ne voit plus apparaître qu'une fois une ombre chargée de faire le prologue, et c'est dans *Théagène et Cariclée* que ce phénomène se produit [3].

Les récits, déjà si dépossédés dans les tragédies de leurs anciens droits, cèdent de plus en plus la place à l'action. Il y a encore un certain nombre de *messagers* dans *Théagène*, on en compte encore deux dans *Arsacome*; mais on n'en voit plus qu'un dans les onze tragi-comédies qui restent, et l'on ne saurait l'accuser d'abuser de la parole [4].

1. *Didon* et *Timoclée*.
2. *Scédase*, *Méléagre* et les *Morts de Daire* et *d'Alexandre*.
3. 8ᵉ *journée*.
4. *Frégonde*, acte IV, sc. I, p. 278-279.

Le comique proprement dit n'occupe qu'une place incidente et médiocre dans les tragi-comédies, mais le style — généralement plus faible que dans les tragédies — ne vise le plus souvent qu'à la simplicité et à la familiarité, sans aucune recherche de cette grandeur ni de cette majesté dont se piquaient les tragédies. « On peut trouver aussi quelque différence dans le ton, disait déjà Suard [1], et plusieurs de ces tragi-comédies, telles que *les Deux Amis*, *Félismène*, *la Force du sang*, etc., se rapprochent beaucoup, au comique près, du genre de la comédie noble, jusqu'alors absolument inconnu, et auquel elles pourraient bien avoir donné naissance. »

Mais toutes les différences que nous venons de signaler n'ont, après tout, qu'une importance secondaire; en voici de plus remarquables.

Si la marche de certaines tragi-comédies nous paraît encore un peu lente, et si leur cadre nous paraît insuffisamment rempli, nous n'en sommes pas moins forcés de reconnaître que toutes renferment une intrigue, et une intrigue assez touffue : aucune n'est construite avec une simplicité comparable à celle de *la Mort d'Alexandre* ou de *la Mort de Daire*, de *Panthée* ou de *Didon*.

En revanche, y trouverait-on rien de semblable aux *caractères* que nous avons remarqués dans ces ouvrages? *Mariamne*, *Achille*, *Coriolan*, la plupart des tragédies, témoignent d'un effort louable et parfois heureux pour peindre de nobles héros, pour faire revivre de grands personnages; mais l'étude des caractères semble être bannie de la tragi-comédie, où on ne la rencontre que tout à fait par exception.

C'est à la marche de l'action que le dramaturge a appliqué tous ses soins; tout son souci semble avoir été d'exciter et de retenir l'attention, en usant le mieux possible de la mise en scène complexe et du système dramatique qu'elle comportait. Ici encore, nous ne nous trouvons en face de rien d'absolument nouveau : *Achille*, *Coriolan*, *la Mort de Daire*, d'autres tragédies encore, renfermaient des scènes parallèles, qui, se passant en des lieux divers, nous montraient quels étaient, au même moment, les actes ou les pensées des principaux personnages de la pièce. Mais c'est pour les tragi-comédies seulement que ce système devient la loi constante et indiscutable de l'œuvre dramatique; pour elles on

---

1. P. 130.

pourrait, en toute vérité, formuler la règle suivante : Dans nos tragiques du XVII° siècle, l'action suit une ligne droite, à laquelle aboutissent de temps en temps des chemins de traverse ; — dans Garnier, elle se transporte souvent sur des routes différentes sans que rien nous montre la raison de ces déplacements ; — dans Hardy, enfin, comme fréquemment dans Shakespeare, l'action, ainsi qu'une armée trop nombreuse, se divise en plusieurs corps et s'achemine par plusieurs routes, jusqu'à un point où les routes se réunissent, où les corps se confondent, et où la marche est achevée.

Tout pour l'amusement du public ! Tout par la mise en scène, les conventions, les hardiesses chères au public ! Telle semble être maintenant la devise de Hardy : les unités n'ont plus rien à voir dans de telles œuvres.

Sans doute, et nous en avons des preuves, Hardy garde quelque chose de ses instincts et de ses arrière-pensées classiques ; lorsque l'on compare ses tragi-comédies aux récits qu'elles mettent en œuvre, on voit sans peine qu'elles durent moins de temps, qu'elles nous montrent moins de lieux, qu'elles engagent beaucoup plus brusquement l'action. Il n'en est pas moins vrai que les libertés prises dans les tragédies sont ici fort dépassées : aucune tragi-comédie ne se passe en un seul lieu, et quelques-unes rapprochent sur leur scène les lieux les plus éloignés ; aucune tragi-comédie ne borne sa durée à vingt-quatre heures, et quelques-unes exigent plusieurs années. Mais c'est l'unité d'action surtout qui fait la grande différence entre les deux genres : Hardy l'avait recherchée avec soin dans ses tragédies, il y a renoncé dans ses tragi-comédies ; neuf tragédies sur onze la possédaient, et l'on ne la peut retrouver peut-être que dans une tragi-comédie sur vingt [1].

Cherchons une formule qui résume les caractères des tragi-comédies de notre auteur, et nous n'en trouverons pas de meilleure que celle-ci : ce sont des nouvelles dramatisées ; telle était d'ailleurs la conclusion à laquelle nous avait conduit l'étude de la mise en scène. — C'est parce que ce sont des nouvelles dramatisées, qu'elles empruntent leurs sujets à de vraies nouvelles, françaises ou étrangères, et nous avons eu raison, semble-t-il, de prendre le caractère des sujets pour principe de notre classe-

---

1. Dans une tragi-comédie de *sujet antique*, dans *Aristoclée*.

ment; — c'est parce que ce sont des nouvelles dramatisées que le dénouement en est généralement heureux, ainsi qu'il arrive dans ces petits romans, faits pour distraire et pour satisfaire le lecteur; — c'est pour la même raison, enfin, qu'elles ressemblent aux *comedias* espagnoles, dont on a voulu ne faire que des copies.

Mais Hardy était moins naturellement, moins volontiers irrégulier que les Lope de Vega et les Calderon. Et voilà pourquoi ses tragi-comédies sont des œuvres irrégulières où l'instinct et les habitudes de l'auteur ont introduit quelque chose de classique, tandis que ses tragédies sont des œuvres classiques où les nécessités théâtrales ont introduit quelque chose d'irrégulier [1].

[1]. La distinction entre les pièces classiques et les autres se marque même par un caractère peu important, mais qui attire l'attention. L'*Histoire Éthiopique* étant mise à part, 16 pièces sur 33 sont affublées de sous-titres; ce sont : 3 pastorales sur 5, 10 tragi-comédies ou pièces mythologiques sur 17, et 3 tragédies seulement sur 11; encore ces tragédies sont-elles celles qui sont le plus mêlées de romanesque et qui se rapprochent le plus des tragi-comédies : *Scédase*, *Timoclée* et *Alcméon*. — La mode des sous-titres était encore très florissante au temps des premières pièces de Corneille; elle passa avant 1644. (Voy. la notice sur *Mélite* par M. Marty-Laveaux, *Œuvres de P. Corneille*, t. I, p. 133.)

CHAPITRE V

LES PASTORALES

PRÉLIMINAIRES

I

« Pendant plus de quarante ans, dit Segrais, on a tiré presque tous les sujets des pièces de théâtre de l'*Astrée*, et les poètes se contentaient ordinairement de mettre en vers ce que d'Urfé y fait dire en prose aux personnages de son roman. Ces pièces-là s'appelaient des pastorales auxquelles les comédies succédèrent [1]. » Segrais n'exagère qu'à peine l'influence de l'*Astrée*, à laquelle Mairet, Scudéry, Pichou, Rayssiguier, Auvray, Maréchal, Baro, d'autres encore, ont dû tant de pastorales applaudies. Mais, autant que nous en pouvons juger par ses pièces imprimées, Hardy s'est tenu à l'écart de cette influence; ni les sujets, ni les personnages, ni l'esprit et le ton de ses pastorales ne rappellent le roman de d'Urfé, ou ceux en si grand nombre qu'il a inspirés; cette imitation sans doute ne faisait pas son compte, et il continua après 1607 [2] à construire comme auparavant ses pastorales, quoique d'Urfé eût changé les mœurs, le costume, le langage et jusqu'à la nationalité des bergers de roman [3].

---

1. Œuvres diverses de M. Segrais, p. 117.
2. Date de l'apparition du 1er volume de l'*Astrée*. (Voy. Brunet, *Supplément*, t. II, p. 823.)
3. Si les pastorales de Hardy ne doivent rien à l'*Astrée*, on pourrait au contraire soutenir, et sans ombre de paradoxe, que l'*Astrée* doit quelque chose à ces pastorales. « D'Urfé », dit Saint-Marc Girardin, *Cours de litt. dram.*, t. III, p. 72, « a voulu représenter l'amour tel qu'il le concevait dans la bonne compagnie, et, s'il a préféré les champs au salon, c'est que, d'une part, il n'y avait guère encore de salons, et que, d'une autre part, la

Ni les pastorales espagnoles de Cervantès et de Lope de Vega, ni la pastorale anglaise de Sidney n'ont fourni quelque chose aux œuvres dramatiques de Hardy ou de ses prédécesseurs français : elles n'avaient pas été traduites assez tôt [1]. Seule parmi les pastorales espagnoles, la *Diane* de Montemayor, qui était passée dans notre langue dès 1578, a une faible part à revendiquer dans la formation de nos premières pastorales dramatiques.

C'est à l'Italie, qui avait vu paraître l'*Ameto* de Boccace, l'*Arcadia* de Sannazar, les *Églogues représentatives* de Castiglione et de Tansillo, et enfin ces chefs-d'œuvre de la pastorale dramatique : l'*Aminta* et le *Pastor fido* [2], c'est à l'Italie, dis-je, qu'il faut surtout demander les éléments dont nos premiers drames « bocagers » ont été formés. Et Hardy le proclame fort nettement : « L'invention de ce poème », dit-il, « est due à la galantise italienne qui nous en donna le premier modèle; ses principaux et plus célèbres auteurs sont Tasse, Guarini, et autres sublimes esprits.... Ce sont les docteurs du pays latin, sous lesquels j'ai pris mes licences, et que j'estime plus que tous les rimeurs d'aujourd'hui. »

Nous n'analyserons pas l'*Aminte* et le *Fidèle Berger* [3]; mais nous y devons signaler les traits qui ont constitué la poétique même de la pastorale dramatique dans la première période de son histoire, ceux qui se retrouvent dans Hardy.

Le premier qui se rencontre dans l'*Aminte*, c'est le prologue prononcé par l'Amour : le jeune dieu nous fait son éloge et se prépare à frapper de ses traits une bergère insensible. Ainsi, le drame pastoral est consacré à célébrer l'Amour, non à peindre les joies

---

pastorale étant, dans l'usage du temps, consacrée à l'amour, il lui semblait naturel de donner à ses récits amoureux la forme pastorale. » Mais cet « usage du temps », qui l'avait surtout établi et fait prévaloir, sinon Hardy? Ainsi, en vulgarisant en France la pastorale italienne, Hardy a contribué à donner à l'*Astrée* sa forme.

1. La *Galatée* de Cervantès, qui est de 1584, n'a peut-être pas été traduite avant le xviii° siècle; l'*Arcadie* de Lope de Vega, qui est de 1585 (et non de 1620, comme dit Saint-Marc Girardin, *Cours de litt. dram.*, t. III, p. 257, n.), n'a été traduite qu'en 1624 (1624 d'après Brunet, 1622 d'après le catalogue Claudin, décembre 1887, n° 50688); de même l'*Arcadie* de Sidney, qui est de 1588.

2. Voy. Ginguené, t. VI, p. 325 à 335, pour les essais de pastorales dramatiques qui ont précédé l'*Aminta* du Tasse; p. 357 à 377, pour les pièces qui ont été écrites entre l'*Aminta* et le *Pastor fido* de Guarini; p. 433 à 448, pour celles qui ont suivi le *Pastor fido*. Cf. Royer, t. II, p. 84.

3. Pour les éditions citées, voy. l'*Index* I.

et les peines de la vie champêtre; les bergers que nous allons voir paraître n'auront ni les idées, ni les sentiments, ni les mœurs qui conviennent à leur costume; tout sera transformé par la présence et par la puissance d'un dieu. « Les échos de ces bois, changeant de langage, ne répéteront plus que de tendres accents, et l'on verra sans peine que le dieu qui fait aimer est ici lui-même. J'inspirerai de nobles sentiments aux plus grossiers habitants. Je donnerai de l'aménité à leur langage. Car, quelque part que je sois, dans le cœur des simples bergers ou dans celui des héros, je suis toujours l'Amour. Selon qu'il me plaît, je rends tous mes sujets égaux. Le comble de ma gloire et de mon triomphe est de savoir donner à la simple musette la noble harmonie de la lyre; et si ma mère, qui rougit de me voir habiter les lieux champêtres, ne me reconnaît pas à ces effets merveilleux, dites qu'elle seule est aveugle, car, malgré le préjugé vulgaire, je ne le suis point, et qui me croit aveugle l'est lui-même [1]. » Ainsi parle le Cupidon du Tasse d'un ton de triomphe, et Bruscambille ne manquera pas de répéter, non sans ironie : « La puissance d'Amour paraît beaucoup plus et avec un lustre plus éclatant en la personne des bergers qu'en celle des grands, attendu qu'étant nés petits, d'une terre grossière et massive, il trouve de grandes difficultés à les percer de ses flèches [2]; mais, une fois atteints, l'amour est éternel entre eux; et ils ne ressemblent en rien à ces cœurs enflammés et douilletés qui se plaignent d'amour auparavant qu'il les ait blessés.... Écoutez nos bergers avec votre patience accoutumée; et, en récompense (outre qu'ils vous feront voir qu'élevés grossièrement et saisis d'amour, ils ont Cupidon au cœur, Minerve à la tête et Python sur la langue) vous les obligerez à un service perpétuel [3]. »

Dès que l'action de l'*Aminte* est engagée, nous nous trouvons

---

1. *Nouvelle traduction françoise de l'Aminte...* p. 5-7, fin du prologue.
2. Cf. Hardy, *l'Amour victorieux ou vengé*, acte I, sc. 1, p. 461.
3. *Les nouvelles et plaisantes Imaginations*, p. 199 (*Pour pastorales*). — Dans un passage curieux de sa *Poétique*, p. 309-310, La Mesnardière soutient aussi qu'il ne faut donner aux bergers de pastorale que des sentiments élevés et des discours sublimes, et il blâme Guarini d'y avoir quelquefois manqué : « D'introduire en Arcadie des bergères impudentes, grossières et mal nourries, c'est mettre à la cour de France des dames laides et stupides; et comme les poètes français mériteraient la censure s'ils donnaient ces qualités aux dames de cette cour, ainsi les poètes d'Italie méritent d'être blâmés d'avoir donné ces sentiments à des bergères d'Arcadie, puisque cette condition était la plus avantageuse et la plus spirituelle de celles de ce pays-là durant le siècle des fables. »

en face d'un berger consumé d'amour, d'une bergère insensible et orgueilleuse dont le cœur ne bat que pour les plaisirs de la chasse, enfin d'un satyre passionné et aussi vaniteux que brutal. Silvie se baigne dans une fontaine, et une amie compatissante invite Aminte à l'y venir voir. Il s'y rend, en effet, et juste à propos pour la délivrer des entreprises criminelles du satyre. Mais l'orgueilleuse Silvie témoignant plus de courroux pour son indiscrétion que de reconnaissance pour son service, il tente une première fois de se percer le cœur; on l'en empêche, et il se précipite du haut d'un rocher. Alors la pitié pénètre dans le cœur de la bergère, et l'amour lui-même avec la pitié.

Quelle longue et brillante fortune était réservée à ces personnages et à ces événements! Mais ces personnages étaient encore trop peu nombreux, ces événements étaient trop simples. Guarini fit du *Fidèle Berger* une tragi-comédie pastorale et en compliqua bien autrement l'intrigue.

Cette fois l'insensible — qui est un berger, Silvio — est aimé par Dorinde, mais doit épouser Amarillis. Amarillis aime Mirtil, mais le repousse; et le malheureux, qui l'adore, ne se laisse pas consoler par les prévenances de Corisque; celle-ci, enfin, qui n'a d'yeux que pour Mirtil, dédaigne l'amour du satyre et de Coridon.

Nous trouvons encore ici le contraste entre le culte de la déesse chasseresse et celui de l'Amour; le satyre qui recourt à la violence; l'insensible qui sera enfin conduit à l'amour par la pitié. Mais que de *motifs* nouveaux Guarini fournit aux auteurs de pastorales qui vont le suivre : le volage devenu constant; l'amoureuse évincée et sans scrupules qui tend à sa rivale de sombres pièges; le courroux du ciel qui désole l'Arcadie; les oracles, les songes, les présages, tous les signes effrayants qui annoncent la volonté des dieux; l'enfant autrefois emporté par les eaux et qui, revenu dans son pays, serait égorgé par son propre père, si son origine n'était reconnue à temps; l'appareil d'un sacrifice humain, et la victime que désignent les dieux sauvée par une victime volontaire.

Si ce ne sont pas là tous les matériaux avec lesquels seront construites les pastorales suivantes, c'en est là du moins une bonne partie, et nous n'aurions pas de peine à découvrir les autres. La magie, que nous n'avons pas encore rencontrée, est fort en honneur dans la littérature romanesque du XVIe siècle, et la *Diane* notamment lui accorde une grande place. Dans la *Diane* aussi, nous voyons les droits de la passion opposés aux droits paternels, et un amoureux passionné, transformé par une influence magique, désolant tout à coup son amante par son indifférence.

Pour les détails même aussi bien que pour la marche générale de l'action, le Tasse et Guarini fournissent des lieux communs à leurs successeurs. C'est dans l'*Aminte* que se trouvent déjà les récits de la piqûre d'abeille et du premier baiser [1], l'éloge de l'état de nature et la malédiction contre l'honneur [2]; c'est dans le *Fidèle Berger* qu'apparaissent les grossières injures adressées au satyre [3], et surtout ce dialogue avec l'Écho, dont l'invention sans doute était ancienne, mais dont la grande fortune remonte certainement à Guarini [4]. Enfin, c'est depuis le *Fidèle Berger* que la scène des pastorales est pour longtemps fixée dans l'Arcadie, et que leur langage, dont la liberté est souvent fort grande, préfère l'esprit au naturel et les pointes à la simplicité.

II

Parmi les œuvres dramatiques françaises qui ont pris, dans la seconde moitié du XVIᵉ siècle, les noms de pastorale ou de bergerie, beaucoup ne répondent nullement à l'idée que ces noms

---

1. Acte I, sc. II.
2. Chœur de l'acte I.
3. Acte II, sc. III.
4. Acte IV, sc. VII. Voy. Saint-Marc Girardin, t. III, p. 245-246. — Au commencement du XVIIᵉ siècle, le dialogue avec l'Écho se trouve partout : dans les pièces de théâtre (par ex. dans la *Bergerie* de Montchrestien, acte IV, sc. 1; l'*Union d'amour et de chasteté*, par Albin Gautier, 1606, voy. La Vallière, t. I, p. 371; l'*Alphée* et l'*Alcée* de Hardy, acte IV, sc. v, et acte III, sc. II; la *Comédie des Tuileries*, etc.); dans les romans (voy. l'*Astrée* elle-même, IIᵉ p., l. 1); dans la poésie sérieuse (voy. le *Dialogue du Passant et de l'Écho du bois de Clinchamp, sur le trespas de noble homme Gilles de Gouvets*, 1622, dans Courval Sonnet, éd. Blanchemain, t. I, p. 181-183); et jusque dans la poésie burlesque (voy. l'*Archi-sot, écho satyrique*, 1605, dans les *Variétés* d'Éd. Fournier, t. IV, p. 37-52). — En Allemagne même, on trouve l'Écho dans les pièces du répertoire de Hans Wurst (voy. Ida Brüning, *Le théâtre en Allemagne, son origine et ses luttes* (1200-1760), t. I, 1887; in-12. — Enfin Sorel, en 1627, se moque des Échos dans le *Berger extravagant*, t. I, p. 22-24, où, Lysis interrogeant cette nymphe, c'est Anselme caché derrière une muraille qui lui répond; Boileau les attaque à plusieurs reprises dans ses *Héros de roman*, et Ménage prononce cette sentence : « Je n'ai point lu d'*Échos* chez les anciens, comme on a affecté d'en faire dans ces derniers temps. C'est une badinerie que les Échos. » *Menagiana, ou bons mots, rencontres agreables, pensées judicieuses et observations curieuses de M. Menage*, 3ᵉ éd. augmentée. Amsterdam, 1713; in-12, p. 307.

éveillent en nous et ne se peuvent guère rattacher à la tradition pastorale des Italiens. Ce sont tantôt de simples églogues, comme la *Pastorale* de Bounin (1561), ou la *Bergerie* des Dames des Roches (1579); tantôt des allégories morales et religieuses, comme les *Églogues ou Bergeries* de F.D.B.P (1563), la *Bergerie spirituelle* de des Mazures (1566), *Beauté et Amour* de du Souhait (1599); tantôt enfin des *à-propos* ou *moralités* politiques, comme la *Pastorale* de Grévin (1560), celle de Joseph Duchesne (1584), ou le *Charlot* de Simon Belliard (1592) [1].

Tandis que ces œuvres jetées dans les moules du moyen âge ou directement imitées de l'antiquité vont sans cesse diminuant en nombre, on voit se multiplier, au contraire, les œuvres qu'inspire la lecture des pastorales italiennes. Poètes et public se familiarisent avec les conventions et les procédés de l'Italie; le genre nouveau se précise en se répandant. La première pièce à laquelle nous puissions vraiment donner le nom de pastorale, c'est la pièce des *Ombres* de Nicolas Filleul (1566), quoiqu'elle porte le titre de comédie; on y voit un devin et un satyre, et des bergères insensibles qui finissent par être gagnées à l'amour [2]. — En dépit de leur titre de pastorelles, *la Chaste Bergère* et *la Galatée divinement délivrée* de Jacques de Fonteny (1578 et 1587) [3] sont peut-être moins conformes au type qui sera prochainement consacré; mais les trois pastourelles de Nicolas de Montreux : *Athlette* (1585), la *Diane* (1592), l'*Arimène* (1597) [4], sont pleines de magie, d'amours contrariés, de revirements de passion. En 1592, Roland Brisset imite une pastorale italienne de Luigi Grotto dans sa *Diéromène ou le Repentir d'amour* [5]; en 1594, Claude de Bassecourt se souvient du *Fidèle Berger* et suit presque pas à pas la marche de l'*Aminte* dans sa *tragi-comédie pastorale ou Mylas* [6]. Passons sous silence deux ou trois pièces insignifiantes et qui sont évidemment restées sans influence sur le développement de la pastorale française; nous avons franchi le seuil du XVIIᵉ siècle et nous sommes arrivés à la *Bergerie* de Montchrestien.

Cette œuvre insipide, dont le plan est décousu, le développement monotone, ne mérite par elle-même aucune estime. Néan-

---

1. Voy. surtout La Vallière, t. I, *passim*.
2. Voy. les fr. Parfait, t. III, p. 349, et La Vallière, t. I, p. 177.
3. Voy. La Vallière, t. I, p. 221-222.
4. Voy. La Vallière, t. I. p. 261-266, et les fr. Parfait, t. III, p. 477.
5. Fr. Parfait, t. III, p. 494.
6. La Vallière, t. I, p. 293-294.

moins, comme elle est signée d'un nom recommandable et comme elle caractérise à merveille l'état de la pastorale française au début du siècle, on nous permettra de l'analyser rapidement.

L'action est si confuse que l'auteur lui-même ne s'y retrouve pas toujours, et que le lecteur, égaré dès l'abord, ne peut démêler une intrigue dont l'imbroglio l'étonne, dont la complexité inextricable le rebute. Blondin aime Célestine, qui lui préfère Grinand; mais il est aimé par Lucrine, que recherchent en vain Grinand et un satyre. Mirthonis et Cornilian aiment Aglaste, mais celle-ci veut rester fidèle à Diane et, pendant ce temps, Alertine se consume pour Mirthonis. Formino aime Dioclaste, qui l'aime mais ne l'en repousse pas moins, trompée qu'elle a été par de faux rapports. Fortunian adore Dorine, qui ne veut à aucun prix entendre parler d'amour. Alerin enfin aime Léandrine, sur laquelle Montchrestien oublie de donner le moindre renseignement.

Toutes sortes de revirements se produisent, parfaitement étranges en eux-mêmes, mais rigoureusement conformes aux traditions de la pastorale. Un des amoureux délivre sa belle d'un satyre, un autre veut se jeter dans un fleuve, un troisième veut s'étrangler. Une bergère se précipite du haut d'un rocher, une autre reçoit un coup de couteau de celui qu'elle aime; mais ni l'une ni l'autre ne meurt, cela va sans dire, et toutes deux voient sortir leur bonheur de leur malheur même. En effet, Dorine allait être sacrifiée à Diane et c'était son père même qui l'allait frapper lorsque Fortunian s'offre pour elle à la mort; aussitôt le courroux de Diane s'apaise, et tous nos bergers se peuvent marier en paix. Fortunian épouse Dorine, Blondin Célestine, Grinand Lucrine, Formino Dioclaste, Mirthonis Alertine, Cornilian Aglaste. Léandrine et Alerin résisteraient-ils à la contagion de l'exemple? Cela n'est pas probable, et peut-être eussions-nous pu sans scrupule réparer à leur égard le très injuste oubli de Montchrestien.

Pas un caractère, pas un trait de mœurs ne se détache de ce fouillis. En revanche, aucun des lieux communs de la pastorale n'y manque et nous en pourrions citer beaucoup dont notre succincte analyse n'a pas pu parler : prologue de Cupidon [1], opérations magiques, vœu de chasteté fait à Diane, lutte poétique entre deux bergers, injures et coups pleuvant sur le satyre, scène d'écho [2]

---

1. Il y en a même trois, un en tête de chacun des trois premiers actes.
2. Acte IV, sc. 1.

malédiction contre l'honneur [1]. Nous en passons sans doute, et non des moins curieux : la *Bergerie* de Montchrestien, c'est l'encyclopédie pastorale du commencement du XVIIe siècle.

La Grande Pastorelle de Chrestien des Croix [2] offrirait le même caractère, si l'auteur n'y avait introduit des incidents particulièrement romanesques, qui en font à certains égards une tragicomédie, et des personnages de capitan et de valet qui lui donnent aussi l'air d'une farce. Quant à *l'Instabilité des félicités amoureuses* par Blambausant, c'est-à-dire par Laffemas, à *l'Union d'amour et de chasteté* par Albin Gautier [3], à *la Vengeance des satyres* par Isaac du Ryer [4], et à tant d'autres œuvres, elles renferment les mêmes éléments que la *Bergerie* de Montchrestien, mais avec moins de complication et d'abondance.

Ce sont les mêmes éléments encore que nous retrouvons fidèlement conservés dans les pastorales de Hardy [5]. Plus ingénieuses et mieux coupées que la plupart des pastorales contemporaines, moins touffues et plus claires que celle de Montchrestien, celles de notre auteur n'en paraissent pas moins dépourvues de toute originalité. Mais ici, comme lorsque nous parlions plus haut des tragédies, nous tenons à faire une observation indispensable : c'est que les pièces de Hardy ne doivent être jugées, ni d'après les dates de leur publication, ni d'après celles qui sont d'ordinaire attribuées à leur représentation : *Corine ou le Silence* est sensiblement contemporaine de *la Grande Pastorelle*, et *Alcée*, pour laquelle Saint-Marc Girardin ne cache pas sa préférence, avait déjà été représentée sans doute à la date où parut la *Bergerie*. Si donc les pastorales de Hardy sont de tout point conformes à la tradition, on ne peut dire que cette tradition fût déjà trop vieille, lorsqu'il a commencé à les composer; ce sont elles au contraire qui, pour leur part, ont contribué à l'établir, et qui ont fixé un type de pièce dont nul avant Mairet ne semble s'être écarté délibérément.

---

1. Acte II, sc. II.
2. *Les Amantes ou la Grande Pastorelle*, 1613. Voy. les fr. Parfait, t. IV, p. 176-182; Saint-Marc Girardin, *Cours de litt. dramat.*, t. III, p. 330-332.
3. 1605 et 1606. Voy. La Vallière, t. I, p. 367 et 369.
4. 1614. Voy. La Vallière, t. I, p. 423.
5. Hardy veut qu'on dise *pastorale* et non *pastourelle*, « qui serait (n'en déplaise à ces critiques de cour) pécher en grammaire, d'autant que *pastorale* signifie ce qui appartient aux pasteurs, et *pastourelle* la femelle de ce bon vieux mot français : pastoureau », t. III, préface de *Corine*; cf. Sainte-Beuve, *Tableau*, p. 244, n.

Vers la fin du XVIe siècle, et alors que la France restait tout émue des guerres civiles, Hardy promenait sans doute à travers les provinces la pastorale; vingt ans après il la cultivait encore. Paris comme les provinces [1], les collèges et la cour [2] comme l'Hôtel de Bourgogne, tout demandait des pastorales, et, un bon nombre de celles que mentionnent les catalogues n'ayant été faites que pour la lecture, Hardy en dut sans doute produire beaucoup, dont il lui parut inutile de trop varier le ton et le caractère. Les changements furent donc peu sensibles entre les premières et les dernières de ses pièces bocagères, et, s'il nous fallait indiquer ici ces changements, nous dirions que, contemporaines des tragédies, les premières étaient plus simples, mais mieux étudiées en ce qui concernait les caractères et les mœurs; que les dernières, contemporaines des tragi-comédies, étaient plus dépourvues de vérité, mais plus pleines de mouvement et plus amusantes. Nous nous représenterions les unes par l'*Alcée*, « fleur vieillie » dont « l'injure des ans n'a pu totalement effacer le teint et l'odeur »; nous jugerions des autres par l'*Alphée*, œuvre toute d'habileté et de convention, que Hardy, en 1624, appelait encore « nouvelle ».

Commençons donc par *Alcée* l'examen rapide que nous devons faire des cinq pastorales publiées de Hardy ; *Corine*, *le Triomphe d'Amour*, *l'Amour victorieux ou vengé* viendront ensuite dans l'ordre de leur publication; en dernier lieu viendra l'*Alphée*. Toutes ces œuvres nous transportent dans cette Arcadie de convention où Guarini avait mis la scène de son *Pastor fido* [3]; toutes nous représentent des types et des incidents connus, mais en mettant autant que possible en action et sous nos yeux ce que le Tasse et Guarini mettaient en récit [4]; toutes enfin ne nous peu-

1. Les comédiens italiens jouaient aussi des pastorales à Paris (voy. Baschet, p. 129), et quant à la province, elle garda son engouement plus longtemps que la capitale. Voy. le *Roman comique*, p. III, ch. IX; t. II, p. 199-201.
2. Le 21 juin 1611, Louis XIII voit jouer à Fontainebleau une pastorelle française et une farce; le 31 juillet 1614, les écoliers des jésuites de Poitiers représentent une pastorelle devant le roi et devant la reine. (Héroard, t. II, p. 67 et 148.)
3. L'action de l'*Aminte* se passait dans les environs de Ferrare, et quant à l'Arcadie de Sannazar, elle ne ressemblait guère à celle de Guarini et de ses successeurs : « Cette triste et solitaire Arcadie, que je ne crois pas qui fût un séjour agréable, je ne dis point pour des jeunes gens élevés dans les grandes villes, mais même pour les bêtes les plus sauvages. » *Prose* 7e, p. 76.
4. Par exemple, la bergère surprise au bain par un berger et par un satyre (cf. *Aminte*, acte III, sc. I, et *Corine*, acte III, sc. III); le berger malheureux

vent intéresser que par quelques détails et par leur disposition même, par l'habileté plus ou moins grande avec laquelle Hardy a mis à profit tous les éléments de succès dont il disposait.

ANALYSES

I. — Alcée ou l'Infidélité.
(T. II, p. 491 à 610.)

Alcée n'offrait à l'admiration du public aucun de ces incidents, aucune de ces *feintes* qu'il se plaisait à trouver dans la pastorale : on n'y voit pas de satyre ; la magicienne n'y joue qu'un rôle insignifiant ; Cupidon n'y apparaît que sans éclat. En revanche, nous trouvons, nous, dans *Alcée*, une comédie qui ne manque pas d'intérêt, quelques personnages vivants, des pensées justes et, par endroits, spirituellement rendues [1].

Recueilli par Phédime après un « déluge », Démocle était devenu le domestique de son sauveur qui, trop pauvre pour payer ses services, et n'osant d'ailleurs rêver d'alliance plus haute, lui avait promis la main de sa fille Alcée. Les jeunes gens avaient donc vécu côte à côte et s'étaient pris l'un pour l'autre d'une profonde et innocente passion. L'heure de l'hymen allait sonner, lorsqu'un des plus riches bergers de l'Arcadie, Dorilas, s'avise d'aimer Alcée et de lui déclarer sa flamme. Elle le repousse, il l'épie et, voyant enfin quelle est l'humble condition de son rival, il espère obtenir de l'avarice du père ce que la fidélité de la fille lui refuse.

Dès les premiers mots de Dorilas, Phédime lui suppose une intention moqueuse ; détrompé, il trouve encore dans son bon sens, aussi bien que dans le souvenir de la parole donnée, la force

---

se précipitant du haut d'un rocher (cf. *Aminte*, acte IV, sc. II, et *Alcée*, acte III, sc. II ; le *Triomphe d'Amour*, acte V, sc. I) ; le sacrifice d'une bergère arrêté par le dévouement d'un amoureux et la volonté même du ciel (cf. *le Fidèle Berger*, acte V, sc. II, et *l'Amour victorieux ou vengé*, acte V, sc. II).

1. *Mise en scène supposée* : Sur les côtés du théâtre, la maison de Phédime en Arcadie (chambre avec lit), et, en face, la maison de Lygdame en Élide. — Le reste du théâtre est *en pastorale*, et forme plusieurs compartiments dont l'un contient un rocher élevé. — Le jugement de l'acte V se passe sans doute au milieu de la scène.

La *durée de l'action* est difficile à préciser, mais elle doit être assez longue pour permettre le voyage de Lygdame à la recherche de son fils.

de lui faire quelques justes objections : Le pauvre et le riche, dit-il, ne se peuvent allier sans dommage :

> Mon frêle esquif ne cherche que la rive,
> Ta forte nef ne va qu'en haute mer;
> La suivre donc, ce serait m'abîmer [1]....

Mais bientôt Phédime est ébloui et accepte les offres de Dorilas. Il lui donne sa parole, comme il l'avait donnée à Démocle, et, trouvant pour excuser sa conduite des raisons nouvelles, il essaye de montrer à nos amoureux combien leur hymen eût fait leur malheur :

> Songez, enfants, quelle misère apporte
> Le mariage à ceux de votre sorte;
> La faim leur fait connaître au premier jour
> Qu'où elle habite il n'y a point d'amour [2].

Démocle proteste contre le parjure; Alcée supplie son père de ne pas désunir ce qu'il a uni, puis, le voyant inflexible, elle jure qu'elle ne sera jamais à Dorilas. Le vieillard, irrité, fait rentrer sa fille et demande compte à Démocle de son travail, résolu d'avance à le trouver en faute. En effet, il le congédie, mais sans vouloir, dit-il, lui faire tort :

> ... Qu'on te donne
> Ce qui sera trouvé t'appartenir;
> Je ne veux rien de l'autrui retenir.

> DÉMOCLE
> Rien de l'autrui! Et ma jeunesse usée,
> D'un faux espoir, vous servant, abusée!
> Et ma pauvre âme, esclave des beautés
> Que vont meurtrir vos dures cruautés!
> Rien de l'autrui, me ravissant Alcée
> Pour une soif d'avarice insensée!
> O déloyal! ô ingrat! ô trompeur!
> Les justes dieux te font-ils point de peur?

La scène est animée; l'indignation d'Alcée et de Démocle est grosse de menaces; l'acte qu'elle clôture se termine bien.

Nous allions même oublier combien la pastorale est par essence un genre faux, lorsque Hardy, par malheur, nous le rappelle. Un écho d'abord, Cupidon ensuite, empêchent le désolé Démocle de

---

1. Acte II, sc. I, p. 516.
2. Acte II, sc. III, p. 529.

se précipiter du haut d'un rocher; il faut que l'amant vive, afin de sauver son amante qui se meurt d'amour. Et, en effet, un mal étrange a saisi Alcée; Phédime et Dorilas se désolent, mais les soins de Phédime ne servent de rien, l'intervention de Dorilas pourrait être fatale, une magicienne même se déclare impuissante et conseille seulement au père de rendre à la malade la vue de celui qu'elle aime.

Phédime se résigne à chercher Démocle; mais l'avarice a maintenant poussé de trop profondes racines dans son âme, pour qu'il renonce sincèrement à ses ambitieux projets. Que Démocle rende la santé à Alcée, et ce n'en sera pas moins Dorilas qui épousera la jeune fille; une fois l'hymen accompli, le mari fera oublier l'amant. Cependant, Démocle ne soupçonne rien de cette perfidie et remercie mille fois Phédime de lui rendre la vue et la main d'Alcée; là « où elle est, là se trouvent les cieux », dit-il, et il court retrouver la chère malade, à qui sa présence rend aussitôt la force et la joie.

> Je ne suis plus malade à ton aspect,

« dit Alcée à Démocle en se soulevant à demi sur son lit; et celui-ci, s'asseyant près de ce lit, raconte à sa bergère » quelles espérances leur sont rendues. « A chaque mot de Démocle, Alcée se ranime et se reprend à la vie et au bonheur » : Tu me ravis, répond-elle à son amant,

> D'ouïr conter tant d'heureuses merveilles,
> De voir le fil renoué de mes jours,
> En renouant celui de nos amours [1].

Cependant une inquiétude vient bientôt troubler cette allégresse; Alcée soupçonne le revirement si brusque de son père, et Démocle, se mettant à suivre Phédime, ne tarde pas à le voir comploter leur perte avec Dorilas. Aussitôt leur parti est pris; Alcée, quoique bien faible encore, se fait enlever par Démocle au milieu de la nuit. Mais un chien aboie, Phédime appelle au secours, les voisins accourent avec leurs chiens et se lancent à la poursuite des fugitifs; l'acte finit au milieu de ce mouvement tragi-comique.

Lorsque le dernier acte commence, les fugitifs ont été repris et

---

[1]. Acte IV, sc. II, p. 571 et 573. Voy. Saint-Marc Girardin, *Cours de litt. dramat.*, t. III, p. 310-311.

un procès en règle s'instruit contre Démocle. Phédime l'accuse, Alcée revendique toute la responsabilité de leur fuite, et enfin Eucrate, le grand prêtre de Pan, que l'on a choisi pour juge, condamne Démocle, puisqu'il est étranger, à quitter le pays au bout d'un jour. — Mais ce ne peut être là un dénouement satisfaisant pour une pastorale. Aussi Démocle retrouve-t-il son père, honorable marchand d'Élide, qui, après avoir longtemps cherché son fils, le reconnaît enfin pour leur bonheur à tous deux. Eucrate, qui a été son hôte, révoque avec plaisir sa sentence; Phédime accorde sa fille à Démocle devenu riche, et Dorilas, enfin attendri par l'amour d'une bergère nommée Cydippe, lui demande sa main avec le pardon de son ancienne cruauté.

Nous n'avions rien dit de ce personnage, afin de ne pas interrompre le roman d'Alcée. Mais le lecteur connaît assez les procédés dramatiques du temps, pour deviner qu'à chaque acte une scène est consacrée à l'amour de Cydippe pour Dorilas. Dans la première de ces scènes, Cydippe, sans découvrir franchement ses intentions, accable Dorilas d'éloges et de flatteries. Heureux de son côté, Dorilas répond avec amabilité; mais il a compris la bergère et devine combien son mécompte sera grand :

> Nous cheminons une contraire voie;
> J'ai ton remède, et une autre a le mien [1].

Dans la seconde scène, Cydippe, pleine de joie, se trompe quelque temps sur les intentions de Dorilas, heureux de préparer son mariage avec Alcée. Lorsque la vérité lui apparaît, une amère douleur s'empare d'elle. Dans la troisième, Cydippe a appris que Dorilas était repoussé par Alcée, et ne peut s'empêcher de le questionner malicieusement sur ses amours.

Le père de Démocle aussi paraît avant le dénouement et le prépare. Au troisième acte, nous le voyons dans sa maison d'Élide, qui se décide à entreprendre un nouveau voyage à la recherche de son fils. Au quatrième, il se trouve dans le village qu'habite son fils, s'étonne du mouvement extraordinaire qui y règne, recueille sur Démocle et sur le péril où il se trouve des renseignements qui éveillent sa curiosité, et enfin se rend sur le lieu du jugement. Nous n'avons plus à insister sur ce procédé dramatique, dont l'application la plus curieuse nous a été fournie par *Frégonde*, et que nous avons très suffisamment étudié.

1. Acte I, sc. III, p. 511.

II. — Corine ou le Silence.

(T. III, p. 470 à 547.)

A l'exception d'une idée piquante — celle de mettre à l'épreuve l'amour de deux femmes en leur promettant d'aimer celle qui gardera le silence le plus prolongé — nous ne trouvons aujourd'hui dans *Corine* rien qui soit véritablement intéressant. La soi-disant ingénuité du berger Caliste n'est que de l'enfantillage ; Corine et Mélite ont des caractères si peu marqués, que Hardy les a confondues toutes deux dans son *argument*[1] ; les autres personnages et tous leurs actes ne relèvent également que de la convention. Et cependant, j'inclinerais à croire que *Corine* a eu plus de succès qu'*Alcée*, tant l'auteur a su en compliquer l'action sans la rendre obscure, tant il a mis d'adresse à répandre dans une pièce bien composée les *feintes* et les éléments comiques qui avaient le plus de chance d'amuser les spectateurs.

La pièce[2] renferme trois intrigues : l'amour de Mélite et de Corine pour Caliste, celui d'Arcas pour Mélite, celui du satyre pour Mérope.

Caliste est d'une extrême naïveté, que ne partagent point les deux bergères qui se le disputent. Me croiras-tu? dit l'une d'elles,

> Me croiras-tu? hier, sur la vesprée,
> Je l'aperçus, folâtre, dans la prée,
> Courir après son ombre qui fuyait,
> Si qu'impuissant de l'atteindre il criait[3].

Quand elles le saluent à l'envi, en lui souhaitant la faveur d'Amour et de Pan, des grâces et de Cypris, il répond tristement

---

1. L'*argument* marie Mélite avec Caliste, et Corine avec Arcas ; c'est justement le contraire que fait la pièce. M. Lombard a commis la même erreur, *Zeitschrift*, t. I, p. 389 ; M. Nagel a déjà remarqué cette inadvertance, *A. Hardy's Einfluss*, p. 11.

2. *Mise en scène supposée* : Sur les côtés, la maison de Caliste, et, en face, la maison de Mérope ; — sur un des côtés, au fond, une fontaine entre des arbres ; le bassin de la fontaine se prolonge hors de la scène, et c'est là que Mélite prend son bain. — Le reste du théâtre *en pastorale* : un tremble, des fleurs.

D'après M. Nagel (p. 17) la *durée de l'action* est de vingt-quatre heures, et la nuit s'écoule entre le IIIe et le IVe acte. Il paraît bien difficile de resserrer dans d'aussi étroites limites le temps qu'exige la pièce (voy. p. ex. les explications de Mopse, acte V, sc. III, p. 540).

3. Acte I, sc. I, p. 474.

qu'il n'a qu'un souci : il voudrait retrouver un passereau qu'il aime et qui s'est enfui :

> Le plus privé, le plus beau qui se voie ;
> Dessus mon doigt il becquette sa proie,
> D'une cerise il fera trois repas,
> Et, l'appelant, me suivra pas à pas [1].

En vain les deux bergères lui demandent-elles d'indiquer celle qu'il aime. Toutes deux entrent pour une part égale dans son affection, puisqu'il *ne hait personne*, et, s'il lui fallait à toute force se marier, il prendrait et suivrait les ordres paternels. Obsédé pourtant par leurs sollicitations, il promet d'accorder sa faveur à celle qui lui fera le plus beau bouquet.

Le berger Arcas est loin d'être aussi naïf, puisqu'il regrette « le siècle innocent » où les amoureux avaient du courage et ne s'attardaient pas à soupirer pour leurs beautés,

> Si que dès l'heure aux effets on venait [2].

Malheureusement, Mélite repousse toujours ses avances, et, même lorsqu'elle le laisse travailler avec elle à un bouquet — au bouquet de Caliste! — elle ne lui accorde pas un baiser comme récompense :

> Je n'entends pas bien clair de cette oreille ;
> Adieu, te dis [3].

Quant au luxurieux satyre, il s'est épris de la vieille magicienne Mérope, qui se moque de sa passion, lui fait croire qu'il est aimé de Mélite, et lui conseille de se rendre à la fontaine où cette bergère baigne chaque jour son beau corps.

L'intention de Mérope était de prévenir Mélite ; mais elle voit Arcas si triste qu'elle veut lui fournir un moyen de fléchir la cruelle qu'il adore. Elle le prévient donc de la tentative que doit faire le satyre, et, lorsque celui-ci, conduit par la magicienne elle-même, est arrivé auprès de Mélite et s'efforce de lui prendre un baiser, Arcas se précipite sur lui et le roue de coups. Le satyre parti, Arcas se félicite d'avoir protégé Mélite ; mais, loin de lui témoigner de la reconnaissance, la bergère lui reproche de rappeler son bienfait indiscrètement.

---

1. Acte I, sc. II, p. 476.
2. Acte I, sc. III, p. 480.
3. Acte II, sc. III, p. 484.

C'est toujours Caliste qu'elle aime, mais Caliste continue à se dérober aux sollicitations des bergères. Après s'être déclaré incapable de juger leurs bouquets, il a de nouveau promis son affection à celle qui courrait le plus vite lui chercher de l'eau pour étancher sa soif; mais ce n'était qu'une ruse, et, lorsque les bergères sont revenues tout essoufflées, leur insaisissable Protée avait disparu. Enfin l'ingénu, qui ne peut se soustraire à leur obsession, promet son amour à celle qui gardera le plus longtemps le silence. L'épreuve est dure, mais les deux bergères l'acceptent, et lorsque le père de Mélite veut consulter sa fille sur la demande en mariage faite par Arcas, Mélite ne répond que par des gestes et par des sons inarticulés. On devine l'émoi du père; celui du père de Corine n'est pas moins grand, et l'on décide d'aller consulter la magicienne.

La fin du quatrième acte est le triomphe de Mérope. Déjà, le satyre ayant voulu se récompenser sur elle de son insuccès auprès de Mélite, une troupe d'esprits infernaux est accourue et a chargé de coups le malencontreux amant, qui finalement a été changé en arbre. C'est alors qu'arrivent les deux pères; et Mérope, après être entrée dans l'horrible fureur où Virgile nous a montré sa Sibylle, prononce un oracle rassurant.

Le cinquième acte commence par une apparition de Vénus et de Cupidon, et le petit dieu annonce à sa mère qu'il va enfin triompher de l'insensibilité de Caliste :

> Permettez-vous le plaisir d'un quart d'heure
> A tel spectacle, autant délicieux
> Et voire plus qu'aucun dedans les cieux [1].

Cupidon promet beaucoup, mais il y a en effet, dans ce dernier acte, du spectacle et du mouvement. Une foule de petits amours apparaissent; Caliste, échappé aux menaces de tout un peuple irrité, arrive en courant au milieu d'eux : il est aussitôt criblé d'invisibles flèches; le peuple gronde contre le père de Caliste et le somme d'indiquer où est la retraite de son fils. Mais Cupidon et Vénus se montrent pour la seconde fois et apaisent tous les esprits : Caliste, dont l'indifférence est bien morte, épousera Corine; Mélite récompensera la constance d'Arcas; les parents se pardonnent leurs torts réciproques et s'embrassent; le satyre

---

[1]. Acte V, sc. 1, p. 535.

même cesse d'être un arbre et revient à sa première forme, à la condition toutefois de ne pas revenir aussi à ses vices.

III. — Le Triomphe d'Amour.

(T. IV, p. 479 à 607.)

L'intrigue principale du *Triomphe d'Amour* [1] ressemble beaucoup à celle d'*Alcée*. Il s'agit encore d'une bergère, Clytie, dont la main est disputée par un berger riche et par un berger pauvre. Tandis que le pauvre, Céphée, possède son affection, le riche, Atys, s'obstine à la vouloir conquérir et repousse les avances de la malheureuse Ægine. Comme dans *Alcée*, Atys finit par avoir recours au père, qui, dans les deux pièces, d'ailleurs, s'appelle Phædime [2]. Celui-ci, ébloui, promet sa fille à un prétendant que recommande sa fortune, et Clytie, aussi bien qu'Alcée, supplie son père de ne pas faire violence à ses sentiments. On devine que le mariage n'a pas lieu : Clytie est enlevée et, après un procès qui termine le cinquième acte, elle obtient enfin d'épouser Céphée. Atys reconnaît les qualités d'Ægine et l'épouse.

Ainsi les deux pièces ont le même point de départ et le même point d'arrivée ; mais les chemins parcourus sont très différents. Dans *Alcée*, la marche de l'intrigue était quelque peu réglée par les caractères et par les passions des personnages ; dans *le Triomphe d'Amour*, c'est le hasard qui mène tout.

Le premier acte seul fait exception, et c'est celui où les réminiscences d'*Alcée* sont le plus nombreuses. Hardy oppose bien l'assurance simple et courageuse de Céphée à la fatuité hautaine et légèrement ridicule d'Atys ; les plaintes d'Ægine sont touchantes malgré leur préciosité ; Clytie est douce et bienveillante pour cette dédaignée ; enfin la scène entre le père et la fille est pleine de sentiments justes, assez fortement exprimés parfois.

---

1. *Mise en scène supposée* : Sur les côtés, la maison de Phædime ; — le temple de Pan ; — une grotte, dont l'intérieur est visible au public par la section qu'y forme l'avant-scène, mais dont l'ouverture qui donne sur la scène même est basse, fermée par une porte et cachée par d'épais halliers. — Le reste du théâtre est *en pastorale* et forme plusieurs compartiments. On y remarque deux autres grottes, un rocher pointu, des chênes et un érable. — Levers de lune et de soleil (acte III, sc. i, p. 529, et acte III, sc. iii, p. 538).

La *durée de l'action* pourrait, à la rigueur, n'être pas supérieure à vingt-quatre heures.

2. Il n'y a qu'une légère différence orthographique entre les deux noms : Phædime et Phédime.

PHÆDIME
Approche ici, j'ai de bonnes nouvelles
A te conter.

CLYTIE
Pour Dieu, dites-moi quelles.

PHÆDIME
De nos forêts l'ornement accompli....

CLYTIE, à part.
Las! de frayeur mon sang caille rempli.

PHÆDIME
Te prend à femme.

CLYTIE, à part.
O fille misérable!

La douleur profonde de Clytie n'émeut pas l'égoïsme de Phœdime :

CLYTIE, à part.
Fût-il plus riche et mille fois plus beau,
Paravant lui j'épouse le tombeau.

PHÆDIME
Nous célébrons demain les fiançailles.

CLYTIE, à part.
Vous célébrez demain mes funérailles.

Et, comme Phœdime lui demande si elle dédaigne le parti présenté, Clytie répond, tout en évitant de s'expliquer nettement :

La mort me tue avant de vous déplaire!...
Tant seulement je trouve injurieux
Que l'on m'expose, ainsi que quelque proie,
Au beau premier avant que je le voie.

PHÆDIME.
Il n'y a point de sourd à redouter
Plus que celui qui ne veut écouter....
Tu méconnais, de malheur, un berger
Qui t'idolâtre, et nous daigne obliger
D'une alliance instamment recherchée!
De tel honneur tu feras la fâchée!
En volonté, possible, de choisir
Quelque muguet empreint en ton désir,
Quelque mignon qui t'agréera, lascive!
Plus répliquer là-dessus ne t'arrive;
J'affecte Atys, il est mon gendre élu;
Il te plaira malgré toi, m'ayant plu [1].

1. Acte I, sc. IV, p. 505-507.

— « Non malgré moi », riposte aussitôt la bergère dont le parti est pris. Elle feint de consentir au mariage que lui propose son père, mais charge une de ses amies, Mélice, d'inviter Céphée à la venir enlever la nuit suivante.

La conversation de Clytie et de Mélice a été entendue par un satyre qui est le malheureux rival d'Atys et de Céphée. Pendant que ce dernier s'assure l'aide d'un de ses amis, le satyre aussi fait ses préparatifs pour l'enlèvement; il donne ses instructions à l'un de ses camarades, et c'est dans un langage digne d'eux que ces êtres lubriques s'entretiennent d'un sujet si délicat.

Ce qui suit est curieux. Au moment où la lune commence de monter dans le ciel, Céphée et son ami Pisandre partent pour le rendez-vous; Clytie est déjà devant sa maison et, entendant un sifflement, un appel, se livre aux satyres qui l'emportent. Mais sa frayeur est si grande, qu'elle prie son ravisseur de parler et de la rassurer; il se tait, elle le touche et reconnaît le satyre au poil de son menton. A ses cris, Céphée et Pisandre accourent; le premier se jette à la poursuite du ravisseur, mais sans le trouver; le second atteint l'autre satyre, qui précisément est l'amoureux, le secoue, le terrasse et le bat — comme il fallait battre les satyres dans les pastorales.

Dès le soleil levant, Céphée et Pisandre, emmenant le satyre, se mettent à la recherche de Clytie. A la première grotte qu'on visite, nos amis, furieux de ne rien trouver, se remettent à faire pleuvoir des coups sur le dos du satyre qui, cette fois, n'en peut mais. A la seconde, l'inquiétude de Céphée ne connaît plus de bornes, et il se résout à aller consulter Philire la magicienne.

Peut-être sera-t-il à propos de citer un assez long fragment de la scène magique; la lecture en fera comprendre pourquoi le public tenait à ces sortes de scènes et pourquoi les auteurs les multipliaient.

Céphée et Pisandre se sont retirés à l'écart, pendant que Philire commence ses invocations.

PISANDRE
Epouvanté, je frissonne, je tremble,
Et chaque membre au corps se désassemble;
Debout je puis à peine me tenir.

CÉPHÉE
Pisandre, hé! dieu, veuille toi contenir!
On gâterait ce magique mystère,
Faute d'avoir une assurance entière.

PISANDRE

L'amour te sert de targue, de rempart ;
Mais il n'est pas de même de ma part ;
Rien ne s'oppose à la présente crainte.
Vois qu'elle fait de sa verge une enceinte,
Conduit des yeux dans le ciel son compas ;
Commé, en colère et d'un furieux pas
S'y enfermant, elle ébranle la tête.
Fuyons, ami.

CÉPHÉE

Non, je te prie, arrête ;
Demeure, au nom de l'antique amitié ;
Prends, mieux résout, de toi-même pitié.

PHILIRE, *dans le cerne.*

Venez, Démons de la noire cohorte ;
Quelqu'un de vous en diligence sorte ;
Quelqu'un de vous me réponde, léger,
Où est Clytie, et comment son berger
La doit recourre. Or, sus, que l'on se hâte,
Par le pouvoir que j'ai reçu d'Hécate,
Par ces neuf mots que je vais murmurer !
Que tardez-vous ? Ah ! c'est trop endurer !
Si une fois la colère m'allume,
Tous châtiés ainsi que de coutume....
Ah ! je prévois maintenant à ce bruit
Qu'un prompt effet mes commandements suit.

PISANDRE

C'est fait de nous ! l'enfer sort de la terre,
Pluton lui-même a brandi ce tonnerre ;
Regarde en l'air des escadrons menus,
Au mandement de ses charmes venus.
Dieux, quelle horreur ! De son bon sens sortie,
On la dirait en rage convertie,
L'œil égaré, ses cheveux blancs épars
Autour du col flottant de toutes parts,
Pleine d'écume et sa bouche entr'ouverte.
Trop curieux, je plège notre perte.

CÉPHÉE

Courage ! elle a leur tempête accoisé [1].

Après cette scène d'effroi, la magicienne déclare que le satyre prisonnier ignore où est la retraite de Clytie, mais que Diane elle-même saura faire découvrir cette retraite à nos bergers.

Il était temps, et l'on comprend que la pudeur de Clytie com-

---

1. Acte IV, sc. II, p. 562-563.

mençât à ne pas être en sûreté auprès d'un satyre. Son geôlier sorti, elle entend un aboiement; c'est l'Élape, le chien de Céphée, qui a flairé l'amante de son maître et qui gratte furieusement à la porte de la grotte. Céphée arrive, puis Pisandre; ils s'efforcent d'ouvrir la retraite où est enfermée la belle bergère. Ils y réussissent enfin, et « voilà nos gens rejoints », et les effusions qui commencent; Clytie est bien à Céphée maintenant, puisqu'une loi accorde à son libérateur la jeune fille qui est délivrée d'un tel servage.

Et, en effet, confiant dans la loi, Céphée demande à Phædime la main de sa fille; mais l'avare Phædime répond en invoquant, lui aussi, ses droits :

> L'autorité paternelle précède,
> Car tout aux droits de la nature cède.
>
> CÉPHÉE
> Qu'appelez-vous de nature la loi,
> Sinon laisser une âme libre à soi?
> L'affection des enfants ne contraindre?
> Certes, alors je n'aurai de quoi craindre [1].

L'affaire est soumise au jugement de Pan ou de son prêtre, et c'est dans le temple du dieu que tous les personnages se rendent pour le dénouement.

Tous les personnages? Non, car les deux satyres, s'étant retrouvés et s'étant raconté mutuellement leurs mésaventures, ont décidé de renoncer à l'amour qui les traite si mal et de se consoler dans la bonne chère :

> Ores, chez moi je t'invite à souper
> Du résidu de ma chasse apportée....
> — Je le veux bien, et puisqu'ainsi te plaît,
> J'apporterai des pommes et du lait,
> Et de bon vin une bouteille pleine
> Que nous mettrons fraîchir à la fontaine,
> Remède propre à noyer les ennuis [2].

Mais, tandis que les satyres se retirent du monde malgré eux, Ægine est amenée malgré elle à y rentrer; au moment où, désolée de la cruauté d'Atys, elle allait se précipiter du haut d'un rocher, la bienfaisante Philire lui est apparue et lui a ordonné de se rendre

---

1. Acte V, sc. II, p. 586.
2. Acte V, sc: III, p. 595.

au temple, où ses douleurs feront place à la joie. Philire s'envole ensuite, remportée par les mêmes esprits qui l'avaient amenée.

Nous ne raconterons pas le procès. Le prêtre, qu'il embarrasse, implore les lumières de Pan et le dieu se montre lui-même pour juger en faveur de l'autorité paternelle. Ægine et Clytie se plaignent, Céphée proteste hautement, et l'Amour qu'il invoque apparaît pour rendre une nouvelle et définitive sentence [1]. La noblesse de ce dénouement est contestable. Pan s'exprime un peu trop comme les satyres, ses sujets, et Cupidon renvoie le dieu son collègue avec plus de vivacité que de politesse. Mais de pareils détails n'étaient pas pour choquer les spectateurs.

IV. — L'Amour victorieux ou vengé.

(T. V, p. 453 à 549.)

L'Amour victorieux ou vengé [2] a eu la bonne fortune d'être analysé par Saint-Marc Girardin. Nous n'osons refaire cette analyse; et, quoique les pages aimables du critique doivent être accompagnées de quelques réserves, elles nous paraissent avoir leur place marquée dans une étude détaillée sur les œuvres de Hardy :

« *L'Amour victorieux*, dit Saint-Marc Girardin [3], est une pastorale mythologique; mais elle est intéressante et vive, et c'est avec *Alcée* celle que je préfère dans Hardy. Philère et Nirée [4] aiment Lycine et Adamante, deux bergères aussi orgueilleuses que belles, qui veulent se vouer au culte des dieux. Les bergers invoquent l'Amour, qui, pour punir les deux dédaigneuses, les enflamme tout à coup pour les deux bergers, qu'il rend du même coup les plus indifférents du monde. Ainsi tout est changé : ce sont maintenant les bergers qui rebutent et dédaignent les ber-

---

1. Nouvelle erreur, causée par la multiplicité et la banalité des personnages de pastorale : l'argument de Hardy marie « Atys à la belle Mélice », ce qui a été répété par M. Lombard, *Zeitschrift*, t. I, p. 391 (M. Lombard écrit : Mélite), et par M. G. Weinberg, *Das französische Schäferspiel*, p. 51. C'est à Ægine qu'Atys finit par accorder son cœur.
2. *Mise en scène supposée* : Au fond, le temple de Vénus (voy. acte V, sc. 1, p. 535). — Les côtés du théâtre sont *en pastorale* et représentent un pré, un bosquet, des « roches moussues », etc. — Les scènes première et dernière, qui forment un prologue et un épilogue, se jouent sur l'avant-scène.
La durée de l'action est de quelques jours.
3. *Cours de litt. dram.*, t. III, p. 312-316.
4. Saint-Marc Girardin écrit partout Nérée. — Je corrige de même quelques inexactitudes dans les citations.

gères. En vain un vieux satyre, qui, au lieu d'être le bouffon de la pièce, en devient l'Ariste, essaye de persuader à Nirée que, puisque maintenant Adamante l'aime, il n'a rien de mieux à faire que de l'épouser :

> ... qu'un amour vagabond
> Plus que l'hymen en malheurs est fécond....
> Crois-moi, berger; une femme t'est due,
> De bons parents honnête descendue,
> Belle ¹....

Et Adamante est tout cela. Le satyre a raison et parle en sage; mais Nirée, de Céladon qu'il était, est devenu un Hylas et veut garder sa liberté. Le satyre croit pourtant qu'il y a encore dans le cœur de Nirée un reste de tendresse et qu'il ne pourrait pas résister aux prières de sa maîtresse :

> Si d'aventure elle te recherchait,

dit-il,

> Lui veux-tu rien mander? Je vais la voir.
>
> NIRÉE
> Que je suis libre et hors de son pouvoir,
> Content, joyeux, sans soin, sans tyrannie ;
> Adieu, satyre ².

« Que dites-vous de ce ton de légèreté et presque de fatuité? Quelle revanche prise des dédains d'autrefois! Et comme ces bergers qui, aussitôt qu'ils n'aiment plus, deviennent durs et insolents, montrent bien ce que c'est que la mobilité du cœur humain et sa profonde insensibilité, dès qu'il n'est plus passionné! Cette connaissance et cette peinture des passions humaines, chose si rare chez Hardy, est encore plus visible dans la scène où les deux bergers se racontent les rebuts qu'ils ont fait essuyer à leurs maîtresses, qui sont venues les supplier. C'est déjà de la fatuité que d'avoir l'idée de se raconter ainsi leurs dédains et d'en triompher l'un devant l'autre. Il y a en même temps, à travers leur fatuité, un reste d'amour qui perce involontairement et qui fait comprendre qu'aussitôt que cessera cet enchantement d'indifférence que l'Amour a voulu, ils reviendront de grand cœur à leurs bergères. Aussi ne leur en veut-on pas de leur dureté momentanée,

---

1. Acte II, sc. III, p. 490-491.
2. Acte II, sc. III, p. 492-493.

quoiqu'ils s'en applaudissent. Toute cette scène est vive et intéressante. Voyons, dit Philère à Nirée, racontons-nous

> Tout ce qui s'est passé de leur amour.

NIRÉE

> Hier, j'étais seul, pensif, en silence,
> Près la fontaine, à paître mon troupeau,
> Qu'elle [1], feignant chercher un sien agneau,
> Me vint trouver toute décolorée,
> Les yeux battus et la face éplorée....

PHILÈRE

> N'avais-tu point quelque ressentiment [2]
> Des premiers feux, voyant son châtiment ?

NIRÉE

> Si peu que rien [3].

Et encore ce peu qu'il ressentait, il a su si bien le cacher qu'Adamante a dû croire qu'il était entièrement insensible. Philère à son tour raconte la manière dont Lycine l'a abordé. Le voyant endormi à l'ombre, elle est venue lui heurter le pied comme par mégarde :

> Dis-moi, berger — telle fut son entrée —
> Si tu as point la bête rencontrée
> Que je poursuis, et me pardonne aussi
> Sans y penser ton sommeil accourci [4].

Mais le berger, se moquant de sa demande, a coupé court à l'entretien; la pauvre Lycine alors s'est mise à pleurer, ce qui n'a pas le moins du monde touché le berger. Et maintenant, disent les deux bergers se félicitant de leur fierté,

> Veuille le ciel libres nous conserver,
> Sans jamais plus nos désirs captiver !
> Veuille le ciel permettre que notre âge
> Passe joyeux et coule sans servage,
> N'aimant sinon qui voudra nous aimer !

« A entendre ainsi parler ces bergers, nous serions tentés de nous croire au XVIIIe siècle, lisant quelque roman de Crébillon le fils où deux jeunes fats se racontent leurs bonnes fortunes, leurs

---

1. Adamante.
2. Ressouvenir.
3. Acte IV, sc. II, p. 524-525.
4. Acte IV, sc. II, p. 527.

impertinences, et s'en promettent d'autres. Heureusement qu'au dénouement l'Amour vient rendre aux bergers la tendresse qu'ils ont toujours eue pour leurs bergères et qu'un court enchantement leur avait ôtée. L'Amour la leur rend à l'aide d'une épreuve qui me semble d'autant meilleure que je ne la prends que pour une épreuve : car, si c'était plus, la pastorale toucherait déjà à la tragédie. Un oracle déclare que, si les bergers continuent à dédaigner les bergères, une des deux bergères doit être sacrifiée sur l'autel de l'Amour, et que le sacrificateur sera un des deux bergers; le sort désignera la victime et le meurtrier. Tout s'apprête dans le temple pour ce sacrifice, et le grand prêtre tire au sort. La bergère choisie par le sort est Lycine et le berger est Philère, c'est-à-dire que l'amant devra immoler l'amante, puisqu'il ne veut plus l'aimer. Lycine, désespérée de n'être plus aimée, se résigne aisément à périr; il y a même pour elle quelque douceur à périr de la main de Philère. Le discours qu'elle lui adresse est touchant et passionné :

> Rassure-toi, Philère, je ne veux
> T'adresser plus mes inutiles vœux....
> Le désespoir de fléchir ta fierté
> Me rend le jour d'odieuse clarté.
> Ces bras n'auraient besoin d'aucun cordage;
> Ces pieds, ce corps, ni ces yeux de bandage,
> Si tu lisais combien mon cœur content
> Le coup mortel de ta faveur attend;
> Si tu savais combien je te désire
> Complaire avant que l'âme je soupire....
> Que tardes-tu de lancer le couteau
> Dedans ce sein autrefois tes délices
> Et réservé à d'autres sacrifices?
> Dépêche-moi, tu t'es assez vengé
> Depuis qu'Amour mon courage a changé [1].

« La langue a vieilli, et les mots n'expriment plus pour nous ce qu'ils exprimaient autrefois; mais quelle passion touchante et vive se sent encore sous ce vieux langage! Quel heureux mélange de désespoir, de résignation, d'amour surtout, d'amour qui adoucit pour Lycine l'instant de la mort, depuis qu'elle n'est plus haïe! Qui résisterait à ces paroles, à ce sein découvert et palpitant de tendresse, non de terreur? et comment Philère ne retrouverait-il

---

1. Acte V, sc. 1, p. 542-543.

pas son amour pour sa maîtresse? Aussi déclare-t-il qu'il prend Lycine pour sa femme :

> Otez le glaive, éteignez cette flamme!
> Trop satisfait je la reçois pour femme....
> Devant les dieux et vous je le promets.

Et la pièce finit par une leçon que l'Amour, descendant du ciel, adresse aux beautés qui seraient tentées d'être trop cruelles : Vous voyez, dit l'Amour,

> Comment je sais l'orgueil humilier.
> Dépouillez-vous d'un courage trop fier;
> Fuyez ce nom d'ingrate et de cruelle....
> La courtoisie augmente la beauté,
> A la laideur convient la cruauté [1]. »

Telle est l'analyse de Saint-Marc Girardin. Je n'y trouve rien à retrancher, mais il y faut bien ajouter quelques réserves, car, faute de les avoir faites, l'habile critique s'est, contre son ordinaire, montré trop favorable pour Hardy.

Ne parlons pas de la liberté de langage, qui est extraordinaire dans cette pièce [2]; ni des réminiscences mythologiques, qui sont innombrables et dont Lycine compose quelque part un merveilleux bouquet [3]. Passons sur un très long prologue, où un détail seul nous intéresse, l'embarras qu'éprouve l'Amour à frapper des personnes actives et laborieuses :

> Un point me fâche et tant soit peu martèle,...
> Que je n'ai point d'objet ferme à viser,
> Voulant le sein de ces deux embraser,
> L'oisiveté jamais ne les arrête [4].

Mais les incidents dont Hardy a composé sa pièce sont moins neufs et plus conventionnels que les termes de Saint-Marc Girardin ne le feraient supposer : il n'en est peut-être pas un qu'on ne pût retrouver dans les plus célèbres pastorales qui ont précédé celle de Hardy. — Le rôle de confident qu'Adamante confie à un satyre aurait mieux convenu à quelque berger ou bergère; mais que serait une pastorale sans un satyre? et que penserait-on

---

1. Acte V, sc. III, p. 549.
2. Voy. notamment les paroles de Ruffie, acte II, sc. I, p. 478.
3. Acte II, sc. IV, p. 506-507.
4. Acte I, sc. I, p. 461.

d'un satyre qui ne serait nulle part battu? Aussi l'honnête et loyal
« Ariste » du second acte devient-il au quatrième un trembleur
grotesque, à qui l'on s'efforce d'arracher ses cornes,

> Ses vilains yeux et sa sale barbace [1],

et qui ne lance des bravades qu'en s'enfuyant. — Enfin et surtout,
le « joli sujet » choisi par Hardy a l'inconvénient d'être double et
de se développer en partie double, ce qui affaiblit singulièrement
l'intérêt qu'il pourrait inspirer au spectateur.

Au début, il est vrai, les deux bergères s'acheminent ensemble
vers le temple où elles doivent se consacrer à Diane, et les deux
bergers qui les aiment se trouvent ensemble sur leur passage. Au
dénouement encore, tous les personnages se trouvent réunis
dans le temple de Vénus. Mais, entre les deux, que de scènes parallèles! Que de recommencements et de répétitions! Lycine avoue-t-elle qu'elle est convertie à l'amour et charge-t-elle Ruffie d'apitoyer son amant Philère? Aussitôt Adamante fait le même aveu
au satyre et l'envoie de même vers Nirée. — A peine Nirée a-t-il
éconduit le satyre, que Philère raconte comment il a éconduit
Ruffie. — Celle-ci fait part à Lycine de son insuccès et lui conseille d'aller elle-même trouver son insensible; le satyre, aussitôt
après, voit Adamante et lui donne même renseignement et même
conseil. — Lycine s'efforce d'attendrir son berger; Adamante n'en
fait pas autant devant nous, mais elle est bien forcée de nous raconter comment elle l'a fait. En dépit d'un effort louable du
dramaturge pour éviter la monotonie, en dépit même de la différence qu'il a établie entre les caractères de Philère et de Nirée,
tout cela n'est-il pas long et languissant?

Si donc quelques intentions délicates et quelques vers assez
heureux doivent nous rendre indulgents pour cette pastorale de
l'*Amour victorieux*, nous ne pouvons pourtant la juger aussi favorablement qu'*Alcée*, dont le roman avait beaucoup plus de vérité,
la psychologie plus de profondeur. Et, d'autre part, si le public
trouvait ici, pour se divertir, des divinités, un satyre battu, l'horrible bruit qui précède les oracles, et jusqu'à *des feux qui se
jouent sur la tête* des personnages [2], je doute pourtant qu'une
telle pièce ait plu autant que *Corine* ou *Alphée*. Sous tous les
rapports, l'œuvre est de demi-teinte et de transition.

---

1. Acte IV, sc. I, p. 515.
2. Voy. acte IV, sc. III, p. 529, et acte V, sc. II, p. 546.

V. — Alphée ou la Justice d'Amour.

(T. I, p. 447 à 531.)

L'intrigue d'*Alphée ou la Justice d'Amour* [1] est plus compliquée encore que celle de *Corine*. Ainsi qu'en une farandole provençale, les personnages de la pièce passent et repassent devant nos yeux, toujours précédés et entraînés par l'un d'eux, le vieil Isandre. Pendant qu'il tire à lui brutalement sa fille Alphée, celle-ci serre la main que lui tend Daphnis; puis la magicienne Corine s'attache à Daphnis malgré lui, le satyre à Corine malgré elle, et de même une dryade au satyre, Euriale à la dryade, Mélanie à Euriale. La *farandole* va, vient sur le théâtre pendant trois actes, puis s'arrête à un signal donné par la magicienne. A un nouveau signal, donné par un dieu cette fois, la file se brise définitivement et les personnages tombent un peu au hasard dans les bras les uns des autres : Euriale dans ceux que lui tendait Mélanie, Isandre dans ceux que ne lui tendait pas Corine; Alphée et Daphnis, qui se cherchaient, ne sont pas les derniers à s'embrasser. Deux personnages seuls ne participent point à l'allégresse générale, car la dryade tourne le dos au satyre, et celui-ci s'en plaint inutilement.

Sans être aussi complexe que celui de *la Bergerie* de Montchrestien, un tel sujet ne laisse pas d'être fort touffu, et Hardy n'a pu en achever l'exposition dans son premier acte. Mais la mise en œuvre en est habile et claire : à la fin du troisième acte, une crise sévit sur tous les personnages; à la fin du quatrième, la magicienne triomphe et tout ce qui ne s'inclinait pas devant elle a été brisé; le cinquième enfin remet tout dans l'ordre et donne la victoire définitive à l'Amour.

Sous le rapport des *mœurs* et des caractères, *Alphée* est inférieure à *Alcée* ou même à *l'Amour victorieux*; mais les principaux personnages y ont une physionomie assez nette et qui pouvait être intéressante pour un public naïf. « Alphée est une jeune bergère que son père ne veut pas marier parce que l'oracle a prédit que ce mariage serait malheureux. Il la garde donc dans sa maison, sans lui laisser voir aucun des bergers du canton. Mais, l'ayant

---

1. *Mise en scène supposée* : Sur l'un des côtés, la maison d'Alphée, avec une fenêtre au premier étage. Le reste du théâtre est *en pastorale* et forme plusieurs compartiments, dont l'un contient des saules, des fleurs, une fontaine, dont un autre est fermé par un coteau.

La *durée de l'action* est de quelques jours (voy., p. ex., acte II, sc. II, p. 474).

menée un jour au temple de Diane [1] pour assister à une fête solennelle, il la perd dans la foule. La pauvre Alphée, tout inquiète, demande partout son père; un jeune berger, Daphnis, lui propose respectueusement de la ramener chez elle. En route, le berger dit à Alphée qu'elle est belle :

> Tu n'es qu'amour, que douceur, que merveilles.
>
> ALPHÉE
> Commence, Alphée, à boucher tes oreilles.
>
> DAPHNIS
> Quelles façons de faire sont-ce là ?
>
> ALPHÉE
> Je suis l'avis paternel en cela [2].

La pauvre Alphée a tellement peur de déplaire à son père en écoutant le berger, qu'elle veut qu'il marche devant elle : elle le suivra de loin. « Pourquoi me traiter comme un pestiféré? dit Daphnis. Je ne suis pas malade, sinon du mal que me fait votre beauté, qui m'a volé ma liberté. » Alphée répond comme l'Agnès de Molière :

> Moi retenir chose qui t'appartint !...
> Où? Depuis quand? le moyen? l'apparence?
> Tu te méprends; je n'ai pas l'assurance
> Ni le désir de te faire aucun tort.
> Or, sans discours, marchons un peu plus fort.
>
> DAPHNIS
> Tu ne seras que trop tôt arrivée [3].

Et, toujours causant malgré la prière d'Alphée, Daphnis lui parle de l'amour et lui dit que ce dieu doit lui faire sentir déjà son *aigre-douce pointure*.

> ALPHÉE
> Oh! qu'à tes pieds présentement j'expire,
> Si ce que c'est d'amour je saurais dire.

Eh quoi! lui dit Daphnis,

> Donc n'as-tu vu (rustique passe-temps)
> S'entre-baiser les tourtres [4] au printemps?

---

1. Le texte dit : de Palès.
2. Acte I, sc. I, p. 455.
3. Acte I, sc. I, p. 456.
4. Les tourtereaux.

> Les oisillons, sous l'obscur des ramées,
> Voler après leurs femelles aimées?
> Donc n'as-tu vu les taureaux négliger
> És prés herbus le boire et le manger,
> Lorsque l'amour furieux les tourmente [1]? »

On reconnaît cette ingénuité d'Alphée; c'est, avec beaucoup d'exagération, celle de Sylvie dans l'*Aminte*; c'est, avec quelque adoucissement, celle du berger Caliste dans *Corine*; elle se retrouve, à peu près à la même dose, dans le chasseur Silvio du *Berger fidèle* [2] : très timide et embarrassée en face de son père, Alphée a pourtant le courage de lui désobéir dès que l'amour s'est emparé d'elle; on pourrait même trouver que l'amour lui a brusquement donné beaucoup d'esprit :

> Déguise un peu la joie immodérée
> Qui te rendrait beaucoup moins désirée [3],

se dit-elle en voyant approcher celui qu'elle aime, et, du haut de sa fenêtre, elle lui passe un fuseau où elle a écrit l'aveu de sa passion et marqué l'heure d'un rendez-vous.

Malheureusement Corine, une « magicienne de moyen âge [4] » qui aime Daphnis, assistait en cachette à toute cette scène; elle avertit le père, et celui-ci accuse Daphnis de divulguer partout les faveurs qu'il reçoit de sa fille. Aussitôt Alphée, courroucée, accueille avec mépris son amant. Daphnis se désespère, jusqu'à ce que, songeant à la magicienne, il s'élance tout à coup hors de la scène pour la trouver et la punir. Alphée comprend son injustice, rappelle en vain celui qu'elle vient de repousser et gémit sur les malheurs dont sa dureté peut être la cause. Le fond de la scène n'a rien d'original, mais elle est vive et curieusement présentée. Enfin, lorsque Daphnis a été frappé par Corine et changé en rocher, Alphée trouve dans son amour et dans son remords la force de résister à son père et de braver la toute-puissante magicienne.

Daphnis est un berger honnête et passionné, dont la tendresse est relevée par le dégoût qu'il oppose aux sollicitations de Corine et par la courageuse indignation avec laquelle il veut punir ses fourberies.

---

1. Acte I, sc. I, p. 457-458. — Saint-Marc Girardin, *Cours de litt. dram.*, t. III, p. 306-308.
2. Voy. notamment la sc. II, et cf. Saint-Marc Girardin, t. III, p. 243.
3. Acte II, sc. III, p. 481.
4. Expression de l'*argument*.

Isandre est un père égoïste et grognon, qui a inspiré beaucoup plus de terreur que d'affection à sa fille, et qui est incapable de prendre au sérieux ses peines de cœur. Toujours rudoyant Alphée, éconduisant grossièrement Daphnis, n'hésitant pas à le calomnier auprès de sa maîtresse, il ne se radoucit même pas lorsque Alphée pleure sur le sort de Daphnis si cruellement frappé pour elle. Il ne s'attendrit et ne se montre père qu'un instant, lorsque sa fille même est changée en fontaine sous ses yeux. Au dénouement, l'Amour le marie à Corine, et cette union, que le « vieil » mais « encore vigoureux » Isandre accepte volontiers, n'étonne qu'à moitié le public et achève de rendre ce personnage antipathique.

Nous avons déjà remarqué avec quelle vérité repoussante Hardy peint ces créatures qu'un instinct lubrique possède et anime seul. Corine est digne de Lucrèce, et son âge la rend plus répugnante encore.

Quant à son amoureux, le satyre, c'est un fou grossier, mais inoffensif, dont les déconvenues sont assez amusantes, et dont les discours, aussi cornus que lui-même [1], contiennent çà et là quelques traits plaisants. Ni ses bouquets ni ses madrigaux ne lui valent de la part de Corine autre chose que des moqueries [2], et lorsque la dryade qui l'aime s'en étonne, lorsqu'elle vante ses mérites et l'appelle la gloire des satyres, il s'écrie aussitôt avec un naïf mélange d'orgueil et de dépit :

J'ai beau lui dire, elle n'en veut rien croire [3].

En vain la dryade, naturellement timide, se fait-elle violence pour lui confesser sa passion. A peine a-t-elle pris soin de lui tresser une charmante couronne et de l'en orner doucement pendant son sommeil, il s'éveille, écoute avec complaisance les compliments

---

1. Expression de Corine, acte I, sc. III, p. 464.
2. Dans la scène I, III, p. 464, Corine regardant les fleurs que lui offre le satyre, une abeille en sort et la pique au doigt; si bien que, lorsque la dryade, étonnée par les rebuffades de Corine, demande au satyre : « Quelle mouche la pique? » le malheureux s'empresse de lui répondre :

> Tu parles, nymphe, en esprit prophétique;
> Rien qu'une mouche....

Telle est la singulière variante que Hardy a donnée à l'un des lieux communs de la pastorale : la piqûre d'abeille servant de prétexte au premier baiser.
3. Acte I, sc. IV, p. 469.

de la dryade et court se montrer à la magicienne avec sa parure nouvelle.

> Ainsi dans l'eau le matin qui aboie
> Veut prendre l'ombre et laisse aller sa proie [1].

Plus rudoyé que jamais par Corine, dont les préoccupations ne lui laissent pas le temps d'écouter ses sottises, le satyre revient à la dryade, que ses yeux dessillés trouvent enfin plus jeune et plus belle que la magicienne. Mais la dryade a suivi les pas et vu le manège de son amoureux; piquée dans son amour-propre, elle le reçoit comme il méritait d'être reçu :

> Adieu, refus d'une vieille mégère,
> Tu es plus fol que je ne suis légère [2].

Bien fol, en effet, et bien ébahi! Notre satyre ne sait plus à qui offrir son amoureuse ardeur. Lorsque les bergers, furieux des vengeances exercées par Corine, viennent la sommer de rendre Daphnis, Alphée et Isandre à leur première forme, il profite de cette occasion de rentrer en faveur, et amène au secours de la magicienne une troupe tremblante de ses compagnons. Peine perdue! Corine épouse Isandre, la dryade boude toujours, et le satyre regarde avec douleur Cupidon régler devant lui trois mariages :

> Qu'ordonnes-tu sur le cruel martyre
> De ton plus humble et plus dévot satyre?
>
> CUPIDON
> Que ces bergers t'assommeront de coups,
> Si ta folie allume leur courroux....
>
> SATYRE

Dure sentence!

Nous avons omis de parler de Mélanie et d'Euriale; c'est qu'on chercherait en vain quel est leur caractère distinctif. Au début de la pièce, Euriale a perdu la raison à force d'amour, et, l'air égaré, effrayé par des loups imaginaires, il poursuit sur la scène la dryade qui s'enfuit avec agilité. A la fin, revenu à son bon sens, c'est lui qui mène contre Corine la foule hésitante des bergers. La scène est animée et devait paraître amusante. Euriale excite

---

1. Acte III, sc. IV, p. 499.
2. Acte IV, sc. II, p. 509.

ses compagnons, le satyre essaye d'entraîner les siens, la magicienne se prépare à confondre l'audace de ses adversaires:

CORINE
Hôtes de l'air, favorables démons,
Par le pouvoir de la dive aux trois noms,
A coups d'éclairs, de tonnerre et de grêle
Bouleversez cette troupe rebelle...
(*Là se fait un grand bruit derrière le théâtre.*)

CHŒUR
Corine, hélas! fais cesser cette plaie!

EURIALE
Ferme! pasteurs, ce charme passera,
Qui sa ruine infaillible sera;
Elle n'a plus de ressource, perdue.
Mais quelle flamme intervient, épandue?
D'où ces rayons que suit un jeune enfant?...
A ce bandeau, ce carquois et ces ailes
(D'un immortel remarques éternelles),
Amour a pris la peine de venir —
Prosternons-nous — le tumulte finir [1].

Ce combat, cette apparition, le retour à la forme humaine du rocher, de la fontaine et de l'arbre qui furent Daphnis, Alphée et Isandre, tout ce spectacle terminait dignement une pièce que tant de scènes comiques ou dramatiques, tant de revirements et de *feintes* — et nous en avons oublié plusieurs : une scène d'écho, entre autres — faisaient sans doute paraître une des plus amusantes parmi les pastorales de Hardy.

Pour nous, si nous ne la regardons pas comme la plus estimable, nous reconnaîtrons volontiers qu'elle est la plus adroitement composée, et nous la signalerons à qui voudra étudier l'histoire de la pastorale, comme le plus complet spécimen de celles de notre auteur.

Ce qu'on admire dans le Tasse et, à un moindre degré, dans Guarini, c'est une poésie riche et harmonieuse, ce sont des analyses de sentiments subtiles, mais souvent délicates. Cette poésie ne se retrouve plus dans Hardy, et les analyses de sentiments y

---

1. Acte V, sc. III, p. 525.

sont rares. Le plus souvent, Hardy se contente de copier les caractères, de mettre en œuvre les matériaux et de reproduire les incidents que la pastorale italienne avait mis en vogue. Lui reste-il donc quelque mérite? Peut-on lui attribuer quelque originalité?

Sans doute, car ses pastorales, pour qui s'est une fois habitué à ce genre faux, ont le mérite de la clarté, du mouvement, de la vie dramatique. « On ne doit point être surpris, disent les frères Parfait [1], si Hardy vantait si hautement l'invention et la disposition de ses pastorales. Presque toutes celles qui parurent avant lui et de son temps sont de beaucoup inférieures aux siennes. » Combien en pourrait-on analyser d'obscures et d'indigestes! — Et ces œuvres de Hardy ne manquent pas non plus d'une certaine originalité. Prises dans leur ensemble, elles ne rappellent ni l'*Aminte* qui est une églogue dramatique, ni *le Fidèle Berger* qui est un mélange d'églogue et d'opéra, ni *la Bergerie* de Montchrestien qui est une maladroite mosaïque. Ce sont des comédies bourgeoises et sérieuses, agrémentées d'incidents comiques ou merveilleux; ce sont des intermédiaires curieux entre la tragi-comédie, la farce et la pièce mythologique.

Dès lors, on comprend que le système dramatique des pastorales soit sensiblement le même que celui des tragi-comédies : l'action s'y développe aussi par *fils parallèles*, et ces fils sont en nombre plus grand encore. — « Elles sont toutes les cinq régulières quant au temps et au lieu », dit M. Lombard [2]; mais dans quel sens prend-il donc le mot de « régulières »? Une pièce est-elle *régulière*, quand l'action s'y transporte d'Élide en Arcadie, ou quand la scène en est infiniment trop vaste pour que le regard la puisse raisonnablement parcourir? Est-elle régulière, quand l'action s'y déroule en plusieurs mois ou en plusieurs jours? Sans doute les libertés que prend ici Hardy avec le temps et le lieu sont beaucoup moins grandes que celles que nous lui avons vu prendre dans les tragi-comédies : *le Triomphe d'Amour* est peut-être dans les vingt-quatre heures, et je ne voudrais pas jurer que *Corine ou le Silence* n'y soit pas aussi. Mais on aurait tort de croire pour cela que Hardy soit venu à résipiscence et que sa régularité relative soit un hommage rendu aux lois aristotéliques. La nature des sujets en est seule cause, et, s'il a usé ici de moins de temps

---

1. A propos de *la Justice d'Amour* de Borée. Voy. t. IV, p. 395-396.
2. *Zeitschrift*, t. I, p. 385.

et de moins de lieux, c'est que de petites comédies bourgeoises ne lui en demandaient pas autant que des tragédies militaires ou que des drames romanesques. Un adversaire de la loi des vingt-quatre heures et de ses partisans écrivait plus tard, après la mort de Hardy : « quelques-uns exceptent de cette loi la tragédie et la tragi-comédie; mais ils désirent qu'elle soit gardée en la pastorale et principalement en la comédie. Je ne sais quelle différence ils font entre ces quatre sœurs [1]. » Nous venons de l'expliquer bien simplement. Les classiques exigeaient surtout la régularité dans les genres où il était le plus facile de l'observer, et c'est dans un de ces genres que, tout naturellement et sans le vouloir, Hardy se montrait le moins rebelle à leurs prescriptions.

Il en sera bientôt autrement et de ses rivaux et de ses successeurs. C'est une pastorale, la *Silvanire*, qui précédera la tragédie dans la voie de la régularité et de l'orthodoxie aristotélique; et déjà dans les *Bergeries* de Racan, où la multiplicité des lieux n'a d'égale que celle des intrigues, l'auteur n'a reculé devant aucune invraisemblance pour borner sa pièce dans un seul jour [2].

Disons un mot de ces œuvres qui ont détrôné les pastorales de Hardy, puisque nous n'avons pas eu d'occasion dans les pages qui précèdent de comparer Hardy, poète pastoral, à ses successeurs.

Nous ne pouvons juger sans réserves les *Bergeries* de Racan. Jouées vers 1618 [3], elles ont été remaniées avant d'être imprimées en 1625, et nul ne nous a fait connaître de quel ordre étaient les modifications qui y avaient été introduites. Nous supposerons seulement, parce que l'hypothèse est très vraisemblable, que, de 1618 à 1625, l'autorité de Hardy et de la pastorale italienne

---

1. *Traité de la disposition du poème dramatique*, p. 23.
2. On admet d'ordinaire que l'unité de temps n'est pas plus observée que l'unité de lieu dans les *Bergeries* (voy. fr. Parfait, t. IV, p. 289); mais pourquoi le druide Chindonnax dit-il (acte IV, sc. v; t. I, p. 99) à Ydalie :

> Dites-moi sans rougir ni faire l'étonnée
> Où vous avez passé toute la matinée?

S'il ne s'est écoulé que quelques heures depuis qu'Arténice a cru voir le crime d'Ydalie et d'Alcidor, la pièce entière finira aisément avant que les vingt-quatre heures soient accomplies. Seulement que de choses dans ces vingt-quatre heures! avec quelle rapidité tous ces personnages changent d'avis et de direction !

3. Copions un mot de M. Robiou : « La pièce doit être postérieure à cette année, car Racan affirme, dans la *Vie de Malherbe*, qu'il la composa après s'être déclaré serviteur d'Arténice (Catherine Chabot), déjà veuve de M. de Termes. » *Essai sur l'hist. de la litt. et des mœurs*, p. 413.

avait baissé, que celle de l'*Astrée* et de Malherbe s'était accrue, et que la pièce imprimée ressemble moins que la pièce primitive aux pastorales de notre auteur. Et pourtant, la pièce de 1625 ne diffère essentiellement de *Corine* ou d'*Alphée* que pour le style et la poésie, dont nous ne nous occupons pas en ce moment. Le fond et la disposition ne s'y distinguent par aucune nouveauté; Racan n'a rien ajouté de lui-même, et il n'a même rien emprunté d'important à des sources autres que celles où puisait d'ordinaire Hardy; on voit qu'il est resté sous l'influence du maître *dont les comédies représentées à l'Hôtel de Bourgogne l'excitaient fort.*

Ce n'est pas qu'on ne puisse signaler dans les *Bergeries* des réminiscences nombreuses de l'*Astrée*; mais ce ne sont que des détails, et, pour ainsi dire, des variantes de lieux communs consacrés par la pastorale dramatique : le magicien s'y sert d'un miroir enchanté, mais il n'a pas plus de pouvoir et ne montre pas moins de perfidie que la magicienne d'*Alphée*; Arténice devient druidesse, mais c'est pour se consacrer à Diane aussi bien qu'Adamante et Lycine dans *l'Amour victorieux*; Chindonnax est druide, mais il juge des procès et célèbre des sacrifices humains comme les grands prêtres de *l'Amour victorieux* et d'*Alcée*; Alcidor se jette dans un fleuve, mais c'est pour les mêmes motifs et avec le même résultat qu'Aminte se précipite du haut d'un rocher dans la pièce du Tasse, que Démocle essaye de le faire dans *Alcée*, Clytie dans *le Triomphe d'Amour*.

Le principal changement que Racan ait osé apporter à la tradition pastorale, ç'a été de placer sa scène en France, comme l'avait fait d'Urfé dans son roman. Mais que tout le reste nous est connu! Les amours croisés, l'oracle qui force un père à contrarier les inclinations de sa fille, le jaloux qui rompt par des calomnies le bonheur de son rival, les opérations magiques, les déclamations contre l'honneur, le satyre qui veut faire violence à celle qu'il aime, l'amoureux qui sauve sa belle et ne reçoit en récompense que des mépris, le berger qui s'offre à mourir pour sa bergère, l'enfant emporté par l'inondation, le vieillard qui, en retrouvant un fils putatif, l'aide à retrouver lui-même sa vraie famille et assure son heureux hymen! Tout cela est présenté en meilleurs termes, d'une façon plus poétique et même, si l'on veut, plus pastorale que dans Hardy. Mais tout cela aussi est moins animé, moins amusant, plus embarrassé que dans Hardy.

Qu'on loue tant qu'on voudra le style et la versification des

Bergeries, mais qu'on n'ajoute pas qu' « autant les pastorales de Hardy sont mal imaginées *et* peu conduites... autant celle de M. de Racan est heureuse dans son plan et sensée dans sa conduite [1] ». C'est pour la forme seulement, et non pour le fond, que se justifie le jugement porté par Racan lui-même sur son œuvre : « Je suis autant au-dessous de la perfection, comme je suis au-dessus de tous ceux qui m'ont précédé en ce genre de poésie [2] ».

C'est avec Mairet — et pas avant — que la pastorale s'inspire directement de l'*Astrée* et rompt pour cela avec la tradition de Hardy [3]. Le sujet de *Chriséide et Arimant* est emprunté de l'*Astrée*, quoique *Chriséide et Arimant* porte le titre de tragi-comédie; celui de la *Silvanire* a la même origine, et cette fois la pièce porte le titre de *tragi-comédie pastorale*. Entre les deux, *Sylvie* est originale, mais l'influence de l'*Astrée* s'y fait partout sentir. Or si, dans ces deux pièces, nous trouvons de la magie, des amours contrariés, d'autres incidents que nous connaissons bien, ils ne sont pas mis en œuvre d'après les Italiens et Hardy, mais d'après d'Urfé; des princes se mêlent aux bergers, et nous chercherions en vain parmi eux les satyres et les dryades, Cupidon et Vénus, tant d'éléments encore de notre ancienne pastorale.

L'*Amaranthe* de Gombauld ressemble à la *Silvanire* [4]. Les *Amours d'Astrée et de Céladon* de Rayssiguier, l'*Inconstance d'Hylas* de Maréchal, la *Clorise* de Baro, bien d'autres pastorales sont tirées de l'*Astrée*. C'est de l'*Astrée* que relève maintenant le genre en faveur.

Mais la *Sylvie* ne pouvait avoir tué du premier coup l'espèce de pastorale à laquelle l'Hôtel de Bourgogne avait été longtemps consacré. Vers la fin de 1625, les comédiens du prince d'Orange jouaient des pastorales qui ressemblaient à celles que *l'élite royale* avait reçues de Hardy [5]; en 1627, Borée publiait une *Justice*

---

1. Fr. Parfait, t. IV, p. 289; Demogeot, *Tableau*, p. 372.
2. Lettre à Malherbe, du 15 janvier 1625. *Œuvres complètes de Racan*, t. I, p. 15. — Remarquons en passant que les *Bergeries*, au moins dans l'édition de 1625, ont des chœurs à la fin des actes; la *Silvanire* en aura de même, mais non la *Sylvie*. Quant aux pastorales de Hardy, les chœurs qui figurent dans *Alcée*, dans l'*Amour victorieux* et dans *Alphée* sont des personnages complexes comme les *troupes* des tragi-comédies. Même au dénoûment, lorsqu'ils expriment l'allégresse générale, ils le font dans le rythme ordinaire de la pastorale. (Voy. *Alcée* et l'*Amour victorieux*.)
3. Voy. Bizos, *Étude sur J. de Mairet*, ch. II et III.
4. Bizos, p. 139 sqq.
5. Voy. Sorel, *le Berger extravagant*, 1re p., l. III, p. 148 sqq.

d'amour où ne figuraient pas moins de quatre satyres [1]; en 1630 paraissait une *Philine ou l'amour contraire* qui avait été souvent représentée à l'Hôtel de Bourgogne, et dont l'auteur, de La Morelle, était évidemment un élève de Hardy [2]. Hardy lui-même publiait *l'Amour victorieux* en 1628, et peut-être a-t-il fait jouer des pièces analogues jusqu'à sa mort.

Le genre d'ailleurs allait disparaître. Sorel en avait fait la parodie dès 1627; Rotrou n'osait le traiter dès 1635 [3], et, quelques exceptions tardives ne pouvant infirmer la règle, on peut dire que la pastorale n'allait plus pouvoir passer qu'à la faveur de la musique; elle allait se réfugier dans l'opéra [4].

1. Fr. Parfait, t. IV, p. 395-396; La Vallière, t. I, p. 565-566.
2. Voy. les fr. Parfait, t. IV, p. 467-468, et La Vallière, t. I, p. 570-574.
3. Voy. ce que racontent les fr. Parfait (t. V, p. 7) et La Vallière (t. II, p. 273) au sujet de l'*Amarillis* et de la *Célimène* de Rotrou; les frères Parfait ont adopté la date de 1633, mais la *Célimène* n'a été imprimée qu'en 1636.
4. Sur les causes qui ont fait disparaître la pastorale, voy. Saint-Marc Girardin, *Cours de litt. dram.*, t. III, p. 329 sqq. — Sur la pastorale après Hardy, voy. un article de M. V. Fournel : *la Pastorale dramatique au* XVIIe *siècle* (*le Livre*, 10 octobre 1888, p. 306-320). — On trouvera un tableau d'ensemble de l'histoire de la pastorale française dans G. Weinberg, *Das französische Schäferspiel*; mais, sauf un petit nombre d'analyses originales, cet ouvrage est surtout rédigé d'après les fr. Parfait.

CHAPITRE VI

LES PIÈCES PERDUES

Ferons-nous œuvre inutile en cherchant à deviner le sujet des pièces nommées par Mahelot? Aura-t-on le droit de nous dire qu'il est puéril d'entreprendre une restitution aussi incomplète d'œuvres dont aucun fragment n'a survécu, et qu'il n'importe d'allonger de quelques notices un catalogue d'œuvres médiocres déjà trop long?

Nous espérons qu'on nous épargnera ces reproches. Savoir quels genres de sujets étaient traités au théâtre pendant les trente premières années du XVIIe siècle; quel spectacle et quelle mise en scène ils comportaient; à quels genres d'écrits et à quels auteurs ils étaient empruntés; s'ils ont été repris par d'autres auteurs dramatiques après et d'après Hardy, un tel résultat nous paraissait intéressant quand nous l'obtenions de l'étude des pièces conservées; pourquoi deviendrait-il inutile, si nous le pouvions retirer de l'étude de quelques pièces perdues? Or, nous le pouvons sûrement, sinon aisément, et nous ne regrettons qu'une chose, c'est que le manque de livres ait si vite borné nos recherches et réduit à si peu de chose nos trouvailles.

Nous ne pouvons rien dire de la *Cintie*, de *Leucosie*, de *la Folie de Clidaman*[1], de *la Folie d'Isabelle*, ni de *Parthénie*[2]; nous

---

1. Il y a dans l'*Astrée* un personnage de Clidaman, fils d'Amasis; mais ses aventures ne sont pas telles qu'il ait pu être le héros de la pièce de Hardy. — Nous croyons pouvoir dire la même chose du Clidamant qui figure dans *Clotilde*, tragédie de l'abbé Boyer, 1659. (Voy. les fr. Parfait, t. VIII, p. 266, sqq.)

2. Nous avons comparé avec soin la mise en scène des deux journées de *Parthénie* avec l'*Innocente Infidélité* de Rotrou, où se trouve un personnage de ce nom, et avec la *Parthénie* de Baro. Mais si l'un ou l'autre de ces auteurs

avons déjà dit un mot de *la Folie de Turlupin*[1]; parlons maintenant de *Pandoste*, d'*Ozmin*, de *l'Inceste supposé* et du *Frère indiscret*.

I et II. — Pandoste, 1re et 2e journée.

Nous pouvons connaître le sujet et la marche même de la pièce de Hardy en lisant *Pandoste ou la Princesse malheureuse, tragédie en prose* de Puget de La Serre[2]. Le titre est le même; comme celle de Hardy, la pièce de La Serre est divisée en deux journées; enfin la mise en scène, telle que nous la pouvons rétablir d'après les indications fournies par le dialogue, est semblable presque de tous points à celle que Mahelot attribue à la pièce de Hardy.

Analysons rapidement la première journée de La Serre.

Pandoste, roi d'Épire, récemment marié avec Bélaire, princesse aussi chaste que belle, reçoit la visite du roi de Sicile Agathocle, désireux de resserrer les liens d'une ancienne amitié. La bonne mine de cet hôte, son bel esprit, ses assiduités indiscrètes, encore qu'innocentes, auprès de Bélaire, font entrer Pandoste dans une violente jalousie, et le font croire à des relations adultères entre Bélaire et Agathocle. Il jure la mort des deux coupables; mais celui de ses serviteurs qu'il charge d'empoisonner le roi de Sicile, recule devant le crime, prévient Agathocle et s'enfuit avec lui. Bélaire, du moins, restait au pouvoir de Pandoste, et le tyran jaloux a hâte de la sacrifier, elle et son fils unique, à sa fureur toujours croissante. En vain la noblesse, en vain ses conseillers s'opposent-ils courageusement à ses projets et lui montrent-ils qu'il n'a aucune preuve de la culpabilité de la reine : le tyran refuse de renoncer à sa vengeance et consent seulement à la différer en partie jusqu'à ce qu'on ait consulté un oracle. Une loi de l'État l'y obligeait. Cependant Bélaire, enceinte, est jetée en prison, et y accouche d'une fille qu'on lui enlève pour l'exposer à la merci des flots, dans une barque sans voiles et sans pilote; son fils est

---

s'est inspiré de l'œuvre de Hardy, il s'en est écarté tellement que tout rapprochement sérieux est devenu impossible.

1. Voy. l. III, ch. I, p. 220.
2. *Pandoste ou la Princesse malheureuse, Tragedie en prose. Divisée en deux journées. Par le sieur de la Serre, Historiographe de France.* A Paris, chez Pierre Billaine, ruë Sainct Jacques, à la bonne Foy, devant Sainct Yves. M.DC.XXXI, 8°. Autorisation du 28 novembre.

mis à mort. C'est alors qu'arrive la réponse de l'oracle, qui proclame l'innocence de la reine, mais annonce sa mort à la suite de celle de son fils. La reine, en effet, meurt de douleur, et Pandoste se livre, auprès de son corps, à des lamentations que La Serre a cru touchantes, mais qui ne sont qu'odieuses et ridiculement exprimées. — D'ailleurs, la petite princesse exposée n'est pas morte. Un berger l'a trouvée dans une barque poussée par les flots sur un rivage, et l'a recueillie; une bague que l'enfant portait suspendue à son cou servira plus tard à la reconnaissance.

Pour jouer cette pièce, que fallait-il? Un palais, puisque la plus grande partie des scènes se passent à la cour de Pandoste; — une prison, puisque Bélaire y parle à sa confidente, à un prévôt, à sa fille, pendant la moitié du quatrième acte (p. 64 sqq.); — un temple, puisque l'oracle est rendu sur la scène même au quatrième acte, et divers objets sacrés, puisque le sacrificateur a d'abord « fait les cérémonies » (p. 62); — un rivage avec une barque (acte V, p. 75); — un enfant; — enfin des trompettes, puisque c'est au son des trompettes qu'Agathocle fait son entrée au premier acte (p. 9). Tout cela se trouve indiqué par Mahelot [1] : « Au milieu du théâtre, il faut un beau palais; à un des côtés, une grande prison où l'on paraît tout entier; à l'autre côté, un temple; au-dessous, une pointe de vaisseau, une mer basse, des roseaux, et marches de degrés (*pour le temple, évidemment; voy. le dessin*); un réchaud, une aiguière, un chapeau de fleurs, une fiole pleine de vin, un cornet d'encens, un tonnerre, des flammes; au quatrième acte, il faut un enfant; il faut aussi deux chandeliers (*pour le temple*), et des trompettes. » L'indication du réchaud, de l'aiguière et des autres objets sacrés peut faire supposer que la scène de l'oracle, très courte dans La Serre, était assez développée dans Hardy; le tonnerre se faisait entendre et les flammes brillaient au moment où l'oracle allait être rendu : c'est ce qui se produit toujours dans les pastorales.

Il n'y a qu'une lacune dans les indications de Mahelot. Au début de l'acte IV (p. 52 sqq.), Agathocle, de retour dans ses États, s'entretient avec l'officier qui l'a sauvé et des malheurs de Bélaire et de son propre mariage qui va bientôt s'accomplir. Il doit le faire dans son palais, et nous ne trouvons pas ici de palais pour

---

1. F° 20 v°.

Agathocle. Cette scène peu utile ne se trouvait sans doute pas dans la pièce de Hardy.

Les événements de la seconde journée sont postérieurs d'environ dix-huit ans à la première. Doraste, fils d'Agathocle, est devenu amoureux d'une jeune bergère, accomplie de tous points, qu'il rencontre souvent dans une prairie. Fauvye, c'est son nom, répond à l'amour du prince; mais elle tremble qu'il n'en veuille qu'à son honneur, et le paysan qu'elle croit son père l'excite encore à la défiance. Aussi Doraste, pour la rassurer, prend-il l'habit de berger et lui propose-t-il de fuir avec lui dans quelque pays étranger, où ils pourront librement unir leurs destinées. Fauvye accepte et, le soir même, se laisse enlever de sa rustique demeure; le paysan même est emmené, pour qu'il ne puisse trahir le secret de ce départ. Le lendemain, Agathocle apprend avec douleur que son fils a disparu, qu'une barque chargée de gens déguisés a quitté le port au milieu d'une tempête, et que, si son fils était de ces gens, il a sans doute péri.

Pourtant, le prince n'est pas mort; la tempête l'a jeté sur les terres du roi Pandoste. Fauvye et lui se présentent sous de faux noms au roi d'Épire, qui les accueille d'une façon aimable, mais devient aussitôt amoureux de la jeune fille. Prières, menaces, il emploie tout pour la séduire; la chaste Fauvye reste inébranlable, et ne cède même pas lorsque Pandoste, qui a fait arrêter Doraste, déclare qu'il se vengera par sa mort. Le dénouement ne peut tarder. Dans une scène précédente, nous avons vu le roi Agathocle envoyer en tous pays des ambassadeurs à la recherche de son fils. Quelques-uns ont appris la vérité; ils viennent demander à Pandoste de leur rendre le prince de Sicile et de punir la bergère qui l'a séduit. Le roi aime mieux punir le père, le paysan. Celui-ci alors supplie qu'on lui fasse grâce, Fauvye n'étant point sa fille, et il montre la bague avec laquelle la fille de Pandoste et de Bélaire avait été exposée. Pandoste embrasse Fauvye, la donne en mariage à Doraste et fait alliance avec Agathocle.

Deux palais, une cabane de paysan (acte II, p. 119), une prairie où l'on puisse s'asseoir au pied d'un arbre (acte I, p. 97; acte II, p. 105), telle est la mise en scène nécessaire de cette pièce. Telle est justement celle de la seconde journée de Hardy. « Il faut deux palais, et une maison de paysan, et un bois », dit le texte de Mahelot [1]; mais son dessin est plus explicite. On y voit

---

1. F° 21 v°.

à droite un bois, représenté surtout par un arbre, et un palais; à gauche, une cabane entourée d'arbres, et un second palais tout différent du premier. La toile de fond représente une ville, celle de Pandoste ou celle d'Agathocle, selon le cas [1].

De tels rapprochements ne permettent pas de contester le rapport qui existe entre le *Pandoste* de La Serre et celui de Hardy; certainement le sujet était le même, semblable était la marche des deux pièces. Si le dialogue de La Serre, le plus souvent languissant, et si son style, étrangement métaphorique et précieux, ressemblent peu au dialogue et au style ordinaires de Hardy, la succession des scènes [2], en revanche, est à peu près ce qu'elle est dans *Elmire* ou dans *la Belle Égyptienne* : un même acte nous transporte dans le palais de Pandoste, devant le temple de Delphes et dans la prison de Bélaire (1re journée, acte IV), un autre en Sicile et en Épire. Comme dans certaines pièces de Hardy, on entend parler des sortes de chœurs : « la Noblesse » et une « Troupe » (1re journée, acte III). On pourrait même signaler quelques expressions chères à notre auteur, comme l'épithète de « louve », adressée par Pandoste à celle qu'il croit adultère.

Mais laissons de côté ces menues ressemblances, qu'explique sans difficulté la conformité des genres et des temps; revenons au rapport qui existe entre les deux mises en scène de Hardy et de La Serre. Il nous paraît si grand, que nous nous sommes demandé s'il ne fallait pas les attribuer à une seule et même pièce : se pourrait-il que La Serre eût imprimé à la fin de 1631, vers le temps même où mourait Hardy, une œuvre aussi complètement semblable à celle de son devancier? Ne serait-il pas plus simple d'admettre que Mahelot s'est trompé de nom et qu'il a écrit Hardy au lieu de La Serre?

L'hypothèse est séduisante; mais pourquoi Mahelot aurait-il commis et répété deux fois une aussi grave erreur? et, d'ailleurs, ne trouvons-nous pas quelques différences entre les deux mises en scène : la présence chez La Serre, l'absence chez Hardy du

---

1. Il se peut que la *prairie* soit représentée par les arbres qui avoisinent la cabane; le *bois* de Mahelot serait alors le lieu où s'entretiennent Doraste et sa suite à la fin du IIIe acte. En ce cas, tout le côté droit de la scène appartiendrait à la Sicile, le côté gauche à l'Épire, et le fond serait commun aux deux pays.

2. Les scènes ne sont pas numérotées; le nom seul des personnages fait connaître où elles commencent.

palais d'Agathocle dans la première journée [1]; la présence chez Hardy de nombreux objets sacrés, dont le sacrificateur ne pouvait guère se servir sans en parler, et dont il n'est pas parlé chez La Serre; l'emploi d'un tonnerre et de flammes, dont La Serre nous eût probablement parlé s'il en eût usé, puisque son livre porte en manchette d'assez nombreuses indications? Peut-être pourrait-on admettre que, La Serre ayant copié une vieille pièce de Hardy, celle-ci a été remise à la scène par les comédiens, d'où sa présence dans le *Mémoire des décorations*. La pièce de La Serre pourrait aussi avoir été composée fort antérieurement à son impression et avoir été connue et imitée par Hardy : hypothèse invraisemblable, mais que semble suggérer l'avis de La Serre « au lecteur ». Je dis : *semble*, car cet avis est beaucoup plus obscur que l'oracle de Pandoste, et je ne me charge pas de l'expliquer. Le voici :

« Il y a certains esprits follets qui en veulent à mon ombre, n'osant regarder mon corps qu'en relief ou qu'en peinture. Et quoique ces Ixions n'embrassent jamais que des nues, je suis jaloux que ma gloire leur serve de Junon; d'autant que leur puissance servile n'a nulle sorte de rapport avec un objet si relevé. Ce n'est pas que je sois amoureux de moi-même; mon miroir ne flatte point; mais je suis fort aise qu'on me paie si peu qu'on me doit; que si, par envie, mes créanciers font banqueroute, je suis assez satisfait de ce qu'ils me demeurent redevables [2].... »

Tant de superbe et de susceptibilité à propos de *Pandoste!* Qui se pourrait douter qu'en aucun cas La Serre n'a rien inventé de son sujet? qu'il n'a pas même eu besoin de traduire d'une langue étrangère son modèle? *Pandoste* est tiré d'une nouvelle de Robert Greene qui avait paru à Londres en 1588 sous le titre de

---

1. Remarquons que l'addition de ce palais, loin d'être une gêne pour la décoration, en eût déterminé la symétrie. Voy. ci-dessus, liv. II, ch. III, p. 177.

2. Si les plaintes de La Serre étaient produites par le motif que nous leur avons assigné, elles rappelleraient celles de son modèle Robert Greene au sujet de Shakespeare et « de ces pantins », comme il dit, « qui répètent les phrases sorties de nos bouches, de ces marionnettes qui portent nos couleurs.... Oui, défiez-vous d'eux; car il y a là un parvenu, corbeau paré de nos plumes, qui, avec son cœur de tigre recouvert d'une peau d'acteur, se croit aussi habile à gonfler un vers blanc que le meilleur d'entre vous; il est devenu une sorte de *Joannes factotum* et, dans son opinion, il est l'unique *Shake-scene* (agite-scène; *Shake-speare*, agite lance) du pays. Oh! j'en supplie vos rares esprits, laissez ces singes imiter vos chefs-d'œuvre passés, et ne leur donnez jamais par avance connaissance de vos inventions admirées. » Cité par M. Montégut (*Œuvres complètes de Shakespeare*, t. V, p. 137-138).

Pandosto ou le Triomphe du Temps[1]; mais, dès 1615, un certain Regnault avait traduit en français l'*Histoire tragique de Pandosto, roi de Bohême, et de Bellaria sa femme, ainsi que les amours de Dorastus et de Favina*; et, en 1626, un sieur Du Bail en avait publié une imitation sous le nom de *Roman d'Albanie et de Sicile*[2].

Serait-ce à ce dernier que Puget de La Serre reproche de ne pas lui payer ce qu'il lui doit? Ce n'est guère probable, car pourquoi aurait-il attendu cinq ans pour lui adresser ce reproche? Mais alors, il faut admettre que La Serre a eu sous les yeux les deux livres français dont nous avons donné les titres. Du Bail et La Serre, en effet, ont quelques points communs : par exemple l'idée de supprimer une hérésie géographique de Greene, en remplaçant comme pays maritime la Bohême par l'Épire ou par l'Albanie; et celle de donner plus de couleur au nom du roi de Sicile en l'appelant Agathocle et non pas Égistus[3]. Sauf ces détails, La Serre a fidèlement suivi le récit de Greene, et les changements insignifiants que Hardy ou lui y ont apportés ne constituent pas une bien grande originalité. Que le prêtre d'Apollon proclame son oracle à haute voix, ou qu'il le remette écrit et cacheté aux ambassadeurs de Pandoste; que celui-ci fasse mourir son fils, ou que cette mort soit naturelle; que la tempête éclate pendant le départ de Doraste, ou le lendemain; que Pandoste lui-même meure après avoir marié sa fille, ou qu'il jouisse longtemps de son bonheur, ces détails n'ont qu'une médiocre importance. Une seule chose serait utile à savoir : qui, de La Serre ou de Hardy, a eu le premier l'idée de porter ce roman au théâtre, qui a réglé la division en journées et la succession des scènes principales. Nous avons lieu de croire que c'est Hardy; mais nous n'avons peut-être pas le droit de l'affirmer.

Shakespeare, vers 1610[4], avait introduit dans le sujet de tout autres changements. Si les trois premiers actes de son *Conte d'hiver* suivent d'assez près la première partie de *Pandosto*, et répondent ainsi assez exactement à la 1ʳᵉ journée de Hardy et

---

1. Voy. le *Shakespeare* de M. Montégut, t. III, p. 236, et surtout celui de Fr.-Victor Hugo (*Œuvres complètes de Shakespeare*, 2ᵉ éd., Paris, Pagnerre, 1868, in-8°), t. IV, p. 44-46 et 525-551. Ce dernier passage est une traduction de la plus grande partie de la nouvelle anglaise.
2. Voy. ci-dessus, t. III, ch. 1, p. 245, n. 2.
3. Le nom de Fauvye, adopté par La Serre, est aussi plus près de Faunie, adopté par Du Bail (en anglais Fawnia), que celui de Favina.
4. 1609, d'après Fr.-Victor Hugo, p. 41; 1611, d'après M. Mézières (*Shakespeare, ses œuvres*, p. 515) et M. Montégut, t. III, p. 365.

de La Serre, les deux derniers sont remplis d'incidents nouveaux, que termine l'admirable scène de la résurrection d'Hermione. Tous les noms ont été changés, de nouveaux personnages ont été créés, et notamment celui de Pauline, le plus beau de tous.... Mais nous n'avons pas à parler ici des caractères ni de la poésie exquise de Shakespeare.

III. — Ozmin.

Le sujet d'*Ozmin* est une histoire romanesque, empruntée par Hardy à un ouvrage espagnol qui avait eu et devait avoir encore un vif succès, en France comme en Espagne. Parue en 1599, la première partie de *Guzman d'Alfarache*, par Mateo Aleman, avait été traduite dès 1600 par Chappuis, et Chapelain devait la traduire encore, en même temps que la seconde partie, dès 1632. Ainsi, c'est dans la traduction de Chappuis [1] que Hardy avait lu le roman d'Ozmin et de Daraxa, raconté à Guzman par un jeune ecclésiastique. Le fécond dramaturge n'avait pas eu de peine à en faire la matière d'une tragi-comédie.

Résumons en quelques lignes ce roman.

La belle Daraxa, fille d'un grand seigneur more, avait été prise pendant le siège de Baeça par les troupes chrétiennes de Ferdinand et d'Isabelle. Transportée à Séville, elle y devint bien vite chère à la reine, qui conçut le vif désir de la faire devenir chrétienne; mais Isabelle, obligée de partir pour le siège de Grenade, la confia à don Louis de Padilla, gentilhomme noble et prudent, dont la fille Elvire servit de compagne à la jeune More, et dont le fils Rodrigue ne tarda pas à tomber amoureux d'elle. Cependant la tristesse de Daraxa était grande: la captive n'était pas seulement privée de ses parents, elle était encore éloignée d'Ozmin, un grand seigneur more qui lui était fiancé. Celui-ci, qui avait fait de hardis, mais vains efforts pour l'aller retrouver dans Baeça assiégée, n'hésite pas à la venir chercher jusque dans Séville,

---

1. Je n'ai pu me la procurer, mais j'ai consulté le texte espagnol (*Aventuras y vida de Guzman de Alfarache, atalaya de la vida humana*, dans la *Biblioteca de autores españoles. Novelistas anteriores á Cervantes*, 1858, partie I, t. I, ch. viii, p. 205-217), ainsi que la traduction de Chapelain : *Le Gueux, ou la vie de Guzman d'Alpharache, image de la vie humaine. En laquelle toutes les fourbes et toutes les meschancetez qui se pratiquent dans le monde, sont plaisamment et utilement descouvertes. Divisé en trois livres* [1ʳᵉ partie]. A Rouen, chez Lonys du Mesnil, ruë S. Jean, devant le grand Portail à la ✝ d'or. M.DC.XLVI. 8°. — L'imitation de Lesage est beaucoup plus compliquée et chargée d'événements que le récit original.

et à prendre, pour approcher d'elle, des rôles et des costumes indignes d'un gentilhomme.

Comme des maçons travaillaient à la maison de don Louis, il se fait enrôler en qualité de manœuvre, plaît au vieux gentilhomme, et, le travail des maçons terminé, reste à son service afin de soigner les fleurs de son jardin. Comme maçon et comme jardinier, il lui est enfin donné de voir et d'entretenir Daraxa. Bientôt, il est vrai, ses relations avec elle excitent les soupçons, et on l'enferme prisonnier dans une des salles de la maison; mais il endort par des récits habilement controuvés la soupçonneuse vigilance de don Louis et de don Rodrigue, et ce dernier même s'avise de l'employer pour se concilier les bonnes grâces de la belle More, jusqu'à ce que, ses avances ayant été nettement repoussées, les soupçons reprennent le dessus, et que le faux jardinier soit brusquement congédié.

Devenu domestique de don Alonse de Zugniga, Ozmin voit encore son amour soumis à une rude épreuve, car Alonse aussi était épris de Daraxa, et voulait se servir de son nouveau domestique pour lui faire connaître et agréer son affection. Mais une grande course de taureaux fournit à Ozmin l'occasion d'accomplir des prodiges sous les yeux de sa fiancée; un grand tournoi lui permet de rendre service à don Rodrigue. Don Alonse s'étonne et refuse de le considérer encore comme un homme du commun; Ozmin feint d'avouer qu'il est en effet un gentilhomme espagnol et n'a adopté son déguisement que pour se rapprocher d'Elvire de Padilla.

Voilà donc Alonse qui prend vivement les intérêts de son rival Ozmin, et, les Padilla s'étant transportés dans leurs terres, tous deux s'acheminent de ce côté pendant la nuit. A un quart de lieue d'un village, ils s'arrêtent dans une maisonnette qui était proche de la maison des Padilla, et déjà les conversations amoureuses allaient recommencer, lorsque des paysans, mus par leurs sentiments de jalousie et de haine contre la noblesse, assaillent nos deux gentilshommes à coups de pierres. Ceux-ci se retirent; mais, assaillis de nouveau dans le village, ils se défendent vaillamment : don Alonse est blessé, Ozmin tue plusieurs de leurs ennemis.

Abrégeons. Ozmin est condamné à être pendu, mais Daraxa obtient sa grâce de Leurs Majestés espagnoles. Grenade ayant été prise et les plus grands seigneurs mores s'étant convertis au christianisme, Ozmin et Daraxa se convertissent aussi, et leur baptême comme leur noce se font en présence de Ferdinand et d'Isabelle.

Une mise en scène exacte de cette histoire aurait demandé plus de compartiments que le théâtre n'en pouvait contenir. Mais les habitudes dramatiques de Hardy comportaient la suppression du siège de Baeça et de l'arrivée de Daraxa à la cour; les exigences du théâtre devaient faire disparaître la course de taureaux et le tournoi [1]; le dénouement pouvait être simplifié ou en partie mis en récit. Enfin, il n'y avait plus qu'à confondre les deux maisons des Padilla et à faire se passer tout le roman à la campagne; la décoration devenait très simple : une maison ou palais avec l'appartement des maîtres, celui du faux jardinier et la salle où on l'enferme prisonnier; — à côté, le jardin; — à quelque distance, une maison champêtre rapprochée d'un village. Telle est justement la décoration qu'indique Mahelot : « Il faut un beau jardin à un des bouts du théâtre, et, de l'autre côté, une maison champêtre qui soit belle, proche d'un hameau, dans un petit taillis. Au milieu du théâtre un palais. » Ces indications ne sont pas assez précises, mais le dessin montre bien comment est divisé le palais, et que le « beau jardin » en fait partie. Mahelot ajoute : « Il faut une bêche, une serpe, » — voilà pour Ozmin jardinier; — « des pierres, » — voilà pour Ozmin manœuvre, à moins que ces pierres ne soient lancées sur le théâtre même par les paysans; — enfin « un manteau de gueux et un chapeau de gueux aussi [2] » : c'est là sans doute le déguisement d'Ozmin, quand il s'est réduit aux apparences d'un *picaro*, comme on disait en Espagne, d'un *gueux*, comme les Français traduisaient alors.

IV. — L'Inceste supposé.

Sous ce même titre : *l'Inceste supposé*, un sieur La Caze publiait en 1640 une tragi-comédie que nous allons résumer brièvement [3].

Pendant que Carismond, roi de Hongrie, combat à la tête de son armée contre les Turcs, son frère Clarimène devient amoureux de la reine, la belle Alcinée; et, au moment même où celle-ci vient lui offrir la main de la princesse Clorinie, le prince découvre ses coupables feux. Repoussé avec horreur, Clarimène

---

1. Dans *le Frère indiscret* aussi (voy. p. loin, p. 556) Hardy a dû supprimer une course de taureaux.
2. F° 22 v°.
3. *L'Inceste supposé tragi-comedie*. A Paris, chez Toussaint Quinet au Palais dans la petite Salle, sous la montée de la cour des Aydes, M.DC.XL; avec privilège du Roi. Achevé d'imprimer du 31 décembre 1639.

s'effraye des conséquences probables de sa déclaration; il veut empêcher la reine de le perdre, et lui-même, dès que son frère est de retour, accuse la reine de lui avoir fait de brûlantes propositions. — « L'impudique en mourra », s'écrie Carismond [1], et il charge un de ses serviteurs de punir la reine :

> Que ta main, par ton roi justement occupée,
> Lui plonge dans le sein le poignard ou l'épée,
> Pour y porter la mort, pour en tirer un cœur
> Qui trahit lâchement un si digne vainqueur.
> Tu me l'apporteras; cet acte est nécessaire,
> Pour prouver que Philon m'aura pu satisfaire [2].

Philon accepte cette charge; mais Clorinie, qui est sûre de l'innocence de la reine, obtient de lui qu'il épargnera cette malheureuse calomniée et apportera au roi le cœur d'une biche.

A la vue de ce cœur saignant, Carismond veut le frapper encore de son poignard; Clarimène, au contraire, se sent envahi par ses remords : il mettrait promptement un terme à sa vie, si une blanche apparition, qu'il prend pour une ombre et qui n'est autre que la reine, ne se montrait à lui pour lui ordonner de vivre. Enfin le coupable, égaré, fait l'aveu de son crime et célèbre les vertus de sa victime. Carismond s'irrite, puis ordonne à Philon de dresser un tombeau digne d'Alcinée :

> Toi, qui pour son malheur te rendis trop fidèle,
> Prends-en encor le soin; fais qu'il soit digne d'elle.
> Quelque éclat qu'Artémise ait mis sur un tombeau,
> Fais que le sien excède ou qu'il soit aussi beau;
> Fais poser au-dessus ce cœur et cette image
> Où l'art fait admirer sa taille et son visage,
> Où l'art a pu graver, du temps qu'elle vivait,
> Tous les plus dignes traits que cette reine avait;
> Mets-lui ses vêtements, son sceptre et sa couronne,
> Afin de contenter le deuil qui m'environne [3].

Le tombeau se dresse, en effet, mais Clarimène brûle en vain de le contempler, un ordre du roi lui en défendant l'approche. Le spectateur est plus heureux. Une chambre funèbre s'ouvre, et l'on voit « le roi à genoux devant un tombeau, où la reine est elle-même au lieu de la statue [4] ». Puis, lorsque le roi veut baiser sa

1. Acte II, sc. v.
2. Acte III, sc. i.
3. Acte IV, sc. vi.
4. Acte V, sc. iii.

main, la statue s'anime et la lui tend, comme fait celle d'Hermione dans le *Conte d'hiver*. En dépit de son bonheur, Carismond voudrait encore se montrer sévère envers son frère; mais Alcinée pardonne au coupable et lui fait donner la main de Clorinie.

Cette pièce est conforme aux unités, et, par conséquent, l'auteur, s'il a imité Hardy, a dû transformer sensiblement la mise en scène irrégulière de son devancier. Pourrons-nous encore saisir les ressemblances? Heureusement oui; le sujet est assez extraordinaire pour rendre impossible aucune erreur. Lisons le *Mémoire des décorations* [1] : « Il faut au milieu du théâtre une chambre funèbre, à un des côtés où il y ait (*sur un des côtés de laquelle il y ait*) une pyramide pleine de bougies et un cœur dessus, le tout tendu de noir avec des larmes; à un des côtés, un ermitage où l'on monte et descend; ladite chambre s'ouvre et ferme au cinquième acte; il faut aussi des dards et des javelots. » Ces indications de Mahelot sont incomplètes. Au fond, deux portes qui se font face précèdent la chambre funèbre : l'une peut être celle de l'appartement de la reine, l'autre celle de l'appartement de Clarimène. — A gauche, une maison fait face à l'ermitage, et c'est probablement celle de l'homme à qui la reine est confiée. — C'est dans l'ermitage que celle-ci doit se réfugier, là qu'elle doit apparaître à Clarimène repentant : les ermitages ne manquent pas dans le théâtre de Hardy, et ils y jouent toujours un rôle analogue. — La chambre funèbre, la pyramide, le cœur sont suffisamment expliqués par ce qui précède. — Les dards et les javelots servaient sans doute pour le retour du roi.

Ainsi, c'est bien le sujet traité par Hardy que La Caze avait repris en 1639; sa fortune ne se borna pas là, et il reparut encore en 1657 dans la *Théodore, reine de Hongrie*, de Boisrobert. Les frères Parfait le constatent en ces termes [2] : « L'abbé de Boisrobert, toujours riche des ouvrages des autres, a, suivant cette douce habitude, pris en entier le sujet, l'intrigue et la distribution des scènes de la tragi-comédie de *l'Inceste supposé* de La Caze pour en composer celle de *Théodore* : ainsi point d'autre compte à rendre de cette dernière que d'ajouter qu'elle éprouva une critique amère sous le titre de « Remarques sur la *Théodore*, tragi-« comédie de l'auteur de *Cassandre*, dédiées à M. de Boisrobert

---

1. F° 36 v°.
2. T. VIII, p. 195-196. Cf. l'analyse que La Vallière a donnée de *Théodore*, t. II, p. 417-419.

« Métel, abbé de Chatillon, par A. B. sieur de Somaize ». Dans cette critique, non seulement on reproche à l'auteur de *Théodore* d'avoir employé en entier la tragi-comédie de *l'Inceste supposé*, au changement des noms près, mais encore de s'être servi de la plus grande partie des vers de cette pièce. Somaize rapporte des preuves de ce qu'il avance, et finit par des vérités un peu offensantes sur le compte de Boisrobert.

Si l'*abbé Mondory*, comme il est probable, se souvenait encore de l'ancien fournisseur de l'Hôtel de Bourgogne, il aurait pu répondre qu'en empruntant à La Caze, il n'avait fait que ce que La Caze lui-même s'était permis vis-à-vis de Hardy. Mais cette réponse n'eût pas satisfait Somaize, et Boisrobert se dispensa de la donner.

V. — Le Frère indiscret.

La décoration de cette pièce, la dernière que Mahelot attribue à Hardy, ne nous est malheureusement représentée par aucun dessin; mais les indications écrites du *Mémoire* sont assez précises pour nous faire reconnaître la source de cette tragi-comédie. C'est une des nouvelles de don Diego Agreda traduites en 1621 par Baudouin; elle porte aussi pour titre : le *Frère indiscret* [1].

Don Juan de Vargas, jeune gentilhomme de Grenade, avait conçu le vif désir d'unir sa sœur à son intime ami don Diègue Machuca; aussi louait-il sans cesse don Diègue devant Isabelle et Isabelle devant don Diègue. Les deux jeunes gens en vinrent à s'aimer sans se connaître; mais, comme don Diègue voulait voir lui-même et entretenir la jeune fille, il s'efforça de la rencontrer et se cacha soigneusement de son ami.

D'une maison qui faisait face à celle de don Juan, il fit un jour épier sa sortie, puis se présenta chez lui comme pour le voir; il apprit ainsi des domestiques où Isabelle et son père devaient se rendre pour entendre la messe. La première entrevue eut lieu dans une église; mais un laquais, qu'il gagna, lui permit d'en avoir d'autres par la suite. Don Juan apprit tout, s'irrita profondément, et, don Diègue ayant remporté dans une course de taureaux un triomphe auquel il s'était attendu lui-même, il passa de l'extrême amitié à l'extrême haine et força don Diègue à se battre en

---

1. *El Hermano indiscreto por Don Diego de Agreda y Vargas, natural de Madrid*, dans la *Biblioteca de autores españoles. Novelistas posteriores á Cervantes*, t. II, 1854, p. 477-489. — *Nouvelles morales... mises en notre langue* par J. Baudoin; 3ᵉ nouvelle.

duel avec lui. En vain Isabelle s'efforça-t-elle d'empêcher cette lutte impie; elle ne put rien obtenir de son frère, mais s'arrangea du moins pour mettre son épée hors d'état de servir.

On arrive sur le terrain. Aux premières passes, la moitié de l'épée de don Juan tombe à terre, et il en est réduit à aller chercher une autre épée. A peine est-il parti, que deux voleurs surviennent; don Diègue lutte contre eux, n'ayant pour témoins de sa vaillance « que des frênes haut élevés et un antre de verdure »; il met un des assaillants en fuite, tue le second et le jette dans une rivière qui se trouvait là. Malheureusement, le père et les amis de don Juan paraissaient alors « sur le sommet d'un rocher ». Ils accusent don Diègue d'avoir tué son ancien ami. Don Diègue espère que le retour de don Juan va prouver son innocence; mais celui-ci, qui avait formé contre son adversaire de noirs projets, se retire quand il ne le voit pas seul, et va se cacher dans une maison de paysans. Don Diègue, que les apparences accusent, est mis en prison, et on instruit son procès.

Le mariage de don Diègue et d'Isabelle étant ainsi devenu impossible, la jeune fille est promise à un gentilhomme nommé don Sanche, dont la sœur, dona Anna, était secrètement mariée à don Juan. A cette nouvelle, don Diègue entre dans le plus violent désespoir, fait l'aveu du crime qu'il n'a pas commis, et se laisse condamner à mort; mais, avant d'exécuter la sentence, on lui fait épouser Isabelle par procuration, afin que l'honneur de la jeune fille ne soit pas atteint par le bruit qui courait de leurs amours.

Sur ces entrefaites, don Juan, qui manquait d'argent, vient en demander à dona Anna. Le laquais qui avait servi les amours de don Diègue et d'Isabelle le voit; il prévient sa jeune maîtresse, et l'on fait appeler le corrégidor. Tout s'explique, don Diègue est retiré de sa prison, et, huit jours après, on célèbre les noces de don Diègue avec Isabelle, de don Juan avec Anna, de don Sanche avec une fille du corrégidor.

On ne doutera pas que Hardy n'ait mis cette nouvelle au théâtre, quand on aura lu les lignes suivantes de Mahelot[1] : « Au milieu du théâtre, il faut une perspective de bâtiments ou maisons; à un des bouts du théâtre, il faut une fenêtre où un acteur paraît, épiant un autre; de l'autre côté du théâtre, forme de rocher de relief, antre, verdure, et une rivière assez grande pour

---

1. F° 58 v°.

jeter un homme dedans ; une épée qui se démonte, du sang, une éponge, une lettre et des rondaches. » La perspective de bâtiments, c'est Grenade ; nous avons vu la scène où un acteur en épie un autre, et Mahelot oublie de nous dire qu'en face la fenêtre d'où il épie se trouve une maison, celle de don Juan ; le rocher, l'antre, la verdure, l'épée qui se démonte, les rondaches servent pour la scène du duel ; la rivière, le sang et peut-être l'éponge pour la lutte contre les brigands ; la lettre était presque inévitable dans un roman d'amour ; la maison des paysans n'était pas nécessaire, et d'ailleurs don Juan se cachait peut-être dans l'antre fort à propos ouvert sur le terrain du duel ; enfin, si le lecteur veut bien remarquer que la décoration manque de symétrie, puisqu'elle comprend d'un côté une maison et un lieu champêtre, de l'autre une maison seulement, il conclura sans doute que Mahelot a commis un nouvel oubli, et que le dessin, si nous le possédions, comprendrait en outre la prison de don Diègue. Ainsi, la scène de l'église et celle de la course de taureaux ne pouvant être mises au théâtre, nous aurions la liste complète des lieux et des *accessoires* qu'exigeait la tragi-comédie du *Frère indiscret* [1].

---

[1]. Ajoutons ici les indications de Mahelot sur les pièces de Hardy dont nous n'avons pu parler :

F° 23 v°. *La Cintie en vers* : « Il faut un bûcher, que l'on fait paraître au cinquième acte, une échelle et des maisons ; il faut un bourreau, des cordes et une barbe ». — Cf. ci-dessus, l. II, ch. III, p. 177.

F° 24 v°. *Leucosie* : « Il faut que le théâtre soit enrichi. A un des côtés, une grotte, d'où l'on sort ; il faut deux navires, l'un pour des Turcs et l'autre pour des Chrétiens ; il faut un tombeau caché, et qu'il s'ouvre deux fois ; le vaisseau des Turcs paraît au quatrième acte, où l'on tranche une tête ; il faut aussi un brancard de deuil, où l'on porte une femme sans tête ; il faut des trompettes, des turbans et des dards pour les Turcs. » — Le dessin manque.

F° 25 v°. *La Folie de Clidamant* : « Il faut au milieu du théâtre un beau palais, et à un des côtés une mer, où paraît un vaisseau garni de mâts et de voiles, où paraît une femme qui se jette dans la mer ; et à l'autre côté, une belle chambre qui s'ouvre et ferme, où il y ait un lit bien paré avec des draps. » — Ajouté d'une autre main : « du sang ». — Cf. l. II, ch. III, p. 178.

F° 28 v°. *La Folie d'Isabelle*. Voy. l. II, ch. III, p. 176-177.

F° 31 v°. *Première journée de Parthénie* : « Il faut deux palais, une prison, deux flambeaux, deux lances, des trompettes, du papier, des masques pour se déguiser, des rondaches et des fleurets, un rondache où il y ait un portrait. » — Cf. l. II, ch. III, p. 177.

F° 32 v°. *Parthénie, seconde journée* : « Il faut deux palais, une chambre fermée et un lit ; un brancard, une tête feinte, un bassin, un licol, un poignard, une fiole pleine de vin ou d'eau, des trompettes, un drap pour une ombre, des flammes et des saucissons. » — Cf. l. II, ch. III, p. 177.

LIVRE IV

LA LANGUE, LE STYLE ET LA VERSIFICATION

La langue, le style et la versification de Hardy ont été vivement attaqués dès son vivant. On les disait négligés, surannés, sans délicatesse [1]; et Hardy avait ici à faire face à deux sortes d'adversaires : les courtisans et les précieux d'une part, Malherbe et la nouvelle école de poésie de l'autre.

I

Les courtisans du commencement du XVIIe siècle nous sont bien connus par les épigrammes que certains écrivains ont lancées contre eux. Ces *muguets*, ces *perroquets mignons*, ces *damerets musqués*, comme les appelle Sonnet de Courval; ces *jolis*,

---

1. « Encore que sa façon d'écrire soit un peu surannée », disait vers 1631 ou 1632, l'auteur, très favorable pourtant à Hardy, du *Traité de la disposition du poème dramatique* (p. 90). Quelques années auparavant, bataillant contre les rimeurs qui ne craignaient pas de dire du mal des meilleurs poètes, l'auteur de *la Satyre du temps à Théophile* signalait comme un de leurs principaux reproches :

> Que les vers de Hardy n'ont point d'égalité,
> Que le nombre lui plaît plus que la qualité,
> Qu'il est capricieux en diable.

(Voy. *l'Espadon satyrique* par le Sr d'Esternod, réimpression faite sur l'édition de Lyon, *1626*. Bruxelles, Mertens, 1863, pet. in-12, p. 130; et Tricotel, *Variétés bibliographiques*, p. 259. Suivant M. Tricotel, qui se réfère au dire de Leclerc, et suivant M. Blanchemain, qui semble se fier ici à M. Tricotel (*Courval Sonnet*, introduction, p. xiv), *la Satyre du temps à Théophile* aurait d'abord paru à la suite de *l'Espadon satyrique* de 1619. Je puis assurer que l'édition de 1619 ne la contient pas. C'est donc en 1623 à la suite de la *Satyre Ménippée* de Courval Sonnet que cette pièce a paru pour la première fois.)

ces *frisés*, ces *bien coiffés*, ces *poupées de cour*, comme les appelle Mlle de Gournay, n'avaient que leur nullité d'égale à leur présomption, et, « bavards, oisifs et railleurs, dénigraient tout pour n'avoir besoin de rien apprendre [1] ». Hardy ne trouve pas assez d'injures, à son gré, contre ces « Aristarques » et « ces frelons qui ne servent qu'à dévorer le miel des écrits d'autrui, ne pouvant d'eux-mêmes rien mettre dehors que l'aiguillon de la médisance.... Leurs calomnies mordent impunément sur la réputation des gens d'honneur, à faute de donner prise sur eux, d'autant que telles tortues ne mettent jamais la tête hors la coque de leur ignorance [2]. » Et les amis de Hardy font chorus; eux aussi se plaignent des « calomnies de l'ignorance [3] », tout en assurant que le poète n'aura pas de peine à en triompher.

Mais notre dramaturge n'avait pas seulement à se plaindre des attaques personnelles des courtisans; il en voulait encore à leurs théories et à leur influence sur la langue, qui n'allaient à rien moins qu'à faire paraître son langage à lui barbare et grossier. Plus, en effet, ces « très impertinents précepteurs publics » favorisaient le *cultisme*, le précieux et toutes les innovations qui se faisaient alors jour dans le langage ; plus ces « prêcheurs de paroles miellées » proscrivaient les sons rudes et forts pour ne s'extasier que devant « les mots bien peignés » et ne recommander que « ceux qui semblaient graissés d'huile pour mieux couler [4] »; et plus aussi le style raide et *hardi* [5] du vieil écrivain paraissait *gothique*. « Le style tragique, un peu rude », nous dit-il lui-même, « offense ordinairement ces délicats esprits de cour, qui désirent voir une tragédie aussi polie qu'une ode ou quelque élégie »; et ailleurs : « Le vrai style tragique ne s'accorde nullement avec un langage trivial, avec ces délicatesses efféminées qui, pour chatouiller quelque oreille courtisane, mécontenteront les experts du métier [6] ».

---

1. L. Feugère, *les Femmes poètes au XVIᵉ siècle*, p. 154. — Voy. Courval Sonnet, sat. 1 (t. I, p. 26).
2. T. I, *Au lecteur*. — Cf. l'épître à Payen, en tête de *Théagène et Cariclée*.
3. T. V, *A Monseigneur de Liancourt*. — Cf. t. II, *A Monseigneur le duc d'Alvyn*, et t. I, les pièces liminaires de Théophile, d'H. de Saint-Jacques et de Dubreton.
4. Expressions de Mlle de Gournay et de Courval Sonnet, *loc. cit.*
5. Le jeu de mots était de tradition parmi les amis de Hardy. Voy. les pièces liminaires de Tristan, de Laffemas, de Baudouin, d'H. de Saint-Jacques (t. I).
6. T. III, *A Monseigneur le Premier*; t. V, *Au lecteur*. — Jean de Schelandre aussi se plaignait que la rudesse de son style choquait les oreilles séduites par les modernes douceurs. Voy. Fr. Godefroy, *Hist. de la litt. fr.*, t. I, p. 332.

On a peut-être remarqué le mot de « langage trivial »; celui-là s'adresse plus particulièrement à la nouvelle école poétique, dont le chef voulait prendre pour maîtres de langue les crocheteurs mêmes du port au foin [1]. Courtisans et disciples de Malherbe sont enveloppés par Hardy dans le même mépris plein d'irritation. Si, pour lui, les premiers sont « des momes courtisans qui veulent soustraire la plus riche couleur à cette peinture parlante que l'on nomme poésie », les seconds sont aussi « des momes plus louches d'envie que subtils de jugement », « qui cherchent la perfection de la poésie en ne sais quelle douceur superficielle et châtrent le parterre des muses de ses plus belles fleurs ». Et il ajoute : « Mon ambition ne fut jamais si lâche que de leur vouloir complaire, ni mon courage si bas que de les craindre [2] ».

Hardy déclare, il est vrai, qu'il « admire les chefs-d'œuvre du sieur Malherbe [3] »; mais cet hommage, sans doute sincère, n'implique pas plus que celui de Théophile [4] un acquiescement aux doctrines et aux sentiments littéraires du réformateur. Avant tout, Hardy est un disciple respectueux du « divin Ronsard [5] »; au moment où Malherbe biffait tous les vers de son devancier, lui-même ne se lasse pas d'en faire l'éloge, et c'est une consolation pour lui, alors qu'on l'attaque, « d'avoir pour compagnons les meilleurs poètes de notre France, à qui les rimeurs d'aujourd'hui font encore la guerre dans le tombeau [6] ».

Que l'on parcoure les déclarations et les théories littéraires de notre auteur : partout l'on sentira l'influence de Ronsard, partout l'hostilité aux idées et aux prétentions de la nouvelle école. Tandis que Malherbe « n'estimait point du tout les Grecs », omettait de placer Virgile au rang des cinq ou six Latins dont il faisait cas, et enfin « estimait fort peu les Italiens [7] », Hardy célèbre à plusieurs

---

[1]. Racan, *Mémoires pour la vie de Malherbe* (*OEuvres de Racan*, t. I, p. 274). Cf. Régnier, sat. IX.
[2]. T. III, Argument de *la Gigantomachie*; *Théagène et Cariclée*, épître à *Payen*; *ibid.*, *Au lecteur*.
[3]. T. III, *Au lecteur*.
[4]. Voy. les *OEuvres complètes de Théophile*, t. I, p. 217 (*Élégie à une dame*), et t. II, p. 176 (*Prière aux poètes de ce temps*). Ailleurs encore (t. II, p. 39, *Élégie*), Théophile vante à la fois :

La douceur de Malherbe et l'ardeur de Ronsard.

[5]. T. IV, *A Monseigneur le Prince*. Cf. *Théagène et Cariclée*, *Au lecteur*, et t. III, *id*.
[6]. *Théagène et Cariclée*, épître à Payen.
[7]. Racan, t. I, p. 262. « Virgile n'avait pas l'honneur de lui plaire », dit Tallemant, t. I, p. 276.

reprises « les œuvres d'Homère et de Virgile,... esquelles plus on admire, plus on trouve à admirer [1] », et déclare estimer plus « Tasse, Guarini et autres sublimes esprits » que tous les rimeurs ses contemporains [2]. Malherbe « avait aversion contre les fictions poétiques [3] », les métaphores, les diminutifs, les mots trop anciens ou trop nouveaux; il dédaignait un peu trop « cette antique poésie spéculative, haute, impérieuse », comme dit Mlle de Gournay, pour « attacher la gloire et le triomphe de la poésie... en la rime, en la polissure, en certaine curiosité de parler à pointe de fourchette, et en la syntaxe toute simple, vulgaire et crue de son langage natal [4] ». Et contre toutes ces réformes Hardy proteste hautement en ces termes : « Leur première censure condamne entièrement les fictions ainsi que superflues, au lieu qu'une infinité de belles conceptions s'y rapportent et se fortifient en leur appui; les épithètes, les patronymiques, la recherche des mots plus significatifs et propres à l'expression d'une chose, tout cela ne leur sent que sa pédanterie; les rimes, pour lesquelles ils font tant de bruit, ce sont eux qui les observent le moins; aussi se veulent-elles puiser dans une source plus profonde. Si bien que notre langue, pauvre d'elle-même, devient totalement gueuse en passant par leur friperie et par l'alambic de ces timbres fêlés. J'approuve fort une grande douceur au vers, une liaison sans jour, un choix de rares conceptions exprimées en bons termes et sans force, telles qu'on les admire dans les chefs-d'œuvre du sieur Malherbe; mais de vouloir restreindre une tragédie dans les bornes d'une ode ou d'une élégie, cela ne se peut ni ne se doit [5]. »

1. T. III, *Au lecteur*; t. I, Argument de *Didon*; t. V, *A Monseigneur de Liancourt*. La préface de *Théagène* proclame même qu' « Homère, Virgile et Ronsard sont les trois démons » de la poésie. — Cf. la *Préface de la Franciade* et l'*Abrégé de l'Art poétique français* (Œuvres de P. de Ronsard, t. III, p. 14 et 16; t. VIII, f° 5 v°).
2. T. III, préface de *Corine*.
3. Racan, t. I, p. 264.
4. Cité par Sainte-Beuve, *Tableau*, p. 166. Voy. les p. 165 à 168 et cf. Feugère, *les Femmes poètes*, p. 188 à 200 et 219 à 225. — Aux plaintes de Hardy et de Mlle de Gournay comparer surtout Régnier, satire IX; Théophile, *Élégie à une dame* (t. I, p. 218); Courval Sonnet, satire I (t. I, p. 26), et la longue pièce latine de Dubreton en tête du t. I du *Théâtre* de Hardy; M. Faguet a cité aussi, dans le même sens, un assez curieux passage de Claude Billard (*la Trag. fr. au* XVIe *s.*, p. 326).
5. T. III, *Au lecteur*. Cf. *Théagène et Cariclée*, Au lecteur. Ogier dit de même, en prévoyant les attaques des *censeurs modernes* contre Jean de Schelandre : « Il faut qu'ils considèrent, s'il leur plaît, qu'il y a bien de la diffé-

Les vers tragiques désirent une « mâle vigueur »; ils demandent « une égalité partout, sans pointes, sans prose rimée, sans faire d'une mouche un éléphant, et sans une artiste liaison de paroles affectées, ampoules d'eau plus propres à délecter la vue des petits enfants qu'à contenter un esprit solide et judicieux [1] ». Joignez-y « la grâce des interlocutions, l'insensible douceur des digressions, le naïf rapport des comparaisons [2] »; et voilà ce que Hardy demande au style tragique; voilà ce dont les réformateurs ne se soucient point. Aussi le dramaturge s'écrie-t-il avec solennité : « L'honneur et la vérité m'obligent d'avertir le lecteur, par forme d'apologie, que l'oracle de ce grand Ronsard, dans une sienne élégie à Grévin, s'accomplit de nos jours, et que la poésie passe désormais chez quelque autre nation plus judicieuse et moins ingrate que la nôtre. Car l'apparence de retenir davantage les Muses chez nous, après les avoir dépouillées et réduites à telle pauvreté, qu'à peine se peuvent-elles servir de quelques paroles affectées, qui passent à la pluralité des voix par le suffrage de l'ignorance, pour déplorer notre folie et leur misère! L'excellence des poètes d'aujourd'hui consiste en la profession que faisait Socrate (mais plus à propos qu'eux) de ne rien savoir [3]. »

On voit avec quelle fière assurance Hardy se range sous la bannière honnie « du grand Ronsard ». Et en effet toutes ses théories avaient été émises déjà par le chef de la Pléiade [4]; et bien des caractères de sa langue, de son style, de sa versification

---

rence d'une chanson et d'un sonnet à la description d'une bataille ou de la furie d'un esprit transporté d'une passion violente. » (*Anc. th. fr.*, t. VIII, p. 22.) Et nos irréguliers ont ici l'appui d'un disciple de Malherbe, du moins docile, à la vérité : « Il est impossible, disait Racan, que les grandes pièces puissent être polies comme une ode ou comme une chanson. » (*Lettre à M. de Malherbe* en tête des *Bergeries*, Œuvres, t. I, p. 15.)

1. T. I, *A Monseigneur de Montmorency*. Cf. *Théagène et Cariclée*, *Au lecteur*; t. V, *A Monseigneur de Liancourt*.
2. T. V, *Au lecteur*.
3. T. III, *Au lecteur*.
4. Voy. dans la *Préface de la Franciade* et dans l'*Abrégé de l'Art poétique français* les déclarations répétées de Ronsard en faveur des « inventions... belles et grandes »; des métaphores, périphrases, comparaisons et descriptions; des « vieux mots français » et des « vocables nouveaux »; des « noms propres des Grecs et des Romains *tournés* à la signification française »; des « mots les plus prégnants et significatifs », etc. Voy. ses plaintes sur ce que « notre langue est encore pauvre », sur ce que beaucoup composent « de la prose rimée ». Ce ne sont pas seulement là les idées de Hardy, ce sont fréquemment ses propres expressions.

lui ont été inspirés par l'étude de la langue, du style et de la versification de son modèle.

II

C'est dire qu'un de ces principaux caractères est l'archaïsme.

Au temps où il écrivait *Didon* et *la Mort d'Achille*, Hardy était peut-être déjà un attardé, moins « retenu » que Desportes et Bertaut dans l'imitation du « faste pédantesque » de Ronsard. Les œuvres qu'il écrivit postérieurement à 1610 témoignent qu'il s'était peu écarté des vieux errements, moins vite, à coup sûr, et moins délibérément que ses contemporains ; mais c'est surtout quand, de 1623 à 1628, il publia pêle-mêle *Alphée* et *Didon*, *Cornélie* et *la Mort d'Achille*, *la Belle Égyptienne* et *Timoclée*, c'est alors surtout que sa façon d'écrire dut paraître surannée. « On a remarqué avec raison », lisons-nous dans un *Essai sur les variations du style français au* XVIIe *siècle* [1], « que les poètes qui attaquaient la réforme de Malherbe ne laissèrent pas de s'y ranger, tout en invoquant Ronsard dans leurs vers ; ils se gardèrent bien de reprendre son style ». Cela est vrai de Régnier, de Théophile et de Saint-Amant ; mais cela est faux de Hardy, dont les œuvres, ou sont antérieures à la réforme de Malherbe, ou ont complètement échappé à son influence.

Ainsi, pour ne parler maintenant que du vocabulaire de Hardy, nous y trouverons quantité de mots de la vieille langue, qui durent produire l'effet de revenants ridicules aux yeux des lecteurs puristes de 1623. Beaucoup de ces mots étaient morts avec le XVIe siècle, d'autres avaient disparu plus tôt encore, et Hardy les avait retrouvés, soit dans ses lectures, soit dans le langage des provinces au milieu desquelles sa jeunesse errante avait vécu [2]. Des mots de métiers et des termes dialectaux s'y mêlaient, toujours suivant l'exemple ou suivant le conseil du maître, à des composés, à des dérivés obtenus par *provignement*.

Mais, tandis que les poètes de la Pléiade étaient, au moins pour la plupart, de laborieux écrivains, limant et polissant leurs vers,

---

1. Par Arnould Frémy. Paris, 1843, in-8°, p. 15.
2. « Tu ne rejetteras point les vieux mots de nos romans.... Et ne te faut soucier si les vocables sont gascons, poitevins, normands, manceaux, lyonnais ou d'autres pays, pourvu qu'ils soient bons et que proprement ils signifient ce que tu veux dire, sans affecter par trop le parler de la Cour. » Ronsard, *Abrégé de l'Art poétique*, f° 3. Cf. *Préface de la Franciade*, p. 27 et 29.

soigneux de la langue aussi bien qu'épris d'harmonie, Hardy était un improvisateur besogneux, qui ne pouvait laisser retarder sa production ni par les lois du vers ni par celles du langage, et qui trouvait souvent plus simple de créer le mot ou la tournure dont il avait besoin que de les chercher. De là un second caractère, bien différent du premier, mais que l'on retrouve dans ses œuvres au même degré : le néologisme, s'il s'agit de vocabulaire ; la hardiesse, l'ellipse, l'incorrection, s'il s'agit de syntaxe ; l'improvisation partout.

Nous étudierons d'abord cette langue de notre auteur ; puis nous passerons à son style, et nous terminerons enfin par quelques mots sur sa versification [1].

---

1. Indiquons ici nos abréviations :

Did.	Didon.	Dor.	Dorise.
Scéd.	Scédase.	Corine.	Corine.
Pant.	Panthée.	Daire.	La Mort de Daire.
Mél.	Méléagre.	Alex.	La Mort d'Alexandre.
Procr.	Procris.	Arist.	Aristoclée.
Alceste.	Alceste.	Frég.	Frégonde.
Ariad.	Ariadne.	Gés.	Gésippe.
Alph.	Alphée.	Phra.	Phraarte.
Ach.	La mort d'Achille.	Tr. d'A.	Le Triomphe d'Amour.
Coriol.	Coriolan.	Tim.	Timoclée.
Corn.	Cornélie.	Elm.	Elmire.
Arsac.	Arsacome.	B. Ég.	La Belle Égyptienne.
Mar.	Mariamne.	Lucr.	Lucrèce.
Alcée.	Alcée.	Alcm.	Alcméon.
Rav. Pr.	Le Ravissement de Proserpine.	Am. Vict.	L'Amour victorieux.
F. d. S.	La Force du sang.	1re j.	Théagène et Cariclée. 1re journée.
Gig.	La Gigantomachie.	2e j.	Théagène et Cariclée. 2e journée. — Etc.
Fél.	Félismène.		

Le premier chiffre romain qui se trouve après le titre de la pièce désigne l'acte, un chiffre romain plus petit désigne la scène ; les chiffres romains et arabes qui suivent désignent le volume du *Théâtre* et la page. Le chiffre de la scène manque pour les actes qui ne sont pas coupés ; il est mis entre parenthèses pour les cinq pièces dont Hardy n'a pas numéroté les scènes ; le volume de *Théagène et Cariclée* n'avait pas besoin d'être indiqué par un numéro d'ordre. Enfin, rappelons que, sauf indication contraire, nos citations sont empruntées à la 1re éd. de *Théagène*, à la 2e du t. I, et à la 1re du t. II. Seules les deux éditions de *Théagène* diffèrent de pagination.

CHAPITRE I.

LA LANGUE

Nous suivrons, autant qu'il nous sera possible, l'ordre adopté dans l'excellent ouvrage de MM. Darmesteter et Hatzfeld : *le XVIe siècle en France* [1]. Mais nous ne dirons rien de l'orthographe, celle de Hardy ayant été sans doute trop hésitante, et celle de ses éditeurs étant certainement trop « monstrueuse », pour qu'il puisse y avoir intérêt à les étudier. Les mots seront transcrits sous la forme que leur donne l'Académie, s'ils vivent; sous celle qu'indique l'analogie, s'ils ont disparu. Enfin nous prendrons nos précautions contre les innombrables fautes du texte, et nous aimerons mieux nous exposer à être incomplet qu'à enregistrer des *coquilles* et des lapsus [2].

I

Vocabulaire.

1. — Il serait beaucoup trop long, et sans doute fort inutile, de citer tous les mots de la langue de Hardy qui sont aujourd'hui

---

1. 2e partie : *Tableau de la langue française au XVIe siècle*. Dans la 1re partie : *Tableau de la litt. fr.*, nous mettrons aussi à profit le chapitre 2 de la 2e section : *l'École de Ronsard*.
2. Faute d'avoir pris cette précaution, M. Lombard enregistre, dans le court « Tableau des mots surannés ou forgés » qui termine son *Étude*, des mots comme *croqueter* (*Th. et Car.*, p. 374 de la 2e éd., 412 de la 1re, il faut probablement lire *craqueter*, puisqu'il s'agit du bruit des portes); — *justable* (2e éd., p. 464; la 1re éd., 8e j., p. 6, porte *instables*); — *rebrouse* (2e éd., p. 309; 1re, p. 341 : *rebourse*); — *rementevoir* (2e éd., p. 505; 1re, 8e j., p. 47 : *ramentevoir*); — *simplegarde* (2e éd., p. 486; 1re éd., 8e j., p. 28 : *symplegade*), etc. Et je ne parle pas de méprises plus graves : *ils s'entre-sont* (T. et C., 2e éd., p. 214; 1re éd., p. 239) enregistré au lieu de : *ils s'entre-sont promis*; — *le couragefent* (2e éd., p. 484; 1re éd., 8e j., p. 27) au lieu de : *le courage me fent*, etc.

tombés en désuétude, ou qui pouvaient passer pour des archaïsmes aux environs de 1623. Nous nous contenterons d'énumérer ceux qui, à notre connaissance, n'ont plus été employés dans la littérature à partir du xviᵉ siècle, c'est-à-dire ceux qui ne figurent dans les lexiques, ni de Malherbe, ni de Régnier, ni de Corneille, ni de Rotrou, ni de l'*Ancien Théâtre français* (t. VIII et IX); ceux que ni Lacurne de Sainte-Palaye, ni Littré, ni M. Godefroy ne signalent dans des écrivains du xviiᵉ siècle. Nous ne ferons exception que pour quelques termes empruntés à Jean de Schelandre (*Tyr et Sidon*, 1608), à Pierre Troterel (*les Corrivaux*, 1612), à Chapelain (*Lettres*) et à Scarron, ces quatre auteurs étant grands amis des archaïsmes. Leurs noms seront mentionnés à côté des termes employés par eux. D'autres mots paraissent être tombés en désuétude avant l'époque de Hardy, puis avoir été repris par des écrivains du xviiᵉ, du xviiiᵉ ou du xixᵉ siècle : nous les citerons également.

D'abordade, dès l'abord. (*Gés.*, I, ii; IV, 310.) Troterel.
Accoiser, apaiser. (*Alph.*, arg., I [1].)
Accouardi, rendu lâche. (*6ᵉ j.*, II, i; 388.) Schelandre.
Accourager à, encourager, exciter. (*Gés.*, II, ii; IV, 328.)
Accravanter, écraser. (*5ᵉ j.*, I, i; 301.) Rouer de coups. (*Tr. d'A.*, III, ii; IV, 535.) M. Godefroy cite des exemples de ce mot en 1607 (avec le sens de : charger à l'excès) et en 1710, mais dans des textes non littéraires.
Adextre, adroit. (*B. Ég.*, II, iv; V, 228.)
Aguetter, guetter, surprendre en épiant. (*Alcm.*, III, (iv); V, 419.) M. Godefroy cite un exemple de l'Estoile, *Mémoires*, 2ᵉ p., p. 506.
Aimantin, dur comme l'aimant. (*Pant.*, V, i; I, 200.)
Ainçois, ou plutôt. (*7ᵉ j.*, II, ii; 463.) Repris par Scarron.
S'alenter, se ralentir. (*Coriol.*, IV, iv; II, 169.)
Alme, bienfaisant. (*Corine*, V, iii; III, 542.)
Altères (tenir *aux*), tenir dans l'inquiétude, tourmenter. (*Corine*, I, iv III, 486.)
Angoisseux, anxieux. (*Corn.*, IV, iv; II, 272.) Employé par Desportes et Bertaut, ce mot a reparu dans Bossuet et dans J.-J. Rousseau. (Voy. Godefroy et Littré.)
Animeux, en colère. (*B. Ég.*, IV, v; V, 264.) *Haine animeuse*, haine ardente. (*Mél.*, V, iii; I, 268.)
Appâlir, rendre pâle. (*Alex.*, II, ii; IV, 102.) *S'appâlir* (*Frég.*, IV, ii; IV, 280.) Le mot se retrouve dans la *Salammbô* de Flaubert. (Godefroy.)

1. Comme je ne puis citer qu'un seul exemple pour chaque mot, je le prends, autant que possible, dans les pièces qui sont certainement postérieures à 1610. Rappelons les titres de ces pièces : *Alphée, Cornélie, la Force du sang, Dorise, Corine, Frégonde, Elmire, la Belle Égyptienne.*

Appâter, allécher. (*Ach.*, II, 1; II, 25.)
Appert, évident. (*Frég.*, I, 1; IV, 236.)
Appertement, clairement. (*Dor.*, II; III, 413.) D'après M. Godefroy, qui ne cite pas d'exemples, quelques écrivains du xviie siècle ont encore employé ce mot dans le sens de clairement.
S'âprir, devenir plus violent, en parlant d'une douleur. (*Scéd.*, IV; I, 132.)
Archerot, surnom de l'Amour. (2º *j.*, V, iii; 130.)
Arrouter sa quête, diriger ses recherches vers. (3e *j.*, IV, 1; 183.) D'après M. Godefroy, le mot est resté dans la langue comme réfléchi.
Attrempance, modération. (*Ach.*, IV, 1; II, 67.)
Avernal, de l'Averne, des enfers. (*Corine*, IV, iv; III, 529.)
Avète, abeille. (*Ach.*, III, ii; II, 54.) Repris par Scarron.
Avolée, effrontée. (*Alcm.*, II, (1); V, 390.) Le verbe *avoler* se lit encore dans Cyrano de Bergerac. (Godefroy.)
Barbasse, longue barbe. (*Am. Vict.*, IV, 1; V, 515.)
Bers, berceau. (*Coriol.*, IV, iii; II, 164.) A reparu dans Chateaubriand. (Godefroy.)
Besson, jumeau. (*B. Ég.*, II, iv; V, 231.) Encore enregistré par Ménage; resté dans certaines provinces et remis en circulation par George Sand.
Blandices, caresses, douceurs. (5e *j.*, II; 318.) A reparu dans Chateaubriand (Littré) et dans H. de Balzac.
Blandir, caresser. (*Tr. d'A.*, IV, iii; IV, 573.)
Blandisseur, caressant, trompeur. (5e *j.*, V, iv; 361.)
Blasonneur, médisant. (5e *j.*, III, 1; 322.)
Branchette, petite branche. (*Alcée*, II, iii; II, 243.)
Bustuaire, funèbre. (*Did.*, IV, 1; I, 46.)
Cadène, chaîne. (*Ach.*, I, 1; II, 5.)
Se cailloter, se cailler. (*Corn.*, III, ii; II, 239.)
Camuset, un peu camus. (*Am. Vict.*, III, ii; V, 500.)
Cautèle, ruse. (*Frég.*, III, iv; IV, 266.) Scarron.
Cautement, par ruse. (8e *j.*, III; 33.) Troterel.
Cavernière, qui a la nature des cavernes, en parlant d'une grotte. (3e *j.*, IV, ii; 191.)
Cendreux, de cendres. (« Cendreuse poussière », *Pant.*, II, 1; I, 166.)
Chagrineux, qui a du chagrin. (*Alceste*, II; I, 349.)
Chamaille, tenue de combat. (*Pant.*, IV, ii; I, 195.)
Charogneux, de cadavre. (*Did.*, IV, iii; I, 58.)
Chevalereux, chevaleresque. (*Did.*, II, iii; I, 22.)
Coléreux. « Ta coléreuse braise », l'ardeur de ta colère. (*Coriol.*, IV, iv; II, 168.)
Colombelle, diminutif de colombe. (*F. du S.*, V, 1; III, 183.)
Compasseur, qui mesure. (« Le soleil compasseur des années », *Corn.*, V, vi; II, 291.)
Conquerre, conquérir. (7e *j.*, V; 501.)
Consorce, communauté de. (*B. Ég.*, II, iv; V, 227.)
Contraintement, d'une façon contrainte. (*Gés.*, III, 1; IV, 342.)

Contre-lutter, lutter contre. (*Did.*, IV, II; I, 52.)
Crampe, sabot (de mulet). (*Alex.*, II, I; IV, 95.) Ce mot, que je n'ai pu trouver dans les dictionnaires ou lexiques, avait été déjà employé par Jacques de La Taille pour traduire le latin *ungula*. Voy. ci-dessus. l. III, ch. II, p. 376, n. 2.
Darde, subst. fém., dard, flèche. (*4ᵉ j.*, I, II; 226.)
Déceleur de, qui révèle. (*Am. Vict.*, IV, I; V, 512.)
Décis, décidé. (*Tr. d'A.*, V, II; IV, 587.)
Se déconforter, se désoler. (*2ᵉ j.*, II, II; 98.) Reparu au xixᵉ siècle. (Littré.)
Décords, discords. (*Tr. d'A.*, V, v; IV, 604.)
Décours, déclin. (*Pant.*, III, II; I, 183.)
Défortuné, infortuné. (*Daire*, III, I; IV, 33.)
Dégénéreux, dégénéré. (*Gig.*, III, II; III, 250.)
Délivre, délivré. (*Alph.*, IV, I; I, 505.) Schelandre dit : *à délivre*, et M. Godefroy a trouvé encore le mot dans un texte non littéraire de 1631. (*Variétés* d'Éd. Fournier.)
Demeurance, séjour. (*Phra.*, IV, v; IV, 457.) Encore dans un arrêt du parlement de Brest en 1667. (Godefroy.) Resté dans quelques patois.
Désenflammer, calmer. (*5ᵉ j.*, IV, II; 342.) Le texte porte *de s'enflamme*.
Désores, désormais. (*Coriol.*, II, III; II, 134.)
Désourdir les jours de qqun, le tuer. (*Corn.*, II, III; II, 222.)
Détrancher, couper, tailler en pièces. (*1ʳᵉ j.*, I, I; 77.)
Déverrouiller, ouvrir en tirant le verrou. (*Alcée*, IV, v; II, 588.)
Dévolte, participe, dévolue. (*Coriol.*, III, I; II, 146.)
Dîmer, décimer. (*Tim.*, III, (III); V, 67.) Ce mot se retrouve, mais pas en ce sens, dans J.-J. Rousseau et dans Lamartine. (Littré.)
Disparoir, disparaître. (*B. Ég.*, I, II; V, 217.)
Droiteur, qualité de ce qui est droit. (*Procr.*, III, I; I, 302.)
Droiturier, juste. (*7ᵉ j.*, II, II; 464.)
Ébénin, d'ébène. (« Couleur ébénine », *8ᵉ j.*, II; 27.)
Écumière, née de l'écume des flots, épithète de Vénus. (*Did.*, I, II; I, 11.)
Embraseur de, qui met à feu et à sang. (*Ach.*, I, I; II, 6.)
Emmurer, enfermer, entourer. (*Frég.*, V, I; IV, 288.)
Empiéger, prendre au piège. (*Corine*, III, III; III, 509.) *Empiégé* est dans Diderot. (Littré, *Supplément*.)
S'empouper, prendre le vaisseau en poupe, en parlant du vent. (*Arist.*, II, I; IV, 161)
Enceint, enceinte. (*Ach.*, III, II; II, 50.)
Encerner, entourer. (*3ᵉ j.*, I, I; 146.)
Encliné à, porté à, enclin. (*4ᵉ j.*, sommaire.) Schelandre dit : *encliner*.
Encocher, mettre dans la coche d'un arc. (*Corine*, V, I; III, 535.)
Encombreux, fâcheux. (*F. du S.*, II, III; III, 142 [1].)

---

1. J'inscrirais ici l'adjectif *enferme*, si je ne soupçonnais une faute d'impression dans *Didon*, IV, III; I, 63. J'aurais dû suivre Sichée, dit la malheureuse reine :

> L'amitié le voulait, outre le certain terme,
> L'heur des frêles mortels dans la carrière enferme.

Ne faut-il pas lire *outre qu'un certain terme*, en supprimant la virgule?

Enlustrer, mettre en relief. (*1re j.*, V, 1; 57.)
Enragement, rage. (*Alph.*, IV, III; I, 507.)
Enrêté, pris au filet. (*1re j.*, IV, 1; 42.) Le verbe *enrêter* est dans Tabarin. (Godefroy.)
Entourné, entouré. (*8e j.*, 1; 15.)
Entrebrisé, entr'ouvert, brisé. (*Scéd.*, I, II; I, 95.)
S'entreceler, se cacher mutuellement. (*Daire*, III, 1; IV, 29.)
Entrelas, entrelacement, circuit. (*Coriol.*, V, III; II, 188.) Chapelain, II, 57.
Entrenoué, noué avec. (« Bras entrenoués de veines », *8e j.*, V, 1; 55.)
S'entrepromettre, se promettre mutuellement. (*Corine*, V, IV; III, 544.)
S'entrereprocher. (*F. du S.*, V, 1; III, 180.)
Entrerompre, séparer, briser. (« S'entrerompre les bras », *Arsac.*, V, 1; II, 379.) Interrompre. (*Alex.*, I, 1; IV, 80.)
S'entr'obliger. (*Ach.*, IV, 1; II, 69.)
S'entr'occire, se tuer mutuellement. (*1er j.*, V, 1; 57. Le texte porte *s'entr'occir*, mais devant une voyelle.)
Épeurer, faire peur à. (*Alceste*, IV, 1; I, 372.) Troterel, G. Sand et M. Theuriet ont de nouveau employé ce mot.
Épointer, émousser. (*Scéd.*, II, 1; I, 100.)
Ërener, éreinter. (*Tr. d'A.*, III, IV; IV, 544.)
S'esclaver de, se rendre esclave de. (*Corine*, I, IV; III, 485.) L'actif *esclaver* était ordinaire au XVIe siècle, le réfléchi est dans Vauquelin. Mais Vauquelin l'a-t-il fait suivre d'une préposition, comme Hardy, ou ne l'a-t-il employé qu'absolument? C'est ce que le glossaire de M. Travers ne permet pas de vérifier.
Essourder, assourdir. (*2e j.*, III, III; 111.) Employé par Bertaut. (Godefroy.)
Estoquer, enfoncer comme une épée. (*Am. Vict.*, IV, 1; V, 522.)
Étoupé, étouffé, en parlant de la voix. (*Did.*, IV, II; I, 50.)
Étour, combat. (*Alex.*, V, 1; IV, 131.) Schelandre, Troterel.
Exercité, exercé. (*3e j.*, I, 1; 146.) Scarron.
Eximer, affranchir de. (*Frég.*, II, 1; IV, 244.) Le *Suppl.* de Littré cite ce mot dans un texte judiciaire de 1877.
Facond, éloquent. (*Rav. Pr.*, I, II; III, 8.)
Fantastiquer, créer par l'imagination. (*Corine*, IV, III; III, 525.)
Favori de, favorisé de. (*Am. Vict.*, II, 1; V, 477.) Rotrou a dit : « en ses plus favoris ». (A. Benoist.)
Féable, à qui on peut se confier. (*Corn.*, II, III; II, 232.)
Fécondement, d'une façon féconde. (*7e j.*, IV; 480.) Employé par Olivier de Serres, d'après M. Lombard.
Feintement, d'une façon feinte. (*Elm.*, V, (III); V, 194.) Employé par Bertaut. (Godefroy.)
Fielleux, amer. (*Corn.*, IV, IV; II, 272.)
Flageol, flageolet. (*Alcée*, I, III; II, 509.)
Flammeux, de flamme. (*Alceste*. III; I, 363.)
Fléchible, qui se laisse fléchir. (*F. du S.*, IV, 1; III, 164.)
Fleurage, tapis de fleurs. (*Dor.*, V. 1; III, 438.)
Forçaire, forçat. (*Alph.*, II, 1; I, 472.)
Fouque, subst. fém., troupeau. (*Did.*, IV, III; I, 58.)
Fraudulent, trompeur. (*Alph.*, III, III; I, 494.)

Fuitif, qui fuit. (*F. du S.*, II. 1; III, 127.) Qui tient de la fuite. (*Did.*, III, 1; I, 31.) Scarron.

Funèreux, funèbre. (*Corine*, III, 11; III, 504.)

Gemmeux, qui a rapport aux perles. (« Gemmeuse aurore », c.-à-d. l'aurore qui répand des perles, *Alcm.*, I, (III); V, 385.) Ronsard avait dit : « gemmeuse prée ». (Lombard.)

Guerdonné, récompensé. (*Did.*, IV, III; I, 71.) Scarron.

Guerdonneur, qui récompense. (*Ariad.*, IV; I, 431.)

Herbis, lieu couvert d'herbes, pâturage. (*Alcm.*, III, (IV); V, 418.)

Hérissonner, se hérisser. (*Mar.*, III; II, 446.)

Hommagé de, ayant reçu l'hommage de (sens non féodal.) (*Tr. d'A.*, V, II; IV, 588.)

Hospitable, hospitalier. (*Alcée*, IV, IV; II, 585.)

Hôtelage, hospitalité. (*Rav. Pr.*, IV, II; III, 64.) Se retrouve dans des textes administratifs du XVIIe siècle. (Godefroy.)

Hyménéan, de l'hyménée. (*Arist.*, III; IV, 185.)

Illustrement, d'une façon brillante. (*Ariad.*, V, (III); I, 444.)

Impieux, impie. (*Alex.*, II, II; IV, 99.) *Impieusement* est dans saint François de Sales (*Suppl.* de Littré) et dans une pièce attribuée à Saint-Évremond. (Lombard.)

Imployable, impitoyable. (*Am. Vict.*, IV, 1; V, 514.) Se trouve dans Ol. de Serres et a été regretté par Marmontel. (Godefroy.)

Indispos, en mauvais état de santé. (1re *j.*, I, IV; 8.)

Infortuner, rendre malheureux. (6° *j.*, I, IV; 384.)

Infractaire, qui enfreint. (*Corine*, IV, III; III, 522.)

Irrécupérable, impossible à recouvrer, à réparer. (*Fél.*, I, 1; III, 296.)

Irrepassable, qu'on ne peut repasser, en parlant du fleuve des enfers. (*Mél.*, II, 1; I, 225.)

Irrésout, irrésolu. (*F. du S.*, V, II; III, 186.)

Jugal, conjugal. (*Alex.*, III, II; IV, 114.)

Larmoyable, déplorable. (*Mar.*, II, 1; II, 414.)

Larmoyeux, en larmes. (*Alcm.*, III, (III); V, 412.) A reparu au XIXe siècle. (Littré.)

Larval, de larve. (*B. Ég.*, III, 1; V, 235.)

Larveux, de larve. (*Did.*, III, 1; I, 31.) Fréquenté par les larves. (*Frég.*, V, 1; IV, 286.)

Malheurer, rendre malheureux. (6° *j.*, V, IV; 437.)

Médiciné, soigné. (*F. du S.*, IV, II; III, 167.)

Médiocrer, modérer, tempérer. (*Ach.*, V, II; II, 97.)

Meurtrisseur, meurtrier. (*Alcée*, II; II, 353.)

Moleste, subst. fém., tort, dommage. (*Ach.*, I, 1; II, 11.)

Mourable, mourant. (*Frég.*, III, 1; IV, 421.)

Nau, navire. (*Corn.*, III, II; II, 240.)

Naufrageux, prêt à faire naufrage, qui fait naufrage. (*Frég.*, II, 1; IV, 247.) Repris par Sainte-Beuve dans le sens de : fécond en naufrages. (Littré, 2° *Suppl.*)

Navigage, navigation. (*Did.*, IV, II; I, 52.)

Nuau, nuage. (*B. Ég.*, I, 1; V, 202.) Employé par P. le Loyer (Godefroy) et par Schelandre.

Nuiteux, de la nuit. (*F. du S.*, I, II; III, 119.)
Occultement, en secret. (*Elm.*, IV, (IV); V, 182.)
Odoreux, odorant. (*Alph.*, III, II; I, 490.) Encore dans *les Muses incognues*, 1604. (Godefroy.)
Offendre, offenser. (*Tr. d'A.*, III, II; IV, 534.)
Ondeux, de l'onde. (« Ondeuses fureurs », *Alceste*, I, II; I, 341.) Dans Bertaut et Schelandre. (Godefroy.)
Oppresse, subst. fém., oppression. (*Corine*, II, III; III, 498.)
S'orgueillir, s'enorgueillir. (8ᵉ *j.*, III; 32.)
Orque, enfer. (*Scéd.*, III; I, 108.)
Pache, pacte. (*B. Ég.*, II, IV; V, 229.) « Il y a de certaines provinces en France, écrit Vaugelas, où l'on dit *pache* pour *paction*, mais ce mot est barbare. » *Remarques*, t. II, p. 78. « Je ne connais point *pache* pour *pacte* », dit à son tour Th. Corneille, d'accord avec l'Académie française. (*Ibid.*, t. II, p. 354 et 224.)
Pantarbe, pierre noire et très dure qui résiste au feu. (8ᵉ *j.*, III; 35.)
Part, enfant dont on vient d'accoucher. (*Alcée*, II, II; II, 519.)
Pépier, crier, en parlant d'oiseaux. (*Alcée*, I, II; II, 503.)
Perleux, semblable aux perles. (« Sueur perleuse », *Mél.*, III, II; I, 243.) M. Godefroy le signale, en 1633, dans J. Le Vasseur, mais le sens est « garni de perles ».
Persien, Perse. (6ᵉ *j.*, liste des acteurs.) Cotgrave.
Physionome, physionomiste. (*Frég.*, IV, I; IV, 276.)
Plaint, subst. masc., plainte. (5ᵉ *j.*, IV, IV; 349.)
Player, meurtrir. (7ᵉ *j.*, III, II; 477.)
Plorable, déplorable. (*Did.*, II, II; I, 19.)
Porte-laine, en parlant d'un troupeau. (*Daire*, V, I; IV, 60.)
Porte-trident, épithète de Neptune. (*Did.*, III, dernier chœur; I, 44.)
Précipit, précipité, rapide. (*Frég.*, V, I; IV, 289.)
Prée, subst. fém., pré. (*Tr. d'A.*, I, III; IV, 495.) Repris par A. de Musset. (Godefroy.)
Prémier, récompenser. (*F. du S.*, I, III; III, 124.) M. Godefroy cite un ex. de Chavigny (1606).
Présagieux, qui constitue un présage. (*Did.*, II, III; I, 22.)
Prime, premier. (*Alph.*, IV, III; I, 506.)
Progéniteurs, aïeux, parents. (1ʳᵉ *j.*, II, IV; 22.) Chapelain, I, 821.
Propicier, rendre propice. (*B. Ég.*, V, I; V, 271.)
Pyrauste, gr. πυραύστης, lat. *pyrausta* ou *pyralis*, insecte mythologique qui vit dans la flamme et qui meurt dès qu'il s'en éloigne. (*Arist.*, V, III; IV, 213 [1].)

---

1. Calistène et Aristoclée tardant à sortir de leur demeure, au moment où il leur faudrait procéder à la cérémonie de l'hyménée, le *chœur* chante à ce beau couple les vers suivants :

> Un monde conspire ton aise,
> Un monde blâme le séjour,
> Qui pyrauste parmi sa braise
> Nourrit un vertueux amour.

Il faut sans doute lire : *Que, pyrauste parmi sa braise, Nourrit...*, et com-

Radresser, ramener dans le droit chemin. (*Dor.*, III, III; III, 429.)
Ralenter, ralentir. (*Alcm.*, V; V, 446.)
Rebruire, résonner, retentir. (*Daire*, II; IV, 114.)
Rebours, contrariant, rétif. (5ᵉ *j.*, IV, II; 341.)
Rechoir, retomber. (*Dor.*, IV, III; III, 452.)
Recoi, calme. (*Procr.*, III, II; I, 303.) *A recoi*, en repos, en paix. (*Rgv. Pr.*, V, II; III, 99.) Cette locution est dans Schelandre.
Recombler, remplir. (« Recombler un hanap », *Gig.*, V; III, 280.)
Record, qui se souvient. (*Alph.*, V, III; I, 528.)
Recoupler, accoupler, attacher de nouveau. (« Recoupler au joug », 7ᵉ *j.*, IV; 488.)
Recourse, subst. fém., recours, aide. (1ʳᵉ *j.*, V, IV; 70.) Schelandre.
Recous de, sauvé, délivré de. (5ᵉ *j.*, IV, III; 345.) Schelandre.
Récupérable, recouvrable. (7ᵉ *j.*, V; 494.) Je n'ai trouvé ce mot ni avant ni après Hardy; mais il devait exister, puisqu'on avait le composé *irrécupérable*.
Redevaler, redescendre. (4ᵉ *j.*, IV, IV; 273.)
Refiler, filer de nouveau. (*B. Ég.*, III, II; V, 249.)
Reflotter, flotter de nouveau. (*Tr. d'A.*, III, IV; 548.)
Refraindre, refréner. (4ᵉ *j.*, V, II; 287.)
Réfrigère, rafraîchissement, modération. (*Elm.*, III, (1); V, 152.)
Reglacé, glacé de nouveau. (*Ariad.*, IV; I, 427.)
Reguerdonner, récompenser. (*F. du S.*, IV, I; III, 164.)
Reheurter, heurter de nouveau. (*Am. Vict.*, III, III; V, 504.)
Se rembrouiller, s'embrouiller de nouveau. (2ᵉ *j.*, V, III; 129.)
Remirer, contempler, regarder avec attention. (4ᵉ *j.*, II, I; 236.)
Renclos, participe, enclos. (*Frég.*, II, I; IV, 244.)
Renglacer, glacer de nouveau. (*Am. Vict.*, III, III; V, 502.)
Repairer, habiter, avoir son repaire dans. (*Ariad.*, III, I; I, 233.)
Repensé, à quoi on pense souvent. (8ᵉ *j.*, I; 14.) Mot repris par M. Taine. (Littré, *Suppl.*)
Réservément, avec réserve. (*B. Ég.*, I, I; V, 210.)
Rétablisseur, qui rétablit. (*Alceste*, III; I, 364.)
Retenter, tenter de nouveau. (*Dor.*, III, II; III, 425.)
Retitre, tisser de nouveau. (*Mar.*, III; II, 441, 2ᵉ éd.) *Retitra*. (4ᵉ *j.*, V, I; 276.) *Retissu*. (*Tr. d'A.*, II, III; IV, 518.)
Rétiver, résister. (*Fél.*, III; III, 327.)
Retournoyer, recommencer en tournant. (*Alceste*, III; I, 359.)
Retraîner, traîner à plusieurs reprises. (*Ach.*, I, I; II, 2.)

prendre : « Un monde blâme ton séjour, ô couple qu'un vertueux amour nourrit, comme la braise nourrit le pyrauste qui vit dans son sein. » Il semble que Hardy se soit ici souvenu d'un passage de Du Bartas :

> Ainsi l'ailé *pyrauste* en l'ardente fournaise
> S'engendre de Vulcan, s'égaie sur la *braise*,
> Se perd perdant la flamme, et le vite élément
> Qui, goulu, mange tout, seul lui sert d'aliment.

(*La 6ᵉ journée de la semaine*, vers 1048, éd. de 1603.)

Se retraire, se retirer. (7ᵉ j., I, 1; 446.) Resté dans la langue de la jurisprudence.
Revenger, venger. (*Am. Vict.*, II, II; V, 487.) *Se revenger de*, prendre sa revanche de. (*Pant.*, I; I, 159.)
Rivager, qui est sur le rivage, qui fréquente le rivage. (6ᵉ j., V, IV; 437.)
Roussoyant de, qui devient roux par l'effet de. (*Rav. Pr.*, I, III; III, 15.)
Sacre, sacré. (7ᵉ j., II, 1; 457). *Sacre à*, consacré à. (*Did.*, V; I, 73.)
Sagmenté, mis à sac. (*Did.*, II, 1; I, 16.)
Scintille, étincelle. (1ʳᵉ j., V, II; 61.)
Seigneurier, gouverner, commander à. (*Alcm.*, III, (IV); V, 419.)
Serée, soirée. (*Alph.*, I, II; I, 504.)
Sereiner, calmer. (*F. du S.*, V, 1; III, 184.)
Sommeilleux, endormi. (1ʳᵉ j., II, III; 18.) Qui fait dormir. (*Did.*, IV, III; I, 61.)
Songeard, rêveur. (*Ars.*, II, II; II, 328.) Repris par Chateaubriand. (Littré, Suppl.)
Souef, suave. (8ᵉ j., I; 7.)
Soupireux, qui soupire. (*F. du S.*, III, 1; III, 144.) Qui fait soupirer. (*Alceste*, III; I, 357.)
Sourcer, v. neutre, sortir d'une source (7ᵉ j., IV; 481), v. actif, faire jaillir. (« Sourcer des pleurs » *Ach.*, I, 1; II, 10.)
Suceuse, qui sue. (*Corine*, IV, III; III, 520.)
Superbité, orgueil. (*Am. Vict.*, III, IV; V, 505.) Je n'ai trouvé ce mot que dans Brantôme, et avec le sens de magnificence.
Surgeonner, sortir comme un rejeton. (*Fél.*, V, II; III, 383.)
Suspens si, ne sachant si. (4ᵉ j., V, II; 287.)
Tançon (de rage), aiguillon. (*Mar.*, V; II, 488.)
Tarde, tardive. (*B. Ég.*, V. v; V, 286.)
Tempêté, agité par la tempête. (*Alcde*, V, 1; II, 591.)
Tempêteux, fécond en tempêtes. (*Did.*, II, 1; I, 16.)
Tendrelet, diminutif de tendre. (1ʳᵉ j., II, III; 20.)
Terre-nés, les géants nés de la terre. (*Ariad.*, IV; I, 433.)
Tollu, enlevé. (*Ariad.*, II; I, 410.) Scarron. Adrien de Montluc, dans la *Comédie des proverbes*, a dit : *tolli*.
Touffeau, touffe. (*Tr. d'A.*, I, III; IV, 497.)
Vantise, vanterie. (*Dor.*, II; III, 411.)
Vermeillet, diminutif de vermeil. (*Corine*, III, IV; III, 512.)
Voûture, voûte « du ciel » (8ᵉ j., III; 31); convexité « du front ». (*Am. Vict.*, III, VI; V, 505.)

On voit que la liste est longue des termes archaïques encore employés par Hardy et généralement abandonnés par les auteurs ses contemporains, par ceux même qui avaient publié bien avant lui leurs œuvres. Un certain nombre de ces mots avaient été nommément condamnés par Malherbe, lorsque le réformateur les lisait dans les poésies de Desportes : *ainçois, angoisseux, détrancher, entrerompre, guerdonner, larmoyable, oppresse, plaint*, *prime, retraire.* D'autres paraissent avoir été peu employés au xvi° siècle même et n'avoir joui que plus tôt d'une réelle faveur : ainsi *décord, dimer, fouque, infractaire, meurtrisseur, player, refraindre, seigneurier.*

2. — Nous citerons comme néologismes les mots dont ni Lacurne de Sainte-Palaye, ni Littré, ni M. Godefroy ne citent d'exemple avant le xvii° siècle; ceux qui ne figurent ni dans le dictionnaire de Nicot, revu et augmenté par Marquis, ni dans les listes de MM. Darmesteter et Hatzfeld; ceux enfin que nous n'avons pu trouver dans les lexiques de l'*Ancien théâtre français* (t. I à VII), de Marot, de Rabelais, de Bonaventure des Périers, de Magny, de Garnier, de Du Bartas, de Montaigne, de Vauquelin, de Desportes [1], de Brantôme, de Schelandre [2].

Achéronté, qui a rapport à l'Achéron. (*Ariad.,* V, (ii); I, 437.)
Achérontide, id. (*Pant.,* III, ii; I, 181.)
Airé, qui est de la nature de l'air. (*Alex.,* III, i; IV, 105.)
Braveur, qui brave. (*Arsac.,* II, i; II, 317.)
Cache, cachette. (*Tim.,* V, (ii); V, 102.) M. Lombard déclare le mot suranné, mais ne renvoie à aucun texte; Littré n'en cite pas d'antérieur au xvii° siècle. Le mot se trouve dans la *Comédie des proverbes* d'Adr. de Montluc, 1633.
Caucasé, qui est de la nature du Caucase. (*Alcm.,* III, (iii); V, 416.)
Connivement, connivence. (*6° j.,* I, iv; 379. Le texte porte *comminement.*)
A contre-cours, à rebours. (*4° j.,* III, v; 254; *Fréy.,* II, ii; IV, 249.) Ronsard a dit : *à contre-course.* M. Godefroy cite *contrecours* avec le sens de rencontre dans le *Liber Psalmorum.*
Cyclopé, de la nature des Cyclopes. (*Ach.,* III, ii; II, 51.)
Cyprien, de la déesse de Cypre, de Vénus. (*Alph.,* V, iii; I, 529.)
Dompte-monstres, épithète d'Hercule. (*Alceste,* III; I, 364.)
Écarsement, à l'écart. (*5° j.,* III, iii; 327.) Lacurne cite un adverbe *escarsement,* mais dont le sens sont absolument différents.
S'entr'apprivoiser, s'apprivoiser mutuellement, se familiariser. (*Ach.,* III, ii; II, 53; *Elm.,* IV, (i); V, 167.)
S'entre-défier, se défier mutuellement. (*Coriol.,* II, i; II, 128.)
S'entre-subvenir, s'entr'aider. (*3° j.,* IV, i; 181.)
Entr'observer, observer les uns vis-à-vis des autres. (« Ils n'entr'observent plus de ruse ni d'adresse », *Alcm.,* V; V, 447.)
Épouse-sœur, appellation de Junon. (*Ariad.,* II; I, 408.)

1. J'appelle improprement lexique de Desportes les remarques de Malherbe qui sont disséminées dans le lexique de ce dernier auteur.
2. Pour les néologismes, ou du moins pour les termes que, jusqu'à plus ample informé, j'appelle de ce nom, il m'arrive de renvoyer à deux passages, le premier datant par sa rédaction des dernières années du xvi° siècle ou des premières du xvii°, le second postérieur à 1610.

Érébique, de l'Érèbe, des enfers. (*Alceste*, I, 1; I, 337.)
Esclavement, dans l'esclavage. (*3ᵉ j.*, I, 1; 148.)
Etnéan, de l'Etna. (*Rav. Pr.*, II, 1; III, 17.)
Gouffreux, de la nature des gouffres. (*Mar.*, V; II, 482.)
Infléchible, inflexible. (*Did.*, II, 11; I, 19; *Fréy.*, I, 11; IV, 288.)
Malsortable, mal assorti. (*Procr.*, I; I, 278.)
Nestoré, « âge nestorée », vie aussi longue que celle de Nestor. (*7ᵉ j.*, IV; 489.)
Nilide, du Nil. (*Procr.*, II, 11; I, 294.)
Porte-carquois, épithète de l'Amour. (*Alph.*, II, 1; I, 470.) Cité par M. Morillot (p. 388) comme une création de Scarron.
Quadrelle, flèche. (« Les Charites sans grâce et l'Amour sans quadrelles », *3ᵉ j.*, II, 11; 155.)
Recharmé, charmé de nouveau. (*8ᵉ j.*, IV; 46.)
Rechoquer, choquer sans relâche. (*4ᵉ j.*, III, v; 254.)
Récidif, qui se produit de nouveau. (*Dor.*, IV, 11; III, 449.)
Reconspirer, conspirer de nouveau. (*8ᵉ j.*, II; 26.)
Référable, qu'on peut rapporter à, dont on peut rapporter l'honneur à. (*Mél.*, IV, 11; I, 250.)
Renfielter, aigrir davantage. (*Arsac*, V, 1; II, 380.)
Rengrége-douleur, surcroît de douleur. (*Alcm.*, IV, (III); V, 436.)
Renourrir, nourrir sans relâche. (*Gig.*, IV, 11; III, 267.)
Ressoupirer, soupirer sans relâche. (*2ᵉ j.*, II, 1; 87.)
Retramer, tramer de nouveau. (*5ᵉ j.*, I, 1; 304.)
Rétreinte, nouvelle étreinte d'un mal. (*Alex.*, IV, 11; IV, 122.)
Siblement, sifflement. (*Tr. d'A.*, III, 11; IV, 531.)
Spectative, spectatrice. (*Alcm.*, III, (1); V, 407.)
Stygian, comme *stygien* et *stygial*, du Styx. (*Did.*, III, 1; I, 38.)
Tenasme, colique. (*3ᵉ j.*, III, 1; 466.)
Triple-gosier, épithète de Cerbère. (*Alceste*, I, 1; I, 336.)
Troique, de Troie. (*Procr.*, III, 1; I, 300.)
Victimé par le fer, devenu victime, égorgé. (*Ach.*, I, 1; II, 2.) Ce mot, que je n'ai trouvé ni avant ni après Hardy, est aujourd'hui cité par Littré comme un néologisme.

Cette liste pourra être réduite, un certain nombre des mots qui y figurent ayant dû être employés au XVIᵉ siècle sans que j'aie eu lieu de le constater. Un certain nombre aussi ont pu être formés au temps de Hardy et par d'autres que lui. Il n'en reste pas moins probable que notre auteur ne s'est pas interdit de forger des mots; et, lorsque nous citerons tout à l'heure des adjectifs dérivés de noms propres, historiques ou géographiques; lorsque nous indiquerons les formes féminines d'adjectifs qui n'ont plus aujourd'hui que le masculin ou qui ont des formes féminines différentes, nous aurons lieu de supposer encore que quelques-uns de ces termes ont été mis en circulation par Hardy.

LA LANGUE 575

3. — Faisons maintenant quelques observations sur les plus intéressants éléments qui composent le vocabulaire de Hardy.

Nous avons dit que les vieux mots français y étaient nombreux. Les mots savants y sont aussi en grand nombre : *alme, avernal, bustuaire, consorce, larval, jugal, précipit, pyrauste,* parmi ceux que nous avons cités; *géniteur, labile, ocieux, paction, pestilent, placable, stygial, tremeur,* bien d'autres encore, parmi ceux que les Régnier, les Malherbe ou les Corneille ont aussi employés.

Comme tous les poètes du XVIe siècle, Hardy hésite sur l'orthographe de ceux de ces mots qui peuvent se terminer ou ne pas se terminer par un *e* muet. Il dit, contrairement à l'usage qui a prévalu :

Aconite. (B. Ég., III, II; V, 245.)
Caduque. (« Caduques ans », *Corine,* IV, III; III, 526.)
Pronostique. (*Elm.,* V, (III); V, 196);

Et inversement :

Crocodil. (Scéd., II, I; I, 90.)   *Rustic.* (Rav. Pr., I, III; III, 13.)
Domestic. (Lucr., V, (II); V, 351.)   *Squelet.* (1re j., II, III; 18.)
Perplex. (Gig., III, I; III, 241.)   *Troph*e*.* (Ariad., II; I, 404.) [1]

Pour les noms propres, il suit souvent le conseil de Ronsard : « Si tu te sers des noms propres des Grecs et des Romains, tu les tourneras à la terminaison française autant que ton langage le permet [2] », et il dit :

Amathe. (Did., I, II; I, 11.)   *Maie.* (Did., IV, II; I, 53.)
Crèse. (Pant., I; I, 157.)   *Phalare.* (Pant., II, I; I, 170.)
Iapète. (Alcm., I, (II); V. 374.)   *Portune.* (Did., III, II; I, 45.)
Ide. (Rav. Pr., II, III; III, 26.)   *Sémèle.* (Ariad., V, (III); I, 439.)
Lèthe. (Alceste, II; I, 343.)

Mais, lorsque la versification est trop tyrannique, nous trouvons aussi des formes comme :

Hercul. (Fél., V, II; III, 378.)   *Morphé.* (Procr., V; I, 317.)
Hippolyt. (Procr., IV; I, 316.)   *Narcis.* (Alph., I, III; I, 463.)

Les formes suivantes s'accordent mieux que celles qui ont prévalu avec les anciennes lois de notre phonétique française :

---

1. Du Lorens dit *paralytic, satiric* (l. II, sat. X, p. 172), etc.
2. *Abrégé de l'Art poét. fr.,* t. VIII, f. 3 r. et f. 12 r.

Adon, au lieu d'Adonis. (*Corine*, I, IV; III, 489.)
Arabe, forme du moyen âge pour Arabie. (*8ᵉ j.*, III; 29.)
Érynne, Érynnie. (*Gig.*, IV, 1; III, 256.)
Iphigène, Iphigénie. (*8ᵉ j.*, III; 41.)
Itale, forme du moyen âge pour Italie. (*Did.*, I, 1; I, 6.)
Le Taure, la Tauride. (*8ᵉ j.*, III; 28.)

Enfin Hardy, qui se plaint que les nouveaux poètes dédaignent les épithètes et les patronymiques, en a employé un grand nombre, empruntés à la mythologie ou à l'histoire ancienne. Citons comme patronymiques :

Amphitryoniade. (*Mar.*, I, II; II, 401.)
Atlantide. (*Gig.*, III, 1; III, 241.)
Bélide. (*Ach.*, I, II; II, 16.)
Garamantide. (*Did.*, II, 1; I, 14.)
Latonide (*1ʳᵉ j.*, II, 1; 13) et *Latoïde*. (*Mél.*, I; I, 214.)
Priamide. (*Did.*, I, 1; I, 2.)
Pélide. (*Did.*, I, 1; I, 2.)

Comme épithètes :

Saturnien (*Did.*, I, 1; I, 3), *Xénien* (*Scéd.*, IV; I, 135), appliqués à Jupiter ; *Hippien*, appliqué à Neptune (*Did.*, III, II; I, 45)[1]; *Cynthien* (*6ᵉ j.*, I, 1; 374), *Délien* (*Mél.*, III, II, I, 241), *Grynéan* (*Did.*, III, 1; I, 35), *Lédéan* (*Did.*, III, II; I, 44), *Thymbréan* (*Ach.*, II, II; II, 32), appliqués à Apollon ; *Odrysien* (*Gig.*, II; III, 229), à Mars ; *Cyllénien* (*Gig.*, III, 1; III, 238), à Mercure ; *Bromien* (*Alceste*, IV, 1; I, 377), à Bacchus ; *Alcménien* (*Alcm.*, I, (III); V, 385), *Tirynthien* (*Did.*, IV, III; I, 68), à Hercule ; *Tritonienne* (*Gig.*, III, 1; III, 244), à Pallas ; *Cyprine* (*Alceste*, V; I, 388), *Érycine* (*Did.*, III, II; I, 43), à Vénus, etc.
Combien d'autres nous pourrions citer : *Agamemnonien* (*8ᵉ j.*, III; 28), *Atréide* (*Dor.*, IV, III; III, 450), *Dardanien* (*Did.*, IV, II; I, 48), *Ixionide* (*Coriol.*, II, II; II, 130), *Laertien* (*8ᵉ j.*, III; 28), *Leuctrique* (*Scéd.*, V; I, 148), *Neptunien* (*Alceste*, I, II; I, 341), *Œbalien* (*Did.*, III, II; I, 44), *Olénien* (*ibid.*), *Phébéan* (*Gig.*, V; III, 270), *Phlégréan* (*Did.*, II, 1; I, 14), *Pylien* (*Ach.*, I, 1; II, 6), *Sisyphien* (*Did.*, V; I, 83).

On reconnaît dans ces appellations l'influence de Ronsard qui, lui aussi, avait chanté Phébus *Cynthien* et *Thymbréan*, et qui avait introduit les sonores épithètes mythologiques dans la poésie[2].

---

1. Ou plutôt à Portune, qui lui-même est confondu avec Neptune. Le texte porte : *O père Hypien fondataire, Portune;* mais il faut sans doute écrire *Hippien*, lat. *Hippius*, gr. Ἵππιος.
2. Voy. Darmesteter et Hatzfeld, p. 120 (*l'École de Ronsard*). Citons encore quelques noms propres et quelques adjectifs : *Achélois*, Achéloüs (*Scéd.* II, II; I, 104); *Arcade*, Arcadien (*Alph.*, Arg., t. I); *Argive*, *Danois*, *Grégeois*, *Grec* (*Did.* III, 1, et III, II; I, 33 et 41; *Ach.*, IV, II; II, 87); *Asien*, de l'Asie (*Ach.*, I, 1; II,

4. — A l'école de Ronsard, Hardy avait appris aussi que les composés et les dérivés sont une ressource précieuse et toujours disponible pour la langue. Je n'ai pu trouver avant lui *dompte-monstres, porte-carquois, rengrège-douleur, triple-gosier;* il a conservé *porte-laine, porte-trident, terre-nés,* beaucoup d'autres encore; mais ce sont surtout les composés avec *entre* et *re* qu'il a conservés ou formés avec amour. *S'entre-consoler, s'entre-secourir, entresuite, refuir* étaient en faveur parmi les contemporains de Hardy; mais nous avons cité bien des composés qu'il a employés seul ou à peu près seul. Certains sont encore séparables : *ils s'entr'allaient occire*, dit-il (4º *j.*, V, ɪɪ, 286), et *ils s'entre-sont promis* (4º *j.*, II, ɪɪ; 239 ¹).

La dérivation ou « provignement » des mots avait été fort pratiquée et conseillée par Ronsard ². C'est à lui ou à ses disciples que Hardy devait sans doute l'*écumière* Vénus, *fleurage, fruitage, nocière, nuiteux, perleux, rivager*, etc. C'est à leur exemple qu'il employait *airé, braveur, gouffreux* et quelques autres. *Agnelet, archerot, coulevreau, faiblet, fleurette, tendrelet, vermeillet*, etc., nous rappellent aussi la prédilection de l'École pour les diminutifs.

5. — Il ne nous reste plus à signaler dans le vocabulaire de Hardy que les mots d'origine italienne ou espagnole. Hardy a usé de ceux que l'on employait autour de lui : *bastant, busquer, à l'erte, écorne, parangonnable, scadron;* mais il ne semble pas en avoir introduit aucun, et sa langue a beaucoup moins une couleur exotique qu'une couleur mi-partie archaïque, mi-partie latine.

6. — Certes, Hardy, dans son improvisation furieuse, ne s'est refusé aucun élément contestable pour son vocabulaire, aucune licence pour sa syntaxe. Et pourtant, il semble bien que, s'il eût eu le loisir d'*écrire*, le sentiment vrai du génie de la langue ne lui eût pas manqué. Nombre de mots sont pris par lui dans une

---

6); *Dardanes* ou *Pergamès*, les Troyens (*Ach.*, V, 1; II, 88, et *Did.*, II, ɪɪ; I, 17); *Dis*, Pluton (*Am. Vict.*, III, ɪv; V, 507); *Dires*, Furies (*Did.*, VI, ɪɪɪ; I, 58); l'*Élyse, les Élysés*, le parc Élysien (*Tr. d'A.*, II, ɪɪ; IV, 516; *Ach.*, IV, ɪɪ, et I, 1; II, 81 et 2); *Gétulois*, de Gétulie (*Did.*, III, ɪ; I, 30); *Ibérois*, d'Espagne (6ᵉ *j.*, V, ɪv; 439); *Lernéan*, de Lerne (*Mél.*, III, ɪɪ; I, 241); *Thessale*, Thessalien (*Alceste*, II; I, 352).

1. Sur la composition des mots, voy. Ronsard, *Abrégé de l'Art poétique*, t. X, fᵒˢ 11 vᵒ et 12 vᵒ, et *Préface de la Franciade*, t. III, p. 27 et 29. — Cf. Darmest. et Hatzf., p. 121.

2. Voy. *Abrégé de l'Art poétique*, t. X, fᵒ 12; *Préf. de la Franciade*, t. III, p. 27. — Cf. Darmest. et Hatzf., p. 122.

acception qui en rappelle aussitôt l'étymologie et qui donne en outre à la phrase une expressive rapidité : *élite* signifie l'action de choisir ; *une tiède épreinte de pleurs*, ce sont les pleurs tièdes qu'on *exprime* ou qu'on répand ; *des yeux dévoilés du sommeil* sont des yeux que le voile du sommeil ne couvre plus ; *mon rebut* équivaut à : si je suis rebuté ; il y a *émeute* d'un grand bruit alors qu'un grand bruit *s'émeut* ou se produit ; et l'on voit, pour marquer la faiblesse dans laquelle leur séparation d'avec le corps a jeté les âmes, tout ce qu'a de concis l'expression suivante :

...des esprits dépouillés de vigueur
En la *division* de leur pesante écorce.
(*Rav. Pr.*, I, II; III, 9)

Les mots empruntés du latin sont, eux aussi, fréquemment ramenés à leur sens étymologique et, par là même, rajeunis. *Absoudre de*, *conférence*, *convive*, *fier*, *fraternité*, *rayer*, sont pris dans une acception à la fois archaïque et toute latine ; celle d'*admettre*, de *colliger*, de *pôle*, de *retordre*, de *venteux*, de bien d'autres termes encore, est à la fois latine et, à ce qu'il semble, nouvelle chez nous.

Mais à côté de ces procédés louables ou, tout au moins, dignes de discussion, que d'acceptions hasardées, que d'impropriétés grossières, expliquées, non justifiées, par la rapidité avec laquelle versifiait l'auteur! Nous donnerons des listes des acceptions qui nous ont le plus frappé : la persistance de celles qui étaient archaïques est un fait qui ne saurait être indifférent aux historiens de la langue ; l'indication de celles qui paraissent spéciales à notre auteur rendra plus facile la lecture de ses œuvres [1].

7. — Parmi les mots que nous avons cités comme archaïsmes, un certain nombre ont, chez Hardy, des sens que je n'ai pu trouver chez ses prédécesseurs. Citons seulement *sacre*, qui signifiait sacré, mais non, à ce qu'il semble, consacré à ; *sommeilleux* et *soupireux*, qui désignaient ceux qui dorment ou qui soupirent, mais non, à ce qu'il semble, les choses qui font dormir ou soupirer ; *superbité*, auquel Brantôme avait donné le sens de magni-

---

[1] Un emploi qui se retrouve dans Malherbe, mais que je dois signaler parce qu'il est familier à Hardy, est celui des adjectifs verbaux en *able* comme marquant l'obligation : *évitable*, qui doit être évité (*Am. Vict.*, II, III; V, 490); *expiable*, qu'il faudrait expier (*Pant.*, II, I; I, 166), etc.

ficence, non celui d'orgueil; *tempêtée*, enfin, que l'on trouve au figuré, mais non au sens propre [1].

Un emploi curieux, et qui est très fréquent dans Hardy, c'est celui des composés avec *re* pour marquer la persistance de l'action, ou tout simplement dans le sens du simple. Nous avons cité *retraîné* et, parmi les mots non archaïques, nous pouvons citer *rebu* (*Mar.*, I, i; II, 398), qui signifient *traîné* et *bu à plusieurs reprises*; mais *rebruire*, *recombler*, *reguerdonner*, *renclos* étaient synonymes de *bruire*, de *combler*, de *guerdonner*, d'*enclos*; *recacher* (dans *Ach.*, II, iii; II, 38), *rechute* (dans *Coriol.*, I, ii; II, 121) n'ont sur les simples *cacher* et *chute* d'autre avantage que de compter une syllabe de plus, et cent autres emplois de composés ne se peuvent expliquer que par ce motif [2].

8. — Acceptions et emplois archaïques de mots qui ont survécu à Hardy :

Absoudre de, dégager de. (6ᵉ *j.*, IV, ii; 422.)
Accoutrer, préparer. (3ᵉ *j.*, IV, i; 182.)
Accroissance, extension, accroissement de force. (4ᵉ *j.*, IV, i; 259.)
Aéré, aérien. (*Coriol.*, V, i; II, 173.)
Affoler, être fou d'amour. (*Tr. d'A.*, I, iv; IV, 501.)
S'appareiller de, se préparer à. (4ᵉ *j.*, IV, iv; 272.)
Atterrer, renverser par terre, au sens propre. (*Mar.*, I, ii; II, 412.)
Bataille, bataillon, troupe. (*Rav. Pr.*, I, ii; III, 6.)
Broncher, tomber. (*Alcm.*, V; V, 442.)
Chétif, malheureux, en parlant de choses. (*Corine.*, IV, iii; III, 523.) Malherbe l'a encore employé en parlant de personnes.
Ciller, aveugler. (1ʳᵉ *j.*, V, ii; 61.)
Clin, employé seul. (*Corn.*, III, ii; II, 240.) Déjà Malherbe n'emploie plus que : *un clin de tes yeux*.
Communs de soucis, qui partagent les mêmes soucis. (*Corn.*, I, i; II, 195.)
Conférence, comparaison. (*Corn.*, III, ii; II, 237.)
Contraste, dispute, lutte. (*Gés.*, arg.; t. IV.)
Couvive, repas. (*Arist.*, IV, iii; IV, 204.)
Cure, souci, employé hors de la locution *avoir cure*. (*Rav. Pr.*, II, i; III, 17.)
Décocher, se précipiter vers. (*Ach.*, V, i; II, 90.)
Déféré, cité, nommé. (*Daire*, IV, ii; IV, 52.)
Se départir, se séparer. (1ʳᵉ *j.*, III, iv; 36.)
Dévoilé du sommeil, dégagé. (1ʳᵉ *j.*, II, i; 13.) Voy. plus haut, p. 578.
Difformer, défigurer, souiller. (*Arsac.*, V, ii; II, 388.) Chapelain, I, 135.
Division, le fait d'être séparé de. (*Rav. Pr.*, I, ii; III, 9.). Cf. p. 578.

---

1. Je ne sais ce que signifie *fondataire* dans l'exemple déjà cité de *Didon* (III, ii; I, 45) : *O père Hippien fondataire*.
2. Dans *Elmire* (IV, (ii); V, 174) : *Je rebouche sur mes pas* est sans doute pour *je rebrousse*.

Élancé, alangui, tourmenté. (« Élancé de soucis », *Arsac.*, IV, II; II, 396.)
Élancer, lancer, diriger avec force. (« Elle élançait son œil », 2ᵉ *j.*, II, II; 97.)
Élite, action de choisir. (*Dor.*, I, I; III, 395.)
Emboucher, mettre, tenir dans sa bouche (« un mors », *Mar.*, II, I; II, 424).
Encombrement, difficulté, ennui. (*Am. Vict.*, II, I; V, 479.)
Encombrer à, empêcher, faire obstacle à (« à notre heur », *Alceste*, V; I, 388).
Encourtiner, entourer comme d'un rideau. (*Dor.*, IV, I; III, 439.)
Enferrer, enchaîner. (*Pant.*, II, I; I, 164.)
Ensuivre, imiter. (*Did.*, II, III; I, 22.)
Épreinte, action d'exprimer (« des pleurs », *Daire*, IV, I; IV, 51). Cf. p. 578.
Épris, irrité. (*Mar.*, arg.; t. II.)
Épuisé, puisé. (*Ach.*, IV, II; II, 82.)
Expérimenter. « Qui vous expérimente une Alceste pudique », c.-à-d. qui éprouve que vous êtes.... (*Alcm.*, II, (I); V, 391.)
Facteur, créateur. (*Corn.*, V, II; II, 270.)
Fier, sauvage, latin *ferus*. (7ᵉ *j.*. V; 494.)
Flanquer, se dresser. (*Gig.*, I; III, 212.)
Flotte, troupe, multitude. (*Coriol.*, I, I; II, 109.) Resté dans le langage populaire.
Fraternité, le lien de parenté qui unit des frères. (2ᵉ *j.*, IV, I; 116.)
Gent, famille. (*Corn.*, III, I; II, 235.)
Heure, temps. (« En si peu d'heure », 4ᵉ *j.*; III, IV; 249.)
Hôtelier, hospitalier. (3ᵉ *j.*, IV, I; 182.) M. Godefroy cite un exemple de Chavigny, 1603.
Importer, entraîner pour, causer à. (« Importer un trépas », *Dor.*, II; III, 411.) Annoncer, en parlant de présages. (*Tr. d'A.*, III, III; IV, 537.)
Incapable de, indigne de, insuffisant pour. (« De tes rares vertus incapable héritage », *Alex.*, II, II; IV, 99.) Cf. Brantôme : M. l'amiral « me faisait l'honneur de discourir avec moi, bien que je... fusse encore jeune et fort *incapable de* ses secrets. » *Lexique*, p. 286.
Lame, tombeau. (*Did.*, I, II; I, 9.)
Larmeux, des larmes. (« Larmeuse bonde », *Pant.*, II, I; I, 165.) Le mot est resté avec un emploi purement didactique.
Mais, bien plus, mais plutôt. (*Ach.*, II, I; II, 23.)
Maléfice, méfait, crime. (*F. du S.*, III, III; III, 153.)
Marital, conjugal. (*Alcm.*, II, (II); V, 398.) Le mot est resté comme terme de palais.
Obédience, obéissance. (*Fél.*, I, I; III, 298.) Ne s'applique plus qu'à des religieux.
Ondoyer, flotter, être ballotté, au figuré. (*Rav. Pr.*, V, II; III, 95.)
Ordonner à, destiner à. (*Did.*, I, II; I, 8.)
Pendre de, dépendre de. (*Arsac.*, I, I; II, 301.) Schelandre. M. Godefroy cite aussi des textes judiciaires de 1661.
Pensif à, qui pense à. (*Corine*, IV, IV; III, 328.)
Perruque, chevelure. (4ᵉ *j.*, IV, IV; 272.)

Placable, qui apaise. (*Fél.*, IV, III ; III, 359.)
Poinçonner, piquer, en parlant de l'amour. (*Alcée*, IV, III ; II, 579.)
Pommelé, arrondi. (*1ʳᵉ j.*, I, 1 ; 2.)
Préfix, précis. (*Scéd.*, IV ; I, 130.)
Privément, en secret. (*5ᵉ j.*, somm.)
Rayer, lancer des rayons. (*Ach.*, II, II ; II, 31.)
Recourir le passé, revenir sur. (*F. du S.*, V, I ; III, 179.)
Remarque de, marque, indice. (*Elm.*, I, (1) ; V, 121.) Rotrou a employé ce mot avec le sens de : point de repère.
Résulter sur, rebondir, retomber. (*Scéd.*, V ; I, 140.)
Retraire à, ressembler à. (*Scéd.*, IV ; I, 130.)
Rouer, faire tourner, agiter. (*Did.*, II, II ; I, 18.) Chapelain, I, 19, cite, pour la blâmer, l'expression « rouer la prunelle ».
Salubre, salutaire. (« Salubre conseil », *Alex.*, I, II ; IV, 89.)
Seing, signe corporel. (*8ᵉ j.*, II ; 27.)
Sembler à, ressembler. (*F. du S.*, V, IV ; III, 193.)
Serf du repentir, soumis à. (*3ᵉ j.*, III, II ; 170.)
Supposer, placer sous. (*Did.*, IV, III ; I, 67.)
Syndiquer, censurer. (*Alex.*, IV, II ; IV, 124.)
Targe, bouclier (au figuré), secours. (*Mar.*, IV, I ; II, 462.) Schelandre.
Tournoyer, faire le tour de. (*Rav. Pr.*, IV, III ; III, 67.)
Suspens si, ne sachant si. (*4ᵉ j.*, V, II ; 287.)
Trac, piste, trace (pas pour les animaux). (*Alceste*, II ; I, 344). Route. (*Arsac.*, II, II ; II, 324.)
Trahir à, livrer à. (*Alex.*, II, I ; IV, 97.)
Traînassé, traîné çà et là. (*Tr. d'A.*, V, III ; IV, 594.)
Transmettre, envoyer. (*Ach.*, II, I ; II, 26.)
Vêture, vêtements. (*3ᵉ j.*, III, II ; 176.) Un exemple du *Supplément* de Littré, daté de 1878, applique ce mot aux enfants assistés.

9. — Les acceptions qui suivent n'ont pu être retrouvées par moi dans les auteurs antérieurs à Hardy ; quelques-unes seulement — et elles seront signalées — se retrouvent dans ceux de ses contemporains et de ses successeurs que j'ai consultés.

Admettre un crime, le commettre, lat. *admittere*. (*Scéd.*, III ; I, 115.)
Affranchir, franchir, sortir de. (*5ᵉ j.*, V, I ; 351.) Ne s'emploie plus que dans la langue de l'équitation.
Aire, vent. (*1ʳᵉ j.*, IV, I ; 42.)
Capable de, digne de. (*F. du S.*, II, I ; III, 126.) Rotrou.
Colliger, ramasser. (« Colliger les suffrages », *Coriol.*, I, II ; II, 121.)
Concevoir à qqun, faire concevoir. (*Mar.*, I, II ; II, 412.)
Côtoyer de l'œil. (*Did.*, II, III ; I, 24.)
Couche, enfants. (*Gig.*, I ; III, 212.)
Coupelle, épreuve. (*Ach.*, III, II ; II, 60.) J.-J. Rousseau s'est approché de cette acception quand il a écrit : « La coupelle de l'adversité ». (Littré.)
Dépendre à, consister à. (*Fél.*, III ; III, 331.)
Difforme à, qui ne convient pas à. (*Did.*, II, III ; I, 24.)

Émeute de, production de. (*Fél.*, II, III; III, 319.) Cf. p. 578.
Envahir sur, usurper sur. (*Mar.*, I, II; II, 410.)
Envier, chercher à détruire. (« N'enviez votre heur de la façon », *Did.*, I, II; I, 9.)
Expiable, expiatoire. (*Daire*, IV, IV; IV, 58.)
Fontenier, qui a beaucoup de sources, en parlant de l'Ida. (*Rav. Pr.*, II, III; III, 26.)
Forestière, déesse des forêts, Diane. (*Fél.*, V, II; III, 379.)
Foudroyer, lancer comme la foudre. (« Foudroyer un dédain », *Alcée*, I, I; II, 496.) Toutefois Du Bartas a dit, avec moins de hardiesse : « *Foudroie ses dards.* » Voy. Pellissier, p. 171.
Fruitière, déesse des fruits, Pomone. (*Corine*, IV, V; III, 531.)
Fusée, le fil de notre vie enroulé sur le fuseau d'Atropos. (*Did.*, V; I, 81.) Corneille dit d'une façon analogue : *mon fuseau*.
Gauche, sinistre. (*Corine*, III, II; III, 504.)
Germe, fils. (*Coriol.*, IV, III; II, 464.)
Incapable de, qui ne convient pas à, trop beau pour. (5ᵉ j., II; 319.)
Incomparable, qu'on ne peut comparer à, inférieur. (*Phra.*, V, II; IV, 466.)
Incompétent, insuffisant. (4ᵉ j., IV, III; 266.)
Indigne. « Crime indigne du cordeau », c.-à-d. qui mérite plus que la corde. (*F. du S.*, IV, II; III, 172.)
Informer qqun, l'interroger. (*Ariad.*, II; I, 410.) Corneille.
Infus de, pénétré de. (*Alcm.*, III, (I); V, 40.) Littré cite un ex. de P.-L. Courier.
Insoluble lien, qu'on ne peut défaire. (*Arsac.*, II, I; II, 317.)
Insolvable excuse, inacceptable. (*Did.*, III, I; I, 33.)
Marinière, de la mer. (« Vague marinière », 3ᵉ j., IV, II; 189.) A. Jamyn avait appelé Vénus « la marinière ». (Lacurne.)
Merci. Faire merci à, être miséricordieux pour. (2ᵉ j., V, III; 130.) Malherbe a cette acception du mot, mais non la locution.
Mousse de, dépourvu de. (*Alceste*, I, II; I, 340.) *Mousse* s'employait seul au XVIᵉ siècle dans le sens d'inerte, sans force.
Observer de, empêcher de. (*Mél.*, IV, III; I, 255.)
Pôle, ciel, sens de *polus* chez les poètes latins. (*Fél.*, V, II; III, 384.)
Rebut, action d'être rebuté. (*Arist.*, I; I; IV, 153.) Cf. p. 578.
Recampé, revenu, rétabli dans. (*Mar.*, V; II, 488.)
Recourir, parcourir à plusieurs reprises. (*Ariad.*, IV; I, 426.)
Retenir de, tenir de, ressembler à. (*Ariad.*, III; I, 419.)
Rétention, action de retenir ce que l'on pourrait dire, dissimulation. (*Fél.*, I, I; III, 297.)
Retordre sur, faire retomber sur. (8ᵉ j., IV; 38.) *Retors sur*. (7ᵉ j., III, I; 470.)
Retracer les pas de qqun, passer sur, suivre. (*Elm.*, III, (II); V, 160.)
Soupirer son esprit, l'exhaler, mourir. (*Elm.*, II, (II); V, 142.)
Suffisant de, qui peut triompher de. (*Rav. Pr.*, III, II; III, 50.) Malherbe : *suffisant à*.
Suivre, aller à la recherche de. (*Did.*, III, I; I, 36.)
Survivre, v. actif, vivre encore, vivre de plus. (*Alex.*, I, II; IV, 87.)

Terriens, les fils de la terre, les géants. (*Rav. Pr.*, I, ii; III, 6.)
Venteux, de vent. (*Rav. Pr.*, IV, iii; III, 70.)
Veuvage, célibat. (*Arist.*, II, iii; IV, 172.) ¹

II

Formes grammaticales.

Nous aurons peu de remarques à faire sur les formes grammaticales. On ne saurait s'en occuper avec quelque détail sans parler d'orthographe, ce que nous nous sommes interdit; et de plus, l'usage de Hardy sur ce point diffère peu de l'usage de ses contemporains.

1. SUBSTANTIF. — A côté d'*escadron* on trouve la forme archaïque *scadron* (*F. du S.*, III, ii, III, 151); *populas*, qui se trouve encore dans les Mémoires de Sully (Lacurne) et dans Du Lorens (l. I, sat. iii, p. 21) est un doublet masculin de *populace* (*Tim.*, III, (i); V, 54).

Signalons trois féminins archaïques en *eresse* : *empoisonneresse* (*Mar.*, III; II, 461); *menteresse* (*Corine* II, iv; III, 500); *vainqueresse* (*8º j.*, III; 32). M. Godefroy signale encore *menteresse* dans les opuscules tabariniques.

Auteur a pour féminin archaïque *autrice* (*Tim.*, V, (iv); V, 112), encore dans Chapelain, I, 505.

Étaient archaïques aussi les féminins *avant-coureuse* (*B. Ég.*, IV, iii; V, 259) et *partisane* (*Mél.*, V, i; I, 263). Ce dernier, qui se trouve encore dans d'Aubigné (Godefroy) et dans Chapelain, I, 628, a été repris par Voltaire (Littré).

Je n'ai trouvé *picoreuse* ni avant ni après Hardy.

2. ADJECTIF. — Pour le féminin de *grand*, Malherbe n'ose plus employer la forme sans e muet qu'au singulier, et il blâme chez Desportes l'emploi de *grand's* chaleurs pour *grandes* chaleurs. Mais Hardy ne dit pas seulement : *grand cité, grand cruauté, grand masse, grand rage;* il dit aussi *de grands piles de corps* (*Pant.*, IV, ii; I, 195).

---

1. Quel est le sens du mot *pile* dans ces paroles de don Jean à la vieille Égyptienne : « Encourir les piles de votre métier »? (*B. Ég.*, I, i; V, 205.) Peut-être celui de *monnaie,* usité au xvi° siècle (être en quête de monnaie comme le comporte votre métier); peut-être celui de *balle à jouer,* qui se trouve dans Malherbe (courir la balle, les risques de votre métier).

3. Degrés de comparaison. — Hardy n'emploie pas les comparatifs en *eur* et les superlatifs en *issime*, dont quelques *latiniseurs* avaient voulu faire usage au XVIᵉ siècle. Ces formes, quoi qu'on en ait dit, ne se recommandaient nullement de l'autorité de la Pléiade.

4. Pronoms. — Les formes démonstratives *cettui*, *icelui*, *icelle* étaient encore employées çà et là au temps de Hardy et même après, mais il semble qu'on ne trouvait plus les formes relatives *esquels*, *esquelles* (*Ach.* III, ɪ; II, 42).

De même pour l'emploi, aujourd'hui exclusivement populaire, du pronom *celle* comme adjectif : *à celle fin que* (*Rav. Pr.*, V, ɪɪ; III, 88); il était encore « à la bouche de force honnêtes gens » au temps de Vaugelas; mais ce « fort mauvais mot » ne s'écrivait plus (*Remarques*, t. II, p. 427).

5. Conjugaison. — Hardy use encore, mais moins fréquemment que ses prédécesseurs du XVIᵉ siècle, Garnier par exemple, de quelques libertés poétiques interdites par Malherbe.

Au *présent de l'indicatif*, il supprime l'*e* muet dans je *pri*, je *suppli* (2ᵉ *j.*, I, ɪɪ; 82; *Pant.*, V, ɪ; I, 201); il supprime l'*s* dans je *tien*, en rime avec *mien* (*Daire*, IV, ɪv; IV, 58); il la supprime dans nous *faison*, en rime avec *saison* (*B. Ég.*, II, ɪv; V, 227), et de même dans toutes les premières personnes du pluriel.

Au *futur* et au *conditionnel*, il emploie les formes syncopées *respirrai* (*Alceste*, II; I, 342 : 1ʳᵉ éd. *respiray*, 2ᵉ *respireray*; *respirrai* seul satisfait au sens et à la mesure); *lairra* (*Alceste*, II; I, 344); *demourront* (*Corn.*, IV, ɪɪ; II, 261); *imputront* (8ᵉ *j.*, IV; 41; texte : *imputeront*); se *précipitrait* (8ᵉ *j.*, I; 13). Il est très rare, au contraire, qu'il emploie les formes allongées, blâmées par Ronsard[1], comme s'*émouverait* (3ᵉ *j.*, V, ɪɪɪ; 210). — La première personne du conditionnel, comme de l'imparfait, se présente plutôt sans *s* qu'avec une *s* : je *voudrai*, je *saurai*. C'était encore là la doctrine de Ronsard[2].

A l'*impératif*, nous devons signaler la forme syncopée « n'*ais* point de peur » (*Corine*, III, ɪɪɪ; III, 506[3]).

---

1. *Abrégé de l'Art poétique*, t. X, fᵒ 8 rᵒ.
2. *Abrégé de l'Art poét.*, fᵒ 10 vᵒ.
3. Nicot donne la forme *ayes*, et, Ronsard permettant d'écrire *épés* pour *épées* (*Abrégé*, fᵒ 7 vᵒ), *ayes* se réduit facilement à *ais*. Ajoutons cependant que le texte de *Corine* porte « n'*ais* point peur », ce qui ne donne pas la mesure; au lieu d'ajouter *de*, peut-être faut-il lire : « n'*aie* point peur ».

Au *présent du subjonctif*, citons la forme archaïque *aie* pour *ait* (*F. du S.*, I, III; III, 123). *Aie* ne disparut pas complètement, mais tous les grammairiens allaient désormais le regarder comme une grosse faute. (Voy. Vaugelas, t. I, p. 171.) Nous trouvons aussi quelques secondes personnes du pluriel en *ez* qu'il ne faut sans doute pas regarder comme des fautes d'impression : *Ne faites que... vous laissez courir* (*Did.*, IV, III; I, 71).

A l'*infinitif*, signalons le barbarisme *remplire* [1] (5° *j.*, IV, II; 341; *Alcm.*, I, (II); V, 377). Au *participe passé*, *résoudre* fait souvent *résout* au lieu de *résolu* (*Alcm.*, IV, (II); V, 431; en rime avec *vous absout*).

Parmi les formes les plus remarquables des verbes à radical variable, citons : *je plore* (*Am. Vict.*, V, I; V, 533); *épreuvent* et *appreuvent* (*Alphée*, V, III; I, 531); *épreuvés* (*Did.*, II, II; I, 19); *découvre* (texte : *découvre*, mais ce mot rime avec *œuvre* : *Ach.*, IV, I; II, 70); *qu'on poise* (8° *j.*, II; 18).

Je me recous est un barbarisme qu'il faut moins regarder comme étant l'indicatif présent de *recourir* ou de *recourre* que comme formé sur le participe *recous* (*Corine*, V, II; III, 536).

III

Syntaxe.

1. SUBSTANTIF ET ADJECTIF. — A. — Hardy partage toutes les hésitations de son temps au sujet du genre des mots *affaire*, *âge*, *coche*, *dot*, *doute*, *erreur*, *étude*, *foudre*, *guide*, *idole*, *navire*, etc., etc. Mais nous n'avons pas trouvé chez ses contemporains les masculins *alarme* (*Am. Vict.*, III, IV; V, 511); *ambassade* (*Arsac.*, I, I; II, 300); *dîme* (*Am. Vict.*, V, II; V, 546); *écorne* (*Arsac.*, I, II; II, 314) [2]; *extase* (*Procr.*, V; I, 318); *infortune* (*Alceste*, V; I, 386); *ombre* (*Alex.* III, I; IV, 111); *rancœur* (*Am. Vict.*, I, II; V, 467, repris par M. Alph. Daudet, *l'Évangéliste*,

---

1. Garnier a dit *bénire* : *Tressaillant d'allégresse en bénire le jour* (*Cornélie*, acte III, vers 905); mais *bénire* vient d'un infinitif latin proparoxyton, ce qui n'est nullement le cas de *remplire*.

2. Je n'ai pas non plus trouvé ce mot employé au masculin dans les écrivains du XVI° siècle; mais « H. Estienne, dans le premier de ses dialogues, fait ainsi parler Philausone (p. 91) : « En veci encore un autre (exemple) fort gentil de ceux qui, au lieu de dire : Il lui a fait un grand *scorne*, prononcent, les uns : il lui a fait *un grand escorne* (qui est le moins mauvais), les autres *un grand excorne*, les autres *une grande écorne*, les autres *une grande corne...* » (L. Lalanne, *Lexique de Brantôme*, p. 251.)

p. 173 de l'éd. in-12); *tige* (*Ariad.*, I ; I, 398). Nous en dirons autant des féminins *bronze* (*Frég.*, V, III ; IV, 294) et *phoque* (*Alcm.*, III, III ; V, 415). Nous n'avons vu le masculin *humeur* (*Pant.*, II, I ; I, 170) que dans Chapelain, I, 688. Quant à *pleurs* (*Frég.*, II, I ; IV, 243), Régnier l'a fait aussi du féminin, et de même J.-J. Rousseau et Lamartine[1] ; nous ne le citons que parce que Littré, oubliant de très nombreux exemples du XVIe siècle, a déclaré que c'était là une « faute que rien n'excuse ». (Voy. le *Dictionnaire* et le *Supplément.*)

Les emplois suivants semblent n'avoir existé ni avant ni après Hardy et constituer simplement des solécismes :

Masculins : *entrave* (4e *j.*, II, II ; 237) ; *révolte* (*Phra.*, II, I ; IV, 407).

Féminins : *caprice* (*Tim.*, III, (I) ; V, 54) ; *esprit* (*Frég.*, IV, I ; IV, 278) ; *phoque* (*Alcm.*, III, (III) ; V, 415).

B. — Hardy donne une valeur adjective à un assez grand nombre de substantifs, contrairement à l'usage de son temps :

Abuseur, qui trompe. (7e *j.*, II, III ; 465.)
Affronteur, id. *Alph.*, (I, II ; I, 505.)
Aïeul, des aïeux. (« Des vertus aïeules possesseurs », 7e *j.*, IV ; 489.)
Artiste, artistique. (« Artiste structure », *Alcée*, I, II ; II, 504.)
Avocate. (« Prière avocate », *Coriol.*, IV, III ; II, 163.)
Picoreur, qui picore. (*Did.*, III, I ; I, 27.)
Prophète, prophétique. (*Did.*, V ; I, 81.)
Sorcière, de sorcière. (*Corine*, I, III ; III, 484.)
Vainqueresse. (*Alceste*, V ; I, 384.)
Vieillard, de vieillard. (*F. du S.*, III, II ; III, 150.)
Vipère, vipérin. (*Scéd.*, III ; I, 125.)

La plupart de ces emplois étaient archaïques ; ceux d'*abuseur*, d'*avocate* et de *picoreur* sont peut-être propres à Hardy ; *artiste* est aussi employé adjectivement par Du Bartas, mais d'une manière assez différente : *mes artistes mains* (Pellissier, p. 199).

Inversement, et sans parler des adjectifs employés seuls avec un article ou un pronom (*ce détestable* : *Did.*, IV, III ; I, 58 ; de même dans Rotrou), Hardy donne à quelques adjectifs une valeur entièrement substantive :

Dive, déesse. (*Did.*, I, II ; I, 10.)
Célestes, les Dieux. (*Scéd.*, IV ; I, 126.)
Décis, décision, du participe *décis*. (*Rav. Pr.*, V, II ; III, 99.)
Improspère, malheur. (*Tr. d'A.*, IV, I ; IV, 552.) Ce dernier emploi n'a pas été rencontré par nous avant Hardy.

---

1. D'Urfé aussi, dans l'*Astrée*, « t. II, p. 607, le fait féminin, mais mal ». Patru (*Remarques... de Vaugelas*, t. II. p. 147.)

C. — Une autre façon de substantifier les adjectifs consiste à les employer avec un article ou un pronom neutre. Les exemples de ce procédé sont innombrables chez Hardy : *le semblable*, une chose semblable (*Alceste*, IV, I; I, 365); *le futur*, l'avenir (*Alcée*, III, II; II, 553); *son propre*, son affaire, son travail (*Gig.*, II; III, 229); *son mortel*, son humanité (*Did.*, IV, III; I, 66); *le parfait des beautés* (*Am. Vict.*, II, I; V, 474); *l'obscur des ramées* (*Alph.* I, I; I, 458); *l'épais des halliers* (*Phra.*, II, I; IV, 405); *l'épais des flammes* (*Corn.*, III, III; II, 249); *le commun d'une armée* (2° *j.*, V, I; 126); *le concave des cieux* (2° *j.*, V, III; 129); *le clair de vos vertus* (*Mar.*, I, II; II, 408); *le faux d'un populaire bruit* (*Mar.*, III; II, 459); *le vermeil du visage* (*Mél.*, III, II; I, 243); *le profond d'une grotte* (*Fél.*, I, II; III, 305); *mon plus précieux* (*Frég.*, V, I; IV, 286); etc., etc.

D. — Ronsard avait donné « à l'adjectif français un emploi aussi peu ordinaire dans notre langue qu'usité chez les poètes latins. Le qualificatif exprime en français la qualité et la manière d'être d'une personne ou d'une chose; Ronsard, à la façon des anciens, l'emploie pour qualifier l'action exprimée par le verbe et lui donne le rôle que remplit habituellement l'adverbe [1]. » Hardy a, sur ce point, imité son maître avec une complaisance remarquable :

Mon père *violent* de son trône arracher. (*Alceste*, I, II; I, 341.)
Paravant son repos *plus solide* établi. (*Alceste*, II; I, 343.)
J'accomplirai *dévot* son oracle. (*Corn.*, I, I; II, 199.)
Afin que l'entreprise *heureuse* nous succède. (*Mél.*, I; I, 222.)
Souci qui là-dessus le travaille *éternel*. (*Did.*, II, III; I, 24.)
Un peuple soumis *volontaire*. (*Did.*, IV, III; I, 69.)
La plupart sous des lois *scrupuleuse* asservie. (*Lucr.*, I, (I); V, 296.)
.... Deux tyrans
L'oppression des lois *successifs* conspirants. (*Tim.*, II; V, 37.)

Les exemples qui suivent sont particulièrement hardis :

Si la requête elle a *difficile* accordée. (*Procr.*, III, I; I, 300.)
Exemplaire punie. (*Mar.*, III; II, 457.)
Qui donc s'étonnera, si le soulas offert
Unanime s'accepte. (*Ach.*, II, II; II, 30.)

En voici même qui sont illogiques :

Notre saint Père en son autorité
A *préalable* instruit dessur la vérité. (*Elm.*, V, (II); V, 187.)

1. Darmest. et Hatzfeld, p. 119 (*l'École de Ronsard*).

De viande toute crue *avide* dévorée. (*3 j.*, III, 1; 165.)
Où les rois, égalés au pauvre bûcheron,
Chargent *indifférents* la barque de Caron. (*Alceste*, II; I, 343.)

E. — Signalons enfin quelques emplois, dont les trois premiers se retrouvent dans les écrivains antérieurs à Hardy, un autre dans Malherbe, et les derniers peut-être nulle part :

Ton âme demie, dimidium animæ. (*Arsac.*, III, 11; II, 350.)
Incompatible à, incompatible avec. (*Coriol.*, arg.; t. II.)
Manque de, privé de. (*Procr.*, IV; I, 308.) On trouve au XVIe siècle *manque en;* François de Sales et Olivier de Serres ont encore employé cet adjectif, mais sans complément. (Godefroy.)
Fertile de, fertile en. (*5e j.*, II; 318.) Malherbe.
Absolu de, maitre absolu de. (*Daire*, II, 1; IV, 14.)
Fâcheux d'approcher, fâcheux à. (*Am. Vict.*, III, 11; V, 496.)
Facile d'abuser, facile à. (*Rar. Pr.*, IV, 111; III, 71.)

2. ARTICLE. — La syntaxe de l'article dans Malherbe ressemble encore beaucoup à celle qui était en vigueur au XVIe siècle. Aussi ne signalerons-nous qu'un très petit nombre d'emplois de Hardy.

L'article est exprimé dans quelques locutions où nous n'avons pas l'habitude de le rencontrer : *pour le sûr* (*3e j.*, V, 111; 214), *au précédent,* précédemment (*6e j.*, II, 1; 387). Cet emploi se rattache à celui de l'article neutre, dont nous avons signalé la fréquence dans notre auteur.

Inversement, nous lisons : *en faveur de* pour *à la faveur de* (*2e j.*, II, 1; 87); *en malheure* pour *à la malheure* (*Alph.*, I, 111; I, 464). *En faveur de* se retrouve dans Rotrou et dans Corneille.

Exemples d'ellipses : *au cœur d'hiver* (*Did.*, IV, 11; I, 49); *révoquer... et... ne sont que chose même* (*Mél.*, III, 11; I, 240).

Article partitif : *Cypris parfois l'attire à des plus doux ébats* (*Scéd.*, I, 11; I, 93).

Valeur démonstrative de l'article : *N'enviez votre heur de la façon* (de cette façon, cf. les locutions *de la sorte, dans le temps*) (*Did.*, I, 11; I, 9).

Malherbe ne supprime plus l'article avec le superlatif [1]. Hardy écrit au contraire : *la prudence plus renommée* (*Scéd.*, V; I, 146); *qui lui suadera... La vérité plus claire être une menterie* (*Pant.*, II, 11; I, 173); *Où Mars fit remarquer ses tours plus inconstants* (*Ach.*

1. Corneille, au contraire, offre encore quelques exemples de cette suppression. Voy. Jacobi, *Syntact. St. über P. C.*, p. 17.

I, II; II, 13); *Les plus séditieux deviennent plus contents* (*Tim.*, I; V, 11).

3. Déterminatifs. — La locution *comme celui qui*, répondant au latin *utpote qui*, ne se retrouve plus dans Malherbe ni dans Corneille[1]. Hardy écrit encore : *déférant Mariamne vers Sa Majesté, comme celle qui lui avait voulu persuader un mélange de poison parmi son breuvage* (*Mar.*, arg.; t. II); *il n'y a celui du peuple qui l'endure* (*8ᵉ j.*, III; 30).

Des façons de parler comme : *pour ce*, pour cela (*Scéd.*, I, II; I, 94); *ce crois-je* (*Fél.*, V, II; III, 382); *à ce contrarier*, être contraire à cela (*Am. Vict.*, V, II; V, 544); *ce qu'outre la coutume Tel supplice on diffère, un espoir me rallume*, c.-à-d. ce fait que (*Phra.*, II, III; IV, 416), etc., ne caractérisent en rien la langue de Hardy. Mais l'ellipse de *ce* devant un relatif paraît ici beaucoup plus fréquente et beaucoup plus hardie que dans Malherbe : *tu ne sais que tu dis* (*Alcm.*, II, (II); V, 394); *dites-moi libres* (librement) *qu'il vous en semble* (*Ach.*, II, I; II, 20); *voici qu'il contenait* (*1ʳᵉ j.*, II, I; 14); *ne nous fais plus souffrir pour nos pères faussaires Que nous avons souffert* (*Did.*, III, II; I, 44); *juge que nous ferons* (*Alc.v.*, II, II; IV, 102); *que c'est d'avoir une belle assurance, ce que c'est que...* (*Tr. d'A.*, II, III; IV, 520); *or qui doit courageux vous animer plus fort* (*Daire*, II, I; IV, 15); *or qui plus vous console... Est que* (*Daire*, V, III; IV, 71).

Remarquons enfin l'emploi de *celui-là* avec un complément : *Tu nous as d'un bon roi façonné le modèle, Montre ores celui-là de bon père envers elle* (*8ᵉ j.*, IV; 40)[2].

4. Relatifs et interrogatifs. — Quoique Malherbe, dans son commentaire sur Desportes, blâme un certain nombre des emplois que le XVIᵉ siècle donnait aux relatifs et aux interrogatifs, on les retrouve tous, ou à peu près tous, dans ses écrits et dans ceux de ses contemporains. Nous n'insisterons donc pas sur des phrases comme : *ces chétifs lesquels tu triomphas* (*Scéd.*, I; I, 162); *certain pauvre homme, le nom duquel était Phédime* (*Alcée*, arg.; t. II); *cet effort suprême Où s'agit de la gloire* (*Tim.*, I; V, 6); ou bien : *Ains qui peut à ton sort n'être ici délectable?* pour : qu'est-ce qui peut...? (*Did.*, I, I; I, 4.)

---

1. Le dernier exemple cité par M. Carl Lahmeyer est emprunté à Régnier. (*Das Pronomen in der franz. Spr.*, p. 41.)
2. Voy. des ex. de Marot et de Régnier dans Lahmeyer, *Das Pronomen*, p. 43.

· Disons plutôt que la construction, d'ailleurs restée classique, de *qui* pour *si l'on* est extrêmement répandue dans Hardy : *Nous n'aurons jamais fait, qui te croira* (*Lucr.*, II, (III) ; V, 314) ; *Va plus loin, qui tu voudras moquer* (*Am. Vict.*, II, III ; V, 492) ; *La foi, qui veut sortir d'un désastre, est requise* (*Alceste*, II ; I, 345) ; *Résolu de tenir sa foi, qui la tiendra* (*Gés.*, I, IV ; IV, 313) ; *Aussi grave de port que qui soupçonnerait son innocence à tort* (*Mar.*, III ; II, 448).

Citons encore un exemple de pléonasme : *Une si agréable et si gentille hôtesse, Que seule on la laissa...* c.-à-d. qu'on laissa seule. (*F. du S.*, V, v ; III, 196.)

5. INDÉFINIS. — *L'autrui* (*Alcée*, II, III ; II, 544) est encore dans Malherbe.

Chacun an (*Did.*, III, II ; I, 45) y est aussi, mais le réformateur ne l'en blâme pas moins chez Desportes.

« Au sens de *idem*, dit M. Darmesteter [1], *même* s'est toujours fait suivre du nom. » Cependant Hardy écrit : *Révoquer et... ne sont que chose même* (*Mél.*, III, II ; I, 240), et Malherbe, non plus que Corneille, ne se sont interdit des phrases semblables.

L'emploi, resté classique, de *un* comme pronom et dans le sens de *quelqu'un* est assez habituel pour que nous soyons amené à le signaler : *un la gloire des dieux* (*Gig.*, V ; III, 276) ; *un, de tous les malheurs la malheureuse proie* (*Did.*, II, I ; I, 14) ; *une qui tient de moi* (*Did.*, II, I, 13) ; *l'amère volupté d'un que la gloire anime* (*Ach.*, I, II ; II, 15).

6. PRONOMS PERSONNELS. — L'ellipse du pronom personnel sujet se pratiquait encore fréquemment au temps de Hardy ; mais l'insistance, et l'on pourrait presque dire la régularité avec laquelle Hardy la pratique n'en offre pas moins quelque chose d'archaïque [2] ; citons quelques exemples : *montre que lui devons une ferme fiance* (*Gig.*, II ; III, 226) ; *ainsi qu'avez vu* (2º *j.*, III, II ; 108) ; *qui que soyez* (*Corn.*, I, III ; II, 201) ; *Pourquoi? si députez vos officiers après?...* (*Scéd.*, V ; I, 140) ; *montre qu'apportera*, c.-

---

1. P. 261.
2. « Tu n'oublieras jamais les articles », avait dit Ronsard, *Art poét.*, fº 8 vº ; et « autant en est-il des pronoms primitifs, comme *je, tu*, que tu n'oublieras non plus, si tu veux que tes carmes soient parfaits et de tous points bien accomplis. » Mais Ronsard lui-même était-il resté fidèle à sa doctrine? Voy. Karl Becker, *Synt. St. über die Plejade*, p. 56 à 62. De nombreux exemples d'ellipse des pronoms personnels sont cités dans Lahmeyer, *Das Pronomen*, p. 13 sqq.

à-d. *qu'il apportera* (*Gig.*, II ; III, 226) ; *Cela me sentirait son siècle d'innocence. — Sente ce qu'il voudra* (*Pant.*, III, II ; I, 184).

L'impersonnel *il* est aussi beaucoup moins employé que dans Malherbe et dans Corneille : *faut que...* (*Alcm.*, II, (I) ; V, 390) ; *C'est pourquoi te convient surprendre sur le fait* (*Procr.*, IV ; I, 317) ; *Sous les lois de l'hymen te plaise revenir* (*Procr.*, IV ; I, 316) ; *Qu'advienne après du rapt perpétré, ne m'importe* (*Rav. Pr.*, II, I ; III, 18) ; *Où s'agit de la gloire et de la liberté* (*Tim.*, I ; V, 6) ; *pour vaincre est besoin d'assurance* (*1re j.*, II, II ; 16) ; *Ses voiles sont enflés et ne fait point de vent* (*Ariad.*, V, (II) ; I, 438) ; *manque implorer*, c.-à-d. il ne me reste plus qu'à implorer (*Alcée*, I, II ; II, 507) ; *s'appelle que* (c.-à-d. que, ainsi) *n'avez rien davantage à dire* (*Corn.*, II, I ; II, 212).

L'ellipse du pronom régime est plus rare ; mais on en trouve des exemples remarquables : *Va, dis-lui que... Une guerre et aux siens* (c.-à-d. à lui et aux siens) *mortelle je déclare* (*Rav. Pr.*, I, II ; III, 10) ; *Réjouis-toi, Saturne, en ce monde écarté, Qui te rends sous mes fils la chère liberté*, c.-à-d. réjouis-toi de m'entendre, moi qui... (*Gig.*, I ; III, 219). *Plutôt que commandé, tu vois l'œuvre parfaire*, c.-à-d. tu me vois, et *commandé* se rapporte à *me* (*Gig.*, II ; III, 222).

L'emploi de *je* comme antécédent du relatif devenait de plus en plus rare ; il ne l'est pas chez Hardy : *Ne le saurais-je pas, qu'engendra de Sémèle Celui qui tient le foudre?* (*Ariad.*, V, (III) ; I, 439).

Citons encore quelques spécimens des emplois de notre auteur : *plaise-toi donc*, archaïsme pour *qu'il te plaise*[1] (*Corine*, IV, I ; III, 516) ; *y prétendait la même chose : y* veut dire *sur Aristoclée* (*Arist.*, arg. ; t. IV) ; *Si faut-il malgré moi se résoudre d'aller* (*Did.*, IV, II ; I, 55) ; et *Nature nous oblige à s'entre-subvenir* (*3e j.*, IV, I ; 181), association d'un pronom de la première et d'un pronom de la troisième personne. Les pléonasmes sont très nombreux[2] : *D'armes, vous les avez en ce corps maternel* (*Gig.*, I ; III, 218) ; *Las! de ta tyrannie, à quoi tient, infidèle, Qu'ainsi que des périls je ne triomphe d'elle?* (*Alceste*, I, II ; I, 342) ; *de ses cruautés tu t'en pourrais moquer* (*Ariad.*, III ; I, 419).

7. Pronoms possessifs. — On les trouve fort librement employés comme adjectifs : *ce tien premier dédain* (*Am. Vict.*, II, I ; V, 478).

---

1. Voy. Lahmeyer, *Das Pronomen*, p. 9.
2. Cf., pour le XVIe siècle, Lahmeyer, *Das Pronomen*, p. 22.

8. VERBES.

A. FORME DU VERBE. — *1.* Le verbe est assez souvent remplacé par une périphrase formée de *aller* ou *être* et du participe présent du verbe : *un affaire important Plus de séjour ici ne me va permettant* (Scéd., II, 1; I, 98); *crime... que tu vas reprochant* (Corn., I, IV; II, 206); *soit se joignant* (Did., I, II; I, 11).

2. Le pronominal est souvent mis à la place du passif : *Jamais de Pan ne s'exauce ma voix!* (Alcée, I, 1; II, 498); *Ses bienfaits reprochés se rediraient de l'air* (Ariad., II; I, 411); *le miel des hauts chênes fluide... des mouches se confit* (Rav. Pr., IV, 1; III, 58); *le préparatif... Se fait par l'étranger d'un partement fuitif* (1ʳᵉ j., IV, III; 50).

3. Un très grand nombre de verbes sont employés par Hardy, ou d'une façon archaïque, ou, au contraire, d'une façon toute nouvelle. Signalons d'abord les emplois qui nous paraissent archaïques.

— Les verbes qui suivent sont actifs dans Hardy, et ne l'étaient plus, au moins avec la même acception, dans les écrivains consultés du commencement du XVIIᵉ siècle.

Asséner qqn, le frapper. (Tr. d'A., II, 1; V, 509.)
Avorter une entreprise, la faire avorter. (Did., II, III; I, 21.) *Spectre avorté de la peur*, produit par... (Did., I, II; I, 9.)
Broncher, abattre. (« *Corps bronché* », Corn., I, IV; II, 207.)
Brosser les forêts, courir à travers. (Procr., 1; I, 280.)
Butiner, prendre en butin, détruire. (Mél., IV, III; I, 257. Cf. Scéd., III; I, 124.)
Converser le peuple bocager, vivre avec. (Fél., V, II; III, 371.)
Débonder des pleurs, en causer. (Phra., IV, II; IV, 446.) En verser. (Alceste, II; I, 343.)
Éclater un méchef, — *sa voix*, faire éclater. (Corn., II, II; II, 218; Tr. d'A., IV, IV; IV, 574.)
Escarmoucher, escarmoucher contre. (Tr. d'A., II, III; IV, 519.)
Étinceler ses flammes, les faire étinceler. (Tim., IV, (1); V, 72.)
Forhuer les chiens, les appeler en sonnant d'un instrument. (Alcée, IV, V; II, 590.)
Influer qqch., influer sur, produire, terme d'astrologie. (Fél., IV, III; III, 362.)
Lutter, lutter contre. (Ariad., IV; I, 432.)
Mécompter, induire en erreur. (Ach., IV, II; II, 79.)
Moquer, se moquer de. (Alcm., V; V, 445.) Malherbe et Corneille n'ont plus que le passif *moqué*.
Opiner qqch. (Fél., V, II; III, 382.) Se retrouve dans P.-L. Courier. (Littré.)
Opter qqch., opter pour, choisir. (Ach., I, 1; II, 10.)
Pâmer, faire pâmer. (Gig., V; III, 273.) Chapelain, I, 463.

Pleuvoir qqch., l'envoyer. (*Mar.*, III; II, 446.) Chapelain, I, 394.
Prospérer, faire réussir. (*Dor.*, III, II; III, 426.) Voy. Vaugelas, t. II, p. 381.
Rebrousser son coche, le faire retourner. (*Dor.*, IV, III; III, 450.) L'actif ne se trouve plus que dans quelques locutions consacrées.
Remédier un mal, y remédier. (*Alceste*, II; I, 344.)
Reprocher qqn, lui faire des reproches. (*Phra.*, II, IV; IV, 419.) *Reproché de*, à qui l'on reproche de. (*Mar.*, II, I; II, 425.)
Résister la contrainte, y résister. (*Coriol.*, IV, IV; II, 171.)
Rétrograder, faire rétrograder. (*Did.*, IV, III; I, 61.) Du Bartas.
Sangloter son âme, l'exhaler, rendre le dernier soupir. (*Gés.*, IV, v; IV, 364.)
Tempêter les rocs, lancer la tempête sur, bouleverser. (*Scéd.*, III; I, 110.)
Trébucher, précipiter. (3ᵉ *j.*, III, I; 165.)

Voir plus loin ce qui sera dit de l'ellipse des prépositions devant l'infinitif.

— Les verbes suivants sont neutres chez Hardy et actifs chez ses contemporains, ou construits ici avec une préposition et ailleurs d'une façon absolue, et *vice versa*.

Attenter de et l'infinitif, tenter de. (*Rav. Pr.*, II, III; III, 26.)
Capituler d'amour, de mariage, s'entendre sur. (*Ach.*, III, II; II, 53, et arg.) *Capituler que*, décider que. (*Frég.*, I, I; IV, 237.)
Contrarier à, être en désaccord avec. (*Am. Vict.*, V, II; V, 544.)
Défermer de, faire sortir d'un lieu où l'on était enfermé. (3ᵉ *j.*, II, I; 152.)
S'écouler de qqn, s'échapper de, s'éloigner de. (*B. Ég.*, II, II; V, 222.)
Gratifier à, témoigner sa reconnaissance à, être agréable à. (*Coriol.*, arg.; t. II.)
Pourvoir que, à ce que. (*Daire*, I, I; IV, 6.)
Rayer à, lancer des rayons à. (« La douce clarté du soleil qui nous raie », *Alcm.*, I, (II); V, 378.)
Redonder sur, retomber sur. (1ʳᵉ *j.*, II, IV; 26.) Schelandre.
Remparer, établir un rempart. (*Tim.*, IV, (I); V, 72.)
Résulter à, aboutir à, produire. (*Alcée*, III, I; II, 547.)
Sacrer qqch. à, consacrer, offrir. (2ᵉ *j.*, II, I; 87.)
Signer à, faire signe à. (*Paul.*, V, I; I, 201.)
Usité à, exercé à. (3ᵉ *j.*, II, II; 153.)

— Actifs ou neutres, qui ne s'employaient que comme réfléchis :

Absenter qqn ou qqch., éloigner, écarter. (*Lucr.*, IV, (II); V, 337; *Scéd.*, II, II; I, 104.)
Accorder, s'accorder. (*Procr.*, III, I; I, 301.) *Accorder avec*, être d'accord avec. (1ʳᵉ *j.*, II, I; 14.)
Approcher à, s'avancer vers. (*Alceste*, V, I; I, 368.) *Approcher qqch.*, rivaliser avec. (*Ariad.*, V, (II); I, 437.)
Déjeter, repousser. (*Coriol.*, II, III; II, 134.)
Écrouler qqch. de, faire tomber du haut de. (*Arist.*, II, I; IV, 160.)

Éjouir, s'éjouir. (Malherbe.) Se réjouir. (*Rav. Pr.,* II, III; III, 36.)

Ensuivre, s'ensuivre, se produire à la suite. (4º *j.,* I, II; 226.) *Ensuivre sa nature,* la suivre. (*Am. Vict.,* I, II; V, 468.)

Esquiver à, se dérober à. (7º *j.,* I, II; 451.) Repris par Diderot. (*Suppl.* de Littré.)

Fiancer, se fiancer, célébrer ses fiançailles. (*Dor.,* V, II; III, 464.) Je n'ai trouvé cet emploi que dans Brantôme.

Méprendre, commettre une faute. (*Did.,* IV, II; I, 48.) Était resté en style de palais. (Tallemant cité par M. Marty-Laveaux.)

Renforcer, se renforcer. (*Fél.,* IV, II; III, 356.)

Terminer, se terminer, finir. (*Fél.,* IV, III; III, 358.)

Ajoutons qu'un grand nombre de verbes actifs comme *affiner,* tromper (*B. Ég.,* IV, IV; V, 262); *décocher* (des traits) (*Gés.,* IV, II; IV, 262, etc.), sont employés absolument et sans complément. Nous ne pouvons songer à en donner la liste; il suffira, pour en découvrir, de jeter un coup d'œil sur *Théagène et Cariclée.*

— Réfléchis à la place d'actifs ou de neutres :

S'affronter à qqn, l'aborder. (*Alex.,* I, II; IV, 82.)

S'amener, venir. (*Fél.,* II, III; III, 323.) Aujourd'hui dans le langage populaire.

S'avoisiner de, s'approcher de. (*Tr. d'A.,* V, I; IV, 584.) Mme de Gasparin, à l'imitation du parler genevois, a souvent employé *s'avoisiner,* mais sans complément. (*Suppl.* de Littré.)

Se braver de, se vanter de. (*3º j.,* II, III; 163.)

Se décliner des yeux, s'éloigner. (*Ach.,* II, II; II, 33.)

S'embrunir, s'obscurcir. (*Am. Vict.,* IV, III; V, 528.)

S'objecter, se présenter à la vue. (*Dor.,* III, III; III, 429.)

Se remêler dedans, disparaître dans. (*Did.,* IV, I; I, 47.)

— Changements de prépositions :

Acquitter qqn au public, envers le public. (*B. Ég.,* III, II; V, 244.)

Apprendre qqn de, habituer qqn à. (*Tr. d'A.,* I, III; IV, 495.) *Apprendre de,* c.-à-d. apprendre à, s'habituer à. (*Daire,* II, II; IV, 18.) Se trouve aussi dans Théophile. (Godefroy, *Lexique,* t. I, p. 9.)

Astreindre d'obéissance, à l'obéissance. (*Alph.,* II, I; I, 472.)

Communiquer à, avec, avoir des relations avec. (*1er j.,* II, I; 14.)

Dépendre à, consister à. (*Fél.,* III; III, 331.) *Dépendre à* est synonyme de *dépendre de* dans Froissart. (Littré.)

Mouvoir qqn de, pousser qqn à. (*4º j.,* V, I; 275.)

Permuter qqch. à, changer contre. (*Dor.,* V, II; III, 462.)

Persister de servir, à servir. (*Tr. d'A.,* IV, III; IV, 569.)

Supplier qqch. aux Dieux, supplier les Dieux de qqch., leur demander qqch. (*Ach.,* V, II; II, 101.)

Travailler de et l'inf., travailler à. (*7º j.,* II, II; 461.)

— Emplois divers :

Affronter qqn à qqn, les mettre en face l'un de l'autre. (*1re j.*, V, 1; 56.)
Apparoir. (« Un témoignage appert », *6e j.*, II, IV; 395.) Ce verbe est devenu impersonnel.
Machiner de et l'inf., se préparer par des machinations à. (*Corine*, II, III; III, 498.)
Volé, s'étant envolé. (*Ariad.*, II; I, 410.)

4. Parmi les emplois que je vais maintenant citer comme néologiques, un certain nombre existaient sans doute au XVIe siècle, bien que je n'aie pu les y retrouver. Mais il n'est guère croyable qu'ils y existassent tous, et l'étendue même de notre liste prouvera que Hardy, grand ami du solécisme, donnait volontiers des emplois nouveaux aux verbes anciens qu'il employait.

Il a donc fait actifs ou neutres des verbes qui étaient réfléchis, et réfléchis d'autres verbes qui étaient actifs ou neutres. Mais il est un procédé qu'il affectionne et sur lequel nous devons insister particulièrement.

Parmi les verbes que nous avons cités comme archaïquement actifs, il en est qui ont une valeur *causative* par rapport aux formes qui leur ont succédé, c'est-à-dire que leur sujet n'accomplit pas, mais fait accomplir l'action marquée par cette nouvelle forme. Ainsi *avorter une entreprise* signifie faire qu'elle avorte; *débonder des pleurs*, faire qu'ils débondent; *éclater sa voix*, faire qu'elle éclate; *étinceler ses flammes*, faire qu'elles étincellent; *mécompter, pâmer, rétrograder qqn*, faire qu'il se mécompte, qu'il se pâme, qu'il rétrograde, etc. De même Hardy a créé quantité de formes actives, lesquelles sont *causatives* par rapport à celles qui étaient en vigueur :

Affranchir à qqn un passage, le lui faire affranchir. (Voy. aux sens néologiques, p. 581.) (*Elm.*, IV, (III); V, 176.)
Aventurer qqn à, le faire s'aventurer. (*Corn.*, IV, 1; II, 255.)
Effaroucher de, faire qu'on s'effarouche de, qu'on soit farouche vis-à-vis de. (*Frég.*, II, 1; V, 247.)
Élancer les entrailles, faire qu'elles élancent, qu'elles éprouvent des lancinations. (*Corn.*; II, III; II, 226.)
Esquiver qqn de, faire qu'il s'esquive, se préserve de. (*Alcée*, IV, IV; II, 584.)
Évaporer. Leur aspect évapora ma crainte, fit qu'elle s'évapora. (*Scéd.*, V; I, 142.)
Expirer des tourments, faire qu'ils expirent, finissent. (*Alcm.*, IV, (II); V, 428.)
Extravaguer qqn, faire qu'il extravague. (*F. du S.*, II, II; III, 135.)

Grêler qqch., faire tomber comme la grêle. (3º *j.*, III, ıı; 175.)
Hérisser qqn d'effroi, faire qu'il se hérisse. (*Alex.*, III, ı; IV, 109.)
Rebrousser les courses de l'ennemi, faire qu'il les rebrousse. (Voy. aux emplois archaïques, p. 593.) (2º *j.*, V, ıı; 127.)
Rechigner sa trogne, faire qu'elle rechigne. (*Gig.*, III, ı; III, 246.)
Remarquer. Même chemin tenu remarquerait nos pas, ferait qu'ils seraient remarqués. (*F. du S.*, I, ııı; III, 123.)
Repleuvoir des larmes, faire qu'elles tombent de nouveau. (*Alceste*, V; I, 381.)
Sourcer à qqn des pleurs, faire qu'ils sourcent. (*Ach.*, I, ı; II, 10.) Cf. *Chez qui source le Nil.* (7º *j.*, IV, ıv; 481.) Ce verbe était archaïque : voy. p. 572.
Surgir un vaisseau au port, le faire surgir. (*Daire*, III, ı; IV, 32.)
Tempêter un esclandre, faire qu'il se produise comme une tempête. (*Ach.*, II, ı; II, 19.)

— Autres verbes actifs dont l'emploi paraît nouveau :

Abayer qqch., convoiter. (*Tr. d'A.*, IV, ı; IV, 554.)
Acquitter son office, s'acquitter de. (*Gig.*, III, ı; III, 243.)
Assister un banquet, assister à. (*Arist.*, IV, ııı; IV, 204.)
Avoir besoin. (« Ce qu'ils ont besoin », 5º *j.*, II; 315.)
Changer couleur, changer de couleur. (*F. du S.*, IV, ıı; III, 167.)
Croiser à qqn ses pas, aller au-devant de. (*Did.*, III, ı; I, 28.)
Démériter qqch, cesser de mériter. (*Ach.*, II, ıı; II, 30.)
Se dispenser qqch., se dispenser de. (*Dor.*, I, ı; III, 398.)
Disputer qqch., le disputer à qqch., rivaliser avec. (*Frég.*, I, ı; IV, 230.)
Enquérir qqch., s'enquérir de. (*Gig.*, III, ı; III, 241.)
Entre-suivre qqn, le suivre de près. (*Rav. Pr.*, II, ı; III, 19.)
Informer qqch., s'informer de. (*Alcm.*, II, (ıı); V, 396.)
Puiser une bourse, puiser dans. (*B. Ég.*, III, ıı; V, 244.)
Réciproquer qqch., rendre la pareille à qqn en s'acquittant de qqch. (*Arsac.*, IV, ı; II, 363.)
Réconcilier qqn, se réconcilier avec. (*Arist.*, IV, ı; IV, 192.)
Réunir qqn, se réunir à, rejoindre. (*Arsac.*, V, ıı; II, 387.)
Se séparer qqn, éloigner qqn de soi, se séparer de lui. (*Mar.*, IV, ıı; II, 465.)
Triompher qqn, triompher de. (*Tr. d'A.*, I, ııı; IV, 494.)
Voyager le monde, à travers le monde. (*Procr.*, II, ıı; I, 292.)

— Verbes dont l'emploi comme neutres ou avec une préposition paraît nouveau :

Affluer de, avoir beaucoup de. (*Corn.*, I, ıv; II, 203.)
Affronter à, se mettre en présence de. (*Frég.*, III, ı; IV, 258.)
Aller. Comment va de ta compagne? Comment va-t-elle? (*Am. Vict.*, II, ı; V, 481.)
Composer de rançon, traiter d'une rançon. (*Pant.*, III, ı; I, 178.)
Frisotter en ondes, en parlant des cheveux. (*B. Ég.*, I, ı; V, 203.)
Gauchir du devoir, se détourner de. (*Pant.*, III, ı; I, 174.)
Méprendre à qqn, faire tort à. (Iʳᵉ *j.*, V, ııı; 65.)

Nier. De vous le raconter notre malheur me nie, m'empêche. (2ᵉ j., V, III; 130.)

Précéder à qqn, précéder qqn. (*Tim.*, IV, (I); V, 69.)

Recourir qqn du trépas, le recourre de, le sauver. (*B. Ég.*, III, I; V, 235.)
  Recouru de l'onde. (*Did.*, III, I; I, 37.)

Seconder à des vœux, répondre à. (*Mar.*, II, I; II, 422.)

Soutenir à qqch., soutenir qqch., résister à qqch. (*Alceste*, III; I, 365.)

— Verbes néologiquement actifs ou neutres, à la place de réfléchis :

Cailler, se cailler. (*Tr. d'A.*, I, IV; IV, 505.)

Choquer, se choquer, se heurter. (*Elm.*, V, (II); V, 189.) Se retrouve dan Rotrou.

Combler. Vos louanges comblent, sont portées au comble. (*Phra.*, III, IV; IV, 435.)

Désaltérer, se désaltérer. (*Dor.*, IV, II; III, 446.)

Esquiver du supplice, se garantir de. (*Coriol.*, V, II; II, 181.)

Figer, se figer. (*Daire*, V, I; IV, 60.)

Glacer, se glacer. (*Ach.*, II, III; II, 34.) M. Godefroy cite *glacer* au sens de être glacé dans un texte de 1613.

Imprimer un arbre, une bouche, s'imprimer dans ou sur, s'appliquer sur. (*Elm.*, III, (II); V, 157.)

Faire paraître, se faire paraître, se manifester. (*Coriol.*, I, I; II, 111.)

Pourvoir de, se pourvoir de. (*Tr. d'A.*, II, IV; IV, 525.)

Quereller, se quereller. (*Tr. d'A.*, I, I; IV, 488.)

— Verbes néologiquement réfléchis :

S'affecter à, s'attacher à. (*Am. Vict.*, I, I; V, 458.)

S'attiser, s'enflammer. (« Ton œil de colère s'attise », 3ᵉ j., III, II; 173.)

Se cailloter, se cailler. (*Corn.*, III, II; II, 239.)

Se composer de voix, composer sa voix. (*Did.*, V; I, 74.)

Se démordre, se détacher. (*Ach.*, I, I; II, 8.)

S'empouper, en parlant du vent. (*Arist.*, II, I; IV, 161.) On disait au XVIᵉ siècle : *empouper la flotte*.

S'essourder, devenir sourd, faire le sourd. (5ᵉ j., IV, IV; 349.) L'actif *essourder* (2ᵉ j., III, III; 111) se lit dans Bertaut.

Se rembrouiller, s'embrouiller de nouveau. (2ᵉ j., V, III; 129.) Nicot donne l'actif *rembrouiller*.

— Changement néologique des prépositions :

Aspirer de, aspirer à. (*Rav. Pr.*, III, II; III, 49.) Se retrouve dans Pascal. (Littré.)

Consister de lions, consister en. (*Tim.*, III, (II); V, 61.) *Consiste d'aviser*, à aviser. (*Elm.*, I, (II); V, 124.) *Le doute consiste de pouvoir*, consiste en ceci, comment nous pourrons. (*Daire*, I, II; IV, 7.)

Discorder à, être en désaccord avec. (*Phra.*, I, III; IV, 389.)

Disposé de poursuivre, à poursuivre. (*Rav. Pr.*, II, II; III, 21.)

Échanger à, contre. (*Frég.*, II, 1; IV, 242.) D'où : *échange à* (*Alex.*, III, II; IV, 114), qui se trouve aussi dans Malherbe.
Éclater de sanglots, en sanglots. (*2ᵉ j.*, II, II; 93.)
S'entretenir sur, s'entretenir de. (*Scéd.*, II, I; I, 97.)
Obstiner de larmes, faire qu'on s'obstine à pleurer. (*2ᵉ j.*, II, II; 92.) Corneille dit *obstiner à* et Malherbe *obstiner sa persévérance*.
Occasionner à, donner occasion de. (*Mar.*, arg.; t. II.)
Rechanger à, donner en échange de. (*Rav. Pr.*, I, III; III, 12.)
Avoir recours en, avoir recours à; cf. la locution consacrée « mon recours est en... ». (*Alcm.*, II, (I); V, 389.)
Sympathiser à, avec. (*Daire*, III, I; IV, 32.)
Triompher dessus, de. (*Arsac.*, II, I; II, 316.)
Usurper à qqn, usurper sur. (*Arsac.*, IV, I; II, 363.)

— Emplois néologiques divers :

Faire de et l'inf. = faire que et le subj., faire autrement que de : *tu ne pouvais, Achille, Faire de n'expirer au siège de la ville*. (*Ach.*, I, I; II, 4.)
Moyenner que, obtenir que. (*Arsac.*, III, I; II, 341.)
Pouvoir. Ne peuvent où chercher, ne trouvent pas où, ne savent pas où. (*Elm.*, IV, (II); V, 173.) Même emploi dans Rotrou.

5. Le passif est quelquefois exprimé par une périphrase : *par qui votre peur s'en va close* (*1ʳᵉ j.*, II, III; 19); *Qui s'en allait, coupable, aussi soudain perdue* (*B. Ég.*, II, III; V, 226).

6. L'infinitif actif est souvent employé avec la valeur du passif dans des locutions qui ont une couleur archaïque : *qu'est-il de faire?* (*3ᵉ j.*, IV, II; 191); *fâcheux d'approcher* (*Am. Vict.*, III, II; V, 496); *en attendant mes murs à ruiner D'un germain parricide* (*Did.*, III, I; I, 30).

B et C. MODES ET TEMPS.

1. *Subjonctif.* La conjonction *que* est très souvent supprimée dans les propositions qui expriment un vœu sans être amenées par un verbe : *s'éclate la tempête* (*Tr. d'A.*, III, II; IV, 536); *Jamais de Pan ne s'exauce ma voix* (*Alcée*, I, I; II, 498); *Soit entre nous la noce consommée* (*Tr. d'A.*, V, I; IV, 581); *à moi ne tienne pas*, cf. *qu'à cela ne tienne* (*Rav. Pr.*, II, III; III, 34); *pèchent ou non*, c'est-à-dire que les dieux pèchent ou non (*Alcm.*, I, (II); V, 381). Faut-il voir un subjonctif ou un impératif dans la phrase suivante : *Tu sois, hélas! tu sois la mieux que bien venue* (*Arist.*, V, I; IV, 207 [1])?

L'usage du subjonctif semble moins général dans Hardy que

---

[1]. La syntaxe du moyen âge plaçait volontiers le pronom personnel *tu* devant un impératif. Mais cet usage n'avait-il pas cessé depuis trop longtemps pour que Hardy pût encore le connaître?

dans les écrivains du XVIᵉ siècle ; le caractère archaïque de sa syntaxe des modes se manifeste beaucoup plus par l'emploi de l'indicatif là où nous sommes habitués à trouver le subjonctif : *Puisque tu as permis... Qu'au port de mes désirs un autre s'est ancré* (*1ʳᵒ j.*. I, v ; 12) ; *malheur étrange, accident pitoyable, Que... Tu n'as osé* (*Tr. d'A.*, V, III ; IV, 592) ; *Il me déplait assez... qu'une ardeur de jeunesse insolente Sur leurs amours attenta violente* (*Alcée*, V, III ; II, 608) ; *Du plus brave dessein qu'oncques déesse a fait* (*Gig.*, I ; III, 209). On trouve souvent des négligences comme celle-ci : *Sinon que du respect méprise je me sois, Que l'honneur mérité de moi tu ne reçois* (*Ariad.*, III ; I, 423).

La corrélation des temps est souvent mal observée : *Il volète douteux,.. Fâché qu'il ne pût plus...* (*Ach.*, I, I ; II, 12) ; *n'omets rien qui la puisse éprouver, Rien qui m'apprivoisât sa nature farouche* (*Fél.*, III ; III, 331) ; *Jamais, vivant, je n'encourrai la honte Que mon exploit mis à rien ne se compte, Qu'à mon mépris on enfraignit les lois* (*Tr. d'A.*, V, II ; IV, 588).

Remarquons enfin la fréquence des locutions *qu'ainsi ne soit* (*Did.*, II, III ; I, 23), et *soit que ce soit* pour : quoi qu'il en soit (*Gig.*, III, I ; III, 239) ; et aussi les expressions curieuses *que je puisse* et *que j'estime* analogues aux façons de parler encore en vigueur : *que je sache* et *que je croie* (*Arist.*, I, II ; IV, 157 ; *Alex.*, II, II ; IV, 102) [1].

2. *Infinitif* [2]. L'infinitif est on ne peut plus fréquemment employé comme substantif : *triste remémorer* (*Arsac.*, IV, I ; II, 359) ; *le persévérer dangereux est à craindre* (*Ach.*, II, III ; II, 37) ; *je meurs du penser* (*3ᵒ j.*, I, II ; 150) ; *au partir* (*Fél.*, V, II ; III, 374) ; *au mouvoir du feuillage* (*Procr.*, arg. ; t. I) ; *à ce remémorer* (*Fél.*, IV, II ; III, 347) ; *ton prier dissolu* (*Pant.*, III, I ; I, 176) ; *sur mon parlementer* (*Phra.*, II, IV ; IV, 417).

La proposition infinitive est aussi extrêmement fréquente : *ne permettez Passer impunément de telles cruautés* (*Scéd.*, III ; I, 125) ; *Pardonne si ma voix te profère hardie Ce remède cruel passer la maladie* (*Gig.*, II ; III, 231) ; *que je doute... t'apporter un malheur* (*Mur.*, I, II ; II, 403) ; *Et ce palais doré que je vois dépiter, Énorme de hauteur, celui de Jupiter* (*5ᵒ j.*, II ; 319).

---

1. On peut voir un art. publié par nous dans la *Revue des langues romanes* (juin 1881) : *Je ne sache pas, Que je sache*.
2. Cf. Fritz Klausing, *Zur Syntax des französischen Infinitivs im XVI. Jahrhundert*. Inaugural-Dissertation... Giessen, 1887, in-8º.

Enfin, sans insister sur l'emploi de la préposition *de* devant l'infinitif sujet : *Car de vivre sans vous m'est pis que le trépas* (*Mél.*, V, III; I, 271); *D'ores la visiter serait peu convenable* (*3ᵉ j.*, V, IV; 212), signalons un emploi bien connu du XVIᵉ siècle, mais dont le retour incessant constitue un des traits caractéristiques de la langue de Hardy ; je veux parler de la suppression des prépositions devant l'infinitif régime. — Suppression de la préposition *de* : *capable résister* (*Alph.*, I, III; I, 463); *De semblables propos s'avisa lui tenir* (*2ᵉ j.*, II, II; 97); *je le requiers... éteindre* (*Scéd.*, I, I; I, 90); *ne m'empêchent franchir* (*Ach.*, I, I; II, 2); *Qui la faire valoir à temps n'a tenu compte* (*Fél.*, I, I; III, 296). — Suppression de la préposition *à* : *Ne reste de ce pas qu'en pratiquer l'usage* (*Corn.*, II, I; II, 217); *l'induire... me produire* (*1ʳᵉ j.*, II, IV; 26); *la vive conjecture Vous saluer au nom de ce duc m'aventure* (*Corn.*, IV, I; II, 255). — Fréquemment aussi, il arrive que la préposition exprimée devant un premier infinitif est supprimée devant un second : *si quelqu'un s'ingère... De trahir les amours,... Découvrir à Cérès* (*Rav. Pr.*, IV, I; III, 59).

3. *Participes. Participe présent.* Il varie, même pour s'accorder avec des noms ou pronoms au féminin : *Une rose en l'épais des halliers fleurissante* (*Phra.*, II, I; IV, 405); *notre jeunesse ardente Un départ désiré de ce hâvre attendante* (*Did.*, I, I; I, 5); *Tu préviens la justice, aux enfers trébuchante,* c'est-à-dire en trébuchant, en te précipitant aux enfers (*2ᵉ j.*, II, II; 99).

Hardy emploie très librement le gérondif et, non content de le faire rapporter aux sujets et aux régimes, il l'emploie très souvent d'une façon absolue : *la flotte... Verra, tardant ici tant soit peu davantage* (si elle tarde ou si tu tardes), *De fer, de feu, de sang couvrir tout le rivage* (*Did.*, IV, I; I, 46); *naissant tu étouffes ce bruit* (*Did.*, III, I; I, 34); *Te fera pis, mourant, que la rage des eaux*, c'est-à-dire quand tu mourras (*Did.*, III, I; I, 38); *Le fleuve redouté des dieux en le jurant* (*8ᵉ j.*, 1; 8); *cette autre Cypris Dût avoir, l'approchant, vos courages épris*, c'est-à-dire quand vous l'approchez (*F. du S.*, I, III; III, 122); *venant donc à l'épreuve* (il s'agit de Céphale), *Procris qui commençait à chanceler* (*Procr.*, arg.; t. I); *Que donc il* (le peuple) *sache en toi qu'un homme lui peut nuire, Combien, le déjetant, est à craindre son ire,* c'est-à-dire s'il le déjette, le repousse (*Coriol.*, II, III; II, 134).

4. *Participe passé.* En ce qui concerne l'accord du participe passé, Hardy a conservé toute la liberté du XVIᵉ siècle. Il dit,

avec le régime précédant le verbe : *l'entreprise Qu'ont inspiré les Dieux* (*Did.*, II, III; I, 21); *La bonne impression qu'elle vous a conçu* (*Mar.*, I, II; II, 412); *Elle a de ce mépris la trace découvert* (*Coriol.*, I, II; II, 123); *quelle pêche as-tu fait?* (*Alcée*, I, II; II, 505); ou, au contraire: *quelqu'un a la porte déclose* (*Coriol.*, I, I; II, 115); *Dans son sang généreux eût l'offense lavée* (*Pant.*, III, II; I, 180).

— Avec le régime suivant le verbe, nous trouvons un grand nombre d'emplois conformes à l'usage actuel, et aussi : *Elle n'a point, vu l'âge, encore assise L'affection* (*Tr. d'A.*, I; IV; IV, 500); *je lui ai faussaire supposés Mille et mille attentats encontre vous osés* (*Mar.*, I, 2; II, 410), etc.

— Mais cette liberté de Hardy va beaucoup trop souvent jusqu'au solécisme : *Si jamais action des miennes vous a plue* (*Phra.*, II, I; IV, 405); *ce que la renommée Presque en tous les quartiers de la terre a semée* (*Alcm.*, II, (I); V, 390); *Faveurs qui de mourir ne m'eussent empêchées*, pour rimer avec *reprochées* (*Mar.*, III; II, 449); *Et jamais sa vertu ne m'a récompensée*, dit Soesme, voulant rimer à *pensée* (*Mar.*, III; II, 461); *quelle place t'a si longtemps retenue?* dit un homme à un homme (*Phra.*, II, II; IV, 412); et Didon : *on verrait si les Dieux suppliés M'auraient d'un pesant joug d'oracle déliés* (*Did.*, III, I; I, 35).

Comme le participe présent, le participe passé se rapporte à un mot quelconque de la phrase ou s'emploie très souvent d'une façon absolue [1] : *sa peau, qui des dards ne redoute l'injure, Inutiles reçus les émousse plus dure* (*Mél.*, III, I; I, 237); *Résout, il n'est besoin que plus on te conseille*, c'est-à-dire puisque tu es résolu, *résout* se rapporte à *te* (*Did.*, II, II; I, 20); *Encor si je portais de toi dans mes entrailles, Par la fuite absenté, quelque gage d'amour; absenté* se rapporte à *toi* et signifie quand tu auras été absenté (*Did.*, III, I; I, 30); *La grandeur principale aux monarques requise, Et qui plus, décédés, leur mémoire éternise, décédés* se rapporte à *eux*, compris dans *leur* (*Frég.*, IV, I; IV, 271); *Mon oreille ententive a sa voix englouti, Menacé de là-haut pour n'être jà parti; menacé* se rapporte à *je*, compris dans *mon* (*Did.*, III, I; I, 36); *Que, consommé de flamme, ils éteignent leur braise!* c'est-à-dire alors que je suis consommé (*Did.*, II, I; I, 16); *La curiosité de visiter ce lieu, Où Cypris exalté n'observe de milieu*, c'est-à-dire dans lequel exalté (à la fois syllepse et proposition

---

[1] Et il en est de même des adjectifs.

participe), que Cypris exalte sans mesure (*Rav. Pr.*, II, III; III, 32); *Fais, garantis des eaux, que dessur le rivage Tombent cent taureaux noirs*, c'est-à-dire après que nous aurons été garantis (*Did.*, III, II; I, 145), etc.

Citons encore un latinisme, l'emploi d'une proposition participe en guise de sujet ou de complément : *Si ce voile du corps, qui couvre nos esprits, Des songes n'empêchait les présages compris*, c'est-à-dire n'empêchait de comprendre (*F. du S.*, I, I; III, 111); et de même : *Ne permettra des Dieux les ordonnances vaines*, c'est-à-dire que les ordonnances soient vaines (*Did.*, II, III; I, 22).

D. NOMBRES. Les *syllepses* de Hardy ressemblent parfois singulièrement à des solécismes : *Qu'un bruit aux environs de cent mille batailles Le rendent exécrable* (*Ariad.*, IV; I, 433).

9. PARTICULES.

A. — PRÉPOSITIONS. — A. Les emplois de la préposition *à* sont extrêmement variés. On en a déjà vu des preuves quand nous avons étudié la syntaxe du verbe; citons encore des exemples de *à* équivalant à diverses autres prépositions. — A = *dans* : *au certain gît la béatitude* (*Alph.*, II, II; I, 476). — A = *en* : *à foule survenus* (*Scéd.*, IV; I, 126); *à peu de mots* (*Tr. d'A.*, I, III; IV, 501); *à même temps* (*Mar.*, arg.; t. II); *qui la suborne à son absence* (*Dor.*, arg.; t. III). — A = *pour* : *prendre, accorder à femme* (*Mar.*, arg.; t. II; *Ach.*, II, I; II, 25); *recevoir à gendre* (*Ach.*, II, I; II, 21); *qu'à frère je renonce* (*Rav. Pr.*, V, II; III, 87); *précéder à monter* (*Alex.*, III, I; IV, 105); *Voici l'eau qu'on apporte à nous laver les mains* (3° j., IV, I; 185); *attend le soleil à s'éclore* (*Fél.*, I, II; III, 300). — A = *avec* : *à mon aide* (*Rav. Pr.*, arg.; t. III); *à tant de peine* (6° j., IV, II; 420); *sorti de son palais à peu de suite* (*Arsac.*, IV, I; II, 358); *Nous autres villageois à plus de sûreté Fouillons le sein fécond que la mère Cybèle...* (*Scéd.*, II, I; I, 98). — A = *de* (ou *avec*) : *armé à claires armes* (*Ach.*, V, I; II, 92); *à vive force* (*Rav. Pr.*, arg.; t. III); *vous saluer au nom de ce duc*, c'est-à-dire du nom, avec le nom (*Corn.*, IV, I; II, 255). — A = *au bout de* : *à peu de temps* (*F. du S.*, I, I; III, 114). — A serait aujourd'hui supprimé dans : *à cette fois* (*Mar.*, II, I; II, 414); *A ce matin quelle pêche as-tu fait?* (*Alcée*, I, II; II, 505). — Remarquer la phrase suivante, où deux *à* sont employés côte à côte avec des sens différents : *Un jour il se pourrait de l'outrage venger Au public intérêt et au commun danger*, ce qui équivaut sans doute à : sur l'intérêt public et pour le danger commun (*Coriol.*, III, I; II, 142).

De. La préposition *de* ne le cède en rien à sa rivale *à* pour la variété des emplois : — *De = par : Induit de ma prière, induit de ma beauté* (Did., III, II; I, 42); *Nos fuseaux achevés en un jour de Cloton* (Did., IV, III; I, 63); *Dieux! que vous me fâchez de cette impatience!* (Alcm., I, (III); V, 388); *combattus de famine* (Coriol., arg.; t. II); *Prédisent l'avenir d'oracles assurés* (Alex., I, II; IV, 87). — *De = par suite de : L'outrage... Du regret incroyable à la fureur me porte* (Mél., IV, I; I, 246); *l'état où je la laisse Du souvenir me tue* (Did., IV, II; I, 49). — *De = dès : Le bois vert, à toute peine pris, Flambe plus âprement de l'heure qu'il a pris* (1ʳᵉ j., I, IV; 10). — *De = avec : D'impatience extrême, Elle a du déloyal vu la fuite elle-même* (Did., IV, III; I, 57); *expiable de sang* (Pant., II, I; I, 166). — *De = au prix de : J'accepterais pour vous son amour de la tête* (Mar., I, (II); II, 409). — *De = en : d'apparence* (Arist., IV, I; IV, 192); *Épouse qui de dot emportera l'empire* (Arsac., I, II; II, 305); *Donner cet innocent d'exemple remarquable* (Daire, V, III; IV, 72). — *De = comme : acceptable de gendre* (Scéd., III; I, 121); *prit d'ombre tel voyage*, c.-à-d. comme prétexte (Scéd., II, II; I, 103); *je tiens de vérité que*, c.-à-d. je regarde comme une vérité que (Did., III, I; I, 30); *de conquêtes n'auront*, c.-à-d. comme conquêtes, en fait de conquêtes (Did., II, III; I, 22); *Qui n'eus qu'un dieu de père et d'élément la guerre* (Alex., I, II; IV, 90); *une nymphe jolie, Que de suite toujours ma déesse s'allie* (Arsac., I, I; II, 302). — *De = pour : Sa champêtre maison celle me représente, Qu'élurent trois grands dieux de retraite plaisante* (Scéd., I, II; I, 91); *Sa misère finie, un roi moins malheureux Vous reçoit, guerdonnés, d'Achates valeureux* (Daire, III, II; IV, 37); *de pillage exposée* (3ᵉ j., II, I; 151). — *De = pour ou quant à : de ma part* (Alcée, II, III; II, 540); *des habits* (Tr. d'A., II, IV; IV, 525); *D'avoir voulu brasser un partement fuitif, Ne l'imagine pas* (Did., III, I; I, 31)[1].

On trouve assez fréquemment la tournure archaïque suivante : *Oh! qu'à tes pieds présentement j'expire, Si ce que c'est d'amour je saurais dire* (Alph., I, I; I, 457). — *De* se rattache souvent à un *que* interrogatif : *Qu'espères-tu de borne à tes calamités?* (3ᵉ j., I,

---

1. Remarquons l'expression : *m'avoir d'un silence charmée* (Alcée, I, III; II, 508), c'est-à-dire m'avoir jeté *le charme d'un silence* (comme il est dit dans Mar., III; II, 456), un charme qui me force à garder le silence. — Voici encore un emploi étrange de la préposition *de* : *en de place précise*, signifiant en une place précise (Tr. d'A., I, IV; IV, 500).

II; 149); *Qu'avons-nous désormais d'accident redoutable?* c.-à-d. à redouter (*Did.*, I, I; I, 4); *Qu'a plu le ciel sur vous d'ennuyeuse disgrâce?* (*Mar.*, III; II, 440). — Enfin *de* amène un complément, qui peut avoir un sens actif aussi bien que passif : *les plaisirs du Troyen* signifie les plaisirs que te donne le Troyen (*Did.*, I, II; I, 8).

Nous aurions beaucoup à dire sur diverses prépositions ou sur divers emplois de prépositions qui avaient déjà vieilli. Mais comme on les retrouve chez les contemporains de notre auteur, et comme ils n'abondent pas assez dans son style pour le caractériser, nous ferons sans doute mieux de les passer sous silence. Signalons seulement la forme *dessur* (*Gig.*, I; III, 210) et les locutions prépositives : *à moins d'un tournemain* = en moins d'un (*Fél.*, IV, III; III, 358) et *quant est de moi* = pour ce qui est de moi (*Alcée*, II, III; II, 530).

B. — ADVERBES. Encore ici nous ne signalerons qu'un petit nombre de particularités, laissant de côté les expressions vieillies *prémier* pour premièrement, *davantage* pour de plus, *jà* et *jà déjà*, *moult*, *tandis*, etc., etc. Faisons une exception pour *lassus* ou *là sus*, qui était, semble-t-il, complètement tombé en désuétude : *les dieux de là sus* (8ᵉ *j.*, V, I; 50).

Hardy emploie souvent les adverbes *plus* et *mieux* comme substantifs : *Tu es le plus de mon souci* (*Procr.*, I; I, 281); *l'auteur de mon mieux* (*Did.*, IV, III; I, 63); *de mon mieux le suprême hasard* (*Arist.*, II, I; IV, 62); *Où le plus de son mieux elle croit consister* (*Elm.*, IV, (II); V, 172).

Il imite peu les composés du xvi° siècle comme *doux-grave*, *doux-inhumain*, mais il met souvent un adverbe en *ment* à côté d'un adjectif : *Le port gravement doux* (*Frég.*, IV, II; IV, 281); *un courage allègrement dispos* (*Corine*, V, IV; III, 546); *La seule nuit me plaît horriblement profonde* (*Frég.*, IV, I; IV, 288).

Il emploie volontiers *alors... alors* dans le sens de *tantôt... tantôt* (6ᵉ *j.*, I, IV; 378).

Il emploie souvent *trop* pour modifier un adverbe de qualité; *trop bien* signifie mais bien, mais au contraire (*Fél.*, IV, III; III, 358).

Hardy se sert d'un grand nombre de locutions adverbiales; citons *d'assurance*, *à coup sûr*, *sans doute* (*Gés.*, III, I; III, 332); *en bref*, bientôt (*Tr. d'A.*, IV, II; IV, 564); *en cependant*, qui, avec *pendant* employé comme adverbe, sert de synonyme à *cependant* (*1ʳᵉ j.*, III, V; 40; *Mar.*, I, II; II, 402); *à contre-cours*, à rebours

(*Frég.*, II, II; IV, 249); *coup à coup*, coup sur coup (*Alex.*, III, 1; IV, 108); *à désir*, à souhait (*Corn.*, III, II; II, 242); *en son égard*, par égard pour lui (*Gés.*, IV, II; III, 353); *à l'erte*, qu'on ne trouvait plus guère que sous la forme du substantif ou adjectif *alerte* (*Alcée*, IV, III; II, 581); *d'heure*, signifiant à temps, dès maintenant (*Alex.*, II, I; IV, 98; *Gig.*, II; III, 224); *hersoir*, pour hier soir (*Procr.*, III, II; I, 303); *au précédent*, précédemment (*Ariad.*, III; I, 424); *en privé*, à l'écart (*Arsac.*, III, 1; II, 339); *de rang*, à la file (*Alceste*, V; I, 384); *pour le sûr*, certainement (3ᵉ *j.*, V, III; 211); *à tard*, qui donne lieu à une façon de parler curieuse : *la mort m'est à tard*, c.-à-d. il me tarde de la recevoir (*Procr.*, IV; I, 317).

C. — CONJONCTIONS. Nous pouvons nous dispenser de parler de *à ce que, jaçoit que, premier* et *premièrement que, si* dans le sens de *sic* ou amenant une proposition principale après une subordonnée.

Jusques adonc et *ains que* (*B. Ég.*, IV, II; V, 254; *Alex.*, I, II; IV, 85) avaient plus vieilli que les simples *adonc* et *ains*. *Ains que*, particulièrement, est blâmé par Malherbe.

Comme a gardé ses emplois du XVIᵉ siècle : *Et de grâce aussi plein comme nu de malice* (*Scéd.*, I, II; I, 95); *Phébus ne revoit point avec liesse égale Comme je reverrai...* (*Scéd.*, I, II; I, 91).

Ores que a souvent le sens de quoique; *or que* signifie avant que (*Alceste*, II; I, 348; 3ᵉ *j.*, II, II; 155).

A peine que mon âme... ne déclame signifie : il s'en faut de peu que (*Gés.*, I, I; III, 304).

Pour. *Je ne le croirais pas pour m'en avoir juré*, c.-à-d. parce que, quand bien même vous m'auriez juré (*1ʳᵉ j.*, II, IV; 26).

Pourquoi est assez souvent remplacé par *qu'est-ce que* : *qu'est-ce que l'on rélive?* (*Mar.*, III; II, 449).

Lorsque peut être remplacé par *que* : *Certain jour Thiamis... Des veneurs et des chiens avait perdu la trace, Qu'il vint à rencontrer* (3ᵉ *j.*, I, I; 147).

Sans que avec l'infinitif a la même valeur qu'aujourd'hui avec le subjonctif : *Mais, mon père, crois-tu que tel somme me presse, Sans qu'avoir des soucis fendu la triste presse?* (*Daire*, II, II; IV, 19).

Somme que a la valeur de en somme, bref (*Arist.*, V, IV; IV, 215), et c'est là un de ces emplois elliptiques dont Hardy est rempli : *bref que* (*Daire*, II, III; IV, 27); *maxime que* (*Tim.*, I; V, 6); *conclusion que* (*Ach.*, II, I; II, 25); et même *somme* non suivi de la conjonction (*Am. Vict.*, IV, II; V, 525).

Du plus tôt que est fréquent dans le sens de dès que (*Ach.*, IV, 1; II, 69).

D. — NÉGATION. Nous ne signalerons que l'emploi de la négation dans une phrase de sens négatif, mais de forme affirmative : *J'empêcherai tes mains, que ma bouche idolâtre, De ne plus attenter sur ce beau sein d'albâtre* (Scéd., III; I, 124); — et la force particulière de *non* dans un assez bon nombre de phrases : *Jamais Paphe, jamais le Gnidien séjour, Non tous les lieux sacrés*, c.-à-d. non plus que, non pas même (*Rav. Pr.*, II, 1; III, 18); *Nous lui pouvons ôter le moyen de nous nuire. — Non pas que d'un grand crime en un pire tombés*, c.-à-d. non, à moins que nous ne tombions d'un grand crime... (*Did.*, II, II; I, 19).

10. ORDRE DES MOTS. La question de l'ordre des mots se confondant avec celle de l'inversion, il n'y a pas lieu de faire ici de nombreuses remarques. Citons seulement la place archaïque du verbe en tête d'une proposition interrogative : *Te semble rien cela?* (*Tr. d'A.*, I, 1; IV, 489); *Hélas! a pu ce charme opérer tellement?* (*Elm.*, IV, (1); V, 169); *Ne t'aurait point touché cette dextre donnée Autrefois à la tienne?* (*Did.*, III, 1; I, 29); *Aurait bien eu le cœur ta femme d'endurer?* (*Alceste*, III; I, 360); *Doit aux premiers assauts d'une flamme brutale Céder si lâchement la honte virginale?* (*1ʳᵉ j.*, I, v; 12); et inversement : *Que vous ne me teniez paravant avertie!* (*Fél.*, III; III, 355); — la place archaïque des pronoms personnels dans : *Laissez-lui moi, sans plus, présenter la requête* (*Pant.*, II, II; I, 173); du pronom relatif dans : *ce dard... Duquel au coup brandi ne se dérobe rien* (*Procr.*, III, III; I, 307); — et surtout la séparation très fréquente de l'antécédent et du relatif : *Celui craindre, peureux, que la parque redoute!* (*Ariad.*, II; I, 406); *Sa champêtre maison celle me représente Qu'élurent trois grands Dieux de retraite plaisante* (*Scéd.*, I, II; I, 91); *La patience tourne en fureur, qu'on irrite* (*Scéd.*, III; I, 122); *Après avoir jonché ces campagnes de morts, Que l'Euphrate et le Nil contiennent en leurs bords* (*Elm.*, I, (III); V, 127).

CHAPITRE II

LE STYLE

I

Si le style d'un écrivain n'est autre chose que son langage « considéré relativement à ce qu'il a de caractéristique ou de particulier pour la syntaxe et même pour le vocabulaire [1] », nous avons déjà beaucoup dit sur le style de Hardy. Résumons nos observations sur le vocabulaire. Archaïsmes nombreux dans le choix des mots, archaïsmes plus nombreux encore dans leurs sens et dans leurs emplois, innombrables termes mythologiques, ces traits ne conviennent qu'à un auteur du XVIe siècle, et, seul, un auteur du XVIe siècle pouvait se permettre d'accorder aux termes connus tant de sens et d'emplois nouveaux. Passons à l'étude de la syntaxe : elle ne nous conduit pas à une autre conclusion. « Si nous étudions les écrivains du XVIe siècle », dit un grammairien, « nous sommes frappés tout d'abord de ce fait, que les limites entre les diverses parties du discours étaient loin d'être aussi nettement fixées dans ce temps-là qu'elles le sont aujourd'hui, qu'on substituait facilement un mot à un autre, et qu'ils échangeaient souvent leurs fonctions entre eux [2]. » N'est-ce pas ainsi que nous avons vu Hardy donner la valeur de substantifs à des adjectifs, à des pronoms, à des infinitifs et à des adverbes? remplacer le pronom par l'article, l'adverbe par l'adjectif, et les unes par les autres les propositions, les voix, les formes modales et temporelles? Les pléonasmes, les ellipses, l'accord très libre et les emplois absolus des participes, tout cela est encore de la grammaire du XVIe siècle;

---

1. Littré, *Dictionnaire*, article STYLE.
2. A. Benoist, *De la syntaxe française*, p. 59.

et si l'on ne peut dire que les barbarismes et solécismes en soient aussi, encore ne faut-il pas oublier qu' « en somme, il y a alors peu de lois fixes et bien établies : ce qui bientôt sera une règle n'est encore le plus souvent qu'une habitude dont l'écrivain peut s'écarter sans faillir;... chez les auteurs les plus réguliers, l'instinct et l'inspiration doivent fréquemment suppléer à l'absence de principes certains [1]. »

Ainsi, qu'on veuille bien noter la date reculée d'une partie des œuvres de Hardy; qu'on excuse les autres de ne pas différer assez des premières, et l'on pourra juger avec moins de rigueur le style si justement décrié du dramaturge. Mais il choquera toujours par un immense, un impardonnable défaut : son obscurité.

Cette obscurité est si caractéristique du style de Hardy, qu'il ne peut évidemment suffire de la signaler : il nous faut l'analyser et en indiquer les causes. D'autre part, ces causes sont si multiples qu'une étude détaillée seule peut nous les révéler.

II

La langue de Hardy, qu'on a déclarée si pauvre, est souvent embarrassée par ses richesses mêmes, — richesses, il est vrai, qui ne sont ni bien ordonnées, ni toujours de bon aloi. Archaïsmes et néologismes, acceptions latines et acceptions françaises, emplois anciens et emplois nouveaux, tout ce mélange rend pénible la lecture; et des impropriétés nombreuses ne contribuent pas à la faciliter. Ici, un propos *répond d'effet*, au lieu que l'effet y réponde (*Procr.*, IV; I, 314); *un chef dresse d'horreur*, au lieu que les cheveux s'y dressent (*Corine*, IV, v; III, 531); les lois qui régissent le mariage *reposent sous l'hymen* (*Pant.*, II, 1; I, 170); des affaires sont *hautaines*, ce qui veut dire hautes (*Rav. Pr.*, IV, 1; III, 57); des regards sont comme *autant d'aiguillons de tenailles* (*Ariad.*, II; I, 404); on *se jette aux pieds de la merci*, c'est-à-dire aux pieds de la pitié, d'un grand personnage (5° *j.*, V, II; 356); le mot *lame* n'est pas seulement pris pour *tombe*, par métonymie : on va jusqu'à *reclure* les morts *dans le ventre poudreux d'une lame* (5° *j.*, I, II; 307).

Les solécismes ne manquent pas plus que les impropriétés. Une

---

[1]. A. Benoist. p. 194.

femme s'écrie : *Si je te mens, Jupiter me confonde, Vif englouti dedans la nuit profonde* (Am. Vict., III, II; V, 497); *Témoigne encore un point des plus considérable* est mis pour rimer avec *désirable* (Coriol., I, 1; II, 114); *Je n'en connais pas un après lui d'invincibles*, pour rimer avec *terribles* (Ach., II, 1; II, 24); *La première franchise à l'empire rendus*, pour rimer avec *perdus* (Ach., I, 1; II, 10); *que voulons-nous prolonger de demeures?* pour rimer avec *tu meures* (Alceste, II; I, 355); *Qu'à de malheurs tributaires nous sommes!* (Tr. d'A., IV, 1; IV, 554); *Le chef des Bactrians Besse avec Nabarzane Du parricide fait se rendirent l'organe* (Daire, V, II; IV, 66).

Mais c'est surtout l'abus des latinismes (adjectif mis pour l'adverbe, proposition infinitive, participe construit absolument, etc.); c'est l'abus de certaines figures et notamment de l'ellipse, qui rend si pénible — parfois impossible — l'intelligence de notre auteur.

Les *hypallages* sont fréquentes : *Tu ne fais qu'irriter son mal plus violent*, c'est-à-dire de façon à le rendre plus violent (Ariad., II; I, 406); *Les aguets ennemis inutiles prévus*, de façon à les rendre inutiles (Gig., II; III, 232). — Les *syllepses* sont innombrables : *Me plaindre de vos mœurs? barbares les nommer? Qui m'avez recueilli pèlerin de la mer?* (Did., IV, II; I, 51); *Conçu du Caucase, à ta bouche enfantine Quelque tigresse aura ses mamelles prêté* (Did., III, 1; I, 37). — Les *changements de tournure* sont tout aussi en faveur : *Ta fiance poltronne en tes ailes consiste*, dit Vulcain à Mercure, *Et que, boiteux, ma jambe au courage résiste* (syllepse et changement de tournure; Gig., III, 1; III, 243); *Que je crains ce flambeau celui de Palamède, Et que trouviez le mal où cherchez le remède* (proposition infinitive avec ellipse du verbe, proposition conjonctive avec ellipse des pronoms; Alcm., I, (II); V, 381); *Resterai-je inutile,... Et vous voir engloutis de l'encombre dernier!* (Arsac., II, 1; II, 321). — Enfin les *suspensions* abondent et ne sont désignées par aucun signe à l'attention du lecteur : *s'il osait d'un refus...* (Did., III, 1; I, 28); *Tant qu'Énée ou d'Énée une larveuse image...* (Did., III, 1; I, 31); *Et possible premier que le flambeau céleste...* (Mél., I; I, 217); *Engloutis-moi plutôt que la pudeur endure...* (Scéd., III; I, 122). Toutes ces phrases, dont l'interruption était sensible pour les spectateurs, nous arrêtent en nous déroutant dans la lecture.

Nous avons déjà signalé beaucoup d'*ellipses*. Il y faut pourtant revenir et en signaler encore de plus surprenantes. — Voici des ellipses de pronoms : *Pareilles qu'Amphion fredonna sur sa lyre*, c'est-à-dire à celles qu'Amphion (*B. Ég.*, II, I; V, 218); *un lieu tel que Diane adore*, tel que ceux que Diane adore (*Rav. Pr.*, I, III; III, 13); *miel plus doux que les avètes Ne pillent au printemps*, que celui que les avètes (*Arsac.*, II, II; II, 328). — Voici des ellipses de particules : *Où (que) tu sois dans les plaines d'Elise, Où que ton ombre errante* (3º j., II, III; 162); *Que, son frère appelé, direz la même chose*, c'est-à-dire si bien que (*Corn.*, IV, I; II, 257); *diligemment qu'il fasse*, c'est-à-dire pour si diligemment (*Tr. d'A.*, IV, I; IV, 557); *petit qui soit*, c'est-à-dire pour si petit qu'il soit (*Tr. d'A.*, V, III; IV, 592); *Reprends tes dons, que ce profane erreur Ne te consomme au feu de ma fureur, Que le secours imploré de Philire* (ne) *Tourne en vengeance et* (ne) *se bande à te nuire* (*Tr. d'A.*, IV, II; IV, 560). — Ellipses de verbes : *qui plus*, qui plus est (*B. Ég.*, III, II; V, 239); *Jaçoit que son humeur aucunement hautaine Ait les miens à mépris et* (ait) *provoqué leur haine* (*Mar.*, I. II; II, 408); *Faire voir... Comme l'heur des mortels ressemble une fumée, Et comme la vertu* (est) *en son droit opprimée* (*Daire*, V, III; IV, 73); *Aussitôt que ce bruit* (aura été) *par l'armée épandu, Les Perses vous suivront* (*Daire*, IV, II; IV, 53); *Mais à ce clair soleil* (as-tu) *découvert ta venue? As-tu vu ma déesse?* (*Ach.*, II, II; II, 31); *Planter en celui l'épouvante, Qui le géant Procuste et celui qui des os Transformés en rochers contre-lutte les flots, Qui le fils de Vulcain foudroya de ses armes*, c'est-à-dire qui foudroya le géant Procuste (*Aria l.*, II; I, 409); *Or je crains qu'un mal absconsé Fasse l'ouverture plus grande; Que ce cœur, comme généreux, Du* (par suite du) *désespoir de la vengeance, Loin de se trouver allégeance* (fasse?) *Ne sais quoi de plus funéreux*. — Ellipses de plusieurs mots : *Saisi de telle peur, je ne vois d'apparence*, c'est-à-dire pour que tu sois saisi (*Ach.*, III, II; II, 58); *Autant de fois que* (je suis) *seul, mon penser s'entretient* (*Scéd.*, II, I; I, 97); *mot, ne dites mot* (5º j., IV, III; 346); *Me refuser la clef de vos secrets S'appelle* (m'avoir) *mis au rang des indiscrets* (*Alcée*, I, II; II, 501); *Démontre, si jamais, la naïve candeur D'un zèle*, c'est-à-dire si jamais il a fallu la démontrer (*Rav. Pr.*, V, I; III, 84); *Ou si pareil fardeau tes forces épouvante, Ou* (si tu es) *moindre que le bruit vulgaire ne te vante* (*Phra.*, IV, I; IV, 444); *lorsque* (j'aurai été) *convaincu, Moi-même j'avouerai n'avoir que trop vécu* (*B. Ég.*, IV, V; V, 266); *Mis au choix, avise que léger*, c'est-à-dire que tu ne choisisses pas léger (adj. p. l'adv.), à la légère (*B. Ég.*, II, IV;

V, 227); *Qui même peut mêler quelques larmes contraintes, Donnent aux volontés de sensibles atteintes, Un vœu suit*, c'est-à-dire (il s'agit de ruses amoureuses) si même on peut mêler quelques larmes contraintes, larmes qui.. (*Ariad.*, II; I, 410). *Allons le saluer et au devant de lui* constitue déjà une façon de parler toute *tintamarresque* (*Pant.*, V, 1; I, 201). — Parfois enfin les ellipses s'accumulent dans une même phrase, dans un même vers : *Riche en beauté, des biens passe, pourvu que sage, Hardi je franchirai ce périlleux passage*, c'est-à-dire lorsque la femme qu'on me proposera d'épouser sera *riche en beauté* — si elle n'est pas riche *de biens, passe!* — *pourvu qu*'elle soit *sage, je franchirai hardiment...* (*Lucr.*, IV, (II); V, 337).

Un bon nombre des phrases que nous avons citées comme exemples d'ellipses pourraient être citées aussi comme exemples d'emplois absolus. Contentons-nous donc de donner encore quelques équivalents d'ablatifs absolus latins : *Comme si moi présent, festoyez leur venue*, = *quasi me præsente* (*Scéd.*, II, 1; I, 101); *Approche, Licanor, à qui seul je remets De voir Madame, absent, le pouvoir désormais; absent* = *me absente* (*Dor.*, I, 1; III, 400); *Pourvu que prêts à temps, la surprise tentée Ne lui sert, arrêté, que de mine éventée*, c'est-à-dire pourvu que nous soyons prêts à temps, et *arrêté* se rapporte à *lui* (*Phra.*, III, IV; IV, 432); *n'ayant le sénat sa rage contenu*, c'est-à-dire si le sénat n'avait contenu la rage du peuple (*Coriol.*, I, 1; II, 110); *Soupirant ces regrets d'une haleine si forte, Qu'à leur bruit accourue, ils sonnent,...*, c'est Alphésibée qui soupire et c'est la nourrice qui accourt (*Alcm.*, III, (1); V, 405); *éveillez-vous, grand roi, L'ennemi qui remplit les campagnes d'effroi Et votre armée encore à ranger en bataille, Le dormir ne sied pas...; l'ennemi* est, pour ainsi dire, à l'ablatif, sans aucun adjectif ni participe qui s'y rapporte (*Daire*, II, II; IV, 18). Ainsi, quoique le français manque de cas, Hardy se permet des emplois absolus qui seraient extraordinaires pour le latin même, et il les répand par milliers à travers son style. Voici une seule phrase qui en contient trois :

> Chétifs! l'affliction vous ôte la prudence,
> Telle plainte vers moi coupable d'imprudence, (1ᵉʳ *abl. abs.*)
> Qui, l'empire attaqué de voisins ennemis (= si l'empire avait été
>   attaqué, 2ᵉ *abl. abs.*)
> Ou le juste combat d'homme à homme permis, (3ᵉ *abl. abs.*)
> Dès longtemps, dès longtemps, ma vie abandonnée
> Eusse au bien du pays salutaire donnée. (*Mél.*, 1; I, 216.)

Nous ne pouvons insister aussi longuement sur quelques autres causes d'obscurité : appositions embarrassées, accumulation des compléments et des incidentes, périodes interminables [1]. Qu'on y joigne la bassesse, les pointes, l'enflure, dont nous parlerons plus loin; les inversions extravagantes, dont on a déjà vu quelques spécimens; qu'on songe aux fautes d'impression et à la ponctuation bizarre du texte, et l'on ne s'étonnera pas de trouver un peu partout, mais surtout dans certaines pièces [2], des broussailles impénétrables, de longs et inintelligibles galimatias [3]. Il est vrai que certaines de ces causes n'ont de réalité que pour nous, qui lisons les drames de Hardy au lieu de les entendre, et qui les lisons près de trois siècles après leur apparition; mais, même si l'on en fait abstraction, le style de Hardy reste obscur. Et se peut-il défaut plus grand chez un dramaturge?

---

1. Par ex. au début de *Didon* et dans le monologue initial de *Coriolan*.
2. Pas dans les plus mauvaises, malheureusement, dans *Didon*, dans *Achille*, dans *Mariamne*, dans *la Gigantomachie*.
3. Essayons de porter un peu de lumière dans ces ténèbres.
Dans *Didon* (I, 1; I, 3), Énée vante les bienfaits de Didon et des Carthaginois, puis il ajoute :

> A peine, que tournant la rondeur de la terre,
> Assiégés, incertains des eaux, et de la guerre,
> Un plus capable lieu, de relever l'honneur
> Des Pergames détruits, ramène ce bonheur.

A peine que est une ellipse pour *c'est à peine que, il est difficile que; tournant* est un participe absolu : *si nous tournons, si nous faisons le tour de;* le vers 3 contient une inversion et il y faut supprimer la virgule : *un lieu plus capable de relever l'honneur des Troyens*.
Dans *Achille* (II, 1; II, 18), Priam adresse aux dieux ces plaintes :

> Hélas! que vous a fait ce misérable empire,
> Qu'ensemble vous ayez juré de le détruire?
> Que les astres malins épuisés de malheurs,
> Aucun nouveau sujet ne réservent de pleurs?
> Que moi dès le berceau presque avant que de naître,
> Tombé captif ès mains d'un misérable maître,
> D'Hercule, qui frustré de son juste guerdon,
> Occit mon géniteur, le vieux Laomédon,
> N'exceptant que moi seul, extermina sa race,
> Héritier de l'Asie, et de votre disgrâce?

Vers 2 et 3, *que = pour que;* vers 3, *épuisés de malheurs = s'étant épuisés en malheurs* (cf. Corneille : *Il épuise sa force à former un malheur*); vers 4, *ne réservent* équivaut à *n'aient gardé, ne nous aient épargné;* vers 5 et 6, inversion, mettre une virgule après *moi* : *moi tombé captif dès le berceau;* vers 9, sous-entendre *et* devant *n'exceptant;* vers 10, il y a là à la fois une forte ellipse et une apposition singulière; Hardy a compris : *que moi* (vers 5)... (je sois) *héritier de l'Asie*, mais il a en même temps fait rapporter le mot *héritier* à *moi seul* (vers 9).

III

A quoi donc attribuer ce vice capital? A une maladroite imitation des auteurs latins et de Ronsard? Oui, en partie. A ce que Hardy n'avait pas les talents du poète et de l'écrivain? en partie encore. Mais la clarté n'est pas une qualité accessoire, c'est la plus nécessaire, et peut-être même la seule nécessaire de toutes pour un dramaturge populaire comme notre auteur; or, ce n'est pas l'homme qui, le premier, avait su prêter quelque vie à la tragédie, donner une forme amusante à la tragi-comédie et à la pastorale, préparer ses scènes et ses effets, et, pour tout dire d'un mot, créer un public à la scène française; ce n'est pas cet homme, dis-je, qui pouvait méconnaître une aussi évidente vérité. Seulement,

Dans *Mariamne* (I, 1; II, 498), l'ombre d'Aristobule maudit Hérode et lui rappelle quel crime a amené sa mort :

> Barbare, après ce meurtre, après m'avoir éteint
> L'âge de puberté à toute peine atteint :
> Moi qu'un peuple en son cœur réclamait à l'encontre
> De tes impiétés, et qui ne me démontre
> 5 Que trop d'affection, premier qu'il fût saison,
> Trop regretter le frein de ceux de ma maison,
> Ses princes naturels, ces pasteurs débonnaires,
> Ennemis d'injustice, et d'actes sanguinaires,
> Après avoir fauché les fleurs de mon printemps.
> 10 Sous ombre, déloyal, d'un mortel passe-temps,
> Étouffé dans les eaux de la troupe assassine;
> Mort qui presque causa ton extrême ruine,
> Sinon que ce destin moteur de l'univers.
> 14 A de pires tourments te réserve (pervers)...

Vers 3, *moi* est une reprise de *me* du vers 1, il faudrait *à moi*; *à l'encontre de* = *contre*, *par haine pour*. — Vers 4, il y a anacoluthe, il faudrait *et à qui il ne démontre*; d'ailleurs *démontre* n'est qu'un présent historique (mis pour la rime), d'où l'imparfait *fût* au vers suivant. — Vers 5, *premier que* = *avant que*; *il fût saison* = *il fût temps*. — V. 6, nouvelle anacoluthe et proposition infinitive : *il démontre trop regretter*, *il montra qu'il regrettait trop*. — Vers 8, mettre un point et virgule à la fin, c'est le mouvement du début qui reprend. — Le vers 10 se rattache au suivant : c'est *dans les eaux* qu'Aristobule prenait ce passe-temps qui devait lui être mortel et qui devait servir d'ombre ou de prétexte à son bourreau. — Vers 11, *étouffé* est un participe absolu (*moi ayant été étouffé*), ou plutôt il se rapporte par syllepse à *moi*, lequel est compris dans *mon printemps*; — *de la troupe* = *par la troupe*. — Vers 12 et 13, *presque causa... sinon* rappelle le latinisme : *iter pæne dedit nisi* : elle eût causé, si le destin n'avait réservé Hérode...

Nous ne pouvons continuer de nous livrer à cet exercice. Voy. encore *Did.*, IV, 11; I, 53, vers 1237 sqq; — *Did.*, V, 111; I, 83, vers 1999 sqq; — *Scéd.*, I, 11; I, 93-94 (paroles d'Iphicrate) et 96 (paroles d'Euribiade); — *Ach.*, I, 1; II, 2, vers 6 sqq, et 8, vers 147 sqq; — *Alcm.*, I, (11); V. 397, vers 516 sqq; — *Corn.*, I, IV; II, 204-205; — *Corn.*, II, 1; II, 211, etc., etc.

Hardy écrivain n'avait eu ni le temps ni la force de triompher d'une difficulté dont Hardy dramaturge s'était tiré : élève d'une école savante et antipopulaire, il n'avait eu ni assez d'habileté pour en abandonner les principes, ni assez de loisir pour les concilier avec les exigences de sa profession; et c'est ainsi qu'à l'obscurité voulue de la Pléiade il avait joint celle que la négligence et l'improvisation devaient amener.

L'improvisation! On la sent partout chez Hardy, et non seulement dans ces solécismes ou barbarismes, dans ces ellipses trop fortes, dans toutes ces fautes de style que nous venons d'étudier, mais encore et surtout dans les répétitions, qui sont un des traits frappants de sa manière. Ce fournisseur de drames avait trop de vers et de scènes à donner au public, et il avait trop peu le temps d'en chercher, pour ne pas reprendre ce qui était son bien, après tout, et pour ne pas se répéter lui-même le plus possible.

Aussi que de harangues militaires, que de *conseils* politiques, que de scènes d'ermitage dans son théâtre! Et, pour nous en tenir ici au style, que de répétitions de mots, d'idées ou d'images! Déjà la tragédie savante avait cru trouver une beauté dans la reprise de certains mots, de certains hémistiches ou de vers entiers; Hardy n'avait que trop d'intérêt à continuer ou même à développer cette tradition.

> Que l'antique prudence étouffe ce soupçon,
> Soupçon qui, reconnu.....
>
> (*Did.*, I, II; I, 9.)
>
> ..... l'esclandre raconté,
> L'esclandre d'Ilion.....
>
> (*Did.*, III, I; IV, 33.)

De telles reprises ne facilitaient pas assez la tâche du versificateur pour que nous ne les attribuions pas au désir de produire un effet et d'imiter les Jodelle et les Robert Garnier [1]. Mais ne sent-on pas la négligence et, si j'ose dire, l'habitude de *tirer à la ligne* dans des phrases comme celle-ci :

> Mon espoir qu'un tombeau désormais ne regarde,
> Tombeau qui de l'honneur fasse fidèle garde,

---

1. Voy. dans le seul acte IV de la *Porcie*, les vers 1515 et suiv., 1631 et suiv., 1712 et suiv., etc. — M. Curt Nagel a étudié l'emploi des répétitions dans Garnier, dans Hardy et dans Corneille, et la seule pastorale d'*Alphée* lui a fourni plus de deux pages d'exemples. Voy. *Al. Hardys Einfluss*, p. 22 à 28.

> Tombeau qui ne saurait que tard me posséder,
> Tombeau qui ne saurait celui me précéder
> De Thèbes, arrivée à son heure fatale,
> Thèbes que l'univers dût avoir capitale.
>
> (*Tim.*, III, (1) ; V, 48.)

Et que dire, enfin, des vers suivants :

> Informons plus au vrai premier ce qui se passe,
> Informons plus au vrai premier ce qui se brasse.
>
> (*Did.*, II, 1 ; I, 15.)
>
> Soyez-moi, l'une et l'autre, à l'envi pitoyables,
> Soyez-moi, l'une et l'autre, à l'envi secourables.
>
> (*Did.*, III, 1 ; I, 43.)
>
> N'épargne une hécatombe à me propitier,
> N'épargne une hécatombe à me remercier,
>
> (*Ariad.*, V, (1) ; I, 436.)

Certaines fins de phrases reviennent sans cesse, comme *vous êtes trop heureux, vous êtes trop content* (*Gig.*, I ; III, 213 ; *Lucr.*, V, (IV) ; V, 355, etc.) ; deux personnes unies le sont toujours comme *un lierre à son orme* (*Alcm.*, II, II ; V, 400 ; *Did.*, V ; I, 74, etc.) ; un amant infidèle ne manque jamais d'invoquer l'exemple de Jupiter ; un chef qui veut accomplir une action entend aussitôt ses lieutenants déclarer qu'elle n'est pas digne de lui et qu'eux-mêmes s'en chargeront ; un vaincu, que ses ennemis poursuivent, est comparé, non sans force, mais par trop souvent, à une bête blessée et de toutes parts traquée par les chasseurs [1].

---

[1]. Une façon de parler qui revient souvent dans Hardy, c'est celle qui consiste à dire : « avant que je fasse cela, il se passera bien des prodiges » :

> Lorsque je changerai de parole ou de face....
> Thétis alors perdra l'ordinaire amertume.
> Phébus ira s'éteindre où sa lampe s'allume,
> Zéphyre, accoutumé de suivre le printemps,
> Soufflera quand l'hiver nous hérisse les champs.
> Les corbeaux vêtiront du cygne le plumage,
> Philomèle avec eux échangeant son ramage.

(*Mar.*, IV, II ; II, 474. Voy. encore dans le même volume *Ach.*, III, 1 ; p. 46 ; III, II, p. 62 ; *Mar.*, I, 1 ; p. 399 ; *Alcée*, V, 1 ; p. 597. — Dans le t. III, *Dor.*, I, 1, p. 398 et V, 1, p. 459, etc., etc.) On reconnaît là une façon de parler qui se trouvait déjà plusieurs fois dans les églogues de Virgile ; la pastorale italienne s'en était servie volontiers (Sannazar, *l'Arcadie*, 4ᵉ ég., p. 45 ; *l'Aminte* du Tasse, p. 11, 13, 85, etc.), et les poëtes français du XVIᵉ siècle lui avaient fait fête. Voy., p. ex., Garnier, *Porcie*, III, vers 875 ; *Cornélie*, III, vers 955 ; *Marc-Antoine*, II, vers 533 ; *Hippolyte*, III, vers 1281 ; *Antigone*, III, vers 1406 ; *les Juives*, III, vers 899 ; *Bradamante*, II, vers 434 ; voy. Remi Belleau, épigramme

Les amas d'épithètes, les exclamations répétées, les longues énumérations [1] sont aussi pour Hardy, en même temps qu'un moyen de frapper le public, des procédés commodes pour remplir ses pages et simplifier sa tâche d'écrivain.

IV

Après ce que nous venons de dire, on devine aisément quel mélange de platitude, d'emphase, de phraséologie maniérée doit offrir le style de notre auteur. Lui-même dit beaucoup de mal des pointes dans ses préfaces [2], et, en effet, il semble n'imiter en rien celles des précieux du XVII° siècle; mais il y en avait déjà dans Jodelle et dans Garnier, il y en avait beaucoup dans Montchrestien [3]. L'emphase est bien attirante pour un poète tragique et, d'ailleurs, l'école de Ronsard s'en était si peu gardée! Quant à la platitude, elle était une des plus inévitables conséquences de la façon dont écrivait Hardy, et une des plus ordinaires fautes d'un temps où ce que l'on allait appeler le *style noble* n'était pas fixé.

Il y aurait évidemment injustice à mettre au compte de Hardy tout ce qui nous paraît bas et trivial dans ses expressions ou dans son style. Que de termes sont devenus bas et ne le paraissaient pas alors! Que d'autres, sans avoir jamais paru très relevés, n'ont été évités par aucun des poètes contemporains! Déjà un écrivain

---

en tête de la *Cornélie*: voy. la *Bergerie* de Montchrestien, II, v, p. 419; IV, IV, p. 454, etc.

1. Les longues énumérations et les exclamations répétées ont été étudiées aussi par M. Nagel, p. 30 à 32. Les amas d'épithètes étaient fréquents chez Garnier; voy., p. ex., *Troade*, II, vers 1067, et IV, vers 1739. Pour Hardy, voy. 5° *j*., III, v; 332; *Mél.*, V, 1; I, 263, etc.

2. Voy. au début de ce IV° livre. Dans la préface de *Corine*. Hardy se vante que sa pièce est exempte de « ces douceurs répétées qui se tournent en amertume », et il faut bien croire, en effet, que Hardy ne paraissait pas en son temps abuser du style maniéré, puisque Théophile le loue de *détester la pointe et le fard, Qui rompt les forces à la Muse* (t. I, *Au Sr Hardy*).

3. Sur le mélange, trop habituel à Garnier, d'une galanterie fade, d'un style maniéré, tel qu'on l'affectait au XVI° siècle en parlant de l'amour, et d'un ton presque comique », voy. Bernage, *Ét. sur R. Garnier*, p. 69-70. — Sur la *pointe* dans les tragédies de Montchrestien, voy. Faguet, *la Trag. fr. au XVI° s.*, p. 348; et cf. la *Bergerie*, pour apprendre jusqu'où allaient, avant l'apparition des précieuses, la fureur du précieux et le mauvais goût. — Nous ne parlons ici que des poètes dramatiques; mais on peut voir dans l'ouvrage de M. Pellissier, *la Vie et les Œuvres de du Bartas*, ch. IV, § 4, que « Du Bartas, le chantre de la création, le grave et austère poète, n'est pas plus exempt de pointes et de puérilités raffinées que de trivialités et d'emphase. »

délicat, Suard, a fait remarquer combien il était choquant pour nous, mais combien il devait paraître naturel au temps de Hardy, qu'une princesse fît *un fourneau de son cœur* et *un égout de ses yeux*, ou qu'elle voulût être *bourgeoise de l'éternel empire* [1]. On en pourrait dire autant à propos d'expressions comme *citoyen des bocages*, appliqué au chasseur Hippolyte (*Ariad.*, II; I, 404); *corsaire effronté*, appliqué à Énée (*Did.*, III, 1; I, 27); *insensible souche*, appliqué à Hippolyte ou à Mariamne (*Mar.*, V; II, 485); de tant de mots qui nous paraissent étranges dans une tragédie, comme *abruti* (*Mar.*, III; II, 455); *s'affubler* (*Procr.*, I; I, 285); *ronfler* (*Did.*, IV, 1; I, 46); *moisir* (*Pant.*, I; I, 159); *éplucher* (*Daire*, V, III; IV, 70); et enfin des yeux qui *pleuvent* (*Pant.*, IV, 1; I, 190); de la *braise* qu'on tempère (*Coriol.*, IV, IV; II, 168) [2]; de la vérité qui *pue* (*Gig.*, II; III, 228); des beautés qu'on *distille en pleurs* (*Pant.*, II, 1; I, 166). Si Mariamne appelle son mari *mâtin* [3], Suard remarque fort bien que l'injure, « toujours un peu forte, n'était pas en ce temps-là aussi grossière qu'elle le paraît maintenant »; et de même, lorsqu'un héros tragique lance à une femme l'épithète de *paillarde* (*Mél.*, IV, II; I, 253), ou telle et telle autre encore plus forte, devant lesquelles Shakespeare n'a pas plus reculé que notre Hardy.

Mais il ne manque pas de façons de parler basses et plates dont l'auteur seul doit être rendu responsable : *Que l'une vous conduise en la chambre ordinaire, Et l'autre du souper entreprenne l'affaire* (*Scéd.*, II, II; I, 107); *On ne le croirait pas, faire place au courroux Vaut pis que rencontrer en face un lion roux* (*Alex.*, I, II; IV, 84) [4]; *S'il suit ce chemin des vertus qu'on appelle* (*Did.*, II, III; I, 26); *Si sa compagne de malheur Vient à donner du nez en terre;*

---

1. *Tu as fait, cruel, un fourneau de mon sein, De mes yeux un égout qui distille sans cesse* (5ᵉ j., III, VII; 334); *Bourgeoise désormais de l'éternel empire* (*Mar.*, V; II, 478). Voy. Suard, *Coup d'œil sur l'hist. de l'ancien th. fr.*, p. 119 à 124. — Que d'exemples analogues ou pires on pourrait emprunter à R. Garnier : *Réprimez cette amour qui ard incestueuse Autour de vos rognons* (*Hippolyte*, II, vers 700); *Puis d'un regard meurtrier le guignant, se renfrogne, Découvrant sa rancœur par son austère trogne* (*les Juives*, V, vers 1939), etc.

2. Ce mot *braise* était sans cesse employé, et le plus sérieusement du monde, à propos de la passion. Dès les débuts de Corneille, il déchoit et devient plaisant. (Voy. Godefroy, *Lexique*, t. I, p. 96.)

3. *Mâtin carnassier*. (*Mar.*, II, 1; II, 415, et encore p. 419.)

4. Cf. ces vers de du Lorens sur la femme (l. I, sat. v, p. 33) :

Elle est plus dangereuse au fort de son courroux,
Plus âpre à se venger que n'est un lion roux.

il s'agit de Thèbes et de sa chute probable (*Tim.*, IV, vii; V, 89). Et, qu'on veuille bien le remarquer, nous n'avons cité jusqu'ici que des textes empruntés à des tragédies ou aux pièces mythologiques les plus sérieuses; constater maintenant que les tragi-comédies et les pastorales ne nous fourniraient des exemples, ni plus mauvais, ni en plus grand nombre, ce n'est certes pas rendre au poète un témoignage favorable, c'est montrer qu'il ne se rendait pas bien compte de ce qui est dû à la muse de la tragédie.

Recommencerons-nous à citer des exemples, comme *je m'empêtre* (3ᵉ *j.*, I, ii; 150); *nous fourre* (5ᵉ *j.*, II; 319); *ô la lourde bêtise* (8ᵉ *j.*, II; 23); *cuite de soif* (*Corn.*, II, iii; II, 229)? En voilà trop sans doute, et ce ne sont pas là fleurs dont il soit bon de composer un trop gros bouquet.

Au reste, la même phrase et souvent le même vers nous offrent à la fois des exemples de platitude et d'emphase, de bassesse et de manière [1]. Écoutons Cyrus, ce monarque *dessur qui les vertus érigèrent leur temple* (*Pant.*, I; I, 156) :

> Mon conseil ne dépend de celui d'une femme,
> Et ma juste censure, ès actes de diffame,
> Marche d'ordre réglé comme l'astre du jour.....
> L'effet sera témoin de quel pied j'ai marché.
> (*Pant.*, III, 1; I, 176-177.)

Achille amoureux s'écrie :

> Ha! Cieux, ne me rendez davantage idolâtre;
> N'allumez plus de feux, plus de charbons ardents
> Dans le fourneau que j'ai pour elle là-dedans.
> (*Ach.*, II, ii; II, 29.)

Et l'on connaît ce dialogue de *Félismène*, dont le ridicule, encore qu'atténué au temps de Hardy par les emplois si fréquents et si variés du verbe *purger*, méritait, à coup sûr, d'égayer Sainte-Beuve.

> — Si la princesse a pris médecine aujourd'hui?
> — Purge, Amour, la rigueur qui cause mon ennui.
> (*Fél.*, II, iii; III, 323.)

Nous n'insisterons pas sur la déclamation, n'en ayant donné que trop d'exemples dans nos analyses. D'ailleurs, la déclamation

---

1. De même dans Garnier :

> Ou si l'extrémité d'une douleur extrême
> Contraint votre estomac de vomir ces propos.

(*Porcie*, II, vers 552.) Voy. d'ailleurs Bernage, p. 69-70.

de Hardy ne se distingue guère de celle de ses successeurs. Mais le style maniéré, les pointes, la phraséologie galante se renouvellent plus rapidement, et il ne sera peut-être pas sans intérêt de jeter un coup d'œil sur cette partie du langage de notre auteur.

L'antithèse et les cliquetis de mots y jouent un grand rôle [1] :

> Captive du captif qui me forme sa plainte,
> Mon amoureuse ardeur se glace dans la crainte,
> Ardeur qui toutefois flambe modérément.
> (*Phra.*, III, III ; IV, 428.)

Voici une définition de l'amour :

> Étrange maladie, étrange, que nourrit
> Son remède, à l'instant que pris il la guérit
> (*Phra.*, III, v ; IV, 436) ;

voici comment on parle d'une insensible :

> Celle de qui la glace augmente votre feu
> (*Arist.*, II, 1 ; IV, 165) ;

d'un hymen malheureux :

> Que ce myrthe fuitif me coûte de cyprès !
> (*Dor.*, I, 1 ; III, 397) ;

des retards qui irritent l'amour :

> Tu voulais renflammer mes plaies enflammées
> (*Procr.*, III, 1 ; I, 298).

---

1. Sur l'antithèse dans Hardy et dans Corneille, voy. Nagel, p. 28 à 30. — Citons encore les prédécesseurs de Hardy :

> — Tu ne t'es pu soûler, m'ayant toujours foulée,
> Mais bientôt de mon sang je te rendrai soûlée.
> — Votre enfer, dieux d'enfer, pour mon bien je désire,
> Sachant l'enfer d'amour de tes enfers le pire.
> — Il faut que m'efforce
> De forcer les efforts à qui je donnais force.
> (Jodelle, *Didon*. f° 286 et 285 r.)
> — Je veux voir opposer les aigles opposées.
> — Le nombre innombrable des morts.
> (Garnier, *Porcie*, I, vers 21, et *M.-Antoine*, II, vers 682) ;

et un contemporain, Jean de Schelandre :

> — O mer ! Amère mère à la mère d'amour !
> — Bref, montre-toi cruelle envers sa cruauté
> Et sois-lui déloyale en sa déloyauté.
> Montre à cet inconstant l'inconstance des ondes.

C'est une amante abandonnée et désespérée qui parle (*Tyr et Sidon*, II° j., IV, III. p. 191 et 192).

Citons pêle-mêle : *Employer l'artifice où la force est sans force* (7º j. III, 1; 470); *Présages autrefois sans présages tenus* (Scéd., IV; I, 126); *En excuses ainsi sans excuse amusées* (Coriol., IV, III; II, 163); *Sépare quelque temps mon âme de son âme* (Phra., III, v; IV, 438); *Ma grâce rien de sa grâce ne perd* (Tr. d'A., IV, III; IV, 568); *Envieuse de l'heur malheureux de Niobe* (Did., V; I, 81).

Dans le *Pamphlet littéraire* de Cervantès, Apollon rend en faveur des poètes la toute gracieuse ordonnance suivante : « Que tout bon poète puisse disposer à sa fantaisie de moi et de ce qu'il y a dans le ciel; à savoir : qu'il puisse transporter et appliquer les rayons de ma chevelure aux cheveux de sa dame, et faire de ses yeux deux soleils. Avec moi ça fera trois, et le monde en sera mieux éclairé. Quant aux étoiles, signes et planètes, il peut s'en servir de façon que, lorsqu'il y pensera le moins, sa dame sera devenue une sphère céleste [1]. » Hardy a largement profité de ces permissions du dieu. Chez lui, non seulement la femme aimée est un *soleil*, dont l'amant redoute sans cesse *l'éclipse* (*Alphée*, I, 1; I, 458); mais ses yeux sont aussi des *soleils*, des *flambeaux*, des *astres bessons* capables *d'enflammer le Caucase*, et qui *allument un beau jour* pour celui qu'ils favorisent d'une *œillade* (*Alceste*, III; I, 362; *Fél.* III; III, 310; *Pant.*, II, 1; I, 165); leur *aurore* et leur *occident* sont les seuls qu'un regard épris veuille contempler

---

[1]. *Privilèges, ordonnances et avertissements qu'Apollon envoie aux poètes espagnols*, à la suite des *Nouvelles* de Cervantès, traduites par M. Viardot, p. 481. — Cf. une amusante fantaisie de Sorel dans *le Berger extravagant*, 1re partie. t. II, p. 67 à 69 : « Anselme avait fait un petit tour de malice ingénieuse et, suivant ce que le Berger lui avait dit de la beauté de sa maîtresse, imitant les extravagantes descriptions des poètes, il avait peint un visage qui, au lieu d'être de couleur de chair, avait un teint blanc comme neige. Il y avait deux branches de corail à l'ouverture de la bouche, et à chaque joue un lis et une rose croisés l'un sur l'autre. En la place où devaient être les yeux, on n'y voyait ni blanc ni prunelle : il y avait deux soleils qui jetaient des rayons, parmi lesquels on remarquait quelques flammes et quelques dards... Quelques-uns (des cheveux) étaient faits comme des chaînes d'or, d'autres comme des filets et des réseaux, et la plupart pendaient comme des lignes avec l'hameçon au bout, fourni d'appâts pour attirer la proie : il y avait quantité de cœurs qui étaient pris à l'amorce. » Et Anselme appelle plaisamment son œuvre « un portrait fait par métaphore ». Voy. encore, au t. II. t. VII, p. 20 à 21. — On peut lire Th. Gautier, *les Grotesques*, p. 297 ; mais Gautier a tort de voir exclusivement dans cette phraséologie une importation espagnole. L'Italie n'était pas exempte de ces *faux brillants* (voy., p. ex., Guarini, *le Fidèle Berger*, II, III, p. 159), et le XVIe siècle français les connaissait aussi : *votre œil, mon soleil*, dit Garnier (*Bradamante*, III, vers 813), et que d'autres métaphores analogues on pourrait extraire de ses œuvres! Consulter Hans Raeder, *Die Tropen und Figuren bei R. Garnier*.

(*Pant.*, V, I; I, 201; *Did.*, V; I, 78), et la *lampe éthérée* elle-même *s'ennuie*, quand les soucis rendent une telle clarté *nuageuse* (*Arsac.*, II, II; II, 329; *Tr. d'A.*, V, I; IV, 581).

Les autres appas de la femme aimée ne sont pas moins éclatants. La bouche est un *corail*, ou même *l'honneur du corail et des roses* (2° *j.*, I, II; 80); le front est d'un *albâtre bien poli* (*Fél.*, II, II; III, 308); les seins sont *deux montagnes de lait*, et je ne puis dire combien de variations — ni quelles variations — les personnages de Hardy font sur ce thème (*Corine*, III, IV; III, 512; *Mél.*, IV, III; I, 254, etc.) [1]. Tout amant de Hardy donne ou reçoit de *longs baisers humides* (*Corine*, IV, IV; III, 528); c'est ce qu'il appelle *éteindre* ou *alenter sa braise* (*Did.*, II, I; I, 16; 8° *j.*, V, II; 64), prendre des *prémices sucrées* (*Gés.*, I, II; III, 308), *sucer le miel empoisonneur confit sur les lèvres* (5° *j.*, III, II; 326), *désaltérer sa fièvre sur le nectar sucré de leur corail* (*Ach.*, III, II; II, 62), que sais-je encore?

Enfin l'amante et toutes les personnes chéries sont encore honorées de mille appellations gracieuses : *mon œil* (*Did.*, III, I; I, 34); *mon souci* (8° *j.*, II; 26); *ma pensée* (*Frég.*, III, II; IV, 261); *ma Charite* (*Corn.*, V, III; II, 279); *aurore et occident* (*Did.*, III, I; I, 29); *printemps gracieux* (*Dor.*, I, I; III, 395) [2]; *seul astre de mon mieux* (*Arsac.*, V, I; II, 377); *moule unique des beautés* (*Ach.*, II, II; II, 29); *abrégé parfait de la perfection* (*Elm.*, III, (II); V, 161). — Celui qu'on aime est le *geôlier* de votre *franchise* (*Alcée*, II, II; II, 522), et on le prie instamment (ô Mascarille!) de vous *rendre* votre *cœur que ce voleur emporte* (5° *j.*, I, I; 304).

Ce n'est pas tout, et « les amants ont une expression de tendresse bien plus singulière : ils appellent habituellement leur maîtresse *ma sainte*; et non seulement cela, mais un homme dit fort bien, en parlant de la maîtresse d'un autre : *sa sainte*, ou qu'il va prendre *une autre sainte* pour dire qu'il change de maîtresse; cette tournure se trouve employée dans une pièce païenne. C'est l'expression la plus consacrée du dictionnaire des amoureux. On voit aussi, dans une des pièces de Hardy, une femme qui,

---

1. Un des plus remarquables spécimens de description galante se trouve dans *la Belle Égyptienne*, I, I; V, 203.

2. Cf. V. Hugo, *Légende des siècles*, nouvelle série, t. II, *L'épopée du ver* :

> Elle est morte au milieu d'une nuit de délices...
> Elle était le printemps, ouvrant de frais calices;
> Elle était l'orient.

apprenant l'infidélité de son amant, ne trouve rien de pis ni de mieux à lui dire que de l'appeler *athée* [1]. »

Tout cela sans doute est fort ridicule, mais le public y tenait beaucoup. « Si, pour blâmer les pointes que j'ai laissées dans cet ouvrage », dit Claveret au lecteur de *l'Esprit fort* en 1636 ou 1637, « tu me fais la faveur de m'apprendre que le style du temps commence à devenir plus sérieux, apprends toi-même qu'elles étaient en vogue quand il sortit de ma plume, il y a plus de sept ans [2]. » Public et auteur étaient-ils même si bien corrigés en 1636? On ne le dirait pas, à lire Rotrou, Mairet, Scudéry, Tristan; un certain nombre de termes avaient changé, mais la dose de mauvais goût était aussi forte [3].

A l'encontre de cette phraséologie banale, il est curieux de voir combien le vocabulaire de Hardy est parfois technique et quelle couleur réaliste affecte son style. « Tu n'oublieras les noms propres des outils de tous métiers », avait dit Ronsard [4], « et prendras plaisir à t'en enquerre le plus que tu pourras, et principalement de la chasse. » Hardy a largement suivi le conseil de son maître, et c'est tout un dictionnaire des termes techniques qu'on pourrait rédiger d'après ses écrits. Citons au hasard, — pour la chasse : *meute, limier, lévrier, laisse, curée, veneur, piqueur, harde, hure, bauge, fort, erres, abois, aiguail, fumée, quartanier, miré, fauconnier, lanier, trappe, pantière, tirasse, vaguer, giter, quêter, vermiller, pépier, odorer, enceindre, réclamer, forhuer, découpler, brosser, relancer;* — pour la pratique : *parquet, arrêt, sentence, parties, comparoir, ester, ajourner, acquiescer, en appeler, révoquer l'instance, entériner;* — pour la médecine : *ulcère, apostème, pâmoison, cuisant, pestilent, pharmaque, alexitère, passer la sonde;* — pour l'astrologie : *pentacle, cerne, caractère,*

---

1. Suard, p. 120. Cf. Fontenelle, p. 197. Voici les exemples les plus curieux : *ma sainte,* dit Charilas à Évexippe qu'il cherche à séduire (*Scéd.,* III; l. 120); *ma sainte,* dit Myrhène à l'adultère Lucrèce (*Lucr.,* I, (iv); V, 306); *il aborde à toute heure sa sainte* (*Fél.,* III; III, 315); *Tu crois, je le sais bien, mes regrets une feinte, Et mes vœux à présent chercher une autre sainte* (*Procr.,* V; l. 322). Du reste, cette expression n'est pas particulière à Hardy. Auvray appelle aussi sa maîtresse *ma sainte* (voy. les *Amourettes,* p. 369 du *Banquet des Muses*). — Félismène appelle don Félix *athée* dans l'acte III de *Fél.* (t. III, p. 325).
2. Cité par les fr. Parfait, t. IV, p. 450.
3. Souvent même beaucoup plus forte, comme on peut le voir par nos analyses de Scudéry et de Tristan ; la grossièreté seule avait diminué. Consultez Jarry, *Ét. sur J. Rotrou,* p. 199 et 278; Bizos, *Ét. sur Mairet,* p. 249.
4. *Préface de la Franciade,* p. 25.

aspect, influer, etc. — « De là tireras maintes belles et vives comparaisons avec les noms propres des métiers », avait dit encore le maître [1], et Hardy s'y est fréquemment essayé :

> Ne crois que la menace
> Attire mon honneur dans ta mortelle nasse,

dit une jeune fille que l'on veut séduire (*Scéd.*, III; I, 122);

> Courage à la coupelle excellent éprouvé,

dit un roi pour caractériser la vertu de ses lieutenants (*Phra.*, IV, III; IV, 449);

> D'une ferme amitié détrempe le ciment,

dit une princesse qui veut enhardir et rapprocher d'elle un de ses sujets (5° j., III, (VI); 333). Mais ce sont surtout les comparaisons entre la guerre et la chasse qui abondent :

> La harde dispersée, ayons, ayons le chef.
> (*Daire*, V, II; IV, 65.)

> Découplons hardiment sur ces lièvres craintifs.
> (*Pant.*, I; I, 157.)

> La liberté perdue, en la suite du temps,
> Les plus séditieux deviennent plus contents
> Et le fer de ce mors s'adoucit en leur bouche,
> Ainsi que le cheval s'apprivoise farouche,
> Depuis que l'écuyer plusieurs fois l'a dompté,
> Lui a sous la houssine appris sa volonté.
> (*Tim.*, I; V, 11.)

Quant au style de la pratique, Hardy ne se contente pas d'en tirer des métaphores ou des comparaisons nombreuses; il l'emploie avec complaisance pendant de longues scènes, et les procès en forme sont nombreux dans son théâtre, aussi bien que dans le théâtre du moyen âge [2].

Si les prescriptions de Ronsard avaient conseillé l'emploi des

---

1. *Abrégé de l'art poétique*, f° 3 v°; *Préface de la Franciade*, p. 19. — On trouve fréquemment des métaphores et des comparaisons de ce genre dans Garnier, et cependant Hardy semble plus fidèle que lui au précepte de Ronsard. Voy. Hans Raeder, *Die Tropen und Figuren bei R. Garnier*.

2. Voy. aux analyses de *Mariamne*, du *Ravissement de Proserpine*, d'*Alcée*, etc. On trouve même dans *Alcée* une épigramme assez inattendue contre les avocats (V, II; II, 596). — Sur le goût de la procédure dans le théâtre du moyen âge, voy. Petit de Julleville, *les Mystères*, t. I, p. 129 et 258.

termes archaïques, son exemple ne recommandait pas moins l'emploi de la mythologie, et on sait combien cette recommandation fut écoutée. Grecs, Chrétiens, ou Sarrasins, les personnages de Garnier sont profondément versés dans la mythologie [1] ; ceux de Hardy ne le sont pas moins. Nous avons déjà cité des épithètes mythologiques; nous pourrions parler encore du *vieillard empenné* (*Procr.*, V; I, 327), de l'Aurore, *fourrière du jour* (*Procr.*, I; I, 280), de *la sœur implacable*, c'est-à-dire de la Parque [2]. Les allusions aux exploits et aux aventures des héros sont innombrables, et, comme nous ne les comprenons pas toujours, nous nous demandons ce que pouvait faire le public [3]. Ajouterons-nous que toute cette mythologie est parfois bien intempestive? que les géants devraient en être plus ignorants au moment précis où la Terre vient de les tirer de son sein (*Gig.*, I; III, 219)? qu'une femme affligée devrait moins s'occuper des Dieux, alors surtout que cette femme est une Espagnole et une chrétienne (*Fél.*, II, III; III, 318)? Mais on sait combien peu judicieux était l'emploi de la mythologie au temps de Hardy et avant lui; combien fréquent le mélange des termes païens avec les idées chrétiennes [4]. Citons plutôt quelques vers — et ils ne sont pas trop rares dans le théâtre de Hardy — inspirés par un assez vif sentiment de l'antiquité; par exemple cette déclaration d'Hercule :

> Moi qui suis le fléau que Jupiter envoie
> A qui des vices tient la périlleuse voie
> (*Alceste*, III ; I, 356);

1. Voy. Faguet, *la Trag. fr.*, p. 231 et *passim*. Les poètes et auteurs de romans « ne sauraient écrire trois lignes, qu'ils ne parlent autant de Jupiter et de Mars que si nous étions au temps d'Auguste », dit Sorel dans *le Berger extravagant*, 1re p., l. VI, p. 401; et dans son l. III, p. 155 à 200, il fait, sous le titre de *Banquet des Dieux*, un véritable essai de *mythologie tintamarresque*. Faut-il aussi rappeler la protestation tardive de Théophile?

> Je fausse ma promesse aux Vierges du Permesse;
> Je ne veux réclamer ni Muse ni Phébus,
> Grâce à Dieu, bien guéri de ce grossier abus.
> (*Élégie à une dame*, Œuvres complètes, t. I, p. 217.)

2. Hardy confond partout *Thétis* avec *Téthys*, et il fait dire d'Achille par un de ses ennemis (*Ach.*, V, I; II, 89) :

> Ce foudre des combats, ce vanteur impudent,
> De celle qui les flots gouverne descendant.

3. Déjà, au XVe siècle, le public avait été aux prises avec les énigmes mythologiques. Voy. Petit de Julleville, *les Mystères*, t. I, p. 264 et 265.

4. Voy., p. ex., la *Bradamante*, IV, v, vers 1407 et 1424; V, VII, vers 1905, etc. Pour Hardy, voy. *Mariamne*, IV, I; *la Belle Égyptienne*, passim, etc.

ou ces invocations à Diane :

> Fille de Jupiter, déesse trois fois grande,
> Au ciel, dans les forêts, et où Pluton commande,
> Diane...
>
> (*Mél.*, 1; I, 213);
>
> Infernale déesse, Hécate au triple nom,
> La nuit aux carrefours par les villes hurlée
>
> (*Did.*, IV, III; I, 58);

ou ces apostrophes à l'Amour et à la Nuit :

> O Amour, le tyran des hommes et des dieux
>
> (*Ach.*, IV, II; II, 86);
>
> Hâte-toi de venir, monte tes bruns chevaux,
> Déesse, le soulas de nos humains travaux,
> Charmeuse des soucis, hâte-toi
>
> (*Ariad.*, III; I, 422);

ou encore cette peinture, faite par Ariadne, de Bacchus et de son cortège :

> Dieux ! que vois-je là-bas ? un vaisseau dessur l'onde ;
> Ses voiles sont enflés, et ne fait point de vent ;
> Sans patron, de lui-même il se pousse en avant ;
> Une douce harmonie accompagne ses rames...
> Les dauphins attentifs, à l'entour sautelants,
> Se vont aux environs de joie entre-mêlants.
> Un enfant au tillac de pampre se couronne ;
> Quelle troupe, bons Dieux ! fantasque l'environne ?
> Un vieillard sur son âne assis en majesté...
>
> (*Ariad.*, V, II; I, 438.)

Ce ne sont là que des imitations indirectes de l'antiquité ; mais on trouve aussi dans Hardy beaucoup d'imitations d'une tout autre sorte et plus littérales. Ici encore, ses prédécesseurs avaient créé une tradition à laquelle il a tenu à honneur de se conformer [1]. Le grec et la littérature sacrée ne lui ont à peu près rien fourni [2]; le latin, en revanche, a été fréquemment mis à contribution, et

---

[1]. Citons au hasard, dans Garnier, des imitations de l'*Invitum qui servat, idem facit occidenti* d'Horace (*Antigone*, I, vers 113), de l'*Illi robur et æs triplex* (*Troade*, chœur du IIIe acte), du *Justum et tenacem propositi virum* (*M.-Antoine*, chœur du IIIe acte), du *Sic vos non vobis* (*Bradamante*, IV, II, vers 1147).

[2]. *En ce val misérable*, pour dire en ce monde, est traduit de l'expression liturgique *in hac lacrimarum valle* (*Corn.*, IV, III; II, 263); *l'enclos de ma bouche* est inspiré par l'ἕρκος ὀδόντων d'Homère (*Did.*, III, 1; I, 34), mais c'étaient peut-être là des façons de parler traditionnelles.

tantôt il a donné des termes ou des locutions d'une physionomie tout antique, tantôt ce sont des passages de ses auteurs classiques dont une imitation plus ou moins habile a fait des passages et des vers de l'auteur français.

Dans les termes et les expressions de Hardy, notre étude sur la *langue* a déjà signalé bien des latinismes; nous allons cependant en citer d'autres, ceux qui semblent n'être point passés dans son langage ordinaire et constituer seulement chez lui des réminiscences. Ainsi *parent* signifiant père (*Rav. Pr.*, IV, I; III, 57); ce *règne nocturne*, l'enfer (*Alceste*, III; I, 364); *postposée à sa sœur* (*Ariad.*, II; I, 411); *te composer les yeux* (*Alceste*, II; I, 347); *mouvoir une guerre* (*Gig.*, I; III, 210); *Répète sur moi seul .. le délit paternel* (*Mél.*, I; I, 214); *J'exigerai de lui le mérité supplice* (*Did.*, II, 1; I, 14); *Prosterner de frayeur l'implacable Cerbère* (*Rav. Pr.*, I, 1; III, 2); *où l'infâme a désigné sa fuite*, c'est-à-dire marqué (*Rav. Pr.*, II, III; III, 39); *De trois enfants les deux tombèrent* (*Alex.*, I, 1; IV, 81); ou même la construction toute latine : *deux pins qui servent de flambeaux, Qui conduisent mes pas jusqu'au fond du Ténare, Si là quelque brigand de ma fille s'empare, pour voir si là...* (*Rav. Pr.*, III, III; III, 56).

Les réminiscences ou imitations de passages précis d'auteurs latins sont innombrables, mais généralement courtes, et elles n'embarrassent pas la marche du dialogue : *Je saluerai premier de ce vin couronné* (1ʳᵉ j., V, III; 64); *Où rien ne paraissait qu'une image de mort* (*Ariad.*, I; I, 394); *qui pourrait se tempérer de larmes?* (*Alceste*, II; I, 344); *L'assurance vers eux est n'avoir d'assurance, envers les traîtres* (*Pant.*, III, II; I, 183); *alors justement que Neptune Luira sous les rayons tremblotants de la lune* (*Elm.*, III, (I); V, 155); *Rompu de jour en jour aux misères humaines, J'apprends à secourir le chétif en ses peines* (4ᵉ j., 1, 1; 221). On voit que Virgile s'est fait la part du lion, mais Horace n'a pas été complètement oublié. Héliodore n'ayant pas nommé la sorcière qui paraît dans son *Histoire Éthiopique*, Hardy lui a donné le nom de *Canide* (4ᵉ j., IV, IV; 268). Citons encore : *Si ce grand mont n'enfante une souris d'amour* (*B. Ég.*, I, 1; V, 215), et surtout *Dire la volupté que l'on goûte à mourir Pour accroître l'honneur de sa chère patrie* (*Scéd.*, I, II; I, 93). Voici du Lucrèce : *Un enfant... Qui présage en crier son destin rigoureux* (*Corn.*, II, III; II, 227); du Térence : *Sans Cérès et Bacchus le taon d'amour ne pique* (*Lucr.*, III, (IV); V, 333); du Livius ou du Névius : *Ha! que les Phrygiens dessur le tard s'avisent!* (*Corn.*, IV, IV; II, 271). Nous avons souvent vu des imitations d'Ovide; voici des vers où Hardy a combiné un passage d'Ovide avec un passage de Claudien : *L'homme... Demande que lui vaut sa céleste origine, Que les yeux vers le ciel et debout il chemine* (*Rav. Pr.*, IV, I; III, 58; cf. Ovide, *Mét.*, I, 85, et Claudien, *de Raptu Pros.*, III, 41) [1].

Nous avons assez dit comment Hardy imite Virgile, Ovide ou Claudien. Rappelons seulement qu'il sait abréger ses originaux pour les rendre plus dramatiques; une longue comparaison de six vers et demi devient :

> Comme un vent orageux, qui tourmentait les plaines,
> Dessous un peu de pluie apaise ses haleines,
> Tombe à coup abattu...
> (*Rav. Pr.*, I, II; III, 8; cf. Cl., I, 70-76.)

et deux traits épars dans son auteur :

> Nonne satis visum quod grati luminis expers?...
> Sed thalamis etiam prohibes

se réunissent et par là même prennent plus de force :

> Ne respirer non plus les douceurs de l'amour,
> Que je fais la clarté désirable du jour.
> (*Rav. Pr.*, I, II; III, 5; cf. Cl., I, vers 100 et 104.)

Enfin n'est-ce pas une heureuse imitation que celle des *Invectives* fameuses *contre Rufin*, telle que la fait Scédase, poussé au blasphème par le désespoir?

> Que faisait lors oisif ton foudre, Olympien?
> Tel acte en ta présence impuni montre bien
> Que l'univers n'a point de chef qui le régisse,
> Que tout roule au hasard, sans force et sans justice,
> Que les plus vertueux sont les plus outragés.
> (*Scéd.*, IV; I, 135.)

De l'imitation à l'emploi des sentences, il n'y avait souvent qu'une différence de genre à espèce, et le XVIe siècle avait confondu dans une même prédilection le goût des sentences morales et celui de l'antiquité. Si les premiers traducteurs de Térence recommandaient leur auteur en disant qu'il était rempli de

---

1. On trouve en vingt endroits la traduction du proverbe gréco-latin *festina lente : hâte-toi lentement* (*Pant.*, II, II; I, 174).

« mainte sentence » et de nombre de « mots dorés [1] ». Sénèque surtout avait séduit les lettrés par les maximes, par les vérités philosophiques ou banales qu'il sème en abondance dans ses tragédies. Giraldi Cinthio, qui préfère Sénèque à Sophocle et à Euripide, avoue que ce qu'il admire surtout en lui, ce sont les belles sentences [2]; et Scaliger, qui modèle sa tragédie sur celle de Sénèque, proclame que les sentences en sont comme le fond et le soutien [3]; à partir de ce moment, les sentences étaient sacrées. Ronsard, il est vrai, conseille de les employer rarement dans « l'œuvre héroïque »; mais il parle tout autrement de « la tragédie et comédie, lesquelles sont du tout didascaliques et enseignantes, et qu'il faut qu'en peu de paroles elles enseignent beaucoup, comme miroirs de la vie humaine [4] ». Jodelle, La Taille, Garnier, Montchrestien, tous les tragiques, élèves de Ronsard, multiplient les sentences et vérités générales, qu'ils « distinguent dans le discours par des guillemets, afin que le lecteur soit averti, même par les yeux, de leur présence [5] ». Et cette façon d'*enchâsser* les sentences *comme des pierres précieuses* s'est conservée longtemps, même au xvii° siècle : on trouve des guillemets dans le *Roman satirique* de Lannel, 1624; on en trouve encore dans l'édition de *Pyrame et Thisbé* qui a été publiée en 1640 [6]. Les pièces de Hardy aussi renferment beaucoup de sentences et de guillemets. Les guillemets sont souvent mal placés par l'imprimeur, les sentences ne le sont pas toujours très bien par le poète; et cependant, si nous devons signaler çà et là de l'intempérance [7], plus souvent de la platitude, il serait facile de faire un petit recueil intéressant des sentences de Hardy :

[un ennemi
Celui qui sait au temps (c.-à-d. en temps opportun) surprendre
Se peut vanter d'avoir vaincu plus qu'à demi.
(*Arsac.*, V, 1; II, 382.)

---

1. Voy. Ém. Chasles, *la Comédie franç. au* xvi° *s.*, p. 10.
2. Royer, t. II, p. 22.
3. Faguet, p. 54. Cf. Ch. Arnaud, *les Théories dram. au* xvii° *siècle*, p. 130.
4. *Préface de la Franciade*, p. 9; cf. *Abrégé de l'art poétique*, f° 5 r. : « Élocution n'est autre chose qu'une propriété et splendeur de paroles bien choisies et ornées de graves et courtes sentences qui font reluire les vers, comme les pierres précieuses bien enchâssées, les doigts de quelque grand seigneur. »
5. Nisard, *Hist. de la litt. fr.*, l. III, ch. III, § 1; t. II, p. 93.
6. V. Fournel, *Introduction au Roman comique* de Scarron, t. I, p. xxxiij; Ebert, *Entwicklungs-Gesch.*, p. 197.
7. Voy., p. ex., *Rav. Pr.*, IV, III, t. III.

Le vrai contentement de grandeur ne procède...
Celui possède assez, qu'illustre sa vertu.
(*Arsac.*, IV, III; II, 372.)
Où l'espoir ne luit plus, l'homme sage désiste.
(*Frég.*, I, II; IV, 239.)
Qui survit à sa gloire est indigne de vie.
(*Mél.*, IV, I; I, 246.)
Le conseil n'entre point où l'amour seigneurie.
(*Arist.*, I, I; IV, 148.)
L'amour ne peut durer, qui ne sait s'assortir.
(*Fél.*, IV, II; III, 353.)
La vertu seule anoblit les humains.
(*Alcée*, II, I; II, 513 [1].)

La fureur des sentences en avait amené une autre, et, dès le temps de Jodelle, on avait vu la tragédie française se livrer à « une affectation assez dangereuse », qui est de ne faire dire qu'un vers à la fois à chacun des personnages en présence. Cela aussi était une imitation de Sénèque, car cet auteur et Euripide pratiquent si souvent cette affectation, « et même par discours généraux, qu'il semble que leurs acteurs ne viennent quelquefois sur la scène que pour s'y battre à coups de sentences [2] ». Garnier avait abusé de ce dialogue antithétique [3]; Corneille, à ses débuts, s'y devait livrer avec complaisance; on conçoit que Hardy n'en pût être exempt. En pareil cas, son style a les défauts que réclame le genre et ceux, moins nécessaires, dont notre dramaturge est coutumier; mais ni l'éclat ni la force n'en sont toujours absents:

ÉNÉE
L'extrême violence ès maux ne dure pas.

ANNE
Tu dis vrai, car ils ont le remède au trépas.
(*Did.*, IV, II; I, 53.)

---

1. Saint-Marc Girardin écrit à propos de ce vers : « L'esprit français, qui hait les préjugés et qui fronde volontiers la noblesse, cet esprit n'a pas attendu Voltaire pour monter sur le théâtre; il perce déjà dans Hardy. » *Cours de litt. dram.*, t. III, p. 310. — M. Paul Kahnt, qui a étudié les sentences de Jodelle et de Garnier, annonce une dissertation spéciale sur les sentences de Hardy. Voy. ci-dessus, l. III, ch. II, p. 259, n. 3.

2. Corneille, *Examen de la Suivante* (*Œuvres*, t. II, p. 121).

3. Voy., p. ex., *Hippolyte*, IV, vers 1685; *Antigone*, I, vers 121, et III, vers 1224; *les Juives*, II, vers 679; *Bradamante*, II, vers 262.

V

Nos derniers paragraphes contiennent quelques bons vers et signalent dans le style de Hardy quelques qualités. Il était temps.

Ce dramaturge habile est un fort mauvais écrivain, cela est vrai ; il est peu de genres de fautes dont on ne puisse trouver chez lui de nombreux spécimens, cela est vrai encore. Mais il ne faudrait ni croire ni laisser croire que tout chez lui est impropre, incorrect, obscur, alternativement bas ou prétentieux. S'il abuse étrangement des ellipses, on en trouve pourtant beaucoup dans ses œuvres, dont la hardiesse n'exclut ni la clarté, ni même la force ou la grâce : *Tu sais que, Jupiter, tu serais ma Junon* (Phra., IV, v ; IV, 455) ; *D'où mon los principal, me résulte le blâme* (Fél., IV, III ; III, 359) ; *Ce qu'on peut aujourd'hui n'attendons à demain* (Corn., V, I ; II, 274) ; *Et morte (si elle est morte), donne-moi comme à elle la mort* (3° j., I, I ; 143). Les ambitieux, dit un personnage d'*Ariadne*, doivent savoir conformer leur langage à celui des rois : *S'ils désirent la paix, affecter le repos ; La guerre, respirer le fer et le carnage* (Ariad., I ; I, 402). — Si beaucoup d'emplois absolus sont barbares, d'autres ont quelque chose de court et d'énergique ; ainsi, quand Jupiter vient d'exciter les Dieux contre les géants : *Foudroyés, embrasons la face de la terre* (Gig., II ; III, 230) ; ou quand un berger blâme le vœu de chasteté que doit prononcer une bergère : *Confessez-moi que nous n'eussions été, Nos parents pleins de telle piété* (Am. Vict., I, II ; V, 470) ; ou encore dans cette parole de Didon au sujet d'Ascagne et d'Énée : *Que, le fils en péril, un père se repose !* (Did. I, II ; I, 10).

Quelques hypallages sont élégantes : *Je me veux d'une robe inconnu déguiser* (Coriol., II, I ; II, 128 ; texte de la 2° éd.). — Un assez bon nombre de suspensions sont dramatiques : *Me mépriser, qui suis... Ah ! je le vois venir* (Procr., III, I ; I, 298). — Au lieu de bassesse ou d'emphase, on trouve çà et là des suites de vers simples et naturels ; voici comment un roi blâme la mélancolie et la réserve excessive de sa fille :

> Appui de mes vieux jours, ma fille, ma chère âme,
> Apprends que la tristesse en ton âge se blâme,
> Apprends que la vertu fuit les extrémités...
> Enfin ta solitude a fort mauvaise grâce,

> Ton chagrin volontaire offense ton bonheur;
> La vierge à moindre prix conserve son honneur;
> Elle doit demeurer dedans la modestie,
> Mais avec une humeur à son grade assortie,
> Gaie, délibérée...
>
> (*Phra.*, I, III; IV, 389.)

N'est-ce pas déjà là le style de la haute comédie? et n'est-ce pas un vers à la fois ingénieux et expressif que celui-ci :

> Ton chagrin volontaire offense ton bonheur [1]......

Le style galant lui-même n'est pas toujours insupportable, et quelque grâce se mêle parfois à son affectation :

> Des rais de ton soleil viens mes larmes sécher.
>
> (*Procr.*, II, II; I, 291.)

Mais ce n'est ni par la grâce, en dépit de quelques exceptions heureuses, ni par l'esprit, en dépit de quelques scènes plaisantes [2], qu'il arrive assez souvent à Hardy d'être remarquable. Ses amis le vantent surtout alors qu'il fait parler le « démon de l'amour et celui de la guerre [3] », et, tout en nous gardant de leur enthousiasme, c'est à un éloge analogue que nous nous arrêterons. Un ardent amour trompé, comme dans *Didon* et *Ariadne*; les luttes de l'amour et de la haine, comme dans *Achille*; une âme magnanime aux prises avec la fortune, comme dans *Panthée* et *Mariamne*; des actions guerrières, comme dans les *Morts de Daire* et d'*Alexandre*; de grandes scènes politiques, comme dans *Coriolan* et *Timoclée*; voilà surtout ce qu'il faut à Hardy pour que sa langue se délie, pour que sa voix s'affermisse, pour que son ton prenne de la fermeté et de l'autorité. Nous avons entendu Cérès, Félismène, Alcée parler avec tendresse; mais la tendresse

---

1. « Dans *Alcée* », dit M. Godefroy, « on pourrait citer des scènes entières d'une bonne tenue de style et d'une harmonie croissante. Telle est la scène qui commence par ces vers :

> Ma patience ainsi plus ne s'abuse,
> Contente-toi des faveurs du passé

(II, III; II, 543). On peut alléguer encore, comme exemple de versification et même de mouvement dans le style, ce passage de l'acte V de *Procris* :

> Jamais doncques Minos...

(I, I, p. 323). » *Hist. de la litt. fr.*, t. I, p. 413.
2. Voy. *1re j.*, III, IV; 34, et cf. nos analyses.
3. Tristan, *stances* du t. I; cf. les pièces de Baudouin et de Dubreton, t. I.

chez Hardy dégénère vite en enfantillage ou en grossièreté; la colère, la grandeur, l'obstination de la vertu se soutiennent mieux. Il y avait fort peu de Racine dans Hardy, mais on y peut noter une assez intéressante ébauche de Corneille.

Car ce n'est pas seulement le vers d'Arsacome admiré par Saint-Marc Girardin :

> Pauvre d'or, je suis riche en fer pour te défendre [1];

ce n'est pas ce vers seulement que l'on peut déclarer digne de Corneille. N'y a-t-il pas une simplicité fière dans ce mot qui fait songer à don Gormas :

> Quelle armée eût valu ta simple renommée?
> (*Ach.*, V, II; II, 86.)

N'y a-t-il pas une vivacité passionnée dans cette plainte d'un amant :

> L'apparence de vivre un jour et ne la voir!
> (*Fél.*, IV, III; III, 359.)

une vivacité mêlée d'amertume dans cette réplique d'un amant, à qui l'on conseille de ne pas consommer « à la hâte » une union qui pourrait être funeste :

> A la hâte! Depuis un siècle que j'endure!
> Que l'amour, sans gémir, m'étend sur sa torture!
> Comme les maux d'autrui chez nous passent légers!
> (*Arist.*, II, II; IV, 168.)

Les façons de parler énergiques abondent et, avec elles, les métaphores courtes et grandioses :

> Scédase, cher ami, relève ta vertu;
> Sous les pieds du malheur ne demeure abattu.
> (*Scéd.*, IV; I, 134.)

> Sur moi seul, du public salutaire victime,
> Je chargerai le faix de ce vertueux crime.
> (*Alex.*, II, 1; IV, 97.)

> L'assemblée
> Murmurant de fureur comme une mer troublée.
> (*Arsac.*, III, 1; II, 340.)

> Une place débile où commande l'effroi.
> (*Tim.*, IV, (II); V, 77.)

---

1. Voy. ci-dessus, l. III, ch. IV, p. 447.

Didon se plaint d'Énée en ces termes douloureusement réalistes :

> Au fleuve des plaisirs le cruel s'est baigné.
> (*Did.*, IV, 11; I, 49.)

Et Junon, pleine de dépit, confesse magnifiquement la gloire d'Hercule :

> L'innocent opprimé se retire à son ombre,
> L'univers obligé célèbre ses vertus.
> (*Alceste*, I; I, 334.)

Ce sont là des vers isolés; citons encore un assez long fragment de narration[1], où l'on remarquera sans doute de la couleur, de l'éclat et du mouvement :

> Faut-il (voici ses mots) demeurer davantage,
> Invincibles guerriers, à vaincre l'ennemi,
> Déjà de votre los vaincu plus qu'à demi?
> Ces Lydiens ne sont que des femmes armées,
> De désespoir et non de fureur animées ;
> Mourons donc, mes amis, plutôt que rebrousser
> Et plutôt qu'à ce coup leurs scadrons n'enfoncer.
> L'effet suit la parole; il pousse à toute bride
> Son char dedans leur gros, qui lui cède timide
> Et, reculant, fait place au foudre de ses coups.
> Émus d'un saint devoir, nous le suivîmes tous,
> Tous flanc à flanc rangés en ordre de bataille.
> Lui, poussé de furie, incessamment chamaille,
> Amasse sous son fer de grands piles de corps,
> Comme au mois de juillet nous remarquons, alors
> Que sous le fer tranchant de sa faux acérée
> Le paysan détruit les honneurs d'une prée,
> Les amasse en sillons, au labeur endurci.
> Abradate fauchait les Lydiens ainsi.
> Enfin, honteux qu'un homme apportât cet esclandre,
> Ils font ferme, et déjà, résolus de l'attendre,
> L'environnent, qu'il n'a qu'à sa vertu recours...

VI

Que conclurons-nous?

Que Hardy possédait quelques sérieuses qualités de style, mais qu'il les a d'abord compromises dans l'imitation de Ronsard et de son école, qu'il les a noyées ensuite sous l'intarissable flot de sa

---

[1]. *Pant.*, IV, 11; I, 194-195; cf. ci-dessus, l. III, ch. 11, p. 297.

production. Dans sa lutte contre des difficultés sans nombre, la langue de Ronsard a été pour lui comme un arc d'Ulysse : force et loisir lui manquaient sans cesse pour le tendre, et sans cesse les traits s'échappaient de sa main, ridiculement nombreux et impuissants.

Pouvons-nous le blâmer? Sans doute ; mais plus encore le plaindre de n'avoir pas été soutenu et redressé par son public. Loin que son style soit allé en se perfectionnant, c'est dans ses pièces anciennes que les qualités littéraires sont le plus nombreuses ; les nouvelles ont un style moins archaïque, mais aussi moins fort, plus plat et plus grossier. Ainsi « le contraste des qualités et des défauts » de Hardy contient surtout pour nous « un enseignement historique ». Citons un historien moraliste : « De même que ces agitations périodiques du pays pour quelques intérêts privés, qui remplissent la première jeunesse de Louis XIII, supposent un état politique et social différent du nôtre, de même la possibilité, la pensée même de produire » des vers comme la plupart de ceux de Hardy, « et le fait qu'ils n'ont pas été repoussés, accablés sous le ridicule, supposent dans l'éducation littéraire de la nation une différence fondamentale avec ce qu'elle fut deux générations plus tard [1]. »

De cette ignorance du public et de cette indulgence pour le poète, c'est le poète qui a tout le premier et le plus gravement souffert [2].

---

1. Robiou, *Essai sur l'hist. de la litt. et des mœurs*, p. 279 et 275.
2. Nous n'avons, ci-dessus, parlé que de Hardy écrivain en vers. Sa prose est plus embarrassée, plus obscure et plus incorrecte encore, avec çà et là quelque fermeté raide et quelque énergie. (Voy. surtout, d'une part, les sommaires de *Théagène et Cariclée* et de *Cornélie*; voy., de l'autre, les préfaces.)

CHAPITRE III

LA VERSIFICATION

Pour la versification, plus encore que pour la langue, Malherbe a apporté de nombreux et importants changements aux traditions de l'école de Ronsard. L'auteur de *la Franciade* avait pratiqué l'hiatus et l'enjambement : Malherbe les proscrit. Il avait souvent marqué faiblement la césure : Malherbe en impose l'observation par une rigoureuse loi. Il avait accordé à la rime quelques facilités : Malherbe les retire et proclame que *rien ne sent davantage son grand poète que de tenter des rimes difficiles*. Il avait permis aux poètes de *franchir parfois la loi de grammaire* : Malherbe n'admet pas plus les licences en vers qu'en prose. Il avait largement usé des inversions : Malherbe en réduit singulièrement l'emploi [1]. Or, aucune de ces réformes n'est admise par Hardy, même dans ses dernières œuvres. Hardy ronsardise dans sa versification plus encore que dans sa langue.

---

1. Voy. ce que dit Ronsard de l'enjambement (*Préface de la Franciade*, p. 18), des rimes (*Abrégé de l'art poét.*, f° 6 v° et suiv.), des licences poétiques (*Préface*, p. 19, et *Abrégé*, f°s 7 et 8). En ce qui concerne l'hiatus (*Abrégé*, f° 7 r°), la césure (*Abrégé*, f° 9 v°) et les inversions (*Préface*, p. 18), les conseils de Ronsard ne diffèrent pas sensiblement de ceux de Malherbe; mais ces conseils tardifs ne s'accordent ni avec la pratique du maître, ni avec celle de ses disciples. — Pour les doctrines de Malherbe, voy. surtout Racan, *Mémoires pour la vie de Malherbe*; Sainte-Beuve, *Tableau*, p. 153-157, et le *Lexique* de M. Régnier fils.

I

Nous n'étudierons pas les chœurs. Puisque Hardy les jugeait « de trop de fatigue à refondre [1] », c'est qu'il en sentait lui-même toute la faiblesse, et ils sont en effet traînants, prosaïques, peu harmonieux. Heureusement, le nombre en est tout à fait restreint et, pour parler ici d'une façon plus générale, les vers lyriques ne se montrent que fort rarement dans les pièces de notre auteur [2]. En voici, où Apollon chante la gloire de Jupiter et sa victoire sur la Terre; on y trouvera du mouvement et de la noblesse; aussi ne les citons-nous qu'à titre d'exception :

> Contre lui la Terre mutine
> S'élève factieuse en vain;
> Contre sa présence divine
> L'orgueil du frêle genre humain
> Ressemble au nuage qui passe,
> Ressemble à l'ombre d'une nuit,
> Qui disparaît lorsque ma face
> Sur celle des hauts monts reluit.
> (*Gig.*, V; III, 282.)

En dehors des parties lyriques, Hardy n'a employé que deux sortes de vers : celui de dix syllabes pour ses pastorales, et celui de douze pour ses autres pièces. Quelques auteurs préconisaient l'emploi de l'alexandrin pour la pastorale, et c'est en alexandrins que Racan écrivait sa pièce applaudie des *Bergeries*. Aussi n'est-ce pas sans humeur que Hardy défend l'emploi du vers élégiaque : « Croire quelque grand miracle d'écrire une pastorale en vers alexandrins, nullement, attendu que leur longueur développe mieux les conceptions d'un poète et a plus de facilité [3]. » Ne croirait-on pas entendre Ronsard : « Or, venons à nos vers de dix à onze syllabes lesquels, pour être plus courts et pressés, contraignent les poètes de remâcher et ruminer plus longtemps [4]. » Ronsard avait dit encore que les vers de dix syllabes étaient « propre-

---

1. T. I, *Au lecteur*.
2. Voy. ci-dessus, l. III, ch. II, p. 255-256. — Le chœur des Troyens au IIIe acte de *Didon* (III, II; I, 44-45) est remarquable par une très indiscrète imitation du style de Ronsard.
3. T. III, préface de *Corine*.
4. *Préface de la Franciade*, p. 26.

ment nés pour les amours [1] », et Hardy avait eu certainement raison de les choisir, comme plus propres à donner au langage de ses bergers la simplicité, la naïveté, la grâce qui leur convenaient.

Élégiaques ou alexandrins, tous les vers de Hardy sont disposés par rimes plates [2] et conformément à la règle de la succession des rimes [3]. Depuis que Jean de La Taille avait fait l'essai de cette règle dans le *Saül furieux*, depuis surtout que Garnier l'avait adoptée dans ses tragédies, tous les auteurs dramatiques s'y conformaient.

II

Revenons aux différences qui séparent la versification de Hardy de celle de Malherbe.

I. — Ronsard n'avait rien fait pour éviter l'hiatus [4]; mais dans l'*Abrégé de l'art poétique* (f° 7 r°), il avait pourtant remarqué que « telles concurrences de voyelles sans être élidées font le vers merveilleusement rude en notre langue », et il les avait déconseillées. Desportes, Duperron, Bertaut s'étaient donc appliqués à diminuer le nombre des hiatus [5], et, en dépit des protestations de Régnier et de Théophile, Malherbe les avait absolument proscrits. Hardy ne tient aucun compte de cette proscription et, de même qu'il avait dit dans *Didon* : *à un, lui avez, lui offre, tu as, et ingrat, d'y aller, tu es ici à, où est, où il*; il dit encore dans *Frégonde*, c'est-à-dire au plus tôt en 1621 : *où une* (I, ı; IV, 234), *et à*

---

1. *Abrégé de l'art poét.*, f° 9 v°.
2. On ne trouve de rimes croisées que dans quelques prédictions et réponses d'oracles. Corneille adoptera encore ce procédé.
3. Quelques exceptions apparentes ont uniquement pour cause ou des fautes d'impression ou des négligences. Dans *Ach.*, III, ı; II, 45, il faut lire *contenir, punir, abattue, battue, douleurs, fleurs*; — dans *Ariad.*, II; I, 413, il faut disposer ainsi les vers 453 à 460 (de *désavantage* à *loyer*) : 453, 454, 458, 457, 455, 456, 460, 459; dans *Arsac.*, III, ı; II, 346, deux vers à rime masculine ont été oubliés entre les rimes en *vie* et celle en *femme*; — de même dans *Rav. Pr.*, I, ıı; III, 11, entre *moleste* et *vive*, et dans *Alcm.*, I, (ıı); V, 378, entre *raie* et *image*; dans la *8ᵉ j.*, V, 55, deux rimes féminines manquent entre *chœur* et *dépêcher*; — de même dans *Am. Vict.*, III, ııı; IV, 500, entre *honneur* et *appris*; — enfin il manque une rime à *pipeur* dans la *2ᵉ j.*, V, ııı; 128, et une rime à *part* dans *Dor.*, IV, ıı; III, 445.
4. Dans quelques cas seulement, il avait usé de lettres euphoniques :

Ainsin Endymion soit toujours ton ami.

(Büscher, *Versif. de Ronsard*, p. 23.)

5. Voy. Richelet, *la Versification française*, p. 110.

(I, II; 240), *et un* (II, I; 243), *où après* (II, I; 244), *assigné où* (II, II; 249), *ne lui affrontez* (III, I; 258), *à un* (IV, II; 279), *tu auras* (IV, II; 280), *tu es* (V, I; 289), etc.

En même temps qu'il se permet les hiatus, Hardy élide l'e accentué du pronom *le* ou l'*i* accentué de *si* :

> Transportez-*le en* un lieu plus aimable et plus digne.
> (*Procr.*, I; I, 284.)
>
> Devançons-*le, il* viendra possible soupçonneux.
> (*Ach.*, I, I; II, 6.)
>
> Laissons-*le* après l'honneur de sa dextre baisée.
> (*Alex.*, V, I; IV, 134.)
>
> Libérez-*le et* adonc Philagnie s'estime.....
> (*Phra.*, V, III; IV, 474; hiatus et élision de *le*.)
>
> S'*elle* se veut servir.
> (*Arsac.*, IV, I; II, 364 [1].)

II. — Hardy ne s'interdit aucun enjambement :

> A force de courir, retraçant par la plaine
> Vos pas.
> (6ᵉ *j.*, V, IV; 438.)
>
> Relique de mon heur qui, prête de descendre
> Au sépulcre, serez une muette cendre.
> (*Pant.*, V, II; I, 205.)
>
> Le chasseur Orion, qu'en ses baisers reçoit
> Diane.
> (*Procr.*, III, II; I, 305.)
>
> M'amie, la raison, l'âge, la conscience
> Y répugnent.
> (*B. Ég.*, II, III; V, 223.)
>
> Page, cours là dedans, vite, vite avertir
> Le comte que je suis sur le point de partir.
> (*Frég.*, III, V; IV, 270.)

III. — La césure ne tombe jamais, ni au milieu d'un mot, ni après une voyelle atone [2]; mais ce sont là les seules restrictions que Hardy apporte à sa liberté :

---

1. Régnier écrit encore : « S'*elle* a force ducats ; — Et *s'elle* est moins louable ; — S'*elle* rit à quelqu'un », *sat.* 3, p. 26 ; *sat.* 16, p. 126 ; *élégie* 1, p. 136. Et Scarron écrira plus tard négligemment : « S'*eussiez* été toujours harpocratique » (Morillot, p. 391). Quant à l'élision du pronom *le*, on en peut voir des exemples, empruntés à des écrivains du XVIIIᵉ et du XIXᵉ siècle, dans Tobler, *le Vers français*, p. 68-69. Mais ce sont là des faits exceptionnels.

2. Le vers suivant semble contenir une *césure épique* :

> Fût-il ou fils ou fille dans ma couche tissu
> (*Rav. Pr.*, IV, I; II, 59.)

Mais il faut certainement lire : *Fût-il ou fille ou fils*.

> A l'amant qui ne vit plus qu'en la chose aimée.
> (*Ach.*, V, 11; II, 98.)
> L'homme ne peut rien où la déité préside.
> (*Ariad.*, II; I, 412.)
> A vous que le sang m'a joints d'un degré si proche.
> (*Alcm.*, IV, (1); V, 420.)
> Hélas! je redoutais trop un coup de malheur.
> (*Rav. Pr.*, I, 111; III, 12.)
> Voilà qui va le mieux du monde; approchez-vous,
> Mon cavalier.
> (*Corn.*, IV, 1; II, 257.)

Et, pour citer encore des vers de dix syllabes, dont la césure est normalement placée après la quatrième :

> Je n'entends pas bien clair de cette oreille.
> (*Corine*, I, 111; III, 484.)
> Mes erreurs ont vu le bord de l'Averne.
> (*Alcée*, IV, 11; II, 572.)
> Soit, mes yeux ont eu de quoi s'apaiser.
> (*Corine*, III, 1v; III, 511.)

IV. — Hardy était très fier de ses rimes. « Nos champignons de rimeurs, dit-il, trouvent étrange aussi qu'en poèmes si laborieux et de longue étendue que les dramatiques, je fasse dire aux personnages *exclus*, *perclus*, *expulsés*, sans pouvoir au demeurant trouver une seule rime licencieuse ou forcée »; et, à propos de *Corine* en particulier, il répète qu'on n'y trouvera pas de « rimes licencieuses [1] ». La prétention était un peu forte, les rimes de Hardy n'étant pas plus exemptes de négligences que ne l'étaient sa langue ou son style; et cependant, émise trente ans plus tôt, elle n'aurait guère trouvé de contradicteurs. Généralement, en effet, ces rimes sont faciles et naturelles; leur richesse a de quoi surprendre et la consonne d'appui leur fait rarement défaut. Mais, pour l'école de Malherbe, elles avaient deux défauts graves : celui de ne pas tenir compte des réformes faites par le grammairien-poète; celui de reposer sur une prononciation qui, dans bien des cas, était archaïque.

D'après Malherbe, il fallait éviter de faire rimer ensemble les simples et les composés, les mots qui dérivent les uns des autres, ceux même qui ont entre eux quelque convenance. Or, si on ne

---

1. T. III, *Au lecteur* et *Préface de Corine*.

peut dire que Hardy abuse des rimes banales comme *toi* : *moi* (*Coriol.*, V, II; II, 179), *bonheur* : *honneur* (*B. Ég.*, IV, I; V, 251); il rapproche sans scrupule les mots apparentés : *avenir* : *survenir*, *secours* : *recours*, *rencontre* : *malencontre*, *défaire* : *affaire*, *soumet* : *remet*; il fait rimer s'*éjouit* : *jouit*, *toujours* : *jours*, *poursuit* : *suit*, *abuser* : *user*, s'*efforce* : *force*, *défaire* : *faire*, *crève-cœur* : *cœur*. Ainsi faisait Ronsard; ainsi faisaient Garnier et Montchrestien [1]; et c'est à leur exemple encore — mais, il faut le dire, avec une liberté beaucoup plus grande — qu'il arrive à Hardy de faire rimer un mot avec lui-même, pourvu que l'emploi diffère, sans même qu'il diffère quelquefois [2] : *son fort* : *plus fort* (*Scéd.*, I, II; I, 95); *enseigne*, verbe : *enseigne*, subst. (*Fél*, V, II; III, 374); *accort*, adj. : *accord*, subst. (*Procr.*, II, I; I, 288); *d'autorité privé* : *homme privé* (*Coriol.*, V, III; II, 186); *source*, cours d'eau : *source*, point de départ de ce cours d'eau (*Elm.*, II, (III); V, 147); *remit* : *remit* (8ᵉ *j.*, III; 32); *affétée* : *affétée* (*Scéd.*, II, II; I, 105); *plaisir* : *plaisir* (5ᵉ *j.*, III, IV; 330); *elle* : *elle* (6ᵉ *j.*, II, IV; 396).

« Malherbe voulait qu'on rimât pour les yeux comme pour les oreilles », dit Tallemant, et Racan, dont le texte est ici obscur, semble émettre la même assertion [3]. Est-elle exacte? L'auteur d'un savant livre sur la rime assure que non, et que toutes les prescriptions de Malherbe étaient fondées sur des raisons phonétiques, non orthographiques [4]. Disons, dans le doute, qu'elles ne laissent pas d'être minutieuses. Malherbe recommandait de ne pas « rimer indifféremment aux terminaisons en *ent* et en *ant*. — Il ne voulait non plus que l'on rimât à *flame*, parce qu'il l'écrivait et le prononçait ainsi avec deux m, *flamme*, et le faisait long en le prononçant; c'est pourquoi il ne pouvait rimer à *épigramme*. » — Enfin, « il reprenait aussi Racan quand il rimait qu'ils ont *eu* avec *vertu* ou *battu*, parce qu'il disait qu'on prononçait à Paris

---

1. *Fortune* : *infortune* (Garnier, *Cornélie*, II, vers 291); *je ressemble* : *je semble* (Montchrestien, *la Carthaginoise*), etc. — Ici, comme dans presque toutes les notes qui suivent, nous pourrions citer des exemples de du Bartas; contentons-nous de renvoyer à l'ouvrage de M. Pellissier, p. 249 à 254.

2. *Il les renverse* : *à la renverse* (Garnier, *Porcie*, IV, vers 1766); *déliez*, impér. : *déliés*, part. (*Troade*, I, vers 158); *mort*, adj. : *mort*, subst. (*Porcie*, IV, vers 1736; *Antigone*, IV, vers 1758). Ronsard avait fait rimer *serait* avec lui-même, et il est échappé à Malherbe de faire rimer *êles* avec *n'êtes* (Büscher, p. 9; *Lexique* de Malherbe, p. LXXXV).

3. Voy. *Mémoires pour la vie de Malherbe*, t. I, p. 280-281.

4. Voy. Bellanger, *Études sur la rime*, p. 142-144; cf. Tobler, *le Vers français*, p. 151.

ont eu de trois syllabes, en faisant une de l'*e* et l'autre de l'*u* du mot *eu* ». Hardy n'avait aucun de ces scrupules. Il rapprochait *fend* et *enfant*, *rend* et *inspirant*, *apparence* et *assurance*; dans *flamme* il prononçait un *a* long, mais un *m* simple, et pouvait ainsi rimer avec *âme* et *blâme* (B. Ég., I, 1; V, 210, et II, iv; V, 232); enfin *eu*, toujours monosyllabe, avait tantôt le son *eu* et rimait à *jeu* (8° j., I; 12), *feu* (Ach., IV, 1; II, 70), *lieu* (Alcm., II, (1); V, 392), tantôt le son *u* et rimait à *vaincu* (Did., III, ii; I, 42). En d'autres termes : 1° Hardy ne cherchait pas à rimer pour l'œil (cf. les rimes *Junon : renom* (Did., I, ii; I, 9); *aime : blasphème* (Did., III, i; I, 33); *inhumain : chemin* (Procr., II, ii; I, 293), etc. [1]; 2° il faisait profiter ses rimes de toutes les divergences de prononciation qui avaient servi aux poètes du xvi° siècle.

Passons rapidement en revue les particularités les plus notables de la prononciation adoptée par Hardy.

A. — *Voyelles et diphtongues.*

Le changement d'*o* en *ou*, permis, mais peu employé par Ronsard, ne se trouve plus dans Desportes [2] ni dans Malherbe. Hardy n'en use guère non plus, et la rime *épouse : arrouse*, qui reparaîtra dans les *Contes* de La Fontaine, est peut-être un emploi unique (Procr., V; I, 322).

Corneille employait encore à ses débuts, mais Malherbe avait condamné les sons *meur* pour *mûr*, *seur* pour *sûr*. Hardy, au contraire, ne connaît que cette prononciation; et, d'accord avec Ronsard, avec Garnier, avec Montchrestien, il donne indifféremment les sons *eu* et *u* à nombre d'autres mots, qui ne devaient bientôt plus conserver que le son *u* [3]. Ainsi *seur* (*sûr*) rime avec *sœur*

---

1. Deimier prétendait même que ces rimes étaient vicieuses pour l'oreille : « On ne doit point rimer *humain* avec *chemin*, *vain* avec *divin*. » (*L'Acad. de l'Art poét.*, p. 325.) — Mais Mlle de Gournay était d'un tout autre avis (voy. Bellanger, p. 232 sqq.), et Lanoue déclarait que ces rimes « s'apparient fort bien », tout en reconnaissant que la prononciation n'en était pas toujours uniforme. Voy. *le Dictionnaire des rimes françoises*, p. 181.

2. Voy. *Abrégé de l'Art poét.*, f° 8 v°; Darmesteter et Hatzfeld, p. 203-204. — Garnier a usé des formes en *ou* : *bourne : détourne* (*Antigone*, IV, vers 2142); mais il lui est aussi arrivé de réduire *ou* à *o* : *épose : chose* (*Hippolyte*, IV, vers 1653), *trope : Eutrope* (*Bradamante*, I, vers 81).

3. Lanoue ne connaît que les sons *meur* et *seur* (p. 231); mais il admet *peu* et *pu*, *receu* et *reçu*, *asseure* et *assure*, etc. (p. 321, 324, 110, etc.). — Dans Garnier, *émue* rime avec *nue*; *vu* et *ému* avec *feu*, *jeu*; *reçus* avec *ceux*; *bu*

(*Did.*, III, II; I, 42), *douceur* (*Did.*, IV, II; I, 49), *punisseur* (*Did.*, V; I, 78), *ravisseur* (*Pant.*, III, II; I, 185); — *meur* (*mûr*) rime avec *humeur* (*F. du S.*, I, II; III, 118); — *peu* (*paucum*) rime avec *peu* participe (*Rav. Pr.*, V, II; III, 90) et avec *repeu* (5ᵉ *j.*, I, I; 303); — *ceux* rime avec *receus* (*Mar.*, III; II, 450); — *heure* rime avec *seure* (4ᵉ *j.*, I, I; 222), *asseure* (*Ach.*, III, II; II, 53), *blesseure* (*Procr.*, I; I, 278); — *jeu* avec *impourveu* (*Rav. Pr.*, II, III; III, 29); — *queue* avec *receue* (*Rav. Pr.*, V, II; III, 87).

Les diphtongues *euil* et *eil* se confondent souvent dans la prononciation [1]. *Œil*, que nous prononçons *euil*, rime d'une part avec *cercueil* (*Tr. d'A.*, II, II; IV, 516) et *deuil* (4ᵉ *j.*, V, II; 287); d'autre part avec *conseil* (*Coriol.*, III, III; II, 151) et *sommeil* (*Pant.*, IV, I; I, 189); *cercueil*, à son tour, rime avec *soleil* (*Tr. d'A.*, II, II; IV, 514) et avec *conseil* (5ᵉ *j.*, I, II; 307); *écueil* rime avec *conseil* (*Coriol.*, V, II; II, 176); *orgueil* avec *sommeil* (*Am. Vict.*, III, IV; V, 508).

La diphtongue *oi* s'étant d'abord prononcée *ouè* [2], et les mots qui la possédaient ne s'étant pas encore divisés en deux classes bien nettes, celle des mots en *è* et celle des mots en *oua*, les rimes comme *parlois : lois* (Corn., *Illusion*) sont encore extrêmement nombreuses. *Voix* rime avec *tu pouvois* (*Alph.*, II, I; I, 473) et *je devois* (*Did.*, III, I; I, 30); *bois* rime avec *épois* (*Tr. d'A.*, III, III; IV, 540); *droit* rime avec *rendroit* (*Gés.*, II, I; III, 307) et *endroit* avec *voudroit* (*Coriol.*, II, III; II, 136); on trouve *effroi : j'offroi* (*Alph.*, I, IV; I, 467); *proie : il effroie* (*Daire*, I, II; IV, 12); *angoisse : paroisse* subj. (*Rav. Pr.*, I, II; III, 6); *autrefois :*

avec *bleu*, etc. — *Morsure* rime avec *bonne heure* dans Montchrestien. — Furetière se moque de ces sortes de rimes :

> « Vous trapercez si fort un cœur
> Que, quand je l'aurais aussi dur
> Que celui du cheval de bronze....

Voilà, dit Charrosselles, une rime gasconne ou périgourdine, et vous la pouvez faire trouver bonne en deux façons, en violentant un peu la prononciation. Car vous pouvez dire un *cœur* aussi *deur*, ou un *cur* aussi *dur*. » *Le Roman bourgeois*, par feu Monsieur de Furetière. Nᵛᵉ éd. A Nancy, chez Jean-Baptiste Cusson, MDCCXXII, pet. in-8°, p. 259.

1. Tabourot les confondait aussi, en 1587; Lanoue, en 1596, les distingue, mais permet de les rapprocher, par égard pour « l'autorité de tant de poètes ». Voy. Lanoue, p. 161, et Thurot, *De la prononciation fr.*, t. I, p. 464.

2. On trouve dans Garnier : *soit : rouet* (*Marc-Antoine*, III, vers 1122), *angoisse : prouesse* (*Troade*, V, vers 2487), *droite : mouète* pour *moite* (*Bradamante*, IV, vers 1047), *bois : épois* (*Porcie*, IV, vers 1531), *Troie : effroie* (*Porcie*, IV, vers 2263), *moindre : contraindre* (*Porcie*, II, vers 559), *jointes : plaintes* (*Hippolyte*, IV, vers 1665) et même *plaies : courraies* pour *courroies* (*Antigone*, III, vers 1120).

harnois (*Daire*, II, 1; IV, 16); *roi* : *je fioi* (*Alex.*, II, 11; IV, 98); *décroître* : *reconnoître* (*Alceste*, IV, 1; I, 369). De là la rime *jointes* : *dépeintes* (8ᵉ *j.*, II; 21); de là les contradictions entre la rime et l'orthographe : *paroître* : *maître* (7ᵉ *j.*, V; 497), *disparoître* : *empêtre* (3ᵉ *j.*, I, 11; 150); de là enfin les variantes orthographiques : *épois* : *tu dois* (*Daire*, V, 1; IV, 60) et *épesse* : *dresse* (*Rav. Pr.*, V, 11; III, 90 [1]). — Le « nom de *roine*, dit Deimier [2], se profère quelquefois ainsi *reine*; c'est pourquoi l'un et l'autre est bon, puisque l'usage le veut ainsi. » Hardy fait rimer *roine* avec *Antoine* (*Mar.*, III; II, 453) [3] et *reine* avec la forme verbale archaïque *meine* (*Did.*, III, 1; I, 38).

Avant de quitter l'étude des voyelles, notons que Hardy se permet quelquefois des rimes inexactes, dont Ronsard avait fait usage [4], mais dont Malherbe se serait justement scandalisé, entre *a* bref et *a* long : *dévale* : *pâle* (*Did.*, IV, 11; I, 50) [5]; entre *e* ouvert et *e* fermé : *désormais* : *consommés* (4ᵉ *j.*, V, 11; 289), *tu fais* : *tu es* (*Alceste*, II; I, 350), etc.

Enfin Malherbe, qui condamnait la rime de *lien* dissyllabe avec *bien*, n'aurait pas non plus approuvé celles de *pallier* avec *bouclier* (*Procr.*, II, 1; I, 288), d'*humilier* avec l'adj. *fier* monosyllabe (*Am. vict.*, V, 11; V, 549), autorisées pourtant aux yeux de Hardy par le constant usage de ses prédécesseurs.

B. — *Consonnes finales.*

L'*r* finale était toujours sonore au XVIᵉ siècle. De là les rimes comme *air* : *donner* (*Corn.*, *le Menteur*), qui avaient cessé d'être exactes au XVIIᵉ siècle. Malherbe les condamnait après en avoir employé un assez grand nombre, et Vaugelas surtout devait s'élever avec beaucoup de force contre ces rimes, dites normandes [6]. Pour Hardy, il les emploie sans cesse [7], et fait rimer *air* avec *celer*,

---

1. Certaines de ces rimes ne sont déjà admises par Lanoue qu'avec force réserves. Voy. *le Dict. des rimes*, p. 144 et 273.
2. *L'Acad. de l'Art poét.*, p. 198.
3. De même Garnier : *roine* : *Antoine* (*Porcie*, III, vers 1031), *roine* : *idoine* (*Hippolyte*, III, vers 1049).
4. Voy. Büscher, p. 7.
5. Voy. *le Dict. des rimes*, p. 57 et 69.
6. Voy. les *Remarques*, t. II, p. 163, et cf. Bellanger, p. 203 à 213; Thurot, t. I, p. 55 à 62; Tobler, p. 155-157.
7. De même Montchrestien, chez qui *blâmer* et *nommer* riment en écho avec *amer* et *mer*. (*Bergeries*, IV, 1, p. 445.)

couler, dévaler; chair avec *boucher, broncher; cher* avec *arracher, cacher, chercher, dépêcher, rocher, toucher, trébucher; clair* avec l'archaïque *boucler* pour *bouclier* (7º *j.*, II; 21) [1]; *enfer* avec *étouffer, triompher; fer* avec *étouffer; fier* avec *premier* et *laurier*, avec *humilier* et *plier; hier* avec *essuyer; hiver* avec *arriver; Jupiter* avec *jeter, imiter; mer* avec *abîmer, ramer, renommer; tiers* fréquemment avec *volontiers*.

L's finale était muette dans la prononciation ordinaire, mais le XVIº siècle la faisait sonner dans les vers, aussi bien du reste que les autres consonnes [2]. Ainsi s'expliquent les rimes : *Isis : saisis* (2º *j.*, III, I; 102); *jadis : hardis* (3º *j.*, I, II; 142); *Cypris : prix, esprits* (*Corn.*, II, I; II, 213; *Ach.*, III, II; II, 48); *Dis : dis* (*Coriol.*, V, III; II, 184); *huis : depuis* (*Am. vict.*, IV, II; V, 523); *Narcis : assis* (*Am. vict.*, II, I; V, 479); *los : déclos* (*Alceste*, III; I, 360); *Atropos : repos* (7º *j.*, V; 499); *tous : vous, doux* (2º *j.*, I, I; 78; *Pant.*, III, II; I, 179); *Vénus : venus* (2º *j.*, III, I; 103); *Argus : ambigus* (*Ariad.*, III. I; 421); *surplus : exclus* (*Coriol.*, III, I; II, 147); *courir sus : relissus* (*Ach.*, IV, I; II, 72). Beaucoup étaient déjà archaïques à la fin du XVIº siècle [3].

Comme cette sonorité des finales était souvent gênante, Ronsard avait ainsi rendu aux poètes leur liberté : « Encore je te veux bien admonester d'une chose très nécessaire, c'est quand tu trouveras des mots qui difficilement reçoivent rime, comme *or*, *char* et mille autres, les rimes hardiment contre *fort*, *ord*, *accord*, *part*, *renard*, *art*, ôtant par licence la dernière lettre *t* du mot *fort* et mettre *for'* simplement avec la marque de l'apostrophe; autant en feras-tu de *far'* pour *fard*, pour le rimer contre *char* [4]. » C'est en vertu de cette autorisation que Hardy prononce et écrit *loin : poin* pour *poing* (*Corn.*, III, II; II, 243), *ainsi : sourci* pour *sourcil* (*Corn.*, V, VI; II, 289) [5], et qu'il accouple *joug : coup* sans égard pour l'orthographe (*Am. vict.*, V, II; IV, 541).

Lorsque la consonne finale se faisait suivre d'une s, elle devenait muette, et tantôt disparaissait, tantôt se conservait dans

---

1. Cf. Garnier, *Antigone*, II, vers 796, et *les Juives*, V, vers 2137, où *bouclers, bouclairs* rime avec *éclairs*.
2. Voy. Darmesteter et Hatzfeld, p. 217, et cf. Bellanger, p. 168.
3. Ainsi Lanoue distingue avec soin les mots comme *dis*, forme verbale, et *hardis*, où l'accent est bref, des mots comme *Dis* et *jadis* où l'accent est long. (*Le Dict. des rimes*, p. 246 et 250.)
4. *Abrégé de l'Art poétique*, fºˢ 7 et 8 rº.
5. Cf. *sourci : merci* (Garnier, *Cornélie*, II, vers 317).

l'écriture : *Mars : dars* pour *dards* (Rav. Pr., I, 1; III, 2); *désespérés : rez* pour *rets* (4° j., III, v; 254); *tous : coups* (Pant., IV, II; I, 195); *regrets : Grecs* (Ach., V, II; II, 99); *Cérès : forêts* (Rav. Pr., IV, I; III, 58); *déconfits : fils* et *préfix* (B. Ég., II, I; V, 219; Gig., III, II; III, 252); *excès : ceps* (Alceste, IV, I; I, 372); *hélas : lacs* (F. du S., III, III; III, 153) [1].

Au lieu de supprimer des consonnes finales, Ronsard quelquefois en ajoutait, et Garnier de même [2]. Hardy ajoute l's adverbiale à *moi-même* pour rimer avec *extrêmes* (Corine, IV, IV; III, 529); il reprend l'orthographe archaïque *glus* pour rimer avec *plus* (Lucr., II, (I); V, 308).

C. — Consonnes médiales et consécutives.

Certaines consonnes, qui se prononcent ou se prononceraient aujourd'hui, ne se prononçaient pas à la fin du xvi° siècle. On écrivait *accepte*, mais on prononçait *accette* [3], d'où la rime *accepte : rachète* (4° j., V, II; 288); on écrivait *monstrer*, mais on prononçait *montrer*, d'où la rime *rencontre : se monstre* (Ach., IV; II, 84). — D'autres consonnes pouvaient être ou n'être pas prononcées : on disait *infecte* ou *infette*, *abjecte* ou *abjette*, d'où les rimes *faite : infecte* (Alph., III, IV; I, 500), *rejette : abjecte* (Tr. d'A., III, I; V, 528) [4]. — D'autres enfin avaient une double prononciation : l'x de *dextre* se faisait entendre comme *x* ou comme *s*, d'où la rime *dextre : senestre* (Pant., IV, II; I, 195).

Mais, même en tenant compte de ces différences entre la prononciation de la fin du xvi° siècle et celle d'aujourd'hui, on trouve dans Hardy un certain nombre de rimes qui paraissent fausses. En 1596, le *c* se prononçait dans *respect* et dans *suspect* [5], qui ne

---

1. Cf. *après, regrets : Grecs* (Garnier, *Troade*, II, vers 919 et 1055); *petits : captifs* (les Juives, IV, vers 1677). — Encore ici, Lanoue aurait fait des réserves, p. ex. pour *déconfits : préfix*. (Voy. le Dict. des rimes, p. 329.)

2. Pour Ronsard, voy. Büscher, p. 8; Garnier, ayant à rimer à *pâlissantes*, ajoute une *s* à l'impératif *n'absente* (M.-Antoine, V, vers 1904). — On peut voir dans Lahmeyer, *Das Pronomen*, p. 89, divers exemples de l'adjectif *même* écrit avec une *s* au singulier par des écrivains du xvi° siècle.

3. Pour tous ces détails de prononciation, voy. le Dict. des rimes, 1596, et cf. les rimes de Ronsard citées par Büscher, p. 9.

4. Corneille fait encore rimer *abject* avec *objet* et *sujet*.

5. D'après Lanoue, « le *c* s'exprime » dans *infect, abject, aspect, respect, suspect, direct, correct* et leurs composés. « *Infect* et *abject* se peuvent prononcer sans le *c* et rimer avec ceux en *et...*, *respect* sans le *t* et s'apparier avec ceux en *ec*. »

pouvaient ainsi rimer à *sujet* (*1*ʳᵉ *j.*, V, ɪɪ; 61) et à *effet* (*Did.*, I, ɪɪ; I, 8). — L'*l* se prononçait dans *dévolte*, qui ne pouvait ainsi rimer à *patriote* (*Coriol.*, III, ɪ; II, 146). — Le *p* se prononçait dans *sceptre*, qui ne pouvait ainsi rimer à *permettre* (*Rav. Pr.*, V, ɪɪ; III, 101); dans *préceptes*, qui ne pouvait rimer à *Célestes* (*1*ʳᵉ *j.*, III, ɪ; 29). — On entendait une *r* dans *source* et *courses*, que nous trouvons pourtant avec *recousse* (*6*ᵉ *j.*, IV, ɪɪ; 424) et *secousses* (*2*ᵉ *j.*, V, ɪɪ; 127); on en entendait deux dans *abhorre*, que nous trouvons pourtant avec *encore* (*Ariad.*, II; I, 405). — L's se faisait entendre dans *désastre*, *Célestes*, *funeste*, *reste*, *peste*, *proteste*, *manifeste*, *ministre*, et nous voyons cependant que ces mots riment avec d'autres mots sans *s* ou dont l'*s* ne se faisait pas entendre : *désastre* : *combattre* (*Alceste*, IV, ɪ; I, 368), *Célestes* : *parfaites* (*1*ʳᵉ *j.*, III, ɪᴠ; 38), *funeste* : *apprête*, *enquête* (*Coriol.*, III, ɪ; II, 142; *5*ᵉ *j.*, II; 311), *reste* : *prête* (*Mar.*, I, ɪɪ; II, 410), *peste* : *s'apprête* (*Mar.*, II, ɪɪ; II, 429), *proteste* : *tête* (*5*ᵉ *j.*, II; 311), *manifeste* : *tête* (*3*ᵉ *j.*, I, ɪ; 144), *ministre* : *titre* et *arbitre* (*Rav. Pr.*, II, ɪɪɪ; III, 27; *7*ᵉ *j.*, I, ɪɪ; 453). — Pour la même raison, *dextre* ne pouvait rimer avec *être* (*Mar.*, II, ɪ; II, 416), *reparaître* (*1*ʳᵉ *j.*, II, 3; 18), *maître* (*Alceste*, I, ɪ; I, 334), *remettre* (*Rav. Pr.*, II, ɪɪɪ; III, 35), ni surtout avec *sceptre* (*Alceste*, V; I, 384). — Mais ce n'étaient point là de simples négligences; c'étaient des archaïsmes amenés par la fréquentation de Ronsard et de son école. Ronsard avait fait rimer *senestre* et *paître*, *dextre* et *naître*, *brusque* et *perruque*. *Alceste* et *Admète;* Jodelle avait dit *maître* : *sceptre*, *dextre* : *être*[1], et la plus hardie des rimes que nous avons relevées était dans Garnier (*dextre* : *sceptre;* la *Troade*, II, vers 1089)[2].

Ronsard avait fréquemment rapproché les mots en *le* avec une *l* simple des mots en *le* avec une *l* mouillée; contrairement aux règles de Lanoue et de Deimier[3], Hardy rapproche aussi *torpille* de *facile* (*Arist.*, III; IV, 187). — *Maline*, pour rimer avec *ruine*, se retrouve encore dans La Fontaine (*Alceste*, I, ɪɪ; I, 340).

A la fin du XVIᵉ siècle, l'*n* mouillée pouvait encore rendre nasale la voyelle qui la précède, et les rimes comme *vergongne* : *s'élongne* (*5*ᵉ *j.*, III, ɪɪɪ; 329) sont autorisées par Lanoue. Au contraire,

---

1. Voy. Herting, *Der Versbau Et. Jodelle's*, p. 19.
2. Toutes ces rimes reposent sur une prononciation plus ancienne, que les poètes reprenaient lorsqu'il en était besoin. Ainsi la prononciation *dètre* est donnée par Baïf (voy. Darmesteter et Hatzfeld p. 222), et *sceptre* rime avec *maître* dans des textes du moyen âge.
3. Voy. Lanoue, p. 59, et Deimier, p. 322.

Lanoue et Deimier proscrivent, mais un exemple de Malherbe semble autoriser[1] *dagne* et *dédagne* rimant avec *compagne* (*Alceste*, I, II; I, 339; *Tr. d'A.*, V, I; IV, 582), *daigne* rimant avec *accompagne* (*Ach.*, III, II; II, 48). Ailleurs *dédaigne* rime avec *enseigne* (*1ʳᵉ j.*, III, IV; 36).

V. — Ronsard avait permis de syncoper certains mots[2], et nous avons vu comment Hardy traitait les mots savants terminés par un *e* muet, les formes verbales comme *je supplie*, *nous faisons*, *précipiterait*, etc.[3] — Il dit aussi *tu déplore* pour rimer à *encore* (*Ach.*, III, I; II, 44), et beaucoup de formes chez lui sont syncopées, soit uniquement dans la mesure, soit à la fois dans la mesure et dans l'orthographe, comme *préminence* (*Coriol.*, V, II; II, 176), *durté* (*Am. Vict.*, I, I; V, 461).

Citons ici des syncopes ou des synérèses qui ne nous paraissent pas conformes à l'emploi de Malherbe et de Corneille[4].

Sont employés comme dissyllabes : *escient* (*4° j.*, I, II; 226), *déliés* (*5° j.*, I, I; 302), *douaire* (*Scéd.*, II, I; I, 100), *monstrueux* (*Daire*, I, II; IV, 10); — avec quatre syllabes : *résolution* (*Alceste*, III; I, 362), *exécution* (*Fél.*, I, I; III, 296), *révolution* (*Scéd.*, I, I; I, 91), *superstition* (*2° j.*, I, II; 81), *médiocrité* (*Mél.*, III, II; I, 242); — avec cinq syllabes : *extraordinaire* (*Corn.*, V, II; III, 277), *opiniâtreté* (*Mar.*, IV, II; II, 472).

Voici quelques diérèses qui nous paraissent remarquables. Dissyllabe : *fier*, adj. (*Gig.*, III, II; III, 250); — trissyllabes : *gardien* (*Alph.*, I, I; I, 456; se retrouve dans Molière, voy. Littré), *Gordien* (*1ʳᵉ j.*, I, IV; 10), *Lydien*, *Indien* (*Pant.*, I; I, 156 et 157), *fortuit* (*Corn.*, II, I; II, 212), *gratuit* (*Corn.*, IV, III; II, 262), *lierre* (*Alcm.*, II, (II); V, 400), *violer* (*Ariad.*, III; I, 419), *gaieté* et *gaiement* (*Mar.*, II, I; II, 421, et *Mél.*, IV, II; I, 249), *moelle* (*Ach.*, I, I; II, 4; rime avec *nouvelle*, *étincelle*), *mielleux* (*Ach.*, IV, I; II, 70), *biaiser* (*2° j.*,

---

1. *Compagne* : *dédagne* (voy. *Lexique* de Malherbe, p. LXXXV); de même dans Garnier (*Troade*, I, vers 425), qui dit inversement *enseignes* : *haignes* pour *haines* (*Porcie*, III, vers 1167). — Cf. Lanoue, p. 79, et Deimier, p. 322.

2. *Abrégé de l'Art poétique*, fᵒˢ 7 vᵒ et 8 rᵒ. Jodelle dit *pri'*, *ell'*, *Allmagne*, *restra*, *durté*, *seurté* etc. (Herting, *Der Versbau Et. Jodelle's*, p. 5-6; *durté* et *seurté* sont d'ailleurs des formes archaïques plutôt que des formes syncopées.) Garnier dit *pri'*, *ell'*, *que je soi'*, etc.

3. Voy. ci-dessus, p. 584.

4. Sur le nombre de syllabes donné à certains mots par Jodelle, voy. Herting, p. 6 à 8. Garnier dit *monstrueux* en deux syllabes, *fuir* en une ou en deux, *moelle* en deux ou en trois, *lierre* et *viande* en trois, etc.

III, III; 111), *nocier* (4° j., II, II; 239); — de quatre syllabes : *Béocien* (*Scéd.*, I, II; I, 91).

Du reste, Hardy fait varier la mesure de beaucoup de mots. Il dit *oui* et *ou-i* (*Alcm.*, I, (II); V, 383), *fuir* (1ʳᵉ j., III, I; 28)[1] et *fu-ir*, *lierre* (8° j., V; 55) et *li-erre*, *moelle* (6° j., V, IV; 438) et *mo-elle*, *fier* et *fi-er*, *monstrueux* et *monstru-eux* (*Daire*, V, II; IV, 67), *viande* et *vi-ande*, *nocier* et *noci-er*, etc., etc.

Une des meilleures réformes de Malherbe consiste à avoir proscrit l'emploi comme syllabe d'un *e* muet placé à la suite d'une voyelle. Déjà Desportes avait évité cet emploi désagréable; Hardy, comme Garnier[2], en use sans aucune espèce de ménagement :

> Où la gaie franchise obtienne un passeport.
> (*Frég.*, III, v; IV, 268.)
> Vieillies aux exploits d'entreprises plus grandes.
> (*Frég.*, IV, I; IV, 279.)
> Moi contente du nom d'amie désormais.
> (*Did.*, IV, II; I, 52.)

Voy. encore les hémistiches : *Troie ressuscitée* (*Did.*, II, III; I, 21); *Nue d'ambition* (p. 26); *Que je voie tes yeux* (*Did.*, III, I; I, 31); *Énée, prends pitié* (p. 35); *La plaie ne repose* (*Did.*, IV, III; I, 57); *Et la fuient légers* (*Alceste*, I, II; I, 339), etc.

VI. — Nous n'examinerons pas les autres fautes de versification que Malherbe a condamnées et qui ne s'en trouvent pas moins chez Hardy, « les cacophonies, les consonnances de l'hémistiche avec la fin du vers, et de la fin d'un vers avec l'hémistiche du précédent ou du suivant », etc., etc.[3]. Mais il faut bien parler des inversions, qui rendent tant de vers de Hardy durs, obscurs, extraordinairement plats; nous donnerons donc ici quelques exemples :

> Ton énigme douteux comprendre je ne puis.
> (*Ariad.*, III; I, 421.)

---

1. On voit que ce n'est pas Corneille qui a introduit la quantité monosyllabique de *fuir*. (*Lexique* de Corneille par M. Marty-Laveaux, t. I, p. xcv.) — Voy. dans les *Remarques* de Vaugelas les opinions contradictoires de ce grammairien, d'une part, de Patru, de Th. Corneille et de l'Académie, de l'autre, au sujet de la mesure de ce mot; cf. Tobler, *le Vers français*, p. 83-84.

2. La vie qui n'est point en ce peureux souci. (*Cornélie*, IV, vers 1451.)
Que je t'aie trahi, cher Antoine, ma vie. (*M.-Antoine*, II, vers 387.)

Ce procédé n'a d'ailleurs pas complètement disparu après Malherbe. (Voy. Tobler, *le Vers français*, p. 50-51.) M. Leconte de Lisle fait encore *flamboient* de trois syllabes. (*Poèmes tragiques, le Levrier de Magnus*, I.)

3. Sainte-Beuve, *Tableau*, p. 156-157.

Irrémissible encor ton offense n'est pas.
(*Ariad.*, IV; I, 428.)

Son voile spécieux d'illicite n'a rien.
(*Rav. Pr.*, II, ii; III, 23.)

Et qu'ils retournent plus n'appréhendez alors.
(*Tim.*, IV, (iii); V, 79.)

De satisfaction après il n'y a rien.
(*3e j.*, I, i; 143.)

Le surplus enquérir illicite ne faut.
(*Gig.*, III, i; III, 240.)

Car, qui ce pas ne craigne, il n'est personne.
(*Tr. d'A.*, V, i; IV, 582.)

Qui sans toi su jamais n'aurait été.
(*Corine*, V, iii; III, 540.)

Oncques appréhendés espérer ne les faut.
(*Scéd.*, V; I, 139.)

Oui, mais le sort était des armes à douter.
(*Did.*, IV, iii; 1; 58.)

Elle contraint des monts à descendre les ormes.
(*Did.*, IV, iii; I, 61.)

Loin, quelque part qu'il soit, il ne peut être.
(*Tr. d'A.*, IV, iii; IV, 573.)

Sa patience un jour échappera,
Un jour qui la déçoit plus fine trompera.
(*Gig.*, III, i; III, 240; *qui la deçoit* dépend de *trompera*.)

La Parque en ce carcan recluse d'un poison
Qui peupler est sujet l'Orque-noir à foison.
(*Alcm.*, III, (i); V, 404; c.-à-d. la mort enfermée dans ce collier, sous la forme d'un poison capable de…)

La chose réussie au plus près de mes vœux
Accomplir de ma part immuable je veux.
(*Rav. Pr.*, V, ii; III, 106; c.-à-d. j'ai la volonté immuable d'accomplir pour ma part la chose (ta sentence), dont l'issue est conforme à mes vœux.)

III

Voilà de tristes vers. Mais, si l'on ne peut dire que la majorité de ceux de Hardy vaille mieux, on en trouve beaucoup pourtant qui ne sont pas seulement nets et corrects, mais remarquables. En voici un dont l'inversion ajoute de la force à la pensée :

La gloire au plus haut prix j'ai toujours acheté
(*Did.*, I, i; I, 6);

en voici dont la coupe et les résonances même ont quelque chose de plaintif :

> Par ces cheveux grisons, ces mamelles qui t'ont
> Autrefois allaité.....
> (*Coriol.*, I, 1; II, 113.)

> Après l'effusion de mes larmes, après
> Mille et mille baisers finissant mes regrets.
> (*Pant.*, V, 11; I, 205.)

Ceux-ci ont la vivacité que requérait l'idée elle-même :

> Il n'a fait que changer de parti, et soudain
> Le sort nous a montré son visage inhumain.
> (*Coriol.*, III, 1; II, 140.)

> Ils font ferme, et déjà, résolus de l'attendre,
> L'environnent.....
> (*Pant.*, IV, 11; I, 195.)

Celui-ci est sonore et majestueux :

> Devant le ciel voûté, trône du Dieu qui tonne
> (*Mar.*, II, 11; II, 431);

et cet autre est pittoresque, aussi bien que l'image qu'il exprime :

> Un monde s'égayant à l'abri de vos palmes.
> (*Mar.*, I, 11; II, 404.)

Mais ce qu'on trouverait surtout, dans *la Mort de Daire* et ailleurs, ce sont des vers fiers et mâles, dont la sonorité, les coupes hardies, la richesse de rimes, font souvent songer aux fragments épiques de la *Légende des siècles* [1]. Citons un assez long fragment de *Méléagre* [2] :

> Le repaire du monstre horrible découvert,
> Précipice semblable à quelque gouffre ouvert,
> Cette fleur de guerriers demi-dieux l'environne,

---

1. Une coupe fréquente chez Hardy et non moins employée par V. Hugo est celle qui tombe après un *e* muet, tout au milieu du second hémistiche :

> Le repaire du monstre horrible | découvert (*voy. la citation qui suit dans le texte*).
> Du manoir où l'horreur éternelle | séjourne. (*Rav. Pr.*, I, 1; III, 2.)
> Cette collection de monstres | se concerte. (V. Hugo, *le Petit Roi de Galice*.)
> Faces se renversant en arrière | livides. (*Id.*)

2. *Mél.*, III, 1; I, 236-238. Ce récit de la chasse entreprise contre le sanglier de Calydon est imité d'Ovide, mais le dramaturge a supprimé le plus grand nombre de détails que donnait l'auteur des *Métamorphoses*. Voy. *Mét.*, l. VIII, vers 329-420.

Et la place à chacun de combattre se donne;
Puis, les chiens découplés, un bruit monte à la fois
De piqueurs, de chevaux, d'armures et d'abois;
Le ciel en retentit, la terre épouvantée
Croit Atlas succomber sous sa charge éclatée.
L'indomptable Égéide et notre roi, premiers,
Sur l'indice certain que donnent les limiers,
Entrent à corps perdu dans la grotte profonde;
Une troupe de près leur courage seconde,
A force de flambeaux on fend l'obscurité,
Pour tirer au combat l'animal irrité,
Qui s'élance au dehors plus léger que le foudre,
Hommes et chiens ensemble atterre sur la poudre,
Si, que les plus hardis commencent à blêmir,
Qui lui voient le feu de la gueule vomir,
Que sa peau [1], qui des dards ne redoute l'injure,
Inutiles reçus, les émousse, plus dure;
Sorti, l'enceinte accroît sa rage tellement,
Que peu l'osent en front regarder seulement.
Méléagre, qu'époint cette royale envie
D'affranchir ses sujets ou de perdre la vie,
Rejoint le porc fumeux, rencourage les siens,
Commande à point nommé qu'on relaie les chiens;
Il encoche sur l'arc une flèche pointue.
Atalante, d'ailleurs, hâtive s'évertue,
En faveur d'un gros orme [2] attend ferme venir
L'homicide, qui veut son garrot prévenir;
Dans la hure asséné, tout le test en résonne;
L'animal, jusqu'alors indomptable, s'étonne.

CHŒUR

Tu t'es tantôt mépris, ou te méprends, je croi,
Qui disais ce chef-d'œuvre appartenir au roi.

MESSAGER

Patience. A l'instant, lui-même un coup desserre,
Qui l'ébranlé colosse entraîne contre terre,
Coup que ne pouvait mieux Apollon décocher,
La flèche dans le cœur venant droit se ficher.
La chute fait un bruit comparable à la mine
Qui l'orgueil d'une tour précipite en ruine,
Ou comme quand le foudre apaise son courroux
Sur le haut chêne atteint, la gloire de ses coups.
Imaginez qu'adonc la neige plus menue
Sur les monts Apennins ne tombe de la nue,
Qu'une grêle de dards l'enveloppe couvert.

1. Qui voient que sa peau.
2. A la faveur de, appuyée contre.

Mort, son gosier demeure encor de rage ouvert,
Nos chiens intimidés semblent craindre son ombre
Et n'osent l'approcher, quoiqu'infinis de nombre.

IV

Hardy, on le voit, a l'instinct de la rime, versifie avec facilité, trouve des vers pleins, sonores et pittoresques : ce pouvait être un poète. Mais, le plus souvent, la facture de ses vers est comme celle de son style : archaïque, obscure, incorrecte et plate. Deux traits le caractérisent. Ronsardiste attardé, il conserve avec soin les traditions, les procédés, surtout les licences de la Pléiade; improvisateur hâtif, il ne se donne le loisir, ni de développer ses qualités, ni de combattre ses défauts; ses beautés sont éclatantes mais passagères, ses fautes grossières et innombrables.

CONCLUSION

HISTOIRE DE LA RÉPUTATION DE HARDY
CONSIDÉRATIONS GÉNÉRALES SUR SON THÉATRE
ROLE JOUÉ PAR HARDY DANS LA SUITE DE L'HISTOIRE
DU THÉATRE FRANÇAIS

I

Nous avons vu combien les préfaces de Hardy sont pleines de tristesse et d'amertume. Plus le vieux dramaturge avance dans la publication de ses œuvres, plus il sent que le public se détourne de lui et, attribuant « la perfection des choses à leur nouveauté », applaudit les « inventions bizarres et chimériques à la mode », reçoit « en la carrière des Muses ceux qui n'y peuvent disputer que le prix de l'ignorance ». En vain Hardy condamne-t-il les « laids monstres » que produisent les nouveaux venus; en vain conjure-t-il les hommes de goût « de confronter la plus grave des Muses, vêtue à l'antique et en sa naturelle bienséance, avec un fantôme fabriqué par les rimeurs de ce siècle »; « une infinité de cerveaux mal faits » n'en continuent pas moins à goûter « des extravagances fabuleuses, qui ne disent rien et détruisent plutôt qu'elles n'édifient les bonnes mœurs ». « La tragédie », répète Hardy douloureusement, « la tragédie, qui tient rang du plus grave, laborieux et important de tous les autres poèmes et que ce grand Ronsard feignait de heurter crainte d'un naufrage de réputation, se traite aujourd'hui par ceux qui ne virent seulement jamais la couverture des bons livres, qui, sous ombre de quelques lieux communs pris et appris en cour, se présument avoir la pierre philosophale de la poésie, et que quelques rimes plates entrelacées de pointes affinées dans l'alambic de leurs froides conceptions feront autant de miracles que de vers, en chaussant le cothurne. D'autres aussi, que l'on pourrait nommer excréments du barreau, s'imaginent de mauvais avocats pouvoir devenir bons poètes en moins de temps que les champignons ne croissent, et se laissent tellement emporter à la vanité de leur sens et des louanges que leur donne la langue charlatane de quelque écervelé d'histrion, que de là ces misérables corbeaux profanent l'honneur du théâtre de leur vilain croassement, et se présument être sans apparence ce qu'ils ne peuvent jamais espérer avec raison, jusqu'à bâtir, s'il était possible, sur les ruines de la bonne renommée de ceux qui ne daigneraient avouer de si mauvais écoliers qu'eux. »

A qui Hardy en a-t-il? qui sont ces « rimailleurs » et ces « petits avortons » dont le succès l'irrite? Ne le cherchons pas, car le dramaturge aigri en veut également à tous ses rivaux, et lui-même se compare à Phocion, « que l'oracle avait dit résister seul à tous les autres en l'administration de la République [1] ».

A leur tour, ses rivaux ripostent en raillant sa fécondité [2], et Mairet glisse cette allusion dans la préface de sa *Silvanire* : « Il est ici question du mieux, et non pas du plus ou du moins; au lieu de dix ou douze poèmes déréglés que nous ferions, contentons-nous d'en conduire un à sa perfection, et nous ressouvenons que le Tasse, le Guarini et le Guidobaldi se sont acquis plus de gloire, quoique chacun d'eux n'ait mis au jour qu'une pastorale, que tel qui, parmi nous, a compté plus de deux cents poèmes. »

C'est en 1631 que paraissaient ces lignes [3]; la même année ou l'année suivante, Hardy mourait, et sa réputation aussi n'allait pas tarder à s'éteindre.

Du moins un éclatant hommage lui fut-il rendu : non sur la

---

1. Toutes les citations qui précèdent sont extraites du t. V ; *Avertissement au lecteur* et *Dédicace A Monseigneur de Liancourt*.
2. Voy. plus haut, l. IV, p. 557, n:
3. Le privilège de la *Silvanire* est du 3 février, l'achevé d'imprimer du 5 avril. — Dans les *Exercices de ce temps*, attribués à Courval Sonnet, 1627 (sat. XII, *le Poète*; t. II, p. 135-136), on trouve associés d'une façon bizarre les noms de

Maynard, Gombauld, Hardy, Malherbe, Saint-Amans
Tenus pour demi-dieux chez tous les courtisans.

Hardy tenu pour demi-dieu chez les courtisans! L'exagération poétique est un peu forte !

scène de l'Hôtel de Bourgogne, — l'Hôtel de Bourgogne, qui devait tant à Hardy, ne lui témoignait sa reconnaissance qu'en plaidant contre sa veuve, — mais sur le théâtre rival, celui de Le Noir et de Mondory. On sait comment, en 1634, Scudéry protesta contre le dédain dont les élèves de Hardy poursuivaient leur maître. « Quelles pièces avez-vous ? » demande M. de Blandimare dans *la Comédie des Comédiens*[1].—« Toutes celles de feu Hardy », répond Belle-Fleur. — Et alors M. de Blandimare : « Il faut donner cet aveu à la mémoire de cet auteur, qu'il avait un puissant génie et une veine prodigieusement abondante, comme 800 poèmes de sa façon en font foi ; et certes à lui seul appartient la gloire d'avoir le premier relevé le théâtre français, tombé depuis tant d'années. Il était plein de facilité et de doctrine, et quoi qu'en veuillent dire ses envieux, il est certain que c'était un grand homme ; et s'il eût aussi bien travaillé par divertissement que par nécessité, ses ouvrages auraient sans doute été inimitables ; mais il avait trop de part à la pauvreté de ceux de sa profession ; et c'est ce que produit l'ignorance de notre siècle et le mépris de la vertu. »

En 1637, l'auteur du *Traité de la disposition du poème dramatique* proclamait encore qu' « un seul Hardy entendait mieux que tous les autres la disposition du théâtre », et il ajoutait : « Je le suivrais volontiers au théâtre, il en savait mieux les erres que personne, et, de quelque inélégance qu'on reprenne les poèmes, j'aime si fort son raisonnement que je ne plaindrai point d'ôter des pierres de mon chemin pour aller prendre des perles dans sa maison. En un mot, j'aime son génie et non pas ses vers, et, quoi qu'on en die, je ne puis souffrir que de faibles potirons m'empêchent de voir une si grande lumière. Ceux qui le méprisent ont peut-être plus de vanité que de suffisance et plus d'ineptie que de bon sens[2]. »

La même année, l'auteur d'une *Réponse de*** à**** sous le nom

---

1. Acte II, sc. I, p. 29-30. *La Comédie des Comédiens* n'a été imprimée qu'en 1635, mais elle date au moins de l'année précédente. Le 30 novembre 1634, la *Gazette* rapporte que la troupe de Mondory a joué à l'Arsenal, le mardi 28, *une comédie en prose sur la comédie*, suivie de la *Mélite* de Scudéry (p. 527-528) ; le 15 décembre (p. 561), la *Gazette* rectifie son erreur, et déclare que la comédie était de Scudéry et la *Mélite* de Corneille.

2. *Traité*, p. 100 et 101. Le texte porte bien : « Je le suivrais », et non « je le suivais », comme l'impriment les frères Parfait (t. IV, p. 7) et M. Lombard (*Zeitschrift*, p. 179).

d'*Ariste* avait écrit : « Puisque je lui en eusse voulu, j'eusse bouffonné sur *Mélite*, et eusse dit que ce ne fut jamais qu'une pièce fort faible, puisqu'elle n'eut la peine que d'effacer le peu de réputation que s'était acquis le bonhomme Hardy, et que les pièces qui furent de son temps ne valaient pas la peine d'être écoutées. » Ces lignes, étant ironiques, tournent à l'éloge de Hardy; or, elles sont probablement du grand Corneille [1].

Enfin, en 1639, Sarazin, répétant le mot de son ami Scudéry, reconnaissait que Hardy avait « véritablement tiré la tragédie du milieu des rues et des échafauds des carrefours [2] ».

C'étaient là les derniers échos de la gloire de Hardy, et il n'y avait pourtant que sept ans que le vieux dramaturge avait disparu! Encore quelques années, et La Rancune, qui se souvenait de la longue période où Hardy représentait seul le théâtre français, La Rancune allait dire de temps en temps à Ragotin : « Vous êtes bien malheureux, et nous aussi, que vous ne vous donniez tout entier au théâtre : dans deux ans on ne parlerait non plus de Corneille que l'on fait à cette heure de Hardy [3]. »

II

Combien de temps les pièces de Hardy restèrent-elles au théâtre après sa mort? « *Nous avons* toutes celles de feu Hardy », déclarent les comédiens de campagne que Scudéry met en scène en 1634; « toutes celles de feu Hardy » veut évidemment dire toutes celles qu'il a imprimées [4], et il est inutile d'ajouter qu'il y a dans

---

1. Voy. les *OEuvres de P. Corneille*, t. III, p. 59-60.
2. *Discours de la tragédie,*... p. 321 (paru d'abord en tête de *l'Amour tyrannique*, dont l'achevé d'imprimer est du 2 juillet 1639). Sarazin ajoute à propos de la *scène ambulatoire* du vieux dramaturge : « Ce défaut ne mourut pas avec lui, non plus que la réputation de ses ouvrages »; mais cette réputation était déjà bien malade en 1639.
3. *Roman comique*, 1re p., ch. II; t. I, p. 85. Le privilège de cette 1re partie est du 20 août 1650, mais les événements racontés par Scarron sont peut-être sensiblement antérieurs à cette date (voy. ci-dessus, l. I, ch. I, p. 8).
4. Aussitôt après les paroles de M. de Blandimare (voy. ci-dessus, p. 655), *Beau-Soleil* prend ainsi la parole : « Nous avons encore tout ce jeu imprimé : le *Pyrame* de Théophile, etc. » Nul n'a expliqué ce mot : *tout ce jeu imprimé*, mais il semble que tout le monde l'ait entendu, ou de *Pyrame* seul, ou de la liste de pièces qui va suivre; or, dans cette liste figure *la Bague de l'oubli*, qui n'a pas été imprimée avant 1635, et l'on ne voit pas, d'autre part, quelle peut être l'utilité de ce renseignement pour *Pyrame*. Au contraire, on comprend fort bien l'intention de Scudéry, si *tout ce jeu imprimé* désigne les

ce mot une forte exagération. Quant à l'Hôtel de Bourgogne, qui pouvait disposer aussi des œuvres non publiées de son ancien fournisseur, nous connaissons la plus grande partie de son répertoire de 1631 à 1636 : les pièces de Hardy y figurent d'abord en grand nombre, et nous n'en trouvons pas moins de 14 parmi les 28 premières œuvres qu'enregistre Mahelot; mais il faut ensuite passer 21 pièces d'auteurs divers pour arriver au *Frère indiscret*, et, parmi les 21 pièces qui succèdent encore à celle-là, on n'en rencontre pas une qui appartienne à notre auteur. Ainsi, dès 1635 ou 1636 [1], les pièces de Hardy commençaient à disparaître des affiches, et l'on ne saurait supposer qu'elles y aient, par la suite, reparu souvent [2].

Il est vrai que beaucoup remontaient sur le théâtre, plus ou moins revues et transformées; à mesure que le public les oubliait, il se trouvait des imitateurs avisés pour les reprendre et, tout en se gardant bien de nommer Hardy, pour profiter de son savoir-faire et de ses habiles arrangements. C'est ainsi que Tristan retouchait *Panthée*, Chapoton *Coriolan*, Claveret *le Ravissement de Proserpine*, Chevreau *les Deux Amis*; c'est ainsi surtout que, sans trop de peine, Tristan remportait l'éclatant et durable triomphe de *Mariane*. Dans ces cas, du moins, l'existence d'un texte imprimé de Hardy était une gêne; mais combien les amis des succès faciles se sentaient à l'aise, lorsqu'ils essayaient, de mémoire ou d'après des notes, de refaire les pièces que Hardy n'avait pas eu les moyens de publier! *L'Inceste supposé* de La

---

œuvres de Hardy. — A l'exception des *Bergeries*, de *Clitandre* et de *la Veuve*, toutes les pièces de la liste (au nombre de 14) figurent aussi dans le *Mémoire* de Mahelot. Malheureusement, nous n'en pouvons pas conclure que les deux troupes du Marais et de l'Hôtel de Bourgogne les jouaient concurremment : *la Bague de l'oubli*, n'ayant pas encore été publiée, appartenait exclusivement à l'Hôtel de Bourgogne en 1634. Évidemment, Scudéry a profité de ce que, dans sa pièce, Mondory et ses camarades représentaient des comédiens de campagne, pour dresser une liste de pièces en renom, sans s'inquiéter de savoir sur quelle scène parisienne elles étaient jouées.

1. *L'Illusion* de Corneille, qui date de 1636, figure dans le *Mémoire* avant les deux dernières pièces de Hardy.
2. Dans la 3º partie du *Roman comique* (suite d'Offray), le prieur de Saint-Louis joue une pièce sur la mort de Darius, qui n'est probablement autre que la tragédie de notre auteur. Le continuateur de Scarron avait peut-être vu jouer cette pièce (voy. le *Roman Comique*, t. II, p. 227). — Est-ce encore à *la Mort de Daire* que Chappuzeau fait allusion? « Comme il n'y en a pas une », dit-il à propos des actrices, « qui ne soit bien aise de passer toujours pour jeune, elles ne s'empressent pas beaucoup à représenter des *Sisigambis* ». *Le Th. fr.*, t. III, ch. II.

Caze a survécu, et le hasard seul nous a appris qu'il en avait existé un de Hardy; que de pièces figurent peut-être sur les catalogues, dont le premier auteur, Hardy, n'est pas nommé! que d'éloges ont peut-être été décernés par les historiens du théâtre, sans que Hardy en ait reçu sa juste part!

D'ailleurs, qu'ils l'aient ou non imité directement, tous les auteurs dramatiques du commencement du XVIIe siècle doivent quelque chose à Hardy. Les classiques qui le raillent n'auraient pu produire leurs tragédies sur une scène publique, si Hardy n'avait préparé les voies et, par d'habiles concessions, rendu le public moins rebelle à des œuvres littéraires. Les irréguliers qui l'oublient lui doivent d'avoir établi et fait prospérer la tragicomédie, le genre même qu'ils préconisent et qu'ils traitent. Ceux-ci tiennent de Hardy cent modèles curieux et variés; ceux-là profitent des progrès que Hardy a fait faire à la tragédie, et se glorifient de *Mariane* comme d'une de leurs principales œuvres. Seulement, Hardy avait servi de précurseur, et le rôle des précurseurs est volontiers méconnu; Hardy avait traité tous les genres en usant de tempéraments, et après lui les genres affectent de diverger et de se distinguer de plus en plus; Hardy n'avait fait de profession de foi ni classique ni irrégulière, et voilà que la littérature dramatique vient de se diviser en deux camps, d'où partent, comme des projectiles bruyants, sinon dangereux, les *avertissements*, les *préfaces* et les *traités*. Petite guerre, sans doute, et souvent guerre de condottieri, où les ennemis de la veille deviennent les alliés du lendemain : Mairet, farouche classique en 1630, avait commencé et devait finir en irrégulier; Du Ryer, Tristan, Rotrou sont alternativement irréguliers et classiques; Scudéry l'est à peu près en même temps, mais ne s'en montre que plus fougueux alors qu'il confesse chacune de ses deux fois. Il n'en est pas moins vrai que les pièces de Hardy, déjà si compromises par leur style, ne sont plus en état de plaire, même sous le rapport dramatique : certaines de ses tragédies sont fortes et grandioses, mais quoi! les unités de temps et de lieu n'y sont-elles pas violées? Beaucoup de ses tragi-comédies sont amusantes, mais quoi! tout à côté d'audaces qui paraissent bien fortes, maintenant que le sens de la mise en scène complexe va se perdant, n'y sent-on pas aussi d'étranges scrupules et d'impardonnables timidités? « Je ne connais plus rien à la scène », s'écrie feu Hardy avec amertume dans *la Guerre des auteurs;* « il semble qu'on prenne plaisir d'en bannir les vers et de mettre tout en prose; il y en a même qui s'efforcent de la réduire à trois actes [1], et, si vous n'y donnez ordre, j'ai grand'peur qu'on n'y apporte encore des changements plus fâcheux; je ne comprends pas d'où peut venir ce relâchement [2]. » Ainsi, d'Aubignac voyait dans Hardy la personnification même de l'irrégularité, pendant que son ami Guéret le montrait gémissant, après sa mort, du relâchement de l'art dramatique. Lequel avait raison? Tous deux, et non moins Guéret, certes, que d'Aubignac; si l'auteur de la *Pratique du théâtre* condamnait Hardy, Hardy n'eût pas moins condamné l'auteur de la *Pucelle* et de *Zénobie*, tragédies en prose. Dès 1634, les comédiens, anciens interprètes de notre dramaturge, opposaient aussi sa *sévérité* au *relâchement* nouveau : « Notre vieux maître Valleran, depuis qu'il est en l'autre monde,... doit représenter devant le grand maître de la nature plusieurs pièces nouvelles, et dans la sévérité des règles des anciens de feu M. Hardy [3]. » Concluons : le vieux dramaturge n'avait pas de disciples avoués, mais c'est surtout parce que ses leçons avaient été utiles à tous.

Nous voudrions insister sur ce sujet. Mais dire à la hâte et d'une façon superficielle ce que Théophile, Racan, Mairet, Scudéry, Tristan, Du Ryer, Rotrou, tant d'autres encore doivent à Hardy, serait répéter ce que beaucoup ont écrit [4] et ce que, sans doute, nul n'ignore. Étudier longuement et profondément l'influence de Hardy sur tous ces auteurs serait ajouter un nouveau livre à celui

---

1. La pièce que Scudéry a insérée dans sa *Comédie des Comédiens* sous le titre de : *l'Amour caché par l'Amour* est déjà « un poème à l'espagnole, de trois actes ». Voy. acte II, p. 38. — Quant aux tragédies et tragi-comédies en prose, il en a paru un assez bon nombre, surtout de 1641 à 1645 (voy. les fr. Parfait.) L'emploi des vers au théâtre n'était pas seulement combattu par des irréguliers, mais aussi par Chapelain et par d'Aubignac. Voy. Arnaud, *les Théories dramatiques au xvii⁰ s.*, p. 145 et 275. Cf. *la Maison des jeux* de Sorel, où la question de savoir s'il faut écrire en vers ou en prose pour le théâtre est longuement et contradictoirement discutée, t. I, p. 420-441.
2. *La Guerre des auteurs anciens et modernes*, p. 56-57.
3. « Et quelques-unes de M. Théophile », ajoute le texte, qu'on peut voir plus complètement cité ci-dessus, p. 33, n. 5. — Éd. Fournier met en note : « Alex. Hardy, l'intarissable. C'est par ironie qu'on vante ici sa scrupuleuse obéissance aux règles des anciens; personne ne les suivait moins que lui. » Éd. Fournier se trompe, et la mention qui est faite ici de Théophile, ainsi que le passage de Guéret, prouvent que les comédiens parlent on ne peut plus sérieusement.
4. Voy. les fr. Parfait, t. IV, p. 438 et *passim*; Ebert, *Entwicklungs-Gesch.*; Bizos, *Ét. sur J. de Mairet*; Lotheissen, *Gesch. der franz. Lit.*, t. I, p. 307 sqq., etc.

que nous publions et pousser l'histoire du théâtre jusqu'assez avant dans le XVIIe siècle. Nous nous en abstiendrons donc; nous n'examinerons même pas l'influence de Hardy sur Pierre Corneille. La troupe de Valleran s'était maintes fois rendue à Rouen, où Corneille l'avait dû voir [1]; — à plusieurs reprises, nous l'avons remarqué, Corneille vieilli s'est souvenu de *Scédase*, de *Panthée* et de *Mariamne;* — enfin lui-même déclare que, dans ses débuts, il n'avait « pour guide qu'un peu de sens commun avec les exemples de feu Hardy [2] »; ce sont là de sommaires, mais d'utiles indications. MM. Lombard et Nagel [3] en ont donné d'autres, et, si le plus grand nombre des arguments donnés par ce dernier est sans valeur, ses rapprochements entre la langue et la versification des deux auteurs sont instructifs; et combien on y pourrait ajouter! comme on pourrait fortifier ses conclusions [4]!

III

Une fois disparue la génération qui avait connu Hardy, notre dramaturge tombe dans l'oubli le plus profond. Perrault en parle encore, mais de la façon la plus inexacte [5]; Moréri, Baillet, Niceron, Goujet ne prononcent pas son nom; Titon du Tillet ne lui donne pas de place dans son *Parnasse françois*, où ne figurent pourtant pas moins de 287 poètes ou musiciens [6]; l'abbé Lambert le confond avec Sébastien Hardy [7]; et La Harpe, contant rapidement l'histoire du théâtre français avant Corneille, passe de Garnier à Mairet sans faire même à Hardy une allusion [8].

---

1. Voy. ci-dessus l. I, ch. III, p. 69, et l. II, ch. II, p. 118, n. 2.
2. *Examen de Mélite.* Voy. ci-dessus, p. 102, et cf. Sainte-Beuve, *Portraits littéraires*, t. I, p. 34.
3. Lombard, *Zeitschrift*, p. 173-174; Nagel, *Alexandre Hardy's Einfluss auf P. Corneille*, dissertation de 36 p., sur laquelle on peut voir un article de M. H. Kœrting (*Zeitschrift für neufr. Spr.*, 1885, t. VII, p. 102-103).
4. De même on pourrait rapprocher la versification et le style de Rotrou de ceux de Hardy; qu'on lise le jugement de M. Jarry, presque tous les termes en pourraient être appliqués à notre auteur. Voy. *Essai sur les œuvres dramatiques de J. Rotrou*, p. 296-297.
5. Voy. les passages déjà cités du *Parallèle des anciens et des modernes*, et *les Hommes illustres qui ont paru en France pendant le siècle...* in-4°. Paris, 1696, t. I, p. 77 (art. CORNEILLE).
6. Hardy n'est nommé que dans un appendice, p. xcj.
7. *Histoire littéraire du règne de Louis XIV. Dédiée au Roy par M. l'abbé Lambert.* Tome second. A Paris, chez Prault fils.... M.DCCLI, p. 301.
8. *Lycée ou Cours de littérature*, 2e p., l. I, ch. II. — Ailleurs seulement, à

Déjà cependant les recherches sur l'histoire du théâtre avaient mis les œuvres de Hardy plus en lumière. « Si l'on veut en juger sans passion », avait dit Beauchamps, « on conviendra qu'elles sont meilleures que celles de Garnier et des autres auteurs du second âge, et qu'il était assez difficile qu'il fît mieux dans le temps où il vivait... On a donc mis Hardy à la tête du troisième âge, qui, ne durant que quinze ans, fera voir les progrès de la tragédie, s'ils paraissent rapides; s'ils surprennent, on ne peut se dispenser d'en rapporter l'honneur à Hardy, qui n'a point, à la vérité, laissé de modèle qu'on puisse suivre, mais qui a frayé le chemin; *in magnis tentasse sat est* [1]. » Après Beauchamps, les frères Parfait, qui insistent volontiers sur les défauts de Hardy, montrent aussi quels services il a rendus. « Son génie et son talent, ajoutent-ils, étaient infiniment supérieurs à ses ouvrages [2]. » La Vallière, enfin, dit comme ses devanciers : « Malgré les défauts de cet auteur, on peut le regarder comme un de ceux qui ont le plus contribué aux véritables progrès de notre théâtre [3]. »

Nous venons de citer des compilateurs. Les rares lettrés qui se sont occupés de Hardy au XVIII° siècle ont témoigné pour lui de moins d'indulgence; mais, si Fontenelle n'en parle qu'avec ironie, Suard du moins reconnaît qu'il a fait œuvre utile, et rend assez bien justice à sa *Mariamne*.

Au XIX° siècle, les jugements sur Hardy se multiplient; mais il s'en faut que tous soient éclairés et résultent d'une suffisante enquête. Ne disons rien de ceux qui témoignent d'une incompétence par trop grande; la plupart des autres sont inspirés, soit par l'étude de Guizot, soit par celle de Sainte-Beuve, et se peuvent ainsi répartir en deux grandes classes.

« *Mariamne*... est déjà dans le système français de Racine », dit Sainte-Beuve; « elle présente d'ailleurs, au milieu d'inconvenances et d'incorrections sans nombre, une verve de style assez franche et par moments *cornélienne*. » C'est là le seul éloge que l'illustre critique adresse à Hardy. Partout ailleurs, ce dramaturge est pour lui « un poète de troupe sans génie et sans originalité », voyageant dans l'espace et la durée « comme à

---

propos d'Eschyle, La Harpe plaisante sur les 600 pièces de Hardy, 1re p., t. I, ch. v, sect. 2.

1. *Recherches sur les théâtres de Fr.*, II, p. 96.
2. *Hist. du th. fr.*, t. IV, p. 17 sqq.
3. *Bibl. du th. fr.*, t. I, p. IX.

l'aventure », opérant ses réformes « comme au hasard ». Ses œuvres sont un « fatras », des « drames incorrects et rocailleux », qu' « effacent sans comparaison, quelque misérables qu'elles nous paraissent aujourd'hui », les premières productions de Rotrou, de Scudéry et de Corneille. Enfin, « sa longue fécondité, qui donna à de meilleurs que lui le temps de naître et de croître, fut à peu près son unique mérite. Sans prétention comme réformateur, il s'inquiéta avant tout de gagner ses gages en remplissant sa tâche de chaque jour, et l'on ne peut guère aujourd'hui le louer d'autre chose que d'avoir été un manœuvre laborieux et utile [1]. » Sans doute, c'est quelque chose que d'être utile, et alors qu'il constate que Hardy le fut, Sainte-Beuve ne laisse pas de lui rendre hommage; mais ne pouvait-il pas le faire de meilleure grâce et sur un ton moins dédaigneux? M. Ebert l'a fait, tout en s'inspirant de Sainte-Beuve [2]. M. Royer, au contraire, renchérit sur lui singulièrement : « Toutes ces œuvres si bien oubliées, dit-il, sont mal combinées, mal écrites surtout, et si l'auteur ne continue ni Jodelle ni Garnier, il faut avouer qu'il n'ouvre aucune route, malgré les licences qu'il se donne. C'est donc à tort qu'on le regarderait comme l'un des fondateurs de notre théâtre moderne, et que l'on voudrait en faire, par l'intention du moins, une espèce de Shakespeare sans génie. Alexandre Hardy ne vaut pas le dernier des dramatistes anglais du XVI° siècle [3]. »

Tout ce passage de M. Royer est une allusion aux pages connues de Guizot : « Hardy, le fondateur du théâtre parisien, le précurseur de Corneille, n'était pas l'un de ces hommes dont le génie change ou fixe le goût de ses contemporains; mais il fut le premier, en France, qui entrevit une juste notion de la nature de la poésie dramatique... Hardy ne fut pas le successeur de Jodelle et de Garnier, ni l'imitateur des Grecs, mais un poète dramatique national, autant qu'il était possible de l'être dans une littérature où le souvenir des anciens tenait tant de place. » Et ailleurs : « Quand les acteurs meurent de faim, il n'y a bientôt plus d'acteurs, ni par conséquent d'auteurs dramatiques. Hardy fit vivre les siens, c'était alors le plus grand service qu'il pût rendre à son art... Le moment était venu où il ne fallait aux

---

1. Voy. *Tableau de la poésie fr. au XVI° s.*, p. 243-255.
2. Voy. *Entwicklungs-Gesch.*, p. 187 sqq.
3. *Hist. univers. du théât.*, t. II, p. 138.

poètes que l'établissement d'un théâtre régulier pour leur donner envie d'y monter. Hardy avait rendu ce théâtre plus décent et plus digne de leurs essais [1]. » Géruzez [2] et bien d'autres répètent Guizot. M. Fournel [3] exagère l'indépendance et, si je puis dire, le romantisme de Hardy, mais il met bien en relief la variété, la nouveauté, le caractère vraiment dramatique de ses œuvres. M. Lotheissen écrit : « Hardy fut une personnalité fortement marquée et le poète dramatique le plus original de la France avant Corneille [4]. » Enfin M. Poirson, qui a consacré à Hardy quelques pages de son *Histoire du règne de Henri IV* [5], est certainement l'auteur qui a fait de notre dramaturge le plus complet comme le plus considérable éloge : « Hardy, écrit-il, qui, du temps de Henri IV, est le principal représentant du drame sérieux, a fait quatre choses considérables pour le progrès de cette espèce de drame et pour l'avancement de l'art. Il a donné matériellement les moyens d'établir un théâtre nouveau; il a tiré le drame sérieux de la profonde décadence où il était tombé; il l'a enrichi de deux genres nouveaux; il a opéré dans la tragédie un changement radical et durable;... tâche... laquelle, outre l'instinct de l'innovation et l'esprit inventeur, dénote, si nous ne nous trompons, la puissance dans une certaine mesure. »

Telle est l'histoire de la réputation de Hardy : elle nous a paru assez intéressante pour être contée rapidement [6]. Que l'on nous permette maintenant de la compléter et de compléter aussi notre œuvre en passant en revue quelques questions que tous les critiques de Hardy ont abordées, et sur lesquelles nous n'avons pas eu le loisir de nous expliquer suffisamment.

---

1. *Corneille et son temps*, p. 130 à 139.
2. *Hist. de la litt. franç.*, t. II, p. 71-72.
3. *La litt. indépendante*, p. 16 à 19.
4. *Gesch. der franz.-Lit.*, t. I, p. 306-307.
5. T. IV, l. IX, ch. vi, p. 417 à 423.
6. Nous n'avons pas cité ici M. Robiou, parce que le plan et l'objet même de son *Essai sur l'histoire de la littérature et des mœurs* ne lui permettaient guère de porter sur Hardy un jugement d'ensemble. Mais nous nous reprocherions de ne pas dire que, si M. Robiou a admis quelques erreurs fâcheuses sur la vie ou les œuvres du dramaturge, il a eu le premier le mérite d'étudier de près un assez bon nombre de ses ouvrages.

IV

La muse de Hardy est-elle immorale? On l'a souvent dit, et l'on a souvent montré notre dramaturge « poussant jusqu'au cynisme le mépris des lois de la pudeur [1] ». « Nul scrupule sur les mœurs ni sur les bienséances », écrit Fontenelle. « Tantôt on trouve une courtisane au lit, qui, par ses discours, soutient assez bien son caractère. Tantôt l'héroïne de la pièce est violée; tantôt une femme mariée donne des rendez-vous à son galant. Les premières caresses se font sur le théâtre; et de ce qui se passe entre les deux amants, on n'en fait perdre aux spectateurs que le moins qu'il se peut... Les personnages de Hardy se baisent volontiers sur le théâtre et, pourvu que les deux amants ne soient point brouillés, vous les voyez sauter au col l'un de l'autre [2]... » Tout cela est vrai, et l'on pourrait encore ajouter bien des traits à ce réquisitoire : la vigueur et le naturel par trop grands avec lesquels sont peints les personnages les plus dépravés [3]; le langage des satyres beaucoup trop en rapport avec leur caractère; des théories libertines exposées à maintes reprises [4]; les mots grossiers se pressant sur les lèvres de ceux qui, par état, devraient être les plus réservés [5]; que sais-je encore?

Mais n'est-il pas juste de se souvenir que les mots grossiers abondent aussi dans Garnier, que sa Phèdre, comme d'ailleurs plusieurs personnages du Tasse et de Guarini, regrette le temps où on se pouvait livrer sans scrupule à ses passions; que Béatrix parle à sa fille Bradamante le plus inconvenant des langages [6]? Et pourtant Garnier écrivait pour les lettrés et n'avait pas à satisfaire un public grossier, habitué à cette *honteuse be-*

---

1. L. Curnier, *Ét. sur J. Rotrou*, p. 15.
2. *Vie de P. Corneille*, p. 195 et 197; voy. la suite de ce dernier passage, et cf. surtout Robiou, *Essai sur l'hist. de la litt. et des mœurs*, passim.
3. Ceux de Lucrèce, de la magicienne Corine, d'Alphésibée dans *Alcméon*, de Phalare dans *Ariadne*, etc.
4. Voy. p. ex. *Corine*, I, III; III, 480; *Procris*, I; I, 279; *Dorise*, IV, II; III, 448.
5. Voy. p. ex. la chaste Sophronie se plaignant avec indignation de l'offense qui lui a été faite (*Gésippe*, III, I; t. IV), le roi Cotys parlant à sa fille (*Phraarte*, I, III; IV, 391), Abradate parlant à Panthée (*Panthée*, III, II; I, 182).
6. Voy. Lucien Arréat, *la Morale dans le drame, l'épopée et le roman*, Paris, Alcan, 1885, in-18, p. 119; — voy. *Bradamante*, II, v. 625 sqq.

sogne dont parle Vauquelin. Le comic, dit ce législateur de la poésie :

> Le comic tout ainsi sur l'étage fera
> Conter ce qu'au couvert l'amoureux fait aura,
> Ne découvrant à tous la honteuse besogne
> Qu'à Paris on fait voir à l'Hôtel de Bourgogne.

Recommandation caractéristique, et que rend plus piquante encore l'indécence des vers qui suivent, des vers mêmes où se développe la louable pensée de Vauquelin[1] ! Quant à Hardy, il était obligé de laisser représenter ses pièces entre un prologue obscène et une chanson plus obscène encore; des farces accompagnaient ses tragédies ou ses pastorales, et ces farces paraissaient trop licencieuses même à Bruscambille ! Quelles circonstances atténuantes pour le dramaturge ! et comme le jugement du public contemporain devait différer du nôtre ! « Le style tragique *est* toujours occupé par les actions les plus relevées de la vertu », dit en toute sincérité ce bon Hardy[2], et Bruscambille paraphrase cette déclaration, et les amis du poète lui rendent le même hommage :

> Non tua in obscenos deflexa tragœdia risus;
>   Hinc procul ostentans turpia mimus abest.
> Hanc oculi excipiant castæque Lycoridis aures,
>   Audiat hanc salva quisque pudicitia...
> Emendat vitiosa malos plebecula mores [3].

Au temps même où Hardy produisait ses pièces, Pierre Troterel, sieur d'Aves, en publiait de beaucoup plus libres et licencieuses : *les Corrivaux*[4], *Sainte-Agnès*, *Gillette*; les « peintures érotiques » alternaient avec les « barbaries sanglantes » sur le théâtre anglais aussi bien que sur le théâtre italien[5]; Shakespeare plaçait des scènes étonnantes de couleur et de vérité dans le lieu de prostitution de son *Périclès;* Ford allait beaucoup plus loin, et ne craignait pas de faire l'apologie de l'inceste[6]. — Mais

---

1. Voy. l'*Art poétique*, l. II, p. 55.
2. T. I, *A Monseigneur de Montmorency*.
3. Dubreton, t. I, *Ad clarissimum...* ; cf. de Saint-Jacques, *A M. Hardy, Poete du Roy*.
4. *Les Corrivaux* ont été réimprimés dans le t. VIII de l'*Ancien Théâtre français;* voy., p. 231, l'*Avertissement au lecteur touchant cette comédie*.
5. Voy. Ginguené, t. VI, p. 120; Mézières, *Contemporains et successeurs de Shakespeare*, p. 31 ; Taine, *Hist. de la litt. angl.*, t. II, p. 109.
6. Dans son *Giovanni et Annabella*, plus exactement *'tis pity she's a whore*.

restons en France. N'était-ce pas le temps où se publiaient ces recueils monstrueux : *les Muses galantes, le Parnasse* et *le Cabinet satyriques* ? où les romans comiques comme *Francion* étaient pleins des scènes les plus risquées? où l'imprimeur de *Tyr et Sidon*, songeant à atténuer pour les *compagnies privées* et pour les *personnes retenues* l'incroyable hardiesse de cette tragi-comédie, ajoutait cependant qu'*à le bien prendre*, il n'y avait rien qui fût *insupportable aux oreilles chastes*[1]? où le jeune roi lui-même, où « Louis XIII enfant avait à la bouche de sales mots, indices de l'éducation des gens qui l'entouraient[2] » ? Honoré d'Urfé a eu le mérite de vouloir réagir et de réagir en effet contre cette corruption, et pourtant, même dans l'*Astrée*, il est des endroits où « la nudité des tableaux fait rougir la modestie, et surprend l'imagination habituée à des peintures plus chastes et plus morales[3] ».

Ainsi, gardons-nous d'attribuer à Hardy une influence corruptrice sur le théâtre. Après lui, en 1634, le sieur Véronneau publie sa scandaleuse pièce de l'*Impuissance;* on trouve des scènes très libres dans *les Galanteries du duc d'Ossonne*, publiées seulement en 1636[4], dans les *Lucrèces* de Du Ryer et de Chevreau, dans bien d'autres œuvres de Boisrobert, de Benserade, de Rotrou, de Corneille même et des cinq auteurs[5]. A les lire, il ne semble pas que ces poètes soient en grand progrès sur Hardy. Et cependant, dès 1630, Camus prétend que les « plus délicates dames ne font point de difficulté de se trouver aux lieux où se représentent les comédies »; en 1634, Mairet déclare que les plus honnêtes femmes fréquentent l'Hôtel de Bourgogne « avec aussi peu de scrupule et de scandale qu'elles feraient celui du Luxembourg[6] »; en 1635, *Sa Majesté* autorise l'ouver-

---

1. Voy. *Ancien théâtre fr.*, t. VIII, p. 23, et cf. Robiou, p. 406-412.
2. Demogeot, *Tableau*, p. 301.
3. Bonafous, *Études sur l'Astrée*, p. 205. — Citons encore la conclusion de l'enquête, si complète et si patiente, de M. Robiou sur l'état des lettres et des mœurs au commencement du xvii° siècle (p. 671) : « Le sens moral est presque toujours banni de cette littérature, surtout de la littérature poétique, même quand il n'y est pas directement outragé...; et les faits historiques ne montrent que trop combien cette littérature était l'expression fidèle des classes qu'elle charma si longtemps. »
4. Voy. Bizos, p. 157 à 162.
5. Voy. les fr. Parfait, *passim;* Fontenelle, p. 207-208; Suard, p. 157 sqq.; Labitte, *Études littéraires*, t. I, p. 394-395 (art. BOISROBERT); Scarron, *Roman comique*, t. I, p. 316, avec la note de M. Fournel.
6. Voy. plus haut, l. II, ch. II, p. 149, n. 4.

ture d'un théâtre au faubourg Saint-Germain, « sachant, dit Renaudot, que la comédie, depuis qu'on a banni des théâtres tout ce qui pouvait souiller les oreilles les plus délicates, est l'un des plus innocents divertissements, et le plus agréable à sa bonne ville de Paris [1]; en 1636, Balzac regarde la scène comme *nettoyée de toutes sortes d'ordures* [2]; en 1639, Scudéry proclame que la comédie des siècles passés « n'était que médisance et saletés », mais que celle de son temps « n'est que pudeur et modestie [3] »; en 1641 enfin, Louis XIII promulgue en faveur des comédiens honnêtes sa déclaration fameuse du 16 avril [4]. Qu'est-ce à dire? Que de 1630 à 1641, alors qu'on vantait la moralité du nouveau théâtre, on en comparait les pièces, non point à celles de Hardy, guère plus risquées, mais aux autres œuvres, et surtout aux farces qui avaient en même temps paru à l'Hôtel de Bourgogne; que, par conséquent, la moralité de Hardy avait été de beaucoup supérieure à celle de son temps; que le progrès accompli, c'est notre dramaturge lui-même qui en avait été le promoteur, c'est à lui qu'en devait remonter la première gloire.

Là où Hardy nous parait immoral, il n'est le plus souvent que grossier, et naïvement grossier [5] : ses intentions sont pures et on le voit bien. Mais, à côté de pièces aujourd'hui rebutantes, s'en trouvent d'autres, dont on se demande comment Hardy a eu le

---

1. *Gazette* du 6 janvier 1635. (Voy. les fr. Parfait, t. V, p. 52.)
2. Voy. A. Soulié, *le Comédien Mondory* (Revue de Paris, décembre 1838, p. 347-355). — Balzac fait honneur de cette réforme à Mondory.
3. *L'Apologie du Théâtre par M. De Scudéry*. A Paris, chez Augustin Courbé, imprimeur et libraire de Monsieur frère unique du Roy, au Palais, en la petite salle, à la Palme. M.DC.XXXIX, in-4°, p. 2.
4. Reproduite dans l'édition classique de *Polyeucte* qu'a donnée M. Petit de Julleville (Paris, Hachette, p. in-16).
5. C'est aussi à la naïveté grossière, non à l'immoralité de son public que Hardy fait appel. Un drame comme *Scédase*, traité avec sérieux, serait peut-être possible encore devant un public vraiment populaire; et, s'il échouerait certainement ailleurs, est-ce parce que l'auditoire serait plus moral, ou simplement parce qu'il serait plus raffiné? parce que la pièce nous ferait horreur, ou parce que ce qui parait terrible à Hardy nous paraîtrait plutôt grotesque? Un rapprochement instructif nous est fourni par la *Théodore* de Corneille. Corneille aussi a cru tragique l'aventure de Théodore; or, on peut voir à chaque page du commentaire de Voltaire, que la situation provoque chez le critique, non l'horreur ou le dégoût, mais le ricanement. Déjà, au XVIIe siècle, la pièce est tombée parce que le public était de l'avis de Voltaire, et Corneille s'est aperçu trop tard qu'il était attardé et seul dans sa naïveté. Hardy, au contraire, a été applaudi, et son public, à la fois grossier et immoral, s'est, ce jour-là, montré aussi naïf en pleurant à la tragédie qu'immoral en riant à la farce ou à la chanson.

courage de les présenter à son public : *la Mort de Daire* et *la Mort d'Alexandre*, tragédies sans romanesque et sans amour; *Coriolan*, dépourvue aussi d'amour et consacrée à la glorification de la piété filiale; *Mariamne*, dont quelques mots malsonnants ne doivent pas nous faire méconnaître la noble sévérité; *Panthée* surtout, que l'affection conjugale la plus pure anime tout entière. « Dans aucun drame nous n'avons trouvé de Desdemona, c'est-à-dire de femme aimant son mari », dit un historien du théâtre romantique[1]; et déjà Saint-Marc Girardin, à propos d'une œuvre classique, avait constaté « le peu de place que la littérature dramatique en France fait à l'amour conjugal. Les poètes le louent volontiers, ils ne le mettent point en action[2]. » Or, Hardy n'a pas seulement mis en scène un certain nombre de femmes qui aimaient leurs maris : *Roxane, Alceste, la Comtesse de Gleichen*; il a encore fondé sur la fidélité conjugale toute une tragédie qui est, en somme, une belle tragédie. N'est-ce pas là une originalité de bon aloi, et dont il est juste de lui tenir compte?

V

Nous avons insisté sur la moralité de Hardy; nous passerons plus rapidement sur ses anachronismes. Sur ce point aussi, l'on ne manque pas de reproches à lui faire; mais il est justifié par l'exemple de ses devanciers et de ses contemporains. Si Mercure parle des « dogues bretons » dans *la Gigantomachie*[3]; si Daire invoque à la fois le Soleil, Orosmane, Jupiter et Apollon[4], aussi bien que Mariamne s'adresse à Dieu et vénère pourtant Hercule et Pluton[5], aussi bien que les païens connaissent l'enfer où les *damnés rôtissent*, les chrétiens le Styx et l'*Achéron larveux*[6]; s'il y a un duel dans *Aristoclée*, des pages dans *Coriolan*, un gentilhomme dans *Gésippe*; — il y avait un colonel dans la *Cornélie* de Garnier[7]; la nourrice de *Pyrame et*

---

1. Souriau, *De la Convention dans la trag. class. et dans le drame romant.*, p. 215.
2. *Cours de litt. dram.*, t. IV, p. 372; cf. Bizos, p. 190-191 et 252-253.
3. Acte II; t. III, p. 233.
4. Voy. p. ex. acte II, sc. I.
5. IV, 1; II, 463.
6. *Scédase*, III; I, 108; *Arsacome*, IV, II; II, 366; *Frégonde*, V, 1; IV, 286.
7. Acte V, vers 1616.

Thisbé disait : « Dieu le veuille [1] », et, dans *l'Innocente Infidélité* de Rotrou, un gentilhomme d'Épire va bientôt mettre pistolet en main pour se défendre [2]. Et qu'est-ce encore que ces bizarreries à côté des énormités commises par des poètes moins connus [3] ! Que sont-elles même à côté des anachronismes étranges de Lope de Vega, de Calderon, de Shakespeare, de tous leurs contemporains anglais ou espagnols [4] ! « Hardy ne tombe jamais dans de pareilles absurdités, a dit Suard [5]. S'il ajoute peu de chose aux auteurs qu'il copie, du moins est-ce un grand mérite pour son temps de ne gâter que le moins possible les bons modèles. »

« Les auteurs qu'il copie » ! On voit que Suard s'entend à mêler le blâme aux éloges, et qu'il tombe ici dans une exagération sans cesse et partout répétée et contre laquelle il faut bien que nous protestions.

Lui-même avait déjà dit [6] : « Dans ce qui nous reste de ses pièces, quelques-unes sont de son invention, et, il faut être juste, ce sont les plus mauvaises; de ce nombre sont presque toutes ses pastorales. Les autres, qui portent toutes le nom de tragédies ou de tragi-comédies, sont, ou des morceaux de l'*Iliade*, ou des traits tirés de Plutarque, ou des nouvelles de M. Cervantès, mis en action et en dialogue, en s'éloignant du texte le moins possible, ce qui fait que l'invention de ses pièces ne lui a rien coûté, la composition pas grand'chose. » En ce qui concerne la provenance des sujets, nous avons montré que d'erreurs ont été commises. La valeur de ces sujets est très variable, mais Hardy a été forcé d'en traiter un si grand nombre, que nous ne nous sentons ni le courage de blâmer les mauvais, ni peut-être le droit de louer les bons. Quant à la façon dont il les a traités, je veux bien qu'on ne la compare pas à l'originalité d'un Corneille ou d'un Shakespeare; j'accorde que son imitation est souvent hâtive et indiscrète, guidée par le caprice plutôt que par le goût; mais il s'en faut qu'elle le soit partout, et que Hardy se borne à suivre

---

1. Voy. V. Fournel, *la Trag. fr. avant Corneille* (*Le Livre*, oct. 1887, p. 308).
2. Voy. Jarry, p. 31.
3. Voy. p. ex. Suard, p. 124-126 et p. 114.
4. Voy. Royer, t. III, p. 395; Viel-Castel, *Essai sur le théât. esp.*, t. I, p. 121-122; Stapfer, *Shakespeare et l'antiquité*, 1re p., ch. IV; lire surtout *le Conte d'hiver*. Sur les anachronismes au moyen âge, voy. Petit de Julleville, *les Mystères*, t. I, p. 234-235 et 255-257.
5. P. 126.
6. P. 116; cf. Fontenelle, p. 195.

ses modèles de point en point. Or, on a toujours été si convaincu de la grossièreté et du terre à terre de ses imitations, qu'on s'est fait une idée des originaux d'après les copies, et qu'on a donné huit livres au roman d'Héliodore, afin de signaler dans chacun la matière d'une *journée* de *Théagène et Cariclée*[1]. Ne serait-il pas équitable, autant que facile, de vérifier de pareilles allégations? Si on le faisait, on reconnaîtrait qu'ici Hardy a fait huit *journées* avec dix livres, qu'ailleurs il a fait cinq actes avec une page de Plutarque, autant avec quinze lignes de Goulart[2]. On verrait que, dans ses tragi-comédies, il change, supprime, ajoute, et sait rendre ses pièces dramatiques et intéressantes; que, dans ses tragédies, il fait mieux encore, et sait introduire une unité nette et forte dans *Panthée*, savamment transformer la figure du héros dans *la Mort d'Alexandre*, fondre les sentiments d'Homère avec les événements de Darès dans *la Mort d'Achille*[3].

Ce qui a trompé beaucoup de critiques de Hardy, c'est l'importance excessive qu'en le lisant ils ont accordée aux détails au détriment de l'ensemble, à l'expression au détriment de la conception même. Mais Hardy ne travaillait pas comme Racine, et ses pièces demandent à être examinées, non avec l'attention minutieuse qu'on accorde à une *Phèdre* ou à une *Athalie*, mais avec l'imagination vive, compréhensive, exigeante pour l'ensemble et indulgente pour les détails qu'on voudrait apporter à l'audition d'une *commedia dell' arte*. Il arrive souvent à Hardy d'oublier quels détails il a mis en scène, et les récits des spectacles que nous venons de voir sont assez rarement conformes à ces spectacles[4]. Bien des mots imprudents échappent à sa plume: l'ombre de Proserpine parle à sa mère des *Enfers* et de son *infernal époux*, Électre dit à Cérès que le ravisseur de Proserpine est sorti du *barathre entr'ouvert* et que la *dernière voix*

---

1. Voy. les fr. Parfait, t. IV, p. 23; La Vallière, t. I, p. 334; Guizot, p. 132; Demogeot, *Tableau*, p. 430; Lotheissen, t. I, p. 300; Godefroy, *Hist. de la litt. fr.*, t. I, p. 410, etc.

2. *Scédase* et *Aristoclée*; *Elmire*.

3. On ne saurait tout dire; sans quoi, nous pourrions montrer avec quel art Quinte-Curce et Plutarque ont été imités dans la *trilogie sur Alexandre*; d'autres exemples encore peuvent être cherchés dans nos analyses.

4. Voy. presque tous les récits de ce genre que nous avons signalés dans nos analyses; dans *le Ravissement de Proserpine*, IV, iii; III, 75, Aréthuse raconte (d'après Claudien) qu'une voix céleste a empêché Diane et Pallas de venger le rapt: nous n'avons rien entendu de pareil dans la scène II, iii, p. 37 à 40.

de la déesse a été *entendue sous terre;* et cependant, après les aveux d'Électre ainsi qu'après les indications de Proserpine, Cérès ne devine point par qui le rapt a été commis [1]. Allons-nous croire Hardy assez inintelligent pour ne pas trouver là de contradiction? Et allons-nous être nous-mêmes assez pointilleux pour proclamer que la pièce est ébranlée, qu'elle est ruinée par ces vétilles? Non, sans doute. Mais prenons-y garde; si nous passons sur ces détails, nous devrons avouer que beaucoup des imitations de Hardy sont habiles, et que quelques-unes méritent l'épithète d'originales; si nous fermons les yeux sur quelques maladresses ou sur quelques exagérations de langage de Mariamne, de Panthée, de Didon, d'Achille, de Priam, d'autres personnages encore, nous devrons reconnaître que leurs caractères sont intéressants, qu'ils sont soutenus, qu'ils sont beaux, enfin.

VI

Ainsi, qu'on n'oublie jamais que Hardy est un improvisateur; qu'on ne prenne pas toutes ses négligences pour des erreurs graves, toutes ses contradictions de détail pour des manques de logique ou de bon sens, — et, du coup, bien des jugements se modifieront. Mais ce qu'il ne faudra pas oublier non plus, c'est qu'il a écrit pour un théâtre qui n'est ni le nôtre, ni celui de la période classique; c'est qu'il a usé d'une mise en scène et de conventions dont une étude historique seule peut nous donner une idée exacte. De ce point de vue seulement pourront être appréciés le plan, la marche, le mouvement de la plupart des pièces de Hardy. Une ou deux tragédies à peine sont de nature à être sainement jugées sans la connaissance du système décoratif complexe, et je crains bien que l'on n'ait songé uniquement à ces tragédies, quand on a parlé d'« une certaine mesure de raison et de vraisemblance que *Hardy* s'efforçait d'apporter dans ses plans [2] »; que l'on n'ait visé toutes les autres pièces, quand on a déclaré que ses plans étaient « sans choix et sans beaucoup de discernement [3] ». En réalité, la marche des tragi-

---

1. *Rav. Pr.*, III, I, p. 42, et III, III, p. 54. — Beaucoup de faits semblables sont mentionnés dans nos analyses.
2. Guizot, *Corn. et son temps*, p. 137.
3. Les fr. Parfait, t. IV, p. 18.

comédies témoigne généralement de plus d'expérience, de plus d'habileté, de plus d'art que la marche des tragédies ; c'est aux tragi-comédies surtout que songeait l'auteur du *Traité de la disposition du poème dramatique*, alors qu'il écrivait : « On ne peut douter du jugement et de la conduite de Hardy en la disposition du poème dramatique », et : « un seul Hardy entendait mieux que tous les autres la disposition du théâtre [1] ».

Nous avons montré par de nombreux exemples quel parti habile Hardy a souvent tiré de la décoration complexe, combien nettement sont coupés ses actes, comment sont préparés ses effets et ses coups de théâtre [2]. Composant ses pièces pour un public populaire, qui aimait les émotions, mais qui ne comprenait guère à demi-mot, il recherche les dénouements saisissants, mais les fait pressentir longtemps à l'avance; il multiplie les situations théâtrales, mais les explique et les commente le plus qu'il peut. Par là il se sépare du moyen âge, et il s'y rattache [3]; son art est un art de juste milieu et de conciliation.

Et de même, c'est un signe de conciliation que ce mélange d'action et de discours; que ces luttes politiques ou militaires, dont la représentation est tantôt raide et maladroite, tantôt animée et vraie [4], mais dont les acteurs sont des personnages complexes : *le Sénat, le chœur des soldats, le chœur des Thébains*. Le sang versé, les violences, toute cette horreur qui nous choque, le moyen âge l'avait aussi transmise aux Quadrio et aux Tiraboschi, aux Marlowe et aux Shakespeare; les songes, les présages, les récits, toutes les *machines* tragiques dont la tragi-comédie elle-même n'est pas exempte, Jodelle et Garnier les avaient aimées, Mairet et Corneille les conserveront. Rappellerons-nous encore les pastorales et les pièces mythologiques? On

---

1. *Traité...*, p. 90 et 100. Voy. nos analyses, *passim*, et cf. celles qu'a données M. Lombard. Tout en déclarant qu'il préfère le genre tragi-comique à la tragédie, M. Lombard se plaint sans cesse des pérégrinations auxquelles nous oblige le dramaturge, et sans cesse il propose des moyens plus ou moins bons de ramener les tragi-comédies aux unités.

2. Souvent les actes sont terminés d'une façon piquante et bien faite pour exciter la curiosité. Voy. p. ex. les actes III et IV dans la 2ᵉ journée de *Théagène*, et nos analyses, *passim*.

3. Voy. Petit de Julleville, *les Mystères*, t. I, p. 246 : « Le théâtre du moyen âge ignore l'art des surprises, des dénouements inattendus, de l'intérêt longtemps suspendu et habilement ménagé. Il dédaigne les moyens d'émouvoir dont le théâtre moderne a abusé. » Hardy est loin de les dédaigner, mais il s'en méfie et il prend généralement ses précautions.

4. Comparer le Vᵉ acte de *la Mort d'Achille* avec le IVᵉ de *Timoclée*.

y trouve les *machines* de la tragédie, les *feintes* des mystères, les intrigues de la moralité, les plaisanteries de la sottie ou de la farce.

Nous avons longuement étudié le style de Hardy, mais sans nous demander si ce style avait les qualités que réclame le théâtre, s'il savait s'approprier aux caractères et aux sentiments de chaque acteur.

Pour être vraiment propre au théâtre, il faudrait d'abord qu'il fût clair, et il est abominablement obscur; il faudrait qu'il allât droit à son but, et il s'attarde dans de contestables élégances ou dans des souvenirs mythologiques. Mais, ces réserves faites — et nous n'en dissimulons pas l'importance capitale — on remarque dans les bons endroits plus de simplicité, de rapidité, de mordant qu'on n'en trouve chez les tragiques antérieurs, chez ceux qui suivirent, quelquefois. « Son style, dans sa rudesse et sa lourdeur », dit M. Fournel [1], « a des élans d'expression, des efforts de coloris, témoignant qu'il avait compris d'une autre façon que Garnier la langue du théâtre. Et ce n'étaient pas seulement des hasards de plume : on voit par ses préfaces qu'il s'était fait des théories d'accord avec ses œuvres [2]. »

Quant à l'appropriation du style au caractère et aux sentiments des divers acteurs, les critiques sont peu d'accord. « Ne demandez pas à ses personnages de varier leur diction suivant leur caractère : tous parlent du même ton », dit M. Demogeot [3]; et Suard, au contraire [4] : « Hardy ne manquait pas, à un certain point, de ce tact des convenances qui tient lieu des premières

---

1. *La Littérature indépendante*, p. 18.
2. Il est curieux que ce style, obscur et incorrect dans les mauvais passages, assez naturel et fort dans les autres, mais où l'on sent toujours l'improvisation, soit cependant astreint, par endroits, à une savante symétrie. Et je ne parle pas des nombreux passages où les personnages discutent vers contre vers, ou en ripostant toujours par une couple de vers à une autre. (Voy. p. ex. *Did.*, II, II; I, 18; *Scéd.*, III; I, 110; *Tim.*, III, (I); V, 50.) — Dans *Scéd.*, IV; I, 129, Scédase et Phorbante échangent cinq répliques de deux vers, puis deux d'un vers, puis deux autres de deux, enfin deux de quatre; — dans la même pièce, III; I, 117-119, les répliques d'un vers et de deux se balancent longuement; à deux reprises, l'interlocuteur le plus violent abrège son couplet d'un demi-vers, l'autre ajoute un demi-vers au sien et, l'équilibre étant ainsi rétabli, le balancement reprend; — dans *Méléagre*, V, 1; I, 262-264, nous trouvons la disposition suivante : 2, 2, 2, 2, — 1, 3, 1, 3, 1, 3, — 2, 2, 2, — 1, 1, 1, 1.
3. *Tableau*, p. 431; de même V. Fournel, *la Trag. fr. avant Corneille*, p. 306.
4. *Coup d'œil sur l'hist. de l'ancien th. fr.*, p. 119; de même Guizot, p. 137; de même A. Chassang, *Nouvelle biographie universelle*, art. HARDY.

règles du goût. Ses personnages ont en général assez le ton qui leur convient. » Qui a raison? En partie M. Demogeot, en partie aussi Suard. Là où Hardy n'a pas voulu, ou bien n'a pas su donner un caractère particulier à ses personnages, le ton non plus ne diffère pas. Mais il est quelques personnages dans les tragi-comédies et les pastorales, dont le langage, sans éviter les défauts communs à tout ce qui sort de la plume de Hardy, peut cependant servir à les faire reconnaître; il en est beaucoup plus dans les tragédies. Straton ne parle pas comme Calisthène, Arsacome comme Tigrapate, Phédime comme Démocle, ni surtout Énée comme Iule, Mariamne comme Salome, Alexandre comme Daire.

Et maintenant, qu'il y ait des pièces où ni les tons ni les caractères ne se distinguent, je le veux bien; de même qu'il en est dont le plan est vicieux, la marche incohérente, l'action languissante et sans intérêt. Mais, si elles sont utiles à étudier alors qu'il s'agit de connaître l'état du théâtre, pourquoi s'adresserait-on à elles alors qu'il s'agit de juger Hardy? On apprend aussi beaucoup sur l'histoire du théâtre en lisant *Clitandre* et *Agésilas;* mais qui donc ne relit pas, pour juger Corneille, *le Cid*, *Polyeucte* et *le Menteur*?

VII

Nous venons d'esquisser la physionomie dramatique de Hardy. Indiquons maintenant quel a été son rôle; résumons l'histoire de notre théâtre pendant l'intéressante période qui nous a occupés.

Dans tous les pays de l'Europe, l'art dramatique moderne a eu le même point de départ : les mystères ou les moralités, et leur système décoratif. Mais, en Espagne comme en Angleterre, le système décoratif se perdit, les traditions libérales qu'il avait créées subsistèrent seules, et le drame du moyen âge, se transformant, devint le drame de Lope et de Shakespeare; en France, l'évolution normale de notre art dramatique fut empêchée par l'apparition de la tragédie et par la lutte qui s'établit au XVIe siècle entre le drame populaire et le drame savant. Celui-ci rompit violemment avec le passé; celui-là s'y attarda lourdement, et ne sut pas aller de lui-même vers l'avenir en se débarrassant du poids mort qui gênait sa marche. Ainsi la conciliation devenait de plus en plus difficile, et, lorsque Hardy l'entreprit, il était bien tard.

Quel succès un homme de génie eût-il obtenu? Nul ne le saurait dire. Mais Hardy — on l'a fréquemment regretté [1] — n'avait pas de génie, et de plus, pour une œuvre aussi difficile, il manqua à la fois d'indépendance, de plan bien arrêté et de décision. Alors que le drame du moyen âge semblait anéanti et la tragédie savante sans force, une forme dramatique nouvelle se fût peut-être imposée à tous les esprits; mais il l'eût fallue populaire sans grossièreté, habilement agencée sans complication, libre sans extravagance, intéressante sans accumulation d'incidents romanesques; il eût fallu surtout qu'elle se dégageât d'une mise en scène surannée, sans pourtant renoncer à tout pittoresque. Hardy ne put rien faire contre le système décoratif qu'on lui imposait, et se contenta de demi-mesures : tout d'abord il cultiva la tragédie, en lui accordant quelques-unes des libertés de l'ancien drame; il reprit et renouvela ensuite l'ancien drame, en lui imposant quelques-unes des règles de la tragédie. Ainsi, ses premiers essais ne furent pas suffisamment du goût du peuple; les derniers ne furent pas approuvés par les lettrés. Sa tragi-comédie fut jugée grossière, et la mise en scène en parut bientôt ridicule : l'une et l'autre furent battues en brèche en même temps, et, lorsque la mise en scène complexe s'écroula, il ne fut guère possible à la tragi-comédie de lui survivre. Ce fut la tragédie qui s'empara de la scène, comme l'avait peut-être désiré Hardy lui-même, mais une tragédie plus étroite et plus rigide de formes que ne l'avait voulu Hardy.

Est-ce à dire que ses efforts eussent été stériles? Et se pourrait-il que, sans dommage, on rayât Hardy de l'histoire du théâtre français? Non certes; car rayer Hardy, ce serait rayer toute la suite de cette histoire; car la tragédie de 1630 ne se rattache que très indirectement à celle de Garnier et de Montchrestien; car le public de 1630, enfin, n'était pas un public dès longtemps acquis au théâtre, et que Hardy eût reçu de ses devanciers comme il allait le transmettre à ses successeurs.

---

1. Guizot, p. 132; Sainte-Beuve, *Tableau*, p. 242; Taschereau, *Hist. de P. Corneille*, p. 280, etc. — Cf., dans les *Portraits littéraires*, t. I, p. 44-45, ce que Sainte-Beuve pense qu'eût fait Corneille, « s'il était venu avant d'Aubignac, Mairet, Chapelain », s'il avait été à la place de Hardy; à en croire le profond critique, Corneille n'eût pas beaucoup mieux réussi que Hardy à créer une forme vraiment nouvelle et vraiment durable du drame.

I

Le théâtre populaire à demi ruiné et ne réussissant plus à retenir ses spectateurs; le théâtre savant littérairement fort compromis et pratiquement réduit à l'état de *spectacle dans un fauteuil*, telle est la situation dans laquelle Hardy avait trouvé notre art dramatique; Lope et Shakespeare, auxquels on l'a comparé sans cesse, n'avaient pas trouvé — tant s'en faut — le théâtre espagnol ou le théâtre anglais dans un aussi piteux état. Que Hardy rebutât le public populaire, et l'unique scène de Paris, celle de l'Hôtel de Bourgogne, était obligée de disparaître; — qu'il ne déployât pas une fécondité merveilleuse, et, comme il était le seul soutien du théâtre, celui-ci mourait de faiblesse et d'inanition; — qu'il n'attirât pas au théâtre les classes instruites et distinguées, et la plupart des hommes de talent ne consentiraient pas à s'occuper d'art dramatique, et l'art dramatique français n'arriverait pas à mériter véritablement ce beau nom d'art.

Aucune des fautes que l'on pouvait craindre ne fut commise, ou du moins ne fut commise irrémédiablement. Hardy produisit assez pour retenir un public restreint et frivole; — quelque peu déconcertés d'abord par la tragédie, les spectateurs populaires trouvèrent à quoi s'intéresser dans la tragi-comédie, dans la pièce mythologique, dans la pastorale; — et tous ces genres réunis, enfin, offrirent aux esprits cultivés une suffisante dose de *littérature* pour que la société aristocratique se hasardât dans cette salle de spectacle dont elle s'était tenue éloignée pendant si longtemps, pour que des auteurs distingués et d'une situation indépendante se décidassent à écrire pour elle. Le théâtre français était sauvé, et les plus brillantes espérances lui étaient permises. Désormais, l'Hôtel de Bourgogne va pouvoir se proclamer « le trône de la poésie française et de la délicatesse des bons vers [1] »; les jours de grand succès, les *recoins* des deux théâtres — car il y en aura deux — ne serviront plus comme autrefois de *niches aux pages*, mais seront *comme des places de faveur pour les cordons bleus* [2]; les ouvrages dramatiques seront assez à la mode [3]

---

1. *Apologie de Guillot Gorju addressée à tous les Beaux Esprits*, 1634. (*Joyeusetez*, p. 7.)
2. Lettre de Mondory à Balzac, à propos du *Cid* (18 janvier 1637). Voy. A. Soulié, *le Comédien Mondory*.
3. Voy. *la Galerie du Palais*, 1634, acte I, scène VI (Œuvres de P. Corneille,

pour que Richelieu veuille se mêler à leurs auteurs, Louis XIII réhabiliter leurs interprètes; et enfin, ô perpétuelle vérité du *sic vos non vobis!* le théâtre, où Hardy avec 700 pièces n'avait réussi que tout juste à ne pas mourir de faim, le théâtre deviendra un *fief dont les rentes* seront *bonnes*, et dont les possesseurs seront estimés et bien accueillis à la cour [1].

A en croire M. Ebert [2], c'est à Racan seul que revient l'honneur d'avoir attiré au théâtre la haute société; c'est Racan qui a fait triompher la pastorale, et qui a obtenu que, de 1617 à 1629, le drame pastoral chassât la tragédie classique de la scène; c'est Racan, et non pas Hardy, qui a fait oublier Garnier. De 1600 à 1619, en effet, les œuvres de Garnier continuent à être réimprimées, or cette période est la partie la plus éclatante de la carrière de Hardy; après 1619, les réimpressions s'arrêtent, or c'est seulement deux ans avant cette date qu'ont paru sur la scène les *Bergeries*. Cette vue de M. Ebert est ingénieuse, la part de vérité qu'elle contient est assez grande; malgré tout, elle est fort injuste pour Hardy. Évidemment, Racan, alors qu'il donnait sa pièce à l'Hôtel de Bourgogne, contribuait beaucoup à y attirer l'aristocratie; mais comprendrait-on même qu'il l'y eût donnée, lui, le gentilhomme et le poète délicat, lui qui était, à vrai dire, un élégiaque et non un esprit féru de la passion du théâtre, si déjà l'aristocratie n'avait pénétré à l'Hôtel de Bourgogne et n'avait témoigné de son désir de le fréquenter plus assidûment? Évidemment, les *Bergeries* ont dû faire beaucoup pour la vogue du genre pastoral; mais il y avait longtemps déjà que Hardy l'avait inauguré, il y avait longtemps que le succès en avait été proclamé par Bruscambille. De 1617 à 1629, le succès de la pastorale se maintint; mettons qu'il s'accrut; mais n'est-ce pas une exagération que de faire occuper la scène par ce genre seul, ou à peu près seul? et n'est-ce pas plutôt la tragi-comédie qui faisait le fond des représentations publiques?

Et maintenant, pourquoi les réimpressions de Garnier cessent-elles en 1619? Parce que la lecture de Garnier avait été surtout

---

t. II, p. 26). Cf. la préface de *Cléagénor et Doristée* de Rotrou, 1634 (fr. Parfait, t. IV, p. 487).

1. *L'Illusion*, 1636, acte V, scène v (*Œuvres de P. Corneille*, t. II, p. 519); *Examen de Mélite* (t. I, p. 138). Cf. Bouquet, *Points obscurs et nouveaux de la vie de P. Corneille*, p. 126.

2. *Entwicklungs-Gesch.*, p. 197-200 et 205-206.

utile et en faveur alors que les amis du théâtre se partageaient encore en deux classes : celle qui suivait les représentations populaires de l'Hôtel de Bourgogne — et ne lisait pas; et celle qui, se tenant à l'écart de ces représentations, s'en consolait en lisant Garnier et ses élèves. Les publications attardées de ceux-ci contribuaient d'ailleurs à faire souvenir de leur maître, et la lecture des Montchrestien et des Claude Billard invitait à celle de Robert Garnier. Mais, peu à peu, le public lettré, cessant de bouder l'Hôtel de Bourgogne, cessa aussi de trouver plaisir à la simple lecture de froides tragédies. Garnier fut abandonné, non pas tout d'un coup, — les choses ne se passent pas généralement de la sorte, et, de plus, croit-on que les provinciaux allaient à l'Hôtel de Bourgogne? ou que leurs goûts dramatiques étaient pleinement satisfaits par les quelques rares et mauvaises troupes de campagne qui passaient chez eux? — mais enfin Garnier fut abandonné, et, chose curieuse! le plus estimable classique du XVI° siècle fut sans influence sur le mouvement classique d'où allait définitivement sortir notre tragédie.

Ici nous nous heurtons à une théorie exactement contraire, mais qu'on a seulement l'habitude de sous-entendre, non de développer. « A ne prendre que les faits, dit M. Faguet [1],... nous voyons la restauration de Jodelle, accommodée au goût moderne par Garnier, je n'oserai pas dire enfanter le théâtre classique de 1630, mais se renouveler vers 1630 sous une forme agrandie qui sera considérée pendant deux cents ans comme définitive. » Et pourquoi M. Faguet n'ose-t-il pas dire : « enfanter »? Parce qu'il sait bien que Mairet et les autres réformateurs de 1630 ne se prévalent jamais des exemples de Garnier, qu'ils ne prononcent même pas son nom, et que les érudits comme d'Aubignac semblent avoir besoin de faire effort pour se le rappeler. La réforme de 1630, si timide d'abord et si peu décisive qu'en sept ans, et de la *Sophonisbe* jusqu'au *Cid*, on n'a pu citer que 16 tragédies, la plupart fort irrégulières [2], cette réforme ne con-

1. P. 307; cf. Bernage, *Étude sur R. Garnier*.
2. En voici la liste, d'après les frères Parfait : *Sophonisbe*, 1629, *Marc-Antoine* et *Le grand et dernier Solyman*, 1630, par Mairet; *Les avantures de Policandre et de Basalie* par le sieur du Vieuget; *Hercule mourant* de Rotrou, 1632; *Thyeste* de M. de Monléon, 1633; *Hippolyte* du sieur de la Pinelière; *Cléopâtre* de Benserade; *Médée* de Corneille; *La mort de Mithridate* de la Calprenède, 1635; *Le Torrismon du Tasse* par le sieur d'Alibray; *Mariane* de Tristan; *La mort de César* et *Didon* de Scudéry; *La mort d'Achille* de Benserade; *Le Cid* de Corneille, 1636.

tinue pas celle qu'avaient essayée les Jodelle et les Jean de La Taille. Menée par de grands seigneurs et par des pédants dédaigneux de notre littérature du xvi⁰ siècle, elle-même ne se réclame jamais que d'Aristote; mais contre quoi se fait-elle? contre la tragi-comédie et la pastorale de Hardy? et de quelles pièces antérieures s'inspire-t-elle? de la *Mariamne*, de la *Didon* et de la *Panthée* du même Hardy.

Ainsi, Hardy est le point de départ unique de tout le mouvement qui a suivi. Le théâtre du moyen âge étant oublié, la tragédie savante du xvi⁰ siècle ne l'étant guère moins, c'est de Hardy qu'ont paru partir les deux courants — classique et irrégulier — entre lesquels allait se diviser la littérature dramatique. Certes, lui-même est inexplicable pour qui ne connaît pas l'histoire antérieure de notre théâtre; mais enfin, lui-même étant donné, il suffit à en expliquer l'histoire postérieure.

« Quant au théâtre français », a-t-il dit un jour, « chacun sait s'il m'est redevable ou non [1]. » Oui, chacun le savait, encore que chacun ne le reconnût pas volontiers, au début du xvii⁰ siècle. Peut-être le savait-on moins aujourd'hui, et c'est pour le montrer que nous avons entrepris ce livre.

1. *Théagène et Cariclée*, épître à Monsieur Payen.

APPENDICE

NOTE I

(Voy. l. I, ch. II, p. 34; l. I, ch. III, p. 72; l. II, ch. III, p. 175.)

Le « Mémoire » de Mahelot.

ADDITIONS ET RECTIFICATIONS A L'HISTOIRE DU THÉATRE FRANÇAIS

Le *Mémoire* de Mahelot a eu une fortune singulière. Nul n'en avait parlé encore, lorsqu'en 1735 Beauchamps y puisa quelques titres de pièces et le désigna avec beaucoup d'exactitude [1]; ce ne fut là qu'une courte apparition, le *Mémoire* rentra dans l'obscurité. Les frères Parfait doutent de son existence, et La Vallière lui-même ne paraît pas le connaître, bien que ce soit par la collection La Vallière qu'il est entré à la Bibliothèque nationale [2]. Aussi est-ce en 1869 seulement qu'on a commencé à s'en servir pour l'histoire de la décoration théâtrale : l'honneur de cette initiative revient à M. Royer [3]. Depuis, l'humble manuscrit est décidément sorti de son ombre; Despois, Émile Perrin, d'autres encore en ont parlé [4]; les organisateurs de l'Exposition universelle de 1878 lui ont emprunté les éléments de quatre restitutions intéressantes [5]. Malgré tout, il n'est pas encore suffisamment connu.

1. *Recherches sur les th. de Fr.*, II, p. 95.
2. Il portait le n° 58 dans les manuscrits de la collection La Vallière (Royer, t. II, p. 138). Il est aujourd'hui coté : ms. fr. 24330.
3. T. II, p. 138-139.
4. Despois, *le Théâtre fr. sous Louis XIV*, appendice, p. 410-411; Perrin, *Étude sur la mise en scène*, p. XXVII-XXIX; J. Moynet, *l'Envers du théâtre, machines et décorations*, 3° éd., Paris, Hachette, 1888, in-18 (Bibl. des merveilles), p. 14-17; Léonce Person, *Histoire du Venceslas*, p. 120-122, etc.
5. « *La folie de Clidamant*. Pièce de M. Hardy, vers 1619? Maquette exécutée, ainsi que les suivantes, par MM. Duvignaud et Gabin, sous la direction de M. Émile Perrin... — *L'Hypocondriaque ou le Mort amoureux*, tragi-comédie de M. Rotrou, 1631... — *L'Illusion comique*, comédie de M. Corneille, 1636...— *Lisandre et Caliste*, pièce de M. du Ryer, 1636. » *Exp. univ. de 1878. Catalogue du ministère de l'instruction publique, des cultes et des beaux-arts*. Paris, imprimerie de la Société des publications périodiques, 1878, in-8°, t. II, 2° fasc., p. 80-82.) — Sur *l'Illusion comique*, voy. ci-dessous, p. 685, n. 1.

Ce manuscrit se compose de deux parties nettement distinctes, dont la première seule nous intéresse : elle appartenait à l'Hôtel de Bourgogne, et paraît être tout entière l'œuvre de Laurent Mahelot. S'il fallait en croire Émile Perrin, elle aurait été commencée vers 1620; mais cette assertion n'est pas soutenable. La 2ᵉ, la 4ᵉ et la 6° des pièces qui y sont inscrites sont, avec vraisemblance, datées par les frères Parfait de 1631, la 5° de 1632 [1]. D'autre part, la 3ᵉ est datée de 1625, la 11ᵉ de 1617, d'autres encore, beaucoup plus loin, de 1624 et 1620; enfin trois pièces de Hardy, qui figurent sous les nᵒˢ 19, 21 et 22, ont été publiées en 1626, 1625 et 1628 [2]. Qu'en faut-il conclure? Que ce manuscrit a été commencé vers 1631, et qu'à partir de cette date, Mahelot, sans doute nouveau dans ses fonctions, y a inscrit toutes les pièces représentées par sa troupe, anciennes ou nouvelles, reprises ou jouées d'original [3]. Au début, il faisait suivre l'indication de la *plantation* d'un dessin au crayon ou au lavis qui la représentait, et ces dessins, un peu lourds, mais clairs et évidemment sincères, nous sont d'une utilité inappréciable; puis la fatigue est venue, ou l'expérience acquise a rendu superflu un pareil travail, et les dessins ont cessé. Le manuscrit en renferme 47. Vers la fin, plusieurs pièces datent de 1636; aucune ne paraît être postérieure. C'est donc à cette date que doit avoir été interrompue la première partie.

Celui à qui nous la devons était-il décorateur? On est tout d'abord tenté de le croire. Mais nous connaissons le nom du décorateur de l'Hôtel de Bourgogne en 1634; on l'appelait maître Georges [4]. Laurent Mahelot

---

1. Ce sont : *les Occasions perdues* de Rotrou, fr. Parfait, t. IV, p. 521; *Clorise* de Baro, t. IV, p. 516; *le Trompeur puni* de Scudéry, t. IV, p. 523; *Lisandre et Caliste* de Du Ryer, 1632, t. IV, p. 534. — Nous n'avons aucun renseignement sur la date d'*Amaryllis*, la 1ʳᵉ pièce du mémoire.

2. *L'Amaranthe* de Gombauld, fr. Parfait, t. IV, p. 377; — *Pyrame et Thisbé* de Théophile, t. IV, p. 274; — *Sylvie* et *Chryséide et Arimant* de Mairet, t. IV, p. 355 et 339; — *Félismène*, *Cornélie*, *la Belle Égyptienne*, t. III, II et V du *Théâtre* de Hardy.

3. Il se peut cependant que quelques-unes aient été omises, soit par l'effet d'une négligence de Mahelot, soit parce que la mise en scène n'en offrait pas de difficulté. Ainsi *la Comédie des Comédiens* de Gougenot paraît bien avoir été jouée à l'Hôtel de Bourgogne et n'est pourtant pas mentionnée dans le manuscrit.

4. « Maître Georges, notre décorateur, conservera religieusement sa bonne coutume d'employer un cent d'épingles et autant de clous, et de faire si bien son calcul qu'il lui en revienne 25 livres, sans les autres petits tours du bâton. » *Le Testament de Gaultier Garguille*, p. 159. — Voy. encore *les Révélations de l'ombre de Gaultier Garguille*, p. 173, et le *Songe arrivé à un homme d'importance*, p. 203. — Quel était ce maître Georges? En 1627, les comédiens avaient un « feinteur et artificieur » qui était avec eux depuis une vingtaine d'années au moins et qui portait le nom de Buffequin (voy. notre *Esquisse*, p. 34); Buffequin et maître Georges ne constitueraient-ils pas le même Georges Buffequin, décédé au Palais Cardinal en 1641 comme « peintre et artificier ingénieur du Roi », et père du fameux Denis Buffequin, le machiniste du Marais, l'auteur des machines de la *Toison d'Or*, du *Mariage d'Orphée et d'Eurydice*, des *Amours de Jupiter*, etc. (Voy. Jal, p. 291, art. BUFFEQUIN.) Ainsi l'histoire de la dynastie des Buffequin se confondrait avec l'histoire de la mise en scène au XVIIᵉ siècle.

était donc plutôt machiniste, et peut-être — hasardons cette hypothèse — le premier machiniste de l'Hôtel. En 1631, les comédiens commençaient à devenir riches; ils ont pu débarrasser leur décorateur d'une partie de ses fonctions, et donner un nouvel *officier* à leur théâtre; celui-ci, entrant en service, s'est mis à rédiger et à dessiner son *Mémoire* sur les indications de son devancier.

Quoi qu'il en soit, il ne saurait être sans intérêt de classer les pièces dont parle la première partie du ms. 24330, et de noter quelques additions et rectifications qu'elle nous permet de faire aux histoires du théâtre français, à celle des frères Parfait notamment.

Pour les noms des auteurs connus, nous suivrons l'ordre des frères Parfait; pour ceux des auteurs inconnus, l'ordre même de Mahelot; et sous le nom de chaque auteur, nous disposerons les pièces dans l'ordre où nous les présente le manuscrit.

I. HARDY. (Voy. ci-dessus, l. I, ch. III, p. 72.)

II. THÉOPHILE. (Cf. fr. Parfait, t. IV, p. 274.)
Pirame et Thibee, f°s 19 et 20 [1]. (*Pyrame et Thisbé*, tragédie.)

III. MAIRET. (P., t. IV, p. 343-344.)
1. *La Silvanire*, 48 et 49. (*La Silvanire ou la Morte vive*, tragi-comédie.)
2. *La Silvie*, 53 et 54 (tragi-comédie pastorale).
3. *Criseide et Arimant*, 54 et 55. (*Chriséide et Arimant*, tragi-comédie.)

IV. GOMBAULD. (P., t. IV, p. 380.)
Lamaranthe de Monsr de Gombault Pastoralle, 11 et 12. (*Amaranthe*, pastorale.)

V. ROTROU. (P., t. IV, p. 410-412.)
1. *Les Occasions Perdues*, 10 et 11 (tragi-comédie).
2. *La Bague de Loubly*, 15 et 16. (*La Bague de l'oubli*, comédie.)
3. *Lipocondre*, 42 et 43. (*L'Hypocondriaque ou le Mort amoureux*, tragi-comédie.)
4. *Lheureuse Constance*, 46 et 47. (*L'Heureuse constance*, tragi-comédie.)
5. *La Celiane*, 49 et 50 (tragi-comédie).
6. *Les Menechmes*, 51 et 52 (comédie).
7. *La Celimene*, 56 (comédie).
8. *Lamelie*, 62. (*Amélie*, tragi-comédie.)
9. *La Pelerine amoureuse*, 63 (tragi-comédie).
10. *La Diane*, 66 (comédie).
11. *Filandre ou Lamitié Trahye par lamour*, 68 (comédie).
12. *La Florante ou les Desdains amoureux*, 69.
13. *Cleagenor et Doristée*, 72 (tragi-comédie).
14. *Hercule*, 74. (*Hercule mourant*, tragédie.)

Ni Léris, ni La Vallière, ni le chevalier de Mouhy (*Abrégé de l'histoire du théâtre françois*) ne nomment *Florante*. Beauchamps en cite le titre sans en affirmer l'existence (part. II, p. 126), et les frères Parfait écrivent au

---

[1]. Lorsque nous indiquons deux folios, c'est que la décoration de la pièce est décrite dans le premier et dessinée dans le second. Le dessin manque, lorsque nous ne donnons qu'un seul chiffre.

sujet de cette pièce et de quatre autres attribuées à Rotrou par les catalogues : « Personne ne les connaît, et, si elles ont existé, elles n'ont été ni représentées ni imprimées. » (T. IV, p. 412.)

M. Chardon (*La Vie de Rotrou*, p. 49-50) voudrait identifier les deux pièces : *la Célimène* et *la Florante* ; mais il convient que cette identification est difficile, si Mahelot donne deux décorations distinctes pour les deux pièces. Or Mahelot donne deux décorations sensiblement différentes, et, de plus, le titre de *Florante* se trouvant bien après celui de *Célimène* dans le *Mémoire*, on ne comprend pas pourquoi celui de *Célimène* aurait reparu en tête de la pièce imprimée.

VI. PICHOU. (P., t. IV, p. 423.)
1. *L'infidelle Confidente*, 39 et 40. (*L'Infidèle Confidente*, tragi-comédie.)
2. *La Filis de Scire*, 45 et 46 (comédie pastorale).
3. *La folie de Cardenio*, 55 et 56. (*Les Folies de Cardénio*, tragi-comédie.)

Pichou, au dire de son biographe d'Isnard, n'avait composé qu'une quatrième pièce : *les Aventures de Rosileon*, tragi-comédie. Est-ce la même que l'*Ouverture des jours gras* attribué à Du Ryer sous le titre de *Rossyleon*? (Voy. ci-dessus, l. I, ch. II, p. 35.)

VII. BARO. (P., t. IV, p. 429.)
1. *Clorise Pastoralle*, 12 et 13.
2. *La Force du destin de M. Baïro* (ou *Barro*), 44 et 45.

Aucun historien du théâtre ne connaît de pièce sous ce dernier titre. A côté de *Clorise Pastoralle de M. Baro*, une autre main a écrit que la pièce était de Renaudot et avait été représentée par la troupe de Bellerose dans l'Hôtel de Richelieu, le 27 janvier 1636. L'indication est évidemment erronée.

VIII. SCUDÉRY. (P., t. IV, p. 440-441.)
1. *Le Trompeur Puny ou l'histoire Septentrionalle*, 14 et 15 (tragi-comédie).
2. *Ligdamon et Lidias*, 16 et 17. (*Ligdamon et Lydias ou la Ressemblance*, tragi-comédie.)

IX. CLAVERET. (P., t. IV, p. 454-455.)
1. *Langelie ou l'Esprit fort*, 57. (*L'Esprit fort*, comédie.) Voy. ci-dessus, p. 34, n. 6.
2. *La Place Royalle*, 61 (comédie).
3. *La Visite differée*, 67 (comédie).

X. CORNEILLE. (P., t. IV, p. 460.)
La Melite, 34 et 35. Il s'agit en réalité de l'*Illusion*, comédie.

Mahelot n'a pas mis le nom de l'auteur; une autre main l'a ajouté. Despois n'avait pas vu l'erreur commise par Mahelot, lorsqu'il disait en parlant du *Mémoire* : « Corneille n'y figure que pour sa première pièce, *Mélite*. » (*Le Théât. fr. sous Louis XIV*, app., n. 2, p. 410.) Mais E. Perrin n'eut pas de peine à la constater, lorsqu'il fit exécuter pour l'Exposition universelle de 1878 la maquette qui répondait au dessin du f° 35; il intitula donc cette maquette : « *l'Illusion comique*, comédie de M. Corneille, 1636. »

Il est bon de remarquer que l'*Illusion*, mentionnée dans le *Mémoire* avant deux pièces de Hardy, n'a été imprimée qu'en 1639; il est donc à peu près certain qu'elle a été jouée d'original à l'Hôtel de Bourgogne et, en dépit de tout ce qui a été dit à ce sujet (Voy. le *Corneille* de M. Marty-Laveaux, t. II, p. 425-426), qu'elle n'a pas été *créée* par Mondory [1].

XI. RAYSSIGUIER. (P., t. IV, p. 474.)

1. *Astrée et Céladon Pastoralle*, 23 et 24 (tragi-comédie pastorale).

Pas de nom d'auteur; la même main que ci-dessus a écrit le nom de Baro, puis l'a effacé. L'attribution ne paraît pas douteuse.

2. *Calirie de Monsieur Rassiguier*, 77. (*La Célidée*, sous le nom de *Calirie ou la Générosité d'amour* (tragi-comédie).

XII. DU RYER. (P., t. IV, p. 539.)

1. *Amarillis Pastoralle de Monsieur Durier*, 9 et 10.
2. *Lisandre et Caliste Piece de Monsieur Durier*, 13 et 14 (tragi-comédie).
3. *Aretaphille Piece de Mr Durier*, 35 et 36 (tragi-comédie).
4. *Poliarque et Argenis de Mr Durier*, 37 et 38. (*Argénis et Poliarque ou Théocrine*, tragi-comédie.)
5. *Clitophon de Mr du Ryer*, 47 et 48. (*Clitophon et Leucippe*, tragi-comédie.)

1. A l'acte I, sc. III, le magicien dit que Clindor s'est occupé à faire

Des chansons pour Gaultier, des pointes pour Guillaume.

Ce vers semble plutôt fait pour l'Hôtel de Bourgogne que pour le Marais. — Tout ce qui touche à Corneille étant important, on nous permettra d'établir avec quelque détail que la décoration donnée par Mahelot sous le nom de *Mélite* est bien celle de *l'Illusion*. Le manuscrit porte: « Il faut au milieu un palais bien orné. A un côté du théâtre un antre pour un magicien au-dessus d'une montagne; de l'autre côté du théâtre un parc. Au premier acte une nuit, une lune qui marche, des rossignols, un miroir enchanté, une baguette pour le magicien, des carcans ou menottes, des trompettes, des cornets de papier, un chapeau de cyprès pour le magicien. » Le *palais* est nécessaire, p. ex. à l'acte III, sc. I; l'*antre* (qui est fort commodément placé *au-dessus d'une montagne*), dès le début de l'acte I; le *parc*, acte III, sc. VIII. Il faut une *nuit* au premier acte, et la *lune qui marche* en est l'« accessoire » naturel; le magicien tient une *baguette*, acte I, sc. II, et il n'y a rien d'étonnant à ce qu'il ait un *chapeau de cyprès* et un *miroir enchanté*. Le texte de la comédie ne montre, il est vrai, la nécessité ni des *rossignols*, ni des *trompettes*, ni des *cornets de papier*; mais les *rossignols* pouvaient chanter dans le parc au cours des scènes d'amour, les *trompettes* annoncer l'attaque soudaine de l'acte V, sc. III, les *cornets de papier* servir aux comptes des comédiens, acte V, sc. V. La seule difficulté consiste en ce que Clindor doit être en prison pendant une partie de la pièce (acte IV, sc. VII à IX), tandis qu'il n'y a pas de prison indiquée dans la décoration de Mahelot. La contradiction s'explique cependant. Si Clindor eût été véritablement en prison, il lui eût été difficile de se faire voir à la fois aux spectateurs et à Alcandre et Pridamant, cachés en un coin du théâtre; il ne l'était donc que par convention et c'étaient les *carcans ou menottes* qui étaient le seul signe de sa captivité. Plus tard seulement, lorsque fut publiée sa pièce, Corneille l'accompagna d'inexactes, mais naturelles indications. Encore ne le fit-il que peu à peu, et ce n'est pas avant 1660 que la phrase suivante parut en tête de l'acte IV, sc. IX : « Isabelle dit ces mots à Lyse, cependant que le geôlier ouvre la porte à Clindor. » (Voy. l'éd. Marty-Laveaux, t. II, p. 504.)

6. *Les Vendanges de Suréne de Monsieur Durier*, 60 et 61 (comédie).
7. *Alcimedon de Mr Durier*, 70 (tragi-comédie).

La pastorale d'*Amarillis* est mentionnée par Beauchamps (part. II, p. 111) et analysée par La Vallière (t. I, p. 497 et 519-521) comme étant de Du Ryer. Les frères Parfait ne croient pas qu'elle puisse être de cet auteur (t. VII, p. 279) et ne la font pas figurer dans le catalogue de ses œuvres (t. IV, p. 539). Il y a peut-être du vrai dans ces deux opinions, car Du Ryer a certainement fait une pastorale d'*Amarillis*, mais rien ne prouve que ce soit celle qui a paru en 1651 seulement, et sans nom d'auteur.

Les frères Parfait disent aussi qu'*Arétaphile* n'a pas été représenté, non plus que *Clitophon et Leucippe* (t. IV, p. 538); on voit qu'ils se trompent. Ces deux pièces sont restées manuscrites. Voy. Beauchamps, part. II, p. 109, et La Vallière qui les analyse dans son t. I, p. 495 et 497-501.

XIII. DURVAL. (P., t. IV, p. 510.)
1. *Agarite*, 40 et 41 (tragi-comédie).
2. *Les Travaux dUlisse*, 43 et 44. (*Les Travaux d'Ulysse*, tragi-comédie.)

XIV. BOISROBERT. (P., t. V, p. 21-22.)
Lheureuse Tromperie, de Mr de Bois Robert, 50 et 51. (*Pyrandre et Lisimène ou l'Heureuse tromperie*, tragi-comédie.)

XV. BEYS. (P., t. V, p. 123.)
1. *Clarice de Mr Beis*, 78.

Il s'agit sans doute du *Jaloux sans sujet*, tragi-comédie dont un des principaux personnages porte le nom de Clarice. Tous les historiens du théâtre ne citent d'autre *Clarice* que celle de Rotrou : *Clarice ou l'Amour constant*.

2. *La Celine de Mr Baif*, 59.
Sans doute *Céline ou les Frères rivaux*, tragi-comédie de Beys.

XVI. BENSERADE. (P., t. VI, p. 118.)
Iphis et Iante, 79 (comédie).

XVII. CANU.
La Moscovitte, 26 et 27.

Aucun historien du théâtre ne connaît cet auteur. Beauchamps, qui avait vu le *Mémoire* de Mahelot, s'est contenté d'écrire à sa table alphabétique : « Canu, *les Moscovites*, sans date. »

XVIII. DESBRUYÈRES.
Le Romant de Paris, 52 et 53.

Desbruyères est tout aussi oublié que Canu. Beauchamps met à la table alphabétique : « *le Roman de Paris*, C. de Desbruyères. »

XIX. PASSAR (Passart).
1. *Lheureuse Inconstance*, 64.
2. *La Floriee*, 73.
3. *Celenie*, 75.
4. *Cleonice pastoralle*, 76.

Une pièce imprimée en 1630 sous la signature P. B. porte le titre de *Cléonice ou l'Amour téméraire*, tragi-comédie-pastorale. Voy. fr. Parfait, t. IV, p. 476-481; Léris, p. 111; La Vallière, t. II, p. 79-81. Beauchamps l'indique aussi, part. II, p. 108, en même temps qu'il met à la table : « *Cléonice*, T.-C., Passart.* » De là l'hypothèse du chevalier de Mouhy (*Abrégé*, t. I, p. 96), que les deux pièces citées par Beauchamps pourraient n'en faire qu'une. L'hypothèse était justifiée, car un exemplaire de la *Cléonice* imprimée, possédé par M. de Soleinne, portait sur le titre en écriture du temps : par M. Passart (*Catalogue*, n° 1051) [1].

D'après l'*Ouverture des jours gras* (voy. ci-dessus, p. 35) il faudrait joindre aux quatre pièces indiquées par Mahelot une cinquième intitulée *Dorise* ou *Doriste* [2].

XX. DE LA PIGNERIÈRE.
La foire de Sainct Germain, 71.

Voy. ci-dessus, p. 35, p. 110, n. 6, et p. 183. Pièce et auteur ne sont cités que par Beauchamps à la table alphabétique des *Recherches*, à moins que le sieur de la Pignerière ne se confonde avec le sieur de la Pinelière, auteur d'une tragédie d'*Hippolyte*. (Voy. fr. Parfait, t. V, p. 105.) Le nom de la Pinelière figure dans la liste d'auteurs dramatiques dressée par Marolles. (*Mémoires*, t. II, p. 226.)

PIÈCES ANONYMES OU D'UNE ATTRIBUTION DOUTEUSE.

1. *Madonthe Piece de M.   , 17 et 18.*

Cette seconde main dont nous avons déjà constaté deux erreurs a ajouté : *de La Gornaye*. Il s'agit probablement de la *Madonte*, tragi-comédie du sieur Auvray, dont les frères Parfait rendent compte à l'année 1630 et qu'ils croient n'avoir pas été représentée (t. IV, p. 494-495.) Mais Beauchamps signale une autre *Madonthe*, tragédie extraite de l'*Astrée* en 1623 par Pierre Cottignon (part. II, p. 96).

2. *Les trois semblables*, 38 et 39.

De la seconde main : *Les trois Orontes de Boisrobert*. Il est probable, en effet, que le sujet des *Trois semblables* est celui que Boisrobert a traité dans sa comédie : *les Trois Orontes ou les Trois semblables*; mais ou la date donnée par les frères Parfait pour *les Trois Orontes* (1653, t. IV, p. 21; — 1652, t. VII, p. 361) est radicalement fausse, ou la pièce indiquée par Mahelot et qui, dans le *Mémoire*, précède de beaucoup le *Frère indiscret* de Hardy, n'est pas celle de Boisrobert. A vrai dire, ce dernier était fort capable d'imiter de très près une pièce non imprimée et qu'il avait vu jouer.

Beauchamps a mis dans sa table alphabétique : *Les trois semblables*, sans nom d'auteur.

3. *La prise de Marcilly de M.   , 41 et 42.*

De la seconde main : *d'Urval*, et Beauchamps, acceptant peut-être trop facilement cette attribution, a mis dans la liste des œuvres de Durval : « *La Prise de Marcilly*, C. (à la table : T.-C.), tirée de l'*Astrée.* » Aucun

---

1. La liste alphabétique des auteurs dans Beauchamps porte « Passart » sans autre indication. Celle des pièces donne, outre l'indication de *Cléonice* : « *L'heureuse inconstance*, comédie d'un inconnu; — *Florise*, C., Passart; — *Célénie*, T.-C., Passart. »

2. Éd. Fournier suppose que *Doriste* est une fausse appellation pour *Cléagénor et Doristée*, tragi-comédie de Rotrou. En ce cas, la pièce ne serait pas « de l'auteur de la *Cléonice* ».

autre historien du théâtre ne parle de cette pièce, qui, inspirée par la dernière partie de l'*Astrée*, ne peut être antérieure à 1628.

4. *Le berger fidelle*, 65.

Beauchamps cite sous ce titre six pastorales, dont une pourrait bien être la pièce inscrite par Mahelot : « 1637. *Le B. f.*, en prose, dédié par l'auteur à sa maîtresse, in-8°, 1637. Paris, Aug. Courbé. Pr. du xj septembre, ach. d'imp. le 18. » Part. II, p. 156. L'impression serait postérieure d'un an environ à la représentation.

Léris et de Mouhy répètent les indications de Beauchamps. On ne trouve rien dans les frères Parfait ni dans La Vallière.

La première partie du *Mémoire des décorations* comprend donc 71 pièces, dont 4 sont d'une attribution difficile, et dont les 67 autres appartiennent à 20 auteurs différents.

NOTE II

(Voy. l. I, ch. III, p. 74, n. 2, et l. II, ch. I, p. 87.)

Le « Journal » manuscrit « du théâtre français » et Hardy.

Le *Journal du théâtre français* [1] jouit d'une mauvaise réputation ; mais, tout en s'en défiant, on s'en sert, on le cite, et, quand tout autre témoignage manque, on finit par accepter le sien [2]. C'est alors surtout qu'on devrait le rejeter. Le chevalier de Mouhy, en effet, ne connaît guère que deux procédés de composition : ou il copie, ou il invente ; et, si son témoignage est inutile alors qu'il en répète d'autres, il est parfaitement dangereux alors qu'il est isolé.

Pourquoi donc nous en occuper ici? Parce que nous n'avons pas osé paraître négliger cette source d'informations et parce que nous voudrions donner à d'autres plus de hardiesse. Si, en relevant quelques erreurs impudentes de Mouhy, si, en montrant la nature de son singulier travail, nous contribuions à le faire rentrer décidément dans l'ombre, nous croirions avoir rendu service à l'histoire de notre théâtre.

Voyons donc comment procède Mouhy, quand il veut parler des pièces de Hardy et de leurs représentations.

Comme l'auteur d'un *Journal du théâtre* doit tout savoir, il nous indiquera la date exacte de chaque pièce et le lieu où elle a été jouée. Ce n'est pas assez : quelques détails précis sur la représentation ne peuvent déplaire, et, puisqu'il est naturel que certaines pièces aient été reprises plus ou moins longtemps après leur apparition, on saura aussi la date de quelques reprises. D'où tirer tous ces renseignements? Les frères Parfait fourniront les dates des premières représentations, car se mettre en

---

1. Bibliothèque nationale, f. fr., n°ˢ 9229 à 9235.

2. Constatons cependant avec plaisir que M. Petit de Julleville s'est refusé à faire usage du *Journal* pour son *Répertoire du théâtre comique en France au moyen âge*. Il dit de cette *misérable compilation* : « Le chevalier de Mouhy la fit exécuter par des scribes à ses ordres et tout à fait illettrés, dont il paraît n'avoir ni revu ni classé l'indigeste et inutile travail. » (P. 322, n. 2.)

désaccord avec eux serait exciter les soupçons inutilement : il suffira qu'une fois ou deux on change une date afin de paraître mieux informé qu'eux. Puis, la vraisemblance ainsi obtenue, l'auteur pourra inventer tout le reste.

Et voilà comment nous apprenons [1] que *Théagène et Cariclée* en 1601 et *Didon* en 1603 ont été jouées à l'Hôtel d'Argent; puis que *Scédase, Panthée, Arsacome, Méléagre*, ont été données en 1604 par les comédiens de la rue de la Harpe (!). Les pièces suivantes appartiennent à l'Hôtel de Bourgogne : *Procris*, 1605; *Alceste, pastorale*, 1606; *Alphée*, 1606; *Ariadne*, 1606; *la Mort d'Achille*, 1607. *Coriolan*, en 1607, nous ramène à l'Hôtel d'Argent; mais c'est à l'Hôtel de Bourgogne que paraît *Cornélie* en 1609.... Mouhy nous dit à quel moment de l'année ou après quelle autre pièce chacune de celles de Hardy fut mise au théâtre, et le lecteur curieux n'apprendra pas sans intérêt que *Théagène et Cariclée* succéda à la *Sophonisbe* de Montreux, que *le Triomphe d'Amour* parut seulement à la fin de 1623.

Veut-on savoir comment ces pièces furent accueillies? *Théagène et Cariclée* « eut la plus brillante réussite »; *Didon* attira aux comédiens le concours « le plus nombreux et le plus suivi »; *Scédase* eut « le plus grand succès », *Panthée* « du succès » et *Arsacome* « quelque succès ». On voit que Mouhy connaît les nuances. *La Mort d'Alexandre* « fut admirée par la chaleur avec laquelle elle est écrite, mais on ne fut pas content du rôle principal, qui, loin de remplir l'idée qu'on s'est faite de tout temps de ce héros, parut extravagant, fanatique et superstitieux. Les lamentations et les longs adieux qu'il fait après s'être empoisonné parurent ennuyeux et déplacés. » Quant à *Timoclée*, Mouhy déclare qu'elle n'eut « aucune réussite », et pour *Méléagre*, il pousse la candeur jusqu'à avouer qu' « on ignore quel fut son sort ».

Parlerons-nous des reprises? *Arsacome* fut donnée pour la seconde fois en 1609 [2], *Corine* en 1615; mais c'est surtout l'année 1624 qui fut féconde en reprises, puisqu'elle vit reparaître *Alphée, Méléagre, Didon, Procris* sur la scène de l'Hôtel de Bourgogne, *Scédase, Panthée, Ariadne, Didon* sur celle de la rue de la Harpe.

Hardy mourut en 1630, âgé de soixante-quatre ans. Il avait débuté « jeune » en 1601 par *Théagène et Cariclée*, son « coup d'essai », et ne donnait plus rien au théâtre depuis *le Triomphe d'Amour*, sa « dernière pièce », en 1623. Combien avait-il fait d'ouvrages dramatiques? Ceux que cite le *Journal*, puisque le *Journal* donne toute la série des œuvres représentées par les divers théâtres, et cela ne fait pas même quarante et un, car Mouhy en a passé deux ou trois par inadvertance. Or, voici comment cet historien se pique d'être d'accord avec lui-même; le dictionnaire des auteurs, qui se trouve dans le tome V [3], dit : « On attribue à ce laborieux

---

1. Les renseignements sur Hardy se trouvent dans le t. I, f°s 348-609.
2. Ce détail est charmant. Les frères Parfait avaient placé *Arsacome* en 1609; Mouhy le place en 1604, mais le fait reprendre en 1609, semblant ainsi dire : « Les frères Parfait se sont trompés, mais leur erreur est excusable; dans ce qui n'était qu'une reprise, ils ont vu une première représentation. »
3. Art. ALEXANDRE HARDI, f°s 268-269.

écrivain plus de 800 pièces de théâtre; il avouait lui-même qu'il en avait composé 500, ce qui paraît incroyable. Il n'en reste de ce grand nombre que 41. »

Passons à la publication des œuvres de Hardy. On a vu plus haut qu'elles avaient paru de 1623 à 1628, chez trois éditeurs différents et en 6 volumes, dont trois avaient eu une seconde édition en France. Avant Mouhy, les frères Parfait avaient parlé de ces six volumes sans autres détails; La Vallière avait écrit à tort qu'ils avaient été imprimés chez Jacques Quesnel en 1623; mais Beauchamps avait déjà donné des renseignements exacts et presque complets, oubliant seulement le volume de 1632. Que fait Mouhy? Il retient l'erreur de La Vallière, admet que chaque volume signalé par Beauchamps fait partie d'une édition en 6 volumes parus la même année, et enfin suppose que le succès de diverses pièces a dû en nécessiter des éditions spéciales. Il arrive ainsi à l'étonnante liste suivante :

1601, publication de *Théagène et Cariclée*.

1604, publication de *Panthée* et de *Méléagre*.

1606, publication d'*Alceste*.

1613, publication de *Dorise*.

1623, 1re édition des pièces de Hardy en 6 volumes 8º chez J. Quesnel; 2e édition de *Théagène et Cariclée* et d'*Alceste*.

1624, 2º édition en 6 volumes.

1625, 3º édition « de toutes les pièces de Hardy ».

1626, 4º édition « de toutes les pièces de Hardy ».

1628, 6º édition en 6 volumes (sic).

1631, 5º édition de *Mariamne* (!).

1632, 4º édition de *Cornélie* et de *Coriolan*, 3º d'*Arsacome* (!).

Ici encore, le « dictionnaire des auteurs » nous réserve des surprises : « Hardy commença à publier ses ouvrages sous le règne d'Henri IV en 1594... Son théâtre renferme toutes ses pièces; il est en 20 volumes, dont le dernier est imprimé en 1628, in-8º, à Paris, chez Fr. Targa. »

Faut-il croire que Mouhy a particulièrement maltraité Hardy, et qu'il mérite plus de confiance dans ce qu'il dit d'autres auteurs? M. Chardon a montré les « erreurs sans nombre » qu'il a commises au sujet des pièces de Rotrou [1], et un examen, même très rapide, du *Journal* en fait connaître partout de monstrueuses. Contentons-nous d'un seul exemple.

En 1559, d'après le *Journal*, Jacques de La Taille fait jouer à l'Hôtel de Bourgogne une *Didon*; en 1562, il fait représenter par les basochiens *Daire*, *Progné*, *les Corrivaux* et *Niobé*; à l'Hôtel de Reims *Saül le Furieux* et *Alexandre*. — Or, *les Corrivaux* et *Saül le Furieux* sont de Jean de La Taille, et, quant aux pièces de Jacques, on doit conclure de l'avis « au lecteur » qui précède *Saül le furieux* (fº 72) [2] qu'elles n'ont pas été représentées.

---

1. *La Vie de Rotrou*..., p. 19.
2. Et aussi du sonnet de Jean, *l'Épitaphe de Jacques de La Taille, son frère*:

> Mort jeune, mort chétif........................,
> .... et mort sans qu'il ait pu
> Être connu sinon de lui et de son frère.

(Ed. de Maulde, t. II, p. LXVIII.)

En 1565, les basochiens représentent « à l'Hôtel de Bourgogne *le Courtisan retiré* de Jean de La Taille et *le Prince généreux* du même auteur. Son frère avait eu part à cette seconde pièce. » Or, *le Courtisan retiré* est une satire, et la Croix du Maine avait déjà dit que *le Prince nécessaire* (et non *généreux*) était « un poème français contenant trois chants [1] », t. I, p. 590. Enfin Jacques de La Taille était mort en 1562.

La plupart de ces erreurs sur les deux frères avaient été commises par Maupoint. Beauchamps les avait relevées, et d'autres historiens les avaient évitées depuis. On voit que Mouhy s'était empressé de les prendre à son compte [2].

Ainsi le *Journal du théâtre français*, au moins dans sa première partie qui nous a seule occupés, est un amas d'erreurs et de mensonges. Les *extraits* de pièces même y sont indignes de toute créance, la plupart étant ou copiés négligemment dans un certain nombre d'ouvrages, ou *fabriqués* d'après les procédés chers à de Mouhy. Voici ce que dit le *Journal* de l'*Alcméon* de Hardy [3] : « Le sujet est tiré de Plutarque et de Pausanias. L'auteur les a suivis si littéralement qu'il en est ennuyeux. On connaîtra par le fragment de la scène suivante qu'il ne servirait point de modèle et qu'il ne tendait point à mieux faire. Ce que Thésée dit ici de la vieillesse n'est pas consolant pour ceux qui y sont parvenus. » Suit un dialogue entre « Thésée » et une « fille ». — Or, ce dialogue n'appartient pas à l'*Alcméon*, et Thésée ne figure pas plus qu'aucune « fille » dans cette pièce dont le sujet n'est pas mentionné dans Plutarque et se trouve à peine indiqué dans Pausanias. Comment donc a été fait ce soigneux *extrait*? Ouvrons les frères Parfait et nous le saurons. Ceux-ci disaient (t. IV, p. 280) : « *Alcméon*, tragédie d'Alexandre Hardy.... Ce sujet, tiré de Plutarque et de Pausanias, est propre à composer une belle tragédie.... Hardy a suivi à son ordinaire sa narration de point en point. » Au-dessous des premiers mots un trait, et les vers que répète Mouhy; mais ces vers complètent une citation commencée p. 279 et une note commencée p. 278. Ils appartiennent, d'après les frères Parfait eux-mêmes, à la tragédie de *Pasiphaé* attribuée à Théophile.

NOTE III

(Voy. l. I, ch. iii, p. 79.)

La préface de « Corine »

Dans la réimpression du *Théâtre* de Hardy donnée par M. Stengel, les premières pages du t. III comprennent successivement les matières suivantes : Dédicace, — Préface « au lecteur », — deux pièces liminaires

---

1. Ce poème, resté en manuscrit, a été retrouvé par M. de Maulde et publié dans le tome III de son édition de Jean de La Taille.
2. Les renseignements sur les acteurs valent les renseignements sur les poètes; voy., en 1608 et en 1615, ce qui est dit de Valleran Lecomte et de Robert Guérin.
3. Année 1618, f° 472.

signées Tristan et De S. Jacques, — l'*Argument* du *Ravissement de Proserpine*, — la liste des acteurs, — une nouvelle « préface » où il est question du poème pastoral et de *Corine*, — enfin une nouvelle pièce liminaire : une épigramme signée Civart. Cet ordre est bizarre; aussi n'est-il pas le vrai. L'épigramme devrait figurer après l'ode de De S. Jacques et avant l'argument, tandis que la préface sur le poème pastoral a sa place marquée à la p. 471 entre le titre et l'argument de *Corine*. Mais, l'épigramme ayant été imprimée après coup sur un feuillet isolé, la plupart des brocheurs ou relieurs l'ont collée après la 1re feuille in-8°; la préface de *Corine* formant aussi un quart de feuille à part, il leur a été facile de la déplacer. Il suffit pour rétablir l'ordre rationnel d'observer que l'épigramme porte la marque *ã* et peut être insérée n'importe où dans la 1re feuille; que la deuxième préface porte la marque Ggiiij comme l'argument de *Corine* et ne peut être mise qu'à côté de lui.

La réimpression Stengel étant déjà fort répandue et les exemplaires originaux de Hardy n'étant pas plus irréprochables qu'elle sur ce point, on ne jugera peut-être pas notre rectification inutile [1].

NOTE IV

(Voy. l. II, ch. II, p. 124, n. 1, et p. 130.)

Quelques renseignements sur les acteurs les moins connus de l'Hôtel de Bourgogne.

I. — BRUSCAMBILLE.

Dans le prologue *en faveur des écoliers de Toulouse* (*Fantaisies*, p. 176), Bruscambille dit qu'il a *filé* avec les écoliers, c'est-à-dire avec les étudiants, *le plus délicat de ses ans*. En quelle année a-t-il débuté à l'Hôtel de Bourgogne ? Un prologue, qui figurait déjà dans l'édition de 1609, est une sorte de discours d'installation et me paraît dater de 1607, si même il ne date de quelques années plus tôt. Citons-le, il ne manque pas d'importance pour l'histoire de notre théâtre : « Tout ainsi que la terre, produisant un petit arbrisseau, ne le peut décorer d'une grandeur si belle et si parfaite que *celle* dont l'âge le gratifie en son période,... ainsi notre petite troupe, ne faisant encore que se joindre et éclore des flancs de la destinée, qui l'avait amoureusement conçue du propre germe de nos désirs, ne vous pourra figurer au berceau de sa naissance une tant admirable et excellente forme, que si elle était déjà héritière du futur, qui, comme père et possesseur de sa légitime espérance, lui promet tout au moins un rang assez notable pour braver par effet ce que la France adore

---

1. La réimpression Stengel étant faite d'après des exemplaires originaux qui appartiennent aux bibliothèques de Dresde et de Wolfenbüttel, on voit que ces deux exemplaires renferment les mêmes erreurs. Celui dont je me suis servi, et qui appartient à la *Bibliothèque Méjanes* d'Aix, donne l'épigramme après la liste des acteurs du *Ravissement*, et la préface après l'argument de *Corine*.

selon l'intention de ses légèretés; car, si le mérite est plus digne de louange que la folie, l'on quittera la mignardise Italienne, l'Espagnole gravité et la curiosité Anglaise, puisqu'après cela rien ne reste plus que le silence ne soit capable d'exprimer, afin de voir d'un œil amoureux l'éloquence Française, comme sur un théâtre plus élevé, fouler le gazon du Parnasse et triompher en toutes sortes de merveilles que le Ciel, comme son géniteur, se délecte d'offrir à son avantage…. Nous nous en rapporterons à vos beaux jugements, qui sauront trop mieux découvrir le secret de nos âmes », et nous espérons acquérir et conserver « la réputation due à nos labeurs en faveur du contentement que nous vous promettons et du service que nous vous jurons en toute humilité. » *Prologues* de 1610, f⁰ˢ 110 à 112 r⁰. (*Prol.* de 1618 (1609), p. 96-99. — *Œuvres* de 1619, p. 202-204, page marquée par erreur 292.)

Voulons-nous nous faire une idée du costume et de la physionomie de Bruscambille? Lui-même ne parle que de ses « lunettes à grand volume [1] »; mais, dans *la Ville de Lyon en vers burlesques*, poème facétieux et mal rimé de 1683, une « libraire sse », cherchant à vendre à un amateur « le Songe et vision de Bruscambille le bouffon », décrit ainsi le portrait qui se trouve en tête du volume :

> Il a pour casque une marmite,
> Pour plastron une lèchefrite
> Ornée d'andouille et saucisson ;
> N'a-t-il pas bien bonne façon?
> Une broche pour hallebarde
> Pleine de chapons et poulardes,
> A cheval dessus un tonneau,
> Voilà pas un beau jouvenceau,
> Qui, le pot et le verre en main,
> Se moque parbleu du chagrin [2]?

Le *docteur Mistanguet*, dans un opuscule que nous avons déjà cité, trace de son *parent* et *bon ami* Bruscambille un autre portrait trop facétieux pour être toujours clair et exact : « Ce vénérable, ce preux, cet invincible, cet harmonieux, ce drôle, ce camarade, ce soldat, ce poltron, ce bouffon, ce cuisinier, ce gentilhomme, cet artisan, ce laboureur, ce docteur et ce grand et authentique porteur de lunettes », p. 51 ; — « ce père des drôles, Bruscambille », p. 54 ; — « Bruscambille est un peu larron et tient quasi de la nature de toutes sortes d'animaux », p. 56 ; — « d'elle il eut Bruscambille, ce vénérable et mirlifique docteur duquel on parle tant, qui a vécu quatre cents ans, dix-huit mois, sept jours, quatre heures et demie, un quart et trois minutes, en dormant avec un sphinx sous les tavernettes où son père l'avait emmailloté avec les feuilles des livres de la bibliothèque des sept sages de Grèce, d'où vient que les bandes de ses maillots lui ont laissé des marques de toutes sortes de sciences sur les fesses, et porte des lunettes à l'impossible et à l'impareille avec les yeux qu'il a

---

1. *Facecieuses Paradoxes*, IV, *Paradoxe sur la prison*, f⁰ 1.
2. Tricotel, *Variétés bibliographiques*, p. 360.

plus pénétrants qu'un loup cervier, ni qu'un chat qui va de nuit. » P. 57. (*Abrégé de la généalogie du docteur et capitaine Bruscambille et de son parent et bon ami Mistanguet* [1].)

Enfin, dans un *prologue grotesque et un peu facétieux de l'amitié*, qui fait partie des *Pensées facétieuses* de 1709 (p. 245-252), Bruscambille lui-même donne sur sa vie des renseignements qui seraient précieux, si nous les pouvions croire authentiques; mais les interpolations abondent dans cette édition tardive de notre farceur [2].

II. — JEAN FARINE ET PIERRE DU PUY [3].

Voici sur Jean Farine quelques textes curieux qui nous serviront de pièces justificatives : « Si vous voulez que je m'en retourne content, et que Jean Farine ne m'accuse de vous avoir exhortés de rire à sa farce, où il ne vous dira que la vérité quand il mentirait. » *Fantaisies de Bruscambille*, p. 269. (Cf. *Facecieuses Paradoxes*, fos 32, 46, 71.) — « Bacchus ne manquera point d'y venir, car je suis un de ses bons disciples; c'est un gros garçon, sans comparaison, tout comme Jean Farine. » *Nouvelles et plaisantes imaginations*, p. 132. — *Harangue funèbre en faveur du bonnet de Jean Farine*, *Ibid.*, p. 165-168. —

> Je prête le serment ès mains de Jean Farine,
> Qui d'un plat plein de fleur m'enfarine la mine,
> En usant de ces mots : « Or sus ! je te reçois
> Pour être à tout jamais comédien françois. »

(Courval-Sonnet, *Exercices de ce temps*, sat. IX, *le Débauché*, t. II, p. 101.) — *Les Debats et facetieuses rencontres de Gringalet et de Guillot Gorjeu son maistre* (*Ioyeusetez*) sont dédiés « à très haute et très révérendissime et discrète personne maître Jean Farine, superintendant de la maison comique de Bourgogne de Paris ». « Mon fallotissime et jovialiste Jean Farine », lui dit Gringalet; et l'approbation, signée Gros-Guillaume et Gaultier Garguille, constate que celui-ci « a de son bon gré et sans aucune contrainte dédié son livre au père de sobriété, le grotesque Jean Farine ».

Jean Farine est signalé comme faisant partie de l'Hôtel de Bourgogne : en 1612, dans les *Fantaisies;* en 1615, dans les *Nouvelles et plaisantes imaginations*, ainsi que dans les *Facecieuses Paradoxes;* en 1618, dans les *Predictions grotesques et recreatives du docteur Bruscambille pour l'année 1619* (*Chansons de Gaultier Garguille*, p. 129); en 1619, dans *l'Espadon satyrique* (voy. notre *Esquisse d'une histoire des théâtres de Paris*, p. 102); en

---

1. Quel était ce Mistanguet? Paul Lacroix, dans la notice du volume, p. v à xv, en fait un farceur en plein vent, ce qui est possible; veut que ses *plaisantes idées* aient été débitées à Paris sur des tréteaux, ce qui est possible encore; après quoi, il l'identifie avec Guillot Gorju, sans aucune espèce de raison sérieuse.

2. On peut voir encore sur Bruscambille un petit article que nous avons publié dans la *Revue des langues romanes* (juin 1886, p. 305), sous le titre de *Bruscambille fabuliste*.

3. Ou du Puys, du Puits, Dupuis.

1622, dans les *Caquets de l'accouchée*, p. 281 (cf. *Parnasse satyrique*, t. I, p. 73); en 1626, dans les *Exercices de ce temps;* en 1633 environ, dans les *Debats et facecieuses rencontres de Gringalet et de Guillot Gorjeu*. M. Fournel cite encore *les Jeux de l'Inconnu* (Rouen, 8°, 1635, p. 158).

C'est sans doute entre 1610 et 1612 que Jean Farine est entré à l'Hôtel de Bourgogne, à moins que ce ne soit vers cette époque qu'un acteur de l'Hôtel, nommé Pierre du Puy, ait été décoré de ce surnom. En effet, le *Prologue facétieux sur un plaidoyer* renferme ce passage dans l'édition de 1610 : « Je ne laisserai, en attendant que *Pierre du Puy* sera attaché, et qu'il aura pris ses pantoufles pour aller chercher dans le jardin de ses imaginations toutes sortes de menues herbes propres à réveiller l'esprit, de vous entretenir... » f. 33 r°. (*Prologues* de 1618, 14.) Et voici ce que devient ce passage dans les éditions suivantes : « Je ne laisserai, en attendant que *Jean Farine* aura trouvé dans le jardin de ses imaginations toutes sortes de menues herbes... » (*Fantaisies*, p. 67; *Œuvres* de 1619, p. 72.)

Il est encore parlé de Pierre du Puy dans les *Facecieuses Paradoxes*, et, cette fois, il ne semble pas que ce soit là un nom d'acteur: « Certain livre composé par misérable et indiscrète personne, maître Pierre du Puy, archifol en robe longue et grand maître de ses imaginations », f° 27; « trois grands fols, Diogène, Pierre du Puy et moi », f° 43. Dans la *Harangue de Midas*, Bruscambille se donne ce nom à lui-même : « Je serais prou content, si je pouvais toujours être à l'abri de la folie (c'est-à-dire protégé par mon renom de folie); et quand j'aurais tué, pillé, massacré, — ayez pitié, dirait le monde, de ce pauvre Pierre du Puys, qui ne fut jamais sage et n'a point encore envie de l'être. »

On trouve ce même nom en tête d'une plaquette de 1614 : *La Remonstrance de Pierre du puits sur le resveil de maistre Guillaume...*

> Avec ma jacquette grise
> Plusieurs lourdauts je mesprise.

A Paris, jouxte la copie Imprimee par Pierre Bardin, M. DC. XIV.

> Pierre du Puits n'est pas seul en folie,
> Ni tous les fols ne sont Pierre du Puits...,

lit-on à la fin de cette brochure.

Pierre du Puits était un fou (voy. la première note de la p. 124, et cf. Fournier, *Variétés*, t. II, p. 273, n.); mais quelque acteur de l'Hôtel pouvait s'être affublé de son nom; ou encore tous le prenaient, quand bon leur semblait, pour faire rire les spectateurs.

III. — Gringalet.

Le nom de Gringalet est ancien; on le trouve dans les *Contes d'Eutrapel* de Noël du Fail. (Voy. Fournier, *la Farce et la Chanson*, p. lxxvj.) En 1612, il figure dans les *Fantaisies de Bruscambille*, p. 151, sans qu'on puisse encore affirmer que Bruscambille parle d'un acteur. Mais c'est bien un acteur de l'Hôtel de Bourgogne qui est ainsi désigné par *l'Espadon satyrique*, en 1619. (Voy. notre *Esquisse*, p. 102.) Enfin l'approbation des *Debats et faceticuses rencontres* est ainsi conçue : « Nous soussignés docteurs et régents en l'économie de l'Hôtel de Bourgogne à Paris... S'est présenté devant nous le vénérable, parfait, chéri, honoré et entièrement bien nourri, le fallotissime Gringalet; lequel, sans aucune contrainte, nous a protesté vœu de fidélité, comme étant l'un de nos écoliers, par protestation de n'avoir poursuivi ses études que dans les collèges de nos gens tenant nos maisons comiques... »

IV. — AUTRES NOMS DE FARCEURS.

PHILIPPOT. « *Philippot* viendra incontinent, qui se promet sous l'assurance de votre supplément de vous faire rire et pleurer tout ensemble. » *Œuvres* de 1619, p. 50; *Prologues* de 1618 (1609), p. 11; de 1610, f° 17 r°.

JOSIAS. « A ce propos, je mettrai un exemple sur le bureau en attendant que *Josias* sera botté et éperonné pour apporter en poste sur le traquenard de ses bricoles à rubriques salées et dessalées, fricassées, étuvées, bouillies et rôties, quelque paquet, l'histoire duquel vous chatouillant l'oreille gauche vous fera montrer toutes vos dents à force de rire... » *Œuvres* de 1619, p. 162 bis; *Prologues* de 1618 (1609), p. 38; *Prologues* de 1610, f° 50 [n° 28].

NICODÈME est cité comme chef de farce. *Œuvres* de 1619, p. 185; *Fantaisies*, p. 175; *Prologues* de 1610, f° 75 v°; de 1618 (1609), p. 68.

Je n'ai pas osé nommer parmi ces farceurs GALINETTE LA GALINA que Sonnet de Courval, dans sa *Satyre contre les charlatans* (1610), appelait un insigne bouffon ou plaisant de l'Hôtel de Bourgogne, en même temps qu'il le montrait faisant, « il y a sept ou huit ans,... mille singeries, tours de souplesse et bouffonneries pour attirer et amuser le peuple » auprès du charlatan *il signor Hyeronimo* [1]. Il ne pouvait être à la fois bouffon de charlatan et acteur de l'Hôtel; a-t-il été acteur avant ou après? Et à quelle date? Ce renseignement manque trop de précision.

On a dit que BONIFACE et la DAME GIGOGNE parurent sur la scène dès 1600, mais je n'ai rien trouvé qui m'autorisât à les nommer. Boniface figure dans *la Comédie des Comédiens* de Gougenot, et le *Testament de Gaultier Garguille* lui donne des conseils, ainsi qu'au « vaillant capitaine Fracasse », p. 150 et 157.

NOTE V

(Voy. l. II, ch. II, p. 153, n. 2.)

Le « Recueil des pièces du temps ».

Cet ouvrage a été réimprimé à Bruxelles, en 1865 [2], avec une notice où l'on fait des morceaux qu'il contient des prologues débités à l'Hôtel de Bourgogne vers 1635 par Guillot Gorju.

1. *Satyre...*, p. 101-103.
2. *Recueil des pièces du temps ou divertissement curieux pour chasser la*

« Ils sont dans le goût des prologues et paradoxes de Bruscambille »,
dit l'éditeur, « mais ils en diffèrent par le ton général, par le style et par
la verve comique qui les distingue. On remarque, à chaque page, des
sorties bouffonnes et satiriques contre les médecins, les chirurgiens et
les apothicaires... » — « Guillot Gorgeu s'est nommé en toutes lettres à
la fin de la pièce des *Crocheteurs* : « Et haut le pied, Guillot, et un pet
en l'air, ta tâche est faite... », p. 17. — « On reconnaît encore Guillot
Gorgeu à la facilité avec laquelle il énumère toutes les drogues des apothicaires, tous les remèdes des charlatans..... » — Mais comment expliquer que ce livre ait paru pour la première fois à la Haye, et en 1685 ?
On peut admettre « qu'une copie des prologues de Guillot Gorgeu avait
été emportée dans les Pays-Bas par un comédien ambulant et qu'elle
sera tombée entre les mains d'un libraire de La Haye », p. 127-129.

Tels sont les arguments de l'érudit qui a écrit cette notice; ils ne nous
ont pas convaincu.

Reconnaissons d'abord que les *Pièces du temps* se présentent à nous
comme des prologues de l'Hôtel de Bourgogne; il y est question du
public, des brouillons qui mettent flamberge au vent, des passe-volants
qui ne veulent pas payer ou qui veulent payer insuffisamment leur
entrée; on y discute sur la tragédie et la comédie; on y nomme Turlupin, Gaultier Garguille, Perrine, Bruscambille, etc. Mais si ce sont
bien là des prologues, ils ne peuvent être de Guillot Gorju. En effet :

1° Le nom de Guillot se trouve ailleurs que dans la pièce des *Crocheteurs*, p. 17; il est encore dans la vingt et unième qui porte pour titre
Questions et réponses, p. 118 : « Je me doute bien que quelque esprit ver-
reux dira....; un autre de bas aloi et d'un faux coin, coulant la main sur
une manchette à trois étages pour faire paraître devant les dames l'em-
bonpoint du poignet, l'une des beautés de la cour, dira : Je crois, quant
à moi, que cet homme veut assassiner notre patience et rebuter notre
curiosité avec ses questions. C'est le pont aux ânes. Tu as raison, Guillot,
c'est de vrai le pont aux ânes, principalement quand tu y passes avec
tes camarades qui portent le blé au moulin. » Ainsi le nom de Guillot,
qui semblait tout à l'heure celui de l'auteur, est ici nettement le nom
supposé d'un spectateur. Qu'est-ce à dire? Que Guillot est un surnom
comique, dont l'auteur se sert uniquement parce qu'on s'en servait souvent à cette époque. (Voy. notamment dans les *Fantaisies*, p. 14, *seconde
harangue de Midas* : Guillot le songeur; et dans Tabarin, p. 410-411, le
procès entre Guillot l'Éventé et Guillemain Blanfèvre au sujet de Guil-
lemette.)

2° Guillot Gorju ayant succédé à Hugues Guéru, ce n'est pas lui qui
pouvait dire (p. 7) : « Il faut enfin céder au temps, il n'épargnera ni Gaultier ni Garguille. »

3° Bruscambille est beaucoup mieux indiqué que Guillot Gorju comme
l'auteur des *Pièces du temps*. Dans la pièce dixième, en effet, *de l'Indifférence*, p. 57, l'orateur proclame son indifférence absolue en toutes

---

*mélancolie, et faire passer le temps agréablement. Contenant vingt pièces bur-
lesques et facécieuses.* A La Haye chez Jean Strik. M. DC.LXXXV. (Réimpression
Mertens, Bruxelles, 1865, pet. in-12.)

choses ; puis, voyant l'abus qu'on peut faire de sa déclaration, il ajoute : « Il me semble que je vois quelque Argus sans Mercure faire le guet à notre porte et disputer son entrée avec deux vieux carolus, fondé sur l'indifférence dont il s'agit, avec ces mots adressés au portier : Mon ami, tu es sans raison de refuser ce que je te baille. Puisque toutes choses sont indifférentes au docteur Bruscambille, les carolus et les sols que je paye à la porte, ou que je ne paye pas, lui sont choses indifférentes. »

Allons-nous donc déposséder Guillot Gorju en faveur de Bruscambille ? Certes, la chose serait plus faisable que l'auteur de la notice ne l'avoue : les médecins ou apothicaires et leurs drogues ne sont pas ici, à beaucoup près, aussi envahissants qu'on le veut bien dire ; le seraient-ils, qu'ils ne feraient pas peur à Bruscambille ; lui aussi en parle fort souvent et fort savamment, et il a écrit un prologue spécial *de la médecine* (*Nouvelles et plaisantes imaginations*, p. 142). La grossièreté est ici la même que dans les prologues authentiques. Toutes les locutions, tous les termes et beaucoup des plaisanteries ordinaires de Bruscambille s'y retrouvent. — Malgré tout, le style semble différent, moins franc, moins naturel, et nous trouvons quelque part un passage fort étonnant de la part de Bruscambille (comme il le serait d'ailleurs de la part de Guillot Gorju), celui où l'orateur, qui semble ignorer l'existence de la farce, proclame la supériorité de la tragédie sur la comédie, parce que celle-ci « n'embrasse ordinairement que des sujets bas et ravalés », p. 111-112.

Qu'est-ce donc, selon nous, que le *Recueil des pièces du temps* ? Un simple pastiche de Bruscambille. Tout s'explique par cette hypothèse : la reproduction des traits ordinaires à ce farceur, mêlée à une différence involontaire de style ; les attaques contre les médecins et la discussion sur la tragédie et la comédie, qui sont d'un contemporain de Molière et de Racine ; surtout la date de la publication, peu postérieure sans doute à la rédaction même.

NOTE VI

(Voy. l. II, ch. III, p. 191-192, et p. 212, n. 2.)

La distinction des scènes dans le théâtre de Hardy.

Nous avons dit plus haut que, contrairement à l'assertion de Sainte-Beuve, les changements de scènes dans Hardy ne correspondaient pas toujours à des changements de lieu. Montrons maintenant que les scènes n'y sont pas « tout à fait arbitraires, indiquant tantôt un changement de lieu, tantôt l'entrée d'un nouveau personnage », ainsi que l'a prétendu un autre auteur[1]. Les rapides observations qui suivent résumeront une complète et patiente étude des scènes de Hardy.

1. — Sur les 580 indications de scènes que contiennent, sauf erreur, les 41 pièces examinées, on en trouve 71 qui paraissent ne marquer ni un changement d'acte ni un changement de lieu. Mais ce chiffre est sujet à revision, car, avec un texte aussi négligemment imprimé que celui de

---

1. Lombard, *Zeitschrift*, t. I, p. 349, n. 1.

Hardy, il importe de tenir grand compte des inadvertances de l'auteur et des fautes de l'imprimeur.

L'un ou l'autre a omis six indications de scènes indispensables :

Une scène III, III, dans *Didon*, t. I, p. 44, quand l'action passe du palais de Didon aux vaisseaux troyens;

Une scène V, II, dans *Scédase*, t. I, p. 145, alors que l'action se transporte de Sparte à Leuctres (voy. les dernières lignes de l'argument et du chœur des Leuctriens; cf. ci-dessus, p. 285);

Une scène IV, II, dans *la Mort de Daire*, t. IV, p. 48, au-dessus des noms ARTABASE, BESSE, NABARZANE, DAIRE; les 3 scènes qui suivent dans le même acte changeront ainsi de chiffre;

Une scène V, II, dans *Procris*, en tête de la page 320 (t. I), alors que l'action, qui se passait chez Procris, se transporte tout à coup dans les bois;

Une scène IV, VI, dans *Phraarte*, au-dessus des noms : PAYSAN, PHILAGNIE, t. IV, p. 458;

Une scène I, (IV), dans *Elmire*, t. V, p. 130, alors que l'action se transporte d'Erford en Égypte.

Il n'est donc pas étonnant que l'auteur et l'imprimeur aient ajouté quelques indications fausses ou mal placé quelques indications utiles; et si, dans certains cas, aucun signe précis ne nous dénonce leur erreur, il en est d'autres, au contraire, où il est possible de la reconnaître et de la signaler [1].

1º Ainsi Hardy met en tête de chaque scène les noms des personnages qui y prennent part; si une nouvelle indication vient couper en deux la portion de la pièce où entrent et dialoguent des personnages déjà nommés, cette indication doit être considérée comme nulle et non avenue. Nous supprimerons ainsi les scènes III, (II), p. 407, et IV, (III), p. 434, d'*Alcméon* (t. V); V, (III), p. 438, d'*Ariadne* (t. I); IV, II, p. 117, de *Théagène et Cariclée, deuxième journée*; IV, II, p. 339, de la *cinquième*; I, II, p. 375, de la *sixième*; IV, III, p. 200, d'*Aristoclée* (t. IV); I, IV, p. 393, de *Phraarte* (t. IV); IV, III, p. 283, de *Frégonde* (t. IV); I, (II), p. 124, et II, (III), p. 144, d'*Elmire* (t. V); I, (II), p. 297, et V, (II), p. 350, de *Lucrèce* (t. V); I, II, p. 475, et II, II, p. 492, de *Corine* (t. III). L'indication IV, III, qui doit être supprimée dans *Corine*, p. 520, pour le même motif, est suivie, à trois pages de distance, d'une nouvelle scène III (I).

2º Les indications de scènes mal placées sont au nombre de cinq :

Au premier acte de *Coriolan*, t. II, p. 115, le héros se rend au Forum pendant les quatre vers que prononce Volomnie; l'indication *scène* II doit être reportée après ces quatre vers, et, par conséquent, reculée de onze;

Au second acte de *la Mort de Daire*, la scène III doit commencer avant le chœur des Argyraspides, t. IV, p. 20;

---

1. Un certain nombre de ces contradictions pourraient s'expliquer par l'importance de la portion de scène en tête de laquelle Hardy a mis une nouvelle indication; mais nous ne voulons pas paraître subtiliser, et nous aimons mieux renoncer à quelques arguments favorables à notre thèse que de ne pas appliquer une même règle à des cas qui semblent identiques.

Dans la *première journée* de *Théagène et Cariclée*, acte II, Calasire et Charicle sortent et se dirigent vers la chambre de Cariclée. Hardy, ne sachant où marquer le changement de lieu, a mis l'indication de la scène III p. 18, dès l'arrivée de Charicle; il la faudrait plutôt au début de la page 21;

Dans la *cinquième journée*, acte III, p. 330, Cibèle vient de quitter le palais d'Arsace lorsqu'elle rencontre son fils; le changement de lieu précède de quelques vers l'indication de la sc. III;

Au quatrième acte de *Gésippe*, t. IV, p. 359, l'indication de la scène IV devrait être placée trois vers plus haut, au moment où Gésippe arrive à la caverne. Hardy l'a déplacée parce qu'il ne pouvait interrompre le monologue de Gésippe.

II. — 1° 21 indications de scènes étant ainsi effacées ou rectifiées, il ne nous reste à rendre compte que de 50, parmi lesquelles quelques-unes encore peuvent être le résultat d'inadvertances ou de fautes d'impression; mais il y aurait trop de hardiesse à vouloir les distinguer, et je me contente d'indiquer d'abord, comme plus sujettes à caution, celles qui s'expliquent le moins naturellement par l'importance des événements qui les suivent :

Panthée, II, II; t. I, p. 171 : Panthée fait part de l'amour d'Araspe à sa nourrice, qui la détermine à dénoncer Araspe à Cyrus.

Coriolan, III, III; t. II, p. 151 : Coriolan en présence des ambassadeurs romains.

Mort d'Alexandre, III, II; t. IV, p. 113 : Roxane vient supplier Alexandre de quitter Babylone. — V, II, p. 135 : Alexandre mourant et Roxane. (Il est pourtant remarquable que l'entrée de Roxane détermine chaque fois un changement de scène; cette entrée était-elle particulièrement bien accueillie par le public?)

Timoclée, III, (III); t. V, p. 61 : Arrivée du héraut qui porte à Thèbes les conditions d'Alexandre; la lutte va devenir inévitable.

Phraarte, I, II; t. IV, p. 388 : On vient chercher Phraarte pour l'introduire auprès du roi et de sa fille; vrai commencement de l'action.

La Force du sang, V, III; t. III, p. 188 : Léonore apprend à son fils qu'il doit se marier.

Lucrèce, I, (IV); t. V, p. 305 : Camille vient chercher Myrhène pour le conduire au rendez-vous. — V, (III); p. 353 : Lucrèce charge sa nourrice de donner à Myrhène le rendez-vous fatal.

2° Voici enfin 41 scènes pour lesquelles les intentions de Hardy nous paraissent moins discutables. Nous dirons quelles sont, à notre avis, les raisons pour lesquelles il leur a attribué une valeur particulière et les a détachées de celles qui les entouraient. Le lecteur appréciera.

Didon, III, II; t. I, p. 41 : Didon ayant été emportée évanouie, le chœur était resté seul; maintenant Didon est revenue à elle et rentre en scène; l'action reprend. — IV, II; p. 48 : L'arrivée d'Anne arrête les préparatifs de départ des Troyens.

Coriolan, II, III; t. II, p. 132 : Coriolan entre chez Amfidie.

Mort d'Alexandre, IV, II; t. IV, p. 120 : Entrée d'Alexandre empoisonné.

Timoclée, V, (II); t. V, p. 99 : Timoclée se préparait à tuer Hypparque; il arrive devant elle.

Alcméon, II, (ii); t. V, p. 394; Alphésibée irritée voit arriver Alcméon. — III, (iii); p. 411 : Alcméon, resté en possession du collier, va devenir furieux.

Procris, III, ii; t. I, p. 303 : L'Aurore et Céphale viennent de s'enfoncer dans le bois; Polidame entre, qui va les surprendre. (On pourrait aussi admettre qu'il y a changement de lieu, parce que Polidame entre par un point du bois autre que celui où se tiennent l'Aurore et Céphale.)

Théagène et Cariclée, 1re journée, IV, ii; p. 45 : Théagène et Cariclée sont perdus, si le marchand tyrien ne consent pas à partir malgré le mauvais état de la mer; arrive le marchand qui va prononcer sur leur sort; — V, ii; p. 59 : Le chef des pirates va épouser Cariclée; Calasire ne voit plus qu'une ressource : exciter Pélore contre son chef; arrive Pélore. — V, iv; p. 69 : Théagène vient de se battre avec Pélore hors de la vue des spectateurs; il rentre en scène grièvement blessé.

2e journée, II, ii; p. 89 : Théagène et Cariclée se désolent, ne se croyant entourés que d'ennemis; Gnémon, leur gardien, annonce qu'il est Grec et qu'il les protégera.

3e journée, II, iii; p. 159 : Thermutis trouve Théagène et Gnémon autour du cadavre de Thisbé et veut les tuer. — V, iv; p. 212 : Nausicle revient de son expédition en annonçant qu'il ramène une nouvelle Thisbé; terreurs de Gnémon.

4e journée, II, ii; p. 237 : Nausiclée, appelée, vient déclarer, à la joie générale, qu'elle veut bien se marier avec Gnémon.

5e journée, IV, iv; p. 347 : Arsace seule en face de Théagène; il va repousser ses prières. — V, iii; p. 356 : Théagène en face d'Arsace; il feint de condescendre à ses désirs.

6e journée, II, iii; p. 392 : Cibèle vient dans la prison de Théagène, pour essayer de vaincre sa constance.

Aristoclée, II, ii; p. 166 : Téophane, déjà effrayé par le premier prétendant Straton, voit venir le second, Calistène.

Gésippe, II, ii; t. IV, p. 320. (Voy. ci-dessus, p. 192.) — III, ii; p. 346 : Arrivée des parents de Sophronie, qui vont décider du sort de Tite. — IV, v; p. 363 : Gésippe, resté seul auprès du cadavre, va être surpris par le prévôt.

Cornélie, V, iii; t. II, p. 133 : Alphonse retrouve Cornélie.

Frégonde, III, v; t. IV, p. 267 : Scène du revirement; le marquis est devenu froid, Frégonde s'est enflammée.

La Belle Égyptienne, V, ii; t. V, p. 273 : Précieuse en présence de Guiomar, dont elle ne sait pas, mais dont le public devine qu'elle est sa mère.

Alcée, IV, ii; t. II, p. 571 : Les deux amoureux restent seuls; Alcée va reprendre sa santé et sa joie. (On pourrait aussi reporter l'indication de scène quelques vers plus haut, alors que Phédime entre dans la chambre d'Alcée.)

Corine, III, iii; t. III, p. 505 : Le Satyre surprend Mélite à la fontaine et va être battu par Arcas. — III, iv; p. 510 : Mélite délivrée et Arcas. — V, v; p. 530 : Mérope va rendre l'oracle qui apaisera tous les troubles.

L'Amour victorieux, II, iii; t. V, p. 488 : Revirement; Nirée, autrefois si amoureux de l'insensible Adamante, va repousser les avances qu'on lui fait au nom de cette bergère.

3° Lorsque le dénouement a quelque chose d'extraordinaire, lorsqu'il débrouille une situation fort embarrassée, lorsqu'il satisfait enfin les désirs d'un spectateur anxieux, il est accueilli par lui avec joie et, du sein des publics populaires, on entend s'exhaler alors un soupir de satisfaction. Aussi Hardy a-t-il mis des indications de scènes, qui ne correspondent à aucun changement de lieu, en tête de cinq dénouements :

Achille, V, II; t. II, p. 95 : Les Troyens s'enfuient et les Grecs victorieux vont faire l'éloge d'Achille.

Cornélie, V, VI; t. II, p. 138 : Reconnaissance générale et mariage.

Alcée, V, III; t. II, p. 601 : Reconnaissance et mariages.

Corine, V, IV; t. III, p. 543 : Apparition de Vénus et de Cupidon, qui unissent des couples trop longtemps divisés.

Le Triomphe d'Amour, V, V; t. IV, p. 602 : Apparition de Cupidon.

4° Enfin Hardy, détachant les prologues des pièces mêmes, a formé des scènes distinctes avec les monologues d'ombres qui ouvrent *Mariamne, la Mort d'Alexandre* et *Alcméon* [1]; il a fait une scène de l'apparition de Junon au début d'*Alceste*, et il a traité à bon droit comme des prologues, bien qu'elles fussent placées au début du cinquième acte, l'apparition de l'ombre dans *Ariadne*, celle de Cupidon et de Vénus dans *Corine*.

---

1. Il n'a négligé d'en faire autant que pour la huitième journée de *Théagène et Cariclée*.

FIN

ERRATA

Page 74, n. 1, *au lieu de* p. 55, n. 3, *lire :* p. 53, n. 3.
— 95, n. 2, l. 12, *au lieu de* en 1648 et en 1698, *lire :* en 1548 et en 1598.
— 212, n. 2, l. 10, *au lieu de* note 5 de l'Appendice, *lire :* note 6.
— 258, n. 3, dernière ligne, *au lieu de* note 5 de l'Appendice, *lire :* note 6.
— 285, n. 1, *au lieu de* note 5 de l'Appendice, *lire :* note 6.
— 586, l. 2, *au lieu de* Alcm., III, III, *lire :* Alcm., III, (III).
— — l. 13, mettre un point avant le mot *phoque* et effacer la fin de la ligne.

TABLE DES MATIÈRES

Dédicace... v
Préface... vii
Bibliographie. — I. Index des ouvrages le plus souvent cités dans les trois premiers livres et dans la conclusion....... ix
II. Index des ouvrages consultés pour la rédaction du livre IV... xxi

LIVRE I

LA VIE

CHAPITRE I

Vie de Hardy (1ʳᵉ partie).

LES COMÉDIENS DE CAMPAGNE ET LEURS POÈTES PENDANT
LES DERNIÈRES ANNÉES DU XVIᵉ SIÈCLE.

Vague et rareté des renseignements, p. 1. — I. Date approximative de la naissance de Hardy, son éducation, ses débuts en province comme poète d'une troupe de campagne, 2. — II. Sources à consulter pour étudier la vie des comédiens nomades; principaux traits qui distinguent l'existence menée par ces comédiens à la fin du xvɪᵉ siècle de l'existence menée par eux au siècle suivant, 7. — III. Formation, organisation, bonnes fortunes et déboires, valeur intellectuelle et morale des troupes de campagne; situation défavorable de leur poète, 10. — IV. Rapports de Hardy avec ses comédiens. Le dramaturge dont il est question dans *le Page disgracié* n'est pas Hardy; ne serait-il pas plutôt Théophile? 21. — V. Fonctions et ennuis du poète dans les troupes de campagne, 28. — VI. Fin des années de voyage de Hardy; les opinions traditionnelles à ce sujet, 30. P. 1 à 31

CHAPITRE II

Vie de Hardy (2ᵉ partie).

UN DRAMATURGE AUX GAGES DES COMÉDIENS PENDANT LES TRENTE
PREMIÈRES ANNÉES DU XVIIᵉ SIÈCLE.

I. Peut-on dire que Hardy ait été le fournisseur de l'Hôtel de Bourgogne? qu'il a été celui de la troupe de Valleran Lecomte; histoire de Hardy depuis 1599, 32. — II. Date probable de sa mort, 37. — III. Quelles étaient ses obligations vis-à-vis des comédiens; comment ils le payaient; sa misère, 39. — IV. Hardy en quête d'un protecteur : dédicaces à Payen, à Montmorency, au duc d'Alvyn, à Barradas, à Condé, au marquis de Liancourt, 43. — V. Les amis de Hardy : Laffemas, Théophile, Tristan, Beaudouin, etc.; aucun ne l'introduit dans une société relevée, 50. — VI. Une légende sur Hardy : « Mélite, bonne farce ! » 59. P. 32 à 61

CHAPITRE III

Publication des œuvres de Hardy; leur chronologie.

I. Fécondité de Hardy; qu'il a fait environ 700 pièces, 62. — II. Pourquoi il n'a rien fait imprimer avant 1623; publication de *Théagène et Cariclée* et des cinq volumes du *Théâtre*, 64. — III. Pièces non imprimées dont nous connaissons les titres, 72. — IV. Dates approximatives de quelques-unes de ces pièces; chronologie des œuvres publiées d'après les frères Parfait, critique de cette chronologie; dates que nous proposons, 73. P. 62 à 82

LIVRE II

L'ÉTAT DU THÉATRE

CHAPITRE I

Le répertoire.

Changements apportés par Hardy dans le répertoire des représentations publiques.

Qu'il est nécessaire d'étudier l'état du théâtre avant Hardy, 83. — I. La lutte entre le théâtre savant et le théâtre populaire au XVI° siècle; où étaient jouées les pièces savantes? est-il vrai qu'elles aient paru sur une scène publique? 83. — II. Arguments contre cette hypothèse : 1° argument tiré de la nature de ces pièces, 87. — III. 2° argument tiré de l'histoire des théâtres et des acteurs publics, 89. — IV. Conclusion : histoire du théâtre savant et du théâtre populaire au XVI° siècle; genres cultivés à l'Hôtel de Bourgogne; Hardy y introduit ceux qu'il avait cultivés en province, 94. — V. Quels étaient ces genres; importance de la révolution faite par Hardy, 97. — VI. Témoignages contemporains : Hardy a été le restaurateur et même, pendant de longues années, le seul soutien du théâtre français; apparition et nombre croissant de ses rivaux; Hardy éclipsé par les auteurs qu'il a suscités et victime de son triomphe, 99. P. 83 à 103

CHAPITRE II

Le théâtre, les acteurs, le public, l'organisation des spectacles.

Combien peu sont encouragés les instincts tragiques de Hardy.

Objet de ce chapitre, 104. — I. Les dépenses des comédiens royaux : location de la salle, procès, etc., 104. — II. Les concurrences : troupes étrangères et nomades, représentations de la cour et des collèges, foires Saint-Germain et Saint-Laurent, charlatans et farceurs, etc., 107. — III. Les recettes : prix des places, entrées gratuites, filouteries des portiers, protection insuffisante de la cour et des grands, les *tournées* en province, 112. — IV. Misère et immoralité des comédiens, aperçu de leur genre de vie; leur valeur intellectuelle, 119. — V. Les interprètes de Hardy : Valleran, Vautray, Laporte et sa femme, le trio Gros-Guillaume, Gaultier Garguille et Turlupin, Perrine et les rôles de femmes, Bruscambille, Jean Farine, Gringalet, etc.; débuts de Bellerose, de la Valliotte et de la Beaupré, 122. — VI. Pourquoi, jusqu'à l'arrivée de Bellerose, tous ces comédiens ne sont-ils connus que comme farceurs? que c'était le public, et non les interprètes, qui manquait à la tragédie; comment les acteurs déclamaient et comment ils composaient leurs rôles, 133. — VII. Les représentations : la périodicité en était-elle aussi régulière qu'on l'a cru? comment représentait-on les pièces en plusieurs *journées*? heures des spectacles; les affiches, et pourquoi les auteurs n'y étaient pas nommés; la *réclame*, 136. — VIII. La salle de l'Hôtel de Bourgogne : sa disposition et son éclairage; scènes scandaleuses qui s'y passaient; les spectateurs peints par Bruscambille; filous et laquais; composition du public; grossièreté de ses goûts; les honnêtes femmes n'allaient pas au théâtre, 141. — IX. L'organisation des spectacles : le prologue et Bruscambille, la grande pièce, la farce, la chanson et Gaultier Garguille, la symphonie; combien le milieu était défavorable à la tragédie, 152. P. 104 à 160

CHAPITRE III

La mise en scène.

HARDY POUSSÉ VERS LA TRAGI-COMÉDIE.

I. Nécessité d'une étude sur la mise en scène; la mise en scène à la cour et dans les jeux de paume des provinces; nous allons étudier celle de l'Hôtel de Bourgogne, 161. — II. Les costumes : jusqu'à quel point ils se piquaient de couleur locale, 162. — III. Que l'irrégularité de Hardy ne vient ni de ses goûts particuliers ni de l'imitation du théâtre espagnol, mais qu'elle lui était imposée par le système décoratif de l'Hôtel de Bourgogne; or ce système était un legs du moyen âge, 165. — IV. La décoration complexe au moyen âge; simplification qu'avaient dû lui faire subir les confrères de la Passion en la transportant dans leurs salles de spectacle; que le système décoratif des Confrères était encore en vigueur à l'Hôtel de Bourgogne au commencement du xviie siècle : témoignages de Sarazin, de La Mesnardière, de d'Aubignac, de Corneille, du *Traité de la disposition du poème dramatique*; le *Mémoire des décorations* de Mahelot, 169. — V. Étude de la décoration complexe d'après Mahelot; mise en scène des pièces de Hardy qui figurent dans le *Mémoire*; valeur artistique de cette mise en scène; le principe fondamental de la décoration complexe est la juxtaposition des lieux de l'action, mais le principe de leur apparition successive n'est pas inconnu; emploi des rideaux; emploi des machines et des *feintes*; le réalisme dans la mise en scène de l'Hôtel de Bourgogne, 175. — VI. Situation faite à Hardy par la nécessité où il était d'user de la décoration complexe; est-il vrai que cette situation ait été particulièrement favorable? 183. — VII. Analyse des *conventions* qui résultaient de l'emploi de la décoration complexe : figuration plus ou moins exacte des divers lieux de l'action; exiguïté des compartiments, et comment

le poëte expliquait que ses personnages ne s'y tinssent pas; indépendance et éloignement supposé des compartiments; combien il était naturel de compter les scènes par les changements de lieu, et s'il est vrai, comme l'a dit Sainte-Beuve, que Hardy ne procède jamais autrement; quelle était la forme nécessaire du drame avec le système de la décoration complexe : liberté pour le lieu, liberté pour le temps (justification des audaces qui ont le plus étonné dans Hardy), liberté pour l'action; ressemblance du drame libre et de la nouvelle, 186. —
- VIII. Histoire de la chute du système décoratif complexe : reproches qu'on lui adressait; tentatives de Mairet en faveur des règles aristotéliques; résistance de l'Hôtel de Bourgogne; comment la fondation d'un nouveau théâtre par Le Noir et Mondory assure le triomphe des classiques; période de transition et de lutte; comment on biaisait dans l'application des règles : le *Cid*; la décoration complexe définitivement tuée par l'établissement des sièges sur le théâtre; coup d'œil sur l'histoire de la décoration jusqu'à nos jours, 199. — IX. Avantages et inconvénients du système décoratif complexe; est-il vrai que Hardy ignore souvent où se trouvent ses personnages? qu'à défaut d'unité d'action, il faut au drame libre une forte unité d'impression ou d'intérêt; rapports du drame libre avec l'épopée et le roman; ressemblances et différences entre le drame libre de Hardy et celui de Lope ou de Shakespeare; les tragi-comédies de Hardy sont beaucoup mieux adaptées que ses tragédies au système décoratif complexe, 208.   P. 161 à 217

LIVRE III

LES ŒUVRES

CHAPITRE I

DIVISIONS ET SOURCES.

I. Hardy a-t-il cultivé tous les genres qui étaient en vigueur au commencement du xviie siècle? que l'une des pièces de Hardy mentionnée par Mahelot doit être une farce; difficultés que présente le classement des œuvres imprimées de Hardy, 219. — II. Divers sens qu'on a donnés au mot tragi-comédie, 221. — III. Qu'est-ce que Hardy entendait par là? recherche des caractères qui peuvent permettre de classer ses pièces, 224. — IV. Il est faux que Hardy n'eût aucune préoccupation artistique, 227. — V. Pourquoi ses indications sont vagues ou contradictoires; sa situation fausse; division que nous adopterons, 229. — VI. Deux traits communs à toutes les pièces de Hardy : les cinq actes, raisons de cette coupe; les *arguments*, leur caractère, renseignements qu'ils nous donnent, 231. — VII. Les sources : erreurs traditionnelles au sujet des sources de Hardy; qu'il ne doit rien au théâtre espagnol; qu'il prenait ses sujets dans des livres français, œuvres originales ou traductions, 234. — VIII. Détail des sources pour les pièces imprimées et pour quelques-unes des pièces perdues, 241. — IX. Comment Hardy cherchait ses sujets; qu'il a traité surtout des sujets antiques au début de sa carrière, et surtout des sujets modernes à la fin, 245.   P. 219 à 246

CHAPITRE II
Les tragédies.

PRÉLIMINAIRES : LA TRAGÉDIE DE GARNIER ET CELLE DE HARDY.

Qu'il est impossible d'apprécier les tragédies de Hardy, si l'on ne connaît celles de Garnier et de Montchrestien, 247. — I. Mérites de Garnier comme écrivain, faiblesse de Garnier comme dramaturge; sujets, plans, monologues et récits, *machines* tragiques, importance des chœurs, influence de Sénèque, 248. — II. Que Montchrestien n'est pas un prédécesseur de Hardy; qu'il ne fait faire à la tragédie aucun progrès, 252. — III. Caractère de la réforme accomplie par Hardy; suppression des chœurs, et qu'est-ce que Hardy appelle parfois de ce nom; représentation des *catastrophes*; l'étendue des actes rendue moins variable; multiplication des scènes; comment Hardy secoue le joug de Sénèque, et combien capitale est l'importance de ce changement; ce que Hardy lui-même a dit de la tragédie, 253. — IV. Liste des tragédies à étudier; Hardy a-t-il fait des tragédies sacrées et des tragédies modernes? Quelles pièces nous rapprocherons de celles de notre auteur, 261.

ANALYSES

1. *Didon se sacrifiant.* — I. Répartition en trois classes des tragédies sur Didon; les *Didons* de Viruès, de Marlowe et Nash, de Giraldi, de Dolce, 263. — II. Celles de Jodelle et de La Grange, 266. — III. Celle de Hardy, 268. — IV. Celle de Scudéry; supériorité de notre auteur, 278.

2. *Scédase ou l'Hospitalité violée;* une tragédie bourgeoise; l'horrible dans la tragédie, 283.

3. *Panthée.* — I. Panthée dans Xénophon; la tragédie de Guersens, 286. — II. La tragédie de Hardy, 289. — III. Les tragédies de Guérin Daronnière, de Claude Billard, de Durval et de Tristan l'Hermite; supériorité de Hardy, 300.

4. *Méléagre.* — I. Valeur du sujet; faiblesse du *Méléagre* de Hardy, 310. II. Les *Méléagres* de Pierre de Bousy, de Boissin de Gallardon et de Benserade, 313.

5. *La Mort d'Achille.* — I. Dictys et Darès, Benoit de Sainte-More, l'*Istoire de la destruction de Troye* par Jacques Milet; l'*Achilléide* de Mussato; comment Hardy rompt avec la tradition du moyen âge, 314. — II. Analyse de la tragédie de Hardy, 319. — III. Les *Achilles* de Benserade et de Thomas Corneille; supériorité de notre auteur, 325.

6. *Coriolan.* — Coriolan au théâtre; plan d'un *Coriolan* d'après Shakespeare, La Motte, Hardy et les classiques français; Hardy est le premier qui ait traité le sujet de Coriolan, 326.

7. *Mariamne.* — I. Mariamne dans Josèphe; la tragédie de Dolce, 333. — II. Qu'on a trop oublié de rechercher ce que la *Mariamne* de Tristan doit à celle de Hardy; analyse comparée de ces deux pièces; la plus grande partie des éloges accordés à la seconde devrait être reportée sur la première; la *Mariamne* de Voltaire; le *Tétrarque de Jérusalem* de Calderon, 336.

8, 9 et 10. *La trilogie sur Alexandre.* — Jacques de La Taille et Hardy, 358. — 8. *La Mort de Daire.* — I. Analyse de la tragédie de La Taille, 359. — II. Analyse de celle de Hardy, 362. — 9. *La Mort d'Alexandre.* — I. Analyse de la tragédie de La Taille, 370. — II. Analyse de celle de Hardy, 373. — 10. *Timoclée ou la Juste Vengeance.* — I. Analyse des

deux pièces que Hardy a imparfaitement fondues sous ce titre, 384. —
II. La *Timoclée* de Morel, 393.
11. *Alcméon ou la Vengeance féminine*; un mélange de *mélodrame* et de tragédie à la Garnier, 394.
Caractéristique des tragédies. — Ce qu'elles doivent à la tragédie savante du xvi° siècle et ce qu'elles renferment de vraiment nouveau; critique du jugement de Sainte-Beuve; que Hardy, dans ses tragédies, néglige les unités de temps et de lieu, mais recherche avec soin l'unité d'action, 397.
P. 247 à 400

CHAPITRE III

Les pièces mythologiques.

Caractères communs de ces pièces, 401.
1. *Procris ou la Jalousie infortunée*, 401.
2. *Alceste ou la Fidélité*, 404.
3. *Ariadne ravie*; l'*Ariane* de Th. Corneille, 408.
4. *Le Ravissement de Proserpine par Pluton*; imitation qu'en a faite Claveret, 411.
5. *La Gigantomachie ou Combat des Dieux avec les Géants*; les essais de Gigantomachie avant Hardy, 419.
Que les pièces mythologiques de Hardy tiennent à la fois de l'opéra et de la poésie burlesque, 426.
P. 401 à 427

CHAPITRE IV

Les tragi-comédies.

Préliminaires.

I. Comment l'anarchie dramatique de la fin du xvi° siècle préparait l'avènement de la tragi-comédie; que la *Bradamante* est le premier spécimen heureux de ce genre, mais n'a pu le constituer définitivement; rôle décisif joué par Hardy; les deux éditions de *Tyr et Sidon*, 428. —
II. Principaux traits épars dans le théâtre irrégulier du xvi° siècle et qui vont devenir caractéristiques de la tragi-comédie : le mélange du tragique et du comique, les sujets romanesques, etc., 431. — III. Les sujets propres à la tragi-comédie; que les sujets composés se divisent en deux classes : 1° les *fils* parallèles, 2° les actions dépendantes et successives; les pièces en deux ou plusieurs *journées*; Hardy en avait écrit un bon nombre, mais nous ne possédons plus que l'*Histoire éthiopique*; liste et division des tragi-comédies à étudier, 432.

ANALYSES

Section I. — Tragi-comédies en plusieurs journées.

Les Chastes et Loyales Amours de Théagène et Cariclée. — I. Succès obtenu par le roman d'Héliodore; Théagène et Cariclée au théâtre après Hardy; analyse de ses huit *journées*, 435. — II. Que l'œuvre de Hardy offre bien le caractère tragi-comique, 443.

Section II. — Tragi-comédies de sujet antique.

1. *Arsacome ou l'Amitié des Scythes*; que la tragi-comédie cherche à intéresser, non à peindre des mœurs ou des caractères, 445.

2. *Aristoclée ou le Mariage infortuné;* comment Hardy use de la décoration complexe, 451.
3. *Gésippe ou les Deux Amis.* La nouvelle de Boccace et la pièce de Hardy; le système des actions dépendantes et successives; *Les Deux Amis* de Chevreau, 458.
4. *Phraarte ou le Triomphe des vrais amants;* comment Hardy a imité la nouvelle de Giraldi, 467.

SECTION III. — TRAGI-COMÉDIES DE SUJET MODERNE.

1. *Cornélie;* les *Nouvelles* de Cervantès au théâtre; faiblesse et succès de la pièce de Hardy, 472.
2. *La Force du sang;* usage de la décoration complexe, 474.
3. *Félismène;* Montemayor et Hardy, 477.
4. *Dorise;* une pièce d'« actualité », 481.
5. *Frégonde ou le Chaste Amour.* Don Diego Agreda et Hardy; que la tragi-comédie évite l'analyse psychologique; usage de la décoration complexe, 483.
6. *Elmire ou l'Heureuse Bigamie.* — I. Comment Hardy sait remplir un cadre difficile; le système des *fils* parallèles, 488. — II. *Adonne ou le Bigame généreux* de Le Bigre, 492.
7. *La Belle Égyptienne;* Cervantès et Hardy; *la Belle Égyptienne* de Sallebray, 494.
8. *Lucrèce ou l'Adultère puni;* vulgarité et grossièreté de ce drame, 498.

Caractéristique des tragi-comédies. — Que les tragédies et les tragi-comédies renferment à peu près les mêmes éléments, mais dans des proportions bien différentes; qu'on ne trouve plus dans les tragi-comédies la simplicité et les études de caractères qui distinguaient certaines tragédies; qu'elles ne sont plus soumises à l'unité d'action : la tragi-comédie de Hardy est une nouvelle dramatisée et n'a pour but que l'amusement du spectateur, 500. P. 428 à 503

CHAPITRE V

Les pastorales.

PRÉLIMINAIRES.

1. Que les pastorales de Hardy ne doivent rien à l'*Astrée;* indication des matériaux préparés à la pastorale française par l'*Aminte* du Tasse, le *Fidèle Berger* de Guarini, la *Diane* de Montemayor, etc., 504. — II. Formation du genre de la pastorale dramatique en France; influence croissante de la pastorale italienne; la *Bergerie* de Montchrestien et la *Grande Pastorelle* de Chrestien des Croix; quelles différences s'établirent entre les premières et les dernières pastorales de Hardy, 508.

ANALYSES

1. *Alcée ou l'Infidélité;* une comédie de mœurs pastorale, 513.
2. *Corine ou le Silence;* emploi du comique et des *feintes,* 517.
3. *Le Triomphe d'Amour;* l'intrigue prend le pas sur l'étude des mœurs, 520.
4. *L'Amour victorieux ou vengé;* une œuvre de transition, 525.
5. *Alphée ou la Justice d'Amour;* le plus complet spécimen des pastorales de Hardy, 531.

Caractéristique des pastorales : ce sont des intermédiaires entre la tragi-comédie, la farce et la pièce mythologique; pourquoi elles ne comp-

tent pas parmi les pièces les plus irrégulières de Hardy. — Les *Bergeries* de Racan : elles n'apportent aucun élément nouveau et ne sont remarquables que par leur style et leur versification ; part secondaire faite par Racan à l'imitation de l'*Astrée;* comment l'influence de ce roman devient prépondérante à partir de Mairet; fin de la pastorale dramatique, 536.
P. 504 à 541

CHAPITRE VI

LES PIÈCES PERDUES.

Qu'il ne saurait être inutile de rechercher les sujets, les sources, les imitations qu'on a faites des pièces perdues, 542.

1 et 2. *Pandoste, 1re et 2e journées*. — Puget de La Serre et Hardy; Puget de La Serre et Robert Greene; les *Pandostes* français et *le Conte d'hiver* de Shakespeare, 543.

3. *Ozmin*. — L'histoire d'Ozmin et de Daraxa dans le *Guzman d'Alfarache;* comment Hardy l'a mise sur la scène, 549.

4. *L'Inceste supposé*. — La Caze et Hardy; La Caze et Boisrobert, 551.

5. *Le Frère indiscret;* Hardy et don Diego Agreda; additions à faire au texte de Mahelot, 554.
P. 542 à 556

LIVRE IV

LA LANGUE, LE STYLE ET LA VERSIFICATION

PRÉLIMINAIRES.

La langue, le style et la versification de Hardy vivement attaqués de son vivant, 557. — I. Comment Hardy riposte aux critiques des courtisans, et combien il se pose en adversaire de l'école de Malherbe; Hardy admirateur et imitateur de Ronsard, 557. — II. Que les écrits de Hardy ont à la fois un caractère archaïque, résultat de son imitation de la Pléiade, et un caractère néologique, résultat de sa constante improvisation, 562.
P. 557 à 563

CHAPITRE I

LA LANGUE.

Nous suivrons, autant que possible, l'ordre adopté par MM. Darmesteter et Hatzfeld; pourquoi nous ne dirons rien de l'orthographe, 564.

I. *Vocabulaire*. — 1. Mots archaïques employés par Hardy, 564. — 2. Néologismes, 573. — 3. Les éléments les plus caractéristiques du vocabulaire de Hardy : les vieux mots français; les mots savants, et quelle est leur forme, 575. — 4. Les composés et les dérivés, 577. — 5. Les mots étrangers, 577. — 6. Remarques générales sur les acceptions des mots dans Hardy, 577. — 7. Acceptions nouvelles données à des mots archaïques, 578. — 8. Acceptions et emplois archaïques donnés à des mots qui ont survécu, 579. — 9. Acceptions nouvelles données à des mots qui ont survécu, 581.

II. *Formes grammaticales*. — 1. Substantif, 583. — 2. Adjectif, 583. — 3. Degrés de comparaison, 584. — 4. Pronoms, 584. — 5. Conjugaison, 584.

III. *Syntaxe*. — 1. *Substantif et adjectif*. *a*. Les genres, 585. *b*. Le substantif et l'adjectif employés l'un pour l'autre, 586. *c*. L'adjectif précédé

TABLE DES MATIÈRES 743

d'un article neutre, 587. *d.* L'adjectif remplissant le rôle d'adverbe, 587. *e.* Emplois divers, 588. — 2. *Article,* 588. — 3. *Déterminatifs,* 589. — 4. *Relatifs et interrogatifs,* 589. — 5. *Indéfinis,* 590. — 6. *Pronoms personnels,* 590. — 7. *Pronoms possessifs,* 591. — 8. *Verbes. a. Forme du verbe. 1.* Le verbe remplacé par une périphrase, 592. *2.* Le passif remplacé par le pronominal, 592. *3.* Emplois archaïques, 592. *4.* Emplois néologiques, 595. *5.* Le passif exprimé par une périphrase, 598. *6.* L'infinitif actif employé avec la valeur du passif, 598. *b.* et *c. Modes et temps. 1.* Subjonctif; la conjonction « que » supprimée devant le subjonctif; emplois du subjonctif et de l'indicatif non conformes à l'usage actuel, 598. *2.* Infinitif, 599. *3.* Participes : participe présent, 600. *4.* Participe passé, 600. *d. Nombres,* 602. — 9. *Particules. a.* Prépositions, 602. *b.* Adverbes, 604. *c.* Conjonctions, 605. *d.* Négation, 606. — 10. *Ordre des mots,* 606. P. 564 à 606

CHAPITRE II

LE STYLE.

I. Récapitulation des principaux caractères de la langue de Hardy; que cette langue se rattache complètement à celle du xvi° siècle; son obscurité, 607. — II. Causes de cette obscurité : richesses hétérogènes du vocabulaire, impropriétés, solécismes, abus des latinismes, abus de certaines figures, ellipses, emplois absolus, etc.; essai de débrouillement de quelques phrases de Hardy, 608. — III. Pourquoi Hardy n'a pu se débarrasser de ce vice capital; l'imitateur de la Pléiade et l'improvisateur; procédés qui trahissent l'improvisation : répétitions, exclamations répétées, amas d'épithètes, etc., 613. — IV. La platitude, l'emphase, la manière dans le style de Hardy; la phraséologie galante au début du xvii° siècle; recherche des termes et des comparaisons techniques; usage et abus de la mythologie; latinismes et imitations; les sentences, le dialogue antithétique, 616. — V. Qualités du style de Hardy : quelques exemples heureux d'ellipses, d'emplois absolus, de langage naturel, etc.; que c'est surtout par la force, la grandeur, l'éclat que se font remarquer les bons passages de Hardy, 630. — VI. Comment l'imitation de Ronsard, la nécessité d'improviser sans cesse, et surtout la grossièreté ignorante de son public ont empêché Hardy de développer les qualités sérieuses qui étaient en lui, 633. P. 607 à 634

CHAPITRE III

LA VERSIFICATION.

Que Hardy ronsardise dans sa versification plus encore que dans sa langue, 635. — I. Pourquoi nous pouvons négliger l'étude des chœurs; vers employés par Hardy; succession des rimes, 636. — II. Que Hardy n'a admis aucune des réformes de Malherbe : 1, *hiatus,* 637; — 2, *enjambement,* 638; — 3, *césure,* 638; — 4, *rime;* ce que Hardy pensait de ses rimes; leur richesse; façons diverses de rimer que Malherbe interdisait; que Hardy profite de toutes les divergences de prononciation qui avaient servi aux poètes du xvi° siècle, 639. — La prononciation de Hardy : A. Voyelles et diphtongues, 641. — B. Consonnes finales, 643. — C. Consonnes médiales et consécutives, 645. — 5. *Licences poétiques;* syncopes et diérèses; l'e muet après une voyelle, etc., 647. — 6. *Inversions;* dureté, obscurité, platitude habituelle des vers de Hardy, 648.

— III. Exemples de vers remarquables, 649. — IV. Que Hardy a gardé la versification du xvi° siècle, et surtout que c'est un improvisateur, dont les qualités naturelles n'ont pas eu le loisir de se développer, 652.

P. 635 à 652

CONCLUSION

HISTOIRE DE LA RÉPUTATION DE HARDY; CONSIDÉRATIONS GÉNÉRALES SUR SON THÉATRE; ROLE JOUÉ PAR HARDY DANS LA SUITE DE L'HISTOIRE DU THÉATRE FRANÇAIS.

Histoire de la réputation de Hardy. — I. Plaintes de Hardy au sujet de ses rivaux; ceux-ci raillent sa fécondité; hommages rendus à la mémoire de Hardy de 1634 à 1639; Hardy vite oublié, 653. — II. Que les pièces de Hardy ont commencé à disparaître du répertoire vers 1635 ou 1636; remaniements de quelques-unes de ces pièces par Tristan, Claveret, Chevreau, etc.; pourquoi les irréguliers et les classiques se montrent également ingrats envers Hardy; influence de Hardy sur ses successeurs, 656. — III. Que le nom de Hardy reste inconnu pendant une centaine d'années; comment il est remis en lumière par Beauchamps, les frères Parfait et La Vallière; appréciations de Fontenelle et de Suard; Hardy au xix° siècle; les critiques sévères : Sainte-Beuve, M. Ebert, M. Royer; les critiques favorables : Guizot, M. Fournel, M. Lotheissen, M. Poirson, 660.

Considérations générales sur le théâtre de Hardy. — IV. Qu'on l'a souvent accusé d'être immoral; fondements trop réels de cette accusation; circonstances atténuantes : immoralité du public, immoralité des représentations théâtrales, immoralité du temps; que Hardy a, malgré tout, contribué à épurer le théâtre; que certaines de ses pièces sont plutôt naïvement grossières qu'immorales; que certaines autres sont remarquables par leur sévérité ou leur noblesse; *Panthée*, 664. — V. Que les anachronismes de Hardy sont peu choquants, comparés à ceux de ses contemporains; qu'on a beaucoup exagéré le terre à terre et la maladresse avec lesquels Hardy imite ses modèles; des caractères dans le théâtre de Hardy; comment il ne faut jamais oublier, pour être juste, que ses pièces sont des improvisations, 668. — VI. Comment l'ignorance du système décoratif complexe a fait porter bien des jugements injustes sur le plan et la marche des pièces de Hardy; que l'art de Hardy est un art de juste milieu et de conciliation : les préparations et les effets, l'action et les discours, l'horreur et les *machines* tragiques, etc.; défauts et mérites dramatiques du style de Hardy; est-il vrai que tous les personnages de Hardy parlent du même ton? qu'il n'est pas bon de juger un auteur d'après ce qu'il a écrit de plus mauvais, 671.

Rôle joué par Hardy dans la suite de l'histoire du théâtre français. — VII. Pourquoi l'évolution du théâtre français n'a pas ressemblé à celle des théâtres anglais ou espagnol; pourquoi Hardy n'est pas arrivé à créer une forme dramatique vraiment nouvelle, ou à concilier d'une façon durable la tragédie classique et le drame du moyen âge, 674. — VIII. Que cependant son œuvre a été éminemment utile : état de délabrement dans lequel il avait trouvé le théâtre français; comment il a su attirer le public distingué; relèvement et état florissant du théâtre; — que les progrès du théâtre ne sont pas dus à Racan; pourquoi les réimpressions de Garnier cessent en 1619; que les œuvres de Garnier n'ont exercé aucune influence sur la réforme classique de 1630; Hardy point de départ de toute l'histoire dramatique du xvii° siècle, 676. P. 653 à 679

APPENDICE

Note I. Le *Mémoire* de Mahelot. — Additions et rectifications à l'*Histoire du théâtre français*.. 684
Note II. Le *Journal* manuscrit *du théâtre français* et Hardy............ 688
Note III. La préface de *Corine*... 691
Note IV. Quelques renseignements sur les acteurs les moins connus de l'Hôtel de Bourgogne.. 692
Note V. Le *Recueil des pièces du temps*................................. 696
Note VI. La distinction des scènes dans le théâtre de Hardy............. 698

Errata... 703
Table des matières... 705

Coulommiers. — Typ. P. BRODARD et GALLOIS.